Arno Schmidt

Das Gymnasium im Aufwind

Entwicklung, Struktur,
Probleme seiner Oberstufe

unter Mitwirkung von
Heinz Seeger

hv
Hahner
Verlagsgesellschaft

© Hahner Verlagsgesellschaft mbH
Aachen-Hahn
2. Aufl. 1994
Layout und Gestaltung: Karl-Heinz Balfanz
Einbandgestaltung: Volker Jürgens

Die Deutsche Bibliothek – CIP-Einheitsaufnahme

Schmidt, Arno:
Das Gymnasium im Aufwind : Entwicklung, Struktur,
Probleme seiner Oberstufe / Arno Schmidt. Unter Mitw. von
Heinz Seeger. – Aachen-Hahn: Hahner Verl.-Ges., 1994
    ISBN 3–89294–065–7

Meiner Frau und unseren Söhnen Detlef und Hans-Jörg
in Liebe und Dankbarkeit zugeeignet

Die Organe des Menschen
durch Uebung, Lehre,
Nachdenken, Gelingen,
Mißlingen, Förderniß und
Widerstand und
immer wieder Nachdenken
verknüpfen ohne Bewußtseyn
in einer freyen Tätigkeit
das Erworbene mit dem Angeborenen,
sodaß es eine Einheit hervorbringt
welche die Welt in Erstaunen versetzt.

Goethe in einem Brief am 17. März 1832
an Wilhelm von Humboldt

Inhalt

Vorwort zur 1. Auflage	11
Vorwort zur 2. Auflage	17
Einleitung	29
Kapitel I Die Entwicklung der gymnasialen Oberstufe von 1945 bis 1994	43
A. Vorbemerkung	43
B. Die Entwicklung der Diskussion in den offiziellen Gremien	44
1. Die KMK und ihr Umfeld	44
2. Der Deutsche Ausschuß für das Erziehungs- und Bildungswesen (Deutscher Ausschuß)	56
3. Der Deutsche Bildungsrat	64
4. Die Bund-Länder-Kommission für Bildungsplanung und Forschungsförderung (BLK)	72
5. Die Fortentwicklung der Bonner Vereinbarung vom 07.07.1972	73
6. Die Tübinger Beschlüsse von 1951	82
7. Wilhelm FLITNER (1889 bis 1990) und die WRK	87
8. Der Deutsche Hochschulverband	99
C. Gesellschaft, Paradigmawechsel und Oberstufe	103
1. Gesellschaft und Bildungspolitik	103
2. Paradigmenwechsel in der Erziehungswissenschaft	112
Kapitel II Bildungstheoretische Grundlagen des Gymnasiums	127
A. Dimensionen gymnasialer Bildung	127
1. Einführung und Fundamentaldimension	127
2. Spezielle Dimensionen gymnasialer Bildung	135
a) Die lebensweltlich-erfahrungsbezogene Dimension	136
b) Die anthropologisch-individuelle Dimension	143
c) Die Handlungsdimension	152
d) Die politische Dimension	155
e) Die kommunikative Dimension	157
f) Die wissenschaftsbezogene Dimension	160
g) Die existentielle Dimension – oder: Bildung und Existenz	166
B. Referenzfelder des Unterrichts	169
C. Die didaktischen Rahmenbedingungen des Gymnasiums	186
1. Der lange Lehrgang	186
2. Sequentialität	187
3. Die Kontinuität	191

4. Wissenschaft und Autonomie	193
5. Partizipation	203
D. Hochschulreife	206
1. Einführung	206
2. Entfaltung	210
a) Die schulrechtliche Ebene der Studienberechtigung	210
b) Die Studierfähigkeit	212
c) Wissenschaftspropädeutik	223
Kapitel III Oberstufenarbeit am Gymnasium	
– Bildungstheorie in der Wirklichkeit der Schule –	231
A. Vorbemerkung	231
B. Vorgaben für die gymnasiale Oberstufe	231
1. Interessen	231
2. Strukturen	232
3. Die Ziele	234
a) Die Zielfelder der gymnasialen Oberstufe	234
b) Selbstverwirklichung und Identität	236
C. Folgen für die Erziehung	240
1. Selbstkonstitution und produktive Gesellschaftsfähigkeit	240
2. Der Lehrer als Helfer und Betroffener	240
3. Soziales Lernen	244
4. Werterziehung	248
5. Beteiligung	253
6. Generationsgestalten und Lebensbedingungen	259
7. Motivationshemmnisse	264
D. Wissenschaftspropädeutik im Unterricht der Oberstufe	265
1. Fachliches und allgemeines Lernen	265
2. Die Erwartungen der Hochschulen	266
3. Erwartungsprofile	269
4. Der Handlungsauftrag des Lehrers im kooperativen System der Schule	272
5. Ein Curriculum der Verfahren	277
6. Kommunikation	284
7. Verfahren der Erkenntnisgewinnung	286
E. Die Rolle der Schule	288
1. Die Grundaufgaben von Schule	288
2. Ergebnisse neuerer Schulforschung	289
a) Die Grundeinsichten	289
b) Zur Struktur der Schule	290
c) Vom Rang der einzelnen Schule	291
d) Die Bedeutung der Kooperation der Lehrer	292

e) Die Rolle des Schulleiters	295
f) Schuluntersuchungen und ihre Übertragbarkeit	300
g) Merkmale guter Schulen	302
h) Vom pädagogischen Ethos des Lehrerkollegiums	308
i) Gewaltfreiheit - ein neues Merkmal guter Schule?	310
3) Die verschiedenen Ebenen pädagogischer Aktivitäten	318
F. Umsetzungen im Gymnasium	322
1. Organisationsbereiche	322
2. Probleme des Kurssystems	327
3. Die Jahrgangsstufe 11 im Gefüge des Gymnasiums	333
4. Beratung	336
5. Berufsorientierung	342
6. Kooperation zwischen verschiedenen Gymnasien	346
G. Schlußbemerkung	349

Anhang

I. Die Regelungen der einzelnen Bundesländer bezüglich der Gestaltung der gymnasialen Oberstufe	353
Baden-Württemberg	353
Bayern	358
Berlin	361
Brandenburg	366
Bremen	369
Hamburg	374
Hessen	378
Mecklenburg-Vorpommern	382
Niedersachsen	385
Nordrhein-Westfalen	389
Rheinland-Pfalz	392
Saarland	395
Sachsen	398
Sachsen-Anhalt	401
Schleswig-Holstein	404
Thüringen	407

II. Dokumentationsteil

II.1 Direktive Nr. 54 des Alliierten Kontrollrats vom 26.06.1947 411

II.2 Abkommen zwischen den Ländern der Bundesrepublik
zur Vereinheitlichung auf dem Gebiete des Schulwesens 413

II.3 Die gymnasiale Oberstufe
in den Ländern in der Bundesrepublik Deutschland 420

II.4 Vereinbarung zur Neugestaltung der Gymnasialen Oberstufe
in der Sekundarstufe II vom 7.7.1972 in der Fassung vom 11.4.1988 425

II.5 Empfehlungen zur Arbeit in der gymnasialen Oberstufe vom 2.12.1977
i.d.F. vom 11.4.1988 442

II.6 Vereinbarung über die Abiturprüfung der neugestalteten gymnasialen
Oberstufe in der Sekundarstufe II vom 7.7.1972 i. d. F. vom 11.4.1988 464

II.7 Vereinbarung über Einheitliche Prüfungsanforderungen
in der Abiturprüfung 469

II.8 Rahmenvereinbarung zur Ordnung des Unterrichts auf der
Oberstufe der Gymnasien 472

II.9 Empfehlungen an die Unterrichtsverwaltungen der Länder zur
didaktischen und methodischen Gestaltung der Oberstufe
der Gymnasien im Sinne der Saarbrücker Rahmenvereinbarung 475

II.10 Die „Tübinger Beschlüsse" 480

II.11 Der erste Maturitätskatalog („Tutzing I"), und die „Vier Initiationen" 483

II.12 Der zweite Maturitätskatalog („Tutzing VI") 485

II.13 Zur Weiterentwicklung der neugestalteten gymnasialen Oberstufe 489

II.14 Neugestaltung der gymnasialen Oberstufe und allgemeine Studierfähigkeit 493

II.15 Studierfähigkeit und Hochschulzugang 501

II.16 Zur Neugestaltung der gymnasialen Oberstufe 504

II.17 Entschließung des Rates und der im Rat vereinigten Minister für
das Bildungswesen zur europäischen Dimension im Bildungswesen
vom 24. Mai 1988 505

II.18 Europa im Unterricht 509

II.19 Auszug aus dem Schlußbericht der Enquete-Kommission „Zukünftige
Bildungspolitik – Bildung 2000" gemäß Beschluß des Deutschen
Bundestages vom 9. Dezember 1987 514

II.20 Wissenschaftsrat 516

II.21	Kultusministerkonferenz und Hochschulrektorenkonferenz	517
II.22	Bildungspolitische Erklärung der Regierungschefs der Länder vom 19. Oktober 1993	519
II.23	Deutscher Bundestag -12. Wahlperiode -Drucksache 12/5620	521
II.24	Positionspapier des Bundes vom 9. Dezember 1993	523
II.25	„Eckwertepapier" der Bund-Länder-Arbeitsgruppe zur Vorbereitung des vorgesehenen bildungspolitischen Spitzengesprächs vom 5. Mai 1993	525
II.26	Ergebnis einer in Verbindung mit EMNID erfolgten Umfrage vom Sommer 1993	528
II.27	Vereinbarung über die Schularten und Bildungsgänge im Sekundarbereich I – Beschluß der Kultusministerkonferenz vom 3. Dezember 1993	531
III.	Glossar	537
IV.	Verzeichnis der Eigennamen	563
V.	Sachregister	571
VI.	Literaturverzeichnis	611

Vorwort zur 1. Auflage

Das Manuskript zu diesem Buch war abgeschlossen, als der historische Prozeß endete, der zum Zusammenbruch der SED-Macht im östlichen Teile Deutschlands geführt hat. Der Verfasser und sein Mitautor rechnen sich zu den vielen Deutschen, die die Einmauerung vieler Millionen Menschen und die Abkapselung dessen, was man „Staat" nannte, von der westlichen Welt mit Trauer und Zorn verfolgten und trotz gegenteiliger Prognosen (und wohl Wünsche) innerlich mit so vielen am Auftrag des Grundgesetzes, die Einheit in freier Selbstbestimmung und vor allem in Frieden zu vollenden, festhielten. Kein Mensch konnte sich selbst in seinen Träumen vorstellen, daß innerhalb eines Jahres Deutschland mit Zustimmung seiner Nachbarn und der Großmächte vereint werde und die Deutschen in festen, gesicherten Grenzen leben dürften, ohne als Bedrohung angesehen werden zu können.

Als entscheidende und politisch unschwer einzuordnende Eckdaten sind die Währungsunion und der Beitritt der fünf weiteren Länder in den Geltungsbereich des Grundgesetzes anzusehen. Darüber hinaus aber verlaufen vielfältige und zum Teil schwer einzuschätzende Prozesse, von denen für diesen Zusammenhang die der Bildungspolitik darzustellen wären, wenn es Ergebnisse gäbe, die schon schulrechtlich abgesichert wären. Erst in einem der fünf Bundesländer gibt es ein eigenes Schul-/Schulverwaltungsgesetz und, was die Institutionen und Bildungsinhalte betrifft, ist alles im Umbau oder Aufbau begriffen:

So werden vier von den fünf Bundesländern ein gegliedertes Schulwesen aufbauen, wie es sich in seit fast zweihundert Jahren in' Deutschland entwickelt und vor allem auch bewährt hat. So faßt das Gymnasium dort wieder festen Fuß, wo es nach dem Kriege mit Gewalt zerschlagen und durch eine sogenannte Einheitsschule ersetzt worden ist, deren besonderes Merkmal die willkürliche (d.h. vor allem nicht gerichtlich überprüfbare), soziale Selektion und der ständige (mehr oder weniger) erfolgreiche Versuch der Gleichschaltung, Manipulation, Instrumentalisierung durch die vorherrschende Einheitspartei und der Indoktrination war.

Dieses Buch, das eigentlich den Grund für das Verständnis des Gymnasiums aus seiner Geschichte vor allem nach dem Zweiten Weltkriege und aus seiner Bildungsidee legen sollte, kann sich jetzt als ein Gesprächsangebot und als Anregung für die fünf Bundesländer im östlichen Teile Deutschlands präsentieren. Es darf und soll jetzt ein Beitrag zur geistigen Vereinigung unseres Vaterlandes sein.

Keineswegs werden die Schwierigkeiten übersehen, in die die östlichen Bundesländer durch Verschulden der kriminellen SED-Clique und deren Helfershelfer geraten sind und die überwunden werden müssen: Diese Schwierigkeiten, die in den letzten Monaten erst manifest geworden sind, müssen als Entwicklungsergebnis eines Gesellschaftssystems angesehen werden, das eine entwickelte Volkswirtschaft geplündert und deformiert, Raubbau an den natürlichen Ressourcen getrieben, Menschen entmündigt und sie ihrer Personhaftigkeit beraubt hat. Diese Menschen brauchen unsere Hilfe, sie müssen aufgerichtet und aus Unmut und Verzweiflung herausgeführt werden, sie müssen ermutigt und befähigt werden, sich selbst zu helfen. Der Aufbau eines neuen Schulsystems ist eine von den zugegebenermaßen schwierigen Aufgaben, die erst noch zu lösen sind.

Für folgende Bereiche müssen Entscheidungen getroffen werden, sind Entscheidungen schon getroffen worden, bzw. stehen die Entscheidungen unmittelbar bevor:

– Struktur des Schulwesens, insbesondere Aufbau des Gymnasiums sowie der Abiturstufe bzw. Oberstufe,

– Reform des Abiturs (Übergangsregelungen für die Anerkennung),

– Reform des gesamten Curriculums unter Beachtung der didaktischen und politischen Prinzipien, wie sie im folgenden für die auf Pluralität der Meinungen und Haltungen sich gründende rechtsstaatliche Gesellschaft dargestellt werden sollen (z.B. Entfaltung des einzelnen unter Herstellung der Chancengleichheit auch für Behinderte, Achtung der weltanschaulichen Pluralität, Kanonisierung von Bildungsinhalten),

– Demokratisierung der Schulen, wie sie bereits eingeleitet wurde durch die Verordnungen des Ministerrates der DDR vom 23. und 30. Mai 1990,

– Pluralität auch der Schulträger (gedacht ist an freie Schulträger),

– Kulturhoheit der Länder, insbesondere in bezug auf die Struktur des Schulsystems und der länderspezifischen Bildungsinhalte,

– Reform der staatlichen Schulaufsicht, wobei die durch die europäische Integration sich abzeichnenden Trends (u.a. Entwicklung der Schule in Richtung auf eine relative Autonomie) einbezogen werden müßten,

– die schulpolitische Entwicklung insgesamt müßte unter den Aspekten der europäischen Integration gesehen werden,

– Reform der Lehrerausbildung und Anerkennung der erworbenen Abschlüsse (z.B. in der KMK-Vereinbarung vom 4. und 5. Oktober 1990),

– Reform der Lehrerfort- und weiterbildung,

– Grenzen der Rahmenkompetenz des Bundes (ihre Erweiterung forderte noch am 10. Oktober 1990 der damalige Bundesminister für Bildung und Wissenschaft),

– Dauer der Abiturstufe (zwei oder/und vier Jahre) und Dauer der Schulzeit insgesamt: hier ist ein Problem aufgenommen, das seit Jahrzehnten – wie unten noch dargestellt werden wird – in der alten Bundesrepublik ein ständiges Thema der öffentlichen Diskussion war, jetzt aber angesichts der Vereinigung (und der europäischen Integration) entschieden werden muß; denn die noch vor Weihnachten 1990 erzielte Koalitionsvereinbarung der in der Bundesregierung vertretenen Parteien sieht die Verkürzung von 13 auf 12 Jahre vor – nur sind dafür die 16 Bundesländer zuständig. Doch hier gibt es erhebliche Meinungsverschiedenheiten: Während die fünf neuen Bundesländer bei 12 Jahren bleiben möchten, schlägt Niedersachsen 12 1/2 Jahre als Kompro-

miß vor. Die unionsgeführten alten Bundesländer haben sich auf 12 oder 13 Jahre geeinigt, wobei das 8jährige Gymnasium als Angebot und ggf. Schulversuch (z.B. in Rheinland-Pfalz) für besonders begabte Schülerinnen und Schüler gedacht ist. Am weitesten gehen Baden-Württemberg, das Gymnasien mit besonderen Anforderungen einrichten möchte, sowie Bayern, das neben den neunjährigen Gymnasien achtjährige als Regelschulform einführen will.
Den bildungspolitischen Entscheidungsträgern ist klar, daß die Verkürzung der Berufsausbildung nicht nur am Gymnasium hängen darf. Gefragt sind auch die Universitäten, an denen zweifelsfrei zu lange studiert wird. Nach dem Jahrzehnte währenden Debattieren müssen nun auch dort rigorose und einschneidende Entscheidungen fallen. Man kann nur hoffen, daß die Entscheidungsträger(innen) nicht wie so oft den Weg des geringsten Widerstandes gehen – denn sonst bliebe das Gymnasium vor allem angesichts der von wenig Sachkenntnis beeinflußten Vorstellungen auf Bundesebene auf der Strecke.

Mit Freude nahmen und nehmen auch der Verfasser und sein Mitautor zur Kenntnis, daß das Gymnasium sich seit den 70er Jahren wachsender Akzeptanz und trotz gegenteiliger Prognosen zunehmender Beliebtheit erfreut – es ist, ein Wort des Nordrhein-Westfälischen Kultusministers Schwier auf dem letzten Gemener Kongreß sei hier aufgenommen, zum „Marktführer" geworden, und auch (um ein weiteres Beispiel zu nennen) die hanseatisch-hamburgische Senatorin für Schule, Jugend und Berufsbildung erklärte: „Es bleibt beim Elternrecht, und Sie können sicher sein, daß es am Ende des Jahrzehnts in Hamburg mehr Gymnasien gibt als heute" [in: Mitteilungen der staatlichen Pressestelle vom 21. Dezember 1990].

Das Gymnasium befindet sich also im Aufwinde, und es ist zu hoffen, daß sich dieser Prozeß auch in den neuen Bundesländern fortsetzt. Wie faszinierend und auch anregungsreich die Entwicklung ist, mag durch folgende Beispiele dargetan werden:
- Mit dem Schuljahr 91/92 soll am Peter-Altmeier-Gymnasium in Montabaur ein Musik-Gymnasium mit Internat eingerichtet werden.

- Die bereits erwähnten Schulversuche in Rheinland-Pfalz werden durchgeführt am

    Carl-Bosch-Gymnasium Ludwigshafen,

    Nikolaus-von-Kues-Gymnasium in Bernkastel,

    Regino-Gymnasium zu Prüm,

    Werner-Heisenberg-Gymnasium in Neuwied,

    Gymnasium auf dem Asternstein in Koblenz.

- Gymnasien mit besonderen Anforderungen, die in 8 Jahren zum Abitur führen sollen, werden zum 1. August 1991 eingerichtet in Stuttgart, Rastatt, Tübingen und Kirchzarten.

- Nordrhein-Westfalen, das über ein dichtes Netz von Ganztagsschulen verfügt (488 im Schuljahr 90/91) wird weitere Gymnasien errichten und führt jetzt 626 Gymnasien (davon 22 in Ganztagsform), eine Entwicklung, die sich vermutlich in den folgenden Jahren fortsetzen wird [Pressemitteilung des Kultusministeriums vom 03.05.1990].

- An 11 Gymnasien des Landes Rheinland-Pfalz wird beginnend mit dem Schuljahr 1991/92 ein Schulversuch mit der 2. und 3. Fremdsprache durchgeführt. In diesem Versuch soll der Beginn der 2. Fremdsprache von der 7. in die 6. Klasse und der Beginn der 3. (fakultativen) von der 9. in die 8. Klasse vorverlegt werden. Wir dürfen mit Interesse den entsprechenden Erfahrungsberichten über die Wirkung dieser Vorverlegung entgegensehen. Außerdem soll insgesamt in den Klassen 8 und 10 der naturwissenschaftliche Unterricht an allen Gymnasien des Landes verstärkt werden.

- In Niedersachsen ist zwar der Versuch der neuen Landesregierung, die Stundentafeln der gymnasialen Mittelstufe zu manipulieren, am Widerstand einer engagierten Öffentlichkeit gescheitert, aber dennoch besteht die Absicht, (wie auch anderenorts) über eine Egalisierung der Richtlinien und die Verringerung der Wochenstundenzahl den Gymnasien ihr Profil zu nehmen, ihre Leistungsbereitschaft einzuschränken und an bestimmten Standorten Gesamtschulen zum Nachteil der dort bestehenden Gymnasien „von unten zu entwickeln" [Professor Wernstedt in den Pressemitteilungen Nr. 109/90 vom 27.12.1990]. Zwar wolle man keinen „Krieg" gegen vorhandene Schulformen führen, de facto ist dieser jedoch längst eröffnet. Erfreulich ist die Absicht, in Niedersachsen den Schulen ein höheres Maß an Autonomie einzuräumen.

- Gymnasiale Mittelstufen mit fächerübergreifenden Schwerpunkten (z.B. naturwissenschaftlichen Themenkreisen) werden ab Schuljahr 91/92 in Baden-Württemberg eingerichtet – auch wird die Möglichkeit geschaffen, durchgehend eine vierte Fremdsprache bei gleichzeitiger Aufgabe der ersten Fremdsprache zu lernen.

- Bilinguale (siehe unten) Gymnasien nehmen in Nordrhein-Westfalen rapide zu, und das Land Bayern wird solche einrichten; daselbst sind seit 1987/88 an 91 von insgesamt 360 Gymnasien „Plusprogramme" eingeführt, mit deren Hilfe auf den Jahrgangsstufen 9–11 besonders begabte Schülerinnen und Schüler auch besonders gefördert werden sollen.

Die neuen Bundesländer könnten sich von hier Anregungen und Hilfe holen. Im übrigen verfügen sie ja selbst über Traditionen, die ihresgleichen suchen: Zu nennen sind die renomierten Kloster-, Dom- und Stiftsschulen zu Magdeburg, Naumburg, St. Severi zu Erfurt, in Sachsen die Fürstenschulen sowie die Schulen in Freiberg, Zwickau und Leipzig, die Eliteschulen wie die Schule zur Pforte, das Wilhelm-Ernst-Gymnasium zu Weimar, das paedagogium porta coeli zu Rostock und v.a.m. Ihre Geschichte ist, wie ein kurzer Blick in den PAULSEN [s. Literaturverzeichnis] lehrt, aufgearbeitet und Suchenden präsent.

Ein kurzes Wort darf der Leser dazu erwarten, daß an vielen Stellen des Buches weit in die Geschichte des gymnasialen Lehrplanes zurückgegangen wird: Ob wir wollen oder nicht – wir befinden uns als Repräsentanten des gymnasialen Lehrplans in einem breiten und kontinuierlich wie auch diskontinuierlich dahinfließenden Strom von Ideen, deren Quellen wohl über die Vorsokratiker, Sokrates, Platon und Aristoteles hinaus in Mesopotamien anzusiedeln sind: Schon der Mythos von Europa lehrt dieses; denn Zeus hat die phönizische Königstochter Europa in der Gestalt eines Stieres aus Asien nach Kreta entführt und u.a. den Sohn Minos mit ihr gezeugt. Minos aber wurde der Vater des Deukalion. Dieser (wenn es nicht der Sohn des Prometheus ist) überlebte als einziger zusammen mit Pyrrha die große Flut in einem hölzernen Kasten, der nach Rückgang des Wassers am Berge der Musen Parnassos in Zentral-Griechenland landete. Beide nun sind die Erzeltern der Menschen. So wird, eingekleidet im Mythos, den Menschen des Abendlandes ihre Kontinuität und ihr Zusammenhang sowie Ursprung angesagt. Was wir Menschen der Gegenwart tun können, ist, im Strom der Ideen schwimmend, uns die Quellen vor Augen zu führen und zu prüfen, welche unserer Lage wohl am ehesten angemessen sind und sie zu nutzen und kreativ weiterzuentwickeln. Diese Ideen sind unsere Bleibe, das Wasser aber unserer Bleibe umgibt uns in der Gestalt des Wortes, wie es im Buch niedergelegt ist. Der jüngst verstorbene Edmond Jabès erinnerte in „Yukels Buch", dem zweiten Teil seines „Buches der Fragen", an die Kultur des Wortes: „Unser einziges Gut ist das Wort". Zwar bezieht sich dieser Satz von Edmond Jabès auf das Volk der Juden, deren Schatz – der Tempel – zerstört ist, es ist aber sehr die Frage, ob für uns die erhaltenen Kathedralen allein schon unsere Situation genügend erhellen oder ob nicht das Wort des Buches, das in Gottes Ferne ebenso wie in Gottes Nähe führen kann, notwendige Ergänzung der Existenzerhellung darstellt.

Für die Lektüre dieses Buches kann folgende Handreichung hilfreich sein:

Die Leser und Leserinnen können je nach Interesse mit dem ersten oder zweiten Kapitel beginnen; das erste wendet sich an den, der historisch interessiert ist. Das zweite entfaltet systematisch den gymnasialen Bildungsbegriff vom Allgemeinen bis zum Besonderen einzelner Formenkreise und der Hochschulreife. Wer sich über die Umsetzung gymnasialer Bildung an der konkreten Schule informieren möchte – sei es, daß er eine Schule neu einrichtet oder das Bildungsklima in seiner Schule verändern möchte –, der lese das dritte Kapitel zuerst. Wer von einem Bundesland der ehemaligen Bundesrepublik Deutschland in ein anderes überwechseln muß, der lese den Anhang, der eine autorisierte Übersicht über die Regelungen der Oberstufe des Gymnasiums gibt. Zu gegebener Zeit werden die Oberstufenregelungen der fünf neuen Bundesländer noch hinzugefügt werden.

Fremdwörter sind im Glossar erklärt; ein ausführlicher Index kann bei der Suche nach bestimmten Sachverhalten helfen. Notwendige und informative Rechtsquellen, auch sonstige Erklärungen zur Schulpolitik, sind im Anhang II redigiert und abgedruckt – unter anderem deswegen, weil sie sonst nicht leicht beschafft werden können.

Abkürzungen sind nur sparsam verwendet und unmittelbar einleuchtend, gegebenenfalls sind sie am Orte der ersten Verwendung erläutert (in diesem Falle empfiehlt es sich, das Sachregister zu Rate zu ziehen).

Insbesondere für **eilige Leserinnen und Leser** gedacht sind die Zusammenfassungen, die sich jeweils am Ende eines Abschnittes dieses Buches finden und auch aufeinander bezogen sind. Die Stelle, an der sich die Zusammenfassungen jeweils befinden, sind im Sachregister unter dem Begriff Zusammenfassung aufgeführt.

Nachträge zu den neuen Bundesländern, insbesondere zur allgemeinen Entwicklung, erfolgen, sobald die Informationen auf verläßlichem Grunde stehen.

Dies ist der Ort des Dankes an alle, die an der Entstehung des Buches beteiligt waren und geholfen haben:

Begonnen sei mit dem Oldenburger Kollegen Hilbert Meyer: Er war und ist sichtender und anregender Gesprächspartner, der mit hoher Theoriefähigkeit andere Positionen, ohne sie zu teilen, einnehmen und aus ihnen urteilend sie vervollkommnen kann. Gedankt sei den technischen Mitarbeiterinnen Frau Edith Gras und Frau Ursula Verbeek, Herrn cand. phil. Ulf Gieseke, der das Literaturverzeichnis zusammenzustellen half und vor allen Dingen die Länderregelungen zusammenführte und betreute. Besonderer Dank gilt Herrn Peter Brand, dem Verleger, und seinen unermüdlichen Mitarbeitern Herrn Volker Jürgens und Herrn Wolfgang Reul. Sie haben sich ständig und stetig als Helfer erwiesen. Sehr zu danken ist den Leitern der Studienseminare zu Hannover (II), Herrn Dr. Schaumberg, und zu Oldenburg, Herrn Dr. Kretzer, die freundlicherweise ihre Bibliotheken zur Verfügung gestellt haben. Dank auch dem Bibliothekspersonal daselbst. Das gleiche gilt für den Niedersächsischen Philologenverband, dessen Archiv mit der freundlichen Erlaubnis des Vorsitzenden Herrn Oberstudiendirektor Roland Nessler geöffnet war. Auch den Kultusbehörden der alten Bundesländer sei gedankt: Sie haben mit viel Mühe die Zusammenstellung der Länderregelungen zur Oberstufe überprüft und insoweit auch autorisiert. Auch dem Niedersächsischen Wissenschaftsminister sei gedankt: Er hat für dieses Buch ein Forschungssemester genehmigt. Und last but not least:

Als ein unerwartet kompetenter Gesprächspartner und sozusagen väterlicher Freund hat sich Herr Dr.-Ing. Rolf Wägele erwiesen: Selbst Naturwissenschaftler und Techniker, hat er ein Berufsleben lang in der Führung eines bedeutenden Wirtschaftsunternehmens gestanden; mit so geschulten Sinnen und einem selten zu findenden humanistischen Bildungsethos – wie sein Freund, der Nobelpreisträger Werner Heisenberg, ist er Absolvent des renomierten Münchner Maximiliansgymnasiums – hat er die Arbeit am Buch begleitet; und, wo Zweifel und Mutlosigkeit aufkamen, gab er stets neue und entscheidende Impulse. Ihm sei besonders gedankt – er zeigte, daß auch in einem Achtzigjährigen ein feurig-jugendlicher Geist leben kann.

Dieses Buch widmen wir unseren Schulen, denen wir uns durch unsere Arbeit verbunden wissen:

>Dem Johanneum zu Lüneburg und
>
>dem Gymnasium am Wirteltor zu Düren.

Vorwort zur 2. Auflage

Die 1. Auflage des Buches ist von den Lesern und den Rezensenten vorwiegend freundlich aufgenommen worden. Sie war schnell vergriffen. Dankenswerterweise hat sich der Verleger – auch in dieser wirtschaftlich schwierigen Zeit – entschlossen, die 2. Auflage herauszubringen. Dafür sei ihm auch im Namen der Leserinnen und Leser hohe Anerkennung ausgesprochen.

Seit dem Erscheinen der 1. Auflage hat die Vereinigung unseres Landes große Fortschritte gemacht. Die Veränderungen durch den Ausbau und Aufbau sind nicht zu übersehen. Nicht zu übersehen sind aber auch die sich aus der gegenwärtigen Massenarbeitslosigkeit ergebenden schweren sozialen Probleme. Angesprochenwerden muß freilich auch die Tatsache, daß die über 40 Jahre währende willkürliche Trennung unseres Landes erhebliche psychische und psychosoziale Gräben ausgehoben und Einstellungen sowie Haltungen erzeugt hat, die ein erfolgreiches Miteinander – sozusagen die Vereinigung im Geiste – von großer Geduld und noch größerer Zuwendung abhängig machen [vgl. FLACH, 1993]. Die verheerenden Folgen der SED-Herrschaft werden erst jetzt Schritt für Schritt offenkundig und dürfen vor allem nicht durch politische und wissenschaftliche Vertreter aus den alten Bundesländern verharmlost werden, indem man Ursache und Wirkung verdreht. Die Führungsclique in der SED und auch ihre mehr oder weniger bewußten Gefolgsleute in Ost u n d West tragen die Verantwortung dafür, daß sehr viele Menschen körperlich, seelisch, geistig und durch die doppelte Moral auch moralisch geschunden worden sind.

Im schulischen Bereich ist insofern eine gewisse Konsolidierung eingetreten,als die neuen Bundesländer inzwischen ausnahmslos sich ihre Schulgesetze gegeben haben und danach ihr Schulwesen aufbauen bzw. aufgebaut haben [vgl. SANTEMA, 1991; KÄSTNER, 1991 (A) und (B); RATZKY, 1992; LIEGLE, 1991; SCHLÖMERKEMPER, 1991; KEIM/HIMMELSTEIN, 1992; LINGELBACH/ZIMMER, 1993; DUDEK/TENORTH, 1993; DUDEK, 1993;].

In der veröffentlichten Meinung werden mit zunehmender Intensität alte Themen aufgegriffen oder neue Themen ins Licht gestellt. Diese finden mit unterschiedlicher Gewichtung dann auch in diesem Buche Berücksichtigung. Die Literatur ist im Anhang aufgeführt; sofern es sich um Zitate aus Tageszeitungen oder um Agenturmeldungen oder auch um Presseinformationen der Ministerien handelt, so sind diese an Ort und Stelle aufgeführt. Insbesondere ist das Thema Gewalt im 3. Kapitel abgehandelt worden. Schule trägt ein hohes Maß an Verantwortung; daher muß dieses Thema auch im Schulkapitel behandelt werden.

Die Themen „Drogen" und „Burnout" mögen vielleicht nicht die Berücksichtigung gefunden haben, die sie verdienen. Doch dazu sei hier gesagt, daß das Buch als Ganzes der Droge und dem Burnout-Effekt entgegenwirken soll. Es ist auf Hoffnung konzipiert. Hoffnung aber in Verbindung mit Willen und Geistigkeit in der Begegnung mag die Menschen auf ihrem Wege halten oder sie zurückführen.

Multikulturelle Erziehung [vgl. die Beiträge in der Zeitschrift für Pädagogik, 1994, Heft 1, S. 3-170] in einer multikulturellen Gesellschaft kann nicht beliebige Erziehung in einer beliebig-pluralistischen Gesellschaft bedeuten. Multikulturalität mit politischer und integrierender Wirkung gibt es nur dort, wo es eine Leitkultur sowie Standpunkte und Standorte gibt, mit denen die Auseinandersetzung sich lohnt. Christen begegnen den Muslimen als Christen und nicht als potentielle Muslime, wie Muslime den Christen als Muslime begegnen, die ebenso Bekehrungsversuchen nicht ausgesetzt sein dürfen.

Es geht nur im Miteinander des Gebens und Nehmens auf der Grundlage der Toleranz. Bei allen Rückschlägen, für die sich in unserem Lande die Medien naturgemäß viel mehr interessieren, erleben wir auf allen Ebenen unserer Gesellschaft die fruchtbare Begegnung der Kulturen und Religionen unter dem Gesichtspunkt der Bewahrung des Eigenen, der Achtung des Andersartigen und der eben genannten Toleranz.

In Niedersachsen z. B. beträgt das Durchschnittsalter der Lehrkräfte derzeit 46 Jahre. Das wird in den anderen Bundesländern nicht entscheidend anders sein. Im Jahr 2000 wird dieses Durchschnittsalter 48 Jahre betragen [Mitteilungen des Niedersächsischen Kultusministeriums, 5/94]. Ohne Zweifel ist damit das ernste Faktum angesprochen, daß die Kollegien zu alt werden. Die Gefahr für den Prozeß der Bildung besteht nun nicht so sehr in der Überalterung – gewiß gibt es schon 30-jährige Greise, wie es 80-jährige Jünglinge gibt –, sondern darin, daß an den Schulen die Kontinuität, der Zusammenhang der Generationen verlorengeht. Gerade dieser Zusammenhang, der ein Zusammenhang der Denkweisen ist, prägt das Zusammenleben und das Klima an einer Schule und die Qualität der vielfältigen Begegnungen zwischen Schülerinnen und Schülern sowie Lehrerinnen und Lehrern. Die Schulverwaltungen sind also gut beraten, wenn sie versuchen, einen bestimmten Einstellungskorridor für den Nachwuchs aufrechtzuerhalten.

Es gibt nun eine Reihe von Fragen, die die Person der Lehrenden stärker ansprechen, die Öffentlichkeit nicht ganz so stark. Die eine ist die der Arbeitszeit für die Lehrerinnen und Lehrer. Aus unterschiedlichen Gutachten [z. B. das von KNIGHT-WEGENSTEIN] wissen wir, daß die Arbeitszeit der Lehrer – der Unterschied zwischen den Schulformen soll hier ganz bewußt nicht näher erläutert werden – erheblich über derjenigen liegt, die sonst bei den Berufstätigen unseres Landes vorzufinden ist. Es ist auch unstrittig, daß die Belastungen der Lehrerinnen und Lehrer in dieser Zeit erheblich größer geworden sind, so daß man oft die Aussage hören kann,: „Mit einem Lehrer möchte ich nicht tauschen". An dieser Stelle sei nur hingewiesen auf die angesichts veränderter Sozialisationsbedingungen erschwerten Lehr- und Lernbedingungen [SCHMIDT, 1994].

Viele berufliche Schicksale kulminieren in dem, was man Burnout-Effekt nennt [DILLINGEN, 1993]. Die Vorstellung, daß hier eine Berufsgruppe aus fiskalischen Erwägungen (spart man die Planstellen wirklich ein?) zusätzlich erschwerten Arbeitsbedingungen ausgesetzt wird, ist dann unerträglich, wenn man sich klarmacht, daß diese Berufsgruppe den Grund für das legt, was wir den hohen sozialen Standard unserer Gesellschaft nennen. Zudem ist es nicht einzusehen, aus welchem Grunde nun gerade eine Gruppe des öffentlichen Dienstes einer Sonderbehandlung unterzogen wird. Insgesamt kann die Unterrichtsverpflichtung der Lehrenden an den Gymnasien des Bundesgebietes (vom Schuljahr 1994/95 an) in Unterrichtsstunden pro Woche wie folgt dargestellt werden:

Baden-Württemberg	23
Bayern	23
Berlin	23
Brandenburg	25
Bremen	Sek. I 25/Sek II 23
Hamburg	23/26
Hessen	23
Mecklenburg	25
Niedersachsen	23,5
Nordrhein-Westfalen	23,5
Rheinland-Pfalz	24
Saarland	24
Sachsen	25/26/27
Sachsen-Anhalt	25
Schleswig-Holstein	25,6
Thüringen	24

In diese Aufzählung nicht eingearbeitet sind Anrechnungsstunden für besondere Aufgaben, z.B. in der Schulleitung und der Koordinierung sonstiger schulfachlicher Aufgaben, – Tätigkeiten, die sich eigentlich in einer höheren Besoldungsgruppe niederschlagen (z.B. schlägt sich die Tätigkeit schulfachlichen Koordinierens in der Besoldungsgruppe A-15 nieder). Ein realistisches Bild von der tatsächlichen Arbeitszeit ergibt sich, wenn man die Unterrichtsverpflichtung mit 2 multipliziert. Leider hat sich seit Jahrhunderten auch bei denen, die unter keinen Umständen mit den Lehrerinnen und Lehrern tauschen wollen, die Meinung festgesetzt, die Unterrichtsverpflichtung sei mit der Arbeitszeit indentisch.

Eine weitere Frage, die zur Zeit in den politischen Administrationen und in den Verbänden kontrovers erörtert wird, ist die nach dem Abitur. Es gibt eine Reihe von Ländern, in denen hat ein Zentralabitur, bei welchem die Prüfungsaufgaben zentral für das ganze Land von den obersten Landesbehörden gestellt werden, eine lange Tradition; als Beispiele werden hier der Freistaat Bayern und das Land Baden-Württemberg genannt. Weitere Bundesländer mit Zentralabitur sind: Mecklenburg-Vorpommern, das Saarland, der Freistaat Sachsen, Sachsen- Anhalt und Thüringen. Demgegenüber werden in folgenden Bundesländern die Abituraufgaben dezentral, d. h. von den Landesoberbehörden (in aller Regel Bezirksregierungen) gestellt: Brandenburg (mit der Einführung des 13. Schuljahres wird im Schuljahr 94/95 erstmalig das Abitur zum Ende des 13. Schuljahrs abgelegt; im Schuljahr 93/94 gibt es kein Abitur wegen der Aufstockung eines 13. Schuljahres), Berlin, Bremen, Hamburg, Hessen, Niedersachsen, Nordrhein- Westfalen, Rheinland-Pfalz und Schleswig-Holstein. Während eine der beiden großen Volksparteien zum dezentralen Abitur neigt, hat sich die andere für ein Zentralabitur ausgesprochen und dieses in verschiedenen bildungspolitischen Verlautbarungen deutlich gemacht [z. B. im Positionspapier des Bundes vom 09. Dezember 1993, s. Anhang II 24]. Die Entscheidung der Frage hängt mehr vom bildungspolitischen Standort des Betrachters als vom fachlichen Standort ab. Zu beobachten ist, daß in Ländern mit dem Zentralabitur der Unterricht auf der Oberstufe stärker unter dem Druck der zu erwartenden Prüfungsthemen stehen muß, und daß eine gewisse Gestaltungsfreiheit, die auch Rücksicht auf die Interessen der Schülerinnen und Schüler nehmen kann, eingeschränkt ist. Hingegen ist es aber auch nicht so, daß dezentral gestellte Themen eine Standardisierung völlig ausschließen. Immerhin gibt es die Einheitlichen Prüfungsanforderungen, den Standard eines Regierungsbezirks und die Konferenzen zwischen den Fachberatern der Bezirksregierungen, in denen der Austausch gepflegt wird. Andererseits kann das Zentralabitur auch nicht den Standard bringen, den zu bringen es vorgibt. Was durch das Zentralabitur in die Schule einbricht, ist das Moment des Fremden, das auf Individualität keine Rücksicht nehmen kann. Grundlage der Bildung aber ist Individualität, die Zuwendung zum einzelnen und die weitgehende Berücksichtigung seiner Interessen, Neigungen und Stärken. Aus der Sicht und der Erfahrung des Autors dieses Buches ergibt sich eher eine Neigung zum dezentralen Abitur [vgl. auch BADE/STREBE, 1993]. Diese Frage aber wird nicht fachlich, sondern politisch entschieden, ebenso wie die folgende; gemeint ist die Frage nach der Dauer der Schulzeit:

Seit sicher zwei Jahrhunderten währte der gymnasiale Lehrgang mindestens 9 Jahre, der noch zu erwähnende Erlaß des letzten Kaisers vom 26. November 1900 ging vom neunjährigen Lehrgang aus. Das ist die Lage bis heute mit zwei Einschränkungen:

1. Von 1937 bis 1945 wurden Gymnasialtypen zu Oberschulen zusammengefaßt, welche 8 Jahre (von der 5. bis zur 12. Klasse) dauerten.

2. Während in den Ländern der Bundesrepublik Deutschland gemäß § 8 des Düsseldorfer Abkommens der Ministerpräsidenten vom 17. Februar 1955 die Verweildauer auf den Gymnasien <wieder> auf 9 Jahre festgesetzt wurde (das Gymnasium schließt „am Ende des 13. Schuljahres mit der Reifeprüfung ab"), blieb es in der sowjetisch besetzten Zone Deutschlands und später in der DDR dabei, daß die Schülerinnen und Schüler am Ende der 12. Klasse der Oberschule (später der „erweiterten Oberschule" = EOS) ihre Reifeprüfung ablegten. Nach der Vereinigung entschieden sich die Länder Mecklenburg-Vorpommern, Sachsen-Anhalt, Sachsen und Thüringen für die Beibehaltung des alten Zustandes, Brandenburg hingegen folgte den Altländern der Bundesrepublik und damit der Regelung des § 8 des genannten Abkommens.

Nun ist zwar schon sehr früh in der Bundesrepublik die Dauer des Schulzeit problematisiert worden [vgl. DICHGANZ in „Christ und Welt", 26.06.1964; EBNER, 1974, S. 59 f.; HAYDN, 1989, S. 137 ff.; auch die Initiativen der damaligen Kultusminister von Rheinland-Pfalz VOGEL und von Niedersachsen OSCHATZ aus den Jahre 1974 bzw. 1984 sind zu nennen], doch kam vor allem aus dem politischen Raum Druck in den Gang der öffentlichen Erörterung.

Dahinter standen

1. die Konsequenzen, die sich aus der Vereinigung unseres Landes ergaben: 12 Bundesländer haben 13 Schuljahre und das Abitur am Ende des 13. Schuljahrgangs, die

genannten vier Bundesländer haben die Reifeprüfungen am Ende des 12. Schuljahrgangs.

2. Verweist man auf die europäische Integration: Am 1. Januar 1994 trat mit dem Beginn der ersten Phase der Vertrag über den europäischen Wirtschaftsraum in Kraft. Zu diesem Raum gehören außer den Ländern der EU auch die EFTA-Länder Finnland, Island, Norwegen, Österreich und Schweden. In den meisten dieser Länder gibt es kürzere Schulzeiten, bzw. man sagt, es gebe kürzere Schulzeiten.

3. Schließlich kommt der Druck der öffentlichen Haushalte: Die Finanzminister (und Ministerpräsidenten) der Bundesländer einigten sich (in Potsdam) auf 12 Jahre und haben die Hoffnung, damit 12.000 Planstellen einsparen zu können.

Die Frage der Verweildauer hat über Parteigrenzen hinweg die Zuständigen in der Bundesrepublik tief gespalten: Alle Lehrerverbände (einschließlich des Deutschen Beamtenbundes) lehnen die Verkürzung von 13 auf 12 Jahre ab [MEHRER, 1991, S. 128 ff.]. Während sich die Bundesregierung bereits in der genannten Koalitionsvereinbarung ganz entschieden auf 12 Jahre festgelegt hat (der ehemalige Bundesminister ORTLEB sprach von 12 Jahren „als DIN-Norm für Abitur")[vgl. auch das genannte Positionspapier II 24 des Anhanges], gibt es auf Länderebene die Tendenz zu 12 1/2 Jahre, so daß die Abiturientinnen und Abiturienten noch zum Sommersemester ein Studium aufnehmen könnten [SCHULTZ-HECTOR, von TROTHA]. Die SPD als zweite große Volkspartei tritt ganz entschieden für 13 Jahre ein, ebenso wie z. B. der Bayerische Kultusminister ZEHETMAIR (der sich vor kurzem nochmals rigoros gegen die Verweildauer von nur 8 Jahren auf dem Gymnasium ausgesprochen hat und dementsprechend Schulversuche wie in Rheinland-Pfalz ablehnt [Mitteilungen des Staatsministeriums 217/93]. Brandenburg hat daher auch die Verweildauer von 12 auf 13 Jahre erhöht. Die Ministerin Dr. Rose GÖTTE (Rheinland-Pfalz) plädiert für 13 Jahre ebenso wie Prof. WERNSTEDT (Niedersachsen). Das ist insgesamt die Position der (sozialdemokratisch geführten) sogenannten A-Länder.

Das Parteipräsidium der SPD hingegen ist in dieser Frage nicht ganz so einig [Frankfurter Allgemeine Zeitung vom 09.11.1993]. Die Staatsministerin im Niedersächsischen Kultusministerium Frau JÜRGENS-PIEPER [Mitteilungen des Ministeriums, 64/93, vom 08.06.1993] nennt 12 1/2 Jahre als „denkbar" unter folgenden Bedingungen:

1. Die Zuerkennung der Allgemeinen Hochschulreife muß erhalten bleiben.

2. Die Bildungsquote darf nicht eingeschränkt werden.

3. Das berufliche Schulwesen darf nicht abgekoppelt werden.

In die gleiche Richtung denkt der Landesvorsitzende der SPD von Baden-Württemberg [vgl. dpa-Dienst für Kulturpolitik, 37/93, S. 20].

Viele der gegen die 13 Jahre vorgebrachten Argumente zielen in die falsche Richtung [vgl. sehr instruktiv: MEIDINGER, 1993, S. 29 f.; auch DÖBRICH/HUCK, 1993]; dazu ist folgendes zu sagen:

1. In nur 9 der 18 EG- bzw. EU-Staaten sowie EFTA-Staaten ist nach 12 Jahren Schulbesuch ein Hochschulzugang vorgesehen, wobei es oft sogar ein Jahr dauernde Vorbereitungskurse für Hochschuleingangsprüfungen gibt.
2. In den Niederlanden und Island gibt es den Hochschulzugang erst nach 14 Jahren, in Großbritanien und Italien nach 13 Jahren, Schweden und die Schweiz kennen Mischformen (zwischen 11 und 13 Jahren).
3. Unberücksichtigt bleibt, daß fast alle Länder Ganztagsunterricht kennen.
4. Verschwiegen wird, daß z. B. in Frankreich nur etwa 30 % des Altersjahrganges das Abitur nach 12 Jahren schafft.
5. Während das Gesamtstundenvolumen der europäischen Schüler bei 10.500 Stunden liegt [dpa – Dienst für Kulturpolitik, 38/93 vom 20.09.1993], liegen die deutschen Schülerinnen und Schüler bei 10375 Stunden insgesamt für die Dauer ihrer Schullaufbahn. Die Verkürzung der Verweildauer um nur ein Jahr bedeutet eine Einbuße von etwa 1000 Stunden.

In den Gesamtzusammenhang (v. a. aber zu 5.) paßt recht gut eine Studie der Schweizerischen Bankgesellschaft [vom November/Dezember 1993]. Es geht darum, daß die Investitionen in das „Sach- und Humankapital" die Grundlage für die weltwirtschaftliche Wettbewerbsfähigkeit darstellen. Während nach der genannten Studie [S. 7 f.] unser Land jetzt auf Rang 5 gesetzt ist (nach den USA, der Schweiz, Japan und Belgien), wird es, falls die Investitionen sich weiter so verändern und das Innovationspotential weiter geschwächt wird, etwa zu Beginn des kommenden Jahrhunderts auf Rang 18 abgefallen sein. Ein voll funktionsfähiges Bildungswesen, das wie das unsere seit der Zeit nach dem Kriege seine Effizienz bewiesen hat, ist schneller zerstört als aufgebaut. Und die Investitionen, die ich heute verweigere (oder tätige), beginnen erst, sich in 10 bis 20 Jahren auszuwirken. Eine ausgemerzte oder geschwächte Berufsgruppe kann ich, wenn ihr Fehlen manifest wird, nicht von heute auf morgen wieder aufbauen. Für das Innovationspotential, das in Zukunft benötigt wird, wird heute in der Ausgestaltung des schulischen Curriculum der Grund gelegt. Eine Verkürzung, die eine zusätzliche Beeinträchtigung zum Beispiel des Gymnasialcurriculums bedeutet, muß sinnvollerweise verhindert werden; denn „die Länder in der Bundesrepublik Deutschland befinden sich im internationalen Vergleich eher im unteren Bereich des Angebots am Unterricht" [DÖBRICH/HUCK, 1993, S. 5; eine gute Übersicht findet man auch in der Bearbeitung der KMK I D: „Übersicht über die Dauer der Schulpflicht und die Schulzeitdauer bis zum Hochschulzugang ..." vom Januar 1990, sowie ebenfalls von der KMK bearbeitet: „Überblick über das Sekundarschulwesen der einzelnen Mitgliedstaaten der Europäischen Gemeinschaft" vom Januar 1990;].

Die von vielen Politikern vorgenommenen Vergleiche mit anderen Ländern sind Ausdruck einer verkürzten Sichtweise. Es muß aber auch der Blick auf die Ausbildung an der Hochschule gewendet werden. Hier fallen vor allem die hohen Anteile der Studienabbrecher (30 % gemäß HRK), aber auch die zu langen Studienzeiten auf. Beides ist indirekt auch ein Problem der Schule, insbesondere des Gymnasiums, wenn nämlich die schulische Vorbereitung auf ein Studium (gemeint ist die Einheit von Kanon, Bildung und Erziehung) Defizite aufweist.

Die gesellschaftliche Dimension des Problems besteht darin, daß die wirtschaftliche Situation der Studierenden (Nahrung, Kleidung, Wohnung) so zu entwickeln ist, daß ein Studium nicht durch andere Tätigkeiten belastet wird und so in der vorgeschriebenen Zeit absolviert werden kann. Es besteht also ein erheblicher Handlungsbedarf in allen Sektoren der Politik. Aus der umfangreichen Literatur zu diesem Komplex seien genannt: HEISER [Süddeutsche Zeitung, 29.11.1989, S. 20]; MERKER, 1991; MATTKE, 1991; SCHULTE, 1991; ROITSCH, 1991; HOCHSTÄTTER/SCHMIDT, 1993; STEINBRECHT, 1993; auch TURNER im Pressespiegel der HRK, Nr. 10/1991, S. 21].

Das Gymnasium befindet sich im Aufwinde. Zu diesem Titel des Buches ist einiges noch zu erklären:

Der Titel und die dahinter stehenden Vorstellungen stammen überhaupt nicht aus dem Umfeld von Gymnasialpädagogen, sondern von Vertretern bildungspolitischer Richtungen, die eher mit dem Strukturplan für das Bildungswesen von 1970 das Gymnasium als besondere Schulform abschaffen, stattdessen die Gesamtschule einführen wollten und jrztz zugeben müssen, daß diese Pläne an der breiten und wachsenden (freilich auch von den Gymnasialpädagogen als didaktisch nicht ganz unproblematisch angesehenen) Akzeptanz des Gymnasiums sowohl in den alten wie in den neuen Bundesländern gescheitert sind [HURRELMANN, 1989]. Kaum für möglich gehaltene Anteile eines Altersjahrganges besuchen das Gymnasium (etwa 30 % – 40 % s. u.) und die Erfolgsquote, die sich an der Anzahl der Abiture festmachen läßt, liegt zwischen 75 % - 80 %. Nun gibt es schon Unterschiede, ob ich 7 % oder 30 % eines Altersjahrganges zum Abitur führen will. Die Heterogenität der Schülerschaft hat erhebliche Konsequenzen für die Didaktik und Methodik; denn es kommen immer mehr junge Menschen, geprägt durch verschiedenartige Interessen, Motivationen und durch spezifische Sozialisationen, zusammen. Lehrende können hier nicht mehr nur Vermittelnde sein, deren einziges Ziel die Realisierung der Hochschulreife in ihren Schülerinnen und Schülern ist. Ob sie es nun wollen oder nicht: Sie sind auch wie die Eltern Erziehende, und das heißt konkret, daß sie im Unterricht und in der Begegnung mit ihren Schülerinnen und Schülern Werte und Normen umsetzen, die vom zwischenmenschlichen Verhalten über die Einstellung und Zuwendung zueinander bis zur Rationalität der Wissenschaft reichen [BRANDL, 1993; NUNNER-WINKLER, 1992; ZEHETMAIR, 1992]. Das Schwere am Beruf der am Gymnasium Lehrenden ist, gerade in unserer Zeit, daß sie immer mehr sehen müssen, wie ihre Schülerinnen und Schüler den genannten weit gefächerten Ansprüchen oft nicht gewachsen sind, nur noch mitlaufen oder gar aufgeben und scheitern. Zum Fördern gehört auch das Fordern, wie zum fliegenden Vogel die Luft. Doch trotz allem werden in den Fällen des Scheiterns die Lehrenden am Gymnasium auch Leidende sein. Glück und Unglück, Freude und Leid liegen im Lehrerberuf eng zusammen [vgl. RÖSLER, 1991; KASPER/CLAUS, 1991; CZERWENKA, 1991; TERHARD, 1991; SZAGUN, 1991; FEIKS, 1993]. In dieser Hinsicht bedürfen sie freilich nicht der „Ratschläge" derer, die mit Genugtuung jetzt das Gymnasium als in Bedrängnis gebracht wahrnehmen und es nun noch gern „ausgehungert" sähen, welch letzteres in den Verwaltungsstrukturen (bis in die obersten Landesbehörden) schneller und leichter möglich ist als in den schulischen Institutionen.

Doch gibt es nicht zu übersehende Standards, wenn man an der Forderung, die Allgemeine Hochschulreife zuzuerkennen, festhält, und sowohl die Hochschulseite als auch die Schulseite halten daran fest, d. h. an der Verbindung von inhaltlichem und methodischem Wissen, Fertigkeiten und der Prägung einer ethischen sowie charakterlichen Grundhaltung. Diesem Spezialziel des Unterrichts, der direkt die Grundlage für ein Universitätsstudium legen soll, ist nicht jeder Mensch gewachsen, und das ist auch gar nicht notwendig. Es scheint hier die menschlichere Lösung zu sein, wenn in einer früheren Phase des schulischen Lebens die der Begabung und Neigung entsprechenden Entscheidungen fallen, als wenn einem 25 Jahre alten Menschen bescheinigt werden muß (oder dieser zu der Einsicht kommt), daß er den Standards nicht gewachsen ist – so daß er dann zu den 30 % Studienabbrechern gehört. Darum muß die Mittelstufe des Gymnasium stärker beachtet werden; denn hier liegt der Kern homogener Vorbildung, hier wird elementaren Kenntnissen der Grund gelegt, und hier spätestens kann man sehen, wie die einzelnen Schülerinnen und Schüler mit dem Gebotenen fertig werden. Nicht jedem eignet ein hoher Verbalisierungsgrad, das Vermögen sprachlicher Differenzierung und ein hohes Abstraktionsvermögen – die drei Komponenten gymnasialer Bildungsarbeit sind aber auch nicht unverzichtbare Grundlage eines jeden Berufes, der seinen Beitrag zur Reproduktion zur Gesellschaft leistet. Die Inflationierung der Hochschulreife ist gesamtgesellschaftlich genau so unproduktiv wie die "Akademisierung" des dualen Systems der Berufsausbildung [vgl Anhang II.26].

Eine Frage, die immer wieder gestellt wird, ist, warum dieses Buch sich außer in Zitaten in nur ganz beringem Umfang zur Gesamtschule äußert. Zwei Gründe sind zu nennen:

Zum einen gebietet die Arbeitsökonomie Konzentration auf das eine Thema: das Gymnasium. Und schon diesem Thema kann die umfangreiche Veröffentlichung nicht gerecht werden.

Zum zweiten hat das Gymnasium es nicht nötig, sich permanent in die Situation derer zu begeben, die sich Legitimationsdruck aussetzen und vor lauter Rechtfertigung ihre eigene Arbeit übersehen. Abgesehen davon ist eine sich rechtfertigende Verteidigung kein guter Ratgeber: Das Gymnasium ist eine in unserer Gesellschaft gewachsene und mit dieser Gesellschaft eng verbundene Schulform, die ihre Leistungsfähigkeit längst bewiesen hat und nicht erst noch beweisen muß: Revolutionen wie die industrielle des 19. Jahrhunderts und wie die im umfassenden Sinne informationstechnische des 20. Jahrhunderts, Aufbauleistungen wie die nach dem schrecklichen zweiten Weltkriege, in dem Millionen hochqualifizierter Menschen auch bei uns ihr Leben lassen mußten oder mehr oder weniger freiwillig in andere Länder gingen, um dort an der Entfaltung der Spitzentechnologie zu arbeiten, sind ohne das leistungsbereite und leistungsfähige Gymnasium nicht möglich gewesen. Zu den Aufbauleistungen darf man mit Fug und Recht nicht nur die Bereiche der Wirtschaft und der Technologien, sondern auch die hohen sozialen Standards und die Entfaltung dessen, was Politiker Lebensqualität nennen, rechnen. Dieses Buch mag zeigen, welches die Grundlagen der Leistungsbereitschaft und der Leistungsfähigkeit sind. Es beteiligt sich ganz bewußt nicht an der durch HURRELMANN erneut in Gang gekommenen öffentlichen Debatte zur Gestaltung des Schulwesens in den Ländern der Bundesrepublik und an der strukturellen Verzahnung einer Bildungspolitik, die auf Zerschlagung des gewachsenen gegliederten Schulwesens zielt, mit der Erziehungswissenschaft, wie sie TILLMANN präsentiert.

Ein paar Sätze sollen doch noch zur tatsächlichen und auch wünschenswerten Vielfalt des gymnasialen Schulwesens im Bundesgebiet geschrieben werden:

Bundesweit haben wir, von wenigen Bereichen abgesehen, die Entwicklung zu Ganztagsgymnasien oder zu gymnasialen Einrichtungen, in denen die Schülerinnen und Schüler über die Unterrichtsstunden hinaus Betreuung erfahren und unter Aufsicht lernen dürfen, festzustellen [Deutscher Bildungsrat, 1968; Niedersächsisches Kultusministerium, 1976; NEUMANN/RAMSEGER, 1990 u. 1991; BARGEL/KUTHE, 1990 u. 1991; KUBINA/LAMBRICH, 1991; JOHANNSEN, 1992; HECK, 1992; APPEL, 1993; HOLTAPPELS, 1993; KLINKE, 1993; KNAUF, 1993; RAAB, 1993].

Diese Entwicklung vollzieht sich nach den Mitteilungen der Bundesländer über die Schulformen hinweg in den unterschiedlichsten Modellen auf der Ebene der unterschiedlichsten Träger (Länder, Kirchen, Stiftungen, Vereine). Es gibt auch Länder (z.B. das Saarland, Sachsen-Anhalt, Bremen) ohne Ganztagsformen, dann finden sich aber private Träger oder das Land als Träger von Internaten (z.B. Sachsen-Anhalt).

Schwierig ist die Situation in den Neuen Bundesländern deswegen, weil z.B. bei traditionellen Spezialschulen (im Freistaat Sachsen) die Trägerschaft vom Staat auf die Kommunen übergeht und hier wegen der schwindenden Steuerkraft die Möglichkeit zur Aufrechterhaltung des Ganztagsbetriebs geringer wird. Insgesamt aber trägt das Gymnasium auch Angesichts der sich verschlechternden Finanzlage dem sich vollziehenden Wandel in der Gesellschaft (und hier wiederum innerhalb der Familie) und dem Wandel der Werte und Normen durch institutionellen Wandel Rechnung.

Viele Bundesländer bieten schon im Bereich der Unter- und Mittelstufe Musik- und Sportzweige als Schwerpunkte an (z.B. Baden-Württemberg, Berlin, Niedersachsen, Rheinland-Pfalz).

An den eingeführten Europäischen Gymnasien beginnt die zweite Fremdsprache schon in der sechsten Jahrgangstufe, die dritte Fremdsprache (als Pflichtfremdsprache) beginnt in der achten bzw. neunten Jahrgangstufe. Selbst eine vierte Fremdsprache darf so betrieben werden, daß sie am Ende der gymnasialen Oberstufe als Prüfungsfach gewählt werden kann. Das gleiche gilt für den als Schulversuch in Baden-Württemberg eingeführten achtjährigen gymnasialen Bildungsgang. Hier wird ein spezielles Curriculum entwickelt mit dem Ziel, die Schülerinnen und Schüler nach acht Jahren zum Abitur zu führen.

Das Land Berlin z.B. bietet in verschiedenen Gymnasien auch bildende Kunst als Schwerpunktfach oder Wahlpflichtfach an, auch fernöstliche Sprachen wie Japanisch; selbst Russisch kann (Johann-Gottfried-Herder-Gymnasium) erste Fremdsprache sein.

In verschiedenen Bundesländern (z.B. Bremen) werden flexible Stundentafeln vorgehalten, aufgrund deren die Schulen selbst sich Schwerpunkte geben können; die Genehmigung besonderer Formen (z.B. Schwerpunkt Theater) behalten sich die obersten Landesbehörden (z.B. Goethe-Schule zu Hannover) vor.

Bundesweit zeichnet sich der Trend zur Ausweitung mathematisch-naturwissenschaftlicher Schwerpunkte einerseits und sprachlicher Schwerpunkte andererseits ab.

An etwa 20 niedersächsischen Gymnasien werden zweisprachige Züge so geführt, daß die Fremdsprache „prüfungsfachfähig" und damit auch prüfungsrelevant ist.

Für Niedersachsen könnte überdies die Einführung der schulformbezogenen Orientierungsstufe als Schulversuch angeregt werden; hier sollte erprobt werden, ob und wieweit die Orientierungsstufe am Gymnasium oder auch an der Realschule den sonst geführten Orientierungsstufen in der pädagogischen Effizienz und in der humanen Verfaßtheit überlegen ist. Grundvoraussetzung eines solchen Schulversuchs muß allerdings die Durchlässigkeit sein. Warum sollte eigentlich nicht eine schulpolitische Analogie zur Gesamtschule, die nach Durchlaufen von Schulversuchen hier Regelcharakter bekommen hat und übrigens fünfte und sechste Klassen selbstverständlich führt, in der Form der Orientierungsstufe am Gymnasium oder an der Realschule möglich sein? Was z.B. in Hildesheim, wo die Gymnasien in kirchlicher Trägerschaft die orientierenden fünften und sechsten Jahrgangstufen führen (parallel zu den auch dort vorhandenen Orientierungsstufen), Realität ist, müßte doch auch sonst in diesem Lande als Schulversuch möglich sein und nach Bewährung die Regel werden dürfen.

Was z.B. auch in Niedersachsen fehlt, ist das Europäische Gymnasium. Bei den jetzt klaren Mehrheitsverhältnissen wäre es eine honorige Aufgabe für die Landesregierung, auch im Schulbereich den Europäischen Gedanken voranzutreiben. Da Europa künftig ohne funktionale Eliten nicht auskommen wird, müßte die Forderung, europäische Elitegymnasien einzurichten, jedem vernünftig denkenden Menschen unmittelbar einsichtig sein. Gemeint sind nicht Geburts-, Besitz- und Geldeliten, sondern allein funktionale Leistungseliten, wie sie jede Gesellschaft, wenn sie denn eine humane Gesellschaft bleiben möchte, benötigt. Auch für andere Bundesländer wird die Einrichtung Europäischer Gymnasien dringend empfohlen.

Doch ist die Gesamteinschätzung sicherlich nicht ganz falsch, wenn festgestellt wird, daß es in den A-Ländern eine weniger ausgeprägte Pflege des Gymnasiums (bis hinein in die Verwaltungsstrukturen der oberen und obersten Landesbehörden) gibt. Man hätte ja sonst den Beweis für die Entwicklungsfähigkeit des Gymnasiums, den zu liefern gegen das eigene schulpolitische Interesse wäre.

Es gibt freilich nicht nur Beispiele für Flexibilität und Kultur des Gymnasiums. Wir finden auch erhebliche – und wohl auch durch die KMK unüberbrückbare – Divergenzen zwischen den Ländern. Als eine Beispiel sei Bremen (Aufbau von Schulzentren) im Unterschied zu Nordrhein-Westfalen oder Bayern oder Niedersachsen (das Gymnasium als eine Einheit von den Jahrgangstufen 5/7 bis 13) genannt. Ein weiteres Beispiel für Divergenz sei dem jeweiligen Beamtenrecht entnommen: Hamburg kennt das Einheitliche Lehramt an Öffentlichen Schulen, Nordrhein-Westfalen hat das Stufenlehramt (Sek. I/Sek. II) – wobei nach dem Unterschied z.B. zwischen Latein in Sek. I und Sek. II gefragt werden könnte – eingeführt, andere Länder (z.B. Bayern, Baden-Württemberg oder Sachsen-Anhalt) haben ihre Lehrämter im wesentlichen nach Schulformen geordnet und kennen das Lehramt an Gymnasien.

Ansonsten sieht es dieses Buch als einzige Aufgabe an, das Gymnasium zu präsentieren, die Arbeit des Gymnasiums darzustellen und zu stärken. Kern der Arbeit aber ist der Unterricht, in dem Wissenschaft und Philosophie, Fakten und Sätze sich verbinden mit Werten.

Wenn es ein konstitutives Merkmal einer Buchproduktion gibt, dann ist es der ständige Zeitdruck. Durch diesen Zeitdruck geschieht es dann auch, daß sich völlig unbeabsichtigt

Fehler und Ungenauigkeiten einschleichen. Alle Leserinnen und Leser sind herzlich gebeten, auf solche Fehler und Ungenauigkeiten aufmerksam zu machen. Auch werden sich Belege für sprachliche Schärfen finden, die aber nur als kritische Schärfen, nicht jedoch zur persönlichen Verletzung gedacht sind. Sollte dieser Eindruck gleichwohl entstehen, so wird hier um Nachsicht gebeten.

Es ist nunmehr an der Zeit, allen zu danken, die an der Neubearbeitung des Buches mitgewirkt oder diese mit Gedanken und Worten im Gespräch begleitet haben.

Zusammen mit dem Autor haben die an der Carl von Ossietzky Universität zu Oldenburg studierenden Silke vom Bruch und Kerstin Wagner die erste Auflage sorgfältig durchkorrigiert und sodann die weiteren Veröffentlichungen, soweit sie einschlägig sind, studiert. Sie haben dem Autor dabei sehr geholfen, die nach Erscheinen der ersten Auflage veröffentlichte Literatur zu erfassen, zu benennen und natürlich auch aufzuarbeiten. Es ist zwar in der Erziehungswissenschaft Brauch geworden, daß man Gedanken, Konzepte und Darstellungen, die gerade nicht auf der modischen Diskussionslinie liegen, unterdrückt und verschweigt. Als Beispiele hierfür seien Werner FÖLLING [1993] in seinem Habilitationsvortrag aufgeführt, desgleichen HUBER in derselben Nummer derselben Zeitschrift [1993]. Der Autor aber möchte in die Reihe derer, die wissentlich mit eigentlich selbstverständlichen wissenschaftlichen Standards brechen, nicht eingeordnet werden. Sollten jedoch unabsichtlich wichtige Veröffentlichungen übersehen sein, so ist der Autor für Hinweise, die allen Leserinnen und Lesern zugute kommen, sehr dankbar.

Silke vom Bruch und Kerstin Wagner haben darüber hinaus umsetzbare Vorschläge für Veränderungen gemacht, damit das Buch für einen größeren Leserkreis leichter zu nutzen ist. Insgesamt haben sie diese Edition entscheidend gefördert. Dafür sei ihnen herzlich gedankt.

Ebenso hat der unermüdliche Ulf Gieseke, der schon in der ersten Auflage die Dateien aufbaute und verwaltete, dem Autor bei dem neben der beruflichen Belastung gewiß schwierigen Unternehmen sehr geholfen. Inzwischen hat Ulf Gieseke seine beiden Staatsprüfungen für das Lehramt an Gymnasien absolviert; er ist jetzt „Assessor des Lehramts" mit den Fächern Biologie und Chemie und arbeitslos. Ihm wie den beiden Damen – alles engagierte junge Menschen, die man der Schule nur empfehlen kann! – sei herzlich gedankt.

Viele ungenannte Studierende haben durch Bestätigung und auch durch kritische Beiträge und Nachfragen in den Seminaren an der Carl von Ossietzky Universität die Arbeit am Buch ebenso begleitet und gefördert wie viele Kolleginnen und Kollegen an der Universität und an den Gymnasien im Rahmen von schulinternen Lehrerfortbildungen, auch in den neuen Bundesländern. Besonders wichtig waren dem Autor die vielen Gespräche mit Kolleginnen und Kollegen an der Martin-Luther-Universität Halle-Wittenberg, insbesondere den Herren Anlauft, Luppe, Mehlig und Olbertz, und mit dem Kollegium des Jahn-Gymnasium zu Salzwedel und mit dem Kollegium des Jahn-Gymnasiums zu Greifswald. Ihre Kritik war zugleich eine Ermutigung.

Aber nicht nur auf der Ebene der Wissenschaft, auch sonst sind die Äußerungen zum Gymnasium so zahlreich geworden, daß der einzelne leicht die Übersicht verlieren kann.

Hier haben viele Kolleginnen und Kollegen aus den Fachverbänden und dem Niedersächsischen Philologenverband sowie aus dem Deutschen Philologenverband sehr geholfen. Insbesondere gedankt sei hier dem Kollegen Starke sowie den Kollegen Freisel, Kretzer, Neßler, Ranke, Steinbrecht, Warnking und Zapfe. Sie sorgten dafür, daß der Autor den Zusammenhang mit der Praxis des Unterrichts und der Schule nicht verlor.

Besonders zu danken ist den Mitarbeitern der Kultusbehörden in den Bundesländern. Trotz ihrer gerade in dieser Zeit starken Belastungen haben sie Anfragen mündlicher oder schriftlicher Art schnell und unbürokratisch beantwortet und so Informationen vermittelt, die in diesem Buch verarbeitet werden konnten.

Mit großem Bedauern ist eine Ausnahme zu machen: Anfragen an die oberste Landesbehörde in Kiel wurden entweder gar nicht oder nur dürftig beantwortet mit dem „entlastenden" Hinweis, die KMK sei der rechte Ansprechpartner.

Dafür war die KMK um so aufmerksamer und aufgeschlossener, obwohl auch hier der Arbeitsdruck sehr groß ist. Besonderer Dank gebührt Herrn Oberstudiendirektor Harald Kästner für die vielen Informationen und Gespräche: Dieses alles hat intensiv im Buch Eingang gefunden.

Dem Autor war es keineswegs selbstverständlich, daß die Wissenschaftsministerin des Landes Niedersachsen im Einvernehmen mit dem Fachbereich 1 der Carl von Ossietzky Universität für dieses Buch ein Forschungsfreisemester gewährt hat. Ihr und den Mitgliedern des Fachbereichsrates sei herzlich gedankt.

Ohne die moderne Computertechnik wären Autoren hilflos wie Blätter in einem reißenden Bach: Als großartige Fachleute und Helfer (und Motore) haben sich die Herren Balfanz und Jürgens von der Hahner Verlagsgesellschaft erwiesen. Durch sie bekam das Buch die Gestalt, die es jetzt hat.

Kurz vor der Fertigstellung der zweiten Auflage dieses Buches ist Herr Dr. Rolf Wägele plötzlich verstorben. Bis unmittelbar vor seinem Tode blieb er ein wichtiger und hartnäckiger Mahner und Anreger. Ihm sind Dank und das Gefühl der Freundschaft über das Grab hinaus sicher.

Bücher wie dieses können ohne die besondere und große Geduld der Familie nicht geschrieben werden. Was besonders belastet, sind die vielfältige Selbstisolierung und Abwesenheit. Für die große Nachsicht und das Verständnis dankt der Autor seiner Frau ganz besonders.

Aus dem Umkreis der Familie sei schließlich noch Frau Dipl.-Chem. Hella Schwalenstöcker geb. Ostwald gedankt. Die jetzt in Freiburg/Br. lebende Enkelin des Nobelpreisträgers Wilhelm Ostwald gab so manche Anregung und v. a. Information über das für Schule und Unterricht wichtige Denken ihres Großvaters, das in diesem Buch implizit weiter ausgebreitet werden soll.

Einleitung

Am 23. Dezember 1988 waren 200 Jahre vergangen, seitdem in Preußen mit dem Edikt des Friedrich GEDIKE das Abiturientenexamen als Spezialziel des Unterrichts am Gymnasium eingeführt worden ist. Von damals bis heute ist das Gymnasium formal-rechtlich über dieses Spezialziel definiert. Sofern heute auch andere Einrichtungen Abiturprüfungen abnehmen, bewegen sie sich auf der Ebene des Gymnasiums; ihr Anteil liegt im Schuljahr 1990/91 [Statistisches Bundesamt, Fachserie 11, Reihe 1, 1993] bei 3,01 % der im Bundesgebiet abgenommenen Abiturprüfungen unter Ausschluß derjenigen, die berufliche Schwerpunkte (z.b. an technischen und wirtschaftswissenschaftlichen Gymnasien) haben. Seit dieser Zeit, vor allem aber seit Wilhelm von HUMBOLDT und Wilhelm SÜVERN, ist diese Prüfung, sind die ihr vorgeschalteten Klassen bzw. Jahrgangsstufen Gegenstand des Nachdenkens und besonderer Bemühungen, vor allem der Bildungsverwaltungen bis auf die höchste Ebene. In diesem Zusammenhange wird auf die gelehrte Abhandlung von Friedrich PAULSEN, aber auch auf die Versuche von Benno SCHMOLDT und von Heinz Elmar TENORTH hingewiesen [vgl. Literaturverzeichnis Anhang VI]. Schon jetzt soll der besondere Charakter dieses Nachdenkens erläutert werden: Es handelt sich um eine gedankliche Konstruktion „von oben" [WOLTER, 1987, S. 284]; d.h., daß weniger die ausführenden Lehrer und Lehrerinnen beteiligt waren als die Bildungspolitik. Was nun das Abiturientenexamen betrifft, so werden und wurden die inhaltlichen und formalen Rahmenbedingungen nicht nur aus dem Raume des Gymnasiums, sondern, da es sich um Zuerkennung der Hochschulreife handelt, auch und vor allem aus dem Bereiche der Universität an die Schule herangetragen. So ist für das Gymnasium zu einem bedeutenden Teil die Fremdbestimmung konstitutiv. Das gilt auch in bezug auf die Rahmenvorgaben der Bonner Vereinbarung zur Neugestaltung der gymnasialen Oberstufe in der Sekundarstufe II vom 7. Juli 1972, die uns jetzt in der Fassung vom 11. April 1988 vorliegt (von nun an kurz Bonner Vereinbarung genannt). Wenngleich diese Vereinbarung der Ständigen Konferenz der Kultusminister in der Bundesrepublik Deutschland (KMK) nicht plötzlich geschlossen wurde, so bedeutete sie für die am Gymnasium Unterrichtenden doch eine erhebliche Umsetzungsarbeit; daraus ergaben sich in vielen Bundesländern Akzeptanzschwierigkeiten [vgl. z.B. HARDMANN, 1977, S. 345 ff.], die die Schulbehörden der Länder durch intensive Angebote in der Lehrerfortbildung zu beheben versuchten und auch behoben haben. Dabei sollte ausdrücklich erwähnt werden, daß die Universität, ehemals durch die Westdeutsche Rektorenkonferenz (WRK), jetzt durch die „Hochschulrektorenkonferenz" (HRK) vertreten, ihre Auffassung von Hochschulreife, wie sie 1969 in dem Beschluß zu Münster [vgl. Anhang II.12] niedergelegt war, zu großen Teilen durchgesetzt hat. Dennoch haben sich die Universitäten davon distanziert, wie die folgende Bewertung aus dem Jahre 1984 zeigen mag: „Für die mangelnde Studierfähigkeit der Studierenden ... ist die seit 1972 eingeführte Reform der Oberstufe des Gymnasiums verantwortlich" [HELDMANN, 1984 (A), S. 33].

Die genannte Fremdbestimmung ist ein Problem, dem sich dieses Buch stellen muß. Zwar bezieht sich diese Fremdbestimmung vor allem auf die Oberstufenarbeit. Gleichwohl darf die Unter- sowie Mittelstufe des Gymnasiums nicht aus dem Auge verloren werden. An dieser Stelle wird mit Nachdruck auf dieses Defizit aufmerksam gemacht [vgl. HAMMER/KRÜTZFELD, 1981, S. 516 ff.] und zugleich soll der didaktische Komplex der beiden vorlaufenden Gymnasialstufen als wichtige Forschungsaufgabe angemahnt werden.

In diesem Buch aber soll es um die Oberstufe des Gymnasiums gehen und zwar im engeren Sinne um eine Bestandsaufnahme angesichts des Beschlusses der KMK vom 4. Dezember 1987 sowie der darauf fußenden Vereinbarung zur Neugestaltung der gymnasialen Oberstufe in der Sekundarstufe II in der Fassung vom 11. April 1988 [vgl. Anhang II.4]. Weiterhin wird auf die redaktionelle Schwierigkeit aufmerksam gemacht, die sich daraus ergibt, daß die notwendigerweise an die gesamte Vereinbarung sich anschließenden Länderregelungen [vgl. die Zusammenstellung im Anhang I] entweder schnell geändert werden oder gerade erst <und dann unter Umständen vorläufig> gefertigt worden sind. Auf jeden Fall werden bis vor Drucklegung noch eingehende Änderungen berücksichtigt. Im weiteren Sinne soll die Entwicklung, die zur Bonner Vereinbarung führte, auch skizziert werden, damit der Gesamtzusammenhang, in dem diese Vereinbarung eingebettet ist, deutlich wird.

Der Gesamtzusammenhang, der ein weites Spektrum von gesellschaftlichen und kulturellen Prozessen umfaßt, ist aber auch von sektoralen Politiken [vgl. unten Kapitel II, Seite 144] geprägt. In diesem Sinne ist das Buch ein politisches.

Das Gymnasium steht aber darüber hinaus in der Kontinuität eines langen Wachstumsprozesses. Darin unterscheidet sich diese Schulform von jeder anderen:

Der Prozeß beginnt bereits mit den griechischen Sophisten des fünften vorchristlichen Jahrhunderts; sie bemühten sich sehr früh um einen für die Demokratie geeigneten Lehrplan; dieser verläuft über PLATON, ISOKRATES und ARISTOTELES bis in den Hellenismus, wo der Lehrplan globale (, d.h. den Mittelmeerraum umfassende,) Ausprägung fand. Die Griechen sprachen von der enkyklios paideía und nannten damit den für die Folgezeit tragenden Gesichtspunkt: Bildung ist allgemein und universal, sie steht unter zentralen Ideen. Die Römer machten auf die soziale Komponente aufmerksam, wenn sie die Unterrichtsfächer artes liberales nannten, d.h. „Künste", die <nur> den „Freien" (liber = frei) zukommen. Ansonsten bleiben sie bei der griechischen Bündelung der Fächer zu Erfahrungsbereichen: Die Grammatik, Dialektik und Rhetorik faßten sie unter dem Wort trivium (= Dreiweg), die Arithmetik, Geometrie, Astrologie (= Astronomie) und Musik im quadrivium (= Vierweg) zusammen. Dieser „artistische Lehrplan" blieb zwei Jahrtausende gültig und leuchtet noch heute in den Aufgabenfeldern der Bonner Vereinbarung durch.

Aber auch institutionell und bildungspolitisch steht das heutige Gymnasium zumindest in der Kontinuität der preußischen Reformen (1807–1814) unter vom und zum STEIN, von HARDENBERG und Wilhelm von HUMBOLDT. Dieser Zusammenhang wird zwar in Abhängigkeit vom bildungspolitischen Standort des jeweiligen Betrachters unterschiedlich bewertet. Gleichwohl können nur Unerfahrenheit mit der Schulform Gymnasium und mangelnde Unterrichtspraxis (letztere scheint als ein besonderes Qualitätsmerkmal für die Urteilsfähigkeit über den Unterricht am Gymnasium angesehen zu werden) die geschichtlich gewachsenen Rahmenbedingungen übersehen. Diese sollen im 2. Kapitel des Buches näher erläutert werden. Hier geht es nur um eine erste und vorläufige Übersicht, die das Buch als Ganzes begründen soll.

Rahmenbedingungen

Diese Rahmenbedingungen sollen zunächst durch vier bildungspolitische Setzungen, sodann durch vier didaktische Axiome umschrieben werden.

1. Setzung:

Das Gymnasium ist die einzige Schulform gewesen, die das Abitur abnehmen durfte und konnte. Formalrechtlich war und ist das Gymnasium allein darüber definiert, daß es mit bestandener Abiturprüfung die Allgemeine Hochschulreife zuerkennt. Aber das Abiturientenexamen ist nur ein Spezialziel des Unterrichts am Gymnasium, es weist jedoch dem Gymnasium seinen unverwechselbaren Standort im gegliederten Schulwesen zu.

2. Setzung:

Seit 1834 ist das bestandene Abiturientenexamen notwendige Voraussetzung für ein Universitätsstudium. Anders ausgedrückt: Zwischen Schule und Hochschule, zwischen Gymnasium und Universität wurde eine scharfe, juristisch zu sehende Trennungslinie gezogen, so daß die Abiturprüfung formal ihren Doppelcharakter, nämlich den eines Schulabschlusses und einer Hochschuleingangsprüfung, verlor: Sie wurde eine Hochschuleingangsprüfung, die für das Gymnasium ein erhebliches Stück Fremdbestimmung bedeutet. Angesichts dieser Fremdbestimmung gibt es einen inhaltlichen Zusammenhang zwischen Gymnasium und Universität. Dieser Zusammenhang wird einerseits dort deutlich, wo die Universität und ihre länderübergreifenden Gremien ihre Forderungen an die schulische Ausbildung erheben. Andererseits ist der enge Zusammenhang durch die Person der Unterrichtenden repräsentiert. Die Lehrerschaft gewinnt im Universitätsstudium u.a. ein eigenes, der Universität nicht entfremdetes, das berufliche Schicksal bestimmendes Verständnis von Wissenschaft und Bildung, das implizit den Unterricht prägt.

Nun bedeutet die genannte Trennungslinie nicht Trennung, die von der Universität ausgeht. Auch von der Schule aus gesehen gibt es sozusagen einen cordon sanitaire: Die Grenze wird dort deutlich, wo in der Schule, im konkreten Unterricht, ein Stück pädagogischer, von Universalität geprägter Autonomie errichtet und verteidigt werden muß, wo Agenturen dieser Gesellschaft ihre eigenen Forderungen erheben und durchsetzen wollen, damit ist nicht nur die Hochschule gemeint.

3. Setzung:

Seit der Etablierung des Gymnasiums im Rahmen der preußischen Reformen zu Beginn des 19. Jahrhunderts gilt die bildungstheoretische und bildungspolitische Grundsatzentscheidung, daß die Schuljugend durch die Auswahl der Lehrgegenstände nicht auf einen bestimmten Beruf oder eine bestimmte Berufsgruppe festgelegt werden soll. Berufliche Brauchbarkeitsgesichtspunkte, der professionelle Utilitarismus, wie wir ihn in der Aufklärungspädagogik finden [SCHINDLER, 1988, S. 23], werden als unvereinbar mit der harmonisch-proportionierlichen Entfaltung aller Kräfte eines Jugendlichen (also mit der reinen Menschenbildung) angesehen. HERDER schreibt dazu: „Menschen sind wir eher, als wir Professionisten werden, und wehe uns, wenn wir nicht auch in unserem künftigen Beruf Menschen blieben! ... Was ich als Theologe gelernt habe, suche ich immer mehr zu vergessen ... und eben dadurch werde ich ein geprüfter Mensch, ein nützlicherer Bürger" [HERDER, X, S. 123]. Dabei ist es bis heute der Intention nach geblieben. Es fehlte und fehlt aber nicht an Versuchen, berufliche Abschlüsse (z.B. den des Assistenten) mit der am Gymnasium zuerkannten Allgemeinen Hochschulreife vereinbar zu machen (z.B. im Kollegschulmodell des Landes Nordrhein-Westfalen), doch sind sie in der Praxis nirgendwo eingelöst worden, weil sie schon in ihrem theoretischen Ansatz offenbar von falschen oder trügerischen Prämissen ausgegangen sind.

Gymnasiale Bildung ist verstanden worden und wird verstanden als eine an Wissenschaften sich orientierende Grundbildung in deutlicher Abgrenzung von den Formen beruflicher Bildung, die anderen Zwecken dient. D.h. nun wiederum nicht, daß die Bildungsarbeit am Gymnasium sich nicht an der gesellschaftlichen Wirklichkeit (und damit auch an allgemeinen Berufsbildern) orientiert. Das Gegenteil ist der Fall: Es gibt kaum Ereignisse und Prozesse, die sich auf die Diskussions- und Lernhaltung nicht auswirken können. Indem Schule entweder solchen Prozessen und Gegebenheiten aus der Lebenswelt ausgeliefert ist oder diese in ihre Arbeit einbezieht, ist unbewußt oder bewußt der Zusammenhang von Schule und Leben vorhanden, oder er wird hergestellt. Dieser Zusammenhang bedeutet nur eben nicht die unvermittelte Einwirkung, wohl aber höchste Aufmerksamkeit und Zuwendung durch vielfältige Formen des sozialen Lernens (z.B. im fächerübergreifenden Unterricht oder in sogenannten Projekten), bedeutet möglichst umfassende Verzahnung von Schule und gesellschaftlicher Praxis: Biologie heißt dann Risiken der Gentechnologie, Physik behandelt auch die Gefahren der Entsorgung, Chemie bedeutet dann auch Flüssigkeitsmembrantechnologie.

Vielleicht unterscheidet sich die pädagogische Handlung von jeder anderen darin, daß sie von zweifacher Verantwortung getragen ist, von der Verantwortung

- gegenüber den Schülerinnen und Schülern für deren Entwicklung und
- gegenüber der zu vermittelnden Sache in ihrer universalen Einbindung in die Folgeproblematik.

So weitet sich die pädagogische Handlung stets durch das Bewußtsein, daß es Folgen gibt. Auch hier liegt der Zusammenhang zwischen Schule und Leben. Die gute Schule lehrt ihre Schüler Folgebewußtsein und hilft, Folgen unter Absehung von den zweckrationalen und utilitaristischen Erwägungen der Berufsausbildung zu erleben.

4. Setzung:

Aus dieser bildungspolitischen Setzung folgt eine weitere: die pädagogische Autonomie [vgl. HORNSTEIN, 1992; die Beiträge von HOFFMANN, SCHWEITZER, LÜCKERT und BLANKENBURG in: „Die Deutsche Schule" 3/93; auch EDER, 1993; HEITGER, 1993]. Sie ist gewiß nicht in einem direktiven Sinne zu verstehen, so, als ob die Schulbehörden durch Verfügungen und Erlasse das anordnen könnten; sie ergibt sich aus dem beruflichen Selbstverständnis der am Gymnasium Unterrichtenden, und sie bleibt eine ständige Aufgabe, die oft genug gegen Angriffe und Eingriffe gesellschaftlicher Agenturen, auch der Schulbehörden, verteidigt werden muß: Die pädagogische Autonomie – heute sicher schwerer zu erkennen als sonst – ist nämlich kein Selbstzweck, sondern sie dient der Entfaltung der Individualität unserer Schülerinnen und Schüler. Diese Individualität hat Vorrang vor fremdem Anspruch; ihre Entwicklung, die vornehmste Pflicht aller Lehrenden, kann und darf nicht permanent fremdem Zugriff offenstehen; denn sie ist ein ganz eigener Bereich im Rahmen des Bildungsprozesses. Lehrerinnen und Lehrer, die das ernst nehmen, sind die rechten Anwälte und Anwältinnen ihrer Schülerinnen und Schüler. Das ist keine neue Erkenntnis, sondern eine lange Zeit unerfüllt gebliebene Forderung der preußischen Schulreform des beginnenden 19. Jahrhunderts. Somit bedeutet gerade jetzt und für uns Schule, Gymnasium alle Male, Chance zur Ausbildung und Entfaltung der Individualität [ELIAS, 1987]. Sofern diese Forderung ernstgenommen und umgesetzt wird, geht davon ein wichtiger Beitrag zur Humanisierung unserer Gesellschaft aus. „Schulen, die sich nicht für dieses oder jenes Zeitverhältnis, sondern nur so einrichten, wie sie vermöge ihrer pädagogischen Bestimmung sollen, <werden> ganz unfehlbar ... Schüler bilden, die jederzeit kräftig und mit Einsicht in das Leben unserer Gesellschaft einzugreifen vermögen." So schrieb der enge Mitarbeiter Wilhelm von HUMBOLDTs, Wilhelm SÜVERN, am 16. Dezember 1813 an die geistliche und Schuldeputation zu Breslau.

Didaktische Axiome

1. Axiom:

Es gibt Fächer, die in besonderer Weise geeignet sind, junge Menschen in ihrer geistigen Entwicklung zu fördern und sie innerhalb eines bestimmten Kultur- sowie Gesellschaftsraumes konsensfähig zu machen und zu halten.

Das wird deutlich aus der Bindung des 1. Leistungsfaches an einen ganz bestimmten Kanon sowie auch daraus, daß für bestimmte Fächer eine kontinuierliche Auseinandersetzung spätestens vom 1. Halbjahr der 12. bis zum Ende der gymnasialen Oberstufe vorgesehen ist [7.4.3 der Bonner Vereinbarung; vgl. Anhang II.4].

2. Axiom:

Von Anfang an sind die Unterrichtsinhalte als einem höheren Ganzen zugeordnet aufgefaßt worden. Grammatik, Dialektik, Rhetorik z.B. waren dem alten trivium zugeordnet wie heute die Sprachen und Literatur dem sprachlich-literarisch-künstlerischen Aufgabenfeld. Unterrichtsinhalte entstehen aus Erkenntnissen der Fachwissenschaft, nur dort, wo eine Bedeutung für das Subjekt und eine übergreifende Zuordnung möglich werden, Bedeutung vor allem für die Lernenden, Zuordnung innerhalb der Stränge eines vernetzten Systems – damit das Bewußtsein wächst, woran Menschen sich halten können und wo ein jegliches seinen Platz hat: „Von welcher Struktur und wie umfangreich die Lerninhalte sind, mit denen die Schüler sich beschäftigen müssen, und zu welchem Zeitpunkt das einzelne gelernt werden muß, welcher Unterrichtsinhalt zu einem anderen paßt und wo dieser sich von anderen Inhalten abhebt und schließlich der gesamte Begründungszusammenhang der Lerngegenstände, das ist es, was man als erstes verstanden haben muß, wenn man auf der Grundlage dieser Gegenstände zu den anderen Lernbereichen gehen und diese lernen möchte..."

Mit diesem systemisch zu verstehenden Problemkatalog stehen wir an der Wiege des europäischen Lehrplans. Diesen entnehmen wir dem Alterswerk des PLATON [De legibus, 818 d 4 ff.]; vgl. auch Kap. II, B.

3. Axiom:

Auch wenn die Wirklichkeit des täglichen Unterrichtens eine andere Bewertung möglich zu machen scheint, ist das Gymnasium die Schule wissenschaftlicher Grundbildung. Sie ist der einzige Ort, an dem unmittelbar Bildung an der Wissenschaft möglich wird, ohne daß wissenschaftlich, d.h. vor allem forschend, gewirkt wird. Bildung an der Wissenschaft ist auf der Schule stets in einem „vor"-läufigen Sinne gemeint; daher ist das Gymnasium ein propaedeuticum, und Inhalt seiner Arbeit ist die Wissenschaftspropädeutik. Propädeutisch meint:

- die formende Reflexion durch die „nach"-forschende Tätigkeit,
- in der Folge davon ein Wissenschaftsbewußtsein, über das die ethische Dimension gelegt ist,
- schließlich das wachsende Bewußtsein und das Wissen um das Ganze, das sich als das Eine und Allgemeine sowie fachliche Grenzen Überschreitende manifestiert; kurzum: Der Wille zum Systemischen und zum Ganzen, sozusagen zum geistigen Brückenbau. Das jedoch bedeutet, überhaupt etwas verstanden zu haben. An dieser Stelle begegnet uns das Reale, das vorurteilsbefangener Ideologie gegenübersteht [HOLZAPFEL, 1948, S. 4].

Im d i a l e k t i s c h e n S i n n e kann es eben ohne ein „Vor" auch kein „Nach" geben, wobei mit dem „Nach" die Universität angesprochen ist. In einem weiteren r e c h t s - t e c h n i s c h e n S i n n e ist damit a u c h die Hochschulreife [vgl. Kap. II D.] verbunden (sie wird auf einem Staatszeugnis vermerkt). Das wurde und wird oft verkannt. Bildungssoziologische Überlegungen, die auf eine „Entwertung" des Abiturs hinauslaufen, gehen daher ebenso in die Irre, wie die Behauptung, das Gymnasium, vor allen Dingen seine Abschlüsse, seien Instrumente, mit denen das Beschäftigungssystem Bedürfnisse steuert – als ob je Lehrerinnen und Lehrer (vor allen Dingen aber die zeitgenössischen) nichts weiter wären als gut funktionierende Instrumente ohne Berufsethos.

4. Axiom:

Seit einigen Jahrhunderten ist am Gymnasium das gewachsen, was die Kontinuität des langen Lehrgangs genannt werden kann. Nach dem Reichsgrundschulgesetz der Weimarer Republik von 1920 haben sich durch Gesetz 9 Jahre als Dauer eines Gymnasiallehrganges herausgebildet. Wenn wir von der Vorschule (mit der Unter- und Oberseptima) absehen, gibt es den neunjährigen Lehrgang schon im 19. Jahrhundert. Der Äquivalenzerlaß Kaiser WILHELMs vom 26. November 1900, in welchem die Gleichwertigkeit der Bildungsgänge des Gymnasiums, des Realgymnasiums und der Oberrealschule festgestellt wurde [LEXIS, 1902, S. VII ff.], bezog sich auf den neunjährigen Lehrgang.

Dieser Lehrgang steht zur Zeit zur Disposition. In Niedersachsen haben (bis auf wenige Schulen in kirchlicher Trägerschaft) die Gymnasien durch die Orientierungsstufe ihre 5. und 6. Klassen verloren, in Hessen räumt das Schulgesetz von 1992 [§§ 21 und 22] den Gymnasien noch ein, die beiden genannten Jahrgänge zu führen. Die schulpolitisch gewünschte Entwicklung geht aber in Richtung auf ein Stufenschulwesen. Bis zur Entfaltung dieses Programms wird man auch dort den Gymnasien ihre 5. und 6. Klassen nehmen. Schon jetzt wird die Einrichtung und Führung von Förderstufen intensiv betrieben. Erschwert wird die Situation dadurch, daß mit Hinweis auf die wachsende europäische Integration und den schulfachlichen Zustand in den neuen Bundesländern die 13. Jahrgangsstufe in Frage stellt ist [vgl. im Vorwort zur 2. Auflage, Seite 20]. Als aus guten Gründen gewachsen darf aber dennoch die institutionelle Kontinuität gelten, die den langen Lehrgang ermöglicht.

Dieses Buch sollte als ein solches angesehen werden, das der Praxis verpflichtet ist. Daher richtet sich dieses Buch an all diejenigen, die mit dem Gymnasium, vor allem mit der Oberstufe, zu tun haben:

– Schülerinnen und Schüler,
– Lehrerinnen und Lehrer,
– Schulleitungen,
– Eltern,
– an Schule Interessierte und für Schule Verantwortliche.

Neben der Beratung [FRAGNIÈRE, 1976, S. 55 ff.] stellt sich das Buch die Aufgabe, über die neuere Entwicklung zu informieren. Information und Beratung sind sehr wichtig. Das ergibt sich aus der Tatsache, daß auch die sog. Insider häufig das Gefühl haben, die Struktur der Oberstufe nicht durchschauen zu können. Hier soll die Information Durchschaubarkeit und hoffentlich Klarheit bewirken für alle eben Genannten, nicht zuletzt auch dann, wenn nach einem Umzug die Neuorientierung beginnt. Den Besonderheiten der verschiedenen Bundesländer trägt die Zusammenstellung im Anhange I Rechnung. Das Ziel des Buches ist es aber auch, dem Unterricht implizit zu dienen, das Reflexionsniveau in der Bildungs- und Erziehungsarbeit zu gestalten und neue Ebenen des pädagogischen Bewußtseins zu schaffen. Daher wendet sich das Buch besonders an Lehrerinnen und Lehrer sowie an Schulleitungen und auch an die Mitglieder der Schulaufsicht. Daraus folgt, daß dieses Buch auch als eine Handreichung für den Unterricht verstanden werden kann.

Zusammenfassung:

Dieses Buch soll der gymnasialen Oberstufe dienen; es möchte die Entwicklung nachzeichnen, die zur Umgestaltung der gymnasialen Oberstufe führte, und auch die Folgeentwicklung darstellen.

Es wird folgende gewachsene und für das Gymnasium konstitutive Setzungen darstellen:

1. Die sogenannte Allgemeine Hochschulreife ist nur ein Spezialziel des Gymnasiums.
2. Das Verhältnis zwischen den beiden Institutionen Gymnasium und Universität ist ambivalent: Einerseits besteht zwischen beiden eine juristisch definierte scharfe Trennungslinie, andererseits wirken Universität und Gymnasium aufeinander ein.
3. Das Gymnasium ist die Schule wissenschaftlicher Grundbildung. Ihr Anspruch, in Heranwachsenden den Prozeß der Bildung auszulösen und zu gestalten, ist mit direkter Berufsvorbereitung und unmittelbarer Berufsausbildung unvereinbar.
4. Das Gymnasium steht im Spannungsfeld zwischen pädagogischer Autonomie und Fremdbestimmung. Die Entfaltung der Schülerindividualität hat Vorrang vor fremdem Anspruch und Zugriff.

Zu den didaktischen Axiomen gehören gesicherte Erfahrungswerte wie

1. der Fächerkanon, an dem Bildung sich vollziehen soll,

2. Unterrichtsinhalte, die über sich selbst hinausweisen und fachlicher Isolierung entgegenwirken,

3. Wissenschaftspropädeutik als didaktische Dimension; an besonders geeigneten Inhalten mit propädeutischer Relevanz wird der Zugang zu allgemeinwissenschaftlichem Denken geübt und damit Universalität als Haltung eingeübt;

4. Die Kontinuität des langen Lehrgangs.

An verschiedenen Stellen des Vorworts und auch der Einleitung sind als Stichwörter Europa und die europäische Integration genannt worden. Durch die starken Impulse vor allem von Lord COCKFIELD, dem EG-Kommissar für den EG-Binnenmarkt, haben sich die Mitgliedsländer darauf verständigt, daß bis zum 31.12.1992 alle vorbereitenden Maßnahmen, v.a. Gesetzesinitiativen, so getroffen sein sollen, daß vom 1. Januar 1993 an der Binnenmarkt vollendet werden kann. Am 1. Januar 1994 ist die zweite Stufe der Europäischen Wirtschafts- und Währungsunion in unsere Wirklichkeit eingetreten, wobei frühestens 1997, spätestens jedoch 1999 die Währungsunion geschaffen sein soll. Das Europäische Währungsinstitut (EWI), die Vorläuferin der späteren Europäischen Zentralbank (EZB), hat mit Wirkung vom 1. Januar 1994 in Frankfurt/M. seine Arbeit aufgenommen.

Daraus ergeben sich für die deutschen Schulen ernste, aber keine unerwarteten Konsequenzen. Wie das Literaturverzeichnis ausweist, spielt Europa als geistig-kulturelle und auch politisch-ökonomische Gestalt seit dem Ende des Zweiten Weltkrieges in der deutschen Literatur eine große Rolle. Wichtige Dokumente, vor allem der Beschluß der KMK vom 7. Dezember 1990 „Europa im Unterricht" und auf europäischer Ebene die Entschließung des Rates und der im Rat vereinigten Minister für das Bildungswesen zur europäischen Dimension im Bildungswesen vom 24. Mai 1988, belegen dies; sie sind daher auch im Anhang [II.17 und II.18] abgedruckt [vgl. auch MAIER, 1991; BLUM, 1991; BÖHM, 1991; insbesondere aber KÄSTNER, 1992; JUNGMANN, 1992; DAUBER, 1992; HEESEN, 1993; KWIATKOWSKA, 1993; HOCHBAUM, 1993; JÜTTNER, 1993; JANSSEN, 1993; MICKEL, 1993]. Die Entscheidungen auf vielen Ebenen der Europäischen Institutionen wurden aber (und werden) nicht mehr so ohne weiteres hingenommen. So stießen beispielsweise die Verträge von Maastricht vom Dezember 1991 auf erhebliche Vorbehalte und in Dänemark mit Erfolg auf Ablehnung. Die Bildungs- und Kulturpolitik der EG/EU ist von Seiten der KMK erheblichen Bedenken ausgesetzt, insbesondere offenbarwerdende zentralistische Tendenzen, die für die KMK völlig unannehmbar sind [vgl. Positionspapier der KMK zur EG-Bildungs- und Kulturpolitik, Beschluß vom 24.04.1989]. Bereits 1976 wurde auf EG-Ebene ein Bildungsprogramm angenommen, das noch heute die Grundlage für die Zusammenarbeit der Staaten darstellt. Auf eine Reihe für das Bildungswesen bedeutender Programme – ERASMUS, COMETT, PETRA, LINGUA soll hier nur hingewiesen werden [MÜLLER-SOLGER, 1990, S. 806 ff.], auch auf die europäische Konvention über die Gleichwertigkeit der Reifezeugnisse vom 11. Dezember 1953 [siehe Beschluß der KMK vom 1./2. Oktober 1951 i. d. F. vom 28./29. September 1961 = Leitzahl 280 der Beschlußsammlung der KMK]. Bei den Programmen handelt es sich um solche, die für die Berufsbildung Jugendlicher und zur Förderung der Gleichberechtigung der Mädchen und Frauen auf dem Arbeitsmarkt angelegt sind, z. B. das 1988 geschaffene Netzwerk IRIS. Das FORCE-Programm soll die berufliche Weiterbildung fördern, TEMPUS dient der Unterstützung des Hochschulwesens in Ost- und Mitteleuropa. Mit Beschluß des Rates vom 21.12.1990 wurde das MEDIA-Programm verabschiedet, mit dem die audiovisuelle Industrie Europas gefördert werden soll [vgl. auch KMK, Bericht über die Entwicklung des Bildungswesens in der Bundesrepublik Deutschland 1990 bis 1992, für die 43. Internationale Erziehungskonferenz 1992, S. 82 ff.].

Lange Zeit – bis zur Vereinbarung der KMK von Saarbrücken 1960 [siehe unten Anhang II.8] wurde diskutiert, wie z.b. die politische Bildung in die Schulen der Bundesrepublik Deutschland eingebracht werden sollte – ob im Rahmen eines Faches oder als ein die Unterrichtsfächer durchlaufendes Prinzip. Was nun Europa betrifft, so ist mit dem KMK-Beschluß vom 7. Dezember 1990 die Entscheidung in Richtung auf ein die Fächer durchlaufendes Prinzip, aber auch auf eine die Fächer transzendierende Dimension getroffen:

Im ersteren Falle sind tangiert vor allem die Fächer Erdkunde, Geschichte, Sozialkunde/Politik (Bezeichnung je nach dem Schulrecht der Länder) sowie Fächer „mit wirtschafts- und rechtskundlichen Inhalten" [Anhang II.18]. Im zweiten Falle geht es um die Entwicklung eines europäischen Bewußtseins. Dieses aber kann sich in allen Unterrichtsfächern vollziehen. Das europäische Bewußtsein kultureller Einheit und Identität entfaltet sich vor allem

- in der Auseinandersetzung mit den eigenen Wurzeln (Antike, Christentum, Ideen der Neuzeit – Gerechtigkeit und Solidarität) [vgl. Ernst TROELTSCH bei Wilhelm FLITNER, 1974, i.d.F. von 1965, S. 62 ff.],
- im Austausch zwischen den gewachsenen Kulturen und der Betonung der Gleichberechtigung historisch zu verstehender Vielfalt,
- in der Erkenntnis, daß Europa mehr ist als die EU, vor allem im Hinblick auf die Veränderungen in den osteuropäischen Ländern,
- in der Verflechtung und Vernetzung der Volkswirtschaften und Kulturen,
- in den vier großen Freiheiten, nämlich dem freien Verkehr der Waren, Dienstleistungen, des Kapitals und der Personen.

Eingebunden in die Entwicklung des europäischen Bewußtseins ist ein Wertewandlungsschub, „der die handlungsleitende Priorität der sogenannten Pflicht- und Akzeptanzwerte zugunsten der Werte von Selbstentfaltung und Selbstbestimmung spürbar" herabsetzte [Schlußbericht der Enquête-Kommission „Zukünftige Bildungspolitik – Bildung 2000" vom 05.09.1990, III.1.1]. Der jetzige zu beobachtende Wertehintergrund ist dahingehend zu beschreiben, daß eine gesamtgesellschaftlich erkennbare Gemengelage labilen Charakters vorliegt, die der Stabilisierung durch Werteverstärkung bedarf. Die europäische Schule erhält von hier eine wichtige Aufgabe, das deutsche Gymnasium kann seinerseits durch seine entfaltete Mehrsprachigkeit und seinen hohen Reflexionsstand (dieser bleibt als gewachsenes Faktum, aber auch als Postulat feststellbar) einen gewichtigen Beitrag an die Entwicklung des europäischen Schulwesens abliefern.

Das europäische Bewußtsein entfaltet sich einerseits durch die Kultur des Wortes in der Form der Mehrsprachigkeit, wobei Sprache gepflegt wird durch textgebundene Reflexion (am Beispiel des Lateinischen oder Griechischen) oder durch lebendige Kommunikation (am Beispiel der neuen Sprachen).

Andererseits geschieht die Entfaltung über die Auseinandersetzung mit den Naturwissenschaften und deren in der Dimension der Verantwortung für die Folgen stehenden Anwendung. Die praktische Konsequenz aus einer Verstärkung der Arbeit besteht in der

Einrichtung zweisprachiger Züge an den deutschen Gymnasien und in der Entwicklung von Europaschulen oder Europäischer Gymnasien. Hier ist eine interessante Entwicklung in Gang gekommen, die zugleich auch die Flexibilität und Vielfalt des deutschen Gymnasiums zeigt: Bei den zweisprachigen Zügen überwiegen Englisch und Französisch als weitere Unterrichtssprachen in Fächern wie Erdkunde, Geschichte, Gemeinschaftskunde, Sozialkunde, Biologie u. a.. Wir finden aber auch das Tschechische in Sachsen oder das Russische in Brandenburg, das Lettische, Neugriechische, Russische, Niederländische, Italienische und Spanische an etwa 60 Gymnasien des Landes Nordrhein-Westfalen, wobei z. B. das Pascal-Gymnasium zu Münster seinen zweisprachigen deutsch-französischen Zug schon seit 1970 führt. Es gibt kaum ein Bundesland, das nicht solche Züge führt (z. B. Sachsen-Anhalt und Mecklenburg-Vorpommern) oder wenigstens plant.
Das gleiche gilt in Bezug auf die Europäischen Gymnasien bzw. Europaschulen: Bayern führt an 12 Gymnasien oder Gymnasialzweigen den Schulversuch „Europäisches Gymnasium" durch, und zwar an folgenden Standorten: Augsburg, Berchtesgaden, Fürth (Helene-Lange-Gymansium), Kastl (Ungarisches Gymnasium), Nürnberg (Willstätter-Gymnasium), Memmingen (2 Schulen), München, Passau (Leopoldinum), Würzburg (Wirsberg-Gymnasium). Für das Schuljahr 1994/95 kommen noch das Gymnasium der Benediktiner im Kloster Schäftlarn und das Celtis-Gymnasium in Schweinfurt dazu. Besonderes Merkmal des Europäischen Gymnasiums ist im Unterschied zum herkömmlichen Gymnasium der Unterricht in 3 Pflichtfremdsprachen und verstärktem Unterricht in Naturwissenschaften sowie musischen Fächern. Außerdem sind fünf Fächer Bestandteil des Abiturs, verpflichtend sind Deutsch, Mathematik, Fremdsprache und Geschichte. Als Ziel des Schulversuchs nennt der entsprechende Erlaß des Ministeriums [Nr. 3 des Amtsblattes von 1992, S. 66] „Der Idee Europa sowie der Bedeutung sowohl der Fremdsprachen wie auch der Naturwissenschaften in einem zusammenwachsenden Europa in besonderem Maße Rechnung zu tragen". Im Unterschied dazu waren in Hessen nur Gesamtschulen würdig, als Europaschulen im technischen Sinne geführt zu werden, die Gesamtschulen in Freigericht, Viernheim, Dreieich, Gladenbach und Kassel. Noch ohne europäische Gymnasien sind Bremen, Hamburg, Mecklenburg-Vorpommern, Niedersachsen, Rheinland-Pfalz, Sachsen und Thüringen; letzteres Bundesland plant die Einrichtung eines Europäischen Gymnasiums ebenso wie Berlin. Schwerpunktmäßig erkennbar ist die Entwicklung (und der entsprechende Ausbau) zu den zweisprachigen Zügen. Aufschlußreiche Übersichten über den Stand und die Entwicklung der zweisprachigen deutsch-englischen und deutsch-französischen Zügen an den Sekundarschulen des Bundesgebietes geben zwei Veröffentlichungen der KMK vom 10.11.1992 (II A 2/20) und vom 12.12.1991 (ha 102) [besonders instruktiv und gründlich ist KÄSTNER, 1993].

Die beiden Grundkomponenten, wozu ergänzend und ausstrahlend auf diese Komponenten eine geisteswissenschaftlich orientierte Grundhaltung im Maße der Zeit und subjektiver Möglichkeiten käme, sollten als Ausdruck der von Sir Charles SNOW formulierten „zwei Kulturen" das Gymnasium zum europäischen Gymnasium weiten, wobei der sokratische Dialog des Gymnasiums zum „herrschaftsfreien Diskurs" entfaltet werden könnte.

Es ist wohl mehr als nur Spekulation, wenn [wie z.B. bei FRAGNIÈRE näher ausgeführt] die „europäische Bildung 2000" diejenige ist, die auf der Grundlage der Vielsprachigkeit

Wissenschaft und Technik integriert und sich zur vierten Gewalt (zur edukativen Gewalt) im Staate entwickelt, der institutionell im Sinne von BOURDIEU und PASSERON relative Autonomie zukommt, die individuell eine persönliche Autonomie zu entwickeln hilft.

Das wiederum hat Konsequenzen für die Struktur und Funktion der Schulinspektorate bzw. Schulaufsicht, worüber weiter unten noch zu sprechen sein wird, auch für die Formen der Zusammenarbeit der Institutionen der Lehrerausbildung, Lehrerfortbildung und Lehrerweiterbildung, insbesondere für diejenigen Institutionen, die bisher für die Entwicklung der Lehrpläne bzw. curricularen Lehrpläne zuständig gewesen sind. Gerade weil sich Europa selbst auf der Grundlage komplexer Arbeitsteilung zu einer pluralistischen Gesellschaft (regionalisiert, hoffentlich auch dezentralisiert, bis auf weiteres demokratisch, auf jeden Falle aber an den unveräußerlichen und auch unveränderlichen Menschenrechten orientiert) entwickelt, muß nach übereinstimmender Meinung eine breite Grundbildung [FRAGNIÈRE, 1976, S. 30 ff.] gefordert werden, wobei die Entwicklung des nächsten Jahrtausends zeigen wird, ob der Umfang der Kumulation der Begabungs- und Bildungspotentiale die europäische Gesellschaft in eine an verantwortungsbewußter Anwendung der Technik orientierte geistig-kulturelle und politische Hochleistungselite einerseits und eine Bürgerschaft andererseits teilt, die geistbestimmt ihr Dasein und sich selbst nur um ihrer selbst willen bestimmt.

Zu den bereits dargestellten und zu lösenden Problemen (wie Verkürzung der Schul- und Ausbildungszeiten) kommt z.B. die Frage,

– welche Rolle der Bund (im Unterschied zu den Bundesländern) bei der Vertretung schulpolitischer und curricularer Fragen im europäischen Rahmen hat,

– welche Rolle die Bundesländer <noch> spielen und

– in welchem Umfang ihre Kulturhoheit, die durch unser Grundgesetz sozusagen unantastbar geschützt und verteidigt wird, doch tangiert wird (bricht Europarecht auch Landes- bzw. Regionalrecht?),

– welchen Status die im jeweiligen Regionalbildungswesen Tätigen haben werden; tangiert ist das öffentliche Dienstrecht,

– welche Formen der Öffnung der Universitäten für andere Bewerber als für die mit dem Reifezeugnis ermöglicht werden (z.B. für Bewerber mit dem Meisterbrief o.ä.),

– in welchen Strukturen lebenslanges Lernen sich vollziehen wird [vgl. die oben angegebene Enquête III.8, S. 35 f.].

Zusammenfassung:

Wenngleich die Schaffung des europäischen Binnenmarkts jetzt ihre Dynamik auch im Schulbereich entfaltet, haben die Schulen und die in ihr Tätigen schon lange über die Entwicklung eines europäischen Bewußtseins nachgedacht. Der jüngste KMK-Beschluß vom 7. Dezember 1990 „Europa im Unterricht" ist vorläufiger Endpunkt dieser Entwicklung.

Europäisches Bewußtsein entfaltet sich sowohl aufgrund eines die Fächer durchlaufenden Prinzips als auch aufgrund einer die Fächer tranzendierenden Dimension. Wertehintergrund ist eine jetzt vorhandene labile Gemengelage, die aus Pflicht- und Akzeptanzwerten und Werten wie Selbstentfaltung und Selbstverwirklichung besteht. Das deutsche Gymnasium kann als seinen spezifischen Beitrag zur Entwicklung des europäischen Schulwesens als konstitutive Komponenten einbringen:

– den hohen Reflexionsstand seiner Wortkultur,
– die entfaltete Mehrsprachigkeit.

Dem deutschen Gymnasium selbst ist als Zukunftsaufgabe die Entwicklung des Unterrichts in bilingualem Sinne gestellt.

Wenn die europäische Schulentwicklung im dritten Jahrtausend institutionell von der Entwicklung zur relativen Autonomie gekennzeichnet ist, dann ergeben sich Konsequenzen für die Arbeit der Schulaufsicht sowie aller an der Lehrerausbildung, Fortbildung und Weiterbildung beteiligten Institutionen, einschließlich derer, die curriculare Lehrpläne für die Schulen erstellen. Gerade ein Europa, das sich auf der Grundlage der Arbeitsteilung als pluralistisches versteht, bedarf der breiten Grundbildung seiner Bürgerinnen und Bürger, wobei ausgewogene Sozialbeziehungen zwischen der Leistungselite und der in der Bildung ihrer Persönlichkeit sich entfaltenden Bürgerinnen und Bürger für die europäische Identität wichtig sind.

Eine Reihe staatsrechtlicher Fragen bedürfen noch der Klärung (z.B. nach der Wirksamkeit der Kulturhoheit der Bundesländer in der EG) oder, falls die Frage bereits geklärt ist, der wirksamen Veröffentlichung.

Kapitel I
Die Entwicklung der gymnasialen Oberstufe von 1945 bis 1994

A. Vorbemerkung

Zur Entwicklung nach dem Zweiten Weltkriege liegt eine breite Literatur vor. Das Literaturverzeichnis weist das aus. Im Rahmen der Entwicklung sind 4 Komplexe zu unterscheiden; diese stehen teilweise unvermittelt nebeneinander, zum Teil sind sie ineinander verflochten:

1. Viele unterschiedliche Gremien haben über die Schulstruktur nachgedacht und der Öffentlichkeit Gutachten vorgelegt, die mehr oder weniger Beachtung gefunden haben. Hier seien, einführend, die KMK, der Deutsche Ausschuß für das Erziehungs- und Bildungswesen (von jetzt an Deutscher Ausschuß genannt), der Deutsche Bildungsrat, die Bund-Länderkommission für Bildungsplanung und Forschungsförderung (BLK) und die WRK , jetzt HRK (Hochschulrektorenkonferenz).

2. Der Begriff der Hochschulreife ist auf verschiedenen Ebenen inhaltlich und formalrechtlich erörtert worden, dem wird in diesem Kapitel nachgegangen werden, zunächst in einem nur einführenden Sinne. Systematisch wird die Hochschulreife im Kapitel II [S. 178 ff.] entfaltet werden.

3. Die genannten Komplexe sind zu sehen und auch zu verstehen vor dem Hintergrund radikaler Veränderungen in der Erziehungswissenschaft. Ganz andere Denkrichtungen mit anderen Fachausdrücken und anderen Mustern (paradeigmata) haben sich zeitweise durchgesetzt, kurzum: Das Paradigma hat sich gewandelt [vgl. S. 103 ff.] und der gesamte Charakter dessen, was die wissenschaftliche Gemeinde als forschungswürdig und paradigmatisch ansah.

4. Der vierte, eigentlich der wichtigste Entwicklungsstrang bezieht sich auf den Unterricht. Er ist der eigentliche Zweck der Schule; um ihn sollte sich alles drehen; ihm allein sollten eigentlich auch alle öffentlichen Überlegungen gelten: Aber es fehlt der politischen und wissenschaftlich sich gebenden Öffentlichkeit die Kompetenz derer, die Tag für Tag im Prozeß des Unterrichts stehen. Ein besonderes Spannungsverhältnis ist festzustellen: Zum einen hat eine politisch definierte Öffentlichkeit das Recht und die Pflicht, für die Heranwachsenden par distance optimale und alle Schichten umfassende Lern- und Bildungsbedingungen zu fordern und realisieren zu helfen. Zum anderen kommt den am Gymnasium Unterrichtenden die größere Nähe zu den Heranwachsenden und zu den Unterrichtsinhalten zu. Aber selbst die beste Strukturdebatte, selbst leidenschaftliche Plädoyers für diese oder jene Schulform, neue oder alte Wege der Didaktik, waren und sind nicht in der Lage, auch nur eine einzige Mathematik- oder Lateinstunde zu verändern oder zu verbessern [vgl. SPRANGER, 1949]. Stets besteht die Gefahr, daß die Bemühungen im Bereich der bereits genann-

ten Entwicklungsstränge am Unterricht im engeren Sinne vorbeigehen. Zudem behalten die Lehrenden auch bei bester Unterstützung, Aufsicht sowie Beratung ihre eigenen Sorgen. Diese ergeben sich aus der Planung, Durchführung und Nachbereitung des Unterrichts und aus dem Umgang mit den Schülerinnen und Schülern, der Erfahrung ihrer individuellen Sozialisationsbedingungen sowie aus dem Bemühen, dem Anspruch der Fachdidaktiken und der Fachwissenschaften pädagogisch angemessen zu entsprechen. Daher gehen viele der flankierenden Maßnahmen, aber auch der Reformüberlegungen selbst, an der konkreten Unterrichts- und Erziehungsarbeit der Lehrerinnen und Lehrer vorbei. Tatsächlich ist eigentlich nur erwähnenswert, was im Unterricht und um ihn herum geschieht: Dieses jedoch hat sich im letzten Jahrzehnt in einem paradigmatischen Sinne von innen heraus verändert. Gegenstand eines solchen Buches kann aber naturgemäß nicht die einzelne Unterrichtsstunde im Rahmen des allgemeinen Erziehungsauftrages und des Fachanspruchs sein; das gehört in die Kompetenz und Darstellung der allgemeinen und der Fachdidaktik. Daher werden vorzüglich nur die ersten drei Entwicklungsstränge systematisch und ausdrücklich dargestellt werden. Der konkrete Unterricht aber ist allem immer implizit.

B. Die Entwicklung der Diskussion in den offiziellen Gremien

1. Die KMK und ihr Umfeld

Seit Anfang der 50er Jahre unseres Jahrhunderts setzte das ein, was mit „Stagnation in der öffentlichen Meinung und im Bildungswesen selbst" [BOHNENKAMP/DIRKS/ KNAB, 1966, S. 18] bezeichnet wurde. Es erscheint als ein Zeichen von Offenheit und Weitsicht, daß vom Bund und den Ländern ein Expertengremium berufen wurde, das unter dem Namen „Deutscher Ausschuß für das Erziehungs- und Bildungswesen" vom September 1953 bis Juli 1965 als Beratungsgremium der KMK seine Arbeit tat. Der Deutsche Ausschuß legte der Öffentlichkeit eine Reihe von Gutachten, Stellungnahmen und Empfehlungen vor (bearbeitet von BOHNENKAMP/DIRKS/KNAB, vgl. Literaturverzeichnis). Für das Gymnasium allgemein und die Oberstufe insbesondere sind von Wichtigkeit der „Rahmenplan zur Umgestaltung und Vereinheitlichung des allgemeinbildenden öffentlichen Schulwesens" vom 14. Februar 1959 (kurz Rahmenplan genannt) und die „Empfehlungen für die Neuordnung der Höheren Schule" vom 3. Oktober 1964.

Ein kurzes Wort soll zuvor über die Entwicklung bis zur Gründung des Deutschen Ausschusses gesagt werden:

Das Ende des Weltkrieges bedeutete auch das Ende der nationalsozialistischen Herrschaft und führte sofort zu der Frage, wie es nun schulpolitisch und bildungspolitisch weitergehen solle [DEDERICH, 1947, S. 2]. Es besteht in der schul- und lehrplan-geschichtlichen Forschung weitgehend Einigkeit darüber, daß diese Frage mit einem Rückgriff auf die Zeit der Weimarer Republik zu beantworten versucht wurde. Tatsächlich sind die

Jahre von 1945 bis 1949 sowie etwa die zehn Jahre bis 1959 durch die Rückbesinnung und den Rückgriff auf die Weimarer Zeit gekennzeichnet. Dabei ging man zurück auf Reformpädagogen wie KERSCHENSTEINER und FOERSTER und auf die gewachsene und von RICHERT geprägte Schulstruktur (des dreigliedrigen Schulwesens). Vorstellungen von einem comprehensive educational system [vgl. STUCKMANN, 1980, S. 111 ff.; RÖNNEBECK, 1950, S. 9], wie sie in der Direktive Nr. 45 der Alliierten Kontrollbehörde [Anlage II.1] niedergelegt sind, fanden soviele Freunde nicht, daß sie sich schulpolitisch in den drei Westzonen und schließlich in der jungen Bundesrepublik Deutschland durchsetzen konnten. Das hatte viele Ursachen. Die eine davon ist wohl die, daß in den Kultusadministrationen und den sich bildenden Lehrerverbänden diejenigen zwangsläufig die Führung übernahmen, die schon in der nur wenige Jahre zurückliegenden Weimarer Republik bereits in der Verantwortung gestanden und die Zeit des Nationalsozialismus im inneren oder äußeren Widerstande verbracht hatten. In der sowjetischen Besatzungszone allerdings diente die mit Gewalt durchgeführte Umerziehung einer umfassenden Sowjetisierung der Gesellschaft und führte zur Errichtung eines Einheitsschulsystems. An dieser Tatsache, d.h. an der brutalen Umgestaltung der Wirklichkeit in den damaligen Ländern der sowjetischen Besatzungszone, änderte auch nichts die den Worten nach mit reformpädagogischen Impulsen versehene Schulgesetzgebung im Territorium, das von der Roten Armee besetzt war. Wir mußten und müssen gerade jetzt bei der Aufarbeitung der Vergangenheit der sowjetisch besetzten Zone bzw. dem, was sich selbst DDR nannte, zwischen Verfassungs- bzw. Gesetzestext und Verfassungswirklichkeit sorgfältig unterscheiden [SCHWERIN, 1992, S. 301 ff.]. In den drei Westzonen blieb es weitgehend bei der Anknüpfung an die Wertvorstellungen und Erziehungskonzepte der Weimarer Republik. Die notwendige inhaltliche Auseinandersetzung mit dem Nationalsozialismus und seinen Ursachen blieb (in allen Besatzungszonen Deutschlands) weitgehend aus bzw. setzte in den alten Ländern der Bundesrepublik erst spät ein. Das hat jüngst noch Gerhard KRAL [1984, S. 106 ff.] in seiner Dissertation dargetan. Man kann das Fehlen auch daran sehen, daß so verdienstvolle und zum Teil gelehrte Arbeiten wie die von Fritz BLÄTTNER und Josef DOLCH die Zeit des Nationalsozialismus entweder überhaupt nicht oder nur kurz, auf etwa einer Seite, am Rande behandeln. Die wenigen Frauen und Männer, die sich mit Erfolg um eine Auseinandersetzung mit dem Nationalsozialismus bemüht haben (MITSCHERLICH, ADORNO, JASPERS, C.F. und R. von WEIZSÄCKER und andere) konnten das öffentliche Bewußtsein nicht soweit verändern, daß es entsprechend in die pädagogischen Konzepte dieser Zeit hätte hineinwirken können. Nur der guten Ordnung halber soll auf die gegenwärtige Auseinandersetzung mit der Vergangenheit älterer Erziehungswissenschaftler und Pädagogen hingewiesen werden [KEIM, 1988; 1989; LESCHINSKY, 1989; WILHELM, 1989; PRANGE, 1990, auch SCHULZ-HAGELEIT, 1991, und UFFRECHT, 1992].Die sich bei der späten Aufarbeitung der nationalsozialistischen Vergangenheit ergebende persönliche Auseinandersetzung ist nur selten und bei der Darstellung politisch-historischer Phänomene überhaupt nicht hilfreich, wenn man als gedankliches Ziel die Aufklärung nennt. Ein die Absichten gut vermittelndes und die Leser auch fesselndes Beispiel für die Aufarbeitung in jüngster Zeit bieten die Beiträge des 31. Beiheftes der Zeitschrift für Erziehungswissenschaft [WEINHEIM/BASEL 1993] mit dem Thema: Formative Ästhetik im Nationalsozialismus.

Der Rückgriff auf die Weimarer Zeit hatte gute Gründe: Zum einen wollte man sich ganz deutlich von den vergangenen zwölf Jahren abheben bzw. absetzen. Brechen wollte man vor allem mit dem „Vorrang der Politik vor der Pädagogik" [vgl. SCHWERIN, a.a.O.], wie ihn einst der Erlaß des Reichs- und preußischen Ministers für Wissenschaft, Erziehung und Volksbildung RUST vom 29. Januar 1938 verlangt hatte [S. 49, Heft 3 des Amtsblattes „Deutsche Wissenschaft, Erziehung und Volksbildung" von 1938]. Schule sollte endlich nicht mehr Instrument der Politik sein. Sie sollte allgemein menschliche Werte zum Gegenstand des Unterrichts machen. Von diesen aber meinte man, daß sie ihrem Wesen nach apolitisch seien und also auch vermittelt werden könnten. Die Verachtung und das essentielle Mißtrauen gegenüber einer verbrecherischen Politik, die die Schule und ihre Lehrer und Lehrerinnen sowie Schüler und Schülerinnen mißbraucht hatte, führte zum Mißtrauen gegenüber der Politik überhaupt und nicht nur gegenüber jeglicher politisch zu verstehenden Indoktrination [DEDERICH, 1947, l.c.; WÜRTENBERG, 1949, S. 5; KÖNIG, 1950, S. 4]. So kam es dann auch, daß das in der genannten Kontrollratsdirektive angesprochene „comprehensive educational system" nicht realisiert wurde, sondern die Schulstruktur der Weimarer Zeit, deren Unterschied gegenüber der des Nationalsozialismus nicht ganz so groß war [BLANKERTZ, 1982 (B), S. 242]. Es ging doch einfach darum, das materiell und geistig völlig am Boden liegende Schulsystem wieder zu errichten [RÖNNEBECK, l.c.]; in einer Zeit, da es an allem fehlte, war es wohl das Leichteste, an Bekanntes und Bewährtes anzuknüpfen. Bewährtes – das war die republikanische Tradition der deutschen Schulreform der 20er Jahre, zumal da eine Reihe von unvorbelasteten Reformpädagogen oder deren Schüler zur Verfügung stand.

Eine Reihe von Autoren [BLANKERTZ, 1982 (B); HERRLITZ u.a., 1981; KRAUL, 1984] nennt diesen Zugriff und die Besinnung in der Not Restauration, die Beibehaltung des vertikal gegliederten Schulwesens wird als undemokratisch bezeichnet. Diese Sicht erscheint in der Feststellung falsch und in der Bewertung unhistorisch. Fest steht, daß die Besatzungsmächte übereinstimmend mit den Verantwortlichen der deutschen Seite das Interesse hatten, daß so schnell wie möglich ein „ordnungsgemäßer" Schulbetrieb wieder aufgenommen wurde und daß eine grundlegende Umerziehung durch Tilgung nationalsozialistischer Inhalte aus dem Unterricht und durch Entfernung (je nach Zone unterschiedlich) nationalsozialistisch vorbelasteter Lehrer sichergestellt werden sollte. Das konzeptionelle Suchen fand etwa mit der Gründung der Bundesrepublik Deutschland ein vorläufiges Ende: Der Gedanke der Entkonfessionalisierung und der Einheitsschule, favorisiert vor allem in den norddeutschen Ländern, wurde zugunsten des gewachsenen und vertrauten dreigliedrigen Schulwesens aufgegeben. Neu in Wirkung gesetzt wurde das Gymnasium, das vom nationalsozialistischen Regime soweit wie möglich (bis auf etwa 10 % der höheren Schulen) zurückgedrängt und lediglich in der Gestalt der sog. Oberschulen fortgeführt worden war.

Was nun die Bezeichnung „undemokratisch" betrifft, so ist zu sagen, daß jeder vernünftig denkende Mensch mit einigem Wissen über Geschichte und übrigens auch über die Kunst der Rhetorik diese Zuordnung einerseits rhetorisch als sehr geschickt, andererseits aber heute als völlig haltlos erkennen wird. Der rhetorische Topos ist: Man mische eine Tatsachenfeststellung mit einem nach allgemeiner Auffassung negativ zu bewertenden Atribut (also „undemokratisch"), bleibe nicht nur den Beweis schuldig, sondern man überlasse den Gegenbeweis anderen, und schon hat man die Unerfahrenen im Kasten.

Was in dem genannten Topos geschieht, ist die unangemessene und daher sachlich unzulässige Vermischung zweier Ebenen: Hier die Struktur eines Bereichs sektoraler Politik (gewachsen in der Zeit vor Etablierung der Demokratie), dort die Struktur von gesamtgesellschaftlichen Entscheidungsprozessen. Wie absurd die genannte Zuordnung ist, wird man vielleicht empfinden, wenn man z. B. sich der Musik als Sektor annähme. Hier käme niemand auf die Idee, die Werke von J. S. BACH oder W. A. MOZART aus dem Schulunterricht zu verbannen, weil deren Musik ja „undemokratisch" genannt werden muß; denn die Musik der beiden Komponisten hat als Bezugsrahmen undemokratische politische oder geistliche Hierarchien und stammt aus „undemokratischen" Zeiten, von Richard Wagner und seinem Rassismus ganz zu schweigen.

Mit der Gründung der Bundesrepublik Deutschland und mit der Grundsatzentscheidung des Parlamentarischen Rates und des Grundgesetzes, wonach die Kulturhoheit bei den Ländern liegen soll, ergaben sich trotz der Übereinstimmung hinsichtlich der Schulstruktur im übrigen erhebliche Koordinierungsprobleme, die den freien Wechsel der Schülerinnen und Schüler von einem Land in das andere erschwerten; davon seien nur genannt:

— Schulverweildauer, insbesondere die Dauer der Schulpflicht,

— Dauer des Lehrganges an den Oberschulen/Gymnasien,

— Sprachenfolge an den Oberschulen/Gymnasien,

— Bezeichnung der Schulformen,

— Anerkennung der Prüfungen.

Zur Sicherung erträglicher Regelungen kam es 1949 zur Gründung der KMK. Diese verstand sich in ihrer Bernkasteler Entschließung vom 18. Oktober 1949 als eine Einrichtung, die über die Kulturhoheit der Länder und in voller Anerkennung der „landsmannschaftlich und geschichtlich gewordenen Eigenständigkeit" über die einheitliche Gestaltung des Schulwesens wacht.

Für die Entwicklung des Schulwesens in der Bundesrepublik Deutschland, besonders für das Gymnasium, gibt es bis zur Bonner Vereinbarung eine Vielzahl von Beschlüssen, Erklärungen und Abkommen. Hierzu soll im folgenden im Rahmen dieses Entwicklungsstranges einiges gesagt werden. Zuvor sei aber auch darauf hingewiesen, daß selbst die Ministerpräsidenten bzw. Regierungschefs der Bundesländer sich in wichtigen strukturellen Fragen so angesprochen fühlten, daß sie sich vornahmen, miteinander zum Zwecke struktureller und formalrechtlicher Angleichung Staatsverträge zu schließen. Sie erklärten dazu bereits am 5. und 6. Februar 1954 zu München: „Die Regierungschefs ... erachten es als ... dringendes ... Anliegen, in der äußeren Organisation des Schul- und Erziehungswesens eine weitgehende Vereinfachung und eine Vereinheitlichung zwischen den Ländern herbeizuführen" [BOHNENKAMP/DIRKS/KNAB, 1966, S. 1003]. Dieser Erklärung voran ging eine lange und ausführliche Debatte zur Struktur des Schulwesens in den von den Westmächten besetzten Zonen Deutschlands. Der Leitartikel in Heft 8 der Zeitschrift „Die Höhere Schule" (mit R.M. gezeichnet) aus dem Jahre 1949 spricht vom „Chaos der Schulpolitik im Westen".

Die Regierungschefs haben ihre Absicht schnell umgesetzt und zunächst am 17. Februar 1955 in Düsseldorf ein Abkommen geschlossen (das sog. Düsseldorfer Abkommen). Der größte Teil ist dem Gymnasium gewidmet: Der Terminus Oberschule wird für solche Anstalten, die zur allgemeinen Hochschulreife führen, abgeschafft: Sie heißen von nun an ohne Ausnahme „Gymnasium" und beginnen entweder als Langform (das ist die Normalform) nach der Grundschule oder zweigen als Kurzform spätestens nach dem 7. Schuljahr von der „Volksschule" ab. Auch die Sprachenfolge wird geregelt, und es wird dahingehend entschieden, daß es nur zwei Pflichtfremdsprachen (als konstitutiv für das Gymnasium) gibt. Dieses Abkommen ist mit Beschluß der KMK vom 28. Oktober 1964 in Hamburg neu gefaßt worden (daher auch Hamburger Abkommen genannt). Es liegt uns jetzt in der Fassung vom 14. Oktober 1971 vor [vgl. Anhang II.2]. Geregelt werden darin wiederum z.B. die Dauer des Schuljahres (01.08. bis 31.07.), die Ferien (75 Werktage), die Bezeichnung der Schulformen (Grundschule, Hauptschule, Realschule, Gymnasium, Abendgymnasium, Kolleg, Fachoberschule, Sonderschule, Förder- oder Beobachtungsstufe). Drei Begriffe fallen auf: Da ist in § 13 die Rede von der Durchlässigkeit zwischen den Schulformen. In der Fassung des Hamburger Abkommens von 1964 war davon noch keine Rede, wenngleich der § 11 schon die Möglichkeit eröffnete, daß das „Gymnasium in Aufbauform" für Schüler der Realschule, die keine Kenntnisse in einer zweiten Fremdsprache haben, spätestens an die 10. Klasse anschließt. Ebenso schließt das Gymnasium in Aufbauform für Schüler der Hauptschule spätestens an die 7. Klasse an. Schon hier öffnet sich das Gymnasium de facto. In der Fassung des Abkommens von 1971 (§ 13 a) ist auch ausdrücklich von dem „Erfordernis der Durchlässigkeit" die Rede. Beide Fassungen berücksichtigen die (bis heute bestehende) Schwierigkeit, die sich daraus ergibt, daß sich das Gymnasium im Unterschied zu jeder anderen Schulform als Institution verstehen muß, der Zeichensysteme wie die Mathematik und die Sprachen in anspruchsvoller Weise zu kultivieren aufgegeben ist..

Zum zweiten räumt das Hamburger Abkommen in der Fassung vom 14. Oktober 1971, aber auch bereits in der Fassung vom 28. Oktober 1964 (§ 4), die Möglichkeit ein, für alle Schülerinnen und Schüler der 5. und 6. Jahrgangsstufe eine „Förder- oder Beobachtungsstufe" einzurichten. „Ein für alle Schüler gemeinsames 5. und 6. Schuljahr kann die Bezeichnung Förder- oder Beobachtungsstufe tragen". Dieser Gedanke, wonach zwei weitere gemeinsame Jahre für die Lehrerschaft und Eltern eine sicherere Prognose in bezug auf den endgültigen Bildungsweg der Kinder bedeuten und für diese selbst eine zu frühe Einengung auf „intellektuelle Abstraktionen" verhindern können [BOHNENKAMP/DIRKS/KNAB, 1966, S. 83 ff.], findet sich bereits im „Rahmenplan des Deutschen Ausschusses" vom 14. Februar 1959.

Was die einen als Verbesserung der Entscheidungssicherheit für weitere Bildungsgänge bezeichnen, sehen andere als Grundlage für die Veränderung des Schulwesens in Richtung auf eine Stufenschule. Damit wäre das Gymnasium als eigenständige Schulform eliminiert, die vertikale Trennung nicht mehr begründbar. So sind die Jahrgänge 5 und 6 bundesweit ins Gerede gekommen. Beispielhaft sei hier nur an die Diskussion über die Orientierungsstufe in Niedersachsen und die Förderstufe in Hessen erinnert.

Drittens spricht das Hamburger Abkommen (§ 7) zwar noch von gymnasialen „Schultypen", die sich als solche mit Ausnahme des humanistischen Gymnasiums weitgehend erst in der Oberstufe herauskristallisieren, gleichzeitig wird eine Typenvielfalt und deren

Erweiterung festgestellt und ermöglicht; zu denken ist an die ‹hauswirtschafts-wissenschaftlichen, technischen, wirtschaftswissenschaftlichen› Fachgymnasien oder Gymnasien mit musischem Schwerpunkt und besonderen Stundentafeln. Hintergrund dieser Öffnung ist die bildungspolitische Debatte, die in die Forderung nach größerer Vielfalt des Gymnasiums, nach neuen Gymnasialprofilen und schließlich nach Detypisierung und Individualisierung einmündete. Förmliche Konsequenz dieser öffentlichen Diskussion ist die bereits genannte Bonner Vereinbarung.

Zusammenfassung:

Gerade weil das Grundgesetz (Artikel 30) den Ländern in der Bundesrepublik Deutschland die Gesetzgebung für das Bildungswesen und somit die Kultushoheit eingeräumt hat, fühlen sich nicht nur die Fachminister für Schule bzw. Hochschule für die einheitliche und vergleichbare Gestaltung sowie den Aufbau des Schulwesens verantwortlich: Es sind die Ministerpräsidenten bzw. Regierungschefs in den Ländern selbst, die durch ihre Abkommen zu Düsseldorf (1955) und Hamburg (1964/1971) für ein gewisses Maß an Einheitlichkeit des Schulwesens in der Bundesrepublik Deutschland sorgen.

Die KMK hat durch eine fast unübersehbare Anzahl von Sachbeschlüssen und Vereinbarungen (weit über tausend) viel stärker als jedes andere Gremium in die Schulstruktur und in den Unterricht eingegriffen. Für die Oberstufe des Gymnasiums von Wichtigkeit sind

- die Saarbrücker Rahmenvereinbarung vom 29. September 1960,
- die Empfehlungen vom 28./29. September 1961 in Stuttgart an die Unterrichtsverwaltungen der Länder zur didaktischen und methodischen Gestaltung der Oberstufe der Gymnasien im Sinne der Saarbrücker Rahmenvereinbarung,
- die Bonner Vereinbarung vom 7. Juli 1972,
- die Empfehlungen zur Arbeit in der gymnasialen Oberstufe gemäß Vereinbarung vom 7. Juli 1972.

Die Saarbrücker Rahmenvereinbarung und die Stuttgarter Empfehlungen sind abgedruckt bei BOHNENKAMP/DIRKS/KNAB, 1966, S. 1032 ff.; die Bonner Vereinbarung und die Empfehlungen finden sich unter „Beschlüsse der Kultusministerkonferenz (gymnasiale Oberstufe)", Bonn/Neuwied 1981 ff., unter der Ziffer 1. Die

Ziffer 2 umfaßt Beschlüsse zur Abiturprüfung. Der bei weitem größte Abschnitt wird sich unter 3 finden: Einheitliche Prüfungsanforderungen in der Abiturprüfung.

Gegenstand dieses Kapitels sind die genannten Vereinbarungen bzw. Empfehlungen nur insoweit, als sie Ausfluß der zeitgenössischen bildungspolitischen Debatte sind. Heute gültig ist die Bonner Vereinbarung in der Fassung vom 11. April 1988 und die genannte Empfehlung zur Arbeit in der neugestalteten gymnasialen Oberstufe in der Fassung vom 19.12.1988 [vgl. Dokumentationsteil II.4 und II.5].

Es ist eine alte Frage: Was sollen Kinder lernen? Jahrhunderte hindurch ist diese Frage für die Kloster-, Domschulen, Latein- sowie Gelehrtenschulen gleich beantwortet worden. Dabei gab es schon früh die Klage darüber, daß es des zu lernenden Wissens zuviel gebe oder daß die Lernenden weniger fleißig lernen als früher. In der alten Universitätsbibliothek zu Erfurt lag die Handschriftensammlung des Arztes Amplonius RATINCK de BERCKA (1364 bis 1435), der seine Schulbücher der jungen Erfurter Universität geschenkt hatte. Es sind ihrer über 635 – ein gewaltiges Pensum, das zu bewältigen war in Schule u n d Studium. Drei Generationen früher klagt Hugo von TRIMBERG, langjähriger Lehrer in Bamberg (gestorben daselbst nach 1313), über den nachlassenden Fleiß und das schwindende Interesse der Schüler [vgl. DOLCH, 1982, S. 147 f.]. Die Frage der „Überbürdung" war etwa seit 1825 in Preußen d a s schulpolitische Thema. Friedrich PAULSEN berichtet darüber [1919, Bd. 2, S. 337 ff.] sehr ausführlich. Angesichts der gewaltigen Vermehrung des Wissens mußte diese Frage bei den Neuordnungsüberlegungen der Zeit nach Ende des Zweiten Weltkrieges nur noch dringender werden [HACKBARTH, 1955, S. 24 ff.; HEMPEL, 1967, S. 102 ff.; SICH, 1959, S. 15 ff.]. Im Zusammenhang mit der Oberstufe seien dafür nur folgende Stichwörter genannt:

- Verminderung der Zahl der Pflichtfächer [von HENTIG, 1966, S. 7 ff.],
- Konzentration [PÜLLEN, 1966, S. 38 ff.],
- Vertiefung [GEISSLER, 1978, S. 26].

Die Saarbrücker Rahmenvereinbarung stellt sich der öffentlichen Diskussion und fordert für die Oberstufe des Gymnasiums in Langform:

- Beschränkung der Zahl der Unterrichtsgebiete,
- Beschränkung der Lehrstoffe durch Exemplarik und Schwerpunktbildung,
- Verwandlung von Pflicht – in Wahlpflichtfächer,
- Verwandlung von Pflichtfächern in freiwillige Unterrichtsveranstaltungen [BOHNENKAMP/DIRKS/KNAB, 1966, S. 1032 ff.].

Für die Gymnasien werden folgende Fächer als „Kernpflichtfächer" genannt: Deutsch, Mathematik, zwei Fremdsprachen – oder eine Fremdsprache und Physik. Als weitere Pflichtfächer werden Sport und ein musisches Fach genannt. Neues Pflichtfach ist Gemeinschaftskunde. Da es für dieses Fach an den Universitäten noch keine (oder nur sehr eingeschränkte) Ausbildungsmöglichkeiten gab, traf diese Entscheidung nicht zuletzt das fachdidaktische Selbstverständnis der Gymnasiallehrer sehr. Deswegen spricht die Saarbrücker Rahmenvereinbarung auch vor allem die Lehrer für Geschichte und Geographie an und weist hin auf „übergreifende geistige Gehalte". In den Kollegien wurden um die Gemeinschaftskunde erhebliche Auseinandersetzungen geführt. Religion ist nach wie vor gemäß Artikel 7 des Grundgesetzes ordentliches Lehrfach. Neu auch ist die Schaffung des Wahlpflichtfachs. So hatten die Schülerinnen und Schüler der neu- bzw. altsprachlichen Gymnasien nun zu wählen zwischen Physik, Biologie, Erdkunde oder Chemie. Biologie war lange Jahre bundesweit das bevorzugte Wahlpflichtfach gewesen. Heftig umstritten war das sog. Stufenabitur: Danach konnte die Mathematik bei den neu- und altsprachlichen Gymnasien sowie die Fremdsprache bei den mathematisch-naturwissenschaftlichen Gymnasien frühestens am Ende der Klasse 11 durch eine Abiturprüfung abgeschlossen werden. Diese Vereinbarung hatte eine große Bedeutung für die Oberstufe; denn sie hatte als Folgen

– eine Auflockerung der Oberstufe,

– eine Erweiterung der Typenvielfalt und vor allem

– eine gewisse Individualisierung durch die Einführung des Wahlpflichtfaches und einer erweiterten Wahlmöglichkeit für die Schülerschaft.

Die bildungspolitische Grundfrage nach der Struktur des gesamten Schulwesens tritt hier (noch) nicht in Erscheinung. Die genannten Stuttgarter Empfehlungen von 1961, die diese Vereinbarung ausfüllen sollten, nennen als das entscheidende Stichwort die Konzentration. Sie meint ein zweifaches:
Zum einen bedeutet sie innerhalb eines Faches die Beschränkung auf solche Unterrichtsinhalte, die für dieses Fach eine exemplarische Bedeutung haben. Es geht also nicht so sehr um das Einmalige, sondern um das Allgemeine, das über die Grenzen eines Faches hinausweist [vgl. u. S. 161 ff.; WAGENSCHEIN, 1956].

Zum anderen bedeutet Konzentration Aufmerksamkeit auf das, was mehreren Fächern zentral und gemeinsam ist. Die Empfehlungen sprechen in diesem Zusammenhange übergreifend von „Wirklichkeitsbereich" und nicht mehr nur von „Fächern" sowie „Unterrichtsgegenständen" [BOHNENKAMP/DIRKS/KNAB, 1966, S. 1035 f.]. Sie nehmen mit dieser Bemerkung, aber auch mit der Zielansprache, daß der Schüler und die Schülerin der Oberstufe „propädeutisch in wissenschaftliche Arbeitsweisen eingeführt werden" sollen [a.a.O.], das vorweg, was die spätere Bonner Vereinbarung Aufgabenfeld und Wissenschaftspropädeutik nennt. Letztere ist bis Ende der 80er Jahre das unbestrittene didaktische Leitbild [HURRELMANN, 1988 (B), S. 455] geblieben. Erst in letzter Zeit ist eine Tendenz festzustellen, die sich in Richtung auf Schüsselqualifikationen bewegt [vgl. Kultusminister Prof. Rolf WERNSTEDT in seiner Rede auf der Loccumer Tagung (13. bis 14. Oktober 1993) der KMK zur Neudefinition des Reifebegriffs. In: Loccumer Protokolle 56/93] In diesem Begriff vereinigen sich drei Diskussionsstränge [vgl. auch WILSDORF, 1991; WEINBRENNER, 1991; Ministerium für Kultus und Sport, Baden-Württemberg, 1991; insgesamt BECK, 1993; auch Anhang II 21].
Zum einen handelt es sich um ein Produkt der kritisch-konstruktiven Didaktik KLAFKIs. Hier liegen die sogenannten „Schüsselprobleme" [KLAFKI, 1985, S. 20 ff.], auch „epochaltypische Schlüsselprobleme" genannt [KLAFKI, in: Zweiwochendienst Bildung, Wissenschaft, Kulturpolitik - 17/1993, S. 7], auf dem Fundament der europäischen Aufklärung und der Klassik, kritisch und konstruktiv ausgelegt auf „die Bedingungen unserer geschichtlichen Situation" [a. a. O.].

Zum anderen handelt es sich um Zielbestimmungen der Erwachsenenbildung [MERTENS bei SIEBERT, 1977, S. 99 ff.], die die Schlüsselqualifikationen in Basisqualifikationen (z. B. logisches Denken, kooperatives Vorgehen), Horizontalqualifikationen (z. B. Wissen über Informationen, Gewinnung von Informationen, Breitenelemente (spezielle Kenntnisse z. B. chemischer Elemente) und Vintage-Faktoren einteilen.
Schließlich ist als dritter Strang die Volkswirtschaftslehre zu nennen. Es ist die Frage wirtschaftlichen Überlebens angesprochen: Mit welchen Qualifikationen der Mitglieder kann eine hochdynamische Industriegesellschaft überleben? Hier knüpft WERNSTEDT an. In seiner Loccumer Rede stellt er dar, daß durch die Gesamtschulen und auch die Bildungsgänge des beruflichen Schulwesens ein anderes Bildungsverständnis gewachsen sei, dessen Grundlage die Schlüsselqualifikationen darstellten und eine „Abkehr vom traditionellen Lernverständis" [a. a. O. S. 10] bedeute. Er nennt vor allem „Das Denken im Zusammenhängen, Verabredung mit anderen, Controlling und Selbstkritik sowie Zielgerichtetheit" und wendet sich dann den Kompetenzen (Sach-, Methoden-, Sozial-, Selbstkompetenz) zu. Den Nachweis, daß das deutsche Gymnasium durch seine Unterrichts- und Erziehungsarbeit an der Entwicklung dieser Kompetenzen nicht arbeitet, erbringt WERNSTEDT nicht. Das ist bei einer politischen Rede, die politische Ziele in Visier nimmt, auch nicht zu erwarten. Die Initiative des Ministers geht wohl dahin, den Versuch zu unternehmen, die Gesprächsmöglichkeiten mit seinen Kollegen aus den anderen Bundesländern erst einmal auszuloten und vielleicht einen anderen Reifebegriff zu entwickeln – nicht, weil der bisher entwickelte unzureichend ist, sondern weil ein besonderes bildungspolitisches Konzept, dessen Grundlage die Integration allgemeiner und beruflicher Bildungsgänge an der Gesamtschule darstellt, auf den Weg gebracht werden soll. Kurzum: Der Lehrplan und die Struktur des Gymnasiums sollen erneut zur Disposition gestellt werden. Im Abschnitt über die „Fortentwicklung der Bonner Vereinbarung" wird noch mehr zum Konzept von WERNSTEDT vorgetragen, insbesondere wird die eben aufgeführte Bewertung näher ausgeführt werden.

Der Vollständigkeit halber soll in Ergänzung der epochaltypischen Schlüsselprobleme KLAFKIs noch auf die Beiträge von GOSSMANN [1986, S. 21 f.] und SCARBATH [1986 S. 47 ff.] zum neuen Bildungsverständnis hingewiesen werden. Beide Autoren bedienen sich vor allem der termini „übergreifende Fragestellungen" und „Schlüsselthemen"

Es scheint jetzt um so wichtiger zu sein, die Aufmerksamkeit auf die Stuttgarter Empfehlungen zu lenken; denn in der soeben genannten Rede werden auch diese Erläuterungen nicht zur Kenntnis genommen: Doch sind sie für die besondere Arbeitsweise in der Oberstufe grundlegend. In Aufnahme von Gedanken des bereits genannten Rahmenplanes des Deutschen Ausschusses wird vor methodischer Einseitigkeit gewarnt und weiterführend auf die Notwendigkeit des arbeitsteiligen Gruppenunterrichts hingewiesen. Schließlich fordern die Empfehlungen dazu auf, „die Beziehungslosigkeit der einzelnen Fächer" sowie den „Fachegoismus" [a.a.O., S. 1037] zu überwinden. „Der Erfolg der Oberstufenarbeit hängt ... entscheidend davon ab ...". Ein Satz sollte noch hinzugenommen werden: „Hetze und Unrast sind unter allen Umständen zu vermeiden" [a.a.O., S. 1035]. Dieser weist die Leser und Leserinnen auf den Ursprung des Wortes Schule hin: scholé, was soviel wie „Muße" bedeutet. In den zwei Jahrzehnten seit diesen Empfehlungen ist in großem Umfang dagegen verstoßen worden. Bis heute ist an die Stelle der „den Wissenschaften gewidmeten, gelehrten Muße", wie es unter dem entsprechenden Stichworte in dem griechischen Handwörterbuch Dr. W. PAPES, weiland Professors am berlinischen Gymnasio „Zum grauen Kloster" aus dem Jahre 1902 heißt, ein Vollständigkeitseifer getreten, der alle fördernde Muße ersticken muß [vgl. HOLZAPFEL, 1980, S. 264 ff.].

In eine der Wissenschaft verpflichtete Abhandlung gehört keine Bewertung wie „fortschrittlich" oder „rückschrittlich", „links" oder „rechts". Spätestens seit dem 9. November 1989 dürfte klar sein, daß dieses Schema seine Signifikanz verloren hat. Auch im Feuilleton sind diese Attribute wenig hilfreich. Daher drängt es, die Empfehlungen von Stuttgart von 1961 in die Dimension „zukunftsweisend" einzuordnen. Wie wir sehen, werden die Stuttgarter Empfehlungen heute kaum, von Politikern offensichtlich überhaupt nicht zur Kenntnis genommen.Daher sind Auszüge daraus zu finden im Anhang [II 9], desgleichen Auszüge aus der Saarbrücker Rahmenvereinbarung [II 8].

Dabei haben die Saarbrücker Rahmenvereinbarung [vgl. Anhang II.8] und die Stuttgarter Empfehlungen [vgl. Anhang II.9] zwei Tendenzen eingeleitet und verstärkt: Zum einen haben sie erneut die Frage nach der Legitimation des Gymnasialkanons gestellt und in Teilen Antworten gefunden: Zum Beispiel wurde ein neues Fach, dessen Umrisse zwar wohl noch nicht ganz klar waren, das in seinen Intentionen aber die Atomisierung von Lernen überwinden helfen sollte, in den Kanon aufgenommen. Zum zweiten wurde eine wichtige didaktische Entscheidung in die Hand der Schulen gelegt: das Wahlpflichtfach.

Was aber blieb, war der sprachlich-literarisch-ästhetische Schwerpunkt der Oberstufenarbeit, insbesondere bei den gängigen Schultypen des altsprachlichen und des neusprachlichen Gymnasiums. Dieses wurde dann auch in der Folgezeit scharf kritisiert. Kritisiert wurde auch, daß die Vereinbarung durch das vorgezogene Abitur den Lehrgang einzelner Fächer verkürzte. Zum Verhältnis der allgemeinen zur beruflichen Bildung durfte man eine Äußerung wohl nicht erwarten, da die Vereinbarung sich nur auf den Unterricht auf der Oberstufe des Gymnasiums bezog. Die Stuttgarter Empfehlungen von 1961 gehen da allerdings einen Schritt weiter, wenn sie als Aufgaben der Oberstufe neben dem Schwerpunkt der „Grundbildung für wissenschaftliche Studien" die Schaffung der Voraussetzungen für die Ausbildung in anderen Berufen ... nennen.

Das Jahrzehnt nach den Stuttgarter Empfehlungen, vor allen Dingen die zweite Hälfte (1965-1970), ist erfüllt von vielen pädagogischen Versuchen in der Oberstufenarbeit, zumal da der § 16 des Hamburger Abkommens solche – wie auch andere Veränderungen – wenn auch zurückhaltend ins Auge gefaßt hat. Hier seien exemplarisch folgende Oberstufenversuche genannt:

- die Mainzer Studienstufe,
- die Bayerische Kollegstufe,
- die Studienstufe Hessen,
- das Buxtehuder Modell in Niedersachsen [WILDE, 1968, S. 275 ff.; SCHREINER, 1971, S. 554 ff.],

– das Kölner Modell in Nordrhein-Westfalen [GRUNDMANN-ROCK, 1971, S. 86 ff.; MERTENS, 1971, S. 94 ff.] oder das Bochumer Modell (Hildegardisschule).

Auch in anderen Bundesländern wurden Schulversuche zur Umgestaltung der Oberstufe des Gymnasiums zum Teil in großem Umfange durchgeführt: Ihnen allen ist gemeinsam

– die Freigabe von Themen innerhalb einzelner vorgegebener Fächer, also die thematische Differenzierung

– oder auch innerhalb eines bestimmten Rahmens die Freigabe von Fächern des Kanons in die Entscheidung der Oberstufenschüler und Oberstufenschülerinnen, vor allem des 4. Abiturfaches,

– die begrenzte Auflösung der Klassenverbände zugunsten von Kursen

– und damit letztlich eine stärkere Individualisierung.

Von den vielen Ursachen, die zur Umgestaltung der Oberstufe in Richtung auf eine verstärkte Wahlfreiheit der Schüler geführt haben, ist vor allem die schwere Motivationskrise der 60er Jahre zu nennen [STUCKMANN, 1971, S. 217 ff.]. Es waren die Zweifel vieler Oberstufenschüler und Oberstufenschülerinnen an dem, was sie lernen (mußten), auch die Zweifel und Unsicherheiten in großen Teilen der Lehrerschaft.
Über die Ursachen der (damaligen und heutigen) Motivationskrise gibt es eine umfangreiche Literatur. Aus ihr geht die Unterschiedlichkeit ihrer Wirkungen hervor. Sofern die Motivationskrise auf Ursachen zurückzuführen war und ist, die aus dem außerschulischen Erfahrungsraum kommen, ist Schule relativ machtlos; Konrad ADAM hat jüngst am Beispiel des Schulwesens in der DDR auf die Ohnmacht jeglicher Schule [Frankfurter Allgemeine Zeitung vom 8. Mai 1990, S. 33] gegenüber der Gesellschaft, von der sie ein Teil ist, hingewiesen. Sofern die Ursachen im formalen und institutionellen Erfahrungsfeld der Schule zu suchen sind, sind Gestaltungsmöglichkeiten angesprochen, die schulisch genutzt werden können. Solche Gestaltungsmöglichkeiten beziehen sich auf

– Formen der Individualisierung, bei der Schülerinnen und Schüler für die Wahl ihres Lernprogrammes größere Entscheidungsmöglichkeiten erhalten,

– Formen der Partizipation im Sinne der Verantwortungsübernahme durch die Schülerschaft,

– methodische Variabilität und inhaltliche Relevanz des zu Lernenden.

PETILLON [1987] hat das vorbildlich erläutert. Dieses Buch wird sich dazu noch weiter unten (s. Kap. II) äußern.
Schulversuche gab es aber auch in bezug auf die Verkürzung der Schulzeit; als Beispiel sei in den 70er Jahren die Einrichtung von sog. „D-Zug-Klassen" an der Wilhelm-Raabe-Schule zu Lüneburg (Brigitte HASENCLEVER) oder des Gymnasiums in Langenfeld (Nordrhein-Westfalen) genannt. Auch heute denkt man darüber wieder nach; Umsetzungen finden sich wie oben bereits erwähnt noch vor dem einfältigen KMK-Beschluß über die Schulversuche vom 15. und 16. Februar 1990 [vgl. Die Höhere Schule 8/90, S. 59 f.] z.B. am Regino-Gymnasium zu Prym (Ansgar BARTMANN), Carl-Bosch-Gymnasium Ludwigshafen, Nikolaus von Kues-Gymnasium Bernkastel, Werner-Heisenberg-

Gymnasium in Neuwied, am Gymnasium Auf dem Asterstein zu Koblenz und am Friedrich-Magnus-Schwerd-Gymnasium (Erprobung von vier Varianten an den sechs Gymnasien), aber auch in anderen Bundesländern, wie z.B. in den Ländern Baden-Württemberg und Berlin.

Nach einer Phase lebhafter bildungspolitischer Diskussionen über die gymnasiale Oberstufe in der Öffentlichkeit und in den entsprechenden Ausschüssen mit den sie begleitenden Modellversuchen der vielen Schulen und nach der Veröffentlichung eines Vorentwurfs einigten sich die Kultusminister/Senatoren und beschlossen die „Vereinbarung zur Neugestaltung der gymnasialen Oberstufe in der Sekundarstufe II" vom 7. Juli 1972. An dieser Stelle soll nur sehr pauschal festgehalten werden, daß man sich gegen die ausschließlich thematische Differenzierung (z.B. beim Buxtehuder Modell) entschieden hatte zugunsten der Freigabe einzelner Unterrichtsfächer des Kanons in die Entscheidung der Schüler: Anstelle eines vorgegebenen Kanons (z.B. altsprachlich, neusprachlich, mathematisch-naturwissenschaftlich) trat nun ein individualisierter Kanon; dieser erlaubte bei größeren Oberstufensystemen (120-150 Schüler pro Jahrgang) schon 32 verschiedene Leistungsfachkombinationen. Schulorganisatorisch bedeutete dieses die weitgehende Detypisierung der gymnasialen Oberstufe und in Folge davon die Aufhebung auch ihrer Vorformen in der Mittelstufe einiger Bundesländer. Es gab zwar keine unbeschränkte Freigabe der Wahl, aber zum ersten Mal eine weitgehende Selbstbestimmung der Schülerschaft bei der Zusammenstellung der Fächer und der Festlegung der Leistungsschwerpunkte. Die leitenden Prinzipien waren

– Detypisierung im Sinne einer Gleichbehandlung der Fächer,

– Individualisierung und Differenzierung bei der Wahl der Fächer,

– Konzentration in bezug auf die Fächerzahl und innerhalb des individuellen Curriculums sowie bei der jeweiligen Entscheidung für Leistungs- und Neigungsschwerpunkte,

– organisatorische Umstrukturierung der Oberstufe des Gymnasiums (von der Klasse zum Kurs),

Die Veränderung des Gymnasialkanons wurde von unterschiedlichen Hoffnungen begleitet: Für die einen war dieses der Anfang der Stufenschule – der Titel der Vereinbarung „... in der Sekundarstufe II" deutete das bereits an [BAUERMEISTER, 1978, S. 34 ff.]; für die anderen handelt es sich um die Fortentwicklung des Gymnasiums als einer Einheit, die sich dem gesellschaftlichen Wandel angepaßt hat. Und in der Tat: Der Vereinbarungstext, schwer genug zu lesen, gibt beiden Interpretationsmöglichkeiten Raum. Die Folgeentwicklung [vgl. für Niedersachsen KRETZER, 1992] bestätigt das: Verwiesen wird auf so unterschiedliche Entwicklungen des Gymnasiums wie in Bremen und in Bayern oder, was die Lehrerbildung betrifft, auf Nordrhein-Westfalen (Stufenlehramt) und Baden Württemberg (schulformbezogen und 3 Unterrichtsfächer). Der Text (er ist im Anhang in seiner gültigen Fassung zu finden) und die Folgeentwicklung belegen den Kompromißcharakter der Bonner Vereinbarung.

Zusammenfassung:

Stärker als die Ministerpräsidenten haben die Kultusminister bzw. Senatoren der Bundesländer durch Empfehlungen, Beschlüsse und Vereinbarungen in die Struktur und den Unterricht der Gymnasien eingegriffen. Hintergrund der Maßnahmen war eine Entwicklung, die durch die explosionsartige Vermehrung des Wissens, die Überbürdung der Schülerschaft und deren schwindende Motivation gekennzeichnet ist. Dem versuchte die Saarbrücker Rahmenvereinbarung von 1960 in Verbindung mit den Stuttgarter Empfehlungen (1961) zur Didaktik zu begegnen u.a. durch die Verminderung der Zahl der Unterrichtsgebiete und Beschränkung der Lehrstoffe mit Hilfe von Konzentration und Exemplarik, aber auch durch das neue Fach Gemeinschaftskunde. Zugleich gab die Kultusministerkonferenz eine neue Antwort auf die Frage nach der Legitimierung des Gymnasialkanons. Das Jahrzehnt nach der Saarbrücker Rahmenvereinbarung ist gekennzeichnet in allen Bundesländern durch Schul- oder Modellversuche, die sich um die Umsetzung des genannten Kanons auf der Oberstufe, aber auch auf Verkürzung der Schulzeit am Gymnasium bezogen. Das Ergebnis der mit diesen Versuchen zusammenhängenden öffentlichen Diskussion ist die Bonner Vereinbarung vom 7. Juli 1972. Diese geht zum ersten Mal von einer weitgehenden Selbstbestimmung der Schülerinnen und Schüler bei der Zusammenstellung ihres Curriculums sowie schulorganisatorisch von der Auflösung der Oberstufentypen und Klassenverbände zugunsten einer nach individuellen Leistungs- und Grundfächern differenzierten und durch Kurse gekennzeichneten Oberstufe aus.

2. Der Deutsche Ausschuß für das Erziehungs- und Bildungswesen (Deutscher Ausschuß)

Unabhängig von der KMK und nicht weisungsgebunden wirkte von 1953 bis 1965 der Deutsche Ausschuß. Seine Mitglieder sind vom Bundesinnenminister im Einvernehmen mit der KMK berufen worden. Dabei handelte es sich um Persönlichkeiten des Öffentlichen Lebens, Kommunalpolitiker, Hochschullehrer, Pädagogen, Fabrikanten und Geistliche sowie Publizisten, von denen erwartet wurde, daß sie die mit Bildungspolitik amtlich befaßten Gremien beraten und insgesamt der Öffentlichkeit Vorschläge zur Fortentwicklung des Bildungswesens machen könnten. Zu den bekanntesten Mitgliedern gehörten der Nobelpreisträger Adolf BUTENANDT, der Publizist Walter DIRKS, der Theologe und spätere Kultusminister Wilhelm HAHN, die Seminarlehrerin Wanda KAMPMANN, der Akademie-Direktor Felix MESSERSCHMIDT, Oberbürgermeister Theodor PFITZER, der Schulleiter Georg PICHT und der Erziehungswissenschaftler Erich WENIGER. Der Ausschuß hatte von sich den Eindruck, „daß seine Zusammensetzung die Vielfalt der geistigen und kulturpolitischen Richtungen wiedergab, die unsere innenpolitische Lage bestimmen" [BOHNENKAMP/DIRKS/KNAB, 1966, S. 19]. Heute würden wir diesen Eindruck nicht teilen; denn in unserer durch die Parteien, Verbände und Bürgerinitiativen sowie entfalteten Egoismen geprägten Landschaft sähe die Zusammensetzung sicherlich anders aus, und ein solcher Ausschuß wäre wohl bestimmt durch verbandspolitische Positionen, die ein so hohes Maß an Einigkeit, wie wir es bei diesem Ausschuß festzustellen haben, ausschlössen. Dieses Gremium war von so hoher Sachkompetenz – nicht von politischer Kompetenz –, daß nach gründlichen und kontroversen Diskussionen (bis auf eine Ausnahme) stets eine einstimmige Verabschiedung möglich war. Dabei ermittelte der Deutsche Ausschuß sein Arbeitsprogramm selbst, wie es die Satzung einräumte. Ausgehend von der Beobachtung, daß „die Bildungspläne der deutschen Höheren Schulen ... den Umwälzungen nicht nachgekommen <sind>, die in den letzten 50 Jahren den Zustand und das Bewußtsein der Gesellschaft und des Staates verändert haben" [BOHNENKAMP/DIRKS/KNAB, 1966, S. 52], hatten denn auch die höheren Schulen Priorität in den Beratungen. Von hier bis zur populistischen Ausrufung des Bildungsnotstandes war es nicht weit. Ausschöpfung der Begabungsreserven [BOHNENKAMP, 1963 A, S. 117 ff.] war das eine Stichwort der öffentlichen Diskussion, das andere hieß Realisierung der Chancengleichheit. Das eine Wort sprach der Ökonom, das andere der Soziologe, beides zusammen ergab eine neue dialektische Dimension, die des Politischen.

Diese Dimension dominiert bis heute alle Überlegungen zur Entwicklung des Bildungssystems. Sie erschwert ferner auch eine angemessene Bewertung der Arbeit des Deutschen Ausschusses. Dieser faßte sich selbst als ein rein fachliches Gremium auf, und er war es auch, allerdings in dem relativen Sinne des Wortverständnisses: Daß der Deutsche Ausschuß Unabhängigkeit für seine sachbezogenen Überlegungen wollte, sieht man schon daran, daß er die Versuche der offiziellen Bildungspolitik, Einfluß zu nehmen auf den Gang der Beratungen, zurückwies bzw. auf entsprechende „Gesprächsangebote" nicht einging [HÖHNE, 1972, S. 11]. Wer mit wohlkultivierten Vorbehalten gegenüber dem Gymnasium [z.B. KRAUL, 1984, und HERRLITZ/HOPF/TITZE, 1981] im Geiste eines Marquis de Condorcet zugunsten integrierter Systeme (z.B. der integrierten Gesamtschule) und dann mit der Ideologie des Alles oder Nichts an die Bewertung der Arbeit geht, wird vom glücklosen Agieren [KRAUL, 1984, S. 197] sprechen oder angesichts seiner insgesamt vom Geiste der „Restauration des dreigliedrigen Schulsystems" getragenen Ideen ihm doch bescheinigen, daß er „mit seinen bescheidenen Reformvorschlägen eine für die 60er Jahre politisch folgenreiche Bildungsreformdiskussion" [HERRLITZ/HOPF/TITZE, 1981, S. 153] eröffnet hat. Wer allerdings historische Phänomene mit den ihnen innewohnenden, ihnen eigenen Maßstäben mißt, der wird wissen, daß die Empfehlungen und Gutachten des Deutschen Ausschusses bei den Beratungen der offiziellen Gremien stets gegenwärtig waren. Bei allen Vorbehalten gegenüber den Interessen mancher Bildungspolitiker sollte man ihnen doch nicht das Recht (und die

Pflicht) aberkennen, zwischen mehreren Meinungen entscheiden zu dürfen und zu müssen [HÖHNE, 1972, S. 11].

Hier soll in der gebotenen Kürze auf die für das Gymnasium, insbesondere für dessen Oberstufe, wichtigen Empfehlungen zurückgegriffen werden; da sind zu nennen

- der „Rahmenplan zur Umgestaltung und Vereinheitlichung des allgemeinbildenden öffentlichen Schulwesens" vom 04.02.1959,
- die Stellungnahme zur Diskussion des Rahmenplanes vom 2. Juli 1960,
- die Empfehlungen für die Neuordnung der Höheren Schule vom 03.10.1964,
- die Empfehlung bzw. das Gutachten „zur Situation und Aufgabe der deutschen Erwachsenenbildung" vom 29.01.1960.

Die zuletzt aufgeführte Abhandlung wird von den Kritikern weitgehend übersehen. Für die Entwicklung des Gymnasiums und seiner Bildungsidee ist sie aber sehr wichtig.

Bildungspolitisch sind zwei Prämissen für die Arbeit des Deutschen Ausschusses zu nennen: Die eine besteht darin, daß er das duale System der Berufsausbildung bejaht, die andere darin, daß bei allen Überlegungen vom dreigliedrigen Schulsystem ausgegangen wird. Insofern ist der Deutsche Ausschuß tatsächlich ein „bewahrender", und er versteht sich auch so [BOHNENKAMP/DIRKS/KNAB, 1966, S. 25]; diese Haltung hat den Deutschen Ausschuß nicht daran gehindert, schon sehr früh (1954) die Einrichtung von Versuchsschulen zu empfehlen.

Die höhere Schule, so stellt der Deutsche Ausschuß fest, diene einem zweifachen Ziel:

Zum einen liefere sie den für die Existenz der modernen Zivilisation notwendigen Nachwuchs; zum andern diene sie „der Überlieferung klassischer Gehalte der europäischen Kultur" [a.a.O., S. 90]. Daraus leitet der Deutsche Ausschuß zwei Typen der höheren Schule ab: den Typ des Gymnasiums mit den bekannten Zweigen (mathematisch-naturwissenschaftlich und neusprachlich) und den Typ der Studienschule. Während der zuerst genannte Typ sich an eine auf die Grundschule folgende Förderstufe anschließen und 7 Jahre (von der 7. bis zur 13. Jahrgangsstufe) dauern soll, denkt der Deutsche Ausschuß bei der Studienschule an einen 9jährigen Lehrgang, der nach der Grundschule, also ohne die Förderstufe, mit Latein beginnend über Englisch schließlich in Französisch oder Griechisch als unterscheidende Leitsprache mündet. Während der 11. Jahrgang die Funktion eines Gelenks zwischen Mittel- und Oberstufe hat, bilden der 12. und 13. Jahrgang den Kern der Oberstufe. Dabei ist für die Oberstufe konstitutiv:

- eine Verminderung der obligatorischen Fächer auf 4 Leitfächer,
- die Einführung eines Wahl-Leistungsfaches.

Es wird also die Oberstufe, die die 12. und 13. Jahrgangsstufe (U I/O I) umfaßt, aufgelockert, indem den individuellen Interessen der Schüler nachgegeben wird. Individualisierung ist das Stichwort. Zugleich aber wird durch die 4 obligatorischen Leitfächer Beliebigkeit vermieden und eine individualistische Auflösung des Kanons verhindert. Mit dieser Konstruktion möchte der Deutsche Ausschuß eine wissenschaftliche Grundbildung sichern, die Entfaltung der Selbständigkeit im Denken ermöglichen und die „außerwissenschaftlichen Bildungsbereiche" [a.a.O., S. 102] stärken. Leitfächer sind je nach Schulzweig: einerseits Deutsch, Englisch, Französisch (Russisch), oder andererseits Deutsch, Mathematik, Naturwissenschaft, Englisch. Für beide Zweige wird bereits 1959 die politische Bildung verlangt. Für die Studienschule gelten als Leitfächer der Oberstufe: Deutsch, Latein, Englisch/Russisch, Griechisch/Französisch, Mathematik, als Wahlleistungsfach Naturwissenschaft. Beide Schultypen unterscheiden sich in den Schwerpunkten: Das Gymnasium ist mehr der modernen Welt zugewandt; es dient nicht der Berufsausbildung – wohl aber führt es in die Gesetze ein, die die neuzeitliche Arbeitswelt bestimmen und geht über die Bereiche außerhalb des wissenschaftlichen Denkens bis zur Vorbereitung des wissenschaftlichen Denkens. Das heißt auch, daß in die europäische Überlieferung eingeführt wird – aber eben nur dieses. Die Studienschule hingegen ist der europäischen Tradition verpflichtet, allerdings ohne daß sie auf die Auseinandersetzung mit der modernen Welt verzichtet. Der Deutsche Ausschuß nennt als Ziel die „Ursprünge ausdrücklich zu vergegenwärtigen" [a.a.O., S. 105]. Was nun die Wirkung des Deutschen Ausschusses betrifft, so kann man sie daran erkennen, wie die KMK seine Vorschläge bezüglich des Wahlleistungsfachs und der politischen Bildung umgesetzt hat: Die KMK einigte sich 1960 in Saarbrücken [Anhang II.8] auf die Einführung eines Faches, das sie in Anlehnung an den Deutschen Ausschuß „Wahlpflichtfach" nannte. Außerdem führte sie als neues sozusagen interdisziplinäres Unterrichtsfach die Gemeinschaftskunde ein. Der Deutsche Ausschuß war zwar mit den Modalitäten (vor allem mit der Einschränkung der Wahlfreiheit) der KMK-Vereinbarung nicht zufrieden (a.a.O., S. 533), aber der Zusammenhang ist manifest. Die vom Deutschen Ausschuß festgestellte „konservative und reformfeindliche Haltung" [a.a.O., S. 534] der Philologenschaft, die sich zu großen Teilen am institutionellen und organisatorischen Bereich der Saarbrücker Rahmenvereinbarung festgebissen hatte, trifft ebenso für dessen Rahmenplan zu. Letzterer wurde nach heftigen Diskussionen auch nicht Schulwirklichkeit [vgl. die Beiträge von DEDERICH, NEUHÄUSER, PADBERG, REDEKER, HAHNE, HELDMANN in den Jahrgängen 1959 und 1960 in der Zeitschrift „Die Höhere Schule"].

An der öffentlichen Debatte über seinen Rahmenplan hatte sich der Deutsche Ausschuß nur einmal beteiligt: Er veröffentlichte am 2. Juli 1960 eine Stellungnahme „Zur Diskussion des Rahmenplanes – Kritik und Antwort". Hier soll ein Gedanke aus der eben genannten Stellungnahme hervorgehoben werden:

Nach Auffassung des Deutschen Ausschusses, die entsprechend öffentlicher Kritik ausgesetzt war, bestand das Anliegen des Rahmenplanes nicht darin, die gesellschaftlichen Funktionen des Bildungswesens darzustellen: Das Anliegen war die Bildung und Erziehung des einzelnen. Was aber der Einzelne sei und wozu er werden könne, das lasse sich nicht aus der Darstellung gesellschaftlicher Funktionen ableiten. Das ist in der Tat eine Erkenntnis aus der abendländischen Bildungstradition, an der naturgemäß manche Sozialwissenschaftler rütteln; denn diese berührt ihr Selbstverständnis. Dabei wird man sich leicht darüber verständigen können, daß es zwei Fehlformen im Verständnis der Bildungsfähigkeit des Menschen zu vermeiden gilt: die der völligen Autonomie des Individuums und die der völligen Bestimmtheit durch die Systeme. Als Folge ergibt sich, daß der Mensch nicht mehr als Individuum, sondern nur noch als Funktion gesehen werden muß, er ist sozusagen instrumentalisiert und handhabbar. Und das ist wohl nicht das politische Interesse in einem demokratischen Gemeinwesen.

So betont auch der Deutsche Ausschuß an vielen Stellen, daß es eine „Verschränkung zwischen der personalen Bildung und dem gesellschaftlichen Auftrag der Organisation des Bildungswesens" [a.a.O., S. 144] gebe – aber doch so, daß die Anpassung an das Moderne auf Kosten personaler Entfaltung nicht Aufgabe der Schule sein darf. Personale Entfaltung vollzieht sich stets im Spannungsfeld zwischen der Moderne, die „nicht immer das Bildende" [a.a.O., S. 107] sei, und der Überlieferung, die „gerade dadurch bildende Kraft <hat>, daß sie der vom Augenblick beherrschten Denkweise einen Widerstand entgegensetzt, der die wahre Selbständigkeit des Denkens stärkt und die Willkür des Urteils in Zucht nimmt" [a.a.O., S. 107].

Die öffentliche Debatte um den Rahmenplan war von außerordentlicher Schärfe geprägt. Vor allem aus dem Raume des Gymnasiums zielte die Kritik auf die Unterscheidung in Gymnasien erster und zweiter Klasse, wie man die Unterscheidung in Gymnasium und Studienschule interpretiert hat. Die Schwäche der Diskussion bestand darin, daß die Argumente aus dem institutionell-organisatorischen Raum andere Gesichtspunkte dominierten. Von den in der genannten Stellungnahme des Deutschen Ausschusses sorgfältig aufgeführten Vorschlägen sollte der von Hermann SCHNEIDER, Lehrer am Andreanum zu Hildesheim, deswegen genannt werden, weil er alle anderen an Radikalität übertrifft. Hermann SCHNEIDER fordert ein organisches Gesamtschulsystem, das mit seinen zahlreichen Zügen (Normal-, Mittel-, Ober-, Studienzug, Hilfsschulen) vielfältige Übergänge und Abschlüsse entsprechend dem unterschiedlichen Entwicklungstempo der Kinder ermöglicht und allen Begabungen Förderung zum angemessenen Ziel zukommen lassen soll. SCHNEIDER fordert also ein differenziertes Schulsystem, das als Schulversuch einzuführen 10 Jahre später der Deutsche Bildungsrat empfohlen hat. Es zeugt von der sorgfältigen Arbeit und Fairneß des Deutschen Ausschusses, daß er auch Vorschläge dieser Art, die damals noch singulär waren und kaum auf Resonanz stießen (SCHNEIDERs Gedanken waren in einem Privatdruck niedergelegt), aufgenommen hat. Und nicht nur das:

Der Deutsche Ausschuß hat den Gedanken einer Stufenschule – in seiner eigenen Sprache „horizontale Gliederung" [a.a.O., S. 548, auch S. 555] – weitergeführt in seinen bereits genannten „Empfehlungen für die Neuordnung der Höheren Schule" (3. Oktober 1964). An der gymnasialdidaktischen Position zur Oberstufe hat sich nicht viel geändert, aber die geistige Position wurde noch einmal dargestellt und verfeinert. Das wichtigste aber ist die ausführliche Beschreibung von Oberstufenlehrgängen in Mathematik, Naturwissenschaft, Politik-Weltkunde, Deutschunterricht, Fremdsprachenunterricht, Philosophie sowie musischer Bildung. Schließlich werden noch Unterrichtsbeispiele (z.B. das Parallelenproblem in der Mathematik, die räumliche Lage Berlins in der politischen Weltkunde, Perfekt und Präteritum im Deutschen) vorgestellt. Das alles zeigt, mit welch hoher Kompetenz und mit welch großem Interesse an der Konkretisierung seiner Vorstellungen dieser Ausschuß bis in das Detail gearbeitet hat. Die genannten Empfehlungen sehen in Aufnahme des Rahmenplanes insbesondere das Gymnasium vor zwei Aufgaben gestellt.

– „Die geistige Einheit des Volkes (vom Verfasser hervorgehoben) in den elementaren Grunderfahrungen ... zu erhalten" [a.a.O., S. 75],
– jedes Kind begabungsgerecht zu fördern.

Aus diesen beiden Aufgaben, der gemeinsamen Grundbildung und der Individualisierung, ergeben sich als didaktische Konsequenzen:
– die Beschränkung der Anzahl der Fächer,
– die repräsentative Auswahl der Stoffe,
– die Schwerpunktbildung ohne zu frühe Spezialisierung,
– die Kanonisierung von Erfahrungsfeldern,
– eine neue Form der Unterrichtsorganisation und neue Unterrichtsmethoden (z.B. Epochenunterricht, Gruppenunterricht).

In Anlehnung an Gedanken Wilhelm FLITNERs (s.u.) ging es dem Deutschen Ausschuß nicht um die Kanonisierung von Fächern und Inhalten, sondern um die Kanonisierung von Bildungseffekten, wie sie Flitner in den vier „Initiationen" beschrieben hatte. Ausdrücklich gewarnt wurde vor einer zu frühen und vor allen Dingen falschen Verwissenschaftlichung des Oberstufenunterrichts. Dabei ist die an Dilettantismus grenzende Verkürzung fachwissenschaftlicher Inhalte in Richtung auf den Schulunterricht viel leichter, als die vom Deutschen Ausschuß geforderte propädeutische Einführung in wissenschaftliche Arbeit. Damit die Gefahr der Isolierung einzelner Unterrichtsfächer und damit verbunden auch der Verlust ihrer bildenden Wirkung durch die Zusammenhangslosigkeit vermieden wird, verlangt der Deutsche Ausschuß Fachkonferenzen der Lehrerinnen und Lehrer, „Studienkonferenzen der Behörden", didaktische Lehrgänge und eine „großzügig ausgebaute Lehrerweiterbildung" [a.a.O., S. 535].

Es werden also nicht nur Forderungen gestellt, sondern auch Wege gezeigt. Das Stichwort lautet: „Studienkonferenzen der Behörden" und „Lehrerweiterbildung". Letztere, die Forderung nach dem, was wir heute Lehrerfortbildung nennen (also Maßnahmen ohne Laufbahnwirksamkeit), ist in den Jahrzehnten danach in allen Bundesländern mit erheblichen Mitteln ausgebaut worden. Alle Länder haben ihre Staatsinstitute für Lehrerfortbildung oder vergleichbare Einrichtungen entwickelt. Die fachwissenschaftliche (im Rahmen des hier Möglichen), fachdidaktische und insgesamt die berufliche Kompetenz der Lehrenden wird in zentralen, regionalen und örtlichen Veranstaltungen zu erhalten und zu fördern versucht. Je nach Erlaßlage können im Rahmen einer schulinternen Lehrerfortbildung (SCHILF) ganze Kollegien für einen bis zu mehreren Tagen sich ihren Problemen widmen.

Das gleiche müßte auch für die Beamtinnen und Beamten der Schulaufsicht gelten. Die genannten Studienkonferenzen der Behörden zielen auch in die Richtung, die inhaltlichen Kompetenzen der Mitarbeiterinnen und Mitarbeiter (Schulamtsdirektoren, Leitende Schulamtsdirektoren, Regierungsschuldirektoren, Leitende Regierungsschuldirektoren) der Schulbehörden zu erhalten und zu pflegen. Dieses ist zwar nur ein Aspekt ihrer Arbeit, aber ein sehr wichtiger. Wenngleich der Unterricht als Kernstück der Schule beiden, den Lehrenden und den in der Schulaufsicht Tätigen, am Herzen liegt, so gibt es doch Unterschiede: Die Berufskompetenz der Lehrenden liegt in ihrer Vermittlungs-, Erziehungs- und Bildungskompetenz in Bezug auf die Schülerinnen und Schüler. Die Schulaufsichtsbeamtinnen und Schulaufsichtsbeamten wären in dieser Hinsicht überfordert wollte man von ihnen die genannten Kompetenzen auch noch erwarten. Sofern sie Lehrerinnen und Lehrer gewesen sind, hatten sie diese Kompetenzen. Doch ohne Training und ständige Begegnung mit den Schülerinnen und Schülern gehen diese verloren, oder sie werden stark reduziert. Doch die Stärke der Beamtinnen und Beamten der Schulaufsicht muß auf einer anderen Ebene liegen – der Koordinations- und Dienstleistungskompetenz. Auf dieser Grundlage ruht die Entschlossenheit, Initiatoren, Mittler und Koordinatoren zu sein im Prozeß der Bildung an den ihnen anvertrauten Schulen. Nur hier kann auch im Hinblick auf die europäische Integration das Fundament der Schulaufsicht liegen [vgl. auch FRAGNIÈRE, 1976, S. 119 und 123; HOPES, 1991 und 1992].

Gefragt werden sollte noch, ob zur Zeit das Amt eines Schulaufsichtsbeamten den rechten Zuschnitt hat. Die unstreitig starke Belastung der in der Schulaufsicht Tätigen hängt in unseren Tagen einerseits mit der starken Verrechtlichung des Behördenhandelns zusammen, andererseits aber auch mit Aufgaben, die viel besser Sachbearbeiter (etwa aus der Inspektorenlaufbahn) mit sorgfältig erworbener Verwaltungskompetenz wahrnehmen könnten. Die reinen Verwaltungsaufgaben fressen die Schulaufsichtsbeamten, die ja einmal mit Leidenschaft angetreten sind, Lehrer zu werden (und in aller Regel auch gute Lehrer geworden sind) so auf, daß fast jeder von ihnen sich in die Schule zurücksehnt! Dieses aber darf kein Normalzustand bleiben, weil so völlig sinnlos Humankapital verschleudert wird [vgl. auch u.S. 84 f.].

Die Kernaufgabe der Schulaufsicht muß endlich wieder die Beratung der Schulen werden und die Koordinierung der unterrichtlichen Impulsfelder, die den Prozeß der Bildung vorantreiben können. Die Minister/Senatoren wären gut beraten, sich bei der Auswahl ihrer Mitarbeiter von denen beraten zu lassen, die in Bezug auf Beratung und Koordinierung Erfahrung haben, die Fachberater, Studienprofessoren und Fachleiter. Eine gewisse bildungspolitische Nähe muß nicht ausgeschlossen sein, sie darf aber auch nicht den Ausschlag für die Auswahl bei geringerer fachlicher Qulifikation geben.

Vom Deutschen Ausschuß werden der bisher gewachsenen 14-Fächerschule Profile eingeräumt, die unvermittelt nebeneinander bestehen und behördlich durch Vereinbarungen bestimmt sind. Angesichts der vielfältiger werdenden Bildungswünsche der Gesellschaft und der Ansprüche der Individuen verlangt der Deutsche Ausschuß, daß in den beiden letzten Klassen die Schüler selbst entsprechend ihren Neigungen Bildungsschwerpunkte und Fächergruppen wählen. Diese begrenzte Freigabe hat sich dann bis zur Bonner Vereinbarung fortgesetzt und ist bis jetzt konstitutives Prinzip der Oberstufe des Gymnasiums in der Bildungspolitik, wobei der Akzent auf dem Attribut „begrenzt" liegt. Davon wird noch zu sprechen sein. Bis auf Modifizierungen in der Sprachenfolge hat der Deutsche Ausschuß die bereits ausgeführte organisatorische Gliederung aufrechterhalten.

An einem wichtigen Punkte ergänzen die genannten Empfehlungen den Rahmenplan: Der Deutsche Ausschuß sieht den Unterricht in den Primen – und das erst ist der Oberstufenunterricht – durch das Lehrgangsprinzip konstituiert. Das Denken in Lehrgängen ist nicht neu, stark geprägt ist das Lehrgangsdenken durch den Aristotelismus und für unser Jahrhundert durch Otto WILLMANN, für den das „Prinzip des Unterrichts" die organisch-genetische Gliederung des Stoffes [WILLMANN, 1909, S. 520] darstellt. Zwei Merkmale des Lehrgangsprinzips sollten schon hier hervorgehoben werden:

Da ist zunächst die Kontinuität der Lernprozesse zu nennen. Sie betrifft vor allem die Kernfächer der Oberstufe. Lernen an der Wissenschaft ohne Kontinuität ist nicht möglich. Ein solcher Prozeß endet sonst im Dilettantismus und in der Zusammenhangslosigkeit des Wissens. Darüber wird noch zu sprechen sein.

Sodann wird ein Lehrgang nicht nur durch das Fachprinzip konstituiert, sondern durch die fächerübergreifenden „Themenkreise" [BOHNENKAMP/DIRKS/KNAB, 1966, S. 538]. Die besondere Wissenschaftlichkeit des Gymnasiums ist hieran festzumachen. Der Lehrgang ermöglicht Verdichtung und Intensivierung des Lernens, z.B. durch den Epochenunterricht, und legt die Grundlage des „aktiven und verstehenden Lernens und des verstandenen oder erfahrenen Wissens" [a.a.O., S. 539]. Hier liegt der Kern der eigentlichen Reform, die der Deutsche Ausschuß als „innere Reform" bezeichnet. Sie bedeutet zum einen den ersten ernstgemeinten und auch ernst zu nehmenden Rückgriff auf Wilhelm von HUMBOLDT – nämlich die jungen Menschen an einer möglichst geringen Zahl von Fächern und Gegenständen in die Welt einzuführen, zum andern die Rückführung des Humboldtschen Wissenschaftsbegriffes, der sich vom gegenwärtigen durch die Autonomisierung und Verzweigung der Wissenschaften unterscheidet, von der Universität auf die Oberstufe des Gymnasiums.

Zusammenfassung:

Der Deutsche Ausschuß hat durch seinen Rahmenplan zur Umgestaltung und Vereinheitlichung des allgemeinbildenden öffentlichen Schulwesens (1959) und seine Empfehlungen für die Neuordnung der Höheren Schule (1964) die öffentliche Diskussion über die Oberstufe des Gymnasiums mit dem Ziele, die Stagnation des Bildungswesens zu beheben, in Gang gesetzt und den Gedanken einer angemessenen Auflockerung durch das Wahlleistungsfach so vertreten, daß dieser von den offiziellen Gremien der KMK aufgenommen worden ist. Insbesondere hat er ein für die Folgezeit vorbildliches Lehrgangsprinzip betont, dessen Konstituenten die Kontinuität und die Intensivierung des Lernens sind. Hieraus ergeben sich für die didaktische Arbeit aller am Bildungsprozeß Beteiligten schwerwiegende und schwierige Aufgaben, vor allem die, durch eine möglichst geringe Anzahl von Fächern und Lerninhalten in jungen Menschen Bildung möglich zu machen.

1965 lief das Mandat des unabhängigen Deutschen Ausschusses, der sich nur der Nation verantwortlich fühlte und keiner politischen Gruppe oder Institution, aus. Er beendete seine Arbeit mit einer Erklärung, deren resignative Grundstimmung nicht zu überhören ist.

3. Der Deutsche Bildungsrat

Eine andere Institution nahm die Arbeit auf: der Deutsche Bildungsrat. Er wurde aufgrund eines Abkommens zwischen Bund und Ländern eingerichtet und trat am 17.03.1966 zu seiner konstituierenden Sitzung zusammen. Als seine Aufgaben nennt das Abkommen vom 15.07.1965

- Vorstellungen zur Struktur des Bildungswesens zu entwickeln,
- Bedarfspläne für das Bildungswesen aufzustellen.

Die vertragsschließenden Parteien haben von vornherein auch an die Umsetzung dessen gedacht, was erarbeitet werden soll: Und so setzten sie zwei Kommissionen ein:
- die aus 18 Mitgliedern bestehende Bildungskommission,
- die ebenfalls aus 18 Mitgliedern bestehende Regierungskommission.

Letztere hatte nur beratende Stimme, war verpflichtet, die Bildungskommission zu hören, und berechtigt zur Stellungnahme. Sie bestand aus Vertretern des Bundes und der Länder. Die Bildungskommission hingengen setzte sich aus Sachverständigenvertretern der verschiedenen bildungspolitischen Gruppen zusammen. Nach Beratung mit der Regierungskommission (auch Verwaltungskommission genannt) legte sie in eigener Verantwortung Bund und Ländern Empfehlungen vor, z.B. den „Strukturplan für das Bildungswesen" (13.02.1970). So war – anders als beim Deutschen Ausschuß – ein relativ enger Zusammenhang zwischen bildungspolitischem Sachverstand und bildungspolitischer Entscheidungskompetenz gegeben.

Neben den „Empfehlungen der Bildungskommission" gab es noch die „Gutachten und Studien", die im Auftrage der Bildungskommission erstellt wurden und in den Beratungen als Materialien zur Entscheidungsfindung dienten, ohne etwas zu präjudizieren. Als bedeutendes Beispiel sei hier genannt: „Begabung und Lernen – Ergebnisse und Folgerungen neuerer Forschungen", herausgegeben von Heinrich ROTH als Band IV der Gutachten und Studien im Jahre 1968. Auch diese präjudizierten die Bildungskommission nicht.

Der wissenschaftstheoretische Hintergrund der Aktivität des Deutschen Bildungsrates (der seine Tätigkeit 1975 beendete) ist das Aufkommen neuer Wissenschaften oder Wissenschaftszweige. Da sind zu nennen als Untergliederungen der Bildungsforschung:

- die Bildungsökonomie (Kosten-Nutzen-Relation des Humankapitals; bekannter Vertreter: Friedrich EDDING),
- die Bildungsstatistik (quantitative Erfassung des Bildungssystems, z.B. im statistischen Bundesamt; wiederum muß hier Friedrich EDDING, aber auch R. von CARNAP genannt werden),
- die Curriculumforschung (hier geht es um einen sehr weitgefaßten Begriff von Lehrplan, für viele Namen stehe hier nur der von Saul ROBINSOHN).

Über die Sinnfälligkeit und vor allen Dingen Wirksamkeit der genannten Wissenschaften im allgemeinen mag jeder denken, wie er will. Für ihre Einwirkung auf den alltäglichen Unterricht – und nur dieser zählt – gilt das Gesetz des magnetischen Feldes, wonach die von einem Pol (Bildungsforschung) herrührende Feldstärke abnimmt mit dem Quadrat des Abstandes r (Theorie-Praxis).

Neben der wissenschaftstheoretischen oder wissenschaftsgeschichtlichen Grundlage ist noch die bildungspolitische zu nennen: Wenn Demokratie nicht nur als eine durch frei und auf Zeit gewählte Abgeordnete repräsentierte Einrichtung verstanden werden darf, dann gilt die Forderung nach

- Demokratisierung auch der kleinsten gesellschaftlichen Teilbereiche,
- Chancengleichheit,
- Durchlässigkeit im Bildungswesen,
- Hilfen und kompensatorische Maßnahmen für Benachteiligte,
- sozialem Lernen,
- Differenzierung und Individualisierung.

[Zum gesamten Komplex der Bildungsforschung vgl.: von MAYDELL, J.: Bildungsforschung und Gesellschaftspolitik, Oldenburg 1982]

Die Umsetzung der genannten Forderungen wurde im „Strukturplan für das Bildungswesen" – verabschiedet auf der 27. Sitzung der Bildungskommission am 13. Februar 1970 – vorgenommen. Erstaunlicherweise gab es keine Gegenstimmen, auch keine Minderheitenvoten, wie es das genannte Abkommen vorgesehen hatte. Es handelt sich bei dem Strukturplan um einen Kompromiß „in einer neuen, gemeinsam verantworteten und entschieden vorantreibenden Programmatik" [aus dem Vorwort S. 16]. Das Strukturkonzept hat zwar die Stufenschule zum Inhalt, betont aber die Notwendigkeit eines „zur Zukunft offenen Bildungssystems" [a.a.O., S. 15]. Für das Gymnasium, das als veraltet (man sprach vom Modernitätsrückstand) und an das 19. Jahrhundert gebunden betrachtet wurde, hatte das die Konsequenz, daß es als Wort verschwand (auch im Register des Strukturplanes) und lediglich im Attribut „gymnasial" der gymnasialen Oberstufe in der Sekundarstufe II noch gelegentlich erschien. Sicherlich ist es auch auffällig, daß der Oberstufe des Gymnasiums bei der Beschreibung der gegenwärtigen Bildungseinrichtungen ganze vier Zeilen gewidmet sind (von insgesamt 61 Zeilen). Das ist das, was Nina GRUNENBERG in der Zeitschrift „Die Zeit" [Nr. 44 aus 1970, S. 40] als die „Zauberformel für Bildung" nannte: „Radikale Abkehr vom 19. Jahrhundert". Die Öffentlichkeit nahm diesen Plan zustimmend auf, einschließlich der KMK (Erklärung vom 02.07.1970).

Die Sekundarstufe II wird als „differenzierte Einheit" [a.a.O., S. 161] begriffen. Danach sollte das Denken in Institutionen abgelöst werden vom Denken in Bildungsgängen, die auf bestimmte Lernziele gerichtet sind. Daraus folgt der Gedanke einer Integration der berufs- und studienbezogenen Bildungsgänge. An die Stelle vertikaler sollen nun horizontale Strukturen treten. Am herkömmlichen Schulwesen wird kritisiert, daß die Schüler durch die jeweiligen Lehrpläne festgelegt seien. Demgegenüber sollen die Schüler in einem horizontal gestuften System „verschieden akzentuierte Lehrprogramme ... absolvieren können" [a.a.O., S. 62]. Das Entscheidungskriterium liegt nach Ansicht des Strukturplanes in den persönlichen Lerninteressen, der Motivation und der Lernfähigkeit der jeweiligen Schüler. Im Strukturplan des Deutschen Bildungsrates wird also ein Konzept vertreten, das dem des Deutschen Ausschusses diametral gegenübersteht: Hier das dreigliedrige Schulwesen (mit Trennung von allgemeiner und beruflicher Bildung), das behutsam weiterentwickelt werden soll, dort (allerdings mit großer Offenheit formuliert) die Stufenschule (mit Integration oder doch wenigstens mit starker Annäherung der beiden Bildungsbereiche); hier die Auflockerung der Oberstufe des Gymnasiums/der Studienschule unter begrenzter Freigabe von Fächern in die Wahl der Schüler, dort die weitgehende Beliebigkeit und fast unbeschränkte Freigabe der Fächer, sozusagen das individualisierte Curriculum. Eine ganz neue didaktische Entscheidungssituation ist gekommen: Anstelle des begrenzten Lehrplans tritt das Curriculum, das jeder einzelne sich baut und „durchläuft" oder auch wechselt nach Belieben. Felix von CUBE sprach 10 Jahre davor bereits von der „produktiven Einseitigkeit". Zwar weist der Strukturplan auf einen gemeinsamen Bezugsrahmen, doch dieser wird im Unterschied zu den Empfehlungen des Deutschen Ausschusses nicht erläutert. Die Vermutung drängt sich auf, daß die Beliebigkeit der Fächerwahl (Hauptsache, daß überhaupt gewählt wird) bereits der Bezugsrahmen ist. Das Problem des Curriculum wird ein dreifaches:

– Zum einen müssen die Lehrpläne „entrümpelt" werden;

– zum zweiten müssen die Pläne an den Stand einschlägiger Einzelwissenschaften angepaßt werden;

– schließlich besteht der reale Hintergrund für die Veränderung darin, „das Bildungswesen für eine neue Entwicklungsphase der Gesellschaft ... auszurüsten" [a.a.O., S. 60].

Hier werden die Aufbruchsstimmung der damaligen Zeit, der naive Glaube und das grenzenlose Vertrauen in die Machbarkeit der Dinge, vor allen Dingen aber eine Wissenschaftsgläubigkeit deutlich, die seit Jahrhunderten die Entwicklung beeinträchtigte (dargestellt z.B. in Goethes Faust) und die Kreativität – besonderes Merkmal jeder Elite – strangulierte. Heute wissen wir wieder, wie vor einigen hundert Jahren bereits, daß nicht der Gang einer Wissenschaft die Didaktik begründet, auch nicht die Zukunft der Gesellschaft – so als könne irgendeine Instanz, Regierung, Konzern oder selbstgefälliges Zentralkomitee wirkungsvoll die Eröffnung einer „neuen Phase gesellschaftlicher Entwicklung" [a.a.O., S. 60] beschließen. Keines der Mitglieder des Deutschen Bildungsrates konnte etwas Sicheres wissen über die Entwicklung in den kommenden Jahrzehnten, aber alle waren sicher, über das Curriculum gültig befinden zu dürfen (FRAGNIÈRE [1976, S. 1 ff.] sieht gerade in der Unsicherheit der Eckdaten, z. B. für Europa 2000, Chancen zur Gestaltung dessen, was kommen wird).

Neben Fehlannahmen dieser oder jener Art finden sich auch Schwächen, die aus einer bestimmten Vorurteilsdisposition resultieren: Wer in den Gymnasien eben nur selektive, sozialdiskriminierende und veraltete Einrichtungen mit elitärem Selbstverständnis sieht, [vgl. Wolfgang MITTER, 1976, S. 174], für den ist der Lehrplan des 19. Jahrhunderts, der natürlich auch bis 1970 und darüber hinaus nachwirkt, vom Landesherrn und ständisch bestimmt. Das Gegenteil aber beweisen die zahllosen eigenständigen Gymnasialprogramme, aber auch andere Zeugnisse, wie z.b. schon vor über 200 Jahren der Brief Johann Gottfried HERDERs an Herzog Karl August von Sachsen Weimar vom 14. Dezember 1785 [Briefe, Bd. V, S. 151 ff.]. HERDER war Ephorus des Fürstlichen Gymnasiums zu Weimar, und er verlangt aufgrund seiner großen Erfahrungen, durch die er von anderen Ländern, selbst „katholischen", als Ratgeber gerufen wurde, nach wie vor freie Hand bei Entscheidungen darin, „Stunden und Lectionen einzuteilen, Lehrbücher einzuführen, die innere Methode anzuordnen, die Schulactus und alle scholastische Übungen einrichten zu dürfen ..."

Aber bei Vorurteilsdispositionen, die seit 1964, da Georg PICHT die Bildungskatastrophe ausrief, in eine Massenhysterie der Parteien, Verbände, Organisationen, Behörden und sonstigen mit Bildung amtlich befaßten Institutionen ausartete – die Schulen ausgenommen – darf man eine differenzierte Sicht der Vergangenheit und Gegenwart nicht erwarten.

Eine vorurteilsfreie und differenzierte, vor allem aber von Sach- und Geschichtskenntnissen getragene Sicht der Dinge würde dazu führen, im höheren Schulwesen einer auf höchst qualifizierten Nachwuchs angewiesenen Leistungsgesellschaft eine Einrichtung für eine solche Elite zu sehen, die allein in der Lage ist (und dazu befähigt bleiben muß), die Schwachen und Benachteiligten zu stärken und aufzurichten. Statt dessen wurde der Elitebegriff so negativ tabuisiert [vgl. HOJER, 1964, S. 433 ff.; auch die Beiträge von BEKKER, WILHELMI und von BORRIES in Heft 2/85 der Zeitschrift „Pädagogik"], daß bis vor kurzem kaum jemand diesen Begriff offensiv zu verwenden wagte.

Das beginnt sich seit Ende 1993 in der öffentlichen bildungspolitischen und wissenschaftspolitischen Erörterung zu wandeln: Peter GLOTZ forderte auf der Tagung der Friedrich-Ebert-Stiftung im Herbst 1993 zu „Bildung 2000" in der 4. These seines Referates „Bildung und Forschung als Priorität deutscher Politik" folgendes: „... Wissenschaftspolitik ... muß ... den Mut haben, zwischen Exzellentem, Durchschnittlichem und Schlechtem zu unterscheiden. Hier ist die Selbstkritik der Linken angebracht ...: Die Angst vor dem Elitebegriff ..." [In: Zweiwochendienst – Bildung, Wissenschaft, Kulturpolitik, Nr. 17/1993, S. 10 f.] Wie selbstverständlich spricht GLOTZ, der führende Bildungs- und Wissenschaftspolitiker seiner Partei, davon, daß schon immer Funktionseliten geprägt worden sind.

Ebenso wie der Deutsche Ausschuß hat der Deutsche Bildungsrat sich in einer gesonderten Empfehlung „Zur Neuordnung der Sekundarstufe II" (1974) geäußert. Dabei sieht er in der Bonner Vereinbarung von 1972 einen Anfang. Er möchte durch ein vielfältiges Angebot die immer wieder behauptete, aber nicht bewiesene Praxisferne der gymnasialen Oberstufe überwinden helfen. Das soll durch ein offenes Kursangebot und durch das Angebot des Lernens an verschiedenen Lernorten (Schule, Lehrwerkstatt, Betrieb, Studio) erreicht werden. Insgesamt ist vorgesehen, integrierte Curricula zu entwickeln, die die „überkommene Entgegensetzung von beruflicher und allgemeiner Bildung abbauen" sollen [Deutscher Bildungsrat „Zur Neuordnung der Sekundarstufe II", 1974, S. 48]. Auch hier prägt vorurteilsbefangenes Denken und Wunschdenken die Sprache, und wenn diese nur oft genug verwendet wird, glaubt schließlich jedermann, daß es zwischen der beruflichen und der allgemeinen Bildung Entgegensetzung gibt. Tatsache dagegen ist, daß vom Charakter der Andersartigkeit gesprochen werden müßte, nicht aber von der Entgegensetzung: Niemand wird ohne weiteres auf den Einfall kommen, zwischen einem Maultier und einer Elster eine Entgegensetzung zu konstruieren, um sie dann abzubauen. Im Ausland wird das deutsche System der beruflichen Bildung allenthalben gelobt [Frankfurter Allgemeine Zeitung vom 13.11.1993], im Binnenbereich wird sie durch völlig unangemessene Integrationsforderungen auf das höchste beeinträchtigt oder gar zerstört. Vernünftiger wäre es, die im Berufe tatsächlich erbrachten Leistungen – z. B. den Meisterbrief – aufzuwerten, als die Hochschulreife zu verfälschen und den Eindruck zu schüren, man könne durch die sogenannten berufsbezogenen Inhalte den Gymnasialunterricht mit seinem Spezialziel der Hochschulreife effektiver gestalten. Die sogenannte Öffnung vor allem der Oberstufe des Gymnasium überfordert diese Schulform ebenso, wie das berufsbildende Schulwesen durch die sogenannten abstrakten, an die Hochschulreife heranreichenden „formalen Qualifikationsanforderungen" speziell im dualen System überfordert wird [zum Gesamtkomplex der Öffnung sowohl der gymnasialen Oberstufe als auch der Universität vgl. KLUGE u. a., 1990,]. Spezialziel der Gymnasien (einschließlich derer mit Schwerpunkten wie Wirtschaft, Technik, Landwirtschaft, Hauswirtschaft) ist die Hochschulreife, die Spezialziele aber des beruflichen Schulwesens sind andere, über die hier nicht zu sprechen ist. Wer die „Öffnung" oder „Vermischung" betreibt, sollte auch offenlegen, innerhalb welchen Ordnungsrahmens er welche gesellschaftlichen und speziell wirtschaftlichen Ziele ansteuert. [zum Komplex der Integration, vgl. BLANKERTZ, 1967, S. 27; BATH, 1968, S. 462 ff; GIESECKE, 1968, S. 210; STRATMANN, 1973, S. 153 ff.; FINGERLE, 1974, S. 367 ff.; FINTELMANN, 1979; GRUSCHKA, 1987, S. 156 ff.; GRUSCHKA/SCHWEITZER, 1987, S. 148 ff.; Frankfurter Allgemeine Zeitung vom 13.11.1993; WERNSTEDT, a.a.O., S. 4].

Der Deutsche Bildungsrat sieht unter der Voraussetzung der durch die Integration der allgemeinen und beruflichen Bildung zu erreichenden Kompetenzen folgende Konsequenzen für die Didaktik der Sekundarstufe II:

Zum einen zielt die Oberstufenarbeit auf die Kompetenz in einem Fachbereich; zum zweiten wird eine Rückbindung (der Text spricht auf S. 55 irrtümlicherweise wohl von „Rückbildung") an humane und politische Bildung gewollt; schließlich unterstellt die Empfehlung eine auf „Ausweitung, Vertiefung oder Kompensation gerichtete Motivation der Lernenden" [a.a.O., S. 55]. Strukturell bedeutet das:

- Schwerpunktbereich,

- obligatorischer Bereich,

- Wahlbereich.

Als Unterrichtsgrundsätze in diesen Bereichen, die nicht als Fächer verstanden werden sollen, werden der

- „Situationsbezug",

- die „Wissenschaftsorientierung" und

- die Handlungsfähigkeit [a.a.O., S. 61]

genannt. Die Empfehlung wird da noch genauer, wo sie sich zu den Inhalten äußert: Gebrochen wird mit jeglicher Bezugnahme auf den Kanon der Allgemeinbildung, so wie es der Strukturplan schon im durchaus zweifelhaften Hinblick auf das rasch anwachsende Wissen in den Wissenschaften getan hat. Die für die Inhalte notwendigen Lernbereiche ergeben sich – so die Empfehlungen – „aus der Bestimmung der Bedingung menschlichen Lebens in einer demokratischen und pluralistischen Gesellschaft sowie in einer durch Wissenschaft und Technik bestimmten Umwelt" [a.a.O., S. 58]. Es werden genannt:

– Sprache (als Grundlage kultureller Entwicklung und jeglicher Kommunikation),

– Politik (damit Teilhabe am öffentlichen Leben verwirklicht wird),

– Mathematik (zur Bewältigung der Rationalität in Technik, Wissenschaft, Wirtschaft und Verwaltung),

– Spiel als Kreativität.

Dem Schwerpunktbereich (der auf Fachkompetenz zielt), dem obligatorischen Bereich, der für Chancengleichheit der Inhalte sorgen soll, folgt nun der Wahlbereich, der nach individuellem Interesse die Kompetenz erweitern soll. Die Empfehlungen gehen über die im Strukturplan noch getrennt aufgeführten allgemeinbildenden und fachtheoretischen Fächer hinaus und kommen zu dem Ergebnis, daß sowohl die studienbezogenen wie auch die berufsqualifizierenden Inhalte fachliche Ziele haben, welche unter dem pädagogischen Anspruch allgemeiner Lernziele stehen. Die Feststellung eines dialektischen Verhältnisses zwischen den genannten Inhaltstypen verführten [z.B. Adolf KELL in „Internationaler Arbeitskreis Sonnenberg," Dokumentation 3, 1976, S. 47] dazu, der Gesellschaft insgesamt ein falsches Bewußtsein zu unterstellen, weil sie noch nicht soweit sei wie die Väter und Mütter der Empfehlungen. Wenn es aber, wie sinngemäß Bert BRECHT sagt, ein Volk gibt, das seiner Regierung unwürdig ist, dann muß es abgewählt werden!

Die organisatorische Konsequenz der Integration" ist die Abtrennung der Oberstufe vom Gymnasium und die Überführung in Berufsschulzentren. Dann wäre der Lernort Schule integriert, und die anderen Lernorte wie Lehrwerkstatt, Betrieb, Studio könnten die Arbeit aufnehmen. Die von FRAGNIÈRE [1976] bearbeitete Studie der Europäischen Kulturstiftung nimmt diesen Gedanken wieder auf [S. 86], indem sie im Bezug auf die Sekundarstufe II von „alternierenden Perioden der Arbeit und bildenden Berufserfahrungen einerseits, des allgemeinbildenden Lernens in selbstgewählten Studienbereichen ... andererseits" spricht. Die Empfehlungen ziehen aus der vom Deutschen Ausschuß festgestellten Schwäche gymnasialer Bildungsarbeit die Konsequenz, indem sie das Fächerspektrum und überhaupt die Fachgebundenheit des Bildungsbegriffs aufbrechen und Lernen auf vielen Ebenen propagieren. Es ist zu fragen, ob das eine Entschulung der Oberstufe bedeutet oder nicht vielmehr eine Verschulung weiterer Teilbereiche unserer Gesellschaft.

Insgesamt kann man aus der Rückschau feststellen, daß dieses Konzept bisher nicht realisiert ist, nicht weil es des Sinnes entbehrte, sondern weil es alle Beteiligten überforderte: Statt dessen ist „das Gymnasium zu einem bundesweiten Marktführer geworden", wie der nordrhein-westfälische Kultusminister SCHWIER auf dem 38. Gemener Kongreß 1988 feststellte:

Das Gymnasium befindet sich also im Aufwinde [OELKERS, 1994, S. 5f.]

Dazu seien folgende Zahlen und Bemerkungen kommentierend hinzugefügt: Die Zahl der Schülerinnen und Schüler an Gymnasien ist von 1960 bis 1993 (Schuljahr 1992/93 im Bereich der alten Bundesländer) von 853.437 auf 1.631.577 gestiegen. Wenn man die neuen Bundesländer dazunimmt, sind das 2.047.241 Schülerinnen und Schüler im Schuljahr 1992/93 [vgl. auch: Statistisches Bundesamt: Bildung und Kultur – Fachserie 11, Reihe 1, S. 95, 1993]. Die Zahlen für das Schuljahr 1992/93 wurden freundlicherweise fernmündlich vorab mitgeteilt. 6,1 % des Altersjahrganges hatte 1960 die Allgemeine Hochschulreife, das waren 56.623 Schülerinnen und Schüler. Die Zahl stieg im Schuljahr 1990/91 auf 186.451 (davon 172.380 im alten Bundesgebiet). Im Schuljahr 1991/92 erwarben im gesamten Deutschland 186.158 Schülerinnen und Schüler das Zeugnis der Allgemeinen Hochschulreife, das sind etwa 23 % des Schülerjahrgangs. Nach der Prognose der KMK soll sich der Anteil an Studienberechtigten 1996 auf 40 % und 2010 auf 44 % erhöhen. Darin enthalten sind wohl auch diejenigen, die die Fachhochschulreife erwerben. Auch hier gibt es interessante Zahlen: Die Zahl derer, die das Zeugnis der Fachhochschulreife erworben haben, stieg von 1971 bis 1978 von 12.346 auf 48.780. Dann fiel diese Zahl auf nur 5.742 im Schuljahr 1991/92 für das ganze Bundesgebiet. Ohne Zweifel hat eine Verschiebung zur Allgemeinen Hochschulreife aufgrund der Reform der gymnasialen Oberstufe stattgefunden. Doch bildungs- und hochschulpolitisch werden jetzt die Weichen auf den Ausbau des Fachhochschulwesens gestellt [vgl. die bildungspolitische Erklärung der Regierungschefs der Länder vom 29. Oktober 1993; das Positionspapier des Bundes vom 9. Dezember 1993; auch das „Eckwertepapier" der Bund-Länder-Kommission vom 5. Mai 1993 (S. 1 und 14 f.); Deutscher Bundestag, Drucksache 12/5620, S. 17; s. insgesamt im Anhang dieses Buches II 20 ff.]. Der in den genannten Zahlen sich ausdrückende Trend wird durch eine Umfrage bestätigt, die das Institut für Schulentwicklungsforschung an der Universität Dortmund unter 2.087 westdeutschen Bundesbürgern über 18 Jahren im Sommer 1993 durchgeführt hat [vgl. Vorlage zur Pressekonferenz am 25. Januar 1994]. Danach stagniert der Wunsch nach dem Abitur (allerdings auf dem hohen Niveau von 48 % der Befragten; 1991 lag die Quote bei 53 %). 38 % äußerten den Wunsch nach einer Fachhochschulreife für ihr Kind. Auch hat sich der Trend, eine Lehre aufzunehmen statt eines weiteren Schulbesuchs, verstärkt. Lediglich „ausgenommen von den abgekühlten Bildungserwartungen der Eltern bleibt die Universität" [S. 2, a. a. O.]. Interessanterweise wird die Kooperation zwischen den Schulformen (73 %) ebenso wie die Durchlässigkeit (65 %) stark gewünscht. Dies entspricht der schulorganisatorischen Wirklichkeit der Länder, die dem gegliederten Schulwesen den Vorzug geben. ... "allerdings sind hier die Quoten ebenso rückläufig wie bei der Forderung nach einer stärkeren Integration der Schulformen."

Zu der sozialen Komponente der alten Argumentationskette, wonach das Gymnasium bestimmte Schichten „diskriminiere", seien zwei Gegenbeispiele für viele aus Niedersachsen beigetragen:

- Bereits 1975 betrug der Anteil der Kinder aus der sogenannten unteren Mittel – sowie der oberen und unteren Unterschicht in den Gymnasien 61,9 %.

– Auf dem ehemaligen Territorium des Königreichs/der Provinz Hannover wuchs von 1858 bis 1958 die Bevölkerung um das Fünffache, die der Abiturienten und Abiturientinnen um das Zwanzigfache. Da nun das jahrzehntealte Stereotyp von der strukturellen Diskriminierung nicht mehr aufrecht zu erhalten ist, bemühen sich die Soziologen um die Didaktik und erkennen mit großer Sorge, daß das Gymnasium nun plötzlich in seinem Unterricht der heterogenen Schülerschaft nicht gerecht werden könne [MEHRER, 1992]. Hierzu soll an einem anderen Orte Stellung genommen werden.

Zusammenfassung:

Die Bildungskommission des Deutschen Bildungsrates legte der Öffentlichkeit mit Beschluß vom 13. Februar 1970 ihren „Strukturplan für das Bildungswesen" vor. Hintergrund dieses Strukturplanes sind die Forderungen nach Demokratisierung, Chancengleichheit, Durchlässigkeit, nach sozialem Lernen und nach Differenzierung und Individualisierung. Der Strukturplan sieht ein Stufenschulwesen vor und die Integration berufs- und studienbezogener Bildungsgänge. An die Stelle eines mehr dirigierenden Lehrplanes soll ein individualisiertes Curriculum treten. Des weiteren sollen die Lerninhalte entrümpelt und dem Stand fachwissenschaftlicher Entwicklung angepaßt werden. Zu bedauern ist, daß in der Bildungskommission die an Schulen unterrichtende Lehrerschaft nicht vertreten war. Der Strukturplan von 1970 wurde vier Jahre später durch eine gesonderte Empfehlung „Zur Neuordnung der Sekundarstufe II" (13./14. Februar 1974) ergänzt. Diese sehen für die Lernenden unter ausdrücklichem Bezug auf deren Situation, auf die Wissenschaft und auf die Handlungsfähigkeit einen Schwerpunktbereich, einen obligatorischen Bereich und einen Wahlbereich vor.

Gebrochen wird in den Empfehlungen mit dem gewachsenen Kanon der Allgemeinbildung. Schulorganisatorisch laufen die Empfehlungen darauf hinaus, die Oberstufe des Gymnasiums in gesonderten Berufsschulzentren zu führen.

Das gesamte Konzept des Strukturplans ist bundesweit nicht realisiert worden. Stattdessen erfreute sich das Gymnasium wachsender Akzeptanz.

4. Die Bund-Länder-Kommission für Bildungsplanung und Forschungsförderung (BLK)

Anders als der Deutsche Ausschuß forderte die Struktur des Deutschen Bildungsrates das Handeln der Politik geradezu heraus. Abgesehen davon, daß man sich allgemein der Termini des Strukturplanes bediente, reagierte die KMK auf die vielfältigen Anstöße des Deutschen Bildungsrates und anderer Gremien sowie die Reformbemühungen mit der genannten Vereinbarung vom 07.07.1972 zu Bonn.

Da der Gedanke der Bildungsplanung sich inzwischen so ausgedehnt hatte, daß kaum eine Kultusbehörde – die süddeutschen Bundesländer begannen übrigens damit schon Mitte der 60er Jahre – keine Planungsabteilung gehabt hatte, kam es zum Artikel 91 b des Grundgesetzes: „Bund und Länder können aufgrund von Vereinbarungen bei der Bildungsplanung ... zusammenwirken." Ein halbes Jahr nach dieser Änderung des Grundgesetzes schlossen Bund und Länder am 25. Juni 1970 ein Abkommen zur Errichtung einer gemeinsamen Kommission für Bildungsplanung und Forschungsförderung, bis heute kurz BLK genannt. Dieses ständige Gesprächsforum des Bundes und der Länder hatte die Aufgabe, durch bestimmte Ausschüsse einen Bildungsgesamtplan erstellen und das Bildungsbudget bearbeiten zu lassen; kurzum: Es geht um Pläne „für eine abgestimmte Entwicklung des gesamten Bildungswesens" [Art. 2.1 des Verwaltungsabkommens] und um den „voraussichtlichen Finanzbedarf für die Verwirklichung der Pläne und Programme" [Art. 2.5]. Damit nimmt sich also die Politik des Strukturplanes an und überprüft ihn im Rahmen des von den Regierungschefs der Länder am 30.11.1973 gebilligten Bildungsgesamtplanes auf seine Durchführbarkeit: Das heißt für die Oberstufe, daß ihr bildungspolitischer Standort definiert wird, daß quantitative Auswirkungen aufgeführt, Kosten und Finanzierung im Bildungsbudget beschrieben werden. Wiederum gehen die bildungspolitischen Grundforderungen nach Chancengleichheit, Schwerpunktbildung, nach der Berücksichtigung der persönlichen Interessen sowie Gleichwertigkeit von allgemeiner und beruflicher Bildung durch den Bildungsgesamtplan. Selbst die Gewährleistung lebenslangen Lernens gehört zu den erhobenen Forderungen. Wenngleich auf die curricularen Konsequenzen hingewiesen wird und die entsprechenden Entwicklungen und Ausarbeitungen auf 1976 terminiert werden, so ist doch zu erkennen, daß eher in selbstgewählten Bildungsgängen als in Inhalten, die in Lehrplänen vorgegeben werden, gedacht wird. Auf jeden Fall werden die Veränderungen der gymnasialen Oberstufe gesehen, insbesondere die Differenzierungen als wachsend wahrgenommen. Der Bildungsgesamtplan ist insgesamt so offen formuliert, daß jedes der beteiligten Bundesländer damit leben konnte. Nicht leben konnte man allerdings mit der bis 1985 auf 100 Milliarden DM berechneten Summe Geldes, die im Bildungssektor aufgewendet werden sollte – angesichts der Tatsache, daß die Bundesregierung selbst, die im „Bildungsbericht 70" mit harter Sprache Forderungen zur Umstrukturierung gestellt hatte, 500 Millionen DM aus der Planungsreserve für 1972 ersatzlos gestrichen hatte. Der Bildungsgesamtplan ist seit 1980 nicht mehr der Entwicklung angepaßt worden.

Zusammenfassung:

Der Bildungsgesamtplan nannte den Preis für das, was der Strukturplan vorgesehen hatte: Für den Rahmen eines Stufenschulwesens mit Annäherung zwischen allgemeiner und beruflicher Bildung und mit Differenzierungen, die durch zu entwickelnde Curricula ausgefüllt werden sollten, sowie einer aufgelockerten Oberstufe wurden der Finanzrahmen und die Finanzierung genannt, welch letztere aber immer weniger realistisch wurde.

5. Die Fortentwicklung der Bonner Vereinbarung vom 07.07.1972

Während die Empfehlungen des Deutschen Bildungsrates und der BLK heute kein Thema der öffentlichen Debatte mehr sind, ging die Entwicklung der Bonner Vereinbarung weiter: So faßte am 31. August 1973 der Schulausschuß der KMK den Beschluß, Empfehlungen zur „Pädagogik der gymnasialen Oberstufe" (Arbeitstitel) erarbeiten zu lassen und eine Arbeitsgruppe dafür einzurichten. Den Vorsitz übernahm der damalige Leiter der Schulabteilung im Kultusministerium Nordrhein-Westfalens, Prof. Dr. Heinrich HOLZAPFEL. Von den 18 Mitgliedern waren 5 Ministerialbeamte, die selbst die Befähigung für das Lehramt an Gymnasien hatten, die anderen waren Lehrer an Gymnasien oder Studienseminaren oder an einem Curriculum-Institut und in einem Falle Hochschullehrer. Die Notwendigkeit für eine solche Empfehlung, die als Analogon zu den genannten Stuttgarter Empfehlungen (von 1961) gesehen werden kann, ergab sich aus der Tatsache, daß die Lehrerschaft, die die Bonner Vereinbarung anzuwenden hatte, sich weitgehend als nicht hinreichend informiert erwies, wie die eingeleiteten Fortbildungsmaßnahmen in den einzelnen Bundesländern zeigten. Insbesondere mußte sich die Lehrerschaft darauf einzustellen lernen, daß es nun Pflichtbereich und Wahlbereich, Grund- und Leistungskurse sowie die Aufgabenfelder gab, denen die einzelnen Fächer zugeordnet wurden. So hatte z.B. der Chemiker in der Oberstufe – anders als bisher – die Chance, sein Unterrichtsfach als Leistungsfach und fünf Stunden pro Wochen zu unterrichten, desgleichen ein Religionspädagoge oder Kunsterzieher. Andererseits konnte z.B. der Physiklehrer in seinem Kurs auf Schülerinnen und Schüler stoßen, die Mathematik als Leistungsfach belegt, oder andere, die diese nach der 12. Jahrgangsstufe aufzugeben entschlossen waren. Schließlich mußte jeder bedenken, daß er mit seinem Fach im zugehörigen Aufgabenfeld stellvertretend für andere Fächer stehen konnte und daß er gleichzeitig mit seinem Fach das „operative Feld" [KOCHAN, 1969, I, S. 691 f.] repräsentiert. Hierzu hat sich der genannte Ausschuß, der seine Arbeit im Mai 1974 aufnahm und im September 1975 abschließen konnte, ausführlich geäußert. Es blieb auch bei dem von der KMK eingeschlagenen Mittelweg zwischen dem Ziel der produktiven Einseitigkeit, wie es vom Deutschen Bildungsrat mit gewissen Einschränkungen verfolgt worden war, und der begrenzten Freigabe der Fächer in die individuelle Entscheidung der Schüler, wie es der Deutsche Ausschuß mit dem Wahlleistungsfach vorgeführt und die KMK als Prinzip in die Bonner Vereinbarung aufgenommen hatte.

Ein besonderes Thema war die Wissenschaftspropädeutik, deswegen auch, weil der Deutsche Ausschuß und die BLK nur von der Wissenschaftsorientierung sprechen. Letzteres ist unmittelbar evident für jeden ordentlich ausgebildeten Lehrer und für jeden aufgeklärten Unterricht; die Wissenschaftsorientierung meint die Planung, Durchführung und Evaluation des Unterrichts am zeitgemäßen Stande wissenschaftlicher Erkenntnis [vgl. auch Strukturplan, S. 33; auch W. FLITNER, 1977, S. 947 ff; DERBOLAV, 1977, S. 935 ff.; MESSNER, 1978, S. 219 ff; HOBBENSIEFKEN, 1978, S. 563 ff; BÄUMER, 1986, S. 223 ff.].

Anders die Wissenschaftspropädeutik: Hier werden (allein schon aufgrund des Lebensalters) Schülerinnen und Schüler nicht nur an wissenschaftlichen Kenntnissen orientiert; sie selbst sollen dahin gebracht werden, sich den Gang wissenschaftlicher Erkenntnisse zu vergegenwärtigen – u.a. sogar selbst schon in einem engen Rahmen methodisch sich auf wissenschaftliches Arbeiten vorbereiten [vgl. BROCKMEYER/FLEISCHMANN/ HABEL, 1973, S. 25]. Das genus verbi der Wissenschaftsorientierung ist das Passiv, aus dem a posteriori aktive Umsetzung in Haltung (Hexis) und Handlung (Praxis) werden soll, hingegen ist bei der Wissenschaftspropädeutik das genus verbi das Aktiv, das a priori eine wissenschaftliche Haltung meint und in einem transzendenten, fachübergreifenden Sinne Welterwerb durch Aufschließung der Beziehung von Wissenschaft und Welt. Während die Wissenschaftsorientierung ein generelles humanes Postulat ist, fällt Wissenschaftspropädeutik darüber hinaus in die Dimension der Gymnasialdidaktik: Bei den umfangreichen Diskussionen in der Arbeitsgruppe war es ausweislich der Protokolle nie strittig, daß die Wissenschaftspropädeutik im Kern in einer didaktischen und überlagernd in einer ethischen Dimension steht. Dringend der Erklärung bedurfte auch der Begriff „Gleichwertigkeit" der Fächer unter dem Gesichtspunkte der Wissenschaftspropädeutik. Damit konnte die Lehrerschaft, die bisher in dem Schema „Haupt-Nebenfach", „Langzeit-Kurzzeitfach" dachte, nicht vertraut sein.

Die Zieldiskussion war ungewöhnlich ausführlich und auch kontrovers: Es ging dabei, abgesehen von dem allgemeinen Ziel („Selbstverwirklichung in sozialer Verantwortung", vgl. 1.1.1 der Empfehlung), um das Verhältnis von Studien- und allgemeiner Berufsvorbereitung. An diesem Doppelziel hat man schließlich auch in dieser Reihenfolge unter dem ausdrücklichen Ausschluß der Berufsausbildung festgehalten. Als wie hochpolitisch die Arbeit angesehen worden ist, mag man aus der Tatsache entnehmen, daß die politischen Gremien der KMK bis zur Minister-/Senatorenebene vom September 1975 bis zum 2. Dezember 1977 brauchten – also länger als der Ausschuß selbst gearbeitet hat –, um schließlich nach erneuter Einsetzung eines kleinen Fachausschusses die „Empfehlungen zur Arbeit in der gymnasialen Oberstufe …" [Anhang II.5] zu beschließen. Durch gesonderte Erlasse wurde der KMK-Beschluß schließlich in den einzelnen Bundesländern verbindlich gemacht. Parallel zur Erarbeitung dieser Empfehlungen verliefen auf der Ebene der KMK noch andere Arbeiten, mit denen die BV zu ergänzen war:

Da ist die „Vereinbarung über die Abiturprüfung der neugestalteten gymnasialen Oberstufe ..." zu nennen, [vgl. Anhang II.6] die jetzt auf der Grundlage eines Beschlusses vom 13. Dezember 1973 in der Fassung vom 19. Dezember 1988 vorliegt. Dazu gehören

– der „Musterentwurf" für das Formular des Zeugnisses der allgemeinen Hochschulreife (Beschluß vom 8. Januar 1974 i.d.F. vom 19. Dezember 1988),

– die „Vereinbarung über die Abiturprüfung für Nichtschüler" (Beschluß vom 13. September 1974 in der Fassung vom 19. Dezember 1988),

– die „Vereinbarung über die Durchführung der Abiturprüfung für Schüler in Waldorf-Schulen" (Beschluß vom 21. Februar 1980 in der Fassung vom 10. November 1988), aber auch

– die „Vereinbarung über die gegenseitige Anerkennung von in der gymnasialen Oberstufe erworbenen Zeugnissen der allgemeinen Hochschulreife" (Beschluß vom 25. Juni 1982 in der Fassung vom 19. Dezember 1988).

Schließlich wurde auch noch die Arbeit in den Einrichtungen des zweiten Bildungsweges (Abendgymnasien und Kollegs) durch die Vereinbarungen vom 21. Juni 1979 (in der Fassung vom 10. November 1989 bzw. vom 2. Februar 1990) geregelt.

Die Tatsache, daß die Kapazitäten der Hochschulen nicht mehr ausreichen und nach der Zentralstelle in Norderstedt (für den Bereich des Medizinstudiums) die sog. ZVS in Dortmund zur Mängelverwaltung eingerichtet werden mußte, erzwang weitgehende Beschlüsse, die die Vergleichbarkeit der Abiturprüfungen in den einzelnen Bundesländern und damit die Rechtsgleichheit im Bereich des Abiturs herstellen sollten. So wurde am 6. Februar 1975 eine „Vereinbarung über die Anwendung einheitlicher Prüfungsanforderungen in der Abiturprüfung ..." beschlossen; diese wurde nach heftiger Kritik am 23. Mai 1975 durch „erläuternde Hinweise ..." offiziell ergänzt. Schließlich kam es mit Beschluß vom 17./18. November 1977 zur „Erklärung zur Weiterentwicklung der Einheitlichen Prüfungsanforderungen ...".

Seit 1975 wurden in einer Reihe von Fächern die „Einheitlichen Prüfungsanforderungen" erprobt und überarbeitet, so daß eine Grundlage dafür geschaffen war, Prüfungsaufgaben zu konstruieren und Hilfen für die Bewertung zu schaffen. Daher kam es am 1. Juni 1979 zur „Vereinbarung über Einheitliche Prüfungsanforderungen ..." (jetzt in der Fassung vom 1. Dezember 1989 vorliegend), nach der die überarbeiteten bzw. neuerarbeiteten „Einheitlichen Prüfungsanforderungen" in den Ländern als Grundlage der fachspezifischen Anforderungen in den Abiturprüfungen übernommen werden und „spätestens für die Schülerinnen und Schüler, die zu Beginn des Schuljahres 1992/93 in die gymnasiale Oberstufe eintreten", gültig werden sollten [vgl. Anhang II.7]. Die KMK hat in der Folge der Jahre über die einzelnen Fächer der Abiturprüfung durch Einzelbeschluß entschieden.

Während es in den bisher genannten Entscheidungen um die Umsetzungen dessen ging, worüber man sich allgemein verständigt hatte – also notwendige Regelungen der bildungspolitischen Vorgaben –, ging die Entwicklung in den einzelnen Bundesländern so divergierend weiter, daß sehr bald Expertengremien einberufen wurden, die die Besonderheiten registrieren sollten, damit die KMK Beschlüsse zur gleichen Anwendung der Bonner Vereinbarung und zur Vereinheitlichung fassen konnten. Nur so ist z.B. der scheinbar überflüssige Beschluß der KMK vom 30. Januar 1981 „die gymnasiale Oberstufe in den Ländern der Bundesrepublik Deutschland" zu verstehen [vgl. Anhang II.3]. Er verweist ausdrücklich auf die bereits aufgeführten Vereinbarungen und betont, daß die Bonner Vereinbarung noch gültig sei – hebt aber „einen Kern von Fächern oder Fächergruppen hervor, der als verbindlich gelten muß". Eine Interpretation der Vereinbarung also, die von einer weitergehenden Freigabe der Fächer in die Entscheidung der Schüler bestimmt ist, wird hier indirekt als nicht vereinbarungskonform bezeichnet.

Ein nicht zu übersehendes Signal setzt der Beschluß der KMK vom 2. Juni 1977 (in der Fassung vom 21. Oktober 1983). Er heißt „Einheitliche Durchführung der Vereinbarung zur Neugestaltung der gymnasialen Oberstufe". Hinter diesem Beschluß steht die Kritik an der Reform der gymnasialen Oberstufe, die mancherorts inzwischen persiflierend als „deformierte" Oberstufe in der Öffentlichkeit bezeichnet wurde. Unter Öffentlichkeit sind hier vor allem die Eltern und Elternverbände und die Hochschulen bzw. die WRK zu verstehen. Darüber wird noch zu sprechen sein – vorab aber dieses:

Die Entwicklung ging in den einzelnen Bundesländern so auseinander, daß die Vergleichbarkeit der individuell eröffneten Bildungsgänge der verschiedenen Länder bezweifelt wurde und konkret für die Schüler, die mit ihren Eltern umziehen mußten, das Problem der Eingliederung in das Schul-, speziell in das Oberstufensystem des anderen Landes entstand; hier eine sehr weitgehende Kombinationsmöglichkeit der Leistungs- und Grundfächer, dort eine eingeschränkte Profilbildung; hier freie Wahl der Kurse in der Qualifikationsphase der 12. und 13. Jahrgangsstufe, dort nur aufsteigende Kurse, klassenähnliche Verbände, – das, was die genannte Vereinbarung das „Prinzip der Sequentialität ... bei Abiturfächern" (3.5) nennt, wobei sie Sequentialität inhaltlich und zeitlich meint. Es kommt hinzu die Klage der Universitäten (im wesentlichen gleichzusetzen mit der HRK) über die abnehmende Studierfähigkeit, die zu starke Spezialisierung und die fehlenden Kenntnisse in Mathematik, den Naturwissenschaften und in der Geschichte. Ein Bundesland erkannte sogar eine Doppelqualifikation zu, vermochte aber mit seinen Richtlinien (z.B. in Deutsch) die Öffentlichkeit nicht mehr zu überzeugen.

So kam es zum Beschluß vom 4. Dezember 1987 „Fortschreibung und einheitliche Durchführung der Vereinbarungen zur gymnasialen Oberstufe" und zur Neufassung der Bonner Vereinbarung vom 7. Juli 1972; diese liegt mit Beschluß der KMK vom 11. April 1988 in der neuen Fassung vor. Die Bundesländer haben nunmehr die Bemühungen, ihre Regelungen durch die entsprechenden Erlasse, Verordnungen und sogar Gesetze an die neue Entwicklung anzupassen, abgeschlossen [vgl. unten die Länderregelungen im Anhang I, S. 353 ff.].

Neu (den Worten nach) sind die Bezeichnungen „Einführungsphase" für die 11. Jahrgangsstufe und „Qualifikationsphase" für die 12. und 13. Jahrgangsstufe. Streng gefaßt sind die Bestimmungen zur zweiten Fremdsprache, da es in dieser Hinsicht in einigen Bundesländern sehr eigenwillige Auffassungen gegeben hat. Deutsch kann nunmehr auch erstes Leistungsfach im Sinne von Ziffer 7.7 der Bonner Vereinbarung vom 07.07.72 sein. Deutsch und Geographie beispielsweise dürfen jetzt – was bisher ausgeschlossen war – die beiden Leistungsfächer in der Abiturprüfung sein. Durchgehend bis 13/II sind zwei der drei Fächer Deutsch, Fremdsprache oder Mathematik zu belegen. Das gleiche gilt mit gewissen Zusatzklauseln für Geschichte und ohne Klauseln für die gewählte Naturwissenschaft.

Schließlich wurden unter bestimmten Bedingungen und nach schwierigen Verhandlungen Zeugnisse der allgemeinen Hochschulreife, die an doppelt qualifizierenden Bildungsgängen erworben worden sind, anerkannt.

Gemeint ist die Kollegschule des Landes Nordrhein-Westfalen, die, bezogen auf die Gymnasien, nur an wenigen Standorten vertreten sind und mit den in 14 Schuljahren zur Allgemeinen Hochschulreife geführten Schülerinnen und Schülern die Schulzeitdebatte zusätzlich belasten. Wohl im Hinblick auf diese <und andere> Schwierigkeiten haben es denn der Ministerpräsident des Landes und die Mehrheit des außerordentlichen Parteitages seiner Partei am 13. September 1993 abgelehnt, diesen Schulen den Charakter von Regelschulen zu geben.

Folgender Trend wird deutlich: Der Ministerpräsident möchte keineswegs die integrierte Gesamtschule, auch keine selbständigen Oberstufenzentren als schulpolitische Leitmodelle in seinem Lande verwirklicht sehen und weicht zusammen mit dem außerordentlichen Parteitag damit erheblich vom Votum des Berliner Parteitages der SPD ab, wonach „die Gesamtschule ..." als „am besten geeignet" angesehen wird, „unsere bildungspolitischen Ziele umzusetzen [vgl. dpa – Dienst für Kulturpolitik – 39/93 vom 27.09.1993, S. 5 f.]. Vielleicht spiegelt sich hier auch das von EMNID im Sommer 1993 erhobene Meinungsbild wieder. Danach wird von 2/3 der Befragten die Gesamtschule als Schulform der Zukunft abgelehnt [vgl. Anhang II 26]. Diese Zahl, für die Gesamtschule gerade in Gesamtschulbundesländern erhoben, ist an dieser Stelle insofern von Interesse, als damit indirekt die Arbeit des Gymnasiums im gegliederten Schulsystem bestätigt wird. Doch allein das Gymnasium, nicht die Gesamtschule, ist Thema dieses Buches.

Für die weitere Entwicklung auf der Ebene der KMK gilt:

Eine neue Beschlußlage zur Struktur der Gymnasien, insbesondere der Oberstufe, nach der Novellierung vom 11.04.1988 gibt es nicht. In der Konsequenz der Vereinigung unseres Landes gibt es eine bis 1996 geltende Vereinbarung (vom 20./21. Februar 1992 i. d. F. vom 12. März 1993) über die Anerkennung der in der DDR und nach der Vereinigung in den neu geschaffenen Bundesländern am Ende der 12. Jahrgangsstufe erworbenen Reifezeugnisse (ergänzende Regelung bis 1996) und über die Errechnung der Durchschnittsnote für Zeugnisse über die Hochschulzugangsberechtigung vom 20./21. Februar 1992 bzw. vom 8. Juli 1987 i. d. F. vom 8. Oktober 1990.

Auf diese Weise haben wir 2 Typen von Hochschulzugangsberechtigungen, den Typ der alten Bundesländer mit 13 und den Typ der neuen (außer Brandenburg) mit 12 Schuljahren. Der gegenwärtige Präsident der KMK ZEHETMAIR möchte diesen Zustand aus dem Wahlkampf herausnehmen und die Übergangsregelung um weitere 4 Jahre bis zum Jahre 2000 verlängern. Darüber hinaus gibt es mit dem Beschluß der 266. Kultusministerkonferenz vom 3. Dezember 1993 eine „Vereinbarung über die Schularten und Bildungsgänge im Sekundarbereich I", in der die jetzt stark divergierenden Zustände des Schulwesens in den Bundesländern (Förderstufe in Hessen, Orientierungsstufe in Niedersachsen, Schulzentren in Bremen, Mittelschule in Sachsen, Regelschule in Thüringen, Sekundarschule im Saarland und in Sachsen-Anhalt, integrierte Haupt- und Realschule in Hamburg, verbundene Haupt- und Realschule in Hessen, Regionale Schule in Rheinland-Pfalz, Wirtschaftsschule in Bayern) als solche Zustände festgeschrieben werden. Wichtig ist, daß die Gesamtschule als eine gleichberechtigte Form neben Haupt-, Realschule und Gymnasium genannt, bemerkenswerterweise sogar als „pädagogische und organisatorische Einheit" [S. 7 der Vereinbarung] aufgeführt wird, ein Attribut, das bei der Beschreibung des Gymnasiums fehlt, obwohl es für diese Schulform auch zutrifft. Schließlich wird die Berechtigung für den Übergang in die Oberstufe (in Thüringen und Sachsen-Anhalt schon nach der 9 Jahrgangsstufe) geregelt.

Wichtige Impulse auf die öffentliche Diskussion über die Fragen der Studierfähigkeit und der sogenannten Allgemeinen Hochschulreife gehen von der bereits aufgeführten Initiative des Niedersächsischen Kultusministers Prof. WERNSTEDT aus. Die KMK beschloß am 1./2. Juli 1993, von sich aus einen neuen Anlauf in der Erörterung zu unternehmen und nach Möglichkeiten einer Verständigung zu suchen. So traf man sich, dem genannten Beschlusse folgend, am 13./14. Oktober in der Evangelischen Akademie Loccum und fand, es sei sinnvoll, weiter im Rahmen der KMK darüber zu sprechen, und zwar am 17./18. Februar 1994. Loccum 1 und Loccum 2 sind (in Analogie zu den Tutzinger Gesprächen) geboren. Gesucht wird ein neuer Maturitätskatalog. Die Einführungsrede hielt Minister WERNSTEDT [vgl. Loccumer Protokoll 56/93]. Dem Minister, zugleich studierten Historiker, unterlief ein für einen Historiker ungewöhnlicher Fehler beim Quellenstudium und der Darstellung der den Quellen zuzuordnenden Fakten: Fundament der Bonner Vereinbarung vom 7. Juli 1972 war nicht, wie aus der Darstellung hervorgeht, der Tutzinger Maturitätskatalog von 1958 sondern der zweite Maturitätskatalog („Tutzing VI"), über den sich Beauftragte der KMK und der WRK am 23./24. Januar 1969 in Münster verständigt hatten [vgl. im Dokumentationsteil dieses Buches II 12]. Unrichtig oder doch zumindest Mißverständnisse leicht auslösend ist die Bemerkung des Ministers, daß sich die KMK seit dem ersten Maturitätskatalog (das hieße dann ab 1958!) „inhaltlich damit nicht mehr auseinandergesetzt" hat.

Die Folgen der Fehler bestehen darin, daß es in offenkundiger Ausblendung der Entwicklung von 1958 bis 1969, genauer bis 1982 [vgl. die von WERNSTEDT aufgenommene Stellungnahme der WRK und KMK vom 15./16. Februar 1982 im Anhang dieses Buches II 14] zu Bemerkungen kommt, die der Entwicklung nicht angemessen sind. So suggeriert der Satz, daß ...„die gesellschaftlichen und politischen Voraussetzung von 1958 nicht mehr gegeben sind und sich in der bildungspolitischen Realität Entwicklungen vollzogen haben, die ... einer Nachbesinnung harren ..." [a. a. O. S. 10], als habe es die Nachbesinnung nicht gegeben. Das Gegenteil ist der Fall. Und es besteht zumindest die Gefahr, daß der Minister seine eigenen Absichten konterkariert und die Glaubwürdigkeit seiner Argumentationskette beeinträchtigt. Das Fundament der Argumentationskette könnte – in aller kürze – so umschrieben werden:

1. Es besteht die Gefahr, daß „bald die allgemeinbildenden Schulen didaktisch hoffnungslos veraltet sind" [a. a. O., S. 11].

2. In den Gesamtschulen und in den Bildungsgängen des berufsbildenden Schulwesens ist ein anderes Bildungsverständnis gewachsen, „das in seinen formalen Qualifikationsforderungen sich den abstrakten Kriterien für die Hochschulreife annähert" [a. a. O., S. 10].

3. Gefragt sind Schlüsselqualifikationen, die jedoch eine Abkehr vom traditionellen Lernverständnis bedeuten. Komponenten der Schlüsselqualifikationen sind Sach-, Methoden-, Sozial- und Selbstkompetenz. Diese Kompetenzen werden durch „Denken in Zusammenhängen, Verabredung mit anderen, Controlling und Selbstkritik sowie Zielgerichtetheit" [a. a. O., S. 10 f.] umschrieben.

4. Das Verhältnis allgemeiner und beruflicher Bildung muß neu bedacht werden, angesichts der Tatsache, daß in einer Reihe von Bundesländern die Hochschulen sich anderen Bewerbern als nur den Abiturienten sich öffnen, z. B. den „Meistern".

5. Besondere Aspekte ergeben sich aus der Vereinigung unseres Landes, v.a. deswegen, weil das vereinigte Deutschland sich auszeichnet durch – eine dramatische Bildungsexpansion und – die Entwicklung zu einer multikulturellen Gesellschaft (angesichts der Anwesenheit einiger Millionen von Muslimen).

An dieser Stelle kann nicht vorweggenommen werden, was erst im Verlauf des Buches entfaltet werden kann. Vorab mögen ein paar Bemerkungen zu den Thesen des Ministers unmittelbar genügen:

1. Die weite Öffnung und Erweiterung des Reifebegriffs hat für den gesamten Unterricht, vor allem auf der Oberstufe des Gymnasiums, aber auch in der Mittelstufe, erhebliche Konsequenzen; denn es liegt dem vorgetragenen Reifebegriff der handlungsorientierte Qualifikationsbegriff des Arbeitsmarkts zugrunde [vgl. KLUGE u. a., 1990; auch BECK, 1993 (B); KRATZSCH, 1991; REETZ/REITMANN, 1990; auch Abschnitt D des zweiten Kapitels dieses Buches].

2. Wenn die Hochschule „anderen Bewerbern", z. B. den „Meistern", geöffnet wird, wird sie erweitert für eine bereits durch Beruf und Lebensleistung ausgewiesene Elite. Diese aber verfügt schon längst über die genannten Sach-, Methoden-, Sozial- und Selbstkompetenzen in Entfaltung und Ganzheit durch die zuvor in Beruf und Familie erbrachten Leistungen, im Unterschied zu den Schülerinnen und Schülern, die mit dem frisch erworbenen Zeugnis der Allgemeinen Hochschulreife erst im Anfang ihrer Kompetenzentwicklung stehen. Wenn die Projektion auf das Jahr 2010 stimmt [Loccumer Protokoll, 56/93, S. 27], wonach 15 bis 18 % aller Arbeitsplätze von Hochschulabsolventen eingenommen werden, dann hat dieses erhebliche Rückwirkungen auf den Anteil am Altersjahrgang, der das Gymnasium bis zum Abitur besucht und den Anteil, der ein Hochschulstudium aufnimmt.

3. Es ist hier die Frage, ob eine Hochschulreife, deren Kern Studierfähigkeit ist, in einer multikulturellen Gesellschaft, in der Christen und Muslime zusammenleben, von anderer Struktur ist bzw. sein muß, als in einer Gesellschaft, die nicht multikulturelle Strukturen aufweist. Es ist wohl kaum die christliche oder nicht christliche oder muslimische Vorbereitung auf ein Studium der alten Geschichte Europas, der Architektur, der Medizin oder des Maschinenbaus – und hierfür wird am Gymnasium die allgemeine Grundlage gelegt – denkbar. D. h.: die Grundregeln sowie spezielle Kategorien des Zusammenlebens dürfen mit den streng fachlich zu sehenden Voraussetzungen für ein akademisches Studium nicht verwechselt werden.

4. Wenn denn wirklich an Gesamtschulen und im berufsbildenden Schulwesen – zu beanstanden ist hier schon die unzulässige Vermischung zweier Systeme – ein anderes Verständnis vom Lernen und ein anderes Bildungsverständnis gewachsen sind, so ist zu fragen, ob das für die Gymnasien, an denen immerhin bundesweit in etwa 97 % der Fälle [s.o. S. 29] die Allgemeine Hochschulreife erworben wird, Grund ist, das Lern- und Bildungsverständnis zu wenden, gerade weil hohe Anteile eines Altersjahrganges die Gymnasien besuchen, insbesondere deren Oberstufen. Für das Spezialziel des Gymnasiums (die Hochschulreife) und dessen Stärkung unverzichtbar bleiben die Fächer des gewachsenen Kanons, insbesondere Deutsch, Mathematik, zwei Fremdsprachen (nach Möglichkeit eine moderne und eine alte Leitsprache), Geschichte, Religion, Philosophie (ggf. als philosophische Propädeutik), mindestens eine Naturwissenschaft; außerdem Musik/bildende Kunst und Sport.
Soweit zu den Verhandlungen in Loccum (17./18. Februar 1994) Erklärungen bekannt geworden sind (vom 19. Februar in Bonn) scheint eine Einigung auf Kernfächer des Kanons erfolgt zu sein. Die weitere Behandlung des Gegenstandes wurde dem Schulausschuß der KMK übertragen.

5. Zu fragen ist auch nach dem Bildungsverständnis: Bildung ist etwas, was in einzelnen Menschen wächst, die Art und Weise, in der die äußere und innere Welt verarbeitet und durch die Verarbeitung in die Selbstdefinition eingebracht wird. Das ministerielle Bildungsverständnis scheint hier ein ganz anderes zu sein; es geht wohl davon aus, daß die Außenlenkung als dominierende Größe von Vorgängen in Massengesellschaften auch in die Bildungsdefinition eingebracht werden darf. Außenlenkung und Bildung sind Größen, die sich ausschließen. Dieses einzusehen, ist sicherlich für einen Politiker, dessen tägliches Geschäft die Außenlenkung ist, schwierig. Auch formalrechtlich muß die Frage gestellt werden, worin die Andersartigkeit der Arbeit an der gymnasialen Oberstufe einer integrierten Gesamtschule besteht, wenn zugleich behauptet wird, daß die Oberstufe der integrierten Gesamtschule eine gymnasiale ist. Ein Prestigefrage wird das wohl nicht sein.

6. Letztlich ist zu prüfen, ob nicht gerade in dem gewachsenen Fächerkanon des Gymnasiums Werte und Möglichkeiten stecken, an denen viel eher die genannten Kompetenzen entfaltet werden können. Es könnte ja auch sein, daß die genannte Sozialkompetenz wie die anderen Kompetenzen durch die Verbindung von Fächerkanon und Methodenkompetenz der Lehrerinnen und Lehrer in die Lebenswirklichkeit der Schülerinnen und Schüler kommen. Grundlage jeglicher Handlungskompetenz aber ist die Verbindung von Wissen mit Verstehen. Es gibt kein Verstehen ohne Wissen und kein menschliches Wissen ohne Verstehen. Das ist übrigens eine Grunderkenntnis des zweiten Maturitätskatalogs von Münster aus dem Jahre 1969. Es ist nicht zu erkennen, daß eine solche Einsicht überhaupt veralten könnte.

Zusammenfassung:

Die KMK ergänzte ihre Bonner Vereinbarung vom 07.07.1972 durch die „Empfehlung zur Arbeit in der gymnasialen Oberstufe", die am 2. Dezember 1977 vom Plenum verabschiedet wurde. Die weitere Diskussion betraf die rechtliche Situation der Abiturientinnen und Abiturienten (z.B. Anerkennung der Reifezeugnisse), dies auch in den Einrichtungen der Erwachsenenbildung.

Zwei Spezialprobleme stellten sich:

Zum einen mußte die KMK divergierende Entwicklungen im Auge behalten und das Überschreiten einer gewissen Toleranzgröße durch Entscheidungen zu verhindern suchen.

Zum andern war die formale und inhaltliche Abwicklung der Reifeprüfungsverfahren zu regeln. Das geschah mit der Neufassung der Bonner Vereinbarung vom 7. Juli 1972; sie liegt nunmehr in der Fassung vom 11. April 1988 vor. Die Folge der Vereinigung unseres Landes war, daß sich die KMK über die Anerkennung (bis 1996) der am Ende der 12. Jahrgangsstufe erworbenen Zeugnisse der Allgemeinen Hochschulreife einigte, des gleichen über verschiedene in den alten und neuen Bundesländern gewachsene Schulstrukturen; letzteres geschah am 3. Dezember 1993 in der „Vereinbarung über die Schularten und Bildungsgänge im Sekundarbereich I, kurz " gemeinsamer Orientierungsrahmen" genannt. In Bezug auf die Hochschulreife und die Entwicklung eines Maturitätskataloges hat der Niedersächsische Kultusminister Prof. WERNSTEDT eine neue Initiative ergriffen. In der evangelischen Akademie Loccum wurden am 13./14. Oktober 1993 und am 17./18. Februar 1994 die Fragen des Abiturs, der Hochschulreife und der Studierfähigkeit („Loccum 1 und 2") erneut verhandelt

6. Die Tübinger Beschlüsse von 1951

Während die Arbeitsergebnisse der eben genannten Gremien – unabhängig von deren Selbstverständnis – nur bildungspolitische und strukturelle Bedeutung hatten und haben, geht die Wirkung der Tübinger Beschlüsse darüber hinaus. Sie müssen daher aus dem bildungspolitischen Geflecht herausgenommen werden, und sie verdienen es auch, hervorgehoben zu werden. Spezialziel des Gymnasiums war und bleibt es, die allgemeine Hochschulreife zuzuerkennen. Wer dieses Spezialziel bejaht, gesteht damit der Universität und ihren Gremien ein erhebliches Maß an Mitsprache zu. Diese ist zwar der WRK/HRK nie formell durch Vertrag eingeräumt worden; gleichwohl geht von hier ein nicht geringes Maß an Fremdbestimmung der Schule aus. Erstaunlicherweise ist auch in der Nachkriegszeit die von der Universität ausgehende Fremdbestimmung vom Grundsatz her nicht in Frage gestellt worden (eine Ausnahme ist wohl Adolf GRIMME), wohl aber graduell (Paul ZIERTMANN, Franz HILKER, Zook-Kommission).

Die Universität hat angesichts dieser Situation das Recht, an die Schule, insbesondere an das Gymnasium bestimmte Forderungen zu stellen. Das geschah schon sehr früh in der bereits genannten Stellungnahme der Nordwestdeutschen Hochschulkonferenz (vom 28. März 1947) gegen die Vernachlässigung des Lateinischen als erster Fremdsprache an den Gymnasien, wie der sog. Hannover-Plan es vorsah [vgl. Denkschrift zum Neubau des Schulwesens, veröffentlicht im Februar 1946 in Heft 2/3 der Zeitschrift „Die Schule"]. Drei Jahre später erneuert die gerade erst gegründete WRK am 1. August 1950 den Anspruch auf Konsultation in allen Fragen der Hochschulpolitik – und dazu gehörte nach Meinung der WRK auch das Recht, die Hochschulreife auszusprechen. Mit der noch darzustellenden Forderung nach bestimmten Qualifikationen im Rahmen der Studienvorbereitung durch das Gymnasium sichert die Universität natürlich den eigenen Bestand und setzt in bezug auf den Neubau der Schule den 9jährigen Lehrgang durch, der naturgemäß der Forderung nach einer 6jährigen Grundschule zuwiderläuft. So gesellen sich zu den hochschulpolitischen die bildungspolitischen Vorstellungen. Diese werden in den genannten Gremien, aber auch von einzelnen Hochschulen in Denkschriften oder Gutachten vorgetragen. Hier soll nur auf die entsprechenden Veröffentlichungen der Universitäten zu Freiburg (1949) und Hamburg (1949) hingewiesen werden. Es ist nun aber nicht so, daß die einzelnen Universitäten oder hochschulpolitisch definierten Gremien ihre Ansichten allein verkündet haben und die Schule bzw. die Administrationen sie umzusetzen hatten: Allein schon angesichts der Tatsache, daß die am Gymnasium Unterrichtenden von der Universität kommen, konnten (und können) die universitären Forderungen den Gymnasien nicht fremd sein. Vor allem aber sind die Vertreter der Schulen und Hochschulen früh aufeinander zugegangen. Ein bemerkenswertes Dokument dieser Kooperation sind die sog. Tübinger Beschlüsse vom 30. September/1. Oktober 1951. Der erste Abschnitt aus der ersten der insgesamt fünf Resolutionen soll hier im Wortlaut aufgeführt werden [vgl. Anhang II.10]:

„In Tübingen haben sich die Vertreter der Höheren Schule und Hochschulen getroffen, um die Frage der Zusammenarbeit zu beraten. Sie sind dabei zu der Überzeugung gekommen, daß das deutsche Bildungswesen, zumindestens in Höheren Schulen und Hochschulen, in Gefahr ist, das geistige Leben durch Fülle des Stoffes zu ersticken" [BOHNENKAMP/DIRKS/KNAB, 1966, S. 1027]. Abgesehen davon, daß Schule und

Hochschule damals wie heute das gleiche Problem haben, ist die Tübinger Resolution deswegen bedeutsam, weil sich Vertreter beider Institutionen an einen Tisch gesetzt haben, und zwar nicht auf Initiative der KMK oder WRK, sondern durch private Anregungen. Hintergrund der damals schon über hundert Jahre alten Sorge um die „Überbürdung" [PAULSEN, 1921, II, S. 335 ff.] war der Gedanke, daß auch die Universität eine an Wissenschaften bildende Funktion hat – gemeint ist die Einheit von Bildung und Wissenschaft. In bezug auf die Hochschule ist der Wunsch Vater des Gedankens, aber die Wirklichkeit entsprach schon damals diesem Ideal nicht mehr [PICHT, 1952]. Für die Schule aber werden didaktische Konsequenzen genannt; sie beziehen sich sowohl auf das Spezialziel als auch auf das allgemeine Ziel des Gymnasiums.

In der ersten Resolution geht es um die Lehrpläne der höheren Schule. Vor dem Hintergrund starrer Pläne im Nationalsozialismus oder auch der damaligen Sowjetischen Besatzungszone Deutschlands möchten die Teilnehmer lieber flexiblere Richtlinien, also lose Zielvorgaben, wie wir sie heute in den Rahmenrichtlinien vorfinden. Formal wird (wie schon von Wilhelm von HUMBOLDT) mehr die Fähigkeit des Arbeitens [vgl. dazu auch jetzt noch einmal FRAGNIÈRE, 1976, S. 46 ff.] verlangt als ein umfangreiches Wissen. „Arbeiten-Können ist mehr als Vielwisserei" [Anhang II.10]. Die notwendige Gründlichkeit sollte am Wesentlichen eines Unterrichtsgegenstandes erworben werden. Wissen also im platonischen Sinne als Wesenswissen und Bildung als Vorgang, der die Person formt. Daraus folgt die Forderung nach Herabsetzung der Zahl der Prüfungsfächer im Abitur und als Prüfungsziel der Nachweis, daß jemand etwas verstanden hat, nicht die Erhebung einer Gedächtnisleistung. Angesagt ist also die innere Umgestaltung des Unterrichts und damit auch der Lehrerbildung, wozu die Hochschule sich bereit erklärt. Zur inneren Gestalt des Unterrichts gehört Zeit. Daher die Forderung, die für Schülerinnen und Schüler sowie Lehrerinnen und Lehrer hohe Pflichtstundenzahl gleichermaßen herabzusetzen, was für den Staat kostenneutral wäre! Da begründete Zweifel daran bestanden, ob Bildung sich unter der strukturell einengenden Aufsicht von Schulbehörden vollziehen kann und damit Klarheit über die Dimensionen der Bildung in autonomen Institutionen gewonnen werden kann, wird in Resolution Nr. 2 die Einrichtung von Modellschulen empfohlen (öffentlichen wie privaten), denen vor allem in der Oberstufe die Freiheit einer selbständigen Ausgestaltung des Unterrichts gewährt werden soll. Dazu drei Forderungen:

– die freie Zusammenstellung des Lehrkörpers,

– die freie Gestaltung des Lehrplans „zum Zwecke der Vertiefung in das Wesentliche",

– die Beschränkung der Prüfungsfächer im Abitur.

Das Gremium war sogar der Meinung, daß ohne die Realisierung solcher Forderungen nach Freiheit und Verselbständigung „die ernsten Gefahren, die heute das deutsche Bildungswesen bedrohen, ... nicht überwunden werden können".

Diese Forderungen sind auch in der Folgezeit immer wieder erhoben worden; es kann verwiesen werden auf die Empfehlung der Bildungskommission des Deutschen Bildungsrats „Zur Reform von Organisation und Verwaltung im Bildungswesen," Teil I: Verstärkte Selbständigkeit der Schule und Partizipation der Lehrer, Schüler und Eltern, 1973 und z.B. auf das Niedersächsische Schulgesetz von 1974 bzw. 1980, das ursprünglich die Aufsicht des Staates nur auf eine Rechtsaufsicht beschränken wollte, aber auch 1980 nur eine eingeschränkte Fachaufsicht (§ 101) auf der Grundlage der Selbständigkeit der Schule (§ 21) formuliert. Die §§ 32 sowie 120 bis 121 des Niedersächsischen Schulgesetzes in der Fassung vom 27.09.1993 und z. B. die ?? 86 und 93 des Hessischen Schulgesetzes in der Fassung vom 30.06.1992 verstärken die Kompetenz der Schulen und Lehrkräfte und schränken die Fachaufsicht des Staates ein. Die Selbständigkeit der Schule in der Planung, Durchführung, Auswertung des Unterrichts und der Erziehung wird ausdrücklich betont; den Schulbehörden werden Eingriffsrechte in ganz eng begrenzter Weise zugestanden [vgl. SCHIERHOLZ, 1988, auch den Entwurf eines „Landesschulgesetzes" des Deutschen Juristentages von 1981; außerdem: BARTELS, 1963, S. 45 ff.; FLÜGGE, 1964, S. 299 ff.; RUMPF, 1966, S. 362 ff.; RUMPF, 1968 (A), S. 6 und S. 10; FELDHOFF, 1969, S. 676; BOURDIEU/PASSERON, 1971; NEVERMANN, 1972, S. 230 ff.; GALAS, 1974, S. 493 ff.; BECKER, 1980, S. 124 ff.; von RECUM, 1982, S. 10 ff.; HERRMANN, 1989, S. 285 ff.; auch das Projekt des Freistaats Bayern „Fortentwicklung der Schulaufsicht" (in den Mitteilungen des Bayerischen Staatsministeriums 340/93), auch § 18 des Schulgesetzes des Landes Rheinland-Pfalz sowie §§ 89 - 92 der Schulordnung; Sibylle VOLKHOLZ in „Deutsche Lehrerzeitung, 44/93, S. 12; HEITGER, 1993, S. 455 ff.; § 47 ff. Schulgesetz Baden-Württemberg in der Fassung vom 28. Juni 1993; § 55 des Schulgesetzes des Landes Brandenburg (Stichwort: Selbstverantwortung); § 21 des Schulreformgesetzes des Landes Mecklenburg-Vorpommern].

Die Teilnehmer der Tübinger Konferenz sahen aber auch ganz klar, daß es eine Autonomie der Schule ohne einen engen Zusammenhang mit der Universität nicht geben kann, so wie eine sinnvolle Arbeit an der Universität ohne den Kontakt zur Schule nicht denkbar ist: „Wir bedauern, daß seit einigen Jahrzehnten der Kontakt zwischen Schule und Hochschule in steigendem Maße verlorengeht". Schon 1878 MEYERs Konversationslexikon Bd. 15, S. 280] wird entsprechend Klage geführt: „Bei aller Freude an dem Gedeihen und an dem steigenden Weltruf der deutschen Universitäten ist übrigens im Volk der Wunsch verbreitet, daß die wiederholt gegen den Stand der deutschen Professoren wegen dessen angeblicher zunftmäßiger Abschließung nach außen ... laut gewordenen Klagen nicht ... unbeherzigt verklingen möchten ..."

Die Resolution vom 30. September/1. Oktober 1951 verlangt konkret die Entwicklung von Arbeitskursen für Lehrer, damit diese mit dem Fortschritt in den Wissenschaften Fühlung behalten und auch die pädagogische Umsetzung durcharbeiten können. Außerdem sollten wissenschaftlich arbeitende Lehrer durch Herabsetzung der Pflichtstundenzahl entlastet werden, auch an einen Studienurlaub ist gedacht, wie bereits 1902 gefordert worden ist [LEXIS, 1902, S. 385]. Andererseits sollte aber auch jungen Kräften der Hochschulen eine „gleichzeitige Tätigkeit an der Hochschule und der höheren Schule" ermöglicht werden. Wie ernst damals der Gedanke des engen Zusammenhangs zwischen Gymnasium und Universität gesehen wurde, mag man der Überlegung des Niedersächsischen Kultusministers Adolf Grimme entnehmen, eine 13. Jahrgangsstufe aus der Schule herauszunehmen und als philosophisches Jahr – z.B. in einem Landschulheim – zu führen. So versuchte man in Erinnerung an die alte Artistenfakultät, die dem Fachstudium an einer der drei Fakultäten vorgelagert war, Universitätspropädeutik am Gymnasium zu realisieren.

Die Tübinger Konferenz „Universität und Schule" hat mit vielen Themen bis in die Gegenwart hinein Schule gemacht, so z.B. mit der Frage nach dem Verhältnis der Schule zur staatlichen Schulaufsicht [vgl. dazu W. FLITNER, 1955, S. 146; BESSOTH, 1974, S.865 ff.; ROSENBUSCH/SCHULZ, 1976, S. 17 ff; SEIDL/DREXLER, 1980, S. 211 ff.; BECKER, 1980, S. 126; HOPF/NEVERMANN/RICHTER, 1980 A, S. 612 ff.; HOPF/NEVERMANN/RICHTER, 1980 B; BAUMERT, 1981, S. 495; Heft 6/84 WPB; auch s.o.S. 61].

Dort, wo man mehr möchte als nur im Sinne einer engen Universitätspropädeutik eine Studienvorbereitung vermitteln, wo es also um das humanum geht, ist die Schulaufsicht nur dann legitimiert, wenn sie Beratungskompetenz und vor allen Dingen die unerläßliche Koordinierungskompetenz [s. oben S. 44] entwickelt. Der Bildungsprozeß selbst kann nur die Angelegenheit der beteiligten Lehrerinnen und Lehrer sowie Schülerinnen und Schüler sein. Wirksamste Kontrollinstanz für die Bildung ist nämlich das jeweilige Individuum, keine staatliche Aufsicht. Diese sollte nur eine Rechts- oder Dienstaufsicht im oben genannten Sinne sein – den einschlägigen Artikeln bzw. Paragraphen der Länderverfassungen wäre dann Genüge getan. Da Bildung sich aber sehr unterschiedlich entfaltet, bedeutet sie von ihrer Struktur her Ungleichheit in jedem gesellschaftlichen System. Keine – auch die demokratische – Aufsicht kann hier Gleichheit herstellen; denn die Dimension der Bildung überschreitet a priori und a posteriori jede Grenze einer Institution. Günstige Voraussetzung für ihre Entfaltung ist daher eine wirkliche pädagogische Autonomie des einzelnen Gymnasiums sowie seiner Lehrerinnen und Lehrer [HECKEL, 1958, S. 25; BREDE, 1969, S. 215 ff.; WESTPHALEN, 1980 (A), S. 369 ff.]. FRAGNIÈRE [1976, S. 119] spricht sogar im Hinblick auf Europa 2000 von der Entwicklung der „Edukative" als einer weiteren autonomen Gewalt. Auch das bringt diese Schulform in eine größere Nähe zur Universität, wenngleich die Autonomie der Universität andere Quellen hat. Ein Quellbereich freilich ist gemeinsam; er kann umschrieben werden mit der Identität von Bildung und vernünftigem Handeln. Hier liegt der signifikante Unterschied zwischen dem Gymnasium und anderen Schulformen.

In diesem Zusammenhang muß auf ein Desiderat aufmerksam gemacht werden: Bis heute gibt es zur Funktion der Schulaufsicht in Deutschland keine systematische, die Bundesländer übergreifende Untersuchung oder Erhebung. Es fehlt zwar nicht am Nachdenken über Schulaufsicht und an Reformbemühungen – als Beispiele seien die Bundesländer Bayern, Nordrhein-Westfalen oder Mecklenburg-Vorpommern genannt; doch eine systematische Erhebung und Evaluierung gibt es nicht. Immerhin: Clive HOPES vom Deutschen Institut für Internationale Pädagogische Forschung – Abteilung Recht und Verwaltung – hat als ein EG-Projekt die Schulaufsicht von 8 Ländern (Belgien, England-Wales, Frankreich, Spanien, Irland, Italien, Niederlande und Portugal) untersucht und die Ergebnisse veröffentlicht. Es fehlen die entsprechenden Untersuchungen – u. a. von Griechenland, Dänemark, Luxemburg – aus unserer Sicht v.a. von Deutschland. Die Materie ist kompliziert, vor allem durch die Umbruchsituation in unseren Bundesländern und auch durch divergente Entwicklungen (z.B. bei den Regelbeurteilungen der Lehrerinnen und Lehrer). Doch die Forderung nach einer wissenschaftlichen Evaluation ist unabweisbar, nicht nur aus der Sicht der Wissenschaft, sondern vor allem aus der Sicht derer, die an der Gestaltung der Schule ein besonderes Interesse haben müssen.

Schließlich muß die nachhaltige Wirkung der Tübinger Beschlüsse in der didaktischen Diskussion genannt werden. Vor allem das exemplarische Prinzip [NEWE, 1960 und 1961] soll helfen, Begriffe wie „Durchdringung des Wesentlichen" zu füllen. Hierfür stehen Teilnehmer der Konferenz und Autoren wie WAGENSCHEIN, GERLACH, PICHT, KLAFKI, SCHEUERL und ROTH. Indem die Tübinger Beschlüsse extrem didaktische Antworten auf Fragen geben, die kaum gestellt worden waren, aber die didaktische Diskussion der Folgezeit und damit die innere Schulreform entscheidend bestimmten, waren sie ein Schulpolitikum ersten Ranges [SCHINDLER, 1980, S. 170].

Zusammenfassung:

Die Tübinger Beschlüsse vom 30. September/1. Oktober 1951 stellen einen wichtigen Meilenstein in der Entwicklung der Hochschulreifediskussion und der didaktischen Diskussion in bezug auf die Oberstufe dar. Ausgehend von der didaktischen Frage nach der geeigneten Auswahl der Unterrichtsstoffe wird eine enge Zusammenarbeit von Hochschule und Schule verlangt. Das dahinterstehende Ziel kann mit dem Begriff Einheit von Wissenschaft und Bildung umschrieben werden. Dabei werden anstelle von starren Lehrplänen Rahmenrichtlinien verlangt. Oberstes Ziel der intellektuellen Unterrichtsarbeit ist das Prinzip des Verstehens, nicht das des enzyklopädischen Wissens. Eine geradezu radikale Forderung ist die nach der pädagogischen Autonomie der Schule – eine Forderung, die bis in unsere Tage ohne Einschränkung Gültigkeit hat. Belebend auf die Diskussion unserer Tage könnte die Forderung sich auswirken, daß wissenschaftlich arbeitende Lehrerinnen und Lehrer Stundenentlastung erhalten und daß Vertreter der Universität an den Gymnasien unterrichten. Die Arbeit und die künftige Gestaltung der Schulaufsicht müssen Gegenstand weiterer länderübergreifender Forschung sein.

7. Wilhelm FLITNER (1889 bis 1990) und die WRK

Die in der Hochschul- und Bildungspolitik dominierende Persönlichkeit sowohl auf der genannten Tübinger Konferenz als auch sonst in diesen Jahren der Nachkriegszeit war Wilhelm FLITNER. Schon 1949 fordert er für die wissenschaftlichen „Studienanstalten für die geistigen Ämter" in der Denkschrift der Hamburger Universität den neunjährigen Lehrgang und nennt als Kern und Kanon die Sprachen (vor allem Latein/Französisch/Englisch, „etwas Griechisch") und die Mathematik. Ein wichtiger Erkenntnisschritt wird auf der Pädagogischen Woche Mainz (1949) präsentiert. Es geht dabei überhaupt nicht mehr um die Frage, ob der Kanon konstitutives Element des Bildungsprozesses sein soll, sondern um die Frage, was Bestandteil des Kanons sein könne. Dieser wird aufgefaßt nicht als Summierung von fächerbezogenen Kenntnissen, sondern als Zyklus, dem Grundgedankengänge aus dem literarischen, philosophischen, historischen, politischen sowie mathematisch-naturwissenschaftlichen Bereich zuzuordnen sind. Die entsprechenden Unterrichtsinhalte möchte FLITNER in kanonisierter Form der abendländischen Tradition entnommen sehen. Der Kanon selbst nun „beruht auf einer jahrhundertealten europäischen Vereinbarung, die einzuhalten eine Art geselliger humanistischer Pflicht ist. Wer sich aus dieser Vereinbarung ausschließt, der scheidet aus einer Verständigungsgemeinschaft aus ..." [FLITNER, 1949, S. 593]. FLITNER postuliert also die Verständigungsgemeinschaft der Gebildeten, in die die Schule über den Kanon einführt; auf diesem Fundament ruht gleichzeitig die hinreichende Voraussetzung für ein Universitätsstudium. Für das folgende Jahrzehnt hat sich der Maturitätsbegriff FLITNERs durchgesetzt; über andere Vorstellungen (z.B. in der Denkschrift der Hamburger Universität) referiert TENORTH [1975, S. 84 ff.].

Während es sich bei der Tübinger Konferenz um eine freie und informelle Kooperation zwischen Vertretern der Höheren Schule und der Universität handelt, beginnen in der Folgezeit auch die offiziellen Gremien über die Hochschulreife nachzudenken, vor allen Dingen die KMK und die WRK, wobei auch hier bis in die 60er Jahre Wilhelm FLITNER dominiert: Das erste der Gespräche (bzw. die erste der Gesprächsrunden) fand vom 28. bis 30. April 1958 in der Akademie Tutzing statt. Erarbeitet wurde ein Maturitätskatalog, der uns jetzt in der geringfügig veränderten Homburger Fassung von 1960 vorliegt. Hier ist nicht der Ort, über die Verhandlungen der Beauftragten der KMK und WRK an wechselnden Orten (bis 1969) ausführlich zu berichten: das ist auch bereits geschehen durch Ingrid SCHINDLER (1974) und Heinz-Elmar TENORTH (1975). Der Maturitätskatalog, auch der erste Tutzinger Maturitätskatalog genannt, soll hier jedoch etwas entfaltet werden:

Dabei ist weniger der Katalog wichtig als das dahinterstehende einmütig verabschiedete Konzept, das von FLITNERs Gymnasialpädagogik und auch von dessen hochschulpolitischen Vorstellungen geprägt ist. Denn der Tutzinger Maturitätskatalog kann (und ist es wohl auch) als eine Art Steinbruch betrachtet werden, dessen Material den Kultusbehörden der 11 Bundesländer fast nach Belieben überlassen war, um als Grundlage für entsprechende Richtlinien zu dienen. Auch ist er zu allgemein gefaßt, als daß der festgestellte Konsens [SCHEUERL, 1969, S. 23] mehr als eine Worthülse darstellt.

So soll zuvor einiges ergänzend zu den genannten Vorstellungen FLITNERs gesagt werden: FLITNER zieht eine strenge Trennungslinie zwischen der Mittel- und Oberstufe des Gymnasiums; letztere ist als Oberkurs der Maturität zugeordnet. Seine Spezifik besteht in der Vorbereitung der Studierfähigkeit, der allgemeine Charakter liegt darin, daß er eine allen akademischen Studien gemeinsame Basis schafft. Akademische Studien sind in jedem Falle mehr als Spezialstudien, die in den mehr oder weniger' intensiven Erwerb einer oder mehrerer wissenschaftlicher Disziplinen einmünden. Wo eine ganzheitliche, philosophische Einbettung fehlt, spricht FLITNER von der Möglichkeit der Fachschulstudien, die „in vielen Technologien bereits vorhanden" [FLITNER, 1967, S. 22] sind. Dahinter steht eine Sicht studienbezogener Berufe, die zweigeteilt sind: Zum einen sind das die leitenden oder verwissenschaftlichen Berufe in Politik, Verwaltung, Technik und Wirtschaft, die an Hochschulen der Berufsausbildung studiert werden:
Zum anderen handelt es sich um akademische Berufe und Ämter, deren Spezifik die Auslegung des Lebenssinnes darstellt, z.B. die Berufe des Lehrers an einer Studienschule, des Geistlichen, Richters, Arztes.

Schließlich sieht FLITNER noch eine dritte Gruppe, die er ausführend nennt, z.B. die Facharbeiter und Handwerker.
Den genannten Berufsgruppen sind die Volksschulen, realistische und humanistische Studienschulen zugeordnet. Und letztere gründen sich auf einen neunjährigen Lehrgang, der allein die wissenschaftliche Durchbildung sichert. FLITNER [1967, S. 17] beruft sich auf den Freiherrn vom STEIN, der für die wissenschaftlich ausgebildeten Ämter und Berufe verlangt, daß sie „die Sachen, mit denen sie zu tun haben, aus ihren Prinzipien verstehen und selbständig produktive Entscheidungen zu treffen fähig werden". Man könnte den FLITNERschen Maturitätsbegriff auch mit Bildung im weiteren Sinne umschreiben: Maturität ist Studierfähigkeit und Bildung und umfaßt eine pragmatische sowie eine weitergehende humane Kompetenz. Diese Maturität wird „in dem vorbereitenden Kurs, der zum Abitur führt" [FLITNER, 1967 (A), S. 37] erworben. Sie umfaßt eine „Schulung ..., welche nicht nur der Form, sondern dem Gehalte nach wissenschaftliches Forschen, Fragen und Denken ermöglicht" [l.c., S. 38]. So kommt FLITNER zu seinem Terminus von der „grundlegenden wissenschaftlichen Geistesbildung". Auch er sieht, wie Friedrich August WOLF, der neuhumanistische Philologe aus Halle an der Saale, daß diese Geistesbildung nicht in der Wissenschaft selbst zu Hause ist. Vielmehr „läuft" sie „vor" der Wissenschaft, sie ist also in einem Vorraum (nicht im Tempel der Wissenschaft unmittelbar) zu Hause, sie ist „vorläufig", jedoch nicht vorübergehend. Geistesbildung ist eingebunden auch in das spätere akademische Studium, welch letzteres zwar ein spezielles ist, durch die Geistesbildung aber seinen isolierten Charakter verliert und einer Ganzheit zugeordnet wird, deren Ordnungs- und Gliederungsprinzipien aus der Philosophie ganz allgemein und aus der Dimension des Ethischen und des Emotionalen speziell kommen. Erstrebt wird im gymnasialen Oberkurs die Ablösung der „naiven Pragmatik" durch die „reflektierte", die Einführung in das Bemühen „um den Sinn einer Sache, um den geistigen Gehalt des Daseins, um die mitmenschliche Verantwortung" [l.c., S. 37], worauf die Freiheit im Gemeinwesen beruhe. „Innerhalb der modernen Großarbeit und des staatlichen Verwaltungsorganismus sind die akademischen Studien in der täglichen Kleinarbeit der Rechtspflege, des Völkerrechts, der Verwaltung, der öffentlichen Hygiene, der Erziehungstätigkeit, der Publizistik und des Geschichtsbewußtseins die einzige dauernde

Garantie für den Respekt vor der Wahrheit und Gerechtigkeit, für die Freiheit der Person und Freiheit der Ordnungen" [l.c., S. 37]. Die grundlegende Geistesbildung, die im Sinne von Lehrzeit mit Blick auf wissenschaftliche Fachstudien im akademischen Sinne auf der gymnasialen Oberstufe sich vollzieht, hat also die Dimensionen

- des Philosophischen und
- des Charakterlich-Ethischen.

Dazu kommt das „Vorverständnis der wissenschaftlichen Kultur im Zusammenhang unserer Gegenwartskultur" [l.c., S. 39]. Die gymnasiale Oberstufe legt so den Grund für das Bewußtsein der Einheit von Wissenschaft und Bildung als Bestandteil der Universitätsidee, der nach übereinstimmender Meinung auch in diesen Tagen Gültigkeit hat [PARSONS, 1973; HABERMAS, 1986 A, S. 715].

FLITNER sieht sehr klar, daß es wissenschaftstheoretisch zu begründende Merkmale der genannten Grundbildung nicht gibt. Sie sind Gegenstand einer Setzung, über die man eine „Übereinkunft" [l.c., S. 39] schaffen muß, wie sie am Ende der entfalteten Diskussion der Tutzinger Maturitätskatalog darstellt.

Als Substanzen grundlegender wissenschaftlicher Geistesbildung nennt FLITNER die Symbolsysteme Sprache und Mathematik [l.c., S. 53], in denen sich die vier Wurzeln unserer Kultur ausdrücken:

- die moderne exakte Naturwissenschaft,
- die Philosophie als Besinnung an antiken Texten,
- die theologische Fragestellung,
- der politisch-sozialkundliche Bereich.

[Vgl. FLITNER, l.c., S. 59-68]

Da es bei der grundlegenden wissenschaftlichen Geistesbildung – die nicht mit dem Abitur endet – um logisch-diskursive und intuitive Prozesse geht, kann es sich auch nicht um spezielle Fächer handeln, die an der Schule wie an der Universität angeeignet werden, sondern um „Einführungen" in geistige Erfahrungsbereiche, aus denen wir leben oder, wie FLITNER sagt, „nicht um Darlegungen von Theorien oder Vermittlung von Kulturkunde über diese vier Ursprungsfelder moderner Humanität, sondern um ‚INITIATIONEN', um Einführungen in die geistige oder geschichtliche Präsenz dieser Inhalte selbst" (von FLITNER hervorgehoben, vgl. SCHEUERL, 1962, Anlage 2b).

Erst auf der Grundlage dieses Konzepts kann im ersten Tutzinger Maturitätskatalog [SCHEUERL, 1962, Anlage 2a] mehr als nur ein „Steinbruch" gesehen werden: Die Initiationen und der Katalog sind eine Einheit, die so bis Ende der 60er Jahre in den Ministerien der Bundesländer als Richtschnur für die Beurteilung der Hochschulreife angesehen werden konnte [SCHEUERL, 1969, S. 23; LÜTH, 1983, S. 631]. Bildungstheoretisch, was die Verbindlichkeit und Gewichtung betrifft, geht FLITNER weit in die Geschichte des Lehrplans zurück; mindestens bis auf die römische Antike (CASSIODORUS, MARTIANUS CAPELLA), wenn nicht gar bis in den Hellenismus, der die enkyklios paideía [vgl. oben S. 30] formulierte – die sich ihrerseits in den artes liberales wiederfindet. Letztere sind Inhalt eines Kanondenkens, das auch für FLITNER uneinge-

schränkt Gültigkeit hat. FLITNER spricht auch von der „zyklischen Grundbildung".
Während es sich beim Tutzinger Maturitätskatalog und FLITNERs gymnasial-pädagogischen Vorstellungen um Erscheinungen handelt, die hochschulpolitisch zu verstehen und bildungspolitisch so ganz leicht nicht umzusetzen sind, handelt es sich z.B. bei der Saarbrücker Rahmenvereinbarung von 1960 um eine Rechtskonstruktion, die schulpolitisch zu verstehen ist und insofern a priori Divergenzen zum genannten Katalog und FLITNER [SCHINDLER, 1974; TENORTH, 1975] aufweisen muß. Zudem ist die Vereinbarung auch Ergebnis unterschiedlicher Interessen und Entwicklungen. Zu nennen sind in aller Kürze:

– das Konzept der „produktiven Einseitigkeit", wie es Kultusminister Storz einbrachte (vgl. von CUBE),

– der Rahmenplan,

– die Entwicklung in Bayern, speziell der 13. Jahrgangsstufe,

– das Stufenabitur (z.B. im Landerziehungsheim Schondorf).

[vgl. SCHINDLER, 1974, S. 163 ff.].

Der sogenannte erste Tutzinger Maturitätskatalog (1958) sollte, nachdem sein Hintergrund und seine Wirkung erläutert worden sind, kurz wenigstens noch dargestellt werden [vgl. auch Anhang II.11]: Ausdrücklich wird er als „inhaltliches Minimum" aufgefaßt, das für alle Hochschulzugänge zu gelten habe:

Dem ersten der drei Abschnitte könnte man die Überschrift „Denken, Sprechen, Sprache und Literatur" geben. Zuerst geht es dabei um die Beherrschung der deutschen Sprache und sprachliches Differenzierungsvermögen in Wort und Schrift. Sodann werden Forderungen bezüglich literarischer Kenntnisse erhoben. Sie bleiben sehr vage bezogen auf die Antike, die deutsche Klassik und die Weltliteratur. Schießlich werden zwei Fremdsprachen verlangt – eine davon sollte Latein oder Französisch sein. Mit der Forderung auch nach Französisch liegt der Katalog auf der Ebene der preußischen Schulreform. Eigentlich gehört auch der vierte Abschnitt noch hierher; FLITNERs Interpretationen legen das nahe: Mathematik als System symbolischer Zeichen. Die Abschnitte 5 und 6 umfassen den Bereich der Naturwissenschaften, das spätere Aufgabenfeld C. Zwei Satzteile bzw. Sätze verdienen besondere Erwähnung:

Zum einen wird schon damals auf das Grundproblem der technischen Zivilisation hingewiesen, auf die Energie. Den Zeitgenossen, die das Energieproblem erst jetzt als drängend und akut gestellt sehen, sei gesagt, daß selbst die Forderung des Tutzingers Maturitätskatalogs von 1958 bereits alt ist: Schon Wilhelm OSTWALD, der Leipziger Gelehrte, der für seine energetischen Arbeiten 1909 den Nobelpreis bekommen hatte, hat das Problem klar gesehen; sein Wohnhaus trug übrigens den Namen „Haus Energie", und es trägt diesen Namen auch heute noch.

Zweitens wird auch der naturwissenschaftliche Bereich als ein solcher genannt, in dem Gefühlswerte eine Rolle spielen <müssen>: „Liebhabermäßiges Betrachten der anschaulichen Natur ..." heißt es in Abschnitt 6. Emotionale Werte werden in der Folgediskussion, die zunehmend die Kognition betont, immer weniger eine Rolle spielen. Die

Abschnitte 7 bis 9 behandeln den Menschen als geschichtlich gewachsenes und politisches Wesen und als solches, das stets über sich hinausweist. Hier ist das spätere Aufgabenfeld B erkennbar. Die Autoren des Katalogs legten Wert auf die Feststellung, daß die Ergebnisse des gymnasialen Mittelkurses bei Beginn der Oberstufe vorliegen müssen: Daran hat man in der späteren Oberstufeneuphorie nicht immer ausdrücklich genug gedacht, wohl auch deswegen, weil man das Prinzip des aufbauenden gymnasialen Lehrganges glaubte aufgeben zu müssen [vgl. HAMMER/KRÜTZFELD, 1981, S. 516 ff.].

Außerdem wird auf eine Gewichtung des Kataloges bewußt verzichtet: Insofern ist er die Kanonisierung einer breiten Basis, die ihrerseits aus Teilen besteht; diese Teile sind – um ein Bild zu verwenden – wie die Segmente eines Kreises, der geistige Grunderfahrungen erfaßt – eben die FLITNERsche Konzeption des geschlossenen Kreises gemeinsamer geistiger Grunderfahrungen, die die Basis für die akademischen wie nicht-akademischen Berufe sind.

Das Konzept der geistigen Grunderfahrungen, vermittelt durch die Initiationen in den vier sachlichen Gehalten und den beiden Symbolsystemen Sprache und Mathematik [SCHINDLER, 1974, S. 89], sind für die Folgezeit [vgl. auch BÄUMER, 1986, S. 223 ff.] deswegen so wichtig, weil sie den Versuch darstellen, das reine Fächerprinzip zu überwinden: Unterrichtsfächer sind eben mit den Universitätsdisziplinen nicht zu verwechseln [BECKMANN, 1978, S. 214 ff.; KLEMM, 1959, S. 179; SCHMITZ, 1960, S. 5 ff.; PÜLLEN, 1966, S. 38 ff.; HOLZAPFEL, 1980, S. 264 f.; von HENTIG, 1987, S. 387 ff.]. Sie sind keine reduzierten Universitätsdisziplinen, deren Inhalte durch die methodische Kunst der Lehrerinnen und Lehrer in die Schulstuben und in die Köpfe der Schülerinnen und Schüler getragen werden. Sie sind so etwas wie Scheinwerfer, die den dunklen Horizont des Welt- und Selbstverstehens erhellen [ganz anders: HARDER, 1976, S. 397], ihre Absicht ist die Bildung in der Personagenese, ihre pragmatische Dimension ist die Wissenschaftspropädeutik. Diese durchzieht die Fächer und stellt zugleich ein Auswahlkriterium dar, das kultur- und geisteswissenschaftlich-hermeneutischem Denken entspricht. Und dieses richtet sich im Bereich der Erziehung stets auf die individuelle Personagenese. Die WRK hat an FLITNERs Maturitätskonzept mit den beiden Komponenten (humanistisch-bildend/pragmatisch) auf der Grundlage eines in die Breite gehenden Kanons festgehalten. Sie hat aber auch nicht die Tendenzen übersehen, die im äußersten Fall auf „produktive Einseitigkeit" mit dem Zwecke, Chancengleichheit durch Individualisierung schulischen Lernens zu ermöglichen, zielten. Festzuhalten sind für die Folgezeit Tendenzen wie die Verselbständigung der gymnasialen Oberstufe („Studienstufe", „Oberstufenkolleg", „Kollegstufe") und erheblich veränderte Denkstrukturen sowie Veränderungen im wissenschaftlichen Paradigma [s. unten S. 78 ff.].

So kam es zu weiteren Gesprächsrunden zwischen WRK und KMK (bzw. deren Ausschüssen und Beauftragten). Das sechste Gespräch brachte in Zusammenarbeit zwischen dem Schulausschuß der WRK und der KMK sowie Vertretern des Wissenschaftsrates und des Deutschen Bildungsrates einen neuen Kriterienkatalog, den sog. zweiten Hochschulreifekatalog (gelegentlich auch Tutzing VI genannt), der mit erläuternden Bemerkungen Hans SCHEUERLs in Heft 1 der Zeitschrift für Pädagogik des Jahres 1969 veröffentlicht worden ist. An FLITNERs Konzept eines möglichst breit angelegten Kanons wurde festgehalten; das Konzept der zyklischen Grundbildung blieb. Zugleich aber trug man der funktionellen Differenzierung in allen Bereichen der Gesellschaft insofern Rechnung, als man auf einem hoch anzusetzenden Niveau und festem Fundament individuelle Schwerpunktsetzung und Spezialisierung zuließ, wie sie in der Arbeitswelt unstreitig Grundlagen sind.

Zusammenfassung:

Dominierende Persönlichkeit in der Hochschul- und Bildungspolitik der Nachkriegszeit ist Wilhelm FLITNER. Er sorgte dafür, daß die Gymnasien an einen neunjährigen Lehrgang gebunden sind, und er formulierte einen für diese Schulform konstitutiven Kanon, der zugleich Bestandteil einer Verständigungsgemeinschaft der Gebildeten darstellt. Mit FLITNERs Namen eng verbunden ist der sog. 1. Tutzinger Maturitätskatalog (1958). Maturität hat nach FLITNER zwei Komponenten, eine pragmatische, die einerseits mit Hochschulreife und eine humanistische, die andererseits weitergehend mit Bildung umschrieben werden könne. Insgesamt vollziehe sich auf der Oberstufe, die „vorläufig" vor der eigentlichen wissenschaftlichen Arbeit an der Universität genannt wird, eine „grundlegende" Geistesbildung, die sowohl im Ethischen wie im Emotionalen eingebettet ist. Die Grundbildung wird von FLITNER auch „zyklisch" genannt; sie besteht aus Einführungen (Initiationen) in die 4 Wurzeln unserer Gegenwartskultur. Im Unterschied zu diesen geschichtlich zu verstehenden Entfaltungen stellt die Saarbrücker Rahmenvereinbarung (1960) eine administrative Setzung dar, die auf Umsetzung in die Schulwirklichkeit konzipiert ist. Der zweite Hochschulreifekatalog von 1969 hält sich an FLITNERs Vorstellungen von einer zyklischen Grundbildung, die auf dem Fundament eines breitangelegten Kanons steht.

Festzumachen ist die soeben in der Zusammenfassung formulierte Feststellung daran, daß die FLITNERschen „Initiationen" sich in den drei Aufgabenfeldern (sprachlich-literarisches, mathematisches und naturwissenschaftliches, gesellschaftliches und geschichtliches) wiederfinden; diese sollen ein „gemeinsames Minimum für alle Bildungswege" [SCHEUERL, 1969, S. 31] darstellen.

Dieses gemeinsame Minimum ist zugleich als Bereich nicht abwählbarer Grundanforderungen anzusehen, die „von jedem durchschnittlich befähigten Schüler in schlichter

Form verständnisvoll erfüllt ... werden können" [l.c., S. 28]. Grundanforderungen beziehen sich nicht nur auf inhaltliche „Lernziele", sondern auch auf kategoriale und formale. Der neue Katalog versteht [l.c., S. 26] die Grundanforderungen – realisierbar im Verlaufe der „ganzen Schulzeit", nicht nur auf der Oberstufe – als gegenüber dem ersten Tutzinger Maturitätskatalog reduziertes Anforderungsminimum, dem gehobene Anforderungen in zwei, maximal drei wissenschaftlichen Fächern gegenüberstehen. Hier nun schlägt die Individualisierungs- und Profilierungsdebatte durch. Allgemeine Hochschulreife (und nur um diese geht es) ist von nun ab also die Verbindung von allgemein verbindlichen Orientierungen und Einsichten [l.c., S. 20] mit individuell wählbaren produktiven Schwerpunkten. Von den Vorstellungen des Deutschen Bildungsrates unterscheidet sich dieser Vorschlag darin, daß nur die allgemeine Hochschulreife gemeint ist, während der Deutsche Bildungsrat für die Oberstufe der Schule schon die Vorbereitung auf ein bestimmtes Fachstudium ins Auge faßte. Die Bonner Vereinbarung vom 7. Juli 1972 liegt in der Mitte zwischen den Vorstellungen des Deutschen Bildungsrates und der WRK, wobei die WRK die kanonisierte breite Basis verlangt [Abdruck des 2. Maturitätskatalogs in der Anlage II.12], der Deutsche Bildungsrat unter starker Betonung der Chancengleichheit das je und je stark individualisierte Curriculum. Hinter beiden Grundforderungen an die schulische Ausbildung und Hochschulreife stehen zwei soziale Paradigmen:

Das eine basiert auf der Überzeugung, daß eine Gesellschaft ohne einen geistigen und emotionalen Grundkonsens ihren Namen nicht verdient. In diesen Konsens geht ein die gelebte Geschichte des Abendlandes und seiner Werte und Normen in Philosophie, Wissenschaft, Kunst und das Bewußtsein, daß jede Gesellschaft eine gewachsene ist, deren Grundlagen verstanden werden müssen. Substanz des Verstehens aber sind unabänderlich das Wissen und die Erinnerung. Auswahlkriterium der Lehrenden ist allein die Dimension der Verantwortung für die Schülerinnen und Schüler. Wilhelm FLITNER nennt dieses Denken „réflexion engagée". Bildung in diesem Sinne vollzieht sich somit in einem durch geistige und sittliche Werte zu interpretierenden Bezugsrahmen.

Das andere Paradigma ist erfüllt von der Idee der Emanzipation und der Chancengleichheit und führt zwangsläufig von der zyklischen Grundbildung zur individuellen Entscheidungsfreiheit der Edukanden über „ihr" Curriculum. Von Anfang an wurde auf eine logische Schwierigkeit hingewiesen – sie ist bis heute nicht aufgehoben: Wie kann jemand in einer relativ frühen Phase seines Lebens, wo er möglicherweise „seinen" Weg noch nicht sehen kann, über Inhalte entscheiden, die er noch nicht kennt. Die Aporie zwischen dem vorgegebenen Kanon und der aus dem emanzipatorischen Anspruch hervorgehenden Entscheidungsfreiheit besteht heute noch, und die bildungspolitischen Entscheidungen gehen zwischen beiden Polen hin und her.

Damals jedenfalls wurden andere Werte als die genannten einschließlich der wissenschaftlichen Rationalität für „veraltet" erklärt, diejenigen, die nach Prüfung diese Ansicht nicht teilten, für konservativ – im Jargon einer Parteijugendorganisation wurden beispielsweise die Eltern ein „reaktionärer Faktor" genannt –, was im gewandelten Bewußtsein der damaligen Zeit bereits negativ besetzt war.

Inzwischen sieht man immer stärker, daß in der geforderten Emanzipation und Mündigkeit als Zerrbild ein schrankenloser Subjektivismus, die Antinomie einer Freiheit, sich breitmachen kann, die die Römer nicht „libertas", sondern „licentia" nannten; wir sprechen heute von Permissivität, die weder im Interesse der Gesellschaft noch gar im Interesse der Edukanden überhaupt liegen kann. SCHINDLER [1980, S. 189] fragt daher: „Sind auf einem ethischen Fundament gründende pädagogische Theorien heute der Gesellschaft und ihren Politikern nicht mehr zumutbar?"

Nachdem kurz zuvor die Bundesländer ihre Oberstufen gemäß Bonner Vereinbarung vom 7. Juli 1972 umgestaltet hatten, trat die WRK am 5. Juli 1977 mit ihren Thesen des 122. Plenums „Zur Weiterentwicklung der Neugestaltung der gymnasialen Oberstufe" [s. Anlage II.13] an die Öffentlichkeit. Inzwischen hatte sich eine Entwicklung vollzogen, die durch Gründung der ZVS praktisch auf eine Teilung der Maturität in Schulabschluß und Hochschulzugang hinauslief: Die Absolventen der Gymnasien konnten nicht mehr die gewünschten Fächer studieren, weil die Universitäten die Kapazitäten nicht hatten.

Außerdem war abzusehen, daß nicht alle Hochschulabsolventen den studierten akademischen Beruf würden ausüben können. Die WRK mußte darauf aufmerksam machen, daß

- sie nicht in der Lage war, durch Brücken- und Vorkurse fehlende Schulkenntnisse zu kompensieren,
- daher die Schulen größeren Wert auf die Erreichung der Studierfähigkeit legen müßten,
- durch die in der Schule angelegte kanonisierte Breite des Grundwissens eine „Flexibilität hinsichtlich der Studien- und Berufsentscheidung" [Absatz 1] sicherzustellen sei.

Kurzum: Es geht um Maßnahmen, die zu frühe Spezialisierung in der Schule zu verhindern, da diese sonst eine „Einbahnstraße" darstellen könnte. Breite Grundbildung (von der Bonner Vereinbarung offensichtlich nicht zwingend ins Auge gefaßt) und verbesserte Studierfähigkeit sind die Stichworte.

Während die WRK 1969 (in ihrem zweiten Maturitätskatalog) die Spezialisierung in zwei bis drei Schwerpunktfächern vorgeschlagen hatte, ging 1972 die KMK darüber hinaus und richtete einen zusätzlichen Wahlbereich ein, wie es der Deutsche Bildungsrat 1970 gefordert hatte. Die Folge war die Preisgabe des breiten Kanons, zumal aufgrund der Bonner Vereinbarung jedes Fach abwählbar wurde. Angesichts der offenkundigen ungleichen Entwicklung der gymnasialen Oberstufe in den einzelnen Bundesländern wurden 1977 durch die WRK Korrekturen von der KMK verlangt. Es wurden drei Forderungen erhoben:

- „Ausweitung des Pflichtbereichs im Verhältnis zum Wahlbereich,
- weitgehende Festlegung des Fächerkanons im Pflichtbereich,
- Teilnahme an den Fächern des Pflichtbereichs während der gesamten Oberstufe ..."
(vom Verfasser hervorgehoben).

Es sollte dabei der Fortgang der Wissenschaften beachtet werden. Nicht unerwähnt bleiben auch noch andere Ziele schulischer Arbeit, so z. B. die Persönlichkeitsbildung. Es ist fatal, daß eine solche Binsenwahrheit überhaupt noch einmal formuliert werden mußte; das zeigt aber auch, wozu die öffentliche Diskussion verkommen war. Festgehalten wurde an der Zuerkennung der Allgemeinen Hochschulreife durch die Gymnasien. Die Erweiterung des Pflichtbereichs drückt sich in der neuen Proportion 3:1 (Pflicht-:Wahlbereich) aus; noch Tutzing VI (1969) betonte etwa das Verhältnis von 2:1.

Als kontinuierlich zu betreibende Fächer werden

Deutsch,

Mathematik,

zwei Fremdsprachen,

zwei naturwissenschaftliche Fächer (auch technologische Bezüge),

Geschichte und

„ein weiteres Fach aus dem Bereich der Sozialwissenschaften"

genannt.

Diese Maximal-Position, die lehrplangeschichtlich auf einen Zustand zurückgeht, der weit vor der Saarbrücker Rahmenvereinbarung liegt, bzw. jede bisherige gymnasiale Position nach dem 2. Weltkriege überschreitet, wurde dann doch reduziert:

Zwischen 1977 und 1982 fanden in Fortführung der Tutzinger Gespräche insgesamt 12 Gespräche zwischen Vertretern der WRK (ständige Kommission Schule/Hochschule) und KMK (Beauftragte des Schulausschusses) statt mit dem Ziele, den zweiten Hochschulreifekatalog von 1969 weiterzuentwickeln. Dabei war es das Interesse der Hochschulseite, im Pflichtbereich einen einheitlichen Fächerkanon zu formulieren und diesen insgesamt im Umfang zu erweitern. Wiederum ging es dabei nicht nur um die Formulierung studienkonstitutiver Fächer und Inhalte (des Unterrichts), sondern im weiteren Sinne auch um Erziehung.

Ein alter Gedanke wird hierdurch wieder aufgenommen. Er findet sich in der öffentlichen Diskussion gleich nach dem 2. Weltkriege. Bemerkenswert sind in diesem Zusammenhange die Beiträge von HOLZAPFEL [1948], RIED [1950], SCHRÖTTER [1951], aber auch von H. ROTH [1951], der sich – im Gegensatz zur konservativen europäischen Pädagogik – von der „fortschrittlichen amerikanischen" Impulse erhoffte. Dabei wollte die KMK aber strukturelle Änderungen nicht ins Auge fassen.

Die Vertreter einigten sich unter Leitung des Vorsitzenden der KMK auf die Fächer, denen „im Blick auf Grundbildung und allgemeine Studierfähigkeit eine besondere Bedeutung zukommt" [vgl. in der Anlage II.14: Gemeinsame Stellungnahme der WRK und KMK, verabschiedet vom 136. Plenum der WRK, Bonn, 15./16. Februar 1982].

Diese Fächer bzw. Fächergruppen sind:

– Deutsch

– Fremdsprachen

– Bildende Kunst oder Musik

– Geschichte, Erdkunde, Sozialkunde/Politik (Gemeinschaftskunde)

- Mathematik
- Naturwissenschaften.

Daraus ergab sich als Ergebnis der gemeinsamen Stellungnahme der WRK und der KMK der Pflichtunterricht in
- Deutsch
- mindestens einer Fremdsprache
- Geschichte
- Mathematik
- einer Naturwissenschaft.

Dazu kamen Kunst oder Musik, Religionslehre und Sport. Es bestand Einmütigkeit in der Auffassung, daß dieser Pflichtunterricht in festen Lerngruppen und kontinuierlich bis zur 13. Jahrgangsstufe erfolgen sollte. Wie schon vorhergehende Gremien sahen auch diese die Wichtigkeit des gymnasialen Mittelkurses für z.B. die weitere Fremdsprache und für eine weitere Naturwissenschaft sowie ein weiteres Fach aus der Fächergruppe der Gemeinschaftskunde. Der 11. Klasse wurde wiederum wie schon vom Deutschen Ausschuß eine wichtige Gelenkfunktion zugeschrieben, wobei hier bestimmte Fächer der Mittelstufe abgeschlossen werden sollten. Der 12. und 13. Jahrgangsstufe wurde die eigentliche Qualifizierungsfunktion zugeschrieben.

Das 151. Plenum der WRK appellierte am 3. Februar 1987 [vgl. Anlage II.16] noch einmal an die KMK, „auf dieser Grundlage ein Mindestmaß an Einheitlichkeit in der Vorbildung der Studienanfänger zu sichern und weiterhin die überregionale Anerkennung des Abiturs zu gewährleisten". So kam es dann zur KMK-Erklärung vom 4.12.1987, die mit einer Abweichung die Ergebnisse des 136. WRK-Plenums vom 15. und 16. Februar 1982 kodifizierte: Der Schüler kann sich gegen nur eines der drei Fächer Deutsch, Mathematik, Fremdsprache entscheiden und das erst am Ende der 12. Jahrgangsstufe.

Die Maximierung der WRK-Forderungen werden in der Literatur unterschiedlich interpretiert.

Wenn man die beiden Tutzinger Maturitätskataloge (von 1958 und 1969) mit der gemeinsamen Stellungnahme der WRK und KMK zur „Neugestaltung der gymnasialen Oberstufe und allgemeine Studierfähigkeit" von 1982 sowie der Stellungnahme des 151. Plenums der WRK vom 3. Februar 1987 vergleicht, dann fällt eine insgesamt reduzierte Argumentation und eine im Allgemeinen bleibende Reflexion auf. Dieses hat Andreas FLITNER in der Süddeutschen Zeitung (12.09.1987) zum Anlaß genommen, der Hochschule Versäumnisse vorzuwerfen: Sie besitze zwar Definitionskompetenz in bezug auf die Hochschulreife, habe diese aber nicht mit Ernst wahrgenommen: denn letztlich nenne die WRK nur noch Fächer, die in besonderer Weise – d.h. mehr als andere – geeignet seien, die Studierfähigkeit zu sichern. In bezug auf die Fremdsprachen vermißt Andreas FLITNER eine klare Äußerung, um welche Sprachen es sich da handeln müsse, damit dem eigenen Anspruch genüge getan werden könne. Dieser bestehe darin, daß das „Mindestmaß von Einheitlichkeit in der Vorbildung der Studienanfänger" erzielt werden solle. Der Unentschiedenheit in der Sprache folge die Überforderung in der Mathematik und in den Naturwissenschaften, eine unterschiedslose Behandlung der Fächer, ohne daß Kriterien für die unterschiedslose Behandlung genannt würden. Er fordert eine Festigung dessen, was Studierfähigkeit ist und zugleich die Entwicklung eines Minimal-Kataloges, mit dessen Hilfe diese Studierfähigkeit erzielt werden könne. Schließlich sagt FLITNER in weiser Einsicht, daß die Studierfähigkeit, für die die WRK eine anerkannte Definitionsmacht besitze, noch kein Gymnasialprogramm darstelle. FLITNERs Kritik bleibt systemimmanent und leidet an dem Widerspruch, daß mit der stärkeren Forderung nach Konkretisierung eben das Gymnasialprogramm gefordert wird, für das die WRK keine Kompetenz besitzt. Das Gymnasialprogramm aber – das könnten die bildungspolitischen Konsequenzen der WRK-Beschlüsse sein – müßte wie bisher eine originäre Aufgabe der Schule sein; diese hat die Kompetenz, das zu konkretisieren und umzusetzen, was die WRK nur recht vage behandelte bzw. vorschlug – sofern daran festgehalten wird, daß das Gymnasium die allgemeine Hochschulreife zuerkennt. Hier muß nochmals betont werden, daß jedes Gymnasialprogramm einen Doppelsinn hat: Es ist fremdbestimmt durch die Definitionskompetenz der Universität – aber es ist eine originäre Aufgabe des Gymnasiums, speziell für seine Lehrerinnen und Lehrer; es ist selbstbestimmt und fällt in die Autonomie der Schule, da es die Fundamentaldimension der Bildung [vgl. Kap. II, S. 127 ff.] berührt. Diese immanente Kritik ist zu ergänzen durch eine solche, die sich sozialwissenschaftlich versteht und mit Annahmen arbeitet; hauptsächlich zwei [LÜTH, 1983, S. 641 ff.] seien hier genannt:

a. Zum einen, so lautet der Vorwurf, solle mit der Ausweitung des Kanons eine Integration beruflicher und allgemeiner Bildungsgänge ausgeschlossen werden, wie sie in der Kollegschule des Landes Nordrhein-Westfalen versucht werde.

b. Zum anderen: Die Ausweitung des Pflichtbereichs habe zur Folge, daß das Durchlaufen der Oberstufe erschwert und die Zahl der Abiturienten eingeschränkt werde.

Die unter b. ausgesprochene Vermutung, die bereits auf die Studienzulassung des ausgehenden 18. und beginnenden 19. Jahrhunderts angewandt wird, ist weit verbreitet [WOLTER, 1987, HERRLITZ, 1968, 1981]; sie sieht das Gymnasialprogramm zu einem Selektionsmechanismus instrumentalisiert, der den Besuch der Universitäten verhindern oder erschweren soll. Insgesamt werden dafür drei Instrumente genannt:

– die Einführung des Abiturs (18./19. Jahrhundert),

– der numerus clausus und eben

– die Erweiterung des Kanons.

Schließlich wird behauptet, daß in Zeiten beabsichtigter Expansionen der Pflichtbereich bis auf ein Drittel bzw. ein Fünftel der Pflichtstundenzahl reduziert werde, während bei einer beabsichtigten Drosselung der genannte Anteil auf Dreiviertel des Gesamtvolumens erhöht werde. Zunächst soll dieser Komplex von Vermutungen ein wenig erläutert werden:

– Die bildungssoziologische Interpretation des Abiturs am Ausgang des 18. und am Eingang des 19. Jahrhunderts verkennt, daß die Schicht derer, die dem Vorwurf nach kanalisieren und versperren wollen, ebenso betroffen ist wie die anderen Schichten, die angeblich am Besuch der Universität gehindert werden sollen. Die entsprechende Hypothese, auch wenn sie stetig wiederholt wird, bleibt falsifiziert.

– Der numerus clausus liegt auf der gleichen Ebene, macht aber überdies einen Mißstand deutlich: Wenn die Gesetzes- und Verordnungslage in einer Gesellschaft so ist, daß bestimmte Berufsgruppen überdurchschnittlich gut verdienen – und das mit Hilfe von Solidargemeinschaften –, dann müßte eben da eine Änderung erfolgen, nicht aber qua numerus clausus: Dieses bedeutet eine Therapie von Symptomen.

– Daß die Erweiterung des Kanons zu einer Verringerung von Studentenzahlen führt, ist bis heute durch die Zahl der Studentinnen und Studenten widerlegt. Falsch sind auch Behauptungen, wonach bestimmte Schichten wiederum vom akademischen Studium ausgeschlossen würden: Es werden nur einzelne ausgeschlossen bzw. umgelenkt, wenn überhaupt:
Denn die Grundlage dieser Hypothese wäre, daß die entsprechenden Dispositionen und Begabungen sich verstärkt nur in bestimmten Schichten fänden. Die Bildungsgeschichte widerlegt fortwährend die soziologisch sich verstehenden Behauptungen, wonach über ganze Schichten bildungspolitische Verdikte ausgesprochen wurden: Der Philosoph SOKRATES aus Athen war der Sohn eines Steinmetzen, der Philologe Friederich RITSCHL aus Groß Vargula war Sohn eines Landwirts, der führende Ministerialbeamte im preußischen Ministerium für die geistlichen, Unterrichts- und Medizinalangelegenheiten Johannes SCHULZE aus Brühl in Mecklenburg stammte aus bescheidenen Verhältnissen, der Erziehungswissenschaftler Georg KERSCHENSTEINER aus München war Sohn eines Maurers. Gottfried GRÜNBERG, nach dem 2. Weltkrieg Kultusminister in Mecklenburg, war Sohn armer oberschlesischer Kleinbauern.

– Allenfalls könnte man noch die unterschiedlichen Einsatzmöglichkeiten materieller Ressourcen bei individuellen Schwierigkeiten (Nachhilfe, Internat) anführen oder die finanziell leichter hinzunehmende Verweildauer bei Mißerfolg.

Für die Ebene der KMK kann erklärt werden, daß zu keinem Zeitpunkt eine diesbezügliche Absicht als bildungspolitische Vorgabe genannt oder gar erörtert worden sei. Es wird sich auch keine entsprechende Protokollnotiz darüber finden. Wenn man sich auf Wilhelm FLITNER beruft, der neben den universitären Studiengängen auch solche der Fachhochschulen installiert sehen wollte (und an entsprechende Berufsfelder dachte), so ist das eine Frage der Qualität geistigen Arbeitens – und hier gibt es eben Unterschiede, aber keine Hierarchie der Werte.

Eine neue Beschlußlage auf der Ebene der HRK gibt es nicht. Es ist aber zu erwarten, daß eine einzuberufende Arbeitsgruppe sich mit den Fragen der Hochschulreife, der Öffnung der Universitäten für andere Bewerber befassen und eine Erklärung zu diesem Komplex angesichts der divergierenden Entwicklungen in den Ländern der Bundesrepublik für das Plenum der HRK vorbereiten wird.

8. Der Deutsche Hochschulverband

Während die WRK sich bei der Konkretisierung ihrer Vorstellungen über die Hochschulreife hinreichend vage hielt (oder halten mußte), wohl auch mit Rücksicht auf die wissenschaftlichen Disziplinen, die sie zu vertreten hat, konnte der deutsche Hochschulverband, in dem etwa 12 000 Hochschullehrer(innen) Mitglieder sind, sich konkreter äußern. Werner HELDMANN hat in seinem 1984 erschienenen Buch „Studierfähigkeit – mit Thesen des Hochschulverbandes" eine umfangreiche und detaillierte Befragung von 1 100 Hochschullehrern (Rücklaufquote 11,35 %) ausgewertet und veröffentlicht. Die Wahrnehmung der beteiligten Hochschullehrer und ihre Folgerungen decken sich mit den Vorstellungen der WRK und KMK. Vor allem die These 10 des Hochschulverbandes ist in diesem Zusammenhang wichtig: „Die universitären Fächergruppen haben schulfachliche Profile mit Schwerpunkten in einem der drei großen Wissenschafts- und Wirklichkeitsbereiche (Geistes-, Sozial- und Naturwissenschaften). Diese Fächerprofile entsprechen zugleich weitgehend drei gymnasialen Fächerschwerpunkten (sprachlich-kulturwissenschaftlicher, sozialwissenschaftlicher und naturwissenschaftlicher Gymnasialtyp).

Vier Fächer werden ... als unentbehrlich oder nützlich genannt:

– Deutsch

– Englisch (erste Fremdsprache)

– Mathematik

– eine weitere Fremdsprache."

Die zugehörige Erläuterungsmatrix nennt für die genannten universitären Fächergruppen durchgehend Deutsch, Englisch, des weiteren Mathematik, Physik, Chemie [HELDMANN, l.c., S. XII f.; S. XXII ff.].
Die Vorbefragung einer Reihe von Hochschullehrern der unterschiedlichen Fachrichtungen (Geschichte, Musikwissenschaft, Rechtswissenschaft, Betriebswirtschaftslehre, Psychologie, klassische Philologie, Mathematik, Physik, Chemie, Biologie, Geologie, Elektrotechnik, Medizin) ergab eine weitere Präzisierung in der Festlegung der „Mindestanforderungen". Hierbei sind die „Haltungen und Dispositionen" (Motivation, Selbständigkeit, geistige Flexibilität, absolute Zuverlässigkeit, Kritikfähigkeit) von den „allgemeinen Kenntnissen, Fähigkeiten, Fertigkeiten" (Belastbarkeit, wissenschaftliche Grundbildung, Umgang mit wissenschaftlichen Informationen, Anwendungslogik, Fähigkeit zum wissenschaftlichen Arbeiten, Kanon) und den „schulfachspezifischen Kenntnissen und Fähigkeiten" in den einzelnen Schulfächern zu unterscheiden.

Schließlich wurden 20 Leistungskriterien ermittelt [HELDMANN, 1984, S. 126 ff.], die von den Hochschullehrern unterschiedlich bewertet bzw. eingeordnet wurden. Sie erstrecken sich von dem festgestellten Ausbildungsinteresse über Ausdauer/Belastbarkeit bis hin zur Präsenz des Wissens, Interessen außerhalb des Studiums und Interessen an persönlicher Beratung. Aus der Auswertung der Fragebögen, die auch freie Kommentare zuließen, ergaben sich insgesamt 5 Dimensionen der Studierfähigkeit, die ihrerseits personale, begabungstheoretische und formale Aspekte umfassen:

- „Ausbildungsbereitschaft,
- Vorhandensein elementarer Voraussetzungen für wissenschaftliches Arbeiten,
- Formen geistigen Tätigseins,
- Ausprägung der Persönlichkeit,
- Interesse und Engagement" [HELDMANN, l.c., S. 133].

Wichtiger noch als die Präzisierung der Vorstellungen über die Studierfähigkeit und als die Konkretisierung fachlicher oder dispositioneller Grundlagen ist die gesicherte Feststellung: „Das Konstrukt Studierfähigkeit entzieht sich aufgrund seiner Komplexität ... eindimensional ausgerichteten Feststellungs- und Überprüfungsverfahren, seien es nun die Punktesummation in der gymnasialen Oberstufe ... oder ... Hochschuleingangsprüfungen. Studierfähigkeit erwächst vielmehr aus einem Prozeß langjähriger kontinuierlicher und anspruchsvoller Arbeit, die an bestimmte Unterrichtsgegenstände und Unterrichtsverfahren gebunden ist" [HELDMANN, l.c., S. 184 f.].

Über die gymnasialdidaktischen Konsequenzen wird mit der gebotenen Ausführlichkeit in Kapitel 2 dieses Buches gesprochen werden.

Angesichts der Komplexität des Untersuchungsgegenstandes ergibt sich die Frage, ob und in welchem Umfange einzelne Komponenten des Studierfähigkeitsbegriffs überhaupt erst durch bildungspolitisch-normative Setzungen ins Leben gerufen werden. Ist es z.B. eine Setzung (andere sprechen vom Ideologieverdacht – und dann ist das alles eigentlich unerlaubt –), daß eine Einheit von Wissenschaft und Bildung gesehen wird? Gibt es so etwas wie ein gesamtgesellschaftliches Bewußtsein, das in den an der Umfrage beteiligten Hochschullehrern wirkt und Äußerungen hervorbrachte, die auf einen hohen Konsensgrad schließen lassen? Wieweit sind die empirischen bzw. empirisch ermittelten Fundamente der Studierfähigkeit schneller dem Wandel unterworfen, als die punktuelle Erhebung ausgewertet ist? HELDMANN zeigt die Grenze seiner Erhebung, wenn er die Notwendigkeit einer (nicht leistbaren oder nur von Großgremien leistbaren) „prozeßorientierten sequenziellen (gemeint ist wohl „sequentiellen") Diagnostik" betont [l.c., S. 79].

Der Deutsche Hochschulverband hat auf seinem 43. Verbandstag in Kaiserslautern am 26. März 1993 [vgl. die Mitteilungen, H. 2, 1993, S. 112] seine Forderungen zur Wiederherstellung bzw. Verwirklichung der Studierfähigkeit erneuert. Das bedeutet für die Bundesländer, wie es im „Eckwertepapier des Deutschen Hochschulverbandes" heißt [Mitteilungen, H. 5, 1993, S. 291 ff.],

- die Leistungsanforderungen an die Abiturienten zu erhöhen,
- die Möglichkeiten des Abwählens bestimmter Fächer des Grundkanons zu beschränken [vgl. auch HEESEN, 1994, S. 10 f.],
- den Klassenverband bis zur Abiturprüfung zu erhalten.

Allerdings ist der Verband im Begriff, die bisher zuerkannte „Allgemeine" Hochschulreife in Richtung auf eine fach-/fächergebundene Hochschulreife zu verändern; er verlangt nämlich als Variante zu den drei obigen Maximalforderungen, durch Landesgesetz die enge Verknüpfung von schulischen Leistungen und gewähltem Studienfach einzuführen. Das bedeutet, daß ein bestimmtes Studienfach nur dann studiert werden darf, wenn in der Oberstufe Kurse erfolgreich belegt worden sind, die für dieses Fach „grundlegend" sind. Es ist sicher das gute Recht des Verbandes, im Interesse der Universitäten und Fachhochschulen (deren Ausbau in demselben Eckwertepapier verlangt wird) Forderungen an die effektive Gestaltung der Studierfähigkeit zu stellen; es ist aber auch das Recht und die Pflicht derer, die für das Gymnasium Verantwortung tragen, darauf zu bestehen, daß Schule mehr ist als Zulieferbetrieb der Universität, daß es für die körperliche, geistige und psychisch-emotionale Entwicklung der Schülerinnen und Schüler noch anderes wichtig ist als nur die Entwicklung der Studierfähigkeit – und eben dieses hat jede Schule in ihrem Curriculum zu berücksichtigen.

Zusammenfassung:

Die WRK besitzt dadurch, daß die Zuerkennung der allgemeinen Hochschulreife als Aufgabe den Gymnasien erhalten blieb, die Definitionskompetenz beim Reifebegriff und hat diese Kompetenz mit unterschiedlicher Qualität auch wahrgenommen. Stark beeinflußt durch Wilhelm FLITNERs Konzept der in den vier Initiationen sich manifestierenden zyklischen Grundbildung, hat die WRK 1958 den ersten Tutzinger Maturitätskatalog (Tutzing I) entwickelt und unter Einbeziehung der aktuellen Diskussion 1969 im zweiten Tutzinger Maturitätskatalog (Tutzing VI) weiterentwickelt. Hier wirken sich schon Einflüsse aus, die auf ein stark individualisiertes Curriculum zielen und sich in der Forderung der WRK nach Spezialisierung in zwei bis drei Fächern („gehobene Anforderungen") niederschlagen, wobei aber an einem festen Kanon festgehalten werden soll. In der Bonner Vereinbarung vom 07.07.1972 ging die KMK darüber hinaus, indem sie, abgesehen von den zwei bis drei Leistungsfächern, den Kanon mit Einschränkungen zur Disposition stellte und einen Wahlbereich vorsah, der ein beachtliches Stundenvolumen beanspruchte. Die WRK versuchte mit der Erklärung vom 05.07.1977 (Thesen des 122. Plenums) gegenzusteuern. Das Ergebnis einer Gesprächsserie von 1977 bis 1982 zwischen WRK und KMK blieb relativ vage und bezieht sich nur auf eine Reihe von Fächern, die als studienrelevant angesehen werden und kontinuierlich bis zur 13. Jahrgangsstufe weitergeführt werden sollen. Das 136. Plenum der WRK hat die gemeinsame Erklärung der WRK und KMK 1982 verabschiedet. Nach einem weiteren Appell der WRK am 3. Februar 1987 kam es schließlich zur KMK-Erklärung vom 4. Dezember 1987 und zur Vereinbarung vom 11. April 1988; letztere ist nunmehr in allen Bundesländern durch Erlasse und Verordnungen umgesetzt [vgl. Anhang I]. Schließlich stellt der Deutsche Hochschulverband über eine Befragung eine umfangreiche empirische Untersuchung der Erwartungsprofile und des Studierfähigkeitsbegriffs an. Er kommt zu dem Ergebnis, daß der Begriff zu komplex sei, als daß er Gegenstand punktueller eindimensionaler Untersuchungen sein könne, daß aber auch die Wirklichkeit sich so schnell ändere, daß eine prozeßorientierte Diagnostik erforderlich sei. Schließlich stellt der Deutsche Hochschulverband in seinem „Eckwertepapier" die Allgemeine Hochschulreife in Frage und fordert, durch Landesgesetz eine enge Verknüpfung zwischen schulischen Fächern sowie deren erfolgreichem Bestehen und dem gewünschten Studienfach herzustellen.

C. Gesellschaft, Paradigmawechsel und Oberstufe

1. Gesellschaft und Bildungspolitik

Jetzt soll derjenige Entwicklungsstrang behandelt werden, der mit den Veränderungen im gesellschaftlichen und wissenschaftlichen Klima umschrieben werden kann. Es geht um den grundlegenden Paradigma-Wandel [KUHN, 1976] in Wissenschaft und Politik, genauer: Bildungspolitik; in diesem Zusammenhange wird der wissenschaftstheoretische Begriff Paradigma auf die Bildungspolitik übertragen, weil auch dort die Komponenten, die – unter dem Begriff der Triangulation zusammengefaßt – ein Paradigma konstituieren, festzustellen sind:

Wir registrieren einerseits Absichten und stellen Ziele fest, andererseits entwickelte Vorstellungen über die Methoden (die Politik spricht allerdings, indem sie sich eines militärfachlichen Ausdrucks bedient, von Taktik) und drittens auch eine entwickelte Theorie, in die das Konzept sowohl der gegenwärtigen als auch der erstrebten Gesellschaft eingeht [MÜNCH, 1984]. Die Autoren folgen in diesem Buch der in der Erziehungswissenschaft gebräuchlichen Verwendung des Begriffs „Paradigma", betonen aber, daß dieser hier von seiner in anderen Wissenschaften vorhandenen Signifikanz (z.B. in der Physik oder Astronomie) eingebüßt hat; denn z.B. in der Astronomie steht er für eine neue Denk- und Forschungssystematik, die ein neues Weltbild schuf und das bisherige unwiderruflich zu einem vergangenen machte; diese ist dann nur noch Bestandteil der Wissenschaftsgeschichte.

In der Pentade zwischen 1965 und 1970 ging die Nachkriegsära zu Ende. Es war die Zeit der Bilanz und der Forderungen in bezug auf wissenschaftliches sowie bildungs-politisches Handeln der Zukunft. Die Wende von der reaktiven zur „aktiven" Bildungspolitik stand ins Haus. Hierfür stehen drei Namen:

Georg PICHT, Ralf DAHRENDORF und Karl JASPERS.

Mit Karl JASPERS sei begonnen [JASPERS, 1966, S. 201-208]. Er konstatiert für das deutsche Volk: „Nicht Hitler ist schuld, sondern die Deutschen, die ihm folgten" [l.c., S. 204]. Zwar drohe kein Hitler und kein Auschwitz – aber das deutsche Volk habe die Umkehr „aus der Denkungsart, die die Herrschaft Hitlers ermöglichte" [S. 205], nicht vollzogen. Daraus folge die unabdingbare Forderung, daß an den Stätten des freien Geistes, den Schulen und Universitäten, die politische Erziehung nicht aufhören dürfe. In diesem Zusammenhange sollte wenigstens erwähnt werden, daß HABERMAS in seinem Buch „Verwissenschaftlichte Politik und öffentliche Meinung" [Frankfurt/M. 1970] neben der wissenschaftlichen und praktischen die politische Kompetenz hervorhebt. Bezeichnenderweise – und mit Recht – werden die Parteien als solche vorzüglichen Stätten der politischen Erziehung ausgenommen. Für den Politiker gelte als sein Maß und Ziel, daß er im letzten unabhängig von seiner Partei bleibe. „Er kann die Partei wechseln. Keine ‚Weltanschauung' darf maßgebend sein als nur die des Willens zur Vernunft, zur Wahrheit, zur Tatsächlichkeit" [JASPERS, l.c., S. 208]. Nun bedarf die Freiheit, d.h. Unabhängigkeit, einer Substanz, an der sie sich entfalten kann. JASPERS nennt an erster

Stelle das Grundgesetz und dann aus der griechisch-römischen Welt als substanzstiftende Werke die des PLATON, ARISTOTELES und CICERO, die Bibel und führt weiter zu MACHIAVELLI, HOBBES, SPINOZA, KANT, TOCQUEVILLE und Max WEBER und fordert methodisch Konzentration sowie Gründlichkeit und nicht „zerstreuende Vielwisserei" [l.c., S. 207].

Mit unterschiedlicher Intensität und mehr oder weniger direkt finden sich diese Forderungen als Bildungs- und Erziehungsziele in den jeweiligen Länderverfassungen, Schulgesetzen und Verordnungen bzw. Erlassen.

JASPERS sieht also in einer so gearteten Bildung und Erziehung zur Politik die einzige Möglichkeit, die Barbarei des Nationalsozialismus der Jugend vor Augen zu führen und ein für alle Male zu verhindern.

Er würde das nicht so geradezu apodiktisch fordern, wenn nicht Schule und Universität für die Zeit von 1945 bis 1965 auch in dem Sinne nachzutragen hätten, daß für die Bundesrepublik ein gemeinsames sittlich politisches Fundament geschaffen werden müsse [l.c., S. 115]. Wir sehen daran, daß es besonders nach der Zeit der inneren und äußeren Barbarei ein Angebot an Werten aus dem antiken, christlichen, liberalen Formenkreis gab, das aber angesichts der materiellen Probleme der Nachkriegszeit nicht zu einem allgemeinen sittlich politischen Fundament entfaltet wurde. Hervorgehoben zu werden verdient, daß das Buch von JASPERS Gegenstand von Kontroversen wurde; hier sei nur Karl NEWMAN genannt. Aber die Kritiker sind heute vergessen.

An zweiter Stelle sei – zunächst aber in einem vorläufigen Sinne – nach der philosophisch-politologischen Kontroverse Georg PICHT genannt. Er sieht, „daß sämtliche Staaten sich durch Ideologien ... in einem Netz von politischen Illusionen verfangen haben. Deshalb treibt unsere Welt in rasender Geschwindigkeit einer ... Katastrophe entgegen" [PICHT, 1968/69, S. 8]. Daraus folge, daß die Menschheit mit neuen wissenschaftlichen Instrumenten (z.B.verweist PICHT auf die sich entwickelnde Futurologie Ossip FLECHTHEIMs) den Vorgriff auf die Zukunft, d.h. eine vorgreifende Planung, wagt. PICHT bringt 1968 auf den Punkt, was er 1964 ebenso dilettantisch wie wirkungsvoll mit seinem Buch „Die deutsche Bildungskatastrophe" bezeichnete. Er argumentiert aufgrund der Untersuchungsergebnisse von Friedrich EDDING, der OECD und der KMK bildungsökonomisch und prognostiziert ökonomische Krisen wegen des sich ergebenden Bildungsnotstandes. Diesen macht er fest am Schülermangel, Lehrermangel, am Schulraummangel, an der Rückständigkeit in den Lehrplänen. Als Therapie verlangt er

– die Verdoppelung des Anteils der Abiturientinnen und Abiturienten am Schülerjahrgang, auch angesichts der internationalen Entwicklung;
– die Zuständigkeit des Bundes in der Bildungsplanung.

Wie wir sahen und noch sehen werden, sind diese beiden therapeutischen Forderungen erfüllt und im ersten Fall haben sich die Zahlen sogar verdreifacht [s.o. S. 70].

Diese mehr ökonomisch orientierte Argumentation wurde durch Ralf DAHRENDORF (1965) erweitert. Er nennt die Bildung ein Bürgerrecht angesichts der Tatsache, daß den Bürgern in den fortgeschrittenen Industriegesellschaften (vor allem in den demokratischen Gesellschaften) ihre Positionen in Abhängigkeit von ihrer erworbenen Qualifikation zugewiesen werden. Die Qualifikation aber wird aufgrund schulischer Bildungsprozesse in Form von Berechtigungszeugnissen zuerkannt. Ralf DAHRENDORF zeigt, daß die soziale Wirklichkeit an den Schulen dem Verfassungsgebot der Gleichheit nicht entspreche, weil bestimmte Sozialschichten dieser Gesellschaft unterrepräsentiert seien. Aus dieser Feststellung folgt die ebenso falsche wie beliebte und gern aufgegriffene Behauptung, daß das Gymnasium bzw. seine Lehrerinnen und Lehrer an der Benachteiligung der Arbeiterkinder schuld seien. Hier – und nicht nur hier – wird der Eindruck zu erwecken versucht, als ob sich die an den Gymnasien tätigen Lehrerinnen und Lehrer dahingehend geeinigt hätten, nur ihresgleichen zum Abitur zu führen. Diese Schuldzuweisung ist allein schon wegen ihres pauschalen Charakters unrichtig.

Übrigens bedeutet ideengeschichtlich die Feststellung DAHRENDORFs, Bildung sei Bürgerrecht, ein Rückschritt um einige hundert Jahre noch vor die Renaissance-Pädagogik; diese betrachtet nämlich Bildung als Pflicht gegenüber der Gesellschaft. Tatsache ist, daß das Gymnasium bzw. die Bevölkerungsschichten, die dieser Schulform fremd gegenüberstanden, den sozialpolitischen Forderungen nachgekommen sind und jetzt die Chance haben, diese Pflicht zu erfüllen.

Nach dieser sozialpolitischen Forderung DAHRENDORFs ist ein Aspekt zu nennen, den 1968/1969 Heinrich ROTH entfaltet hat; er ist der Begabungsforschung zuzuordnen und strahlt in die Bildungspolitik hinein. Die Frage war und ist, von welchen Faktoren die menschliche Lernentwicklung beeinflußt wird. ROTH (und die Mitautoren) kommen in dem als Band IV der Gutachten und Studien der Bildungskommission des Deutschen Bildungsrates herausgegebenen Veröffentlichung „Begabung und Lernen" zum Ergebnis, daß im Unterschied zu einer naiv genannten Auffassung den durch die Umwelt gesteuerten Einflüssen (z.B. durch die Institution Schule) eine größere Bedeutung für effizientes Lernen zukommt als „den Naturfaktoren wie Erbe und Reifung" [l.c., S. 5]. Danach hätten die richtig angelegten Lernprozesse eine größere Bedeutung als das genetische Potential. (Ein jeder könnte dann Planck oder Heisenberg werden, wenn er nur richtig die Physik und das Klavierspiel gelernt hätte!) Der statische wird durch den dynamischen Begabungsbegriff abgelöst. Die Bemerkung „richtig angelegter Unterricht" zielt auf die Didaktik, die gerade seit dieser Zeit einen erheblichen Wandel zu verzeichnen hat. Umgesetzt wurde dieser Wandel in den Studienseminaren und im schulischen Unterricht selbst. Der Deutsche Bildungsrat gab aufgrund dieser Bestandsaufnahme und Ergebnisse der Begabungsforschung auch der Bildungspolitik Empfehlungen:

Wenn Begabung entwickelt werden kann, dann ergeben sich neue Möglichkeiten (auch in Rahmen neuer Schulformen, z.B. der Gesamtschule,) der „Hebung von Begabungsreserven oder Bildungsreserven", wie es damals hieß. Diese Möglichkeiten wurden mit zunehmender Zeit auch zunehmend realisiert, wobei die öffentliche Bildungswerbung – aber auch die individuelle durch die Schulen – und öffentliche Diskussion und Aufforderung, Kinder länger zur Schule zu schicken, die größere Rolle spielten als das Gutachten von Heinrich ROTH. Es brachte übrigens – außer in Einzelheiten – keine neuen Erkenntnisse; die ROTHschen Thesen findet man abgesehen von MITSCHURIN schon bei OGORODNIKOW/SCHIMBIRJEW [Erfurt, Leipzig, 1954], und man gewinnt den Eindruck, daß die eine (Betonung des genetischen Potentials) oder die andere These (Betonung der äußeren Reize) oder gar die dialektische Verbindung beider Thesen wie in der sowjetischen Forschung von gewissen politischen Opportunitäten mehr oder weniger direkt abhängig sind. Hier könnte man GOETHE [Zahme Xenien III] anführen:

„Der Sinn ergreift und denkt sich was,

die Feder eilt hiernach zu walten:

ein flüchtig Bild, es ist gefaßt,

allein es läßt sich nicht erhalten."

Festzuhalten für die 60er Jahre ist eine starke Bildungswerbung, durch die Bevölkerungsteile, die bisher den weiterführenden Schulen ferner standen, z.b. für den gymnasialen Bildungsweg geworben wurden.

Schließlich ist auch noch Saul ROBINSOHN zu nennen. 1967 stellte er sich der deutschen Öffentlichkeit mit einem Büchlein vor, das den Titel „Bildungsreform als Revision des Curriculum" trägt. In diesem Büchlein holte der Autor den Begriff Curriculum – bis in die deutsche Aufklärung das Wort für Schulplan/Lehrplan – aus dem angloamerikanischen Sprachraum zurück und versuchte den Anschluß an die amerikanische Lehrplan-/Curriculumentwicklung zu finden. Die Veröffentlichung ist Ausdruck eines noch zu erläuternden Paradigmawandels in der Erziehungswissenschaft. In diesen Zusammenhang einzuordnen ist auch der bereits genannte Heinrich ROTH, der ein Jahr später in einem Artikel die Frage zu beantworten versuchte: „Stimmen die deutschen Lehrpläne noch?" [In: Die Deutsche Schule 60 (1968), S. 69 ff.; abgedruckt bei ACHTENHAGEN/MEYER, 1971, S. 47 ff.]. Natürlich ist das keine Frage, die etwas zu wissen begehrt, sie ist die Aussage, daß die deutschen Lehrpläne falsch seien und die deutschen Schulen hoffnungslos veralten würden. Der Popanz eines künftigen Entwicklungslandes wird an die Wand gemalt, weil Schulen „kritische, an der Wissenschaft geschulte Rationalität" nicht übten und sicherten. Diese Behauptung – von einer Erkenntnis sollte man wohl besser nicht sprechen – ist auch schon 100 Jahre zuvor aufgestellt worden [Belege befinden sich bei PAULSEN (1906 und 1965) allenthalben]. Wir wir sahen, steht sie uns in diesen Wochen und Monaten wieder ins Haus, dieses Mal aufgestellt im Loccumer Vortrag des Niedersächsischen Kultusministers [Loccumer Protokoll, 56/93, S. 11].

Neben die sich ergebende allgemeine Forderung nach kritischer Rationalität bei den Lernenden wird die spezielle Forderung gestellt, daß die Lehrenden den Unterrichtsprozeß so gestalten, daß Rationalität in seinen Zielen und Wegen, aber auch in den Lernergebnissen deutlich wird. Das bedeutet, daß Inhalte und Lernergebnisse in Verbindung mit Lernzielen aufgeschlüsselt und Lernschritte exakt definiert werden. Vor die Inhalte treten formale Lehr- und Lernziele, erstere werden durch letztere so um- und übersetzt, daß diese Ziele als Fähigkeiten und Fertigkeiten beobachtbar gemacht werden [vgl. MAGER, 1983, S. 71]. Mit Gedanken dieser Art werden den didaktischen Konsequenzen eines Paradigmawandels die Wege geebnet. Es ist der Wandel vom geisteswissenschaftlichen zum empirisch-analytischen Paradigma, wobei ROBINSOHN keineswegs ein Empiriker, sondern eher – aus der geisteswissenschaftlichen Tradition kommend – Hermeneutiker war. ROBINSOHN spricht in diesem Zusammenhange von der „Aufnahme verhaltenswissenschaftlicher Begriffe und Einsichten in den Bildungskanon" [LENNERT, 1971, S. 85]; er meint auch die Aufnahme der Sozialwissenschaften, die noch zu leisten sei, nachdem das 19. Jahrhundert die Naturwissenschaften aufgenommen habe. Den Sozialwissenschaften (nicht etwa den klassisch-humanistischen Bildungsvorstellungen, die „versagt" hätten) traut er das zu, was er in seiner Sprache Mündigkeit nennt – er meint damit die Einsicht in „die Bedingungen sozialen Lebens und politischen Handelns und ... Verständigung ... über die Funktion von Wissen und Wissenschaft in ihrem Bezug zur Wahrheit und ihrer Abgrenzung vom Mythos" [l.c., S. 85]. Natürlich konnte ROBINSOHN nicht eine einzige Brecht-, Sophokles- oder Tacitus-Stunde verändern; er war aber gemeinsam mit der sich rasch entwickelnden Lernzieldiskussion Anlaß für die Fächer, ihre Legitimation zu überprüfen; für die alten Sprachen seien hier genannt: HEYDORN, 1971; JENS, 1972; WESTPHALEN, 1979 (B); ders. 1992.

Im übrigen hat ROBINSOHN seine Behauptungen in bezug auf die alten Sprachen nach intensiver Diskussion mit Fachdidaktikern in Berlin widerrufen [BAYER, 1972].

ROTH [vgl. auch ROTH, 1971, S. 278 ff.], ROBINSOHN und MAGER [die eben genannte Veröffentlichung erschien in 1. Auflage bereits 1965] haben eine sehr intensive Lehrplandiskussion ausgelöst, die schließlich in die Bildungsverwaltungen und einzelne Schulen eindrang und dort fortgeführt wurde.

Die Bildungsverwaltungen haben das eine Konzept von MAGER favorisiert und verstanden sich dazu, für ihre Schulen operationalisierte Lernziele formulieren zu lassen – als Beispiel sei Bayern genannt –, staatliche Institute und Kommissionen bemühten sich, auf dieser Grundlage aufgabenfeld- und fachbezogene Lernziele zu operationalisieren und Unterrichtsmaterialien zu entwickeln (z.B. die „Handreichungen" für den Sekundarbereich II in Niedersachsen oder die Entwürfe der Curricula für die Mainzer Studienstufe oder die Materialien und Studien des Instituts für Didaktik der Mathematik der Universität Bielefeld). In der Folgezeit wurde die Curriculumforschung an den Universitäten (z.B. das Institut für Pädagogik der Naturwissenschaften zu Kiel) und besonderen Forschungsinstitutionen des Bundes (z.B. Max-Planck-Institut für Bildungsforschung) oder der Länder (in Soest, Münster oder Hildesheim) bis in die Regionalen Pädagogischen Zentren (Bad Kreuznach, Aurich) institutionalisiert und in der sich intensivierenden und ausweitenden Lehrerfortbildung wie Ausbildung in den Studienseminaren umgesetzt. Da unter dem Curriculum nicht nur die einzelne zentrale Richtlinie bzw. der einzelne Anstaltslehrplan zu verstehen ist, sondern im umfassenden Sinne die Vorbereitung, Durchführung, nachträgliche Einschätzung („Evaluation") des Unterrichts einschließlich des Medieneinsatzes, der Schulbuchkritik, der Methoden sowie der didaktischen Legitimation der Unterrichtsinhalte, der wissenschaftlichen Struktur organisierten Lernens und der Lernzielüberprüfung, hat die globale Vermutung hohe Wahrscheinlichkeit, daß von hieraus der Gesamtcharakter des Unterrichts an den Schulen, vor allen Dingen auf der Oberstufe des Gymnasiums stark beeinflußt und im Sinne von Effizienz verändert worden ist. Die Qualität der Vorbereitung auf das Universitätsstudium v.a. in den Leistungsfächern, wenn diese mit den späteren Studienfächern zusammenfielen, oder doch wenigstens zu ihnen eine größere Nähe aufwiesen, ist signifikant verbessert worden.

Andererseits setzte mit MAGER, ROBINSOHN und ROTH eine nicht mehr zu überschauende Flut von Veröffentlichungen ein. Es ist nicht der Ehrgeiz und die Aufgabe dieses Buches, eine detaillierte Übersicht zu geben, es soll aber doch wenigstens verwiesen werden auf die Veröffentlichungen von ACHTENHAGEN/MEYER (1971), MEYER (1972), FREY (1975), WESTPHALEN (1985) und DUBS (1986).

Grundanliegen des Unterrichts am Gymnasium aber bleiben der gewachsene Fächerkanon und die sich für das Gymnasium entfaltenden Fachdidaktiken.

> Zusammenfassung:
>
> Die ersten zwei Jahrzehnte nach Beendigung des Zweiten Weltkrieges bedeuteten materiellen Aufbau und die Chance, ein geistig-sittliches Fundament aus den Werten des antiken, christlichen sowie liberalen Formenkreises zu schaffen – Werte, die nach der Barbarei des Nationalsozialismus als dringend gefordert und konsensfähig angesehen wurden. In der Pentade von 1965 bis 1970 ging die Bildungspolitik von der reaktiven in die aktive Phase über. Dabei kamen Anstöße vor allem aus dem Bereich der Bildungsökonomie und Futurologie (PICHT), der Sozialpolitik (DAHRENDORF), der Begabungsforschung/Lernpsychologie (ROTH) und der Lehrplanforschung (ROBINSOHN/ROTH/MAGER). Diese Anstöße leiteten eine Entwicklung ein, die sich weit von den genannten Autoren entfernte und die didaktische Grundposition des Gymnasiums auf festen Grund stellte.

In der zweiten Pentade der 60er Jahre kamen Schlagworte auf, die den bereits genannten Impulsfeldern zugeordnet werden können.

Begonnen werden soll mit dem Begriff Bildungskatastrophe oder Bildungsnotstand. Letzterer wurde zwar schon 1958 [Frankfurter Hefte 11/58] von WEINSTOCK formuliert, aber öffentlichkeitswirksam ausgerufen und in einem futurologischen Sinne prognostiziert wurde er 1964 in einer Artikelserie durch Georg PICHT [vgl. auch PICHT, 1979, S. 665 ff.], der die Zukunft für unsere Gesellschaft voller Gefahren sah. In seinen Vorlesungen „Mut zur Utopie" [PICHT, 1969, S. 78/81] erweitert er seine Aussagen und spricht sogar von der „Welterziehungskrise" oder „Weltbildungskrise", der er die Attribute geistig/moralisch gibt; diese machten es notwendig, „Kulturschranken zu überwinden, die den Entwicklungsländern bisher den Sprung ins 20. Jahrhundert versperrt haben" [l.c., S. 79]. Hingewiesen werden sollte hier auch noch auf den bildungsökonomischen Begriff des „Humankapitals", das der Mensch darstellt und das zu entwickeln/ entfalten höhere Erträge bringe als Geld oder sonstiges Kapital. Der Gedanke, die Menschen, denen in den Schulen Entfaltung und Bildung ermöglicht wird, mit Kapital zu vergleichen, verrät Vermessenheit und unmenschliche Instrumentalisierung unserer Schülerinnen und Schüler.

Weil DAHRENDORF nun in unseren Schulen den Verfassungsauftrag, die Chancengleichheit zu realisieren, als nicht erfüllt ansieht, müßte sein Schlagwort eigentlich eher „Bildung sei Bürgerrecht" heißen. Hier vereinen sich soziale mit liberalen Gedankengängen:
Der Zugang zu den Institutionen der Bildung muß so offen stehen, daß alle Schichten der Bevölkerung gleichmäßig vertreten sind. Das ist das Gebot sozialer Gerechtigkeit – unabhängig von den Möglichkeiten des Beschäftigungssystems; andererseits erfordern liberale Gedankengänge die Erlaubnis, daß jeder einzelne sich so entfalten kann, wie er das im Rahmen des gesellschaftlichen Pluralismus nur kann. Daraus folgt übrigens tendenziell auch der Ruf nach Individualisierung bis zur produktiven Einseitigkeit [F. von CUBE]. Aus dem neuen (alten) Paradigma der Lern- und Begabungsforschung ersteht die Feststellung, daß es offensichtlich Begabungsreserven [vgl. FLITNER, 1955; BOHNENKAMP, 1963 A, S. 117 ff.] gibt und die Forderung, daß die Bildungspolitik diejenigen Mittel einsetzen muß, mit denen man Begabungen fördern und Bildungsbarrieren abbauen kann (z.B. in der Vorschule, durch kompensatorische Spracherziehung, in Gesamtschulen/Gesamthochschulen). ROBINSOHN und ROTH führten im Bereiche der Lehrplantheorie die Kritik PICHTs weiter und versuchten, der Öffentlichkeit zu erklären, daß die Unterrichtsinhalte veraltet, überholt und höchst ergänzungsbedürftig seien:
Der vielgenannte Begriff Modernitätsrückstand könnte hier zugeordnet werden. Beide Autoren betonten die Notwendigkeit, daß jegliche Schule und jeglicher Unterricht sich an den Wissenschaften zu orientieren hätten; Wissenschaftsorientierung (abgesehen von den sozialen Gesichtspunkten) – das ist also das Kennzeichen von Modernität. Dazu gehöre als geistige Grundhaltung die kritische Rationalität, die im Unterricht zu entwickeln sei. Hier ist nur zu bemerken, daß sich in den letzten Jahrzehnten zwischen der Forderung nach kritischer Rationalität und der tatsächlichen Umsetzung das Verhältnis indirekter Proportionalität entwickelt hat. Wer Wissen und Tugend gleichsetzt, übersieht den Gifttod des SOKRATES und den Kreuzestod des Jesus von Nazareth. In diesen Zusammenhang zu stellen ist die sogenannte „Moderne - Diskussion", die eigentlich Friedrich NIETZSCHE ausgelöst hat und Arnold TOYNBEE in seiner Universalgeschichte so aufnahm, daß die Moderne in der zweiten Hälfte des vorigen Jahrhunderts mit der Beendigung nationaler und den Beginn globaler Politiken auslief. Den philosophischen Höhepunkt findet die Auseinandersetzung bei den französischen Philosophen LYOTARD, der die Signatur des Zeitalters nach der Moderne „polyglott" nennt und mit der Ablehnung fundamentaler Einheitsideen den politischen Zusammenbruch von 1989/1990 vorwegnahm [LYOTARD, 1986; auch GRONEMEYER, 1991, S. 159 ff., UHLE, 1993]. Einen für unser neuzeitliches Denken aufschlußreichen Diskurs entwickelt auch FOUCAULT [1974]. Für das Gymnasium besteht das aufkommen des Moderne-Denkens in der Abwendung vom Erziehungsbegriff und in der Zuwendung zum Bildungsbegriff. Bildung, eine Art von Focus, der das Innen und Außen, die innere und äußere Natur im Medium der Sprache als Substanz des Wissens zusammenführt, zerstört das bis dahin vorhandene Privileg der Natur des Menschen vor der Natur der Dinge [HABERMAS, 1985]. Der philosophischen Besinnung ist daher der unterstellte Modernitätsrückstand

unangemessen, und selbst bei anderer Unterlegung dieses Begriffes ist die Zuordnung sogar falsch [TITZE, 1992, S. 103 ff].

Die Forderung nach Chancengleichheit kann im Zusammenhang mit den Ergebnissen der Lern- und Begabungs-/Intelligenzforschung gesehen werden. Wenn es richtig ist, daß äußere Lernanreize (z.B. durch geeignete Motivation) eine stärkere Wirkung haben als die Gene, dann müssen eben alle Kinder in der Schule die gleichen Stimuli erhalten und, wo familiär oder sonst umweltbedingte Benachteiligungen vorliegen, eine verstärkte Förderung erfahren. Und dieses besondere Maß an Förderung (nicht nur oder nicht einmal vorwiegend Forderung) traute man dem gewachsenen dreigliedrigen Schulwesen nicht zu. So konnte es denn auch zu dem merkwürdigen Glaubensstreit um Gesamtschule und Gymnasium kommen, [dazu AURIN, 1987; WERNSTEDT, 1993]. Selbst wenn die Behauptung richtig wäre, daß Gesamtschulen besser und mehr fördern, könnte damit die strukturelle Ungleichheit in dieser (und jeder) Gesellschaft nicht beseitigt werden. Und wenn an diesem Ziele gearbeitet würde, so könnte Schule allein dieses Ziel nicht erreichen. Der Impulsfelder gibt es zu viele und mit wachsender Differenzierung immer mehr. Das heißt nun wieder auch nicht, daß der Umkehrschluß sittlich erlaubt sei: Alles zu tun, was die Ungleichheit noch fördere. Das genannte umfangreiche Opus von Heinrich ROTH ist insofern irritierend, als es als objektiv und wissenschaftlich erwiesen hinstellt, was den Zeitläufen und durchaus erlaubten bildungspolitischen Setzungen unterworfen ist: Die Behauptung, es gebe eindeutig feststellbare Faktoren bzw. Komponenten menschlichen Lernens und der kognitiven Leistung des Menschen. Dazu JENCKS [1973, S. 272]: „Der Zusammenhang zwischen den verschiedenen Arten der Ungleichheit ist gewöhnlich recht schwach, woraus hervorgeht, daß die Egalisierung einer (hervorgehoben von JENCKS) Sache wahrscheinlich keine große Wirkung auf das Ausmaß der Ungleichheit auf anderen Gebieten hat." Angemessen ist also nicht der Ausdruck „Chancengleichheit"; denn diese ist nicht herstellbar; angemessen ist der Ausdruck Gerechtigkeit, nicht im Sinne des römischen iustum, sondern des aequum. Nach einem Wandel der Vorstellung brauchte dann der Elitebegriff in der öffentlichen Diskussion auch nicht mehr so negativ tabuisiert zu werden: Denn auch diejenigen, die nicht benachteiligt sind, die Hochbegabten, verdienen neben der Forderung auch ihre Förderung. In der westdeutschen Gesellschaft herrschte damals der fatale Hang vor, die weniger schnell Lernenden und Aufnahmefähigen auch dort in Schutz zu nehmen, wo sie des Schutzes nicht bedürfen und andererseits für die schnell Lernenden und Aufnahmefähigen beständig Rechtfertigungen zu suchen, als sei ihre Existenz und die Tatsache, daß sie in eine Elite hineinwachsen, die allein den Schutz der Schwächeren garantieren kann, nicht bereits Rechtfertigung genug. Sich selbst politisch definierende „Bildung" erhob sich so geradezu masochistisch über die Lernschwachen und sadistisch über die Lernstarken und machte die eigene „Bildung" zum Maß für beide.

Die Feststellung des Modernitätsrückstandes ist, bezogen auf das zum Beispiel von ROTH gezeichnete Bild der Modernität, richtig, objektiv gesehen falsch. Dieses ist 25 Jahre später leicht feststellbar, weil die Entwicklung, die ökonomische ebenso wie die des ökologischen Bewußtseins, einen ganz anderen Verlauf genommen hat. Es ist daher gut gewesen, daß sich die Schule auf PICHTs und ROTHs Bemerkungen nicht im gewünschten Umfange eingelassen hat, obwohl der öffentliche Ruf nach „Veränderung" in allen Bereichen der Gesellschaft und auch in anderen Ländern auf der Grundlage einer streng moralischen Welle sehr laut war.

Unmerklich ist die Erörterung an einen Punkt gekommen, der es geradezu notwendig macht, das gesellschaftliche Klima der zweiten Pentade der 60er Jahre zu skizzieren. Die Pentade umfaßt das Ende der Regierung ERHARD („formierte Gesellschaft") und die große Koalition unter Kanzler KIESINGER und Außenminister BRANDT; letztere hatte eine wirtschaftliche Rezession zu meistern und die Notstandsgesetze zu verabschieden; da es eine Opposition nicht gab, entwickelte sich etwas, das sich selbst außerparlamentarische Opposition nannte; schließlich folgte die Zeit der sozialliberalen Koalition unter BRANDT als Kanzler und SCHEEL als Außenminister. Innere Reformen sollten durchgeführt, vor allem aber „mehr Demokratie" gewagt werden. Erhebliche geistige Unruhe, Reformversuche und schwere Unruhen, Straßenschlachten vor allen Dingen in West-Berlin, Frankfurt, München und Hamburg sind kennzeichnend für diese Zeit. Alte Hierarchien zerbrachen, neue (Rolf KREIBICH als Präsident der Freien Universität, Thomas von der VRING als Gründungsrektor der Universität Bremen) taten sich auf. Ein neuer Totalitarismus entstand: „Verwechslung von Lehre und Indoktrinierung ..., Vulgärmarxismus als dogmatische Welt- und Gesellschaftsdeutung ... gewaltsame Verhinderung des dem neuen Dogma nicht konformen Unterrichts ..." [GROSSER, 1977, S. 369].

Es ist die Pentade öffentlich geäußerter ungezügelter Emotionalität gegen gewachsene politische und ethische Strukturen; historisch zu verstehende Wertekonventionen wurden zerbrochen, als sogenannte „Sekundärtugenden" von Karrieristen lächerlich oder verächtlich gemacht. Die Anwendung von Gewalt im Binnenraum des Staates wurde nicht nur diskussionsfähig, sondern auch als politisch notwendig im Rahmen des außerparlamentarischen Kampfes gegen das System praktiziert. Zwar hieß es nur „Gewalt gegen Sachen", doch bis heute leiden wir darunter, daß das, was man Sache nannte, zu einer Definitionsfrage degradiert wurde. So brauchte man den Vertreter des Staates (wie die Römer ihre Sklaven) nur zu einer Sache definieren, und schon ist man vor der Revolution moralisch berechtigt, Gewalt anzuwenden. Die Verletzung einer Person kann man dann mit ruhigem Gewissen und ohne Bedenken als eine „Sachbeschädigung" hinnehmen. Man kann natürlich auch durch Politclownerie (man nannte das "happening") alles und jeden so nieder und verächtlich machen, daß die natürliche Hemmschwelle in Bezug auf Gewaltanwendung abgebaut wird. Reinhard KAHL nennt das auch heute noch süffisant „Machtkampf. Wir kosteten ihn aus" [KAHL, 1992, S. 521 ff.].

Die Kontinuität der Geschichte hatte präsentischer Deutung zu weichen – die Geschichte schwindet. Auf der anderen Seite ist ein grenzenloser Glaube an die Wirkung der Wissenschaft und Technologie in allen Bereichen unserer Gesellschaft, an die Machbarkeit aller Dinge zu verzeichnen; perfektionistisches Denken machte sich breit; verdächtig wurde alles, was Autorität beanspruchte oder danach aussah, selbst die funktionale Autorität.

Zusammenfassung:

Das Motiv für PICHT, den Bildungsnotstand auszurufen, ist die von ihm erkannte geistig/moralische Weltbildungskrise, der er mit der Förderung des Humankapitals abhelfen möchte. Während PICHT insbesondere die Kulturschranken zwischen den Weltnationen beseitigen möchte, formuliert DAHRENDORF als seinen Ausweg die „Bildung als Bürgerrecht." Die Realisierung dieses Rechts ist an bestimmte Voraussetzungen gebunden: Da sind vor allen Dingen zu nennen:

– der Abbau von Bildungsbarrieren,

– die Hebung von Begabungsreserven,

– die Individualisierung der schulischen Lernprozesse.

Alte Erkenntnisse wurden wieder in das Bewußtsein der Öffentlichkeit gehoben. Z.B. trug die Begabungsforschung dazu bei, daß ein dynamischer Begabungsbegriff den statischen ablöste. Außerdem wollte man den erkannten Modernitätsrückstand durch die stärkere Orientierung des Unterrichts am Stande der Wissenschaft beseitigen. Eingebettet sind all diese Phänomene in ein gesellschaftliches und politisches Klima, das durch das Aufkommen einer außerparlamentarischen Opposition, neuer Hierarchien und einer neuen Art öffentlich geäußerter bis zur Anwendung von Gewalt gehender Emotionalität gekennzeichnet werden kann.

2. Paradigmenwechsel in der Erziehungswissenschaft

In einem solchen Klima vollzog sich in der Pädagogik ein mehrfacher Paradigmenwechsel. Zunächst einige Bemerkungen zum Begriff:

Wilhelm DILTHEY hat bereits in seiner Vorlesung über Pädagogik, Geschichte und Grundlinien des Systems versucht, eine „Wissenschaft von der Erziehung" zu begründen, indem er die Elemente des Systems nennt („analysis des Zweckzusammenhanges der Erziehung", „die einzelnen Gestalten des Erziehungswesens", „Relationen zu den bestehenden Teilen des gesellschaftlichen Systems"); insgesamt aber soll die Wissenschaft eine „neue teleologisch-kausale Betrachtung" ermöglichen, „durch welche eine Unterrichtspolitik begründet werden kann." Es wird also ein strenger Praxisbezug aufgenommen, und zwar in einem doppelten Sinne: Zum einen soll das Erziehungssystem analysiert und erkannt, zum anderen soll dieses System über Unterrichtspolitik beeinflußt werden: Eine Theorie aus der Praxis für die Praxis mit deutlicher Praxisdominanz. Der durchweg verwandte terminus technicus war Pädagogik; frühestes Zeugnis für die Verwendung des Begriffs ist eine Schrift des Kynikers KLEOMENES „paidagogikòs lógos" (Abhandlung über Pädagogik) [bei Diogenes LAERTIOS, De clarorum philosophorum vitis, 6.75 COBET, erwähnt]. Der Kyniker KLEOMENES lebte um 300 vor Christus.

Wenn der Begriff Erziehung verwendet wurde, dann im Zusammenhang mit anderen Substantiven oder zusammengesetzt mit diesen, z.B. bei SCHLEIERMACHER („Erziehungslehre"), E. BENEKE („Erziehungs- und Unterrichtslehre"), J.B. GRASER („Divinität oder Prinzip der einzig wahren Menschenerziehung"), A.H. NIEMEYER („Grundsätze der Erziehung und des Unterrichts") und F.H.C. SCHWARZ („Lehrbuch der Erziehung und des Unterrichts"). So wird denn auch eine Richtung, für die Wilhelm DILTHEY der Archeget ist, geisteswissenschaftliche Pädagogik genannt. Für dieses Paradigma stehen Namen wie Theodor LITT, Herman NOHL, Eduard SPRANGER, Otto-Friedrich BOLLNOW, Erich WENIGER, in der Nachfolge Wolfgang KLAFKI – ganz besonders aber Wilhelm FLITNER aus Bad Berka. Letzterer nennt die Theorie hermeneutisch-pragmatisch [FLITNER, W., 1965, S. 16], weil sie die erzieherische Praxis einerseits auslegt und erklärt, andererseits aber auch der „praktischen Erziehung zur Hilfe" [l.c., S. 15] kommen soll. Pädagogik ist also auf erzieherisches Handeln angelegt und versteht sich als ancilla der Erziehenden. Nun ist das Dasein, von dem das Erzieherische nur ein Teil ist, wie E. LICHTENSTEIN sagte, einem „breiten Wurzelgeflecht" [bei LASSAHN, 1978, S. 48] vergleichbar, einem System, in dem dieses eben nur ein Element darstellt. Damit ist die Pädagogik und das erzieherische Handeln stets in den Zusammenhang von Gesellschaft, Staat, Kirche, Parteien, Verbände usw. einzuordnen und sofern auch entsprechenden Einflüssen ausgesetzt.

Zentrales Merkmal dieses Beziehungsgeflechts der Praxis ist die Geschichtlichkeit. Auch erzieherisches Handeln und Theoriebildung durch und für die Praxis sind somit situationsabhängig und bedarf ständiger Interpretation. Aus dem, was wir außen wahrnehmen, können wir hermeneutisch auf Inneres schließen; DILTHEY nennt das: Verstehen. Dieses Verstehen bezieht sich auf die jeweilige geistige Gesamtsituation der Erziehung, aber auch auf die Individualität einer Einzelsituation. Angesprochen ist das, was das pädagogische Verhältnis genannt wird. Auf der Grundlage einer hermeneutischen Analyse soll dieses pädagogische Verhältnis zwischen dem Erzieher und dem Edukanden beschrieben und verstanden werden.

Ein tragender Begriff ist der der „relativen Autonomie". Dieser Begriff spielt vor allem in der Bildungssoziologie eine Rolle; gemeint ist damit, daß das jeweilige Bildungswesen in bezug auf die jeweilige Gesellschaft den Charakter relativer Autonomie trägt [vgl. BOURDIEU/PASSERON, 1971; FRAGNIÈRE, 1979, S. 119]. Damit wird zum einen unterstrichen, daß die Pädagogik eine eigenständige Wissenschaft ist, nicht, wie lange Zeit geschehen, der Philosophie oder Psychologie zuzuordnen; zum andern meint „relative Autonomie", daß die Erziehungswirklichkeit der Heranwachsenden relativ eigenständig ist und daß diese das Recht auf eine selbständige Entfaltung haben dürfen. Wenn man das so sehen kann, sind die Lehrerinnen und Lehrer rechte Anwälte der Kinder und Jugendlichen in kritischer Distanz zur gesellschaftlichen Wirklichkeit.

Schon DILTHEY verstand Erziehung als Vorgang, in dem sich die Gesellschaft und Kultur als Impulsfelder erweisen; Theodor LITT spricht von der „kulturellen Gesamtlage". Beides zusammen, Gesellschaft und Kultur, werden verstanden nicht nur (vielleicht im Sinne eines Synergieeffekts) als Summe von Einzelelementen in relativer Autonomie oder gar auseinanderstrebend, sondern als „Verständigungsgemeinschaft", wie Wilhelm FLITNER formuliert [FLITNER, W., 1965, S. 74]. In Anlehnung an Ernst TROELTSCH führt Wilhelm FLITNER in seiner Allgemeinen Pädagogik [S. 62] vier Felder auf – an anderer Stelle spricht er in bezug auf den Unterricht von den vier Initiationen (siehe oben S. 89] –, aus denen einer Verständigungsgemeinschaft konsensfähige Werte zuwachsen können.

Zusammenfassung:

Geisteswissenschaftliche Pädagogik umfaßt

– den Primat der Praxis vor der Theorie,

– den Gedanken der relativen Autonomie sowohl der Wissenschaft wie des Zöglings,

– das pädagogische Verhältnis,

– die Hermeneutik als Methode des Verstehens der je und je individuellen Situation,

– die Geschichtlichkeit des Daseins und der Erziehung.

Die geisteswissenschaftlich-hermeneutische Pädagogik stand in Distanz bzw. in Ablehnung gegenüber einem anderen Forschungsparadigma, das erst in der genannten zweiten Pentade der 60er Jahre in der öffentlichen Diskussion allgemeine Anerkennung erhielt: dem empirisch-analytischen Paradigma. Dieses Paradigma, das wichtige Impulse aus der Psychologie und Biologie erhielt, geht in seinen Anfängen zurück auf den deutschen Forscher W.A. LAY, der 1905 in zweiter Auflage seine „Experimentelle Didaktik" veröffentlichte. Der ersten Seite des Vorworts sei dieser kennzeichnende Satz entnommen: „Die Frage nach der Möglichkeit und Notwendigkeit, die experimentelle Forschungsmethode, systematische Betrachtung, Statistik und Experiment, prinzipiell zur Anwendung zu bringen (Zeichensetzung nach LAY) ist bis jetzt noch von keinem Pädagogen erhoben worden." Er setzt sich im folgenden deutlich ab von dem, was er „sterile, dogmatische, spekulative und dialektische Behandlungsweise methodischer Fragen" nennt, wobei er auch den „rohen Empirismus" wie einst KANT kritisierte und vor allem den „Wirrwarr der Meinungen" und die „unbefugten Generalisationen" einzelner Pädagogen, die im Sinne ihrer Einzelerfahrungen schnell mit Rezepten zur Hand seien. Redlicherweise nennt er auch Philosophen wie RIEHL, von SALLWÜRK, WUNDT, Stanley HALL, NATORP, die ihn ermutigt, die nordamerikanische Forschung (PORTER, GROSSMANN, BALDWIN, BARNES, TRACY, BURNHAM und DEWEY) [l.c., S. 594], die ihn angeregt hätten. So ist denn die empirisch-experimentelle Didaktik in den Zusammenhang einzuordnen, in den auch der Behaviorismus (LAY spricht immer wieder von dem Reiz-Reaktions-Schema) und Positivismus gehören. W.A. LAYs Ziel war es, die Didaktik durch den universalistisch-experimentellen Ansatz zu einer Wissenschaft zu entwickeln [l.c., S. 580].

In den 30er Jahren gingen Else und Peter PETERSEN in deutlicher Absetzung von anderen Wissenschaften wie Psychologie und Soziologie den Weg der pädagogischen Tatsachenforschung an der Jenaer Universitätsschule. Als Stichworte seien nur genannt die Methode der Beobachtung pädagogischer Situationen (protokollgenau im Sinne von „Aufnahmen") und das konkrete Ziel, die Sensibilität der Lehrerinnen und Lehrer zu erhöhen.

Während Else und Peter PETERSEN ihre Vorstellungen in Jena an der Schule in dem Sinne umsetzen konnten, daß sie ihre enge Bindung an die Unterrichtspraxis verdeutlichten, abstrahiert Rudolf LOCHNER die Erziehungswissenschaft zu einer „reinen", „theoretischen" Wissenschaft, die wertfrei Einzelphänomene beschreibt und deutet und insofern der Nationalökonomie oder der Biologie vergleichbar sei. WULF [1983, S. 76] spricht daher auch in seinem Buch davon, daß LOCHNER „die deutlichste Verkörperung einer positivistischen Position in der Erziehungswissenschaft" darstellt. Die von ROTH 1962 geforderte realistische Wende macht sich nun bemerkbar, indem die öffentliche Diskussion (oder nur die „veröffentlichte" Diskussion?) sich von der geisteswissenschaftlich-hermeneutischen Richtung mit ihrem praktischen Erkenntnisinteresse langsam abwendet und sich dieser empirisch-analytischen Richtung zuwendet. Von besonderer Bedeutung für die Methodologie (aber nur hierfür; denn Karl R. POPPER lehnt den Empirismus selbst ab) ist die Anlehnung an den kritischen Rationalismus POPPERs, insbesondere an den Teil, der sich

— auf den Unterschied zwischen einem metawissenschaftlichen Wertegrund und einem wertefreien Objektbereich wissenschaftlicher Aussagesysteme sowie

– auf die deduktive Methode, den Wert einer Hypothese durch Falsifikation zu ermitteln,

bezieht.

Die Anlehnung bzw. Rezeption ist derart, daß aus der Pädagogik nun die Erziehungswissenschaft wird, wobei Wolfgang BREZINKA am Aufbau des wissenschaftlichen Systems einen ganz entscheidenden Anteil hat. Gemeint ist vor allem der Anteil an der Entwicklung einer eindeutigen Fachsprache [BREZINKA, 1981 A]. Neben der entwickelten Fachsprache kann als weiteres Merkmal einer Wissenschaft das zu definierende und genau zu beschreibende Objekt genannt werden, das nur im Rahmen dieser einen Wissenschaft – weil unauswechselbar – behandelt werden kann: das Erziehen. Die Forderung ist, daß die Sätze der Aussagesysteme logisch und empirisch überprüfbar sein müssen. Und damit müssen sie technologisch umformuliert werden, wenn sie in der Praxis hilfreich sein sollen: Hilfreich für den Praktiker heißt, daß dieser aufgeklärt wird vor allem für sein künftiges Handeln. Daraus folgt, daß Erziehungswissenschaft als Erziehungstechnologie verstanden werden kann; das dahinterstehende Erkenntnisinteresse (im Sinne von Jürgen HABERMAS) ist ein technisches. Die didaktische Ableitung des empirisch-analytischen Wissenschaftsparadigmas ist bereits genannt worden: Es ist das Curriculum-Konzept, das für das Unterrichtshandeln Bedeutung beansprucht hat.

Neben die Lehrplanreform, die mehr mit dem genannten empirisch-analytischen Paradigma in Verbindung steht, traten am Ende der 60er Jahre allgemeinere Reformüberlegungen zum Schulsystem und vor allem die Bildungsforschung. Fruchtbar wurde das Paradigma bei der Planung, Entwicklung, Durchführung und Evaluation des Unterrichts. Weitergehende Entwicklungen sind festzustellen vor allem für folgende Zweige:

– Bildungsplanung [Deutscher Bildungsrat: Strukturplan],

– Schulentwicklungsplanung (z.B. Einrichtung von Gesamtschulen),

– Bildungsökonomie (F. EDDING),

– Bildungsbetriebslehre (G.E. ORTNER),

– Bildungstechnologie (G.E. ORTNER).

Die Entwicklung von Zweigen wie diesen wirkte sich in allen kommunalen und staatlichen Planungsabteilungen aus, z.B. in bezug auf die Standorte und Einzugsbereiche von Gymnasien, vor allem dort, wo neue Schulen oder gymnasiale Oberstufen verselbständigt worden sind oder werden sollten. Während „traditionelle Leitdisziplinen des pädagogischen Denkens" [TENORTH, 1988, S. 301] – also das geisteswissenschaftlich-hermeneutische Paradigma – ihre Geltung verloren haben, hat dieses Paradigma bis heute seinen festen Platz in der Erziehungswissenschaft gehalten.

Zusammenfassung:

Das empirisch-analytische Paradigma nimmt Impulse aus der Biologie und Psychologie auf und ist einzuordnen in das Umfeld des Behaviorismus. Mit der dominierenden Übernahme dieses Paradigmas entwickelt sich die Pädagogik zur Erziehungswissenschaft. Dieses Paradigma prägt entschieden die Curriculumtheorie und das Planungsdenken der späten 60er und der 70er Jahre.

Dieser feste Platz freilich war in der zweiten Pentade der 60er Jahre nicht unumstritten. Das hing zusammen mit dem Positivismusstreit in der Soziologie, der zeitlich versetzt auch in der Erziehungswissenschaft ausgetragen wurde und in den Zusammenhang mit der Konstituierung der Pädagogik als Wissenschaft zu bringen ist. Bemerkenswert ist schon, daß eine Auseinandersetzung in der Soziologie auf die Entwicklung eines neuen Paradigmas in der Erziehungswissenschaft sich auswirkte: Festzumachen ist die Auseinandersetzung an den Positionen Karl POPPERs [1934/1969] einerseits und andererseits an denen Max HORKHEIMERs [1970], Theodor W. ADORNOs [1966, 1972] sowie zeitlich ein wenig versetzt vor allem von Jürgen HABERMAS [1970, 1971, 1973 (A)] – den wohl bezüglich der Erziehungswissenschaft exponierten und auch einzigen fruchtbaren Vertreter der kritischen Theorie der Frankfurter Schule. Zur Rezeptionsgeschichte haben sich viele Autoren geäußert. Stellvertretend für die vielen sollen hervorgehoben werden JAY [1987], PEUKERT [1983], TENORTH [1986], WIGGERSHAUS [1989], HENZ [1991] und UHLE [1993]. Insbesondere PEUKERT untersucht, wie sich die kritische Theorie auf die editoriale Arbeit in der Zeitschrift für Pädagogik – das ist die führende Zeitschrift in der Erziehungswissenschaft – auswirkt, während TENORTH entfaltet [l.c., S. 43 ff.], wie aus der öffentlichen Diskussion alte Begriffe verschwanden: Bildung, Erziehung, Vertrauen, Begegnung, Strafe, Autorität, Gemeinschaft, Verantwortung, Läuterung, – und dies in der führenden Fachzeitschrift für Erziehungswissenschaft! – und neue Leitbegriffe aufkamen oder bisherige andere Inhalte oder einen anderen Stellenwert erhielten: Sozialisation, Kreativität, Begabung/Intelligenz, Sprachbarrieren, Identität, Kommunikation, Emanzipation, soziales Lernen, Kognition, Entwicklung. Der hinter dem Begriffswandel stehende Themen- und Vorstellungs- bzw. Paradigmenwandel ist auf den dominierenden Einfluß von Nachbarwissenschaften, vor allen Dingen der Soziologie und die Kritiklosigkeit sowie den Opportunismus sog. führender Erziehungswissenschaftler zurückzuführen, nachdem in der ersten Pentade der 60er Jahre BLANKERTZ die Erziehungswissenschaft der kritischen Theorie geöffnet hatte. Ihr Sensorium für ihre eigentliche Aufgabe (auch wenn sie dieses bestreiten), den Unterricht und die Schule, war nur gering entwickelt oder reduziert. Zusätzlich neigten einige Wissenschaftler dazu, auf ihre Fachsprache verzichten und ohne Notwendigkeit, nur aus Anpassung an das, was andere modern nennen, eine andere aufzubauen. Es fällt schwer, hier schon von einem Paradigmawechsel zu sprechen. TENORTH [l.c., S. 46] zitiert in diesem Zusammenhange RAUSCHENBERGER [1971, S. 399]: „Hat die Pädagogik die Krise des Autonomiestrebens, in der sie ‚verzweifelt sie selbst sein' wollte, überwunden, so scheint jetzt das Pendel in die umgekehrte Richtung auszuschlagen: Die Pädagogik will ‚verzweifelt nicht sie selbst sein', indem sie die Soziologie imitiert."

Dies ist nicht der Ort, die kritische Theorie darzustellen, auch nicht ausführlich und systematisch deren Einfluß auf die Entwicklung der Erziehungswissenschaft [PEUKERT, l.c., S. 196 mit einem umfangreichen Literaturhinweis]; wohl aber sollten einige Gesichtspunkte entfaltet werden, wobei das leitende Interesse darin besteht, auch das Verhältnis zwischen Erziehungswissenschaft und öffentlichem Nachdenken über Erziehung und Unterricht zu beschreiben und insofern auch zu zeigen, wie weit der Unterricht am Gymnasium indirekt betroffen sein konnte.

Sehr früh hat Max HORKHEIMER mit der Übernahme der Leitung des Frankfurter Instituts für Sozialforschung 1931 die Absicht gehabt, in Kooperation mit anderen Gelehrten eine historisch-philosophische Theorie des Verlaufs seiner Epoche zu entwickeln. Hintergrund dazu waren Entwicklungen, die mit der herkömmlichen Theorie nicht erklärt werden konnten:

– die Entstehung autoritärer, faschistischer Regime,

– die Anfälligkeit gerade der Arbeiter für autoritäre Regime,

– in der Sowjetunion die Entartung zum Stalinismus.

Für die Erklärung spielten Karl MARX ebenso eine Rolle wie die Psychoanalyse Siegmund FREUDs.

In Zusammenarbeit u.a. mit Erich FROMM, Otto KIRCHHEIMER, Herbert MARCUSE sowie Theodor W. ADORNO gab das Institut für Sozialforschung 1936 in Paris – den Nationalsozialisten mußte das Institut schon früh weichen – die „Studien über Autorität und Familie" heraus. Ödipodale Konflikte und die Art und Weise der Interaktion in der Familie boten für die Aufklärung das notwendige Material, wobei z.B. Erich FROMM die als so stark eingeräumte Rolle des ödipodalen Konfliktes bestritt. Für die anderen Mitarbeiter blieb die Konzeption umfassend gültig, wonach es über Erziehungsprozesse einen überprüfbaren Zusammenhang zwischen totalitären Gesellschaftsstrukturen und autoritären psychischen Strukturen gibt. So erweiterten HORKHEIMER und Mitarbeiter ihre orthodox-marxistische Gesellschaftsanalyse durch Sozialpsychologie. Von Anfang aber war Max HORKHEIMER der Meinung [1930, S. 90], daß ein entwickeltes revolutionäres Klassenbewußtsein des Proletariats und kritische Theorie zusammenfalle. In deutlicher Absetzung von der traditionellen bürgerlichen Theorie, die, ohne nach den Zusammenhängen als Legitimationsgrundlagen zu fragen, eine ihr fremd zugeschriebene Rolle im Rahmen der kapitalistischen Arbeitsteilung spiele, sei die kritische Theorie auf das Wesen der Gesellschaft gerichtet und analysiere diese Welt als Produkt der Arbeit, als Ergebnis der Arbeitsteilung mit den entsprechenden Produktionsverhältnissen. Und diese Welt sei voll der Unmenschlichkeit, Ausbeutung und Unterdrückung, in der die Beziehungen der Menschen infolge des Tauschprinzips verdinglicht und die Menschen einander entfremdet seien. Während nun die traditionelle Theorie diese Verhältnisse immer wieder reproduziere, widersetze sich die kritische Theorie der Inanspruchnahme durch die bürgerliche Gesellschaft – sie stelle sie durch Ideologiekritik bloß und zeige, daß sie verbesserungsbedürftig sei, verbesserungsbedürftig in Richtung auf „vernünftige Zustände"; die kritische Theorie ziele qua Ideologiekritik „auf die Emanzipation des Menschen aus versklavenden Verhältnissen" [HORKHEIMER, 1968, Band II, S. 194].

Später machen Max HORKHEIMER und Theodor W. ADORNO klar, daß die genannte Emanzipation und die Aufklärung keine automatischen Größen seien, die sozusagen mit Notwendigkeit kommen, so wie Karl MARX es noch zu wissen meinte, sie könnten auch – das lehre die geschichtliche Erfahrung – in das Gegenteil umschlagen, wie in der „Dialektik der Aufklärung" [1947] erläutert wird. Aufklärung bedeute letztlich die Fähigkeit und den Willen, jegliche Autorität und Herrschaft auf ihre Legitimität zu befragen und auf die Freiheit als Ziel der menschlichen Gesellschaft hinzuarbeiten. Neben der Freiheit bzw. Befreiung wird noch ein weiterer Wert gesetzt, das Glück – und damit steht die kritische Theorie in der Traditionslinie der antiken, vor allem der aristotelischen Philosophie. Herbert MARCUSE sieht nun die weitere Entfaltung der Begriffe Freiheit und Vernunft, die die zentrale Identität in der kritischen Theorie [WULF, l.c., S. 150] darstellen, durch einen gesellschaftlichen Mechanismus gefährdet, aber so, daß die Bevölkerung unter irrationaler Herrschaft stehend ihre Interessen und Möglichkeiten nicht mehr erkennen könne. In seiner Abhandlung „Der eindimensionale Mensch" [1967] kann er angesichts des von ihm beschriebenen übermächtigen Integrationsmechanismus, der sogar Kritik überwindet, indem er sie irrational erscheinen lasse, nur noch die Verweigerung ausrufen: Mit Hilfe der Technologie werde der Mensch so beherrscht, daß er eindimensional lebe und denke – so z.B. daß er kritik- und politikunfähig werde und unfähig, auf gesellschaftliche Veränderung hinzuarbeiten. Die gegenwärtige Gesellschaft wird als eine solche denunziert, die das Politische aussperre und verhindere, daß die Menschen ihre wirklichen Interessen erkennen können.

Der Beitrag von Jürgen HABERMAS ist ein zweifacher,

– ein wissenschaftstheoretischer

– ein soziologischer.

In beiderlei Hinsicht hat er erziehungswissenschaftliches Denken beeinflußt, weniger in der zweiten Pentade der 60er als vielmehr in der ersten Pentade der 70er Jahre, in dem er die „implizite" [WULF, l.c., S. 153] Bildungstheorie der Frankfurter Schule ausgestaltete. In seiner Frankfurter Antrittsvorlesung [1965] [In: Merkur, S. 1139-1153; vgl. auch 1968, 1. Auflage] unterscheidet er in Anlehnung an die Wissenschaftsgeschichte die empirisch-analytischen Wissenschaften, die historisch-hermeneutischen und die Handlungswissenschaften. Diese Einteilung geht vordergründig auf die Gegenstände zurück, an denen Forschung sich vollzieht. Der tiefere Gesichtspunkt ist methodologischer Art, deswegen auch, weil methodologische Reflexion aus dem Bereich ideologischer Verzerrung führen kann. Methodologische Reflexion ermittelt die Art der Erkenntnisgewinnung an einem bestimmten Gegenstandsbereich und die Gültigkeitskriterien für wissenschaftliche Aussagen. Wissenschaftliche Aussagen, die der Wirklichkeit unserer Erfahrung entspringen, beziehen sich auf

- Vorgänge unter dem Gesichtspunkt der Veränderung bzw. Manipulation,
- Situationen, die auf Verständigung angelegt sind,
- Verhältnisse, auf denen heteronomer Zwang lastet.

Aussagen der zuerstgenannten Art liegt ein technisches Interesse zugrunde unter dem besonderen Gesichtspunkt der Prognose durch das Aufzeigen gesetzmäßiger Prozesse. Was die Didaktik betrifft, so ist hier das informationstheoretische Modell unterzubringen, das sich auf der Grundlage des Behaviorismus mit zweckrationaler Verhaltenssteuerung im Unterricht befaßt (F. von CUBE).

Aussagen der zweiten Art eignet die pragmatisch-hermeneutische Komponente; hier geht es um Verständigung zwischen Handelnden sowie Verstehen des Sinnes. HABERMAS spricht hier von einem praktischen Interesse an intersubjektiver Handlungsorientierung. Hier einzuordnen ist das bildungstheoretische Modell der Didaktik (E. WENIGER, W. KLAFKI). Diese versteht sich als Theorie der Bildungsinhalte und des Lehrplans im Unterschied zur obigen, die als Theorie der Analyse und Konstruktion zweckrationaler Lernprozesse begriffen werden kann. Beide Aussagebereiche schaffen die Grundvoraussetzungen dafür, daß menschliche Handlungsmöglichkeit erweitert wird, sie kulminieren aber erst im letzten, dem ein an Mündigkeit sich orientierendes emanzipatorisches Erkenntnisinteresse eignet. Sofern solche Aussagesysteme dabei stehenbleiben, nur Gesetzmäßigkeiten aufzuzeigen, ohne diese kritisch auf Abhängigkeitsverhältnisse zu überprüfen (Ideologiekritik), spricht er von „technologischer Verkürzung" bzw. „halbem Rationalismus". Hier könnte die lehrtheoretische Didaktik der Berliner Schule, die als Theorie des Unterrichts und seiner Komplexion aufgefaßt werden kann, untergebracht werden.

Der soziologische Beitrag kann diesem wissenschaftstheoretischen zugeordnet werden, wobei über den Stellenwert beider Beiträge nichts gesagt werden soll.

Es gibt so etwas wie einen „Interessenzusammenhang" in der menschlichen Gesellschaft, der ebenso wie in der Wissenschaft ein dreifacher ist.

- Menschliche Arbeit sichert den Erhalt der Gesellschaft (Reproduktion),
- Voraussetzung der Arbeit ist Zusammenarbeit, Interaktion auf der Grundlage der Sprache,
- Zusammenleben ist an Normen gebunden, über die man sich entweder durch Auseinandersetzung immer wieder verständigt oder über die qua Institution entschieden wird – gemeint ist Herrschaft.

Hier schließt sich der Kreis der Analogien: Was im gesamtgesellschaftlichen Interessenzusammenhang die Komplexe Arbeit, Sprache und Herrschaft ausmacht, dem entsprechen als erkenntnisleitende Interessen in dem Wissenschaftskomplex das Technische, das Praktische und das Emanzipatorische.

Folgende Zeichnung mag das soeben Gesagte anschaulich machen:

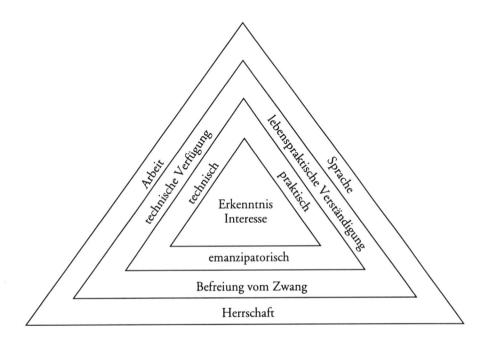

Es ist aber nicht so, daß der gesamte gesellschaftliche Interessenzusammenhang ohne ethische Leitlinien gedacht werden kann; grundlegender Maßstab ist, was HEGEL das „sittliche Verhältnis" der Subjekte nennt: Dieses sozusagen regulative Prinzip für das Verhalten aus der Sicht der kritischen Theorie, der Wertbereich der Moral (neben dem der Wissenschaft und der Kunst oder auch damit verwoben), dem die soziale Welt eignet wie der Wissenschaft die objektive sowie der Kunst die subjektive Welt, ist von HABERMAS in der Theorie der Sprechakte in einer für die Pädagogik fruchtbaren Weise entfaltet worden:

Das sittliche Verhältnis der Subjekte findet seinen Ausdruck in einer idealen Sprechsituation, und darin steckt nun wiederum eine herrschaftsfreie Lebensform. Sprechsituation und Lebensform sind also ineinander verflochten. Gemeinsames Kennzeichen der realen wie der idealen Sprechsituation ist die Rationalität; die ideale Sprechsituation ist zusätzlich durch symmetrische Verteilung von Kommunikationschancen charakterisiert. Ausdruck der Humanität im menschlichen Umgang ist in jedem Diskurs die sog. kontrafaktische Unterstellung, jeder Sprechakt sei die ideale Sprechsituation, also Inbegriff einer herrschaftsfreien Kommunikation. Wer spricht und sich verständigen will, muß sich – wie auch der Gesprächspartner – vier Ansprüchen beugen. Diese lauten:

- Verständlichkeit,
- Wahrheit,
- Wahrhaftigkeit,
- Richtigkeit.

Ziel des Diskurses ist der wahre Konsens, der seinerseits die Konsensfähigkeit voraussetzt. Es sollte hier hinzugesetzt werden, daß HABERMAS [1971, S. 163] ursprünglich meinte, theoretische Gewißheit für die Festsetzung von Kriterien für Lernziele und die Auswahl von Inhalten schaffen zu können. Daher ist wohl auch zu verstehen, daß die Gedanken der kritischen Theorie in der Erziehungswissenschaft intensiv diskutiert worden sind (vor allen Dingen von MOLLENHAUER). HABERMAS hat seinen hegelianischen Subjektsbegriff (er spricht von Bildungsprozessen des Gattungssubjekts) zum herrschaftsfreien Diskurs gewendet. Die Bedeutung dieser Diskurstheorie für die Pädagogik und indirekt für Unterricht und Erziehung liegt auf der Hand:

Konsens- und diskursfähig wird, wer im Prozeß der Erziehung durch symmetrische Kommunikationssituationen gegangen ist. Dafür ist Voraussetzung:

- daß der Erwachsene (z.B. der Lehrer) das Erziehungsgeschehen in eine ideale Sprechsituation kleidet,

- daß der Erwachsene in seiner Verantwortung eine Kommunikationsgemeinschaft aufbaut,

- daß der Erwachsene durch teilnehmende Einübung in Diskurse den Edukanden fördert.

Der herrschaftsfreie Diskurs (und damit auch Schule und Familie) ist letztlich einzuordnen in die sog. Lebenswelt , deren Handlungsmaxime kommunikativ und verständigungsorientiert ist. Im Unterschied dazu ist das System durch zweckrationales Handeln (erfolgsorientiert) erfüllt und neigt dazu, „die Lebenswelt zu kolonisieren". Schule – und darum geht es hier – muß sich also gegen das zweckrationale sozusagen egoistische Handeln des Systems zur Wehr setzen. Das ist die reale Aufgabe der Lehrenden – nicht nur an den Schulen, sondern auch an den Universitäten. Nur dann sind sie Anwälte ihrer Schülerinnen und Schüler.

Die neomarxistische Analyse der Wirtschaft, politische Ökonomie genannt, ist hier nicht erläutert worden; sie war nicht erwähnenswert, und ist es auch nicht. Sie kann bei MARX oder LENIN oder dem frühen STALIN (vor dem Ersten Weltkriege), im ersteren Falle (wegen der kompilatorischen Methode) schwerer, und im zweiten und letzten Falle leichter, nachgelesen werden. Vorhandene Glaubensdefizite konnten in vielen Fällen nach der Lektüre behoben werden, bis daß der reale Kollaps von 1989/1990 zum ideologischen Kollaps führte oder zur sublimen Form der Verdrängung oder zur Wende in den vorigen Stand, so, als wäre es nie zu Mißständen und deren Beseitigung im Zustande der Gnade gekommen. Anders: Die Opportunisten sterben nicht aus.

Die Gesellschaftsanalyse ist bei dieser Darstellung kurz weggekommen, weil sie nicht hinreichend hilfreich ist für die Beurteilung des Systems Schule und Unterricht, vor allem weil die Gesellschaftsanalyse unmittelbar den Prozeß des Unterrichts und den Prozeß, der zur Entscheidung für bestimmte Lerninhalte führt, nicht erhellen kann; es handelt sich um zwei verschiedene Ebenen, von denen die eine – das Bildungssystem – den Charakter relativer Autonomie trägt [s.o.S. 113]. Zudem bleibt das zu erstrebende Neue eine Leerstelle, vor allen Dingen bei ADORNO, es ist die Negation dessen, was nicht mehr sein soll, wobei die Begründung dafür nicht geliefert wird – nur Behauptungen wie Repression, Ausbeutung, Verdinglichung, Unfreiheit, Entfremdung; diese reichen aber nicht aus; sie gleichen Zielscheiben, die nach Belieben und besonderer Interessenlage aufgezogen und eingeholt werden; bestritten werden soll nicht, daß schön geputzte Worte vorgetragen sind wie vom Ankläger des Sokrates: „Das bis heute gefesselte Bewußtsein ist wohl des Neuen nicht einmal im Bilde mächtig; es träumt vom Neuen, aber mag das Neue selbst nicht zu träumen" [ADORNO, 1973, S. 354]. Der moralische Anspruch, mit dem gegen das Alte das Neue behauptet wird, ohne es zeigen zu können, verkommt so zur Selbstauflösung und zur Negation der Progression. Angesichts der Zusammenballung der zeitgenössischen Industriegesellschaften, die wie kaum andere zuvor die Chance zur Individuation durch Bildung gewähren (vgl. Norbert ELIAS), ist die Verdächtigung von jeglicher Herrschaft vermessen und ethisch verantwortungslos. Das gleiche gilt für die Denunzierung der Abhängigkeit:
Eben diese wurde in der Studentenbewegung der zweiten Pentade der 60er Jahre manifest, z.B. an dem Verhältnis der kritischen Theorie zu den Führerfiguren und der bar jeder Kritik Geführten: Ein Großteil hat aber aus dem inneren Widerspruch der kritischen Theorie – die Negation der Negation – den Nutzen gezogen und lebt heute recht gut und in angesehenen Positionen.

Spätestens seit dem gewaltsamen Tode des SOKRATES wissen wir, daß Tugend nicht mit Wissen identisch ist: Zwar gefällt sich die kritische Theorie darin, zu ihrer Pseudoanalyse der Gesellschaft die Psychoanalyse hinzuzunehmen, betont dann aber wieder, sie sei eine Gesellschaftstheorie, die an Emanzipation, Glück, Freiheit und Vernunft interessiert sei. Die von ihr postulierte Rationalität des Geschehens, die im großen Wort von der Aufklärung kulminiert, fällt auf sie selbst zurück als eindimensionales Denken im Rahmen einer Logik herrscherlicher Arroganz. Dieses ist sozusagen Ergebnis einer ideologiekritischen Analyse der Leerbegriffe von Emanzipation, Glück, Freiheit und Vernunft.

Ein kurzes Wort soll hier noch zum Theorie-Praxis-Verhältnis gesagt werden. Nach HORKHEIMER unterscheidet sich die kritische Theorie von der traditionellen insofern, als sie sich nicht als der Praxis dienend und ihr verpflichtet ansieht. Sie setzt sich negativ ab und bestreitet ihre instrumentelle Praxisrelevanz. Sie will nicht nützlich sein, sondern die Gesellschaft im Sinne der bereits genannten nicht operationalisierten Ziele Glück, Vernunft, Freiheit verändern. Das mag für ein Segment des wissenschaftlichen Kosmos zutreffen; die kritische Theorie erhebt aber einen universalen Anspruch und ist somit universell fehlerhaft konzipiert:

Die kritische Theorie meint eine universale Politisierung aller Bereiche der Gesellschaft und ist offenbar bereit, einem gedanklichen System nur in dem Maße Theoriecharakter zuzuerkennen, wie dieses zu gesellschaftlichen Veränderungen führen kann: Die kritische Theorie verwischt wie jede Ideologie Theorie und Wirklichkeit, Anspruch und Sein,

Definition und Folge: Eine Pappel wird nicht dadurch zu einer Orchidee, daß man sie dazu definiert: Wiederum ist festzustellen, daß die kritische Theorie ihrem eigenen Anspruch der Moralität nicht genügt: Eine Theorie (nicht jede) hat Verantwortung für die Praxis. – Die kritische Theorie stiehlt sich aus der Praxis heraus und lebt ihren Tag, ohne an die Folgen zu denken [LUHMANN, 1990, S. 646].

Die bedenkenlose Übernahme solcher Vorstellungen hat als Folge, daß die ohnehin nicht gerade engen Beziehungen zwischen Pädagogik/Erziehungswissenschaft einerseits und Gymnasien andererseits in eine gewisse Entfremdung ausgeschlagen sind. Das Gymnasium ist eben nicht ohne weiteres durch Theorien zu okkupieren, die das Ferment einer Didaktik sein könnten, aber sich zu stark der Selbstreflexion auf die gesellschaftlichen Verhältnisse widmeten. Die Rede ist hier nicht von der Praktikabilität als Kriterium für den Grad der Versöhnung von Theorie und Praxis, sondern von Praxis und Transzendenz im Subjekte.

Eine spezielle Ableitung der kritischen Theorie hat eine intensive Wirkung entfaltet: Es ist die Weiterentwicklung der Berliner Didaktik durch Wolfgang SCHULZ zur sog. Didaktik der Hamburger Schule – ein didaktischer Komplex, der sich in den Institutionen der Lehrerausbildung, vor allem in den Studienseminaren, durchgesetzt hat; auf MOLLENHAUER und KLAFKI wurde bereits hingewiesen; letzterer versucht nunmehr wie einst der kompilierende CICERO, alle drei großen Paradigmen in seiner kritisch-konstruktiven Didaktik zu vereinen. Als Beispiel für die öffentliche Wirkung spezieller Ableitungen könnte der bundesweite Streit um Rahmenrichtlinien, insbesondere um die hessischen Rahmenrichtlinien genannt werden.

Insgesamt ist nicht zu übersehen, daß die kritische Theorie (und ihre Rezeption in der Erziehungswissenschaft) auch im Gymnasium selbst nicht ohne Folgen geblieben ist, wenn diese Folgen auch andere waren, als man vielleicht erwartet hat.

Zunächst inhaltlich: Indirekt bis in die einzelne Stunde wirkte sich die Legitimationsprüfung aus. Die Richtlinien (wie die späteren Rahmenrichtlinien) ließen für die als Ergebnis des Prüfungsprozesses anstehenden Entscheidungen über die Unterrichtsinhalte genügend Spielraum, der je nach Erkenntnis und Engagement genutzt werden konnte – z.B. die Literatur auch mit den Augen der Schwachen und Unterlegenen zu lesen, an der inhaltlichen Gestaltung Schülerinnen und Schüler zu beteiligen, desgleichen an der Notenfindung (was die Kritik als Herrschaftsstabilisierung bezeichnet). Insgesamt entwickelte sich eine größere Offenheit im Lehrer-Schüler-Verhältnis und stärkere Aufmerksamkeit gegenüber den verschiedenen Rollen und der Entwicklung des sozialintegrativen Erziehungsstils; an dieser Stelle könnte auch die Emanzipation als kommunikatives Geschehen (MOLLENHAUER) genannt werden. Es entwickelte sich auch eine größere Sensibilität für die soziale Situation der Schülerinnen und Schüler – oder besser: soziale Sensibilität wurde Ausdruck einer pädagogischen Verpflichtung. Methodenkritik entfaltete sich zum Methodenpluralismus: Man blieb jedoch, auch wenn die Wörter denunziert waren und in der öffentlichen Debatte durch Sozialisation und Emanzipation abgelöst wurden, bei seiner Bildungs- und Erziehungsarbeit [BLANKERTZ, 1972, S. 21 f.].

Zusammenfassung:

Zwischen 1965 und 1975 verschwanden vertraute Begriffe aus der sog. öffentlichen Diskussion und wurden durch neue ersetzt, z.B. Bildung und Erziehung durch Sozialisation. Opportunistische Anpassung führte zur kritiklosen Übernahme des Paradigmas der sog. kritischen Theorie in die Erziehungswissenschaft. Die Gesellschaftsanalyse der kritischen Theorie, eine Mischung wie in der Spätantike aus Neomarxismus, Psychoanalyse und Sozialpsychologie, ist für die Schule ohne größere Bedeutung: Wichtig hingegen sind die Analysen von Jürgen HABERMAS, der die implizite Pädagogik der kritischen Theorie offenlegt. In Anwendung der von ihm formulierten erkenntnisleitenden Interessen und der daraus abzuleitenden Wissenschaften/Wissenschaftskomplexe, können wir drei große didaktische Modelle – das informationstheoretische, das bildungs-theoretische und das lehrtheoretische – unterscheiden. In bezug auf die Gesellschaft spricht HABERMAS von einem Interessenszusammenhang, der ebenfalls ein dreifacher ist. Als Komponenten sind zu nennen die Arbeit, die Sprache und die Herrschaft. Diesen Komponenten analog sind als erkenntnisleitende Interessen das technische, das praktische und das emanzipatorische. Der genannte gesamtgesellschaftliche Interessenszusammenhang ist geprägt durch das, was HEGEL das „sittliche Verhältnis" nennt. Nach HABERMAS findet das sittliche Verhältnis der Subjekte seinen besonderen Ausdruck in der idealen Sprechsituation, und darin steckt nun wieder eine herrschaftsfreie Lebensform. Die Theorie vom herrschaftsfreien Diskurs ist für die Pädagogik, insbesondere für die Gymnasialpädagogik, von großer Wichtigkeit; denn das ableitbare Ziel des Unterrichts, des Oberstufenunterrichts ganz besonders, ist es, symmetrische Kommunikationssituationen in der Schule aufzubauen, vor allem durch teilnehmende Übung. In concreto liegt das Verdienst der dieser Theorie innewohnenden pädagogischen Ideen darin, daß sie – der Praxis dienend – der Prüfung der didaktischen Legitimation von Inhalten, der Entwicklung eines sozialintegrativen Erziehungsstiles, wohl auch der Sensibilisierung der Lehrenden für die soziale Situation der Lernenden den Weg bereitet oder sie begleitet haben.

Kapitel II
Bildungstheoretische Grundlagen des Gymnasiums

A. Dimensionen gymnasialer Bildung

1. Einführung und Fundamentaldimension

Bildung ist der komplexe Ausdruck für eine Erscheinung, die ausschließlich bei Menschen beobachtet werden kann [SCHURR, 1987, S. 154; derselbe, 1982, S. 28 f.]. Dieses Phänomen kennt keine Grenzen bzw. die Grenzen sind so variabel, daß dieses Phänomen daher auch nicht im klassischen Sinne definiert werden, eher durch Komponenten, von denen Bildung eine oder mehrere Resultierende darstellt, umschrieben, in Dimensionen gesehen oder aus abgeleiteten Funktionen [UHLE, 1993, S. 128 f.] erschlossen werden kann. Aus der Variabilität folgt, daß eine Einigung darüber nicht möglich, allerdings auch nicht nötig ist. Bildung vollzieht sich allenthalben: auf dem Sportplatz wie im Popkonzert, bei der Kirschenernte wie beim Angeln, in der Mathematikvorlesung ebenso wie im Observatorium, in einer Deutschstunde wie im Physikunterricht: Alles wird Bildung, was für einzelne plötzlich Bedeutung bekommt und sie innerlich wie äußerlich bereichert und verändert. [vgl. FRAGNIÈRE, 1976, S. 107 ff.] Eine Reduktion im Verlaufe der Entwicklung bei je und je einzelnen Personen bis hin zur Ablehnung ist eingeschlossen und spricht nicht gegen Bildung. Bildung ist universal im Sinne des Wortes: Sie ist allgemein und je einzelnen zugewandt und eignet ihnen allein in ihrer Qualität des Menschseins: Hingegen sind Steine, Pflanzen und Tiere nur Veränderungen unterworfen, wobei man allerdings bei den Wirbeltieren am genus verbi „unterworfen" Einschränkungen vornehmen muß, so z.B. bei den Delphinen oder Primaten. Menschen hingegen können zwar auch durch Manipulation, Indoktrination oder Gewalt fremder Einwirkung unterworfen werden, Bildung hingegen fällt unter die Kategorie Handlung, und der Handlung voraus geht der Wille (SCHOPENHAUER!), der Entschluß, die Entscheidung: Die Entscheidung aber ist freiwillig und in ihrem Maße abhängig vom Sein (esse) des Handelnden (agere): dieses bestimmt das Maß – scholastisch gesprochen: agere sequitur esse. Wir sind unmerklich zur Präsentation einer Dimension gelangt, deren Grund vom griechischen Denken gelegt ist. Diese soll hier zunächst entfaltet werden:

Der Bildungsbegriff führt uns direkt in die Ontologie, deren Gegenstände die Welt, d.h. das Sein und das Werden sind – also auch die Entfaltung der akzidentellen Bestimmung „gebildet" bis zum höchstmöglichen Wirkungsgrad [HANSMANN/MAROTZKI, 1988, f; RUHLOFF bei KUTSCHA, 1989, s. 25; BALLAUFF, 1989, S. 153 f.; HENZ, 1991, S. 103 ff.]. Nun könnte man fragen, wie man überhaupt zu zuverlässigen Seinsaussagen kommen kann. Da gibt es den alten Lehrsatz aus der vorsokratischen Philosophie (6. Jahrhundert vor Christus) – nach ARISTOTELES ist dieser für jegliche Wissenschaft konstitutiv – , daß es eine Korrespondenz gibt zwischen Geist und Sein. Dieser Satz bedeutet, daß man über die Analyse des lógos, wie er sich in der Sprache manifestiert, zur

Seinsanalyse kommt [PARMENIDES, 28 B 3 und B 8 DIELS]. Insofern verhilft die Logik zu Seinsaussagen. Aus der Analyse der Sprache und des Denkens findet ARISTOTELES [zitiert wird wie üblich nach der Akademie-Ausgabe von Immanuel BEKKER] die für jede Wissenschaft unverzichtbare Kategorientafel: Neben der Substanz, die sich im Satz als Urteilssubjekt präsentiert, findet man die neun weiteren Kategorien: Qualität, Quantität, Relation, Ort, Zeit, Lage, Sichverhalten, Handeln, Leiden.

Gegenstand wissenschaftlicher Aussagen kann nur die sog. zweite Substanz sein; denn sie ist das Allgemeine, das der ersten Substanz ihr Wesen gibt. Das Allgemeine hat zwar die ontologische Priorität, es findet sich aber bei Aristoteles die Wertung, daß der Ursinn des Seins im Konkreten, im Individuellen – also in der ersten Substanz liegt. Diese ist die Realität, die der zweiten Substanz, dem Allgemeinen, nun wieder Existenzsinn gibt: „Die ersten Substanzen werden deswegen ganz besonders Substanzen genannt, weil sie allem anderen zugrunde liegen und alles andere von ihnen ausgesagt wird oder in ihnen ist" [Kategorien, 2 b, 15 ff.]. Der Ort wissenschaftlicher Wahrheit ist dagegen das Allgemeine, die zweite Substanz, abgehoben von allem Individuellen; dort liegt zugleich das Wahrheitskriterium. Daraus folgt, bezogen auf die Bildung, daß der ontische Ursinn der Bildung stets das individuelle Gebildetsein ist, während wiederum das Allgemeine, also die Bildung als Bildung allgemein, Ort und Gegenstand wissenschaftlichen Fragens ist. Bemerkenswert an dieser Dichotomie ist, daß als legitime Quelle unseres Wissens das Konkrete, das Reale, die Empirie in die Gültigkeit gebracht werden, desgleichen das Einmalige, Individuelle, das als ineffabile nicht in die Sprache der Wissenschaft (Axiome, Postulate, Hypothesen, Definitionen, Methoden) gebracht werden kann. Andererseits bedeutet „das Leben nach dem Geiste" [NIKOMACHISCHE ETHIK, 1178 a 6-7], wie ARISTOTELES den Umgang mit der Wissenschaft beschreibt, daß das Individuum, sich selbst genügend, fremden Zwecken und Nützlichkeits- und Zweckmäßigkeitserwägungen, die von außen aufgedrängt werden könnten, sich nicht beugt; kurzum: Der wahre Umgang mit sich und menschlicher Wissenschaft ist Ausdruck der Freiheit. Und wenn Freiheit und Fremdbestimmung einander ausschließen, dann ist das „Leben nach dem Geiste" Selbstentfaltung in der Selbsterkenntnis und in der Wesensschau. Im Rahmen einer Lernzieltaxonomie dürfte dieses Bildungsziel ein Richtziel sein, das in voller Entfaltung die Abstraktion von der Sinneswahrnehmung bis auf ein sehr hohes Niveau voraussetzt. In Auslegung der aristotelischen Schrift „Über die Seele" [drittes Buch, Kap. 5] spricht ALEXANDER von Aphrodisias vom „tätigen Verstand" (noûs poietikós), der – von seinem Wesen her reine Handlung – in die Struktur des Seins als solchen eindringt. Die hohe Wertigkeit dieses Verstandes ergibt sich nach ARISTOTELES [Über die Seele, 430 a, 18 ff], allein schon daraus, daß er das Handeln/Wirken höher schätzt als das Unterworfensein (Leiden), das Prinzip höher als die Materie.

Ein Satz aus der Metaphysik des ARISTOTELES [1003 a, 20 ff.] kann uns bei der Einordnung des Bildungsbegriffs weiterhelfen: „Es gibt eine Wissenschaft, die das Sein als solches betrachtet und das, was diesem an sich zur Verfügung steht. Diese ist mit keiner Einzelwissenschaft identisch." Daraus folgt, daß Bildung als Bildung nicht Gegenstand einer Einzelwissenschaft sein muß, sondern der reinen Seinswissenschaft, der ersten Philosophie oder, wie man später sagte, der Metaphysik.

Der Substanzbegriff muß nochmals aufgenommen werden. Er hat seinen Platz in der Logik – also bei den Kategorien, aber auch in der Ontologie: Danach kann das Sein eingeteilt werden in ein solches, das selbst Seinsstand hat (ens in se) und in ein solches, das sich an einem anderen ereignet (ens in alio). In der Metaphysik [1017 a, 7 ff.] heißt es: „Das Seiende wird ausgesagt teils akzidentell, teils an sich. Akzidentell <dann> z.B. wenn wir sagen: ‚Der Gerechte ist gebildet', und ‚der Mensch ist gebildet', und ‚der Gebildete ist ein Mensch' ". Schon in den chronologisch früh anzusetzenden Teilen der Metaphysik nennt ARISTOTELES „gebildet" (mousikós) eine spezifisch menschliche Qualität. Des weiteren wird über das Sein ausgesagt, daß es als Mögliches (dynámei) und als Aktuelles (érgo) existiert. Das Sein hat also unterschiedliche Aktualitätsstufen. So ist die Frage gestellt nach dem Aktualisierungsprozeß, der sich vollzieht; es geht um das Werden. Dieses Werden ist in der Darstellung des Aristoteles kein beliebiges. „Es ist davon auszugehen, daß im Gesamtbereich des Seienden ... nichts Beliebiges aus Beliebigem entstehen kann ...; denn wie könnte aus <der akzidentellen Bestimmung> ‚gebildet' <die Bestimmung> ‚weiß' entstehen? ... Vielmehr entsteht ‚gebildet' aus <der Bestimmung> ‚nicht gebildet'..." [Physik, 188 a, 31 ff.]. Wenn weiterhin alle Naturseienden als in Werdezuständen befindlich und die Werdezustände als Verwirklichung des der Möglichkeit nach Seienden [Physik, III 1] gedacht werden können, dann bedeutet „Bildung" die Selbstverwirklichung der zunächst nur der Möglichkeit nach vorhandenen akzidentellen Bestimmung „gebildet".

Nun ist es keineswegs so, daß die Akzidentien rein äußerlich und zufällig auf dem Zugrundeliegenden, also der Substanz, ruhen; das Gegenteil ist der Fall. Es gibt einen inneren Zusammenhang zwischen Substanz und Akzidenz. Bei der akzidentellen Bestimmung „gebildet" leuchtet das unmittelbar ein; denn der konkrete Zustand erscheint uns bei jedem Träger anders, weil ja auch die Substanz – als principium individuationis – je und je eine andere ist. Wenn wir noch einen Schritt weitergehen und die Dichotomie Substanz-Akzidenz unter dem Gesichtspunkt Stoff (hyle) und Form (morphé) sehen, dann wird noch deutlicher, daß der amorphe Stoff erst durch die Form zu dem wird, als was er in Erscheinung tritt. Auf die Bildung gewendet: So wie sich der Stoff durch die Form realisiert, verleiht die Bildung dem Menschen die Seinsqualität: Bildung also als seinsverleihend im Prozeß des Werdens und als Form den Prozeß steuernd auf ein Ziel hin. Wenn wir die Akzidentien unterscheiden nach gewöhnlichen und notwendigen, dann ist „gebildet" ein notwendiges Akzidenz. Es sollte besonders hervorgehoben werden, daß das Zugrundeliegende nicht passiv bleibt. Seine Werdeursächlichkeit ist ein ontisches Prinzip, seine Rolle ist hochaktiv: Die Form ist wie eine zweite Substanz, die durch das Individuationsprinzip erste Substanz wird – der individuelle, konkrete, gebildete Mensch.

Im Bildungsprozeß ist das Menschliche als das Zugrundeliegende (hypokeímenon) das Individuationsprinzip, also Ursache für die Herausbildung des Individuums, dessen notwendige akzidentelle Bestimmung „gebildet" heißt. Wenn man den Prozeß der Bildung näher untersucht, dann ist wiederum eine Dichotomie festzustellen: Einerseits ergibt sich aus dem Axiom, wonach alles, was sich bewegt, notwendig von einem anderen bewegt wird, daß die Bewegung und die Entwicklung des Menschen als eines Naturseienden fremdbestimmt sind: Die akzidentelle Bestimmung „gebildet", die sich im Prozeß aktualisiert, wird durch eine bereits aktualisierte Bestimmung initiiert bzw. durch den Träger, den wir Lehrer nennen. Andererseits ist in der speziellen Metaphysik Leben Selbstbewegung, so daß wir Bildung sehen können als Prozeß, Ergebnis, Ende, Ziel, das jeder als Entelechie in sich trägt. Die höchste Selbstentfaltung und Aktualisierung des der Möglichkeit nach im Menschen Vorhandenen bedeutet, nach Maß vollendet zu sein. So holt der Werdende sich selber ein. Für die Bildungswissenschaft ergibt sich, daß sie, an der Entelechie teilhabend, eine Vollendungswissenschaft wird – als Vollzug ist die Bildung Vollendungshilfe.

Dieses soll eine erste Vorstellung dessen sein, was als Fundamentaldimension der Bildung umschrieben werden kann.

Es ist gute Art, sich der Herkunft eines in unseren Tagen gebräuchlichen Wortes wie Bildung zu versichern, wenn denn eine Definition wegen des komplizierten Charakters unmöglich und zugleich wegen der alltäglichen Anwendung unnötig ist; denn die Entwicklung einer Bedeutung ist zugleich ein Stück Denk- und Gesellschaftsgeschichte im begrenzten Raum der Sprache. Sie zeigt oft auch, wie hier, Besonderheiten eines geistigen Raumes: Das wird dann deutlich, wenn man das betreffende Wort in eine andere Sprache übersetzen will; bei „Bildung" ist das in den europäischen Sprachen entweder schwer oder gar nicht möglich. Zudem erlangen wir mit der Besinnung über die Herkunft und Entwicklung eines Wortes Sicherheit über uns und unsere Vorstellungen. Zur Wort- und Begriffsgeschichte gibt es eine Reihe guter Untersuchungen; an dieser Stelle sei nur hingewiesen auf die Arbeiten von DOHMEN [1964/1965], LICHTENSTEIN [1966], LENNERT [1981, S. 504 ff.], BALLAUFF [1989] und PLEINES [1989], auch auf SCHAARSCHMIDT, J.: Der Bedeutungswandel der Worte „bilden" und „Bildung", Diss., Königsberg, 1931.

Die dem Begriffe Bildung heute zugrundeliegenden Vorstellungen entstammen dem antiken, christlichen und vor allem neuplatonischen Formenkreis; die säkulare Ausformung bis zur Vollendung – und damit Gegenstand ständiger Diskurse – erhielt der Begriff durch den Neuhumanismus. Allen Konzepten gemeinsam ist, daß

– Bildung nicht mit Wissen gleichzusetzen ist und daß

– Bildung nur dem Menschen eignet und ihn zu dem macht, was ihm als Ziel aufgegeben ist.

In der Diskussion, soweit sie veröffentlicht wurde, trat in der zweiten Hälfte der 60er Jahre unseres Jahrhunderts dieser Begriff zurück [SCHWEITZER bei HANSMANN/ MAROTZKI, 1988, f., I S. 55 f.]. Für BLANKERTZ [1966 B, S. 132] ist er fragwürdig geworden, weil er ideologieverdächtig sei; denn er lenke von den tatsächlichen Verhältnissen ab bzw. versuche das, was sei, zu rechtfertigen. Der Begriff wurde durch Surrogate wie Sozialisation, Identität [SCHWEITZER, a.a.O., S 55 ff.], Kompetenz, Emanzipation u.a.m. ersetzt [siehe oben Seite 122]. Ein bemerkenswert einfältiger Aufsatz von Adalbert RANG [1986, S. 478 ff.] bestätigt viel später denen, die an Bildung festhielten, daß sie auf dem richtigen Wege waren; RANG fragt: „Wer nahm damals ... im linken und im radikal demokratischen Lager das Wort ‚Bildung' noch in den Mund?" Die Einfalt dieser rhetorischen Frage besteht darin, daß der Begriff Bildung durch den starken Einfluß BLANKERTZ [KUTSCHA, 1989, S. 9] einem politischen Lager zugeordnet und überhaupt in eine politische, fast parteipolitische Dimension gestellt wurde. Damit jeder Zweifel ausgeschlossen ist: Bildung steht a u c h in einer politischen Dimension und weist politische Komponenten auf. Ihre Fundamentaldimension besteht aber darin, daß sie Menschen als solche ganz allgemein, jedoch stets in jedem einzelnen Falle je nach Maß konstituiert. Das meint: Bildung ist universal. Sie einzuordnen in ein politisches Lager oder in eine bestimmte Partei, verrät Maßlosigkeit und bestätigt Ideologieverdacht; denn wer versucht, die Menschen eindimensional darzustellen, versucht, sie sich ihrer selbst zu berauben.

Ebenso wie der Begriff Bildung ist das Gymnasium in der zweiten Pentade der 60er sowie in den folgenden Jahren als Begriff unterdrückt und als Institution mit der Todesprognose versehen worden. Demgegenüber hat es eine jetzt allgemein anerkannte und vom Vertrauen einer nicht ausschließlich und nicht einmal vorwiegend politisch definierten Öffentlichkeit getragene Wirkung entfaltet und ein hohes Maß an Flexibilität gezeigt. Das oben genannte Vertrauen ist um so erstaunlicher, als seit Jahrhunderten [DEDERICH, 1947, S. 2] dem Gymnasium vorgeworfen wird, es sei „unsozial" und „undemokratisch".

Auf der Grundlage dieses Stereotyps (z.B.) kann man dann im Rahmen eines „politischpädagogischen Diskurses" die Beseitigung des Gymnasiums fordern und diese Forderung als Ausdruck „demokratischer Bildungsreform" benennen. Zwar hätten Bildungswerbung und Bildungsexpansion der 60er und 70er Jahre zu einem Abbau der Ungleichheit der Bildungschancen beigetragen, aber es seien Arbeiterkinder auf den weiterführenden Schulen „nach wie vor unterrepräsentiert, Kinder von Angestellten, Beamten und Selbständigen hingegen überrepräsentiert" [GRIMM, 1987, S. 17]. Während zwei Jahrzehnte zuvor Autoren daraus ableiteten, daß die Schule (d.h. die unterrichtenden Lehrerinnen und Lehrer) eine ungerechte Selektion vornähmen und Arbeiterkinder diffamierten, wird hier nüchtern etwas festgestellt und damit implizit eine Aufgabe für die öffentliche Werbung, für die Schulen des Primarbereichs und auch für die Eltern solcher Kinder genannt.

Abgesehen davon ist die vorgenommene Definition der verschiedenen Sozialschichten bezogen auf den Einzelfall (und nur dieser zählt) falsch oder doch wenigstens nicht zutreffend; denn die vulgäre These, daß das Sein das Bewußtsein, das Gehalt/die Bezüge/der Lohn das Denken (und familiale Klima) bestimmen, ist bereits im vorigen Jahrhundert allein schon durch die Personen derjenigen, die diese These formuliert und vertreten haben, widerlegt: Es sind andere Faktoren, die das Lernbewußtsein, die Lernfreude und das Zuwendungsbewußtsein zur gesellschaftlichen Institution Schule bestimmen; sie aufzuzählen (etwa persönliches Lebensschicksal, Begegnungen, persönliche Zuwendung und Anregungen aus dem Umfeld außerhalb der Familie) sind so individuell zugeschnitten, daß sie sich einem systematischen wissenschaftlichen Zugriff – mit Recht – entziehen.

Die vorzügliche und von den Betroffenen – bei allen Vorbehalten – geschätzte Lebendigkeit des Gymnasiums in unseren Tagen ist nun wiederum Anlaß, diese Institution für tot zu erklären oder doch soweit in der Katharsis sich befindend, daß der Übergang zu einer anderen Schulform bevorstehe, v.a. im Hinblick auf die extrem heterogene Zusammensetzung der Schülerschaft [vgl. HURRELMANN, 1992]. Und da nun niemand mehr die bildende Tätigkeit des Unterrichts bestreiten kann, wird dem Gymnasium, vor allen Dingen auf der Oberstufe, ein falsches Bewußtsein unterstellt: Der Hauptvorwurf liegt darin, daß es seine Schülerinnen und Schüler am Leben – man sagt an der Lebenswelt – vorbeierziehe (zum Stereotyp, die Didaktik drohe hoffnungslos zu veralten, s.o. Seite 84).

Im Vorfeld ergibt sich die Frage, welche lebensweltlichen Erkenntnisse wir von solchen Negationen selbst wohl erwarten dürfen, deren Trägerinnen und Träger nach dem Besuch des Gymnasiums, nach der Wehr- oder Ersatzdienstzeit und dem Studium den Unterricht aufnahmen oder gar ohne eigene Unterrichtserfahrungen die studentische Jugend dem lebensweltlichen (oder, wie man sagt, handlungs- und schülerorientierten) Unterricht zu lehren sich bemühen. Die Sache selbst wird in dem Sinne immer wieder vorgetragen, zwischen Bildung und Leben existiere ein Gegensatz bzw. Bildung sei lebensfern. Und da niemand gern seiner Arbeit Lebensferne bescheinigen lassen möchte, wird der so Beschuldigte (bzw. die an den denunzierten Institutionen Tätigen) in den Stand der Rechtfertigung gesetzt – er trägt die Beweislast, nicht der Kläger. Aber die Rechtfertigung ist für die eigene Arbeit ein schlechter Ratgeber; denn sie versucht dort Antworten zu geben, wo überhaupt keine Fragen gestellt, sondern nur indoktrinierende Sätze formuliert worden sind.

Gegenstand der folgenden Überlegungen ist die Bildungstheorie des Gymnasiums, vor allem der Oberstufe; insofern wird die Universalität des Bildungsbegriffes – allerdings notwendigerweise – eingeschränkt auf die Institution Gymnasium und insbesondere auf den Unterricht, wie er auf der Oberstufe erteilt wird. Dabei wird die Hochschulreife nur als ein Spezialziel des Gymnasiums dargestellt werden, auch angesichts der Tatsache, daß viele Autoren, [z.B. STRUGGER, 1957, S. 141 ff.] wirklich nur nur dieses eine Ziel anerkennen wollen [vgl. auch ERDMANN, 1957, S. 129 ff.; DEDERICH, 1957, S. 147 f.; WEBER, 1957, 165 ff.; KLEIN, 1957, S. 232 ff.; HÖHNE, 1958, S. 48 ff.; SCHEUERL, 1965, S. 126 ff.; BREDE, 1967, S. 47 ff.; PRIESEMANN, 1967, S. 168 ff.; derselbe, 1967, S. 211 ff.; HELDMANN, 1975, S. 251 ff.; ESSER, 1984, S. 19 ff.; TURNER, 1985, S. 53 ff.; CZYMEK, 1988, S. 189 ff.]. Der übergeordnete Begriff aber ist Bildung.

Wegen der Komplexität des dahinterstehenden Sachverhalts ist eine Definition nach den üblichen Regeln (genus proximum – differentia specifica) wie bereits ausgeführt, nicht möglich; möglich ist nur, den Bildungsbegriff nach den Dimensionen, in denen er steht, abzuhandeln. Es würde auch den Rahmen dieser Abhandlung sprengen, wollte man auch nur die nach dem Zweiten Weltkriege entwickelten Konzepte darstellen. Es gibt überdies eine Reihe sehr gründlicher Abhandlungen; verwiesen werden soll hier vor allem auf PLEINES [1971, 1978, 1986]; HEYDORN [1972]; BALLAUFF [1981, 1989]; HANSMANN/MAROTZKI [1988 f.]; MUSOLFF [1989]; PLÖGER [1992, S. 62 ff.]; HENZ [1993]; ASCHERSLEBEN [1993]; auch TENORTH [1986 (B)]; vor allem aber SÜHL-STROHMENGER [1984], aber auch auf die einschlägigen Artikel in der Enzyklopädie Erziehungswissenschaft [1983 ff.].

Der Satz des ERASMUS [BÖHME, 1986, S. 275], daß Menschen nicht geboren, sondern gebildet werden, ist bereits aus der griechischen Pädagogik ableitbar und macht auch in seiner Überspitzung sowie durch die zu Mißverständnissen leicht führende Rigidität auf die große Bedeutung der Bildung für die Personagenese des Menschen aufmerksam. Sie schließt angesichts der bereits auf den frühen Hellenismus zurückzuführenden Menschenrechts- und Bürgerrechtsdebatte natürlich den kaum oder schwer bildbaren Menschen oder auch den, der für sich die von außen herangetragenen oder einwirkenden Bildungsimpulse ablehnt, nicht von der Qualität, Mensch zu sein, aus. Aber er weist auch darauf hin, daß während des Prozesses der Bildung humane Qualität bis auf das höchste eingegebene Maß in den je und je einzelnen verwirklicht und entfaltet werden kann. Für diese Abhandlung trägt der Satz axiomatischen Charakter; er ist in jeder Periode der politischen Geschichte und auch des Nachdenkens über Pädagogik gültig. Wie jedes andere Axiom bedarf der Satz, der zugleich Ausgang und Fundament weiterer Sätze ist, keines Beweises – weder aus der Logik noch aus der Empirie.

Die Absicht, dieses bildungstheoretischen Kapitels besteht darin,

– den Bildungsbegriff zu entfalten sowie nach der gerade vorgenommenen Erläuterung der Fundamentaldimension seine Dimensionen zu beschreiben; der Zweck besteht implizit darin, den Lehrenden eine bildungstheoretisch begründete Unterrichtsgestaltung zu ermöglichen oder doch wenigstens Anregungen zu geben;

– sodann werden diejenigen Referenzfelder dargestellt werden, an denen Bildung sich vollziehen kann: Im Zentrum dieses Teils steht der Lehrplan;

– drittens werden die institutionellen Rahmenbedingungen genannt und erläutert werden, unter denen Bildung geschieht.

– Viertens wird als Spezialfall und Sonderziel gymnasialer Bildung die Studierfähigkeit entfaltet werden, wenngleich auch in der öffentlichen Diskussion der Eindruck entsteht, es gehe bei der Arbeit am Gymnasium vorwiegend nur darum, den Nachwuchs für die Universität und die akademischen Berufe zu sichern [vgl. FRAGNIÈRE, 1976, S. 85].

Hier wird der Versuch unternommen, dem Spezialziel den wünschenswerten und sachlich zu rechtfertigenden Stellenwert zu geben, auch angesichts der Tatsache, daß nur bis 50 % derjenigen, die ab Klasse 5 oder 7 das Gymnasium besuchen, überhaupt dazu kommen, ein Studium aufzunehmen [KLEMM/ROLFF, 1989, S. 25]. Wie hoch der Stellenwert jeglicher Bildungsarbeit an den Schulen sein sollte, mag man der Tatsache entnehmen, wie rasant sich in unserem Lande die „Freizeitzentren" entwickeln und wie sich Berufsbilder entwickeln – z.B. das des Animateurs: Das alles weist auf die zunehmende Hilflosigkeit der Menschen in bezug auf die wachsenden Freiräume und auf die Schwäche einer gestaltungsfähigen Subjektrolle hin. Hilflosigkeit wird also zu einer Marktlücke, die freilich nur dann mit Sinn erfüllt werden kann, wenn das Individuum sein eigener Animateur ist; Helferin dieses Animateurs aber ist Bildung.

Zusammenfassung:

Bildung ist ein humanes Phänomen und vollzieht sich nicht nur im Schulunterricht. Sie ist den Bereichen Handlung und Entscheidung zugeordnet und stellt die akzidentelle Bestimmung des Menschen dar. Bildung ist nie allgemein, sondern stets individuell. Sie hängt eng mit der Freiheitsbestimmung des Menschen zusammen, und das heißt vor allem, daß sie außerhalb jeder Zweckrationalität steht. Für das Gymnasium ist dieser axiomatische Satz schlechthin konstitutiv. Bildung ist nicht nur Gegenstand einer einzelnen Fachwissenschaft, z.B. der Pädagogik, sie sprengt vielmehr jeden Rahmen und ist der ersten Philosophie, der Metaphysik, zuzuordnen. Bildung ist Ausdruck der Selbstverwirklichung des Einzelmenschen. Sie verleiht dem einzelnen erst seine individuelle Seinsqualität. Die dem Begriff zuzuordnenden Vorstellungen entstammen dem antiken, neuplatonischen und christlichen Formenkreis. Die säkulare Ausformung erhält der Begriff im Neuhumanismus. Eine Zeitlang kam dieser Begriff aus der Mode und ist heute aber wieder virulent für alle, die in der Schule arbeiten, jetzt für einen viel weiteren Kreis von Lernenden und Lehrenden. Bildung hat vor der Hochschulreife ontische Priorität. Letztere ist nur ein Spezialziel (freilich ein unverwechselbares) des Gymnasiums.

2. Spezielle Dimensionen gymnasialer Bildung

Unter allen Autoren besteht Einigkeit darüber, daß Bildung an den Menschen gebunden ist und sich nach dem Maße des Individuums und der Zeit in unterschiedlichen Entfaltungen präsentiert. Des weiteren besteht Einigkeit darüber, daß Bildung an Wissen gebunden, aber mit diesem nicht identisch ist. Bildung wird wie der Erwerb des Wissens stets nur durch den Tod abgeschlossen. Wo Bildung endet, enden auch die Menschen. Sie liegen dann auf den Tod.

Wenn wir in Anlehnung an die Drei-Welten-Theorie Karl POPPERs (die Welten der physikalischen, psychischen und geistigen Zustände) zwischen Anwendungs-/Verfügungswissen, Ordnungs-/Orientierungswissen [MITTELSTRAß 1981] und Lebenswissen/Alltagswissen unterscheiden, sehen wir – gleichgültig, ob wir diese Einteilung akzeptieren oder eine andere (z.B. die scholastische des HUGO von St. VICTOR, der die theoretische, praktische und poetische Philosophie nannte) von den vielen sich aus den jeweiligen Kriterien und Interessen ergebenden Möglichkeiten bevorzugen –, daß Bildung noch andere Quellbereiche hat als nur diejenigen, die in den Unterrichtsfächern der Schule und überhaupt nur in der Zeit der Schule zu suchen sind. Wie aber nun Wissen (als Ergebnis von aisthesis, noesis und praxis) zu Bildung wird (und letztere auf ersteres Einfluß nimmt), liegt und bleibt in der Personagenese verborgen. Eltern und Lehrer sehen nur die Entfaltung – mehr oder weniger oder anders intensiv. Abgesehen von der ebengenannten Einteilung des Wissens, könnte man alles als Wissen bezeichnen, was überhaupt an Kenntnissen, Erkenntnissen, Erlebnissen und Eindrücken (von außen oder innen) aufkommt und wirkt – der Satz des Pythagoras, die Fehlbarkeit des Menschen, ein blühender Kirschbaum oder ein sterbender Mensch. Bildung baut sich auf durch Inneres und Äußeres, ist jedoch ein intrapersonaler, in jeder Weise unverwechselbarer Vorgang im Maße der Zeit und ein ebenso individuelles Ergebnis auch durch Außenwirkung und mit Außenwirkung durch Handlung. Einbegriffen ist auch die Möglichkeit des Scheiterns. Letzteres wird gern als Argument gegen Bildung eingebracht: Ein solches Argument sagt aber weniger etwas aus über die Sache, als vielmehr über die Person dessen, der das Argument einbringt. Er hat nichts begriffen, nicht einmal sich selbst, wenn er verbrecherisches oder tragisches Scheitern oder überhaupt nur Scheitern als eine Möglichkeit des Menschseins zu erkennen unfähig ist [vgl.: RÜGEMER 1988]. Die Schule hat hier nur die Funktion des Vermittlers, die Lehrenden sind die Diplomaten. Als Gegebenheit, die nur dem einzelnen eignet, hat jegliche Bildung einen eigenen Ausprägungsgrad und eine eigene strukturelle Höhe. Von ihrer Natur her steht sie außerhalb konkreter Abrichtung auf einen Zweck oder Nutzen und außerhalb jeden unmittelbaren Verwendungs- und Anwendungsbezugs.

Bildung als individuellen Prozeß und Ergebnis zu beschreiben, ist unmöglich, weil das Innere oft genug den Individuen selbst nicht klar ist, geschweige denn Außenstehenden, auch wenn sie noch so interessiert sind. Was – methodisch gesehen – getan werden kann, ist, die Dimensionen zu umschreiben, in denen Prozeß und Ergebnis liegen. Das soll zuerst geschehen.

Die Dimensionen der Bildung sind:

- lebensweltlich-erfahrungsbezogen,
- anthropologisch-individuell,
- handlungs- und berufsbezogen,
- sozial-politisch,
- kommunikativ,
- wissenschaftsbezogen,
- existentiell.

a) Die lebensweltlich-erfahrungsbezogene Dimension

Mit dieser Dimension soll begonnen werden, weil damit deutlich gemacht werden kann, daß Menschen geschichtliche Wesen und systemischen Ordnungen eingebunden sind und das so, daß sie nach individuellem Maß ihrer Bildung handeln. Von allen Lebewesen sind die Menschen diejenigen, die am wenigsten festgelegt sind und daher auch am meisten geöffnet sind, ihrer Lebenswelt gegenüber ebenso wie sich selbst und ihren eigenen Erfahrungen gegenüber. Solange es an Schulen die Beziehung zwischen Lehrenden und Lernenden gegeben hat, bemühten sich die Lehrenden um die Lebenswelt und Lernwelt ihrer Schüler und Schülerinnen. Das wird auch künftig so sein; dieses Bestreben ist jedoch so individuell, d.h. abhängig von der Forschungsintensität, dem Präsentationsumfang und Präsentationsgrad lebensweltlicher Fakten in einer Lerngruppe, daß eine Analyse mit dem Anspruch auf Verallgemeinerung unmöglich, unnötig und überdies auch nicht wünschenswert ist; denn damit wäre dem je und je einzelnen nicht geholfen: Und doch gehört die Ermittlung lebens- und lernweltlicher Fakten in jede didaktische Analyse. Anders dagegen verhält es sich mit dem Forschungsstrang, der sich in deutlicher Distanz zur individuellen Empirie, d.h. Lebenswelt der je und je einzelnen, aber doch in ständiger Rückkopplung zum Individuellen – als ontischem Ursinn alles Menschlichen – um die Ermittlung der Strukturen bemüht, in die menschliches Dasein als Sein in der Zeit systemisch eingebunden ist. Es geht – und damit wird der Titel eines jüngst erschienenen Buches von Richard MÜNCH [1992] zitiert – um die Struktur der Moderne, die ebenso Produkt des Einzelbewußtseins ist wie dieses ein Produkt der Moderne. Das dialektische Verhältnis beider Größen zueinander ist der Grund dafür, daß die allgemeine Struktur der Moderne, die auf individuelle Lebenswelten wirkt wie diese auf die Struktur der Moderne, aber stets in dem alten Sinne, daß ein System mehr ist als die Summe der Teile, dargestellt wird [vgl. auch WILKE, 1989]. Und die neue Qualität des Systems beeinflußt nun wiederum die individuellen Lebenswelten qua Institution. So wird die Struktur der Moderne erfaßt und dargestellt durch die Analyse des institutionellen Aufbaus der Gesellschaft. Daher sollten an dieser Stelle ein paar Bemerkungen zum gesellschaftlichen Kontext des individuellen Bildungsgeschehens gemacht werden; als methodischer Grundsatz – nicht im Sinne ontologischer Priorität – soll dabei gelten, daß die hermeneutische Ausrichtung des Denkens auf alle geistigen Phänomene der Überprüfung, Ergänzung und Bestätigung durch die Reflexion auf gesellschaftlich-soziale Voraussetzungen bedarf.

Nur am Rande (aber durchaus nicht nebensächlich) sollte erwähnt werden, daß keineswegs die gesellschaftlichen Voraussetzungen die einzige und alleinige Basis für Ideen darstellen: Es gibt gedankliche Konstrukte, die weit mehr vor „ihrer" Zeit und daher völlig unabhängig von gesellschaftlichen Prämissen einfach nur da waren. Als Beispiel sollen hier die Bilder des Hieronymus BOSCH oder die Dampfmaschine dienen: Letztere wurde bereits im Hellenismus „erdacht", nicht erst seit ihrer gesellschaftlichen Notwendigkeit zu Beginn des industriellen Zeitalters.

Über eine Beobachtung besteht unter vielen Soziologen Einigkeit; sie wird auch jeder andere aufmerksame Beobachter gemacht haben: Allen Gesellschaften, den morgenländischen wie den abendländischen, gemeinsam ist der Prozeß der funktionalen Differenzierung [LUHMANN bei TENORTH, 1986, S. 157 ff]. Mit der Zeit und dem Prozeß der Industrialisierung werden dabei immer mehr und auch immer unübersichtlichere Differenzierungsstränge geschaffen. Dieses Phänomen kann belegt werden durch die immer komplizierter werdende Schulstruktur der Bundesländer bis hinein in die Struktur der eigenen Schule. Wie einfach war da doch ein humanistisches Gymnasium der Jahre 1890 oder 1952 strukturiert, wie überschaubar der Bereich beruflicher Bildung. Demgegenüber zählte man 1986 allein 420 Ausbildungsberufe in Industrie, Handel und Handwerk. Auf die Verwaltungsstruktur in der Industrie oder im staatlichen Bereich wird nur hingewiesen; sie ist so geschaffen, daß selbst Lehrerinnen und Lehrer Mühe haben, die Struktur der Schulverwaltung bis hin zur politischen Verwaltung in den Ministerien zu durchschauen. Das gilt auch für die Wissenschaften. Als Beispiel seien hier die Medizin, wie sie sich in divergierenden klinischen Formen entfaltet, und die Chemie genannt: Der Anorganiker ist – oder wenigsten fühlt sich – nicht mehr kompetent, als Prüfer in organischer Chemie bei Staatsprüfungen – von Diplomprüfungen soll gar nicht gesprochen werden – mitzuwirken. Dieser globale Prozeß funktionaler Differenzierung ist dadurch gekennzeichnet, daß Funktionsketten und Zusammenhänge aufgebaut werden: Zum einen kann ein Differenzierungsstrang (z.B. die Schulverwaltung) nicht durch einen anderen ersetzt werden (z.B. Hochschulverwaltung); zum anderen gibt es einen Funktionszusammenhang; ELIAS [1987, S. 32] spricht von einem „Funktionskreislauf", z.B. über die Inhalte des Lehrplans und die für Staatsprüfungen vorgesehenen Prüfungsordnungen bzw. Studienordnungen. Von den vielen in der Geschichte menschlicher Gesellschaft zu findenden Differenzierungsformen (z.B. segmentäre, stratifikatorische, zentrale, periphere) ist für uns die funktionale/arbeitsteilige entscheidend. In der Literatur [PARSONS, MÜNCH, LUHMANN] spricht man gelegentlich auch von sozialer Differenzierung. Sie ist zugleich auch das zur Zeit dominante Paradigma der Systemtheorie innerhalb der Soziologie.

In der Folge der funktionalen Differenzierung kommt es zum Aufbau von Subsystemen, zwischen denen schwere Konflikte ausbrechen können – z.B. zwischen Religion und Politik oder Wirtschaft [ESSER, 1984] und Schule. Und damit gibt es ernste Steuerungsaufgaben für die Steuerungsinstanzen; denn ohne Steuerung entsteht die Gefahr der Asymmetrie – z.B. wenn ein Subsystem von anderen abhängig wird (Wirtschaft – Hochschule, Wirtschaft – Politik). Diesen Gefahren der Makroebene stehen die Gefahren auf der Mikroebene gegenüber, die im folgenden Abschnitt behandelt werden sollen.

Der Grad der Selbständigkeit der genannten (und anderer) Subsysteme wird unterschiedlich dargestellt. MÜNCH [1992] spricht von der Interpenetration der Subsysteme, wodurch die Isolierung und Steuerlosigkeit verhindert werde.

Gleichwohl ergeben sich aus der funktionalen Differenzierung und dem spontanen ebenso wie geplanten Aufbau von Subsystemen sektorale Politiken, deren übergreifende Steuerung ständige Aufgabe bleibt. Es hängt vom Grad der Offenheit eines gesellschaftlichen Gesamtsystems ab, ob die Interpenetration der Subsysteme automatisch, z.B. über Marktmechanismen, erfolgt oder durch verschwenderische, ideologiebesessene zentrale Verwaltungsinstanzen. Erschwerend für eine Regelung und Steuerung kommt hinzu, daß die Subsysteme mit wachsender Durchdringung durch die Technik (vor allen Dingen die Elektronik) eine schwer zu durchschauende und schwer prognostizierbare Eigendynamik entfalten, welch letztere wie eine Zentrifugalkraft wirkt. Als unmittelbare Bedrohung wird dabei die fehlende Transparenz des sozialen Wandels aufgefaßt, aber auch die große Schwierigkeit, seine Entwicklung vorauszusehen [MAYNTZ, 1988, S. 5 f.].

Wo der Spezialist zu handeln beginnt, übt er stets Macht aus, ob er will oder nicht, der Spezialist in Gottesdingen – sprich der Pfarrer – ebenso wie der Spezialist in Informationsverarbeitung – sprich Computerfachmann –. Als natürlicher oder auch gewollter Gegenpol erweist sich der Politiker: Er ist Generalist, den seine universelle Bildung gelehrt hat, über sich und seinen Bereich stets hinauszusehen, nicht in Sektoren und nur vertikal, sondern horizontal denkend im Staate zu handeln. Von der Bildung der Politiker hängt unsere Gesellschaft ab wie die Frucht vom Stamme. Der Stamm aber des Politikers, der Politikerin ist die Bildung, die Frucht, die er selbst darstellt, ist sein Vermögen und seine Entschlossenheit, dort Brücken zu bauen, wo sektorales Denken und Handeln das Ganze einer Gesellschaft aufzulösen droht.

Subsysteme können über die genannte Eigendynamik hinweg eine Eigengesetzlichkeit entfalten und damit das besondere Interesse der Politik erwecken. Als Beispiel sei an dieser Stelle das Gesundheitswesen (und dessen Kostenexplosion) genannt. Im Sinne des Dekompositionsparadigmas ist Differenzierung Aufgliederung und weiterhin Untergliederung eines Ganzen. Durch Ausbildung „funktioneller Teilsysteme" [MAYNTZ, l.c., S. 17 ff.], die als Evolution aufgefaßt werden kann, folgt die institutionelle Verfestigung und die Binnendifferenzierung. Zwischen den beiden Differenzierungen besteht ein Zusammenhang, der z.B. beim Subsystem Gesundheitswesen über Handlungsrationalität und spezifische Tätigkeit allgemein umschrieben werden kann. MAYNTZ spricht im Zusammenhang mit der funktionellen Differenzierung auch vom spezifischen Handlungssinn, der Handlungssystemen zukommt und empirisch ermittelt werden kann.

Einen für den folgenden Abschnitt interessanten Gedanken stellt Rudolf STICHWEH [bei MAYNTZ, 1988, S. 261 ff.] vor: Er beschreibt den zweckrationalen Prozeß der funktionalen Differenzierung als über mehrere Stufen erfolgend:

Da ist zunächst eine bestimmte Kommunikationssituation oder auch ein Handlungsbedarf; es folgt die Entstehung und Institutionalisierung bestimmter sozialer, wie es heißt, „spezialisierter" Rollen, über die ein Differenzierungsstrang definiert und identifiziert werden kann; STICHWEH spricht von Leistungsrollen (z.B. des Arztes, des Priesters, des Lehrers), denen „Publikumsrollen" zugeordnet sind; diese Publikumsrollen nun sichern die Inklusion der Gesamtbevölkerung durch „komplementär zu den Leistungsrollen definierte Formen der Partizipation" [l.c., S. 261]. So bedeutet also Differenzierung eines Ganzen nicht, daß sich automatisch „atomisierte Aktormonaden mit divergenten, konfligierenden Zwecksetzungen" [WOLF, 1977, S. 16] bilden, die unvermittelt nebeneinander stehen und handeln, sondern Subsysteme, die im Ganzen der Gesellschaft horizontal wirken und die Tendenz haben, das Erfaßbare auch zu erfassen (z.B. das Subsystem Schule). WOLF [l.c., S. 23 f.] nennt vier Subsysteme:

– das Kulturelle,
– das Sozialsystem bzw. Interaktionssystem,
– das Persönlichkeitssystem (z.B. Regierungsform),
– die physiologische Verhaltensorganisation (z.B. Wirtschaftsform).

Jedem dieser Subsysteme seien die drei anderen als „primäre Milieus" zugeordnet. Jedes Subsystem bilde nun wieder interne Subsysteme, über die das jeweilige mit den drei anderen verbunden sei. Das Ergebnis dieser Analyse taucht auch bei MÜNCH wieder auf in der Gestalt der Interpenetration als integrierender Norm. Übrigens hat sich schon Jacob BURCKHARDT in seinen 1905 erschienenen „Weltgeschichtlichen Betrachtungen" [3. Kapitel] dazu geäußert. Für den Zusammenhang dieses Buches ist vor allem das kulturelle Subsystem wichtig; denn es geht uns um die internen Subsysteme Schule und Universität, die als Interpenetrationsräume das Kulturelle mit den anderen Subsystemen verbinden. Wie für die Subsysteme gelten für alle Handlungssysteme vier zentrale Funktionen, die zugleich auch im Sinne einer „Steuerungshierarchie" [WOLF, 1977, S. 24] aufgeführt sind. Diese vier zentralen Funktionen liefern auch Gesichtspunkte, unter denen Handlungssysteme betrachtet und analysiert werden können:

– Wieweit halten sie die höchsten Systemformen aufrecht (= latent pattern maintenance)?
– Wieweit tragen sie zur Systemintegration bei (= integration)?
– Erreichen sie ihre Ziele unter Berücksichtigung des Milieus (= goal attainment)?
– Wieweit erfolgt Anpassung an die physiologischen Bedingungen des Milieus (= adaption)?

In dieser Reihenfolge (LIGA) entsprechen die Funktionen den soeben genannten Subsystemen und üben sie die genannte Steuerungsfunktion aus.

Von den internen Subsystemen droht das Wissenschaftssystem zum dominierenden zu werden, in einigen Bereichen ist es bereits uneingeschränkt dominant. HABERMAS formuliert diese Tendenz auch in bezug auf die Technik und nennt beide die erste Produktivkraft. Mit der Wissenschaft wird über die Gesellschaft durch die bereits genannte Inklusion ein eigener Denkcode und ein eigener Wahrheitsbegriff geworfen. Die Inklusion wird aber mehr indirekt vollzogen und zwar über die „Verwissenschaftlichung der Themen des Erziehungssystems" [STICHWEH bei MAYNTZ, 1988, S. 275 f.].

Im zuvor Gesagten wurde gelegentlich von Rationalität oder Zweckrationalität gesprochen. Daher soll an dieser Stelle die Erörterung des Problems der Werte und Normen begonnen werden, dieses jedoch in einem gesellschaftlichen Gesamtzusammenhang – wie denn auch DURKHEIM die Gesellschaft eine „moralische Tatsache" nannte: Normen haben eine doppelte Aufgabe:

Zum einen sollen sie die Gesellschaft integrieren, die Subsysteme durch ihre Anerkennung (d.h. Anerkennung durch die Akteure) zu einer höheren Einheit zusammenfügen. Sie sind „das Konstituum (richtiger müßte es wohl heißen: constituens bzw. constituentes – der Verfasser) gesellschaftlicher synthesis" oder auch „nicht kontraktuelle Elemente des Vertrages" [WOLF, l.c., S. 43/44].

Zum zweiten haben die Normen eine Kontrollfunktion. Vom zweckrationalen Handeln wurde bereits gesprochen. Es gilt als vernünftiges (im Sinne von ökonomisch, zweckmäßig) Handeln schlechthin, und es bedeutet die globale Kosten – Nutzen – Analyse. Das Wahrheitskriterium liegt in dem, was man durch Zahl, Maß und Gewicht ausdrücken kann. Das normenorientierte Handeln überschreitet das zweckrationale Handeln nach Interesse und vollzieht sich in je und je besonderen Situationen, die außerhalb zweckrationaler Bewertungskriterien stehen. Ganz abzuweisen ist der Gedanke nicht, daß hinter dem zweckrationalen Handeln eine Zentralnorm steht, die allgemein und weithin Rationalität genannt wird. In der säkularen Form durchgesetzt sehen wir diesen Gedanken seit der Aufklärung. MÜNCH [1992, i.d.F. 1984, S. 261], der den consensus über Normen „Koordinationsstandard moderner Gesellschaften" nennt, rechnet die Rationalität zu den zentralen Normen der Moderne. Andere Normen oder auch Wertideen sind:

- Solidarität,

- Freiheit,

- aktive Weltgestaltung

[MÜNCH, l.c., S. 25]. Während letztere Idee wohl der protestantischen Ethik entstammt, weisen Freiheit und Solidarität auf die bürgerliche Revolution hin, vielleicht sogar schon auf den Garten des EPIKUR: So erweist sich die Gesellschaft als ein historisches Kontinuum, in welchem ruhende Werte – auch Rationalität als Wertidee ist bereits griechischen Ursprungs – durch konkrete Situationen virulent und ordnend wirksam werden. Ihr ordnender Charakter zeigt sich dort, wo sie sich in einer formalen Rechtsstruktur niederschlagen, auch dort, wo unter starker Betonung des Pluralismus ein ethischer Universalismus divergierende Tendenzen im Rahmen hält. Wertideen, die gesamtgesellschaftlich ein geordnetes Vorgehen, ein berechenbares und geregeltes sowie regelmäßiges Handeln sowie Kontrolle der Politik ermöglichen, sind nicht wie Einzelanweisungen eines wie immer gearteten Katechismus zu verstehen. Sie stellen einen Rahmen dar, innerhalb dessen gehandelt wird, dessen Überschreitung aber Sanktionen zur Folge hat. Das mag an der Wissenschaft als Subsystem deutlich werden:

Den Schlüssel zu ihrem Verständnis (in einem modernen Sinne) liefern die Renaissance und christliches Denken: Wir kennen schon seit ARISTOTELES den hohen Stellenwert der Empirie. Dazu gehören auch die jeweiligen Lebenswelten. Das mag belegt werden durch die umfangreiche Sammlung von 158 Verfassungen griechischer Staaten, die von dem Gelehrten veranlaßte Vermessung der Wege Asiens und die genaue Naturbeobachtung einschließlich systematischer Pflanzensammlung von Asien bis Indien, wie es sich in der Botanik des THEOPHRASTOS niederschlägt). Auch das Experiment als Methode, die Wahrheit zu finden, ist für den Hellenismus – z.B. Entdeckung des Blutkreislaufs oder der Nervenfunktionen – belegt, aber erst die „Entgeisterung der Natur" durch christliches Denken in Verbindung mit der Wiederentdeckung des einzelnen und seiner Erfahrung in der Renaissance macht den Weg frei zu ungehinderter Theoriebildung, zum Experiment und zur Erfahrung als Quelle der Wahrheit und zur Betonung von Logik/Rationalität als derjenigen Haltung, die wissenschaftliches Denken freimacht vom Denken in der Dimension von Autoritäten. Diese Veränderung des Paradigmas der Wissenschaft trägt den Charakter einer Revolution [vgl. KUHN, 1978]. So ist im Unterschied zu jedem anderen Verband (Bienen-/Ameisenvolk, Elefantenherde, Affenherde) die menschliche Gesellschaft eine solche, die in der Geschichte steht, diese produziert u n d sich dessen (mehr oder weniger) bewußt ist, wobei Geschichte nicht heißt „geplant" oder „naturhaft gewachsen", vielmehr bedeutet Geschichte, die ja stets von einzelnen produziert wird, das Schwanken zwischen „spontan" und „geplant", „fest" und „elastisch", oder, wie Norbert ELIAS [l.c., S. 50] sagte, „spannungsreich" und „komplex".

Wie die Gesellschaft ist also Wissenschaft etwas, was im Kontinuum der Geschichte wächst und durch externe Anstöße ihr Paradigma ändert und zu neuen Erkenntnissen kommt. Heute ist das Paradigma der Rationalität für die Wissenschaft in Frage gestellt [FEYERABEND, 1985], aber der Ausbruch ist noch mit Ausschluß aus der Gemeinde der wissenschaftlichen Welt bedroht – das ist heute vielleicht nur existenzbedrohend, vor Jahrhunderten bedeutete der Ausschluß den Tod. Es sollte neben FEYERABEND bereits W. HEISENBERG mit seiner Unschärferelation und auch die zeitgenössische Chaostheorie erwähnt werden.

Auf die Gefahr, bei der Rationalität nur die instrumentelle zu sehen, also nur den Verstand und nicht das Gemüt, ist schon früh hingewiesen worden; GRACIAN Y MORALES nennt (in der Übersetzung von SCHOPENHAUER) im zweiten Aphorismus seines Hand-Orakels [Frankfurt, 1986, S. 11] „Herz und Kopf die beiden Pole der Sonne unserer Tätigkeiten: ... Verstand reicht nicht hin; Gemüt ist erfordert."

Damit ist zum einen die emotionale Komponente gemeint, wie sie gelegentlich noch bei dem Wort „Herzensbildung" durchscheint. Die Emotionalität und ihr hoher Wert sind schon in der Antike betont worden: Der starke Achilleus darf vor seinen Soldaten seine Gefühle herauslassen und weinen. Heute gilt: „Man weint nicht in der Öffentlichkeit!"

Die andere Komponente könnte man in Anlehnung an KANT Vernunft nennen; sie bezieht sich, im Unterschied zum instrumentellen Verstand, als reflexive Vernunft auf das Transzendente, was unseren unmittelbaren Erfahrungsraum über die menschliche Existenz hinweg bis hin zum göttlichen Urgrund überschreitet. Aus dem Prozeß der reflexiven Vernunft erwachsen Auswahlkriterien für den Lehrplan und eine Bildungsdimension, die als existentielle im folgenden erläutert werden soll [s.u. (g)].

Instrumentelle Rationalität schafft dagegen ein parzelliertes Bewußtsein, dem Bildung entgegenwirkt. Die entfaltete instrumentelle Rationalität ist die Folge (oder der Begleitumstand) des globalen Differenzierungsprozesses – das parzellierte Bewußtsein ist dieser Sünde Lohn; die Bildung aber ist das „absolvor", das jeder sich und nur sich selber sprechen kann. Sie ist das notwendige und befreiende Schicksal in der sich immer mehr und komplizierter differenzierenden Gesellschaft, zugleich aber auch noch die Chance; denn sie kann die Universalität des Bewußtseins neu aufbauen; ihre Entfaltung vollzieht sich im Maße der Zeit und der Individualität; sie kultiviert eine Gesellschaft, ihr Scheitern führt in die Barbarei [von Bedeutung für diesen Abschnitt sind die Abhandlungen folgender Autoren: ARENDT, 1960; ERBE, 1961, S. 75 ff.; ADORNO, 1962 A; ELLWEIN, 1968, S. 375; GADAMER, 1990, 1. Band, I 1b; BUCK, 1981; von RECUM, 1982, S. 11; LIEBAU, 1984 B, S. 433 ff.; KLEDZIG, 1989 A, S. 237 ff.; vgl. auch die Schriften KERSCHENSTEINERs, v.a. die Theorie der Bildung (von 1926)]; HENZ, 1993, S. 267 ff.

Zusammenfassung:

Der Begriff Bildung ist so komplex, daß er nicht definiert, sondern nur umschrieben werden kann. Dazu dienen im folgenden sieben Dimensionen. Für die lebensweltliche gilt:

Bildung wächst in der Lebenswelt der Menschen, Lebenswelt und Bildung prägen einander. Unsere Lebenswelt ist die Moderne, deren Struktur durch den Prozeß funktionaler Differenzierung gekennzeichnet ist. Für unsere Zeit bedeutet diese alles umfassende Differenzierung auch wachsende Unübersichtlichkeit in allen Bereichen, von der Schule über die Verwaltung bis in die Wissenschaft. Gleichwohl existiert ein Funktionszusammenhang. Die Moderne hat durch den Aufbau von Subsystemen (das kulturelle, das soziale, das Persönlichkeitssystem und die physiologische Verhaltensorganisation) erhebliche Steuerungsaufgaben, wenn die Gefahren von Asymmetrien verhindert werden sollen. Durch diese Aufgaben entwickeln sich sektorale Politiken. Wie die Subsysteme so durchdringen sich auch die sektoralen Politiken durch Horizontalisierung. In der Soziologie wird diese Interpenetration eine integrierende Norm genannt. Als Gefahr ist zu sehen, daß das Subsystem Wissenschaft dominant wird und die Themen des Bildungswesens nur noch unter dem Aspekt der Wissenschaft, vor allem wissenschaftliche Rationalität/Zweckrationalität gesehen werden. Zu den zentralen Normen der Moderne gehören Rationalität, Solidarität, Freiheit und aktive Weltgestaltung. Auch diese weisen auf die Antike; insofern präsentiert sich die Moderne als ein historisches Kontinuum. Auch die Wissenschaft, für die unterschiedliche Paradigmen galten und gelten, steht seit ARISTOTELES in der Kontinuität, wie insgesamt die menschliche Gesellschaft in der Geschichte steht. Instrumentelle Rationalität als vorrangiger Wert bedeutet Gefahr für die Werte der Emotionalität, vor allem des Gemütes und bedarf auch der Ergänzung durch die reflexive Vernunft, wenn nicht das Bewußtsein parzelliert werden soll. Bildung ist diesem Bewußtsein gegenüber kontraproduktiv und ein für die menschlich bleibende Gesellschaft notwendiges Schicksal und befreiende Chance.

b) Die anthropologisch-individuelle Dimension

Die Doppelnatur des Menschen haben die Griechen schon erkannt: Wenn ARISTOTELES die ontologische Priorität des Konkreten, je und je einzelnen, des Individuellen also festlegte und andererseits den Menschen als ein zôon politikón, ein zur polis gehörendes Lebewesen nannte, sind die beiden Naturen erkannt: Jeder Mensch ist auf Gesellschaft (pólis) angelegt und zugleich ein einzelner, ein Individuum, dessen Individualität in der Bildung entfaltet wird. Wenn gilt, daß Menschen nicht geboren, sondern gebildet werden, dann ist auch richtig, daß mit dem einzelnen die Bildung stirbt: Sie ist schicksalhaft stets mit dem einzelnen verbunden. Sie hat nur eine Funktion: Sie gibt dem einzelnen Dasein und Sinn und hat in dem Maße mehr die Funktion einer Brücke, als sich die Gesellschaft funktionell in Sektoren und damit auch in sektorale Politiken differenziert. Das Verhältnis des einzelnen zur Gesellschaft und die Folge der funktionellen Differenzierung sollen im folgenden erläutert werden. Festzuhalten ist: Dieses Verhältnis ist so einzigartig, daß es ein „Analogon in einer anderen Sphäre des Seins" [ELIAS, 1987, S. 37] nicht gibt.

Das Verhältnis findet seinen besonderen Ausdruck in der Sprache [HABERMAS, 1988, s. 223 ff., v.a. S. 229]. Diese ermöglicht die Verständigung in symbolischen Zeichen untereinander, des einzelnen mit sich selbst und mit der umgebenden Natur. So steht dieser einzelne im System der Gesellschaft, der Natur und in symbolisch vermittelter Aktion. HABERMAS entwickelt hieraus drei Kompetenzen, die kognitive, die kommunikative und die interaktive; und diese schlagen sich nieder in Arbeit, Sprache und Leben. Weitere Ableitungen in bezug auf das System der Wissenschaften, Erkenntnisse, Interessen und der didaktischen Paradigmata sind bereits im Kapitel I (Abschnitt II) abgehandelt. Eine wichtige Kompetenz wird aus Gründen der Rationalität und wohl auch deswegen, weil – anders als in den Wissenschaften – kumulative Fortschritte nicht zu verzeichnen sind, weithin vergessen oder verschwiegen oder auch als bedeutungslos dargestellt; nennen wir sie einmal die emotionale Kompetenz: Diese wird in der Erziehung zum Gefühl offenbar und gewinnt im Prozeß funktionaler Differenzierung, die Ausdruck der Rationalität ist, immer mehr an Bedeutung, weil sie immer mehr unterdrückt wird – d.h. daß der einzelne wieder lernt, Gefühle auch ohne Rituale zu zeigen und zu äußern und auch lernt, sie zu kultivieren in der Kommunikation mit sich und anderen. Die Vermutung, daß die Verdrängung des Emotionalen etwas zu tun hat mit der Entwicklung

- christlichen Denkens innerhalb der Institution Kirche, aber auch mit der Entwicklung
- der Naturwissenschaften

ist nicht neu: Bereits GOETHE sagte in seinen Schriften zur Naturwissenschaft [S. 253]: „... und das eben ist das größte Unheil der neueren Physik, daß man die Experimente gleichsam vom Menschen abgesondert hat ..." und im FAUST [1. Teil, Marthens Garten] heißt es: „Gefühl ist alles; Name ist Schall und Rauch, umnebelnd Himmelsglut."

Die genannten Kompetenzen hängen eng mit der Doppelnatur zusammen: Sofern der Mensch ein Individuum ist, darf er als frei gelten. In der Vorlesung FICHTEs zur Logik und Metaphysik [FICHTE, 1937, S. 148] heißt es prägnant: „Ich bin ich, heißt: ich bin frei ...; ich finde mich als frei, ich werde mir so gegeben, nicht, ich mache mich frei..."

Aus der Freiheit als einer notwendigen (und zu entfaltenden) Bestimmung des einzelnen (ich bin ich) folgt seine Formbarkeit und auch seine Selbststeuerung: Erst hier wird seine Geschichtlichkeit begründet, auch die der Gesellschaft. Bei ausschließlicher Instinktsteuerung gibt es die Geschichtlichkeit nicht (z.B. bei einem Bienenvolk). In die Geschichtlichkeit wird jeder einzelne hineingeboren; für den Prozeß der Bildung folgt daraus, daß das Individuum in sich von Anfang an seine Bildung nachbilden muß; es kann vielmehr sich in einen Strom begeben: die Nachwachsenden können sich der Schultern der Älteren bedienen. Geschichtlichkeit ist aber auch – subjektiv – individuell eine Aufgabe, die nämlich, ein Bewußtsein davon zu entfalten. Auch ohne ein entfaltetes Bewußtsein stünden wir in der Geschichte – aber mehr, im Sinne FICHTEs, als Objekte. Es gibt (und gab) im übrigen – aus der Sicht der jeweiligen politischen Gruppen – gute Gründe dafür, anderen den „Charakter der Vernunft – <die> Freiheit" [l.c.] – vorzuenthalten: Das heißt in der praktischen Konsequenz, das Bewußtsein der eigenen Geschichtlichkeit durch ein präsentisches („heut ist heut") zu ersetzen, und das ist „der Herren eigener Geist" [FAUST, 1. Teil, Szene mit WAGNER]! Menschen sind dann als Objekte der Einwirkung anderer ausgesetzt, ohne daß sie mitwirken können oder gar die Chance zu einer wenn auch distanzierten Zustimmung erhalten. Sie werden unbelehrbare Parteigänger oder indifferente und ebenso wie die zuerstgenannten leicht lenkbare Konsumptionisten: Und damit steht die Frage im Raum, ob und wie der Lehrplan an der Entfaltung individueller, subjektiver Geschichtlichkeit eingesetzt wird, damit Menschen belehrbar bleiben und an sowie aus dem, was war, lernen: Denn nur so kann aus dem Charakter der Geschichtlichkeit Geschichte produziert werden; sie ist die Summe von Einzelentscheidungen und so wiederum Geschichte der Gesellschaft [GADAMER, 1990, a.a.O.].

Aus der Freiheit, die jeden einzelnen über die Steuerung durch Instinkte hinaushebt, ergibt sich die Geschichtlichkeit und hieraus nun wiederum die Notwendigkeit der Bildung: Wie die Bildung notwendiger Begleitumstand der funktionalen Differenzierung der Gesellschaft ist – sie konstituiert die Individualität als solche im geschichtlichen Prozeß –, so ist sie notwendiges Akzidenz der Geschichtlichkeit: Ohne Bildung gibt es keine Entfaltung der Geschichtlichkeit; diese bliebe eine der Möglichkeit nach vorhandene Gegebenheit ohne Aktualisierung. Besonderer Ausdruck der Geschichtlichkeit ist die Mobilität: Ohne diese würde der einzelne im Prozeß zerrieben; anders gewendet: Im Prozeß der funktionalen Differenzierung fallen mehr und unvorhergesehene Entscheidungssituationen an. Der einzelne muß mehr und flexibel entscheiden, wobei er – wie wir noch sehen werden – für sich entscheiden muß: Dabei verdient hervorgehoben zu werden, daß die Richtung der Entscheidungsprozesse nicht vorhersehbar ist. Ein gradliniges Handeln [ELIAS, 1987, S. 160] wird immer schwerer in den hochdifferenzierten Gesellschaften; desgleichen tut sich zwischen dem spontanen Handlungswissen und dem Handlungsvollzug eine tiefe Kluft auf. Die psychischen Folgen sind erheblich und werden an Grundfiguren deutlich, die tragisch zu nennen und noch darzustellen sind. Die Bildung als Kultur des Selbst hat hier die Funktion der Kompensation. Sie wird eine lebensrettende Maßnahme. Als ein besonderes Beispiel für die Notwendigkeit der Mobilität kann der technologische Wandel [AURIN, 1983 B, S. 311 ff.; vgl. auch Heft 9, 1980, der Zeitschrift Die Höhere Schule; KUSS, 1983, S. 21 ff.] genannt werden. Da niemand weiß, welchen Zustand der Wandel in 10 bis 15 Jahren erreicht, (das gilt auch für Berufsbilder, die sich anlehnen), wäre es im humanen Sinne verantwortungslos und pädagogisch naiv (und Ausdruck besonderer Unkenntnis der Lebenswelt), den Lehrplan auf eine Gegenwart zu konzipieren, die bereits vergangen ist, wenn die Tinte der Lehrplanentwürfe noch nicht trocken ist.

Der genannten Freiheit mit all ihren Konsequenzen entspricht die Bindung (aus Überzeugung). Der allgemeine Bezug der funktionalen Differenzierung ist bereits dargestellt. Hier geht es vor allem um die Bindung an Werte, die sich sowohl im bezug auf die Mitmenschen als auch auf das Individuum selbst ausdrücken: Phylogenetisch vollzog sich die Entwicklung des Menschen von der extremen Abhängigkeit und Bindung an Instinkte zur psychischen Selbstregulierung mit Hilfe von Werten. Die Summe der Selbstregulierungen ergibt eine gesellschaftliche Ordnung und Struktur.

Die Auffassungen scheinen sich in der Soziologie gewandelt zu haben: Während sonst in der Gesellschaft vorwiegend das Typisierende, Gleichmachende gesehen wurde, nennt ELIAS [1987, S. 90] „die Gesellschaft ... auch das Individualisierende" und [l.c., S. 71]: „Die Geschichte ist alle Male die Geschichte einer Gesellschaft, aber ganz gewiß einer Gesellschaft von Individuen."

Die Bindung an das Selbst wird in der Literatur (z.B. von ERIKSON) der Prozeß der Identitätsfindung genannt. Dieser ist stets an Substanzen und Verhalten gebunden. Hier und in den folgenden Abschnitten dürfen nur diejenigen Substanzen interessieren, die als Lehrplanentscheidungen und als didaktische Umsetzungen durch die Lehrenden wirken. Durch den Lehrplan ist der einzelne im Unterricht gebunden. Zugleich aber bindet er sich selbst durch Entwicklung eigener Aktivitäten (auch Passivitäten, z.B. „Null-Bock-Mentalität"). Hier liegt neben dem Lehrplan zugleich auch eine zweite Komponente der didaktischen Entscheidung: Die Befindlichkeit des Schülers, von der ein schülerorientierter Unterricht den Ausgang nimmt.

Verhalten meint Verhalten von Vorbildern, in der Schule also der Lehrer. Auch daraus wächst im Maße der Zeit das Verhalten der Schüler. Es ist die Art des Umgehens miteinander sowie das Netz aus Spielregeln, Verhaltenssteuerung, Triebregulierung und die Sensibilität, die im menschlichen Umgang entwickelt wird und die den einzelnen an eigene Wertentscheidungen bindet. Diese betreffen das eigene Selbst, z.B. im Gewissen und den anderen in der Entwicklung von Tugenden, die Ausdruck von Entscheidungen für Werte sind: Zuverlässigkeit, Genauigkeit, im gewissen Sinne Pünktlichkeit, Treue zur Sache und zu Personen, Beständigkeit, Ehrlichkeit, Anstand, Fairneß, Zivilcourage. Hinter diesen steht ein Wertegrund, der in seiner Komplexität nur Menschen zukommt. Es ist die Haltung dessen, den die Römer homo humanus nennen – die Dimension stets dialogbereiter Menschlichkeit, die sich im Prozeß des geistigen und charakterlichen Wachstums entfaltet und im andern nur das erkennt, was in der eigenen Person schon als das humanum entfaltet ist. Erst von hier aus kann die ethisch-anthropologische Dimension zur politischen wachsen. Hier (d.h. in der Schule) wird geschaffen, was als politische Haltung auf das Ganze der Gesellschaft ausstrahlt und von der Gesellschaft auf die Schule zurückgeworfen wird. Falsch ist die Ansicht – und durch die Bildungsgeschichte vielfältig widerlegt –, man könnte mit diesem Mechanismus über die Schule eine neue, ganz andere Gesellschaft schaffen. In einer offenen und demokratischen Gesellschaft darf Schule überhaupt nicht instrumentalisiert werden; sie ist kein „politisches Mittel", wie es 1948 in der programmatischen Erklärung eines Verbandes [Die Höhere Schule, 1948, Heft 2, S. 5] heißt. Ein solcher Prozeß wäre unvereinbar mit der Menschenwürde, wie sie allein demokratische Gesellschaften als Norm entwickelt haben – und selbst in anderen Gesellschaftstypen muß Schule nicht unbedingt ein Instrument in der Hand der Mächtigen sein, durch das Herrschaft gerechtfertigt, gesichert und stabilisiert wird. Als Beispiele seien absolutistische Staaten des 18. Jahrhunderts (verwiesen wird auf den bereits erwähnten Brief Johann Gottfried HERDERs) oder die römische Republik genannt. Selbst die Euphorie der 70er Jahre hätte ganze Kollegien nicht dazu hinreißen dürfen, darauf zu setzen, daß über die neuerrichteten Schulformen unsere Gesellschaft verändert werden könnte. Ein paar Geschichtskenntnisse hätten die Euphorie bremsen u n d den Katzenjammer darüber, daß es doch nicht gelungen sei, verhindern können. Es gibt keinen Automatismus und keine direkte Einwirkungsmöglichkeit, die Schule in bezug auf die Gesellschaft entfalten könnte: Die Bildung, die zur Selbstdefinition und zur Interpretation des Lebenszusammenhanges des einzelnen beiträgt, entfaltet im späteren Handeln ihre Wirkung, oft genug ungeplant. Die Dialektik von Freiheit und Gebundensein ist begleitet von Grundfiguren, die teilweise tragisch zu nennen sind.

Im Makrobereich der Gesellschaft zeigt sich das daran, daß erhebliche Steuerungsprobleme auftreten können – z.B. im Verhältnis der Subsysteme (Politik, Wirtschaft, Schule, Wissenschaft), durch das Aufkommen sektoraler Politiken oder dann, wenn asymmetrische Beziehungen, Abhängigkeiten aufkommen zwischen Gruppen (z.B. Produzenten – Abnehmer). Für diesen Zusammenhang wichtiger ist der Mikrobereich:

Dadurch, daß Menschen intensiver und auch schneller für sich entscheiden müssen, entwickelt sich die Gefahr der Isolation, zumal da der einzelne durch die hohe Differenzierung des sozialen, wissenschaftlichen oder beruflichen Bereichs schwer austauschbar wird bzw. noch mehr, er kann von sich aus nicht wechseln; schon der Kraftfahrzeugmechaniker, der „auf Opel" gelernt hat, hat Mühe, andere Fabrikate mit Erfolg zu betreuen. Es gibt zwar – objektiv gesehen – einen, wie Norbert ELIAS das nennt, Funktionszusammenhang; dieser wird aber subjektiv nicht wahrgenommen, kann es wohl auch nicht. Dieses Gefühl der Isolation kann sich auswachsen zu Gefühlen wie Ausgeliefertsein, Verlassenheit, Ängsten (es überhaupt zu schaffen); Ohnmacht kommt auf:

Einerseits sieht ein jeder, wie wir Naturgewalten beherrschen und nutzen können, andererseits sieht er sich allein im Meer einer immer unübersichtlicher werdenden Gesellschaft; verschreckt sieht er die Vorgänge, die sich – „ohne Sinn und Verstand" – zwischen einzelnen und Gruppen abspielen. Die Person wird wahrgenommen als „wirloses Ich" [ELIAS, 1987, S. 245]. Ein gutes Beispiel für das Aufkommen einer geradezu autistischen Persönlichkeitsvariante, die sich in philosophischen Sätzen niederschlägt, ist jener bekannte Satz: cogito, ergo sum. Im Sinne von ELIAS bedürfte dieser Satz noch folgender Ergänzung: cogitamus ergo sum.

Schon früh hat DURKHEIM auf eine Gegebenheit hingewiesen, die er Anomie nannte – d.h. die Unfähigkeit des einzelnen, sich an neue Formen funktionaler Differenzierung anzupassen. Er wird dann entfremdet und steht in Werte- und Normkonflikten, die zu abweichendem Verhalten führen können. In diesen Zusammenhang kann wohl auch die Beobachtung gebracht werden, daß mit der Differenzierung analog zu sektoralen Politiken ein parzelliertes Bewußtsein wächst oder wachsen kann: Das ist die Antinomie geschichtlicher Prozesse, anders ausgedrückt im Sinne der sog. kritischen Theorie: die Dialektik der Aufklärung. In dem Maße, wie im historischen Prozeß seit der Renaissance die Menschen zur Selbstbestimmung freigesetzt werden, kann dieser aufklärerische Fortschritt in Rückschritt umschlagen, in dem das Bewußtsein dichotomisch wird und nur noch Sektoren der Wirklichkeit wahrnimmt. Bildung hat hier die Aufgabe, entgegenzuwirken (d.h. eine Brückenfunktion zu übernehmen); denn konstitutives Merkmal der Bildung ist ihre Eigenschaft, was in uns und um uns ist, als Ganzheit, besser System zu erfassen [vgl. SCHILLERs Briefe 2, 6 und 8 „Über die ästhetische Erziehung des Menschen"]. Bildung ist parzelliertem Bewußtsein gegenläufig [KLAFKI, 1986, S. 468]. Angesprochen ist der Komplex der Ich-Identität. Wo sie ins Wanken kommt, in der Folge des nicht ausgestandenen Konflikts zwischen Freiheit und Gebundensein, entsteht das Bewußtsein, ein homo clausus zu sein. Jemand, der sich selbst nur noch als einen Sektor der Wirklichkeit wahrnehmen kann, ein Mensch mit „wir-losem Ich". Dem homos clausus fehlt Wärme und Geborgenheit, wonach er sich sehnt, was er vermißt; ihm eignet die „Instant-Haltung": Alles muß sogleich verfügbar werden – das Gefühl für Wachstum, die Geduld, das Wartenkönnen fehlen: ist doch in anderen Sektoren des Wirklichen alles sofort vorhanden. Doch die Wirklichkeit kann erst mit dem Maße der Zeit eigener Erfahrungsraum werden. Und das heißt: Der Sektor „ich" bedarf der Ergänzung durch das „wir"; erst dann entsteht der Erfahrungsraum, in welchem die Ich-Identität im Sinne einer Wir-Ich-Balance [ELIAS, 1987, S. 269] sich entwickelt. Bildung hat an dieser Balance einen bedeutenden Anteil.

Ein entwicklungspsychologischer Gesichtspunkt sollte hier noch aufgeführt werden: In wenig differenzierten Gesellschaftstypen waren (und sind) die Heranwachsenden viel stärker in die Welt der Erwachsenen integriert. Es ist sogar festzustellen – unabhängig von Neil POSTMAN – daß man in solchen Gesellschaftstypen Kinder nicht als Kinder, sondern als Erwachsene ansehen konnte. Als hervorragende Beispiele seien genannt:

- Die Darstellung des Jesuskindes in Byzanz (Hagia Sophia, Chorakirche) und in der griechischen Orthodoxie bis heute,

- die Skulptur des Jesuskindes im Mariendom zu Erfurt; hier sitzt ein erwachsener Mann (mit Bart) auf dem Schoße der Mutter.

Im Verlaufe der Geschichte – d.h. hier der funktionalen Differenzierung – vor allem seit der Renaissance kommt es zu Ausgrenzungen: Die Jugendlichen bilden eigene Gruppen (sogenannte Peergroups) mit eigenen Sitten, Gebräuchen, auch mit eigener Sprache; diese bieten emotionale Geborgenheit, Freiräume „für die Erprobung neuer Möglichkeiten im Sozialverhalten" [OERTER, 1987, S. 318], helfen bei der Abgrenzung von den Erwachsenen und dienen der eigenen Identitätsfindung. Wahrscheinlich ist die moderne Gesellschaft noch einen Schritt weitergegangen; es kann aber auch sein, daß das Verhalten der Jugendlichen eine Reaktion darstellt. Es ist die Gesellschaft, die die Jugendlichen ausgrenzt und Lebensräume vorenthält (weil sie es muß). Jugendliche werden in Schulen (im allgemeinen bis zum 18./19. Lebensjahr) und Hochschulen von der Lebenswelt der Erwachsenen getrennt und gesondert auf „das Leben" vorbereitet. So bedeutet denn Schulzeit ein „psychosoziales Moratorium" [ERIKSON] und Schule sowie gegebenenfalls Universität Experimentierräume für Peergroups, deren Mitglieder an vielen Stellen über Isolierung und Trennung vom Leben klagen. Der Übergang in das Spezialistentum der Erwachsenen und Berufstätigen wird dann auch als schwer empfunden, was man aus dem in den entsprechenden Altersgruppen vorkommenden Wort „Praxisschock" entnehmen kann.

In diesen Zusammenhang (der Ausgrenzung und Selbstfindung durch Selbstorganisation) gehört auch die Jugendbewegung (etwa seit 1896 – Gründung von Wandergruppen durch H. HOFFMANN in Steglitz) mit eigener Kultur [Liedgut im Zupfgeigenhansel, BOHNENKAMP, 1963 B, S. 389 ff.] und eigener Werteordnung (Schwur auf dem Hohen Meißner); 1933 haben die Nationalsozialisten die eigenständige Bewegung beendet durch das Verbot des Großdeutschen Bundes bzw. der „Deutschen Freischar". Die Erkenntnis der Ausgrenzung und die entsprechenden Erfahrungen sind nicht neu, aber für jede Generation unter den Lehrerinnen und Lehrern bedeutet die Ausgrenzung eine schwere pädagogische Aufgabe: Wo die Schülerinnen und Schüler sich selbst überlassen bleiben, haben ihre Lehrerinnen und Lehrer versagt.

Bisher haben wir den Menschen erfahren als Lebewesen, das in der Spannung zwischen Gesellschaft und Individuum lebt und als Individuum, das sich im Kraftfeld der Pole Freiheit und Bindung einerseits sowie Autonomie andererseits bewegt. An dieser Tatsache hat sich seit Bestehen dessen, was wir Gesellschaft nennen, nichts geändert. In diesem Zusammenhange könnte man auch von der Ambiguität des Menschen sprechen: Er ist stets darauf verwiesen, angesichts tragischer Grundfiguren wie Leid, Krankheit, Tod und Unglück stets nach einem neuen Sinn zu suchen. Wenn wir diese Ambiguität und das, was als dahinterstehend beschrieben wurde (kurzum die Immanenz) in einem dialektischen Schema als den ersten Schritt bezeichnen, so ist der zweite Schritt, den es jetzt zu beschreiben gilt, der der Transzendenz. Wir stehen in der Welt und weisen gleichzeitig über uns und jene hinaus. Im Unterschied zu allen anderen Lebewesen ist die Grenzüberschreitung nur dem Menschen zu eigen. Transzendenz wird hier umschrieben als das Vermögen und auch die Eigenschaft, Grenzen zu überschreiten (transcendere), mag das Erkenntnisziel nun sein

- die Überweltlichkeit Gottes,

- die Überweltlichkeit in der Seinsordnung,

- das Geistige, das die den Sinnen zugängliche Welt übersteigt,

- dasjenige, was vom Bewußtsein unabhängig existiert,

- das Übersinnliche,

- die Transzendentalien, also Einheit [SCHWARZ, 1957, S. 98 ff., S. 115 ff.], Wahrheit, Gutheit, Schönheit: quodlibet ens est unum, verum, bonum seu perfectum.

Transzendenz vollzieht sich (als Prozeß) nicht nur in der Hinwendung zu Gott oder zu Surrogaten; die entsprechenden Vorstellungen sind überliefert um die Personen Buddha, Jesus, Mohammed, Feuerbach, Marx oder auch Lenin. Transzendenz zielt auf alle Bereiche, die außerhalb des einzelnen existieren und in der Zuwendung durch Transzendenz sinnhaft werden. So kommt durch die Transzendenz das Äußere, das Umgreifende, zurück in das Innere. Die Transzendenz ist es, die das Innere nach außen kehrt, es sozusagen zum Ausdruck bringt als

- Sprache und Handlung,
- Gestaltung in Farben und Formen,
- Aufführung in Tönen.

Diese aber kehren wieder, durch ihre Teilhabe am Außen bereichert und verwandelt. Der Gestaltungswille in der Sprache, im Handeln und Sich-Verhalten, in der Malerei z.B. und der Musik erfährt durch die im Wege der Transzendenz sich vollziehende Zwiesprache mit dem Umgreifenden die gültige Form bzw. Gestalt als Gedicht, Roman, Drama, Bild, Skulptur, Handlung der Barmherzigkeit oder des Kampfes, Liedkomposition oder Werkstück des Handwerks, Übersetzung eines Textes, Theorie in der Physik, Konstruktion in der Technik. Was vorher nicht war, dringt nun als Tat nach außen im Wege der Transzendenz als Synthese von Elementen, die nicht wahrnehmbar waren – weder für den Außenstehenden noch für die Betroffenen: Hier greift methodisches Vorgehen als Planung ebenso wie die Intuition oder Spekulation.

Es liegt im Wesen des durch Raum und Zeit Begrenzten, daß es als ausgedehnt erscheint, wo es ein continuum mit dem Charakter der Gleichzeitigkeit ist – nur chronologisch und hintereinander darstellbar. So ist es mit der Immanenz und Transzendenz, dem Innen und Außen: Die Trennung liegt nur im Wort; in der Sache liegen sie eng beieinander, ja sie haben sogar etwas Gemeinsames: Sieht man wiederum Immanenz und Transzendenz als dialektische Figuren im Sinne von Thesis und Antithesis, dann ist das beiden Gemeinsame die Synthese. Unterschiedliche Worte haben Menschen dafür gefunden:

- „Hat man nicht mich, sondern den lógos gehört, dann ist es weise, in Übereinstimmung mit dem lógos zu sagen, daß alles eins sei" [Heraklit, B 50, DIELS].
- „Jenseits (also „trans" der Verfasser) der zeitlichen Welt liegt … die Gottheit … Es schwebt schon der Geist über der zeitlichen Welt, und ihn anzuschauen ist Ewigkeit" [SCHLEIERMACHER, F., Werke , Band IV, S. 414 f., BRAUN, / BAUER].
- „Ursprünglich war der lógos, und er (wurde) zu Gott (eigentlich: er transzendierte zu Gott) und Gott war der lógos; alles wurde durch ihn … in ihm war Leben, und das Leben war das Licht der Menschen" [Johannesevangelium 1. 1-4].
- „Wär' nicht das Auge sonnenhaft,
  die Sonne könnt' es nie erblicken;
  läg' nicht in uns des Gottes eigene Kraft,
  wie könnt' uns Göttliches entzücken?" [GOETHE]

Das beiden Gemeinsame ist wohl das Analogon des Außen im Binnen und die Spermata des Binnen im Außen. Nur so ist wohl die Eigenschaft u n d das Vermögen des Transzendierens (und auch der Wille dazu) zu verstehen. Einerseits begegnen wir uns selbst und der Welt nur unter Umständen, die als ganzheitlich [RUMPF, 1962, (A - C), S. 4 ff., S. 185 ff., S. 206 ff.] oder im Sinne des Wortes als universal gekennzeichnet werden könnten. Erst dann, wenn wir den Baum als Baum, das Mädchen als Mädchen, die

Biene als Biene, den Himmel als Himmel wahrgenommen haben, beginnt eine Differenzierung nach aktuellen Gesichtspunkten, z.B. meteorologischen, botanischen, medizinischen, zoologischen und ästhetischen, die ihrerseits wieder aufgegliedert werden können. Über die Identifizierung verläuft die Differenzierung, so daß dann plötzlich nur noch der Blinddarm, der Honigmagen, die Photosynthese, die Wolkenformation in der Flugvorbereitung übrigbleiben. Nur darf die Umkehr zum Ganzen – ein wichtiger Aspekt der Bildung – nicht vergessen werden; denn wir gehen vom System zum Teil, und nun droht die Gefahr, dem Teil zu erliegen und Systemwissen zu verlieren. So erleben Lehrer immer wieder bei ihren Schülern den Wunsch, die enggezogenen Grenzen e i n e s Faches zu transzendieren, z.B. unter dem Gesichtspunkt des „Lebens". In unseren Tagen soll diesem Gedanken durch Projekttage oder Projektwochen z.B. in Niedersachsen oder durch den sogenannten fächerübergreifenden Unterricht (z.B. in Baden-Württemberg, Bayern) Rechnung getragen werden. Sehr viel früher, nämlich in Heft 4 der Pädagogischen Arbeitsstelle Wiesbaden aus dem Jahre 1956 wurde versucht, im „überfachlichen Unterricht" (2/3 Fachunterricht, 1/3 überfachlicher Unterricht) Bildung wirken zu lassen [vgl. auch SCHWARZ, 1957, S. 43; KLEMM, 1959, S. 179]. Hier ist ein zentraler Gesichtspunkt der Bildung genannt: Bildung meint auch den Willen und die Fähigkeit, fachliche Grenzen zu transzendieren [BRANDT, 1949, S. 4; SCHWARZ, 1954, S. 187, von HENTIG, 1987, S. 387 ff.] in bezug auf das Gemeinsame von Fächern (z.B. Musik, Religion und Deutsch im komplexen Song aus BRECHTs „Aufstieg und Fall der Stadt M.": „Laßt Euch nicht verführen ...") oder in bezug auf Außengesichtspunkte wie Leben, Ganzheit, Beruf. Bildung kann so dargestellt werden als Systemwissen u n d diejenige Haltung, die stets nach übergeordneten Ebenen und höheren Ganzheiten sucht; hier dürften angesprochen sein das sog. Übersichtswissen und das Wissen um Folgen, welch letztes allein dem Bildungsbewußtsein entspringt. Es muß hier noch gesagt werden, daß natürlich der Prozeß des Unterrichts – eben ein geplanter, intentionaler Prozeß, zu welchem Übung, Einübung und Wiederholung (explizit und auch immanent) konstitutiv gehören –, für den Prozeß der Bildung den entscheidenden Impuls bedeutet.

Wir sind mit den soeben genannten Gesichtspunkten zu einer weiteren Dimension gelangt; aber zunächst:

Zusammenfassung:

Menschen haben eine Doppelnatur: Sie sind einzelne und zugleich auf Gesellschaft angelegt. Bildung ist ihre Entfaltung, d.h. stets nur die Entfaltung des einzelnen. Verständigung mit sich selbst und der Umwelt findet der einzelne in der Sprache. Vier Kompetenzen sind zu nennen:
– die kognitive,
– die kommunikative,
– die interaktive,
– die emotionale.
Letztere war historisch unterdrückt.

Aus der Freiheit als notwendigen Bestimmung des einzelnen ergibt sich die Formbarkeit, Selbststeuerung und Geschichtlichkeit. Ohne letztere entsteht der Parteigänger und Konsumptionist: Bildung ist dem kontraproduktiv.

Besonderes Merkmal funktionaler Differenzierung ist die Unvorhersehbarkeit der Entwicklung. Daher darf Bildung nicht festlegen, wohl muß sie festigen. Notwendiger Gegenpol der Freiheit ist die Bindung an Werte im Verlaufe der Identitätsfindung; ein solcher Wert ist das Vorbild des Lehrers. Nur von der ethischen Dimension verläuft der Weg in die politische. Auslöser vieler weiterer Fragen ist die Frage, in welchem Maße das Gymnasium politisch instrumentalisiert oder instrumentalisierbar ist. Fest steht nur, daß sich jegliche Schule als gegenläufiges Instrument nicht eignet. Die Instrumentalisierung der Schule ist auch nicht notwendiger Bestandteil einer bestimmten Regierungsform.

Jede differenzierte Gesellschaft hat Steuerungsprobleme. Für den gesellschaftlichen Mikrobereich heißt das, daß Menschen, die immer mehr für sich entscheiden müssen, das Gefühl bekommen, allein zu sein, ausgeliefert zu sein. Die Fähigkeit der Anpassung nimmt ab, und es wächst das parzellierte Bewußtsein. Bildung kann hier wiederum entgegenwirken. Sie kann die Wir-Ich-Balance herstellen.

Für die Jugendlichen besteht ein besonderes Problem. Sie werden in der Schule und Hochschule vom Leben der Erwachsenen ausgegrenzt bzw. sie fühlen sich so.

Als besonderer Charakter des Menschen wird seine Ambiguität genannt: Er steht im Schema der Immanenz und Transzendenz, sein Leben ist angesichts des Leides und des Todes stets Grenzüberschreitung. Transzendenz wirkt sich aus als Sprache und Handlung, Gestaltung in Farben und Formen, Aufführung in Tönen. Sie bedeutet methodisches Vorgehen ebenso wie Intuition und Spekulation. Immanenz und Transzendenz sind getrennte Ausdrücke für etwas, was als Ganzes, synthetisierend, wirkt. Der transzendente Aspekt bei Bildung zeigt sich auch im Überschreiten fachlicher Grenzen. Bildung ist zwar kein Wissen, sie wirkt sich aber in der Entwicklung des Systemwissens aus. Und dies ist das Wissen um Folgen. Die Impulse, die der Unterricht gibt, spielen in Verbindung mit Übung und Einübung und auch Wiederholung ein große Rolle.

c) Die Handlungsdimension

Wir müssen zwischen zwei Handlungsbegriffen unterscheiden. Den einen nennen wir den unspezifischen, den zweiten den spezifischen. Den unspezifischen, bei allen Lebewesen (also auch beim Menschen) zu beobachtenden hat die neuzeitliche Neurophysiologie bestätigt: Elektroenzephalographische Untersuchungen belegen die umfassende und ununterbrochene Aktivität über die 24 Stunden des Tages, ohne daß z.B. Defizitzustände vorliegen müßten, die eine konkrete Handlung (Nahrungsaufnahme, Triebreduktion, Flucht) auslösen; auch die Entdeckung der ständigen Tätigkeit der formatio reticularis, eines von der medulla oblongata bis ins Zwischenhirn reichenden Systems von Ganglienzellen, das lebenswichtige reflektorische Erregungen vermittelt, vegetative Funktionen steuert und unspezifische Informationen für die Großhirnrinde verarbeitet, mag das belegen.

In ausdrücklicher Absetzung von Handlungstheorien, sofern sie soziologisch von Bedeutung sind, geht es im folgenden um den spezifischen Handlungsbegriff, der im Rahmen der Bildungsdimensionen Bedeutung hat. Dieser Handlungsbegriff ist seit langem bis zum heutigen Tage Gegenstand des Nachdenkens gewesen.

Die erste Bestimmung der Handlung ist die, daß sie zielgerichtet ist. Es gibt keine <menschliche> Handlung, sei sie absichtlich, geplant, spontan, reflexartig, die ohne ein Ziel existiert. Sie muß nicht immer ein Ergebnis haben, Ziel und Ergebnis können auch weit auseinanderklaffen, Ziele sind oftmals schwer, oft gar nicht zu erkennen (z.B. beim Spiel der Kinder). ARISTOTELES sagt dazu am Anfang seiner Nikomachischen Ethik [1094 a 1 ff.]: „Jegliche ... Handlung strebt, wie es scheint, nach einem Gut; deshalb stellte man das Gut als das dar, worauf alles aus ist." Ziele können Prozesse sein oder dasjenige, was als Ergebnis eines Prozesses herauskommt. Max WEBER [bei BREZINKA, 1981, S. 70 f.] nennt Handlung ein „absichtliches Eingreifen oder Nichteingreifen" und verbindet damit einen vom Handelnden subjektiv gemeinten Sinn. BREZINKA selbst hebt bei Handlung den inneren Aspekt (als „inneres Handeln") und den äußeren, den man beobachten kann, hervor. Handlung meint auch das „gewollte Unterlassen und Dulden" [l.c., S. 72].

Während äußeres Handeln sichtbar wird, ist das innere nur durch Interpretation aus der Situation und dem Dialog indirekt zu erschließen. Das ist die alltägliche Arbeit der Lehrer, sofern sie erziehen und bilden. Handeln ist also zielorientiert, sinnhaft/intentional und wertbezogen (ARISTOTELES spricht vom Gut), wobei als Wert dasjenige genannt werden kann, um dessentwillen gehandelt wird. Schließlich ordnet ARISTOTELES das Handeln im Bereiche der Werte dem sittlichen Bewußtsein (phrónesis) als einer festen menschlichen Haltung (héxis) zu [EN, 1140 b 20 f.].

Aus der Sicht dessen, der beobachtet, können viele Aspekte des inneren Handelns verschlossen bleiben, aber auch aus der Sicht des Handelnden selbst vollzieht sich Handeln auf unterschiedlichen Bewußtseinsebenen. „Vollbewußtes Handeln ist nur als ein ... Grenzfall des Handelns anzusehen" [BREZINKA, 1981, S. 71]. Es hängt vom Umfeld des Handelnden ab, ob die Ziel- und Wertorientierung enger oder weiter zu fassen ist oder, wie ARISTOTELES weiter sagt, welches Maß sittlicher Qualität im Ziele vorhanden ist: Das Handlungsziel (und Ergebnis) beim Schreiner oder beim Chirurgen kann umgrenzt und sehr konkret sein (die elegante Anrichte oder die Gallenblase). Die denkende Erfassung eines Chorliedes aus einer griechischen Tragödie oder eines Abschnitts aus HEGELs Phänomenologie des Geistes ist vielleicht ein komplexeres Handlungsziel und ein solches, das jeder weiteren Interpretation zugänglich ist. Die Feststellung dieser Differenzierung der Ziele reicht noch nicht aus: Die Ziele selbst sind auf ihre Umfelder und auf die Interdependenz zwischen ihnen und den Umfeldern zu überprüfen. Nehme ich ein tropisches Holz oder deutsche Eiche? – Das ist eine politische Frage; entferne ich einem unheilbaren Kranken oder gar Sterbenden nun auch noch die Gallenblase? – Hier handelt es sich um eine ethische Frage; was folgt für meine Mitmenschen oder die Natur, wenn ich als Chemiker oder Pharmakologe beliebige Substanzen synthetisiere? – Das ist eine ökologische Frage.

Lassen wir ARISTOTELES nochmals zu Worte kommen: „Jeder kann angemessen beurteilen, wovon er Kenntnis besitzt ...; in einem einzelnen <und umgrenzten> Gebiet nun <urteilt angemessen> der <speziell> Gebildete, aber in einem prinzipiellen Sinne <urteilt nur der, der> allseitig gebildet ist ..." und „ ... wer nach rationalen Maßstäben ... handelt, dürfte großen Nutzen haben von seinem Wissen um die Dinge" [EN, 1094 b 27-1095 a 1]. Mit diesem Satz stehen wir an der Wiege einer weiterführenden Bildung, die durch den Anspruch auf eine isolierte Fachkenntnisse übersteigende Ganzheitlichkeit (das griechische Wort heißt pân = das Ganze) im Gymnasium zu Hause ist. Mit diesem Bildungsbegriff ist das Gymnasium begründet. Handlungsfähigkeit wächst also mit der Bildung, und mit der Fähigkeit, sich des Verstandes (lógos) zu bedienen, wächst auch der Nutzen für den einzelnen (und für andere). Es gibt also einen engen Zusammenhang zwischen Handlungskompetenz und Bildung. Bildung ist mehr als nur Urteilsfähigkeit und Handlungskompetenz in einem engumgrenzten Gebiet, wenngleich auch dieses notwendig ist. Des weiteren:

Mit dem Grad der Entfaltung der Bildung wächst der Grad der Bewußtheit des Handelns. Handeln bezieht sich also auf komplexer werdende Größen; dessen wird sich Handeln bewußt auf der Grundlage einer komplexeren und mehr entfalteten Bildung. Schon im ersten Kapitel wurde die Theorie des kommunikativen Handelns von Jürgen HABERMAS erläutert [vgl. oben S. 119 ff.]. In Auseinandersetzung mit dem Handlungsbegriff Max WEBERs unterscheidet HABERMAS zwischen Arbeit, die er als zweckrationales Handeln definiert und Interaktion, also kommunikatives Handeln, das von verbindlichen Normen begleitet ist, „die reziproke Verhaltenserwartungen definieren und von mindestens zwei Subjekten verstanden und anerkannt werden müssen" [HABERMAS, 1968, S. 62]. Diese Unterscheidung kann für die Bildungstheorie fruchtbar gewendet werden. Während die Ausbildung nämlich je nach Komplexitätsgrad der künftigen Arbeit (als Berufsausübung) unter zweckrationalen Gesichtspunkten steht – nach HABERMAS geht es hierbei um die Realisierung festgelegter Ziele unter gegebenen Bedingungen [l.c.] –, geht es bei Bildung eben nicht um zweckrationales Handeln, sondern um die Fähigkeit zum Diskurs im Rahmen kommunikativen Handelns. Arbeit, vor allem die des Berufs, steht zu stark in der fremdbestimmten (und fremdbestimmenden) Kosten-Nutzen-, Zweck-Mittel-Relation, als daß sie Diskursivität mit ihren formalen Strukturen hervorbringen könnte. Bildung ist also der Zweckrationalität nicht nur nicht zuzuordnen, sie ist eher kontraproduktiv; denn sie orientiert sich

- an Werten und Normen und trägt
- universalen Charakter.

Zweckrationalität hingegen ohne Bildung glitte in die Inhumanität ab; Bildung vermenschlicht und kultiviert, öffnet die Augen über das hinaus, was Gegenstand der Arbeit (und Berufsausübung) ist. Bildung schließt Berufsausbildung im engeren Sinne aus; wogegen letztere ohne erstere isoliert und ohne Sinn für den in der Ausbildung und im Berufsprozeß Stehenden bliebe. Damit ist andererseits nicht gesagt, daß es eine solche isolierte, des Sinnes entbehrende Arbeit nicht in weiten Bereichen unserer Gesellschaft gibt; gerade deswegen bleibt die Humanisierung durch Bildung, vor allem angesichts der stetig und ständig wachsenden Freizeit, die heute nicht mehr nur der körperlichen Erholung dient, ebenso ständige Aufgabe für alle, die Bildung vermitteln.

Zusammenfassung:

Wie haben den unspezifischen, allem Leben eignenden Handlungsbegriff vom spezifisch menschlichen, der für die Bildungsdimension Bedeutung hat, zu unterscheiden. Letzterer ist zielgerichtet, wobei unter Ziel sowohl ein Prozeß als auch ein Ergebnis verstanden werden kann, intentional und wertbezogen. Wertbezogenes Handeln kann dem sittlichen Bewußtsein (phrónesis) zugeordnet werden, so wie überhaupt das Handeln sich vor dem Hintergrund sich unterscheidender Bewußtseinsebenen ereignet. Auch gibt es verschiedene Komplexitätsgrade des Handelns. Mit der Bildung wächst die Handlungsfähigkeit; es gibt also einen engen Zusammenhang zwischen beiden. Bei Bildung geht es nicht um engumgrenztes auf Ausbildung und Beruf bezogenes Handeln; insofern schließen sich Bildung und zweckrationales Handeln aus. Andererseits gibt es kein wirklich menschliches zweckrationales Handeln ohne Bildung.

d) Die politische Dimension

Bedeutung und Wichtigkeit hat Bildung n u r für das einzelne Individuum; angesichts der historischen Individualisierungsschübe (seit der Renaissance und der Aufklärung) und des gegenwärtig hohen Differenzierungsgrades der Gesellschaft gibt es heute wie nie zuvor die Chance zur Bildung. Bildung hat aber auch Folgen für die Gesellschaft: Insofern steht sie in einer politischen und sozialen Dimension. Sie vollzieht sich in geschlossenen und autoritären Systemen (z.b. im Hellenismus, in der römischen Kaiserzeit, im Mittelalter oder im 19. Jahrhundert) wie in offenen und an Mehrheitsentscheidungen gebundenen Systemen (Weimarer Republik, Bundesrepublik Deutschland), wobei es naturgemäß (z.b. im Nationalsozialismus oder früher in der DDR) unterschiedliche Ausprägungsgrade der Funktionalisierung gab; denn wo Schule funktionalisiert wird, wird auch Bildung funktionalisiert: Sie erhält dann die direkte Aufgabe in der Form einer Direktive, Herrschaft zu stabilisieren: Hier kann man dann allerdings nicht mehr von Bildung sprechen, deswegen nicht, weil die schulische Arbeit im Sinne der Direktive vorrangig das System im Auge hat, nicht aber die Entfaltung des Individuums bis zur höchstmöglichen Vollkommenheit (nach dem Maße der Zeit und des Individuums selbst). Bildung kann heute Monopol einer Schicht nicht werden, ein soziales Privileg sozusagen und zugleich im Sinne einer Ausgrenzung Kriterium für die Zugehörigkeit zu einer bestimmten sozialen Gruppe [anders vgl. HUISKEN bei ZUBKE, 1990, S. 117 ff.]. Das ist mit den konstitutiven Ideen eines demokratischen Gemeinwesens unvereinbar; damit wird nicht gesagt, daß es in einem demokratischen Gemeinwesen keine den Gleichheitsgrundsatz berührende Mißstände und Fehler gibt – wohl aber sind diese Mißstände durch öffentliche Kritik und politisches Handeln schneller behebbar, da es öffentliche Kritik und im Rahmen einer Parteiendemokratie freies politisches Handeln gibt, jedenfalls ein Handeln oder Unterlassen sowie Dulden, das nicht von einer Regierung verordnet werden kann. In diesem Zusammenhange muß noch nachgetragen werden, daß die urdemokratische Forderung nach einer Volksbildung, daß alle Staatsbürger das gleiche Recht auf Bildung bzw. Realisierung ihrer Bildung haben, schon sehr früh von COMENIUS mit den Worten „omnes omnia" (<daß> alle alles <lernen>) erhoben worden ist.

Angesprochen sind die Teilhabe am öffentlichen Leben, die Selbständigkeit/das Engagement, die Mitbestimmung sowie die Mitverantwortung – zentrale Werte also, die für den Bildungsprozeß schlechthin konstitutiv sind; denn der Bildungsprozeß als Selbsttätigkeit und Selbständigkeit setzt das Individuum für sich, seine Gesellschaft und somit für die Geschichte frei, so wie man Geschichte auch als aufsteigenden Prozeß der Freisetzung des Menschen bezeichnen kann. Sofern diese Freisetzung, die am Gymnasium durch reflexive Vernunft im Medium der Wissenschaft erfolgen darf u n d auch kann, zugleich auch aus dem Raum der Politik kommt und in diesen zurückstrahlt, ist Bildung politisch; sie steht in der Dimension der Politik – nur ist Bildung keine politische Bildung: Wir sahen bereits, daß der zweckrationale Bereich der Arbeit und des Berufs nicht Medium der Bildung sein kann, weil der Bereich zu isoliert und vereinzelt ist (die Bereicherung kommt hier erst aus der Bildung), so sehen wir auch jetzt, daß die Politik (schon gar nicht die Tagespolitik) nicht Medium der Bildung ist, weil diese zu diffus und die Beispiele, die ihr entnommen werden könnten, nicht in allen Fällen – weil der Vorbildeigenschaft entbehrend – zur Bildung der Nachwachsenden hinreichend beitragen können. Erinnert wird hier nur an den Satz BISMARCKS, wonach Politik den Charakter verderbe. Hier wird nicht gegen den Politikbezug, sondern nur gegen die Politisierung der Bildung gesprochen. Politisierung heißt, Bildung für fremde Zwecke dienstbar machen, und das bedeutet Fremdbestimmung unter Unterdrückung eigener autonomer Entfaltungsprozesse, Zerstörung also von Bildung. Naturgemäß ist die Funktionalisierung (und damit die Fremdbestimmung) stark zweckorientiert, weil in aller Regel ein ganz bestimmtes Gesellschaftsmodell bzw. ganz bestimmte gesellschaftspolitische Vorstellungen über Gegenwart und Zukunft bei denen vorliegen, die Bildung in ihren Dienst nehmen wollen. Dabei wird die Gegenwart einer Zukunft geopfert, die selbst nicht Gegenstand öffentlicher Auseinandersetzungen sein darf. Anders beim Politikbezug der Bildung: Selbstverständlich hat die individuelle Selbstentfaltung den Primat, aber es bedarf dieser Entfaltung im Sinne der Bildung der Welt, also der Gesellschaft und ihrer politischen Dynamik – wie auch die Gesellschaft unter anderem das Ergebnis individueller Bildungsprozesse und individueller Handlungen ist; aber die Welt als dialektische Antithese der Bildung, die stets nur Bildung des Einzelindividuums ist, ist stets aufgehoben in der Gegenwart; und nur wer die Gegenwart lebt, spürt die Samen der Zukunft: Insofern nimmt Bildung die Zukunft vorweg, aber stets, wenn Bildung Bildung und nicht variable Funktion eines konstanten politischen Willens ist, seit Wilhelm von HUMBOLDT in einem selbstbestimmten und Staat sowie Gesellschaft gegenüber distanzierten Sinne, wobei von hier bis zur „Gegengesellschaft" HEYDORNs [vgl. SÜHL-STROHMENGER, 1984, S. 163 f.] nur ein kurzer Weg ist. Jeder einzelne wird so im Maße der Zeit und seiner entfalteten Individualität in der bewußt gelebten Gegenwart und mit wachsender Verantwortung für die Zukunft aller Menschen seine eigene Zukunft antizipieren, bezogen auf die Zukunft seiner Gesellschaft.

In diesem Sinne steht Bildung in einer politischen Dimension.

Zusammenfassung:

Wie nie zuvor gibt es heute die Chance zur Bildung. Da Bildung Folgen für die Gesellschaft hat, steht sie in einer sozialen bzw. politischen Dimension. Es gibt die Gefahr, daß Bildung funktionalisiert bzw. instrumentalisiert und damit pervertiert wird; diese Gefahr ist in diktatorischen größer als in demokratischen Regimen. Eigentlich ist sie dann keine Bildung mehr, eher Ausbildungsstand. Eine weitere Gefahr ist, daß Bildung das Privileg einer bestimmten Schicht wird. Öffentliche Kritik und politisches Handeln wirken hier entgegen. Die Forderung nach einer Bildung für alle findet sich schon bei COMENIUS („omnes omnia"). Im Bildungsprozeß wird das Individuum freigesetzt, am Gymnasium durch reflexive Vernunft im Medium der Wissenschaft. Die Politik selbst ist als Medium ungeeignet, weil ihre Beispiele diffus und die Vorbilder oft nicht hilfreich sind. Es kann nicht um die Politisierung der Bildung gehen, sondern nur um den Politikbezug. In diesem hat das Individuum den Primat vor dem System, die in der Gegenwart antizipierte Zukunft den Primat vor der Aufopferung der Gegenwart im Namen der Zukunft.

e) Die kommunikative Dimension

Daß Bildung vorrangig einen individuellen Wert verkörpert – also unmittelbar den sozialen Seinsbereich nicht ausfüllt –, ist bereits dargestellt. Es muß aber ebenso gesagt werden, daß Bildung, die sich zugleich als Handlung äußert, Folgen für den genannten Bereich hat. Indirekt wirken dann die Folgen wieder auf den einzelnen und seine Handlungsmaximen zurück; insofern ist der Mensch ein auf Umgang mit anderen in einer geordneten Gesellschaftsstruktur angelegtes Lebewesen. ARISTOTELES nennt den Menschen daher auch ein zôon politikón: So wie der Staat, die „Großorganisation der Sittlichkeit" [HIRSCHBERGER, 1979, Band 1, S. 235], notwendige Voraussetzung für die Entfaltung des einzelnen darstellt, ist der einzelne Mensch als Wesen definiert, das Lebensmitte und Lebensfülle im Zusammenleben mit anderen und in der Zuwendung zu anderen findet. Zusammenleben und Zuwendung könnte man auch mit dem Begriff Kommunikation bezeichnen.

Kommunikation umfaßt zwei Prozesse, nämlich den der Urdistanz und den der Beziehung oder auch des „In-Beziehung-Tretens" [BUBER 1965]. BUBER betont, daß ohne die Urdistanz, die wir in der Dimension des Individuellen umschrieben haben, der Beziehungsakt nicht vollzogen werden könne; es gebe aber auch andererseits keine Urdistanz ohne die Möglichkeit des „In-Beziehung-Tretens". Schließlich folgt noch die Wende zur Gesellschaft in dem Sinne, daß man „eine Gesellschaft in dem Maße eine menschliche nennen <darf>, als ihre Mitglieder einander bestätigen" [BUBER, 1965, S. 26]. Gesellschaft also ist eine moralische Veranstaltung. Und die Individualität bzw. Personenhaftigkeit jedes einzelnen zeigt sich nur insofern, als sie trotz der Vereinzelung ihrer Natur nach nicht allein sein kann.

Von BUBER führt der Weg des Abendlandes zurück zum Dialogischen der Griechen: Dort wird die vielfältige Verbindung, sozusagen die Vernetzung der Individualitäten untereinander und mit ihrem Umfeld, mit ihrer Welt, kósmos, in älterer Zeit diákosmos genannt. Heute sprechen wir von Kommunikation. Der griechische Gedanke führt uns heute weiter, als es der in der Soziologie gewachsene und in den 70er Jahren unseres Jahrhunderts in die Erziehungswissenschaft übernommene Begriff vermag. Kósmos drückt nämlich, wie die politische Definition des Menschen durch ARISTOTELES zeigt, den universellen Zusammenhang der Menschen, die miteinander kommunizieren, als Menschheit aus:

Menschheit verbindet all das, was Menschheit/Menschen ausdrücken können über die Sprache, Farben, Formen, Materialien, vor allem über Töne, über Bewegungen und Gesten. Hinter diesem Ausdruck – bis zur Höhe künstlerischer Produktion – steht eine Ordnung (auch das meint kósmos), und diese wiederum wird als gut (agathón), eine spezifisch menschliche Qualität, und insgesamt als „schön" (kalón) wahrgenommen. Der Höhepunkt einer politischen Definition findet sich im 4. Jahrhundert vor Christus bei ISOKRATES [Panegyrikos § 50]: Hier wird die politisch-staatsrechtliche Qualifizierung der Menschen von ihrer Bildung abhängig gemacht. Bildung ist also insofern eine politische Ordnungsmacht, als sie die einzelnen überhaupt erst qualifiziert, sich ihres humanen Ursprunges zu besinnen und zu kommunizieren.

Die Griechen hatten es wohl nicht nötig, über Kommunikationsstörungen nachzudenken. Für uns ist das wichtig und auch fruchtbar:

Die Teilung der Kommunikation in digitale und analoge (durch WATZLAWICK) macht auf die jetzt nicht mehr zu übersehende Tatsache aufmerksam, daß jede Kommunikation einen Inhalts- und einen Beziehungsaspekt hat und daß Störungen auf der Beziehungsebene sich auf der Inhaltsebene erheblich auswirken können. Das heißt: Die inhaltliche Verständigung wird dort beeinträchtigt, wo eine Beeinträchtigung zwischen den Kommunizierenden selbst vorliegt (z.B. zwischen Schülern und Lehrern). Man könnte auch sagen, daß Bildung digitale und analoge Anteile hat. Die digitalen Anteile tragen vorzüglich zur Selbstkonstituierung des einzelnen bei, indem sie helfen, weitgehend von Fremdeinflüssen frei zu werden.

Hierbei geht es nicht nur um isoliertes Wissen, sondern um vielfältige Vernetzung dessen, was exogen (z.B. durch Unterrichtsinhalte) gelernt ist. Dieser digitale Anteil der Bildung ist mit zunehmender Intensität nach exogenen Lernprozessen dort spürbar, wo Schüler (naturgemäß unter sachverständiger Anleitung) mit den erworbenen isolierten Wissensanteilen (binomischer Lehrsatz, Brechungsgesetz nach SNELLIUS, Partizipialkonstruktionen des Lateinischen) transzendieren in größere Zusammenhänge, deren Einheit als Aufgabe begriffen worden ist. Digitale Bildung identifiziert im Wege der Transzendenz die übergeordnete Einheit, vom Magnetismus zur Elektrodynamik, von der Schwerkraft zur allgemeinen Relativitätstheorie, von den syntaktischen Elementen zur dichterischen Produktion eines griechischen Chorliedes, von der dichterischen Produktion zur anthropologischen Dimension der Expressivität – der Mensch als Wesen, das darauf angelegt ist, sich auszudrücken, über sich hinauszuweisen. Das ist eine konstruktive Aufgabe all derer, die in Bildungsprozessen stehen oder sie begleiten; diese Aufgabe ragt in jede Unterrichtsstunde und ist für sich genommen schon schwer genug; erschwerend hinzu kommt das sehr differenzierte Fächerunterrichtssystem am Gymnasium; hier ist der Ort, die konstruktive Aufgabe, die Einheit zu realisieren, es ist aber auch der Ort des Fachegoismus, der Phantasielosigkeit und Trägheit (bei Lehrern und Schülern).

Eine Komponente (freilich keine automatisch sich einstellende) kommt in den Darstellungen zur Bildungstheorie zu kurz oder sie wird in den Zusammenhang mit der Motivation gebracht: es ist die energetische Komponente. Bildung bedeutet auch innere Kraft, ein inneres „Am-Werke" sein in bezug auf sich selbst, d.h. das Werk der Selbsterkenntnis und Welterkenntnis zu wollen u n d zu tun, aber auch das Werk, nach außen zu treten, eine Beziehung oder Verbindung aufzunehmen mit denen, die um mich sind, nah oder fern. Dieser energetische Kommunikationswille ist zugleich die zweite Komponente der kommunikativen Dimension, die oben die analoge Komponente genannt wurde. Beide Komponenten sind aufeinander verwiesen; es gibt keine analoge Bildung ohne die digitale und umgekehrt. In der pädagogischen Wirklichkeit (z.B. des Unterrichts) wirkt über gruppendynamische Prozesse, die das Lernen fördern oder be/verhindern, die analoge Komponente auf die digitale – sie wird (abgesehen von den Persönlichkeitsstrukturen) in der Struktur durch das Analoge beeinflußt, so daß wir in Lerngruppen und damit in den einzelnen das betonte Anwendungswissen, die extreme Problematisierungshaltung, die ausgeprägte Rezeptivität oder die besondere Neigung zur Auseinandersetzung mit den Beziehungen zwischen der griechischen Tragödie und der Musik haben. Der Input wird Output, und dieser wird erneut auf höherer Ebene wieder Input.

Analoge Bildung hängt auch noch mit einer sehr persönlichen Verfassung zusammen: Wenn es im Miteinander um mehr gehen soll als um Verhalten, also darum, bewußt aus sich herauszutreten und sich in Beziehung zu setzen mit anderen, dann ist Selbstsicherheit zu nennen und auf diesem Boden wiederum Toleranz und Verständigungswillen in einer Gemeinschaft, die man als Verständigungsgemeinschaft bezeichnen kann: Das alles sind konstruktive Aufgaben und Ziele, die im Maße der Zeit und der Physis der einzelnen mehr oder weniger entfaltet sind. Aber eines sollte besonders gegen die ohne verhaltensbiologisches Wissen geäußerte Konflikttheorie und Konfliktpädagogik der 70er Jahre gesagt werden: Konflikte können allenfalls im Anfang kommunikativer Prozesse stehende Methoden des Handelns, nicht aber wie immer geartete Ziele sein. HABERMAS hat sich an verschiedenen Stellen seiner Arbeiten zum Diskurs und zum herrschaftsfreien Dialog geäußert: Dies ist die Hohe Schule der Kommunikation, die (umzusetzen auf der Oberstufe des Gymnasiums) der intensiven Übung auf der Mittelstufe bedarf – vielleicht bedarf es auch in bestimmten Bereichen der Veränderung der Schulstruktur.

Zusammenfassung:

Menschen sind um ihrer Entwicklung willen auf Umgang mit anderen angelegt. Kommunikation umfaßt zwei Prozesse: den der Urdistanz und den des „In-Beziehung-Tretens". Den einen gibt es nicht ohne den anderen. Darüber hinaus meint Kommunikation die Vernetzung der Individualitäten untereinander und mit der Welt; so wird Menschheit begründet. Der universelle Zusammenhang der Menschen findet den Ausdruck über die Sprache, über Farben, Formen, Materialien und vor allen Dingen über die Töne, über Bewegungen und Gesten. Über Kommunikation wird Bildung eine politische Ordnungsmacht.

Bildung ist digital und analog, wie die Kommunikation den Inhalts- und den Beziehungsaspekt hat. Digitalität der Bildung zeigt sich dort, wo Schüler mit isolierten Wissensinhalten in übergeordnete Einheiten transzendieren. Bildung, soweit sie die analoge Komponente betrifft, wirkt als Verhalten und als Fähigkeit, sich mit anderen in Beziehung zu setzen, über Selbstsicherheit Toleranz zu üben und eine Verständigungsgemeinschaft aufzubauen. Konflikte sind nicht Ziele menschlichen Verhaltens, sondern sie stehen am Anfang einer Verständigung im Wege des herrschaftsfreien Dialoges. Das dürfte das kommunikative Ziel der Arbeit auf der gymnasialen Oberstufe darstellen.

f) Die wissenschaftsbezogene Dimension

Die wissenschaftsbezogene ist von der ethischen Dimension nicht zu trennen; daher wird die ethische hier auch implizit abgehandelt.

Es gibt keine Schulform, an der die wissenschaftsbezogene Dimension eine so große Bedeutung hat wie am Gymnasium. Das hängt einerseits – naturgemäß – mit der Altersstruktur der Schülerschaft, andererseits aber auch mit den Ansprüchen und dem Niveau zusammen, die diese Schulform an die Schülerschaft stellen muß bzw. auf das diese Schulform diese Schülerschaft heben muß und auch kann; auf jeden Fall ist diese Dimension von allen Dimensionen diejenige, die den Schlüssel zur Moderne[TITZE, 1992] in sich birgt. Damit soll nicht gesagt werden, daß Schule unter der Moderne stehen muß; denn diese wechselt wie das Modische schnell die Gestalt, und was man eben noch Fortschritt nannte – z.B. wenn jemand ohne Prüfung der Folgen noch in den 70er Jahren die Segnungen der Technik pries –, kann bald schon der Rückschritt schlechthin sein, und der Modernitätsrückstand erweist sich plötzlich als Hebel zur fortschrittlichen Anwendung der Ergebnisse wissenschaftlicher Arbeit. Schule darf nicht unter dem Damokles-Schwert des sog. Fortschrittes stehen; sie würde dann zu einer inhumanen Einrichtung, und ihre Lehrer wären nicht mehr Anwälte ihrer Schüler, sondern Transmissionsriemen, die die erbarmungslosen und auch verlogenen Mechanismen gesellschaftlicher oder politischer Institutionen auf die Schule übertrügen.

Im vorhergehenden wurden schon einige wissenschaftstheoretische [vgl. auch HABERMAS, 1967] und auch wissenschaftsgeschichtliche Bemerkungen gemacht; sie sollten implizit unser Thema vorbereiten helfen. Eines sollte daraus hervorgehoben werden: Wir können nicht unterschiedslos von Wissenschaften sprechen, wenn wir nach den dahinterstehenden Erkenntnisabsichten und „Erkenntnisinteressen" fragen; wir haben dann zumindest zwischen den empirisch-analytischen und den hermeneutischen Wissenschaften, vielleicht auch noch den Handlungswissenschaften zu unterscheiden, wenn denn letztere überhaupt Wissenschaften sind und nicht eher kompilatorische Aussagesysteme, die sich „ihre" Erkenntnisse aus den beiden zuerstgenannten Wissenschaftsgruppen „entleihen", diese in „Dauerleihe" nehmen und so den Schein eigenen Charakters erhalten. Mit dieser Bemerkung soll vor allem auf eine andere Ebene des Wissenserwerbs hingewiesen werden; denn man kann ganz gut mit ihnen arbeiten und auch Erkenntnisse gewinnen. Es sind aber nicht nur die Handlungswissenschaften angesprochen. Gedacht wird z.B. auch an die Mathematik und Physik, an KEPLER und HEISENBERG. KEPLER gewann die Erkenntnis, wie sie im fünften Buch seiner „Weltharmonik" formuliert ist, „de harmoniarum mentali essentia", d.h. er erkannte das geistige Wesen der Harmonien. Daß der Kosmos einer sei, der sich durch Harmonien auszeichne und daß ihnen der Charakter geistiger Wesenheit (essentia mentalis) zukomme, ist die Interpretation mathematischer Gesetze, die er fand; für KEPLER enthüllt sich so die Herrlichkeit Gottes – eine religiöse Erkenntnis also, die in die Naturwissenschaft hineinragt. HEISENBERG fand mit seiner Unschärferelation, daß die Untersuchungsergebnisse so objektiv nicht seien: Er bezog den Beobachter (und dessen Meßinstrumente) mit ein, da dieser durch seine Beobachtung den zu beobachtenden Vorgang selbst beeinflusse. HEISENBERG führt in die Physik ein neues Paradigma ein: den Menschen, der durch die Wissenschaft sich selbst und seine eigene Wirkung (vor allem die Wirkung der eigenen Meßapparatur, die statt der zu untersuchenden Objekte die eigenen Konstanten messe) erkennt. So ist denn, abgeleitet von der Unschärferelation HEISENBERGs, die Wissenschaft ein Instrument der Selbsterkenntnis, aber auch, um ein Wort FREUDs in sinngemäßer Abwandlung aufzunehmen, ein Instrument der Kränkung – so z.B., daß das menschliche Ich nicht so autonom ist, wie die CARTESIANISCHE Wissenschaftstheorie das darstellen möchte. Wir haben also zwei Paradigmen – das CARTESIANISCHE und das HEISENBERGsche –, und wir haben die pragmatische Bündelung der Wissenschaften unter dem Gesichtspunkt erkenntnisleitender Interessen sowie in anthropologischer Hinsicht Wissenschaft als Wesensausdruck und Wesensinterpretation des Menschen.

Die kommunikativen Begriffe wie Nähe und Distanz mögen einleuchten – aber vielleicht noch nicht wie Argumente überzeugen: Der Physiker HEISENBERG begründet bzw. erweist die Notwendigkeit von Nähe und Distanz als zwei Haltungen, die Wissenschaft überhaupt erst begründen. Darüber hinaus zeigt seine Bemühung um eine einheitliche Feldtheorie (bis hin zur heutigen großen vereinheitlichten Theorie) und um die sog. Weltformel in der Spinor-Theorie, daß es darum geht, trotz der in allen Wissenschaften (und in der Physik insbesondere) festzustellenden Zentrifugalkräfte eine neue Einheit in der Wissenschaft zu finden und darüber hinaus „die Einheit der Natur" [von WEIZSÄKKER, C.F., 1974 und 1977, vgl. auch SCHWARZ, 1957, S. 187]. Das kann sich für die wissenschaftliche Dimension der Bildung als sehr fruchtbar erweisen; zunächst dieses:

Das Gymnasium ist kein wissenschaftliches Großlabor, kein Max-Planck-Institut: Hierfür fehlen, da es eine andere Aufgabe hat, naturgemäß die Voraussetzungen und auch die Kompetenzen. Es zeichnet sich aber auf der Oberstufe durch die Nähe [KELLER, 1956, S. 85 ff.; HENNIGSEN, 1959, S. 99 – hier taucht der Begriff Wissenschaftspropädeutik wohl am frühesten auf] und Distanz zu den Wissenschaften insofern aus, als die Wissenschaftspropädeutik vor allem der Leistungskurse (didaktische Kategorie und Prozeß zugleich) die Schüler in Verbindung mit Selbsttätigkeit an die jeweiligen Wissenschaften heranführt, während die metatheoretische Besinnung, in die auch das Nachdenken über Methodenprobleme und Forschungsschwerpunkte einbezogen ist, in Abschnitten der Muße (das bedeutet das griechische Wort scholé) [vgl. HOLZAPFEL, 1980, S. 264 f.] Distanz erzeugt und Selbstkritik. Vor allem aber muß darauf hingewiesen werden, daß Nähe und Distanz verflochten sind mit der Liebe zu dem, um das sich Denkende bemühen: In der Oberstufe darf daher auch die Liebe zur Wissenschaft wachsen. Bei der Grundbildung der Grundkurse zeigt sich die Nähe zur Wissenschaft vor allen Dingen in der Bemühung, die Isolierung des Wissens durch Systematik abzufangen, hingegen ist für die Distanz die philosophische Reflexion kennzeichnend, d.h. vor allem Nachdenken über

– Grund- und Grenzfragen der Wissenschaft [vgl. STAUDINGER, 1959, S. 6 ff.; v.a. S. 9; GEIßLER, 1978, S. 26],

– Schlüsselfragen der Gegenwart, durch die Wissenschaft berührt ist und auf die Wissenschaft einwirkt [vgl. HEISENBERG, 1971; SCHWEITZER, 1986, S. 47 ff.; auch KLAFKI, 1985, S. 25 ff.; GOSSMANN, 1986, S. 21 f.; SCARBARTH, 1886, S. 47 ff.]

– sowie den Überblick über Probleme, die den Wissenschaften zugeordnet sind [vgl. WILHELM, 1966, S. 26 f.; GEIßLER, 1978, S. 26].

Der wissenschaftlich zu begründende Unterricht am Gymnasium ist viel stärker als an den anderen Schulformen zwei großen Gefahren ausgesetzt:

Die eine besteht in der Auslieferung der Schülerinnen und Schüler an die Wissenschaft – sagen wir: Szientismus –, die andere in der Didaktisierung, die einer Popularisierung zum Billigtarif gleichkommt. Der Szientismus ist weder schüleradäquat noch schuladäquat und bringt die Wissenschaft Schülern nicht nahe, weil er Liebe und Begeisterung nicht zu wecken vermag – er überfordert die Schüler; die Didaktisierung als Popularisierung bedeutet eine Unterforderung; sie vermittelt einen falschen Eindruck von den Wissenschaften und ruft Enttäuschung dort hervor, wo Wissenschaft als ein leicht erlernbares, wenig differenziertes Instrument der Rationalität vermittelt wird.

Es gibt das griechische Sprichwort: „Das Schöne ist auch schwer". Dieser Gedanke ist unserem Zeitgeist gegenläufig: Wo immer wir hinschauen und hinsehen, alles ist stromlinienförmig, leicht, glatt, machbar, voll der Aktion, der Effekte sowie der schnell errungenen Erfolge. Es ist die in der bereits genannten „Instant"-Mentalität sich ausdrückende Halbbildung, mit der auch Gymnasium und Wissenschaft zu kämpfen haben; das nicht sofort Erreichbare ist (wie in einem Supermarkt) schnell ohne Interesse, ohne weitergehende „Fragwürdigkeit" und dann auch ohne besonderen Wert; es hat seinen Aufforderungscharakter verloren: Die Arbeit der Lehrer ist auch aus diesem Grunde schwer und voll höchster Kunst – das gilt auch für die Schüler, die stets von neuem lernen müssen, zu lernen häufig ohne unmittelbar meßbaren Erfolg und ohne ein Ziel, dessen Konturen bereits klar wären. Dazu sagte W. HEISENBERG (unveröffentlichte Gesprächsnotiz, mitgeteilt von Rolf WÄGELE, einem Freunde HEISENBERGs): „Es wird Dir nichts geschenkt; ... und wenn es leicht war, dann sei mißtrauisch!" [Vgl. dazu u.v.a.: DEDERICH, 1947; HECKEL, 1958, S. 25 ff.; ULSHÖFER, 1958; STAUDINGER, 1959, S. 9; WEINSTOCK, 1960, S. 45 ff.; ADORNO, 1965, S. 487 ff.: NIPKOW, 1966, S. 65 ff.; von der LIETH, 1967, S. 3 f.; ZEIKER, 1973; BECKER, 1979, S. 134; KUTZSCHBACH, 1980, S. 271 ff.; LOHE, 1980, S. 307 ff.; SPERBER, 1980, S. 279 ff.; LESCHINSKY, 1986, S. 225 ff., S. 455 ff.; insbesondere GERNER, 1976; COMBE, 1972 und 1979; HAHN, 1979; SCHÖNWÄLDER 1987; BÖHM, 1977; PETILLON 1987; DILLINGEN, 1993].

Wie an vielen anderen Stellen, so spielt auch hier wieder das römische Sprichwort „Nicht für die Schule, sondern für das Leben <lernen wir>" seine Rolle: Leben wird oft und falsch auf Berufs- oder Erwerbsleben bezogen; gemeint ist eher das, was sich auf Handeln und Leiden im Dasein als Mensch bezieht; und da ist der Beruf (nebst seinem im Rahmen der Ausbildung zu erwerbenden Fachwissen) nur ein Aspekt. Der Philosoph SENECA hat in seinem 126. Brief an LUCILIUS das genannte Sprichwort umgewendet und dann vom Lernen für die schola gesprochen, wenn Inhalte Selbstzweck werden [vgl. auch AFFEMANN, 1976; FISCHER-WASELS, 1978, S. 345 ff., insgesamt Heft 9, Die Höhere Schule, 1980].

Daher muß an dieser Stelle eine didaktische Frage, die nach dem Verhältnis des Unterrichtsfaches zur Fachdisziplin, untersucht werden [vgl. dazu ULSHÖFER, 1958, S. 153 f.; BECKMANN, 1978, S. 214 ff; JANK/MEYER, 1991, S. 415 ff.]:

Den Fachdisziplinen ist gemeinsam das Erkenntnisinteresse. Jede Disziplin hat ihre eigenen Gegenstände und Prozesse, die sie aufhellen möchte. Nur das interessiert und zählt: der Erkenntnisfortschritt; an Knotenpunkten der Wissenschaftsgeschichte steht dann noch ein neues (oder anderes) Wissenschaftsparadigma, mit dem man sich auseinandersetzt und das sich durchsetzt. Das Interesse jeder Wissenschaft gilt nur ihrem eigenen Gegenstand, wobei im Verlauf der Forschung auch ganz neue Horizonte sich auftun können: Die Sinologie interessiert über die Sprache nur China und angrenzende Gebiete, soweit die Sprache(n) gereicht hat (haben) und der Einfluß deren Träger; das gleiche gilt für die anderen Philologien. Die Chemie interessiert sich für den Aufbau (und Umwandlung) von Stoffen, wobei neue Horizonte sich auftaten, die sich im Rahmen der Spezialisierung als physikalische Chemie oder Biochemie herauskristallierten – inzwischen eigene Wissenschaften. Das Interesse der Chemie gilt nicht den Pflanzen oder Tieren, obwohl diese auch Stoffe sind und auch Umwandlungen zu verzeichnen haben. Auch für den Verlauf des Zweiten Weltkrieges interessiert sich die Chemie ebensowenig wie die Geschichtswissenschaft sich für den Zitronensäurezyklus interessiert. Die Fachwissenschaften grenzen sich also voneinander durch ihre Gegenstände (das objectum formale) ab, wobei aber die Gegenstände durch das bestehende Forschungsinteresse und den Erkenntnisfortschritt die Tendenz zur Weiterung und Differenzierung haben. Es gibt keine anderen Kriterien für Weiterung, Reduzierung und Spezialisierung als die wissenschaftseigenen. So gibt es z.B. einen klaren Weg von der Entdeckung der natürlichen Atomspaltung bis zur Entwicklung atomarer Sprengkörper über die künstliche Spaltung. Der Gedanke, daß man nicht alles wissenschaftlich tun darf, was man tun kann, ist ein externer und reicht in die Philosophie/Ethik oder Theologie – ebenso z.B. wie der HEISENBERGsche Gedanke von einer einheitlichen Feldtheorie oder von der Einheit der Natur (C.F. von WEIZSÄCKER). Gedanken dieser Art hängen nicht notwendigerweise mit der jeweiligen Fachwissenschaft zusammen. Ganz anders ist es bei den Unterrichtsfächern: Die werden aus drei Bereichen konstituiert:

– aus den jeweiligen Fachwissenschaften,

– aus anthropologisch-individuellen Bedingungsfeldern,

– dem lebensweltlich-gesellschaftlichen Bereich.

So ist hier a priori jede fachwissenschaftliche Erkenntnis, jeder Erkenntnisprozeß relativiert und auch reduziert auf die anthropologisch-individuellen Bedingungsfelder und die vergangene sowie gegenwärtige Lebenswelt der Schüler. Während sich also die Fachwissenschaft von ihrer Struktur her nur für sich selbst interessieren kann, interessiert sich das Unterrichtsfach zuförderst zunächst einmal für den Schüler und sein lebensweltliches Umfeld [SCHMITZ, 1977 A, S. 124 ff.]. Darüber hinaus sind im Unterschied zu den Fachwissenschaften die Unterrichtsfächer auf Verständigung angelegt; d.h., daß grundsätzlich jede Erkenntnis (oder jeder Prozeß) von allen Beteiligten eingesehen und verstanden werden, aber auch mitteilbar und umschreibbar sein muß und auch einzuordnen ist in den Kommunikationsprozeß der Schule. Insoweit können Mitteilungen aus den Unterrichtsfächern in der Gesellschaft gelebt werden.

Ganz anders die Fachwissenschaften: In bezug auf die Gesellschaft sind sie wie ein arcanum, ein abgeschlossener Bereich, ein System von Begriffen, Vorstellungen, Metoden und Prozessen – und es ist völlig gleichgültig, ob die Gesellschaft das begreift. Wissenschaft als ein abgegrenzter Bereich ist auf übergreifende Verständigung gerade nicht angelegt, sondern nur auf eigene Erkenntnisfortschritte: Wenn von HENTIG Wissenschaft als highly sophisticated common sense nennt und auf Disziplinierung der Disziplinen hofft, so ist das vergleichbar dem, der bei Planungen für den Deichbau den mittleren Tidenhub mit Gesten und freundlichen Worten (die ausnahmsweise verstanden werden können) um 1,00 m senken möchte. Auch Theodor WILHELM reduziert (und mißversteht damit) die Wissenschaft, wenn er sie zum vorrangigen Wirklichkeits - und Lebensmaßstab erklärt. Wissenschaften sind Gebilde eigenen Rechts, und die Lebenswelt ebenso: Es gibt zwar Verbindungen in dem Sinne, daß die Wissenschaft ohne die Lebenswelt anregungslos bliebe, so, wie wir wohl ein Leben nicht wissenschaftlich führen könnten [SCHMITZ, l.c., S. 110]. Das Unterrichtsfach hingegen transzendiert die fachwissenschaftlichen Grenzen den Schülern und ihrer Lebenswelt zuliebe; um dieser Verantwortung willen zeigt es gleichzeitig die unter Umständen gefährliche Begrenztheit der Fachwissenschaften, deren Ergebnisse mit Verantwortung gehandhabt werden müssen. An dieser Stelle wächst die Bildung aus der unmittelbaren Begegnung mit der Wissenschaft, wo diese selbst noch über ihre Denkprozesse, Denkwege und Denkergebnisse nachdenken kann und wo ethische Gegebenheiten wie Verantwortung, systemische wie Einheit und Ganzheit, erkenntnispraktische wie Verständlichkeit für Schüler noch Anwendung finden. So ist das Gymnasium mit seinen Unterrichtsfächern der einzige und letzte Ort, wo ganz systematisch Wissenschaften erscheinen dürfen und wo im Wege und Wesen der Bildung systematisch Grenzüberschreitungen ermöglicht und geübt werden <können>, damit die Wissenschaften später human bleiben und sich nicht von den Menschen und ihrer Lebenswelt verabschieden oder die Menschen aus ihrer Lebenswelt verabschieden. Die Wissenschaften sind nicht die Lebenswelt und die Lebenswelt ist nicht Wissenschaft: Da beide aber ineinandergreifen, sind beide für das Gymnasium konstitutiv – um der Schüler und Schülerinnen willen durch den Prozeß der Bildung, der sich an den Schülerinnen und Schülern vollzieht [vgl. HENZ, 1993, S. 242 ff.].

Das bereits genannte römische Sprichwort „non scholae sed vitae" macht eine uralte Spannung deutlich, die zwischen Schule und Leben [GARLICHS, 1978, S. 229 ff.], eine Spannung, die sich auf der Oberstufe des Gymnasiums zuspitzt auf die Frage nach dem Verhältnis von Wissenschaft und Leben. Dahinter stehen Erlebnisse und vielleicht auch das Entsetzen über die instrumentelle Rationalität der Wissenschaft, die für den in die Selbständigkeit schreitenden Schüler die Schule fast unannehmbar macht. Es hieße das Gymnasium und vor allem die Reform der Oberstufe mißzuverstehen, wollte man deren Aufgabe n u r darin sehen, die Hochschulreife zuzuerkennen. Diese ist nur der Spezialfall des Umgreifenden, das gymnasiale Bildung heißt. Und da ist einbezogen das Emotionale (was in den sog. Lernzieltaxonomien weitgehend vergessen wurde) und vor allem die Rückführung der genannten Rationalität auf den humanen Sinn und seine Bedeutung für den Schüler. Und gerade darin zeigt sich Schule als etwas, was sich radikal im Maße der Zeit und des Umsetzungswillens aller am Bildungsprozeß Beteiligten von der Lebenswelt und Lebenspraxis unterscheidet: Während für die Lebenswelt gilt, daß sie nicht als eine Fortsetzung der Wissenschaft und ihrer Prozesse angesehen werden darf, und für die Wissenschaft, daß sie ein vom Lebenszusammenhang separater, autonomer und autarker Bereich ist, gilt (als logische Möglichkeit) für die Schule, daß sie in ihrer Arbeit, die Bildungsarbeit darstellt (um HABERMAS nochmals aufzunehmen), lebenspraktische

Handlungen und diskursabhängige Operationen vereinen kann. Das ist die Schule des Lebens in der Schule. Und sie hat durch diese Vereinigung von Wissenschaft, Grenzüberschreitung mit Leben als Ergebnis, daß ein identitätsverbürgendes Deutungssystem – SCHELSKY spricht von „geistigen Führungssystemen" [SCHELSKY, 1975, S. 58 ff.] – aufgebaut wird, das schließlich auch die menschliche Ohnmacht überwindet, in dem sie ihr einen Sinn gibt.

Zusammenfassung:

Eingewoben in die wissenschaftliche ist die ethische Dimension der Bildung. An keiner anderen Schulform hat die wissenschaftliche Dimension eine größere Bedeutung als am Gymnasium. Daraus folgen höhere Forderungen an Ethik, Niveau und gymnasialen Anspruch. In der wissenschaftlichen Dimension liegt im Gymnasium der Schlüssel zur Moderne. Der dem Gymnasium bescheinigte oder auch vorgeworfene Modernitätsrückstand – das ist die Dialektik der Einfalt – hat sich als Hebel zum Fortschritt erwiesen.

Die Wissenschaften lassen sich bündeln in empirisch-analytische und hermeneutische und solche, die man Handlungswissenschaften nennt, sie können als Instrumente der Selbsterkenntnis betrachtet werden; wir können zwei Wissenschaftsparadigmen, das Cartesianische und das HEISENBERGsche unterscheiden.

Das Gymnasium zeichnet sich durch signifikante Distanz und auch durch signifikante Nähe zur Wissenschaft aus. Das kann an der insbesondere den Leistungskursen zugeordneten Wissenschaftspropädeutik und an der den Grundkursen zugeordneten Systematik deutlich gemacht werden.

Zwei Gefahren gibt es für den wissenschaftlich zu begründenden Unterricht am Gymnasium: In der einen Gefahr kann Schule der Wissenschaft ausgeliefert werden, in der anderen wird Schule durch populistische Didaktisierung unterfordert. Fachwissenschaft und Unterrichtsfach unterscheiden sich durch ihre Interessen. Das Interesse der Fachwissenschaft gilt nur dieser selbst. Das Unterrichtsfach nimmt seine Legitimation aus den anthropologischen Bedingungsfeldern, der Lebenswelt der Schüler und natürlich auch aus der Fachwissenschaft selbst. Das Unterrichtsfach wird durch den Schüler konstituiert, die wissenschaftliche Disziplin durch sich selbst. Letztere stellt einen abgeschlossenen Bereich dar, während ersteres auf übergreifende Verständigung und fachliches Transzendieren angelegt ist um der Schüler willen. Die Spannung zwischen Schule und Leben drückt sich auf der gymnasialen Oberstufe aus in der Frage nach dem Verhältnis zwischen Wissenschaft und Lebenswelt. Dabei ist die Hochschulreife nur der Spezialfall der umfassenden Bildung der Oberstufe des Gymnasiums. Der allgemeine Fall Oberstufe liegt darin, daß sie die Chance hat, lebenspraktische Handlungen und diskursabhängige Operationen zu vereinen auf dem höchst denkbaren Niveau.

g) Die existentielle Dimension – oder: Bildung und Existenz.

Nicht zufällig muß eine Darstellung der Dimensionen, in denen Bildung steht und vermessen wird, bei Existenz als Dimension enden. Da Existenz als existentia seit Gaius Marius VICTORINUS (Lehrer der Rhetorik um 350 nach Christus in Rom) ein Fachausdruck der Ontologie ist (die Bezeichnung dafür, das etwas i s t), steht die Ontologie am Anfang und Ende dieser Darstellung [vgl HENZ, 1993, S. 103 ff.]: Dabei finden wir vor allem bei HEIDEGGER in seinen Existenzialien Gesichtspunkte und Hilfen, die zum Teil bereits angesprochen waren: Bildung steht in der Existenz, Wissenschaft z.B. ist ein Additiv, das im Maßstabe der Zeit, der Begabung und der Übung im Individuum mehr oder weniger entfaltet ist. Bildung hingegen ragt in den Kern und insofern ist Bildung Existenz. Bildung kann gelingen, wie wir an Männern wie PLANCK, HEISENBERG, C.F. von WEIZSÄCKER oder auch STAUFFENBERG sehen können; sie kann auch scheitern – als ein Beispiel dafür stehe Klaus BARBIE, der wie MARX Schüler desselben Trierer Gymnasiums war [vgl. dazu: RÜGEMER, 1988]. Das Scheitern (mit den schrecklichen Konsequenzen für andere) spricht nicht gegen Bildung, sondern zeigt nur ihre existentielle Dimension: Die Entscheidung des geschichtlichen Wesens Mensch für einen bestimmten Kreis von Werten und Kulturgütern (oder dagegen) vollzieht sich als zutiefst intrapersonaler Vorgang der Selbstdefinition und auch Selbstinterpretation; Schule und Lehrer sind nur Mittler, Helfer bei der Selbstinterpretation der Subjekte (deren Subjektivität SARTRE „Existenz" nennt); diese selbst aber gestalten sich zu dem, was sie werden und tragen die Verantwortung. Bildung als intrapersonaler Vorgang mit erheblicher und folgenreicher Außenwirkung kann daher nicht von der Verantwortung abgekoppelt werden: Sofern diese Verantwortung nur vor anderen, die außenstehen, geleistet wird, ist sie Verteidigung, besser: Rechtfertigung, die nicht wandelt.

Als Verantwortung, die die Fragen sich selber stellt (und nicht Fragen anderer beantworten muß), führt sie in die Katharsis. Als Reflexivität bedeutet Verantwortung Gnade des Wandels. Sehr früh und mit glücklichem Griff hat KLAFKI in Aufnahme des goethischen Wortes vom „erschlossenen Menschen" die existentielle Voraussetzung dieses Prozesses beschrieben: Er spricht von der „doppelten Erschlossenheit" oder vom „Doppelsinn" kategorialer Bildung: „Bildung ist kategoriale Bildung in dem Doppelsinn, daß sich dem Menschen eine Wirklichkeit kategorial erschlossen hat und daß eben damit er selbst – dank der selbstvollzogenen kategorialen Einsichten, Erfahrungen, Erlebnisse – für diese Wirklichkeit erschlossen worden ist" [KLAFKI, 1963, S. 44, C.F. von WEIZSÄCKER, 1977; KLAFKI, 1985, S. 44]. Das bereits aufgeführte Gedicht Goethes [oben S. 123, auch Brief vom 17.März 1832, Seite 3 dieses Buches] beschreibt intuitiv die Bipolarität der Bildung, vor allem die Notwendigkeit der Erschlossenheit auf der Subjektseite. Auch das alte, von August Hermann NIEMEYER im vorigen Jahrhundert eingeführte didaktische Dreieck ist gegründet darauf, daß es zwischen den Polen der Lehrenden/Lernenden einerseits und andererseits der zu vermittelnden Inhalte Beziehungen gibt. Dabei haben die Lehrenden die Kompetenz, Subjekte (Lernende) und Objekte (Lerninhalte) füreinander aufzuschließen; sie sind in diesem sozialen Prozeß aber auch Lernende; denn auch ihnen gehen die Objekte wieder oder ganz neu oder ganz anders auf.

Der Zusammenhang von Scheitern und Verantwortung verdient noch einige Erläuterungen vor allem dort, wo das Politische berührt ist: Der neuhumanistische Bildungsbegriff setzt die Bildung der Individuen deutlich von fremdbestimmenden Zwecken ab, wie sie aus Forderungen der Wirtschaft, des Berufes oder im weiteren Sinne der Gesellschaft fließen. Hieraus ergibt sich eine bis heute gewachsene Politik- und Zweckferne, auch Ferne vom Beruf und den zugeordneten Ausbildungsaspekten sowie Ferne von Gesellschaft und Staat. Diese Abwendung (nicht Ablehnung!) von der politischen und beruflichen Lebenswelt führt zu einem tragischen Konflikt (bis zum physischen Scheitern) zwischen der stets aufrecht erhaltenen Bildungsnorm der Verantwortung auch angesichts bewußter Abwendung von Gesellschaft und Staat und der stetigen Inanspruchnahme der Individuen durch den Staat bis hin zur Forderung nach unmenschlichem Handeln. Zudem steht der apolitische Bildungsbegriff des Neuhumanismus (wie jeder apolitische) stets in der Gefahr, mißbraucht zu werden: So vereint sich subjektives Scheitern mit objektivem Mißbrauch; das ist die geschichtliche Erfahrung mindest zweier deutscher Kriegsgenerationen. Bildung muß Distanz zur Politik haben, sonst wird sieinstrumentalisiert, vereinnahmt und ausgeliefert. Das könnte man an vielen Unterrichtsfächern belegen; besonders deutlich am Fach Deutsch [IVO, 1969] oder Gemeinschaftskunde/Sozialkunde [vgl. die Auseinandersetzung um die hessischen Rahmenrichtlinien, oder auch SCHÖRKEN, 1974, S. 64 ff. und BLANKERTZ, 1971, S. 67 ff.]. Das heißt aber nicht, daß die Politik ausgeblendet wird bis zur Ablehnung.

Besonders tragfähig ist in diesem Zusammenhange die humanistische Komponente der Bildung:

In dieser werden in einem bis heute repräsentativen Spektrum (von Oidipus bis Archimedes, von Elektra bis Euklid, von Odysseus bis Thukydides) die Bereiche unseres Daseins gültig aufgearbeitet, und die Schüler werden im Maße der Zeit und der Begabung in den Stand gesetzt, sich selbst in der Vernetzung mit dem Leben, der Gesellschaft und der Wissenschaft wahrzunehmen und an Vorbildern zu orientieren. Sie haben die Chance, eine Haltung (und den qualifizierten Willen) zu erwerben, die darin besteht, über jede im Wege gesellschaftlicher Differenzierung gewachsene oder entstehende Insel hinweg zur nächsten zu schauen und ganzheitlich-überbrückendes Denken zu üben: So gibt es die Chance, anhand unveränderlicher Werte die Sorge des Daseins zu sehen und ständig um Aufhebung sich zu bemühen. Bildung steht im Maße der Zeit, und Zeit ist Besinnung auf das Ende. So kann Bildung nicht bedeuten, daß Schule und Lehrer auf konkrete Situationen in der Zeit vorbereiten; Schule und Lehrer können nur auf Zeit vorbereiten: Zeit aber, die vor den Individuen liegt und auf die Individuen sich vorbereiten lassen (oder auch nicht – dann sind sie Opfer), ist ein grenzenloses Ensemble überhaupt nicht vorhersehbarer Ereignisse, deren Summe als Geschichte im Bewußtsein leben. Eine Bildung, die sich als sinnbezogene Selbstinterpretation im Strome der Zeit und Geschichte dartut, ist um so qualifizierter, je mehr sie die Individuen darauf einstellt, daß ihr Schicksal die Sorge der Zeitlichkeit ist: Eine andere Einwirkung als eine in diesem Sinne, die also den Individuen hilft, ihr Selbst bis zur höchstmöglichen Stufe zu entfalten, ist Dressur, die zur globalen Katastrophe führt, weil sie die zu dressierenden Wesen von außen und parzellierend festlegt, statt ihnen an die Hand zu geben, was sie zur Selbstinterpretation benötigen.

Zusammenfassung:

Ontologie steht am Anfang und am Ende der Bildung. Das wird an der existentiellen Dimension deutlich. Bildung kann gelingen oder scheitern. Letzteres spricht nicht gegen sie selbst, sondern ist Ausdruck intrapersonaler Vorgänge, die wissenschaftlich nicht faßbar sind. Schule und Lehrer sind da nur Mittler, wenn auch nicht unverbindliche.

Mit Bildung hängt Verantwortung zusammen und letztere führt als Antwort auf selbstgestellte Fragen in die Katharsis. KLAFKI spricht in diesem Zusammenhange von der doppelten Erschlossenheit oder vom Doppelsinn der Bildung. Wir stehen noch immer in der Tradition des Neuhumanismus, der Bildung fremdbestimmenden und fremdbestimmten Zwecken sowie beruflichen Nützlichkeitserwägungen nicht aussetzen möchte. Dazu kommt eine gewisse Ferne von Gesellschaft und Staat. Allerdings kann es bei dem apolitischen (nicht kontrapolitischen) Bildungsbegriff zur Gefahr des Mißbrauchs kommen.

Was Schule kann, ist, die Schüler auf ihre Situation in der Zeit vorzubereiten, nicht aber, auf konkrete Situationen des Lebens einzustellen. Insgesamt ist Bildung Hilfe zur sinnbezogenen Selbstinterpretation und Hilfe zur Selbstentfaltung.

B. Referenzfelder des Unterrichts

Bei den Referenzfeldern des Unterrichts kommt es zum Schwur: Welche Unterrichtsinhalte muß die Schule bieten und verbindlich machen, damit Bildung geschieht und im Maße der Zeit, der Kunst der Lehrenden und des Subjekts bis zur höchsten Entfaltung gedeiht? Die Frage kann auch so formuliert werden: „Von welcher Struktur und wie umfangreich die Lerninhalte sind, mit denen sich die Schüler beschäftigen müssen, und zu welchem Zeitpunkt das einzelne gelernt werden muß, welcher Unterrichtsinhalt zu einem anderen paßt und wo dieser sich von anderen Inhalten abhebt und schließlich der gesamte Begründungszusammenhang der Lerngegenstände, das ist es, was man als erstes verstanden haben muß, wenn man auf der Grundlage dieser Gegenstände zu anderen Lernbereichen gehen und diese sich aneignen möchte ... Dabei erweist sich die Kenntnis von vielerlei Gegenständen, wenn diese methodisch falsch vermittelt wurde, als ein weitaus größerer Schaden denn Unkenntnis." Mit diesen wenigen Fragen wird ein didaktisches Raster für die Erstellung eines Lehrplans (insbesondere für Mathematik und Astronomie) dem Betrachter vor Augen geführt; dieses Raster ist auf andere Unterrichtsfächer übertragbar und insofern klassisch, als es dem Spätwerk des PLATON, Über die Gesetze [818 d 4-6; 819 a 5-6] entstammt und bis heute in den Wortlaut von Äußerungen über den Lehrplan (z.B. in die Direktive Nr. 54 des Alliierten Kontrollrats vom 25.06.1947) eingeflossen und gültig ist [vgl. Anlage II.1]:

Was auffällt an diesem Platon-Text, ist das Bedürfnis nach Systematik. Es werden Grundthemen genannt, die das Lehrplandenken der Folgezeit bis heute bestimmen. Das uns vorgelegte didaktische Strukturgitter zeigt in bezug auf die Auswahl eines Lerninhalts zunächst einmal auf,

- ob ein Gegenstand sich überhaupt als Lerninhalt eignet; dem Kontext (und hier nicht weiter darzustellen) zu entnehmen ist ein werte- und normenbestimmtes System von Aussagen als Kriterien für die Auswahl;

- schon die zweite Frage ist schülerbezogen: Hinter der Frage nach dem Umfang eines Lerngegenstandes (máthema) steht die Überlegung, wie aufnahmefähig ein Schüler ist. Die Frage nach dem Zeitpunkt der Vermittlung zielt auf das, was wir heute zu den anthropogenen Voraussetzungen rechnen: Welchen Stand der kognitiven Entwicklung hat der Schüler erreicht? Das Modalverb „müssen" weist darauf hin, daß es innerhalb des Lehrplans eine selbstgewählte Alternative für den Edukanden nicht gibt. Er muß sich tieferer Einsicht beugen, wenn er qualifiziert werden möchte.

- Ein sehr elementarer Gesichtspunkt wird dort genannt, wo nach der Zusammengehörigkeit der Lerninhalte gefragt wird. Hier handelt es sich wohl auch um fachliche Systematik, mehr aber noch um einen Zusammenhang, der sich aus der Bedeutung eines Lehrinhalts für den Schüler ergibt, also so etwas wie didaktische Elementarisierung und Synthetisierung von Elementen unter dem Gesichtspunkt ihrer Vermittlung.

- Auch der Lehrer wird als Lernender verstanden – denn er muß auf die Fragen schon Antworten gefunden haben, wenn er Schüler erfolgreich führen will.

- Schließlich wird der Prozeßcharakter des Lernens angesprochen: Der Lernende schreitet voran, wobei die erworbenen Kenntnisse die Führerinnen zu weiterem Wissen sind. Es scheint hier wohl schon auf das didaktische Axiom „vom Leichten zum Schweren" oder auch „vom Linearen zum Vernetzten", vor allem aber auf Übertragungswissen und den Transfer hingewiesen zu werden.

- Und die Sorge um die Folgen des enzyklopädischen Wissens scheint bereits PLATON (ebenso wie wir heute) gehabt zu haben; sein (und aller Lehrer) Problem ist das explosionsartig anwachsende Wissen, woraus die Sorge um die schädlichen Folgen der Vielwisserei (polymathía) wächst.

Dahinter steht die uns von den Griechen anvertraute Frage nach der die Fülle der Einzelerscheinungen zentrierenden Idee, die sich bis heute auswirkt auf die Suche nach dem, was in der Vielfalt und in der durch die Zentrifugalkräfte gewachsenen Isolation fachwissenschaftlichen Wissens als bedeutungsstiftendes geistiges Zentrum im Prozeß der Vermittlung aufgebaut werden kann. Unterrichtsfächer sind also keine isolierten Gebilde, sondern sie stehen unter einer zentralen Norm, die für die Subjekte Bedeutungen stiftet. Vergleichbar ist diese Norm, die Fächer zu Unterrichtsfächern macht und letztere vor Isolation bewahrt, der Zentripetalkraft, die die Zentrifugalkraft ausgleichen kann. Sie wirken daher auch an einer zentralen Norm im Subjekte als Ganzheit, wie die folgende Stelle aus dem Timaios des PLATON über die Musik dartut:

„Die Musik aber, welche mit den Umkreisungen der Seele in uns verwandte Umläufe hat, erscheint dem, der mit Verstand sich der Musen bedient, nicht als für ein nur vernunftloses Vergnügen nützlich; vielmehr ist sie uns von den Musen als Mitkämpferin gegeben, um den in Zwietracht geratenen Umlauf der Seele in uns zur Ordnung und Übereinstimmung mit sich selbst zurückzuführen, ebenso wie auch der Rhythmus wegen der Unregelmäßigkeit in uns und des der inneren Anmut entbehrenden Wesens der meisten uns als Unterstützung zu eben demselben Zwecke von eben demselben gegeben wurde." [Tim. 47 d 2 ff.]. Schließlich wird noch ein constituens des Lehrplans genannt: Die Methode oder wie PLATON selber sagt: die agogé. Pädagogisches Handeln ist also methodisches Handeln oder es stiftet Schaden. Wenn noch einmal der Bogen von diesem zum vorhergehenden Satz geschlagen wird, dann leuchtet ein Gedanke auf: Wenn in methodischen Schritten Denken entfaltet werden soll unter Einbeziehung der Sache und der Person, dann ist unter der Bildung am Lehrplan ein kontinuierlicher Prozeß zu verstehen, der eigenen Gesetzen folgt, jedenfalls Gesetzen, die der Denkende erkennt und der nicht durch eine fremde Autorität aufoktroyiert ist: Bildung und staatliches Oktroi sind unvereinbar, Bildung ist in systematischer Weise und unter dem Gesichtspunkt der Kontinuität selbstbestimmt. Ohne Zweifel ist eine Gefahr zu nennen: Es ist die der Atomisierung der Subjekte und damit der Auflösung einer (oder ihrer) Verständigungsgemeinschaft. Also ergibt sich die Aufgabe, den Gedanken der Selbstbestimmung, der stets eine Subjektivierung und Individualisierung bedeutet, mit dem Gedanken der Verständigungsgemeinschaft vereinbar zu machen. Das Instrument aber, mit dem Selbstbestimmung und gesellschaftliche Verständigung vereinbar gemacht werden können, ist der Kanon des Gymnasiums [BLOCK, 1989, S. 323 ff.]. Dieser ist nicht wie die Manna über das Volk Israel so über den europäischen Menschen gekommen; er ist aus dem Nährboden der Demokratie Athens – nicht der Aristokratie oder Tyrannis! – gewachsen und hat seine fruchtbare Wirkung und Anpassungsfähigkeit durch die Jahrhunderte bewiesen. Er ist fester Bestandteil der europäischen Bildungsgeschichte und Ausdruck humaner Gesittung. Wer dieses nicht sieht, nämlich die prägende Kraft des Kanons in der jeweiligen Moderne, hat seine Geschichtslektion nicht gut gelernt. Wer Menschen unserer kulturellen Tradition von ihrer Geschichte und der Wirkung des Kanons löst, liefert diese Menschen der Bodenlosigkeit aus. Und der Bodenlose ist der Unglückliche zugleich.

Viel stärker noch als PLATON hat, wie wir im ersten Abschnitt des 2. Kapitels sahen, ARISTOTELES den Gedanken untermauert, daß zu Bildende Subjekte sind, die ontologisch Priorität haben.

Insgesamt wird uns eine Systemanalyse vorgestellt, die einige tausend Jahre später die Gestalt des didaktischen Dreiecks annahm [SCHÖLER, 1977, S. 20]. Den Antworten auf die frühen Fragen der Griechen ist Josef DOLCH [1982] in einer gelehrten Untersuchung nachgegangen; sie können hier nicht aufgeführt werden – wohl aber der Antwortrahmen:

– Es gibt eine Reihe von Fächern, die mehr als andere geeignet sind, menschliche Bildung zu fördern.

– So wie jedes einzelne unter einer zentralen Idee steht, wirkt jedes einzelne auf den Menschen als Ganzes.

– Für die Vermittlung und den Erwerb des Bildungswissens gilt das Maß der Zeit und v.a. die Stufung nach Lebensaltern.

– Es gibt keine sachgerechte Vermittlung ohne Methode.

Die Entfaltung der Bildung im Subjekte entspricht dem methodischen Können des Lehrers/der Lehrerin (und natürlich auch seinem/ihrem Vorbilde). Kurzum: Bildung am Gymnasium ist inhaltlich gebunden an einen Fächerkanon, dessen Vermittlung der methodisch ausgerüstete Lehrer unter Berücksichtigung des Lebensalters der Schüler vornimmt.

DOLCH zeigt für die Antike, aber auch für das Mittelalter und die Neuzeit, daß alle Antworten auf die Frage der Griechen gewisse Gemeinsamkeiten aufweisen:

Da ist zunächst der Lehrplanschwerpunkt zu nennen. Jeder Lehrplan, sei es derjenige, der der enkyklios paideía der Griechen zugeordnet ist oder der der septem artes liberales [vgl. oben S. 30], hat einen bestimmten Schwerpunkt, nämlich den sprachlichen bei den Griechen, den sprachlichen/fremdsprachlichen bei den Römern bis hin zum Gymnasium unserer Tage. Für die Griechen leuchtet das unmittelbar ein: Der Lehrplan der soeben genannten enkyklios paideía entwickelt sich mit der entstehenden Demokratie; und in dieser zählen im Sinne der Aufklärung nicht mehr autoritäre Entscheidungen der Führer, sondern öffentlich vorgetragene, durchaus in Raffinesse eingekleidete Argumente, über die von allen freien Bürgern in der Volksversammlung entschieden wird. Hier hängen also Aufklärung, Sprachkultur und Demokratie eng zusammen. Auch die Römer empfanden die politische und aufklärerische Notwendigkeit der Sprach- und vor allen Dingen Fremdsprachenkultur, die sie außerdem unter ihr Humanitätsideal setzten: So war die Sprachkultur eine Notwendigkeit, die mit dem Humanitätsideal eng zusammenhing. Die Kultivierung des Sprachlichen hing wohl auch mit einer alten, schon bei PARMENIDES sich findenden Überzeugung zusammen – daß nämlich über die Sprache der Weg in die Struktur des Denkens und des Seins als solchen gefunden werden könne [B 2 und 3 DIELS]. Josef DOLCH [l.c., S. 80] weist darauf hin, daß wir über die antiken Stundenpläne mit Wochenstundenzahlen nicht verfügen; so könnte man aus dem Umfang der Darstellungen des römischen Lehrplans der septem artes liberales auf die zugemessene Wichtigkeit schließen. In der für das Mittelalter vorbildlichen Darstellung des artistischen Lehrplans durch CASSIODORUS wird drei Fünftel des Textes auf die sprachlichen und zwei Fünftel auf die mathematischen Fächer verwandt. Nimmt man die mittelalterlichen Zusätze noch hinzu, dann umfaßt die Abhandlung der sprachlichen Fächer sogar vier Fünftel und der mathematischen Fächer ein Fünftel des Gesamttextes. Hier könnte noch hinzugefügt werden, daß der Begriff oder die Vorstellung von einem Unterrichtsfach mit dem Schulbuch zusammenfiel: Lehrplan heißt also Schwerpunktbildung in den sprachlichen Fächern und Fach des Lehrplans heißt Schulbuch, also etwas, was man in der Hand halten kann.

Eine weitere gewachsene Gemeinsamkeit ist das Lehrgangsprinzip [siehe auch oben S. 20 f.], wie es in vielen bildlichen Darstellungen des Mittelalters deutlich gemacht wird. Während die Römer in Übersetzung des griechischen Wortes kyklos (= Kreis) von einem orbis doctrinae sprechen – also von einem allgemeinbildenden, vor beruflicher Spezialisierung liegenden, auf Schule und Unterricht bezogenen Fächerkorpus, das geeignet ist, im Edukanden das Allgemeinmenschliche zu entfalten und an die humanitas zu binden, spricht der bildungspolitische Berater Karls des Großen, der Gelehrte Mönch ALKUIN in Berücksichtigung anthropogener Voraussetzungen vom Stufengang (gradus). Angesprochen ist also das Lehrgangsprinzip, das dem Lehrplan und dem Unterricht zugrunde liegt. Mit dem Lehrgangsprinzip hängt wohl auch eine weitere Gegebenheit zusammen. Es ist der Gedanke der Kontinuität [siehe unten, vor allem S. 163 ff.], der in zwei Richtungen geht:

Zum einen verdient das heranwachsende Subjekt, besonders da es ein wachsendes ist, Kontinuität der Zuwendung durch den gestuften Lehrplan und Lehrgang. Mit dieser Kontinuität wächst das Subjekt in die Richtung seiner eigenen und selbsterkannten Vollkommenheit.

Zum anderen verdienen aber auch die Unterrichtsfächer, an denen Bildung sich vollzieht, die Kontinuität der Auseinandersetzung mit den Elementen bis zur Synthese im Wissen und in der Bildung. Die Fächer des alten Kanons (z.B. Grammatik, Dialektik und Rhetorik einerseits sowie Arithmetik, Geometrie, Astrologie und Harmonik andererseits) haben von Anfang an propädeutischen Charakter getragen, wie ja auch Schule selbst (schola-vita) als ein propaedeuticum angesehen worden ist, ein propaedeuticum vor der Berufsausbildung (an Spezialschulen oder handelnd in der Werkstatt). Das propaedeuticum aber wird als solches durch die Zweckfreiheit, d.h. die Freiheit von der Bindung der Fächer und ihrer bildenden Gehalte an Zwecke des Berufs und der Ökonomie, konstituiert. In dieser Tradition der Lehrplangeschichte steht das Gymnasium bis heute, wenn auch nicht, wie diese Zeilen zeigen, ohne Grund und eigene Reflexion. Eine gewisse Einengung bedeutet die Propädeutik des Gymnasiums als Wissenschaftspropädeutik, über die noch zu sprechen sein wird [vgl. S. 223 ff.]. Als Wissenschaftspropädeutik ist das gemeint, was an Kenntnissen, Fähigkeiten, Fertigkeiten und Haltungen nötig ist, ein wissenschaftliches Studium zu ergreifen. Unter diesem Anspruch steht das Gymnasium heute in Zeiten, da Schule von Hochschule institutionell streng getrennt ist und Hochschule ohne das besondere Zertifikat des Gymnasiums in aller Regel nicht besucht werden darf (siehe Einleitung).

Schließlich ist eine letzte Gemeinsamkeit zu nennen:
Die Unterrichtsfächer stehen nicht nur unter einer zentralen Norm, die im Bildungsprozeß intrapersonal Bedeutung stiften kann, sie sind unter sich gebündelt, so z.B. die sprachlichen Fächer Grammatik, Dialektik und Rhetorik als trivium und die mathematischen Fächer Arithmetik, Geometrie, Astrologie und Harmonik als quadrivium. Diese Bündelung kann als eine pragmatische angesehen werden, sofern ihnen gewisse Gemeinsamkeiten zukommen; sie kann aber auch unter dem Gesichtspunkt spezieller Erkenntnis- und Denkweisen sowie konstitutiver Merkmale der menschlichen Gesamtpersönlichkeit (zu der auch der Bereich des Affektiven und des Psychomotorischen gehört – d.h. Poesie, Malerei, Musik und Tanz sowie Gymnastik im griechischen Lehrplan) gesehen werden. Wilhelm von HUMBOLDT unterschied in kritischer Verarbeitung des artistischen Lehrplans den ästhetischen und gymnastischen Unterricht vom didaktischen und letzteren wiederum schied er in den mathematischen, linguistischen und historischen unter ausdrücklicher Betonung der Intellektualität, Herzensbildung [BRÜCK, 1986; BUDDRUS, 1992] und Leiblichkeit als Hauptfunktionen menschlichen Wesens. Von hier bis zu den drei Aufgabenfeldern der gymnasialen Oberstufe ist es nicht weit: Auch die Aufgabenfelder sind Bündelungen von Unterrichtsfächern, aber keineswegs pragmatische Bündelungen von Universitätsdisziplinen, wie sie z.B. Karl JASPERS in den drei Horizonten oder Jürgen HABERMAS unter dem Gesichtspunkt des Erkenntnisinteresses vornahm. Ausführlicher zum Aufgabenfeld haben sich FLÖSSNER, SCHMIDT und SEEGER [l.c., 1977, S. 26 ff.] geäußert.

Im folgenden sollen einige weiterführende Bemerkungen gemacht und Erläuterungen vorgenommen werden. Wir bleiben zunächst noch beim Kanon, dessen didaktische Legitimation vor allem seit den 70er Jahren bezweifelt wird [ROEDER bei TENORTH, 1986, S. 117 ff., zuletzt WERNSTEDT, Locumer Protokoll, 56/93]: Genaugenommen geschieht mit dem Zweifel bzw. der Ablehnung folgendes: Eine bildungspolitische Setzung (die Entscheidung für den Kanon) wird durch eine andere bildungspolitische Setzung (die Entscheidung gegen den Kanon zugunsten eines individualisierten Curriculums) abgelöst. Abgelöst werden soll also ein Kanon, dessen historische Bewährung (bei aller kritisch-distanzierten Einschätzung z.B. bei DOLCH) nicht bezweifelt werden kann [SCHMOLDT, 1989], und dessen Entwicklungsfähigkeit durch die Jahrhunderte deutlich gemacht worden ist, durch eine völlig andere bildungspolitische Setzung, die naturgemäß ihre Bewährungsprobe (gesamtgesellschaftlich) noch bestehen muß. Immerhin ist das Gros derer, die heute in Entscheidungsvollmacht stehen, durch die Schule des Kanon gegangen, ein Kanon, der Menschen sogar dazu befähigt und entfaltet, Entscheidungen gegen ihn zu treffen: Doch die Argumentationsebene gegen den Kanon (der wohl der Ontologie zuzuordnen ist) kann nur bildungspolitisch sein; wird eine andere Ebene angesagt, so bleibt es diese – nur eben mit einem anderen Etikett.

Mit der Errichtung des neuhumanistischen Gymnasiums in Preußen durch Wilhelm von HUMBOLDT und Wilhelm SÜVERN sowie in Bayern durch Friedrich Wilhelm

THIERSCH in der ersten Hälfte des 19. Jahrhunderts wurde der Kanon für das Gymnasium konstitutiv: Danach sollte sich Bildung an Inhalten vollziehen, die im Sinne des Kanons vorbildlich waren und von außen durch die Lehrer und die Gesellschaft kamen. Aber nicht Anpassung war Ziel und Ergebnis des Kanons, sondern harmonisch-proportionierliche Entfaltung zu einem der Selbstbestimmung fähigen Subjekt. So wurde (oder wenigsten sollte werden) der Kanon zu einem Instrument in einem welthistorischen Prozeß, der die Menschen in die Freiheit der Selbstbestimmung setzt. Das ist – bei allen Rückschlägen, die nicht gegen den Kanon sprechen – die ständige Aufgabe des Kanons bis heute. Die spezifisch gymnasiale Funktion des Kanons ergibt sich aus der Dichotomie gymnasialer Bildung: Diese ist

- wissenschaftsorientierte und wissenschaftsbezogene Grundbildung,
- individuelle Schwerpunktbildung im Rahmen der Wissenschaftspropädeutik.

Während Wilhelm FLITNER noch zögert, dem Kanon die wissenschaftsorientierende und wissenschaftspropädeutische Funktion zu geben – vielmehr sei der Kanon an den artes orientiert, die in Weltverständnis einführten –, nennt H. HOLZAPFEL das Gymnasium insgesamt „Schule wissenschaftlicher Grundbildung" [1978, S. 264 ff.]. In diese Richtung denken auch AURIN [1983 A, S. 78], HELDMAN [1980 A, S. 292 f.] und WESTPHALEN [1979 (A), S. 50; HENZ, 1993, S. 28 ff.].

So liegt insgesamt der Anspruch des Gymnasialkanons vor allem in seiner Wissenschaftspropädeutik und seiner anspruchsvollen Denkschulung, jedoch außerhalb beruflicher Zweckbildung sowie Spezialisierung. Darin zeigt sich seine Zeitgemäßheit: Angesichts geradezu dramatischer Differenzierungen in der Gesellschaft, der stürmischen Entwicklung von Technologien und des sich daraus ergebenden fortwährenden Wandels in der Spezialisierung des Berufs kann das Gymnasium nur das eine tun: Wenn es die Subjekte an die Gesellschaft abliefert, dann mit einem Kanon, der die Voraussetzungen für berufliche Spezialisierung schafft und in besonderer Weise dazu befähigt, ohne selbst diese berufliche Spezialisierung vorzunehmen. Das kann nur ein Kanon, dessen Unterrichtsfächer durch ihre Grenzüberschreitung in übergreifenden Gehalten Gemeinsames finden und die verschiedenen Bereiche der Gesamtperson ansprechen und im jeweiligen individuellen Maße entfalten. So wird über den Kanon Grund gelegt für den Beruf, aber nicht durch Spezialisierung in Richtungen, die niemand kennt, sondern durch Motivierung zum Denken und Handeln durch Differenzierung der Bewegungs-, Wahrnehmungs- und Empfindungsfähigkeit, Systematisierung der Vorstellungsbereiche, Einführung und Eingewöhnung in den Kultur- und Wertebereich mit dem Ziel der individuellen und sehr persönlichen Aneignung. Wenn man den Beruf des Bäckermeisters, des Verwaltungsbeamten, Programmierers, Arztes oder Lehrers nimmt, so ist für ein ausgefülltes und kreatives Arbeiten die Voraussetzung nicht so sehr das Handwerkszeug – das erwirbt man in der Berufsausbildung –, sondern die Grundmotivation, die Fähigkeit zur Selbstreflexion und der geöffnete Sinn für andere Bereiche (als nur für den eigenen Beruf), damit der Beruf einem im Bildungsprozeß zu findenden Lebenssinn und Lebensplan zugeordnet werden kann. Wenn der Kanon in diesem Sinne wirken kann, legt er den Grund für ein positives Lebensgefühl und die Grundgestimmtheit der Eudämonie, wie wir sie seit ARISTOTELES formuliert kennen, aber jeweils nur für die einzelnen Individuen. Erst über die Eudämonie der einzelnen wirkt der Lehrplan (als Kanon) auf das gesellschaftliche Ganze.

Wer wie GIESECKE, [1968] oder BOULBOULLE [1974] der Sozialität vor der Individualität den Vorrang gibt, hat aus der Geschichte wenig, aus der Gegenwart nichts gelernt, woraus folgt, daß Geschichte ein festes Unterrichtsfach des Kanons bleiben muß; nicht ganz so fest eingebunden könnte die Gegenwarts-/Sozialkunde sein (Bezeichnungen je nach Länderrecht); sie hat aus der Entwicklungsgeschichte des Kanons längst nicht den Stellenwert und auch nicht die Wirkung, die man sich in Saarbrücken 1960 davon versprochen hatte.

Zusammenfassung:

Die wohl älteste systematische Lehrplanfrage findet sich im Alterswerk des PLATON. Von Anfang an zielt der Lehrplan auf Konzentration, Methodenbewußtsein und Überschreiten fachlicher Grenzen. Das Unterrichtsfach unterscheidet sich von einer fachwissenschaftlichen Disziplin darin, daß es unter zentralen Normen steht, vor allem unter dem Gesichtspunkt der Bedeutung für den Schüler. Voraussetzung für die Wirksamkeit ist eine Gesellschaft als Verständigungsgemeinschaft. Das Instrument, das die Verständigungsgemeinschaft mit der Subjektivierung durch Bildung vereinbar macht, ist der Kanon: Seine Substanz sind bestimmte Unterrichtsfächer, von denen man annimmt, daß sie mehr als andere in der Lage sind, menschliche Bildung zu fördern. Letztere ist in ihrem Wesen selbstbestimmt. Der Lehrplan als System zeichnet sich aus durch die Bildung von bestimmten Schwerpunkten, das Lehrgangsprinzip, die Kontinuität, die Bündelung von Fächern und den grundlegenden Charakter der Propädeutik, die vor beruflicher Spezialisierung steht. Der Kanon legt Grund für spätere Spezialisierung, ohne selbst bereits diese Spezialisierung vorzunehmen. Das geschieht durch Motivierung, Differenzierung der Wahrnehmungsfähigkeit, Systematisierung der Vorstellungsbereiche und Eingewöhnung in Kultur, Werte und Normen.

Insofern zielt er auf die Eudämonie des individuellen Lebens. Auf diese Weise wirkt er indirekt auf das Ganze einer Gesellschaft. Letztere aber hat keine Priorität.

Mit der Etablierung des Neuhumanistischen Gymnasiums in Preußen durch Wilhelm von HUMBOLDT, Wilhelm SÜVERN und Johannes SCHULZE sowie in Bayern durch Friedrich NIETHAMMER (Lehrplan von 1808) und den genannten Friedrich Wilhelm TIERSCH (Lehrplan von 1829) wurde auch (durch die entsprechenden Erlasse über die Abiturientenprüfung in Preußen von 1812 und 1834 sowie die entsprechenden Stundentafeln) der Kanon etabliert, dessen Schwerpunkte in Preußen einerseits die „Sprachen" waren (Griechisch, Latein, Französisch, Hebräisch), anderseits die „Wissenschaften", die Texten zugeordnet waren und unter den didaktischen Unterricht fielen: Mathematik, Geschichte, Geographie – die „Naturkunde" spielte noch keine große Rolle. Hier leuchtet das für den Kanon maßgebliche althumanistische Gliederungsprinzip eloquentia – sapientia hervor. SÜVERN sieht 1812 von den insgesamt 318 Jahreswochenstunden des 10jährigen Lehrgangs allein 180 Stunden für Latein, Griechisch, Hebräisch und Deutsch vor, Johannes SCHULZE 1837 für den bis heute neun Jahre dauernden Lehrgang 170 Stunden von insgesamt 288. Aber in der Folgezeit hat der Kanon, dessen Leitsprachen Latein und Griechisch waren, seinen Charakter erheblich verändert: Schon in den Stundentafeln von J. SCHULZE tauchte der Terminus Physik eigenständig auf. In den Stundentafeln der Realschule erster Ordnung von Ludwig WIESE (1859) finden wir außerdem Englisch (und kein Griechisch) und einen hohen Anteil (34 Stunden) für die Naturwissenschaft. Schließlich finden wir in den Lehrplänen von 1882 (von da an wurden die Realschulen erster Ordnung Realgymnasien genannt) die Chemie (mit 6 Stunden) und Physik sowie Naturbeschreibung (insgesamt 24 Stunden). Die Oberrealschulen schließlich verzichten ganz auf Latein und Griechisch und haben in ihrem Kontingent (nach den Tafeln von 1882) 112 Jahreswochenstunden für Deutsch, Englisch, Französisch von insgesamt 276 Stunden des neun Jahre dauernden Lehrgangs. Das heißt, daß sich der Kanon differenziert in dem

- sich neue Schwerpunkte auftun (anstelle von Latein und Griechisch, Englisch und Französisch),
- innerhalb einer Kanonteilgruppe Unterrichtsfächer ein neues Gewicht erhalten (z.B. Stärkung des Lateinischen gegen das Griechische).

Dieser Prozeß ist Ausdruck starker Veränderungen (im Sinne von Differenzierungen in der Gesellschaft) vor allem im Wissenschaftsbereich. Die Philologisierung der Altertumswissenschaften, des Gymnasiallehrerberufs bringt die Philologie (nicht mehr die Eloquenz) in den Unterricht, wie der Unterricht aus der Lehrerschaft eine große Anzahl von Universitätsprofessoren hervorbringt. Die Entwicklung der Naturwissenschaften verändert den Kanon in der Richtung, daß neue Fächer (Chemie und Physik) aufgenommen werden: Aber bis heute ist der sprachlich-literarische Schwerpunkt am Kanon des Gymnasiums geblieben. Das humanistische Gymnasium ist bis jetzt die Schule mit drei Pflichtfremdsprachen (Lateinisch, Englisch, Griechisch oder Französisch) geblieben, es können auch eine vierte oder fünfte Sprache als Angebot (z.B. Italienisch, Spanisch, Russisch, Niederländisch, Schwedisch oder Hebräisch) hinzukommen.

Auch die anderen Gymnasialtypen, soweit man davon noch sprechen kann, haben zwei Pflichtfremdsprachen bis in die 11. Jahrgangsstufe und gemäß Bonner Vereinbarung [7.4.2 der Fassung vom 11.04.1988] muß davon eine Fremdsprache bis zur 12. Jahrgangsstufe belegt werden. Außerdem können die genannten Gymnasien ab Klasse 9 eine

3. Fremdsprache als Wahlsprache führen. Es bleibt nachzutragen, daß die Ausdifferenzierung des Gymnasialkanons vor allem in der zweiten Hälfte des 19. Jahrhunderts insofern Berücksichtigung in der Bildungspolitik des deutschen Reiches fand, als der letzte Kaiser durch den sog. Kieler Erlaß vom 26. November 1900 die „grundsätzliche Anerkennung der Gleichwertigkeit der drei höheren Lehranstalten" (also des Humanistischen Gymnasiums, Realgymnasiums und der Oberrealschule) aussprach: „... ist davon auszugehen, daß das Gymnasium, das Realgymnasium und die Oberrealschule in der Erziehung zur allgemeinen Geistesbildung als gleichwertig anzusehen sind ..." [LEXIS, 1902, S. VII]. Das ist die schulrechtliche Lage bis heute, jedenfalls bis zu dem Zeitpunkte, als nach der Bonner Vereinbarung die Gymnasialtypen durch ein differenziertes Oberstufensystem abgelöst wurden. Auf die in jedem Lehrplan liegende und oft auch beabsichtigte Gefahr ist an verschiedenen Stellen diesse Buches hingewiesen worden; die wohl am schwersten wiegende (und auch als solche einzuschätzende und zu erkennende) besteht darin, daß das Individuum auf dem Gymnasium seine Universalität verlieren könnte bzw. daß diese durch Lehrplanentscheidungen an ihrer Entfaltung gehindert wird: Wir sahen und sehen das bei den Lehrplanentscheidungen, die sich auf Lehr- und Lernzielentscheidungen einseitig konzentrieren, ohne das Ganze menschlicher Persönlichkeiten im Auge zu behalten; als Folgen wurden (und werden) die „Verkopfung", die Reduktion unterrichtlichen Handelns auf das Bild (nicht die Anschauung ist gemeint!) und der Aktionismus genannt. Die Gewinnung und Erhaltung der Universalität des Individuums durch die Bindung an den Kanon bzw. an das Aufgabenfeld als fachtranszendierendes Feld sind aber auch ständige Aufgaben der Lehrerinnen und Lehrer sowie der Schulen: Hier können Vorgaben des Staates bzw. Anweisungen der Schulaufsicht nichts ausrichten; notwendig sind Lehrer und Lehrerinnen, die selber gebildet sind und ihre Tätigkeit radikal anders sehen, als sie es leider vom engen Fachdenken der Universitäten her gewohnt sind. Ihre wissenschaftliche Stellung und erzieherische Haltung müssen sie anders und viel höher qualifizieren, als es die begrenzte Rationalität der Universität vermag. Der Mathematiker am Gymnasium ist eben nicht nur Mathematiker, das gleiche gilt für alle anderen Fachvertreter an dieser Schulform: Sie versagen als Pädagogen und versündigen sich an ihren Schülerinnen und Schülern und übrigens auch an ihren Unterrichtsfächern, wenn sie diese nicht als Bestandteile eines Kanons begreifen, der mit seinen fachübergreifenden [HUBER, 1993, S.112F.] Segmenten stets auf den Schüler als Ganzes zielt und nur darauf bedacht sind, ihre Fächer zu vermitteln und isolierte Fachkenntnisse bei ihren Schülerinnen und Schülern anzuhäufen, damit das Individuum leichter in den Verwertungsprozeß der Gesellschaft eingegliedert werden kann. Kanon und Fremdbestimmung sowie gesellschaftliche und berufliche Zweckbindung schließen sich von ihrem Wesen her aus. Der Kanon (als Aufgabe) führt nicht in die Anpassung, wohl aber stiftet er im Brückenschlag die Beziehung zwischen dem Individuum und

– der gewachsenen Kultur einerseits und
– der gesellschaftlichen Wirklichkeit anderseits.

Aus dieser Beziehung, wenn sie denn mit Hilfe des Kanons aufgebaut ist, wachsen Kompetenz und Engagement und in der Rückwirkung (eine Beziehung ist stets zweiseitig, wie auch eine Brücke stets zwei Seiten verbindet) Reflexionsbewußtsein und vor allem der Wille (und die Fähigkeit), mit der umgebenden Welt (Natur und Gesellschaft) verantwortlich umzugehen. Dieses Konzept geht über das von COMENIUS und RATKE sowie das der utilitaristischen Aufklärung weit hinaus und nimmt seinen Ausgang vom Neuhumanismus, der, ohne daß viele der Diskutierenden das wissen, z.B. für die Menschenrechtsdiskussionen den Grund gelegt hat: Menschen als solche nicht nach ihrer Staatsbürgerschaft und Herkunft, sondern aus ihrem bloßen Menschsein und aus ihrer Bildung zu qualifizieren (ein altgriechischer Gedanke), macht sie (als Aufgabe) von der Instrumentalisierung frei. Nicht der Mensch ist das Instrument, mit dem Gesellschaft entfaltet werden darf, sondern der Kanon als anthropologisch begründbares Konzept ist das Instrument, mit dem Menschen nach ihrem Maße zu dem werden können, was ihnen als inneres Seinsziel aufgegeben ist: Und als am Kanon entfaltete Individualität produzieren sie die Gesellschaft. Letztere nun ist nicht nur die Summe ihrer Individuen, sondern auch eine neue Qualität, die als solche qua Reflexion in das Bewußtsein und in den Kanon zurückfließt. So ist der Kanon des Gymnasiums Instrument und Mittler zwischen dem Individuum und gesellschaftlichen Feldern wie sozialem Lebensfeld, Ökonomie, Technik und Beruf. Die Lehrpläne der Bundesländer sowie die Rahmenrichtlinien zeigen das insofern, als die genannten Felder in Schlüsselfragen, die die Grenze der Disziplinen transzendieren, horizontal verbunden sind. Die Felder aber bleiben ständige Aufgabe derjenigen, die über Lehrpläne entscheiden und derer, die Lehrpläne im Unterricht umsetzen.

Zusammenfassung:

Die beiden Schwerpunkte des neuhumanistischen Gymnasiums, wie es von Wilhelm von HUMBOLDT und Wilhelm SÜVERN etabliert wurde, waren die Sprachen und die Wissenschaften. Es dominierten die alten Sprachen. In der Folgezeit gab es aber auch Verschiebungen im Kanon, die zur Einführung weiterer Gymnasialtypen führten, das Realgymnasium und die Oberrealschule. Als Gefahren, die sich aus der Lehrplankonstruktion ergeben können, sind zu nennen:
- der Verlust der Universalität,
- die Verkopfung,
- die Reduktion auf das Bild,
- der (blinde) Aktionismus,
- die Anpassung an den Verwertungsprozeß der Gesellschaft.

Das neuhumanistische Konzept Wilhelm von HUMBOLTs wirkt diesen Gefahren entgegen.

Wie sehr der Gymnasialkanon auf die Wissenschaft verwiesen ist, kann man an der fachwissenschaftlichen Systematik zeigen, die zugleich mit der ontologisch-anthropologischen Systematik Bauprinzip des Kanons ist. Wenn es überhaupt noch eine über fachliche Inhalte (erster Monolog des Faust, erstes Stasimon der Antigone, das Marburger Religionsgespräch, Schritte über Grenzen Heisenbergs) hinausgehende bildende Wirkung der Wissenschaft gibt, dann ihre Eigenheit, gewonnene Erkenntnisse zu systematisieren – entweder aus sich selbst oder aus der Art, wie sie gewonnen wurden oder schließlich aus Voraussetzungen, die von außen kommen. Wie der Mathematiker GÖDEL in seinem Unvollständigkeitssatz nachwies, sind erst die genannten Voraussetzungen Grundlage für ein vollständiges System. GÖDEL bezieht sich zwar auf die Wissenschaftslogik als Teil der Wissenschaftstheorie, aber es können von seinem Satz wichtige Folgerungen für den Kanon gezogen werden:

– Der Kanon und seine Elemente stehen unter dem Anspruch der Systematik. Die Elemente oder Bestandteile des Kanons sind solche nur deswegen, weil sie über sich hinausweisen und die Tendenz haben (oder doch wenigstens ermöglichen), sich zu neuen Einheiten zusammenzufinden.

– Die Bildung neuer Einheiten (wir nennen sie auch eine neue Qualität, die durch die Systematisierung der wissenschaftlichen Disziplin unter der ontologisch-anthropologischen Voraussetzung aufkommt) ist beständiges Kennzeichen des Kanons in seiner Geschichte.

– Die Ergebnisse der fachwissenschaftlichen Systematik sind zwar nicht in jedem Fall auf das Gymnasium zu übertragen; vielmehr muß das Gymnasium aus den Ergebnissen auswählen, aber aus immanenten systematischen Gründen. Nur so wird ein Forschungsergebnis zu einem Unterrichtsinhalt. Zugleich aber bedeutet eine solche Übernahme die Vervollständigung des Unterrichtsfachs und die Erweiterung des Horizonts dieses Faches über andere Felder. Abgesehen von den ontologisch-anthropologischen Voraussetzungen liegt die didaktische Legitimation in der Möglichkeit, Inhalte dem Feld zuzuweisen. Es ist das pädagogische Feld, das die externe Voraussetzung für dieses System eines Unterrichtsfachs und dessen Vervollständigung bietet. Das Aufgabenfeld der Oberstufe des Gymnasiums ist also nicht so sehr die pragmatische Bündelung von Unterrichtsfächern, sondern die didaktische Kategorie der Oberstufe des Gymnasiums. WESTPHALEN wendet die Theorie der Aufgabenfelder zur unterrichtspraktischen Forderung, daß durch die Inhalte eine Verfügung über eine allgemeine Systematik der Vorstellungsbereiche sich entwickeln soll [WESTPHALEN, 1982, S. 79].

Die Betonung (neben der Systematik) liegt auf dem Substantiv Inhalte. Das ist ein Gesichtspunkt, der in der Nachbarschaft der zu erzielenden „Fähigkeiten und Fertigkeiten" eher vernachlässigt worden ist [FLUCK, 1981, S. 219] – also statt des Systems der Fakten und Werte die Fähigkeiten und Fertigkeiten.

Während der gewachsene Kanon mit seinen am Gymnasium vertretenen Unterrichtsfächern als eine gesellschaftliche bzw. staatliche Vorgabe (durch die jeweiligen Kultusministerien bzw. damit beauftragten Ämter) in Erscheinung trat, für die Schüler sich entscheiden konnten, kam in den 60er Jahren die Idee individualisierter Curricula [siehe

Kapitel I] auf. Bis zu diesem Zeitpunkt konnten sich die Schüler (und Eltern) im Bereich der Gymnasien ohne beruflichen Schwerpunkt in aller Regel für eine von drei Gymnasialtypen entscheiden:

- altsprachliches Gymnasium,

- neusprachliches Gymnasium,

- mathematisch-naturwissenschaftliches Gymnasium.

Der diesen Typen zugrunde liegende Kanon war, wie diese selbst, gewachsen und existierte als staatliches Typenangebot. Eine andere Vorstellung machte der Strukturplan [3.3 und 4.6] geltend: Danach soll der Lernende selbst seinen Bildungsweg individuell gestalten, und der Staat hat sich dirigistischer Maßnahmen zu enthalten und ein mannigfaltiges curriculares Angebot bereitzuhalten. Der einzelne ist gefordert, sein eigenes Programm sich zusammenzustellen. Während das gemäß Strukturplan innerhalb von Kursen in einem Stufenschulwesen geschehen soll bis hin zur produktiven Einseitigkeit unter ausdrücklicher Einbeziehung berufsbezogener Bildungsgänge mit dem Ziel der Integration aller Bildungsgänge (wenn es überhaupt solche sind und nicht eher Ausbildungsgänge), sieht die Bonner Vereinbarung möglichst bei Aufrechterhaltung der Institution Gymnasium eine begrenzte – im Vergleich zum konventionellen System, aber immer noch weitgehende Individualisierung vor. Der einzelne stellt im Rahmen von bestimmten Vorgaben sein eigenes Lernprogramm zusammen. Auf den ersten Blick bedeutet diese Freiheit eine Dekanonisierung – und als solche ist die Folge der Bonner Vereinbarung auch von einigen Bundesländern verstanden und durch Verordnungen umgesetzt worden. Eine weitgehende Freigabe der Fächer in das Belieben der Schüler erfolgte zum Beispiel in Niedersachsen; Baden-Württemberg oder Bayern haben dem Belieben von Anfang an Grenzen gesetzt.

Es bleibt die innere Schwierigkeit, daß Lernende sich für etwas entscheiden sollen, was sie noch nicht kennen; sie werden dort für urteilsfähig gehalten, wo ihnen Kenntnisse, d.h. also Material, das ein Urteil begründen könnte, fehlen. Außerdem ist der Kanon der letzten vier Jahrhunderte kein Werk des Zufalls, sondern von Generation zu Generation dem Nachdenken der Lehrerinnen und Lehrer ausgesetzt, denen gewiß eine größere Nähe zu ihren Schülerinnen und Schülern eignet als jedem Bildungspolitiker. Und da jegliches Nachdenken von Erfahrung umschlossen ist, bedeutet der Kanon zugleich auch eine Schatzkammer mit den pädagogischen Erfahrungen von vielen Lehrergenerationen.

War der konventionelle Kanon dreigeteilt bzw. differenziert, so konnte gemäß Bonner Vereinbarung die individuelle Entscheidung bei größeren Oberstufensystemen in etwa 35 Leistungsfachkombinationen auslaufen. Der tatsächliche Umfang war abhängig vom Wahlverhalten der Schüler: Von solchen – oft für die Unterrichtsorganisation sich erschwerend auswirkenden – Zufällen war die konventionelle Oberstufe nicht betroffen. Hier gab es (vor der Saarbrücker Rahmenvereinbarung) 15, danach 9/8 Pflichtfächer, unter ihnen 4 Kernpflichtfächer, die Gegenstand der schriftlichen Reifeprüfung waren.

Also zum Beispiel: Deutsch, Mathematik, Latein, Griechisch (Englisch/Französisch, Physik/Latein oder Englisch).

Wahlpflichtfächer waren die
- Fremdsprachen, soweit sie nicht Kernpflichtfächer waren und
- Physik (soweit nicht Kernpflichtfach), Chemie, Biologie, Erdkunde.

Dazu kamen als weitere verbindliche Unterrichtsfächer:
- Gemeinschaftskunde („insbesondere Geschichte, Geographie, Sozialkunde") [BOHNENKAMP/DIRKS/KNAB, 1966, S. 1032]
- Leibesübungen und
- ein musisches Fach.

Außerdem wurde nach den Bestimmungen der Länder Religionsunterricht erteilt [vgl. auch oben S. 49 ff.].

Diesem Kanon gegenüber muß die nach der Bonner Vereinbarung umgestaltete Oberstufe als dekanonisiert erscheinen. Wir haben den Pflichtbereich, der sich in die drei Aufgabenfelder differenzieren läßt (einschließlich Sport und Religion). Während nun gewisse Unterrichtsfächer durch die Wahl der Schüler ausgetauscht werden können, sind die Aufgabenfelder selbst nicht substituierbar, da sie einer anthropologisch begründbaren Systematik entstammen. Der konventionelle und gewachsene Kanon ragt hier insofern hinein, als mit der Wahl der Kurse und der Prüfungsfächer die drei Aufgabenfelder abgedeckt sein müssen: Was vordergründig einen prüfungsrechtlichen Grund zu haben scheint, ist in Wirklichkeit darstellbar als Kanon, der durch die Nähe zur anthropologischen Systematik ein Instrument der Selbst- und Welterkenntnis wird.

Die Nähe zum konventionellen Kanon kann auch noch an folgenden Erscheinungen deutlich gemacht werden:

Das erste Leistungsfach ist gemäß 7.7 (alte Fassung) der Bonner Vereinbarung den Fächern des alten Kanons, also den Fremdsprachen, der Mathematik sowie den Naturwissenschaften zu entnehmen; die neue Fassung sieht in 7.4.4 auch Deutsch vor. Dieser Rückgriff auf den gewachsenen Kanon wird auch deutlich in den Auflagen gemäß 7.4.3 der neuen Fassung: Dort wird verlangt, daß in jedem Falle
- „zwei der Fächer Deutsch, Fremdsprache, Mathematik ...
- Geschichte ...
- entweder eine Naturwissenschaft oder in 12/I bis 13/II je zwei Halbjahreskurse aus zweien auch in der Jahrgangsstufe 11 unterrichteten Naturwissenschaften durchgehend von 12/I bis einschließlich 13/II"

zu belegen sind.

Was also gemäß Bonner Vereinbarung als Dekanonisierung erscheinen mag, ist im Grunde eine doppelte Kanonisierung: Neben den wieder für verbindlich erklärten einzelnen Unterrichtsfächern erfolgt noch die strenge Bindung an das Aufgabenfeld. Sofern über den Pflichtbereich, der durch die Aufgabenfelder strukturiert wird, individuelle Schwerpunkte gebildet werden, handelt es sich um eine vertikale Profilierung, die durch eine horizontale Schwerpunktbildung – deutlich gemacht durch die Breite der Auflagen – ergänzt wird. Der zweifachen Kanonisierung entspricht also eine doppelte Schwerpunktbildung, die vertikale und die horizontale. Der Wahlbereich, der sich bis zur Bonner Vereinbarung nur auf das Wahlpflichtfach erstreckte, der Individualisierung diente und in das Saarbrückener Konzept äußerlich zugefügt erscheint – in den Stuttgarter Empfehlungen wird ein Jahr später darauf auch nicht Bezug genommen – soll

- die Schüler [vgl. Abschn. 5 der alten und neuen Fassung der Bonner Vereinbarung] in die jeweilige Wissenschaft einführen,

- Raum für die Anwendung der Wissenschaft sowie auch

- Raum für berufsbezogene Kurse geben.

Es bietet sich im Wahlbereich auch die Chance, mit neuen Fächern konfrontiert zu werden (Soziologie, Geologie, Astronomie usw., Abschn. 5 der alten und neuen Fassung der Bonner Vereinbarung). Dieser Punkt ist der Saarbrückener Rahmenvereinbarung, die eine Reduzierung der Zahl der Unterrichtsfächer vorsah, gegenläufig. Aber der ausdrückliche Anwendungsbezug (Datenverarbeitung, Wirtschaftsmathematik, technisches Zeichnen) sowie der Berufsbezug bedeuten eine zusätzliche Motivation; mit dem Hinweis auf den Berufsbezug wurden im „Einführenden Bericht" Gedanken der öffentlichen Diskussion zur „curricularen Zusammenführung von allgemein- und berufsbildenden Schulwesen in der Sekundarstufe II" aufgenommen. Der Doppelkanon der Bonner Vereinbarung ist daher weder ausschließlich noch vorwiegend dem Ziel der Studierfähigkeit zugeordnet, auch wenn die öffentliche und interne Debatte einen anderen Eindruck zu erwecken vermag, sondern der Bildung abgehoben von beruflicher Zweckbindung. Und zur Bildung gehört naturgemäß auch die Welt der Berufe, die nicht unmittelbar ein Studium zur Voraussetzung haben, z.B. die sog. gehobenen Dienstleistungsberufe, für die in Bildung entfaltete Subjekte zunehmend unverzichtbar werden. Der Kanon ist das Instrument, mit dem junge Menschen auch durch Haltung, Einstellung und Überzeugung, die an informativen Argumenten wächst, an ein Berufsfeld oder an einen Beruf selbst herangeführt werden können: Aber der spezielle Beruf selbst kann nicht Bestandteil des Kanons sein und das aus folgenden Gründen:

1. Die Konkretheit seiner Gestalt ist innerhalb kürzester Zeit so starkem Wandel unterworfen, daß eine Schule das nicht nachvollziehen kann: Es wäre also mit (ökonomischer) Rationalität unvereinbar, wollte man zu Berufen führen, die es entweder am Ende der schulischen Laufbahn nicht mehr gibt oder so nicht mehr gibt oder über deren Notwendigkeit unter den Abnehmern (das sind auch alle Bundesländer) Uneinigkeit besteht. Dann bedeutet die Aufnahme von Vorbereitungsanteilen konkreter Berufe in den Kanon das Gegenteil von dem, was dieser bewirkt: Aus der Mobilität und Flexibilität wird durch Rückständigkeit Unvermögen, sich einzustellen, sich zu verändern, an anderen Orten den Weg zu gehen.

2. Die Aufnahme von Vorbereitungselementen konkreter Berufe in den Kanon hat Aufklärung (im Sinne von Informations- und Beratungspflicht) zur Voraussetzung. Wie soll das aber verantwortlich geschehen angesichts der großen Komplexität des Gegen-

standes, des o.g. Wandels und der individuellen Voraussetzungen und Bedingungen des zu Beratenden? [FRAGNIÈRE, 1976, S 55 ff.]

3. Berufe kulminieren in ihrer Anwendung. Darauf muß der einzelne durch ständige Übung vorbereitet werden. Logischerweise muß dann aber der Kanon reduziert und, da dieser das Instrument der Entfaltung in Bildung und Person ist, die Entfaltung des Individuums verkürzt werden. Das kann man bildungspolitisch wollen – aber dann sticht das Argument nicht mehr, daß auch mit der Aufnahme spezieller Berufsvorbereitung in den Kanon die gleiche Entfaltung der Bildung bis zur Vollendung im Maße der Zeit und des Individuums möglich sei.

4. Die Aufnahme spezieller Berufsvorbereitung in den Kanon ist inkonsequent und unökonomisch: Es wäre für die Gesellschaft billiger, neben dem Erwerb gewisser Elementartechniken sofort mit der Berufsausbildung zu beginnen: Dann hätte man mit 14 Jahren den Gesellenbrief als Schuhmacher, Kraftzeugmechaniker und mit 19 oder 20 Jahren hätten wir bereits den Ingenieur, der Motore konstruiert oder Brücken baut. Letztere benötigen für ihr berufliches Tun keine Biologie, nur ein wenig Chemie, weder Geschichte, Deutsch, Gemeinschaftskunde, Erdkunde, Sozialkunde noch Religion, auch kaum Englisch, weder Französisch, Latein (geschweige denn Griechisch), Musik, keinen Sport, keinen Kunstunterricht: Wir hätten perfekte Ingenieure, die außerdem äußerst ökonomisch ausgebildet wären. Aber der Preis hierfür wäre viel zu hoch – das wenige Geld der Ausbildung käme die Gesellschaft teuer zu stehen und wäre eine persönliche Katastrophe für jeden einzelnen: Er wäre der perfekte Idiot.

5. Erst der Kanon macht in deutlicher Absetzung von der zeitaufwendigen Orientierung an fremdbestimmten Zwecken den einzelnen im höchsten Sinne gesellschaftsfähig, d.h.

– teamfähig und

– verständigungsbereit sowie verständigungsfähig durch die Kultivierung sprachlichen Vermögens und durch Empathie sowie Übersicht,

– durch Pflege fremder Sprachen, die andere Denksysteme eröffnen und zugleich die Überprüfung des eigenen ermöglichen. Der Beitrag, den jeder bzw. jede einzelne für seine Gesellschaft leistet, ist abhängig von Begabung, Bildung und vor allen Dingen von seinem Wollen. Das Impulsfeld der Beiträge ist um so größer und auch, was die Strukturierung des Feldes betrifft, um so dichter, je universeller die Schulung am Kanon und damit je mehr universal der Bildungsgrad ist. Die Pflege des Zeichensystems der Sprache (und der Mathematik) ist die gymnasialspezifische Form der Erarbeitung und Bewältigung von Welt. Praktizierte Multikulturalität, ein Wachstumsergebnis unserer Gesellschaft, kann nicht ohne Sprachen möglich werden. Teilhabe an der Geistigkeit der Welt und am Gefühl im Miteinander der Menschen vollzieht sich in Vollkommenheit nur über die Sprachen. Europafähigkeit ohne Sprachen ist unmöglich. Das deutsche Gymnasium bringt in der europäische Bewußtsein neben der Mathematik die differenzierte Ausgestaltung sprachlicher Kultur ein, so wie das französische Gymnasium (lycée) aus der enzyklopädischen Tradition die Mathematik und die Philosophie [SCHLEICHER, 1993, S. 267]. Und nur über die Sprachen vermitteln wir den Zugang zur auf Verständigung angewiesenen und auch angelegten Gemeinde der Wissenschaft.

Allein für die zuletzt genannte Aufgabe – abgesehen von der Entfaltung einer persönlichen Kultur, die zur genannten Eudämonie führt – bedarf es aller Kräfte und höchster Konzentration, wenn man das denn so will. Der Kanon ist das gewachsene Instrument, das uns hilft, anderen zu helfen, das ihnen aufgegebene, weil mögliche Seinsziel zu entfalten:

Wollen müssen sie es selbst, wollen müssen das auch die Gesellschaft und diejenigen, die beim Kanon in der Vollmacht stehen. Das Gymnasium wirkt am Seinsziel des einzelnen und hilft dem, der sich nach seinem Maße vollenden will.

Eines ist nicht möglich: Man kann nicht das genannte Ziel im Prozeß der Bildung erstreben und das Instrument wechseln wollen. Ein Zahnarzt kann mit Zange oder Hebel, nicht aber mit einem Bohrer Zähne extrahieren.

Zusammenfassung:

Bauprinzipien des Kanons sind die fachwissenschaftliche Systematik und die ontologisch-anthropologische Systematik. Dabei vollziehen sich im Kanon selbst dauernd Prozesse, die durch Bildung von Einheiten gekennzeichnet sind. Eine solche Einheit stellt das Aufgabenfeld dar: Dieses ist die zentrale didaktische Kategorie der Oberstufe. Hierbei geht es nicht nur um Fähigkeiten und Fertigkeiten, sondern auch um Inhalte. In der jüngeren Geschichte hat das gymnasiale Typenangebot mit den sog. individualisierten Curricula im Rahmen eines Stufenschulwesens konkurriert, wobei berufliche Bildungsgänge integriert sein sollen. Es wäre ein Irrtum anzunehmen, daß die Bonner Vereinbarung eine Dekanonisierung bedeutet. Der gewachsene Kanon ragt tief ins Aufgabenfeld hinein, so daß von einer zweifachen Kanonisierung gesprochen werden kann. Gleichwohl gibt es das Element der Individualisierung im Wahlbereich. Hier können sogar neuartige Fächer angeboten werden. Während die Saarbrücker Rahmenvereinbarung eine Reduzierung der Fächer vorsah, bedeutet der Wahlbereich eine Erweiterung des Fächerkanons. Dieser dient mehr der Bildung als der Bindung an konkrete Berufe. Gründe für bestehende Trennung des Kanons von der beruflichen Spezialisierung sind die starken von der Schule so schnell nicht nachvollziehbaren Veränderungen in den Berufen, die Unübersichtlichkeit der individuellen Lebensperspektive und die Notwendigkeit permanenter Anwendung und Übung, die die Schule nicht zusätzlich leisten kann. Außerdem werden durch zu frühe Spezialisierung unter anderem die Teamfähigkeit und die Verständigungsfähigkeit beeinträchtigt.

C. Die didaktischen Rahmenbedingungen des Gymnasiums

In diesem Abschnitt werden die didaktischen Folgen bildungspolitischer Entscheidungen genannt, die sich auf das Gymnasium beziehen und auch didaktische Voraussetzungen dafür, daß die genannten Entscheidungen umgesetzt werden können, genannt. Der Inhalt dieses Abschnitts ergibt sich aus den vorhergehenden Abschnitten; stellenweise stellt er auch eine Zusammenfassung des bisher Gesagten dar.

1. Der lange Lehrgang

In der Geschichte des gymnasialen Lehrplans gibt es schon frühe Beispiele [DOLCH, 1982, S. 189 ff.] für eine systematische Organisierung des Lehrplans – sei es nun in Wien (Gymnasium am St. Stephan) oder an der Lateinschule zu Eisleben. In wachsender Rücksicht auf den Entwicklungsstand der Edukanden wird auf eine bestimmte Anzahl von Jahren der zu erlernende Stoff aufgeteilt, wobei die jeweiligen Schulbücher als Gliederungseinheiten auftraten – heute würde man von medialer Differenzierung sprechen [vgl. GLÖCKEL, 1990, S 183 ff.]. Mit dem Anwachsen der Wissenschaften umfaßte schießlich der Lehrgang über die Analyse den sachlogischen Aufbau einer Wissenschaft, soweit dieser Schülern zugänglich gemacht werden konnte. Es fließen also in den Lehrgang ein

– einerseits die fachwissenschaftliche Analyse und die Synthese der gefundenen Sachverhalte sowie

– andererseits der sachstrukturelle Entwicklungsstand der Schüler, also der Stand der persönlichen Entwicklung und der Lernstand.

Auf den Lehrgang, dessen Dauer sich im Verlaufe der Jahrhunderte seit über 150 Jahren auf 9 Jahre eingependelt hat, kann um so weniger verzichtet werden, als eine gewisse und in Industriestaaten wohl unverzichtbare Standardisierung des Wissens ein gemeinsames Wissensfundament verlangt: Das Lehrgangsprinzip, das Inhalte systematisiert und mit wachsender Komplexität hierarchisiert, begünstigt die Gliederung der Schüler nach Jahrgangsklassen. Dies aber empfiehlt sich, weil der Standardisierungsgedanke, die politische Forderung der Gleichbehandlung und die „organisch-genetische Gliederung des Stoffes" [WILLMANN, 1882 ff.] es notwendig machen, daß die Schüler möglichst lange zusammenbleiben. Lernfortschritt ist gemeinsam erarbeiteter Fortschritt. Auch für die langfristige Planung des Unterrichts ist der Lehrgang dienlicher als andere didaktische Formen (z.B. der Kurs); denn der planende Lehrer, ob er nun seine Schüler beteiligt oder nicht, verfügt über bessere Prognosemöglichkeiten, da er alle Voraussetzungen kennt und sie entsprechend auch berücksichtigen kann (oder auch nicht). Die schulorganisatorische Konsequenz des langen Lehrgangs, der stets den systematischen Durchgang durch eine Wissenschaft bedeutet, ist z.B., daß in einer Klasse bzw. Lerngruppe der Unterricht möglichst lange in der Hand e i n e s Lehrers bleibt; darüber wird noch zu sprechen sein.

2. Sequentialität

Sequentialität hängt mit dem langen Lehrgang am Gymnasium zusammen. Der im Unterricht (insbesondere) der Oberstufe erfolgende propädeutische Durchgang durch eine Wissenschaft muß das berücksichtigen, was bereits gelernt ist – eines folgt aus dem anderen (das lateinische Wort dafür heißt sequi): Dieser Stufenaufbau ist in der Mathematik, anderen sprachlichen Systemen sowie in den Naturwissenschaften leichter einzusehen als in den Geisteswissenschaften, aber auch hier gilt (was in der frühen Phase der Oberstufenreform auf das lebhafteste bestritten wurde) die Sequentialität: Goethes Faust z.B. kann wegen seiner Komplexität nicht am Anfang der Beschäftigung mit der deutschen Klassik stehen, ein platonischer Dialog im Griechischen nicht vor dem Abschluß des elementaren Erlernens der griechischen Sprache, die Physik oder die Politik des ARISTOTELES nicht vor XENOPHONs Anabasis, der Zitronensäurezyklus nicht vor der Anorganik. Sequentialität gilt nicht nur innerhalb eines Unterrichtsfaches, sie gilt auch übergreifend: Der genannte Faust setzt die Beschäftigung und Kenntnisse voraus

– der antiken Philosophie, insbesondere des ARISTOTELES und der auf ihm beruhenden Scholastik,
– der antiken Mythologie,
– der mittelalterlichen Geschichte, der mittelalterlichen Universität, der mittelalterlichen Wertewelt sowie des mittelalterlichen Sozialsystems,
– der Wirtschaftsgeschichte bis zur Goethe-Zeit.

Schon diese unvollständige Aufzählung macht deutlich, daß es eine voraussetzungslose Beschäftigung mit dieser „inkommensurablen Produktion" (LUKACS) nicht geben kann. Es sollte nicht vergessen werden, daß zur Sequentialität auch die Entwicklung und Reife eigener Sprachkultur gehört; sie droht im Bilde unterzugehen. Wir spüren dies deutlich an der Sprache der Öffentlichkeit, die deshalb nicht im Mittelpunkt schulischer Arbeit stehen darf. Eigene Sprachkultur wächst durch den kontrollierten und trainierten Dialog in der Klasse bzw. Lerngruppe sowie durch die intensive Beschäftigung mit Literatur und Sprache. Es war in der Vergangenheit ein Fehler, daß überhaupt weniger die entfaltete Sprache der Dichtung und Wissenschaft als z.B. die der Werbung oder der Politik Gegenstand des Unterrichts wurde. Die Folgen spüren wir bis in die Universität an der Art öffentlicher Sprache z.B. in den Gremien oder auch daran, daß selbst Hochschullehrer an bestimmte literarische Produktionen (wie SHAKESPEARE) im Rahmen des Fachstudiums nicht mehr herangehen möchten. An dieser Stelle zeigt sich, was folgt, wenn Schule und Planung die Sequentialität aus dem Auge verlieren.

Aber nicht nur die Schule (mit allen Beteiligten) ist angesprochen; betroffen ist auch die Ebene der Schulaufsicht sowie naturgemäß diejenige Ebene, auf der Lehrplanentscheidungen fallen, insbesondere also die der zuständigen Minister bzw. Senatoren. Letzte Ebene soll nur kurz gestreift werden, weil von hier nur in engen Grenzen Änderungen aus Einsicht zu erwarten sind, eher aufgrund von Druck, sei es nun der Druck einer bevorstehenden Wahl, bei der „neue" Konzepte erwartet werden, oder nach Wahlen der Druck einer vielgestalteten Öffentlichkeit, die sich äußert in der Gestalt von Parteien, Verbänden, Gruppen – kurzum: das gesamte pluralistische Spektrum. Jede Teilmenge des pluralistischen Spektrums muß seine Einsichten und Forderungen als auf der Höhe der Zeit befindlich nennen. Naturgemäß gibt es dann Brüche und Widersprüche, die oft genug nicht durch Kompromisse überbrückt werden können. Bei den sich ergebenen Lehrplanentscheidungen erfolgen dann solche Sprünge, die den Heranwachsenden nicht gut tun, weil sie entweder in das bereits Gewachsene eingreifen, es behindern oder zerstören oder überfordern (und zwar Lehrer und Schüler). Ohne Gefahr läßt Natur Sprünge nicht zu, wohl aber neue Keime, die sich aus behutsam gelegtem Samen entwickeln. Insofern sind neue Lehrplanentscheidungen, die zuvor nicht geprüft haben, was an den Intentionen (z.B. Ökologie, Friedenspädagogik, Berufskunde, Rechtskunde, Rechtsberatung, Verwaltungskunde, Verkehr, politische Bildung usw.) bereits im bisherigen Kanon umgesetzt ist, oder was im bestehenden Kanon umgesetzt werden kann, äußerst fragwürdig, weil sie die Lernenden statt aufbauender Schritte im Sinne der Sequentialität einem Wechselbad ohne festen Orientierungspunkt aussetzen.

Freier hingegen und den Vorstellungen und dem Druck der Öffentlichkeit nicht so sehr ausgesetzt sind die Aufsichtsbehörden, wenn sie ihre Aufgaben ernst nehmen und sich der Bildung ebenso verpflichtet fühlen wie der Bildungspolitik, der sie Loyalität schulden: Ihnen kommt – abgesehen von der Dienst- oder Rechtsaufsicht – vor allem Fachaufsicht zu zum Ausgleich divergierender Interessen und zur Beratung der Schulen. Sie müssen nicht einer bestimmten parteilichen Richtung gegenüber loyal sein: Ihre Loyalität gilt vorzüglich der eigenen fachlichen Überzeugung und der Bildung am Kanon, dessen Diener sie sind. Sie arbeiten den Schulen zu, indem sie initiieren und die Kollegen motivieren, Hilfestellung im Prozeß der Bildung geben. Wie es für Ärzte den hippokratischen Eid gab, so müßte es für Schulaufsichtsbeamte den aristotelischen Eid geben:

Dieser müßte sich darauf beziehen, daß die Schulaufsichtsbeamten Kompetenzen gewinnen und erhalten wollen, die allein den Prozeß der Bildung an ihren Schulen verstärken [vgl. KASPER, 1988; POSCHARDT, 1978]. Insofern sind sie nicht Mitglieder von bildungspolitischen Drückerkollonnen der jeweiligen Minister, sondern Persönlichkeiten (mit hoher Dienstleistungskompetenz), von denen erwartet werden kann, daß sie sich mit Entschlossenheit als Initiatoren, Mittler und Koordinatoren des Bildungsprozesses betätigen.

Wenn nun Sequentialität allein schon aus fachstrukturellen Gründen nötig ist, dann muß sie zumindest auch im Sinne eines zeitlichen Kontinuums verstanden und organisiert werden. Dies schließt eine reine Addition von Einzelkursen als Organisationsform der Oberstufe des Gymnasiums aus.

Wir sind wiederum bei der Schule. Curriculare Sequentialität ist im engeren und weiteren Sinne eine

- methodische,
- didaktische,
- erzieherische.

Hierbei muß aus heuristischen Gründen getrennt werden, was eigentlich zusammengehört und nicht der Beliebigkeit unterworfen ist.

Das Methodenproblem hat jüngst H. MEYER [1989/90, v.a. Band II] ausführlich und vorbildlich entfaltet und gerade darauf an verschiedenen Stellen hingewiesen. Hier soll für das Gymnasium, vor allem für die Oberstufe, folgendes hervorgehoben werden:

Lehrervortrag, Schülervortrag sowie Gruppenarbeit [KLEMM, 1959, S. 179; von HENTIG, 1966 A, S. 7 ff.; DIETRICH, 1969; SCHIECK, 1970, S. 147 ff.; NICKEL/DUMKE 1970, S. 457 ff.; GUDJONS, 1984; HAGE, 1985; BOSCHMANN, 1985; TRZECIOK, 1985; DICHANS/SCHWITTMANN, 1986, S. 327 ff.; JANK/MEYER, 1991, S. 338] sind methodische Formen, die auf der Oberstufe zur Entfaltung kommen können. Hierbei wird der Schülervortrag weiter eingeübt am Lehrervortrag, wir können auch von Imitationslernen sprechen. Beide Formen sind am geeigneten Ort bzw. im Zusammenhang auf der Oberstufe des Gymnasiums von besonderer Bedeutung. Hiergegen wird immer dann verstoßen, wenn der didaktische Kontext unberücksichtigt bleibt und kurz vor Ende einer Unterrichtseinheit oder gegen Ende eines Schulhalbjahres Unterricht zum Verlegenheitsunterricht wird und vorwiegend aus Schülervorträgen – und das über eine Doppelstunde! – besteht. Methodische Sequentialität heißt im didaktischen Kontext, daß Arbeitsformen, zu denen Schülerinnen und Schüler am Ende ihrer Gymnasialzeit in Selbständigkeit befähigt sein sollen, vom Beginn ihrer Schulzeit an nach dem Spiralcurriculum eingeübt werden müssen. Das gilt nicht nur für die Vortragsformen, sondern auch für die Partner- und Gruppenarbeit. Gegen die methodische Sequentialität verstößt, wer beide Sozialformen, ohne Vorbereitung und Einübung und ohne die Komplexität eines Unterrichtsinhaltes zu bedenken oder ohne sich seiner didaktischen Absicht vergewissert zu haben, in seinem Unterricht einfach punktuell einsetzt.

Die didaktische Sequentialität berührt die Entscheidung des Lehrers für bestimmte fachwissenschaftliche Erkenntnisse, die im Prozeß des Unterrichts zu Unterrichts- und somit zu Lerninhalten werden sollen. Daß es z.B. Dreiecke gibt, deren Winkelsumme mehr als 180 Grad beträgt, lernt man nicht aus den Regeln des ebenen Dreiecks in der Geometrie; die Kenntnis der Formel $F = 2r^2 \times \sin α \times \sin ß \times \sin γ$ setzt die Kenntnis des Kreises und der Winkelfunktionen voraus, aber auch ein gewisses Abstraktionsvermögen, dessen Entwicklungsstand der Lehrer von Berufs wegen ständig beobachten muß. So kann die Frage, wie hoch über dem Horizont des Nordpols ein Nordlicht stehen muß, damit wir in Zentraleuropa dieses beobachten können, nur mit Sinn gestellt und beantwortet werden, wenn die Schüler die Geometrie der Kugel erfahren haben: In dem Maße, wie die Kenntnisse wachsen, wächst unsere Fähigkeit zu sehen und zu fragen. Kurzum: je mehr wir wissen, desto mehr nehmen wir wahr.

Die erzieherische Sequentialität ist von der Beobachtung abzuleiten, daß Erziehung und (d.h. mit dem Ziele der) Bildung über lógos und êthos, über die Belehrung und Gewöhnung erfolgen. Letztere hängt mit Gleichmaß, Zuverlässigkeit und Vertrauen zusammen. Und wenn als Ziel die Selbständigkeit, die Autonomie erkannt ist, dann kann der Weg nur über die Fremdbestimmung und frühe Einübung der Teilhabe zur Selbstbestimmung führen. Die stärker von außen kommenden Vorgaben der Unter- und Mittelstufe werden auf der Oberstufe durch Eigenimpulse, Selbsttätigkeit und Selbstbestimmung ersetzt, wo die in den Schülerinnen und Schülern vorhandenen Kräfte geweckt und geformt werden. Was in den Unterrichtsfächern der lange Lehrgang, das ist im Prozeß der Erziehung die Einübung der Selbstbestimmung über die Fremdbestimmung mit Hilfe der begleitenden Erziehenden. Für den Stil der Erziehenden folgt, daß dieser von dem bei jüngeren Schülern, die sich an festen personalen Bezugspunkten orientieren, angemessenen autoritativen Stil zum demokratischen oder sozial-integrativen Stil verläuft. Immer wieder werden in den Erziehungsstilen Sprünge bzw. Sprunghaftigkeit beobachtet; diese ist in der politischen Gesamtwirkung sicherlich schädlich; sie zeigt Beliebigkeit, aber nicht Sequentialität. Ein Systematisierungsversuch in bezug auf die Sequentialität unternehmen POSNER und STRIKE [1976]. Dieser ist zusammenfassend, aber ohne Bewertung, bei RAUIN [1989] dargestellt.

Zusammenfassung:

Bildungspolitische Setzungen haben didaktische Konsequenzen. Als didaktische Rahmenbedingungen des Gymnasiums sind zunächst zu nennen:

– der lange Lehrgang,

– die Sequentialität.

Der lange Lehrgang ist sehr früh Bestandteil des didaktischen Rahmens am Gymnasium geworden. Er hängt eng mit der Entwicklung der Einzelwissenschaften zusammen. Zweite Bezugsgröße des langen Lehrgangs, der übrigens die Entwicklung der Jahrgangsklasse begünstigt hat, ist der sachstrukturelle Entwicklungsstand der Schüler: Der lange Lehrgang ermöglicht gemeinsame Lernfortschritte, eine gewisse Standardisierung des Wissens und auch eine langfristige Planung und auch Prognose einer Schülerlaufbahn.

Die Sequentialität ergibt sich aus der Tatsache, daß Lernfortschritte dort nur erfolgen können, wo auf einem vorhandenen Fundament gebaut werden kann. Sie bezieht sich auf ein einzelnes Fach wie auch auf fachübergreifende Komponenten und auf die Entwicklung einer eigenen Sprachkultur. Die Sequentialität bindet Lehrer und alle an Lehrplanentscheidungen Beteiligte, auch die Schulbehörden.

Wir haben zu unterscheiden zwischen der methodischen, didaktischen und der erzieherischen Sequentialität. Letztere wirkt sich stark auf den Erziehungsstil aus, während erstere die Entscheidung für bestimmte Sozialformen lenkt. Die didaktische Sequentialität bedeutet auch, daß inhaltliche Entscheidungen stets den Entwicklungsstand der Schüler und deren Interessensrichtung im Auge haben müssen. Sequentialität und Addition von Einzelkursen schließen sich gegenseitig aus.

3. Die Kontinuität

Fundament des langen Lehrgangs und der Sequentialität ist die Kontinuität. Wir haben an verschiedenen Stellen dieser Abhandlung bereits davon gesprochen. Die Vorstellung, daß die Kontinuität notwendiges Merkmal intentionaler Prozesse ist, wozu auch der Bildungsprozeß gehört, ist nicht neu: Kurz und prägnant formuliert ARISTOTELES in seiner Physik-Vorlesung [199 a 8 bis 9]: „... bei allen Handlungen, die zielgerichtet sind, wird um dieses Ziels willen gehandelt, der Reihe nach Schritt für Schritt". Was also gewachsen entstanden ist, im Bereich der Naturseienden, ist ein Entstandensein für etwas, über Stufen in einer bestimmten Reihenfolge (hexês). Der Prozeß des Formwerdens, hier also der Bildung, ist derart, daß er durch stetige Einwirkung von außen ausgelöst wird und das zugrunde liegende Menschsein in Richtung auf Vollendung nach Maß entfaltet. Die stetige Einwirkung ist notwendige Voraussetzung für den Bildungsprozeß. Dieser selbst ereignet sich aber intern im Wechsel von Kontinuität und Diskontinuität. Man kann das sehen an den sich unterscheidenden Antworten, die jeder einzelne auf das gibt, was ihm an Einwirkungen begegnet und was jeder einzelne an Einwirkungen zuläßt oder sich selbst zufügt. Jede Antwort ist anders, so, wie jeder Mensch anders ist – also auch jedes einzelnen Bildung ist anders; denn Bildung ist auch Antwort. In der Physik gibt es die Enthalpie, eine Größe, die die innere Energie (U) und die Ausdehnungsarbeit eines Systems (V) umschreibt, das unter kontinuierlichem Druck von außen (p) steht (H = U + p V). Ohne die kontinuierliche Einwirkung der Größe p gäbe es auch ein solches System nicht: Diskontinuität brächte es zum Zusammenbruch. So könnte man beim Menschen die Bildungsenthalpie als eine Größe umschreiben, die die Summe von individueller Entelechie, tatsächlichem Entfaltungsgrad sowie Antwort auf die stetigen, d.h. nie unterbrochenen und nur in Ausnahmesituationen unterbrechbaren Impulse des äußeren und inneren Systems Welt bezeichnet; man könnte auch den Begriff „das Umgreifende" von Karl JASPERS verwenden.

BLOCK [1989 (A)] hat jüngst zum Kontinuitätsbegriff in eine Debatte, die über lange Jahre ruhte [vgl. HELDMANN, 1975, S. 251 ff.; KLOSE, 1978, S. 195 ff.; HELDMANN, 1979, S. 498 (zum Urteil des Hess. Staatsgerichtshofs)], eingegriffen und diese weitergeführt aus der Sicht des engagierten Schulmannes [vgl. auch HENZ 1993, S. 348 ff.]

Genau im Gegensatz dazu setzt an der Kontinuität des langen Lehrgangs gewerkschaftliche Kritik ein [RAUIN, 1989], die man am gegebenen Ort nachlesen kann. Insgesamt ist zu bemerken:

Es gibt in der Tat zwischen den Intentionen des langen Lehrgangs und der sog. themen-/fach- oder gruppenbezogenen Kurse Diskrepanzen [KLOSE, 1978, S. 195 ff.; HELDMANN, 1975, S. 253]. Sie hängen davon ab, was beabsichtigt wird. Und alles kann wohlgesetzt begründet werden; dabei dürfen aber die Begründungs- und Zuordnungsebenen nicht verwechselt werden. Wenn also Gründe für das Kurssystem gesucht und gefunden werden, dann sind damit nicht zugleich schon Gründe gegen den langen Lehrgang gegeben und umgekehrt. Man sollte nun wirklich nicht ein bewährtes und gemein anerkanntes Bildungsziel, dem eine bestimmte Argumentations- und Voraussetzungskette zugeordnet ist, unter ausdrücklicher verbaler Aufrechterhaltung dieses Zieles mit einer anderen Kette von Voraussetzungen so versehen, daß ein gänzlich anderes Ziel erreicht wird. Das Gymnasium, das in seinem Selbstverständnis, aber auch im Verständnis der Öffentlichkeit als Schule wissenschaftlicher Grundbildung an die Wissenschaft heranführt, benötigt in Schwerpunkten die Kontinuität des langen Lehrgangs; denn Wissenschaft wird gewonnen durch beharrliches Training; eine wissenschaftliche Haltung, wenn sie denn innerlich akzeptiert ist, bedarf kontinuierlicher Übung; andererseits führt sie lediglich (das ist nur im einschränkenden, nicht im wertenden Sinne gemeint) zur Fähigkeit, vorgeformte Ergebnisse zu übernehmen – auch diese muß es geben – und anzuwenden. Für diesen Zusammenhang und Zweck ist es nicht notwendig, Ergebnisse auf ihre Voraussetzungen überprüfen zu können dadurch, daß man die materialen Voraussetzungen dafür erwirbt. Insofern hat BLOCK recht mit der Forderung, daß die stark betriebene Zerlegung der Lehrgänge „... wieder in Maßen zurückgenommen werden muß ..." [BLOCK, 1989 (A), S. 336].

Schließlich muß noch gesagt werden, daß wir uns im Raume bildungspolitischer (und beim Gymnasium gewachsener) Voraussetzungen bewegen: Diese kann man als Setzungen ablehnen oder bejahen. Dementsprechend ändert sich die Argumentationskette.

Die Kontinuität gibt der Schule eine andere Möglichkeit des Umgangs der Lehrer mit den Schülern: Gemeint ist das Lernen in Ruhe und „Muße", auch auf der Oberstufe. Das lateinische Sprichwort „satius est otiosum esse quam nihil agere" („es ist besser in Muße zu leben als nichts zu tun") weist auf die wichtige Komponente „agere" = „Handeln" hin. Und das heißt nicht „agitieren", auch nicht dem Aktionismus frönen, sondern selbstbestimmt in höchstem Maße aktiv sein, z.B. lernen. Das Gymnasium hat vor allem auf seiner Oberstufe viel mehr als jede andere Schulform des Sekundarbereichs II die Möglichkeit der scholé, wenngleich diese Möglichkeit sehr häufig ebenso mit Vehemenz bestritten (in einer Diskussion mit dem Autor dieses Buches wurde diese Feststellung sogar ein „feindseliger" Angriff auf das System Schule genannt) wie anerkannt und angewandt wird. Gerade die Oberstufe bedarf der Muße. Sicher haben es Länder mit Zentralabitur viel schwerer noch als andere Bundesländer, aber gerade aus letzteren hört man in Diskussionen die meisten Klagen, möglicherweise deswegen, weil hier das Freiheitsbewußtsein stärker entfaltet ist und die Antinomie der Freiheit wirkt, die für Einschränkung besonders sensibel ist. Oft genug aber stehen Lehrer da auch sich selbst im Wege, weil sie die große Flexibilität der Rahmenvorgaben in ihren Richtlinien nicht zu sehen oder zu nutzen vermögen. Übrigens: Hier kulminiert das Handeln der Schulaufsicht, wenn sie überhaupt den Nachweis der Existenzberechtigung erbringen möchte: Sie hat zu zeigen – nicht, wie staatliche Rahmenvorgaben erfüllt, sondern wie sie dem Sinne nach den Prozeß der Bildung fördern kann. Das legalistische Beharrungsvermögen in der reinen Aufsicht tötet, dienende Zuwendung belebt die Schule; und wer recht hat, hat trotzdem nicht recht: Summum ius summa iniuria (das Höchstmaß des Rechts <ist> das Höchstmaß an Unrecht): Streß führt zum körperlichen und geistigen Infarkt – letzterer ist das Gegenteil von Bildung, die den Fluß der Freiheit in Harmonie, Einsatz und Begeisterung bedeutet. So widersprüchlich das klingt: Muße in die Schul- und Kurshektik zu bringen und dort wieder möglich zu machen, das ist ebenso Aufgabe der Schulaufsicht wie notwendige Voraussetzung von Bildung.

Zusammenfassung:

Äußere Kontinuität ist notwendiger Bestandteil intentionaler Prozesse, wozu auch der Prozeß der Bildung gehört. Endogen hingegen vollzieht sich beim Prozeß der Bildung der Wechsel von Kontinuität und Diskontinuität in der Begegnung. In jenem Falle ist Bildung Antwort auf äußeres und inneres Geschehen, das unter der formenden Wirkung der Kontinuität steht.

Auch Wissenschaft wird nur durch Kontinuität gewonnen. Eine wissenschaftliche Haltung kann nur Ergebnis eines beständigen und auch beharrlichen Trainings sein. Anderenfalls ist das Ergebnis diskontinuierlichen Bemühens Dilettantismus.

Grundbedingung und Ausdruck der Kontinuität ist die Muße. Sie droht immer mehr im Schulalltag unterzugehen. Muße heißt nicht Ruhe, sondern nach Maß selbstbestimmt tätig zu werden. Wenn es auch schwer zu erkennen und in den Vorgaben noch besser zu begünstigen ist, so bietet doch die Oberstufe Raum zur Entfaltung in Muße. Sie ist notwendige Voraussetzung einer jeden fruchtbaren Oberstufenarbeit.

4. Wissenschaft und Autonomie

Seit der preußischen Schulreform – genau seit 1834 – haben wir die scharfe Trennung des Gymnasiums von der Universität. Das betrifft aber nur die Institution; inhaltlich gibt es weiterhin einen engen Zusammenhang durch die Äquivalenz von Ideen, die für beide Institutionen konstitutiv sind.

Der amerikanische Soziologe Talcott PARSONS nennt in seinem schon 1973 erschienen Buch „The American University" [Neuauflage 1990] vier Grundaufgaben der Universität:

- Forschung,
- Berufsvorbereitung,
- allgemeine Bildung,
- intellektuelle Aufklärung.

Diese vier konstitutiven Ideen werden von HABERMAS [1986, S. 715] dahingehend erläutert, daß er als universitäre Lernprozesse nennt:

- die Einübung in die wissenschaftliche Denkungsart,
- die intellektuelle Aufklärung „mit zeitdiagnostischen Deutungen und sachbezogenen politischen Stellungnahmen",
- Methoden- und Grundlagenreflexion,
- hermeneutische Fortentwicklung von Traditionen,
- Selbstverständigung der Wissenschaften im Ganzen der Kultur.

Wenn wir einmal von dem durchgehenden Gesichtspunkt der Forschung absehen, dann dürfte mehr noch als an der Universität am Gymnasium die Einheit von Bildung und Wissenschaft gelten – oder wieder zur Gültigkeit gebracht werden, freilich in einem propädeutischen Sinne. Die Idee des Gymnasiums (vor allem der Oberstufe) konstituiert sich überhaupt erst über die Propädeutik in der Forderung, daß die Reflexion an der Wissenschaft eine bildende sei; denn die Reflexion an der Wissenschaft hat die Dimension der Orientierung und Verantwortung im Medium der Sprache. Zusätzlich wird der Zusammenhang des Gymnasiums mit der Universität durch die Person der Lehrenden hergestellt; denn diese sind an der Universität ausgebildet sowie erzogen, und sie tragen ihre Reflexion auf die Wissenschaft in der Form bildender Impulse in die Schule. Nun ist es zwar möglich, die Art und den Umfang des von den Lehrern zu vermittelnden Wissens durch Erlasse oder Verordnungen zu regeln, nicht regeln aber kann man dasjenige, das im Prozeß der Bildung unmittelbar aus der Wissenschaft von den Lehrern auf ihre Schüler überkommt und selbst neue Bildungsprozesse auslöst. Die Vorgänge sind zu individuell und auf das Subjekt (Lehrer wie Schüler) bezogen, als daß sie durch das grobe Instrument staatlicher Richtlinien, die ja stets einen generalisierenden Charakter haben müssen, erfaßt und gesteuert werden könnten: Dazu bedarf es der Sensibilität der Pädagogen und vor allem ihrer Autonomie, die den Gegenpol zur Fremdbestimmung darstellt. Die bildungspolitischen Weichen in Richtung auf Autonomie wurden schon sehr früh und vorbildlich durch Wilhelm von HUMBOLDT gestellt. Sie bedeutet keineswegs Staatsferne oder Gesellschaftsfeindlichkeit, sondern vielmehr, daß die Lehrenden sich als Anwälte ihrer Schülerinnen und Schüler fühlen dürfen gegen die frühzeitige Beanspruchung der Schülerindividualität durch Staat und Gesellschaft. Das Gymnasium wäre dann eine Institution der Freiheit, in der die Bildung des Individuums Priorität hat vor staatlichem Anspruch – zeitgemäß gesprochen: Schulzeit, Lehrgang am Gymnasium alle Male, ist also eine Art Moratoriums, das vom Staat auch in seinem Interesse eingeräumt wird. Theodor WILHELM sprach in diesem Zusammenhange vom „Laboratorium für das Überdenken" [WILHELM, 1984, S. 62 und S. 64]. Autonomie meint pädagogische Autonomie der Lehrer am Gymnasium. Allerdings kommt diese nicht von selbst; sie ist eine Größe, die

– von der Gesellschaft durch Gesetz, Verordnung, Rahmenrichtlinien oder einfach durch Duldung zugestanden wird,
– von den Lehrern individuell und kooperativ aber auch in Anspruch genommen und genutzt werden muß.

Die gesetzlichen Bestimmungen aller Bundesländer bzw. Stadtstaaten des Bundesgebietes räumen den Lehrenden die pädagogische Freiheit (d.h. also Autonomie) ein (vor allem die methodische und didaktische), stellen die Lehrenden in die Selbstverantwortung bzw. weisen ihnen die eigene, unmittelbare Verantwortung für Erziehung und Unterricht zu: Allerdings werden diese Zugeständnisse, wenn auch nicht zurückgenommen, so doch eingeschränkt durch den Hinweis, daß diese gebunden sind an Rechts- und Verwaltungsvorschriften, Konferenzbeschlüsse sowie an die Weisungen der Schulaufsicht; denn die Schule steht unter der Aufsicht des Staates. Die Schulrechtskommission des Deutschen Juristentages möchte statt dessen ein Konzept, das überhaupt keine fachaufsichtlichen Eingriffe im Unterricht und in der Erziehung zuläßt [SCHIERHOLZ, 1988, S. 64]. Sicher hängt es auch von der Professionalität und Sensibilität der Lehrenden ab, als wie weitgehend sie das Handeln des Staates in der Schulaufsicht empfinden. Wer stets auf Weisungen von oben wartet, wird dann über die Weisungen, die er ohne entsprechende Fragen hätte vermeiden können, unglücklich sein, während derjenige, der im Rahmen dessen, was er als Didaktiker und Erzieher für richtig hält, handelt, Autonomie pragmatisch umsetzt. Denn niemand, weder Konferenz noch Schulaufsicht, kann bezüglich der Wahl der Methoden, didaktischer Entscheidungen, des Umgangs mit den Schülern Vorschriften machen: Wer die Wirksamkeit von Kontrollen richtig einschätzt und die Sicherung von Qualität realistisch sieht, dem kann nur an pädagogischer Autonomie professionalisierter Lehrerinnen und Lehrer gelegen sein. Letztere sicherzustellen und zu ihrer Inanspruchnahme zu ermutigen, ist vornehme Pflicht all derer, die in der Schulbehörde führend und ausführend tätig sind [vgl. auch oben S. 188, auch LÜCKERT, 1993, S. 344;FRICK, 1993; Hamburger Landesschulrat, 1993; HOFFMANN, 1993; ODERSKY, 1993; ROSENBUSCH, 1993].

Es muß aber auch gesagt werden, daß ebenso wie an der Universität die geforderte Autonomie am Gymnasium stets gefährdet ist: Zum einen durch den Kleinmut derer, die eigentlich darin leben könnten; zum anderen durch stets neu vorgenommene Interventionen der Schulbehörden; schließlich durch starke gesellschaftliche Kräfte, die nicht selten an der gesellschaftspolitischen Instrumentalisierung von Schule im Sinne ihrer eigenen Vorstellungen interessiert sind. Dazu gehören Verbände, Parteien, Abnehmer von Schulabsolventen, aber auch einflußreiche Einzelpersönlichkeiten und deren Gefolge, die der Schule neue Konzepte andienen.

Grundlage der Autonomieforderung ist eine grundlegende bildungspolitische Entscheidung, die für das Gymnasium eine lange und gewiß auch sinnvolle Tradition bedeutet: Sie richtete sich gegen die utilitaristische Pädagogik der Aufklärung und lief mit HUMBOLDT darauf hinaus, daß das Gymnasium nur an die „harmonisch-proportionierliche Entfaltung aller Kräfte <der Zöglinge> denken solle, die Fähigkeiten nur in einer möglichst geringen Anzahl von besonders wertvollen Gegenständen in jeder Richtung schulen" müsse. Nicht fragen sollte man nach den möglichen beruflichen Verwendungssituationen, auf die die Schülerinnen und Schüler nach dem Verlangen anderer vorbereitet und eingestellt werden sollen [vgl. RÜLCKER, 1963, S. 94]: Mit HUMBOLDT vollzog sich die Wende von einer utilitaristischen, in beruflich-ständischen Abzweckungen denkenden Bildungstheorie zu einer Theorie der formalen Bildung, die auf die Entwicklung des Individuums als Menschen zielt, nicht aber als künftigen Trägers einer bestimmten Profession. Die zweckbestimmte sowie spezielle Berufsausbildung, die auf einen im Sinne gesetzlicher Bestimmungen geregelten beruflichen Abschluß zielt und die bildende sowie an definierten anthropologischen Feldern sich orientierende Arbeit des Gymnasiums (hier ist einbegriffen auch ein solches, das einen beruflichen Schwerpunkt wie Wirtschaftswissenschaften oder Technik als ersten Leistungsschwerpunkt hat), schlossen und schließen sich im Hinblick auf den eigentlichen Zweck des Gymnasiums aus. Die Bildung als Menschenbildung geht der beruflichen Bildung voraus [WITTE, 1965, S. 138; HELDMANN, 1986 (A), S. 398 ff.]. Die „Doppelqualifikation", die zu erreichen die Kollegschule des Landes Nordrhein-Westfalen sich anheichisch macht , kann sich allein schon in Bezug auf die berufliche Ausbildung nur als Halbqualifikation erweisen:

Sie umfaßt nicht einen einzigen beruflichen Abschluß, der von den anderen Bundesländern (und nicht nur in Nordrhein-Westfalen) auch nur anerkennungsfähig wäre; denn eine solche berufliche Qualifikation, wie sie die Kollegschule vermitteln soll, ist mit beruflichem Halbwissen gefüllt, und zur Anerkennung des dürftigen zweiten Teils der „Doppelqualifikation" hat sich die KMK nur mit Mühe verstanden. Die Anerkennung ist übrigens ungerecht gegenüber den „normalen" Gymnasiasten, weil sie Rechtsungleichheit schafft; diesen wird auf der Oberstufe im Hinblick auf die allgemeine Hochschulreife weitaus mehr abverlangt, als den Schülern und Schülerinnen der Kollegschulen rein zeitlich abverlangt werden kann.

Interessant und vielleicht auch ehrlicher ist der von Rheinland-Pfalz in Neuwied, Trier und Bad Bergzabern vom Schuljahr 1994/95 an geplante Modellversuch „Doppelqualifikation". Hier besteht das Angebot darin, daß neben einem gesetzlich bundesweit anerkannten Berufsabschluß (Kommunikationselektroniker, Energieelektroniker, Industriemechaniker, Industriekaufmann) auch die Fachhochschulreife in 3 bis 3 $^1/_2$ Jahren erworben werden kann. Dieser Versuch ist mit den wichtigen Institutionen und den örtlichen Ausbildungsbetrieben abgestimmt. Sein Ergebnis ist bundesweit anerkennungsfähig [Pressemitteilung der Staatskanzlei Rheinland-Pfalz, 37/93, S. 18 f.].

Es sollte hier noch ein Gedanke hervorgehoben werden, damit ein Mißverständnis ausgeschlossen wird. Die Trennung der Bildung am Gymnasium von der zweckrationalen Sphäre des Berufes hat nichts mit einer Hierarchisierung der Wertigkeit zu tun, so als sei die Bildung am Gymnasium etwas Höherwertiges. Sie berücksichtigt, anders als bei HUMBOLDT, der eine ständische Festlegung des Gymnasiums vermeiden wollte, die Tatsache, daß die berufliche Differenzierung in der modernen Gesellschaft so explosionsartig erfolgt (abgesehen von dem enormen Wissenszuwachs innerhalb bestehender Berufsbilder) und von rasanten Ablösungen bestimmt ist, daß das Gymnasium (ebenso wie seine Planer) nicht die Kompetenz besitzt, die in der Zukunft sich entwickelnden Professionen vorwegzunehmen. Das Gymnasium kann auch im Interesse einer vernünftigen Berufsvorbereitung nur allgemein und grundlegend sein. Am Allgemeinen und Grundlegenden zu lernen, wie man später ein Leben lang im Speziellen lernen können muß, ohne im Meer des Vereinzelten unterzugehen, den Blick für das Ganze und die Struktur zu verlieren und den Willen, die erkannten Elemente wieder zu sinnerfüllten Ganzheiten für anvertraute und mitarbeitende Menschen zusammenzufügen, das ist über den Bildungsauftrag hinaus Pflicht des auch – oder vor allem – auf Effizienz hin angelegten Gymnasiums. Gymnasiale Bildung und Berufsausbildung haben hier das gleiche Interesse; sie bedienen gleiche Stränge, aber an verschiedenen Orten.

Von der Autonomieforderung [vgl. HEITGER, 1993, S. 455 ff.; EDER, 1993, S. 262 f] wenden wir uns noch einmal der Sphäre der Wissenschaft zu: Es geht dabei um die gymnasialspezifische Art des Umgangs mit der Wissenschaft. In diesem Zusammenhang ist es nicht nötig (es ist sogar überflüssig), den eigenen oder andere Wissenschaftsbegriffe zu explizieren. Beim Lehrer gilt in bezug auf seine Schüler, was beim Handwerksmeister in bezug auf seine Gesellen und Lehrlinge gilt: Wie der Meister den Gesellen und Lehrlingen gegenüber die Regeln seiner Kunst durch die persönliche Handlung so verkörpert, daß diese schließlich auch Meister bzw. Gesellen werden, so wirkt der in den Wissenschaften ausgebildete (und an diesen gebildete) Lehrer des Gymnasiums von der Unterstufe bis zur Oberstufe durch Handlung und Reflexion auch ohne Worte, verkörpert seinen Wissenschaftsbegriff, präsentiert sein wissenschaftliches Ethos und führt so seine Schüler in die Wissenschaft ein. Die Art des Umgangs ist eine didaktische, keine populär-wissenschaftliche, die undifferenziert lediglich mit Ergebnissen vertraut machen möchte, ohne die Voraussetzungen nennen zu können. Das Didaktische kann an fünf Merkmalen entfaltet werden:

1. Zunächst ist die Universalität angesprochen. Universalität (sowie das Adjektiv universal, nicht universell) ist, wie das Wort sagt, der Versuch, isolierte Einzelerkenntnisse möglichst vollständig mit ihren Voraussetzungen auf einen Punkt zu wenden. In der Schule, also im Gymnasium, besteht dieser Punkt einerseits in der anthropologischen Systematik: Erkenntnis ist um des Menschen willen da, sie führt zu ihm in der ihm angemessenen Weise. Der Didaktiker spricht auch von der optimalen Passung.

   Andererseits hat eine einzelne Erkenntnis den Sinn, daß der Erkenntnisvorgang selbst, sozusagen der forschende Umgang, der zu einer Erkenntnis, zur Lösung eines Problems führt, deutlich wird. Als Beispiel hierfür läßt sich die Entzifferung der ägyptischen Hieroglyphen des Steines von ROSETTE durch J. Francois CHAMPOLLION aufführen [Letter à M'Dacier relative à l'alphabet des hiéroglyphes phonétiques, Paris 1822]. Schließlich bestimmt die Erkenntnis das Verhalten der Menschen untereinander (und zu ihrer Umwelt) und letzteres wirkt auf die Erkenntnis zurück. Wir nennen diesen Punkt die philosophisch-ethische Systematik. Didaktische Universalität bezieht sich aber auch auf das anthropologische System, dessen Ganzheit durch Kopf, Herz und Hand, Geist, Seele und Körper konstituiert ist. Didaktisches Handeln an der Wissenschaft (den Satz des Pythagoras kann man auch an einem Dachstuhl klarmachen) berücksichtigt alle Elemente des Gesamtsystems, das wir Mensch nennen.

2. Zum anderen meint didaktischer Umgang mit der Wissenschaft Exemplarik und Repräsentativität. In der Schule ist alles eine Frage der Auswahl und Entscheidung. Auswahlentscheidungen werden getroffen von Lehrern und Schülern, von letzteren vor allem auf der Oberstufe bezüglich ihres Verhaltensrepertoires, von den zuerst genannten während ihrer gesamten Tätigkeit. Mit ihrer Reflexion geben die Lehrenden sich frei, und sie öffnen sich den Lernenden gegenüber; sie offenbaren ihre an den

Wissenschaften gewonnene Haltung und ihre Wissenschaften sowie das, was sie für wichtig halten, wichtig für die jeweilige Wissenschaft, wichtig aber auch für die Schüler, daß sie es lernen und erfahren. Es geht also zunächst um das Repräsentative im System einer Wissenschaft, also um Inhalte, Methoden und Erkenntnisse, die signifikant sind und die Lernenden der Wissenschaft nahebringen. Mit repräsentativen Teilen (bestimmten Methoden in den Naturwissenschaften, bestimmten literarischen Gattungen oder Interpretationsmodi in den Textwissenschaften) wird das Ganze so erschlossen, daß die offenkundigen Zwischenräume mit eigenem Antrieb erworben werden können. Angesprochen wird die Exemplarik: Was exogen – also außerhalb des Schülerbewußtseins – aus der Sicht des Lehrers (und ohne daß es der Zustimmung der Gemeinde der Wissenschaftler bedarf) das für das System Repräsentative ist, ist die Exemplarik im Bewußtsein der Schüler. Der Wert eines exemplum besteht gerade darin, daß es dazu verleitet und anregt, das aufzudecken, wofür es noch steht: KONRAD II. steht repräsentativ für die Salier, ihren Machtanspruch, ihre Innerlichkeit, ihre Herausforderungen im Staat (Expansion) und Gesellschaft (Verhältnis von Kirche und Staat). Die Exemplarik besteht darin, daß KONRAD II. (wenn denn der Lehrer sich aus Gründen fachwissenschaftlicher und fachdidaktischer Repräsentativität für seine Behandlung im Unterricht entschieden hat) endogen im Schüler exemplarisch steht für die Entwicklung des eigenen Weltbildes (Rolle des Staates, der Friede, Gott, das Mystische) und die Suche nach Fortsetzung dessen, was KONRAD II. angeregt hat mit der Frage, welch übertragungswürdiges und in das eigene Weltbild einbaufähiges Ergebnis mit den salischen Kaisern zu verzeichnen sei. So geht denn auch die interdisziplinäre Systematik über in eine anthropogene, und die zunächst als notwendig für die Entwicklung des einzelnen festgestellte Kontinuität der exogenen Einwirkung wird ergänzt durch die anthropogene Kontinuität im Rahmen der institutionellen Kontinuität des langen Lehrgangs am Gymnasium. An dieser Stelle wird deutlich, was in verschiedenen Teilen des Buches hervorgehoben worden ist: Die Freiheit von beruflicher Abzweckung, die ein weiteres Merkmal des didaktischen Umgangs mit Wissenschaft ist.

3. ARISTOTELES schon unterschied zwischen exogenen und endogenen Zwecken, also solchen, die von außen gesetzt werden und solchen, die im Inneren angelegt sind. Im ersten Falle sprechen wir von Produkten der téchne (z.B. ein Handwagen), im zweiten Falle von einem Naturseienden, dessen Werden ein Selbstgestalten, ein Werden im Sinne des Zu-sich-selber-Kommens bedeutet. Das Seinsziel ist im Naturseienden selbst angelegt (entelécheia), so daß man auch für den Menschen sagen kann, daß er seine Seins- und Entfaltungsgründe in sich trägt. Wenn der Mensch ein auf Ziele angelegtes Wesen ist, dann bedeutet der Unterricht mit seinen von außen kommenden Impulsen Hilfe zur Selbstentfaltung, wobei die Spezifik des Zieles und der Ausprägungsgrad von den genannten Impulsen und vom Individuum (ARISTOTELES nennt den lógos) abhängig ist. Dabei ist die anthropologische Prämisse, daß der Mensch überhaupt bestimmbar ist. Sein Zweck ist nur er selbst. Nichts, auch keine sog. staatlich-gesellschaftliche Vorgabe kann die Lehrer davon entbinden, in ihrer Arbeit mit ihren Schülern stets die Hilfe zur Selbstentfaltung in der Bindung am Kanon zu geben. Berufliche Abzweckungen z.B. drängen die Entfaltung (der Gefühle, der Intellektualität, der Psychomotorik) in eine bestimmte Richtung unter den von außen gesetzten Zweck und engen die Entfaltung aller Kräfte an der Wissenschaft und

am zweckfreien Persönlichkeitsaufbau ein, abgesehen davon, daß sie auch viel Zeit erfordern, die für die Begegnung an den Sachen und Texten der Wissenschaft verlorengeht. Das Berufliche, das ohne Zweifel den Menschen konstituiert und eine wichtige Quelle des Selbstbewußtseins darstellt, sollte eigentlich zu wichtig sein, als daß es nur eine schmalspurige Abzweckung des Kanons bedeuten könnte – es verdient den eigenen Bereich ungehinderter Entfaltung auf dem Fundament der Bildung am Gymnasium: So hat die Sphäre des Berufs die Chance, den Raum der Bildung an einer speziellen Stelle zu erweitern. Das Gymnasium verliert unweigerlich seine gewachsene Identität, wenn es sich auch nur im geringsten auf das Angebot des nordrhein-westfälischen Kollegschulenmodells einließe, also darauf, die Oberstufenarbeit „um berufsbezogene Inhalte und Erfahrungen in der Produktion zu erweitern" [HANSMANN, 1984, S. 252].

4. Didaktischer Umgang mit Wissenschaft ist Handlung sowie „Sinnlichkeit". Nicht gemeint ist blinder Aktionismus, den wir aus den Medien kennen. Handlung meint, daß jemand aufgrund von Einsicht aus sich herausgeht, sei es als Antwort auf eine von außen kommende Frage, sei es, daß damit ein Impuls gegeben wird. Es kann auch gemeint sein, daß Spielende sich öffnen, wie wir es z.B. auf der Bühne oder beim Musizieren kennen. Nach einer amtlichen Mitteilung des bayerischen Staatsministeriums für Wissenschaft und Kunst [UK/264/89] aus dem Jahre 1989 hat es z.B. auf den Oberstufen bayerischer Gymnasien im Schuljahr 1988/89 124 Grundkurse „Dramatisches Gestalten" gegeben. In Nordrhein-Westfalen, um ein weiteres Beispiel zu nennen, gibt es spezielle Richtlinien für literarische, ja sogar instrumental-praktische und vokalpraktische Kurse. Die Beispiele lassen sich beliebig vermehren, auch in bezug auf das darstellende Spiel auf der Bühne. Es gibt kaum Gymnasien, die keinen Schulchor oder ein Schulorchester hätten. Außerdem ist Musik (ebenso wie der Kunstunterricht) fester Bestandteil des Kanons. Projektwochen sind z.B. im Schuljahr niedersächsischer Gymnasien regelmäßig vertreten. Wenn das Gymnasium die Schüler intensiver als andere Schulformen an Wissenschaft heranführen kann, dann ist damit nicht gemeint, daß jetzt im Alter höchsten Bewegungsdranges und Handlungswillens Stubenhocker und Theoretisierer [FAUSER, FINTELMANN, A. FLITNER, 1983, S. 127 ff.] erzogen werden sollen. Es geht vielmehr um die Aktivierung durch Wissenschaft in großer methodischer Vielfalt, also auch um Veranschaulichung und Öffnung der Sinne. RUMPF hat sich in diesem Zusammenhange so geäußert: „Das sinnlich-geschichtliche Subjekt, das Ängste und Hoffnungen in seine Welterfahrung, Weltauslegung einmischt – dieses sinnlich-geschichtliche Subjekt schrumpft im Unterricht zu einer Prothese für kognitive Operationen..." [1979, S. 209 f.]. Die von RUMPF [vgl. auch RUMPF, 1961, S. 123; 1962 A, S. 4 ff.; B, S. 185 ff. und C, S. 206 ff.] mitgeteilte Gefahr ist die Entsinnlichung. „Sinnlichkeit" nehmen wir als einen besonderen Aspekt der Handlung – insofern zielt die Kritik auch auf das Fehlen der Handlung im Prozeß des Unterrichts. Falsch nun wäre die Schlußfolgerung, daß mit einem Unterricht, der durch sehr große Nähe zur Wissenschaft gekennzeichnet ist, fehlende Handlung sowie fehlende „Sinnlichkeit" zwangsläufig zusammenhängen müßten. Andererseits soll hier auch nicht behauptet werden, daß jeder Gymnasialunterricht die Komponente der Handlung und der Sinnlichkeit aufweisen müßte. Es hängt vom Gegenstand, vom Lehrer und von der Situation ab, in welchen Dimensionen sich der Unterricht bewegen soll. Fehlt einigen Schülern das räumliche Sehen,

kann der Lehrer die Geometrie des Raumes nicht auf der Ebene der Tafel oder des Blattes Papier traktieren. Solche Schüler könnten z.b. veranlaßt werden, Raumwinkel am Modell selbst herzustellen. Handlung und Anschauung gingen hier eine enge Verbindung ein. Einen platonischen Dialog brauchte man nicht ausschließlich über den Kopf zu dekodieren und zu interpretieren, man könnte ihn spielen, so auch ein Chorlied oder einen Gesang der Odyssee. Handlung und „Sinnlichkeit" dürfen im Unterricht fehlen, wo sie (z.b. in der physikalischen Chemie) fehlen müssen, aber sind als Folien, die über jedem Unterrichtsschritte liegen, festes Handwerkszeug des Lehrers.

5. Schließlich und endlich bedeutet der didaktische Umgang mit der Wissenschaft am Gymnasium das Bewußtsein, daß Lernprozesse und Bildungsprozesse nie aufhören. Eigentlich ist das eine Binsenwahrheit, nämlich daß man stets dazu lernt bis ins hohe Alter. Wenn Menschen nicht gerade erkrankt sind (z.b. an Gehirnatrophie), erhalten sie sich diese Beobachtungs- und Lernfähigkeit bis an das Ende ihrer Tage. Auf dieses Ergebnis menschlicher Urvitalität, das man heute auch Motivation nennt, weist der erste Satz der Metaphysik des ARISTOTELES bereits hin: „Alle Menschen streben nach dem Wissen von Natur aus." Aber diese Urkomponente menschlicher Erfahrung bedarf der Unterstützung, damit sie nicht verkümmert. Aus dieser Erkenntnis haben bildungspolitische Gremien wie der Deutsche Ausschuß für das Erziehungs- und Bildungswesen [BOHNENKAMP/ DIRKS/KNAB, 1966, S. 857 ff.], die Bund-Länder-Kommission für Bildungsplanung [1973], der Deutsche Bildungsrat [1970, S. 197 ff.] und die OECD [1973 B] Konsequenzen gezogen und Vorschläge gemacht. Unter dem Aspekt der Integration von erster (also schulischer) Bildungsphase und Weiterbildung sowie Erwachsenenbildung soll es nach dem Modell der OECD „recurrent education" zu einem periodischen Wechsel zwischen Lernen und Arbeit, zur Verschränkung von Lern- und Arbeitsorganisation kommen [zur Rekurrenz als bildungspolitisches Prinzip vgl. FRAGNIÈRE, 1976, S. 32, S. 38 ff., S. 41;].

Die Notwendigkeit des lebenslangen Lernens ergibt sich

– aus der Grundbestimmung des Menschen – wie alles Lebendigen –,

– aus der Tatsache, daß sich die Qualifikationsanforderungen der Gesellschaft ständig ändern. Die Notwendigkeit, die Sphären konkreter Berufe (und auch die Produktion selbst) aus dem Gymnasialkanon herauszulassen, ergibt sich aus der Tatsache, daß niemand –˙schon gar nicht dilettierende Erziehungswissenschaftler oder Pädagogen – wissen kann, welche Entwicklung die konkreten Berufe und auch konkrete Produkte so wie die dahinterstehenden Qualifikationsgrundlagen nehmen werden. Also können und dürfen die Gymnasien, einschließlich derer, die Schwerpunkte wie Technik oder Wirtschaftswissenschaft haben) nur grundlegend wirken und allgemein die Eigenschaften schulen, die die Schülerinnen und Schüler kommunikationsfähig, handlungsfähig, allgemein urteilsfähig und lernfähig halten. Das sind Aufgaben, die es schon immer gab und die es immer geben wird; sie sind zeitübergreifend und nur insofern von den Zeitläuften abhängig, als es graduelle Verschiebungen und Abstufungen gibt..

Die technologischen Veränderungen (vor allem im tertiären Sektor, also den eigentlichen Wachstumsbereichen) bewirken ununterbrochen, daß erworbenes Wissen – jedenfalls in manchen Bereichen, nicht aber dort, wo wir in unserer humanen Existenz und Personenhaftigkeit berührt werden – veraltet und entwertet wird. Dem will (und soll) lebenslanges Lernen (in welchem Modell auch immer) begegnen. Nur der guten Ordnung halber wird auf die geradezu törichte Kritik an schulischer Bildung und Weiterbildung (als „Ideologie") hingewiesen; sie findet sich bei FRIEBEL [1984, S. 244 f.]. Für lebenslanges Lernen wird wie in jeder Schule so auch im Gymnasium der Grund gelegt. Dabei entsteht das Problem, daß es einerseits nicht mehr um Vorratswissen, andererseits aber auch nicht ohne Inhalte gehen kann. Der Gymnasialkanon aber mit seinen Ansprüchen und das auf Kontinuität angelegte Arbeiten innerhalb und außerhalb des Unterrichts können dabei eine Hilfe sein [vgl. auch FRIEBEL bei MÜLLER-ROLLI, 1987, S. 165 ff.].

Jetzt soll noch eine Besonderheit des Gymnasiums dargestellt werden. Diese kann aus dem Erfahrungsbegriff abgeleitet werden:

Tragende Säule gymnasialer Erfahrung ist die Umsetzung wissenschaftlicher Einzelerfahrungen zu einer Gesamterfahrung, die jeder mit dem Maße seiner Kraft macht [vgl. auch: HOLZAPFEL, 1948, S. 4 f.; SCHRÖTTER, 1951, S. 4; SCHWARZ, 1954, S. 187; SCHWARZ, 1957, S. 43, S. 98 ff., S. 115 ff.; STAUDINGER, 1959, S. 6 ff., S. 9; HAGELSTANGE, 1960, S. 43; BLANKERTZ, 1966 B, S. 131 ff.; ROTH, 1968, S. 69 ff.]. Diese Beobachtung bedarf der Ergänzung insofern, als natürlich auch wissenschaftliche Einzelerfahrung aus einer Gesamterfahrung abgeleitet und verstärkt werden kann. Erfahrungen gehen aus Erkenntnissen hervor, die man selbst macht oder die vermittelt werden. Eine starke personale Komponente bei jeglicher Erfahrung hervorzuheben, ist fast überflüssig, aber hier nicht unnütz. Aus der Philosophie kennen wir den terminus „philosophia perennis": Dahinter steht die Erfahrung, „daß wir nicht wissen können." Anders: Ein Denkschritt erzwingt weitere und diese wiederum andere. Auch in der Begegnung mit der Wissenschaft kommen wir zur Erfahrung der Grenzenlosigkeit, fast endloser Wissens- und Problem- sowie Aufgabenfülle, auch der Gottesnähe oder Gottesferne. Wissen zu erwerben, Lösungswege zu finden, Aufgaben zu lösen, das Verhältnis zum Transzendenten zu bestimmen, wird dann als Lebensaufgabe gefunden. Im 5. Jahrhundert v. Chr. sagte der Arzt HIPPOKRATES dazu in einem Aphorismus: „Das Leben ist kurz, die Kunst aber lang". Die Akkumulation von Wissenschaft, Philosophie, Theologie, von Selbstausdruck in Kunst, Sprache und Bewegung führt zur Lebensentscheidung im Bewußtsein eines regressus in infinitum: Bildung erreicht ihren Kulminationspunkt, wenn sie von diesem Bewußtsein erfüllt ist.

Zusammenfassung:

Weiterhin gehören zum didaktischen Rahmen des Gymnasiums Wissenschaft und Autonomie. Wie es gerade heute an der Universität um die Einheit von Wissenschaft und Bildung geht, so ist das Gymnasium ebenso davon betroffen – die Chancen der Realisierung sind hier allerdings erheblich größer, natürlich nur in einem propädeutischen Sinne. Propädeutisch heißt Reflexion an der Wissenschaft in den Dimensionen, die Orientierung, Verantwortung und Sprache umfassen. Hier können staatliche Richtlinien nicht greifen, vielmehr sind die Lehrer unmittelbar angesprochen; denn die propädeutischen Prozesse sind so individuell auf Lehrer und Schüler bezogen, daß sie über noch so gute Regelungen nicht sichergestellt werden können. Wenn dem so ist, darf nach wie vor (mehr oder weniger anerkannt) die pädagogische Autonomie ihre Gültigkeit beanspruchen. Diese muß, wenn sie denn zugestanden ist, von den Lehrern gegen sich selbst und auch gegen alle Versuche der Beschränkung und Instrumentalisierung (bis zum zivilen Ungehorsam) behauptet werden.

Autonomie heißt unter anderem, daß das Gymnasium nicht durch von außen kommende spezielle berufliche Abzweckung in Anspruch genommen werden darf und kann.

Gymnasialspezifischer Umgang mit Wissenschaft ist kein populärwissenschaftlicher, sondern ein didaktischer und dazu gehören die Aspekte

– der Universalität,

– der Exemplarik,

– der Zweckfreiheit,

– der Handlung sowie „Sinnlichkeit" und

– des lebenslangen Lernens.

5. Partizipation

Partizipation ist kennzeichnend und beständige Aufgabe in der Demokratie [vgl. Deutscher Bildungsrat, 1973; CROFT/BEVESFORD, 1993, S. 439 ff.]. Das Bewußtsein hierfür ist jedoch schwankend, d.h. mehr oder weniger ausgeprägt; weniger ausgeprägt ist sie dort, wo die Bürger nur Stimmbürger sind, sich als solche fühlen und in bestimmten Abständen zu den Wahlurnen schreiten, stark ausgeprägt – vielleicht sogar mit radikalen Forderungen versehen – ist sie dort, wo tägliche Teilhabe gesichert und basisdemokratische Vorstellungen realisiert werden und sich z.t. sogar mit solchen vereinen, die jegliche Repräsentativität in übergeordneten Vertretungen oder Parlamenten ablehnen. In den beiden Fällen handelt es sich um Extreme, die sich situativ entwickeln. Das Gymnasium kann sich nicht von solchen situativen Entwicklungsständen abhängig machen, d.h. affirmativ oder gar sektiererisch mal in diese oder mal in jene Richtung seine Schüler erziehen wollen. Das gelingt nur dort, wo die Bedeutung des Begriffes der Teil n a h m e (lateinisch: capere = nehmen) bzw. der Mitbestimmung auf Mitwirkung bzw. Anteilnahme geweitet wird. Dann sind in einer Gesellschaft mit ihren Subsytemen nicht nur diejenigen erfaßt, die sich durch unmittelbares Handeln auszeichnen und nach unmittelbarer Umsetzung z.b. politisch zu verstehender Vorgaben rufen (z.B. die ökologische Gesetzgebung), sondern auch das kulturelle Subsystem, dem wir die Schule zurechnen dürfen. Partizipation wirkt in und zwischen den Subsystemen des menschlichen Handelns und ist insofern Vermittlungsgröße. Mit Recht wird immer wieder, vor allem seit den 60er Jahren, darauf hingewiesen, daß man schlecht die Partizipation in sozialen Subsystemen als tragend fordern könne, wenn sie nicht in der Schule eingeübt werde. Diese Forderung reibt sich aber an der Notwendigkeit, daß Lernende zu einem wesentlichen Teile eigentlich Aufnehmende sind, also Menschen, die etwas von außen (oder auch als lumen internum von innen) Kommendes, dessen Bedeutung für die Struktur ihres Wissens sie nicht abschätzen können, verarbeitend aufnehmen. Niemand kann die Relevanz dessen, was an Werten des kulturellen Subsystems auf ihn zukommt, abschätzen – weder die subjektive noch die objektive Relevanz –, und trotzdem wird er genötigt (oft genug, ohne daß er es als aufgedrängt empfände) zu lernen [WITTE, 1965, S. 138]. Das ist die pädagogische Aporie, die jedem Lehrer weniger oder mehr bewußt ist. Systemisch verschärft wird die pädagogische Aporie durch das für jede demokratische Gesellschaft, vielleicht sogar für jede Gesellschaft geltende Axiom der Partizipation. Daß die bildungspolitische Exekutive dieses Axiom in seiner Wirkung nicht nur in den 60er Jahren dieses Jahrhunderts erkannt hat, sondern auch jetzt (über 20 Jahre nach der KMK-Erklärung über die Rechte des Schülers) noch sehr ernst nimmt, zeigt beispielsweise die neue im September 1989 in Kraft getretene Verwaltungsvorschrift des Landes Rheinland-Pfalz zur Schülermitverantwortung oder die §§ 62 bis §§ 70 des Schulgesetzes von Baden-Württemberg (geändert am 28. Juni 1993), desgleichen § 121 des Hessischen Schulgesetzes vom 17. Juni 1992 [vgl. auch die Dokumentation der Schulgesetze der Länder Brandenburg, Mecklenburg-Vorpommern, Sachsen-Anhalt, Sachsen und Thüringen durch die KMK vom November 1992

Bei der Partizipation ist nach dem bereits Gesagten stets zweierlei zu bedenken oder mitzudenken:

Zum einen setzt sie (an der Schule viel mehr als in anderen Subsystemen) voraus, daß es einen Gewährenden gibt, also von der Kultusbehörde bis zur konkreten Einzelschule; zum zweiten setzt sie jemanden voraus, der Partizipation auch in Anspruch nehmen möchte, hier also die Schülerinnen und Schüler. Im letzteren Falle verändert sich die Anspruchsebene von dem konkreten einzelnen über die Klasse/Lerngruppe, Schulstufe bis zur Schule bzw. dem Gymnasium als Ganzem. Darüber hinaus geht es noch um größere Einheiten (bis zum Bundesland), wobei mit der Veränderung der Anspruchsebene auch das Alter der Schüler sich ändert. Bis jetzt mußte allerdings bezweifelt werden, ob die von den Schülern bis in die höchsten Ebenen in Anspruch genommene Partizipation auch politisch effizient gewesen ist, effizient sowohl in den Sachen, um deren Vermittlung es geht, als auch in der allgemeinen Aktivierung der Schüler. Jedenfalls läßt die erschreckend geringe Beteiligung der <vom Gymnasium kommenden> Studierenden bei der Wahl zu ihren Gremien den unmittelbar einleuchtenden Schluß nicht zu, daß die Gymnasialschülerschaft ein politisches Bewußtsein entwickelt hat, das die hochschulpolitisch häufig völlig unverständlichen Verhältnisse an den Universitäten hätte überhaupt beeinflussen wollen, geschweige denn verhindern können. Schule wie Schulbehörde müssen sich fragen, ob die geringe Aktivierung der Schüler strukturell bedingt ist. Die gymnasialspezifische Form der Partizipation besteht in

- methodischer und
- inhaltlicher Partizipation.

Andere Schulformen stoßen hier schnell an alters- und sachabhängige Grenzen. Am Gymnasium aber ist die curriculare und insbesondere die methodische Partizipation möglich und wünschenswert – aber vielerorts nicht umgesetzt. Zum Teil liegt das an organisatorischen Schwierigkeiten, die mit dem Kurssystem zusammenhängen. Wer z.B. Schüler an der curricularen Planung beteiligen möchte, muß schon wissen, welche Schüler er im folgenden Schulhalbjahr vor sich sitzen hat; sonst ist die Partizipation unmöglich. Das ist bei vielen Kursen nicht der Fall; in dieser Hinsicht wurde und wird gegen die Notwendigkeit der Kontinuität verstoßen. Das Methodenbewußtsein und das entsprechende Handeln wird im Verlaufe der Berufsausbildung der Lehrerinnen und Lehrer erworben und in der Berufsausübung verfeinert. Methodenbewußtsein u n d Methodenwissen sind (neben den zwei bis drei Fachwissenschaften) das besondere Merkmal der Gymnasiallehrer und Gymnasiallehrerinnen: Sie sind Ausdruck ihrer Professionalität, und der Weg dorthin ist sicher lang und beschwerlich. Daher können methodische Entscheidungen auch nur begrenzt mit Schülerinnen und Schülern des Gymnasiums verhandlungsfähig sein – zumal da Methodenentscheidungen oft genug erst an der Sache und in voller Kenntnis des für den Unterricht anstehenden Gegenstandsbereichs fällig sind. So würde es auch schon Ausdruck methodischer und inhaltlicher Partizipation sein, wenn der Lehrer (oder die Lehrerin) eines Gymnasiums den Schülerinnen und Schülern s e i n e n Weg vor Augen führt und begründet, so wie auch nicht jeder Mensch bedeutende Einfälle haben und wichtige Entdeckungen machen kann, aber dennoch den kreativen Weg von Forschern und Entdeckern nachvollziehen kann.

Es gibt aber auch den Widerspruch zwischen Sequentialität und Partizipation; denn wo die Lernschritte und Unterrichtseinheiten völlig vom Sachzwang bestimmt sind, ist Partizipation schwer zu realisieren. Nun ist es aber andererseits auch nicht so, daß curriculare und insbesondere methodische Planung sowie Sequentialität sich in einem antagonistischen Widerspruch zum Kurssystem befänden. Eine Voraussetzung muß allerdings erfüllt sein; die Lerngruppen müssen stabil bleiben, mindestens in der 12. und 13. Jahrgangsstufe. Es gehört zur Besonderheit der Arbeit am Gymnasium, daß sich nur dort die Möglichkeit findet, die Schülerinnen und Schüler an der Methodenreflexion ihrer Lehrerinnen und Lehrer zu beteiligen. Für alles wissenschaftliche Arbeiten ist Methodenbewußtsein d i e Voraussetzung schlechthin. Wenn Schüler regelmäßig (spontan im Prozeß des Unterrichts oder geplant beim vorbereitenden Gespräch für eine Sequenz) an der Methodenreflexion beteiligt werden, üben sie selbst Methodenbewußtsein ein, und sie erlangen so die Methodenbewußtheit als Haltung. Damit ist keineswegs gemeint, daß durch gemeinsame Reflexion über Methoden der Lehrer seine Methodenkompetenz verliere oder abgeben sollte. Gemeint ist, daß Lehrer der Oberstufe des Gymnasiums Authentizität auch dadurch zeigen, daß sie spontan im Unterricht auch ihre Aporie deutlich ausdrücken, den richtigen Weg für die Gewinnung und Vermittlung einer Erkenntnis zu finden.

Zusammenfassung:

Partizipation ist in der Politik wie in der Schule beständige Aufgabe. Im Gymnasium bedeutet Partizipation Mitberatung, Mitwirkung und Anteilnahme. Sie ist die Dimension der Vermittlung und bedarf im Gymnasium der Einübung. Wenngleich die Partizipation axiomatischen Charakter trägt, führt sie in der Schule oft in die pädagogische Aporie dadurch, daß wegen der Wissens- und Reifedefizite die Schüler eher die Aufnehmenden sind, die aber die Relevanz dessen, was sie aufnehmen, oft noch nicht beurteilen können. Was die Schüler (und die Eltern) betrifft, so gibt es unterschiedliche Beteiligungs- und Anspruchsebenen.

Am Gymnasium ist Partizipation methodisch und inhaltlich zu verstehen, aber oft genug nicht umgesetzt. Eine Schwierigkeit in diesem Zusammenhange ergibt sich daraus, daß der Anspruch auf Partizipation sich mit der Sequentialität der Unterrichtsinhalte reiben kann. Lösbar erscheint die Schwierigkeit u.a. dadurch, daß stabile Lerngruppen gebildet werden. Unterrichtsmethodische Partizipation ist Grundlage einer methodischen Grundhaltung, die als unverzichtbar für die Wissenschaftspropädeutik gelten darf.

D. Hochschulreife

1. Einführung

Hochschulreife und Studierfähigkeit werden in der Literatur wie Synonyme behandelt; in diesem Buche wird der Terminus Hochschulreife als Oberbegriff verwendet. Auf den Begriff Allgemeine Hochschulreife ist (außer im Falle des Zitierens oder dort, wo dem üblichen Sprachgebrauch gefolgt werden muß) verzichtet worden; er hat zwar auch so komplexe Sachverhalte wie die Hochschulreife und Studierfähigkeit zum Inhalt, aber durch das Attribut „allgemein" ist er weniger eindeutig. So könnte man darunter auch verstehen, daß es sich um die Hochschulreife für alle und jeden (wie etwa bei „allgemeine Hoffnungslosigkeit" oder „allgemeine Mobilmachung") handelt oder um eine Hochschulreife, die zum Studium eines jeden an der Hochschule vertretenen Faches befähigt und berechtigt – in dem Sinne, daß die durch Zeugnis zuerkannte „Allgemeine Hochschulreife" sowohl notwendige wie auch hinreichende Voraussetzung für jedes Studium darstellt. Das aber ist so nie gewesen: Z.B. stellt das Zeugnis der „Allgemeinen Hochschulreife" zwar die notwendige Voraussetzung für das Studium an einer Musikhochschule oder Kunsthochschule dar, ob die Voraussetzung aber auch hinreichend ist, müssen das Vorspielen auf dem Instrument oder die Mappe mit eigenen Arbeiten ergeben: Die Musik- bzw. die Kunsthochschulen der Bundesrepublik Deutschland verlangen dieses. Bei anderen Fächern zeigt sich der hinreichende Charakter meist erst im Verlauf eines Studiums – z.B. am Fach Mathematik: Der Student der Chemie, Physik, Psychologie oder der Wirtschaftswissenschaft kann z.B., wenn er an der Schule nicht genug Mathematik gelernt hat oder nicht so gelernt hat, daß er weiß, wie man weiterlernt, in seinem Fach scheitern. Darum kommen aus dem Raume der Bildungspolitik – z.B. im Juni 1990 aus der Enquêtekommission des Deutschen Bundestages „Bildung 2000" – Vorstellungen hoch, wonach die Universitäten Eingangsprüfungen, wie sie noch im 18. Jahrhundert üblich waren, vornehmen sollen. Wie damals so klagen auch heute (z.B. der Philosophische und der Mathematisch-naturwissenschaftliche Fakultätentag bereits 1967 [vgl. in „Die Höhere Schule", 1967, Heft 3, S. 47 ff.]) Gremien der Universitäten und Verbände über die unzureichende Vorbereitung der Gymnasiastinnen und Gymnasiasten auf ihr Studium. Natürlich gibt es auch Gegenstimmen [HITPASS/MOCK, 1968, S. 10 ff.; TURNER, 1985, S. 53 ff.]. Heinrich HOLZAPFEL [FLÖSSNER/SCHMIDT/SEEGER, 1977, S. 36] hat zutreffend formuliert, daß die Allgemeine Hochschulreife noch nie bedeutet habe, daß der Abiturient mit seinem Zeugnis für jedes Hochschulstudium befähigt oder berechtigt sei. Allgemeine Hochschulreife heiße:

„1. Besitz der individuellen Befähigung für mindestens e i n Hochschulstudium ...;

2. Besitz materialer Voraussetzung für eine Reihe von Hochschulstudien ...;

3. Besitz der Fähigkeit, sich für das gewählte Studium, für das die individuelle Befähigung vorliegt, die materialen Voraussetzungen, soweit sie für das gewählte Studium notwendig, aber in der Schule nicht erworben worden sind, in einer studienfachbezogenen Weise während des Studiums selbständig – in der Regel mit Hilfe entsprechender Hochschullehrgänge – anzueignen."

Bevor der Hochschulreifebegriff im folgenden systematisch entfaltet wird, wird auf die Entwicklung der Diskussion über die Hochschulreife im ersten Kapitel dieses Buches hingewiesen.

Hochschulreife wird auf drei Ebenen ausgesagt, auf der Ebene der

- Studienberechtigung,
- Studierfähigkeit,
- Wissenschaftspropädeutik.

Damit sind drei Aspekte genannt, der

- schulrechtliche,
- zweckrationale,
- didaktische.

Wenn wir das Maß der Soziologie an die Hochschulreife und diese hinsichtlich ihrer Funktion innerhalb der Reproduktion der Gesellschaft [KAZAMZADEH, 1987, S. 10 ff.] betrachten, gelangen wir zu den drei vieldiskutierten und seit langem eingeführten Komponenten, nämlich der

- Allokation,
- Qualifikation,
- Enkulturation.

Insgesamt ist die Hochschulreife nur ein Spezialziel des Gymnasiums und der Bildungsarbeit dort nach- und untergeordnet, aber in bezug auf alle anderen Schulformen ist sie d a s Spezialziel, das das Gymnasium von den anderen Schulformen unterscheidbar macht. Sofern auch noch andere Schulformen (z.B. die Gesamtschule, die Kollegschule, das Fachgymnasium) auf ihren Oberstufen diesem Spezialziel zugeordnet sind, partizipieren sie am gewachsenen Kanon insgesamt oder sie benutzen Teilmengen desselben als konstitutive Bestandteile [vgl. Abschn. 10.1 und 11 der Bonner Vereinbarung].

Der Ausgang des Folgenden soll von der Formulierung der bildungspolitischen und formalrechtlichen Rahmenbedingungen genommen werden, wie sie sich in der Bonner Vereinbarung vom 07.07.1972 in der Fassung vom 11. April 1988 finden [Abschn. 2.2 und 2.5 des einführenden Berichts]:

- „Es wird an der Allgemeinen Hochschulreife, der Studienberechtigung für alle Fachgebiete festgehalten."
- „Die Kultusministerkonferenz behält die Abiturprüfung bei."

Des weiteren legt die genannte Vereinbarung fest, innerhalb welchen Rahmens die Studierfähigkeit erreicht werden soll:

Da wird zunächst der Pflichtbereich genannt [3.2 und 4]; diesem werden als Aufgaben zugewiesen

- die Orientierung in der Gesellschaft sowie
- die Vermittlung grundlegender wissenschaftlicher Verfahrens- und Erkenntnisweisen,
- die Entwicklung des Bewußtseins für Systematisieren und Problematisieren.

Sodann wird der Wahlbereich genannt [2.3 des einführenden Berichts, 3.2 wie 5.1 der genannten Bonner Vereinbarung]. Dieser dient in Verbindung mit dem Pflichtbereich der Schwerpunktbildung gemäß Neigungen und Interessen, der Vertiefung der herkömmlichen Fächer, er bietet auch Raum für neue Fächer sowie berufsbezogene Kurse, für die Ausübung in Kunst und Musik sowie für den Anwendungsbezug z.B. der Mathematik in der elektronischen Datenverarbeitung. Sowohl der einführende Bericht wie die Vereinbarung selbst nennen als für unseren Zusammenhang spezifisch die wissenschaftspropädeutische Spezialisierung und die Einführung in den Gegenstandsbereich einer Wissenschaft, in die Besonderheit der den Bereich erschließenden Methode sowie in die Fachsprache. Während die Wissenschaftspropädeutik als solche nur dem Wahlbereich als Bereich zugewiesen ist, nicht aber dem Pflichtbereich, liegt die Zuordnung derselben, was die Kurse betrifft, allein bei den Leistungskursen: Sowohl im einführenden Bericht [2.3] als auch im Text der Vereinbarung [3.3] bieten die Leistungskurse die Möglichkeit, die Studierfähigkeit zu üben und ein vertieftes propädeutisches Verständnis für Wissenschaft zu erwerben. Die Kurse der beiden (evtl. auch drei) Leistungsfächer schließlich zeichnen sich durch „gehobene Anforderungen wissenschaftsnaher Arbeit" [2.3 des einführenden Berichts] aus. Wir können also, was die formalrechtliche Vereinbarung betrifft, feststellen, daß

- dem Pflichtbereich in der Breite eine propädeutische und allgemeine Orientierungsfunktion in den Wissenschaften,
- den Leistungsfächern dieses Bereichs bereits ein wissenschaftsnahes (nicht mehr nur propädeutisches) Arbeiten und
- dem Wahlbereich die wissenschaftspropädeutische Spezialisierung zukommt.

Insgesamt bedeutet die Bonner Vereinbarung die starke Betonung der Wissenschaften und die Hervorhebung der Tatsache, daß das Gymnasium im Unterschied zu den anderen Schulformen eine wissenschaftsnahe Schule ist mit Lehrern, die der Wissenschaft verpflichtet sind.

Nach dieser kurzen Darstellung dessen, was die Bonner Vereinbarung zum Komplex Hochschulreife aussagt, sollen die drei Ebenen der Hochschulreife dargestellt werden. Dabei wird die schulrechtliche Ebene der Allokation kürzer, die beiden anderen werden ausführlicher behandelt werden.

Zusammenfassung:

Aus Gründen begrifflicher Trennschärfe sollte trotz der Unterscheidungsnotwendigkeit zwischen allgemeiner und Fachhochschulreife im Hinblick auf erstere besser nur von Hochschulreife gesprochen werden. Trotz des seit langem bis heute verwendeten Attributs „allgemein" hat Hochschulreife noch nie bedeutet, daß man auf der Grundlage formal-rechtlicher Zuerkennung nun in der Lage ist, jede beliebige Hochschuldisziplin zu studieren. Hochschulreife bezieht sich individuell nur auf eine relativ kleine Reihe von Studiengängen oder Fächern. Die Ebenen der Hochschulreife sind

– die schulrechtliche; hier wird die Studienberechtigung zuerkannt; ihre Funktion ist die der Allokation;

– die zweckrationale; hier wird die Studierfähigkeit trainiert; ihre Funktion ist die der Qualifikation;

– die didaktische; diese führt zur Wissenschaftspropädeutik; ihre Funktion ist die der Enkulturation.

Hochschulreife ist auch innerhalb der Bildungsarbeit des Gymnasiums nur ein Spezialziel.

Formale Grundlage der Hochschulreife ist die Bonner Vereinbarung vom 07.07.1972 in der Fassung vom 11.04.1988. Danach sind Pflichtbereich und Wahlbereich für die Hochschulreife konstitutiv. Während ersterer der allgemeinen Orientierung und der Vermittlung grundlegender wissenschaftlicher Verfahrensweisen dient, hat letzterer die Aufgabe der wissenschaftspropädeutischen Spezialisierung und Schwerpunktbildung, ohne daß es sich schon um Berufsausbildung selbst in vorbereitendem Sinne handeln muß. Von den Kursarten sind hier die Leistungskurse anzusiedeln. Sie vermitteln ein vertieftes propädeutisches Verständnis. Die Bonner Vereinbarung betont insgesamt die hervorragende Bedeutung der Wissenschaften für das Gymnasium als Schule wissenschaftlicher Grundbildung.

2. Entfaltung

a) Die schulrechtliche Ebene der Studienberechtigung

Die in der Regel noch immer nur von Gymnasien zuerkannte, auf den Zeugnissen „Allgemeine Hochschulreife" genannte Studienberechtigung weist demjenigen, der das Reifezeugnis erworben hat, zusammen mit der Studienberechtigung eine bestimmte Stellung im System der Gesellschaft zu [GEISSLER, 1978, S. 21 ff.; VIERHAUS, 1978, S. 148], verleiht aber auch eine bestimmte Chance außerhalb der Hochschule z.B. im gewaltig wachsenden tertiären Sektor (der Dienstleistungen) in unserer Gesellschaft oder auch nach Durchlaufen der Hochschule in akademisch geprägten Berufsfeldern [KAMP, 1991, S. 211 ff.]; insofern ist das Zeugnis dem Gesellen- oder Facharbeiterbrief vergleichbar: Auch hier wird eine Berufschance gewährt, vielleicht sogar darüber hinaus die Chance zum Meisterbrief mit der Konsequenz, einen eigenen Betrieb zu führen. Im Verlaufe der Geschichte des Reifezeugnisses ist der Anteil derjenigen, die ein Hochschulstudium aufgenommen haben, je nach Lage im Beschäftigungssystem schwankend gewesen. So sank z.B. zwischen 1976 und 1983 die Brutto-Studierquote von 84 % auf 71 % ab [KAZAMZADEH, 1987, S. 34]. Unrichtig oder zumindest jetzt nicht mehr zutreffend ist die Behauptung des DEUTSCHEN BILDUNGSRATES, daß demjenigen, der „heute Abitur macht ... wenig anderes und nichts Besseres zu tun übrig <bleibt> als zu studieren." [In Abschn. 1 des Einführenden Berichts der Bonner Vereinbarung vom 07.07.1972 in der Fassung vom 11.04.1988]. Zumindest seit den 70er Jahren ist die allokative Struktur, die mit der Folge: Reifezeugnis – Studium – akademischer Status umschrieben werden kann, durchbrochen. Selbst die Gymnasiasten sehen das Studium nicht mehr als das einzige Ziel an: 1983 äußerten z.B. nur noch 61 % der Befragten einen Studienwunsch, 1976 waren es noch 78 % [KAZAMZADEH, a.a.O., S. 35]. Man könnte aber nicht nur von einem Bruch in der allokativen Struktur sprechen, sondern von einem Wandel: Dadurch, daß eben nicht mehr 7,3 % (1960), sondern 22,2 % (1984) [WOLTER, 1987, S. 299] bzw. 1991 32, 5 % (23,6 % mit der Allgemeinen Hochschulreife, 8,8 % mit der Fachhochschulreife) [Statistisches Bundesamt 1993] eines Altersjahrganges die Schule mit der Hochschulreife verläßt, wandelt sich das Reifezeugnis so, daß es zwar noch eine Berechtigung zuerkennt, aber tatsächlich zunächst einen Abschluß bezeichnet und nicht mehr so sehr stark am Eingang eines akademischen Status steht als mehr am Übergang zu anderen Berufsfeldern vor allem im Dienstleistungssektor. Parallel zu dem Wandel in der allokativen Struktur verläuft der Bewußtseinswandel, wonach gymnasiale Bildung eine Bildung für viele sein kann, (beispielsweise beläuft sich nach Mitteilung des Niedersächsischen Kultusministeriums vom 18.7.90 der Anteil am Altersjahrgang im Schuljahr 1989/90 auf über 39 %), nicht mehr nur eine Bildung für wenige Prozente eines Altersjahrganges. Erhalten bleibt der alte Gedanke, daß gymnasiale Bildung einer Elitebildung gleich sei. Nach wie vor ist die Gesellschaft, vor allem die demokratische Gesellschaft, auch auf die Arbeit einer Elite angewiesen: auf Personen also, die in Wissenschaft, Politik, Wirtschaft, Verwaltung und Militär führen können und mit Verantwortung die Entwicklung auf allen Ebenen der Gesellschaft voranzutreiben in der Lage sind.

Eine weitere Folge im Wandel der Allokationsstruktur ist die Beobachtung, daß alle am Bildungsprozeß des Gymnasiums Beteiligten und Betroffenen als Kern gymnasialer Bildung die Persönlichkeitsbildung ansehen und daß die Vorbereitung auf das Berufsleben nur einen geringen Stellenwert im Bewußtsein der Betroffenen einnimmt; es kann festgestellt werden, „daß Gymnasial- bzw. Hochschullehrer sowie Studenten einhellig den Kernbereich gymnasialer Aufgaben in der Persönlichkeits- und Allgemeinbildung sehen" [KAZAMZADEH, l.c. S. 46]. „Gymnasiale Bildung und Berufssphäre schließen sich ... aus" [l.c., S. 48]. Hier darf wohl auch das Rahmenthema des bildungspolitischen Kongresses im Januar 1978 zu Bonn einbezogen werden: „Mut zur Erziehung". Dieser Kongreß verteidigte (und wertete auf) die lange Zeit von unbesonnenen Politikern verächtlich gemachten Sekundärtugenden wie Fleiß, Güte, Ausdauer, Achtung und Verantwortlichkeit.

Zusammenfassung:

Das Zeugnis über die „Allgemeine Hochschulreife" verleiht Chancen und weist dem Inhaber eine bestimmte Stellung zu. Während es noch vor wenigen Jahrzehnten automatisch den Weg zum Studium eröffnete, ist heute durch den Numerus clausus und die Situation im Beschäftigungssystem eine Veränderung eingetreten. Die bisherige allokative Struktur ist durchbrochen. Das Zeugnis bescheinigt nicht nur im rechtlichen Sinne, sondern auch faktisch einen bestimmten Schulabschluß. Ihn erreicht inzwischen eine weitaus größere Anzahl von Jugendlichen eines Altersjahrganges als früher, gleichwohl steht in der Erwartung dieses größeren Teils Persönlichkeitsbildung und Formung an erster Stelle.

b) Die Studierfähigkeit

Seit Jahrzehnten wird darüber geklagt, daß junge Leute ohne ausreichende Vorbereitung ein Studium ergreifen wollten oder ergriffen hätten [WOLTER, 1987, S. 59]. Die Klagen beziehen sich auf die behaupteten Einstellungen sowie Haltungen der Studenten, was in alter Zeit auch schon LUTHER und MELANCHTHON verbitterte, und auf allgemeine Fähigkeiten (z.B. daß man gelernt haben müßte zu lernen) wie schließlich auch auf eine inhaltlich als unzureichend bezeichnete Vorbereitung auf das einzelne Studienfach. Nicht nur, daß Studenten der Mathematik auf dem Gymnasium zu wenig Mathematik gelernt hätten, auch bei den Studenten des Maschinenbaus und der Elektrotechnik sei der Mangel an Mathematikkenntnissen zu beklagen [TIETZ, 1982, S. 47 f.]. So lag und so liegt es denn nah, daß nach den materialen Voraussetzungen der Studierfähigkeit in einem konkreten Studium gefragt und nach Antworten gesucht wird. Dabei ist die Gültigkeit zweier Sätze auszuschließen:

1. In bezug auf den Weg an der Hochschule ist es völlig gleichgültig, für welche Fächerkombination sich der Oberstufenschüler entscheidet.

2. Nur wer sein Studienziel kennt, ist in der Lage, sich für die richtige Kombination der Prüfungsfächer auf der Oberstufe des Gymnasiums zu entscheiden.

Satz 1 sagt aus, daß mit jeder beliebigen Kombination von Prüfungsfächern jedes beliebige Hochschulstudium problemlos aufgenommen werden könne. Hier wird vorausgesetzt, daß jedes beliebige Fach des Kanons so fundamental propädeutisch sei, daß es in seiner Fundamentalpropädeutik jeder beliebigen Universitätsdisziplin den Grund lege. Eine begünstigende Korrespondenz zwischen bestimmten Fächern der Oberstufe und bestimmten Universitätsdisziplinen liege nicht vor oder wirke sich auf das Studium nicht aus, so daß es umgekehrt auch nicht zu Nachteilen oder Erschwernissen kommen könne, wenn bestimmte Fächer im persönlichen Kanon von Lernenden nicht vorhanden sind.

Der erste Satz ist ebenso falsch wie der zweite, wonach jedem Unterrichtsfach des Kanons eine so spezifische Propädeutik zukomme, daß es nicht gegen ein anderes ausgetauscht werden könne. Seine Wirkung wäre eine so spezifische, daß damit auch nur auf eine bestimmte Universitätsdisziplin hingearbeitet würde. Der Fehler beider Sätze liegt in ihrer Extremlage.

So muß denn die Frage gestellt werden, in welchem Verhältnis die Unterrichtsfächer bzw. ihre Kombination als Prüfungsfächer zu den später zu studierenden Disziplinen stehen. Des weiteren ist zu fragen, welche Voraussetzungen die Universität noch erwarten muß (oder für wünschenswert hält) und ob im Gymnasium abstrakt oder auch konkret diese Voraussetzungen erworben werden können. Zunächst sei dieses festgestellt:

Eine allgemeine Theorie der Studierfähigkeit gibt es nicht. Es gibt also auch keine Aussagen oder Aussagensysteme, die – methodisch gewonnen – für sich Allgemeingültigkeit in bezug auf die Studierfähigkeit beanspruchen könnten [WEBER, 1957, S. 165 ff.]. Es gibt stets nur subjektiv geäußerte Erwartungsprofile von Hochschullehrern und festgelegte Eingangsvoraussetzungen von Lehrstühlen, Disziplinen und Fakultäten o.ä. Ihnen aber kommt der Rang gültiger Kriterien nicht zu. Und es gibt stets nur den konkreten Einzelfall, in welchem sich das schulische Schicksal des einzelnen Menschen mit den speziellen universitären Grundlagen vereint. Daraus ergibt sich unabweisbar die Forderung nach enger Zusammenarbeit zwischen den Gremien der Universität (z.B. der HRK) und der Gymnasien (z.b. der KMK) und darauf fußend eine individuelle Beratung an der Schule [HELDMANN, 1984 A, S. XXVII]. Selbst unsystematische Befragungen an den Gymnasien machen immer wieder diese Forderung nach Beratung deutlich. Oft geht die Praxis so weit, daß die Forderung nach Beratung auch dort immer wieder erhoben wird (von Schülern und Eltern), wo die Beratung schon institutionalisiert worden ist. Sie wird einfach nicht wahrgenommen. In diesem Zusammenhange soll eine Vermutung wenigstens geäußert werden: Die Selbsterkenntnis, für Menschen jeden Alters ebenso fundamentale Tatsache wie ständige Forderung, ist in so hohem Maße individuell und nur als Ganzheit auf die Einzelperson bezogen, daß weder die Ganzheit einer anderen, exogenen Einsicht noch einzelne Komponenten einer solchen von außen kommenden Einsicht bzw. Erkenntnis übertragen werden können. Darum handelt es sich eben um Selbsterkenntnis, nicht nur um Erkenntnis; das griechische Sprichwort „gnôthi seautón" = „erkenne dich selbst!", weist darauf hin. Eine Einsicht, die, zur Selbsterkenntnis geworden, das Leben eines einzelnen radikal gewandelt und in einem für diesen und anderen guten Sinne bestimmt hat, gelangt unter Umständen nicht einmal in den Fragehorizont eines anderen, geschweige denn, daß sie eine Bedeutung für ihn bekommen könnte. Und wenn es einen Bereich gibt, in dem es nur um Selbsterkenntnis geht, dann ist es der der individuellen Begabung sowie Neigung und der beruflichen Entscheidung. Alles, was andere (Eltern, Verwandte, Freunde) tun können, ist dazusein und auf Ansprache hin Möglichkeiten aufzuzeigen, ohne daß dieses als Rat, der stets mit einer Verbindlichkeit gegeben wird, gemeint sein und als Rat vom Suchenden gesehen werden darf, jedenfalls nicht während der Suche nach sich selbst, vielleicht später.

Das Gymnasium behält also in einem zweckrationalen Sinne u.a. die Aufgabe der Qualifizierung; ihr Spezifikum ist die Studierfähigkeit. Allen Untersuchungen zur Studierfähigkeit gemeinsam ist die Wendung zur Empirie: Allein diese und ein gewisses Systematisierungsbedürfnis in Verbindung mit dem Wunsch, zu beraten oder Beratenden sowie Beratenen Material an die Hand geben zu können, haben das notwendige Material erbracht. Im wesentlichen gibt es drei Quellen der Empirie:
- die Entwicklung der Studierfähigkeitsdiskussion, historisch/soziologisch [vgl. vor allem Kap. I],
- die beteiligten Lehrenden am Gymnasium bzw an der Universität,
- die beteiligten Lernenden.

In allen Untersuchungen schwingt die Entwicklung seit den Preußischen Reformen des 19. Jahrhunderts mit. Schwerpunktmäßig wird dieser Quellenbereich vor allem von PAULSEN [1965], TENORTH [1977], SCHMOLDT [1980] und WOLTER [1987] abgehandelt. An die Empirie wichtiger Teilnehmergruppen (Schüler, Studenten, Lehrer, Hochschullehrer) wendet sich mit einer gründlichen Befragung KAZAMZADEH [1987]. Mit Unterstützung der Stiftung Volkswagenwerk haben die Autoren im Rahmen des hannoverschen Hochschulinformationssystems GmbH (kurz: HIS) die genannten Gruppen in ausgewählten Fächern befragt, um das Verhältnis von Gymnasium und Universität zu analysieren und eine Informationsgrundlage für die öffentliche Erörterung der Studierfähigkeit zu liefern. Zum wissenschaftlichen Beirat gehörten Schulmänner wie Oberstudiendirektor SPRINGER und Hochschullehrer wie der Mathematiker Horst TIETZ. Die Empirie ausschließlich einer Gruppe, nämlich der Hochschullehrer, wird in zwei umfangreichen Untersuchungen von HELDMANN [1984, 1989] erhoben und analysiert. Hilfreich für Schüler am Anfang der Oberstufe und für angehende Studenten ist vor allen Dingen die Untersuchung von 1989 [FINKENSTAEDT/HELDMANN, 1989, S. 7]. Hier werden im Auftrage des Deutschen Hochschulverbandes und mit Förderung des Bundesministers für Bildung und Wissenschaft für 36 Universitätsfächer „Vorstellungen der Universitäten über die Studienvoraussetzungen für das jeweilige Fach" vorgetragen und erläutert. Für die soeben genannten Gruppen der Oberstufenschüler bzw. angehenden Studenten ist dieses Buch sehr nützlich. Bevor die Aspekte der Studierfähigkeit ausgeführt werden, soll noch eine einschränkende Bemerkung zum Aussagewert solcher empirischen Untersuchungen gemacht werden: Zunächst: Es handelt sich nicht um die Empirie „der Universität", oder „des Gymnasiums", sondern stets um individuelle und sehr persönliche Erfahrungen einzelner; in diese Erfahrungen fließt stets mehr ein als das, wonach gefragt ist, sodann sind in dem Prozeß, in dem Wahrnehmungen zu Erfahrungen werden, stets Veränderungen möglich und wahrscheinlich. Es ändern sich Wahrnehmungen, es ändern sich Komponenten, die Erfahrung ausmachen, es ändert sich die Erfahrung. Daraus folgt die Unmöglichkeit einer allgemeingültigen Aussage; diese Unmöglichkeit folgt aber auch noch daraus, daß die Untersuchungsergebnisse stets von einem begrenzten Teilnehmerkreis abgeleitet werden können: So sind z.B. bei HELDMANN [1984] 11 267 Hochschullehrer befragt worden – auswertbar geantwortet haben 1279; HELDMANN selbst spricht von einer bereinigten „Rücklaufquote"von 11,35 % [l.c., S. 83]. Gleichwohl sind die ermittelten Ergebnisse anregend und lesenswert, weil ein jeder seine Einschätzung mit der jeweils (also hier von HELDMANN vorgelegten) anderen Einschätzung vergleichen kann – und das ist für jede Beratungspraxis unverzichtbar.

> Zusammenfassung:
>
> Studierfähigkeit bedeutet Qualifizierung für unterschiedliche Aufgaben. Nicht alle Absolventen des Gymnasiums wollen ein Studium ergreifen. Bei Studierfähigkeit geht es individuell um eine begrenzte Qualifizierung für Studiengänge an den Universitäten. Eine allgemeine Theorie der Studierfähigkeit gibt es nicht, dennoch bleibt die Frage nach dem Zusammenhang zwischen gewählten Prüfungsfächern und einem aufzunehmenden Studium in einem oder mehreren Fächern gestellt. Fragen dieser Art sind nur ganz konkret, bezogen auf den einzelnen Fall, zu beantworten: Daraus ergibt sich unabweislich die Forderung nach enger Zusammenarbeit zwischen Universität und Gymnasium und einer darauf fußenden intensiven Beratung an der Schule.
>
> Zum andern bedeutet Nachdenken über Studierfähigkeit stets, daß die Empirie der Hochschule und Schule, aber auch die Entwicklung der Hochschulreifediskussion einbezogen wird. Bei der genannten Empirie geht es zur Zeit nicht so sehr um eine institutionelle, sondern um eine individuelle. Allgemeingültige Aussagen können also nicht gegeben werden.

Wir kommen nun zur Systematisierung dessen, was Studierfähigkeit genannt wird. Die Studierfähigkeit wird in der aufgeführten Literatur in einem pragmatischen, von den Tatsachen ausgehenden Sinne als dreigestaltig dargestellt. HELDMANN [1984, S. 184, S. XII f.] spricht von

- „Dimensionen wie allgemeines Interesse, geistiges und soziales Engagement, dementsprechend Techniken des wissenschaftlichen Arbeitens usw.,
- Leistungskriterien wie Lernbereitschaft, Denkvermögen, Urteilsfähigkeit, Ausdauer,
- Fächerprofilen wie naturwissenschaftliche, sozialwissenschaftliche, sprachlich-kulturwissenschaftliche Profile."

Und diesen muß (so lautet die Forderung) ein kontinuierlicher Unterricht über die gesamte Gymnasialzeit, insbesondere über die Oberstufe gelten. An dieser Stelle sollte hinzugefügt werden, daß in Studierfähigkeit auch das einzubeziehen ist, was landläufig Führungsfähigkeit genannt wird. Diese ist gebunden an Wissen, die Fähigkeit zu lernen, wie man etwas weiß, zu denken und sich selbst zu organisieren (to organize himself). In den Erläuterungen zu These 8 (Studierfähigkeit) des DEUTSCHEN HOCHSCHUL-VERBANDES (l.c., S. XIX) spricht HELDMANN von

- personalen,
- formalen,
- materialen

Bildungsvoraussetzungen.

Er ergänzt diese Attribute, und zwar bei „formal" spricht er auch von „kategorial" und bei „material" führt er „spezifische fachimmanente Fähigkeiten und Fertigkeiten" auf.

Die Untersuchung von KAZAMZADEH u.a. nimmt diese Dreiteilung auf.

Wir lehnen uns an und nennen folgende drei Konstituenten der Studierfähigkeit:

- die psychisch-personale,
- die kognitive,
- die epistemische.

Wir beginnen mit der zuerst aufgeführten. Genannt werden bei HELDMANN [1984] und bei KAZAMZADEH [1987] Lern- und Leistungsbereitschaft, Ausdauer und Belastbarkeit, Motivation, Neugier, Auffassungsgabe, Arbeitsqualität, Urteilsfähigkeit, Selbständigkeit. Viele dieser Eigenschaften, größtenteils psychische Dispositionen, sind zugleich Grundlage anderer, nicht-akademischer Berufe. Sie können auch durch andere Begriffe umschrieben, erläutert und ergänzt werden: Gründlichkeit, Fleiß, Spontaneität, Phantasie und Einfallsreichtum, Flexibilität des Denkens, Kreativität, Zuverlässigkeit, Treue zur Sache, Verantwortungsbewußtsein, Kooperationsfähigkeit, Kontaktfähigkeit sowie Altruismus, Empathie. Der Bäckermeister benötigt solche Eigenschaften ebenso wie der Landwirt, gerade heute. Auch der Studienrat oder der Maschinenbauingenieur kann ohne diese Eigenschaften seinen Beruf nicht ausüben. Viele dieser Eigenschaften bringen wir von Geburt mit: Spontaneität, Phantasie, Motivation, Ausdauer. Sie können schon vor Schulbeginn verkümmern, sie können aber auch durch die entsprechenden Impulse aus der Familie entwickelt werden. Das gilt auch für Werte wie Zuverlässigkeit, Treue, Ehrlichkeit, Gewissenhaftigkeit, Gründlichkeit, Aufgeschlossenheit und Selbstvertrauen, Urteilsfähigkeit. Der Unterricht am Gymnasium kann die Entwicklung weiter fördern, v.a. durch Übung an den Wissenschaften. Dann sind Werte betroffen wie Urteilsfähigkeit im weiteren, Kritikfähigkeit im engeren Sinne, Selbständigkeit sowie Unabhängigkeit, Arbeitsqualität und Ausdauer, auch Selbstüberwindung bei der Übernahme und Lösung von Aufgaben, die man eigentlich nicht mag. Von anderen Schulformen unterscheiden sich die Wachstumsbedingungen besonders durch die hohe Komplexität; das gleiche gilt für den Entfaltungsgrad, vor allem solcher Eigenschaften, die Grundlage eines wissenschaftlichen Urteils werden: Auffassungsgabe, Blick für das Wesentliche, Ausdrucksfähigkeit und Ausdruckswille, Flexibilität, Spontaneität, kritisches Vermögen. Mit letzterem ist nicht das vorurteilsbesetzte, sektiererische Schwadronieren ohne gründliche Kenntnisse der zur Debatte stehenden Sache gemeint, sondern die Fähigkeit in Absehung von der eigenen Person nur den zur Beurteilung anstehenden Gegenstand, das zur Lösung aufgegebene Problem, zu sehen und die Maßstäbe des Urteils nur aus dem Gegenstand selbst zu nehmen. Wenn das nicht möglich ist, dann ist durch die intellektuelle Redlichkeit geboten, Grenzen zu bekennen oder Wege zur Überwindung als exogene Methode zu beschreiben. Hierher gehört auch die ethische Kompetenz: Wo Redlichkeit angesiedelt ist, muß wohl auch die Fähigkeit zur Toleranz, zum Widerstand gegen (mehr oder weniger gewalttätige) Indoktrination zu Hause sein. So wachsen denn die psychisch-personengebundenen Konstituenten der Studierfähigkeit im Maße der Zeit und der eigenen Kraft auf der Grundlage des genetischen Potentials als psychische Dispositionen, als Charaktermerkmale (man denke an die Unbeugsamkeit eines Ignaz Philip SEMMELWEIS) und als Intellektualität durch innere und äußere Impulse aus dem Umfeld der Familie und der Schule bis zu der Grenze, von der an die durch die Wissenschaft erwirkte Selbstbestimmung überwiegt. Dieses Ganze heißt Studierfähigkeit.

Einige der ebengenannten Merkmale ragen bereits in die zweite Konstituente hinein: Diese kann mit dem Attribut kognitiv als Oberbegriff beschrieben werden. HELDMANN und KAZAMZADEH sprechen auch von „formal" und „kategorial". Diese Konstituente ist für die Studierfähigkeit spezifisch und normativ – d.h. die Hochschule – genaugenommen: einzelne ihrer Vertreter – nennen bestimmte unter das Attribut fallende Eigenschaften, die für die Anfangssemester zutreffen mögen. Später wird der das Studium begleitende Lernprozeß so differenziert, daß neu sich entfaltende oder sich verstärkende Eigenschaften vom Einzelfall bestimmt sind und daher in einem Raster nicht mehr für alle (oder für die Mehrheit) verbindlich erfaßt werden können. Neben die Lernprozesse der einzelnen treten dann noch die Einzelanforderungen der Universitätsdisziplinen, die je und je verschieden sind, aber gleichwertige Ausbildungs- bzw. Qualifikationsinteressen [KAZAMZADEH, l.c., S. 101] haben. Mit dieser Feststellung wird aber auch schon der epistemische Komplex der Studierfähigkeit berührt. Wir haben von seiten des Gymnasiums den notwendig begrenzten Kanon von Wissensgegenständen gegenüber der Summation einzelner Forderungen aus dem Raum der Universität. In der bereits aufgeführten neueren Literatur, die sich auf die Einzelaussagen von Hochschullehrern und auf Erfahrungsurteile sowie Plausibilitätsdenken von Gymnasiallehrern stützt, wird eine Reihe von Komponenten dieser Konstituente genannt:

An die erste Stelle ist wohl das Ausdrucksvermögen zu setzen; gemeint ist das mündliche und das schriftliche; berührt ist auch das, was in der Literatur kommunikative Kompetenz genannt wird. Dieses Vermögen, wenn es denn bereits im genetischen Potential angelegt ist, bedarf ständiger Übung und kulminiert im Diskurs. Die schriftliche Seite dieser Kompetenz bedarf einer gewissen zu erlernenden Technik u n d ebenfalls der Übung im Unterricht oder zu Hause durch Einzelanfertigungen und Darstellungen zu Gesagtem, Gelesenem und Besichtigtem. Hier setzt übrigens die öffentliche Kritik an; behauptet werden auf drei Ebenen Verschlechterungen am Grad der Studierfähigkeit:

- es mangele an der Fähigkeit zum schriftlichen Ausdruck;
- Mängel gebe es bei der Beherrschung schriftlicher Darstellungsregeln;
- große Schäden seien bei der Fähigkeit zu differenzierter Darstellung zu verzeichnen [KAZAMZADEH, l.c., S. 111].

Die Evaluation dieser Aussagen wie die Ursachenforschung sind bisher recht vordergründig geblieben; auch spielen bei dieser Forschung bildungspolitische Standpunkte eine große Rolle. Die einen [WOLTER, 1987; LIEBAU, 1989] sagen, die Schwächen lägen nur daran, daß das Gymnasium zur Volksschule geworden sei – und da benötige man eben diese Dinge nicht mehr wie bisher bei 7 % eines Jahrgangs; andere [HELDMANN, 1984, S. XXII] führen die behaupteten Defizite auf das, was sie Nivellierung der Schulformen nennen, die „Medienwut" und die „didaktische Reduktion" zurück. An allen Ursachenzuweisungen mag etwas Richtiges zu finden sein. Richtig ist sicherlich, daß über Jahre das Memorieren, Üben und Festigen auch durch mechanisches Lernen, die Aufnahme von Fakten gering geschätzt worden sind. Vernachlässigt wurden und werden z.b.:

- die Pflege des Liedgutes,

- das Memorieren,

- Orthographie und Grammatik der deutschen Sprache. Übrigens bieten auch die Hochschulen dem genannten Unvermögen nicht immer Einhalt (indem beispielsweise in dieser Hinsicht unzureichende Seminararbeiten nicht zurückgewiesen werden; das gleich gilt für Examensarbeiten); oft allerdings ist das auch garnicht möglich wegen der hohen Anzahl der Studierenden sowie Kandidatinnen und Kandidaten.

Das wohl mehr indirekte Verhältnis dieser drei Defizitbereiche zu dem, was Studierfähigkeit genannt wird, kann nicht exakt beschrieben werden. Notwendige Voraussetzungen sind sie sicherlich nicht; denn sowohl an der Orthographie wie an der Grammatik scheiden sich die Geister. Selbst der sprachlich trainierte Philologe (im engeren Sinne) macht Fehler, und den DUDEN muß er regelmäßig konsultieren. Die Toleranzgrenze liegt wohl da, wo die Verständigungsfähigkeit leidet und wo das Überschreiten von Normen eines auf sprachliche Verständigung angelegten Kulturraumes Kommunikationsstörungen hervorruft. Eine historisch gewachsene Kulturgemeinschaft drückt ihre Existenz und ihre Denkkultur durch geformte Sprache und ein Liedgut aus, das vergangene und gegenwärtige Lebensstimmungen bis zur künstlerischen Vollendung führt. Kenntnis und aktives Verfügen befähigen zur Teilhabe an der Kontinuität (und Diskontinuität) im eigenen Kulturraum, aber auch dazu, die verschiedenen Sprachen des geistigen Raumes, in dem Menschen aufwachsen, und damit auch sich selbst zu verstehen. HÖLDERLIN läßt einen Jüngling zwischen der Sprache der Menschen und der Sprache des Äthers unterscheiden. Gemeint ist damit Sprache als Kommunikationsmöglichkeit im Alltag über „Eisschränke, Politik, Bilanzen" [Roger de Saint-Exupéry] und die Sprache als Kontemplation, geistiges Schauen und Versenkung in das, was als Idee hinter den Dingen steht oder aus ihnen fließt als Farbe, Ton, Klang, Form und Gefühl. Schließlich lebt überhaupt das, was war und ist, nur in dem Umfang, in welchem es in uns gespeichert ist. Dieses wiederum ist abhängig von unserer Fähigkeit zum Speichern. Wir dürfen mit einiger Sicherheit annehmen, daß unsere Merkfähigkeit des beständigen Trainings bedarf und durch Übung auch erweitert werden kann. Unaufgeklärt ist aber bis heute noch der Zusammenhang, der zwischen den genannten Defiziten der schulischen Vorbildung und der Fähigkeit zum Studium besteht.

Grundlage der kommunikativen ist die kognitive Kompetenz; beide Kompetenzen wirken ineinander. Als Komponenten der kognitiven Kompetenz können aufgeführt werden

- die Vertrautheit mit elementaren Techniken des wissenschaftlichen Arbeitens,
- Lerntechniken (Memoriertechniken, Konzentrationstechniken),
- Präsenz des Wissens, d.h. eines Wissens, das durch Übung und Einübung anwendungsbereit ist,
- Umgang mit Informationen und deren Prüfung auf ihre Voraussetzungen hin,
- allgemeine Fähigkeit zum Umgang mit Texten,
- Verstehen komplexer Sachverhalte,
- Anwendungsbereitschaft und Übertragungsfähigkeit,
- Denkfähigkeit (d.h. logisches Schließen, Problematisierungs- und Systematisierungsfähigkeit), Kombinations- und Einordnungsvermögen,
- Beobachtungsfähigkeit.

Diese Komponenten, die übrigens ständiger Übung bedürfen, finden sich mit unterschiedlicher Gewichtung in der genannten neueren Literatur. Auch kann man andere Bezeichnungen bzw. Synonyme finden (z.B. „Auffassungsgabe" oder „Arbeitsqualität"); unschwer wird man sie aber in die soeben genannten Sachverhalte einordnen können. Desgleichen gibt es für die aufgeführten Oberbegriffe ins Detail gehende Unterbegriffe, wie etwa bei „Denkfähigkeit" das Differenzierungsvermögen, Klassifizierungsfähigkeit, Vermögen zu Analyse und Synthese, Reduktion (komplizierte Sachverhalte auf einfache Aussagen zurückführen). Schließlich könnte man auch innerhalb der genannten Merkmale Bezüge herstellen, auch nach außen zu Merkmalen der bereits erläuterten psychisch-personenbezogenen Konstituenten.

Eine Hilfe bei dem Versuch, den kognitiven Komplex der Studierfähigkeit zu systematisieren, bedeutet die Kognitionspsychologie [u.a. DÖRNER, 1974 und 1987, NEISSER, 1979]. Wie so oft muß bei diesem Komplex begrifflich getrennt werden, was der Sache nach untrennbar ist. Dabei ist zunächst einmal festzuhalten, daß es innerhalb dieses Komplexes Strukturen gibt; daher empfiehlt es sich, in diesem Zusammenhange besser vom kognitiven System zu sprechen – System als etwas, das aus aufeinander bezogenen Teilen besteht. Wir können danach innerhalb des kognitiven Systems zwei Bereiche unterscheiden, den heuristischen und den operativen. Der heuristische Bereich enthält all das, was zur Lösung von Problemen nötig ist. Die große Menge geistiger Operationen (das Abstrahieren, Klassifizieren sowie Schließen und Mathematisieren) ebenso wie die bereits genannten Arbeitstechniken [Handreichungen 4 A, S. 7]. Sodann ist der operative Bereich zu nennen mit der Informationsverarbeitung als Aufgabe. Verarbeitet wird hier alles Wissen über Gott und die Welt, die eigene Person, die Beziehungen zwischen den Dingen und Personen, die Werte und Normen, die Beziehungen ermöglichen und stiften. ZIMBARDO [1983, S. 300] unterscheidet im System des Wissens das Bedeutungs- oder Urteilswissen vom mechanischen oder algorithmischen Wissen. Während nun die Instanz, die Bedeutungen und Urteile zu gewinnen sowie zu erarbeiten hilft, im operativen Bereich des kognitiven Systems angesiedelt werden kann, fällt das mechanische Wissen als erarbeitetes, präsentes und anwendungsbereites Wissen in den epistemischen

Komplex, den dritten neben dem psychisch-personalen Komplex und dem kognitiven System. Doch hierzu wird sogleich noch gesprochen werden.

Zuvor aber sollte noch gesagt werden, daß Art und Umfang der Entfaltung dieser Konstituenten abhängig sind vom individuellen Maß: So entdeckt man bei den einen Schülern eine stärkere Neigung zur Kommunikation und zur Extraversion: Mit Sprache und Gesten gehen sie auf Menschen zu, suchen die Verbindung mit ihnen. Ihre kommunikative Kompetenz ist bis zum höchsten Maß entfaltbar. Andere sind mehr introvertiert, auf sich und die Entfaltung ihres Denkens im Stillen bezogen. Sie werden ihre kognitive Kompetenz weitgehend zur Entfaltung bringen. Mit diesem soeben kurz beschriebenen Bereich sind wir bereits nach der psychisch-personalen und kognitiven zur epistemischen Konstituente übergegangen.

Den umfangreichen Einzelanforderungen der Hochschuldisziplinen an Umfang und Grad der Entfaltung der epistemischen Konstituente kann das Gymnasium mit einem begrenzten Wissenskanon antworten. Diese Antwort ist nicht neu, aber den schulischen Möglichkeiten wie auch dem Wege auf der Universität angemessen. Die Einzelanforderungen sind zweifach:

Zum einen werden horizontale, zum anderen die vertikalen Profile berührt. Im horizontalen Profil geht es um die Übersicht über die verschiedenen Teilgebiete einer Disziplin, also Optik, Wärmelehre, Mechanik usw. in der Physik oder Epik, Lyrik, Geschichtsschreibung in der klassischen Philologie. Das vertikale Profil ergibt sich aus der Tiefe und Intensität, mit der Teilgebiete angeeignet werden <sollen>. Man kann vielfach den Eindruck gewinnen, daß der didaktische Ort des horizontalen Profils die Grundkurse, des vertikalen die Leistungskurse sind. Weit verbreitet sind inhaltliche Wünsche, die die epistemischen Voraussetzungen eines Einzelfaches übersteigen: So werden allenthalben – abgesehen von der großen Heterogenität der fachspezifischen Vorbereitung (70 % der befragten Hochschullehrer stellen dies fest [KAZAMZADEH, 1987, S. 104]) – vor allen Dingen Veränderung und Verbesserung gewünscht in den Kenntnissen der deutschen Sprache (Orthographie, Grammatik), der Fremdsprachen (Orthographie, Grammatik), und Mathematik; sodann finden sich Beanstandungen der naturwissenschaftlichen Kenntnisse (bei Medizinern, Ingenieurwissenschaften), der geschichtlichen sowie gemeinschaftskundlichen Kenntnisse (Juristen, Politologen, Soziologen); durchweg beanstandet wurde das, was man unspezifisch „Allgemeinbildung" nennt. Mit Recht weisen KAZAMZADEH u.a. (l.c., S. 46) darauf hin, daß eine Definition der „Allgemeinbildung" nicht vorgenommen sei – nur die Negativ-Definition, wonach Allgemeinbildung sich von Spezialausbildung mit konkreten Verwendungszwecken unterscheide. So fordert denn HELDMANN und der DEUTSCHE HOCHSCHULVERBAND [1984, S. XII f, XXII ff.] als Fächer, die alle Disziplinen insgesamt übersteigen:

- Deutsch,
- Englisch,
- Mathematik,
- eine weitere Fremdsprache.

(Geschichte wird auffälligerweise an dieser Stelle nicht genannt.)

Diese seien einerseits Grundlage der von der Schule zu erarbeitenden Studierfähigkeit. Andererseits müsse das Gymnasium drei Profile anbieten und in den Lernenden ausprägen, das
- sprachlich-kulturwissenschaftliche,
- sozialwissenschaftliche und das
- naturwissenschaftliche.

Die Forderung nach Entwickung dieser drei Profile geht unter anderen zurück auf ROTH [1968, S. 74], der seinerseits auf Karl JASPERS [a.a.O.] hinweist.

Nach der Vorstellung des Hochschulverbandes müßten neben Deutsch und Englisch etwa vier weitere das jeweilige Profil konstituierende Fächer verpflichtend gemacht werden.

Die epistemische Konstituente der Studierfähigkeit besteht also in jedem Falle aus einem sprachlichen Grundbereich (abgesehen von Deutsch mindestens zwei Fremdsprachen) und dem jeweiligen Profil: Letzteres ist die Antwort der Schule als einer bildenden Institution auf isolierte Einzelanforderungen aus dem Raum der Universität. Die Profilierung, die das fächerübergreifende Verständnis für die Einzelwissenschaft und Wissenschaftszonen sichert, wird am Aufgabenfeld als solchem vollzogen. Zugleich verspricht man sich mit dieser Abwendung von didaktischer Beliebigkeit eine größere Homogenität der Studienvorbereitung. Diesen Sinn jedenfalls haben die Modifizierungen der Oberstufenreformen seit 1972.

Ob die Homogenisierung angesichts individuell wählbarer Schullaufbahnen im vollen Umfange erreicht werden kann, ist die Frage; um ihre Lösung haben sich seit der Bonner Vereinbarung viele Gremien bemüht. Es ist aber auch die Frage, ob in der durch unterschiedliche Gymnasialzweige gekennzeichneten Entwicklung nach dem Zweiten Weltkriege eine größere Homogenität möglich war. Letztlich ist die Vorbereitung auf ein Studium von vielen individuell zu sehenden Faktoren abhängig, innerhalb derer ein gewisser Ausgleich nur durch die Kontinuität der Arbeit des Gymnasiums möglich erscheint. In der Vielfalt liegt die Chance der Einheit dann, wenn das Anspruchsniveau einer an der Wissenschaft orientierten Grundbildung in Verbindung mit Wissenschaftspropädeutik erreicht wird.

> Zusammenfassung:
>
> In einem systematischen Sinne kann Studierfähigkeit dreigestaltig dargestellt werden, und zwar nach
>
> - Dimensionen,
> - Leistungskriterien und nach
> - Fächerprofilen.
>
> Man könnte auch als Komponenten der Studierfähigkeit nennen
>
> - die psychisch-personale (z.B. Arbeitsqualität, Flexibilität),
> - die kognitive (z.B. Ausdrucksvermögen, Diskursfähigkeit, kommunikative Kompetenz),
> - die epistemische (horizontale, vertikale Profile – Wissensbreite / Wissenstiefe – in Fächern und Fachgruppen bzw. Feldern).
>
> Die Arbeit am Gymnasium setzt diese Komponenten voraus und führt sie zu einem Komplexitätsgrad, der diesen von jeder anderen Schulform unterscheidbar macht. Vor allem die in Profilen sich ausprägende epistemische Komponente ist Ergebnis des schulischen Bildungsprozesses, dessen besonderes Merkmal es ist, Fächergrenzen zu transzendieren. Die Abwendung von didaktischer Beliebigkeit ermöglicht auch eine größere Homogenität der Studienvorbereitung.

Übersichtstabelle zur Studierfähigkeit (vgl. vor allem Kap. III, S. 265 ff.)

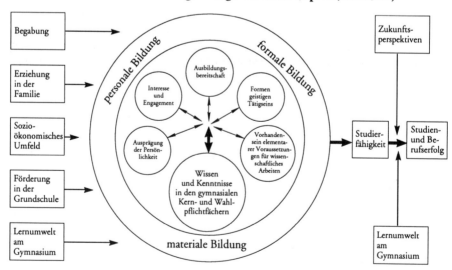

c) Wissenschaftspropädeutik

Wir kommen nun zum dritten Aspekt der Hochschulreife, zur Wissenschaftspropädeutik, die die Funktion der Enkulturation hat [vgl. auch LOCH, 1968]. Durch die Wissenschaftspropädeutik sollen die Gymnasiastinnen und Gymnasiasten in den wohl wichtigsten Sektor unserer Kultur hineinwachsen, in die Wissenschaft. Während die beiden bereits genannten Aspekte juristischer und handwerklich-technischer sowie psychologischer Art sind, ist dieser Aspekt ein didaktischer: Er nimmt Bezug auf die professionelle Tätigkeit des Lehrers als eines auswählenden, methodisch lehrenden und somit Bildungsprozesse auslösenden; Bildung meint hier ein Doppeltes:

- Bildung an der Wissenschaft und
- Bildung zur Wissenschaft.

Wissenschaftspropädeutik führt also ein in die Kultur der Wissenschaft und öffnet die Sinne für eine Haltung, durch die der Blick für Wissenschaft gewonnen und mit der Wissenschaft selbst aufgeschlossen werden kann. Hervorgehoben werden muß, daß Wissenschaftspropädeutik insofern keineswegs ausschließlich als Studienvorbereitung gesehen und legitimiert ist [LÜBKEN, 1985, S. 378]. Der Anspruch ist weitergehend, wie auch der Anspruch des Gymnasiums ein weitergehender ist in Richtung Bildung der Persönlichkeit.

Im ersten Kapitel wurden die verschiedenen Gesprächsstränge seit Ende des Zweiten Weltkrieges dargestellt. Bevor nun die Wissenschaftspropädeutik selbst systematisch entfaltet wird, sollen hier ein paar Literaturhinweise gegeben werden:

Zu nennen sind zunächst zwei Dissertationen an der Universität Oldenburg. Die von Wolfgang GRIESE [1981] expliziert Wissenschaftspropädeutik am Bereich der Mathematik; Arend LÜBKEN [1985] erläutert auf der Grundlage eines schülerorientierten Konzepts die Wissenschaftspropädeutik fächer- und aufgabenfeldübergreifend. An der Hamburger Universität promovierten zum Thema der Wissenschaftspropädeutik Holger REINISCH [1980] und Jürgen KREFT [1988]. Während REINISCH danach fragt, wie weit sich das Planspiel für die Initiierung wissenschaftspropädeutischer ... Lernprozesse [l.c., S. 4] eignet, ist Gegenstand der Arbeit von KREFT die philosophische Propädeutik, die zwar dem gesellschaftswissenschaftlichen Aufgabenfeld zugehört, aber Fragen stellt, die sich auf alle Aufgabenfelder der gymnasialen Oberstufe beziehen (z.B. Computertechnologien). Die Habilitationsschrift von MEINERT A. MEYER [1986] beschäftigt sich implizit mit Wissenschaftspropädeutik im Rahmen des Fremdsprachenunterrichts auf der wie es im Titel heißt, „Sekundarstufe II"; denn MEYER meint die Kollegschule in Nordrhein-Westfalen, d.h. im Rahmen dessen, was er „die Integration allgemeiner und beruflicher Bildung" nennt [MEYER, 1986, S., 69] und die Entwicklung eines didaktischen Konzepts, in dem wissenschaftpropädeutischer Anspruch im Literaturunterricht und berufsorientierte Fremdsprachenausbildung aufeinander bezogen und vereinbar gemacht werden.

An den Eingang der Darstellung soll eine Vorbemerkung gestellt werden: Wissenschaftspropädeutik als didaktisches und auch methodisches Strukturierungsprinzip

[LÜBKEN, l.c., S. 134] vollzieht sich stets ganz konkret im Fachunterricht, der für das Gymnasium von Anfang an konstitutiv ist. Aber ihr Ziel ist nicht dieser Fachunterricht in Mathematik oder Latein, sondern stets das, was das Fach bzw. die Fächer übersteigt, nämlich zu denken, die Welt und sich selbst verstehen sowie kommunikationsfähig zu werden. Es soll damit nicht dem interessanten Konzept von LÜBKEN das Wort geredet werden, wonach es um die „Integration aller Unterrichtsfächer zu einem interdisziplinären Lernzusammenhang" [LÜBKEN, l.c.,] geht, wohl aber geht es bei Wissenschaftspropädeutik um Interdisziplinarität, die Fächergruppen zu wissenschaftspropädeutischen Profilen macht und vor allem die fächerübergreifenden formalen Anteile der Bildung meint sowie isolierte Kenntnisse und einzelne Fächer im Sinne vielfältiger Vernetzung verbindet. Und sicher könnten wir in einem weiteren Schritt fragen, was Profilen, wie sie sich in den Aufgabenfeldern niederschlagen, gemeinsam ist. Aber da kommen wir zu Aussagen von hohem Abstraktionsgrad über das, was man auch wissenschaftliche Attitüden nennt. Es sollte, und das ist die Quintessenz der Vorbemerkung, nicht der Eindruck entstehen, als sei Wissenschafspropädeutik etwas, das man wie Formeln, Geschichtszahlen oder griechische Vokabeln lernen könnte oder müßte. Wissenschaftspropädeutik wird in einem kontinuierlichen Lernprozeß (an fachwissenschaftlichen Erkenntnissen und mit Personen) erworben, sie ist aber auch selbst ein Prozeß, der wie die Wissenschaft dem Wandel unterworfen bleibt.

Wissenschaftspropädeutik ist dort ausgesagt, wo es um allgemeine Aufklärung durch wissenschaftliche Rationalität und wo es um die geistige Vorbereitung für ein wissenschaftliches Studium geht. Im ersteren Fall sind Adressaten vor allem auch diejenigen, die nicht akademische Berufe ergreifen wollen. Deren Zahl ist in den letzten Jahren gewachsen, nicht nur, weil die beruflichen Möglichkeiten nach einem akademischen Studium sich verringert haben, sondern auch, weil aus anderen Bereichen unserer Gesellschaft (vor allem im tertiären Sektor) Bedarf signalisiert worden ist. Im zweiten Falle dient die Wissenschaftspropädeutik der allgemeinen Vorbereitung auf das Studium an einer Universität.

Aber nicht nur die Funktion der Wissenschaftspropädeutik ist zweifach, auch ihr Referenzfeld ist ein doppeltes: Wissenschaftspropädeutik vollzieht sich in der Auseinandersetzung mit einzelnen Fachwissenschaften im Maße der Möglichkeiten der Lehrer und Schüler – also mehr oder weniger elaboriert –, aber auch als Gegebenheit, die mit gymnasialer Bildung zusammenhängt, transzendiert sie auf die Aufgabenfelder. Für alle Lehrenden hat das übrigens zwei Konsequenzen:

Sie sind, wenn sie ihren Auftrag ernst nehmen, gezwungen, sich auf dem aktuellen Stand ihrer Fachwissenschaften als Unterrichtsfächer zu halten, u n d sie dürfen nicht so tun, als gäbe es n u r ihr jeweiliges Unterrichtsfach an der Schule. Sie müssen ihren – sofern noch vorhandenen – fachlichen Isolationismus („wir machen jetzt Latein ...") und ihre solistische Attitüde aufgeben: Gymnasiale Bildung und Wissenschaftspropädeutik stehen und fallen mit den Lehrenden, die auf mehr achten als auf ihre jeweiligen Unterrichtsfächer.

Drei Spannungsbögen sind zu nennen:

1. Während wissenschaftliches Arbeiten vorrangig einem bestimmten Segment einer Wissenschaft gilt (den griechischen Tragikern, Shakespeare oder der Feldtheorie), ist Wissenschaftspropädeutik sowohl an die Wissenschaft wie an die Lebenswelt gebunden; denn die Schüler sind die letzten genuinen Repräsentanten der Lebenswelt im Kosmos der Wissenschaften, wohinein sie allmählich wachsen sollen, anders: Sie repräsentieren die Sinnlichkeit im Offiziellen und Abstrakten der Wissenschaft. So gibt es an der Schule das mit der Institution und der Intention (Einführung in die Wissenschaft) zusammenhängende Gefälle bzw. die Spannung zwischen Wissenschaft und Leben, zwischen Abstraktion und Sinnlichkeit. Das mag belegt werden durch ein Schülerwort gegenüber dem Autor dieses Buches: „Ich habe jetzt den Zitronensäurezyklus gelernt und verstanden, ich kann ihn, sofern der Raum reicht, an die Tafel bringen, aber in demselben Bereich kann ich den Gartenrotschwanz vom Hausrotschwanz nicht unterscheiden; genau: ich kenne beide nicht."

2. Ein zweiter Spannungsbogen kann umschrieben werden durch die Spannung zwischen wissenschaftlicher Rationalität und der der Lebenswelt vorbehaltenen Emotionalität. Die Emotion darf in unserer Lebenswelt <ein> Leitstern sein; wir dürfen uns von Gefühlen lenken lassen, Gefühle ausdrücken und entgegennehmen. Mit den Gefühlen hängt auch die Spontaneität, das jugendliche Nicht-Beachten-dürfen gewisser gesellschaftlicher Spielregeln zusammen. Gefühle dürfen in der Lebenswelt auch Grundlage von Urteilen (oft auch von Vorurteilen) und Entscheidungen sein. In den Wissenschaften hingegen zählt nur die Rationalität, mit der ich Erkenntnisse überprüfe oder mit der ich zu Erkenntnissen gelange. Im zuerst wie im soeben genannten Falle gehört zur Wissenschaftspropädeutik, daß wir uns mit den Schülern dieser Dichotomie bewußt werden [BRÜCK, 1986; BUDDRUS, 1992; BÜHRMANN, 1992; FRATZER, 1987].

3. Ein dritter Spannungsbogen wölbt sich zwischen Skepsis in der Wissenschaft und Solidarität in der Lebenswelt. Die Haltung des Wissenschaftlers, auch dessen, der im Vorhof der Wissenschaft steht, muß allein von Skepsis gegenüber jeglicher wissenschaftlicher Erkenntnis geprägt sein. Die Lebenswelt aber bräche zusammen, wenn ihre Mitglieder nur die Skepsis gegeneinander kennten und so zu Vertrauen und vor allem Solidarität unfähig würden. Hierzu paßt auch noch die Spannung zwischen Kritik bzw. Distanz als ausschließliche Haltung dessen, der mit Wissenschaft umgeht, sowie Nähe der Zuwendung in der Lebenswelt.

Als vermittelnde Größen, die die Besonderheit des jeweiligen Bereichs ebenso deutlich machen wie die Tatsache, daß der eine auf den anderen verwiesen ist, sind anzuführen:

a) Die Autonomie:
Im Sinne von Selbständigkeit wird sie sowohl der Wissenschaft wie der Lebenswelt gewünscht. Wissenschaft muß autonom sich den Gegenständen zuwenden (und erforschen) dürfen, die sie für opportun und systemisch für geboten hält. Auch die Lebenswelt z.B. der Individuen muß jedem Autonomie, Selbständigkeit und Freiheit lassen. Aber ohne Rückbindung an ein ethisches Fundament sowie an den Kosmos der Wissenschaft würde Beliebigkeit regieren und Orientierung fehlen. Wissenschaft ohne ethischen Bezug zur Lebenswelt könnte ebenso der Beliebigkeit erliegen und in

ihren Ergebnissen instrumentalisiert werden. Auf dieser Erkenntnisebene ganz besonders ist die Wissenschaftspropädeutik angesiedelt. Aber die Erkenntnisebene ragt in die Handlungsebene:

b) Lebenswelt ohne soziale Verantwortung und ohne soziales Engagement würde die Bürger zu Mitgliedern von Räuberbanden machen können, die sich untereinander bekämpfen. Wissenschaft ohne <ethisches> Engagement geriete zu einem Erkenntnisapparat, der sich durch Indifferenz gegenüber den Ergebnissen und deren Vermittlung auszeichnete. So gilt die Didaktik des Lehrers der Förderung dessen, was man Bindung an die Moralität der Folgen und an die Vermittlungsfähigkeit nennen kann, vielleicht auch Begeisterung für eine Sache.

c) Desweiteren kommen Größen wie Dynamik und Statik in Frage. Ohne den Hang zu konservierender Statik, wie wir sie in der Lebenswelt z.B. einer kleineren Stadt finden, würde die Wissenschaft sich aus dem gesellschaftlichen Gesamtzusammenhang entfernen, sie höbe ab; Lebenswelt aber ohne die Dynamik wissenschaftlichen Denkens würde veralten und die Menschen reflexionslos in einem Dasein lassen, das durch Unfruchtbarkeit und Phlegma gekennzeichnet ist und in die Unfreiheit führt. Wissenschaft kann deshalb nur verstanden werden als ein prinzipiell offenes System: Es ist und bleibt offen gegenüber den gerade gewonnenen Erkenntnissen und offen gegenüber jeder neuen Frage. Hingegen neigt die Lebenswelt dazu, das Gewohnte gegen das Neue zu bewahren. Wissenschaft kann hier der Lebenswelt helfen, reicher zu werden und sich zu erneuern; ebenso regt die Geschlossenheit der Lebenswelt die Wissenschaft an, sich ihrer selbst zu vergewissern und zu prüfen, ob es Teile gibt, die Gegenstand der Forschung sein müßten, bevor weiter fortgeschritten wird [Zur Lebensweltanalyse vgl. HABERMAS, 1988 (B), S. 46 f.; HUSSERL, passim].

d) Und schließlich findet sich die Verantwortung als eine mediäre Größe: Wissenschaft trägt für ihre Ergebnisse zunächst nur insofern Verantwortung, als die Ergebnisse der eigenen eigenen Rationalität genügen müssen, wenngleich der Gedanke immer mehr Bedeutung gewinnen muß, daß Wissenschaft auch verantwortlich ist für ihre Folgen (vgl. HEISENBERG und sein erfolgreiches Bemühen, die Konstruktion einer Kernwaffe zu verzögern und zu verhindern – worum es jetzt wieder einmal eine Kontroverse mit den Amerikanern gibt [WALKER, 1990]). In der Lebenswelt gilt Verantwortung im Sinne von Verantwortlichkeit für andere und Verantwortung vor sich selbst. Die hier hineinspielende emotionale Komponente bedarf der Ergänzung durch Rationalität, wenn nicht Vorurteile ausschließlich die Welt regieren sollen. Andererseits darf in der Wissenschaft Rationalität nicht einzige Instanz sein: Ihre Ergebnisse könnten sonst in die Inhumanität verkommen.

Nach der Darstellung der Funktionen, des Spannungsfeldes sowie mediärer Größen soll nun gezeigt werden, was Wissenschaftspropädeutik leistet, leisten kann und auch soll; das wird an wenigen Stellen so geschehen, daß gezeigt wird, was Wissenschaftspropädeutik nicht leistet:

1. Wissenschaftspropädeutik führt zu Methodenbewußtsein und Methodenbewußtheit. Das ist wohl die wichtigste Leistung oder auch Vorleistung: Wissenschaftliche Erkenntnisse sind stets durch methodisches Verhalten gewonnene Erkenntnisse. Propädeutisch wird diese in bezug auf die Methodik ausgesprochene Erkenntnis im

Unterricht so umgesetzt, daß die Gymnasiastinnen und Gymnasiasten in bestimmte Methoden eingeführt werden, daß sie lernen, mit einigen für einzelne Wissenschaften und Wissenschaftsbereiche signifikante Methoden reflektierend umzugehen und daß sie neben dem Erlernen des Lernens das Denken lernen.

2. Eine zweite Leistung ist die der Metakognition bzw. der metawissenschaftlichen Reflexion. Schüler lernen bzw. erfahren so, wie ihre Erkenntnisse zustande kommen und lernen, wie sie lernen. Darüber hinaus ist der politische bzw. gesellschaftliche Bezug gewonnener Erkenntnisse Gegenstand des metawissenschaftlichen Denkens. Sicher gehört hier auch, wohl gesellschaftsbezogen, die ethische Dimension einer Erkenntnis dazu. HABERMAS [1973 A] hat uns auf den geheimen Lehrplan der Wissenschaften aufmerksam gemacht, d.h. auf erkenntnisleitende Interessen, die vor der wissenschaftlichen Arbeit stehen. Auch das gehört zur metawissenschaftlichen Reflexion.

3. Die dritte Leistung der Wissenschaftspropädeutik besteht darin, zu zeigen, daß der Erwerb von Erkenntnissen, der von Interessen abhängig ist, dem Wandel und der Fortentwicklung unterworfen ist: Sie sind nur eine besondere Form der Gewißheit auf Zeit und als solche stets vorläufig: Die Verinnerlichung dieser dritten Leistung würde mit Erfolg verhindern, daß unkritisch aufgewachsene Menschen an den Lippen von Wissenschaftlern kleben, deren fachliche Ansichten sich aber innerhalb kürzester Zeit ändern können. Es geht darum, die Apotheose der Wissenschaft zu verhindern. Hierzu gehört auch die Einsicht in die Begrenztheit wissenschaftlicher Erkenntnisse und deren Anwendung.

4. Wissenschaftspropädeutik bedeutet stets Exemplarik: Der sachkompetente Lehrer wird sich auf die Auswahl bestimmter Methoden und Inhalte konzentrieren, die für seine Fächer bzw. für bestimmte Felder exemplarisch sind. Das geschieht im Hinblick auf

   – den Entwicklungsstand der Schüler,
   – den allgemeinen Auftrag des Gymnasiums, grundlegend zu sein und
   – die dramatische Entwicklung wissenschaftlicher Erkenntnisse; man spricht sowohl von der Wissensexplosion wie von der kurzen Veralterungshalbwertszeit des Wissens.

Die didaktische Reduktion der gymnasialen Mittelstufe wird zu einer wissenschaftstheoretisch zu begründenden auf der Oberstufe. Was nun die fachwissenschaftliche Systematik betrifft, so erscheint diese in der Wissenschaftspropädeutik als eine Struktur, die vor allem – abgesehen von dem notwendigen Überblickswissen – sich als geordnetes Problemfeld zeigt. An der Systematisierung der Probleme können wir zugleich auch die Begrenztheit unserer wissenschaftlichen Erkenntnisse deutlich machen. Als Beispiele stehen hier die homerische Frage der klassischen Philologie, die Theorie der transzendenten Zahlen in der Mathematik oder der Versuch einer Weltformel in der Physik.

5. Wissenschaftspropädeutik bedeutet nicht die in die Schule vorgezogene Arbeit der Universität, als deren Kern nach allgemeiner Auffassung die Forschung gilt. Forschung unter dem Aspekt der Wissenschaftspropädeutik bedeutet, daß das Gymnasium die Lösung eines Problems nachzuvollziehen hilft, indem sowohl das divergierende als auch das konvergente Denken [Empfehlungen, Abschn. 3.2] geübt werden. Damit die Einübung nicht in Monotonie ausläuft, ist die methodische Phantasie der Lehrenden gefordert: Die Empfehlungen zur Arbeit in der gymnasialen Oberstufe verlangen daher die Vielfalt der Sozialformen. Als besonders geeignet gerade für das Nachvollziehen, Selbstsuchen und Selbstfinden nennt GRIESE das forschend-entwickelnde Verfahren [GRIESE, 1981, S. 188]. Forschung im Sinne der Wissenschaftspropädeutik ist Forschungsnachvollzug; für die Lernenden aber bleibt auch der Nachvollzug, dessen sie sich nicht bewußt sein müssen, Forschung.

6. Wissenschaftspropädeutik führt schließlich zu rationalem Verhalten bzw. zu der Auffassung, daß rationales Verhalten Bestandteil der wissenschaftlichen Attitüde ist, in die das Gymnasium die Schüler einführt. Hier könnten speziell noch aufgeführt werden:

   – die Bereitschaft, im Gespräch wissenschaftliche Erkenntnisse und die Wege der Forschung zu überprüfen;
   – die ständige Kontrolle eigener Ergebnisse und der Wunsch, Kritik zu erhalten, die Bereitschaft, Kritik hinzunehmen und auch zu üben;
   – die Fähigkeit und Bereitschaft, gewonnene Erkenntnisse anzuwenden und zu übertragen,
   – die Bereitschaft, die übliche Fachterminologie sich anzueignen und auch anzuwenden.

Darüber hinaus zeigt sich die Ausprägung der wissenschaftlichen Attitüde daran, wieweit Emanzipation und vorurteilsfreies Verhalten sich beim wissenschaftsbezogenen Arbeiten auswirken.

Als letzte fächerübergreifende Komponente wissenschaftlicher Attitüde wäre noch die philosophische Fragehaltung zu nennen. Diese Haltung fragt eben nicht mehr so sehr nach der Lösung fachwissenschaftlicher Probleme, sondern sie transzendiert die Enge eines Faches und ordnet Forschungskomplexe übergreifenden Zusammenhängen zu. Die Theorie der transzendenten Zahlen, von denen es zwar sehr viele gibt, von denen wir aber nur sehr wenige kennen, weist in der philosophischen Fragestellung auf die Transzendenz oder Gott überhaupt. Durch die Philosophie wird so die Wissenschaftspropädeutik von einer didaktischen zu einer religiösen Kategorie; denn sie berührt den Menschen als Menschen u n d als den, der in der Wissenschaft über sich hinaus weisen kann.

Zusammenfassung:

Die Wissenschaftspropädeutik hat die Funktion der Enkulturation: Die Gymnasiastinnen und Gymnasiasten wachsen hierdurch in die Kultur der Wissenschaft hinein. Wissenschaftspropädeutik meint Bildung zur Wissenschaft und zielt auf eine Haltung, die dem einzelnen Wissenschaft öffnet und erschließt und den Blick dafür schärft. Wissenschaftspropädeutik vollzieht sich im Fachunterricht – aber der Fachunterricht ist nicht das Ziel der Wissenschaftspropädeutik; Ziel der Wissenschaftspropädeutik ist stets das, was Fächergrenzen transzendiert. Sie ist einzuordnen in die didaktische und methodische Dimension des Unterrichts. Sie ist nichts, was man wie Formeln oder Vokabeln lernen kann. Sie ist die Anleitung zu einem Denkvorgang. Ihre Grundlage ist die Interdisziplinarität, die Fächer zu Gruppen und wissenschaftspropädeutischen Profilen bindet und vor allem die Kontinuität des Lernens. Ihre Adressaten sind nicht nur künftige Studenten, die auf ihr Studium eingestellt werden, sondern auch Bürger, die nicht akademische Berufe ergreifen wollen und der wissenschaftlichen Rationalität verpflichtet sind.

Wissenschaftspropädeutik ist an die Wissenschaft und die Lebenswelt gebunden. Diese Vereinigung macht Wissenschaft <noch einmal> sinnlich. Darüber hinaus ist Wissenschaftspropädeutik auch in die Emotionalität und Solidarität der Lebenswelt eingebettet.

Als tragende Werte sind zu nennen:

- die Autonomie,
- die Handlung aus sozialem Engagement und Selbstsicherheit,
- konservierende Statik,
- die prinzipielle Offenheit,
- die Verantwortung.

Wissenschaftspropädeutik bedeutet in concreto

- Methodenbewußtsein,
- das Vermögen zu metawissenschaftlicher Reflexion,
- das Bewußtsein von der Interessensgebundenheit und Begrenztheit der Wissenschaft,
- die Transferfähigkeit vom exemplum zum System und die Verknüpfungsfähigkeit zwischen den Systemen,
- Forschungsnachvollzug,
- rationales, der Rationalität verpflichtetes Verhalten,
- die philosophische Fragehaltung.

Kapitel III
Oberstufenarbeit am Gymnasium
– Bildungstheorie in der Wirklichkeit der Schule –

A. Vorbemerkung

„Die Wahrheit ist konkret." In dieser lakonisch vorgetragenen Einsicht Bert Brechts liegt nicht nur eine Feststellung, sondern auch eine Forderung. Die Entwicklung und Beschreibung von Konzepten ist das eine, ihre systematische und kontrollierte Umsetzung das andere. Was in den vorangegangenen Kapiteln an theoretischer Grundlegung entfaltet worden ist, bedarf der Umsetzung in der Praxis.

Dazu sind über die Theorie von Bildung hinaus Bedingungen zu berücksichtigen, die sich nicht allein auf die Oberstufe reduzieren lassen und doch gerade auch für sie von unaufhebbarer Gültigkeit sind.

Deren Darstellung ist einerseits Vergewisserung, andererseits Information und Handlungsauftrag. Sie soll hier im Dreischritt von spezifischen Vorgaben, allgemeinen Bedingungen und besonderen Oberstufenproblemen erfolgen.

B. Vorgaben für die gymnasiale Oberstufe

1. Interessen

Der Aufgabenstellung wegen ist es gut, sich noch einmal der wesentlichen Interessen der Oberstufe zu erinnern, sich ihrer strukturellen Besonderheiten noch einmal zu vergewissern, da sie die Bedingungen mit sichern helfen sollen für eine altersgemäße und zieladäquate Durchführung.

Vornehmlich folgende Interessen sind es, denen Schule und Lehrer sich in der Oberstufe besonders verpflichtet sehen müßten, das Interesse

– individueller Differenzierung mit der Möglichkeit der Substitution des einen Faches durch das andere, zumindest in bestimmten Grenzen,
– verstärkter Konzentration durch Verminderung der Fächerzahl, Bündelung nach Aufgabenfeldern und Revision des Curriculums,
– erhöhter Motivation auch durch individuelle Verantwortungsübernahme und Mitgestaltung der eigenen Schullaufbahn,
– wachsender Identität und zunehmender Selbständigkeit in Verantwortung und sozialer Bindung.

2. Strukturen

Zur Sicherung dieser Interessen wurden Organisationsvorgaben vereinbart, die strukturell ermöglichen helfen sollen, was an Individualisierung, Differenzierung, Konzentration und Abschlußqualität erreicht werden soll.

Unter Verweis auf die Regelung der KMK und auf einschlägige Literatur [FLÖSSNER/ SCHMIDT/SEEGER, 1977, S. 132 ff., WESTPHALEN 1979, (B), S. 51 ff.] fassen SPIES/WESTPHALEN [1987, S. 52 ff.] die strukturellen Vorgaben der gymnasialen Oberstufe in einer so übersichtlichen Weise zusammen, daß sie hier dem Inhalt nach noch einmal wiederholt werden sollen. Die Beschreibung will dabei zugleich auch die wesentlichen Unterschiede zum Jahrgangsklassensystem der Klassen 1 bis 10 hervorheben, wie dieses schon von Comenius konzipiert wurde und wie es sich wohl im wesentlichen wegen seiner stabilen Organisationsform, seiner leichten Planbarkeit und der wirtschaftlichen Vorteile so gut gefestigt und lange erhalten hat.

Im Hinblick auf den einen Hauptzweck der Schule: Lernen ist im Klassensystem sicherlich nicht der Vorteil der relativen Homogenität zu übersehen, die durch die Altersgleichheit und unter der Voraussetzung der verschiedenen Differenzierungsformen (dreigliedriges Schulsystem; Fachleistungskurse im integrierten Schulsystem) relativ leicht organisiert werden kann. Von den Nachteilen z.B. der Rollenfixierung und der Gruppenbildung soll hier nicht gesprochen werden. Im Unterschied zur relativ einfachen Struktur der Klassen 1-10 heben SPIES/WESTPHALEN die folgenden sechs strukturellen Vorgaben als wesentlich für die Oberstufe hervor. Sie benennen damit zugleich den Gestaltungsrahmen, den die einzelne Schule nutzen und füllen muß [SPIES/WESTPHALEN, 1987, S. 52-53]:

– Die hohe Komplexität der Oberstufe mit der vernetzten Struktur von Grundkursen und Leistungskursen [VESTER 1988, S. 68], der Folge einer ausgiebigen Beratung (Tutorensystem) der Schülerinnen und Schüler und der Folge relativ umfangreicher Organisationsaufgaben.

– Die hohe Differenzierung des curricularen Angebotes in Form von thematisch-fachlich strukturierten Kursen.

– Die Niveauunterscheidung nach Grund- und Leistungskursen im selben Fach mit ihren spezifischen didaktischen Anforderungen.

– Das Interesse an einer verstärkten Selbständigkeit der Schülerinnen und Schüler; der in der Wahlpflicht und Wahlfreiheit sich ausdrückende „Vorschuß an Mündigkeit".

– Die größere Zahl der Sozialpartner und damit die Begünstigung sozialen Lernens, von Mobilität und Rollenflexibilität.

– Die Vorbereitung, die mit dem Kurssystem auf Lebens- und Arbeitsformen der Hochschule und der Berufswelt geleistet werden kann.

Das System der Oberstufe, wie es bis 1972 noch galt, wurde durch die neue Oberstufe ausdifferenziert. Die Grundstruktur eines für alle Schüler gleichen Pflichtcurriculums –

zumindest gleich im Rahmen desselben Typs – wurde aufgegeben zugunsten einer größeren Affinität zu individuellen Bedürfnissen und dem Selbstbestimmungsanspruch von Jugendlichen auch im Bereich ihrer eigenen Schullaufbahn.

Das gilt auch noch heute, wenngleich über die größere Straffung der Sequenzen die flexibleren Regelungen der 70-er Jahre nicht unerheblich eingeschränkt worden sind.

Da das Kurssystem offen ist für

- Schwerpunktsetzungen der einzelnen Schule,
- die Aufnahme oder eben auch Nicht-Aufnahme neuer Fächer,
- organisierte oder nicht organisierte, von der einzelnen Schule nicht zugelassene nicht zugelassene Fächerkombinationen,
- die Kooperation zwischen verschiedenen Gymnasien,
- thematische Kursbestimmungen,
- individuelle Schullaufbahngestaltungen,

ergeben sich schon aus der Struktur merklich erweiterte Entscheidungsräume für die einzelne Schule und die einzelnen Schülerinnen und Schüler. Strukturell wird also durch die neue Form der Oberstufe begünstigt, was pädagogisch der einzelnen Schule an Gestaltung abverlangt und als Schullaufbahn dem einzelnen Schüler zur Mitentscheidung überantwortet ist.

Zusammenfassung:

Mit der neugestalteten Oberstufe, die den Prinzipien von Individualisierung, Differenzierung und Konzentration verpflichtet ist, eröffnen sich den Schülerinnen und Schülern Möglichkeiten einer stärkeren Verantwortungsübernahme auch für die eigene Schullaufbahn und dem einzelnen Gymnasium eine nur noch größere Chance für die Gestaltung der eigenen Schule.

Die Strukturen spiegeln dabei die Interessen, von denen die Oberstufe geleitet wird.

3. Die Ziele

Zur Struktur kam es, weil man bestimmte Ziele wollte. Festgehalten sind sie in den „Empfehlungen zur Arbeit in der gymnasialen Oberstufe" in der Fassung vom 19.12.1988 [vgl. Anhang II.5].

In Anbindung an die Vereinbarung von 1972 wird in diesen Empfehlungen die doppelte Absicht aufgegriffen, „die individuellen Bedürfnisse der Lernenden und die Ansprüche der Gesellschaft zu ihrem Recht kommen" zu lassen. Soweit es sich da um das Versprechen handelt, beiden dienen zu wollen, wird man die Absicht unterstreichen, von der Einlösung aber wissen, daß sie um einen doppelten Ausgleich bemüht sein muß: um den zwischen diesen beiden Zielen selbst und um den zwischen dem einzelnen Ziel und seiner Vermittelbarkeit überhaupt.

Denn „individuelle Bedürfnisse" in staatlich regulierten Institutionen oder „Ansprüche der Gesellschaft" angesichts der diffusen Vorstellungen, die die Gesellschaft selbst davon hat, sind Vorhaben, die als Intention beruhigen, in der konkreten Umsetzung aber beachtliche Reste aufweisen können. Es ist sogar zu fragen, ob man den individuellen Bedürfnissen wie son manchen kurzlebigen Ansprüchen der Gesellschaft gegenüber oft nicht sogar aus Fürsorge in der Schuld bleiben muß.

Dennoch bleiben beide Ziele, beide Interessen als Postulate. Sie werden für alle praktische Arbeit Regulativ bleiben müssen.

Die beiden Zielbereiche, unter denen die beiden Ansprüche zu konkretem didaktischem Handeln gebracht werden sollen, sind einerseits das, was man „Selbstverwirklichung in sozialer Verantwortung" nennt, und andererseits eine Wissenschaftspropädeutik, die eine ihr verpflichtete Grundbildung mit Vertiefungen in Schwerpunktbereichen verbinden soll. Hinzu tritt in der Empfehlung der KMK als weiteres Lernziel noch das selbständige Lernen.

a) Die Zielfelder der gymnasialen Oberstufe

Für das Konzept der Richtlinien und Rahmenlehrpläne, die auf dieser Basis in den verschiedenen Ländern der Bundesrepublik entstanden sind, ist die

– in Selbständigkeit des Lernens,

– in Selbstverwirklichung der Personen und

– in Wissenschaftspropädeutik ihrer Ausbildung

manifest werdende Einheit von Unterricht und Erziehung konstitutiv.

In „Wissen, Können und Verhalten des Schülers", so sagen die nordrhein-westfälischen Richtlinien, haben sie „ihre gemeinsamen Bezugspunkte" (vgl. Richtlinien Deutsch, 1982, S. 16).

Jeder Unterricht ist also als erziehend zu verstehen, und alle Erziehung durch die Schule geschieht im weitaus überwiegenden Teil über den Weg des Unterrichts.

Nach einem in Anlehnung an den Strukturplan des Deutschen Bildungsrates formulierten Begriffspaar umfaßt die Arbeit der Schule also immer eine pragmatische und eine humane Komponente, zielt sie auf eine Qualifikation, die beide in Gestalt von Sach- und Humankompetenz umfaßt [vgl. u.a. SEEGER 1978, S. 20 ff].

In dieser Doppelpoligkeit wird übrigens schon deutlich, daß Qualifikation hier nicht mit SPIES [SPIES/WESTPHALEN, 1987, S. 13 ff.] in jenem statischen Sinn verstanden wird als „Verwendbarkeit einer Person", die dadurch „für irgend etwas fit und passend" gemacht werden soll, sondern in jenem dynamischen Sinn, in dem Bildung und Qualifizierung in einem „wechselseitig befruchtenden Spannungsverhältnis stehen", aus dem Selbstbestimmungs-, Mitbestimmungs- und Solidaritätsfähigkeit hervorgehen können. [K. HALFPAP, 1990, S. 9].

GEISSLER [1977, S. 23 ff.] definiert Selbständigkeit des Lernens nach den sechs Schlüsselbegriffen von

– Assimilation und Kritikfähigkeit,

– Engagement und Mitbestimmung,

– Reflexion und Verantwortung.

Er bezieht diese Schlüsselbegriffe auf

– die Abhängigkeit des Individuums von der historisch-gesellschaftlichen Kultur,

– das Einwirken des Individuums auf diese Kultur

und

– das Verhältnis des Individuums zu den Bedingungen seiner eigenen Person.

Letztlich läuft die Verbindung der verschiedenen Zielfelder, die sich mit der Zweipoligkeit von Unterricht und Erziehung, Sach- und Humankompetenz umfassend beschreiben lassen, auf eine Schule hinaus, die propädeutisch ist für Leben, ohne aufzuhören, propädeutisch zu sein für das Studium von Wissenschaft.

Warum davon hier noch einmal die Rede ist

Weil es darüber wie über Selbstverwirklichung, Wissenschaftspropädeutik und Studierfähigkeit Einvernehmen im Verständnis eines Kollegiums geben muß, wenn die Schule den vielfältigen Zielvorgaben der gymnasialen Oberstufe tatsächlich nachkommen soll.

In pädagogischen Konferenzen, eigenen Arbeitstagungen der Kollegien wird man sich der grundlegenden Begriffe gemeinsam vergewissern und sich Aufschluß darüber geben müssen, von welchen anthropologischen Grundannahmen man denn in der Praxis der Schularbeit tatsächlich ausgeht, welchen psychologischen und rollentheoretischen Beschreibungsansätzen man im wesentlichen folgt, wie man die Arbeit der Schule auch auf der Ebene der Oberstufe mit den entwicklungsspezifischen Ausprägungen der Altersstufe, der Stufe der Adoleszenz und der in ihr enthaltenen Aufgabe der Identitätsbildung in Verbindung bringt.

Solange man nicht die leitenden Begriffe gemeinsam geklärt hat, wird man nicht einmal unbedingt ihren Niederschlag auf der konkreten Ebene des Unterrichts sicher ausmachen können und in der Gefahr bleiben eines nicht selten recht blinden Pragmatismus, den dann ein Curriculum steuert, das dem Unterrichtenden selbst verborgen bleibt. Der gemeinsamen Arbeit ist besonders dienlich eine konkrete wie sich bescheidene Fassung der komplexen Ziele. So lassen sich z.B. allgemeine Ziele der Oberstufe fassen als

- Verständigung mit anderen,
- Zusammenarbeit und
- Auseinandersetzung mit Wertsystemen, Urteilen und Entscheidungen.

Im Hinblick auf den Verständigungsauftrag kann man dann im einzelnen formulieren:

aktives Zuhören; Offenheit für Vorgaben; Erkennen von Prämissen und Folgerungen; Unterscheiden der verschiedenen Äußerungsweisen der Sprache; Bemühen um Perspektivwechsel in der Kommunikation; Bemühen um eine verständigungsbegünstigende Darstellung.

Für die Forderung nach Zusammenarbeit:

Einsicht in die eigene Subjektivität und Begrenzung; Rationalität gerade in Konflikten; Toleranz; Aushalten von Dissensen und der Spannung zwischen Anspruch und Wirklichkeit.

Bei der Wertauseinandersetzung, von der später noch einmal die Rede sein soll, und der Erziehung zur Bereitschaft und Fähigkeit, zu urteilen und sich zu entscheiden, wird man dann sprechen können von:

der Notwendigkeit der Einsicht in die Besonderheit von Werturteilen; dem Ziel, zu eigenen Wertvorstellungen auch in der Auseinandersetzung mit konkurrierenden Meinungen, Überzeugungen, Ideologien zu gelangen und Wertvorstellungen und auf ihnen beruhende Entscheidungen anderer Personen und Gruppen zu respektieren.

Selbst solche konkreten Ziele verstehen sich für den Fachunterricht nicht von selbst. Sie bedürfen der Abstimmung in einem Kollegium und müssen von den verschiedenen Gremien und durch die unterschiedlichen Maßnahmen der Abstimmung, der schulinternen Weiterbildung, der gemeinsamen Schulgestaltung bewußt aufgenommen und konkret umgesetzt werden.

b) Selbstverwirklichung und Identität

Eine Praxisdarstellung nur über Verfahren ohne Inhalte ist weder hilfreich noch vernünftig leistbar, wenn man nicht einfach nur Organisationsschemata vorlegen will.

Indem also behauptet wird, daß die Praxis ihre Mühe hat, mit leitenden allgemeinen Zielkomplexen angemessen umzugehen, müssen diese wenigstens kurz dargestellt und der Diskussion überantwortet werden – damit sich in der Rezeption eines solchen Buches fortsetze, was sich in der Reflexion von Kollegien an vielen Orten schon vollzieht.

Einer der beiden Zielkomplexe von gravierender Bedeutung für die gymnasiale Oberstufe heißt in der Sprache der KMK: Selbstverwirklichung in sozialer Verantwortung; der andere: Wissenschaftspropädeutik.

Von der Selbstverwirklichung soll an dieser Stelle ausführlicher gesprochen werden, von der Wissenschaftspropädeutik in sozialer Verantwortung weiter unten.

Selbstverwirklichung in sozialer Verantwortung:

in Mode gekommen ist der Begriff vor Jahren wohl durch die sich damit verbindende Eindämmungshoffnung von Selbstentfremdung, Anonymität, Angst oder sozialer Gefährdung.

In der Tagesdiskussion muß Selbstverwirklichung häufig herhalten als Ausdruck eines Ich-Anspruches, der Glück im Sinne eines möglichst angenehmen Alltagsgefühls meint, dafür die Wahl des jeweils Angenehmsten will, soziale Bindung und Verantwortung ablehnt, Grenzsituationen wie Tod, Leid und Schuld ausblendet und im anderen wie in der Gesellschaft Gefahr sieht für das eigene Ich: Individualität als Defensivform von Leben in angeblich deformierenden sozialen Kontexten. Beschrieben wird damit Selbstverwirklichung im Sinne einer „zweistelligen Relation", bei der es allein nur geht um eine Beziehung zwischen mir und mich [„Ich" und „mich"; vgl. SPLETT, 1982, S. 417].

Im Gegensatz zu dieser verfälschenden Reduktion auf Eigeninteresse und Selbstliebe gehen die pädagogischen Empfehlungen der KMK und Länderrichtlinien von einem Selbstverwirklichungsverständnis aus,

— für das der Sozialbezug grundlegend ist [SPLETT, 1982, S. 410, vgl. auch oben Kap. II, S. 152 ff.],

— in dem also der „Blick nach innen in Richtung auf das eigene Glücksgefühl" [DUNDE, 1982, S. 25] nicht reicht,

— nach dem das „Selbst" danach drängt, sich selbst zu transzendieren und über sich hinauszugreifen [vgl. Seite 154 f.].

Dagegen warnt z.B. Ch. BÜHLER davor, zu glauben, daß die Selbstverwirklichung eines jeden automatisch das Glück für alle brächte; Altruismus müsse nicht unbedingt aus ihr entspringen [vgl. DUNDE, 1982, S. 26]. Sie benutzt daher bevorzugt den Begriff „Selbsterfüllung" und geht dabei davon aus, „daß alle Menschen bestimmte Erwartungen und Hoffnungen im Leben haben, die sie zu erfüllen suchen, ..." [a.a.O., S. 26].

Erich FROMM wählt seinen Ansatz bei der Dichotomie von „Haben" und „Sein" [1976], wobei die „Existenzweise des Seins" am ehesten Selbstverwirklichung ermöglicht. Voraussetzung dafür sind Unabhängigkeit, Freiheit und kritische Vernunft. „Ihr wesentliches Merkmal ist die Aktivität, nicht im Sinne von Geschäftigkeit, sondern im Sinne eines inneren Tätigseins, dem produktiven Gebrauch der menschlichen Kräfte.

Es bedeutet, sich selbst zu erneuern, zu wachsen, sich zu verströmen, zu lieben, das Gefängnis des eigenen isolierten Ichs zu transzendieren, sich zu interessieren, zu lauschen, zu geben ..."

Der, der sich nicht selbst verwirklicht, der bloß „Haben" möchte, kann nie zufrieden sein wegen der Endlosigkeit seiner Wünsche und des Neides auf andere [BÜHLER bei DUNDE, 1982, S. 26 ff.].

- „Selbstverwirklichung" heißt demnach also: Realisierung eines Auftrages in dem Sinne, daß es in Wahrheit nicht um das Sich-Verwirklichen geht, sondern darum, daß der Mensch wird, indem er anderes macht,
- und immer auch Sinnverwirklichung.
  „Nur Verwirklichung von Werten macht das Leben sinnvoll".

Bei diesem Verständnis von Selbstverwirklichung liegt eine Dreier-Relation vor, nämlich die von Ich - Du und Werten/Sinn.

Als Ausdruck für diese Beziehung schlägt SPLETT daher SINNERFÜLLUNG statt Selbstverwirklichung vor.

Welcher Ausprägung des Begriffs man im einzelnen auch folgen mag, seiner anthropologischen Voraussetzung nach geht es um einen Menschen, der Möglichkeit ist, „die wirklich werden will und soll", wobei dies nicht isoliert gelingen kann, sondern nur in Gemeinschaft und unter dem Anspruch der Erfüllung von Sinn.

Der so zu verstehende Mensch bestimmt sich am ehesten noch als Frage, die nur durch ihn selbst in einem Prozeß von Verwirklichung beantwortet werden kann.

Das sich selbst verwirklichende ICH ist das mit sich selbst übereinstimmende, konsistente Ich, das sich seiner selbst auch in wechselnden Situationen gewiß ist und dessen unabhängiger Vernunftgebrauch und seine „produktive Gesellschaftsfähigkeit" die Voraussetzung bieten für eine individuelle und soziale Lebensbewältigung.

Dieses Ich-Selbst, Ich ... als derjenige, der ..., ist in seinem innersten Punkt unerreichbar und zugleich für seine Entwicklung doch verwiesen auf die ganze Vielfalt und Fülle des Außer-Ich.

Die Verwirklichung im Sinne der Identitätsfindung findet statt in der Spannung, die „zwischen der persönlichen Entfaltung und den gegebenen Verhältnissen besteht" [TRÖGER, 1974, S. 100].

Zu den „gegebenen Verhältnissen" gehören aber nicht nur System, Institutionen, Ordnungen, sondern auch die vielen einzelnen, der Mensch als Mitmensch. In der „TEILHABE" liegt nach Karol WOYTILA das Merkmal der Person. Wir sind ein durchaus mitverantwortlicher Faktor im Bedingungsfeld der Selbstverwirklichung des anderen.

Für den Lehrer auf der Oberstufe ist es schon wichtig zu wissen, daß in der Zeit der Oberstufenjahre die „Hauptleistung" für die Jugendlichen der Erwerb ihrer Identität ist [BAACKE, 1979, S. 116].

Nach rollentheoretisch bestimmten Erklärungsmodellen ist unter „Ich-Identität" die geglückte Balance zu verstehen zwischen der sogenannten persönlichen und der sozialen Identität.

Persönliche Identität bezeichnet die „Kontinuität des Ich in der Folge der wechselnden Zustände der Lebensgeschichte" oder „das Ich als personale Einzigartigkeit" und soziale Identität die „Einheit in der Mannigfaltigkeit verschiedener Rollensysteme, die zur gleichen Zeit gekonnt sein müssen" [RUCHT 1979, S. 42] oder das „Identisch-sein mit den Interaktionspartnern im Hinblick auf normierte Verhaltensweisen" [WELLENDORF bei HURRELMANN, 1974, S. 344].

Ich-Identität in diesem Verständnis ist die „Balance zwischen der Aufrechterhaltung beider Identitäten".

Leistbar ist sie nur, wenn man nicht von einer rigiden Definition von Rollennormen ausgeht, sondern von der Möglichkeit eines Rollenhandelns der Subjekte.

Das aber gelingt ohne persönliche Identität nicht.

In diesem Verständnis ist Identität Bestandteil oder sogar Grundlage von Kompetenz in der Rollenwahrnehmung.

Zusammenfassung:

Die Ziele der gymnasialen Oberstufe in ihrer Anbindung an individuelle Bedürfnisse und gesellschaftliche Ansprüche sind so sehr in der Gefahr der bloßen Forderung, daß sie von den Kollegien gemeinsam beraten und geklärt und möglichst konkret gefaßt werden müssen. In Anerkenntnis der unaufhebbaren Verbindung von Unterrichten und Erziehen bannen die gemeinsamen Beratungen am ehesten die Gefahr verborgen bleibender Einflüsse und die unterschiedlicher Erziehungsvorstellungen.

Indem die Kollegien sich der einen der beiden leitenden Zielvorstellungen, der Selbstverwirklichung in sozialer Verantwortung, zuwenden, sehen sie sich einer anthropologischen Fragestellung gegenüber, deren Beantwortung von der Dimension des Lebenssinns bis zu der des methodischen Verhaltens im Unterricht reicht. Wenn Konsens darüber besteht, daß der Mensch wird, indem er Werte und nicht sich verwirklicht, dann folgt daraus die Sinnbindung und wird der methodische Weg des indirekten Vorgehens deutlich, über den Bildung nur erhofft und erreicht werden kann.

C. Folgen für die Erziehung

1. Selbstkonstitution und produktive Gesellschaftsfähigkeit

Für die Erziehung bedeutet das als Ziel eine Ich-Stabilität, der u.a. die Fähigkeit innewohnt, „in Interaktionen einen gewissen Spannungszustand (zu) akzeptieren und nach Möglichkeit ohne größere Folgelasten (zu) verarbeiten" [RUCHT, 1979, S. 46].

Von den vier „identitätsfördernden Fähigkeiten des Rollenumgangs:
- der Rollendistanz
- der Empathie
- der Identitätsdarstellung und
- der Ambiguitätstoleranz"

wird diese Toleranz deswegen als die entscheidenste Variable angesehen, weil „die Errichtung einer ... Ich-Identität ... von Konflikten und Ambiguitäten" lebt [KRAPPMANN, 1975, S. 155].

Zu ihrer Leistung muß Erziehung mit hinführen wollen. Was sich gerade in der Zeit der Pubertät und der Adoleszenz an Dispositionen wie „Labilität, Reizbarkeit, extremen Gefühlsschwankungen, Verweigerungshaltung, Mißtrauen gegenüber Erwartungen etc." [RUCHT, 1979, S. 10] zeigt, ist oft auch mitbedingt durch die Schwierigkeit, diese Balance schaffen zu müssen. Nicht selten „sind die dem Jugendlichen entgegengebrachten Erwartungen und Normen in sich widersprüchlich" [RUCHT, a.a.O.]. Es wird deswegen u.a. auch zu prüfen sein, welchen Anteil z.B. unterschiedliche Erziehungsvorstellungen von Lehrern daran haben. Hinzu kommen allgemeine Lebenswidersprüche wie Solidarität oder Konkurrenz, Hilfsbereitschaft oder Vorteilsegoismus, Toleranz oder Durchsetzung, Ausgleich oder Ausnutzung von Schwäche etc.

Wie leicht wäre unser Erziehungsauftrag, wenn die Identität mit ihren beiden Grundelementen der „Selbstkonstitution" und der „produktiven Gesellschaftsfähigkeit" sozusagen „freie Gaben der Natur oder der Gesellschaft" wären [BAACKE, 1979, S. 115]!

Das ist aber in der Tat nicht der Fall. Sie müssen errungen werden gegen Widerstände und unter Schwierigkeiten. Harmonisierung der Verhältnisse um jeden Preis ist nicht unbedingt die ermöglichende Bedingung der Identität.

2. Der Lehrer als Helfer und Betroffener

Von den Schwierigkeiten sei hier noch jene genannt, die in der Person des Lehrers liegen kann. Unsere große Hoffnung ist das von ERIKSON definierte Vertrauen, daß der „Einheitlichkeit und Kontinuität, die man in den Augen anderer hat", tatsächlich auch „eine

Fähigkeit entspricht, eine innere Einheit und Kontinuität" errichten und aufrechterhalten zu können [RICHTER, 1980, S. 18 f.].

Das gilt für Jugendliche wie für Erwachsene, für Schüler wie für Lehrer. Nun muß aber ein besonderer Umstand darin gesehen werden, daß die Lehrer als die Erziehenden genauso von dem Problem des Identitätserhalts betroffen sind wie die Schüler, obwohl es ihre Aufgabe ist, zur Lösung eben dieses Problems ihren nicht unerheblichen Beitrag zu leisten.

Für H.E. RICHTER besteht kaum ein Zweifel daran, daß der noch gar nicht lange eingeführte (und zunächst in der Analyse umstrittene Begriff) der Ich-Identität deshalb in aller Munde ist, weil wir insgeheim um das bangen, was mit diesem Begriff beschworen werden soll.

„Angesichts der vielen Abhängigkeiten, in denen wir stehen", so RICHTER [a.a.O.], „ist es unser dringendes Bedürfnis, uns wenigstens seelisch autonom und hinreichend widerstandsfähig gegen äußeren Druck zu wissen. Die Vorstellung, auch noch in unserem Denken, Fühlen und in unserem moralisch relevanten Verhalten von außen hochgradig unbewußt manipulierbar zu sein, mutet unerträglich an".

Das öffentliche Diskussionsverhalten ist dafür ein gutes Beispiel. Wir wähnen uns autonom und stellen dennoch häufig nicht einmal unsere eigenen Fragen. Wir beeilen uns vielmehr, im Trend der geforderten Antworten nicht unter den Verdacht der Rückständigkeit zu geraten. Wozu wir uns bekennen, das wird vorgegeben. Mal ist es der Friede, mal die Gleichheit der Chancen, mal der Kampf gegen die Plünderung der Erde, mal die Emanzipation, mal das System. Der gefährlichste Feind der individuellen Autonomie ist das öffentliche „man" in unserem privaten „ich". Von ihm kommen die Fragen, die zugelassen oder vorgeschoben sind. Was von den Gegebenheiten dieser Welt als Problem zu verstehen und aufzugreifen ist, das wird uns durch Definitionsmächte vorgegeben. Dagegen sind die eigenen Gewissensregungen oft chancenlos.

Sofern man dem folgt, weiß man, aus welch schwieriger Ausgangslage Hilfe zur Identitätsfindung in Sozialverantwortung geleistet werden soll.

Die eigene Identität, die „der Vielfalt der alltäglichen korrumpierenden Manipulationen" wenigstens „leidlich standhalten kann", muß dann eine Stabilität gewinnen, die „Spannungen und Rollenkonflikte aushalten, Ängsten widerstehen und sich von Außenstabilisationen weitgehend freihalten kann".

Eines unserer Erziehungsziele für uns selbst und für die Schüler muß nach diesem Verständnis dann auch die Fähigkeit sein, „Isolation zu erleiden und zu tragen" [ADORNO, a.a.O., S. 20].

In diesem Punkt treffen sich Lebensvorstellungen, die über Alter und Rolle hinausreichen. Sie können im Unterricht Gegenstand von Gespräch und Einsicht sein, werden ohne Zweifel schon im Lebensraum der Schule erfahren; in der Schule eingeübt werden dürfen sie aber nicht.

Wo man gemeinsam um psychische Stabilität bemüht ist, da betrifft das den erziehenden Lehrer ebenso wie den zu erziehenden Schüler, ist dies aber nicht Erziehung zur „Härte", sondern zur inneren Unabhängigkeit, Mündigkeit oder Autonomie [vgl. dazu u.a. ADORNO, a.a.O., S. 96-97]. Selbstvertrauen und Selbstsicherheit sind die Stützen für Einsamkeitserfahrungen, denen der Mensch nicht entgehen kann und denen er daher wenigstens in einem gewissen Umfang gewachsen sein muß.

Auch ein „kreatives Gemeinschaftsleben" kann sich nur entfalten, wenn die Individuen wissen, „daß sie auch im Verband einzelne Menschen bleiben, welche die Distanz voneinander aushalten müssen" [a.a.O., S. 25].

„Sie dürfen sich nicht darauf einstellen, vom Kollektiv passiv getragen zu werden, sondern sie selbst müssen mit ihrer persönlichen Verantwortung die Gemeinschaft jederzeit mittragen".

Unter dem Aspekt des vielgestaltig sich zeigenden Anpassungsdrucks umfaßt diese Forderung die Kraft zum Nicht-Mitmachen, unter dem der individuellen und allgemeinen Lebensgestaltung die Kraft zur Verantwortung. Als Typen stehen sich dabei gegenüber der autonome und der [vgl. ADORNO] manipulative Charakter.

Identität, Rollendistanz, Stabilität, personale Integrität, Verantwortungsfähigkeit usw., müssen Zielvorstellungen auch für die Selbstverwirklichung des Lehrers sein, wenn er dem Schüler Hilfe geben soll für dessen Selbstverwirklichung in sozialer Verantwortung.

Es genügt also nicht, wenn wir auf die richtigen Ziele hinweisen, wir müssen auch in unserer eigenen Lebensführung nachhaltig an ihnen orientiert sein.

Hinzu kommen dann noch die Modi der Vermittlung. Das ist in den verschiedenen Zeiten verschieden erklärt und verschieden benannt worden. Aber ob es sich nun um den „pädagogischen Bezug" oder die „Instrumentalisierung von Lehrerverhalten in angemessenen Stilen" oder die sog. „förderlichen Dimensionen der neueren Erziehungspsychologie" [TAUSCH/TAUSCH, 1979] handelt, immer sind es auch die Verhaltensformen, denen Einfluß auf Unterricht und Erziehung zugeschrieben wird.

Nach TAUSCH/TAUSCH [a.a.O., S. 20 ff] sind Identität, Stabilität, Autonomie durch Erziehung nicht zu fördern, wenn nicht die für das Zusammenleben der Menschen wichtigen Lebenswerte auch die Leitlinien für die Tätigkeit des Lehrers bilden.

Es sind dies:

– Selbstbestimmung,

– Achtung der Person,

– Förderung der seelischen und körperlichen Funktions- und Leistungsfähigkeit,

– soziale Ordnung.

Kataloge, wie sie bei TAUSCH/TAUSCH entfaltet werden, können den Aufrichtigen mutlos machen. Man darf ihren Maximalcharakter nicht übersehen und muß in Erinnerung behalten, daß auch das Aushalten der Spannung zwischen Ideal und Wirklichkeit mit zur Stabilitätsleistung des Menschen gehört.

Gültig ist, daß den „konkret gelebten zwischenmenschlichen Beziehungen" in Unterricht und Erziehung eine hohe Bedeutung zukommt. Gültig ist, daß wir Lehrer schon durch die Art unseres Verhaltens entscheidend das soziale gefühlsmäßige und intellektuelle Verhalten der Schüler beeinflussen, so daß den Strategien des Lehrens durchaus nicht immer solche Strategien des Lernens entsprechen müssen, wie sie durch den bewußt gesetzten Lehrakt intendiert werden. Das Lehrerverhalten selbst kann sich u.U. geradezu kontraproduktiv zu den Absichten des Lehrens auswirken.

Daher sind neben der Klarheit über Ziele und Wege Einsichten nötig in das eigene Verhalten und seine Wirkung auf Schüler, Klassen und Kurse. Das Bemühen muß immer auch zielen auf:

— eine emotionale Fundierung der Schüler und unserer Beziehungen zu ihnen,
— gegenseitige Stützung der Lehrer: Humanisierung von Schule durch Kollegialität,
— gemeinsame Anerkennung einer Grundordnung,
— Kalkulierbarkeit des Lehrers und Konsequenz in der Erziehung,
— eine Verantwortung, die auch als Autorität in den Erziehungsprozeß mit eintritt.

Zusammenfassung:

Da die wesentliche Entwicklungsaufgabe des Heranwachsenden die der Identitätsfindung ist, muß sich die Erziehung durch die Schule dieser Aufgabe verpflichtet sehen. Das aber bezieht den Lehrer nicht einfach als einen pädagogischen Fachmann mit ein, sondern als jemand, der um seine eigene Identität bemüht sein muß, wenn er die des anderen mit entwickeln oder fördern helfen soll.

In der Stärkung der eigenen Autonomie liegt eine wesentliche Voraussetzung für die Förderung der Autonomie des anderen.

In den Strategien des Lehrens müssen Verhaltensweisen enthalten sein, die die beabsichtigten Strategien des Lernens tatsächlich auch entstehen lassen können. Aus dem verborgenen Curriculum eines nicht reflektierten, unangemessenen Verhaltens können Wirkungen hervorgehen, die sich den eigentlichen Lehrabsichten gegenüber als kontraproduktiv erweisen.

3. Soziales Lernen

Wenn „soziales Lernen" die Klausel ist, durch die die Selbstverwirklichung vor dem Verdacht der Eindimensionalität bewahrt und auf anthropologisch allein nur richtige Wege einer dialogisch angelegten Selbstentfaltung gebracht werden soll, dann muß die Sozialisation eines jeden einzelnen einen grundlegenden Anteil daran haben und muß es soziales Lernen auch in der institutionalisierten Erziehung der Schule geben. Es ist müßig, darüber zu streiten, ob soziales Lernen auch noch mit zum Erziehungsauftrag der Oberstufe gehört. Nicht deswegen müßig, weil es mit der Zielbeschreibung der „Selbstverwirklichung" ohnehin schon ausdrücklich mit in den Oberstufenauftrag einbezogen ist, sondern weil Lernen überhaupt immer auch schon soziales Lernen ist. „Es gibt kein nichtsoziales Lernen, Prozeß und Inhalt eines jeden Lernvorganges sind immer schon sozial bestimmt" [RAUSCHENBERGER, 1985, S. 315].

Lernen und Lehren sind ohne Sozialbezug nicht möglich: Das ist unmittelbar evident. In ihrer prozessualen Einheit sind beide so unumgänglich eingebettet in Sozialbezüge, die sie auch in ihrer Qualität mitbestimmen, daß soziales Lernen in diesem Verständnis als Begriff für schulisches Lernen schon fast eine Tautologie ist. Dennoch gibt es in der veröffentlichten Diskussion nicht geringe Schwierigkeiten, sich über die Bedeutung des Begriffs „soziales Lernen" zu verständigen. Zwar läßt sich im Verständnis einer kognitiv-strukturell ausgerichteten Entwicklungspsychologie zwischen der

- kognitiven,
- sozialen und
- moralischen Entwicklung

unterscheiden, wobei sich die „kognitive auf ‚logische Gesetzmäßigkeiten', die soziale auf ‚interpersonale und gesellschaftliche Zusammenhänge' und die moralische auf ‚Normen und deren Begründung' bezieht" [FAUSER/SCHWEITZER, 1985, S. 349].

Dies allein aber klärt den Begriff soziales Lernen noch nicht. Abgesehen davon, daß mit diesen Unterscheidungen Aspekte der Entwicklung gemeint sind und nicht getrennte Abläufe. Nicht einfacher wird der Klärungsversuch, wenn man sich bewußt macht, wie abhängig die drei Entwicklungsaspekte voneinander sind, wie sehr sie sich gegenseitig bedingen.

Schon aus der Bedingungsbeschreibung über das, was mit sozialem Lernen gemeint ist, wird deutlich, daß es nicht einfach um den immer schon gegebenen sozialen Zusammenhang von Lernen geht, sondern um schulisches Lernen als „bewußt initiiertes, organisiertes und in seinem gesellschaftlichen Zusammenhang reflektiertes" Lernen [RAUSCHENBERGER, 1985, S. 304].

Dabei gehtes im wesentlichen um

- „Verhaltensweisen,
- emotionale Reaktionsbereitschaften und
- Einstellungen gegenüber einzelnen Interaktionspartnern, face - to - face- Gruppen und größeren gesellschaftliche Gruppierungen" [a.a.O., S. 304].

Von ihnen weiß man, daß sie einerseits nicht einfach über einen „endogenen Reifeprozeß" zu gewinnen und andererseits doch in einen „längerfristigen Entwicklungsprozeß" eingebettet sind und daß sie ausdrücklich des geplanten Erziehungshandelns bedürfen und sich dabei kurzfristiger Einflußmöglichkeiten entziehen.

Das eine ist also die immer schon gegebene Sozialkomponente schulischen Lernens, das andere die Notwendigkeit geplanter Lernprozesse des Sozialen. Aus der Unausweichlichkeit der immer schon vorhandenen Sozialkomponente ergibt sich keineswegs auch schon das Postulat, daß Sozialerfahrung gemacht werden soll, und aus der Unvermeidlichkeit der Sozialerfahrung wächst allein noch nicht die Notwendigkeit, sie bewußt möglich zu machen und als Lernerfahrung zu vermitteln. Die Notwendigkeit der Vermittlung ergibt sich vielmehr aus der Personagenese des Menschen. Es wird das Ich nicht ohne das Du, DEN anderen oder DAS andere [BUBER]. Schon wer Persönlichkeitsentwicklung sagt, muß Gegenstand- und Sozialbezug mit meinen, und das nicht nur als Bedingung, sondern auch als Ziel. Von vornherein ist der Mensch nicht sozial. Er wird es über die Sozialisation und das soziale Lernen; dies also in dem doppelten Sinn des immer schon gegebenen Sozialbezugs von Lernen und des ausdrücklich initiierten, geplanten und zielbestimmten Prozesses sozialen Lernens im Unterricht.

Wenn es bei diesem Lernen eben nicht nur um die Vermittlung von Wissen und die Reflexion auf sich selbst geht, sondern vornehmlich um das Gewinnen von „Verhaltensweisen, emotionalen Reaktionsbereitschaften und Einstellungen" [s.o.], dann geht dieses Lernen nicht ohne Werterziehung, nicht ohne Förderung der moralischen Urteilsfähigkeit unter dem Horizont leitender Prinzipien. Davon soll später noch die Rede sein. Spätestens an dieser Stelle wird aber auch so schon deutlich, wie entscheidend soziales Lernen vom sozialen Lehren, wie die Entwicklung des Schülers gerade auch im Bereich seiner Sozialentwicklung vom Verhalten des Lehrers abhängig ist.

Idealtypisch läßt sich soziales Lernen in seinen schulischen Möglichkeiten in drei Hinsichten sehen, nämlich in Hinsicht auf

– Unterricht,

– Form und Inhalt schulischen Lehrens und Lernens,

– Gestalt der Schule im ganzen [FAUSER/SCHWEITZER, 1985, S. 345].

Was den Unterricht betrifft, so sind hier „Arbeits- und Interaktionsformen" anzusprechen, die einen kooperativen und solidarischen Umgang der Schülerinnen und Schüler untereinander fördern helfen. Da auch die Schule nicht frei ist von Konkurrenzsituationen, wenn auch viele Schülerinnen und Schüler zum Glück allein schon durch die frühe Entdeckung von Bequemlichkeitsnischen dagegen gefeit sind, kommt solchen Arbeitsformen und diesen Zielen eine besondere Bedeutung zu.

Was es hier aufzuarbeiten gilt, das sind freilich nicht einfach nur Techniken, sondern ein Verständnis von Schule, das von der Subjektrolle des Schülers ausgeht.

Es soll nicht einfach etwas mit dem Schüler geschehen, er soll vielmehr etwas tun: nämlich lernen; sich Welt anverwandeln und durch die Begegnung und Auseinandersetzung mit anderen und mit den vielgestaltigen Objektivationen der Kultur immer mehr eigene

Entfaltung, Selbstformung, Bildung, Identität, Verantwortung, Selbstverwirklichung als Ergebnis gewinnen und erfahren.

Schulgeschichtlich knüpft die damit zu verbindende Form von Unterricht nicht zuletzt an Ideen der Arbeitsschulbewegung an.

Rainer WINKEL gibt der Schule drei Anregungen für ihre Reform [WINKEL, 1989, S. 107 ff.] In der dritten Anregung stellt er die Beziehung zur Arbeitsschulbewegung her und damit zu einem Schulverständnis, bei dem das Lernen zum Beruf des Schülers wird. Dazu bedarf es u.a. entsprechender Formen der Lernorganisation. „Die schulpraktische Konsequenz", so WINKEL dazu, „ist zwingend: ein solcher Unterricht begreift die Schulklasse als Arbeitsgemeinschaft und das Lernen als einen flexiblen Wechsel zwischen Einzel-, Partner- und Gruppenarbeit" [WINKEL, 1989, S. 113]. Immer noch werde mehr als drei Viertel aller erteilten Unterrichtsstunden in der Sozialform des Frontalunterrichtes gegeben [WINKEL, 1989, S. 119]. Darüber ist die erstrebte Subjektrolle kaum zu gewinnen.

Auch BOHNSACK [1987, S. 107] beklagt, daß die Unterrichtsmethoden ... weitgehend ihre traditionelle lehrerzentrierte „Monostruktur" [HAGE u.a., 1985] bewahrt hätten. Damit, so wiederum WINKEL, geraten Schulen „immer mehr in die anti-pädagogische Zerreißprobe oder in die Abschaffungsdebatte; als wirkliche Arbeitsschulen wären sie konkurrenzlos und in hohem Maße legitimierbar. Der lehrerzentrierte Verbalunterricht widerspricht ... allen lernpsychologischen, motivationalen, didaktischen und pädagogischen Erkenntnissen. Damit soll der Frontalunterricht nicht in Bausch und Bogen verurteilt werden, aber es gilt seinen relativen Stellenwert zu sehen" [a.a.O.].

Immer sollten Organisation und Form Folgen sein, nicht Vorgaben. So auch hier. Wer mit sozialem Lernen also nicht einfach nur Wissensbestände des Sozialen meint und auch nicht nur Reflexion auf den Auftrag zum sozialen Lernen, so sehr die auch unzweifelhaft mit dazugehören, der muß auf Formen des Einübens eingestellt sein. Dazu muß er Unterrichtsformen wählen, in denen wirklich auch eingeübt und erfahren werden kann, was zunehmend sicherer, zuverlässiger und überzeugter praktiziert werden soll. Das gilt für alle Schulen; in der besonderen Ausprägung der Altersgruppe, des intellektuellen Standards und der erklärten Lernziele insbesondere aber auch für die gymnasiale Oberstufe.

Gerade im Kurssystem mit dem Wechsel der Kurszusammensetzungen und der Mitwirkung der Kursteilnehmer bis in die Themenbestimmung hinein kann der Unterricht als Arbeitsgemeinschaft im wirklichen Wortsinn verstanden werden, können Sozialerfahrungen bewußt gemacht und im Hinblick auf die Ziele von Sozialerziehung genutzt werden, die im Klassenverband so nicht möglich sind.

„Emanzipation, Identität, Solidarität, soziale Sensibilität" [FAUSER/SCHWEITZER, 1985, S. 346] und „Fähigkeit des Zusammenlebens und aktiven Umgangs mit den Mitmenschen" [RAUSCHENBERGER, 1985, S. 311] sind natürlich nicht erst Ziele der Oberstufe, müssen gerade dort aber in größerer Konsequenz bestimmend sein für die Rolle des Schülers, das Verhalten der Lehrer, die Vorstellung von Unterricht und die Gestaltung der Schule insgesamt. Wie Bildung kann das „Soziale nicht ausgegliedert und für sich selbst gelernt werden" [FAUSER/SCHWEITZER, 1985, S. 346], es bleibt integriert und ist dennoch zu vermitteln über ein bewußt intendiertes Erfahrungslernen, wenn es nicht zu Zufallsergebnissen kommen soll, denen unter Umständen wenig Beifall zu zollen ist.

FAUSER/SCHWEITZER setzen soziales Lernen durch Schule so hoch an, daß sie es „nicht nur als Bezeichnung einer Lernform (von Zielen, Inhalten oder Veranstaltungsformen)" gelten lassen, sondern als einen „kategorialen schultheoretischen Begriff verstanden" wissen wollen, „der für die Bestimmung von Stellung und Aufgabe der Schule in der modernen Gesellschaft von entscheidender Bedeutung ist" [a.a.O., 1985, S. 339].

Als Lernbegriff im Sinne einer besonderen Form des Lernens oder auch zur Bezeichnung eines Gegenstandes: des Sozialen, das zu erlernen wäre, halten sie ihn für verkürzt. Sie heben ihn in den Rang eines Horizontbegriffs, dem „im Rahmen der Schultheorie kategoriale Bedeutung" [a.a.O., S. 357] zukomme, und machen auf diese Weise bewußt, welchen Rang der Praxis einer Schule zukommt. Sie muß also auch ihren Platz haben im Nachdenken über die Schule und muß getragen werden von der Sozialkompetenz der Lehrer.

Zusammenfassung:

Zu den wesentlichen Aufgaben der Schule gehört das soziale Lernen. Es entfaltet sich unter den drei Aspekten der kognitiven, sozialen und der moralischen Entwicklung und bedarf der Einübung, wenn es nicht zu unwirksam bleibenden Wissensbeständen verkürzt werden soll.

Die Oberstufe mit ihrem komplexen Kurssystem bietet eigene Möglichkeiten einer nutzbar zu machenden Sozialerfahrung.

Mit zu den Voraussetzungen einer wirksamen Vermittlung gehört die Sozialkompetenz der Lehrer. Auch sie kann nicht einfach unterstellt werden. Im Bereich des sozialen Lernens bleiben Lehrer zugleich also auch Lernende. Beiden, Lehrern und Schülern, kommt gerade hier eine Subjektrolle zu, ohne die Sozialkompetenz nicht gewonnen werden kann. Aber auch angemessene Organisationsformen des Lehrens und des Lernens müssen diesem Ziel dienstbar gemacht werden.

4. Werterziehung

Wer sich der Sozialerziehung verpflichtet weiß, der kann das nicht ohne Wertbindung. Da aber setzt bei nicht wenigen Kollegien ein Zögern ein, das sich vielfach bis zur Erklärung der Unmöglichkeit einer jeden Art von Werterziehung steigern kann.

Nun wissen auch Lehrer, daß die Wertrelation einer jeden Erziehung im Ernst nicht zu bestreiten ist. Wo sie nicht bewußt veranstalteten Prozessen anvertraut wird, da geht sie unaufgeklärt aus dem verborgenen Curriculum der nicht bewußten Verstärkungen, Eindämmungen, des Erfahrungslernens oder anderer Formen schulischer Sozialisation hervor.

In der Einsicht in die tatsächlich immer vorhandene Wertrelation aller Erziehung liegt das Problem nicht. Es liegt in der bestrittenen Möglichkeit seiner wirkungsvollen Berücksichtigung und des Konsenses.

Wer kooperative Schulgestaltung sagt und daher einen Grundkonsens im Kollegium einer Schule in Fragen der Erziehung, von Bildung und Menschenbild mit herbeiführen helfen will, der weiß, daß er sich gemeinsam mit den anderen dem Problem der Werterziehung, ihrer Inhalte, Methoden und Ziele stellen und widmen muß.

Weil Konsens und Legitimation in der Wertefrage so schwierig geworden sind, deswegen bestreiten so viele die Möglichkeit einer Werterziehung überhaupt. In der Praxis führt das allerdings der allgemeinen Erfahrung nach zumindest in Disziplinarfällen nicht unbedingt dazu, auf Verständigung darüber zu verzichten, was denn an Normgeltung in Anspruch genommen werden soll, wenn man sich mit einer Normwidrigkeit befaßt. Der Zweifel an der Möglichkeit der Werterziehung gründet zumeist nicht in der individuellen Unsicherheit des Lehrers, sondern in der pluralistischen Verfaßtheit der Gesellschaft. Da diese durchaus begründet dem Prinzip nach als pluralistisch definiert wird und nicht nach der Weise eines laisser-faire-Pluralismus oder in der Form eines fundamentalistischen Verständnisses von Pluralismus als Sündenfall, kann die Basis für ein Leben im Pluralismus nur der Respekt sein.

Er muß die Beratungen im Kollegium ebenso bestimmen wie den Unterricht, in dem es mittelbar oder unmittelbar um Werterziehung geht. Rationalität ist der Modus, Respekt die Basis. Eindeutigkeit zumindest im Hinblick auf die leitenden Prinzipien verallgemeinerbaren Handelns, – sie muß in der Auseinandersetzung auf den verschiedenen Ebenen der Schulgestaltung angestrebt und geleistet werden.

Im Hinblick auf die Schüler, gerade auch die heranwachsenden Schüler der Oberstufe gilt, was im Zusammenhang mit der gesamten Gesellschaft gesagt werden muß: daß nämlich wert- und normenpluralistische Gesellschaften ihrem Wesen nach freiheitsoffen, zugleich aber orientierungs- und legitimationsschwach sind. Gerade sie brauchen allgemeine Verbindlichkeiten, wenn innerhalb der Freiheit Frieden, Gerechtigkeit und Fürsorge gesichert bleiben sollen, ohne die auch Persönlichkeitsentfaltung unter dem Aspekt von Sinn nicht möglich ist. Es ist gut, sich der Werte bewußt zu sein, die in die Erziehung hineinwirken. Ein Kollegium, das sich mit ihnen auseinandersetzt, findet eine Legitimationsbasis in unserem Grundgesetz.

Nach ihm ist der zentrale Grundwert die Personwürde. Sie fängt nicht erst beim Erwachsenen an! Sie bildet auch die entscheidende Grundanforderung für das Zusammenleben in der Schule und muß alle ihre Prozesse, jedes Verhalten, auch das des Tadelns mitbestimmen.

Zu diesem Grundwert stehen weitere Grundwerte in einem direkten Verhältnis. Viele von ihnen fließen mit ein in Normen, die Gesetzescharakter besitzen. Davon war im Kapitel II schon die Rede. Viele bestimmen aber auch die Regeln des Zusammenlebens in der Schule; gelten immer schon – auch wenn sie zur besseren Einsicht und Befolgung in Beteiligungen und Diskussionen von den Schülerinnen und Schülern selbst gefunden und aufgestellt werden sollten.

Die Konsensfähigkeit der Wertforderung erhöht sich, wenn man ihre unterschiedliche Wertigkeit anerkennt und sich vor Verschiebungen bewahrt, auf die u.a. HÖFFE [1981, S. 80] aufmerksam gemacht hat.

Danach sind zu unterscheiden:

- instrumentale und funktionale Verbindlichkeiten (sekundäre Werte), die nicht schon in sich gut sind, sondern immer nur durch den Zweck, zu dem sie eingesetzt werden (z.B. Konzentration, Ordnungsliebe, Sparsamkeit, Pünktlichkeit, Fleiß) – von Höffe auch pragmatische Werte genannt!
- Normen und Werte als „das übliche" (Sitte und Brauch), durch die u.a. die Unterscheidung von „fremd" und „dazugehörig" mitbegründet wird

und

- Grundwerte wie Leben, Freiheit, Gerechtigkeit, Hilfsbereitschaft, Friede, Liebe, Wahrheit, Bildung oder auch Glück. Einerseits fließen sie – gewollt oder ungewollt – in den Erziehungsprozeß auch der Schule und also auch auf der Oberstufe mit ein, sind sie integrierte Bestandteile, die allem Handeln innewohnen oder zugrundeliegen, andererseits sind sie durchaus aber auch Ziele, die ausdrücklich angestrebt und bewußt vermittelt werden können.

Aus der Fülle der mit der schulischen Werterziehung verbundenen Probleme seien wenigstens zwei herausgegriffen und kurz behandelt:

- das oben schon erwähnte Problem der „Verschiebungsgefahr" [HÖFFE, 1981, S. 80] und
- das der wirksamen Vermittlung.

Zur Gefahr der Verschiebung:

Werterziehung zielt nicht nur auf Wertklärung und Wertevermittlung, sondern auch auf Gültigkeitsunterscheidung. Bewußt gemacht werden muß der Grad ihrer Bedeutung und ihrer Gültigkeit. Ohne diese Unterscheidungen kann es geschehen, daß z.B. sekundäre Werte der niedrigen Gültigkeitsebene, instrumentale Normen oder funktionale Verbindlichkeiten wie Ordnung, Pünktlichkeit, Fleiß oder Genauigkeit höher rangieren als

Grundwerte der höheren Gültigkeitsebene wie etwa Hilfsbereitschaft, Gerechtigkeit, Liebe oder Frieden.

Hier dürfen Verschiebungen nicht unterlaufen, auch nicht der Schule, wenn sie sich z.B. mit Regelverstößen zu befassen hat, in die u.U. Wertebenen übergeordneter Art hineinragen. Bei Oberstufenschülern sind hier Klärungsmöglichkeiten gegeben, denen jüngere Schüler in der Entwicklung ihrer Urteilsfähigkeit unter Umständen noch nicht gewachsen sind.

Mit der Unterscheidungsfähigkeit muß sich zunehmend auch eine moralische Urteilsfähigkeit verbinden. Sie aber kann nicht einfach über kognitive Klärungs- und Vermittlungsverfahren herbeigeführt werden.

Das Problem der wirksamen Vermittlung von Werten wäre also das zweite Problem, das im Zusammenhang mit der Werterziehung zumindest zu nennen ist. KOHLBERG u.a. verweisen auf Vermittlungsmodelle, denen der Charakter von Grundtypen zugeschrieben werden kann.

Diese sind

- zunächst einmal der romantische Ansatz nach ROUSSEAU, der auf das grundsätzliche Gutsein des Menschen abstellt, der – unbehelligt durch entfremdende Erziehung – im Laufe der Entwicklung zu sich selbst kommen soll;
- dann der kognitive Ansatz der Wissens- und Überzeugungsweitergabe von Werten von der einen an die andere Generation mittels Erklärung, Verstärkung, Sensibilisierung, Vorbild, Weisung oder Zwang;
- und schließlich der entwicklungspsychologische Ansatz von PIAGET, KOHLBERG u.a., nach dem das moralische Bewußtsein und die moralische Urteilsfähigkeit des einzelnen sich durch Stimulation und die Übernahme von Verantwortung, Teilnahme am Diskurs zu höheren Stufen der moralischen Urteilsfähigkeit entwickeln und zu entsprechenden Handlungsformen kommen soll.

Nur dem entwicklungspsychologischen Ansatz trauen KOHLBERG und die ihm in dieser Auffassung folgen eine wirklich tragende und sich auch in Konflikten bewährende Werterziehung zu. Trotz des kognitiven Elementes, durch das die zu erziehende moralische Urteilsfähigkeit auf den verschiedenen Stufen der vorkonventionellen, konventionellen und postkonventionellen Stufen auch bei diesem Ansatz bestimmt sind, sind sie der Auffassung, daß an diesen Ansatz höhere Erwartungen geknüpft werden dürfen als an jede andere Weise der Werterziehung. Mit der Zunahme der Stufe moralischer Urteilsfähigkeit erhöht sich nach ihrer Auffassung auch die Wahrscheinlichkeit eines adäquaten moralischen Verhaltens. Je höher die Stufe der Entwicklung, um so geringer setzen sie die Gefahr kognitiver Dissonanzen an.

Die Aktionsformen, die zur Stimulierung der Entwicklung gewählt werden, umfassen

- sogenannte Dilemmata-Diskussionen, bei denen es um den Widerstreit zweier Werte geht [z.B. Schutz vieler Leben durch Vernichtung eines Lebens, Tyrannenmord] und es also nicht von vornherein klar ist, welchem Wert „man" zu folgen habe;

— sogenannte Gemeinschaftssitzungen (von KOHLBERG „just community", gerechte Gemeinschaft, genannt), bei denen Leiter, Lehrer und Schüler auf der Grundlage völliger Gleichberechtigung die Aufgaben, Probleme, Konflikte der Gemeinschaft der Schule oder eines Teils davon behandeln und zu regeln versuchen. Dabei liegen auch Vorbereitung und Durchführung der Sitzung, Überwachung der Einhaltung ihrer Beschlüsse in der Hand von Komitees, in denen die Schüler wegen ihrer größeren Anzahl die Mehrheit bilden. Verantwortungslernen durch Teilhabe an der Verantwortung ist das zugrundeliegende Prinzip. Das wesentliche Mittel der Lehrerintervention ist das Argument.

Weitere Aktionsformen nach diesem Ansatz sind

— vermehrt eingesetzte Rollenspiele zur besseren Erfahrung von Perspektivwechsel,

— bewußtere Einübung in transaktive Formen der Kommunikation (davon soll weiter unten noch einmal die Rede sein) und

— auch hier natürlich Wertklärungen, dies aber ohne den Wertrelativismus, der für die Richtung der sogenannten „value clarification" in den USA kennzeichnend ist.

Versuche mit diesem entwicklungspsychologischen Ansatz hat es im Rahmen eines Modellversuches an drei Schulen, darunter einem Gymnasium, in Nordrhein-Westfalen gegeben.

Sie erfolgten in der Hoffnung,

— über den zu modifizierenden Kohlberg-Weg einen neuen Einstieg in eine systematisch auszulegende und theoretisch besser zu begründende Erziehungsdebatte herbeiführen zu können,

— neue Formen der Schülerbeteiligung bei Regelsetzungen oder Regelbegründungen zu finden und

— das Erfahrungs- und Gegenstandslernen auch im Bereich von Sozialerfahrung und der Gestaltung von Sozialbezügen fördern zu helfen.

Weitere Verbesserung der Diskussionskultur; verstärkte Sensibilisierung für Gerechtigkeit, Fürsorge und gegenseitiges Verständnis, Hilfsbereitschaft und Offenheit für einander; Ich-Stärkung, Bereitschaft zur Verantwortungsübernahme: Dies und anderes mehr wurde mit in den breiten Zielkatalog dieses Versuches aufgenommen.

Die Ergebnisse seines ersten Durchgangs von drei Jahren werden gegenwärtig noch ausgewertet.

Deutlich aber ist schon zu sehen, daß ein solcher Ansatz nach einem

— guten Schulklima verlangt,

— einem ausgeprägten Lehrerethos und

— einer weitreichenden Partizipationsbereitschaft der Schülerinnen und Schüler.

Außerdem geht gerade auch bei diesem Ansatz nichts ohne das Vertrauen, daß gelernt und geleistet werden kann, was auch im Bereich moralischer Urteilsfähigkeit, der Kompetenz und Performanz gelernt und geleistet werden soll.

Wer sich mit der Theorie und ihrer ersten Umsetzung an sogenannten cluster schools in den USA befaßt, erkennt sofort, daß es sich bei dem Versuch der Übertragung auf europäische und in diesem Fall also deutsche Verhältnisse nur um eine Adaption, auf keinen Fall um eine Adoption handeln kann.

Zu verschieden sind die Systeme, zu verschieden die Aufgaben, Probleme, Konfliktfragen und Niveaus, auf denen die Versuche jeweils angesetzt würden. Adaption mit recht weitgehenden Veränderungen scheinen allerdings möglich, – wenn man einmal absieht von der Frage der Ausdehnung auf größere Systeme oder gar ein ganzes Land.

Einschränkungen sind unvermeidlich, z.B. durch den Persönlichkeitsschutz (Teilhabe an Verantwortung: ja – aber nicht in Gestalt eines Tribunals, weder über Lehrer noch über Schüler), und durch das Spannungsverhältnis, das zwischen den basisdemokratischen Beteiligungsformen des Versuches und dem repräsentativen System der gesetzlich gesicherten Mitwirkung entsteht. Da kann die „Gemeinschaftssitzung" nur Anträge beschließen, die an die Mitwirkungsgremien gehen, obwohl sie natürlich lieber Regelungen treffen wollte, die ohne weitere Zwischenschaltungen unmittelbar umgesetzt werden können. Im Geflecht solcher Beteiligungen kann zum Demokratiefrust werden, was als Demokratieerziehung in so viel radikalerer Weise angetreten war.

Schließlich gibt es dann noch den zeitlichen Aufwand, der den Vorbereitungssitzungen, den Gemeinschaftssitzungen, dem Vermittlungsausschuß und den Durchführungen zugestanden werden muß. Unter den Bedingungen einer insgesamt recht zufrieden aufgenommenen Schule und angesichts der thematischen Einengungen (vgl. oben Tribunal!) kann es da sehr wohl zu einem Verlangen nach gewöhnten Bequemlichkeitsformen kommen, wo man doch Begeisterung über die eröffneten Mitwirkungsmöglichkeiten glaubte erwarten zu dürfen. Dennoch wären wohlvorbereitete Versuche innovationsfreudiger Kollegien sicherlich zu unterstützen.

Ihnen käme insofern eine über den eigenen Versuch hinausgehende Bedeutung zu, als ihre Offenheit für Entwicklung zu einer Diskussion innovationssperriger Repertoires führen könnte. Solche Repertoires werden in einem Kollegium gerade von denen gern gehütet, die sich im Gewöhnten gut eingerichtet haben oder sich vor dem Neuen so sehr ängstigen, daß sie jede Veränderung mit zu vermeiden suchen.

Viel ist da schon gewonnen, wenn das Bewußtsein die pädagogischen Handlungen leitet, daß Erziehung, wo sie wirklich gelingen soll, in Wahrheit Entwicklung ist, und daß zu ihren wirkungsvollen Mitteln in der Schule ein betonter Herausforderungscharakter sowohl des Unterrichts wie auch der anderen Formen der Schulgestaltung gehört. Herausforderung nicht nur im Hinblick auf Lösungen, die Schüler in der Interaktion mit anderen für sich finden sollen, sondern auch im Hinblick auf die Prozesse, die zu solchen Lösungen führen.

Fritz OSER u.a. haben gezeigt, daß auf der Lehrerseite dazu Choreographien des Lehrens de facto vorgegeben sind, denen man sich nicht entziehen kann, wenn der Unterricht zugleich effektiv und verantwortlich sein soll, und daß auf der Lehrer- wie Schülerseite dazu noch ein Diskussionsverhalten treten muß, das entwicklungsfördernde Argumentationsformen (Transakte) mit umschließt [BERKOWITZ bei OSER, 1986 A, S. 103 ff.]. Inhaltlich soll dies weiter unten dargelegt werden.

Zusammenfassung:

Sozialerziehung ist immer auch Werterziehung. Diese umfaßt Wertklärung und Wertvermittlung als Aufgaben, über die in einem Kollegium Einverständnis herbeigeführt werden muß.

Mit der Bejahung der Pluralität wachsen das Problemder Orientierung wie die Notwendigkeit der Legitimation. Ausgehend von Grundwerten der Persönlichkeit sind die übrigen Grundwerte und in Abhängigkeit davon Normen, Regeln, Sitte und Gebräuche zu sehen und ggf. zu vermitteln.

Ein wirkungsvoller Ansatz dieser Vermittlung wird in einem Verständnis von Erziehung als Entwicklung gesehen.

Verantwortung muß je nach altersspezifischen Möglichkeiten eröffnet und zugemutet werden, wenn sie wirklich gelernt und wahrgenommen werden soll.

Das sie leitende Prinzip ist die Gerechtigkeit. Sie aber muß sich verbinden mit Fürsorge und wirklicher Teilhabe.

---

5. Beteiligung

All dies geht nicht, wenn die Schülerinnen und Schüler nicht angeleitet werden, ihre Subjektrolle zu übernehmen. Beteiligung ist grundlegend für alles. Sie gewinnt Gewicht, wenn Verantwortung eingeräumt und tatsächlich auch abverlangt wird.

Im vorangehenden allgemeinen Teil unserer Überlegungen [S. 246] wie auch im vorangehenden Kapitel war schon einmal die Rede von der Bedeutung der Partizipation. Hier im Bereich der konkreten Umsetzung muß davon noch einmal gesprochen werden, weil es sich bei ihrer Sicherung um eine der wichtigsten Aufgaben der Kollegien in der richtigen Gestaltung der Schule, hier vor allem also der Oberstufe handelt.

Was im Hinblick auf Partizipation so allgemein für die Institutionen der Gesellschaft und die in ihnen wirkenden Menschen gilt, das gilt insbesondere für die Menschen in der Schule und Hochschule, für die Jugendlichen in der Propädeutik der gymnasialen Oberstufe. Die vorher schon ausführlich besprochenen „Empfehlungen zur Arbeit in der gymnasialen Oberstufe" der KMK räumen der Partizipation insofern eine große Bedeutung ein, als einem ihr innewohnenden Element, dem selbständigen Lernen, der Rang eines Lernschwerpunktes zuerkannt wird. Die beiden anderen sind: wissenschaftspropädeutisches Arbeiten und Persönlichkeitsbildung.

Zu dem Lernschwerpunkt „Selbständiges Arbeiten" führen die Empfehlungen im einzelnen aus:

– Problemoffenheit, geistige Beweglichkeit und Phantasie,

– Reflexions- und Urteilsfähigkeit auf der Grundlage eines soliden Wissens,

– Verfügung über sachgemäße Methoden,

– Fähigkeiten zu planvollem und zielstrebigem Arbeiten, auch über längere Zeit.

Wer das vermitteln will, der muß darum bemüht sein, den Lernenden in seiner mit- oder gar selbstverantwortlichen Subjektrolle zu bestärken, ihn für diese Rolle zu gewinnen und ihn im Rahmen der schulischen Möglichkeiten sich darin auch ständig weiter einüben zu lassen.

Dazu genügen nicht bloße Zielhoffnung und guter Wille. Das muß zum einen erklärte Absicht auf allen Stufen des Schullebens sein und muß zum zweiten bestimmend sein für alle Organisationsformen des Lernens – bis hin in die Gestaltung der Kommunikation, die Formulierung von Fragen, die Mitwirkung beim Ablauf der Halbjahre, von Unterrichtsreihen und Einzelstunden. Tatsächlich hat sie unter dem Begriff des autonomen Lernens längst Einzug auch gehalten in einzelne Fachdidaktiken, so die der Fremdsprachen. Stärkere Schülerzentrierung und wachsendes Interesse auch der Forschung an Strategien des Lernens, nicht nur des Lehrens, das sind deutliche Trends in neueren Didaktiken.

Natürlich wird es auch bei einer veränderten Rollenverteilung, die den Schüler aus einer größeren Abhängigkeit vom Lehrer entlassen hat, weiterhin dabei bleiben müssen, daß wesentliche Entscheidungen bei Stoffauswahl, Stoffdeutung, Methodenwahl in der Hand des Lehrers liegen. Wo sie aber vom Lehrer getroffen werden müssen, da wird er sich in Begründung und Absicht um Transparenz bemühen, damit auch hier die Aufgeschlossenheit und Teilhabe der Schüler erhalten bleibt oder gewonnen werden kann.

Da Schule und persönliche Entwicklung immer auch Kulturtradierung umfaßt, wird es auch bei stärkerer Schülerzentrierung bei dem Grundmuster bleiben, daß Lehrer vermitteln und Schüler aufnehmen. Nicht um dieses letztlich natürlich nicht aufzuhebende Grundmuster aber geht es, sondern um dessen Interpretation, um die Art, wie die Rollen wahrgenommen werden sollen, die Lehrende und Lernende innerhalb dieses Musters im Prozeß der Vermittlung und der Entwicklung einzunehmen haben. Da sind Verlagerungen nötig, die oben schon einmal im Zusammenhang mit der Arbeitsschultradition angesprochen wurden. Am prägnantesten läßt sich die hier zu leistende Veränderung mit dem Wort der „autonomen" oder der „Selbst-Bildung" markieren.

Sie ist das Gegenteil einer veralteten Form bloßer Schülerbelehrung, ist Ausdruck einer „Kontraktpädagogik", die Lehrende und Lernende „auf Gegenseitigkeit im Zeichen eines gemeinsam festgelegten Ziels" verpflichtet. Wenn das überhaupt im Rahmen der Schule geht, dann am ehesten wohl auf der Oberstufe, wenngleich seine Einübung schrittweise schon sehr viel früher angesetzt werden muß.

Die Grundlage ist Mündigkeitsvorschuß, der Kern ist Interaktion. Beide sind das Gegenteil einer Beziehung, die durch Passivität auf der einen und Beherrschung auf der anderen Seite gekennzeichnet ist.

„Autonome Bildung bedeutet" [FRAGNIÈRE a.a.O., S. 48] „eine pädagogische Beziehung, in der die Autonomie des Lehrenden wie des Lernenden respektiert wird. Sie kennzeichnet die gegenseitigen Verpflichtungen des Lehrenden und des Lernenden". Selbst eine aus Freundlichkeit oder auch Ungeduld zu früh gewährte Hilfe kann Autonomiemöglichkeiten verspielen. Die Notwendigkeiten, die sich unter dem Ziel und auf der Basis der Autonomie für die praktische pädagogische Arbeit ergeben, sind so ungewohnt, daß Lehrer leicht dadurch irritiert werden können. Kommt der noch seinem Unterrichts- und Erziehungsauftrag wirklich nach, der soviel sich selbst entwickeln läßt, sich so sehr auf Anstöße zurückzieht, Materialien wirksam werden läßt, Zurückhaltung übt, abwartet, betrachtet und so wenig interveniert Diese Fragen stellen sich dem Gewissenhaften gerade auch deswegen, weil ihn der Staat selbst nicht in eine besonders große Autonomie entläßt und dies auch mit der Institution Schule aus vielfältigen Gründen nur sehr eingeschränkt geschieht.

Ziele, Bedingungen, zeitlicher Rahmen, Stufenfolge, Anspruchsniveau, Beurteilungen und ihre Kriterien – dies und vieles mehr ist staatlich vorgegeben, steht in seinen wesentlichen Daten schon aus Gründen der Vergleichbarkeit nicht zur Disposition. Autonomie der Schule wird also allein nur im Rahmen bestimmter Grenzen eingeräumt. Und dennoch sind die Freiräume darin so groß, daß beachtliche Autonomieentwicklungen der Lehrer und Schüler möglich sind.

Auch in anderen Lebensverhältnissen als dem der Schule muß das Rollenverständnis des sich selbst Bestimmenden unter Bedingungen entwickelt werden, unter denen die Freiheit ihre Bindung, die Entfaltung ihre Vorgaben, die Selbstbestimmung ihre Rücksichten hat. Die Autonomiebegrenzungen sind also nicht spezifisch für die Schule.

Individualität ist abstrakt denkbar, in der Form der Mißachtung sozialer Bedingungsfaktoren aber nicht realisierbar. Erst in der Wechselbeziehung konstituiert sich das I c h.

Wer von der Autonomie des Individuums spricht, muß zugleich also immer auch in Relationen denken, die sie erst möglich machen, befördern und einschränken. Die Autonomie ist offen im Hinblick auf ihr Ziel, nicht aber offen im Hinblick auf ihre Bedingungen. Ihr wesentliches Ziel aber ist die verantwortliche Selbstbestimmung, die, sind Mündigkeit und Verantwortung. Dafür muß es Probe- und Erfahrungsräume nicht zuletzt eben auch in der Schule geben.

Wieder heißt es dabei, wie schon in anderem Zusammenhang erwähnt, daß als Möglichkeit unterstellt werden muß, was als Wirklichkeit erreicht werden soll. Wer Autonomie anzustreben helfen will, der muß die Fähigkeit dazu voraussetzen. Indem man den einzelnen also eben auch in seiner schulischen Entwicklung unter dem Ziel von Selbständigkeit und verantwortlicher Selbstbestimmung sieht, versteht man ihn von Anfang an als jemanden, der schrittweise und in je verschiedener altersspezifischer Prägung zu beiden auch wachsen und sich entfalten kann. Das ist die anthropologische Grundannahme, die durch alle unsere Überlegungen geht. Wir werden später noch einmal darauf hinzuweisen haben, wie sich das auch auswirkt auf die Wissenschaftspropädeutik der Oberstufe. Learning by doing, Erfahrungslernen: auf der Oberstufe ist dieser Prozeß natürlich nicht abgeschlossen, aber bei richtiger Konzeption am Ende schon auf einer ansehnlichen Stufe angelangt.

Wo die Partizipation in der Einsicht in ihre Umsetzbarkeit wirklich eingeräumt, angeboten, gesucht und verwirklicht wird, da trägt sie im selben Augenblick stets auch mit bei zu einer Schulgestaltung, einem Klima oder einer Atmosphäre, die für Ich-Entwicklung, Autonomie, Handlungs- und Urteilsfähigkeit eine notwendige, wenn auch allein noch nicht hinreichende Bedingung schafft.

Die Autoren der Europäischen Kulturstiftung nennen in dem genannten Büchlein „Lernen für ein neues Jahrhundert" als weiteren Grund für die Notwendigkeit der Partizipation die Legitimationskrise des wie auch immer gearteten Kanons.

Wenn schon Unsicherheit in der Bestimmung wichtiger Bildungsinhalte bestehe, wieso sollten dann – so lautet die Argumentation – die Schülerinnen und Schüler nicht gerade auch aus diesem Grund mit in die Findungs- und Entscheidungsprozesse einbezogen werden Beteiligung also aus einer allgemeinen Unsicherheit Ganz so hilflos wird man Schulkonzepte, Zielbegründungen, Berufsprofessionalität wohl nicht anzusetzen haben, daß sich schon daraus allein Schülerpartizipation ergebe. Nicht die Ratlosigkeit sollte hier Pate stehen, sondern der Respekt. Verdoppelte Hilflosigkeit erhöht nicht die Hoffnung auf Sicherheit. Und Diskurse bei soviel unaufhebbarer und Ignoranz sind nur schwerlich vorstellbar. Richtig allerdings ist, daß die Legitimationsprobleme des Kanons die Entscheidungsräume der Lehrenden und der Schule weiten. Für sich selbst haben sie sie argumentativ zu füllen. In diesen Prozeß sollten ohne Aufgabe der eigenen Kompetenz die Schülerinnen und Schüler einbezogen werden. Die Forderung ist zu erheben, nur die Begründung aus der Offenheit des Kanons heraus bereitet Schwierigkeiten.

Wie immer aber man auch Partizipation begründen mag, wo sie wirklich gelingt, da wird nicht nur die Motivation der Schülerinnen und Schüler, sondern auch die Berufsfreude der Lehrer positiv beeinflußt. Einseitige Verantwortungsübernahme des Lehrer bei bloßer Objektrolle des Schülers, das ist nicht eine Voraussetzung, die glücklich machen kann. Welche Freude, mit zunehmend immer selbständiger werdenden aktiven „Subjekten ihrer eigenen Bildung" zusammen zu leben und arbeiten zu können, statt mit passiven Stoffempfängern und mehr oder weniger verdrießlichen „Belehrungsobjekten" sich herumplagen zu müssen, falls dies überhaupt vorkommen kann.

Wie schwer allerdings ein Wandel im gewohnten und in gewisser Weise auch bequemen Rollenverständnis mancher Schüler einzuleiten und voranzubringen ist, das weiß der Unterrichtende aus täglicher Erfahrung. Und daß auch bei verbreiteter Unzufriedenheit mit ihren Schulen bei den Lernenden dennoch nur recht mühsam gemeinsam ein Änderungswille erreicht werden kann, das mag verwundern, ist aber schulische Wirklichkeit. Sofern es sich dabei um strukturell verursachte Probleme handelt, wird man sie nicht einfach individuell lösen können. Diese Einsicht weitet das Thema über die Partizipation und Autonomie des Schülers hinaus aus auf die des Lehrers und der einzelnen Schule. Strukturen dürfen nicht einfach hingenommen oder unter Denkmalschutz gestellt werden.

Wenn Partizipation ein entscheidendes Instrument, eine unerläßliche Erfahrung ist für die Hinführung der Lernenden zur Übernahme von Verantwortung, dann darf sie nicht nur auf deren Ebene zugestanden werden, dann muß sie auch dem Lehrer möglich gemacht und auf den Ebenen der einzelnen Schulen und der verschiedenen Aufsichten eingeräumt und praktiziert werden.

„Die Partizipation", so FRAGNIERE [a.a.O., S. 50] „hat mehrere Dimensionen und betrifft die Entwicklung in mehreren Bereichen: im pädagogischen ebenso wie im administrativen und politischen". Deren wichtigste für wirkliche Praxisfolgen ist bei angemessenen Stukturbedingungen die Ebene des Lehrers. Nur der Lehrer, der Partizipation beruflich selbst erlebt, wird sie auf Dauer als Prinzip auf die Beziehung zwischen sich und den Lernenden übertragen. Nur er wird letztlich auch seine ganze Produktivkraft auf die Kooperation mit anderen Lehrenden ausdehnen. Mag der einzelne Lehrer auch ohne Strukturbegünstigung Lösungen finden, denen seine Schüler Beifall zollen, für die Lehrerschaft insgesamt sind Appelle allein nur an individuelle Veränderungen ohne die kritische Betrachtung und wirkliche Veränderung des bestehenden Strukturrahmens keine Lösung.

Im Hinblick auf die Bewertung und Beurteilung von Schülerleistungen gibt es da keinen nennenswerten Spielraum. Dafür sind Bildungs- und Beschäftigungssystem zu eng miteinander verbunden, besteht ein zu zwingender Zusammenhang zwischen schulischem Lernerfolg und außerschulischer Berechtigung. Im Hinblick aber auf das Curriculum, den Organisationsrahmen des Unterrichts, die möglichen Profile, die Lernorganisation im Ablauf eines Jahres und anderes mehr wären aber Freigaben möglich, auf die sich der Staat durchaus verstehen könnte. Beispiele z.B. des englischen oder amerikanischen Schulsystems, aber auch einzelner Modellschulen in Deutschland wie z.B. des Oberstufenkollegs in Bielefeld könnten da mit Gewinn Pate stehen. Dabei ist die Festigkeit der bestehenden Strukturen natürlich nicht zu unterschätzen. Eine bedeutende Strukturvorgabe ist allein schon darin zu sehen, daß die Schule auf der Grundlage von Gesetzen mit Machtbefugnissen versehen ist.

Bei entsprechender psychischer Struktur des Lehrers oder einer eben auch vorkommenden abwehrenden Belastungsangst gestatten diese Voraussetzungen eine Verantwortungsverschiebung und Vermittlungsreduktion, die eine Stoff-, Wissens- und vielleicht auch noch Methodenvermittlung noch zulassen mögen. Diskurs, Partizipation, Selbstentfaltung, Autonomie aber haben dabei keine Chance.

Für den Schüler stellt sich dieser Zusammenhang allerdings ganz anders. Für ihn wird die Schule in aller Regel „nicht als Institution manifest, sondern durch den Lehrer". Für ihn ist die Schule das, was der Lehrer für oder gegen ihn de facto daraus macht. Tatsächlich muß der Lehrer mit einer doppelten Rolle fertig werden.

Er ist der Sachwalter der institutionellen Interessen gegenüber Schülern und Eltern und der Anwalt des Schülers gegenüber der Institution. Davon war im Kapitel II dieses Buches ausführlich schon die Rede. Dabei genügt es nicht einmal, daß der Lehrer sich als Anwalt der Schüler gegenüber der Schule oder gegenüber anderen Instanzen versteht, er muß dies auch gegenüber sich selbst zu leisten bemüht sein. Das ist eine Einsicht, die der Partizipation eine eigene Qualität verleiht und von einer Lehrerpersönlichkeit ausgeht, für die die eigene Autonomie hohes Gut ist.

Zusammenfassung:

Beteiligung ist die Bedingung für Autonomie und Mündigkeit.

Autonomie der Schüler ist ohne die der Lehrer kaum zu erwarten. Eingebettet müssen sie sich sehen können in einen Gestaltungsrahmen, der der einzelnen Schule trotz der Notwendigkeit staatlicher Vorgaben Freiräume eröffnet.

Ihren Niederschlag finden muß die erstrebte Autonomie der Schüler auch in den Fachdidaktiken, im konkreten Unterricht. Die Professionalität des Lehrers wird die Spannung aushalten, die zwischen den Suchprozessen der Schüler und dem Informationsauftrag des Lehrers entstehen können.

Beteiligung ist nicht ein methodisches Mittel der Überlistung, sondern eine Antwort auf die anthropologische Grundannahme der Selbstbestimmungsmöglichkeit des Menschen und auf seinen Anspruch, darin gefördert zu werden.

6. Generationsgestalten und Lebensbedingungen

Wer Schul- und Unterrichtsgestaltung vom Schüler her und Wahrnehmung der Subjektrolle durch die Schüler selbst ernsthaft will, der muß über mehr noch nachdenken als über die vielfältigen Möglichkeiten der Partizipation. Der muß auch Überlegungen anstellen zu den Lebensbedingungen der nachwachsenden Generation und den sich wandelnden Generationsgestalten.

Als Ergebnisse jüngerer Jugendforschung, die natürlich auch Lernen und Rollenverständnis von Schülern umfassen, nennt BOHNSACK [1987, S. 106] stichwortartig die folgenden Veränderungen bzw. Entwicklungen:

– Liberalisierung des Erziehungsstils in den Familien;

– Abbau von Erwachsenenautorität: Erwachsene sollen von Jugendlichen lernen! („lokkerer, spontaner leben, aus Sachzwängen ausbrechen" usw.);

– frühere „kulturelle" Ablösung der Jugendlichen von den Eltern bei verlängerter finanzieller Abhängigkeit;

– enorme Zunahme der Mitgliedschaft von Jugendlichen in gleichaltrigen Gruppen und Zunahme von deren Bedeutung für die Selbstverwirklichung der Jugendlichen, damit verbunden: Vorverlegung sexueller Beziehungen;

– Zunahme der Lebensbedeutung der Freizeit, damit Relativierung der Sinnstiftung durch Arbeit oder Schule;

– Zunahme des Verlangens nach Sinnerfüllung in der Gegenwart und Abnahme der Bereitschaft, für eine ferne Zukunft bzw. Karriere, zum Beispiel in der Schule, zu arbeiten, zu lernen, auf Erfüllung zu verzichten.

Erkennt man daran einen Wertwandel im Sinne einer Schwerpunktverlagerung, wie KLAGES [1984] sie in einer These zusammengefaßt hat als Wandel von sogenannten „Pflicht- und Akzeptanzwerten" zu „Selbstentfaltungswerten", dann sind damit Ausgangsbedingungen skizziert, die die Schule wahrlich nur schwer beeinflussen kann, deren Wirkung sie sich umgekehrt aber ebenso wenig einfach entziehen kann.

Zu den „Pflicht- und Akzeptanzwerten" zählt man Sekundärtugenden wie: Disziplin, Gehorsam, Leistung, Ordnung, Pflichterfüllung, Treue, Unterordnung, Fleiß, Bescheidenheit, Selbstbeherrschung, Pünktlichkeit, Anpassungsbereitschaft, Enthaltsamkeit.

Zu den „Selbstentfaltungswerten" Werte wie: Emanzipation, Gleichbehandlung, Gleichheit, Demokratie, Partizipation, Autonomie, Kreativität, Spontaneität, Selbstverwirklichung, Ungebundenheit, Genuß, Abenteuer, Spannung, Ausleben emotionaler Bedürfnisse usw. [vgl. dazu BOHNSACK, 1987, S. 107; FEND, 1988 (A), S. 27, auch oben S. 39 f.].

Unabhängig davon, ob der Wandel von der einen zur anderen Wertgruppe so durchgängig für die Generationen angenommen werden kann, und unabhängig davon, ob man nach der Bevorzugung der einen gegenüber den anderen Werten Generationen unterscheiden könne, wird man insgesamt die behauptete Verlagerung zumindest mit im Auge behalten müssen, wenn man nicht an den Wertvorstellungen vieler Jugendlichen vorbei erziehen will. Auch die Pädagogik wird sich auf diesen weitreichenden Wertwandel einstellen müssen, ob dieser nun in der Gesellschaft als ein beklagenswerter Verfall angesehen wird oder als ein wünschenswerter Prozeß.

In der Schule geht es zunächst um Kenntnisnahme, sodann um Reaktion. Eine Schule, die die Wertvorstellungen zumindest eines Teils der nachwachsenden Generation einfach ignoriert oder als bloßen Wertverfall ablehnt, wird kaum zu einer Identifikation verhelfen können, ohne die letztlich weder Autonomie noch Mündigkeit noch Verantwortung für die Gesellschaft, Teilhabe möglich sind. Im übrigen wird unter solchem Ablehnungsverhalten auch kaum Lernmotivation wirkungsvoll beeinflußt oder herbeigeführt werden können.

Wenn wir bisher so nachdrücklich von der Beteiligung der Schülerinnen und Schüler, ihrer Subjektrolle im Lernen, der Verantwortungsübernahme z.B. bei der Gestaltung der eigenen Schullaufbahn auf der Oberstufe gesprochen haben, dann geschah das in dem Bewußtsein der vielfach begründeten Schwierigkeiten bei der Vermittlung gerade dieser Absichten. Eine dieser Schwierigkeiten liegt in den genannten Wertunterschieden begründet. Eine zweite, die sich durchaus mit der ersten verbinden kann, liegt in der Tatsache begründet, daß Schule im Gegensatz zum Beruf wie eine Art Moratorium zu verstehen ist, in dem der Schüler anders als der junge Auszubildende oder auch junge Angestellte behütet wird und der Sache nach nicht mit solcher Verantwortung bedacht werden kann, wie das z.B. bei einem jungen Kfz-Mechaniker von der Altersstufe der Oberstufenschüler der Fall ist.

In der Moderne, so zitiert FEND [1988 (A), S. 30] „die Stellungnahme des sogenannten Panel on Youth des Science Advisory Committee aus dem Jahre 1974", ist das „Aufwachsen ... für immer mehr Jugendliche gekennzeichnet durch die Ausdehnung der Schulzeit". Das aber führt zu immer mehr „pädagogischer Umwelt" (Fend nennt sie „EDUKATOP")], in der „sukzessive Einübung in verantwortliches Handeln und die Erfahrung des eigenen Wertes auf der Grundlage der sichtbaren Nützlichkeit der eigenen Tätigkeiten" deutlich schwerer ist als in den nicht simulierenden Verhältnissen der Berufs- und Wirtschaftswelt.

Angesichts der Förderungs-, Forderungs- und Aufsichtspflicht der Lehrer, ihrer Verantwortung für die Qualität des Unterrichts, die Richtigkeit von Fächerbelegungen auf der Oberstufe, der Verantwortung selbst für die Qualität des Lernens und dafür, daß die Schüler sich für sich selbst mit verantwortlich erkennen und dem nachkommen, kann es nicht verwundern, daß die Schüler ihre Schulzeit nicht als Beruf empfinden und sich oft eher überlisten, verlocken, antreiben lassen als selbst die Initiative zu übernehmen. Der Lehrer, der sich aus methodischen Gründen in vielen Unterrichtsschritten als der alles Regelnde und alles Beantwortende verweigert, irritiert oft immer noch mehr, als daß er in seiner Absicht richtig verstanden würde.

Sehr viel Aufmerksamkeit ist also zu widmen der Übernahme wirklicher, nicht simulierter Verantwortung, der Interaktion, der Öffnung von Schule; der Vernetzung von Orientierungen, die die einzelnen Fächer bieten; der Nutzung der Sozialerfahrungen, die in der

Schule möglich sind [vgl. dazu auch FEND, a.a.O., S. 32], der Mitgestaltung des Schullebens, der Mitarbeit in Mitwirkungsgremien etc.

Angesichts der Größenordnung des hier in Rede stehenden Problems der Verantwortungsübernahme vor dem Hintergrund eines evtl. verunsichernden Wertwandels und einer dadurch drohenden Wirklichkeitsentfremdung der sie betreuenden Institution, kann es sich an dieser Stelle nur um einen Hinweis handeln, dem im konkreten Vollzug der Schule nachzugehen wäre – vielleicht z.B. in Kollegien und Schüler-Lehrer-Eltern-Gruppen, denen es um Konsens in grundlegenden Fragen kooperativer Schulgestaltung geht.

Man wird dabei wohl im Bewußtsein haben müssen, daß, wie FEND es ausdrückt, „etablierte kulturelle Bestände, wie die Wissenschaftsorientierung, die technisch ökonomische Zivilisation insgesamt, bei vielen ihre Überzeugungskraft verloren haben und von vielen in der jungen Generation mit anderen Wertentwürfen konfrontiert werden, die Sinnlichkeit und unmittelbare Erfahrung betonen, die Betroffenheit und Ganzheitlichkeit der Lebensbezüge, also Entspezialisierung und Entdifferenzierung anstreben" [FEND, a.a.O., S. 35].

Wir wissen, welch tiefgreifendes Problem sich gerade hinter der Sehnsucht nach der Entspezialisierung, nach dem „einfachen Leben" verbirgt. Unsere Kultur mit all ihren eben auch großartigen Möglichkeiten für den Menschen ist, so wo sie ist, nur durch Differenzierung geworden. Wissenschaft als ein wesentlicher Bestandteil und Träger dieser Kultur ist ohne Differenzierung, ohne Spezialisierung nicht möglich. Hilfe im Angesicht der lange schon lastenden, nicht erst heute drohenden Atomisierung von Erkenntnis und Leben kann es also nicht durch Rückgriff auf vorwissenschaftliche Ganzheitssehnsüchte oder Mythen, sondern nur im Überschreitungsversuch der Differenzierungsgrenzen geben. Gerade am Beispiel der Kanon- und der Transferdiskussion ließe sich der Irrtum aufzeigen, der in der Suche nach den einfachen, den banalen Lösungen zu sehen ist. Wer auf jede komplexe Frage die simple Antwort kennt, steht nicht im Verdacht, das Richtige gesagt und empfohlen zu haben.

Die Differenzierung ist nicht Sündenfall, sondern Bedingung für Entwicklung. Es ist auch beim schulischen Lernen, das ja ein nach Fächern strukturiertes Lernen ist, von der Differenzierung auszugehen, nicht von einem ungebrochenen Ganzen. Aber es darf nicht bei der Differenzierung halt gemacht werden. Der Fehler liegt nicht im Verlangen nach dem Ganzen, sondern in der Verteufelung der Differenzierung. Das muß Gegenstand von Unterricht, von Diskussionen, von Auseinandersetzung auch zwischen den Generationen sein, wenn Wissenschaftsorientierung und Wissenschaftpropädeutik nicht zusammen mit Wissenschaft aufgekündigt und neue Mythen zum Ersatz für Aufklärung und Wissen herangezogen werden sollen.

Die oben zitierten Wertlisten machen in sich schon darauf aufmerksam, daß vielfach scharfe Abgrenzungen nicht vorgenommen werden können, Überlagerungen die Gegensätze mindern. Auch unterstützt die Erfahrung zumindest der letzten Jahre nicht den Eindruck einer pauschalen Generationsunterscheidung in diesem Punkt, da offenbar auch in der Erwachsenenwelt Aufmerksamkeit dafür entstanden ist, daß die den Generationsgestalten zugrundeliegenden Existenzbedingungen nicht alle einfach so hingenommen werden sollten. Das Bedürfnis z.B., „aus funktionalisierten und instrumentalisierten partialen Lebenszusammenhängen auszusteigen und Sinn im Nahraum der Gemeinschaft und unmittelbar einsehbarer Problemzusammenhänge (Frieden, Umwelt) zu suchen, die pädagogische Entfremdung durch gesteigerte pädagogische Arbeitsteilung aufzuheben" [A. FLITNER, nach FEND, a.a.O., S. 37], dieses Bedürfnis ist in vielen Fällen bei Lehrern vielleicht noch stärker ausgeprägt als bei Schülern. Wenigstens wird es jedenfalls nicht so ohne weiteres möglich sein, von einem gesicherten zivilisatorischen oder kulturellen „Normalentwurf" der Existenzbewältigung auszugehen und Abweichungen davon als solche zu klassifizieren. Es sei denn, man gehe von der Vereinfachung des Extremen aus mit der Folge eines Suspendierens aller Differenzierung durch die Praxis des Lebens. Auf Max WEBERs Entfaltung eines solchen Normalentwurfs im Kontext des von ihm so genannten „modernen okzidentalen Rationalismus" kann hier nur hingewiesen werden. Es gibt – um Beispiele zu nennen – das Verlangen nach basisdemokratischen Formen – aber auch die aktive Mitwirkung in den Gremien der repräsentativen Form der Demokratie; es gibt ohne Zweifel antirationalistische Tendenzen – aber in noch stärkerer Verbreitung die Verpflichtung auf Rationalität sowohl in der Kommunikation wie auch im methodischen Angehen von Problemen; es gibt Wissenschaftsfeindlichkeit und Technikskeptizismus, aber eben auch die von H. JONAS [1979] formulierte Verpflichtung auf eine Ethik der Verantwortung, die Wissenschaft und Technik nicht verteufeln, sondern in ein Sinnkonzept menschlichen Lebens bewußt einbeziehen will, und es gibt „Eudämonismus-Ansprüche" [FEND, a.a.O., S. 43], die z.B. auch Selbstverwirklichung eher hedonistisch unter dem Aspekt von Unabhängigkeit, Ungebundenheit und dem Ausleben emotionaler Bedürfnisse verstehen als verantwortungsbezogen unter dem Aspekt der Solidarität oder der Pflicht, aber es gibt in viel stärkerem Maße eben auch die Sensibilität für die weltumfassenden Fragen der Ökologie, von Hunger und Gerechtigkeit, Arbeit und Frieden.

In der Konkretisierung, wie diese Beispiele sie leisten wollen, liegen Ansätze für Wertdiskussionen und Konsenssuche – innerhalb und außerhalb der Schule.

Unterrichtsgespräche als gemeinsame Suchbewegung, das verleiht nicht nur den jeweiligen Gegenständen Gewicht und Relevanz, es versetzt auch Lehrende und Lernende in eine Diskurssituation, in der die Verantwortung für Plausibilität und Rationalität, interdependente Überprüfung und Verständigungsbereitschaft bei allen Beteiligten liegt und ihnen abverlangt ist. Ein postmoderner Rückzug in radikalisierte Subjektivität wird dabei ebenso wenig befriedigen können wie ein starres Festhalten an traditionalen Weltbildern harmonisierender Art [FEND, a.a.O., S. 61 ff.]. Schule steht inhaltlich eben nicht nur vor didaktischen Problemen und solchen einer möglichst optimalen Vermittlung, sondern nimmt auch teil an der öffentlichen Diskussion von Fragen, die die Gesellschaft wie den einzelnen bewegen und grundlegend sein können für die Interpretationen, die von jeder Zeit jeweils selbst geleistet werden müssen. Mit dieser Öffnung wird zugleich der Rang schulischer Entwicklungshilfe markiert.

Damit ist zugleich ein Mißverständnis abgewehrt, das bei oberflächlicher Betrachtung der Betonung von Motivationsbemühungen entstehen könnte: das Mißverständnis nämlich der Verwechslung von Erziehung und Animation. Letztere umschreibt eine „Erziehungsmethode", die darin besteht, Jugendliche anzuhalten, unverbindlich etwas zu tun ...

Überall dort, wo Ziele nicht festgelegt, wo Lernprozesse unkontrollierbar und Resultate unverbindlich sein sollen, spricht man von Animation. Es wird versucht, etwas pädagogisch anzuregen, aber jede Verpflichtung wird als ‚gefährliche Indoktrination' in Frage gestellt [OSER, 1986, S. 3].

Kein Zweifel, daß Autonomie als Ziel über solche Art Animationspädagogik nicht zu erreichen ist. Autonomie als Ziel ist von der optimistischen Unterstellung ihrer Erreichbarkeit bestimmt; Animation aber kapituliert vor jedem Anspruch, vor aller Verbindlichkeit und jeder Verantwortung.

Zusammenfassung:

Wer Schülerzentrierung des Unterrichts, Schulgestaltung gemeinsam mit den Schülerinnen und Schülern vor allem der Oberstufe, Beteiligung gerade auch zum Zweck der Stärkung der Subjektrolle und der Einübung in Verantwortung will, der muß sich auch der generationsspezifischen Voraussetzungen bewußt sein. Ein durch Erfahrung nachvollziehbarer Wertwandel, sich ändernde Generationsgestalten bilden die gesellschaftlichen Voraussetzungen; die generelle Verlängerung der Schulzeit, beim Gymnasium das immer schon länger währende Moratorium des kulturell bedingten Fernhaltens von direkten Berufsverantwortungen, wie sie in Wirtschaft, Verwaltung, Technik früh schon auf Jugendliche zukommen, sind weitere Voraussetzungen.

Werterziehung auf der Basis von Wertwandel bedarf der Kenntnis, der Einsicht ebenso wie der Mühen um Konsens. Das Moratorium, das strukturell bedingt ist durch die Art der Tätigkeit, die Ziele und die Rollenverteilung in der Schule, stellt einen weiteren Grund dar für die bewußtere Organisation von Möglichkeiten ernsthafter, also nicht einfach nur simulierter Übernahme von Verantwortung.

7. Motivationshemmnisse

Zu den strukturellen Problemen, die nur zum Teil durch die Persönlichkeit des Lehrers gemildert werden können, gehören schließlich u.a. noch Leistungskontrolle und Notengebung. Bei einem Großversuch der Universität Lüneburg zum Schulverhalten und zur Schuleinstellung von Schülern ergab sich im Bereich der Noten eine alters- und schulformabhängige Entwicklung: von den Viertklässlern erlebten nur 4,7 % Zensuren negativ, in der 9. Klasse waren es bereits 35,2 % und in der 11. Jahrgangsstufe 55,5 %. Bei den Hauptschülern empfanden 19,6 %, bei den Realschülern 36 % und bei den Gymnasiasten 42 % die Notengebung negativ. Die Erklärung dafür kann vielfältig sein, eine ist ganz ohne Zweifel im Anspruch zu sehen, im Mißverständnis auch von Mitarbeitsumfang und Mitarbeitsnotwendigkeit.

Die Lösung kann sicherlich nicht in einer Senkung des Leistungsstandards, sondern einerseits nur in einer Erhöhung des Vermittlungsstandards, der Qualität systematischer Förderung, der Verbesserung der individuellen Passung gefunden werden, andererseits aber auch in einer Erziehung zu kritischer Selbsteinschätzung und entsprechender Handlungsfolge. Das gilt vor allem für den größeren Teil der Beurteilungsgrundlage, der nicht durch Klausuren abgedeckt ist und also der richtigen Selbsteinschätzung und einem angemessenen, nicht selektierenden Gedächtnis des Schülers mit anvertraut bleibt.

Gerade in diesem Bereich der sogenannten mündlichen oder sonstigen Mitarbeit kommt es in der Praxis oft zu Fehleinschätzungen durch die Schülerinnen oder Schüler, die bei entsprechenden Notendiskussionen weder dem Klima noch einer kritischen Veränderungsabsicht des individuellen Verhaltens dienlich sind.

Der Unterrichtende kennt die Belastung, die aus einem Notendissens kommen kann. Am wenigsten tritt sie erfahrungsgemäß im Bereich der schriftlichen Überprüfungen auf. Da sind im Zweifels- oder Widerspruchsfall Konkretisierungen im Gespräch, Begründungen anhand der vorliegenden Arbeit möglich, die im weiten Bereich der sonstigen Mitarbeit, der sogenannten mündlichen Leistung so nicht zur Verfügung stehen. Da steht dann nicht selten die Auffassung des Lehrenden gegen die des Lernenden. Sofern nicht Überzeugung geleistet werden kann, ergibt sich die Lösung aus der Rollenverteilung.

Die Verstimmung, die auch gegen den Willen und das Interesse des Lehrers am Ende übrig bleiben kann, kann sich auswirken auf die Atmosphäre eines ganzen Kurses, so daß Trübungen entstehen, wo vorher noch gutes Einvernehmen und konstruktive Gemeinsamkeit empfunden werden durften. Mit der generellen Trübung geht dann nicht selten eine individuelle Motivationsveränderung einher, die die folgenden Noten nicht unbedingt besser werden läßt und so also den Prozeß nur noch verschärft.

Sicherlich gehört gerade auch diese Erfahrung mit in den Bereich der Erziehung zur Konfliktfähigkeit. Das ist dann überdies auch Ernstsituation, nicht Simulation zum Zwecke des Lernens. Zu vital aber sind dabei oft selten die Interessen der Schüler, als daß sie sich auf eine Verlagerung vom erlittenen Konflikt weg hin zur Chance des Konfliktlösungslernens einlassen könnten. Hoffnung auf eine in diese Richtung gehende Wirkung kann nur dann gehegt werden, wenn sich wenigstens der Lehrer in Einsicht und Besonnenheit der Situation gewachsen zeigt und Rationalität auch dort differenziert durchhält, wo ihr häufig Emotionalität entgegentritt.

Günstig scheint es auch zu sein, Konfliktsituationen der beschriebenen Art in Phasen zu antizipieren und in ihrer Struktur, ihren Anlässen und den häufig zu betrachtenden Abläufen zu diskutieren, in denen die Konflikte selbst noch nicht zu erwarten sind.

Zusammenfassung:

Beteiligung, Atmosphäre, gemeinsame Gestaltung von Unterricht und Schule können Grenzen oder Beeinträchtigungen auch dadurch erfahren, daß der Lehrer nicht nur Anwalt ist, sondern auch Richter, daß er nicht nur fördern, helfen, motivieren soll, sondern auch beurteilen muß. Wenn Wahrhaftigkeit und Gerechtigkeit dabei nicht um einer falsch verstandenen Harmonie wegen einfach suspendiert werden sollen, dann sind Konflikte oft nicht zu vermeiden.

Die Hoffnung auf ein angemessenes Konfliktverhalten der Schüler ist wahrscheinlich am ehesten da begründet, wo das Konfliktverhalten der Lehrer dazu durchgängig das nachahmenswerte Beispiel gibt.

D. Wissenschaftspropädeutik im Unterricht der Oberstufe

1. Fachliches und allgemeines Lernen

Neben den Lernschwerpunkten Selbständiges Lernen und Persönlichkeitsbildung ist der Lernschwerpunkt wissenschaftspropädeutisches Arbeiten die andere Säule, auf der die allgemeinen Ziele der gymnasialen Oberstufe ruhen.

Als Leitidee ist die Wissenschaftspropädeutik unumstritten und das schon seit dem 19. Jahrhundert. Hinsichtlich der Möglichkeit ihrer didaktischen Transformation aber sind auch bis heute noch nicht die beruhigenden Lösungen gefunden. Alles hängt letztlich ab vom Transfer ihrer theoretischen Möglichkeiten und ihrer didaktischen Voraussetzungen. Kritiker der Oberstufe sind außerdem der Meinung, daß die Erklärung des Begriffs durch die KMK einfach zu vage sei, um hinreichend viel Handlungshilfe leisten zu können.

Das macht einerseits die Arbeit der Lehrer nicht leichter, eröffnet ihnen andererseits aber Reflexions- und Entwicklungsräume, in denen es durchaus dann zu handhabbaren Vorstellungen kommen kann.

Von größter Bedeutung bei diesem Bemühen ist die Anbindung des Fachlichen an die allgemeineren Ziele der Aufgabenfelder und die allgemeinen Ziele der Persönlichkeitsentwicklung. Nur durch solche Zielanbindung kann letztlich das Abgleiten in eine bloße Abbilddidaktik vermieden werden. Es ist sicherlich nicht leicht, dieser Gefahr zu entgehen; verstärkt auf der Oberstufe auch deswegen nicht, weil es gerade hier so sehr auf die Leistung im Fach ankommt. Gerade auf der Oberstufe gewinnt die „Meßbarkeit und Kalkulierbarkeit" der Schülerleistung wegen der Aufnahme aller Noten in das Abiturzeugnis eine so große Bedeutung. Am ehesten glaubt man häufig, dieser Bedeutung angemessen zu entsprechen, wenn man den Unterricht auf die Inhalte und Methoden des einzelnen Faches beschränkt und gar nicht erst den Versuch ihrer Überschreitung im Interesse allgemeinerer Ziele und übergeordneter Entwicklungsinteressen unternimmt.

Für die praktische Arbeit einer Schule ergibt sich auch als Schutz gegen diese Fehlform des Unterrichts die Notwendigkeit eines Konzeptes für bewußt wissenschaftspropädeutisches Vorgehen. Genau da aber ist noch viel Arbeit zu leisten; eine Arbeit, die die einzelne Schule allein ohne Grundlagenpapiere etwa der jeweiligen Gremien und ohne entgegenkommende Arbeiten der Hochschule wohl kaum wird leisten können. Bei der Annäherung an ein solches Konzept, der Erstellung entsprechender Curricula und dem Entwurf und der Durchführung eines entsprechend ausgerichteten Unterrichts wird man außerdem gut tun, zumindest Kenntnis zu nehmen von den Erwartungen, die die Hochschulen hegen, und den Vermittlungsprozessen, die zwischen ihnen und den Zielen von Schule hergestellt werden müssen.

2. Die Erwartungen der Hochschulen

Sehr häufig treten die Erwartungsbeschreibungen in der Form der Klagegestalt als Defizitbehauptung auf, und nur selten können sie den Gültigkeitsrang einer repräsentativen Erhebung für sich in Anspruch nehmen, ganz zu schweigen vom Fehlen differenzierter Anforderungsanalysen für die Vorbereitung auf ein bestimmtes Studium oder auf das Studium überhaupt.

Erhebliche Defizite sehen die Hochschullehrer in folgenden Bereichen:
- Arbeitstechniken,
- Kenntnisse der Methoden der Geistes-, Sozial- und Naturwissenschaften,

- Arbeitsqualität und Ausdrucksvermögen,
- Techniken der schriftlichen Darstellung,
- Präsenz des Wissens,
- Selbständigkeit und Motivation,
- Ausdauer und Belastbarkeit,
- Differenzierungsvermögen.

Für viele Hochschullehrer legt das den Schluß nahe, daß „den jungen Menschen im schulischen Unterricht jene formalen und kategorialen Voraussetzungen vielleicht unzureichend vermittelt worden sind" [FINKENSTAEDT/HELDMANN, 1989, S. 14].

Überflüssig ist es, hier einfach in eine schmollende Defensivhandlung gehen zu wollen – sicherlich auch nicht in eilfertigen Erledigungseifer, aber in eine gemeinsame kritische Prüfung. Sie könnte ihren Ausgang nehmen bei der Frage nach der Wissenschaft, auf die hin die Schule propädeutisch sein soll, damit von daher Prinzipien des Unterrichts ermittelt werden können. Die beiden Eckpunkte für die Bestimmung von Wissenschaftspropädeutik sind einerseits die Wissenschaft und andererseits das Individuum.

Wissenschaft ist zu sehen als

- Prozeß,
- Instrument und
- Produkt.

Als Prozeß ist sie „eine um Gewißheit bemühte Form des Erkennens, für die methodisch planvolles Vorgehen" entscheidend ist [HENTIG bei LÜBKEN, 1985, S. 32]. Bei ihrem Bemühen, die Strukturen und Gesetzmäßigkeiten der Wirklichkeit zu erfassen, bedient sie sich der folgenden drei Erkenntnistätigkeiten, der:

- Differenzierung,
- Abstraktion,
- Verallgemeinerung.

Als Instrument wird sie eingesetzt zum Erkenntnisgewinn und Erkenntniszuwachs über die Wirklichkeit als Objekt der Erkenntnisakte. Dieser Erkenntnisgewinn geschieht „zum Zweck der Erleichterung des Lebens, zur Existenzsicherung des Menschen" [LÜBKEN, 1985, S. 21].

Als Produkt stellt sie eine „Systematik der erreichten Erkenntnisse" dar oder strebt sie diese an; versucht sie also eine Zusammenfassung gewonnener Erkenntnisse nach bestimmten Prinzipien zu einem geordneten Erkenntnissystem, einer Theorie. Dabei unterliegt sie stets einer grundsätzlich vorhandenen Revozierbarkeit ihrer Verfahren und Ergebnisse, der Weiterentwicklung oder der Möglichkeit völlig anderer Ansätze.

Das Moment der Kritik ist ihr also immanent.

Wenn es nun zu Ergebnissen kommen soll, für die man den Anspruch der Wissenschaftlichkeit zu Recht erheben will, dann müssen während des wissenschaftlichen Arbeitens spezifische Prinzipien beachtet werden; nämlich

1. „Verfügbarkeit und Nachprüfbarkeit der Wege/Methoden und Resultate eines Erkenntnisprozesses;
2. Verständigung über und Kommunizierbarkeit der Aussagen;
3. Widerspruchsfreiheit und Eindeutigkeit von Aussagen;
4. Methodisch geplantes Vorgehen;
5. Verallgemeinerungsfähigkeit als Objektivierung gewonnener Erkenntnisse" [LÜBKEN, a.a.O., S. 39].

In der Verfügbarkeit liegt der Ausgang für die intersubjektive Kontrolle, Kritik und evtl. auch Veränderung. In der Verständigung die Voraussetzung dafür. Wenn die Wissenschaftsaussagen über die Wirklichkeit überprüft werden sollen, dann ist ihre Verstehbarkeit Voraussetzung. Diese allerdings bleibt gebunden an den Sachverstand. Ohne ihn ist die Verstehbarkeit kaum festzustellen, die Überprüfung nicht zu leisten. In der sich darin offenbarenden Zirkelstruktur liegt das Problem.

Die Kommunizierbarkeit ist Prinzip schon beim Erkenntnisgewinn. Wissenschaftliche Erkenntnis ist immer schon „ein Gemeinschaftswerk ..., sie kann nur durch die Zusammenarbeit vieler ... zustande kommen. Diese Zusammenarbeit verlangt aber die Mitteilung des Wissens, und diese kommt ... durch gesprochene und geschriebene Worte zustande" [BOCHENSKI, bei LÜBKEN, 1985, S. 41; auch v. HENTIG, 1969, S. 90].

Widerspruchsfreiheit ist eine idealtypische Forderung. Wo man sie als zentrales Kriterium für Wissenschaftlichkeit nicht gelten ließe, träte man nicht nur heraus aus dem Bereich von Wissenschaft, sondern von Rationalität überhaupt.

Wissenschaftliche Erkenntnisse werden schließlich in einem planvollen Vorgehen zielgerichtet angestrebt. Wissenschaft ist vor allem anderen also eine „aufgrund angebbarer Mittel/Methoden und Regeln vollzogene und vollziehbare Suche nach Erkenntnissen" [LÜBKEN, 1985, S. 43].

Weil wissenschaftliches Arbeiten Wirklichkeitserkenntnis leisten will, müssen die Ergebnisse nachprüfbar, objektiv und also verallgemeinerungsfähig sein.

Objektivität der Methoden wie der Resultate des Erkenntnisprozesses sind ebenfalls eine wesentliche Bedingung für intersubjektives Verstehen. Es läßt sich also folgende Gedankenkette bilden:

Erkenntnis als Resultat ist Wissen. Wissen über Wirklichkeit wird auf die Praxis zurückbezogen, aus der es stammt.

Es wird eingesetzt:
- funktional zum Zweck der Orientierung
  (orientierende Funktion),

- planend zum Zweck der Gestaltung
  (prospektive Funktion),
- prüfend in Kontrolle und Kritik
  (reflexive Funktion).

Die Erkenntnis als ein Prozeß der Vorwärtsbewegung kehrt also ständig zu ihrer Ausgangsstufe [zur empirischen Stufe] zurück [LÜBKEN, 1985, S. 47].

Weiter heißt es bei LÜBKEN [a.a.O., S. 47]: „Es ergibt sich daher idealtypisch ein Dreischritt: Lebendige Anschauung, abstraktes Denken und Rückführung der gewonnen Erkenntnis auf die konkrete Situation, die Praxis, den Lebenszusammenhang des Menschen, an dem sie erarbeitet und für den sie angestrebt wurde." Wenn diese Prozesse in der erforderlichen Disziplin und Neugier, Planmäßigkeit und Revision propädeutisch in einer Art Imitation von den Schülern nachvollzogen oder antizipiert werden sollen, wenn dabei die fünf Prinzipien von Verfügbarkeit, Kommunizierbarkeit, Widerspruchsfreiheit, methodisch geplantem Vorgehen und Verallgemeinerungsfähigkeit tatsächlich auch berücksichtigt und eingeübt werden sollen, dann sind dazu auf der Subjektseite des Lernenden Verhaltensweisen gefordert, die die bloße Anwendung von Techniken wissenschaftlichen Arbeitens weit übersteigen, ohne sie in ihrer Wichtigkeit dabei zu schmälern.

Das sind dann Verhaltensweisen, denen über ihre unmittelbar funktionale Bedeutung hinaus ein „normativer Charakter" zukommt [KAZEMZADEH 1987, S. 13]. KLINK spricht in einem unveröffentlichten Manuskript von einer spezifischen, einstellungsmäßigen Organisiation des Individuums, z.B. Beharrlichkeit, geistiger Neugier, Belastbarkeit [Manuskript 1980, S. 3]. So bedeutsam sind diese psychischen Dispositionen für Wissenschaftsumgang und also auch Wissenschaftspropädeutik, daß man – wie oben schon dargestellt – von einer eigenen Enkulturation spricht, die der Wissenschaftsbefähigung zugrunde liegen müsse.

Im Rahmen der Hochschulreife handelt es sich dabei um jene normativen Anforderungen, die aus den Rollen des Studenten und Akademikers und damit letztlich aus den diese begründenden Normen und Werten der „Wissenschaftskultur" abgeleitet sind, wie oben bereits dargestellt worden ist.

3. Erwartungsprofile

Ehe die Schule aber überhaupt darangehen kann, auf der Basis der Hochschulerwartungen eigene Konzepte zu entwickeln, muß sie noch Kenntnis nehmen von den verschiedenen Erwartungsprofilen, die den Anspruchsbeschreibungen jeweils zugrunde liegen [KAZEMZADEH u.a. 1987]. Sie kommen einer Relativierung gleich.

Große Übereinstimmung bei den Hochschullehrern besteht lediglich in zwei Aussagen:
1. Das Gymnasium sollte eine von Persönlichkeits- und Allgemeinbildung geprägte Schule sein.
2. Die Vorbereitung der Abiturienten auf das Studium reicht derzeit nicht aus.

Die Einmütigkeit in diesen beiden Punkten ist ziemlich umfassend. Über diese beiden Gemeinsamkeiten hinaus trifft man allerdings auf auffallend viele heterogene Vorstellungen. Um in dieses heterogene Feld der verschiedensten Erwartungshaltungen wenigstens etwas Ordnung zu bringen, haben KAZEMZADEH u.a. [1987] vier unterscheidbare Erwartungsprofile zusammengestellt. Sie gehen ihrerseits wieder aus von vier verschiedenen Funktionsbestimmungen des Gymnasiums, so wie sie die befragten Hochschullehrer jeweils sehen.

Diese werden benannt als:

- „Kulturtradierung und Lebensertüchtigung",
- „Schulen und Auslesen",
- „Gymnasium als fördernde Schule",
- „Traditionelles Gymnasium".

Es liegt nahe, daß die unterschiedlichen Funktionsbestimmungen zu unterschiedlichen Erwartungen führen, so daß von einer einheitlichen erwartung nicht einmal im Bereich ein und derselben Hochschule gesprochen werden kann. Das gilt auch für die füllung des außerordentlich hoch angesetzten Wunschbegriffs „Allgemeinbildung".

Erwartungsbeschreibungen können weder die Analyse von Eingangsbedingungen für ein Studium noch ein Konzept wissenschaftspropädeutischen Unterrichts ersetzen. Für das eine wären die Hochschulen, für das andere sind die Schulen verantwortlich. Selbst wenn man die Voraussetzungen für ein Studium analytisch ermittelt hätte, was nirgendwo geschehen ist, könnte man angesichts der Zielkomplexität der gymnasialen Oberstufe aus ihnen allein noch nicht ein Konzept studienvorbereitenden Unterrichts zwingend ableiten. Man bleibt auf Pragmatik angewiesen und muß einiges an Forderungen einfach normativ setzen, damit es zumindest in Ansätzen zu einem Entwurf wissenschaftspropädeutischen Lehrens und Lernens kommen kann. Tatsächlich gibt es ja nicht die fachunabhängige oder fächerübergreifende Didaktik wissenschaftspropädeutischen Unterrichts, sondern nur die Didaktiken der verschiedenen Fächer. So wie man hofft, daß sich aus der Addition der individuell gewählten bzw. staatlich vorgegebenen Fächer im einzelnen Schüler ein integriertes Ganzes der Orientierung etwa oder der Bildung ergebe, so nimmt man auch an, daß der Addition der fachdidaktisch bestimmten Lehr- und Lernprozesse eine fächerübergreifende, für alle Wissenschaftsdisziplinen hinreichende Wissenschaftspropädeutik entwachsen werde.

Die Schwierigkeiten, die in diesem Bemühen zu bewältigen sind, führen den Deutschen Hochschulverband dazu, die „Allgemeine Hochschulreife" de facto mit dem Verlangen nach individuellen Schullaufbahnprofilen zu unterlaufen [FINKENSTAEDT u.a., 1989, S. 13].

Der Ort, an dem die vielen allgemeinen Fähigkeiten, Haltungen, Einstellungen und Dispositionen, die Techniken, Fertigkeiten und Methoden und natürlich die erforderlichen Wissensbestände, Einblicke und Übersichten in der Schule gewonnen werden sollen, ist das einzelne Fach mit seinen fachspezifischen Möglichkeiten und Notwendigkeiten. Der konkrete Einstieg in den komplexen Unterrichtsauftrag erfolgt im Bewußtsein des Lehrers eben durch das Fach. Lernerwartungen konzentrieren sich wenigstens zunächst auf fachliche Anforderungen. Sie können so ausschließlich und dominant gesehen werden, daß die dem Fach immanenten und es doch übersteigenden allgemeinen Ziele, also auch die des wissenschaftspropädeutischen Weges zum Ziel der allgemeinen Hochschulreife, tatsächlich in den Hintergrund treten, vergessen oder sogar bewußt suspendiert werden.

Es kann darüber zu Abbilddidaktiken kommen, bei denen das viel dimensionierte Ziel von Schule reduziert wird auf reine Fachvermittlung. Dabei werden dann einfach „die Strukturen einer Universitätsdisziplin in verkleinertem Maßstab auf den Schulunterricht" übertragen [GRUSCHKA, 1978, S. 871], besteht eben die oben schon genannte Gefahr, daß Lehrer meinen, ihnen seien nur Fächer anvertraut, nicht Jugendliche oder Kinder.

Was dem Fachlehrer für das Fach wichtig und unerläßlich erscheint, das kann dann Vorrang haben vor allen anderen Aufträgen, unter denen er mit seinem Fachunterricht steht. Je nach der Struktur des Faches kann das zu einer so ausschließlichen Wissens- oder gar Stoffvermittlung führen, daß nicht einmal die einfachsten Formen der Selbständigkeit, geschweige denn subtilere Ziele der Ich-Stärkung, der Kooperation, des Sozialverhaltens, der Verantwortung, des Transfers oder der Kritik Berücksichtigung finden. Im negativen Fall kann die Ausschließlichkeit der Orientierung an der korrespondierenden Fachwissenschaft zum alleinigen Diktat dessen führen, was man das Pensum nennt. In einem solchen Fall wäre nicht einmal mehr der materialen Dimension der Studierfähigkeit entsprochen, geschweige denn der formalen oder personalen. Eine solche Reduktion kann geschehen, wenn schulisches Lernen nach Fächern strukturiert ist, aber sie muß nicht geschehen. Die Strukturierung des Lernens nach Fächern ist unter den gegebenen Wissenschafts- und Ausbildungsbedingungen unvermeidlich und unverzichtbar. Sie ist solange auch zumindestens unschädlich, solange der didaktische Ort des einzelnen Faches im Gefüge der Schullaufbahn eines Schülers bewußt bleibt und die Perspektiven des Faches durch die allgemeinen Ziele bestimmt werden.

Unterrichtsfächer repräsentieren Weltausschnitte und stehen also im Dienst der Orientierung. Davon war schon einmal die Rede. Sie sind wissenschaftlichen Disziplinen zugeordnet und verlangen auch die Erschließung und Vermittlung ihrer Verfahren und Methoden, ihrer Möglichkeiten und Grenzen. Schließlich bieten Fächer Inhalte, Probleme, Verfahren, Techniken, die für den einzelnen Schüler zu Herausforderungen werden können, an denen er sich erproben kann, denen er sich selbst stellen muß. Ohne Inhalte ist nicht nur kein Lernen möglich. Ohne Inhalte fehlen eben auch Orientierung, Erschließungswege und Tugenden, die aus der Auseinandersetzung mit ihnen gewonnen oder gestärkt werden können. Fächer und ihre Inhalte stehen also den allgemeinen Zielen nicht nur nicht im Wege, sie sind auch für einen aufgeklärten und also verbindlichen Umgang mit den allgemeinen Zielen wichtig und unter unseren Gegebenheiten unerläßlich. An Beispielen wäre leicht zu zeigen, wie z.B. Konzentration, Belastbarkeit, Genauigkeit, Selbständigkeit, Zielstrebigkeit und viele andere Kräfte und Fähigkeiten personaler Formung über Inhaltsherausforderungen zu aktivieren, zu fördern und zu stärken sind.

Dasselbe gilt für Offenheit, intellektuelle Neugier, Revisionsbereitschaft, Kritik, Urteilsfähigkeit und andere Leistungskriterien.

Aber auch da, wo all dies gefördert und die Fehlform der Reduktion auf bloße Stoffvermittlung vermieden wird, da genügt die Addition der Fächer in der Schullaufbahn des Schülers und im Vermittlungskonzept der Schule allein nicht.

Sie genügt nicht, weil

1. durch Addition keine Ganzheitlichkeit erreicht

und

2. weil darüber Wissenschaftspropädeutik auch im Hinblick auf Methoden, Fertigkeiten, Techniken, Einstellungen und Haltungen nicht hinreichend betrieben werden kann.

Ein Blick auf die verschiedenen Anforderungskataloge für die Studierfähigkeit, die vom Hochschulverband einfach als Leistungskriterien ausgegeben werden, nach deren Vorhanden- oder Nichtvorhandensein man die Erfolgswahrscheinlichkeit meint beurteilen zu können, zeigt, wie diese quer durch die Fächer hindurchgehen. Da sie nicht aus den Fächern herausfiltriert und auch nicht aus den Fachwissenschaften durch eine Anforderungsanalyse gewonnen, sondern als fachübergreifende allgemeine Normvorgaben pragmatisch als notwendig angesehen und gesetzt worden sind, müssen sie bewußt erst den Fächern aufgegeben, von ihnen aufgenommen und auf die fachspezifischen Möglichkeiten abgestimmt werden.

Die Notwendigkeit der bewußten Aufnahme in den Unterricht, seine Planung und Durchführung ergibt sich übrigens auch schon aus der Tatsache der individuellen Wahl einer größeren Anzahl von Fächern. Da die Schüler weitgehend verschiedene Fächer haben können, wird es unmöglich, Grundformen wissenschaftlichen Denkens ausschließlich durch die Vermittlung der Inhalte eines traditionellen Fächerkanons lernen zu lassen..." [LÜBKEN, 1985, S. 9], es sei denn, man gehe von der Annahme aus, daß die Fachdidaktiken immer mehr umfassen als nur das eine Fach.

4. Der Handlungsauftrag des Lehrers im kooperativen System der Schule

Der Handlungsauftrag des einzelnen Lehrers im kooperativen System einer guten Schule unter dem Basisauftrag der Förderung des einzelnen Schülers muß also bewußt entfaltet werden nicht nur in der Dimension der fachlichen, sondern ausdrücklich auch in den Dimensionen der fachunabhängigen allgemeinen Ziele.

Wo immer Studierfähigkeit zum Thema gemacht wird, sind auf der Handlungsseite Überlegungen darüber gefordert, wie die allgemeinen Ziele der Richtlinien vermittelt, wie die in allen Katalogen enthaltenen Dispositionen, Einstellungen, Fähigkeiten, Tugenden als wesentliche Ziele in das Konzept von Schule und in die Planung und Durchführung von Unterricht wirkungsvoll aufgenommen bzw. durch das de facto Verhalten von Lehrern und Schule weitergegeben werden können.

Gerade an solch allgemeine Dispositionen oder individuelle Ausprägungen wie
- geistige Offenheit und Neugier,
- geistige Beweglichkeit,
- Vorurteilsfreiheit,
- Ausdauer,
- Zielstrebigkeit,
- Fleiß,
- Energie,
- Genauigkeit und Disziplin,
- Frustrationstoleranz,
- Selbstvertrauen,
- Erfolgszuversicht

wird deutlich, wieviel davon nicht nur der bewußten Förderung entspringen wird, sondern auch der täglichen Erfahrung. Es gibt selbstverständlich auch da das verborgene Curriculum im Sinne nicht geplanten Verhaltens, wo dessen Verbergen nicht einmal unbedingt intendiert sein muß. Wo Verhaltensformen der o.g. Art bei Lehrern und Schule so internalisiert sind, daß sie das tägliche Tun prägen und bestimmen, da ist mit ihrer Vermittlung eher zu rechnen, als da, wo man sie im Unterricht zwar thematisch macht und kognitiv zu vermitteln sucht, wo sie im Umgang miteinander aber nicht hinreichend erfahren werden können. Am günstigsten ist da wohl beides: Internalisation und Absicht.

Wie Verantwortung letztlich nur durch ihre Übernahme gelernt werden kann, so können auch alle die o.g. Dispositionen, Einstellungen, Fähigkeiten, Tugenden letztlich nur im Handeln eingeübt und angeeignet werden. Die Planung ihrer Vermittlung muß also für den einzelnen Lehrer wie für eine ganze Schule bei der Formung des eigenen Verhaltens beginnen.

Das Prinzip der Reziprozität gilt hier keineswegs in geringerem Maße als im Erziehungsverhalten überhaupt. Ihren Niederschlag finden muß diese Erziehungsabsicht auch im Bereich der Lernorganisation.

Wer z.B. Selbständigkeit will, der kann nicht einfach nur Formen der Vermittlung durch den Lehrer wählen, sondern muß solche der Erschließung durch den Schüler bevorzugen. Grundsätzlich kann man sagen, daß den allgemeinen Zielen ohne Erfahrungslernen nicht wirkungsvoll entsprochen werden kann.

Diese Zusammenhänge können den Schülern bewußt gemacht werden. Wenn die Fähigkeiten, Einstellungen, Tugenden etc. sich aber tatsächlich einstellen, festigen und verstärken sollen, dann müssen sie von ihnen auch im fremden Tun erfahren und im eigenen Tun eingeübt werden können.

Unter dem Horizont der allgemeinen Ziele lautet der erste Handlungsauftrag an die Schule also, daß Lehrer zunächst einmal selbst in sich aufgenommen haben müssen, was an wünschenswerten Haltungen, Fähigkeiten, Tugenden an Schüler weitergegeben, bei Schülern geweckt, verstärkt, gefördert werden soll. Wenn man dabei z.B. an Ich-Stärke, Selbstvertrauen, Zuversicht oder positives Lebenskonzept denkt, dann sieht man, wie einschneidend das für das eigene Leben und die Atmosphäre, das Selbstverständnis der einzelnen Schule sein kann.

Der zweite Handlungsauftrag lautet: daß die Schule das Lernen nach Prinzipien organisieren muß, die den erstrebten allgemeinen Zielen wie Selbständigkeit, Verantwortungsübernahme, Problemoffenheit, Toleranz entsprechen. Das ist alles weder operationalisierbar noch meßbar und ist dennoch die Spitze der Bildungsarbeit einer Schule. Näher schon an die Operationalisierbarkeit kommt man da mit Zielen wie Kommunikation und Kooperation, individuellem Differenzierungsvermögen und Abstraktion, Beobachtungsfähigkeit und Ausdrucksvermögen, Genauigkeit und Disziplin, divergentes und entdeckendes Denken u.a. mehr. Ziele dieser Art können durchaus in einem fachübergreifenden und von der Schule zu entwerfenden Curriculum von Wissenschaftspropädeutik festgelegt und in einzelnen Vermittlungsschritten beschrieben werden.

Der dritte Handlungsauftrag kann daher lauten, solche Basisqualifikationen wie

– Kommunikationsfähigkeit,

– Kooperations- und

– Urteilsfähigkeit,

wie sie in den Richtlinien der Länder als Aufgaben des Zielbereichs „Selbstverwirklichung in sozialer Verantwortung" entfaltet werden, in einem fachunabhängigen Curriculum zu beschreiben, um sie dadurch mit entsprechender Fachanbindung systematisch vermittelbar und kontrollierbar, wenn auch nicht unbedingt meßbar werden zu lassen.

Der vierte Handlungsauftrag kann sein die Explikation von Methoden, wie sie den verschiedenen Wissenschaftsbereichen eigen und also einem wissenschaftspropädeutischen Unterricht zur Erklärung, Anwendung und kritischen Reflexion ihrer Leistungsmöglichkeiten und Leistungsgrenzen aufgegeben sind.

Diese auf die Organisation des Unterrichts sich beziehenden Methoden sind:

– die hermeneutisch – historische,

– die empirisch – analytische und

– die ideologiekritische Methode.

Auch sie können fachunabhängig beschrieben und in Fachanbindung mit den entsprechenden Spezifikationen systematisch vermittelt, eingeübt und kritisch reflektiert werden. Bei ihnen kann auch schon eine Leistungsmessung ansetzen, wie sie bei den bisher genannten Zielen in dem Maße nicht oder nur eingegrenzt möglich ist. Die Darstellung dieser Aufgabe soll im Verlauf dieser Überlegungen noch detaillierter erfolgen.

Als fünfter Handlungsauftrag ist schließlich noch die Erstellung eines Curriculums der Arbeitstechniken zu nennen, das wiederum fachunabhängig angesetzt werden kann, dann aber an den Fachunterricht der verschiedenen Klassen- und Jahrgangsstufen anzubinden ist.

Allen diesen Aufgaben eines zunächst fachunabhängigen, dann aber in Fächer zu integrierenden Curriculums der Haltungen, Fähigkeiten, Methoden, Techniken und Fertigkeiten ist gemeinsam, daß sie

– horizontal durch alle Fächer und

– vertikal durch alle Jahrgangsstufen

gehen müssen. Darin liegt eine nicht geringe Schwierigkeit ihrer Erstellung, zugleich aber auch eine nicht geringe Chance für alle intendierten materialen, personalen und formalen Ziele der Qualifikation „Studierfähigkeit". Die Verfahren zu ihrer Erstellung können grundsätzlich von zwei verschiedenen Ansätzen ausgehen. Sie können entweder bei den Fachrichtlinien ansetzen und die fachimmanenten Teile von Haltung, Fähigkeit, Methode, Technik und Fertigkeit herausarbeiten oder aber fachunabhängig bei den verschiedenen Haltungen, Fähigkeiten, Methoden, Fertigkeiten und Techniken selbst beginnen und anschließend ihre Übertragung in den Fachunterricht folgen lassen.

Beide Wege sind grundsätzlich möglich.

Der Ausgang bei den Richtlinien kann den Vorteil haben, daß über deren Analyse Unterrichtsziele festgestellt werden, die man bei dem eigenen Fach gar nicht vermutet, vielleicht sogar bestritten hätte, und daß man im Austausch der Ergebnisse auf Gemeinsamkeiten stößt, die den Einzelauftrag im Gesamtauftrag wiedererkennen läßt und Absprachen also geradezu nahelegt, Konzentration eröffnet. Wenn sich da z.B. der Physiker bewußt machen mag, daß er die im folgenden genannten Aufgaben zu leisten habe, dann mag sich ihm darüber nicht nur die Öffnung seines Faches vertikal hin auf die allgemeineren Ziele erschließen, sondern eben auch horizontal hin auf andere Fächer, vielleicht sogar solche eines ganz anderen Aufgabenbereiches.

In den Richtlinien des Landes NW heißt es z.B. für den Physik-Unterricht der Jahrgangsstufe 12/II:

Elektrische Leitungsvorgänge, Elektronik:

– „Arbeitshypothesen aufstellen, überprüfen und modifizieren,

– Physikalische Sachverhalte im Rahmen eines vorgegebenen Modells oder einer Theorie erklären

– die Meßunsicherheit beurteilen

– mit physikalisch-technischem Gerät sachgerecht umgehen".

Wissenschaft, Wissenschaftskultur und individuelle Voraussetzungen für einen erfolgreichen Wissenschaftsumgang werden dabei in Beziehung gesetzt zur Wissenschaftspropädeutik der Schule.

Vertikal sind dabei drei Ebenen zu unterscheiden:
- die Anforderungsebene von Wissenschaft und Wissenschaftskultur
- die Erwartungsebene der Hochschule
- die Vorbereitungsstufe des Gymnasiums bzw. der gymnasialen Oberstufe.

Zusammenfassung:

Allgemeine Hochschulreife als Leitziel der gymnasialen Oberstufe verlangt nicht nur nach übergreifenden Qualifikationen, sondern auch nach der Berücksichtigung allgemeiner Entwicklungsziele im Werden der Persönlichkeit der Lernenden. Darauf muß der Unterricht bewußt ausgerichtet sein.

Als wissenschaftspropädeutische Veranstaltung ist er an den Prinzipien wissenschaftlichen Arbeitens wie: Verfügbarkeit, Kommunizierbarkeit, Widerspruchsfreiheit, methodisch planvolles Vorgehen und Verallgemeinerungsfähigkeit orientiert und an der Ausbildung psychischer Dispositionen interessiert, die mit Normen und Werten der Wissenschaftskultur verknüpft werden können.

Als Orientierungsrahmen für den Unterricht und die Richtlinien der gymnasialen Oberstufe können zum Teil auch die Anforderungswünsche der Hochschulen herangezogen werden, die formale Dimensionen ebenso wie materiale und personale umfassen und die den Zeitraum des Lernens ebenso wie das Begabungspotential der Schüler mit einbeziehen.

Dabei ist allerdings zu bedenken, daß die Anforderungsbeschreibungen in Abhängigkeit stehen zu den Erwartungsprofilen, die ihnen jeweils zugrunde liegen. Für die einzelne Schule ergeben sich aus den Vorgaben Handlungsaufträge, die die Fächer überschreiten und doch über den Weg des Fachunterrichts vermittelt werden müssen. Die divergierenden Vorstellungen der Hochschulen von dem, was das Gymnasium propädeutisch leisten soll, machen diese Aufträge nicht eben leichter.

5. Ein Curriculum der Verfahren

Zur Umsetzung der Ziele, die in den verschiedenen Dimensionen der Wissenschaftspropädeutik entfaltet sind, bedarf es einer Strategie, die die einzelne Schule in ihrem Kollegium planen und in Absprache festlegen muß. Vor der Schwierigkeit, diese Aufgabe einzulösen, steht das Problem, ihre Notwendigkeit zu erkennen. Wenn die Strategie erfolgreich sein soll, dann muß es nicht nur zu den notwendigen Aussagen im Gegenstandsbereich, hier also dem Curriculum von Einstellungen, Haltungen, Fähigkeiten, Methoden, Fertigkeiten und Techniken kommen, sondern zunächst einmal zu der kooperierenden Bereitschaft eines Kollegiums, diese Aufgabe überhaupt als notwendig anzuerkennen und mit Lösungsabsicht aufzunehmen.

Diese mehr psychologischen Fragen entscheiden über die Erstellung überhaupt, über die Verbreitung und Umsetzung eines fachunabhängigen und doch allein nur fachimmanent zu vermittelnden Curriculums der allgemeinen Fähigkeiten, Methoden, Fertigkeiten und Techniken.

In der Sache sind im wesentlichen vier Aufgabenkomplexe zu unterscheiden:
1. das Feststellen und Auflisten der vorgegebenen formalen Aufgaben,
2. die Klärung ihrer Begriffsinhalte (z.B.: Was heißt Verifizieren/Falsifizieren) und ihres Zusammenhangs,
3. die Zuordnung zu begünstigenden Fächern, Fachinhalten, Fachmethoden und der Lernorganisation,
4. die fachinterne Verteilung auf die verschiedenen Alters- und Jahrgangsstufen mit der entsprechenden Anpassung an die altersspezifischen Aufnahmemöglichkeiten und dem Herausarbeiten einer Spiralstruktur.

Für die praktische Umsetzung sind verschiedene Schrittfolgen möglich. Eine sei hier angeregt.

1. Organisation
- Einrichtung einer möglichst interdisziplinär besetzten Arbeitsgruppe von Lehrern, die mögliche oder notwendige Inhalte der verschiedenen Anforderungsbereiche personaler und formaler Qualifikation sichten und möglichst detailliert festhalten.
- Aufnahme der Aufgabe: Erstellung eines Curriculums der Fähigkeiten, Methoden, Fertigkeiten und Techniken als Arbeitsprogramm der einzelnen Fachkonferenzen.

2. Durchführung
- Inhaltliche Beschreibung der verschiedenen Komponenten der personalen Qualifikation,

- inhaltliche Beschreibung der verschiedenen Elemente der formalen Qualifikation (z.B. Aspekte der Kommunikation; Verfahren de Ideologiekritik; Schritte problemlösenden Denkens; Formen der Denkschulung; Art und Bedeutung von Modellen etc.). Es kann diese Beschreibung entweder fachunabhängig in systematischer Entfaltung geschehen oder fachbezogen aus einer Richtlinienexegese oder aus der entsprechenden Literatur gewonnen werden.

Beide Wege – vom allgemeinen zum Fach oder aus dem Fach zum Allgemeinen – sind grundsätzlich möglich. Wo beide gewählt werden, ist es interessant, die Schnittpunkte zu ermitteln.

3. Reflexion der Vermittlungsmöglichkeiten

- Reflexion der Einlösungsbedingungen personaler Zielvorstellungen (z.B.: Wie kann intellektuelle Neugier in der Schule geweckt, erhalten, verstärkt werden Wie entspricht man dem Ziel der Verantwortungsübernahme oder Selbständigkeit),
- Reflexion der Vermittlungsmöglichkeit durch den Fachunterricht.

4. Produkterstellung

- Erstellen eines Fachcurriculums, in dem die personalen und formalen Qualifikationsziele ausdrücklich ausgewiesen und begünstigenden Unterrichtsformen und Unterrichtsinhalten zugeordnet sind.
- Vergleich der verschiedenen Fachcurricula im Hinblick auf die fachadaptierten, letztlich aber fachunabhängigen allgemeinen personalen und formalen Zielkomplexe und Einlösungsschritte mit dem Ziel von Angleichung, Absprache, Konzentration des Lernens, Integration der Fächer.
- Zuordnung dieser Curricula zu den verschiedenen Alters- und Jahrgangsstufen; Erstellung also einer entsprechenden Spirale bzw. eines Spiralcurriculums.

5. Dissemination

Sicherung der Umsetzung in der Schule (Strategien der Verbreitung, Modifizierung, Ergebnissicherung).

6. Elemente der Curricula formaler Fähigkeiten, Methoden, Fertigkeiten und Techniken

Man mag sich vielleicht fragen, bis in welche Konkretisierung die allgemeine Beratung, die kooperative Vergewisserung, die Absprachen innerhalb eines Kollegiums denn vordringen sollen. Dazu beispielhaft einige Hinweise.

Erstellt werden soll ein Lehrplan formaler Fähigkeiten, auf den man sich mit der Absicht der fachspezifischen Umsetzungen in einem Kollegium einigen mag. Ein Kapitel darin müßte sich befassen mit den verschiedenen Methoden.

Es könnte so aussehen, wie es beispielhaft einem unveröffentlichten Arbeitspapier eines Gymnasiums entnommen wurde, in dem eine Arbeitsgruppe für einen pädagogischen Studientag des Gesamtkollegiums dies als vorbereitende Tischvorlage erarbeitet hatte.

Übersicht:
Einleitung
Idealtypisches Schema empirischen Arbeitens
Sequenz, in der empirisches Arbeiten vermittelt wird
Anhang: Beispiele aus verschiedenen Fächern und Stufen

Einleitung
„Empirisches Arbeiten" kann nicht als partielle Technik begriffen werden. Es erweist sich bei genauerem Hinsehen als komplexe Methode der Erkenntnisgewinnung. Diese Methode kann deshalb auch nicht punktuell vermittelt werden. Vielmehr wird sie vom Schüler in einer über Jahre sich hinziehenden Sequenz erworben, an der zahlreiche Fächer beteiligt sind.

Idealtypisches Schema empirischen Arbeitens

Schema:

Beobachten

Beschreiben

Auswerten – Deuten

Neue Fragen (– Verifizieren bzw. Falsifizieren von Hypothesen)

Folgeuntersuchungen (-experimente)

Modelle/Theorien

Kenntnisse, Fähigkeit zu Methodenkritik bzw. Kritikfähigkeit und damit Offenheit für neue Erkenntnisse und neues Beobachten

Anmerkung zum Schema:

Die einzelnen Schritte stellen kein Fortschreiten im Sinne zunehmender Jahrgangsstufen dar, d.h., das ganze Schema kann in vereinfachter Weise schon in den unteren Jahrgangsstufen genutzt werden. Umgekehrt kann auch dem Beobachten ein hoher Komplexitätsgrad zugeordnet sein.

Erläuterungen zum Schema:

a) In der Unter- und Mittelstufe wird nur das empirische Arbeiten, allenfalls am Rande das Schema vermittelt.

b) In der Oberstufe wird empirisches Arbeiten reflektiert vermittelt, also auch das Schema eingeführt.

c) Das Schema ist offen für fachspezifische Ergänzungen bzw. Modifikationen (z.B. Beobachtungsraster aus dem Kunstunterricht, statistische Verfahren aus der Sozialwissenschaft etc.).

Beobachten

Neben den Randbedingungen wie Motivation, Erfolgsaussicht u.a. ist weiter zu beachten, daß

1. Kleinschrittigkeit eingehalten wird,
2. Probleme durch Voreingenommenheit/Erwartungshaltung/Horizont des Vorwissens entstehen können,
3. dementsprechend eine Differenzierung in der Beobachtung bei neuen Kenntnissen erfolgen muß,
4. andererseits das Assoziieren mit Bekanntem eine Rolle spielt.

Die Punkte 1. bis 4. machen deutlich, daß Prozesse des Beobachtens unbewußt oft schon mit solchen der Interpretation verbunden werden. Beim reinen Beobachten soll das bewußt zurückgedrängt werden. Verbunden werden Beobachtungen häufig auch mit Erfahrungen aus frühesten Kindheitseindrücken.

Beschreiben

1. Präzise Beschreibung ist oft Voraussetzung für richtiges und gutes Auswerten und Deuten.
2. In der Antizipation der Forderung nach exakter Beschreibung kann sich auch die Qualität des Beobachtens verbessern.
3. Zu entwickeln und zu fördern sind:
Sprache als formale Fähigkeit zur Sicherung einer Übereinstimmung von Beobachtung und sprachlicher Darstellung. Fachterminologie zum Zwecke der Präzisierung und der Konzentration, fachspezifische Methoden wie z.B. Kompositionsmodelle im Fach Kunst.

Entgegenzutreten ist der Verwendung unnötiger bzw. hohler Fachtermini.

Auswerten/Deuten

1. Sicher ist hier auch Intuition und damit persönliche Begabung wichtig, wichtiger aber noch methodisches Vorgehen.
2. Formalismen sind zu entwickeln (z.B. Methode bei „Textaufgaben" in Mathematik und Naturwissenschaften: „Gegeben", „gesucht", „Skizze voranstellen"; „Gliederung" beim Deutschaufsatz).
3. Kleinschrittigkeit ist auch hier oft eine wichtige Forderung.

Das Verfahren empirisch-analytischen Arbeitens kann einerseits Mittel, andererseits Gegenstand des Unterrichts sein. Wo Methoden zum Gegenstand gemacht werden, sind Reflexionen auf eigenes Tun und explizierte Einführungen in gleicher Weise möglich. (Wenn es übrigens einen signifikanten Unterschied zwischen dem Gymnasium bzw. seiner Oberstufe und anderen Schulformen gibt, dann liegt er am ehesten hier: Am ehesten am Gymnasium nämlich kann der Unterricht selbst zum Thema gemacht werden. Metatheoretische Besinnung ist Ausdruck der Denkschulung, wie das Gymnasium sie vermittelt).

Die fachspezifische Anwendung der fachunabhängigen Verfahren empirischen Arbeitens kann auf zweifache Weise dargestellt werden: einmal unter dem Aspekt der Fachspezifik, zum zweiten aber auch unter dem Aspekt der generellen Vorbereitung, wobei es durchaus auch zu einer Zerlegung der Methoden in Teilaspekte kommen kann; also etwa fachspezifische und altersangemessene Teilaspekte der Methoden.

Ein weiteres Beispiel:

Die ideologiekritische Methode ist ebenfalls in einem Arbeitspapier für interne Absprachen und interne Weiterbildung enthalten. Wenn diese Methode als eine der für Wissenschaftspropädeutik insgesamt, nicht nur für die der Sozialwissenschaften bedeutende Methode anerkannt und akzeptiert wird und ihre Anwendung und Vermittlung bewußt beschrieben werden soll, dann ist zunächst eine fachunabhängige Klärung des Begriffs Ideologie, der Aussageweisen ideologischen Sprechens und der Verfahren ihrer Aufdeckung, der Ideologiekritik, erforderlich. Erst nach dieser fachübergreifenden Vergewisserung kann es zur fachadaptierten, fachadäquaten Nutzung kommen. Folgende Schritte wären möglich:

Sicherung des Gegenstandes: „IDEOLOGIE". Unterscheidung von Ideologie im wertfrei gefaßten Sinn eines „jeden menschlichen Selbstverständnisses" [BLANKERTZ, 1959, S. 1087] und Ideologie als „falsches Bewußtsein". Kennzeichnung der Ideologie als fehlerhaftes Denken, wobei fehlerhaftes Denken verstanden wird als „eine Auffassung (und daraus entspringende Wiedergabe) der Wirklichkeit, die mit dieser teilweise nicht übereinstimmt" [HOFMANN, 1977, S. 51].

Zum Begriff Ideologie führt HOFMANN aus, er „soll verstanden werden als gesellschaftliche Rechtfertigungslehre. Ideologische Urteile wollen soziale Gegebenheiten absichern, legitimieren, aufwerten. Sie sind von konservierender Natur". Ideologien können sich auch auf Urteile ausdehnen, so daß Formen eines „rechtfertigenden Meinens" herauskommen. Das gilt für die Seinsurteile, die konstatierenden oder deutenden Charakters sein können, und auch für die Werturteile, die entweder bezeichnender (einschätzender) oder weisender (normativer) Art sein können. Ideologisches Denken ist hier u.a. daran zu erkennen, daß der Unterschied zwischen den Urteilstypen verwischt wird. „Deutungen werden als unmittelbare Feststellung von Tatsachen ausgegeben, an denen nicht zu rütteln ist." (Die Beweisform ist häufig: „es versteht sich von selbst"; „ohne Zweifel ist", „für jeden Denkenden ist einleuchtend" etc.).

„Ideologisches Denken verwischt (außerdem) den Unterschied von Urteilsgegenstand und Urteilsinhalt: Vor die Wirklichkeit drängt sich das Bild, die Vorstellung als das eigentliche Werkstück des Geistes. Der Begriff gewinnt Eigenleben gegenüber der Sache" [HOFMANN a.a.O., S. 61]. Und „ideologisches Denken macht sich typischer, wiederkehrender Fehler der Erkenntnistheorie und der Logik schuldig", etwa der Schlußfolgerung aus unzureichenden Voraussetzungen; des Scheinschlusses, bei dem das zu Beweisende schon in der Voraussetzung enthalten ist; der unauffälligen Verwandlung von Hypothesen in Tatsachen oder des fehlerhaften Schließens.

Zur Aufgabe aller Wissenschaft gehört unabhängig von allem Ideologieverdacht und vor dessen Überprüfung die Prüfung der Richtigkeit ihrer Aussage. Diese wissenschaftsimmanente Kritik prüft den Inhalt einer Aussage an der Wirklichkeit und prüft den „Weg, auf dem unzutreffende Urteile gebildet worden sind. Das erfordert Sachkenntnis sowie Beherrschung der allgemeinen erkenntnistheoretischen und logischen Prinzipien des Forschens" [HOFMANN, a.a.O., S. 64].

Diesem wissenschaftsimmanenten ersten Schritt (Diskrepanz zwischen Sachverhalt, Aussage und Weise der Urteilsbildung) folgt als zweiter Schritt der Kritik die eigentliche Ideologiekritik, die die zu prüfende Aussage in Beziehung zu anderen Größen setzt, als der der gemeinten Wirklichkeit. Unter den sich ergebenden Möglichkeiten nennt HOFMANN [a.a.O., S. 65] z.B. „Beziehung einer Aussage zu ihren verborgenen Konsequenzen: Ideologie ist meist final gerichtet. Sie will etwas (theoretisch oder praktisch), das sie nicht nennt". Aber auch die Rücksicht auf Interessen oder das Verhältnis zwischen einer Aussage und dem Verhalten dessen, der sie macht.

HOFMANN nennt diese Form der Ideologiekritik „soziologische Kritik".

Es ist leicht zu sehen, in wievielen verschiedenen Fächern ihre Verwendung wichtig sein kann. Sozialwissenschaften, Religion, Geschichte, Philosophie, Erziehungswissenschaften, Deutsch, fremdsprachliche Texte, aber auch Naturwissenschaften können sich dieser Methode bedienen, müssen ihre Kenntnis also voraussetzen oder aber selbst vermitteln. Ehe ihre Aufnahme aber in ein fachunabhängiges Curriculum vorgenommen werden kann, das innerhalb der Fächer und ggf. in gegenseitiger Absprache vermittelt, eingeübt und schließlich als Instrument eingesetzt werden soll, ist eine Einigung über sie selbst erforderlich und ihre Kenntnis bei den verschiedenen Fachlehrern sicherzustellen. Dies wird im Regelfall in der Form der gegenseitigen Vergewisserung über Art und Nutzen der Methode selbst, Elemente der Vermittlung und Anwendungsmöglichkeiten (fach- und altersspezifisch) vonstatten gehen.

Vergleichbar ist auch bei der hermeneutisch-historischen Methode zu verfahren. Ihr ist die ideologiekritische leicht zuzuordnen.

Neben den Methoden, die in ein allgemeines Curriculum aufzunehmen wären, sind es auch Basisqualifikationen, die dort ihren Platz haben; so z.b.: Denkschulung, Kommunikation, Verfahren der Erkenntnisgewinnung, Arbeitstechniken. Zu jeder einzelnen dieser Qualifikationen wären Aussagen nötig, wie sie im folgenden beispielhaft noch einmal als Konkretisierung aufgeführt werden sollen:

Denkschulung oder Förderung eines selbständigen produktiven Denkens

Nach H.J. DÖPP [1972, S. 84-89] resultieren „selbständige produktive und unabhängige Denkprozesse wesentlich aus der Realisierung der Fähigkeiten

— des konvergenten Denkens: es besteht darin, ‚richtige Antwort' aus einer vorgegebenen Information zu gewinnen;

— des divergenten Denkens: es erlaubt, aus einer vorgegebenen Information, die verschiedene Deutungen zuläßt, neue, unvorhergesehene und vom Gewohnten abweichende Antworten abzuleiten;

— des urteilenden Denkens: es ermöglicht, die Angemessenheit, logische Richtigkeit und den Erkenntniswert von Informationen und Schlüssen zu bestimmen".

Divergentes Denken wird häufig auch als kreatives Denken definiert. Es ist Voraussetzung für eine differenzierte Kommunikation, befähigt mit zur Selbständigkeit, Eigenverantwortlichkeit und Widerstandsfähigkeit des Individuums gegen „manipulative Tendenzen" [LÜBKEN, 1985, S. 107].

Zu Recht formuliert Hardörffer [vgl. LÜBKEN, a.a.O., S. 107]: „Denkenkönnen ist Voraussetzung demokratischen Handelns und Entscheidens überhaupt".

Wieder ist zu sehen, wie fachunabhängig die Forderung ist und wie fachintegriert die Vermittlung geschehen muß. Außerdem wird an dieser Basisqualifikation besonders deutlich

— ihre funktionale Anbindung an so weitreichende Ziele wie Autonomie oder Denkvermögen, Urteilsfähigkeit, verantwortliche Handlungsfähigkeit,

— ihre Entwicklung über die verschiedenen Altersstufen hinweg bis zu dem Punkt, da sie bewußt gemacht und reflektiert werden können.

Orte der Erarbeitung, Klärung und Einigung über diese Gegenstände können fachübergreifende Arbeitsgruppen sein, deren Vertreter möglichst ein ganzes Aufgabenfeld abdecken oder sogar aufgabenfeldübergreifend möglichst alle Fächer einer Schule.

6. Kommunikation

Die Erarbeitung dieser Basisqualifikation ist ein gutes Beispiel dafür, daß eine allgemeine Qualifikation im kooperativen Prozeß eines kooperierenden Kollegiums aus der Exegese bestimmter Fachrichtlinien, hier des Faches Deutsch, gewonnen werden können.
In den Richtlinien Deutsch des Landes NW [a.a.O., S. 29-30] werden unter dem Aspekt von Lernzielen u.a. die Bedingungen einer gelingenden Kommunikation mündlicher oder schriftlicher Art aufgelistet, bewußtgemacht und verpflichtend aufgegeben. Das geht bis in Konkretisierungen hinein, die Handlungsumsetzungen unmittelbar möglich und auch überprüfbar machen.

Vorangestellt wird der detaillierten Auflistung dieser Konkretisierung eine Anbindung an weitergehende Ziele. Damit wird als ein Beitrag zur Persönlichkeitsentwicklung mit dem Ziel der Selbstbestimmung, der sozialen Verantwortungsübernahme und der verantwortlichen Handlungsfähigkeit deutlich, was als Aufgabe der Erkenntnis- und Darstellungsförderung im Bereich der Sprache dargeboten wird.

Auch hier ist der Zielkatalog wieder nicht nur vertikal an die übergeordneten allgemeinen Ziele der Studierfähigkeit anzubinden, sondern auch horizontal auf eine Vermittelbarkeit durch die verschiedenen Fächer hin zu prüfen. Die fachunabhängige Beschreibung der Bedingungen und Formen gelingender Kommunikation mit den Themen: Qualität von Sätzen (Art der Information), Argumentation, Diskurs, sprachliche Mittel (Rhetorik) u.a. bildet auch hier die Vorgabe, die der fachspezifischen Aufnahme, Anpassung und Umsetzung vorausgehen muß.

Es entsteht also hier wie bei jedem anderen Gegenstand eines fachunabhängigen Curriculums die Gedankenkette des Was – Warum – mit welcher Absicht und des Wie – dies in bezug auf das Fach, auf Thematik und Gegenstand, die Alters- oder Jahrgangsstufe, evtl. auch die Kursart.

Die Notwendigkeit einer differenzierten Gegenstandsbeschreibung (Was) ist besonders dann gegeben, wenn dieser Gegenstand nicht so ohne weiteres mit den fachlichen Zielen eines Lehrers gegeben sein muß. Gut ist das am Beispiel der Kommunikation demonstrierbar, wenn man sich z.B. differenzierten Gelingensvoraussetzungen von Kommunikation zuwendet und nicht z.B. Deutsch- oder auch Politiklehrer ist. So etwa beim Verfahren „transaktiver Diskussion", bei der es um ein Denken über das Denken, ein Argumentieren über die Argumentation, um Diskursakte geht, „in denen der Sprecher zum manifesten oder impliziten Denken eines Diskussionspartners argumentiert"; ein Verfahren, das wirkungsvoll nur eingeübt werden kann, wenn es in allen Fächern praktiziert und nicht einfach nur einmal als Pensum im Deutschunterricht behandelt wird. Die „transaktive Diskussion" realisiert sich in

– Rückfrage (a)
– völligem Eingehen auf die Argumentation des anderen (b)

und

– Rückmeldung (c)

und kennt die folgenden möglichen Schritte:
1. Bitte um Rückmeldung (a)
2. Erklärung (b)
3. Konkurrierende Erklärung (b)
4. Verbesserung der Erklärung (b)
5. Paraphrase (a/c)
6. Bitte um Rechtfertigung (a)
7. Vervollständigung (c/b)
8. Erweiterung (b)
9. Konkurrierende Paraphrase (c/b)
10. Widerspruch (b)
11. Kritik der Argumentation (b)
12. Konkurrierende Erweiterung (b)
13. Gegenüberstellung (b)
14. Nebeneinanderstellung (c)
15. Gemeinsame Voraussetzung/Integration (b)
16. Dyadeorientierte Paraphrase (c)
17. Konkurrierende Nebeneinanderstellung (c)
18. Vergleichende Kritik (b)

[vgl. M. BERKOWITZ bei OSER et al. 1986].

Auch der Diskurs, wenn er denn bewußt angestrebt werden soll, bedarf der vergewissernden Vorausklärung und der Überlegung, wie er mit seinen Elementen in welchem Fach, auf welche Weise und zu welcher Zeit vermittelt werden kann und soll und wie er in anderen Fächern zu nutzen ist. Seine Elemente sind:

– Perspektivenübernahme,

– Konfrontation mit entgegengesetzten Standpunkten,

– Denken über Denken, Argumentieren zum Argumentieren des anderen (transaktive Diskussion),

– interpersonale Konfliktbewältigung,

– Druck zur Lösung intraindividueller Wertkonflikte.

Nach der Rezeption der Diskurstheorie von HABERMAS [vgl. oben Kapitel I] durch die Erziehungswissenschaft hat der „Stellenwert diskursiver Verfahren" insofern eine große

Bedeutung erlangt, als man insgesamt davon ausgeht, daß „vernünftiges Handeln an eine vorgängige Beratung gebunden ist" [RAMSENTHALER, 1981, S. 449].

Also sollte man in der Schule begründetes Reden und Argumentieren auch unter dem Aspekt der Handlungspropädeutik in die allgemeine Kommunikationserziehung einführen. Dabei wird man u.a. zu unterscheiden lehren müssen, was normative([praktische) und deskriptive (theoretische) Sätze sind.

Zur Einübung in die Argumentationsfähigkeit sind vor allem normative Sätze günstig. Nach einem von GATZEMEIER [vgl. RAMSENTHALER, a.a.O.] vorgeschlagenen Verfahren sollen Schüler in einer „praktischen Beratung solch normative Sätze in MAXIMEN überführen, also generalisieren und mit einem Weil-Satz versehen, etwa: „Wenn es 13 Uhr ist, sei ruhig, weil sich dann die anderen Hausbewohner ausruhen!" – Dabei gilt dann eine Maxime als gerechtfertigt, „wenn ihre Befolgung (durch alle oder hinreichend viele) eine für alle Betroffenen erstrebenswerte Situation erwarten läßt. Die Schüler sollen lernen, Normen in Maximen umzuformulieren und in einem Konsensverfahren auf ihre Wünschbarkeit hin zu beurteilen". Diese Art von Argumentationslernen ist nahezu in allen Schulfächern vor allem der Oberstufe möglich. Thematisch könnte es werden im Deutschunterricht, in Politik, Philosophie, Sozialwissenschaften. Günstig zu verbinden ist es außerdem mit allen Projektansätzen des Lernens.

7. Verfahren der Erkenntnisgewinnung

Wie sehr Wissenschaftspropädeutik wesentlich als eine „differenzierte Methodenpropädeutik" [LÜBKEN, 1985, S. 285] zu bestimmen ist, das wird bewußt, wenn man sich auf die wichtigsten der wissenschaftlichen Verfahren der Erkenntnisgewinnung besinnt. Deren wichtigste sind [nach LÜBKEN, 1985, S. 284]:

- Abstraktion
- Argumentation
- Bewertung/Beurteilung
- Definition
- Interpretation

- Analyse und Synthese
- Beweisführung
- Deduktion und Induktion
- Falsifikation und Verifikation
- Klassifikation.

Diese Verfahren sind mehr nur als Instrumente. Auf der Oberstufe müssen sie selbst Gegenstand von Unterricht, zu eigenen Lernzielen werden, wenn die Schüler zu einem immer ausgeprägteren Methodenbewußtsein kommen und bewußtes methodisches Vorgehen als eine Form rationaler Wirklichkeitserfassung erfahren und einüben sollen. Damit all dies aber im Unterricht geschehen kann, ist wiederum Vergewisserung über den Gegenstand (hier also das Verfahren), Austausch und Absprache zwischen den Fächern und Verteilung auf die Jahre (Spirale) nötig. Unerläßlich ist ihre Vermittlung an die Schüler um der Konzentration des Lernens und der größeren Sicherheit der Schüler willen und als Beitrag zu einer wirklich gelingenden Wissenschaftspropädeutik. Beginnen mag man auch hier mit einer Exegese und zwar mit der Exegese einschlägiger Lehrbücher (z.B. der Fächer Deutsch, Philosophie, Sozialwissenschaften), folgen kann dem eine Synopse. Am Ende sollte dann stehen ein gemeinsam erarbeitetes Papier der Einigung über Verfahren der Erkenntnisgewinnung, wie sie den Schülern dann in jeweils fachspezifischer Adaption oder Abwandlung in möglichst allen Fächern ihrer Schullaufbahn durchgängig begegnen sollen.

Dazu müssen dann auch gehören die verschiedenen Arbeitstechniken. Von ihnen gilt, daß sie nur Instrumente sind. Niemand gewinnt Erkenntnisse durch bloß mechanische Anwendung von Arbeitstechniken. Ihre Kenntnis und Verwendung aber erleichtert wissenschaftspropädeutisches wie wissenschaftliches Arbeiten. Sie sind grundlegend in diesem praktischen Sinn und beginnen u.U. schon in der Grundschule, auf jeden Fall aber in den Klassen der Unter- und Mittelstufe.

Zusammengefaßt werden können sie unter dem Aspekt der I n f o r m a t i o n, ihrer Beschaffung, Verarbeitung und Weitergabe. LÜBKEN [1985, S. 282 f.] äußert sich dazu ausführlich. Er führt im einzelnen die Techniken an, die helfen sollen, Informationen zu beschaffen, zu verarbeiten und weiterzugeben.

Die Aufgaben, die der einzelnen Schule auch in diesem Bereich der fachübergreifenden Methoden und Techniken zur Bewältigung zufallen, sind in der Tat umfangreich; sie fordern heraus und belasten nicht wenig. Wenn sie tatsächlich von einem ganzen Kollegium aufgenommen werden sollen, dann müssen begünstigende Bedingungen mit in Betracht gezogen werden, wie sie nicht immer so ohne weiteres vorauszusetzen sind.

Zu diesen Bedingungen gehören:

– hinreichende personelle Ressourcen,
– umsetzbare Richtlinien mit klaren Zielvorgaben und flexiblen Freiräumen,
– eine auch pädagogisch kompetente Administration einschließlich der Schulaufsicht,
– ein insgesamt positives Verhältnis zwischen der Schule und den an ihr interessierten gesellschaftlichen Gruppen und
– eine festigende Korrespondenz zwischen den Zielen des Lernens, hier also der gymnasialen Oberstufe, und den Eingangserwartungen der Abnehmer, hier vor allem also der Universität.

Sie alle aber reichen nicht aus, wenn sie sich nicht mit einem Schulverständnis und einer Schulkultur verbinden, über die wirkungsvolle Vermittlungen allein nur gelingen können.

Zu ihrer Darstellung ist zunächst noch ein etwas weiteres Ausholen nötig. Es soll aber hinführen zu sehr praktischen Aufträgen für die gemeinsame Gestaltung der Institutionen, von der all die inhaltlich bestimmten Ergebnisse erwartet werden.

> Zusammenfassung:
>
> Zu den wesentlichen Aufgaben einer Schule gehört es, ein Curriculum von Verfahren, Methoden, Arbeitstechniken und Arbeitshaltungen zu erstellen, das die einzelnen Fächer überschreitet und doch von dem Fachunterricht aufgenommen und in angemessener Adaption und Transparenz unterrichtswirksam werden soll.
>
> Um ein solches Curriculum erstellen und eine Aufnahme durch die Lehrer sichern zu können, muß eine Strategie der Beteiligung entwickelt werden, für die die Herstellung der Akzeptanz leitendes Ziel ist.
>
> Kleinschrittigkeit der Darstellung und hoher Konkretisierungsgrad nützen dem Unterricht mehr als grobe Rahmenabstimmungen. Am Abstraktionsgrad des Curriculums kann u.U. der Grad an Verbindlichkeit (oder eben Unverbindlichkeit) abgelesen werden.

E. Die Rolle der Schule

1. Die Grundaufgaben von Schule

Gut wird es für alle Praxis sein, sich der drei Grundaufgaben von Schule bei all ihren Planungen bewußt zu sein, nämlich:

– Persönlichkeitsentwicklung,

– Kulturtradierung (konvergent und divergent),

– Qualifikationssicherung (Abschluß, Berechtigung).

Deutlich wird bisher geworden sein, wie sehr ihnen die Schule insgesamt und jeder einzelne Lehrer in jeder seiner Unterrichtsstunden und all seinen schulischen Aktivitäten verpflichtet sind. Ihren Integrationspunkt haben diese drei in der Person des Schülers. In ihm muß zusammenwirken, was aus Gründen der Bewußtmachung unterschieden wird; mit den drei Aufgaben sind in Wahrheit nicht Bereiche, sondern Aspekte benannt. Persönlichkeitsentfaltung ist ohne die Auseinandersetzung mit Kulturinhalten nicht möglich, Qualifikation schließt Persönlichkeitsentfaltung ebenso wie Kulturbefähigung mit ein. Keines gibt es ohne das andere. Sie bedingen sich gegenseitig und bestimmen gemeinsam Unterricht und Erziehung, die Wirksamkeit einer Schule.

Das gilt unter dem Aspekt besonderer Bewußtheit gerade auch für die Oberstufe.

Für manche Bewußtseinslagen ist zum Glück die Erinnerung daran trivial, daß der Zweck der Schule der Schüler ist und daß man , so es die Schüler nicht gäbe, für Kulturtradierung und Wissenschaftsverbreitung andere Wege schaffen müsse, wie ja auch jetzt Kultur nicht allein durch Schule tradiert bzw. Wissenschaft nicht durch Fächer verbreitet wird.

Dennoch ist es nicht zuletzt auch auf dem Hintergrund der Universitätsausbildung und der vielen Fachverstärkungen bei Lehrern für das allgemeine Bewußtsein gut, sich des einzigen Zwecks zu erinnern, den die Schule als Stätte von Unterricht und Erziehung in der Gesellschaft hat. Die Betonung dieses eigentlichen Schulzwecks hebt nicht die Bedeutung von Fach, Kanon, Standard, Wissenschaft, Kultur – die Gegenstände des didaktischen Umgangs – auf, aber es weist ihnen im Funktionszusammenhang des pädagogischen Handelns den angemessenen Ort an; definiert ihre instrumentelle Bedeutung.

Karl JASPERS bemerkt dazu in wohltuender Schlichtheit:
„Der Lehrer muß mit den Kindern an die Sache denken", also nicht nur an die Kinder und nicht nur an die Sache [bei H. RAUSCHENBERGER, 1985, S. 314].

Die Gefahr, die Sache zu vergessen, ist auf der Oberstufe sicher am wenigsten stark ausgeprägt. Wo hier Ausgleich in der Vermittlung zwischen Fach und Individuum nötig wird, da wird der in aller Regel zugunsten des lernenden Individuums erfolgen müssen.

2. Ergebnisse neuerer Schulforschung

a) Die Grundeinsichten

Im Hinblick auf den Lehrer begründet das die Notwendigkeit der zweifachen Qualifizierung. Seine Professionalität muß seine Fächer ebenso umschließen wie die Lernenden; die Didaktik ebenso wie die Psychologie; das Unterrichten ebenso wie Erziehen, Beraten, Betreuen, Gestalten. Entsprechend muß auch sein Verständnis von Schule sein. Dieses Verständnis kann sich in unseren Tagen nicht mehr begnügen mit der Reflexion des einzelnen auf seinen Unterricht, dem Erfahrungsaustausch oder einem bloßen Tradieren überkommener Rollenvorstellungen. Zu dessen Entwicklung müssen in unseren Tagen u.a. auch die Ergebnisse einer Schulforschung aufgenommen werden, die zu weiten Teilen zwar in den USA und in Großbritannien durchgeführt wurde, zu deren empirischer Basis aber auch Forschungen in Deutschland beigetragen haben und von deren Ergebnissen das deutsche Schulwesen in seiner inneren Ausgestaltung ganz ohne Zweifel beachtlich profitieren kann.

Das Gelingen oder Mißlingen einer auch theoriegeleiteten Schulgestaltung sind nicht unabhängig von der Kenntnis beschriebener Gestaltungsmöglichkeiten der Schulwirksamkeitsforschung. Daher muß auch im Zusammenhang unseres Themas – der Umsetzung bestimmender Ideen der Bildungstheorie in die schulische Praxis der gymnasialen Oberstufe – davon die Rede sein.

Drei Grundansichten sind zunächst einmal als fundierende Einsichten der Fülle der übrigen Ergebnisse voranzustellen:

- die Einsicht in das Wesen von Schule als einem lose gekoppelten System,
- die Einsicht in die Bedeutung der einzelnen Schule für den Schulerfolg ihrer Schülerinnen und Schüler und
- die Einsicht in die Notwendigkeit einer kooperativen Gestaltung von Schule auf der Basis des Konsenses.

b) Zur Struktur der Schule

Schulen sind heute nicht mehr nach der alten Weise des weisungsorientierten Bürokratiemodells [FÜRSTENAU, 1969] zu verstehen, hierarchisch durchstrukturiert und mit Reglementierungen, die von oben nach unten gehen, sondern eher nach dem Modell eines lose verbundenen Systems mit Gestaltungsräumen, die dem einzelnen Lehrer beachtliche Möglichkeiten eröffnen und entsprechende Einlösungen abverlangen [WEICK, 1976].

Neuere Ergebnisse der Schulwirksamkeitsforschung [vgl. u.a. PURKEY/SMITH, 1990, S. 31, 33, 34] und Erkenntnisse der Organisationstheorie haben die alte Vorstellung widerlegt und zu eben der konkurrierenden und überzeugenderen Beschreibung geführt eines locker verbundenen Systems [WEICK, 1976], in dem sich die Arbeit der Lehrer zum großen Teil unabhängig von der unmittelbaren Aufsicht der Administration und auch des Schulleiters vollzieht.

Klassenzimmer sind isolierte Arbeitsplätze, die einer organisatorischen Kontrolle nur in geringem Maße zugänglich sind.

An anderer Stelle der Forschung wird die Schule mit einem System von „nested layers", also miteinander verfugter Schichten [PURKEYSMITH, 1990, S. 15], verglichen. Für Purkey u.a. ist eine förderliche klassenexterne Gestaltung der Schule eine notwendige, wenn auch allein noch nicht hinreichende, Voraussetzung für erfolgreiches Lernen. Schwer dürfte es demnach sein, in einer schlecht geführten Schule auf Dauer guten Unterricht zu erteilen, wie es umgekehrt eine beflügelnde Hilfe sein kann, in einer guten Schule zu unterrichten.

„Schule", so AURIN [1990, S. 10], „wird in neuester Zeit zunehmend als komplexes Handlungssystem verstanden. Dieses realisiert sich auf unterschiedlichen, miteinander verknüpften Ebenen und besteht aus zueinander in Wechselbeziehung stehenden Untersystemen, z.B. Jahrgangsstufenbereichen, Klassen- und Lerngruppen, Lern- und Arbeitsbereichen (Fächer, Arbeitsgemeinschaften, Projekten) und Koordinierungs- und Stützsystemen, wie Schulleitungen, Gremien, Konferenzen, Beratungsdienste,

Lehrerfortbildung etc., die wiederum jeweils durch charakteristische Formen des pädagogischen Handelns und der Interaktion gekennzeichnet sind".

Entsprechend können Schulen pädagogisch sehr unterschiedliche Gestalt annehmen und als „Individualität" verstanden werden, in der die einzelnen Elemente oder Ebenen so aufeinander bezogen sind, daß sie sich auch in ihrer Qualität gemeinsam bestimmen. Natürlich kommt auch ein System lose gebundener Ebenen nicht ohne Elemente eines bürokratischen Systems aus. Sie helfen mit, den „inneren Zusammenhalt einer Schule" und „ihre pädagogische Leistungsfähigkeit" zu sichern [BAUMERT/LESCHINSKY, 1986, S. 251]. Supervision und direkte Evaluation gehören mit in den Bereich dieser Elemente, aber auch im engeren Sinn administrative Tätigkeiten, z.B. des Schulleiters, gehören dahinein. Sie als pädagogisch unbedeutsame bloße Verwaltungsaufgaben „zu diskreditieren", wäre schon darum naiv, weil ihre stillen Wirkungen bis hinter die Tür des Klassenzimmers reichen und sie überdies als pädagogische Regulative bewußt eingesetzt werden können. [BAUMERT/LESCHINSKY, 1986, S. 250]. Eine Schule ohne stützende Organisation bliebe nur noch mehr angewiesen auf Professionalität und Ethos des einzelnen Lehrers und auf eine Schulleitung, die Gestaltungsräume aufzeigt, sie zu nutzen animiert und selbst auch mit nutzt.

c) Vom Rang der einzelnen Schule

Dieser neueren Forschung zufolge kommt der konkreten Schule, die ein Schüler besucht, eine besondere Bedeutung für seinen Schulerfolg zu. Nach der eher resignativen Auffassung der 60er und 70er Jahre, wonach „schools do not make a difference" [COLEMAN u.a., 1966; JENCKS, 1973], besteht für die Schulforschung der 80er Jahre kein Zweifel mehr daran, daß „school can make a difference", ja daß die Qualität der besuchten Schule fast so wichtig für den individuellen Schulbesuch sein kann wie die individuelle Begabungskompetenz des Schülers und wichtiger als die soziale Herkunft, Konfession oder Geschlecht.

Stützung findet dieses Forschungsergebnis auch durch „Erfahrungen aus der bundesrepublikanischen Forschung, insbesondere im Zusammenhang mit der Gesamtschulforschung, in der gezeigt werden konnte, daß die einzelne Schule, die ein Schüler besucht, um ein vielfaches mehr Einfluß auf die Qualität von Erziehung und Unterricht hat als das Schulsystem" [STEFFENS/BARGEL, 1987, S. 12; vgl. auch HAENISCH, 1986].

Einem Mißverständnis ist hier allerdings sogleich vorzubeugen. AURIN [1990, S. 74] macht ausdrücklich darauf aufmerksam. Wenn nämlich auch „die Wirkung des Faktors einzelne Schule die des Faktors Schulsystem deutlich übersteigt,", so darf das doch nicht zu der Annahme führen, daß systemspezifische Faktoren gänzlich ohne Einfluß auf die Wirkweise einer Schule seien. Ganz im Gegenteil: immer konkretisieren „sich die Bemühungen und Aktivitäten einer Schule innerhalb der systemspezifischen Vorgaben und strukturellen Rahmenbedingungen".

Leicht ist das zu begreifen, wenn man diese allgemeinen Überlegungen auf die speziellen Aufgaben der Oberstufe bezieht. Ohne das besondere Organisationsgefüge, die Niveauunterscheidung der Kurse, die Teilhabe der Schüler/innen an der Gestaltung ihrer Schullaufbahn, Leistungsanspruch und Verantwortungsübernahme, individuelle Differenzierung und staatliche Belegungsvorgaben, Kurssequenzen und Kanonprobleme in den Gestaltungsauftrag eines Gymnasiums miteinzubeziehen, bleibt ein Nachdenken über seine Gestaltung überhaupt ohne jeden Inhalt.

Für die Kollegien muß eine geradezu aufregende Herausforderung in der Erkenntnis liegen, daß es neben den allgemeinen Gütemerkmalen von Schule die spezifischen der eigenen Schulform gibt, die der Berücksichtigung im kooperativen Gestaltungsprozeß harren und für deren Sicherung Fremdkontrollen erheblich viel unwirksamer sind als die Selbstkontrolle des einzelnen Lehrers. Auch die Einsicht darin, daß also allgemeine wie systemspezifische Gestaltungsräume eröffnet bleiben, die genutzt, aber auch vertan werden können, wird ein belebender Stachel im Fleisch der Schulen sein. Wenn man weiß, daß es für die Leistungsqualität eines Schülers wesentlich mitbestimmend ist, ob er das Glück hat, einer tüchtigen, engagierten Schule anzugehören, oder aber das Unglück, einem quälenden, frustrierenden Unternehmen ausgeliefert zu sein, dann wird man in Verantwortung daraus die eigenen Folgerungen ziehen. Jugendjahre dürfen nicht vertan werden, weil es hier und da an Erwachsenenbegeisterung, Erwachsenenethos und Erwachsenenverantwortung im Lehrerberuf fehlt [vgl. u.a. BROOKOVER/LEZOTTE, 1979, bei AURIN, 1990, S. 25].

Kein Wunder, daß RUTTER u.a. in ihrer weithin bekannt gewordenen Studie aus dem Jahre 1979 als wichtigsten Faktor bei den von ihnen untersuchten außergewöhnlich guten Schulen das von „Schulleitung, Kollegium, Schülern und Eltern geschaffene positive Ethos einer Schule" festgestellt haben, „das die Schüler und ihre Leistungsbemühungen unterstützt".

Am sichersten werde die Wirkung dieses Ethos durch die Vielzahl indirekt vermittelter Erfahrungen und entsprechender Strukturen erreicht [AUSTIN, 1990, S. 56].

d) Die Bedeutung der Kooperation der Lehrer

Als drittes der hier voranzustellenden Ergebnisse der neueren Schulwirksamkeitsforschung ist schließlich noch die Einsicht darin zu nennen, daß Schulgestaltung immer nur kooperativ geschehen kann, daß vom Einzelkämpfer-Modell des Dreiecks: Lehrer – Gegenstand – Schüler mit ihrer additiv zustande kommenden Zufallssumme also gründlich Abschied genommen werden muß.

„Bis in die früheren sechziger Jahre" so FEND [1988 (B), S. 537], „war das pädagogische Denken von der Idee beherrscht, gute Schule spiele sich im Dreieck von ‚gutem Lehrer', kulturell hochwertigen Inhalten und lernbereiten Schülern ab (Schule als Summe guter Lehrer und guten Unterrichts)".

Mit der Entdeckung der Kultur der einzelnen Schule und der Kultur auch der Klasse oder des Kurses und der Aufklärung des Zusammenhangs von Schulerfolg, Lehrerleistung und bedingendem Schulrahmen wurde natürlich die Tüchtigkeit des einzelnen Lehrers nicht obsolet, erfuhr sie durch die Verknüpfung mit der Tüchtigkeit der anderen Lehrer derselben Schule aber eine Öffnung zur Kooperation und Koordination hin, ohne die eine gute Schule mit all ihren guten Möglichkeiten der Unterstützung von Unterricht und Erziehung, dem Aufbau von Klima und Kultur nicht denkbar ist. HAENISCH erstaunt es daher auch nicht, „daß in guten Schulen überdurchschnittlich häufig eine systematische Zusammenarbeit zwischen Lehrern zu registrieren war". „Eine gute Schule ist eben kein System, daß sich aus einer Vielzahl von ‚Einzelkämpfern' zusammensetzt, sondern sie stellt sich als zusammenhängendes Ganzes dar" [HAENISCH bei STEFFENS, 1987 A, S. 44].

Als solches ist die Schule dann nicht mehr eine „Veranstaltung von Lehrprozessen eines einzelnen Lehrers in seinem Fachunterricht in einer Klasse unter dem Signum pädagogischer Freiheit und umgeben von einer bürokratisch organisierten Schulstruktur, wobei Schule als Ganzes dann als geglückte oder mißglückte Summe der individuell und zufällig dort versammelten Lehrpersonen erscheint", sondern eher ein „gestaltbares Ganzes" [STEFFENS/BARGEL, 1987, S. 2-3], das nur über bewußt geplante Zusammenarbeit erfolgreich gelingen kann. Danach entwickelt sich die „Gestalt einer Schule maßgeblich also in der Schule selbst" [STEFFENS/BARGEL a.a.O., S. 3].

Der Kooperationsbereitschaft der Lehrer, wie sie in auffallend guten Schulen beobachtet wurde, liegt die Erkenntnis zugrunde, daß es – wie vorher dargestellt – eben „nicht nur der Lehrer in seinem Unterricht, in seinem Fach ist, der die Lernprozesse der Schüler beeinflußt, sondern daß es zunächst einmal die gemeinsamen Aktivitäten und Leitlinien auf der Ebene der Schule sind, die als bedingende Möglichkeit gesetzt werden müssen. Von hier aus müssen die pädagogischen Entscheidungen vorbereitet, getroffen, mit eingeleitet werden, von hier kommen die Impulse für die Arbeit in den Klassenzimmern" [HAENISCH, a.a.O.].

So einleuchtend dieser Gedanke, so wenig selbstverständlich ist seine konsequente Umsetzung. Ein nicht zu unterschätzendes Hindernis liegt schon in der Struktur von Schule und Lehrertätigkeit begründet. Bei dem Verlangen nach Kooperation darf nämlich nicht übersehen werden, daß durch die zellulare Struktur der Schule eher ein Rollenindividualismus der Lehrer als der Gedanke ihrer Zusammenarbeit begünstigt wird.

Das ist vielerorts durchaus noch tägliche Erfahrung und gehört mit „zu elementaren Erkenntnissen der pädagogischen Organisationssoziologie" [z.B. DREEBEN bei LOUBSER, J.J., 1976, S. 857-873; LORTIE, 1977; MARCH/OHLSON, 1976, WEICK, 1976].

„Die Situation des Lehrers", so LESCHINSKY [1986, S. 228-229], „ist klassischerweise durch die zellulare Organisationsform des Gruppenunterrichts geprägt, wo der Lehrer als Einzelner vor einer Gruppe von Schülern steht; der Kontakt mit ihnen hat eine affektive Beteiligung der Person des Lehrers zur notwendigen Voraussetzung; das Gelingen bzw. Mißlingen des Unterrichtsprozesses wird darum vom Lehrer maßgeblich als Ergebnis der eigenen Persönlichkeit und Qualifikationen erfahren. Die Möglichkeiten und Grenzen, über die Arbeit zu kommunizieren, liegen für die Lehrer in der Erfahrung dieser für alle gleichartigen Situation beschlossen: dem Bedürfnis nach gegenseitiger Stützung begegnet die Angst vor persönlicher Bloßstellung, wenn der eigene Unterricht öffentlich einsehbar und zum Thema wird".

Das muß erst einmal in einem Prozeß gegenseitiger Öffnung und zunehmenden Vertrauens überwunden werden. Gemeinsame Unterrichtsvorbereitung oder -planung, Austausch von selbst erstellten Unterrichtspapieren oder von Klausurthemen, Vergleich der Korrekturen, Zusammenarbeit im Abitur u.a. können dafür gute Wege sein. Die psychische Stabilität, die auch durch diese Formen der Zusammenarbeit gefestigt oder entwickelt werden kann, befähigt nicht nur zu dieser Öffnung, sondern wirkt sich auch bei dem Bemühen aus, Schüler in ihrem Stabilitätsinteresse wirksam zu unterstützen. Auch die Fairneßerfahrung, die der einzelne Lehrer dabei machen muß, kann Übertragungsfolgen für die Erziehung haben.

Zu dem Schutzinteresse, das ängstlich wahrgenommen werden mag, wo es an Offenheit fehlt, kann noch ein Ökonomieinteresse hinzutreten. Alle Kooperation kostet auch Zeit. Die aber steht gerade dem engagierten Lehrer nicht beliebig zur Verfügung. Es wird oft weniger der Überzeugungsarbeit bei Lehrern als der Erfahrung von Nützlichkeit und Hilfe bedürfen, wenn in der Kooperation bei allem grundsätzlichen Einverständnis nicht so sehr die zusätzliche Belastung für den Augenblick als die tatsächliche Entlastung für die weitere Arbeit erkannt werden soll.

In der Oberstufe trifft man auf Kooperation vornehmlich da, wo es im selben Fach parallel mehrere Leistungs- oder Grundkurse gibt. Gemeinsame Unterrichtskonzepte, Materialerstellung, Klausurthemen, das Erarbeiten von Korrekturkriterien, Abituraufgaben sind erheblich viel öfter anzutreffen, als das in der Abgeschlossenheit der solistischen Einzelarbeit früher zu beobachten war. Fachkonferenzen können dazu viel beitragen. Selbst hier – oder gerade hier – aber geht alles ohne ein gutes Schul- oder wenigstens Gruppenklima nicht.

Lasten sind oft im Leben nicht eine Frage des objektiven Gewichts, sondern des subjektiven Empfindens. Wo über die Qualität von Schule die Kooperation von Lehrern so begünstigt und über die Kooperation von Lehrern die Qualität von Schule so verändert wird, daß Lernfortschritte der Schüler/innen wachsen, Zufriedenheit bei allen zunimmt und Wohlbefinden sich verbreitet, da sind die Gewinne größer, als der Einsatz zunächst vielleicht vermuten ließ, und wird als hilfreich anerkannt, was zunächst vielleicht nur als belästigend angesehen wurde.

Die positiven und ermunternden Kooperationsfolgen erstrecken sich häufig sogar bis in private Lebensbereiche hinein. „Interessant", so HAENISCH [1987, S. 44], „daß sich die kollegiale Zusammenarbeit an guten Schulen nicht nur auf ‚dienstliche Belange bezog', sondern auch in ‚informeller Hinsicht' ein stärkeres Zusammenwachsen der Lehrer zu beobachten war" [vgl. dazu auch ROEDER, 1986].

Für STEFFENS/BARGEL [1987, S. 8] ist in Übereinstimmung mit einer recht breiten Forschungslage die Lehrerkooperation sogar ein „Gelenkstück der innerschulischen Erneuerung", ein „Transmissionsriemen für curriculare, pädagogische und organisatorische Reformen" [a.a.O., S. 8].

Indem sich Lehrer über pädagogische Absichten verständigen, indem sie durch verstärkten Erfahrungsaustausch im didaktischen und methodischen Vorgehen sensibler werden, Schwierigkeiten in Gemeinsamkeit besser zu lösen verstehen und insgesamt eine „größere

Kontinuität und Homogenität im erzieherischen Handeln" [STEFFENS/BARGEL, 1987, S. 9] herbeiführen, praktizieren sie Umgangsformen, die auch „neue Verhaltensweisen nach sich ziehen" und damit „korrespondierende Einstellungen" erzeugen können.

In diesem Sinne kann „Lehrerkooperation aus innovationsstrategischer Sicht einerseits als Ziel, andererseits als Mittel bewertet werden" [dieselben S. 9] mit dem Ergebnis veränderter „Erwartungsstrukturen in Kollegien" und möglicherweise sogar einer „Rollenerweiterung, wenn nicht gar Veränderung der Lehrerrolle" [a.a.O., S. 9; außerdem DAUBER 1975].

Fragt man an dieser Stelle nach den Inhalten der Zusammenarbeit, so wäre darauf auch aus dem Merkmalkatalog guter Schulen eine vielgestaltige Antwort zu geben. In Übereinstimmung mit HAENISCH [1987, S. 44] sollen hier – auch im Hinblick auf die gymnasiale Oberstufe – zunächst einmal nur die drei folgenden Kooperationsinhalte genannt werden, nämlich

– Zusammenarbeit bei der Herbeiführung eines tragenden Konsenses im Bereich didaktisch-methodischer Fragen,

– Abstimmung des Unterrichts, besonders hinsichtlich curricularer Fragen (z.B. wie bestimmte Ziele konzeptuell gesichert werden können), und

– gemeinsame Erörterung und Festlegung von übergreifenden Verhaltensregeln, wie etwa Regelungen bezüglich der Aufrechterhaltung von Disziplin, Einvernehmen im Festlegen zu erwartender Verhaltensstandards oder Vereinbarungen über die Funktion, Art und Kontrolle von Hausaufgaben [HAENISCH, a.a.O., S. 44; außerdem PURKEY/SMITH, 1983, FEND, 1985].

e) Die Rolle des Schulleiters

Es liegt auf der Hand, daß angesichts der Organisationsstruktur der Schule als einer „zellularen Arbeitsorganisation" lose gebundener Systeme oder interdependenter Schichten und der Forderung nach einer ihr entsprechenden Kooperation der Lehrer dem Schulleiter erhebliche Steuerungs- und Integrationsaufgaben aufgetragen sind. Wenn er der Wirksamkeit der von ihm wesentlich mitverantworteten Schule gerade unter dem Aspekt der gemeinsamen Verantwortung dienlich sein will, dann muß er eine Leitung anstreben, die über den Weg vielzähliger Interaktionen

– ein gemeinsames Verständnis der schulischen Arbeit zu fördern sich bemüht,

– zu individuellem Engagement herausfordert und

– gleichzeitig das Bewußtsein der Zusammengehörigkeit stärkt [BAUMERT/LESCHINSKY, 1986, S. 247].

Auf der Basis einer Befragungsaktion aus dem Jahre 1984 haben BAUMERT/LESCHINSKY [a.a.O., S. 252 ff.] modale Aspekte des Schulleiterbildes aufgelistet. An deren Spitze steht die Auffassung, „daß die Fähigkeit des Schulleiters, sich mit Fingerspitzengefühl um ein gutes soziales Klima zu kümmern, wichtiger sei als alle Weisungsbefugnis" [a.a.O., S. 253/254].

Danach folgen

- Autoritätsbegründung durch vorbildliches pädagogisches Handeln,
- sensible Wahrnehmung der Unterrichtsverteilung, „um Stärken und Schwächen der Kollegen sinnvoll berücksichtigen zu können" [a.a.O., S. 255],
- Einbeziehung der Kollegen in die Verantwortung und reiche Pflege des Delegationsprinzips,
- Sicherung guter Arbeitsbedingungen für die Kollegen und eines reibungslosen Ablaufs der Schulorganisation.

Voraussetzung für all dies ist die Fähigkeit zu „flexibler Anpassung an wechselnde situative Bedingungen und ein breites Repertoire unterschiedlicher Reaktions- und Handlungsformen" [a.a.O., S. 251].

Basis für all dies muß allerdings ein Verständnis von Schule und Beziehungen sein, das sich inhaltlich bestimmt und sich nicht erschöpft in Verhaltenstugenden wie Geschicklichkeit und Flexibilität.

HAENISCH wertet die Untersuchungsergebnisse von BOSSERT u.a. [1982] und MURPHY [1983] aus und fertigt eine Zusammenstellung an, die „aufgrund der Aneinanderreihung der Ergebnisse zugegebenermaßen" auch ihm „etwas idealtypisch" erscheint. Danach sind „effektive Schulleiter":

- optimistische Initiatoren dafür, daß die Ziele der Schule (sowohl curriculare Ziele als auch Ordnungsziele) klar herausgestellt werden, daß klassenübergreifende Absprachen erfolgen und eingehalten werden,
- Impulsgeber dafür, daß das Pädagogische in den Mittelpunkt ihres, aber auch des Alltags der Schule, gerückt wird,
- Kontaktpfleger, die viel Zeit für den ständigen und engen Kontakt zu den Lehrern verwenden,
- Ermutigende, die die Arbeit der Lehrer zu würdigen und zu unterstützen wissen,
- Vertreter ihrer Schule nach außen, zu den Eltern, der Kommune, anderen Schulen [HAENISCH bei STEFFENS/BARGEL, 1987, S. 47].

Schon erstaunlich, daß in dieser Merkmalliste von Schülern und einem direkten Schulleiter-Schüler-Kontakt überhaupt keine Rede ist! Auf ihn wird man in Systemen amerikanischer Größenordnung vielleicht verzichten müssen. In unseren Schulen, gerade auch unter dem Selbständigkeitsinteresse, der Beteiligungsabsicht und im Rahmen der Oberstufe z.B. bei Belegungsproblemen, Kurseinrichtungen oder gar der Aufnahme neuer Fächer wird man ohne einen guten Kontakt der Leiter auch zu den Schülern und Schülerinnen und ohne ein gutes Vertrauensverhältnis zwischen ihnen bei der Gestaltung einer guten Schule nicht auskommen können.

Auch Th. SERGIOVANNI [1987] stellt an Schulleiter-Tugenden u.a. heraus:

Führung in erzieherischer,

kontrollierender,

organisatorischer,

administrativer und

kooperativer Hinsicht

und kann sich damit also nicht allein auf das Verhältnis Schulleiter-Lehrer beziehen.

HALLINGER/MURPHY [1987] nennen als bestimmende Schulleiteraufgaben:
- Definition der Aufgaben einer Schule,
- Management des Unterrichtsprogramms und
- Förderung des Unterrichtsklimas.

Auch da spielen also die Schülerkontakte mit hinein.

Kompetenz und Einfühlungsvermögen, Verzicht auf formelle Weisung und Leitung über soziale Prozesse wie:
- Einfluß,
- Aushandeln,
- symbolische Wirkung des Vorbildes,

das sind nach BAUMERT/LESCHINSKY [1986] die wesentlichen Forderungen an einen auf Schulwirksamkeit bedachten Schulleiter.

Es kann nicht genügend hervorgehoben werden, wie sie alle [z.B. AUSTIN/HOLOWENSAK, 1990, S. 57, BAUMERT/LESCHINSKY, 1986, S. 252], die Bedeutung einer qualifizierten pädagogischen Leitung der Schule eben durch den Schulleiter betonen. Zugleich aber sehen sie nicht allein ihn in dieser Verpflichtung, sondern das ganze Kollegium mit.

„Wir vermuten", so BAUMERT/LESCHINSKY in diesem Zusammenhang, „daß die Ausgestaltung des Schullebens sowohl hinsichtlich seines intellektuellen Anregungsgehaltes als auch im Hinblick auf die expressiven Entfaltungsmöglichkeiten vom Übereinstimmungsgrad edukativer Vorstellungen und der Verankerung gemeinsamer Normen und Regeln in einer Schule abhängt" [a.a.O., S. 252].

Angesichts der aufwendigeren Organisationsfragen der Oberstufe, der Kursangebote, Wahlen, Umwahlen, Kurseinrichtungen, Abwahlen und neuen Versorgungen, der Belegungskontrollen und rechtlichen Sicherungen der individuellen Schullaufbahnen steht ein Schulleiter auch hier nicht vor der Frage nach Verwaltung oder Pädagogik, er muß sich allerdings daran erinnern, daß „jede Schule eine effektive Verwaltung braucht, um eine effektive Pädagogik leisten zu können" [BESSOTH, 1985, a.a.O., S. 4], und er muß für sich und die Schule sicherstellen, daß es beim Instrumentalcharakter der Organisation bleibt und es zu keiner Verschiebung zu Lasten der Pädagogik kommt.

Zunächst ist das eine Frage der Leiterqualität. Am wenigsten wird sie bei reiner Amtsmacht zu erwarten sein, am wahrscheinlichsten über die funktionale Autorität des Experten, wenn die Annahme richtig ist, daß charismatische Führung immer im Leben die große Ausnahme darstellt.

Über die persönliche Qualität hinaus ist die Leistungseffizienz natürlich auch abhängig von strukturellen Bedingungen. An größeren Schulen z.B. ist Führung ohne Team nicht denkbar. Die Einrichtung von Führungsteams liegt im Interesse aller, auch des Leiters, wenn es ihm um die Qualität der Schule geht [vgl. dazu auch BESSOTH, a.a.O., S. 14].

Team allein allerdings genügt nicht. Es mag brain-trust-Funktion übernehmen, Arbeitsteilung möglich machen, damit zugleich also die Aufmerksamkeit für einzelne Teilbereiche erhöhen, die Betreuung intensivieren, gegenseitige Beratung verstärken helfen und die Rückmeldungen sichern, von denen weiteres Vorgehen jeweils abhängig zu machen ist; es mag all dieses förderlich und effektiv leisten, kann dennoch aber zwei wesentliche Formen der Erfolgssicherung nicht allein übernehmen:

– die Dissemination von Innovationen und
– die positive Verstärkung durch Anerkennung, Interesse und Lob.

Zur Dissemination von Innovationen bedarf es der breiten Beteiligung. In großen Kollegien muß diese organisiert werden, kann sie nicht allein nur auf informellen Austausch vertrauen. In Führungsseminaren der Wissenschaft werden dazu ganze Systeme vorgestellt und empfohlen. Für die Schulpraxis genügt zunächst schon einmal die Kenntnis des komplexen Beteiligungszusammenhangs und das Einhalten einer entsprechenden Strategie.

Zum Beteiligungszusammenhang:

In einem lebendigen Kollegium gibt es in der Regel für jede vernünftige, d.h. nicht einfach nur aktionistische und an deformierenden Außenzwecken der Schule (Werbung; Reputation) orientierte Initiative eine sie initiierende, entwickelnde, übernehmende Lobby. Sofern die Arbeit bei dieser Gruppe bleibt, kommt es leicht auch zu einer wohlwollenden Tolerierungserklärung des Gesamtkollegiums, wenn dieses denn um eine solche Form der Zustimmung angegangen wird. Was im einzelnen so also intensiv verfolgt bzw. in freundlicher Distanz akzeptiert oder hingenommen wird, kann als Summe im Laufe der Zeit dann doch bei eben diesem Kollegium auf wachsenden Unmut oder gar auf Ablehnung stoßen. Die Gründe dafür sind mehrere. Zum einen kann die Ablehnung durch eine nicht vermutete Betroffenheit entstehen. Standards, z.B. der transaktiven Kommunikation oder der verstärkten Mitbestimmung, werden von Schülern u.U. bei Lehrern eingeklagt, die an ihrer bewußten oder verstärkten Einübung und Pflege nicht teilgehabt haben. Nach anfänglich unverbundenem Nebeneinander verschiedener Verhaltensweisen kann es über die Unterschiedserfahrungen, die die Schüler machen, zu einem Angleichungsbegehren kommen, das die gewährte Duldung überschreitet und eine aktive Übernahme auch durch andere Lehrer fordert. Daraus können Widerstände entstehen, die die ursprüngliche Zustimmung in Ablehnung umschlagen lassen und Spannungen in das Kollegium bringen können.

Damit kann es zusätzliche Belastung sein, die hier Pate steht, kann es aber auch nur Verunsicherung sein, die sich zu wehren beginnt.

Das ist vor allem immer dann zu erwarten, wenn mit der Innovation eine umfassendere Theorieeinbettung verbunden ist, an der man teilgehabt haben muß, wenn man allein schon sprachfähig in diesem Erneuerungsbereich sein soll.

Ein anderer Grund für das Umkippen der wohlwollenden Hinnahme in kämpferische Ablehnung kann liegen in der Unübersichtlichkeit der verschiedenen Aktivitäten. Führt die Lebendigkeit eines Kollegiums zu den verschiedensten Aktivitäten innerfachlicher, fachübergreifender, unterrichtsbegleitender oder unterrichtsstützender Art, dann kann irgendwann die Frage nach ihrem logischen Ort im Gesamtkonzept einer Schule, die Frage überhaupt nach dem „roten Faden" der konzeptuellen Schulgestaltung entstehen, der sich durch alle Zusatzinitiativen zieht und eine sinnvolle Anbindung des einzelnen wie die Verknüpfung des Ganzen überzeugend möglich macht. Wo in solchen Fällen Transparenz nicht möglich ist, weil die Projekte diffus sind oder die Aktivitäten in die verschiedensten Richtungen gehen oder gar ein Gesamtkonzept fehlt, da sehen Lehrer am Ende sich zusätzlich zu ihrer Tagesarbeit nicht unerheblich beschäftigt, obwohl ein Beitrag zu ständig verbessernder Schulgestaltung darüber nicht in Sicht ist.

Zur Strategie:

Dreierlei ist bei Informationen nötig: breite Eingangsinformation, organisierte Beteiligung und verantwortliche Dosierung. Das Problem aller Beteiligung ist die Zeit. Lehrer bereiten Unterricht vor, werten ihn aus, entwerfen Klassenarbeiten, Klausuren, korrigieren, stellen Fehleranalysen auf, setzen Erfahrungen um, beraten und betreuen, planen Klassen- oder Kursveranstaltungen, erledigen auch Verwaltungsarbeiten, betreiben Fortbildung und alles dies in einer ständigen Folge, in einem nicht endenden Kreislauf der Wiederholung. Neuere arbeitsmedizinische Untersuchungen haben „insgesamt 205 verschiedene und notwendige Lehreraktivitäten ermittelt" [bildung konkret, 10/93, S. 8], was MÜLLER-LIMROTH [s.dort] von einem „riesigen Spektrum an völlig heterogenen, in kurzer Folge wechselnden Belastungsfaktoren mit erheblichen Beanspruchungen" sprechen läßt. Da der Unterricht in aller Regel zumindest am Gymnasium nach Halbtagen organisiert ist, fehlen die Zwischenzeiten, die regelmäßigen Konferenzstunden. Alles ist nötig und alles ist zusätzlich. Ohne in den Fehler eines Rezeptologiediktats zu verfallen, sind Relevanz und Nützlichkeit ganz entscheidende Kriterien für Zustimmung und Mehrbelastung. Das muß bedacht werden, wenn der Innovationseifer des Leiters, seines Teams, oder initiierender Lehrergruppen nicht in das Gegenteil ihrer beabsichtigten Verbesserung führen sollen.

Die Beteiligungsbereitschaft wird am ehesten dann noch zu erwarten sein, wenn Relevanz bestätigt und wirkliche Einflußmöglichkeit erfahren wird. Das aber heißt, daß Entwürfe im Gesamtkollegium kritisch besprochen, an die Initiatoren mit dem Auftrag der Modifikation zurückverwiesen, dort erneut beraten und wieder dem Plenum vorgelegt werden müssen. Wer wirklich Veränderung als Produkt will, der muß der Beteiligung des Kollegiums hohe Aufmerksamkeit widmen.

Belastungen werden als geringer wahrgenommen, wenn ihre Träger zugleich auch die Verursacher sind, und sie inhaltlich auf Zustimmung stoßen.

Pädagogische Leitung muß Ideen kooperativ vermitteln und in Geduld, Lernfähigkeit und Änderungsbereitschaft vertreten können. Wer andere auf eine bloße Durchführungsfunktion reduziert, verantwortet den Mißerfolg selbst.

f) Schuluntersuchungen und ihre Übertragbarkeit

Veröffentlichte Schulwirksamkeitsuntersuchungen in den USA und solche im Bereich Londoner Comprehensive Schools bildeten einen Antriebsschub für entsprechende Forschungen in der Bundesrepublik Deutschland und in Österreich, ohne daß man jetzt schon von einer hinreichend breiten und hinreichend differenzierten Forschungslage sprechen könnte [vgl. dazu u.a. Richard BESSOTH, 1985].

In den Vereinigten Staaten hat sich seit etwa zwei bis drei Jahren „die Suche nach einem Konzept effektiver Schulen und das Fördern von und Streben nach Effektivität im Schulbreich" geradezu „zu einem Boom entwickelt" [BESSOTH, 1985, Ziff. 41.0.1, S. 5]. Entstanden ist dort dieser neue Forschungsstrom „aufgrund einer Frustwelle, die das amerikanische Bildungswesen im letzten Jahrzehnt kennzeichnete" [derselbe, S. 5].

Es waren im wesentlichen zwei Arten von Forschungsansätzen, denen man bei der Suche nach den Merkmalen einer effektiven Schule folgte.

1. die Untersuchung von Extremtypen besonders guter und besonders schlechter Schulen (Outlier-Studien) und

2. Fallstudien [BROOKOVER u.a., 1979, RUTTER 1980; auch PURKEY u. SMITH, 1982].

Daneben gab es dann noch Programmevaluationen wie z.B. solche von Leselernprogrammen in Grundschulen.

Trotz der großen Unterschiedlichkeit der Outlier-Untersuchungen gelangten sie zu einigen bemerkenswerten Gemeinsamkeiten bei der Feststellung von unterscheidenden Merkmalen, nämlich:

– „bessere Lernkontrolle,

– Disziplin,

– hohe Lehrererwartungen an die Schüler,

– pädagogische Führung durch den Schulleiter und andere wichtige Kollegen" [BESSOTH, a.a.O., S. 9].

Die Fallstudien wurden in großer Fülle zugleich von Kultusministerien und Forschern initiiert. Ihre Ergebnisse flossen ebenso wie die der Programmevaluationen in die Auflistung und Beschreibung von Elementen effektiver Schulen ein. Die Forschungsbasis in den USA ist insgesamt also erfreulich breit. Dennoch sieht man auch da noch die Notwendigkeit zu weiteren Arbeiten. Da man den schlechten Leistungsgrad vieler Schulen, vor allem auch vieler Grundschulen beklagte, war man interessiert an der school effectiveness, unter der man die „pädagogische Wirksamkeit" verstand im Sinne der „Förderwirkung einer Schule hinsichtlich der Unterrichts- oder Fachleistungen der Schüler im Bereich der Allgemeinbildung (academic achievement)" [PURKEY, 1990, S. 13, Fußnote des Herausgebers].

Academic achievement bedeutet im Grundschulbereich der USA Kenntnis und Fähigkeiten im Bereich der Elementarbildung von Lesen, Schreiben, Rechnen.

Im Sekundarbereich ist der Begriff entsprechend erweitert und mit Leistungen in den allgemeinbildenden Fächern oder Leistungen im Bereich des Kern-Curriculums gleichzusetzen. Also: „Physik, Chemie, Biologie, Fremdsprachen, Geschichte/Gemeinschaftskunde und Erdkunde/Geographie, manchmal auch Musik und Kunst" [PURKEY 1990, S. 13]. Allgemeinbildend werden diese insgesamt elf Fächer in der deutschen Übersetzung wohl deshalb genannt, weil sie nicht gezielt auf spezielle Berufe hin ausgerichtet sind. Es hat viel Kritik an der amerikanischen Schulwirksamkeitsforschung in den USA selbst gegeben. Sie setzte an der starken Bindung dieser Forschung an die Grundschulen an, monierte die Beschränkung der Untersuchung auf die Leistungsbereiche Muttersprache und Mathematik, wodurch Erziehungsziele wie Mündigkeit, Kooperation, Selbständigkeit im Denken [thinking skills], moralische Urteilsfähigkeit, Verantwortung etc. „ungebührlich vernachlässigt" wurden [BESSOTH, a.a.O., S. 18] und forderte die Ausdehnung des Wirksamkeitsinteresses auch auf den weiten Bereich der Persönlichkeitsförderung und des sozialen Lernens.

„Aber eines haben die Kritiker alle gemeinsam, sie betonen zwar die Schwächen des derzeitigen Erkenntnisstandes, aber sie erkennen doch alle, daß die vorliegenden Forschungsergebnisse nicht ignoriert werden dürften, selbst wenn es noch Lücken gäbe" [BESSOTH, a.a.O., S. 19; zur Kritik vgl. u.a. FIRESTONE, 1982; MILLER, 1984; BRANNON u.a., 1983; KIRST, 1983; u.a., 1983; KROEZE, 1983].

Daß diese Bereiche in den amerikanischen Untersuchungen zu kurz kamen, hat seinen Grund im Zustand des Systems, das da unterstützt werden sollte. Anlaß nämlich für die bloßen Effizienzuntersuchungen war die allgemein als krisenhaft verstandene Entwicklung des öffentlichen Bildungswesens in den USA.

Zum Unterschied zu den amerikanischen Kritikansätzen kommt bei uns noch der des völlig anderen Systems hinzu. Dennoch sind Übertragungen auch auf unser Schulsystem möglich, sollten die vielfältigen Forschungsergebnisse beim Bemühen um förderliche Schulgestaltung auch bei uns geprüft und berücksichtigt werden. Dafür sprechen nicht zuletzt auch die vielen Ähnlichkeiten und Übereinstimmungen, die bei deutschen, amerikanischen und englischen Merkmalermittlungen aufgetreten sind.

g) Merkmale guter Schulen

Sie sind auch da signifikant, wo der Begriff der school effectiveness angemessener auf den der school goodness ausgedehnt worden ist. Von den erheblich viel komplexeren Zielvorstellungen einer „guten" nicht einfach nur „effektiven" Schule muß man ausgehen, wenn man erforschen will, was eigentlich denn eine „gute Schule" ausmacht und wie „gute Schule" zu gestalten sei.

„Die Frage nach der guten Schule", so BOHNSACK [1987, S. 105], „setzt diejenige nach normativen Wertmaßstäben und Begründungen voraus".

Ob man nämlich nach der Steigerung kognitiver Lernleistungen, der Erhöhung von Urteilsfähigkeit, der Sensibilität im Sozialverhalten, der Bereitschaft und Fähigkeit zu einem altersgemäß abgestuften, tendenziell aber prinzipienorientierten Verhalten insgesamt, nach der Sicherung bestimmter Inhalte der Kultur, Beherrschung von Methoden, der Unterstützung von Stabilität und positivem Lebenskonzept, Kreativität, Weltoffenheit oder intellektueller Neugier fragt, immer gehen solchen Fragen normative Grundentscheidungen voraus, die in unmittelbarem Zusammenhang zu sehen sind mit dem Verständnis von Schule und der Richtung ihrer angestrebten Gestaltung. Natürlich kann es bei Verbesserungsbemühungen auch um Förderungsbereiche gehen, die nur einen Teil von Schule darstellen. Wo dies geschieht oder beabsichtigt wird, ist allerdings besondere Aufmerksamkeit gegenüber den anderen Bereichen gefordert, die nicht unmittelbar intendiert und dennoch erheblich tangiert sein können.

Zu den Ergebnissen der Schulwirksamkeitsforschung gehört die Erkenntnis, daß man über die Merkmale einer guten Schule eine ganze Menge, über deren unterschiedliche Gewichtung aber schon deutlich weniger und über das interdependente Gefüge ihrer gegenseitigen Abhängigkeit nur recht wenig zu sagen weiß. Die Tatsache der Interdependenz ist evident. Man kennt auch eine ganze Reihe nicht gewollter Nebenwirkungen oder Zielverschiebungen – z.B. bei bloßer Leistungsbetonung die leicht mit ihr einhergehende soziale Verarmung oder umgekehrt bei einseitigem Interesse an emotionaler Zuwendung und individuellem Wohlbefinden den Verlust an intellektuellem Anspruch oder an Belastungsfähigkeit in Konfliktsituationen.

Trotz dieser Kenntnis wird man aber noch eine umfassende Forschungsarbeit leisten müssen, ehe forschend die Zusammenhänge differenzierter erkannt und handelnd bewußt in der richtigen Balance gehalten werden können. Schon FEND [bei STEFFENS/BARGEL, 1987, S. 55 ff.] macht auf die Notwendigkeit einer möglichst optimalen Balance aufmerksam. Wer z.B. nur Selbstvertrauen und Partizipation im Auge hat, der erlebt vielleicht Einbrüche im Leistungsverhalten; und wer nur Leistung und Ordnung betont, bei dem können Einbrüche im Bereich von Selbstbewußtsein und Partizipation geschehen. Aber auch beim Balancebemühen bleiben die unterschiedlichen pädagogischen Positionen und bildungspolitischen Zielperspektiven und Erwartungen wirksam [AURIN, 1990, S. 64].

Sie können im einzelnen zu Präferenzen führen wie

- Förderung von Wissen,
- Förderung sozialer und moralischer Urteils- und Handlungsfähigkeit oder
- Förderung kreativen und musischen Tuns.

Angesichts der staatlichen Vorgaben wird es sich im Untersuchungsbereich unserer Schulen nicht um prinzipielle, sondern lediglich um graduelle Unterscheidungen handeln können. Aber auch sie können immerhin noch so deutlich ausfallen, daß ihre Wirkung bis hin zum Entstehen unterschiedlicher Schulprofile reichen kann.

Allein schon Alltagseinsichten bestätigen, daß am ehesten das in einer Schule erreicht wird, was von ihr mit größerer Anstrengung und in höherer Bewußtheit auch angestrebt und gefördert wird.

Schließlich bleibt selbst die Befragung nicht ohne Wirkung, wenn sie aus der Schule kommt. Die Befragung, die ja von bestimmten Wertvorstellungen ausgeht, wenn sie ihre Items festlegt, tritt in ein dynamisches Verhältnis zu dem Gegenstand ihres Interesses. Über die anfragenden Lehrer entsteht das Verhältnis wechselseitiger Wirkung von Untersuchung und Untersuchungsgegenstand. Wer die Schule befragt, muß die Kriterien seiner Befragung kennen und festlegen. Wer die Kriterien kennt, wird sie auch bei der Gestaltung der Schule berücksichtigen – und umgekehrt. So stellt die Fähigkeit, fragen zu können, schon einen wichtigen Schritt im Verbesserungsbemühen dar.

Die Kataloge, die auf den vorher beschriebenen verschiedenen Wegen zustande kamen, sind für den Praktiker nicht überraschend. Umso leichter müßten sie also die gemeinsame Arbeit an der Schulgestaltung leiten können. Günstig muß sich darauf auch die Übereinstimmung auswirken, die zwischen den verschiedenen Aufstellungen bestehen.

Wenn man nämlich die bei EDMONDS [1981], FINN [1986], BOHNSACK [1987], SERGIOVANNI [1987], BROOKOVER [1982] oder STEFFENS [1987] und HAENISCH [1987] sich findenden und zum Teil ausführlich beschriebenen Gütekriterien zusammennimmt, dann kann man geradezu ein Häufigkeitsraster der wiederkehrenden Merkmale aufstellen, was nur bei einigen seinen Grund in der Gemeinsamkeit der verwerteten Quellen hat.

Ob nun nach der gesunden Schule gefragt wird, ob nach der effektiven oder nach der guten, wesentliche Antworten treten immer wieder als bedeutsam auf. Zu ihnen gehören:

- ein gutes Schulklima,
- Disziplin und Verständnis,
- eine pädagogisch gute und administrativ starke Schulleitung,
- ein hohes Engagement des Kollegiums mit besonderer Zuwendung zu schwächeren Schülern,
- ausgeprägte Leistungserwartungen, diese aber nicht „rigide oder druckorientiert" [HAENISCH, 1987], sondern ausdrücklich auf Erfolgserlebnisse und Erfolgsunterstellung ausgerichtet,
- schülerorientierte Unterrichtsstrukturen,

- Zielklarheit und Zielkonsens; „roter Faden",
- gesicherte Kommunikation, weitgehend symmetrisch angelegte Gesprächsverhältnisse,
- Autonomie und Entscheidungsfähigkeit,
- Innovationsfähigkeit und -bereitschaft,
- Qualität von Problemlösungen,
- sinnvolle Nutzung der Unterrichtszeit,
- Mitarbeit der Eltern,
- Stützung durch die Schulaufsicht.

Auffallend ist die deutliche Ausrichtung dieser Kriterien auf die Lehrer. Tatsächlich spielt deren Aktivität bei allen Bemühungen um Schulgestaltung die wichtigste Rolle. Wirklich nützlich können sie aber nur sein, wenn sie alles tun, um die Subjektrolle der Schüler zu stärken und sie nicht in die Rolle von Bildungs- oder „Belehrungsobjekten" [BOHNSACK, 1987, S. 113] abgleiten zu lassen.

Zur Gliederung der weitgehend additiv angelegten Merkmallisten haben PURKEY u.a. die Kategorien Struktur- und Prozeßvariablen in die Diskussion eingeführt.

„Eine allgemeinbildende wirksame Schule", so erklären sie [vgl. AURIN, 1990, S. 35] wird „durch ihre Kultur gekennzeichnet ...: eine Struktur, ein Prozeß und ein von Werten und Normen geprägtes Klima."

Der folgenden Grafik sind die Struktur- und Prozeßvariablen zu entnehmen, über die Schulklima entstehen und der Personengenese der Schüler wirkungsvoll gedient werden kann. Die Strukturen geben dabei den funktionellen Rahmen an, innerhalb dessen die Prozesse ablaufen können.

Übersichtstabelle Schulklima / Schulerfolg

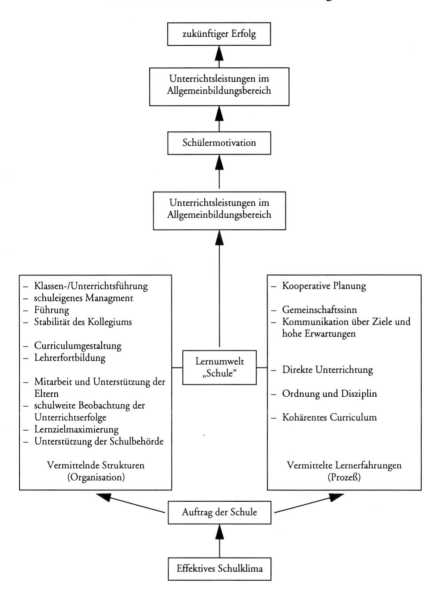

So aufschlußreich die Merkmallisten und ihre Zuordnung zu Struktur und Prozeß auch sind, direkte Handlungsanweisungen enthalten sie alle nicht. Sicherlich sind der analytischen Aussage praeskriptive oder auch appellative Hinweise zu entnehmen. Von ihrer Beschreibung bis zu ihrer praktischen Umsetzung ist es ein weiter Weg. Immerhin bieten die Merkmallisten einen Erkenntnisrahmen, in dem der Handelnde Orientierung finden kann; sie enthalten Anregungen, auf die der um Gestaltung Bemühte gern und mit Gewinn zurückgreifen wird. Schon bei der Erhebung des Ist-Bestandes können solche Listen gute Dienste leisten.

CURRAN [1983] z.B. formulierte zu elf Charakteristika auch elf Testfragen, mit denen die Notwendigkeit von Veränderungen zuerst einmal erfaßt und dann angegangen werden kann.

„Seine Fragen", so BESSOTH [a.a.O., S. 20], „lauten wie folgt:

‚Hat Ihre Schule

1. einen Schulleiter, der ein aktiver Leiter ist
2. ein positives Schulklima
3. akzeptierbare und tragfähige Disziplinanforderungen
4. Lehrer, die hohe Leistungserwartungen an die Schüler haben
5. Eltern, die in den Bildungsprozeß einbezogen werden
6. produktive Methoden, um die Lehrpläne und ihre Realisierung zu beurteilen
7. leistungsfähige Methoden, um die Lehrer zu beurteilen (dienstliche Beurteilung)
8. konsequente Methoden zur Entwicklung und Beurteilung der Lernerfolge der Schüler
9. eine realistische Bildungsidee (Erziehungsphilosophie)
10. ein breites und ansprechendes Programm für Schüleraktivitäten
11. signifikante Serviceleistungen für Schüler' ".

Wieder kann es bei der Übernahme in unser System nur um Adaption gehen. Fragen wie „produktive Methoden der Curriculumevaluation", „konsequente Methoden zur Lernerfolgskontrolle" oder „signifikante Serviceleistungen" sind, darauf macht auch BESSOTH aufmerksam, bei uns nicht so ohne weiteres zu verwenden. Günstig ist es bei uns, auf Konzepte zu bauen, die „stärker unterrichtlich orientiert sind" [vgl. BESSOTH, a.a.O., S. 21].

„Im Zentrum von Veränderungen, die ein deutscher Schulleiter ... in Angriff nehmen müßte, stehen einerseits neue ‚Strategien', also eine andere ‚Politik' seiner Schule und andererseits eine neue Unterrichtspraxis". BESSOTH [a.a.O., S. 31] zitiert als Beispiel dafür MURPHEY u.a. [1982] mit folgendem Schema:

Strategische Ziele	Unterrichtspraxis
Zielvorstellungen über Schulfunktion und -struktur entwickeln	Schaffung eines anspruchsvollen Lernklimas
– Schulziele – Klassen-/Gruppenbildung – Schutz der Unterrichtszeit – ordentliche Lernumwelt	Halten eines geordneten, gut strukturierten Unterrichts
	Sicherstellen von Lernfortschritten der Schüler
Zielvorstellung zum Schülerlernen entwickeln	Einführen von Unterrichtsmethoden, die das Lernen und die Leistung der Schüler vorantreiben
– Hausaufgaben – Fortschrittskontrollen – Fördermaßnahmen – Zeugnisberichte – Fortschrittsberichte – Sitzenbleiben/ Vorankommen	Für Selbstverantwortlichkeit und Handlungsfreiräume für Schüler sorgen

Quelle: In Anlehnung an MURPHY u.a., 1982, S. 24; [BESSOTH, 1985, Bd. 4, S. 21]

h) Vom pädagogischen Ethos des Lehrerkollegiums

Am prägnantesten kommt die Qualität einer Schule zum Ausdruck im pädagogischen Ethos, im kollektiven Verantwortungsgefühl eines ganzen Lehrerkollegiums [RUTTER] – man kann schlicht auch sagen: darin, wie eine Schule zu ihren Schülern steht. Die Dimensionen dieses Ethos, der professionellen Moral, sind für OSER u.a. [1987] Verantwortungsübernahme, Gerechtigkeit, Fürsorge, Wahrhaftigkeit und das Engagement zur Durchsetzung des als richtig Erkannten.

Die professionelle Moral als Berufsethos der Lehrer drückt sich aus im Engagement für den Lernerfolg und die Persönlichkeitsentwicklung der Schülerinnen und Schüler. Man hat in diesem Zusammenhang gar vom „hippokratischen Eid" der Lehrerschaft gesprochen [vgl. oben den aristotelischen Eid der Schulaufsicht]. So wie die Ärzte auf Leben und Gesundheit, sollten die Lehrer sich auf Entwicklung und Erfolg verpflichtet sehen. Im erkennbaren Interesse des Kollegiums am Wohlergehen des einzelnen Schülers, in der praktizierten Überzeugung der Lehrer, daß die meisten Schüler auch bewältigen können, was sie bewältigen sollen [STEFFENS, 1977] und in der Unterstellung der Verantwortungsfähigkeit auch der jüngeren Schülerinnen und Schüler drückt sich die Qualität einer Schule entscheidend mit aus.

Aus dieser Form positiver Unterstellung wächst die Bereitschaft, bei Mißerfolgen von Schülern kritisch zunächst das eigene Verhalten zu prüfen, die Strategien des Unterrichts angemessen zu planen und auch umzusetzen und differenzierter Vermittlung und differenzierter Kontrolle einen legitimen Platz im Unterricht der Klasse oder des Kurses einzuräumen.

Aus solchem Bemühen wachsen dann auch die notwendigen Formen der Beratung, der Betreuung und Hilfe gerade auch bei Mißerfolg oder bei verhindernden Problemen. Die Verfasser erkennen sich in dem Kollegen, der Kollegin am ehesten wieder, dem angst und bange zu werden droht ob solcher Berufsansprüche. Weder aber wird je ein fertiger Absolvent von Universität und Seminar in die Schule entlassen, noch wird es je den fertigen Lehrer geben, der sich nur noch zu instrumentalisieren hätte, damit aus dem gekonnten Verhalten die intendierte Folge beim Schüler eintrete, sofern dem nicht Hindernisse entgegenstehen, die z.B. in dessen Lern- oder Leistungsfähigkeit begründet sein mögen. Einer solchen Mechanik steht sowohl der Prozeßcharakter der Lehrerentwicklung wie der Subjektrang, das Autonomieziel des Schülers entgegen.

Auch der Professionelle darf sich ständig nur auf dem Weg sehen und sich in seiner Hilfsfunktion erkennen. Seine Professionalität ist an das Prinzip der Subsidiarität gebunden und nicht abgeschlossenes, gesichertes und nicht mehr zu befragendes Produkt, sondern Entwicklungen unterworfen und offen für Verlust und Gewinn, Verschlechterung und Verbesserung.

Er befindet sich dazu eben nicht in einem Subjekt-Objekt-Verhältnis, sondern in einer Subjekt-Subjekt-Relation, muß alles immer also auch aus dem Aspekt des anderen zu sehen trachten, Perspektivwechsel als Bedingung für angemesseneres pädagogisches Handeln akzeptieren und leisten [vgl. dazu auch OSER 1987] und sich schrittweise immer mehr überflüssig zu machen versuchen. Indem er sich um Schüleraktivierung bemüht, sorgt er gleichzeitig für eine klare inhaltliche Strukturierung seines eigenen pädagogischen Tuns [OSER a.a.O., S. 805], für die angemessene Definition der eigenen Rolle und die Entwicklung der Verantwortung des Schülers.

Daß sich Lehrer in einem die Schülerperspektive immer stärker einbeziehenden Prozeß der Professionalisierung befinden können, das zeigt eine Studie aus dem Jahre 1987 [JANSSENS], derzufolge „Junglehrer des ersten Jahres im Durchschnitt 44,5% Überlegungen während des Unterrichts über sich selbst, 51,3% über den Stoff und nur 4% über den Schüler anstellen" [bei OSER, a.a.O., S. 806], eine Relation, die sich im Laufe der Berufsjahre sicherlich in der ersten Position, der Reflexion des Lehrers über sich selbst, ändern wird, ohne daß es darüber allein allerdings schon zur Entdeckung des Schülers kommen müßte.

Zusammenfassung:

Empirischer Forschung verdanken wir Einsichten in die Merkmale guter Schulen. Sie lassen sich ordnen nach den Kategorien von Struktur und Prozeß, wobei die Prozeßvariablen nur wirksam werden können im Rahmen bestimmter Strukturvorgaben. Über ihr Zusammenwirken entsteht das Klima, ohne das eine Schule weder gut noch wirksam sein kann.

Grundlage für die Umsetzung dieser Einsichten an einer Schule müssen gemeinsame Überzeugungen sein der Art, daß Faktoren auf der Ebene der Schule das Lernen in den Klassen und Kursen beeinflussen; daß Schulen als soziale Systeme zu verstehen sind mit jeweils charakteristischen Kulturen, einer eigenen Individualität und einem eigenen Profil und daß Zielorientierung, „roter Faden", hohes Lehrerethos, qualifizierte Leitung, relative Autonomie, anregungsreiches Schulleben, Partizipation, Kooperation und Konsens unerläßliche Voraussetzungen sind für die Qualität von Schule. Am prägnantesten aber kommt die Qualität einer Schule zum Ausdruck im pädagogischen Ethos von Leiter und Lehrer, in der Balance von Gerechtigkeit, Fürsorge und Wahrhaftigkeit.

Zu den Einsichten müssen die Handlungen treten. Auch sie müssen eingebettet sein in einen kooperativen Prozeß und von Strategien getragen sein.

i) Gewaltfreiheit - ein neues Merkmal guter Schule?

Lange Zeit hat man geglaubt, einen Faktor guter Schulen, der in amerikanischen Merkmallisten früh schon auftauchte, hierzulande übergehen zu können: den Faktor Gewalt und Aggression. Inzwischen hat die Sorge zunehmender Gewalttätigkeit auch uns erreicht, ist das Thema Gewalt in unserer Gesellschaft und damit also auch für die Schule auf so bedrückende Weise aktuell geworden, daß sowohl die Schulforschung wie auch die Schule selbst sich der Auseinandersetzung damit nicht entziehen kann. Längst ist dies auch aus der Erfahrung heraus bewußt geworden, daß zum einen außerschulisch bedingte Gewaltanwendung oder auch Gewaltangst innerschulische Wirkungen hat und daß zum anderen durchaus auch innerschulische Faktoren zu benennen sind, aus denen Aggressionen und Gewalt hervorgehen können.

Angesichts der insgesamt immer noch als recht spärlich zu bezeichnenden empirischen Forschung zum Phänomen Gewalt in der Schule, der Fragwürdigkeit mancher Verfahren [v. HENTIG, 1993, S. 185] und der datenschutzbedingten Schwierigkeit, individuelle Ursachen für Gewaltbereitschaft und Gewaltanwendung vor allem der familialen Sozialisation empirisch erheben und also belegen zu können, sind alle Einschätzungen mit einschränkenden Vorbehalten zu versehen.

Dennoch aber besteht Handlungsbedarf in der Gesellschaft, der Forschung, den Schulen. Bei den Kollegien, die sich in der Verantwortung gegenüber den Schülerinnen und Schülern, den Eltern, der qualifizierten Gestaltung der eigenen Schule und in der Verantwortung gegenüber der Gesellschaft mit dem Problem von Aggression und Gewalt auseinandersetzen und das Ergebnis dieser Auseinandersetzung im Alltag der Schule angemessen umsetzen sollten, hat die innerschulische Beschäftigung mit Ursachen, Formen, schulischen Antwortmöglichkeiten in Prävention und Korrektur längst begonnen.

Schon im Vorfeld solcher Überlegungen wird zu unterscheiden sein zwischen

- der Anwendung von Gewalt
- der Schutz suchenden Angst vor einer befürchteten Zunahme von Gewalt,
- der Akzeptanz, die Gewalt bei Unbeteiligten findet.

Es wäre ein Fehler, wollte man sich nur mit dem ersten, der tatsächlichen Gewaltanwendung und der sichtbaren Bereitschaft dazu befassen. Um der Straffung willen wird an dieser Stelle auf Begriffsbestimmungen verzichtet. Verwiesen wird auf die Darstellung von NIEBEL/HANEWINKEL/FERSTL [1993, S. 776-778].

Eine erste größere Studie zur Gewalt in der Bundesrepublik wurde 1990 vorgelegt. Nach dem Vorbild ähnlicher Kommissionen schon der 60er und 70er Jahre in den USA, in Frankreich und Neuseeland wurde 1987 auch in der Bundesrepublik eine „Unabhängige Regierungskommission zur Verhinderung und Bekämpfung von Gewalt (Gewaltkommission)," eingesetzt [NIEBEL u.a., 1993, S. 775]. Drei Jahre später legte sie in Gutachten und Sondergutachten ihre Ergebnisse im Hinblick auf „Ursachen, Prävention und Kontrolle von Gewalt" vor [SCHWIND et al. 1990].

Für unsere Überlegung hier von Bedeutung ist die im Endgutachten [SCHWIND a.a.O., Bd. 1, S. 245 ff] getroffene Feststellung, daß „für die Bundesrepublik insgesamt keine empirischen Belege für den von den Medien behaupteten generellen Gewaltanstieg im hiesigen Schulbereich vorlagen". Zu der Einschränkung der fehlenden empirischen Erhebungen trat bei dieser Untersuchung als eine zweite Einschränkung die des eingeengten Gewaltbegriffes hinzu. Er umschloß „primär Formen physischen Zwangs als nötigende Gewalt sowie Gewalttätigkeiten gegen Personen unabhängig von Nötigungssituationen" [SCHWINDT a.a.O., Bd. 1, S. 38].

Eine solche Einengung greift zu kurz. „Verbale und nonverbale Androhung" und der „umgangssprachliche Gebrauch von Gewaltausdrücken als Gewalttendenzen unterstützende Verhaltensweisen" [NIEBEL u.a., 1993, S. 777], die am Ende zu tätlichen Auseinandersetzungen führen, gehören dazu.
HEITMEYER [vgl. Protokoll 1992, S. 33] nennt für sich die griffige Arbeitsformel: „Gewalt ist das, was Opfer schafft". Die öffentliche Gewaltdiskussion läuft nach seinem Urteil „schief", weil die psychischen Formen der Gewalt toleriert und erst die physischen sanktioniert werden. „Dies liegt schlicht darin begründet, daß die psychischen Formen zur Grundausstattung dieser Gesellschaft gehören" [HEITMEYER, a.a.O., S. 33]. Sie können nach Heitmeyer um so leichter durchgesetzt werden, je mehr sich die „öffentliche Diskussion auf die physischen Formen konzentriert und dort auch verbleibt".

Man sieht, wie weit die Betreuung, die gerade für die differenzierte Oberstufe in den Schulen in einem eigenen Beratungs- und Betreuungssystem ernsthaft wahrgenommen wird, von solcher Ausblendung entfernt ist und sich an Maßstäben eines kooperierenden Zusammenlebens orientiert, wie sie für eine wirkliche Kultur in der Schule unerläßlich ist.

Die wenigen Untersuchungen, die zum Gewaltproblem in den Schulen vorliegen, kommen, was diese selbst angeht, weitgehend zu dem Ergebnis:

- daß das Problem der Gewaltanwendung kein spezifisches Schulproblem ist, sondern ein allgemein gesellschaftliches Problem, wenngleich für die innerschulische Gewalterfahrung durchaus auch mitverursachende innerschulische Faktoren zu benennen sind,
- daß man insgesamt nicht von einer rapiden, einer „gravierenden Zunahme gewalttätigen Verhaltens" [NIEBEL u.a., 1993, S. 793; LESCHINSKY, 1993, S. 717; dagegen aber DETTENBORN et al. 1993, S. 745) sprechen kann,
- daß es sich bei dem beobachteten gewalttätigen Verhalten um die verschiedenen Formen verbaler und nonverbaler Aggression, um Gewalt gegen Mitschüler, gegen Sachen (Vandalismus) und z.T. auch gegen Lehrer handelt, wobei in den Darstellungen an der Spitze der Gewaltformen eine Brutalisierung der Sprache und die Herabsetzung der Mitschüler genannt werden,

- daß ein hochsignifikanter Zusammenhang zwischen psychischer Aggression und tätlicher Gewalt besteht, es immer wieder zu „Gewalteskalationen über den Weg verbaler bzw. nonverbaler Provokation" (NIEBEL u.a., 1993, S. 793) auf der Basis psychischer Verrohung kommt,
- daß die insgesamt als leicht zunehmend eingestufte Gewalttätigkeit nicht in einem Zusammenhang steht mit Ausländerfeindlichkeit,
- daß die Ursachen komplex und alles andere als monokausal sind und also auch insgesamt nicht mit Einzelaktionen reaktiver Art allein beantwortet werden können.

Weitgehende Überseinstimmung findet man auch bei der Beschreibung der Ursachen: Geltungsstreben, Freude an der Gewalt, Langeweile, Gruppendruck, politische Intoleranz, auch gegenüber Ausländern, materielle Gründe, allgemeine Frustration, Frustration mit Gesellschaftsbezug (Zukunftsangst; Überforderung durch die Rasanz der gesellschaftlichen Umbrüche); familienbezogene Frustration [DETTENBORN/LAUTSCH, 1993, S. 755; v. HENTIG, 1993, S. 187].

Als auffällige Risikofaktoren finden sich: Geschlecht: männlich; Alter: 10-14 Jahre; Herkunft: sozioökonomisch niedrigere Schichten; niedrigeres Bildungsniveau, geringere Abschlußintention; Schulreform: am ehesten Hauptschule, sehr gering nur Gymnasium.

Mit dieser Risikoverteilung ist das Gewaltthema nicht aus dem Gymnasium und auch nicht aus seiner Oberstufe heraus. Zu tief reichen die Ursachen in die Gesellschaft hinein, als daß sich irgendeine gesellschaftliche Institution entziehen könnte.

HEITMEYER [bei v. HENTIG, 1993, S. 186] zeigt, wie sich Untersuchungen zur Gewalt von Jugendlichen unversehens über den engeren Frageansatz hinaus weit ausdehnen und zu der Einsicht führen, daß es sich „nicht um eine isolierbare Randerscheinung (Gewalt Jugendlicher im Jahre 1992)" handelt, sondern „um ein Kernproblem der Gesellschaft (die Bewältigung der Modernisierungsprozesse)". Wo sich, wie HEITMEYER konstatiert, „gesellschaftliche Bindemittel überhaupt" auflösen, also „Beziehungen unter Personen, Teilnahme an Institutionen, Verständigung über Werte und Normen", da führt die Erhöhung von Freiheit über den Weg der Verminderung von Orientierung, der Schwächung von Solidarität und der Zunahme sozialer Vereinsamung schließlich zu schwächenden Ängsten, belastender Frustration und u.U. sogar bis zur rücksichtslosen Durchsetzung. Da kann Selbstverwirklichung zur Selbstdurchsetzung pervertieren, die Gewaltschwelle so gesenkt werden, daß ein Übertreten leicht möglich wird.

Wo solcher Art von Identitätsmangel und sozialer Desintegration nicht wiederum durch Ich-Stärke, Sinnfestigkeit und Gemeinschaftsbezug aufgefangen werden kann, da drohen Kompensationen, wie sie in den verschiedenen Aggressions- und Gewaltformen offenbar gesucht, gefunden und zugleich auch noch mit nachgereichten Rechtfertigungen versehen werden, damit legitimiert sei, was sonst vielleicht doch noch unter Gewissensdruck hätte geraten können.

KORNADT [bei DETTENBORN u.a., 1993, S. 757] geht davon aus, „daß in der Selbstwertdienlichkeit der Aggression der funktionelle Kern des Aggressionsmotivs zu sehen ist".

Macht man sich bewußt, wie sehr „Selbstwertaufbau und Identitätsfindung sowie Streben nach Anerkennung und Geltung zentrale Bedürfnisse im späten Kindes- und Jugendalter betreffen" [DETTENBORN u.a., a.a.O. S. 757], dann wird unmittelbar einsichtig, von welcher Bedeutung es für die Jugendlichen, ihre Familien, Schule und Gesellschaft ist, daß auch die Schule mit ihren Sozialisationswirkungen bemüht bleibt, dieser Identitätsfindung ihre Unterstützung nicht zu versagen und dem Selbstwertaufbau nicht zuletzt auch durch die Weise des Umgangs miteinander besondere Aufmerksamkeit zu schenken.

Auch für die Oberstufe ist in diesem Zusammenhang u.a. zweierlei von Bedeutung:
– die Verminderung von Frustration, vor allem soweit sie schulisch bedingt ist und
– die Stärkung der Person, indem ihren emotionalen Bedürfnissen nach Integration, Bestätigung und Anerkennung so weit entsprochen wird, wie dies die schulischen Alltagsbedingungen bei bewußtem Einsatz dafür und bei hoher Prioritätssetzung möglich machen. Da Anerkennung in hohem Maße über die Altersgruppe läuft, wird zu den Prioritäten also auch die Sorge um ein entsprechendes Klima gehören.

Wünschenswert sind schon Bedingungen, in denen Zuwendung und Aufmerksamkeit nicht erst über den paradoxen Weg der Störung zu gewinnen sind. Wer lernt, daß die Störung, also auch die durch Gewalt, das herbeiführt, was durch vernünftiges Integratives Verhalten nicht zu erreichen ist, der wird auf einen Weg geradezu geschickt, auf dem sich möglichst niemand befinden sollte.

Im Grunde sind es die drei Erfahrungen, die der Mensch durchgehend machen sollte, die nämlich, daß er gewollt ist - daß er gebraucht wird - und daß sein Leben und sein Tun einen Sinn haben.

Nichts anderes ist es im Grunde auch, was in allen Begegnungen, allen Lernprozessen, allen schulischen Aktivitäten letztlich selbst noch in der paradoxen Bestätigung durch korrigierende Interventionen erfahren werden muß. Gerade auf dem Hintergrund des akut gewordenen Gewaltthemas gewinnen Klarheit in der Erziehung, Verantwortung in der Rollenwahrnehmung des Lehrers eine neue Bekräftigung. Man weiß, daß Permissivität gegenüber aggressivem Verhalten dessen Zunahme zur Folge hat und daß fehlende Lehreraktivität zur Gewaltunterbindung, wo diese nötig ist, zu den innerschulischen Faktoren der Gewaltvermehrung zählt.

Wie zur Herstellung der erforderlichen Balance aber ist zugleich daran zu erinnern, daß Frustrationsminderung im Rahmen schulischer Anforderungen geleistet werden muß. Das heißt nicht Verzicht auf Leistungsforderung und auf Kontrolle, aber Betreuung zur Bewältigung ihrer Folgen, Unterstützung bei der konstruktiven Bewältigung von Frustrationserlebnissen in der Schule [DETTENBORN u.a., 1993, S. 757].

An die Grenze ihrer Möglichkeiten gerät die Schule da, wo die Frustration aus tiefen Unsicherheiten der Gesellschaft kommt, wo Sinn bezweifelt wird, weil Zukunft verwehrt zu werden scheint. Wo Zukunftsängste zu diffusen Lebensvorstellungen und scheinbar versperrten Wegen im subjektiven Empfinden des einzelnen führen, da ist Sinnvermittlung durch Schule außerordentlich erschwert.

Man muß nicht mehr darüber streiten, ob Schule Gesellschaft verändern kann. Aber man muß mit denen streiten, die die Schule aus dem Bemühen um Wertkonsens, um Sinnangebote, um Teilhabe am anderen, um die Kultur des Zusammenlebens, um die Wertschätzung der Kategorie des Öffentlichen heraushalten wollen.

Schule ändert Gesellschaft nicht. Aber man kann in der Schule nach Konzepten und auf Ziele hin handeln, die negativen Trends entgegenstehen und positive Möglichkeiten verstärken. Bei Wahrung des Anspruchs auf Freiheit wird man um Orientierungen bemüht bleiben müssen, die dem einzelnen Stärke geben können.

Das alles hat mit Aufklärung zu tun und mit lebendigem Erfahren. Die Prozesse der Vermittlung müssen gerade hier dem Charakter der erstrebten Produkte adäquat sein. Kognitive Dissonanzen zerstören hier schneller, als die Verursacher das wahrhaben mögen.

Zur Aufklärung über die Zusammenhänge gehören analytische Klarheit und Abgrenzung der Begriffe. Ohne begriffliche Klarheit geraten die Phänomene nicht so in den Blick, daß daß handelnd auf sie geantwortet werden kann oder daß es möglich wird, Konzepte der Prävention zu entwickeln. Weltweit, so DETTENBORN u.a., O. S. 755], sei inzwischen die 1961 von IRWIN und 1964 von FESHBACH getroffene Unterscheidung von drei Aggressionsformen akzeptiert, die sich weitgehend auch hinter anderen Benennungen ausmachen lassen nämlich:

- die expressive
- die hostile und
- die instrumentelle Form der Aggression.

Die erste gibt sich als eine Antwort auf Frustration, die zweite als Folge der Freude an Gewalt und der von Langeweile und die dritte endlich in Anbindung an irgendeine form von sozialer Motivation. Die expressive Aggression ist zumeist affektiv besetzt, umfaßt spannungsbefreiende Äußerungen und ist mehr oder weniger gerichtet. In ihrer negativen Ausprägung dient sie vorrangig einer um Eindruck bemühten Selbstbespiegelung des Ich, das sich durch Gewalttätigkeit bestätigt und in der Wahl seiner Opfer von Beliebigkeit bestimmt ist. Richtung kann diese Weise der Aggression allerdings dadurch bekommen, daß der Täter glaubt im Sinne auch noch einer zustimmenden Öffentlichkeit zu handeln. Prävention und Intervention sind bei durchgehaltener Beliebigkeit erheblich erschwert.

Die hostile ist, wie das Wort schon sagt, von Feindseligkeit bestimmt. Sie konstituiert sich durch Freude an der Gewalt [DETTENBORN u.a., a.a.O., S. 756]. Langeweile gehört zu ihren sichersten Auslösern. Hier handelt es sich um Aggression um der Aggression willen, mit der „Lust an der Schädigung anderer" [DETTENBORN/ LAUTSCH, a.a.O., S. 756].

Dagegen zeigt sich die instrumentelle Gewalt, wie FESHBACH sie versteht, sozialmotiviert. Sie ist als aggressives Mittel zum Erreichen nichtaggressiver Ziele zu verstehen, bei Jugendlichen häufig in der alterstypischen Variante des Selbstwertaufbaus über Geltung und Gruppenstatus unter Gleichaltrigen [DETTENBORN u.a. a.a.O., S. 756]. Sie ist insofern eher kalkulierbar, als es „ja um die Durchsetzung der eigenen Interessen" geht oder um „ganz konkrete Problemlösungen in Konkurrenzsituationen" [HEITMEYER, Protokoll, 1992, S. 34].

Wer den Handlungsbedarf erkennt und aufnimmt, der wird die Unterscheidung brauchen. Es ist die Kette leicht auszumachen von falscher Einschätzung, unangemessener Reaktion und u.U. sogar noch verschärfender Wirkung.

Für pädagogische Einflußnahmen und widerstandsleistende Antwort der Schule auf bedrohliche gesellschaftliche Trends und Prozesse ist die Einsicht in einen weiteren Ursache-Wirkung-Zusammenhang von Bedeutung, die nämlich von Angst vor Gewaltzunahme, der Entwicklung von Schutzvorstellungen und der Vorbereitung von Schutzhandlungen. Allein schon die ausgeprägte Vermutung zunehmender Aggressivität [DETTENBORN u.a., a.a.O., S. 754] führt zu einer „Intensivierung von Schutzdenken, u.U. sogar zur Vorsatzbildung im Sinne von Gewaltstrategien und zur Aktivierung von Vorbereitungshandlungen zur Gegenwehr". Letzteres kann bis zum Tragen von Gegenständen für die Verteidigung reichen. Letztlich kann die Befürchtung also zu dem führen, wovor sie sich schützen will. Untersuchungen, so DETTENBORN u.a., [a.a.O., S. 753], haben eine Zunahme von Überlegungen zu Gegenwehrstrategien im Sinn von Schlagen mit und ohne Waffen als Folge allgemeiner Gewaltbefürchtung bestätigt. Das zeigt übrigens, wie sorgfältig mit der Gewaltdiskussion umgegangen werden muß. Natürlich müssen solche Überlegungen nicht immer schon selbst wieder in aktive Gewaltbereitschaft münden. Sie können durchaus bei bloßer „Kontrollillusion" stehenbleiben, als „Selbstberuhigung" durch scheinbaren „Kontrollgewinn" zu deuten sein. [DETTENBORN u.a., a.a.O., S. 749].

Dennoch bleibt nach den Erkenntnissen der forensischen Psychologie auch solche Entwicklung bedenklich, da „erhöhte Verbrechensfurcht diffuse, irrationale Gefühlsreaktionen und überzogene Handlungsreaktionen nach sich ziehen kann" [DETTENBORN u.a., a.a.O., S. 749].

All das sollte Gegenstand von Aufklärung gerade auch im Unterricht der Oberstufe sein, wenn Schule denn propädeutisch für das Leben und an der Erarbeitung gesellschaftlicher Vorgänge beteiligt sein soll. Über die Information hinaus bis in die Einübung hinein reichen dagegen verbale Konfliktlösungsstrategien, sprachgebundene Handlungsalternativen und die Verstärkung der Bereitschaft zu ihrer Nutzung. Diese auch schon an anderer Stelle besprochene Aufgabe erfährt unter dem Aspekt von Gewalt- und Aggressionsminderung noch einmal eine nachdrückliche Begründung.

Gewalt und Aggression als gesellschaftliches Problem und durchaus innerschulische Erfahrung werden in der Oberstufe also ihren Niederschlag finden müssen in der:

- Aufnahme als Thema in die Curricula der Fächer und durch Behandlung bei Projekten und anderen außerunterrichtlichen Veranstaltungen der Schule,
- Verstärkung all der sozialen Prozesse, die friedliches Miteinander fördern, Toleranz stärken, verbale Konfliktlösungsfähigkeit und die Bereitschaft dazu mehren helfen können,
- Förderung aller Maßnahmen und Verhaltensweisen, die das Selbstwertgefühl des einzelnen positiv beeinflussen können, die die Ich-Stabilität im Auge haben, die die individuelle Befindlichkeit sensibel wahrnehmen und die emotionale Bedürfnisse des einzelnen aufmerksam begleiten; die also an einer Gestaltung der sozialen Beziehungen in einer Schule in der Weise beteiligt und interessiert sind, daß emotionale Befriedung für möglichst viele dabei zustande kommt,
- Erweiterung wirklicher Verantwortung auch im Moratorium Schule [vgl. dazu u.a. v. HENTIG, 1993, S. 178], durch Ermunterung zur Übernahme von Verantwortung und der Eröffnung wirklicher Verantwortungsräume - zur Erfahrung von deren Chance und Belastung,
- nur noch bewußteren und sensibleren Gestaltung eines Schulklimas, in dem Respekt erlebt und Zuneigung erfahren werden kann und Solidarität geschieht und nicht einfach immerzu nur beschworen wird.

Im Gedanken an eine angemessene Antwort der Schule auf die Herausforderung von Gewalt und Aggression wird man DETTENBORN/LAUTSCH zustimmen müssen, „daß Schule Schnittpunkt zweier Lernfelder" sei, „nämlich der Aneignung von Sachwissen und des sozialen Lernens". Zu letzterem, so DETTENBORN u.a., gehört auch, daß sie Austragungsort, Produzent und Zielscheibe von Aggression ist. Das eine Feld bestellen zu wollen und das andere wuchern zu lassen, mindert offenbar den Gesamtertrag [DETTENBORN u.a., a.a.O., S. 772].

Wo es aber in vielen Feldern gelingt, die Friedlichkeit zu sichern und den menschlichen Respekt zur Grundlage für ein vernünftiges Zusammenleben zu machen, da ist über die Gewaltverminderung oder gar Gewaltvermeidung zugleich auch die abstruseste Form der Menschenfeindlichkeit, die nämlich gegen Fremde, die derzeit noch Wirrköpfe vernebelt und dunkle Gruppen gespenstisch umtreibt, entschwunden.

Von welchem Gewicht und welchem Ernst die Friedensaufgabe auch der Schule in einer Gesellschaft ist, in der die Unsicherheit vieldimensioniert wächst und das Vertrauen in die Problemlösungsfähigkeit der Politik in großem Umfang zu entschwinden droht, das ist dem deutlich, dem immer schon nicht simple Wege für komplexe Probleme in der Art kurzer Prozesse zur Verfügung gestanden haben.

Hier hat Schule, hat also auch die gymnasiale Oberstufe ihren Platz. Insgesamt werden nicht die Einzelmaßnahmen reichen, die im Einzelfall ergriffen werden müssen, sondern eine allgemeine Lebensführung, in der Gewaltbereitschaft und Gewalttätigkeit keinen Nährboden mehr hat, eine Utopie, die den Maßstab bestimmt. Auch durch die Schule, die Oberstufe muß man mit einer Lebensform zu antworten sich bemühen, die schon dadurch präventiv ist, daß es sich in ihr zu lernen und zu leben lohnt.

Was ist es, fragt HEITMEYER, was eine Gesellschaft zusammenhält? Wesentliche Elemente seiner Antwort treffen auch auf die Schule und ihre Erziehungs- und Gestaltungsphilosophie zu, nämlich „Visionen, die man gemeinsam teilt, auch Traditionen, auch Rituale, stabile Zugehörigkeiten" [HEITMEYER, Protokoll, 1992, S. 39].

Wenn die zuletzt von ihm genannte Größe: „ökonomisches Wachstum" sich als einzige Größe herausstellen sollte, dann kann man ermessen, was geschieht, wenn ausgerechnet diese Größe zu entschwinden droht.

Zusammenfassung:

Gute Schule ist inzwischen auch in der Bundesrepublik ohne Berücksichtigung des Faktors Gewalt und Aggression nicht mehr hinreichend definiert. Wenn Gewaltanwendung insgesamt auch nicht ein schulspezifisches Problem ist, sondern das Problem einer immer mehr an Sicherheit und Orientierung verlierenden Gesellschaft, so treffen die Gewaltursachen mit ihrer Anbindung an Frustration, Selbstwertproblemen, Freude an Gewalt, Gruppendruck und Langeweile unmittelbar auch schulisches Leben. Auch wenn das nicht unbedingt in Gewaltanwendung sich äußern sollte, wäre schon das Senken der Akzeptanzschwelle von großem Übel.

Differenzierende Unterscheidung ist nötig, damit präventiv und korrigierend geantwortet und mit hinreichender Besonnenheit mit der Gewaltdiskussion umgegangen werden kann. Rational ist der Umgang bei aller Entschiedenheit auch deswegen, damit nicht über Schutzverhalten und Kontrollillusion neue Gewaltpotentiale geschaffen werden. Soziale Prozesse zur Identitätsstärkung, Verantwortungsvermehrung, Wertauseinandersetzung: Aufklärung und Einübung müssen zusammenwirken, damit die Trends gewendet werden können und die Schule ihren Ort im Netz der Friedensverarbeitung findet. Indem man der Gewalt insgesamt begegnet, begegnet man auch der Gewalt gegen Menschen, die man als fremd bezeichnet.

3) Die verschiedenen Ebenen pädagogischer Aktivitäten

Die Komplexität des Vorganges förderlicher Schulgestaltung wird erst so recht sichtbar, wenn man sich die verschiedenen Ebenen bewußt macht, auf denen pädagogische Aktivitäten möglich und nötig sind.

Es sind dies die Ebenen:

- Schulsystem,
- einzelne Schule,
- Klasse bzw. Kurs und
- Person der Schülerinnen und Schüler.

Ausführlich äußert sich dazu FEND [1988, 1988 B, S. 540]. Er spricht von einer „mehrebenen-analytischen Betrachtungsweise".

Von den systembezogenen Gestaltungs- und Evaluationsaspekten braucht an dieser Stelle nicht gesprochen zu werden. Soweit Elemente der Systemebene schulformspezifisch zu betrachten sind, muß das an anderer Stelle geschehen. Das gilt z.B. für Fragen der Schullaufbahn, Angebotsqualität oder Humanität im Sinne der Regelung von Freiheit, Beteiligung und Verpflichtung.

Auf der Ebene von Kurs oder Klasse bieten sich Ordnungskategorien an wie: Schulatmosphäre und curriculare, strukturelle und organisatorische Faktoren. Schulatmosphäre, so sagten wir schon, ist eine wesentliche Schlüsselvariable für erfolgreiche Lernprozesse. Förderlich für den Schulerfolg sind eben wie oben schon ausgeführt:

- optimistische Erwartungen der Lehrer hinsichtlich der Fähigkeiten und des schulischen Weiterkommens der Schüler; ein starkes Leistungszutrauen,
- Interesse am erfolgreichen Abschneiden möglichst aller Schüler; systematisches Bemühen um Erfolgsvermittlung; Interesse gerade auch an Erfolgserlebnissen schwächerer Schüler; Vermittlung der Erfahrung, daß mit eigenen Anstrengungen etwas bewirkt, etwas erreicht werden kann [HAENISCH, 1986],
- Schülerpartizipation,
- deutliche Zielorientierung, feste Regelungen, Einheitlichkeit, Transparenz,
- Sensibilität bei allen Beteiligten für die vielfältigen sozialen Prozesse,
- Hilfsbereitschaft und Fürsorge der Lehrer,
- Fairneß, Gerechtigkeit und Respekt.

Unter den curricularen, strukturellen und organisatorischen Faktoren sind zu nennen:

- das Verständnis des staatlich vorgegebenen Curriculums durch ein Kollegium als Aufforderung zu seiner schulspezifischen Abstimmung und Umsetzung etwa auf der Basis eines schulinternen Lehrplans in Verbindung mit bestimmten Kooperationsabsprachen,

- die Organisation eines schulinternen Erfahrungsaustauschs mit dem Ziel, in gemeinsamer Auseinandersetzung Aufklärung zu vermitteln über die gemeinsame Arbeit, Angleichungsprozesse zu initiieren und zu Festigungen, Korrekturen, Innovationen, Konzentrationen zu gelangen und über all dies zugleich auch immer Klimaverbesserungen und Lehrerfortbildung mit zu unterstützen, (in Niedersachsen z.B. hat sich die schulinterne Lehrerfortbildung als äußerst effektiv erwiesen),
- ein effektives Organisationsgefüge mit eindeutigen Regelungen, sicheren Informationen, zuverlässigen Absprachen, überschaubaren Zuständigkeiten,
- Stabilität: wenig Fluktuation im Lehrereinsatz, wenig Störungen durch Administration, wenig Unterrichtsausfall und damit also auch Unterrichtsvertretung, feste Zeiteinhaltung (pünktlicher Beginn, keine vorzeitige Stundenbeendigung) und intensive Zeitnutzung (möglichst wenig Zeitverluste als Folge von Disziplinmaßnahmen),
- Zusammenwirken von Schule und Eltern,
- Wirksamkeit der Mitwirkungsgremien.

Klassen- bzw. kursinterne Möglichkeiten

Zu ihnen zählt man im wesentlichen die folgenden Einstellungen oder Maßnahmen [HAENISCH, 1986]:
- Schülerorientierung, im wesentlichen hier als eine affektive Komponente verstanden, die zum Ausdruck kommt in der Schaffung eines ermunternden Unterrichtsklimas; systematischer Förderung, damit Forderungen für möglichst viele möglich und erfüllbar sind,
- Vermittlung von Erfolgserlebnissen, Sicherung von Rückmeldung zur Orientierung und evtl. Stabilisierung; differenziert erteiltes Lob, dies nicht als globale Reaktion, sondern glaubwürdig und begründet mit Spezifizierung der Einzelheiten; Förderung des Selbstwertgefühls, vor allem auch bei schwächeren Schülern,
- auch durch Leistungsrückmeldungen, die durch Veränderung der Bezugsnorm (individuelle statt soziale Bezugsnorm) möglich werden,
- Strukturiertheit der Lehr- und Lernprozesse; Transparenz der Anforderungen; Ausblick auf den kommenden, Anbindung an den vorangegangenen Unterricht; Anleitung bei den oder für die Hausaufgaben,
- gute Zeiteinteilung im Unterricht und effektive Zeitnutzung (wenig Zeitverluste durch lange Tadel, Abschweifungen etc.),
- Sensibilität der Beziehungsprobleme, Ausräumen von Trübungen, Antizipation möglicher Störungen und frühzeitiges Entgegensteuern; deutliche Trennung der Abläufe auf der Beziehungs- und der Inhaltsebene,
- eindeutige Leistungsanforderung,
- produktive Nutzung der Hausaufgaben, systematische Hausaufgabenpraxis, – Hausaufgaben (vor Ende einer Stunde rechtzeitig gestellt) sind keine Beschäftigungstherapie,

– hilfreiche Rückmeldung über eine informationsdichte Korrektur bei Lernzielkontrollen (Klassenarbeiten, Klausuren, Tests).

Gerade im differenzierten System der Oberstufe mit seinen wechselnden Kurspopulationen und der höheren Inanspruchnahme der Selbständigkeit der Schülerinnen und Schüler und ihrer Verantwortung ist der entgegenkommende Ausgleich durch unterstützendes Lehrerverhalten und entsprechende Maßnahmen von besonderer Bedeutung. Die Erfahrungen, die auf der Oberstufe von Heranwachsenden und jungen Erwachsenen gemacht werden, sind sicherlich da auch schon zu sehen im Hinblick auf eine manchmal recht nahe Zukunft, in der sie selbst Führungsverantwortung für andere werden übernehmen müssen.

Gut für die Motivation ist es, wenn das Schulleben insgesamt anregungsreich gestaltet wird. Das Anregungsinteresse einer Schule muß sich am deutlichsten in der einzelnen Unterrichtsstunde zeigen. Dort drückt es sich aus auf der Ebene der Gegenstände und Themen (Fülle, Reichtum, Wechsel, erkennbare Relevanz), durch Aktualitätsbezug, Eröffnungen von Sinnbezug, in Medien- und Methodenvarianz, in der Ermunterung zu Produktivität und Kreativität, durch Betonung auch von Emotion und Zuwendung, in der Nutzung der verschiedenen Formen der auf Selbständigkeit hin angelegten Lehr- und Lernorganisation und der damit verbundenen sozialen Erfahrungen, durch entdeckendes Lernen, Hinführung zum Fragen und Staunen und die unabschließbare Fülle der Möglichkeiten an Innovation und Inspiration, des Aufbrechens und der Erfolgsfreude, die Lehrern und Schülern in den täglichen Bemühungen gemeinsam gelingen können.

Das ist alles auf den Ebenen der verschiedenen Jahrgangsstufen altersspezifisch möglich. Zu besonderer Kreativität kann es aber gerade im partnerschaftlichen Zusammenwirken mit den Schülerinnen und Schülern der Oberstufe realisiert und erfahren werden. Kontraproduktiv kann sich, wie oben schon ausführlicher dargestellt, dabei leider die Leistungsbeurteilung auswirken. Wer auch in dieser Hinsicht die Wahrhaftigkeit und Gerechtigkeit nicht aufgibt und auch auf geforderte Standards nicht verzichtet, der weiß, wie eine gute Kursatmosphäre nach der Mitteilung von Noten zumindest in den Fällen der Unzufriedenheit verändert und getrübt sein kann.

Dennoch wird man nicht in Verdrossenheit untergehen dürfen, sondern ganz im Gegenteil um weitere Motivierung bemüht bleiben müssen. Und da sind Ethos, Glaubwürdigkeit und anregende Einfälle nun einmal wesentliche Säulen.

Zum Bemühen um Varianz gehören auch:
– Verlagerung des fachlichen Lernens an einen anderen Ort als den des Klassenzimmers,
– Überschreitungen des im engeren Sinne fachlichen Lernens durch Projekte, Exkursionen, Studien- und Wanderfahrten, Berufsorientierungen, Schüleraustausch und vieles andere mehr,
– vermehrtes Lernen durch Tun, auch im Hinblick auf allgemeine fachübergreifende Ziele des Verhaltens und der Entwicklung der eigenen Identität,
– durch Mitwirkungen in basisdemokratischen Formen der Beteiligung und in Formen der repräsentativen Demokratie,

- durch Geselligkeit, Feiern und Feste,
- durch Arbeitskreise, Gesprächs- und Initiativrunden,
- durch das Prinzip der Öffnung der Schule,
- durch das Verständnis der Schule auch als „Treff", z.B. an Nachmittagen, für informelle Begegnungen.

Ihre Legitimation finden alle diese Initiativen in ihrer Anbindung an die leitenden Ziele der Schule, durch ihr Verhältnis zu dem wichtigsten Ort schulischen Lernens: zu der einzelnen Unterrichtsstunde.

Ihren Rang beziehen sie aus der Folge der Prioritäten, die im Hinblick auf Ziele und Unterricht zu setzen sind, und ihr Maß aus der Beachtung von Zieladäquanz, Unterrichtsunterstützung, Fortbildungsgewinn, Motivationsstärkung, Klimaverbesserung einerseits und Belastung von Lehrern und Schülern bzw. Konstanz und Ruhe des Lernens andererseits.

Weder darf es Aktionismus geben noch Monotonie. Für den Lehrer heißt das Spontanität, Kreativität, Lebendigkeit unter der erschwerenden Bedingung der Wiederholung des täglichen Tuns. Alles schon einmal gemacht haben – und dennoch frisch, animierend und lebendig zu bleiben: das ist immer schon eine Kunst im Leben; in der Schule aber angesichts des oft entgegenstehenden Schülerverhaltens schon eine besonders schwierige und also besonders herausragende Leistung. Schüler sind eben nicht immer nur interessiert an Schulleistungen. Ehrgeiziges Ergebnisinteresse in einer gespannten numerus-clausus-Mentalität von Zehntelpunkten und die in der gesellschaftlichen Schelte behauptete rücksichtslose Konkurrenz unter den Schülern haben wenig zu tun mit der täglichen Unterrichtserfahrung (nicht der Diskussionserfahrung bei der Notengebung): in diesem Punkt – zum Glück.

Zusammenfassung:

Handlungsnotwendigkeiten und Handlungsmöglichkeiten gibt es auf den verschiedenen Ebenen des Systems, der einzelnen Schule, von Klasse oder Kurs und der konkreten Unterrichtsstunde. Professionalität und Ethos gehen dabei eine förderliche Verbindung ein. Zum Paradox pädagogischer Professionalität gehört es, die Autonomie des Anvertrauten so zu fördern, daß das eigene Tun sich schrittweise immer mehr überflüssig macht. Es wird dieser Zustand in der Schulzeit nur begrenzt zu erreichen sein, aber angelegt werden muß die Entwicklung dorthin gerade auch auf der Oberstufe.

F. Umsetzungen im Gymnasium

1. Organisationsbereiche

„Gute Schule" – das schließt immer auch eine stabile, eine funktionsgerechte Organisationsstruktur mit ein.

Auf der Oberstufe sind dazu Maßnahmen, Entscheidungen, Abläufe nötig, die curriculare, personelle und Verfahrensanteile einschließen.

Im wesentlichen gehören dazu die folgenden Maßnahmen:

- Einrichtung eines Oberstufenteams zur Durchführung von Informationen, Schullaufbahnberatung und Schullaufbahnkontrolle, möglichst mit einem Koordinator;
- Erstellen des Kursangebotes der Schule; Vorstellen der Kurse; Wahl und Einrichtung der Kurse, ggf. Umwahl bzw. Kooperationsregelungen mit einem anderen oder mit anderen Gymnasien;
- Ermitteln und Festlegen der realisierbaren Kurs- oder Fächerkombinationen; Stundenplanerstellung; Information für Lehrer und Schüler;
- Terminfestlegungen, z.B. Beurteilungsphasen; Klausurtermine; außerunterrichtliche Veranstaltungen wie Einführungstage oder -wochen; Berufsorientierung, Tagesexkursionen, Studienfahrten;
- Elternbeteiligung: Informations-, Diskussionsabende;
- Abiturregelungen: Informationen der Schüler; Abiturvorschläge (in Ländern ohne Zentralabitur); Abiturtermine; Durchführungsverfahren; Schulabschluß.

Zur Einrichtung und Rolle eines Oberstufenteams von Tutoren, Beratungslehrern und Koordinatoren ist inhaltlich etwas im Abschnitt über die Beratung zu sagen. In vielen Ländern hat sich die Einsetzung von Beratungslehrern bewährt, obwohl ihnen über die Schullaufbahn hinaus in der Regel nicht eben viel an Beratungsmöglichkeiten bleibt.

Immerhin aber sind sie

- bevorzugt die Gesprächspartner der Schülerinnen und Schüler einer Jahrgangsstufe,
- die zuständige Anlaufstelle in allen Oberstufenfragen, bei Problemen, Störungen, Regelungsbedarf,
- die Verbindung zwischen dem Jahrgang, den sie betreuen, und den darin unterrichtenden Fachlehrern bzw. der Schulleitung.

Ihre Kompetenz in allen Fragen der Oberstufe der Schullaufbahn, der Wahl- und Abwahlmöglichkeiten entlastet die übrigen Fachlehrer und bringt außer der Transparenz Sicherheit und Verläßlichkeit in die Beratung und in die Entscheidungen. Zusammen mit dem Schulleiter, dem Stufenkoordinator, dem Tutor des einzelnen Schülers und evtl. beteiligten Fachlehrern stellen sie die Lehrergruppe einer Schule dar, die den Schülerinnen und Schülern nach der Auflösung der Klassenverbände auch im offeneren Kurssystem feste Ansprechpartner, Begleiter und Betreuer sichert.

Die Tutorrolle wird vielfach durch Schülerwahl vergeben, ist häufiger aber an den ersten oder zweiten Leistungskurs gebunden. Im zweiten Fall wird einer der beiden Leistungskurse zum Stammkurs erklärt. Der ihn führende Fachlehrer ist dann für alle Schülerinnen und Schüler dieses Kurses der den Klassenlehrer ersetzende Tutor. Außerunterrichtliche Kursaktivitäten sorgen dafür, daß eine stärkere Integration entsteht und der Stammkurs etwas von der Funktion des Klassenverbandes übernimmt. Zu diesen Aktivitäten gehören Exkursionen, Fahrten, Kurstreffen, gemeinsame Wochenenden, aber eben auch kooperative Arbeitsformen des Unterrichts.

Der Tutor betreut und kontrolliert. Er wacht auch, soweit nötig, über den regelmäßigen Schulbesuch seiner Schüler und über das korrekte Einhalten der abgesprochenen Entschuldigungsregeln.

Für alle Fragen der Schullaufbahn hingegen ist nach diesem Organisationsmodell nur der Beratungslehrer zuständig. Diese Aufgabenteilung stellt sicher, daß die Schule die Schullaufbahngarantie, die ihr übertragen ist, tatsächlich auch gewährleisten kann. Bei Schulen mit größeren Oberstufenjahrgängen hat sich die Benennung von zwei Beratungslehrern oder Beratungslehrerinnen bewährt. Mehr als zwei schafft erfahrungsgemäß sehr leicht aber schon Kommunikations- und Koordinationsprobleme. Zu den Jahrgangsbetreuern können noch Beratungslehrer mit besonderen Aufgaben hinzutreten, z.B. für Berufsberatung, Universitätskontakte, individuelle Probleme etc.

Zusammen mit den evtl. also sechs Beratungslehrern einer Oberstufe bilden sie dann jenes Team, das durch einen Oberstufenleiter koordiniert wird. Häufiger Wechsel empfiehlt sich für dieses Team nicht. Jeweils über drei Jahre begleiten also zwei Lehrer ihren Jahrgang, dann beginnen sie wieder neu mit einer Jahrgangsstufe 11. In gewissen Abständen können Rotationen innerhalb des Teams sinnvoll sein. Ein wesentlicher Grund dafür ist das Interesse, auf das diese besondere Lehreraufgabe bei sehr vielen Lehrern im Kollegium stößt. Hier stehen das Rotationsinteresse der Lehrer und die Beratungssicherheit für die Schüler in einer durchaus auflösbaren Konkurrenz zueinander. Die Struktur der Beratung ist in den einzelnen Bundesländern verschieden, die Einrichtung eigener Oberstufenberatung aber generell anzutreffen.
Eine besondere Bedeutung kommt einem zweiten Komplex auf der Oberstufe bei, dem Angebot an Kursen und Kurskombinationen, das eine Schule ihren Schülerinnen und Schülern machen kann bzw. macht.

Die Intention der individualisierten und differenzierten Oberstufe verlangt nach einer optimalen Nutzung der Differenzierungsmöglichkeiten einer Schule. Die Größe der Oberstufe bestimmt den Umfang des Unterrichtsvolumens, das für einen Jahrgang über die ganze Oberstufe zur Verfügung steht. In gewissem Umfang, so ist später noch darzustellen, kann dieses Volumen durch die Kooperation zwischen Schulen für jede einzelne noch erweitert werden.

Die tatsächliche Einrichtung eines Kurses ist aber abhängig von der Zahl derer, die ihn gewählt haben, und von den Lehrern, die zur Verfügung stehen. Bei sehr kleinen Oberstufen wird eine Schule einschränkende Vorgaben machen müssen, da sie sonst nichts als unnötig viel Enttäuschung organisiert. Bei größeren Oberstufen ist es durchaus zu fordern, daß die Schülerinnen und Schüler zuerst aus einem nicht unnötig eingeschränkten, also größeren Kursangebot wählen und die Schule dann in einen organisatorischen Nachvollzug eintritt.

Wünsche, die im Hinblick auf bestimmte Fächer oder Fächerkombinationen nicht erfüllt werden können, setzen die davon betroffenen Schüler wieder in die Erstsituation des Wählens; d.h., sie wählen nicht aus dem, was nun noch übriggeblieben ist (kleinere Kurse; bestimmte Stundenplanfestlegungen etc.), sondern wählen, wie die anderen dies tun konnten, ohne Einschränkung. Kommt es darüber z.B. zu Frequenzproblemen, dann müssen in deren Lösung alle einbezogen werden, nicht nur die, die neu wählen mußten.

Wo man nicht nach diesem Grundsatz verfährt, trägt man nicht zur Gleichbehandlung bei und verursacht man bei den Enttäuschten unnötig viel Unmut.

Der Festlegung des Kursangebotes gehen Beratungen im Kollegium u.U. mit den Fachkonferenzen, in der Runde der Beratungslehrer, innerhalb der Schulleitung voraus. Informell werden auch Schüleräußerungen, Anträge, Wünsche eingeholt oder berücksichtigt, da es sonst über die Jahre leicht zu Wunschunterstellungen in der Planungsphase kommen kann, die nicht in jedem Jahr mit den tatsächlichen Schülerwünschen übereinstimmen müssen.

Einerseits erwächst aus der Fächerkontinuität, die sich im Laufe der Jahre herauskristallisiert, eine gewisse Prognose- und Planungssicherheit, andererseits trägt sie die Gefahr der bloßen Reproduktion des Bisherigen in sich. Am sichersten kann dieser Gefahr durch enge Schülerkontakte und die Dichte informeller Gespräche mit den Schülerinnen und Schülern und evtl. auch ihren Eltern gerade in den Wochen vor den Wahlen gewehrt werden.

Bei den Kurseinrichtungen spielt eine Rolle:
– die Zahl derer, die den Kurs gewählt haben;
– die Zahl der Fächerkombinationen, die über das Einrichten oder Nichteinrichten eines Kurses möglich werden;
– die Zahl der zur Verfügung stehenden Lehrer;
– sicherlich auch die Erwartungen, die Schüler und Eltern hinsichtlich bestimmter Fächer traditionell an ihre Schule haben;
– in gewissem Umfang auch die Fächerkontinuität, da es bei der Unterbrechung von Kursen in einem Fach z.B. im Fall von Repetenten zu ziemlichen Versorgungs- und auch Rechtsproblemen kommen kann.

Insgesamt wird man davon ausgehen können, daß sich an einer Schule im Lauf einiger Jahre ein relativ stabiles Gefüge von Kursen und Kurskombinationen entwickelt. Dies läßt in bestimmtem Umfang Voraussagen zu und erleichtert Beratung wie Planung. Das gilt z.B. auch dort, wo eines der Leistungsfächer an eine alte Sprache (Griechisch oder Latein) gebunden ist.

Partizipation und Kooperation haben gerade im Bereich von Kurswahl und Kurseinrichtung ein besonders günstiges Handlungsfeld. Im Konflikt, der zwischen den Interessen nach Wunscherfüllung für den einzelnen und einer ausgewogenen Kurseinrichtung für alle entstehen kann, bieten sich Lernmöglichkeiten für verantwortliche Teilhabe und Mitbestimmung, wie sie so manche Simulationssituation nicht bieten kann.

Die letzte Entscheidung liegt auch hier beim Schulleiter. Aber auch seine Entscheidung wird eingebettet sein in gemeinsame Überlegungen, unter Berücksichtigung auch von Vorstellungen der Fachkonferenzen, der Lehrer und nicht zuletzt eben der Schüler. Es gibt da gute Beispiele für produktive Kooperationen, die z.B. zu Kurseinrichtungen führten, wo sie zunächst für nicht durchführbar gehalten wurden.

Die Erstellung des Stundenplanes steht in unmittelbarem Wechselbezug zur Unterrichtsverteilung. An der Unterrichtsverteilung durch den Schulleiter werden also sein Vertreter oder die Lehrer zu beteiligen sein, die anschließend den Stundenplan erstellen sollen. Es kann im Einzelfall nötig sein, eine Personalentscheidung zu revidieren, weil ihre Umsetzung in den Zeitplan nicht gelingt.

Die verschiedensten Modelle für den Stundenplanaufbau wurden inzwischen entwikkelt. PIATER z.B. berichtet darüber in: Die höhere Schule [1976, S. 183 ff.].

Eine im voraus zu klärende entscheidende Frage ist, ob man Kurse frei über die Wochentage verteilt oder man sie in verschiedenen Blöcken zusammenfaßt und diese Blöcke dann in den Wochenplan einbaut. Die Kurse eines Blocks liegen zeitlich parallel und können nicht miteinander kombiniert werden. Die Kombinationen erfolgen mit den übrigen Blöcken. Von besonderer Wichtigkeit ist also die richtige Blockung. Sie gibt der Planung Struktur und entscheidet über die Zahl der Fächerkombinationen. Deren Optimierung muß das Ziel der Blockung sein. Ein wesentlicher Vorteil des Blocksystems ist die sich mit ihr eröffnende Möglichkeit einer pädagogisch vernünftigen Verteilung auf die Wochentage und die Unterrichtszeit. Wo die Schüler zunächst wählen und die Schule dann erst organisatorisch nachvollzieht, da wird die Anordnung der Blöcke von Jahr zu Jahr wechseln können, nicht also in ein festes Schema gebracht.

PIATER stellt in seinem Aufsatz vier verschiedene Stundenplanmodelle vor. Er macht aufmerksam auf die Vor- und Nachteile. Dabei geht er aus vom Normalfall des Halbtagsunterrichtes mit (in der Regel) Sportunterricht auch an Nachmittagen.

Als Qualitätskriterien erkennt auch er:
– die Berücksichtigung der Kurswünsche der Schüler;
– eine kompakte Anordnung möglichst ohne unterrichtsfreie Stunden am Vormittag;
– optimale Raumnutzung, vor allem also der Fachräume;
– angemessene Verteilung auf Wochentage und Zeit;
– Berücksichtigung auch der Lehrerwünsche.

Der Informationsfluß zwischen den Planern und dem Kollegium sollte auch in der Phase der Kurseinrichtung, der Unterrichtsverteilung und der Blockung oder zeitlichen Verteilung nicht unterbrochen werden.

Ausschluß aus der Information, wie informell sie auch immer sein mag, kann zu Unsicherheiten oder gar Trübungen führen, die man sich nicht gegenseitig antun muß.

Terminfeststellungen sind frühzeitig nötig. Sie sollten wenigstens in einem Halbjahresplan enthalten und mit der Möglichkeit der Ergänzung mitgeteilt werden. In vielen Fällen ist die Lehrerkonferenz ohnehin zu beteiligen oder gar zuständig. Viele der zeitlich festzulegenden Veranstaltungen bedürfen der inhaltlichen Planung und eines Konzeptes, das Zielen verpflichtet ist [vgl. dazu u.a. auch WOLLENWEBER, 1981 (A), S. 226 ff.].

Am Beispiel der Berufsorientierung sei das im folgenden [s.o. S. 342 ff.]noch genauer behandelt.

Unerläßlich ist – auch auf der Oberstufe – die Elternbeteiligung zumindest bei der Vorbereitung der Schullaufbahnenentscheidungen in Klasse 10 und bei der Hinführung zu den zeitlich abgesetzten Einzelentscheidungen über: Kurswahl, Wahl der Leistungskurse, Bestimmung der Abiturfächer. Informationspapiere können Informationsabende vorbereiten helfen, nicht aber ersetzen. Im Gegensatz zur Information der Schüler über detaillierte Einzelregelungen empfiehlt sich bei der Elterninformation in der Regel die Beschränkung auf die wesentlichen Merkmale der Oberstufe, ihre Prinzipien, die Struktur, die konkreten Wahlmöglichkeiten einer Schule, die Verbindlichkeiten von Wunschäußerungen und Entscheidungen, das Punktkreditsystem, Zulassungsregelungen, Bestimmungen des Abiturs.

Eine zu große Fülle im Detail, wo diese nicht aus Interesse erfragt wird, irritiert eher, als daß sie hilft.

Wer in der differenzierten Oberstufe seine eigene Oberstufe nicht wiedererkennt, neigt erfahrungsgemäß leicht zur Ablehnung. Mag das eigene Berufsleben auch noch so dynamisch gestaltet und von noch so aufregenden Innovationen gekennzeichnet sein, im Hinblick auf die institutionellen Regelungen der Schule kann offenbar nichts alt und bekannt genug sein. Hier wirkt das Wort Veränderung oder gar Reform sehr schnell abwertend, auch wenn es nicht mit dem Gestus der Schelte für das Vergangene daherkommt. Daran wird man auch bei der Vorstellung dieser Oberstufe denken müssen.

Ein besonderer Organisationskomplex ist das Abitur. Hellmut PIATER [1975, S. 129] entwickelt eine Graphik, die die Komplexität besonders anschaulich werden läßt. Die Abiturprüfungsordnungen der Länder bestimmen die Gremien, die Abläufe, die einzuhaltenden Verfahren der Zulassung, der Prüfungen, des Bestehens, die Beteiligungen, Beratungen, die Aufgaben, Standards, Beurteilungskriterien und vieles andere mehr.

Hinsichtlich des zeitlichen Ablaufs empfiehlt sich auch hier eine Planerstellung und Terminmitteilung, die noch zu Beginn des Schuljahres über die Halbjahresgrenze hinaus bis zu Entlassung reichen sollte. Diese Aufgabe wird sich stark von den Ländern unterscheiden, in denen das Zentralabitur eingeführt wurde.

Im wesentlichen umfaßt diese Planung drei Zeitleisten, die der Information, die der Prüfungsvorbereitungen und die der Prüfungsabläufe. Die beiden letzten haben Außen- und Innenwirkung; nach außen beziehen sie sich auf die Aufsichtsbehörde, evtl. auf den Unterhaltsträger und andere Beteiligte wie z.b. in manchen Ländern gewählte Elternvertreter, nach innen beziehen sie sich auf die Lehrer und Schüler, Räume, Mittel und Materialien. Bewährt hat sich gerade in diesem Planungs- und Durchführungsbereich die enge Zusammenarbeit von Oberstufenkoordinator, Team und Schulleitung.

Zusammenfassung:

Die differenzierte Oberstufe bietet ein so komplexes Handlungsfeld, daß geeignete Organisationsformen zu seiner Bestellung entwickelt werden müssen. Über die Notwendigkeit der Regelungen bieten sich Möglichkeiten der Delegation ebenso wie die der Partizipation an. Einen besonderen Mitwirkungscharakter gewinnen sie über die Interessen, wie sie vor allem bei den Schülern vorliegen. Optimierung der Differenzierung wird dabei das Ziel sein müssen, Sicherung von Ausbildungsgarantien der korrigierende Schutz. Dazu sind Beratungs- und Kontrollqualitäten nötig, die so ohne weiteres nicht allen Lehrern abverlangt werden können. Hier wird die Bedeutung einer entsprechenden Organisationsstruktur besonders augenfällig.

Im folgenden sollen noch einzelne Sonderaspekte der Oberstufe etwas genauer behandelt werden:

2. Probleme des Kurssystems

Durch die weitgehende Umsetzung des Prinzips der Individualisierung auf der Basis der Substitutionsmöglichkeit von Fächern gleicher Aufgabenfelder mit bestimmten Ausnahmen kommt es in der Regel schrittweise zur Auflösung der bis dahin bestehenden Klassenverbände. Auch bei den nicht substituierbaren Fächern schwindet die Kontinuität der Lerngruppe, sofern sie nach der Klasse 10 noch hat eingehalten werden können, spätestens bei der Einrichtung der Leistungskurse.

Trotz des bis dahin erreichten Alters der Schülerinnen und Schüler wird von nicht wenigen der Verlust einer festen Gruppenbindung als belastend oder zumindest unangenehm empfunden. Dieses Empfinden kann sich noch durch Diskontinuitäten im neuen differenzierten Kurssystem verstärken. Sie sind überall da möglich, wo sich aus der Vereinbarung der KMK oder auch aus spezifischer Länderregelung die Möglichkeit der späteren Belegung oder der früheren Beendigung eines Faches eröffnet. Wenn z.B. – wie gegenwärtig noch in NW – ein Fach zu Beginn des zweiten Halbjahres der Jahrgangsstufe 11 neu aufgenommen werden kann und wenn zu diesem Zeitpunkt in nahezu allen Fächern generell die Grundkurse wegen des dann erst einsetzenden Beginns der Leistungskurse neu zusammengesetzt werden, am Ende der Jahrgangsstufe 12 aber bestimmte Fächer schon wieder aufgegeben und in der Jahrgangsstufe. 13 u.U. zwei Jahresblöcke Gesellschaftswissenschaft und Kunst, Musik oder Literatur zusätzlich belegt werden müssen, dann lassen solche Besonderheiten feste Kursgruppen in den Grundkursen außerhalb der Naturwissenschaften und mancherorts auch bei der einen Gesellschaftswissenschaft nur in den eineinhalb Jahren vom Beginn von 11/II bis zum Ende von 12/II zu. Gerade in Fächern wie Deutsch, Mathematik, der ersten Fremdsprache kann diese Kurzatmigkeit nicht nur curriculare, sondern auch soziale Folgen haben. Da die Diskontinuitäten auch noch in Religion, dem musischen Fach und in einigen Ländern auch noch in der einen Natur- und Gesellschaftswissenschaft auftreten können und schließlich Sport noch am Ende von 13/I beendet werden kann, ist die Oberstufe trotz des Prinzips der Sequentialität für die einzelne Lerngruppe nicht unbedingt drei Jahre lang, wächst also aus einer sonst möglichen Gruppenstabilität dem einzelnen u.U. eben keine besondere Stützung zu.

Die Anbindungsbedürfnisse, die erfahrungsgemäß auch auf dieser Altersstufe in aller Regel noch sehr stark bestehen, müssen also entsprechend bewußt aufgenommen und berücksichtigt werden. Das kann durch die Leistungskurse der Schule geschehen und andere Maßnahmen. Da ist der Hinweis darauf, daß einem solchen Anbindungsbedürfnis doch nur bei jenen etwa 25% eines Geburtsjahrgangs entsprochen werden könne, die eine gymnasiale Oberstufe besuchen, wenig hilfreich. Wenn man durch institutionalisiertes Lernen für eine Gruppe von Heranwachsenden durch ihre Herausnahme aus beruflicher Verantwortung und aus einer direkten Begegnung mit der durch Arbeit organisierten Lebenswelt eine Art Moratorium der Entwicklung organisiert, ein kulturell begründetes Retardieren bewirkt, dann kann man die auch daraus sich ergebenden Betreuungsbedürfnisse nicht ignorieren und die Frage danach unter Hinweis auf die Mehrzahl der nicht in Vollzeitschule lernenden Altersgenossen abtun. Abhilfe schaffen Beratungslehrer allein an dieser Stelle nicht.

Amerikanische Erfahrungen haben lange schon gelehrt, daß selbst die Unterstützung der Schüler durch einen gradecouncellor (Beratungslehrer einer Jahrgangsstufe) und einen weiteren sogenannten home-room-teacher, mit dem es täglich ein halbstündiges Treffen gab, in all den Fällen als unzureichend empfunden wurde, in denen diese Lehrer nicht zugleich auch Unterricht mit den zu Betreuenden hatten [vgl. ALBRECHT, 1964, S. 147].

„Erstaunlicherweise waren die Beziehungen", so schreibt ALBRECHT [a.a.O., S. 147] „zwischen Kindern und ‚home-room-teacher' fast durchweg viel kühler und gleichgültiger als die Beziehung zwischen Kindern und Fachlehrern, obwohl diese alle fünf Monate wechseln". Auch von engeren Freundschaften erklärte er, daß er sie in der Regel am ehesten „auf gemeinsam erlebtem Unterricht, gemeinsamen Fachinteressen" gegründet habe beobachten können.

Sicherlich sind die Altersunterschiede hier nicht zu übersehen, auch nicht die Schulgrößen. Während Albrecht von Jahrgangsgrößen von 300 und mehr berichtet, brauchen wir in der Regel allenfalls mit gut einem Drittel dieser Größe zu rechnen, so daß die Jahrgänge überschaubarer, die Fortsetzungen alter Freundschaften oder des Zusammengehörigkeitsgefühls bisheriger Klassen wahrscheinlicher sind. Tatsächlich haben sich die Befürchtungen nicht bestätigt, die in den ersten Jahren der Reform die Diskussionen breit bestimmt und die Gemüter erhitzt haben. Auch für die ärgsten Widersacher der differenzierten Oberstufe gilt heute die Jahrgangsklasse nicht als die einzig mögliche pädagogische Sozialform und ist der Kurs nicht mehr jenes Kunstprodukt, als das man ihn damals in der Folge „einer vornehmlich technologisch verstandenen Organisationsreform" [ZIMMERMANN/HOFFMANN, 1985, S. 139] glaubte werten zu müssen. Gab es damals die Gefahr der Überbewertung dieses Problems, so muß man heute eher mit seiner völligen Vernachlässigung rechnen. Beide aber sind nicht die Antwort, die die Jugendlichen im System der Differenzierung und die Schule in ihrem Qualitätsbemühen brauchen. Diese muß sich orientieren an der auf Autonomie, Selbstverantwortung, Sozialbezug hin angelegten Zielvorstellung der gymnasialen Oberstufe und der Bedürfnislage des einzelnen Jugendlichen, zu der auch Ruhe des Denkens, Muße und Kontinuität (in einem oberstufenspezifischen Sinne über die Leistungskurse) gehört.

Tatsächlich bietet das Kurssystem mit seinen Wahlentscheidungen

– der Mitverantwortung der Schüler für ihre Schullaufbahn, für Anwesenheit und Leistungsnachweis,

– der Lernmöglichkeit in wechselnden Gruppen, der Herausforderung durch die verschiedenen Kompromisse auch in der Organisation,

– der Teilhabe an Diskussionen und evtl. auch Entscheidungen über Fächerangebot und Kurseinrichtung

ein breites Erfahrungsfeld für soziales Lernen, Verantwortungsübernahme, Toleranz und Kompromißbereitschaft, Durchsetzungsvermögen, Güteabwägung, wünschenswerte soziale Verhaltensweisen oder rationalen Problemumgang. WESTPHALEN [1976, S. 182] geht ausführlich auf diesen beachtlichen Förderungsvorteil und diese geradezu notwendige Herausforderung, diese Stimmulierungsabsicht der Oberstufe ein. Schon wenige Jahre nach der Einführung der differenzierten Oberstufe erklärt auch EILERS:

„Das Reformziel, dem Schüler einen Teil der Verantwortung für seine Schullaufbahn zu übertragen, scheint von den Schülerinnen und Schülern akzeptiert und verwirklicht zu werden". [1980, S. 305].

JUNGKUNZ, im selben Jahr, resümiert:

„Die Ergebnisse erlauben u.E. die Aussage, daß das Reform-Leitziel ‚Selbstverwirklichung in sozialer Verantwortung' ... in puncto Selbstverwirklichung für viele Schüler in bezug auf eine höhere Eigenverantwortung und Selbständigkeit im Kurssystem realisiert zu sein scheint. Jedoch gestatten die Ergebnisse auch den Schluß, daß dies nur um den hohen Preis der ‚sozialen Verantwortung' den Mitschülern gegenüber möglich war" [1980, S. 52].

Danach bliebe in der Regel also nicht einmal mehr die emotionale Stabilisierung als individuelles, sondern im wesentlichen nur die Sozialverantwortung als generelles Problem den Schulen aufgegeben, diese allerdings offenbar nur den Mitschülern gegenüber.

Es bleibt ein Geheimnis der sich empirisch gebenden „Forschung", wie man „Selbstverwirklichung" ohne Sozialbezug prüfen und testieren will, wenn man darüber nicht einfach nur borniert Bedürfnisbefriedigung subsumiert. Auch ist bei einem anthropologischen Ansatz der notwendigen Ich-Du-Beziehung nicht zu begreifen, wie das „Ich-selbst" geworden sein soll, ohne daß darin auch ethisch fundiertes Sozialverhalten einbezogen wäre. Schließlich bestätigt die tägliche Erfahrung beides: sowohl hohe soziale Sensibilität mit treuer Nachbarschaftshilfe als auch gedankenlose oder auch bewußte Gleichgültigkeit gegenüber den übrigen Schülerinnen und Schülern. Was das Sozialverhalten der Jugendlichen einer gymnasialen Oberstufe angeht, so spiegelt sich in ihm das Sozialklima und die Sozialverantwortlichkeit der Gesellschaft und nicht das differenzierende System einer Kursorganisation. Die Oberstufe als inhumaner Ausfall in einer im übrigen sozial-humanen Welt, diese Vorstellung schmeichelt der Erwachsenenwelt und überschätzt Organisationsformen des Lernens. Bescheidener resümierten dann auch ZIMMERMANN/ HOFFMANN [a.a.O., S. 154], „daß weder pauschal von einer Verbesserung noch von einer Verschlechterung der sozialen Beziehungen und des sozialen Klimas die Rede sein kann, sondern daß vielmehr – wie es auch kaum anders zu erwarten war – die neue Sozialform sich auf psychisch unterschiedlich veranlagte Schüler auch unterschiedlich auswirkt."

Unterschiede „hinsichtlich der sozialpsychologischen Auswirkungen des Kurssystems" wurden jüngeren Untersuchungen nach „zwischen extravertierten, introvertierten, selbstsicheren und labilen Schülern", dies allerdings in „signifikanter" Weise, gemacht [vgl. dazu RAHMEL, 1980; auch EILERS, 1980, SCHMIED, 1982]. Wo Negativerfahrungen von Schülern beklagt werden, da handelt es sich in der Regel zum einen um die weniger feste Rollendefinition in einem System wechselnder Kurse und zum anderen um die vom numerus clausus initiierte Punktejagd – wenn auch nicht unbedingt mit Wirkung auf den Arbeitsaufwand, so doch mit Wirkung auf eine manchmal auch auf Vergleich hin angelegte Notendiskussion. Hinsichtlich der Rollenbestimmtheit begrüßen die, die das Kurs-System bejahen, die größere Möglichkeit zur Rollendistanz, und beklagen die, die es ablehnen, die geringere Möglichkeit der Rollenverfestigung.

Die Zahl der Bejahenden hat im Lauf der Zeit signifikant zugenommen, die der Ablehnenden signifikant abgenommen. Geblieben ist die Einsicht, daß die auch kritische Identifikation mit der Schule, die einen begünstigenden Faktor darstellt für Schulerfolg und eigene Identitätsentwicklung, jenseits der Frage von Klasse oder Kurs eine Aufgabe bleibt, für die die Schule offen sein muß und für die sie Lösungen anstreben muß. Das geht sicherlich nur über den Ansatz „gute Schule". Das Klima in der Schule wirkt auch als Klima im Kurs. Zum zweiten verlangt es nach eben dem Lehrerethos und eben der Schülerpartizipation, ohne die eine gute Schule nicht entstehen kann. Schließlich macht es die Stärkung der Vermittlung von Erziehungszielen nötig wie z.B. Autonomie, soziale Sensibilität, Ich-Stärke, Kontaktbejahung, Anpassungs- und Konfliktfähigkeit; die Fähigkeit zur Einsamkeit ebenso wie Hilfsbereitschaft und Verständnis für die weniger leistungsfähigen oder weniger selbstsicheren Mitschüler, denen es Schwierigkeiten bereitet, mit der veränderten sozialen Situation fertig zu werden.

Wesentliches Mittel dafür ist übrigens die auch in diesem Zusammenhang zu nennende transaktive Kommunikation als ein Element des anzustrebenden Diskurses.

Zu den Einstellungen der Mitschüler und Lehrer und der bewußten Aufnahme der o.g. Ziele treten strukturelle oder organisatorische Hilfen hinzu, die teils aus diesem Grunde eingerichtet, teils aus anderen ohnehin schon vorgesehen sind.

Zu ihnen gehören:

- die Einrichtung des Beratungssystems,
- die Einsetzung von Tutoren (Klassenleiter der Jahrgangsstufe. 11 oder von 11/I; danach Leistungskurslehrer),
- die Benennung eines der gewählten Leistungskurse als Stammkurs, dessen Leiter (Tutor) Aufgaben obliegen, die im Klassensystem dem Klassenleiter zufallen,
- die Organisation von Einführungswochen, Projektveranstaltungen, kooperativen Unterrichtsformen, Studienfahrten, Kurstreffen, Feiern und Festen, die die Integration fördern, die Sicherheit erhöhen, die Atmosphäre freundlicher machen,
- das Vorsehen von home-rooms, einer Oberstufencafeteria – u.U. verbunden mit Bibliothek, Zeitschriften etc. und Leseraum,
- die Berücksichtigung auch solcher Sozialformen des Lernens, die die Kooperation verlangen, einüben lassen und fördern,
- die Wahl auch von Projektmethoden innerhalb des einen Kurses wie im Zusammenwirken verschiedener Kurse,
- die Organisation von Beratungskontakten,
- die gelegentliche Öffnung der Schule auch zu solchen Bereichen hin, in denen der Lehrer Lernender ist wie die Schüler,
- die Organisation einer möglichst breiten Mitwirkung vieler Schüler: begrenzt beim Fächerangebot und nur bedingt auch bei der konkreten Kurseinrichtung; breiter bei der Wahl des Kursthemas oder zumindest bei seiner inhaltlichen Füllung; bei der Festlegung der Formen der Leistungsmessung (soweit sie nicht durch Erlasse festgelegt sind); bei der Wahl von Methoden, Materialien, Medien etc. –

All dies geschieht auf der Ebene der Jahrgangsstufe wie der Schule überhaupt.

Da die Verantwortungsverteilung in der Schule für jeden nur eingegrenzte spezifische Möglichkeiten zuläßt, muß bei jeder Beteiligung deren strukturelle Vorgabe transparent, der bedingte Rahmen bewußt, der tatsächlich also nur zur Verfügung stehende Freiraum der Gestaltung eindeutig sein. Ohne Klarheit über die Struktur würde es in Konfliktfällen leicht zum Eindruck der Täuschung kommen können, an der jede weitere Einladung zerbrechen würde, zu welcher Form der Mitwirkung auch immer.

Die generell gegebene Überschaubarkeit unserer Oberstufen und die Nähe, die in den Subsystemen der Jahrgangsstufe, der Kurse, Arbeitskreise etc. möglich ist und erfahren wird, erlaubt es, an der Beförderung der Subjektrolle der Schüler mit Erfolg zu arbeiten und über ihre Entwicklung den Übergang von der Klasse zum Kurs nicht nur hinzunehmen, sondern als weiteres Propädeutikum der Schule ausdrücklich zu bejahen.

Nicht aufgegriffen werden kann das in diesen Zusammenhang gehörende Problem der jugendlichen Generationsgestalt heute, gesehen auf dem Hintergrund eines Normalentwurfs von Lebensbewältigung, der bestimmt ist vom Beherrschbarkeitsglauben des sog. „modernen okzidentalen Rationalismus", wie ihn Max Weber herauskristallisiert und beschrieben hat. Wenn es stimmt, daß die Trends gegenwärtig von den Pflichtwerten dieser Kultur weg zu den Lebenswerten ihres Korrektivs gehen: zu Gemeinschaftlichkeit, Nähe, Unmittelbarkeit, Leben als Zusammenleben, Genußfreude, Spontaneität, Freizeitbetreuung etc., dann kann sich daraus eine Steigerung des Betreuungsverlangens ergeben, die das Gymnasium in dem Teil besonders trifft, in dem es an einer planenden Lebensvorsorge, an Gegenwartsverzicht aus Zukunftsgründen, der Vorbereitung von Berufskarrieren engagiert beteiligt ist.

Die sich hier anzeigenden Spannungen sind Spannungen der Gesellschaft. An ihr haben Schule wie Familie u.U. sogar einen leidenden Anteil. Lösen können sie die Spannung allein nicht. Indem das Gymnasium aber Betreuungsstrukturen aufbaut, bekennt es sich zu der Aufgabe, nicht nur Bedürfnissen der Gesellschaft verpflichtet zu sein, sondern mindestens ebensosehr auch den Lebensbedürfnissen des Individuums.

Hier gewinnt die oben besprochene Notenproblematik ebenfalls eine weitergehende Dimension; eine Dimension der Sorge, die darin besteht, daß dem einzelnen nicht suggeriert werden darf, er sei nur von Wert, wenn er dies zunächst einmal durch Leistung und Noten unter Beweis gestellt habe.

Die Schule hat an beidem Teil, an der „perfektionierten Organisation des Leistungsprinzips" mit der Methodisierung des Lehrens und Lernens und an der Unterstützung des „Selbstentfaltungsrechtes eines jeden Individuums", wie es sich im Programm der Selbstverwirklichung ausdrückt [FEND 1988, 1988 A, S. 153].

Es wird sich einerseits die Sorge auf sie auswirken, daß ein Wertewechsel von solchen Werten, die das System tragen, zu solchen, die eine ihm entgegenstehende „Lebenswelt" aufbauen sollen, sehr bald schon alle die Wohlstandsvoraussetzungen gefährden könnte, die vielleicht erst zu einem solchen Wertewandel geführt haben. Aber sie wird auch teilhaben an den Visionen, die jenseits aller Systeme die Sinnerfüllung des einzelnen sehen.

> Zusammenfassung:
>
> Nach der Auflösung der Klassen bleiben die Betreuungsbedürfnisse der Schule z.T. ungemindert bestehen. Die Betreuung darf nicht einfach erhofft, sondern muß organisiert werden. Erfahrungswerte bestätigen ihre guten Möglichkeiten. Auch sie aber müssen wahrgenommen werden unter dem Horizont leitender Autonomieziele. Klarheit der Struktur, Tansparenz der Maßnahmen und ihrer Begründungen, Eindeutigkeit der Ziele dienen dem Ziel der Autonomie und sind deren unerläßliche Voraussetzungen auf der Seite der Institution.
>
> Erschwert ist sie durch die Spannung zwischen der Wertorientierung des Rationalismus und der sog. Lebenswelt. Die Schule muß ihrem Autonomieauftrag unter den Bedingungen dieser Spannung zu entsprechen suchen.

3. Die Jahrgangsstufe 11 im Gefüge des Gymnasiums

Den Klassen des Sekundarbereichs I des Gymnasiums, ihrer Unter- und Mittelstufe also, ist im wesentlichen die Sicherung einer breiteren Allgemeinbildung und die Vorbereitung auf die gymnasiale Oberstufe anvertraut. Insgesamt gehen die Länder dabei davon aus, daß – wie BLANKERTZ es formuliert – „ein detailliert auszuweisender Umkreis von Lerninhalten" existiert, der „durch die geschichtlich-kulturelle Lage gegeben und als ‚Allgemeinbildung' zu bezeichnen" ist. Grundschule und Sekundarstufe I „seien darauf verpflichtet, die in dieser Weise inhaltlich bestimmte allgemeine Bildung für alle Schüler bis zum Abschluß der 10. Klasse zu realisieren" [BLANKERTZ, 1982, S. 13]. Klammert man die Frage nach der Fächerintegration weiterhin aus, – wie das in der Praxis in aller Regel geschieht –, dann bildet die Basis für diese allgemeine Bildung das nicht eben geringe Ensemble von 14-15 Fächern. In vielen Fällen kommen zu diesen Pflicht- bzw. Wahlpflichtfächern im Wahlangebot der Oberstufe in manchen Ländern bis zu 15 Fächern hinzu, aus denen die Schüler dann auswählen können. Je nach Land kommen für den einzelnen Schüler davon etwa 8-11 in Betracht. Angesichts der Aufnahme so vieler neuer Fächer, der besonderen Didaktik der Oberstufe und der Einführung der bis dahin nicht bekannten Niveauunterscheidung im selben Fach (Grund- oder Leistungskurs) verwundert es nicht, daß man den beiden Jahren vor dem Abitur, in manchen Ländern „Qualifizierungsphase" oder „Hauptphase" genannt, eine Einführungsphase voranstellt mit der Funktion des Übergangs und der Einübung in Arbeitsweisen, in neue Fächer, größere Selbständigkeit, in ein intensiveres Eindringen etc.

In den Ländern, in denen das gegliederte Schulwesen mit dem Hinweis auf vielfach eröffnete Übergangsregelungen gegenüber integrativen Schulformen legitimiert wird, fällt der 11. Jahrgangsstufe auch noch die Funktion der allmählichen Einführung und Eingliederung neuer Schülerinnen und Schüler aus Haupt- und Realschulen zu. Je nach verschiedenen Landeskonzepten kommt es in den Bundesländern zu unterschiedlichen Ausgestaltungen. Wie sie in den neuen Bundesländern aussehen werden, das ist angesichts der Offenheit der Entscheidungen gegenwärtig noch nicht sicher.

In manchen Ländern Ländern gilt für die gesamte Jahrgangsstufe 11 noch der Klassenverband, sind die Fächer Religion, Ethik, Deutsch, Mathematik, Physik, Chemie, Geschichte, Erdkunde, Kunst, Musik und Sport, zwei Fremdsprachen Pflichtfächer, werden die Fächer z.T. 1-5stündig unterrichtet und kommt es zum Kurssystem erst von der Jahrgangsstufe 12 ab. Dagegen beginnt in anderen das Kurssystem einschließlich der Leistungskurse schon mit der 11. Jahrgangsstufe bzw. mit Beginn ihres 2. Halbjahres an.

Entsprechend unterschiedlich wird also auch die Gelenkfunktion, die die 11. Jahrgangsstufe in einem System von dreizehn Jahren hat, inhaltlich und ihren Zielen nach ausgelegt werden müssen.

Veränderungen werden zwangsläufig dann angezeigt sein, wenn sich die Kultusminister auf eine Verkürzung der Schulverweildauer am Gymnasium einigen. U.U. müßten die vorgeschlagenen Maßnahmen dann schon für die 10. Jahrgangsstufe vorgesehen werden. Auf jeden Fall empfehlen sich Überlegungen zu folgenden Komplexen:

- Einübung in spezifische Arbeitsweisen der Oberstufe,

- Übergang vom Sozialverband der Klasse in die Sozialverbände der Kurse,

- thematische Gleichheit und inhaltliche Koordinierung von Kursen im selben Fach zur Angleichung der Lernvoraussetzungen für die sich anschließende Einrichtung oder Neubildung von Kursen,

- Einüben in Verantwortungsübernahme durch Schullaufbahnentscheidungen, Erhöhung der Selbständigkeit, Verantwortlichkeit für Anwesenheit, Pünktlichkeit, Lernfortschritte, Kooperation etc.

Für die Einübung in spezifische Arbeitsweisen der Oberstufe empfiehlt sich die schulinterne Erstellung eines Curriculums von Arbeitshaltungen, Arbeitstechniken, Arbeitsorganisation, Hilfsmitteln. Im Abschnitt über die Wissenschaftspropädeutik war davon schon einmal die Rede. Gegenstände eines solchen Curriculums müßten u.a. sein:

- körperliche, psychische, organisatorische Voraussetzungen von Lernen;

- Lernformen und Lernabläufe;

- Gedächtnisarten, Lernhilfen, Mnemotechniken, Lernhemmungen;

- Methoden der Texterschließung; Formen wissenschaftlichen Arbeitens, Umgang mit Fachliteratur;

- Zitation und Dokumentation; Verfassen von Referaten und Facharbeiten;

- Streßvermeidung; Prüfungsformen; Prüfungsverhalten;
- Gruppenstabilität und Kommunikationsfähigkeit des einzelnen;
- weitere Einübung in transaktive Formen der Kommunikation, Erhöhung der Diskursfähigkeit etc.

Ihren systematischen Ort können alle diese Einübungen finden

- im regulären Unterricht, je nach Schwerpunktabsprache zwischen den Fächern und Koordinierung der verschiedenen Behandlungsphasen;
- in zusätzlich angebotenen Kursen: Methodik; Technik des Arbeitens;
- in speziellen Einführungstagen oder in einer speziellen Einführungswoche.

Gerade mit einer solchen Woche, durchgeführt mit der gesamten Jahrgangsstufe 11, möglichst in ein und derselben Jugendherberge, einem Landschulheim etc., aufgeteilt nach Gruppen, etwa in Anlehnung an zukünftige oder schon eingerichtete Leistungskurse, in der Verantwortung von Gruppenleitern, unter denen die Leistungskurslehrer des Jahrgangs sein sollten, kann ein guter Einstieg in die neuen Lern- und Sozialformen der Oberstufe erreicht werden.

Nicht alle Lehrer und Lehrerinnen werden ohne eine vorangehende gründliche gemeinsame Vorbereitung in der Lage sein, Inhalte der o.g. Art kompetent zu vermitteln. Arbeitssitzungen sind also nötig, vielleicht auch ein paar Vorbereitungstage in Klausur, in der Fortbildung betrieben, Einübungen unter den Lehrern/innen selbst erprobt und erfahren und Absprachen getroffen, Regelungen vereinbart werden. Auch dafür gibt es mehr Erfahrung in der Praxis als Darstellungen in der Theorie. Der Prozeß der Produktvorbereitung ist wegen des Vorteils eines darüber entstehenden Gruppengefühls so bedeutsam, daß man auf ihn auch im Fall detaillierter Ablaufbeschreibung von Fremderfahrungen nicht verzichten sollte.

Vorsicht ist allerdings geboten gegenüber jeder Form von gruppendynamischen Übungen. Alles muß so angelegt sein und so kalkuliert werden, daß die Kompetenz des Pädagogen angesprochen und nicht die eines Psychologen oder gar eines Therapeuten gefordert ist. Gegliedert werden könnte das Programm wie folgt:

- Arbeitshaltungen, Arbeitstechniken,
- Kommunikation und Kooperation,
- Schulorganisation: Oberstufenregelungen,
- fachspezifische und/oder fachübergreifende Projekte.

Wählt man eine ganze Einführungswoche, dann sollten größere Fachanteile, etwa des einen Leistungsfaches, Freizeitprogramm – von Schülern und Schülerinnen selbst erstellt – und evtl. auch Projektanfänge weiterreichender Projekte mit in das Programm aufgenommen werden. Auch ein Block Oberstufeninformation (Belegungsauflagen, Abitur etc.) wird nicht fehlen dürfen.

All dies kann bei einer Verkürzung der Schulverweildauer am Gymnasium in jenen Bundesländern in das Konzept der Jahrgangsstufe 10 aufgenommen werden, in denen der Wechsel von der 10. Klasse der Haupt- oder Realschule in die 11. Jahrgangsstufe des Gymnasiums die verschwindende Ausnahme bildet. Wo an dieser Stelle die Korrektur der Schullaufbahn geradezu organisiert wird, da werden andere Übergangsüberlegungen angestellt werden müssen.

4. Beratung

Die Empfehlung der KMK von 1988 zur Arbeit in der gymnasialen Oberstufe [vgl. Anhang II.5, S. 442 ff.] widmet der Beratung ein eigenes Kapitel und bezeichnet sie darin gar „als ein Prinzip der gymnasialen Oberstufe". Sie sei als „ein Angebot zu betrachten, das sich nicht auf die offensichtlichen Problemfälle beschränken" dürfe. Lehren, Erziehen, Beurteilen, Beraten, Innovieren, Organisieren finden sich schon in der Auflistung des deutschen Bildungsrates als die Grundfunktionen des Lehrers. Die Empfehlung nimmt diese Ausdifferenzierung der Lehrerrolle auf und weist wie der Bildungsrat dem Beraten einen wichtigen Platz zu. Den Kern der Beratung wird nach der Auffassung der Verfasser der Empfehlung von 1988 wohl die Schullaufbahnberatung der Schüler bilden; sie soll sowohl unter dem Aspekt der Gültigkeit der Fächerkombination, von Kurs- und Abiturfachwahl als auch unter dem anderer „Bildungs- und Ausbildungsmöglichkeiten" erfolgen, „die in unserem Bildungswesen angeboten werden". Insgesamt fächert die Empfehlung die Beratung nach Aufgabenbereichen auf, die sich unterscheiden lassen nach:

- individuellen Schwierigkeiten
 (persönliche Krisen: Verhaltensschwierigkeiten und Verhaltensstörungen; schwierige Schulsituationen; allgemeine Lernprobleme; Probleme im Bereich von Konzentration, Antriebskräften, Durchhaltevermögen, Arbeitsorganisation etc.),
- fachspezifischen Problemen
 (Eingangsvoraussetzungen eines Faches, seine Ziele, Gegenstände, Leistungsanforderungen, Lehr- und Lernformen; aber auch individuelle Lernprobleme),
- Problemen der Schullaufbahn
 (Funktion der gymnasialen Oberstufe; Bestimmungen und Regelungen, Fächerkombinationen; Kursverteilung auf die Jahre der Haupt- oder Qualifizierungsphase etc.),
- Studienorientierung und Berufswahl
 (evtl. Korrespondenzen zwischen Schullaufbahnprofilen und Studien bzw. anderen Berufsausbildungswegen; günstige Breite der Belegung bei völliger Offenheit und Unentschiedenheit späterer Berufswünsche; Vorrang von Neigung, Interesse, individuellem Vermögen vor vermutetem Zukunftsnutzen; Vermittlung zu Institutionen der Studien- und Berufsberatung; Konzepte vorbereitender Orientierung etc.).

Die Beratungskonzepte, die wesentlich im Hinblick auf diese Beratungsfelder zu entwickeln sind, dürfen sich also nicht damit begnügen, „ein System von technischen Hilfsmaßnahmen" zu sein, dessen Notwendigkeit allein nur aus der Entwicklung der gymnasialen Oberstufe sich ergibt, sondern müssen weit darüber hinaus Orientierungs- und Entscheidungshilfen geben wollen, wie sie sich z.b. angesichts sich wandelnder Generationsgestalten, von Adoleszenzproblemen, Problemen der sozialen Einbettung in ein System wechselnder sozialer Lernverbände, aus Partizipationserwartungen und Demokratieinteressen, der Individualisierung bei fortbestehender Forderung nach Sozialbezug und Zunahme der Verantwortung; der Freizeitvermehrung und der zu fördernden größeren Selbständigkeit etc. den Jugendlichen und ihren erwachsenen Helfern heute vermehrt stellen.

Umfang und Notwendigkeit dieser Beratung nehmen eher zu als ab. Einen Grund dafür wird man in der steigenden Heterogenität der Schülerpopulation am Gymnasium sehen müssen. Damit sind unterschiedliche Kulturinteressen auch bei der Beratung mit zu berücksichtigen, da sie vielfach von den Familien allein nicht werden befriedigt werden können. Der Beratungsumfang ist leicht zu beschreiben. Die Qualität der Beratungspraxis aber wird abhängig sein von

– der Qualität der Beziehungsstruktur im Beratungsverhältnis,

– der Struktur des Beratungsaufbaus und der

– Kompetenz der Berater.

Es mag überraschen, daß auch im Zusammenhang mit der Beratung von der Qualität der Beziehung gesprochen wird. Wenn aber, wie z.B. H. SCHREIBER [1979] es formuliert, die Beratung „Selbstkenntnis entwickeln und die Selbsteinschätzung soweit erhöhen <soll>, daß der Schüler nicht nur zu autonomer Entscheidung befähigt wird, sondern Entscheidungen nach erschöpfender Chancenabwägung auch richtig treffen lernt" [a.a.O., S. 326], dann muß diese Beratung auf einer Beziehung zwischen Schüler und Berater basieren, die Öffnungen zuläßt, weil Vertrauen besteht. Das allerdings heißt für die Beratungskonzepte nicht Bevorzugung des Beziehungsaspektes vor dem inhaltlichen, verlangt inhaltlich also nach konkreten Vorschlägen und zieht den Berater in die Verantwortung für die Entscheidungsfindung mit ein – wenn die Entscheidungen selbst natürlich auch nur von den Schülern und ggf. Eltern getroffen werden können. Ob eine so weit reichende Beratung, wie sie im Anschluß an Schreiber oben wiedergegeben wurde, überhaupt intendiert werden kann, das hängt von der Grundentscheidung darüber ab, ob es sich allein nur um eine pädagogische oder auch um eine psychologische Beratung handeln soll. Von dieser Grundentscheidung leiten sich Beratungsstruktur und Kompetenzerwartung ab.

Im Regelfall der Gymnasien wird man aus Gründen der Kompetenz im wesentlichen von interner pädagogischer und allenfalls vermittelter außerschulischer psychologischer Beratung ausgehen müssen, da die Psychologen an den Schulen zumeist fehlen.

Je nach Größe der Oberstufe wird ein Team von Beratungslehrern unter der Leitung eines Oberstufenkoordinators nötig sein, das dann nicht nur die Beratung, sondern im wesentlichen auch die Betreuung der Schüler/innen nach der Auflösung der Klassenverbände mit anderen, z.B. den Leistungskurslehrern, übernimmt. Davon war oben schon einmal die Rede. In manchen Ländern hat sich die Relation von 1:25 (Lehrer: Schüler) für die Ermittlung der Zahl der Beratungsstunden einer Jahrgangsstufe ergeben. Bei hundert

Schülern einer Jahrgangsstufe würde man also etwa zwei Beratungslehrer beauftragen und für sie wöchentlich je zwei Stunden als Beratungsstunden in die individuelle Unterrichtsverteilung aufnehmen. Beratung wird in dieser institutionalierten Form behandelt wie eine zusätzliche Fakultas, eine zusätzliche Befähigung und nicht einfach nur wie eine zusätzliche Belastung, für die dann wiederum eine neue Entlastung oder Abminderung zu gewähren wäre.

Der Vorteil der Institutionalisierung ist ein doppelter: Sie erinnert nachdrücklich an die Notwendigkeit der zusätzlichen Qualifikation und drängt Beratungsstunden zeitlich nicht in Randstunden, in denen sie allein schon aus technischen Gründen inhaltlich zu kurz kommen können. Kommt es zu einem eigenen Team mit leitendem Koordinator, dann müssen außerdem regelmäßige Sitzungen mit gemeinsam zu vollziehender Einzelfallentscheidung durchgeführt werden. Auf die Dauer führt das zur Gemeinsamkeit der Entscheidungskriterien und zur Vergleichbarkeit der Findungsprozesse. Gleichbehandlung vergleichbarer Fälle und Verläßlichkeit in der Entscheidungskontinuität sind Vorgänge, die auch von den Schülerinnen und Schülern positiv vermerkt werden.

Inhaltlich handelt es sich bei den hier in Rede stehenden Entscheidungen in der Hauptsache um solche bei Belegungsproblemen, verspäteter Aufnahme eines Kurses, Kurs- oder Fachwechsel nach Mißerfolg oder bei veränderten Absichten, Wechsel im Leistungskurs, Aufgabe zusätzlich belegter Kurse noch vor der Beendigung solcher Kurse und anderes mehr.

Alle diese Fragen fallen in den Bereich der Schullaufbahnberatung. Tatsächlich bildet sie aller Erfahrung nach den überwiegenden Teil der Beratungstätigkeit von Beratungslehrern.

Wo die Schülersorgen von Fachproblemen ausgehen: Verstehen, Leistung, Anspruch, da kann der zufällige Zusammenfall der Fachsorgen der Schüler mit der Fakultas des Beratungslehrers eine Ausweitung der Beratungsmöglichkeit im Einzelfall erlauben. Im Regelfall aber kann man von einem solchen Zusammenfall nicht ausgehen, muß man also auf Fachlehrer verweisen bzw. eine Beratung durch sie herbeiführen.

Wo zudem – und das ist eben der Regelfall, von dem es nur sehr wenige Ausnahmen gibt – kein eigener Psychologe an der Schule für entsprechende Beratungen tätig ist, da wird es also bei den gestuften pädagogischen Beratungen und der Vermittlung an an-dere Beratungsinstanzen bleiben müssen.

Die innerschulischen pädagogischen Beratungen erfolgen vorbereitend in eigenen Vorstellungsveranstaltungen für alle Interessenten im Lauf der Jahrgangsstufe 10. Gruppenberatungen dieser Art sind zwingend für die in der Oberstufe neu hinzukommenden Fächer, sie sind als Angebot ebenso unerläßlich vor der Wahl der Leistungskurse, und sie sind höchst wünschenswert in allen übrigen Fällen, da die Oberstufe auch bei den länger schon bekannten Fächern ihre eigenen Ansprüche, ihre spezifischen Arbeitsformen, die erhöhte Selbständigkeit und vermehrte Kooperation haben wird.

Bewährt hat sich insgesamt eine Zweiteilung der innerschulischen Beratung: Über alle Schullaufbahnbedingungen im Einzelfall wie auch generell äußern sich allein nur die damit beauftragten Lehrerinnen und Lehrer. Sie haben den Überblick über die Belegungen, die die Schüler getrof-fen haben, und die sichere Kenntnis der nicht selten verwirrend wirkenden Oberstufenbestimmungen.

Um die Fachprobleme und die fachbezogenen Lernprobleme hingegen kümmern sich die unterrichtenden Fachlehrer. Aufgabe des Beratungslehrers ist es, die Beratungsgespräche mit den Fachlehrern ggf. zu organisieren und über Rückmeldungen auch zu kontrollieren oder sicherzustellen.

Zur Beratungsstruktur gehören über die schulinternen Beratungsinstanzen hinaus auch noch solche der Hochschulen, des Arbeitsamtes, der Kammern oder Verbände und schulpsychologischer Dienste. Wegen der vielfältigen Beratungsfelder empfiehlt sich für das Team der Beratungslehrer eine Aufgabenteilung etwa folgender Art:

– Oberstufenkoordinator;

– Beratungslehrer für die verschiedenen Jahrgangsstufen – diese für einen bestimmten Jahrgang über die drei Jahr der Oberstufe hinweg, so daß die Schüler es immer mit demselben Beratungslehrer zu tun haben;

– und je ein Beratungslehrer für die Verbindung zu den Instanzen der Studien- und Berufsberatung und für die verschiedenen Institutionen psychologischer Einzelberatung.

Je nach Vorbildung kann es auch noch zu einer Sonderbeauftragung eines Lehrers der eigenen Schule kommen für Beratung in schwierigen Einzelfällen, für die mehr als nur die übliche pädagogische Kompetenz notwendig ist. Hier können u.U. auch weitere Sonderprobleme angebunden werden wie Drogen oder Aids. Ob diese Beratungslehrer zu dem Team hinzukommen oder aus dem Team heraus beauftragt werden, das ist im wesentlichen eine Frage der Schulgröße und der personellen Ressourcen.

Struktur und Kompetenz stehen, wie die bisherigen Darlegungen zeigen, in einem gegenseitigen Wechselverhältnis. Wünschenswert wäre schon eine personelle Ausstattung der Schulen mit beratungskompetenten Pädagogen und mindestens einem Psychologen, damit pädagogische und psychologische Beratung angeboten und miteinander verbunden werden kann.

Wo das nicht der Fall ist, wo also schulexterne psychologische Dienste der Kommu-nen, der Schulaufsicht oder freier Wohlfahrtsverbände in Anspruch genommen werden, da beschränkt deren Beratung sich schon aus Kapazitätsgründen in aller Regel allein nur auf Fälle extremerer Verhaltensauffälligkeit, persönlicher Krisen, pädagogisch nicht erklärbarer Lernprobleme. In der Regel versammeln sich da also im wesentlichen nur Therapiefälle. Alle übrigen aber, die in der Problematik unterhalb der Therapie und oberhalb normaler Einwirkungen der Pädagogik liegen, bleiben viel zu häufig noch unversorgt, werden zumindest nicht so durch Beratung aufgefangen, wie sie es um ihrer persönlichen Entwicklung und des Schulerfolgs willen dringend benötigten. Hier entscheidet oft das Glück, daß es gerade noch so geht, daß schulische Sensibilität für Verständnis sorgt und Geduld, daß es zum schulischen Ehrgeiz, zum schulischen Ethos gehört, gerade für die langsameren, die mit privaten Nöten Belasteten, die Querdenker, Desorientierten, Identitätsbelasteten alle Anstrengungen auf sich zu nehmen und gerade in deren Entwicklung und ihrem Schulerfolg den Testfall der eigenen Tüchtigkeit zu sehen. Darüber hinaus gibt es

- die organisierte Oberstufeninformation für Schüler und Eltern mit den drei Informations- und Beratungsschritten:
- der ersten Gesamtinformation (über Ziele, Prinzipien, Struktur, Inhalte, Evaluationsformen und Abschlüsse der Oberstufe),
- der stufenbezogenen Regelungs- und Kursangebotsinformation jeweils vor den zu treffenden Wahlentscheidungen (einschließlich der Anwesenheitspflichten, Entschuldigungsregelungen, des Beurteilungssystems und der Mindestanforderungen, der zusätzlichen Veranstaltungen der Schule etc.)und
- den Mitteilungen zum Abitur.

Festzulegen sind

- Informations- und Beratungsblöcke im Programm organisierter Einführungswochen,
- die institutionalisierte Einzelberatung je nach Bedarf der Schülerinnen und Schüler und
- informelle Beratungsgespräche.

Alle werden sie sich an den Kriterien von Verläßlichkeit, Nachfragebedarf, Selbständigkeitsförderung, Verantwortungsübernahme orientieren müssen.

Ihr großer Mangel liegt im weitgehenden Diagnoseverzicht, was z.B. die Eignungsfragen angeht, und damit zugleich auch in der Schwäche der Prognostik für Fächer- und Schwerpunktberatung. Bisherige Lernerfahrungen, Gespräche über Neigung, Probleme, Absichten, Einschätzungen der Schüler und ihrer Lehrer bilden im wesentlichen die Beratungsgrundlage. Diagnostische Eignungsfeststellungen, systematische Datenerhebungen, umfassende Anamnese – das alles entzieht sich der pädagogischen Kompetenz und der Möglichkeit der einzelnen Schule. Ohne Zweifel ein Mangel; ein Mangel aber, der insgesamt nicht als eine der vorrangigen Sorgen der Oberstufe gewertet werden muß. Auf die Jahrgänge bezogen sind dies mehr:

- die curricularen Fragen,
- die einer tragfähigen Grundbildung,
- der fächerübergreifenden Integration,
- einer effizienten Wissenschaftspropädeutik und
- einer wirklichen Hilfe in der Persönlichkeitsentwicklung durch die Fachlehrer u.a. mehr.

Anders ist das in bezug auf einzelne Schüler – hier können Beratungs- und Betreuungsdefizite der o.g. Art zu Identitätsproblemen und Versagenserfahrungen führen, die durchaus vermieden werden könnten und also vermieden werden müßten.

Wie innerhalb einer Schule die pädagogische Beratung durch Lehrer und die psychologische Beratung durch Psychologen zu Diagnostik, systematischer Datenerhebung und adäquater Beratung verbunden werden können, das beschreibt H. SCHREIBER [1979] in dem oben schon zitierten Aufsatz über eine „Moderne Beratung in der reformierten Oberstufe". Hier kann darauf nur verwiesen werden. Auch dieser Beitrag belegt, daß es schon ein schulinterner, ein schuleigener psychologischer Dienst sein muß, der zu einem solch umfassenden Konzept für die ganze Oberstufe einer Schule kommen soll. Sicherlich kann er bei kleineren Schulen auch an zwei oder drei Stellen tätig sein.

In der losgelösten Form aber eines kommunalen oder gar regionalen schulpsychologischen Dienstes kann er zum einen nicht auch noch diese Aufgabe auf sich nehmen und ist er zum anderen zu sehr losgelöst vom pädagogischen Alltag der Schule. Da könnte es leicht zu Beratungsvorschlägen der Psychologen kommen, vor denen die mit der Durchführung beauftragten Pädagogen ratlos stehen. Beide müssen sie verantwortlich auch für die Durchführung sein, dann kann die Beratung eine große Hilfe sein.

Zusammenfassung:

Das System der gymnasialen Oberstufe ist ob seiner bestimmenden Größen von Differenzierung und Individualisierung von solch komplexer Struktur, daß eigene Organisationsformen, besondere Teams, regelnde Verfahren eingeführt und effizient angewendet werden müssen, wenn der beabsichtigte Vorteil für die Schullaufbahnen der Schüler tatsächlich auch erreicht werden soll.

Aus der Besonderheit der Struktur, den mobilen Sozialformen des Lernens ergeben sich neue Betreuungs- und Beratungsaufgaben. Sie reichen von der Beratung über Bedingungen einer gültigen Schullaufbahn bis hin zu psychologischen Einzelberatungen und schließen ausdrücklich auch die Studien- und Berufsberatung mit ein. Eigene Erkundigungen runden ab, was über Vorträge etc. an Informationen schon vermittelt, an Erkenntnissen oder gar Einsichten schon gewonnen wurde. Berufspraktika und Studieneinblicke gehören mit zu den Maßnahmen, die hier zu ergreifen sind.

Kooperation gibt es aber nicht nur mit Beratungsinstanzen oder auf beruflichen oder universitären Informationsfeldern, sondern auch zwischen der pädagogischen Beratung, die die Schule leisten kann, und der pädagogischen Beratung, für die die Kompetenz entsprechend ausgebildeter Helfer nötig ist.

5. Berufsorientierung

Eine besondere Form der Beratung stellt die Beratung dar, die auf Studium und Beruf ausgerichtet ist. Die Abschlußqualifikation der gymnasialen Oberstufe, die eine nicht auf bestimmte Studienschwerpunkte eingeschränkte Hochschulreife vermitteln will, gestattet eine Kursbelegung, die sich nicht ausrichtet auf Anwendungsbezüge in einem bestimmten Studium oder einer bestimmten Form der Berufsvorbereitung. Man muß sich also nicht unbedingt schon mit Fragen späterer Berufsabsichten und den ihr vorangehenden Studienwegen befaßt haben, wenn man zu Beginn der Jahrgangsstufe 11 die verschiedenen Fächer und je nach Land spätestens in der Jahrgangsstufe 12 die Leistungskurse wählt. Bestimmte Kombinationen oder gar Profile mögen nützlich sein für spätere Verwendungssituationen – so z.B. Biologie/Chemie für die Medizin; notwendige Bedingung sind sie nicht.

Wie sollte man bei der Notwendigkeit solcher Korrespondenzen auch Studien wie z.B. Jura, Agrartechnik, Vermessungstechnik oder Archäologie durch Gymnasialunterricht inhaltlich vorbereiten helfen Hier ist an die Transferdiskussion zu erinnern, die im Zusammenhang zu sehen ist mit dem Prinzip der Gleichwertigkeit der Fächer und ihrer begrenzten Substituierbarkeit unter dem Gesichtspunkt der Wissenschaftspropädeutik. Wenn auch nicht mehr von beliebigem Transfer ausgegangen werden kann, als sei ein inhalts- und strukturindifferentes Denken möglich und einübbar, so muß man nun auch nicht auf dessen Gegenteil, den völligen Wegfall aller Transferleistungen der verschiedenen Fächergruppen, verfallen. Aus der grundsätzlichen Offenheit des auf eine allgemeine Hochschulreife hin ausgerichteten schulischen Bildungsganges ergibt sich im Verbund mit der Transfertheorie die relative Freigabe der Fächerwahl und der Wahl der Schwerpunkte und die Möglichkeit, spätere Studier- und Berufsabsichten aus dem Kriterienbündel der Wahlentscheidung weitgehend herauslassen zu können. Tatsächlich wissen ja viele vor allem der männlichen Gymnasialabgänger selbst nach ihrem Abitur noch nicht, welches Studium sie ergreifen, in welche Berufsausbildung sie einsteigen wollen.

Dennoch suspendiert das die Gymnasien nicht von der Aufgabe, die Berufswelt mit in die Inhalte des Lernens aufzunehmen, zu einer Auseinandersetzung mit ihr anzuregen und Kriterien der Wahl und Entscheidung zu vermitteln, dies sowohl aus dem Interesse an der Vergrößerung des Ernstfalls von Lernen gerade in der Zeit des kulturell bedingten und durch Schule möglich gemachten Moratoriums der Jugendzeit, als auch aus dem Interesse an einer individuellen Beratung möglicher Berufs- und Lebensplanung.

In das Beratungskonzept des Gymnasiums ist also als ein besonderer Teil oder Aspekt die Berufsorientierung mit aufzunehmen. Es darf ein solches Konzept allerdings nicht erst auf der Oberstufe ansetzen. Gerade die letzten Jahre der Mittelstufe müssen darin einbezogen sein.

Wieder wird man dabei die Beratungen, die die Schule selber leisten, die Orientierung, die sie selber geben kann, von den Beratungen und Orientierungshilfen unterscheiden müssen, die durch zu vermittelnde Außeninstanzen wie Studien- und Berufsberatungen der Hochschulen und des Arbeitsamtes, der Kammern und Verbände angeboten werden.

In nicht wenigen Ländern enthalten spezielle Erlasse Hinweise und Regelungen, die bis hin zur Einrichtung von Praktika reichen, durch die nicht nur informiert, sondern auch erste Erfahrung vermittelt werden soll.

Neben den staatlichen Regelungen oder auch in Umsetzung ihrer Anregungen sind Initiativen zu beobachten, die von vielen Schulen selbst ausgegangen und zu eigenen Konzepten entwickelt worden sind.

In der Regel gehen sie alle davon aus, daß Berufsorientierung, Hinweise auf später folgende Berufstätigkeiten, Einführung in und Auseinandersetzung mit Kriterien der Berufswahl, ja überhaupt das Zurkenntnisnehmen der Berufswelt mit zu den Vermittlungsaufgaben auch des Gymnasiums und gerade der gymnasialen Oberstufe gehören. So bedeutsam Persönlichkeitsentwicklung und Bildung für die Anstrengungen der Schule sind, so wenig sollten ihre Benutzer übersehen, daß am Ende nach aller Ausbildung auch die Fähigkeit stehen muß, für den eigenen Lebensunterhalt – was alles im einzelnen dazu auch gezählt werden mag – aufkommen zu können und ggf. auch Unterhaltsverantwortung für andere übernehmen zu müssen. Die beruflichen und damit auch die finanziellen Bedingungen des eigenen Lebens haben nicht zuletzt etwas zu tun mit der Entfaltung eigener Möglichkeiten, dem Aufbau von Kultur und der Erfüllung von Sinn. „To learn a good living for themselves" und „to lead good human lives" werden z.B. als fundamentale Ziele für amerikanische Schulabgänger bezeichnet und in einem gewissen Zusammenhang miteinander gesehen [ADLER, 1982, S. 73]. Daran auch in der Zeit der allgemeinen Vorbereitung durch die Schule schon zu denken, das ist nicht zu früh in Erinnerung gebrachte Zweckhaftigkeit, sondern Öffnung von Schule auf die Zukunft einer verantwortlichen Lebensführung hin.

„Berufsorientierung", so H. FRIEDRICH [in: Arbeitspapier zu Wirtschaftswissenschaften und Wirtschaftsdidaktik, Köln 2.1987, S. 3 – unveröffentlichtes Manuskript], „im engeren Sinne bedeutet Berufswahlvorbereitung". Diese aber meint nicht die „Hinführung zu bestimmten Berufen, sondern (die) Hinführung der Schüler zur Fähigkeit, sich selbständig, eigenverantwortlich, persönlichkeitsgerecht und sachkundig im Prozeß der Berufswahl entscheiden zu können."

Drei Maßnahmenkomplexe bieten sich nach Friedrich an, wenn Schule und Berufs- bzw. Studienberatung zusammenarbeiten:

- „Unterrichtseinheiten, die grundlegende Kenntnisse über die Wirtschafts- und Arbeitswelt und über die Berufswahlprobleme vermitteln,
- Maßnahmen der Berufsberatung zur Unterstützung des konkreten Berufswahlentscheidungsprozesses,
- Realkontakte in Form von Erkundigungen und Praktika, die dem Schüler unmittelbar Einblicke in die Berufswelt und Erfahrungslernen ermöglichen" [Ms., S. 3].

Für die gymnasiale Oberstufe entfällt in der Regel die erste der genannten Maßnahmen, wenn sie sich nicht gerade aus dem Fach ergibt; Unterrichtseinheiten der genannten Art, Planspiele, erste Kontakte mit außerschulischen Beratungsinstanzen – das alles muß schon im Laufe der 9. Klasse seinen gut vorbereiteten Platz finden, damit für die Schüler, die nach der 10. Klasse das Gymnasium verlassen, die zweite Maßnahme fortführend angesetzt werden kann.

Für die Oberstufe folgt daraus als Schwerpunkt der sogenannte Realkontakt. Er bietet sich nach dem sogenannten „Dürener Modell" [FRIEDRICH, 1987], in einer „Berufsorientierungswoche" an, die im vorletzten Jahr der Gymnasialzeit, also in der 12. Jahrgangsstufe, im Zusammenwirken von Beratungsinstanzen und den verschiedensten Erkundungsfeldern durchgeführt wird.

Vorrangige Ziele dieser Woche sind nach R. MÜLLER [bei FRIEDRICH, S. 7 ff.]
– Auseinandersetzung mit eigenen Berufsperspektiven,
– Auswahl des zu wählenden Erkundungsfeldes (Betrieb, Institutionen, Selbständige, Verbände),
– Herausarbeiten von Beobachtungsaspekten, Interessenschwerpunkten, Beurteilungskriterien.

Vorgefaßtes soll differenziert evtl. korrigiert, Neues entdeckt, erkundet werden, dieses, um eine größere Wahlsicherheit zu bekommen und auch Einsicht zu gewinnen in die Möglichkeit weiterer Information.

Eine größere Rationalität der Entscheidung soll bei allem Wunschempfinden erreicht und konkretere Auseinandersetzung zumindest mit Teilen oder Aspekten erkundeter Berufe oder Berufsfelder herbeigeführt werden. In Übersichtsform sieht das Gesamtkonzept der Berufsorientierung nach diesem Modell wie folgt aus [R. MÜLLER, bei FRIEDRICH, 1987, S. 8]:

	Jahrgangsstufe	Veranstaltungen
[1]	9/10	Unterrichtsreihe und Planspiele zur Berufswahl
[2]	9-13	Möglichkeit zur Information über Berufe und Laufbahnen mit S I- oder S II-Abschluß an Elternsprechtagen (Arbeitsamt)
[3]	11.1	Informationen zur Berufsorientierungswoche (BOW), zu ihren Zielen, Verfahren, Möglichkeiten
	11.2	Informationsveranstaltungen und Seminare über Berufsfelder und Berufe (zusammen mit dem Arbeitsamt)
	12.1	Durchführung der Berufsorientierungswoche und Nachbereitung
[4]	12.2	Informationen zur nicht-akademischen Ausbildung/Alternativen zum Studium
[5]	13.1/13.2	Zugang zum Studium, berufskundliche Vorträge, Besuch von Veranstaltungen an Universitäten etc.

An vorbereitenden Maßnahmen gehen der Orientierungswoche voraus:
- Beschluß der Schulkonferenz (bzw. Gesamtkonferenz oder des Gremiums, das dazu legitimiert ist),
- Berufsfeldbeschreibungen durch das Arbeitsamt,
- Zielbeschreibung der Woche durch die organisierenden und betreuenden Lehrer,
- Ermittlung der Orientierungswünsche der Schüler,
- Korrespondenz, Gespräche mit Firmen, Handwerksbetrieben, Einzelhandel, Verwaltungen, wissenschaftlichen Instituten, Architekten, Juristen, Krankenhäusern, Steuerberatern, Bundesbahn, Post, Bundeswehr, Polizei, Museum etc.,
- Vermittlung der Schüler an die Stellen der gewünschten Orientierung,
- Gruppenveranstaltungen der Schüler mit dem Schulleiter zu besonderen Themen der Orientierungswoche; Organisation der Rückmeldung im Bedarfsfall,
- evtl. Sondergenehmigung des Regierungspräsidenten oder in Sonderfällen auch des Kultusministeriums (z.B. Beförderung mit Flugzeugen der Bundeswehr zu deren Hochschulen in München oder Hamburg).

Für die Durchführung nennt die Modellbeschreibung die folgenden Schritte:
- Vorstellen der Schüler/innen am ersten Tag (Montag) an den verschiedenen Stellen
- Orientierung durch Vorträge, Besichtigung, Beobachtung, eigene Arbeiten
- begleitende Besuche der 2-3 betreuenden Lehrer an möglichst allen (leichter erreichbaren) Stellen.

An Nachbereitung sieht das Modell vor:
- Gespräche mit Schülern und Orientierungsstellen
- Fragebogen (anonym) zu den Komplexen:
  - Vorbereitung
  - Erwartung
  - Durchführung
  - Begleitung
- Auswertung mit Lehrern, Industrieverband etc. und Schülern zur Vorbereitung der nächsten Orientierungswoche
- Rückmeldungen an die verschiedenen Stellen.

Nicht ohne Bedeutung sind bei der Durchführung der Woche Versicherungsregelungen, so gegen Unfall und z.T. auch gegen Haftung. Sie geschieht durch die Versicherung des Unterhaltsträgers.

Die Sorgfalt der Vorbereitung durch die Schule ist zusammen mit dem Ernst der Wahrnehmung von Erkundungsmöglichkeiten durch die Schüler eine nicht zu unterschätzende Voraussetzung für die Wiederholung der Veranstaltung von Jahr zu Jahr. Die Schüler müssen die in der Regel begrenzten Bedingungen kennen und respektieren, unter denen Berufstätige hinzukommende Beobachter aufnehmen und betreuen können; sie müssen die Situation antizipieren, realistische Erwartungen mit in die Steuerung ihres eigenen Verhaltens aufnehmen.

Was dann am Ende an Orientierung herauskommt, hat sicherlich seine eigenen Einschränkungen. Es wurde von den Schülern des hier genannten Gymnasiums dennoch aber von Jahr zu Jahr einhellig positiv bewertet und stets auch für den folgenden Jahrgang ohne Einschränkung als nützlich und wichtig vorgeschlagen.

Die von Werner HERZOG am 08. März 1985 in der ZEIT („Sinn und Unsinn eines Praktikums für Gymnasiasten") vertretene Auffassung, daß Schüler in der Woche zuwenig lernten, die Zeit also falsch eingesetzt und in den Berichten das Ziel zum Ergebnis gemacht werde, deckt sich mit der nun zehnjährigen Erfahrung dieses Gymnasiums und den Folgeerfahrungen anderer Gymnasien nicht.

Über die Informationsgewinne und mögliche Entscheidungshilfen hinaus ist übrigens in nicht wenigen Fällen ein Motivationsschub für das schulische Lernen zu beobachten – teils aus der Absicht, über Lernen bestimmte nachschulische Entwicklungen zu vermeiden, teils aus der Einsicht in die Nützlichkeit einer gediegenen schulischen Bildung.

6. Kooperation zwischen verschiedenen Gymnasien

In einigen Ländern unterliegen die einzelnen Gymnasien der sogar gesetzlich verankerten Verpflichtung zu einer Optimierung der Differenzierung. Dem Prinzip der Individualisierung soll da so soweit wie eben möglich entsprochen werden. Unabhängig davon greifen manche Gymnasien schon auch deswegen zu den verschiedenen Formen der Angebotserweiterung, weil ihnen sonst ein Mangel an Schülern schon von den Eingangsklassen her drohen würde.

Je nach Schul- oder Oberstufengröße ist eine wirkungsvolle Angebotserweiterung ohne Kooperation mit einem oder mehreren Gymnasien oft nicht möglich. Dabei werden Problemlösungen nötig auf den verschiedensten Gestaltungsebenen; so auf der Ebene

– der Schulträger,
– der schulischen Organisation.

Zur Ebene der Schulträger: Sind Schulen in der Trägerschaft derselben Kommunen, Kirchen, Ordensgemeinschaften, Verbände etc., dann ergeben sich aus der Kooperation keine Verrechnungsprobleme. Liegen aber verschiedene Trägerschaften vor, dann kann das zur Frage eines Verrechnungsausgleichs führen. Bewährt hat sich hier eine pragmatische Lösung der Art, daß man nicht spitz abrechnet, sondern auf eine relativ gleiche Verteilung der an Kooperationskursen teilnehmenden Schüler/innen über die Jahre vertraut. Bei relativ ausgeglichener Inanspruchnahme dieser Kurse kann die Verrechnung zu einer zu vernachlässigenden Größe sich entwickeln und also entfallen.

Weniger vernachlässigenswert sind da schon konzeptuelle Fragen. Sie können auftreten bei Schulen mit besonderen religiösen oder weltanschaulich – philosophischen Ausprägungen. Denkbar ist in solchen Kooperationsverhältnissen die Ausklammerung bestimmter Fächer aus der Kooperation und die Begrenzung der Kooperationskurse in der Schullaufbahn eines jeden einzelnen Schülers auf ein oder zwei Kurse, damit die Erziehungswirkung der eigenen Schule insgesamt auch über den größeren Teil der schuleigenen Kurse gesichert bleibt.

Die Frage nach der Relation von Eigen- und Fremdkursen erhebt sich auch noch aus einem weiteren Grund, aus dem nämlich des Erhalts der eigenen Oberstufe. Kooperieren nämlich mehr als zwei oder sogar drei Schulen miteinander, dann kann es leicht zu der Frage kommen, ob es angesichts der vielen zu erwartenden Organisationsprobleme nicht leichter sei, die Oberstufenarbeit zu konzentrieren, sie einer einzigen Schule anzuvertrauen und die anderen zum Verzicht auf eine eigene Oberstufe zu bewegen. Das aber wäre von weiterreichender Wirkung, als man zunächst vielleicht vermuten mag. Ein Gymnasium ohne eigene Oberstufe ist bald auch schon eine Schule ohne hinreichend viele Schüler; auch in den Eingangsklassen. Gewachsene Gymnasien werden daher an dem Erhalt der eigenen Oberstufe interessiert sein müssen. Bei Kooperationen führt das zur Eingrenzung dessen, was man tatsächlich zugestehen kann, gegenüber dem, was theoretisch möglich ist. Das ist vor allem in solchen Bundesländern anzuempfehlen, in denen Stufenschulen auch im Sekundarbereich eingerichtet werden können. In der eigenen Schule verbleiben zu dürfen, das ist auch aus Gründen der Betreuung und der zu unterstützenden Ich-Stabilität der Heranwachsenden von nicht unerheblicher Bedeutung. Soziale Verantwortung übernehmen, soziales Engagement verstärken, soziale Beziehungen aufnehmen, das alles hat beim Verbleiben in der eigenen Schule eine größere Chance.

In der Praxis sind daher folgende Kriterien bedenkenswert:
– Begrenzung der Zahl der Kooperationskurse,
– Bewußtsein des einzelnen Schülers von der Zugehörigkeit zur eigenen Schule,
– Organisierbarkeit des Stundenplans,
– Einhalten des bisher gewohnten zeitlichen Rahmens (Vormittag).

Eingelöst werden diese Vorgaben im wesentlichen durch die Beschränkung der Kooperationskurse auf solche Fächer und Leistungskurse, die bis dahin schon zum Angebot der eigenen Schule gehört haben: keine Ausdehnung der Wahlmöglichkeit also über diesen

Rahmen hinaus. Es soll durch Kooperation das an Belegungsmöglichkeit weiter gesichert werden, was bis dahin ohne Kooperation schon möglich gewesen ist, bei schwindender Schülerzahl aber nicht mehr durchgehalten werden kann. Bei diesem Ansatz geht es also um den Erhalt der Differenzierung und nicht um deren Erweiterung.

Ohne Zweifel stellt das die Schulen dort vor Begründungszwänge, wo die Ausdehnung ohne Organisationsaufwand leicht möglich wäre. Das trifft z.B. da zu, wo ein Fachwunsch sich auf einen Kurs bezieht, der ohnehin schon im Kooperationsblock der kooperierenden Schulen liegt, zeitgleich also in einer Schule angeboten wird, die von anderen Schülern der eigenen Schule in anderen – zur Kooperation zugelassenen – Kursen besucht wird. Wer in solchen Fällen nicht abstellen kann auf die Bedeutung der Zugehörigkeit zu einer Schule, und zwar im Interesse auch ihrer gemeinsamen Gestaltung, der damit besser gesicherten Partizipation für den einzelnen und der besseren Möglichkeit der Betreuung und erzieherischen Begleitung, der kann in arge Legitimationsnöte geraten. Im Abwägen der Interessen wird man der pädagogischen Qualität und dem Erhalt einer Schule den Vorrang geben müssen vor der Erweiterung der Differenzierung um den einen oder anderen Kurs.

Hier sind klare Absprachen nötig zwischen den Schulen und konsequente Einhaltungen. Ein Markt beliebiger Möglichkeiten würde den Sozialverband der Schule bald verkommen lassen zu einer Addition atomisierter Kurse.

Ein wichtiger Aspekt der Kooperation ist sicherlich auch ihre vernünftige Organisierbarkeit. Die Organisation kann auch schon bei der Kooperation zweier Schulen zu einem beachtenswerten Problem werden. Einigen wird man sich müssen u.a. auf:

- die gleiche Zeiteinteilung am Morgen (Stunden; Pausen),
- die Struktur der Kurseinteilung (Blockung oder freie Anordnung über die verschiedenen Tage),
- die Verteilung der Blöcke auf die Woche (Rhythmus z.B. der Leistungskurse)
- weitere Koordinationen (Termine; Angleichung von Leistungsstandards, Benotungen, Erziehungsvortellungen, Disziplin etc.).

Koordiniert werden müssen darüber hinaus auch die Tage des Unterrichtsausfalls (Wandertage, Studienfahrten, Elternsprechtage, Berufsorientierungen. sonstige Exkursionen etc.), die Examenstage (Abitur), Klausurtage, Konferenzen (Zeugnisse, Zulassungen etc.), evtl. auch noch gemeinsame Fortbildungsveranstaltungen. Die Erfahrung lehrt, was die Vermutung schon nahelegt, daß nur ein Mindestmaß an formalen Ansprüchen (Konferenzteilnahme an verschiedenen Schulen!) mit einer wirkungsvollen Kooperation in Einklang gebracht werden kann. Gerade hier ist bürokratische Enge mehr als fehl am Platze. Verantwortung zählt hier mehr als buchstabenorientierte Formerfüllung. Erstere allerdings muß gerade deswegen besonders sensibel wahrgenommen werden.

Nicht zu vernachlässigen sind die Angleichungsprozesse, die im Interesse koordinierter Erziehung und vergleichbarer Beurteilung in Gang zu setzen sind. Sie beziehen sich auf Leistung und auf Verhalten. Wenn da nicht gleiche Standards erreicht werden können, sind die Konflikte mit den Schülerinnen und Schülern programmiert, die Irritationen unvermeidlich.

Möglichkeiten für das Herbeiführen von Angleichungen bieten informelle Gespräche, Einzelberatungen, Zusammenarbeit bei Klausuren und Abitur. Nötig werden können selbstverständlich gerade aus diesem Grund aber auch formelle Absprachen, organisierte gemeinsame Beratungen; Konferenzen über die eigene Schule hinaus. Auch sie sind, wenn sie denn nützlich sein sollen, anzulegen hin auf pädagogische, nicht auf Rechtsaspekte. Wen z.B. bei einer gemeinsamen Fachkonferenz mehrerer Schulen mehr die Frage nach der formalen Gültigkeit der Beschlüsse als die nach der didaktischen Qualität der Kooperation interessiert, der bietet für eine effiziente und dennoch nicht unnötig zeitaufwendige Zusammenarbeit die denkbar ungünstigsten Voraussetzungen.

Eigenständigkeit einer jeden der beteiligten Schulen ist natürlich nicht gleichzusetzen mit Berührungsängsten. Je nach lokalen Gegebenheiten kann es von ebenso förderlicher wie auch entspannender Wirkung sein, wenn Kollegien und Leiter die Kooperation zum Anlaß für gemeinsame Beratungen, wenn die Schülerinnen und Schüler die gemeinsamen Kursbelegungen zum Ausgang für gemeinsame SV-Arbeit und gemeinsame Sozialveranstaltungen, auch Feste, und wenn Pflegschaften die Kooperation zum Anlaß für gemeinsame Mitwirkungsaktivitäten nehmen.

In einer Zeit, in der das Individuelle, also auch das Individuelle einer Schule, erheblich viel näherliegt als das Gemeinschaftliche, wird man jede über die eigene Schule hinausgehende Kooperationsanstrengung schon aus Gründen der zusätzlichen Belastung, der damit zusammenhängenden Fragen der Motivation und der zumindest zu erhaltenden Qualität des Täglichen sorgfältig beraten und abwägen, aber eben auch im Hinblick auf seine förderlichen Chancen prüfen und nützen müssen.

G. Schlußbemerkung

Gerade im Feld der praktischen Durchführung wären noch weitere Themen anzuschließen, so über
- die Elternmitwirkung,
- die Mitwirkung der Schülervertretung,
- die Integration der Schülerinnen und Schüler auf der Oberstufe,
- ein auch geselliges Schulleben,
- Möglichkeiten von Chor und Orchester,
- weitere Arbeitsgemeinschaften,

- soziale Dienste/Projekte,
- die Öffnung der Schule zur Kommune, Wirtschaft etc.

Sie alle können hier lediglich noch als weitere Handlungsfelder genannt werden. Maßnahmen dazu sind den Schulen überantwortet und werden in der Praxis vielfältig durchgeführt.

Was alles aber auch in Schule getan und durch Schule initiiert, unterstützt, bewirkt, herbeigeführt wird, es muß zunehmend immer mehr im Bewußtsein geschehen von der Notwendigkeit lebenslangen Lernens. Nicht um den Erwerb von Vorratswissen geht es, sondern um die Fähigkeit des Lernens, die Perpetuierung von Bildungsprozessen. Lebenslanges Lernen als didaktisches Programm reicht tiefer als nur bis zu den entsprechenden Techniken, den individuellen Dispositionen oder den adäquaten Didaktiken; das hat es ganz entscheidend zu tun mit der Verantwortung für das eigene Lernen; mit der Autonomie des Lernenden, mit Selbstbestimmung und Selbständigkeit, wie dies weiter oben schon behandelt wurde.

„Lernen lernen"! In diese Kurzform faßte man in der Vergangenheit jene formale Fähigkeit, die als der eigentliche Nutzen schulischen Lernens ausgegeben wurde. Heute ist damit über den bloßen Utilitarismus hinaus die Fähigkeit beschrieben, die um des Bestehens der Zukunft willen lebensnotwendig ist. Natürlich ist diese Fähigkeit auch auf Inhalte verwiesen. Es ist ja gerade der rapide Wechsel der Inhalte, der immer kürzer werdende Umschlag des Wissens, die die Perpetuierung des Lernens wie die Fähigkeit dazu so zwingend nötig machen. Über die Inhalte aber sollen Dispositionen gewonnen, formale Fähigkeiten vermittelt, Realitätsorientierung und Verantwortung vermittelt werden.

Zu ständigem Lernen ist letztlich nur der befähigt, der auch nach den Jahren der schulischen oder erstberuflichen Ausbildung seine Bildsamkeit nicht suspendiert, der sich ganz im Gegensatz dazu die Fähigkeit erhält, „in jedem Alter und in jeder Lage über sich selbst hinauszuwachsen, als ein Wesen, das sich selbst verwandeln und durch alle Lebensabschnitte hindurch ununterbrochen sich selbst schaffen kann". [FRAGNIÈRE, 1976, S. 39].

Das geht so weit über die Vorstellung bloßer Wissenserneuerung hinaus, daß man sogar von der grundsätzlichen Unabgeschlossenheit der menschlichen Sozialisation sprechen kann.

Anknüpfen kann ein Programm lebenslangen Lernens an einem Ergebnis, das sich in der Vergangenheit bei manchem immer schon über den Weg gymnasialer Bildung ergeben hat: an dem Bedürfnis nämlich nach ständiger Weiterbildung, der Lebendigkeit intellektueller Neugier.

Die intellektuelle Neugier, die Disposition zu Revision und Neuorientierung, die darin eingeschlossen ist, sie beschreiben die psychischen Voraussetzungen für die Erfordernisse der Zeit und die Wahrnehmung ihrer Verantwortung.

Autonomie als Schul- und Lebensziel: hier zeigt sie sich als didaktische ebenso wie als politische Größe.

In ihr erfüllt sich letztlich dann auch Sinn. An ihm wirkt Schule im gelingenden guten Fall hoffnungsvoll mit.

Anhang I
Die Regelungen der einzelnen Bundesländer bezüglich der Gestaltung der gymnasialen Oberstufe

Baden-Württemberg

1) Gültige Gesetze, Rechtsverordnungen und Erlasse

- Schulgesetz für Baden-Württemberg in der Fassung vom 01.08.1983 (GBl. S. 397), §8, zuletzt geändert durch Gesetz vom 28. Juni 1993 (GBl. S. 485);
- die Abiturprüfung an Gymnasien der Normalform und Gymnasien in Aufbauform mit Heim (NVGO) vom 20. April 1983 (GBl. S. 323, K.u.U. S. 367), in der Fassung vom 16. Juni 1992 (GBl. S. 438, K.u.U. S. 447);
- Verordnung des Kultusministeriums über die Jahrgangsstufen 12 und 13 sowie über die Abiturprüfung an beruflichen Gymnasien (BGVO) vom 20. April 1983 (K.u.U. S. 378), zuletzt geändert durch Verordnung des Kultusministeriums vom 9. Juli 1991 (GBl. S. 496; K.u.U. S. 391).

2) Eingangsvoraussetzungen für den Eintritt in die gymnasiale Oberstufe

Schüler des Gymnasiums werden in die Jahrgangsstufe 11 versetzt. Schüler der Realschule können nach bestandener Abschlußprüfung in die Jahrgangsstufe 11 eintreten, wenn die Noten in zwei der drei Fächer Deutsch, Mathematik und der Pflichtfremdsprache (die mit der 1. Pflichtfremdsprache am Gymnasium übereinstimmen muß) mindestens gut sind und im dritten dieser Fächer mindestens die Note befriedigend erreicht wurden. Darüber hinaus muß im Wahlpflichtfach (2. Fremdsprache) mindestens ein befriedigend vorliegen.

3) Organisation des Unterrichts

Die gymnasiale Oberstufe beginnt mit der Klasse 11. Sie stellt eine Einführungsphase zum Kurssystem der Klassen 12 bis 13 dar. Der Unterricht in der Einführungsphase wird im Klassenverband erteilt. Der Fächerkanon der Mittelstufe wird verbindlich fortgeführt. Maßgebliche Fächer für die Versetzung sind, sofern sie in der Stundentafel für die jeweilige Klasse als Unterrichtsfächer ausgewiesen sind:

- Religionslehre,
- Deutsch,
- Erdkunde, Geschichte, Gemeinschaftskunde,
- Pflichtfremdsprachen,
- Mathematik, Physik, Biologie, Chemie,
- Sport,
- Musik, Bildende Kunst,
- Ethik.

Die Pflichtstundenzahl liegt, je nach Form des Gymnasiums zwischen 30 und 32 Wochenstunden. Es können nur Fächer hinzugewählt werden, an deren Unterricht der Schüler in der Mittelstufe teilgenommen hat. Ausgenommen sind Arbeitsgemeinschaften in einer zusätzlichen Fremdsprache und Mathematik, die als Vorbereitungskurse für die Jahrgangsstufe 12 und 13 möglich sind, wenn die Schule diese Arbeitsgemeinschaften anbietet. In der Klasse 11 finden die Kurswahlen für die Jahrgangsstufen 12 und 13 statt. Die im Versetzungszeugnis erlangten Ergebnisse werden im Zeugnis der Allgemeinen Hochschulreife ohne Anrechnung auf die Gesamtqualifikation aufgeführt.

4) Versetzungskriterien für den Eintritt in die Jahrgangsstufe 12

Am Ende der Klasse 11 wird ein Versetzungszeugnis erteilt. Zum Übergang in die Jahrgangsstufe 12 muß die Durchschnittsnote aus allen für die Versetzung maßgeblichen Fächern mindestens 4,0 betragen. Maßgebliche Fächer sind die aus der Mittelstufe fortgeführten Fächer. Keines der Kernfächer darf mit ungenügend, höchstens ein versetzungsrelevantes Fach schlechter als ausreichend bewertet sein. Maßgebende Fächer für die Versetzung sind, sofern sie in der Stundentafel für die jeweilige Klasse als Unterrichtsfächer ausgewiesen sind, die Fächer der Jahrgangsstufe 11. Einige für die Versetzung relevanten Fächer sind Kernfächer für die verschiedenen Gymnasien. Es bestehen Ausgleichsregelungen, die in der Versetzungsordnung des Kultusministeriums über die Versetzung an Gymnasien der Normalform und an Gymnasien in Aufbauform mit Heim in der Fassung vom 12. Mai 1993 (GBl. S. 331, K.u.U. S. 382) festgelegt sind.

5) Wahl der Unterrichtsfächer in der Oberstufe

Das Unterrichtsangebot gliedert sich in einen Pflichtbereich und einen Wahlbereich. Die einzelnen Fächer des Pflichtbereichs werden – mit Ausnahme von Sport – zu Aufgabenfeldern zusammengefaßt (spachlich-literarisch-künstlerisches, gesellschaftswissenschaftliches und mathematisch-naturwissenschaftliches Aufgabenfeld). Folgende Fächerkombinationen können bei den Leistungskursen nach Maßgabe des Angebots der Schule gewählt werden:

Deutsch	mit einer Fremdsprache, Geschichte, Mathematik, Physik, Chemie, Biologie;
Fremdsprache	mit Deutsch, einer weiteren Fremdsprache, Bildende Kunst, Musik, Geschichte, Erdkunde, Gemeinschaftskunde, evangelische und katholische Religionslehre, Mathematik, Physik, Chemie, Biologie, Sport;
Mathematik	mit Deutsch, einer Fremdsprache, Bildende Kunst, Musik, Geschichte, Erdkunde, Gemeinschaftskunde, evangelische und katholische Religionslehre, Physik, Chemie, Biologie, Sport.

An mathematisch naturwissenschaftlichen Gymnasien zusätzlich:

Physik	mit Geschichte, Erdkunde, Gemeinschaftskunde, evangelische und katholische Religionslehre.

An den Gymnasien in Aufbauform mit Heim können Leistungskurse in folgenden Fächern angeboten werden:

> Deutsch, Pflichtfremdsprachen, Bildende Kunst, Musik, Geschichte, evangelische und katholische Religionslehre, Mathematik, Physik, Chemie, Biologie, Sport.

Ein Leistungskurswechsel oder -austritt ist nur in begründeten Ausnahmefällen innerhalb von zwei Wochen nach Unterrichtsbeginn auf Antrag des Schülers und mit Zustimmung des Schulleiters zulässig. Schüler, die nicht am Religionsunterricht teilnehmen, müssen das Fach Ethik besuchen. Religionslehre kann nur dann Leistungsfach sein, wenn in Klasse 11 Religionsunterricht besucht wurde. Sport kann nur nach ärztlichem Attest Leistungsfach sein. Eine Fremdsprache als Leistungsfach setzt Pflichtunterricht mindestens ab Klasse 9 voraus. Die Leistungskurskombinationen gelten auch an Gymnasien mit Heim. Weitere Leistungskurse bedürfen der Genehmigung des Ministeriums für Kultus und Sport.

6) Berufliche Gymnasien mit den Abschlüssen der Allgemeinen und der Fachgebundenen Hochschulreife

Die Beruflichen Gymnasien Baden-Württembergs umfassen die Richtungen:

(AG)	agrarwissenschaftliche Richtung,
(EG)	ernährungswissenschaftliche Richtung,
(TG)	technische Richtung,
(SG)	sozialpädagogische Richtung,
(WG)	wirtschaftswissenschaftliche Richtung.

Das zweite Leistungsfach der Beruflichen Gymnasien ist je nach Richtung festgelegt:

(AG)	Agrartechnik mit Biologie,

(EG)   Ernährungslehre mit Chemie,
(TG)   Technik,
(SG)   Pädagogik und Psychologie,
(WG)   Volks- und Betriebswirtschaftslehre mit wirtschaftlichem Rechnungswesen.

Für die beruflichen Gymnasien gilt die Verordnung des Kultusministeriums über die Jahrgangsstufen 12 und 13 sowie über die Abiturprüfung an beruflichen Gymnasien (BGVO) vom 20. April 1983 (K.u.U. S. 378), zuletzt geändert durch die Verordnung des Kultusministeriums vom 9. Juli 1991 (GBl. S. 496, K.u.U. S. 391).

7) Kursstufe

Die Kursstufe umfaßt die Jahrgangsstufen 12 und 13 mit jeweils zwei Halbjahren. Das Abitur wird im zweiten Halbjahr der Jahrgangsstufe 13 abgelegt. Für die Belegverpflichtung bezüglich der Grundkurse gelten die folgenden Regelungen:

Deutsch	4 Grundkurse	je 3 SWS,
Fremdsprache[*]	4 Grundkurse	je 3 SWS,
in einem der Fächer Kunst oder Musik	2 Grundkurse	je 2 SWS,
in jeweils einem der Fächer Geschichte/Gemeinschaftskunde	2 Grundkurse in 12_2 und 13_1	je 4 SWS, 2 SWS,
Geschichte/Erdkunde	2 Grundkurse in 12_1 und 13_2	je 4 SWS, 2 SWS,
Religionslehre	4 Grundkurse	je 2 SWS,
Mathematik	4 Grundkurse	je 3 SWS,
in einem der 3 Fächer Physik oder Chemie oder Biologie	4 Grundkurse	je 3 SWS,
Sport	4 Grundkurse	je 2 SWS.

Aus diesen Verpflichtungen ergeben sich mindestens 25 Grundkurse in den vier Halbjahren. Wurde Sport als Leistungskurs gewählt, so sind es 24 Grundkurse. In den Fächern,

---

[*] Die Wahl der Fremdsprache setzt den Pflichtunterricht in dieser Sprache mindestens ab Klasse 9 voraus.

die als Prüfungskurse gewählt wurden, müssen vier aufeinander folgende Grundkurse besucht werden.

8) Abiturprüfung

In der Abiturprüfung werden vier Fächer geprüft. Drei Prüfungen – in den Leistungsfächern und dem dritten Prüfungsfach – werden schriftlich abgelegt. Das vierte Prüfungsfach wird mündlich geprüft. Die vier Prüfungsfächer müssen alle drei Aufgabenfelder (s.o.) abdecken. Prüfungsfächer aus dem Grundkursbereich müssen mit mindestens vier Grundkursen belegt worden sein. Wurde weder Deutsch noch eine Pflichtfremdsprache als Leistungsfach gewählt, so muß Deutsch oder eine mindestens seit der Klasse 9 unterrichtete Pflichtfremdsprache als drittes Prüfungsfach gewählt werden. Bildende Kunst, Musik, Erdkunde, Gemeinschaftskunde, Ethik und Sport können nicht als drittes Prüfungsfach gewählt werden. Mathematik muß unter den Prüfungsfächern sein. Religionslehre sowie Ethik können nur dann als Prüfungsfach gewählt werden, wenn das Fach in Klasse 11 besucht oder durch eine Überprüfung am Anfang der Jahrgangsstufe 12 ein entsprechender Kenntnisstand nachgewiesen wurde.

9) Gesamtqualifikation

Die Gesamtqualifikation ist für die Zuerkennung der Allgemeinen Hochschulreife maßgebend. Sie setzt sich aus den Leistungen in den Grundkursen, den Leistungskursen und in der Abiturprüfung zusammen. In die Gesamtqualifikation sind 22 Grundkurse aus dem Grundkursblock in einfacher Wertung einzubringen. Es dürfen jedoch maximal fünf Grundkurse mit weniger als fünf Punkten abgeschlossen sein. Die Ergebnisse des Leistungskursblocks werden mit sechs Kursen (12_1 bis 13_1) zweifach gewertet. Die Leistungen in den vier Kursen des Prüfungshalbjahres werden einfach gewertet. Aus dem Abiturprüfungsblock gehen die Leistungen der schriftlichen Prüfungen aus den beiden Leistungsfächern und dem dritten Prüfungsfach in vierfacher Wertung, die der mündlichen Prüfungen (in den drei schriftlichen Prüfungsfächern und dem vierten Prüfungsfach) in vierfacher Wertung ein. In den vier Prüfungsfächern müssen mindestens 100 Punkte, in den Leistungskursen mindestens 70 Punkte, in zwei Prüfungsfächern (einem Leistungsfach und einem weiteren Prüfungsfach) mindestens 25 Punkte und in den Grundkursen mindestens 110 Punkte erreicht werden, damit die Allgemeine Hochschulreife zuerkannt werden kann.

Bayern

1) Gültige Gesetze, Rechtsverordnungen und Erlasse

- Bayerisches Gesetz über das Erziehungs- und Unterrichtswesen (BayEUG) vom 10. September 1982 in der Fassung vom 19. Februar 1988 (GVBl. S. 21), Artikel 8 (für die Kollegstufe);
- Schulordnung für die Gymnasien in Bayern (GSO) (Amtsblatt I 1983 S. 377) in der Fassung vom 30. Juli 1992 (Amtsblatt I 1992 S. 438).

2) Eingangsvoraussetzungen für den Eintritt in die Oberstufe des Gymnasiums

Schüler des Gymnasiums werden in die Jahrgangsstufe 11 versetzt. Für die Aufnahme von Schülern mit dem Abschluß der Realschule oder der Wirtschaftsschule wird neben dem Besuch von mindestens sechs Jahreswochenstunden Französischunterricht als Wahlpflicht- oder Wahlunterricht eine Aufnahmeprüfung verlangt. Sie entfällt, wenn der Notendurchschnitt in den Vorrückungsfächern 1,5 oder besser ist. Vorrückungsfächer sind alle Pflicht- und Wahlpflichtfächer mit Ausnahme von Sport und Handarbeiten. Bei Notendurchschnitten von 2,5 oder besser beschränkt sich die Aufnahmeprüfung auf die Kernfächer der jeweiligen Ausbildungsrichtung; mit Ausnahme der zweiten Fremdsprache. Eine weitere Voraussetzung ist ein pädagogisches Gutachten der abgebenden Schule über die Eignung der Schülerin bzw. des Schülers für den Bildungsgang des Gymnasiums.

3) Organisation des Unterrichts

Die Oberstufe des Gymnasiums beginnt mit der Klasse 11. Sie stellt eine Vorstufe zur sog. Kursphase der Jahrgangsstufen 12 bis 13 dar. Der Unterricht wird im Klassenverband durchgeführt. Pflichtfächer sind:

- Deutsch,
- 2 oder 3 Fremdsprachen (Latein, Englisch, Griechisch, Französisch, Italienisch, Russisch, Spanisch),
- Musik, Kunsterziehung,
- Erdkunde, Geschichte, (am SWG: Sozialkunde, am WWG: Wirtschafts- und Rechtslehre sowie Rechnungswesen),
- Mathematik, Chemie, Physik,
- Religionslehre/Ethik,
- Sport.

Sie sind mit einer Belegverpflichtung von 34 Wochenstunden zzgl. zwei Wochenstunden differenziertem Sportunterricht vertreten. Als Kernfächer sind Deutsch, zwei Fremdsprachen, Mathematik und Physik sowie je nach Ausrichtung des Gymnasiums eine weitere

Fremdsprache, Chemie, Musik, Wirtschafts- und Rechtslehre oder Sozialkunde anzusehen.

4) Versetzungskriterien für den Eintritt in die Jahrgangsstufe 12
Grundlage für die Entscheidung über die Versetzung sind die Leistungen in den Vorrückungsfächern. In diesen Fächern darf keines ungenügend oder höchstens eines mit mangelhaft bewertet worden sein (GSO §52). Es bestehen Sonderregelungen zum Notenausgleich.

5) Wahl der Unterrichtsfächer in der Oberstufe
Das Unterrichtsangebot der Kursphase der Oberstufe gliedert sich in ein Wahlpflicht- und ein Zusatzangebot. Das Wahlpflichtangebot umfaßt die Leistungs- und Grundkursfächer, das Zusatzangebot nur Grundkursfächer. Für Bayern gelten zwei Bedingungen, die für die Wahl der Leistungsfächer zu beachten sind:

KMK-Bindung	– eines der beiden Leistungsfächer muß entweder Deutsch oder eine fortgeführte Fremdsprache oder Mathematik oder eine Naturwissenschaft sein.
Kernfach-Bindung	– eines der Leistungsfächer muß Kernfach der bisherigen Ausbildungsrichtung sein.

Die Wahl von Religionslehre als Leistungskursfach setzt den Besuch dieses Faches in den Jahrgangsstufen 9 bis 11 voraus. Für Kunsterziehung gilt dies entsprechend für die Jahrgangsstufe 10. Musik kann nur dann als Leistungsfach gewählt werden, wenn der Schüler über – für ein ‚orchesterwirksames' Instrument oder Klavier oder Orgel – angemessene Fähigkeiten im Spiel verfügt. Für die Wahl von Sport als Leistungsfach muß ein sportärztliches Attest über die Tauglichkeit vorliegen.

6) Berufliche Gymnasien entfallen in Bayern.

7) Kursphase der Oberstufe
Die Kollegstufe umfaßt die Jahrgangsstufen 12 und 13 mit jeweils zwei Halbjahren. Das Abitur wird im zweiten Halbjahr der Klasse 13 abgelegt. Für die Belegverpflichtung gelten die folgenden Regelungen:

Deutsch	4 Grundkurse	je 4 SWS,
Geschichte	4 Grundkurse	je 2 SWS,
Religionslehre/Ethik	4 Grundkurse	je 2 SWS,

Physik/Chemie/Biologie	4 Grundkurse	je 3 SWS,
Fremdsprache	4 Grundkurse	je 3 SWS,
Sport	4 Grundkurse	je 2 SWS,
Kunst/Musik	2 Grundkurse	je 2 SWS,
Mathematik	4 Grundkurse	je 3 SWS,
fortgeführte Fremdsprache	4 Grundkurse	je 3 SWS,
in jeweils einem der Fächer Erdkunde/Sozialkunde/ Wirtschafts- und Rechtslehre	2 Grundkurse	je 2 SWS.

Es müssen außerdem mindestens 24 Halbjahreswochenstunden in jedem der drei Aufgabenfelder (spachlich-literarisch-künstlerisches, gesellschaftswissenschaftliches und mathematisch-naturwissenschaftliches Aufgabenfeld) und acht Halbjahreswochenstunden im Fach Sport belegt werden.

In den Fächern, die als Prüfungskurse gewählt wurden, müssen vier aufeinander folgende Grundkurse besucht werden.

8) Abiturprüfung

In der Abiturprüfung werden vier Fächer geprüft. Drei Prüfungen – in den beiden Leistungskursfächern und dem dritten Prüfungsfach – werden schriftlich abgelegt. Das vierte Prüfungsfach wird mündlich geprüft. Die vier Prüfungsfächer müssen alle drei Aufgabenfelder abdecken. Zwei der Abiturprüfungsfächer müssen Kernfächer der bisherigen Ausbildungsrichtung sein, darunter Deutsch oder eine *fortgeführte* Fremdsprache (doppelte Kernfachbindung). Wird das Leistungskursfach Deutsch mit einem der Leistungskursfächer Kunsterziehung, Musik oder Sport kombiniert, so ist Mathematik als drittes oder viertes Abiturprüfungsfach verpflichtend. Ist Deutsch Leistungskursfach und wird mit einem Leistungskursfach aus dem gesellschaftswissenschaftlichen Bereich gekoppelt, so ist entweder Mathematik als weiteres (drittes oder viertes) Abiturprüfungsfach oder eine *fortgeführte* Fremdsprache als viertes Abiturfach verpflichtend. Kunsterziehung oder Musik ist nicht als drittes, Sport weder als drittes noch als viertes Abiturfach zulässig.

9) Gesamtqualifikation

Die Gesamtqualifikation ist für die Zuerkennung der Allgemeinen Hochschulreife maßgebend. Sie setzt sich aus den Leistungen in den Grundkursen, den Leistungskursen, der Facharbeit in einem der Leistungsfächer und in der Abiturprüfung zusammen. In die Gesamtqualifikation sind aus dem Grundkursblock 22 Halbjahresleistungen in einfacher Wertung einzubringen. Darunter mindestens:

– die Leistungen der Halbjahre 12_1 bis 13_1 der vier Abiturprüfungsfächer;

Sowie (soweit nicht Leistungskurse):

- 3 Halbjahresleistungen in Deutsch,
- 3 Halbjahresleistungen in einer fortgeführten Fremdsprache,
- je 2 Halbjahresleistungen aus 3 der Fächer Geschichte, Erdkunde, Sozialkunde, Wirtschafts- und Rechtslehre, Religionslehre oder Ethik,
- 3 Halbjahresleistungen in Mathematik,
- 3 Halbjahresleistungen aus der für vier Halbjahre belegten Naturwissenschaft,
- 2 Halbjahresleistungen aus der für zwei Halbjahre belegten Naturwissenschaft.

Die Ergebnisse des Leistungskursblocks werden mit sechs Kursen (12_1 bis 13_1) zweifach gewertet. Die Leistungen in den Kursen der vier Abiturprüfungsfächer des Prüfungshalbjahres werden einfach gewertet und zum Abiturblock gezählt. In den Abiturprüfungsblock gehen die Leistungen der schriftlichen und mündlichen Prüfungen in vierfacher Wertung ein. In den vier Prüfungsfächern müssen mindestens 100 Punkte (darunter mindestens 25 Punkte in mindestens zwei Abiturprüfungsfächern, darunter ein Leistungskursfach), in den Leistungskursen – einschließlich der Facharbeit – mindestens 70 Punkte (davon in mindestens vier Halbjahresleistungen mindestens zehn Punkte der doppelten Wertung) und in den Grundkursen mindestens 110 Punkte (davon mindestens 16 Halbjahresleistungen jeweils mindeststens fünf Punkte) erreicht werden, damit die Allgemeine Hochschulreife zuerkannt werden kann.

Berlin[*]

1) Gültige Gesetze, Rechtsverordnungen und Erlasse

- Schulgesetz von Berlin in der Fassung vom 20.08.1980, zuletzt geändert durch Gesetz vom 19.10.1990 (GVBl. S. 2202);
- Die Verordnung über die gymnasiale Oberstufe (VO-GO) in der Fassung vom 01.12.1992 (GVBl. S. 1);
- Ausführungsvorschriften über die Abiturprüfung (AV Abitur) in der Fassung vom 14.07.1993 (ABl. S. 2187).

---

[*] Berlin verfügt über eine Reihe verschiedenartiger Gymnasien, an denen eine andere Fremdsprache als Leitsprache eingesetzt wird. Damit gelten auch eine Reihe von Sonderregelungen, auf die hier nicht weiter eingegangen wird.

2) Eingangsvoraussetzungen für den Eintritt in die gymnasiale Oberstufe

Schüler des Gymnasiums werden in die Jahrgangsstufe 11 versetzt. Dies gilt sinngemäß auch für Schüler der Gesamtschule mit entsprechendem Abschlußzeugnis. Beide Schülergruppen treten zunächst in die Einführungsphase ein. In die gymnasiale Oberstufe in Aufbauform können Schüler der Haupt- oder Realschule sowie Absolventen der einjährigen Kaufmännischen Berufsfachschule oder der Berufsfachschule für kaufmännische Assistenten aufgenommen werden, wenn bei Real- und Berufsschülern _hinreichende_ Fähigkeiten und Leistungen die Eignung für den Bildungsgang der gymnasialen Oberstufe erwarten lassen. _Hinreichend_ bedeutet, außer in den Fächern Musik, Bildende Kunst, Sport, Maschinenschreiben und Kurzschrift, mindestens befriedigende Leistungen oder ausreichende Leistungen in den Fächern Deutsch, erste Fremdsprache und Mathematik, wenn diesen ebenso viele mindestens gute Leistungen in anderen Fächern gegenüberstehen (die Leistungen in Musik, Bildende Kunst und Sport bleiben unberücksichtigt). Bei Schülern der Hauptschule liegen _hinreichende_ Leistungen vor, wenn über die für die Zuerkennung eines dem Realschulabschluß gleichwertigen Bildungsstandes erforderlichen Leistungen hinaus die Summe der Noten in den Fächern Deutsch, Fremdsprache und Mathematik nicht größer als fünf oder bei leistungsdifferenziertem Unterricht in Leistungsstufe A nicht größer als sechs oder bei zwei leistungsdifferenzierten Fächern in der Leistungsstufe A nicht größer als sieben ist. Ein Ausgleich ausreichender Leistungen ist möglich.

3) Organisation des Unterrichts

Die gymnasiale Oberstufe beginnt mit der Klasse 11. Sie stellt die Einführungsphase zur Kursphase der Klassen 12 bis 13 dar. Die Einführungsphase gliedert sich in den Fundamentalbereich und in Profilkurse. Der Unterricht im Fundamentalbereich wird überwiegend im Klassenverband durchgeführt. Pflichtfächer der Einführungsphase sind:

- Deutsch,
- Fremdsprachen (Englisch, Französisch, Russisch, Spanisch, Italienisch, Latein, Griechisch),
- Musik oder Bildende Kunst,
- Erdkunde, Geschichte/Politische Weltkunde,
- Mathematik, Biologie, Chemie, Physik,
- Sport.

Hinzu kommen im Profilbereich zwei Profilkurse mit:

- Deutsch,
- Fremdsprache (spätestens mit Klasse 9 begonnen),
- Mathematik oder eine Naturwissenschaft,

sowie fakultativer Unterricht in einem weiteren Basis- oder Profilkurs mit einer Belegverpflichtung von insgesamt durchschnittlich 34 Wochenstunden.

4) Versetzungskriterien für den Eintritt in die Jahrgangsstufe 12

Grundlage für die Entscheidung über die Versetzung sind die Leistungen im zweiten Schulhalbjahr der Einführungsphase. Ein Schüler wird versetzt, wenn höchstens eine Note mangelhaft oder ungenügend bei ansonsten ausreichenden oder besseren Leistungen lautet. Bei einer ungenügenden und einer mangelhaften Note kann bei im übrigen ausreichenden Noten ausgeglichen werden.

5) Wahl der Unterrichtsfächer in der Oberstufe

Beim Übergang in die Kursphase stellt der Schüler einen Übersichtsplan für seine weitere Schullaufbahn auf. Dieser Übersichtsplan muß von der Schulleitung genehmigt werden und kann bei Bedarf nachträglich geändert werden.

Die Fächer der Kursstufe umfassen die Leistungs- und die Prüfungsfächer sowie Pflichtgrundkurse. Erstes Leistungsfach kann nur eine spätestens seit Klasse 9 durchgehend erlernte Fremdsprache oder eines der Fächer Deutsch, Mathematik, Physik, Chemie oder Biologie sein.

Als zweites Leistungsfach sind alle Fächer mit Ausnahme von Darstellendem Spiel, Philosophie, Informatik sowie einer in der Einführungsphase begonnenen Fremdsprache zulässig. Sozialwissenschaften und Wirtschaftslehre können nur zweites Leistungsfach werden, wenn der Schüler schon einen Profilkurs während der gesamten Einführungsphase belegt hat. Unter dem dritten und vierten Prüfungsfach darf sich nur eines der Fächer Biologie, Bildende Kunst und Sport befinden. Geschichte, Erdkunde, Wirtschaftslehre, Sozialwissenschaften und Psychologie dürfen nur zum zweiten, Sport nur zum zweiten oder vierten, Philosophie und Informatik nur zum dritten oder vierten, eine in der Einführungsphase begonnene Fremdsprache nur zum vierten Prüfungsfach gewählt werden.

6) Berufliche Gymnasien

Berufsfeldbezogene Oberstufenzentren in Berlin umfassen die Richtungen:

Berufsfeld I	Wirtschaft und Verwaltung,
Berufsfeld II	Metalltechnik,
Berufsfeld III	Elektrotechnik,
Berufsfeld VII	Chemie, Biologie, Physik,
Berufsfeld XII	Ernährung und Hauswirtschaft.

Für die Belegverpflichtungen in den berufsfeldbezogenen Oberstufenzentren gelten leicht abweichende Bestimmungen.

in der Einführungsphase begonnene Fremdsprache nur zum vierten Prüfungsfach gewählt werden.

6) Berufliche Gymnasien

Berufsfeldbezogene Oberstufenzentren in Berlin umfassen die Richtungen:

Berufsfeld I	Wirtschaft und Verwaltung,
Berufsfeld II	Metalltechnik,
Berufsfeld III	Elektrotechnik,
Berufsfeld VII	Chemie, Biologie, Physik,
Berufsfeld XII	Ernährung und Hauswirtschaft.

Für die Belegverpflichtungen in den berufsfeldbezogenen Oberstufenzentren gelten leicht abweichende Bestimmungen.

7) Kursstufe

Die Kursstufe umfaßt die Jahrgangsstufen 12 und 13 mit jeweils zwei Halbjahren. Das Abitur wird im zweiten Halbjahr der Klasse 13 abgelegt. Für die Belegverpflichtung gelten die folgenden Regelungen:

Deutsch	4 Grundkurse,
Politische Weltkunde	4 Grundkurse,
Physik/Chemie/Biologie	4 Grundkurse,
Fremdsprache	4 Grundkurse,
Sport	4 Grundkurse,
in jeweils einem der Fächer	
Musik/Bildende Kunst/Darstellendes Spiel	2 Grundkurse,
Mathematik/Fremdsprache	4/2 Grundkurse[*].

Zusätzlich sind aus dem Angebot der Schule so viele weitere Pflichtgrundkurse zu belegen, daß 22 Grundkurse in den ersten Block der Gesamtqualifikation eingebracht werden können. Es müssen mindestens acht Kurse im mathematisch naturwissenschaftlichen Aufgabenfeld belegt werden.

8) Abiturprüfung

In der Abiturprüfung werden vier Fächer geprüft. Drei Prüfungen – in den Leistungsfächern und dem dritten Prüfungsfach – werden schriftlich abgelegt. Das vierte Prüfungs-

---

[*] In einem der Fächer 4 Grundkurse in dem anderen 2 Grundkurse.

7) Kursstufe

Die Kursstufe umfaßt die Jahrgangsstufen 12 und 13 mit jeweils zwei Halbjahren. Das Abitur wird im zweiten Halbjahr der Klasse 13 abgelegt. Für die Belegverpflichtung gelten die folgenden Regelungen:

Deutsch	4 Grundkurse,
Politische Weltkunde	4 Grundkurse,
Physik/Chemie/Biologie	4 Grundkurse,
Fremdsprache	4 Grundkurse,
Sport	4 Grundkurse,
in jeweils einem der Fächer	
Musik/Bildende Kunst/Darstellendes Spiel	2 Grundkurse,
Mathematik/Fremdsprache	4/2 Grundkurse[*].

Zusätzlich sind aus dem Angebot der Schule so viele weitere Pflichtgrundkurse zu belegen, daß 22 Grundkurse in den ersten Block der Gesamtqualifikation eingebracht werden können. Es müssen mindestens acht Kurse im mathematisch naturwissenschaftlichen Aufgabenfeld belegt werden.

8) Abiturprüfung

In der Abiturprüfung werden vier Fächer geprüft. Drei Prüfungen – in den Leistungsfächern und dem dritten Prüfungsfach – werden schriftlich abgelegt. Das vierte Prüfungsfach wird mündlich geprüft. Die vier Prüfungsfächer müssen alle drei Aufgabenfelder abdecken.

9) Gesamtqualifikation

Die Gesamtqualifikation ist für die Zuerkennung der Allgemeinen Hochschulreife maßgebend. Sie setzt sich aus den Leistungen im ersten Block, den 22 Grundkursen, dem zweiten Block mit den acht Leistungskursen und dem dritten Block, den im vierten Halbjahr besuchten Kursen der vier Prüfungsfächer, darin eingeschlossen die beiden Leistungskurse des vierten Kurshalbjahres, sowie der Abiturprüfung zusammen. In die Gesamtqualifikation sind alle durch die Belegverpflichtung erbrachten Leistungen aus dem Grundkursblock in einfacher Wertung einzubringen. Die Ergebnisse des Leistungskursblocks werden in sechs Kursen (12_1 bis 13_1) zweifach gewertet. Die Leistungen in den zwei Leistungskursen des Prüfungshalbjahres werden einfach gewertet. Aus dem Abiturprüfungsblock gehen die Leistungen der schriftlichen und mündlichen Prüfungen in vierfacher Wertung ein. In den vier Prüfungsfächern müssen mindestens 100 Punkte, in den Leistungskursen mindestens 70 Punkte und in den Grundkursen mindestens 110 Punkte erreicht werden, damit die Allgemeine Hochschulreife zuerkannt werden kann.

---

[*]) In einem der Fächer 4 Grundkurse in dem anderen 2 Grundkurse.

Brandenburg

1) Gültige Gesetze, Rechtsverordnungen und Erlasse

– Ausbildungsordnung der gymnasialen Oberstufe im Land Brandenburg (AO-GOST) vom 12. Mai 1992.

2) Eingangsvoraussetzungen für den Eintritt in die gymnasiale Oberstufe

In die Jahrgangsstufe 11 der Gymnasialen Oberstufe gehen Schüler ein, die in einem Land der Bundesrepublik Deutschland die Berechtigung zum Besuch des Gymnasiums erworben haben. Des weiteren können besonders leistungsfähige Schüler auf Antrag am Ende des ersten Schulhalbjahres der Klassenstufe 10 in das zweite Schulhalbjahr der Jahrgangsstufe 11 versetzt werden.

3) Organisation des Unterrichts

Die gymnasiale Oberstufe beginnt mit der Klasse 11. Sie ist in die Einführungsphase – Jahrgangsstufe 11 – und die Qualifikationsphase unterteilt. Die Qualifikationsphase umfaßt die Jahrgangsstufen 12 und 13. Der Unterricht in der Einführungsphase findet im Klassenverband und in Kursen statt. Der Unterricht der Qualifikationsphase wird im Kurssystem durchgeführt. Der Unterricht wird in Pflicht- und in Wahlpflichtfächern durchgeführt. Bereits in der Einführungsphase werden zwei Schwerpunktfächer festgelegt, wobei das erste und das zweite Schwerpunktfach (an berufsorientierten Gymnasien nur das erste) in einem Basisfach im Klassenverband oder einem Basiskurs und zusätzlich in einem Profilkurs unterrichtet wird. Für Schüler, die in den Klassenstufen 7 bis 10 keinen Unterricht in einer zweiten Fremdsprache hatten, ist die Belegung eines Grundkurses in einer neubeginnenden Fremdsprache verpflichtend und mit fünf Wochenstunden in der Einführungsphase, vier Wochenstunden in der Jahrgangsstufe 12 und drei Wochenstunden in der Jahrgangsstufe 13 durchgehend zu besuchen. Für die Zuerkennung des Latinum und Graecum gelten weitere Bestimmungen. Die Anzahl der Wochenstunden und die Belegverpflichtung ist durch verbindliche Stundentafeln geregelt, die auch die berufliche Orientierung berücksichtigen und liegt zwischen 32 und 35 Wochenstunden.

4) Versetzungskriterien für den Eintritt in die Jahrgangsstufe 11

Als Grundlage für die Versetzung in die Qualifikationsphase dienen die Leistungen aus dem letzten Halbjahr der Einführungsphase. Die Versetzung erfolgt, wenn höchstens eine Note mangelhaft oder ungenügend, alle übrigen aber ausreichend oder besser lauten. Ein Ausgleich ist möglich. Die Einführungsphase kann insgesamt nur einmal wiederholt werden. In der Qualifikationsphase findet keine Versetzung statt.

5) Wahl der Unterrichtsfächer in der Oberstufe

Bei der Wahl der Fächer für die zweijährige Qualifikationsphase sind einige Auflagen zu beachten. Von den zwei Leistungsfächern muß das erste eines der Fächer Deutsch, Mathematik, Physik, Chemie, Biologie oder eine mindestens seit der Klassenstufe 9 durchgehend belegte Fremdsprache sein. Das zweite Leistungsfach wird aus den übrigen Fächern der drei Aufgabenfelder gewählt (Aufgabenfeld I: Deutsch, Fremdsprachen, Kunst, Musik und Darstellendes Spiel; Aufgabenfeld II: Politische Bildung (einschl. zwei Kurse Geschichte), Geschichte, Erdkunde, Wirtschaftswissenschaft, Recht, Erziehungswissenschaft, Psychologie und Philosophie sowie im berufsorientierten Schwerpunkt Wirtschaft auch Wirtschaftswissenschaft und Rechnungswesen; Aufgabenfeld III: Mathematik, Informatik, Technik, Physik, Chemie und Biologie sowie im berufsorientierten Schwerpunkt Technik auch Bautechnik, Chemietechnik, Elektrotechnik, Maschinentechnik und weitere berufsorientierte technische Fächer sowie im berufsorientierten Schwerpunkt Wirtschaft auch Wirtschaftsinformatik. Eine neu begonnene Fremdsprache darf jedoch nicht als zweites Leistungskursfach gewählt werden. Sport kann als Leistungskursfach angeboten werden. An berufsorientierten Gymnasien ist das entsprechende Schwerpunktfach automatisch als zweites Leistungsfach festgelegt. Als Belegverpflichtung müssen neben den zwei Leistungsfächern folgende Pflichtgrundkurse in 12_1 und 12_2 belegt werden, wenn sie nicht bereits als Leistungsfächer gewählt wurden:

– Deutsch,

– eine Fremdsprache,

– Politische Bildung,

– ein weiteres Fach aus dem Aufgabenfeld II, wenn es nicht in Jg. 13 belegt wird,

– Mathematik,

– eine Naturwissenschaft, die in der Einführungsphase belegt wurde,

– Kunst oder Musik oder Darstellendes Spiel,

– Sport.

An Gymnasien mit beruflicher Orientierung müssen in der Jahrgangsstufe 12 zusätzliche Grundkurse belegt werden:

Schwerpunkt Wirtschaft:
– Recht oder Rechnungswesen oder Wirtschaftsinformatik;

Schwerpunkt Technik:
– Informatik oder ein berufsorientiertes technisches Fach;

Schwerpunkt Sozialwesen:
– Recht und, wenn das zweite Leistungskursfach Erziehungswissenschaft ist, Psychologie oder, wenn das zweite Leistungskursfach Psychologie ist, Erziehungswissenschaft.

Als Belegverpflichtung müssen neben den zwei Leistungsfächern folgende Pflichtgrundkurse in 13_1 und 13_2 belegt werden, wenn sie nicht bereits als Leistungsfächer gewählt wurden:

- Deutsch,
- Politische Bildung,
- ein weiteres Fach aus dem Aufgabenfeld II, wenn es nicht in Jg. 12 belegt wurde,
- eine Fremdsprache oder Mathematik,
- eine Naturwissenschaft, die in der Einführungsphase belegt wurde,
- Sport.

Bei der Wahl der Kursfolgen aus dem Aufgabenfeld II sind zur Erfüllung der Belegverpflichtung einige Bedingungen einzuhalten, auf die hier nicht näher eingegangen wird.

6) Fächer berufsbezogener Bildungsgänge in der neugestalteten Oberstufe sind

Technik,

Sozialwesen,

Wirtschaft.

7) Kursstufe

Die Kursstufe umfaßt die Jahrgangsstufen 12 und 13 mit jeweils zwei Halbjahren. Das Abitur wird im zweiten Halbjahr der Klasse 13 abgelegt. Für die Belegverpflichtung gelten die bereits unter Abschnitt 5) näher erläuterten Regelungen. In einem der Leistungsfächer kann eine Facharbeit als Hausarbeit angefertigt werden. Sie ersetzt die zweite Klausur des entsprechenden Schulhalbjahres.

8) Abiturprüfung

In der Abiturprüfung werden vier Fächer geprüft. Drei Prüfungen, im ersten und zweiten Leistungsfach sowie dem dritten Prüfungsfach, werden schriftlich abgelegt. Das vierte Prüfungsfach wird mündlich geprüft. Drittes und viertes Prüfungsfach werden mit Beginn des Schulhalbjahres 13_1 vom Schüler aus seinen Grundkursfächern festgelegt. Die vier Prüfungsfächer müssen alle drei Aufgabenfelder abdecken. Eines der Prüfungsfächer muß Deutsch, fortgeführte Fremdsprache oder Mathematik sein. Ist Deutsch erstes Leistungskursfach, muß sich unter den vier Prüfungsfächern Mathematik oder eine Fremdsprache befinden. Sport kann nur zweites oder viertes Prüfungsfach sein. Alle Prüfungsfächer müssen von der Einführungsphase bis zum Abitur durchgehend belegt worden sein. Darstellendes Spiel kann nicht als Prüfungsfach gewählt werden.

Leistungskursfächer mit beruflicher Orientierung sind grundsätzlich zweites Abiturprüfungsfach, unter den übrigen Prüfungsfächern darf sich höchstens noch ein weiteres beruflich orientiertes Fach befinden.

Zur mündlichen Abiturprüfung wird zugelassen, wer in den 8 Leistungskursen der Qualifikationsphase mindestens 70 Punkte erreicht hat (sechs aus 12_1 bis 13_1 in zweifacher, zwei aus 13_2 in einfacher Wertung, wobei in mindestens vier der anzurechnenden Leistungskurse aus 12_1 bis 13_1 jeweils mindestens fünf Punkte in einfacher Wertung erreicht werden müssen). Außerdem müssen in den 22 einzubringenden Grundkursen aus 12_1 bis 13_2 bei einfacher Wertung mindestens 110 Punkte erreicht und nicht mehr als sechs Grundkurse mit weniger als fünf Punkten abgeschlossen worden sein.

9) Gesamtqualifikation

Die Gesamtqualifikation ist für die Zuerkennung der Allgemeinen Hochschulreife maßgebend. Sie setzt sich aus den Leistungen im Grundfachbereich, den 22 Grundkursen, deren Punktzahlen einfach gewertet werden (darunter müssen 16 Kurse mit jeweils mindestens fünf Punkten bewertet worden sein und eine Reihe weiterer Einbringungsverpflichtungen berücksichtigt werden), dem Leistungsfachbereich mit den acht Leistungskursen der Qualifikationsphase und dem Prüfungsbereich, den im vierten Halbjahr besuchten Kursen der vier Prüfungsfächer, darin eingeschlossen die beiden Leistungskurse des vierten Kurshalbjahres, sowie der Abiturprüfung zusammen. In die Gesamtqualifikation sind alle durch die Belegverpflichtung erbrachten Leistungen aus dem Grundkursblock in einfacher Wertung einzubringen. Die Ergebnisse des Leistungskursblocks werden mit 6 Kursen (12_1 bis 13_1) zweifach gewertet. Die Leistungen in den vier Kursen des Prüfungshalbjahres werden einfach gewertet. Aus dem Abiturprüfungsblock gehen die Leistungen der schriftlichen und mündlichen Prüfungen in vierfacher Wertung ein. Im Leistungskursbereich müssen mindestens 70 Punkte, im Grundkursbereich mindestens 110 Punkte, in den vier Prüfungsfächern mindestens 100 Punkte erreicht worden sein, damit die Allgemeine Hochschulreife zuerkannt werden kann.

Bremen

1) Gültige Gesetze, Rechtsverordnungen und Erlasse

- Bremisches Schulgesetz in der Fassung vom 27.07.1990;
- Richtlinien für die Gymnasiale Oberstufe im Lande Bremen vom 01.10.1984 in der Fassung vom 01.08.1990;
- Abiturprüfungsordnung für die Gymnasiale Oberstufe im Lande Bremen ab Schuljahr 1990/91.

2) Eingangsvoraussetzungen für den Eintritt in die gymnasiale Oberstufe

Schüler der Gymnasien und Gesamtschulen, die in die Jahrgangsstufe 11 versetzt werden, können in die Gymnasiale Oberstufe eintreten. Schüler mit Realschulabschluß müssen mindestens einen Notendurchschnitt von 3,0 erreichen. Dazu werden die Pflichtfächer Gemeinschaftskunde, Erdkunde, Physik, Chemie, Biologie einfach, die Noten in Deutsch, Englisch und Mathematik zweifach gewertet, wobei in Deutsch und Englisch jeweils die schriftlichen und die mündlichen Noten einfach gewertet werden.

Berufsfachschüler oder Berufsaufbauschüler müssen einen Notendurchschnitt von 3,0 erreichen. Dazu werden alle zu berücksichtigenden Unterrichtsfächer einfach gewertet. Nicht gewertet werden Kunst, Musik, Sport, Werken und Textiles Gestalten, fachpraktischer Unterricht und Arbeitsgemeinschaften.

Bei einem Abschlußzeugnis der Hauptschule nach der 10. Jahrgangsstufe oder einer einjährigen Berufsfachschule, das dem Realschulabschluß gleichgestellt ist, ist ein Notendurchschnitt von mindestens 2,4 erforderlich sowie ein befürwortendes Gutachten der Klassenkonferenz, in dem insbesondere die Leistungen in den Fächern Deutsch, Mathematik und Englisch berücksichtigt werden müssen

3) Organisation des Unterrichts

An den Bremer Gymnasien gibt es ein Vorlaufjahr, in dem Defizite zwischen verschiedenen Schularten und dem Eintritt in die Gymnasiale Oberstufe ausgeglichen werden sollen. Es werden unterrichtet:

- Deutsch   3 Std.,
- Gemeinschaftskunde mit Geschichte und Geographie   5 Std.,
- Englisch   4 Std.,
- zweite Fremdsprache, sprachfördernder Unterricht   3 Std.,
- Mathematik, Physik, Chemie, Biologie   2 Std.,
- Musik/Kunst   2 Std.,
- Sport   3 Std..

Das Vorlaufjahr wird nicht auf die Gesamtverweildauer am Gymnasium angerechnet. Wurde das Vorlaufjahr erfolgreich abgeschlossen, so ist die 11. Jahrgangsstufe kein Probejahr.

Die gymnasiale Oberstufe beginnt in der Regel mit der Klasse 11. Sie ist in eine Einführungsphase – Jahrgangsstufe 11 – und eine Hauptphase unterteilt. Die Hauptphase umfaßt die Jahrgangsstufen 12 und 13 mit insgesamt vier Halbjahren. Der Unterricht wird bereits ab der Jahrgangsstufe 11 im Kurssystem durchgeführt. Der Schüler wählt bereits in 11_1 seine beiden Leistungskurse. Darüber hinaus sind in der Einführungsphase mindestens sechs Grundkurse zu belegen.

Pflichtfächer der Einführungsphase sind:

- Deutsch,
- fortgesetzte Fremdsprache,
- ein Fach aus:
    - Politik[*],
    - Geographie,
    - Geschichte,
    - Pädagogik,
    - Philosophie,
    - Psychologie,
    - Rechtskunde,
    - Religionskunde,
    - Soziologie,
    - Wirtschaftslehre,
- Mathematik,
- eine Naturwissenschaft (Biologie, Chemie, Physik),
- Sport.

Wer Biologie als Leistungsfach wählt, muß in beiden Halbjahren der Einführungsphase Chemie belegen. Wer in den Klassen 7 bis 10 an keinem benoteten Unterricht in einer zweiten Fremdsprache teilgenommen hat, muß eine zweite Fremdsprache neu beginnen. Weiterhin ist darauf zu achten, daß Prüfungsächer, die in der Hauptphase belegt werden sollen bereits in der Einführungsphase aufgenommen wurden.

4) Versetzungskriterien für den Eintritt in die Jahrgangsstufe 12

Es wird nicht versetzt, wer:

- in den beiden Leistungskursen zusammen weniger als 10 Punkte oder in einem der Leistungskurse 0 Punkte,
- in mehr als zwei Kursen jeweils weniger als vier Punkte,
- in zwei Kursen jeweils weniger als vier Punkte ohne Ausgleich für beide Kurse oder
- in mehr als einem Grundkurs 0 Punkte erhält oder
- wenn der Schüler zum zweiten Mal in unmittelbarer Folge nur aufgrund von Ausgleichsbestimmungen versetzt werden könnte.

---

[*] In der GyO müssen zwei aufeinander folgende Kurse in Politik belegt werden; diese Belegverpflichtung kann in der 11. Jahrgangsstufe erfüllt werden.

5) Wahl der Unterrichtsfächer in der Oberstufe

Die Schülerinnen und Schüler der Oberstufe planen ihre Schullaufbahn weitestgehend selbst. Sie stellen ihre Kurse im Rahmen der Möglichkeiten der Schule und der dort angebotenen Kursfolgen selbst zusammen. In der Einführungsphase müssen zwei Leistungsfächer gewählt werden. Eines der Leistungsfächer muß Deutsch, eine *fortgeführte* Fremdsprache, Mathematik oder eine Naturwissenschaft (Physik, Chemie oder Biologie) sein. Als zweites Leistungsfach kann ein beliebiges, an der Schule angebotenes Fach gewählt werden. Die beiden Leistungsfächer sind erstes und zweites Prüfungsfach. Als weitere Belegverpflichtung müssen folgende Kurse (Grund und Leistungskurse) belegt werden:

- Deutsch,
- *fortgeführte* Fremdsprache,
- ein Fach aus dem Aufgabenfeld II[*),
- Mathematik,
- eine Naturwissenschaft,
- Sport.

Zusätzlich müssen soviele weitere Kurse belegt werden, daß neben den beiden Leistungskursen mindestens sechs Grundkurse belegt werden. In der Hauptphase müssen je Halbjahr zwei Leistungskurse belegt und bis zum Abitur fortgeführt werden. Insgesamt müssen 26 Grundkurse belegt werden. Die Wahl der Prüfungsfächer, die in der Regel ab der Jahrgangsstufe 11_1, spätestens jedoch ab 11_2, betrieben worden sein müssen, unterliegen einigen Bedingungen.

Das drittte (schriftliche) und das vierte (mündliche) Prüfungsfach sind so zu wählen, daß alle drei Aufgabenfelder durch mindestens ein Prüfungsfach vertreten sind. Ist Deutsch erstes Leistungsfach und das zweite Leistungsfach weder Mathematik, eine *fortgeführte* Fremdsprache oder eine Naturwissenschaft, so muß sich unter den vier Prüfungsfächern eine Fremdsprache oder Mathematik befinden. Darstellendes Spiel kann nur viertes Prüfungsfach sein.

6) Berufsbezogene Bildungsgänge in der neugestalteten Oberstufe

Maschinentechnik,

Bautechnik,

Ernährungslehre,

Elektrotechnik,

Wirtschaftslehre.

[*) In der GyO müssen zwei aufeinander folgende Kurse in Gemeinschaftskunde belegt werden; diese Belegverpflichtung kann in der 11. Jahrgangsstufe erfüllt werden.

7) Hauptphase

Die Hauptphase umfaßt die Jahrgangsstufen 12 und 13 mit jeweils zwei Halbjahren. Das Abitur wird im zweiten Halbjahr der Klasse 13 abgelegt. Für die Belegverpflichtung gelten die folgenden Regelungen:

Aufgabenfeld I:
    Deutsch   4 Kurse,
    fortgeführte Fremdsprache   2 Kurse,
    Musik/Bildende Kunst/Darstellendes Spiel   2 Kurse;

Aufgabenfeld II:
    Politik   2 Kurse*),
    Geschichte   2 Kurse;

Aufgabenfeld III:
    Mathematik   2 Kurse,
    in einem der Fächer oder 2 Kurse in zwei dieser Fächer:
    Physik/Chemie/Biologie   4 Kurse,
    Sport   4 Kurse.

Die vier Prüfungsfächer müssen aus allen drei Aufgabenfeldern stammen und durchgehend betrieben werden. Des weiteren muß Mathematik oder eine weitere Fremdsprache bis zum Abitur belegt werden. Aus dem Aufgabenfeld III müssen zwei weitere aufeinanderfolgende Kurse belegt werden, wenn keine Naturwissenschaft als Leistungsfach betrieben wurde. Wurde Sport als viertes Prüfungsfach gewählt, so müssen zwei Kurse in Sporttheorie belegt werden. Für Sport als Leistungsfach gelten besondere Regelungen. Bei der Erfüllung der Auflagen müssen die Grundkurse in aufeinander folgenden Halbjahren belegt werden, also in 12_1, 12_2 oder in 13_1, 13_2. In verschiedenen Fächern ist außerdem die vorherige oder gleichzeitige Teilnahme an Kursen anderer Fächer vorgeschrieben, oder es werden weitere Auflagen gemacht (Einzelheiten sind den Oberstufenrichtlinien zu entnehmen).

8) Abiturprüfung

In der Abiturprüfung werden vier Fächer geprüft. Drei Prüfungen werden schriftlich und in bestimmten Fällen auch mündlich abgelegt. Das vierte Prüfungsfach wird mündlich geprüft. Die vier Prüfungsfächer müssen alle drei Aufgabenfelder (spachlich-literarisch-künstlerisches, gesellschaftswissenschaftliches und mathematisch-naturwissenschaftliches) abdecken.

---

*) In der GyO müssen zwei aufeinander folgende Kurse in Politik belelgt werden; diese Belegverpflichtung kann in der 11. Jahrgangsstufe erfüllt werden.

9) Gesamtqualifikation

Die Gesamtqualifikation ist für die Zuerkennung der Allgemeinen Hochschulreife maßgebend. Sie setzt sich aus den Leistungen im ersten Block, den 22 Grundkursen der Hauptphase, dem zweiten Block mit den acht Leistungskursen der Hauptphase und dem dritten Block, den im vierten Halbjahr besuchten Kursen der vier Prüfungsfächer, darin eingeschlossen die beiden Leistungskurse des vierten Kurshalbjahres, sowie der Abiturprüfung zusammen. Die für die Einbringverpflichtung maßgeblichen Regelungen, sind den bremischen Ordnungsmitteln für die Gymnasiale Oberstufe zu entnehmen. In die Gesamtqualifikation sind alle durch die Belegverpflichtung erbrachten Leistungen aus dem Grundkursblock in einfacher Wertung einzubringen. Die Ergebnisse des Leistungskursblocks werden mit sechs Kursen (12_1 bis 13_1) zweifach gewertet. Die Leistungen in den zwei Leistungskursen des Prüfungshalbjahres werden einfach gewertet. Aus dem Abiturprüfungsblock gehen die Leistungen der schriftlichen und mündlichen Prüfungen in vierfacher Wertung ein. In den vier Prüfungsfächern müssen mindestens 100 Punkte, in den Leistungskursen mindestens 70 Punkte und in den Grundkursen mindestens 110 Punkte erreicht werden, damit die Allgemeine Hochschulreife zuerkannt werden kann.

Hamburg

1) Gültige Gesetze, Rechtsverordnungen und Erlasse

- Schulgesetz der Freien und Hansestadt Hamburg vom 17.10.1977 in der Fassung vom 26.06.1989;
- Ausbildungs- und Prüfungsverordnung der Gymnasialen Oberstufe (APOGyO) vom 15.05.1990.

2) Eingangsvoraussetzungen für den Eintritt in die gymnasiale Oberstufe

Schüler des Gymnasiums und der integrierten Gesamtschule mit entsprechender Berechtigung werden in die Jahrgangsstufe 11 versetzt. Realschüler und Schüler der integrierten Gesamtschule mit entsprechendem Abschluß können in die Einführungsstufe der Oberstufe des Aufbaugymnasiums eintreten, bei bestimmtem Leistungsstand können sie unmittelbar in die Vorstufe der Oberstufe des Aufbaugymnasiums eintreten.

3) Organisation des Unterrichts

An den Aufbaugymnasien gibt es eine Einführungsstufe für Realschüler und Schüler anderer Schulformen mit entsprechendem Abschluß, in der Defizite vor dem Eintritt in die Vorstufe der Gymnasialen Oberstufe ausgeglichen werden sollen. Es werden unterrichtet:

- Deutsch 4 Std.,
- Geschichte 2 Std.,
- Erdkunde 2 Std.,
- Englisch als erste Fremdsprache 4 Std.,
- eine zweite Fremdsprache 4 Std.,
- Mathematik 4 Std.,
- Physik, Chemie 3 Std.,
- Biologie 2 Std.,
- Bildende Kunst oder Musik 2 Std.,
- Sport 2 Std..

Die Einführungsstufe wird nicht auf die Gesamtverweildauer am Gymnasium angerechnet. Die gymnasiale Oberstufe beginnt in der Regel mit der Klasse 11. Sie ist in eine Vorstufe – Jahrgangsstufe 11 – und in die Studienstufe unterteilt. Die Studienstufe umfaßt die Jahrgangsstufen 12 und 13 mit insgesamt vier Halbjahren. Der Unterricht in der Vorstufe wird weitestgehend im Klassenverband durchgeführt. Pflichtfächer der Vorstufe sind:

- Deutsch,
- fortgesetzte Fremdsprache,
- neu aufgenommene Fremdsprache,
- Gemeinschaftskunde,
- Mathematik,
- Biologie,
- Chemie,
- Physik,
- Sport,
- ein Fach aus:
  - Bildende Kunst oder Musik oder Darstellendes Spiel,
  - Erdkunde oder Geschichte oder Wirtschaft,
  - Religion oder Philosophie.

Soweit mit den Pflichtstunden nicht 30 Wochenstunden erreicht werden, müssen weitere, noch nicht gewählte Fächer belegt werden. Für Schüler des Gymnasiums, die in der Klasse 9 eine dritte Fremdsprache begonnen haben, ist diese Fremdsprache und eine weiterführende Fremdsprache verbindlich. Wer in den Klassen 7 bis 10 an keinem benoteten

Unterricht in einer zweiten Fremdsprache teilgenommen hat, muß eine zweite Fremdsprache neu beginnen.

4) Versetzungskriterien für den Eintritt in die Jahrgangsstufe 12

Es wird versetzt, wer in allen Fächern mindestens ausreichende Noten hat oder für mangelhafte in höchstens zwei Fächern einen Ausgleich. Es darf nur eine Note in den Fächern Deutsch, weitergeführte Fremdsprache und Mathematik geringer als ausreichend sein. Keine Note darf ungenügend lauten. Es bestehen Ausgleichsregelungen.

5) Wahl der Unterrichtsfächer in der Oberstufe

Aus dem Angebot der Schule wählt der Schüler vier Prüfungsfächer, davon zwei Leistungsfächer. Unter diesen muß mindestens eines der Fächer Deutsch, Mathematik oder eine Fremdsprache sein. Eines der Leistungsfächer, das bereits in der Vorstufe besucht worden ist und das in Leistungskursen unterrichtet wird, muß Deutsch, eine *fortgeführte* Fremdsprache oder eines der Fächer Mathematik, Physik, Chemie oder Biologie sein. Sport kann nicht als drittes Prüfungsfach gewählt werden.

6) Berufsbezogene Bildungsgänge in der neugestalteten Oberstufe

Wirtschaft,

Technik.

7) Kursstufe

Die Kursstufe umfaßt die Jahrgangsstufen 12 und 13 mit jeweils zwei Halbjahren. Das Abitur wird im zweiten Halbjahr der Klasse 13 abgelegt. Für die Belegverpflichtung gelten die folgenden Regelungen:

Deutsch	2 Grundkurse,
Erdkunde/Geschichte/Gemeinschaftskunde/Wirtschaft	4/2 Grundkurse[*],
Physik/Chemie/Biologie/Informatik	4 Grundkurse,
fortgeführte Fremdsprache/ neu aufgenommene Fremdsprache	4/2 Grundkurse[*],
Religion oder Philosophie	2 Grundkurse
Sport	4 Grundkurse
Musik/Bildende Kunst/Darstellendes Spiel	2 Grundkurse
in jeweils einem der Fächer Mathematik/Fremdsprache	4/2 Grundkurse[*]

---

[*] In einem der Fächer 4 Grundkurse, in dem anderen 2 Grundkurse

In einem der Fächer Deutsch, Mathematik, weitergeführte Fremdsprache müssen vier Grundkurse belegt werden. Wurde Geschichte als Prüfungsfach gewählt, muß Gemeinschaftskunde mit zwei Grundkursen, im Falle von Gemeinschaftskunde als Prüfungsfach muß Geschichte oder Erdkunde mit zwei Grundkursen belegt werden. Wurde Erdkunde als Leistungsfach und Wirtschaft als Prüfungsfach gewählt, muß Gemeinschaftskunde mit zwei Grundkursen belegt werden. Ist keines der zum gesellschaftswissenschaftlichen Feld gehörenden Fächer Leistungsfach, so müssen neben vier Grundkursen Gemeinschaftskunde in Erdkunde oder Geschichte zwei Halbjahreskurse belegt sein. Wird Biologie als Leistungsfach ausgewählt, so muß Chemie mit zwei Grundkursen belegt werden. Bei der Erfüllung der Auflagen müssen die Grundkurse in aufeinander folgenden Halbjahren belegt werden, also in 12_1, 12_2 oder in 13_1, 13_2.

8) Abiturprüfung

In der Abiturprüfung werden vier Fächer geprüft. Drei Prüfungen – in den Leistungsfächern und dem dritten Prüfungsfach – werden schriftlich und gegebenenfalls mündlich abgelegt. Das vierte Prüfungsfach wird nur mündlich geprüft. Die vier Prüfungsfächer müssen alle drei Aufgabenfelder (spachlich-literarisch-künstlerisches, gesellschaftswissenschaftliches und mathematisch-naturwissenschaftliches) abdecken.

9) Gesamtqualifikation

Die Gesamtqualifikation ist für die Zuerkennung der Allgemeinen Hochschulreife maßgebend. Sie setzt sich aus den Leistungen im ersten Block, den 22 Grundkursen der Hauptphase, dem zweiten Block mit den acht Leistungskursen der Hauptphase und dem dritten Block, den im vierten Halbjahr besuchten Kursen der vier Prüfungsfächer, darin eingeschlossen die beiden Leistungskurse des vierten Kurshalbjahres, sowie der Abiturprüfung zusammen. In die Gesamtqualifikation sind alle durch die Belegverpflichtung erbrachten Leistungen aus dem Grundkursblock in einfacher Wertung einzubringen. Die Ergebnisse des Leistungskursblocks werden mit sechs Kursen (12_1 bis 13_1) zweifach gewertet. Die Leistungen in den zwei Leistungskursen des Prüfungshalbjahres werden einfach gewertet. Aus dem Abiturprüfungsblock gehen die Leistungen der schriftlichen und mündlichen Prüfungen in vierfacher Wertung ein. In den vier Prüfungsfächern müssen mindestens 100 Punkte, in den Leistungskursen mindestens 70 Punkte und in den Grundkursen mindestens 110 Punkte erreicht werden, damit die Allgemeine Hochschulreife zuerkannt werden kann.

Hessen

1) Gültige Gesetze, Rechtsverordnungen und Erlasse

- Hessisches Schulgesetz in der Fassung vom 17.06.1992 (GVBl I, S. 233);
- Verordnung über die gymnasiale Oberstufe und die Abiturprüfung vom 09.02.1983 in der Fassung vom 28.04.1993 (ABl. S. 643).

2) Eingangsvoraussetzungen für den Eintritt in die gymnasiale Oberstufe

Schüler des Gymnasiums werden in die Jahrgangsstufe 11 versetzt. Andere Schüler von öffentlichen oder staatlich anerkannten Realschulen oder Gesamtschulen können aufgenommen werden, wenn sie den Realschulabschluß erworben haben und entweder für diesen Bildungsweg als geeignet erklärt wurden oder erfolgreich an einem Probeunterricht teilgenommen haben.

3) Organisation des Unterrichts

Die gymnasiale Oberstufe beginnt mit der Klasse 11. Sie ist in eine Einführungsphase – Jahrgangsstufe 11 – und in die Qualifikationsphase unterteilt. Die Qualifikationsphase umfaßt die Jahrgangsstufen 12 und 13 mit insgesamt vier Halbjahren. Verbindliche Fächer der Einführungsphase sind:

- Deutsch,
- zwei Fremdsprachen,
- Gemeinschaftskunde,
- Geschichte,
- Religionslehre,
- Mathematik,
- Biologie,
- Chemie,
- Physik,
- Sport.

Darüber hinaus müssen zwei bis vier weitere Stunden verbindlichen Unterrichtes besucht werden. Schüler, die in der Mittelstufe (ab Klasse 7 oder 9) keine zweite Fremdsprache belegt haben, müssen in Klasse 11 eine zweite Fremdsprache aufnehmen und bis zum Abschluß der Klasse 13 fortführen.

4) Zulassungskriterien für den Eintritt in die Qualifikationsphase (Jahrgangsstufe 12/13)

Zur Qualifikationsphase wird zugelassen, wer am Ende der Jahrgangsstufe 11 alle verbindlichen Fächer mit mindestens fünf Punkten abgeschlossen hat. Höchstens zwei verbindliche Fächer dürfen weniger als fünf Punkte aufweisen, die fehlenden Punkte können durch entsprechende höhere Punktzahlen anderer verbindlicher Fächer ausgeglichen werden. Keines der verbindlichen Fächer darf mit null Punkten bewertet sein.

5) Wahl der Unterrichtsfächer in der Oberstufe

In der Qualifikationsphase hat der Schüler Unterricht im Leistungskurs- und Grundkursbereich mindestens in:

Deutsch	4 Kurse,
eine Fremdsprache, die in der Mittelstufe im Rahmen des Pflicht- oder Wahlpflichtunterrichts betrieben wurde	4/2 Kurse,
Kunst oder Musik	2 Kurse,
Gemeinschaftskunde	4 Kurse,
Geschichte	4 Kurse,
Religion	4 Kurse,
Mathematik	4/2 Kurse,
Physik/Chemie/Biologie	4 Grundkurse,
Sport	4 Grundkurse.

Als Leistungsfächer können gewählt werden:

Deutsch,

Englisch, Französisch, Lateinisch, Griechisch,

Gemeinschaftskunde, Geschichte, Erdkunde, evangelische Religionslehre, katholische Religionslehre,

Mathematik,

Physik, Chemie, Biologie.

Die Fächer Kunst, Musik, Russisch, sonstige Religionslehren, Wirtschaftswissenschaften, Sozialwissenschaften, Informatik und Sport können nur mit Genehmigung des Regierungspräsidiums als Leistungsfach an der einzelnen Schule zugelassen werden. Das Leistungsfach Informatik kann nur in Verbindung mit dem Leistungsfach Mathematik gewählt werden.

Die Wahl der Prüfungskurse erfolgt bei der Meldung zur Abiturprüfung. Ein Prüfungsfach muß entweder Deutsch oder eine Fremdsprache oder Mathematik sein. Als Leistungsfach kann nur ein Fach gewählt werden, daß in der Einführungsphase kontinuierlich betrieben und mit mindestens fünf Punkten abgeschlossen wurde. Eine Fremdsprache kann nur dann Leistungsfach sein, wenn sie mindestens fünf Jahre hindurch betrieben wurde. Griechisch als Leistungsfach setzt mindestens fünfstündigen Unterricht in den Klassen 9 und 10 voraus. Eine Fremdsprache kann nur dann viertes Prüfungsfach sein, wenn mindestens vier Kurse belegt und drei davon vor dem Prüfungshalbjahr abgeschlossen wurden.

Außerdem muß ein Prüfungsfach aus der Gruppe Deutsch oder Fremdsprachen oder Mathematik gewählt werden, wobei die Fremdsprache spätestens seit Beginn der Jahrgangsstufe 9 unterrichtet worden sein muß.

6) Berufsbezogene Bildungsgänge in der neugestalteten Oberstufe

Berufliche Gymnasien verbinden allgemeines und berufliches Lernen und vermitteln eine allgemeine Grundbildung und in der gewählten Fachrichtung Teile einer Berufsausbildung. Berufliche Gymnasien führen zur Allgemeinen Hochschulreife. Sie sind durch berufliche Fachrichtungen geprägt. Sie gliedern sich in:

Wirtschaft,

Technik,

Agrarwirtschaft,

Ernährung und Hauswirtschaft.

In der Fachrichtung Technik werden z.Zt. die Schwerpunkte Maschinenbau, Elektrotechnik, Bautechnik, Physiktechnik, Chemietechnik, Biologietechnik und Datenverarbeitungstechnik gebildet. Berufliche Gymnasien umfassen die Jahrgangsstufen 11 – 13.

Sie gliedern sich – wie die Oberstufe des Gymnasiums – in die Einführungsphase (Jahrgangsstufe 11) und die Qualifikationsphase (Jahrgangsstufen 12 und 13).

Die allgemeinbildenden Fächer werden fachrichtungsübergreifend, die berufsbezogenen Fächer fachrichtungsbezogen unterrichtet. Die Unterrichtsfächer werden auch hier Aufgabenfeldern zugeordnet. Das Unterrichtsangebot ist in Kursen organisiert.

7) Kursstufe

Die Qualifikationsphase umfaßt die Jahrgangsstufen 12 und 13 mit jeweils zwei Halbjahren. In der Qualifikationsphase wird zwischen Grund- und Leistungskursen unterschieden. Bei der Kurswahl an beruflichen Gymnasien sind weitere Auflagen zu erfüllen, die für die berufliche Schwerpunktbildung erforderlich sind. Mit der Wahl der beruflichen Fachrichtung hat sich der Schüler auch gleichzeitig für das zweite Leistungsfach entschieden. Das erste Leistungsfach ist fachrichtungsübergreifend. Es muß eine weitergeführte Fremdsprache oder Mathematik oder eine Naturwissenschaft oder Deutsch sein. Das Abitur wird im zweiten Halbjahr der Klasse 13 abgelegt. Für die Belegverpflichtung gelten die folgenden Regelungen:

Deutsch	4 Kurse,
Gemeinschaftskunde	2 Grundkurse,
Religionslehre	4 Grundkurse,
Geschichte	4 Grundkurse,
Physik oder Chemie oder Biologie	4 Grundkurse,
Sport	4 Grundkurse,
in jeweils einem der Fächer	
Mathematik oder Fremdsprache	4/2 Kurse[*],
fachrichtungsbezogenes Leistungsfach	4 Kurse.

Zusätzlich sind aus dem Angebot der Schule so viele weitere Grundkurse zu belegen, daß 22 Grundkurse neben acht Leistungskursen belegt werden. Bei der Erfüllung der Auflagen müssen die Grundkurse in aufeinander folgenden Halbjahren belegt werden, also in 12_1, 12_2 oder in 13_1, 13_2.

8) Abiturprüfung

In der Abiturprüfung werden vier Fächer geprüft. Drei Prüfungen – in den Leistungsfächern und dem dritten Prüfungsfach – werden schriftlich abgelegt. Das vierte Prüfungsfach wird mündlich geprüft. Die vier Prüfungsfächer müssen alle drei Aufgabenfelder abdecken.

9) Gesamtqualifikation

Die Gesamtqualifikation ist für die Zuerkennung der Allgemeinen Hochschulreife maßgebend. Sie setzt sich aus den Leistungen in den Grundkursen, den Leistungskursen und der Abiturprüfung zusammen. In die Gesamtqualifikation sind alle durch die Belegverpflichtung erbrachten Leistungen aus dem Grundkursblock (22 Grundkurse) in einfacher Wertung einzubringen. Die Ergebnisse im Leistungsfachbereich in der Jahrgangsstufe 13_2 werden einfach gewertet, unbeschadet ihrer nochmaligen Anrechnung innerhalb des Abiturblocks. Die Leistungen in den vier Kursen des Prüfungshalbjahres werden einfach gewertet und zum Abiturblock gezählt. Aus dem Abiturprüfungsblock gehen die Leistungen der schriftlichen und mündlichen Prüfungen in vierfacher Wertung ein. In den vier Prüfungsfächern müssen mindestens 100 Punkte, im Leistungskursbereich mindestens 70 und in den Grundkursen mindestens 110 Punkte erreicht werden. Die Allgemeine Hochschulreife wird zuerkannt, wenn die Gesamtpunktzahl mindestens 280 Punkte beträgt.

---

[*] In einem der Fächer 4 Grundkurse, in dem anderen 2 Grundkurse

Mecklenburg-Vorpommern

1) Gültige Gesetze, Rechtsverordnungen und Erlasse[*]

- Erstes Schulreformgesetz des Landes Mecklenburg-Vorpommern (SRG) vom 26. April 1991;
- Verordnung über die Durchführung der Abiturprüfung in den Jahren 1992, 1993 und 1994 (APVO) vom 27. Februar 1992 (GS Meckl.-Vorp. Gl. Nr. 223-1-10, GVOBl. 1992, S. 117);
- Die Arbeit am Gymnasium. Erlaß des Kultusministeriums vom 13. Mai 1991 - VII 203-322-3/Gy.

2) Eingangsvoraussetzungen für den Eintritt in die gymnasiale Oberstufe

In die Oberstufe gehen Schüler des Gymnasiums über, die in die Jahrgangsstufe 11 versetzt wurden. Weitergehende Regelungen werden durch den Erlaß zur Aufnahme von Schülern in die Klassenstufen 7 bis 11 Gymnasium (vom 29. April 1991, Az.: VII 202/ 203-322-1) geregelt.

3) Organisation des Unterrichts

Die gymnasiale Oberstufe umfaßt die Jahrgangsstufen 11 und 12. Sie gliedert sich in vier Kurshalbjahre. Neben den allgemeinen Zweig des Gymnasiums kann auf Antrag auch ein musischer oder sprachlicher Zweig eingerichtet werden (der Unterricht dieser abweichenden Formen wird durch eigene Stundentafeln geregelt). Bereits in den Klassenstufen 5 bis 10 gliedert sich der Unterricht in einen Pflicht-, Wahlpflicht- und einen Neigungsbereich. Erste Fremdsprache ist Englisch, jedoch können auf Antrag auch Russisch, Französisch oder Latein als erste Fremdsprache genehmigt werden. Zweite Fremdsprache ist Russisch, Französisch, Latein oder Englisch (Ist Englisch nicht erste Fremdsprache, so muß es als zweite Fremdsprache unterrichtet werden.). Ab Klassenstufe 9 kann eine dritte Fremdsprache aufgenommen werden (Russisch, Französisch, Altgriechisch , Polnisch, Schwedisch, Spanisch oder Italienisch). Einstündige Fächer können in den Klassenstufen 7 bis 11 epochal unterrichtet werden. Der Unterricht kann in Klassen- oder Kursform durchgeführt werden. Grundkurse werden dreistündig, Leistungskurse fünfstündig, die verbleibenden Fächer im Klassenverband überwiegend zweistündig angeboten. Als verpflichtend sind in der Klassenstufe 10 folgende Fächer aus dem Wahlpflichtbereich zu belegen:

– Deutsch,

– erste und zweite Fremdsprache,

– Mathematik,

---

[*] Eine Oberstufenverordnung gab es z.Zt. der Drucklegung in Mecklenburg-Vorpommern noch nicht.

- Biologie, Chemie, Physik, Astronomie,
- Geographie, Geschichte, Sozialkunde,
- Religion,
- Kunst und Gestaltung oder Musik,
- Sport,

sowie vier weitere Stunden aus dem Wahlpflichtangebot der Schule, so daß 33 Wochenstunden erreicht werden. Darüber hinaus muß jeder Schüler entweder in Klasse 9 oder 10 einen Informatikkurs belegt haben.

4) Versetzungskriterien für den Eintritt in die Jahrgangsstufe 11
Für die Versetzungsentscheidung werden alle Pflicht- und Wahlpflichtfächer herangezogen. Die Entscheidung über die Versetzung trifft die Lehrerkonferenz. Über die erzielten Leistungen erhält der Schüler ein Jahreszeugnis.

5) Wahl der Unterrichtsfächer in der Oberstufe
Für die Klassenstufen 11 und 12 bestehen verbindliche Stundentafeln. Unter Berücksichtigung der Auflagen wählt der Schüler aus dem Angebot der Schule verbindliche Fächer im Wochenstundenumfang von 30 bis 32 Stunden.

Verbindlich:
Deutsch	5 Std.,
Mathematik (GK/LK)	3/5 Std.,
Geschichte	2 Std.,

eines der Fächer:
Geographie oder Sozialkunde oder Philosophie	2 Std.,
Kunst und Gestaltung oder Musik	2 Std.,
Sport	2 Std..

Zusätzlich sind dem Fächerkanon erste, zweite, dritte Fremdsprache, Physik, Chemie und Biologie vier Fächer durchgehend zu besuchen. Als Kombinationen sind entweder drei Fremdsprachen und eine Naturwissenschaft oder zwei Fremdsprachen und zwei Naturwissenschaften oder eine Fremdsprache und drei Naturwissenschaften zu wählen. Wurde jedoch nur eine Naturwissenschaft gewählt, so ist eine zweite für ein Schuljahr (11 oder 12) verbindlich. Bis auf Chemie, das im Klassenverband unterrichtet wird, werden alle hier genannten Fächer als dreistündige Grund- und fünfstündige Leistungskurse angeboten. Informatik wird fakultativ zu Mathematik angeboten. Religion ist keinem Aufgabenfeld zugeordnet.

Darüber hinaus wählt jeder Schüler mindestens zwei Wochenstunden zusätzlich aus den oben genannten Fächern oder aus den Fächern Chor, Orchester, Instrumentalmusik, Dramatisches Gestalten; spätbeginnende Fremdsprachen; Psychologie, Astronomie etc..

6) Berufliche Gymnasien entfallen in Mecklenburg-Vorpommern.

7) Kursstufe

Der Schüler wählt 2 Leistungskurse aus dem Angebot der Schule. Aus den Naturwissenschaften kann entweder Physik oder Biologie als Leistungskurs gewählt werden. Deutsch, fortgeführte Fremdsprache, Mathematik (schriftlich und ggf. auch mündlich) sowie Geschichte (mündlich) zählen zu den Prüfungsfächern in der Abiturprüfung. Wird die Leistungsfachkombination Fremdsprache und Mathematik gewählt, so tritt als **fünftes** Abiturprüfungsfach eine weitere *fortgeführte* Fremdsprache oder Physik oder Chemie oder Biologie auf Grundkursniveau hinzu. Der in Abschnitt 5) skizzierte verpflichtende Unterricht wird fortgeschrieben.

8) Abiturprüfung

Die Abiturprüfung findet zum Ende der Klassenstufe 12 statt. In der Abiturprüfung werden **fünf** Fächer geprüft. In den Prüfungsfächern Deutsch, *fortgeführte* Fremdsprachen, Mathematik, Physik, Chemie, Biologie wird eine schriftliche und ggf. mündliche Prüfung abgelegt. (Eine in Klassenstufe 10 nach erweitertem Fremdsprachenunterricht abgelegte Reifeprüfung kann von der Teilnahme an der Abiturprüfung in der *fortgeführten* Fremdsprache entbinden.) Darüber hinaus wird in einem der Fächer Geschichte, Sozialkunde oder Geographie eine mündliche Prüfung abgelegt. In den Leistungsfächern Sport (am Sportgymnasium) und Musik (am Musischen Gymnasium) wird die Abiturprüfung als besondere Fachprüfung durchgeführt und enthält auch einen praktischen Anteil. Die Aufgaben der schriftlichen Prüfung werden zentral gestellt.

9) Gesamtqualifikation

Die Gesamtqualifikation ist für die Zuerkennung der Allgemeinen Hochschulreife maßgebend. Sie wird dem Prüfling zuerkannt, wenn nach Abschluß der Abiturprüfung alle Endzensuren in den Pflicht- und Wahlpflichtfächern der Klasse 12 „ausreichend" oder besser lauten.

Niedersachsen

1) Gültige Gesetze, Rechtsverordnungen und Erlasse
- Verordnung über die gymnasiale Oberstufe und das Fachgymnasium (VO-GOF) vom 12.03.1981 in der Fassung vom 16.01.1993;
- Ergänzende Bestimmungen zur Verordnung über die gymnasiale Oberstufe und das Fachgymnasium (EB-VO-GOF) vom 12.03.1981 in der Fassung vom 16.01.1993;
- Verordnung über die Abschlüsse in der gymnasialen Oberstufe, im Fachgymnasium, im Abendgymnasium und im Kolleg (VO-GOFAK) vom 21.12.1982 in der Fassung vom 16.01.1993;
- Ergänzende Bestimmungen zur Verordnung über die Abschlüsse in der gymnasialen Oberstufe, im Fachgymnasium, im Abendgymnasium und im Kolleg (EB-VO-GOF) vom 21.12.1982 in der Fassung vom 16.01.1993.

2) Eingangsvoraussetzungen für den Eintritt in die gymnasiale Oberstufe

Schüler des Gymnasiums werden in Klasse 11 versetzt. Ebenso können Schüler mit dem erweiterten Sekundarabschluß I in die Klasse 11 eintreten.

3) Organisation des Unterrichts

Die gymnasiale Oberstufe beginnt in der Regel mit der Klasse 11. Sie ist in eine Vorstufe – Jahrgangsstufe 11 – und eine Kursstufe unterteilt. Die Kursstufe umfaßt die Jahrgangsstufen 12 und 13 mit insgesamt vier Halbjahren.

Der Unterricht in der Jahrgangsstufe 11 gliedert sich in den Pflicht-, den Wahlpflicht- und den Wahlbereich. Zum Pflichtbereich zählen:

- Deutsch,
- Religionslehre,
- Geschichte,
- Gemeinschaftskunde,
- Mathematik,
- Sport,
- Verfügungsstunde.

Der Unterricht im Pflichtbereich wird – mit Ausnahme von Sport – im Klassenverband durchgeführt. In der gymnasialen Oberstufe sind im Wahlpflichtbereich fünf Fächer zu belegen:

- eine mit Klasse 5 oder 7 begonnene Pflichtfremdsprache,

- weitere Fremdsprache,
- Kunst oder Musik,
- zwei Fächer aus Physik, Chemie, Biologie.

An den Fachgymnasien sind – je nach Fachrichtung – zwei Fächer verbindlich festgelegt, und es sind vier weitere Fächer im Wahlpflichtbereich zu belegen:
- eine mit Klasse 5 oder 7 begonnene Pflichtfremdsprache,
- eine weitere Fremdsprache,
- zwei Fächer aus Physik, Chemie, Biologie.

Wählt der Schüler eine in der Vorstufe neu beginnende Fremdsprache, so muß diese bis zum Ende der Kursstufe durchgehend belegt werden. Dies gilt auch für die in Klasse 9 begonnene und in Klasse 10 *fortgeführte* Wahlfremdsprache, wenn am Ende der Klasse 10 keine „ausreichende" Note erreicht wurde. Zum Wahlbereich zählen:

- Rechtskunde,
- Philosophie,
- Pädagogik,
- Psychologie,
- Informatik,
- Wirtschaftslehre,

wenn das jeweilige Fach als Prüfungsfach zugelassen ist.

4) Versetzungskriterien für den Eintritt in die Jahrgangsstufe 12

Es wird versetzt, wer in zwölf Fächern des Pflicht-, Wahlpflicht- und Wahlbereichs – darunter Deutsch, die Pflichtfremdsprache, die zweite Fremdsprache und Mathematik – in nicht mehr als einem Fach mangelhafte Leistungen und in allen anderen Fächern mindestens ausreichende Leistungen erreicht hat. Es bestehen Sonderregelungen zum Ausgleich.

5) Wahl der Unterrichtsfächer in der Oberstufe

Aus dem Angebot der Schule wählt der Schüler vier Prüfungsfächer. Vor dem Eintritt in die Kursstufe werden die beiden Leistungsfächer, am Ende des zweiten Kurshalbjahres das dritte und vierte Prüfungsfach aus den Grundkursen gewählt. Leistungsfächer können nur diejenigen Fächer werden, die in der Vorstufe mindestens ein Halbjahr lang besucht wurden. Eine Fremdsprache kann nur dann als Leistungsfach gewählt werden, wenn die Fremdsprache im Wahlpflicht- oder Pflichtunterricht im 9. und 10. Schuljahrgang sowie in der 11. Jahrgangsstufe belegt und mit mindestens fünf Punkten abgeschlossen wurde. Eine in der 11. Jahrgangsstufe neu begonnene Fremdsprache kann als Leistungsfach gewählt werden, wenn sie am Ende eines fünfstündigen Unterrichts in der Vorstufe mit mindestens fünf Punkten abgeschlossen worden ist.

Als Leistungsfächer können folgende Fächer angeboten werden:
- Deutsch,
- Fremdsprachen (Englisch, Französisch, Latein, Griechisch, Russisch, Spanisch),
- Kunst,
- Musik,
- Gemeinschaftskunde,
- Geschichte,
- Erdkunde,
- Religionslehre,
- Mathematik,
- Physik, Chemie, Biologie.

6) An Fachgymnasien sind folgende Fächer jeweils verbindliches Leistungsfach

Agrartechnik,

Technik,

Ernährungslehre,
Technologie des Textilwesens,

Betriebs- und Volkswirtschaftslehre.

7) Kursstufe

Die Kursstufe umfaßt die Jahrgangsstufen 12 und 13 mit jeweils zwei Halbjahren. Das Abitur wird im zweiten Halbjahr der Klasse 13 abgelegt. Für die Pflichtfächer gelten die folgenden Regelungen:

Deutsch	4 Grundkurse,
Gemeinschaftskunde	2 Grundkurse,
Geschichte	4 Grundkurse,
Religionslehre	4 Grundkurse,
Physik oder Chemie oder Biologie	4 Grundkurse,
Fremdsprache	2/4 Grundkurse[*),
Sport	3 Grundkurse,

[*) Wenn in Mathematik vier Kurse belegt wurden, sonst vier Kurse in der Fremdsprache.

Kunst oder Musik	2 Grundkurse,
Mathematik	2/4 Grundkurse[*]

Zusätzlich sind aus dem Angebot der Schule so viele weitere Grundkurse zu belegen, daß 24 Grundkurse neben den beiden Leistungskursen belegt werden. Bei der Erfüllung der Auflagen müssen die Grundkurse in aufeinander folgenden Halbjahren belegt werden, also in $12_1, 12_2$ oder in $13_1, 13_2$. Für die Fachgymnasien, Abendgymnasien und Kollegs gelten in bezug auf die verbindlichen Fächer abweichende Regelungen.

8) Abiturprüfung

In der Abiturprüfung werden vier Fächer geprüft. Drei Prüfungen – in den Leistungsfächern und dem dritten Prüfungsfach – werden schriftlich abgelegt. Das vierte Prüfungsfach wird mündlich geprüft. Die vier Prüfungsfächer müssen alle drei Aufgabenfelder abdecken.

9) Gesamtqualifikation

Die Gesamtqualifikation ist für die Zuerkennung der Allgemeinen Hochschulreife maßgebend. Sie setzt sich aus den Leistungen im ersten Block, den 22 Grundkursen, dem zweiten Block mit den acht Leistungskursen der Kursstufe und dem dritten Block, den im vierten Halbjahr besuchten Kursen der vier Prüfungsfächer, darin eingeschlossen die beiden Leistungskurse des vierten Kurshalbjahres, sowie der Abiturprüfung zusammen. In die Gesamtqualifikation sind alle durch die Belegverpflichtung erbrachten Leistungen aus dem Grundkursblock in einfacher Wertung einzubringen. Die Ergebnisse in den Leistungsfächern werden zweifach, die des Abschlußhalbjahres einfach gewertet. Aus dem Abiturprüfungsblock gehen die Leistungen der schriftlichen und mündlichen Prüfungen in vierfacher Wertung ein. In den vier Prüfungsfächern müssen mindestens 100 Punkte, in den Leistungskursen mindestens 70 Punkte und in den Grundkursen mindestens 110 Punkte erreicht werden, um die Allgemeine Hochschulreife zuerkannt zu bekommen.

---

[*] Wenn in der Fremdsprache vier Kurse belegt wurden, sonst vier Kurse Mathematik.

Nordrhein-Westfalen

1) Gültige Gesetze, Rechtsverordnungen und Erlasse

- Das Schulverwaltungsgesetz vom 18.01.1985, zuletzt geändert durch Gesetz vom 09.02.1993;
- Die Verordnung über die Bildungsgänge und die Abiturprüfung in der gymnasialen Oberstufe (§ 26 b SchVG - APO-GOSt) vom 28.03.1979 in der Fassung vom 19.05.1993;
- Die Verwaltungsvorschriften zur Verordnung über die Bildungsgänge und die Abiturprüfung in der gymnasialen Oberstufe (VVzAPO-GOSt) vom 19.07.1979 in der Fassung vom 12.05.1993.

2) Eingangsvoraussetzungen für den Eintritt in die gymnasiale Oberstufe

Schüler des Gymnasiums werden in die Jahrgangsstufe 11 versetzt. Schüler anderer Schulformen müssen den Sekundarabschluß I – Fachoberschulreife – und die Berechtigung zum Besuch der gymnasialen Oberstufe vorweisen. Über die Aufnahme in anderen Fällen (Übersiedler, Auslandsschüler etc.) entscheidet die obere Schulaufsichtsbehörde nach Antrag.

3) Organisation des Unterrichts

Die gymnasiale Oberstufe beginnt mit der Klasse 11. Sie ist in eine Einführungsphase – Jahrgangsstufe 11 – und in die Qualifikationsphase unterteilt. Der Unterricht der Jahrgangsstufe 11_1 wird in Grund- und Angleichungskursen, in der Jahrgangsstufe 11_2 in Grund- und Leistungskursen erteilt. Die Qualifikationsphase umfaßt die Jahrgangsstufen 12 und 13 mit insgesamt vier Halbjahren. Verbindliche Fächer der Einführungsphase 11_1 sind:

- Deutsch,
- Mathematik,
- eine aus der Sekundarstufe I *fortgeführte* Fremdsprache,
- Kunst oder Musik,
- Biologie oder Chemie oder Physik,
- Religionslehre,
- Sport,

und je ein Fach aus:

- Biologie, Chemie, Physik, Hauswirtschaftswissenschaft, Informatik, Technik,

- Geschichte, Erdkunde, Philosophie, Sozialwissenschaften, Rechtskunde, Erziehungswissenschaft, Psychologie.

In der Jahrgangsstufe 11_2 werden aus den Fächern des Pflicht- und Wahlpflichtbereichs zwei Leistungsfächer gewählt. Der Pflichtunterricht in der Jahrgangsstufe 11_2 umfaßt:

- Deutsch,
- Mathematik,
- eine aus der Sekundarstufe I fortgeführte Fremdsprache,
- Religionslehre,
- Sport.

Je ein Fach aus:

- Biologie, Chemie, Physik,
- Geschichte, Erdkunde, Philosophie, Sozialwissenschaften, Rechtskunde, Erziehungswissenschaft, Psychologie.

Schüler, die in der Mittelstufe keine zweite Fremdsprache belegten, müssen in Klasse 11 eine zweite Fremdsprache aufnehmen und bis zum Abschluß der Klasse 13 fortführen. Wurde die zweite Fremdsprache mit Beginn der Klasse 9 aufgenommen, so muß diese in der Klasse 11 fortgeführt werden.

4) Versetzungskriterien für den Eintritt in die Jahrgangsstufe 12

Grundlage für die Versetzung sind die Leistungen in zwei Leistungskursen und sechs Grundkursen der Jahrgangsstufe 11_2. Darunter müssen sein: Deutsch, Mathematik, eine Fremdsprache, eine Naturwissenschaft, ein gesellschaftswissenschaftliches Fach, Religionslehre (bzw. Philosophie) und Sport. Es wird versetzt, wer in den versetzungsrelevanten Fächern mindestens ausreichende Leistungen erbracht hat oder in nicht mehr als einem versetzungsrelevanten Grundkurs mangelhafte und in den übrigen Grund- und Leistungskursen mindestens ausreichende Leistungen vorweist. Es besteht eine Ausgleichsregelung.

5) Wahl der Unterrichtsfächer in der Oberstufe

Die Wahl der Leistungskurse erfolgt mit Eintritt in die Jahrgangsstufe 11_2. Erstes Leistungsfach muß entweder eine aus der Sekundarstufe I fortgeführte Fremdsprache oder Deutsch oder Mathematik oder eine Naturwissenschaft (Biologie, Chemie, Physik) sein. Das zweite Leistungsfach kann aus dem Fächerangebot der Schule gewählt werden, wenn es als Leistungsfach zugelassen ist.

6) Berufsbezogene Bildungsgänge der neugestalteten Oberstufe

Höhere Berufsfachschule mit gymnasialer Oberstufe:

Wirtschaft und Verwaltung,

Technik,

Ernährung und Hauswirtschaft.

7) Kursstufe

Die Kursstufe umfaßt die Jahrgangsstufen 12 und 13 mit jeweils zwei Halbjahren. Das Abitur wird im zweiten Halbjahr der Klasse 13 abgelegt. Für die Belegverpflichtung gelten die folgenden Regelungen:

Kunst oder Musik oder Literatur	2 Grundkurse,
eine Gesellschaftswissenschaft	4 Grundkurse,
Religionslehre	2 Grundkurse,
Geschichte/gesellschaftswissenschaftliches Fach je	2 Grundkurse,
Physik/Chemie/Biologie (1 davon)	4 Grundkurse,
Sport	3 Grundkurse.

In mindestens zwei der Fächer Deutsch, Mathematik oder Fremdsprache	4 Grundkurse.

8) Abiturprüfung

In der Abiturprüfung werden vier Fächer geprüft. Drei Prüfungen – in den Leistungsfächern und dem dritten Prüfungsfach – werden schriftlich abgelegt. Das vierte Prüfungsfach wird mündlich geprüft. Die vier Prüfungsfächer müssen alle drei Aufgabenfelder abdecken. Eines der vier Prüfungsfächer muß Deutsch oder Mathematik oder eine *fortgeführte* Fremdsprache sein. Ist Deutsch erstes Leistungsfach, müssen Mathematik oder eine Fremdsprache unter den vier Abiturfächern sein. Das dritte und vierte Prüfungsfach wird vor Eintritt in die Jahrgangsstufe 13_1 aus den von 11_1 belegten Fächern gewählt. Wird Religionslehre als Prüfungsfach gewählt, so ersetzt es den gesellschaftswissenschaftlichen Anteil. Sport kann nicht als Prüfungsfach eingesetzt werden.

9) Gesamtqualifikation

Die Gesamtqualifikation ist für die Zuerkennung der Allgemeinen Hochschulreife maßgebend. Sie setzt sich aus den Leistungen in den Grundkursen und Pflichtgrundkursen, den Leistungskursen und der Abiturprüfung zusammen. In die Gesamtqualifikation sind alle durch die Belegverpflichtung erbrachten Leistungen aus dem Grundkursblock (22

Grundkurse) in einfacher Wertung mit mindestens 110 Punkten einzubringen. Die Ergebnisse des Leistungskursblocks werden mit sechs Kursen (12_1 bis 13_1) zweifach mit mindestens 70 Punkten gewertet. Die Leistungen in den vier Kursen des Prüfungshalbjahres werden einfach gewertet und zum Abiturblock gezählt. Aus dem Abiturprüfungsblock gehen die Leistungen der schriftlichen und mündlichen Prüfungen in vierfacher Wertung ein. Im Abiturbereich müssen mindestens 100 Punkte erreicht werden. Wurden alle Bedingungen erfüllt, wird die Allgemeine Hochschulreife zuerkannt.

Rheinland-Pfalz

1) Gültige Gesetze, Rechtsverordnungen und Erlasse
- Landesverordnung über die Oberstufe des Gymnasiums (Mainzer Studienstufe) vom 07.02.1979 (GVBl. S. 85, Amtsbl. S. 125) in der Fassung vom 07.12.1989 (GVBl. S. 266, Amtsbl. S. 189);
- Schulordnung für die öffentlichen Hauptschulen, Realschulen, Gymnasien und Kollegs vom 14.05.1989 in der z.Zt. gültigen Fassung.

2) Eingangsvoraussetzungen für den Eintritt in die gymnasiale Oberstufe

In die Oberstufe gehen Schüler des Gymnasiums über, die in die Jahrgangsstufe 11 versetzt wurden. Des weiteren werden Schüler der Realschule nach Abschluß der 10. Klasse, Hauptschüler nach Abschluß des freiwilligen 10. Schuljahres und Absolventen der zweijährigen Berufsfachschulen mit qualifizierendem Sekundarabschluß I aufgenommen, wenn sie die Bedingungen der Schulordnung zum Übertritt in die gymnasiale Oberstufe erfüllen. Fehlt die zweite Fremdsprache, so muß sie im Verlaufe der Oberstufe nachgeholt werden.

3) Organisation des Unterrichts

Die gymnasiale Oberstufe beginnt mit der Klasse 11. Sie ist in eine Einführungsphase – Jahrgangsstufe 11 – und eine Hauptphase unterteilt. Die Haupt- und Prüfungsphase umfaßt die Jahrgangsstufen 12 und 13 mit insgesamt vier Halbjahren. Der Unterricht wird bereits ab der Jahrgangsstufe 11 im Kurssystem durchgeführt. Der Schüler wählt bereits in 11_1 seine **drei** Leistungsfächer. Als Belegverpflichtung müssen, soweit nicht als Leistungsfächer belegt, die folgenden Fächer als Grundfächer belegt werden:

- Deutsch,

- Fremdsprache (Englisch, Französisch, Latein, Griechisch, Russisch, Spanisch, Italienisch),
- Gemeinschaftskunde (Geschichte und Sozialkunde und Erdkunde),
- Mathematik,
- Naturwissenschaft (I) (Physik oder Chemie oder Biologie),
- weitere Naturwissenschaft oder weitere Fremdsprache,
- Religionslehre,
- Kunst oder Musik,
- Sport.

Zur Erreichung der Pflichtstundenzahl von mindestens 31 Wochenstunden muß gegebenenfalls ein weiteres dieser Grundfächer oder Philosophie belegt werden.

4) Versetzungskriterien für den Eintritt in die Jahrgangsstufe 12

Als Grundlage für die Versetzung werden die Noten in den Leistungsfächern, in den mit den Leistungsfächern verpflichtenden Grundfächern und evtl. in einem weiteren – zur Erreichung der Mindeststundenzahl erforderlichen – Grundfach herangezogen. Es wird versetzt, wer in allen Fächern mindestens die Note ausreichend darunter nur in einem Grundfach die Note mangelhaft aufweist. In allen übrigen Fächern müssen alle Noten unter ausreichend ausgeglichen werden. Jedoch kann in Leistungsfächern nur ein Ausgleich durch andere Leistungsfächer erfolgen. Ein Ausgleich ist nicht möglich, wenn ein Leistungsfach mit ungenügend oder zwei Leistungsfächer mit mangelhaft bewertet wurden oder wenn zwei verpflichtende Grundfächer mit ungenügend oder insgesamt drei oder mehr Fächer mit mangelhaft bewertet wurden.

5) Wahl der Unterrichtsfächer in der Oberstufe

Bei der Wahl der Fächer sind einige Auflagen zu beachten. Die Leistungs- und Grundfächer müssen alle drei Aufgabenfelder (spachlich-literarisch-künstlerisches, gesellschaftswissenschaftliches und mathematisch-naturwissenschaftliches Aufgabenfeld) abdecken. Die drei Leistungsfächer müssen aus mindestens zwei Aufgabenfeldern gewählt werden. Das erste Leistungs- und zugleich Abiturprüfungsfach muß eine Fremdsprache oder Mathematik oder eine Naturwissenschaft sein. Deutsch kann erstes Leistungsfach sein. Ist eine Naturwissenschaft erstes Leistungsfach, so muß Deutsch oder eine Fremdsprache oder Mathematik zweites Leistungsfach und somit zweites Abiturprüfungsfach sein. Eine Fremdsprache kann nur dann Leistungsfach sein, wenn sie in der Sekundarstufe I als Pflichtfach besucht wurde. Wird Religionskunde, Bildende Kunst, Musik oder Sport als Leistungsfach gewählt, so muß Deutsch oder eine Fremdsprache eines der beiden weiteren Leistungsfächer, das andere Mathematik oder eine Naturwissenschaft sein.

6) **Fächer berufsbezogener Bildungsgänge der neugestalteten Oberstufe sind**

Technik,

Wirtschaft.

7) **Kursstufe**

Die Kursstufe umfaßt die Jahrgangsstufen 12 und 13 mit jeweils zwei Halbjahren. Das Abitur wird im zweiten Halbjahr der Klasse 13 abgelegt.

Für die Belegverpflichtung gelten die folgenden Regelungen:

- Deutsch,

- fortgeführte Pflichtfremdsprache,

- Gemeinschaftskunde (Geschichte, Sozialkunde, Erdkunde),

- Naturwissenschaft (Physik, Chemie, Biologie),

- Mathematik,

- Religionslehre,

- Sport,

- zweite *fortgeführte* Fremdsprache oder eine zweite Naturwissenschaft.

In der Jahrgangsstufe 12 sind zwei aufeinander folgende Grundkurse im gleichen künstlerischen Fach zu belegen, wenn nicht Kunst oder Musik Leistungs- oder Grundfach innerhalb der Pflichtstunden ist. Zusätzlich sind aus dem Angebot der Schule so viele weitere Grundkurse zu belegen, daß die Pflichtstundenzahl von 32 Wochenstunden erreicht wird. Die zulässigen Fächerkombinationen sind festgelegt (s. Rheinland Pfalz, Kultusministerium, Mainzer Studienstufe, Informationen für Schüler, Eltern und Lehrer. Ausgabe 1990. S.23 ff.).

8) **Abiturprüfung**

In der Abiturprüfung werden vier Fächer geprüft. Drei Prüfungen – in den drei Leistungsfächern wobei eines der drei Leistungsfächer zum Grundkursfach als drittes Prüfungsfach abgestuft wird – werden schriftlich abgelegt. Das vierte Prüfungsfach wird mündlich geprüft. Die vier Prüfungsfächer müssen alle drei Aufgabenfelder abdecken. Deutsch oder eine Fremdsprache muß unter den Prüfungsfächern sein. Sport kann nicht viertes Prüfungsfach sein.

9) **Gesamtqualifikation**

Die Gesamtqualifikation ist für die Zuerkennung der Allgemeinen Hochschulreife maßgebend. Sie setzt sich aus den Leistungen im ersten Block, den 22 Grundkursen der Hauptphase, dem zweiten Block mit den acht Leistungskursen der Hauptphase und dem dritten Block, den im vierten Halbjahr besuchten Kursen der vier Prüfungsfächer, darin eingeschlossen die beiden Leistungskurse des vierten Kurshalbjahres, sowie der Abiturprüfung zusammen. In die Gesamtqualifikation sind alle durch die Belegverpflichtung erbrachten Leistungen aus dem Grundkursblock in einfacher Wertung einzubringen. Die Ergebnisse des Leistungskursblocks werden mit sechs Kursen (12_1 bis 13_1) zweifach gewertet. Die Leistungen in den zwei Leistungskursen des Prüfungshalbjahres werden einfach gewertet. Aus dem Abiturprüfungsblock gehen die Leistungen der schriftlichen und mündlichen Prüfungen in vierfacher Wertung ein. In den vier Prüfungsfächern müssen mindestens 100 Punkte, in den Leistungskursen, einschließlich der möglichen Facharbeit, mindestens 70 Punkte und in den Grundfächern mindestens 110 Punkte erreicht werden, um die Allgemeine Hochschulreife zuerkannt zu bekommen.

Saarland

1) Gültige Gesetze, Rechtsverordnungen und Erlasse

- Verordnung - Schulordnung - über die gymnasiale Oberstufe an Gymnasien und Gesamtschulen im Saarland (Grundordnung GO) vom 22.05.1985 (Amtsbl. S. 577) in der Fassung vom 12.07.1989 (Amtsbl. S. 1265) in der Fassung vom 30.06.1993 (Amtsbl. S. 609);
- Verordnung - Prüfungsordnung - über die Abiturprüfung an den Schulen mit gymnasialer Oberstufe im Saarland (Abiturprüfungsordnung - APO) vom 22.05.1985 in der Fassung vom 12.05.1989 (Amtsbl. 1290).

2) Eingangsvoraussetzungen für den Eintritt in die gymnasiale Oberstufe

In die Oberstufe gehen Schüler des Gymnasiums über, die in die Jahrgangsstufe 11 versetzt wurden. Des weiteren werden Realschulabsolventen und Absolventen von Gesamtschulen aufgenommen, wenn sie durch ihren Bildungsgang die erforderliche Qualifikation erreicht haben. Eine zweite Fremdsprache muß in der Mittelstufe durchgängig belegt worden sein.

3) Organisation des Unterrichts

Die gymnasiale Oberstufe beginnt mit der Klasse 11. Sie ist in die Einführungsphase - Jahrgangsstufe 11 - und die Hauptphase unterteilt. Die Haupt- und Prüfungsphase umfaßt die Jahrgangsstufen 12 und 13 mit insgesamt vier Halbjahren. Der Unterricht in der Jahrgangsstufe 11 findet im Klassenverband statt. Der Unterricht der Hauptphase wird im Kurssystem durchgeführt. Als Belegverpflichtung müssen folgende Fächer belegt werden:

- Deutsch,
- zwei fortgesetzte Fremdsprachen aus der Sekundarstufe I,
- Mathematik,
- Bildende Kunst oder Musik,
- Erdkunde, Geschichte und Politik,
- Biologie, Chemie und Physik,
- Religion,
- Sport.

Zusätzlich können gewählt werden:
- Informatik, Philosophie, bildende Kunst oder Musik, eine neu beginnende Fremdsprache und Sporttheorie.

4) Versetzungskriterien für den Eintritt in die Jahrgangsstufe 12
Als Grundlage für die Versetzung werden die Noten in den Pflichtfächern herangezogen. Es wird versetzt, wer in allen Fächern mindestens die Note ausreichend oder nur in einem nichtschriftlichen Fach die Note mangelhaft aufweist. Es ist ein Ausgleich von Noten bei mangelhaften Leistungen in zwei Pflichtfächern (Notendurchschnitt von fünf Punkten in allen Pflichtfächern) möglich.

5) Wahl der Unterrichtsfächer in der Oberstufe
Bei der Wahl der Fächer sind einige Auflagen zu beachten. Die Leistungs- und Grundkurse müssen alle drei Aufgabenfelder (spachlich-literarisch-künstlerisches, gesellschaftswissenschaftliches und mathematisch-naturwissenschaftliches Aufgabenfeld) abdecken. Die zulässigen Kombinationen von Leistungsfächern und Pflichtgrundfächern sind in einer Tabelle festgelegt (s. Amtsblatt des Saarlandes, 1989, Nr. 46, Anlage 2, S. 1279). Der Schüler wählt **drei** Leistungsfächer, von denen eines mit der Meldung zur schriftlichen Abiturprüfung zu einem Grundfach abgestuft wird. Das erste Leistungs- und zugleich Abiturprüfungsfach muß Deutsch, eine Fremdsprache oder Mathematik sein. Wird Deutsch zum ersten Leistungsfach und zum ersten Abiturprüfungsfach, so muß das zweite, nicht abgestufte Leistungsfach eine Fremdsprache, Mathematik oder eine Naturwissenschaft sein oder unter den vier Prüfungsfächern eine Fremdsprache oder Mathematik sein. Eine Fremdsprache kann nur dann Leistungsfach sein, wenn sie in der Sekundarstufe I als Pflicht- oder Wahlpflichtfach besucht wurde. Sport kann nur als Leistungsfach wählen, wer in der Einführungsphase neben dem Unterricht im Pflichtfach Sport am Unterricht im Zusatzfach Sporttheorie teilgenommen hat.

6) **Fächer berufsbezogener Bildungsgänge in der neugestalteten Oberstufe sind**
Technik bzw. Metall- oder Elektrotechnik,
Wirtschaft bzw. Volks- oder Betriebswirtschaftslehre.

7) **Kursstufe**
Die Kursstufe umfaßt die Jahrgangsstufen 12 und 13 mit jeweils zwei Halbjahren. Das Abitur wird im zweiten Halbjahr der Klasse 13 abgelegt. Es sind folgende Fächer durchgehend zu belegen:

– Deutsch,

– eine fortgeführte Pflichtfremdsprache,

– Erdkunde oder Geschichte oder Politik,

– eine Naturwissenschaft (Physik, Chemie, Biologie),

– Mathematik,

– Religion,

– Sport.

Darüber hinaus sind zwei Halbjahre im gleichen künstlerischen Fach zu belegen, es sei denn, Kunst oder Musik ist Leistungsfach.

8) **Abiturprüfung**
In der Abiturprüfung werden vier Fächer geprüft. Drei Prüfungen – in den drei Leistungsfächern wobei eines der drei Leistungsfächer zum Grundkursfach als drittes Prüfungsfach abgestuft wird – werden schriftlich abgelegt. Das vierte Prüfungsfach wird mündlich geprüft. Die vier Prüfungsfächer müssen alle drei Aufgabenfelder abdecken. Deutsch oder eine Fremdsprache muß erstes oder zweites Prüfungsfach sein. Sport kann nicht viertes Prüfungsfach sein.

9) **Gesamtqualifikation**
Die Gesamtqualifikation ist für die Zuerkennung der Allgemeinen Hochschulreife maßgebend. Sie setzt sich aus den Leistungen im ersten Block, den 22 Grundkursen der Hauptphase, dem zweiten Block mit den Leistungskursen der Halbjahre 12_1 bis 13_1 sowie der Ausgleichsregelung und dem dritten Block, den im vierten Halbjahr besuchten Kursen der vier Prüfungsfächer, darin eingeschlossen die beiden Leistungskurse des vierten Kurshalbjahres, sowie der Abiturprüfung zusammen. In die Gesamtqualifikation sind alle durch die Belegverpflichtung erbrachten Leistungen aus dem Grundkursblock in einfacher Wertung einzubringen. Die Ergebnisse in den Leistungsfächern werden zweifach gewertet. Dazu kommen im Leistungskursblock als Ausgleichsregelung die beiden besten Ergebnisse im abgestuften Leistungsfach in einfacher Wertung. Aus dem Abiturprüfungs-

block gehen die Leistungen der schriftlichen und mündlichen Prüfungen in vierfacher Wertung ein. In den vier Prüfungsfächern müssen mindestens 100 Punkte, in den Leistungskursen mindestens 70 Punkte und in den Grundfächern mindestens 110 Punkte erreicht werden, damit die Allgemeine Hochschulreife zuerkannt werden kann.

Sachsen

1) Gültige Gesetze, Rechtsverordnungen und Erlasse

- Schulgesetz für den Freistaat Sachsen (SchulG) vom 3. Juli 1991 (SächsGVBl. S. 213);
- § 62 Abs. 1 SchulG, Verordnung des Sächsischen Staatsministeriums für Kultus über allgemeinbildende Gymnasien im Freistaat Sachsen (Schulordneung Gymnasien - SOGY) vom 15. Dezember 1993;
- § 7 Abs. 5 SchulG, Verordnung des Sächsischen Staatsministeriums für Kultus über die gymnasiale Oberstufe im Freistaat Sachsen (Oberstufen- und Abiturverordnung - OAVO) vom 15. Dezember 1993.

2) Eingangsvoraussetzungen für den Eintritt in die gymnasiale Oberstufe

In die Oberstufe gehen Schüler des Gymnasiums über, die in die Jahrgangsstufe 11 versetzt wurden. Schüler der Mittelschule, die über einen mittleren Bildungsabschluß verfügen, müssen vor Eintritt in die gymnasiale Oberstufe die Klasse 10 am Gymnasium besuchen. Die Klasse 10 des Gymnasiums dient als Vorbereitungsphase. Die Noten in den Fächern, die in Klasse 10 abgeschlossen werden, werden im Abiturzeugnis ausgewiesen.

3) Organisation des Unterrichts

Die gymnasiale Oberstufe umfaßt die Jahrgangsstufen 11 und 12. Sie gliedert sich in vier Kurshalbjahre. Leistungskurse können nicht mehr umgewählt werden, Grundkurse werden jeweils für ein Jahr gewählt. Eine Umwahl der Grundkurse ist nur möglich, wenn weder die Belegverpflichtung noch die zur Abiturwertung einzubringende Zahl an Grundkusen beeinträchtigt wird. Grundsätzlich ist zwischen Fächern des Pflichtbereichs (Leistungs- und Grundkurse) und denen des Wahlbereichs (Grundkurse oder Arbeitsgemeinschaften) zu unterscheiden. Leistungskurse werden fünfstündig, Grundkurse, die den drei Aufgabenfeldern zuzuordnen sind, können dreistündig und die übrigen Grundkurse zweistündig durchgeführt werden.

Als verpflichtend müssen folgende Fächer belegt werden, soweit sie nicht als Leistungskurse gewählt werden:

Durchgehend von 11_1-12_2:

- Deutsch,
- eine fortgeführte Fremdsprache,
- Kunsterziehung oder Musik,
- Geschichte,
- Mathematik,
- Biologie oder Chemie oder Physik,
- Sport,
- Religion bzw. Ethik;

zusätzlich aus dem Aufgabenfeld II

in 11_1 und 11_2 Geographie,

in 12_1 und 12_2 Gemeinschaftskunde.

Im Fach Sport wird darüber hinaus gemäß den Bestimmungen des Lehrplanes Sport auch die Kombination der Sportarten gewählt, die für alle 4 Kurshalbjahre verbindlich ist. Die Wochenstundenzahl darf dabei höchstens 33 Stunden betragen.

4) Versetzungskriterien für den Eintritt in die Jahrgangsstufe 11

Der Übergang von der 10. zur 11. Jahrgangsstufe erfolgt ohne Versetzungsentscheidung.

5) Wahl der Unterrichtsfächer in der Oberstufe

Bei der Wahl der Fächer sind einige Auflagen zu beachten. Die Leistungs- und Grundkurse müssen alle drei Aufgabenfelder (spachlich-literarisch-künstlerisches, gesellschaftswissenschaftliches und mathematisch-naturwissenschaftliches Aufgabenfeld) abdecken. Die zulässigen Kombinationen von Leistungsfächern und Pflichtgrundfächern sind in Abschnitt 7) wiedergegeben.

6) Berufliche Gymnasien entfallen in Sachsen.

7) Kursstufe

Als Leistungsfächer sind aus dem Angebot der Schule zwei Fächer des Pflichtbereichs zu wählen. Daraus ergeben sich folgende Kombinationen:

- Deutsch und Mathematik,
- Deutsch und fortgeführte Fremdsprache,
- Deutsch und Chemie oder Biologie oder Physik,

- Deutsch und Geschichte oder Geographie oder Gemeinschaftskunde,
- Deutsch und Musik oder Kunsterziehung oder Sport[*),
- Deutsch und Religion oder Ethik,
- Mathematik und fortgeführte Fremdsprache,
- Mathematik und Chemie oder Biologie oder Physik,
- Mathematik und Geschichte oder Geographie oder Gemeinschaftskunde,
- Mathematik und Musik oder Kunsterziehung oder Sport,
- Mathematik und Religion oder Ethik,

- zwei fortgeführte Fremdsprachen,
- fortgeführte Fremdsprache und Geschichte oder Geographie oder Gemeinschaftskunde,

- Chemie oder Biologie oder Physik und Geschichte oder Geographie oder Gemeinschaftskunde.

Zur Erreichung der Pflichtstundenzahl von 30 Wochenstunden müssen gegebenenfalls weitere Fächer aus dem Pflicht- oder Wahlpflichtbereich gewählt werden.

8) Abiturprüfung

In der Abiturprüfung werden vier Fächer geprüft. Der Schüler bestimmt zu Beginn des Halbjahres 12_1 die von ihm gewählten Abiturprüfungsfächer aus den Fächern des Pflichtbereichs. Die Abiturprüfung findet im zweiten Halbjahr der Jahrgangsstufe 12 statt. Die Meldung zur Prüfung erfolgt zu Beginn des Halbjahres 12_2. Drei Prüfungen – in zwei Leistungskursfächern und einem Grundkursfach – werden schriftlich abgelegt. Das vierte Prüfungsfach wird mündlich geprüft. Unter den vier Prüfungsfächern muß sich aus jedem der drei Aufgabenfelder eines befinden. Deutsch (oder zwei fortgeführte Fremdsprachen) und Mathematik gehören grundsätzlich zu den Prüfungsfächern. Kunsterziehung, Musik oder Sport können nicht als drittes Prüfungsfach gewählt werden.

9) Gesamtqualifikation

Die Gesamtqualifikation ist für die Zuerkennung der Allgemeinen Hochschulreife maßgebend. Sie setzt sich aus den Leistungen im ersten Block, den 22 einfach gewerteten Grundkursen, dem zweiten Block mit acht Leistungskursen sowie der Abiturprüfung zusammen. In die Gesamtpunktzahl gehen von den acht Leistungskursen sechs Kurse der

---

[*)] Die Einrichtung von Leistungsfächern Sport, Musik und Kunsterziehung wird in der Regel nur an Schulen mit diesem Profil auf Antrag genehmigt. Sport kann nur dann als Leistungsfach gewählt werden, wenn durch ein Gesundheitszeugnis belegt werden kann, daß der Schüler den praktischen Anforderungen des Unterrichts voraussichtlich gesundheitlich gewachsen ist.

Halbjahre 11_1 bis 12_2 in doppelter Wertung, zwei Kurse aus 12_2 in einfacher Wertung ein. Die Ergebnisse der Abiturprüfung gehen in vierfacher Wertung, die in den Prüfungsfächern in 12_2 erreichten Punkte einfach in die Gesamtwertung ein.

In den vier Prüfungsfächern müssen mindestens 100 Punkte, in zwei der Abiturfächer, darunter einmal im Leistungskurs, müssen mindestens jeweils 25 Punkte der fünffachen Wertung (Prüfungsergebnis vierfach + Halbjahresleistung 12_2 einfach) erreicht werden. Im Leistungskursbereich müssen mindestens 70 Punkte, im Grundkursbereich mindestens 110 Punkte und in der Abiturprüfung mindestens 100 Punkte erreicht werden, damit die Allgemeine Hochschulreife zuerkannt werden kann.

Sachsen-Anhalt

1) Gültige Gesetze, Rechtsverordnungen und Erlasse

- Verordnung über die gymnasiale Oberstufe des Gymnasiums (GOS-VO) vom 14.09.1993 (GVBL: LSA Nr. 40/1993, ausgegeben am 20.9.1993, S. 536);
- §6 Abs. 6, §35 Abs. 1 Nr. 1, 3 bis 5 und 7 des Schulgesetzes des Landes Sachsen-Anhalt in der Fassung vom 30. Juni 1993 (GVBl. LSA S. 314).

2) Eingangsvoraussetzungen für den Eintritt in die gymnasiale Oberstufe

In die Oberstufe des Gymnasiums werden Schüler aufgenommen, die in Sachsen-Anhalt den 9. Schuljahrgang eines Gymnasiums erfolgreich absolviert haben oder die nach Beendigung des 10. Schuljahrganges der Sekundarschule die Voraussetzungen für einen Übergang in die Einführungsphase erfüllen. Schüler anderer Bundesländer werden aufgenommen, wenn sie zum Eintritt in die gymnasiale Oberstufe berechtigt sind.

3) Organisation des Unterrichts

Die gymnasiale Oberstufe beginnt mit der Klasse 10. Sie ist in die Einführungsphase (Schuljahrgang 10) und die Kursstufe (Schuljahrgang 11 und 12) unterteilt. Die Kursstufe umfaßt die Kurshalbjahre 11_1 bis 12_2. Der Unterricht in der Einführungsphase findet mit Ausnahme der Naturwissenschaften und Sport im Klassenverband statt. Der Unterricht der Hauptphase wird im Kurssystem durchgeführt. In der Einführungsphase werden folgende Fächer unterrichtet:

- Deutsch,
- erste Fremdsprache und zweite Fremdsprache,

- Musik, Kunsterziehung,
- Geschichte, Geographie, Sozialkunde,
- Mathematik,
- Biologie, Chemie, Physik,
- Ethikunterricht oder Religionsunterricht,
- Sport.

Der Unterricht in den Naturwissenschaften wird in zwei Niveaustufen (einfacher oder erweiterter Kurs) durchgeführt. Schüler, die nicht am Unterricht in der dritten Fremdsprache teilnehmen, müssen einen einfachen und zwei erweiterte Kurse in den Naturwissenschaften belegen. Schüler mit Unterricht in einer dritten Fremdsprache müssen zwei einfache und einen erweiterten Kurs in den Naturwissenschaften belegen. Wurde in den Jahrgangsstufen 7 bis 10 kein durchgehender Unterricht in einer zweiten Fremdsprache besucht, muß mit Beginn der Einführungsphase bis zum Ende der Jahrgangsstufe 12_2 eine zweite Fremdsprache aufgenommen werden, wobei der Unterricht in der ersten Fremdsprache in der Einführungsphase fortgesetzt werden muß. Zweite Fremdsprache kann Englisch, Russisch, Französisch oder Latein sein. Wird die zweite Fremdsprache neu aufgenommen, so sind zwei erweiterte Kurse in zwei Naturwissenschaften und ein einfacher Kurs in einer Naturwissenschaft zu belegen. Die Höchststundenzahl beträgt für Schüler mit dritter Fremdsprache 34, für alle anderen Schüler 32 Wochenstunden.

4) Versetzungskriterien für den Eintritt in die Jahrgangsstufe 11

Als Grundlage für die Versetzung wird das Jahreszeugnis der Einführungsphase herangezogen. Es wird versetzt, wer in allen Fächern mindestens die Note ausreichend oder in nur einem Fach die Note mangelhaft, in allen anderen Fächern mindestens die Note ausreichend aufweist. Ein Notenausgleich kann durch die Versetzungskonferenz unter gewissen Bedingungen gewährt werden.

5) Wahl der Unterrichtsfächer in der Oberstufe

Bei der Wahl der Fächer sind einige Auflagen zu beachten. Als verpflichtend sind Deutsch, Geschichte und Sport durchgehend bis zum Abitur zu belegen. Im Fach Sport sind im Verlauf der vier Halbjahre mindestens zwei verschiedene Individualsportarten zu belegen. Aus dem Angebot der Schule müssen je zwei Leistungs- und Grundkurse gewählt werden, wobei neben dem Fach Mathematik mindestens eine Fremdsprache und eine Naturwissenschaft vertreten sein muß. Außerdem ist jeweils ein Grundkurs in den Fächern Kunsterziehung oder Musik, Geographie oder Sozialkunde, Ethikunterricht oder Religionsunterricht zu belegen und über vier Halbjahre zu besuchen. Kurse, die mit 0 Punkten abgeschlossen wurden, gelten als nicht belegt. Leistungskurse werden mit jeweils fünf, die Grundkurse in Mathematik, Naturwissenschaften mit drei und Deutsch als Grundkurs mit vier Wochenstunden unterrichtet. Die Mindestzahl beträgt in der

Kursstufe 30, die Höchststundenzahl 34 Wochenstunden. Ein Wechsel von Kursen während der Einführungsphase ist nicht möglich.

6) Berufliche Gymnasien entfallen in Sachsen-Anhalt.

7) Kursstufe

Die Kursstufe umfaßt die Jahrgangsstufen 11 und 12 mit jeweils zwei Halbjahren. Das Abitur wird im zweiten Halbjahr der Jahrgangsstufe 12 abgelegt. Als Grundkurse können angeboten werden:

Deutsch,

Fremdsprache (Englisch, Französisch, Russisch, Latein, Griechisch, Spanisch),

Kunsterziehung, Musik,

Geschichte, Geographie, Sozialkunde, Philosophie, Wirtschaftslehre,

Mathematik, Physik, Biologie, Chemie,

Religionsunterricht, Ethikunterricht,

Informatik,

Sport.

Als Leistungskurse können angeboten werden:
  Englisch, Französisch, Russisch, Latein,
  Mathematik, Physik, Biologie, Chemie.

8) Abiturprüfung

In der Abiturprüfung werden vier Fächer geprüft. Eines der Fächer muß entweder Deutsch oder eine Fremdsprache oder Mathematik sein. Drittes Prüfungsfach kann Deutsch oder Mathematik oder ein Grundkurs in einer Fremdsprache oder Naturwissenschaft sein. Drei Prüfungen werden schriftlich abgelegt. Das vierte Prüfungsfach ist entweder Geschichte oder Geographie oder Sozialkunde oder Religionsunterricht oder Ethikunterricht und wird mündlich geprüft. Die vier Prüfungsfächer müssen alle drei Aufgabenfelder abdecken. Die Prüfungsaufgaben für die Fächer der schriftlichen Prüfung werden in der Regel landeszentral durch das Kultusministerium gestellt.

9) Gesamtqualifikation

Die Gesamtqualifikation ist für die Zuerkennung der Allgemeinen Hochschulreife maßgebend. Sie setzt sich aus den Leistungen im ersten Block zusammen, in den die Leistungen aus den 6 Leistungskursen des ersten bis dritten Halbjahres der Kursstufe in zweifacher Wertung sowie als Ersatz für eine Facharbeit die Leistungen aus den beiden Leistungskursen im vierten Halbjahr in einfacher Wertung eingehen und den 22 einfach gewerteten Grundkursen (für die eine Reihe von Einbringverpflichtungen und Mindestpunktzahlen zu berücksichtigen sind). In den zweiten Block gehen die vier Halbjahresleistungen in den vier Prüfungsfächern des Kurshalbjahres 12/2 in einfacher Wertung und die Ergebnisse der Abiturprüfung in vierfacher Wertung ein.

In den vier Prüfungsfächern des zweiten Blocks müssen mindestens 100 Punkte, in zwei der Abiturfächer, darunter einmal im Leistungskurs, müssen mindestens jeweils 25 Punkte der 5fachen Wertung (Prüfungsergebnis vierfach + Halbjahresleistung 12/2 einfach) erreicht sein. Im Leistungskursbereich müssen mindestens 70 Punkte, im Grundkursbereich mindestens 110 Punkte und in der Abiturprüfung mindestens 100 Punkte erreicht werden, damit die Allgemeine Hochschulreife zuerkannt werden kann.

Schleswig-Holstein

1) Gültige Gesetze, Rechtsverordnungen und Erlasse

- Schleswig-Holsteinisches Schulgesetz in der Fassung der Bekanntmachung vom 02.08.1990 (GVOBl. Sch.-H. S.451).
- Landesverordnung über die Gestaltung der Oberstufe der Gymnasien in Schleswig-Holstein (OVO) vom 06.03.1989.

2) Eingangsvoraussetzungen für den Eintritt in die gymnasiale Oberstufe

Schüler des Gymnasiums werden in die Jahrgangsstufe 11 versetzt. Realschüler benötigen neben einem qualifizierenden Abschluß der Realschule Klasse 10 eine Beurteilung der abgebenden Schule. Die Entscheidung über die Aufnahme trifft die Schulleiterin oder der Schulleiter.

3) Organisation des Unterrichts

Die gymnasiale Oberstufe umfaßt die Jahrgangsstufen 11 bis 13. Sie gliedert sich in eine Einführungszeit von einem Jahr und ein Kurssystem von vier Halbjahren. Die Jahrgangsstufe 11 ist die Einführungszeit. Sie findet in Form von Kursen statt. Für die Einführungszeit müssen zwei Schwerpunktfächer gewählt werden, die auf die Leistungskurse des Kurssystems vorbereiten. Soweit nicht als Schwerpunktfächer gewählt, werden unterrichtet:

- Deutsch,
- Geschichte,
- Erdkunde,
- Mathematik,
- Religion oder ersatzweise Philosophie,
- Sport.

Nach Wahl des Schülers:
- zwei Fremdsprachen (davon eine mindestens mit Klasse 7 begonnen),
- zwei Fächer aus Biologie, Chemie, Physik,
- eines der Fächer Kunst oder Musik.

Schüler, die in den Klassenstufen 7 bis 10 weniger als 4 Jahre Unterricht in einer zweiten Fremdsprache hatten, müssen Grundkurse in einer neu beginnenden Fremdsprache durchgehend bis zum Abitur belegen.

4) Versetzungskriterien für den Eintritt in die Jahrgangsstufe 12

Es erfolgt keine Versetzung, wenn die Leistungen in zwei Fächern oder in einem Schwerpunktfach ungenügende Leistungen erbracht wurden oder zwei Schwerpunktfächer oder insgesamt mehr als zwei Fächer mit mangelhaften oder ungenügenden Leistungen abgeschlossen wurden.

5) Wahl der Unterrichtsfächer in der Oberstufe

Das Unterrichtsangebot des Kurssystems gliedert sich in Leistungskurse, Pflichtgrundkurse und Wahlgrundkurse. Der Schüler wählt zu Beginn des ersten Kurshalbjahres für das erste bis vierte Kurshalbjahr zwei Leistungsfächer aus den in der Einführungszeit betriebenen Fächern. Diese sollten in der Regel die Schwerpunktfächer sein. Eines der Leistungsfächer muß aus den Fächern Deutsch, Mathematik, Physik, Chemie, Biologie und einer mindestens seit Klasse 9 durchgehend betriebenen Fremdsprache gewählt werden. Informatik kann mit Beginn der Jahrgangsstufe 11 als Grundkursfach angeboten werden und ab Jahrgangsstufe 12 an den Platz einer Naturwissenschaft treten. Informatik kann Abiturprüfungsfach sein, wenn die übrigen drei Aufgabenfelder abgedeckt sind. Sport ist als drittes Prüfungsfach nicht zulässig.

6) Berufsbezogene Bildungsgänge in der neugestalteten Oberstufe

Wirtschaft,

Technik,

Ernährung- und Hauswirtschaft,

Sozialwirtschaft.

7) Kursstufe

Die Kursstufe umfaßt die Jahrgangsstufen 12 und 13 mit jeweils zwei Halbjahren. Das Abitur wird am Ende des zweiten Halbjahres der Klasse 13 abgelegt. Für die Belegverpflichtung gelten die folgenden Regelungen:

Deutsch	4 Grundkurse,
Erdkunde	2 Grundkurse,
Kunst oder Musik	2 Grundkurse,
Religion oder Philosophie	2 Grundkurse,
Geschichte	4 Grundkurse,
Physik/Chemie/Biologie (2 daraus)	2 Grundkurse[*],
Sport	4 Grundkurse,

in jeweils einem der Fächer

Mathematik oder Fremdsprache	4/2 Grundkurse[*],

Bei der Erfüllung der Auflagen müssen die Grundkurse in aufeinander folgenden Halbjahren belegt werden, also in 12_1, 12_2 oder in 13_1, 13_2. Zusätzlich sind aus dem Angebot der Schule so viele weitere Grundkurse aus dem Wahlgrundkursangebot zu belegen, daß die Voraussetzungen zur Zulassung an der Abiturprüfung erfüllt werden.

8) Abiturprüfung

In der Abiturprüfung werden vier Fächer geprüft. Drei Prüfungen – in den Leistungsfächern und dem dritten Prüfungsfach – werden schriftlich abgelegt. Das vierte Prüfungsfach wird mündlich geprüft. Die vier Prüfungsfächer müssen alle drei Aufgabenfelder abdecken. Unter den Abiturprüfungsfächern muß sich Deutsch oder Mathematik oder eine Fremdsprache befinden. Ist Deutsch erstes Leistungsfach, so muß sich Mathematik oder eine Fremdsprache unter den übrigen drei Prüfungsfächern befinden.

---

[*] In einem der Fächer 4 Grundkurse, in dem anderen 2 Grundkurse

9) Gesamtqualifikation

Die Gesamtqualifikation ist für die Zuerkennung der Allgemeinen Hochschulreife maßgebend. Sie setzt sich aus den Leistungen im ersten Block, den 22 Grundkursen der Hauptphase, dem zweiten Block mit den acht Leistungskursen der Hauptphase und dem dritten Block, den im vierten Halbjahr besuchten Kursen der vier Prüfungsfächer, darin eingeschlossen die beiden Leistungskurse des vierten Kurshalbjahres, sowie der Abiturprüfung zusammen. In die Gesamtqualifikation sind alle durch die Belegverpflichtung erbrachten Leistungen aus dem Grundkursblock in einfacher Wertung einzubringen. Die Ergebnisse des Leistungskursblocks werden mit sechs Kursen (12_1 bis 13_1) zweifach gewertet. Die Leistungen in den zwei Leistungskursen des Prüfungshalbjahres werden einfach gewertet. Aus dem Abiturprüfungsblock gehen die Leistungen der schriftlichen und mündlichen Prüfungen in vierfacher Wertung ein. Die Gesamtpunktzahl muß mindestens 280 Punkte betragen, davon entfallen 100 Punkte auf den Block der 22 Grundkurse, 70 Punkte auf den Block der Leistungskurse und 110 Punkte auf die Abiturprüfung.

Thüringen

1) Gültige Gesetze, Rechtsverordnungen und Erlasse

– Vorläufige Gymnasialschulordnung (VGySO) in der Fassung vom 16.08.1992.

2) Eingangsvoraussetzungen für den Eintritt in die gymnasiale Oberstufe

In die Oberstufe gehen Schüler des Gymnasiums über, die in die Jahrgangsstufe 10 versetzt wurden. Des weiteren werden Schüler der Realschule bei entsprechenden Leistungen in gesonderte Klassen an Gymnasien aufgenommen, um einen unterschiedlichen Leistungsstand anzugleichen. Solche Klassen werden nach gesonderten Stundentafeln unterrichtet. Nach erfolgreichem Abschluß erfolgt eine Versetzung in die Qualifikationsphase des Gymnasiums. Schüler, die in der Mittelstufe keine zweite Fremdsprache durchgängig belegt haben, müssen ihre erste Fremdsprache mindestens noch ein Jahr in der gymnasialen Oberstufe beibehalten und mit Beginn der Klassenstufe 11S (S-Klassen: Schüler mit Realschulabschluß an bestimmten Gymnasien) oder 10 am Gymnasium bzw. 11 am beruflichen Gymnasium eine zweite Fremdsprache wählen. Diese Sprache ist in der Qualifikationsphase als Grundfach zu belegen.

3) Organisation des Unterrichts

Die gymnasiale Oberstufe beginnt mit der Klasse 10 (bzw. 11S) am regulären Gymnasium oder Klasse 11 am beruflichen Gymnasium (dadurch kann die Abiturprüfung nach dem 12. oder dem 13. Schuljahr in der gymnasialen Oberstufe abgelegt werden). Sie ist in die Einführungsphase – Jahrgangsstufe 10 bzw. 11S/11 – und die Qualifikationsphase unterteilt. Die Qualifikationsphase umfaßt die Jahrgangsstufen 11 und 12 (bzw. 12 und 13 bei beruflichen Gymnasien) mit insgesamt vier Halbjahren. Der Unterricht in der Einführungsphase findet im Klassenverband statt. Der Unterricht der Qualifikationsphase wird im Kurssystem durchgeführt. Leistungsfächer werden mit sechs Wochenstunden unterrichtet. Grundfächer werden mit drei, abweichend hiervon Deutsch und Mathematik mit vier sowie Geschichte, Geographie, Wirtschaft und Recht, Sozialkunde, Kunsterziehung, Musik, katholische und evangelische Religion, Ethik und Sport mit zwei Wochenstunden unterrichtet. Am Ende der Einführungsphase werden Leistungs- und Grundfächer verbindlich festgelegt

4) Versetzungskriterien für den Eintritt in die Jahrgangsstufe 11

Als Grundlage für die Versetzung dienen die Leistungen in der Einführungsphase, die letztmalig nach der sechsstufigen Notenskala bewertet werden. Am Ende der Einführungsphase steht ein Versetzungszeugnis. In der Qualifikationsphase findet keine Versetzung statt. Ein freiwilliger Rücktritt in die Einführungsphase ist möglich.

5) Wahl der Unterrichtsfächer in der Oberstufe

Bei der Wahl der Fächer für die zweijährige Qualifikationsphase sind einige Auflagen zu beachten. Von den zwei Leistungsfächern muß das erste Deutsch oder Mathematik sein. Zweites Leistungsfach ist entweder eine aus den Klassenstufen 5 bis 10 *fortgeführte* Pflichtfremdsprache oder eine Naturwissenschaft oder Geschichte. An Spezialgymnasien (Sport, Musik, Naturwissenschaft) ist das entsprechende Leitfach automatisch als zweites Leistungsfach festgelegt. Als Belegverpflichtung müssen neben den zwei Leistungsfächern folgende Grundfächer belegt werden:

- Deutsch,

- Mathematik,

- eine Fremdsprache,

- Geschichte und Geographie oder Wirtschaft und Recht oder Sozialkunde,

- Kunsterziehung oder Musik,

- Biologie oder Chemie oder Physik,

- katholische oder evangelische Religion oder Ethik,

- Sport,

wenn sie nicht bereits als Leistungsfächer gewählt wurden.

Die Pflichtstundenzahl beträgt mindestens 32 Wochenstunden. In den vier Halbjahren der Qualifikationsphase sind alle drei Aufgabenfelder (spachlich-literarisch-künstlerisches, gesellschaftswissenschaftliches und mathematisch-naturwissenschaftliches Aufgabenfeld) nach folgendem Stundenschlüssel abzudecken: im ersten Bereich sind mindestens 22, im zweiten Bereich mindestens 16 und im dritten Aufgabenbereich ebenfalls mindestens 22 Wochenstunden zu belegen.

6) Fächer berufsbezogener Bildungsgänge in der neugestalteten Oberstufe sind

Technik,

Wirtschaft.

7) Kursstufe

Die Kursstufe umfaßt die Jahrgangsstufen 11 und 12 mit jeweils zwei Halbjahren. Das Abitur wird im zweiten Halbjahr der Klasse 12 abgelegt. Für die Belegverpflichtung gelten die bereits unter Abschnitt 5) angegebenen Regelungen. Aus der Organisation der Oberstufe ergeben sich sog. Bänder, aus denen der Schüler seine Fächer wählt. Die Gymnasien lassen sich dadurch nach ihrem Angebotsprofil unterscheiden.

Gymnasium:

1. Leistungsfach   entweder Deutsch oder Mathematik,

2. Leistungsfach   entweder Geschichte oder eine Naturwissenschaft oder eine Pflichtfremdsprache, die in den Klassen 5, 7 oder 9 begonnen wurde.

Berufliches Gymnasium:

1. Leistungsfach   entweder Deutsch oder Mathematik oder Physik oder eine fortgeführte Pflichtfremdsprache (Englisch, Russisch oder Französisch),

2. Leistungsfach   entweder Technik (mit Schwerpunkt Elektrotechnik, Bautechnik, Metalltechnik, Physiktechnik, Chemietechnik, Biologietechnik, Datenverarbeitungstechnik) oder Wirtschaft.

Spezialgymnasium:

1. Leistungsfach   entweder Deutsch oder Mathematik,

2. Leistungsfach   eine Naturwissenschaft[*].

---

[*] An Sportgymnasien entsprechend Sport

8) Abiturprüfung

In der Abiturprüfung werden vier Fächer geprüft. Drei Prüfungen, im ersten und zweiten Leistungsfach sowie dem dritten Prüfungsfach, werden schriftlich abgelegt. Das vierte Prüfungsfach wird mündlich geprüft. Die vier Prüfungsfächer müssen alle drei Aufgabenfelder abdecken. Ist Deutsch erstes Leistungsfach, muß sich unter den vier Prüfungsfächern Mathematik oder eine Fremdsprache befinden. Informatik kann nicht zur Abdeckung des mathematisch-naturwissenschaftlich-technischen Aufgabenfeldes herangezogen werden. Kunsterziehung und Musik können ebenso wie Religion und Ethik nur viertes Prüfungsfach sein. Sport als Grundfach kann nicht als Prüfungsfach gewählt werden.

9) Gesamtqualifikation

Die Gesamtqualifikation ist für die Zuerkennung der Allgemeinen Hochschulreife maßgebend. Sie setzt sich aus den Leistungen im Grundfachbereich, den 22 Grundkursen deren Punktzahlen einfach gewertet werden (darunter müssen 16 Kurse mit jeweils mindestens fünf Punkten bewertet worden sein und eine Reihe weiterer Einbringverpflichtungen berücksichtigt werden), dem Leistungsfachbereich mit den acht Leistungskursen der Qualifikationsphase und dem Prüfungsbereich, den im vierten Halbjahr besuchten Kursen der vier Prüfungsfächer, darin eingeschlossen die beiden Leistungskurse des vierten Kurshalbjahres, sowie der Abiturprüfung zusammen. In die Gesamtqualifikation sind alle durch die Belegverpflichtung erbrachten Leistungen aus dem Grundkursblock in einfacher Wertung einzubringen. Die Ergebnisse des Leistungskursblocks werden mit sechs Kursen (11_1 bis 12_1) zweifach gewertet. Die Leistungen in den 4 Kursen des Prüfungshalbjahres werden einfach gewertet. Aus dem Abiturprüfungsblock gehen die Leistungen der schriftlichen und mündlichen Prüfungen in vierfacher Wertung ein (wird ein Schüler in den ersten drei Prüfungsfächern auch mündlich geprüft, muß eine gesonderte Berechnung erfolgen). Im Leistungskursbereich müssen mindestens 70 von 210 Punkten, im Grundkursbereich mindestens 110 von 330 Punkten, in den vier Prüfungsfächern mindestens 100 von 300 Punkten erreicht werden. In zwei der Abiturfächer, darunter mindestens in einem Leistungsfach, müssen mindestens jeweils 25 Punkte (Prüfungsergebnis vierfach + Halbjahresleistung 12_2 einfach) erreicht sein, darüber hinaus muß in jedem Bereich mindestens ein Drittel der jeweiligen Höchstpunktzahl (ein Ausgleich zwischen den Bereichen ist nicht möglich) erreicht worden sein, damit die Allgemeine Hochschulreife zuerkannt werden kann.

Anhang II
Dokumentationsteil

– Texte schulrechtlicher, bildungspolitischer und bildungsgeschichtlicher Art –

(Die Beschlüsse der KMK zur gymnasialen Oberstufe sind vom Sekretariat der KMK in einer Loseblattsammlung beim Luchterhandverlag herausgegeben. Die WRK-Beschlüsse und Stellungnahmen finden sich in den vom Sekretariat der WRK herausgegebenen Arbeitsberichten. Eine Beschlußsammlung ist in Vorbereitung. Die Texte sind verkürzt. Auslassungen sind nur dann durch ... gekennzeichnet, wenn das redaktionell von Bedeutung ist.)

II.1

**Direktive Nr. 54
des Alliierten Kontrollrats
vom 26.06.1947**

Grundlegende Richtlinien für die Demokratisierung
des Erziehungswesens in Deutschland

Der Kontrollrat billigt die folgenden Grundsätze, die er den Zonenbefehlshabern und der Alliierten Kommandantur Berlin als Richtlinien übermittelt:

1. Es soll die gleichen Bildungsmöglichkeiten für alle geben.

2. Unterricht, Lehrbücher und sonstige notwendige Schulmaterialien sollen an allen aus öffentlichen Mitteln unterhaltenen Schulen, die in der Hauptsache Schüler im schulpflichtigen Alter betreuen, kostenlos gestellt werden; ferner sollen Ausbildungsbeihilfen an Bedürftige gegeben werden. In allen anderen Schulen einschließlich der Universitäten sollen Unterricht, Lehr- und Lernmittel kostenlos gestellt werden; Bedürftige sollen ebenfalls Beihilfen erhalten.

3. Für alle Schüler zwischen 6 und mindestens 15 Jahren soll ganztätiger Schulbesuch Pflicht sein; außerdem sollen alle Schüler bis zum vollendeten 18. Lebensjahr, soweit sie nicht Vollunterricht erhalten, zumindest zum Teilunterricht verpflichtet sein.

4. Die Pflichtschulen sollen ein zusammenhängendes Erziehungssystem bilden. Die Begriffe „Volksschulbildung" und „höhere Schulbildung" sollen zwei aufeinanderfolgende Bildungsebenen kennzeichnen, nicht zwei sich überschneidende Ebenen verschiedener Art oder Güte.

5. Alle Schulen sollen besonderen Nachdruck auf Erziehung zur staatsbürgerlichen Verantwortlichkeit und zu einer demokratischen Lebensweise legen, und zwar mittels des

Lehrplans, der Lehrbücher, der Unterrichtsmaterialien und des Aufbaus der Schule selbst.

6. Die Lehrpläne sollen darauf abzielen, das Verständnis für andere Nationen und die Achtung vor ihnen zu fördern; zu diesem Zweck soll auf das Studium der neueren Sprachen ohne Bevorzugung einer bestimmten Sprache Bedacht genommen werden.
7. Allen Schülern und Studierenden soll Studien- und Berufsberatung geboten werden.
8. Gesundheitsüberwachung und Gesundheitserziehung sind für alle Schüler und Studierenden vorzusehen. Unterweisung in Gesundheitslehre wird ebenfalls erteilt.
9. Die gesamte Lehrerausbildung soll an der Universität oder in einem pädagogischen Institut mit Universitätsrang stattfinden.
10. In umfangreicher Weise soll dafür Sorge getragen werden, daß die Bevölkerung an der Neugestaltung und dem Aufbau sowie an der Verwaltung des Schulwesens tätigen Anteil nimmt.

Berlin, am 25. Juni 1947

P. Noiret, Major General

M.I. Dratvin, Lieutenant General

F.A. Keating, Major General

B.H. Robertson, Lieutenant General

II.2

Abkommen
zwischen den Ländern der Bundesrepublik
zur Vereinheitlichung auf dem Gebiete des Schulwesens[1]

(Vom 28.10.1964 in der Fassung vom 14.10.1971)

ABSCHNITT I

ALLGEMEINE BESTIMMUNGEN

§ 1

Das Schuljahr beginnt an allen Schulen am 1. August und endet am 31. Juli des folgenden Kalenderjahres.

§ 2

(1) Die Schulpflicht beginnt für alle Kinder, die bis zum Beginn des 30. Juni eines Jahres das sechste Lebensjahr vollendet haben, am 1. August desselben Jahres.

(Die Vollzeitschulpflicht endet nach neun Schuljahren. Die Ausdehnung auf ein zehntes Schuljahr ist zulässig.)

§ 3

(1) Die Ferien werden in erster Linie nach pädagogischen Gesichtspunkten festgesetzt.

(2) Ihre Gesamtdauer während eines Schuljahres beträgt 75 Werktage.

(3) Aus besonderen Gründen von der Unterrichtsverwaltung für schulfrei erklärte Tage, die außerhalb der Ferien liegen, werden nicht mitgerechnet.

(4) Die Sommerferien sollen in der Zeit zwischen dem 1. Juli und dem 10. September liegen. Sie werden regional gestaffelt. Über die Festsetzung der Sommerferientermine in den einzelnen Ländern trifft die Ständige Konferenz der Kultusminister für jedes eine Vereinbarung.

(5) Weitere zusammenhängende Ferienabschnitte liegen zur Oster- und Weihnachtszeit. Die Unterrichtsverwaltung kann einen kürzeren Ferienabschnitt zu Pfingsten und im Herbst festsetzen, sowie einzelne bewegliche Ferientage zur Berücksichtigung besonderer örtlicher Verhältnisse zulassen.

---

1) Grundlegend für dieses Abkommen, das an die Stelle des bisherigen „Düsseldorfer Abkommens" getreten ist, war ein Beschluß der Kultusministerkonferenz vom 19./20.10.1964.

ABSCHNITT II

A. Einheitliche Bezeichnungen im Schulwesen

§ 4

(1) Die für alle Schüler gemeinsame Unterstufe trägt die Bezeichnung „Grundschule".

(2) Die auf der Grundschule aufbauenden Schulen tragen die Bezeichnungen „Hauptschule", „Realschule" oder „Gymnasium".

(3) Grundschule und Hauptschule können auch die Bezeichnung „Volksschule" tragen.

(4) Ein für alle Schüler gemeinsames 5. und 6. Schuljahr kann die Bezeichnung „Förder- oder Beobachtungsstufe" tragen.

§ 5

Schulen für Kinder und Jugendliche mit körperlicher, seelischer oder geistiger Behinderung tragen die Bezeichnung „Sonderschulen".

§ 6

(1) Schulen, die in den in § 10 näher bezeichneten Formen eine über die Hauptschule hinausgehende allgemeine Bildung vermitteln, tragen die Bezeichnung „Realschule".

(2) Schulen, die Berufstätige in Abendkursen zum Realschulabschluß führen, tragen die Bezeichnung „Abendrealschule".

§ 6 a

Schulen, die am Ende der Klasse 12 zur Fachhochschulreife führen, tragen die Bezeichnung „Fachoberschule".

§ 7

(1) Schulen, die am Ende der 13. Klasse zur allgemeinen Hochschulreife oder zu einer fachgebundenen Hochschulreife führen, tragen die Bezeichnung „Gymnasium". Sie kann durch einen Zusatz ergänzt werden, der den Schultyp angibt.

(2) Schulen, die Berufstätige in Abendkursen zur allgemeinen Hochschulreife oder zu einer fachgebundenen Hochschulreife führen, tragen die Bezeichnung „Abendgymnasium".

(3) Institute zur Erlangung der Hochschulreife tragen die Bezeichnung „Kolleg".

§ 8

Die Klassen werden vom 1. Grundschuljahr aufsteigend von Klasse 1 bis 13 durchgezählt.

B. Organisationsformen

§ 9

(1) Die Hauptschule schließt an die Grundschule an und endet mit der 9. Klasse. Eine 10. Klasse ist zulässig.

(2) Es wird eine Fremdsprache, in der Regel Englisch, gelehrt. Sie beginnt in der 5. Klasse.

§ 10

(1) Die Organisationsformen der Realschule sind:
a) die Normalform
b) die Aufbauform

(2) Es wird eine Pflichtfremdsprache, in der Regel Englisch, gelehrt. Eine 2. Fremdsprache kann als Wahlfach gelehrt werden.

(3) Die Realschule der Normalform ist sechs- oder vierklassig. Die vierklassige Form setzt lehrplanmäßigen Unterricht in einer Fremdsprache in der 5. und 6. Klasse voraus.

(4) Für Schüler der Hauptschule schließt die Realschule in Aufbauform spätestens an die 7. Klasse an, wenn Kenntnisse in einer Fremdsprache nicht vorausgesetzt werden.

(5) Die Realschule endet mit der 10. Klasse.

(6) Der Übergang in die Realschule wird durch ein Aufnahmeverfahren geregelt.

§ 10 a

(1) Die Fachoberschule umfaßt die Klassen 11 und 12. Sie vermittelt eine praktische Ausbildung und eine wissenschaftlich-theoretische Bildung.

(2) Es wird eine Pflichtfremdsprache gelehrt. Eine zweite Fremdsprache kann als Wahlfach gelehrt werden.

(3) Die Fachoberschule gliedert sich in verschiedene Schultypen. Die Unterrichtspläne der einzelnen Schultypen müssen den Bestimmungen der Vereinbarungen der Kultusminister der Länder über die gegenseitige Anerkennung der Fachoberschulreifezeugnisse entsprechen.

§ 10 b

(1) Für Bewerber mit dem Abschlußzeugnis der Realschule oder einer gleichwertigen Vorbildung ohne Lehre dauert der Besuch der Fachoberschule zwei Jahre. Mindestens die Hälfte dieser Zeit dient der wissenschaftlich-theoretischen Bildung.

(2) Bei Bewerbern
1. mit dem Abschlußzeugnis der Hauptschule und dem Abschlußzeugnis einer Berufsaufbauschule oder
2. mit dem Abschlußzeugnis der Realschule oder einer gleichwertigen Vorbildung,

die eine Lehre mit dem vorgeschriebenen berufsbegleitenden Unterricht in einem Beruf absolviert haben, kann diese Ausbildung bis zur Dauer eines Jahres auf den Besuch der Fachoberschule angerechnet werden.

§ 11

(1) Die Organisationsformen des Gymnasiums sind
  a) die Normalform,
  b) die Aufbauform.

(2) Das Gymnasium der Normalform ist neun- oder siebenklassig. Die siebenklassige Form setzt lehrplanmäßigen Unterricht in einer Fremdsprache in der fünften und sechsten Klasse voraus.

(3) Für Schüler der Hauptschule schließt das Gymnasium in Aufbauform spätestens an die siebente Klasse an, wenn Kenntnisse in einer Fremdsprache nicht vorausgesetzt werden.

(4) Für Schüler der Realschule schließt das Gymnasium in Aufbauform spätestens an die zehnte Klasse an und dauert dann mindestens drei Jahre. Es setzt Kenntnisse in einer zweiten Fremdsprache nicht voraus.

(5) Der Übergang in das Gymnasium wird durch ein Aufnahmeverfahren geregelt.

§ 12

Unbeschadet der in § 13 Buchstabe c) eröffneten Möglichkeit der Einführung einer 3. Fremdsprache ab Klasse 9 gliedert sich das Gymnasium von der 11. Klasse ab in verschiedene Schultypen. Die Unterrichtspläne der einzelnen Schultypen müssen den Bestimmungen der Vereinbarungen der Kultusminister der Länder über die gegenseitige Anerkennung der Reifezeugnisse entsprechen.

§ 13

Für die Sprachenfolge in den Gymnasien der Normalform, die zur allgemeinen Hochschulreife führen, gelten folgende Bestimmungen:

a) Der Unterricht in der ersten Fremdsprache beginnt in der 5. Klasse. Die erste Fremdsprache ist eine lebende Fremdsprache oder Latein. Die Erfordernisse der Einheitlichkeit des Schulwesens in der Bundesrepublik Deutschland und der Durchlässigkeit zwischen den Schulformen sind zu berücksichtigen.

b) Der Unterricht in der zweiten Fremdsprache beginnt in der 7. Klasse. Zweite Fremdsprache können sein: Latein, Französisch und Englisch.

c) Frühestens von der 9. Klasse ab kann eine dritte Fremdsprache gelehrt werden. Für Schüler, die das Reifezeugnis des altsprachlichen Schultyps erwerben wollen, beginnt der pflichtmäßige Griechischunterricht in der 9. Klasse. Dafür können sich nur Schüler entscheiden, die Latein als erste oder zweite Fremdsprache gelernt haben.

§ 14

(1) In den zur allgemeinen Hochschulreife führenden Aufbauformen der Gymnasien für Schüler der Hauptschule ist Englisch in der Regel erste Fremdsprache. Die zweite Fremdsprache beginnt spätestens in der 9. Klasse.

(2) In den zur allgemeinen Hochschulreife führenden Aufbauformen der Gymnasien für Schüler der Realschule wird der Unterricht in der ersten Pflichtfremdsprache fortgesetzt. Der Pflichtunterricht in der zweiten Fremdsprache setzt mit Beginn dieser Aufbauform des Gymnasiums ein.

(3) Eine dritte Fremdsprache kann in diesen Aufbauformen nur als freiwillige Arbeitsgemeinschaft von der 11. Klasse ab gelehrt werden.

§ 15

(1) Soweit ungeachtet dieser Vereinheitlichung beim Schulwechsel Härtefälle eintreten, sind nach näherer Weisung der Unterrichtsverwaltungen Übergangshilfen zu geben. Dabei kann auch auf ein Prüfungsfach verzichtet werden, wenn gleichzeitig die Anforderungen in einem anderen Fach erhöht werden.

(2) Für Schüler, die nicht in einer dritten Fremdsprache als Pflichtfach unterrichtet worden sind, wird beim Schulwechsel in ein anderes Land von der 10. Klasse ab auf die dritte Fremdsprache als Pflichtfach verzichtet.

§ 16

Pädagogische Versuche, die von der in diesem Abkommen vereinbarten Grundstruktur des Schulwesens abweichen, bedürfen der vorherigen Empfehlung der Kultusministerkonferenz.

ABSCHNITT II
ANERKENNUNG VON PRÜFUNGEN

§ 17

(1) Die in den Ländern ausgestellten Reifezeugnisse und sonstigen Abschlußzeugnisse von Schulen, die Gegenstand dieses Abkommens sind, werden anerkannt. Die Erteilung der Zeugnisse erfolgt nach Richtlinien der Kultusministerkonferenz.

(2) Dasselbe gilt von Zeugnissen über Erweiterungsprüfungen zur Reifeprüfung.

§ 18

(1) Die nach Maßgabe der Empfehlungen der Kultusministerkonferenz durchgeführten Lehramtsprüfungen werden von den vertragsschließenden Ländern gegenseitig anerkannt.

(2) Die zweiten Lehramtsprüfungen aller vertragsschließenden Länder werden gegenseitig anerkannt.

ABSCHNITT IV
BEZEICHNUNG DER NOTENSTUFEN

§ 19

(1) Für die Zeugnisse aller Lehramtsprüfungen werden folgende Noten festgesetzt:

Als Gesamturteile	Als Urteile für die einzelnen Fächer
„mit Auszeichnung bestanden"	„sehr gut"
„gut bestanden"	„gut"
	„befriedigend"
„befriedigend bestanden"	„ausreichend"
	„mangelhaft"
„bestanden"	„ungenügend"

(2) Für die Zeugnisse aller Schulen werden folgende Noten festgesetzt:

„sehr gut"
„gut"
„befriedigend"
„ausreichend"
„mangelhaft"
„ungenügend".

ABSCHNITT V
BESTIMMUNGEN ÜBER DIE DURCHFÜHRUNG DIESES ABKOMMENS

§ 20

Soweit die Durchführung dieses Abkommens nach dem innerstaatlichen Recht eines Landes eine gesetzliche Regelung erfordert, werden die beteiligten Regierungen unverzüglich auf den Erlaß entsprechender gesetzlicher Bestimmungen hinwirken.

§ 21

Die Länder werden sich gegenseitig über die Durchführung dieses Abkommens unterrichten.

§ 22

Dieses Abkommen kann frühestens nach Ablauf von 5 Jahren mit einer Kündigungsfrist von einem Jahr jeweils zum 31. Juli des folgenden Jahres durch Erklärung gegenüber den beteiligten Ländern gekündigt werden.

II.3

Die gymnasiale Oberstufe
in den Ländern in der Bundesrepublik Deutschland

(Beschluß Nr. 178 der Kultusministerkonferenz vom 30.1.1981
i. d. F. vom 19.12.1988)

Für die gymnasiale Oberstufe in den Ländern in der Bundesrepublik Deutschland bestehen vor allem folgende Vereinbarungen der Kultusministerkonferenz:
- Vereinbarung zur Neugestaltung der gymnasialen Oberstufe in der Sekundarstufe II – Beschluß der KMK vom 7.7.1972 i. d. F. vom 11.4.1988
- Empfehlungen zur Arbeit in der gymnasialen Oberstufe gemäß Vereinbarung zur Neugestaltung der gymnasialen Oberstufe in der Sekundarstufe II – Beschluß der KMK vom 2.12.1977 i. d. F. vom 19.12.1988
- Vereinbarung über die Abiturprüfung der neugestalteten gymnasialen Oberstufe in der Sekundarstufe II – Beschluß der KMK vom 13.12.1973 i. d. F. vom 19.12.1988
- Vereinbarungen über Einheitliche Prüfungsanforderungen in der Abiturprüfung.

In den einzelnen Ländern erworbene Zeugnisse der allgemeinen Hochschulreife werden in den anderen Ländern anerkannt, wenn sie diesen Vereinbarungen entsprechen. ...

Die Vereinbarung von 1972 steht in der Kontinuität der Entwicklung des deutschen Gymnasiums seit dem Ende des vorigen Jahrhunderts:
- Wissenschaftliche und gesellschaftliche Veränderungen wirkten sich auf Lehrplan und Fächerkanon aus. Moderne Fremdsprachen, Naturwissenschaften, wirtschaftliche, technische und künstlerische Fächer bewiesen ihre Fähigkeit, die Schule entschiedener in ein dynamisches Verhältnis zur gesellschaftlichen Wirklichkeit treten zu lassen, dabei individuelle Bedürfnisse zu berücksichtigen und – in Verbindung mit anderen Fächern – zur Studierfähigkeit beizutragen. Bereits in der Vergangenheit wurden die Wahlmöglichkeiten unter den verschiedenen Schwerpunkten ständig vermehrt.
- Gleichzeitig wurde versucht, den Bereich der Grundbildung, der zur gemeinsamen gesellschaftlichen Orientierung ebenso notwendig ist wie zur Entwicklung der Persönlichkeit, zu erhalten und ständig neu zu bestimmen. Dabei geht es um einen Kern von Fächern oder Fächergruppen, der als verbindlich gelten muß.

Die Vereinbarung von 1972 hält an der allgemeinen Hochschulreife, der Studienberechtigung für alle Fachgebiete, fest. Sie ist daher bestrebt, das Problem, das sich aus der Spannung zwischen Grundbildung und Fächervielfalt, zwischen Konzentration und Individualisierung ergibt, zu lösen:

Aufbauend auf dem Unterricht im Sekundarbereich I (Mittelstufe), in dem weiterhin die üblichen Fächer grundsätzlich im Klassenverband unterrichtet werden, treten – nach einer Übergangszeit in der 11. Jahrgangsstufe – Kurse an die Stelle des Klassenverbandes. Verpflichtungen für einzelne Fächer bzw. Fächergruppen bleiben bestehen, aber der Schüler hat umfangreiche Möglichkeiten zur Auswahl und zur Schwerpunktbildung in einem erweiterten Fächerangebot.

In diesen Zusammenhang gehören auch die zusätzlichen Bestimmungen, die 1988 vereinbart wurden und erstmals für Schüler gelten, die am 1. August 1989 in die gymnasiale Oberstufe eintreten. Sie sind das Ergebnis von Diskussionen und Erfahrungen und betreffen:

- zusätzliche Verpflichtungen für Fächer wie Deutsch, Mathematik, Fremdsprache, Geschichte und Naturwissenschaften, die für die allgemeine Studierfähigkeit besonders bedeutsam sind,

- Festlegungen für berufsbezogene Formen der gymnasialen Oberstufe,

- Ausarbeitung von vereinbarten Einheitlichen Prüfungsordnungen für alle Fächer der Abiturprüfung,

- zweifache statt bisher dreifache Gewichtung der Leistungskurse im Verhältnis zu den Grundkursen innerhalb der Gesamtqualifikation (vgl. Ziffer 5).

Kennzeichnend für die Vereinbarung von 1972/1988 sind folgende Merkmale:

1. Einteilung in Grund- und Leistungskurse

Grund- und Leistungskurse sind Gliederungseinheiten, durch die das Lernangebot dem Niveau nach strukturiert wird. Die Differenzierung in Grund- und Leistungskurse trägt dazu bei, die Ziele der gymnasialen Oberstufe zu erreichen: Den Grundkursen weist die Vereinbarung von 1972/1988 die Aufgabe zu, eine für alle Schüler gemeinsame Grundbildung zu sichern, den Leistungskursen, vertieftes wissenschaftspropädeutisches Verständnis und erweiterte Kenntnisse zu vermitteln.

Bezogen auf diese Ziele besteht kein grundsätzlicher, wohl aber ein gradueller Unterschied zwischen den beiden Kursarten. Im einzelnen unterscheiden sie sich vor allem im Hinblick auf

- die Zahl der Wochenstunden (Grundkurse in der Regel 3, Leistungskurse 5-6 Wochenstunden),

- die Komplexität des Unterrichtsstoffes,

- den Grad der Differenzierung und der Abstraktion der Inhalte und Begriffe,

- den Anspruch an die Methodenbeherrschung,

- die Forderung nach Selbständigkeit bei der Lösung von Problemen.

Bis zu zwei Drittel des Unterrichts findet in Grundkursen statt. Der Schüler wählt 2, in Rheinland-Pfalz und im Saarland 3 Leistungsfächer. Eines der Leistungsfächer muß entweder Deutsch oder eine aus der Mittelstufe fortgeführte Fremdsprache oder Mathematik oder eine Naturwissenschaft sein. In der gymnasialen Oberstufe neu einsetzende Fächer, u.a. Fremdsprachen und berufliche Fächer, können als 2. Leistungsfach angeboten werden. Ein Teil der Länder beschränkt das Angebot auf bestimmte Leistungsfachkombinationen.

Ziel der Schwerpunktbildung in den Leistungsfächern ist es, die Qualität des wissenschaftspropädeutischen Unterrichts und des Abschlusses zu sichern. Die Wahl der Leistungsfächer bedeutet keine Vorentscheidung für ein bestimmtes Studienfach.

2. Die Aufgabenfelder

Die Fächer sind nach dem Prinzip der Affinität einem der drei Aufgabenfelder zugeordnet. Dabei handelt es sich um:

- das sprachlich-literarisch-künstlerische Aufgabenfeld (I),
- das gesellschaftswissenschaftliche Aufgabenfeld (II),
- das mathematisch-naturwissenschaftliche Aufgabenfeld (III).

Sport bleibt außerhalb der Aufgabenfelder; Religionslehre kann einem Aufgabenfeld zugeordnet sein.

Jedes der drei Aufgabenfelder muß in der Schullaufbahn jedes einzelnen Schülers durchgängig bis zum Abschluß der Oberstufe des Gymnasiums einschließlich der Abiturprüfung repräsentiert sein; kein Aufgabenfeld kann von einem Schüler abgewählt oder zugunsten eines anderen ausgetauscht werden.

Innerhalb der 4 Halbjahre des Kurssystems (Jahrgangsstufen 12/13) sind in den Aufgabenfeldern I und III mindestens 22, im Aufgabenfeld II mindestens 16 Wochenstunden, in Sport mindestens 8 Wochenstunden zu belegen (vgl. Ziffer 3).

3. Ausgestaltung des Pflichtbereichs

In den 4 Halbjahren des Kurssystems (Jahrgangsstufen 12/13) sind für alle Schüler mindestens verbindlich

- im Aufgabenfeld I: 2 Halbjahreskurse in Deutsch (umfaßt Sprache und Literatur), 2 in der gewählten Fremdsprache, 2 literarische bzw. künstlerische Halbjahreskurse,
- im Aufgabenfeld II: 4 Halbjahreskurse in Geschichte oder in einem anderen gesellschaftswissenschaftlichen Fach, in dem Geschichte mit festen historischen Anteilen

unterrichtet wird; sofern ein gesellschaftswissenschaftliches Fach gewählt wird, in dem Geschichte nicht mit festen Anteilen unterrichtet wird, sind mindestens 2 Halbjahreskurse Geschichte zu belegen,

— im Aufgabenfeld III: 2 Halbjahreskurse in Mathematik und 4 Halbjahreskurse in einer Naturwissenschaft oder je 2 Halbjahreskurse in zwei Naturwissenschaften.

Jedoch müssen mindestens zwei der Fächer Deutsch, Fremdsprache, Mathematik durchgehend bis zum Abitur belegt werden.

Mit diesen Regelungen, zu denen noch die Festlegungen für die Prüfungsfächer kommen (vgl. Ziffer 6), ist der allgemeine Rahmen zur Sicherung von Breite und Einheitlichkeit der individuellen Bildungsgänge abgesteckt. Unverzichtbare Voraussetzung für den Erwerb der allgemeinen Hochschulreife ist außerdem, daß der Schüler im Verlauf seines Bildungsganges mindestens in zwei Fremdsprachen unterrichtet worden ist.

4. Berufliche Formen der gymnasialen Oberstufe

In einer Reihe von Ländern gibt es berufsbezogene Formen der gymnasialen Oberstufe (z. B. Fachgymnasien, Bildungsgänge der Kollegschule Nordrhein-Westfalen), die in die Vereinbarung von 1972/1988 einbezogen sind. Für sie gelten ebenfalls, um die allgemeine Studierfähigkeit zu sichern, alle genannten Auflagen. Charakterisiert werden diese Bildungsgänge durch ein berufsbezogenes (zweites) Leistungsfach sowie begleitende Grundkursfächer. Unter den vier Fächern der Abiturprüfung dürfen sich höchstens zwei berufsbezogene Fächer befinden.

Die allgemein zugelassenen Fachrichtungen sind: Wirtschaft, Technik, Ernährung und Hauswirtschaft sowie Agrarwirtschaft.

Die Vereinbarung von 1972/1988 umfaßt auch die in einigen Ländern bestehenden doppeltqualifizierenden Bildungsgänge, in denen berufsbezogene Formen der gymnasialen Oberstufe mit einer schulischen Berufsbildung verbunden sind. Dabei handelt es sich um Berufe wie physikalisch-technischer Assistent, die eine inhaltliche Affinität zu Bereichen der allgemeinen Hochschulreife aufweisen. Doppeltqualifizierende Bildungsgänge dauern vier Jahre; sie enden mit getrennten Prüfungen für das Abitur und für die Berufsausbildung.

5. Punktsystem und Gesamtqualifikation

Die Schülerleistungen in den einzelnen Kursen und in der Gesamtheit der Kurse werden mit Hilfe eines differenzierten Punktsystems bewertet. Dabei werden die herkömmlichen Notenstufen in Punkte umgesetzt, die addiert werden.

Für die Umrechnung der 6-Noten-Skala in das Punktsystem gilt nach der Vereinbarung von 1972/1988 folgender Schlüssel:

Noten

sehr gut	gut	befriedigend	ausreichend	mangelhaft	ungenügend
1	2	3	4	5	6

Punkte

15 14 13	12 11 10	9 8 7	6 5 4	3 2 1	0

Dabei werden Grundkurse einfach (0 bis 15 Punkte), Leistungskurse zweifach (0 bis 30 Punkte), die Leistungen in der Abiturprüfung vierfach (0 bis 60 Punkte) gewertet. Die Gesamtqualifikation auf dem Zeugnis der allgemeinen Hochschulreife umfaßt die Leistungen in den 4 Kurshalbjahren und in der Abiturprüfung. Insgesamt sind höchstens 840 Punkte erreichbar, mindestens 280 Punkte müssen erreicht werden. Das Gesamtergebnis wird auch in einer Durchschnittsnote ausgedrückt.

Die erreichbaren Punktzahlen verteilen sich auf

- 22 Grundkurse,
- 6 Leistungskurse und eine Facharbeit oder Ausgleichsregelung,
- die Kurse in den 4 Prüfungsfächern im Abschlußhalbjahr sowie auf die Prüfungsergebnisse selbst.

6. Abiturprüfung

Die Abiturprüfung selbst findet in 4 Fächern statt. Darunter befinden sich die 2 Leistungsfächer sowie ein weiteres Fach, die schriftlich und ggf. auch mündlich geprüft werden; im 4. Fach wird nur mündlich geprüft. Alle drei Aufgabenfelder müssen in der Prüfung vertreten sein. Eines der Fächer Deutsch oder (aus der Mittelstufe) fortgeführte Fremdsprache oder Mathematik muß Abiturprüfungsfach sein.

Innerhalb eines Rahmes, der sich aus dem föderalistischen Prinzip der Bundesrepublik Deutschland ergibt, hat die Kultusministerkonferenz eine Rahmenvereinbarung für Prüfungsordnungen im Abitur, die wichtige Verfahrensfragen regelt, sowie einheitliche Prüfungsanforderungen inhaltlicher Art in den einzelnen Fächern beschlossen. In Fortsetzung dieser Bemühungen hat die Kultusministerkonferenz 1987 beschlossen, die Einheitlichen Prüfungsanforderungen in der Abiturprüfung (EPA) weiterzuentwickeln und in stärkerem Maße als bisher konkrete Lern- und Prüfungsbereiche auf mittlerer Abstraktionsebene festzulegen.

II.4

Vereinbarung
zur Neugestaltung der Gymnasialen Oberstufe
in der Sekundarstufe II
vom 7.7.1972 in der Fassung vom 11.4.1988

(Beschluß Nr. 176 der Kultusministerkonferenz vom 11.4.1988)

A. EINFÜHRENDER BERICHT ZUR VEREINBARUNG ZUR NEUGESTALTUNG DER GYMNASIALEN OBERSTUFE IN DER SEKUNDARSTUFE II

1. Stellung der Vereinbarung in der Reformdiskussion

Die von der Ständigen Konferenz der Kultusminister der Länder in der Bundesrepublik Deutschland getroffene „Vereinbarung zur Neugestaltung der gymnasialen Oberstufe in der Sekundarstufe II" setzt die Bemühungen der Kultusministerkonferenz fort, die 1960 mit der „Rahmenvereinbarung zur Ordnung des Unterrichts auf der Oberstufe der Gymnasien" (Saarbrücker Rahmenvereinbarung – Beschluß der Kultusministerkonferenz vom 29.9.1960) und 1961 mit den Stuttgarter „Empfehlungen zur didaktischen und methodischen Gestaltung der Oberstufe der Gymnasien" (Beschluß der Kultusministerkonferenz vom 28./29.9.1961) begonnen haben. ...

Mit der „Saarbrücker Rahmenvereinbarung" beabsichtigte die Kultusministerkonferenz bereits 1960, durch eine „Verminderung der Zahl der Pflichtfächer und die Konzentration der Bildungsstoffe ... eine Vertiefung des Unterrichts (zu) ermöglichen und die Erziehung des Schülers zu geistiger Selbständigkeit und Verantwortung (zu) fördern". Die „Stuttgarter Empfehlungen" ergänzten die Rahmenvereinbarung durch Hinweise, wie der Schüler der Oberstufe „propädeutisch in wissenschaftliche Arbeitsweisen eingeführt werden" sollte, um zu „lernen, mit Gegenständen und Problemen der Erfahrung, des Erkennens und des Wertens seinem Alter entsprechend selbständig und sachgerecht umzugehen". Mit dieser „besonderen Arbeitsweise der Oberstufe", die zu Methodenbewußtsein und der Verfügbarkeit von Arbeitstechniken führen sollte, wurde die „Herabsetzung der Zahl der Fächer" und die „Beschränkung der Lehrgegenstände" begründet. ...

Seit Mitte der 60er Jahre häufen sich in allen Ländern die Versuche an einzelnen Gymnasien, die Organisationsform der Oberstufe zu verändern. Die Varianten reichen vom Angebot paralleler Unterrichtsveranstaltungen in den einzelnen Fächern bis zur Möglichkeit individueller Schwerpunktbildung in Wahlleistungs- oder Studienfächern. Immer wird dabei die Jahrgangsklasse in unterschiedlichen Graden zugunsten variabler Lerngruppen aufgelöst. Die Intentionen dieser Reform sind ebenso auf größere Selbständigkeit und Selbstverantwortung der Schüler für ihren Bildungsgang wie auf didaktische Differenzierung und Präzisierung in den einzelnen Kursen gerichtet. ...

Die „Kriterien der Hochschulreife", die von der Westdeutschen Rektorenkonferenz vorgelegt worden sind, beschränken sich auf eine Reform der gymnasialen Oberstufe, die auf Vorbereitung und Übergang zum Hochschulstudium bezogen ist, ohne Einschluß weiterer berufsbezogener Bildungswege. Auch die allgemeine Hochschulreife wird beibehalten. Sie soll erreicht werden durch ein „gemeinsames Anforderungsminimum" von „Grundanforderungen", zu denen „gehobene Anforderungen" fakultativer und spezialisierter Art in zwei bis drei wissenschaftlichen Fächern hinzukommen. Die Grundanforderungen verteilen sich in drei „Aufgabenfelder", das sprachlich-literarische, das mathematisch-naturwissenschaftliche und das gesellschaftlich-geschichtliche Aufgabenfeld, in denen ein „Mindestmaß allgemeinverbindlicher Orientierungen und Einsichten" erreicht werden soll. An den gewählten Schwerpunkten dagegen – eine der beiden „gehobenen Anforderungen" ist entweder in einer Fremdsprache, der Mathematik oder in einer Naturwissenschaft zu erfüllen – „soll wissenschaftliches Arbeiten intensiv vorbereitet werden". Die jeweiligen fachlichen und qualitativen Schwerpunkte sollen den Zeugnissen „ein individuell und inhaltlich stärkeres, allgemein besser lesbares Profil geben", aber nicht bereits als „direkte Vorbereitung auf jeweils spezielle Fachstudiengänge an den Hochschulen verstanden werden".

Mit der vorliegenden Vereinbarung schließt sich die Kultusministerkonferenz stärker an die Vorschläge der Westdeutschen Rektorenkonferenz an. ...

2. Erwägungen zu Problembereichen der Vereinbarung

In der öffentlichen Diskussion des Entwurfs vom 2. Juli 1971 sind einige Punkte besonders hervorgehoben worden: Fragen der Abstimmung von allgemeiner und beruflicher Bildung, der notwendigen Reform des Curriculums, des Anteils von Pflicht- und Wahlbereich und der einzelnen Fachgebiete sowie der Leistungsbewertung und des Abschlusses.

2.1 Die Vereinbarung ist beschränkt auf die gymnasiale Oberstufe in der Sekundarstufe II. Die Neugestaltung des beruflichen Schulwesens in der Sekundarstufe II erfordert weitere Vereinbarungen; schon jetzt ermöglicht die vorliegende Vereinbarung die Einbeziehung bestimmter Formen beruflicher Gymnasien.

Die Kultusministerkonferenz hat sich bei dieser Entscheidung davon leiten lassen, daß die Verbindung sogenannter allgemeinbildender und berufsbezogener Bildungsgänge wegen der damit zusammenhängenden erheblichen Schwierigkeiten im Bereich des Curriculums, der Organisation und der Entscheidungsstrukturen als eine langfristige Aufgabe angesehen werden muß, die im übrigen nicht nur der Schule gestellt ist. Eine Reform der gymnasialen Oberstufe kann heute diese Aufgabe nicht lösen, sie kann aber Entwicklungen fördern, die zur Lösung beitragen.

So wird es vor allem im Wahlbereich der neuen Oberstufe möglich sein, Unterrichtsgegenstände aus dem Bereich der beruflichen Schulen anzubieten. Gleichzeitig schafft das Kurssystem bessere Möglichkeiten, die curriculare und organisatorische Abstimmung sogenannter allgemeinbildender und berufsbezogener Bildungsgänge durch gegenseitig anerkennbare „polyvalente" Kurse zu erreichen. Bestimmte Formen beruflicher Gymnasien können in diese Vereinbarung einbezogen werden, indem ihre charakteristischen Fächer in die Aufgabenfelder des Pflichtbereiches und/oder in den Wahlbereich aufgenommen werden.

2.2 Es wird an der allgemeinen Hochschulreife, der Studienberechtigung für alle Fachgebiete, festgehalten.

In der vorhergegangenen Diskussion sind die Schwierigkeiten, eine allgemeine Studierfähigkeit nach Inhalt und Fächern zu bestimmen, ebenso erörtert worden wie der Transfereffekt, der allgemein mit wissenschaftspropädeutischem Unterricht verbunden ist. Eine Auflösung der allgemeinen Hochschulreife zugunsten spezieller Berechtigungen würde jedoch das Vorhandensein eindeutiger Zusammenhänge zwischen Schulfächern und Studiengängen sowie die Kenntnis der jeweiligen Eingangsvoraussetzungen der Studiengänge, verbunden mit curricularer Abstimmung von Schule und Hochschule, voraussetzen. ...

2.3 Im Zentrum der Reform der gymnasialen Oberstufe muß die curriculare Reform stehen. Sie soll durch die organisatorische Reform, die Inhalt dieser Vereinbarung ist, ermöglicht und eingeleitet werden.

Das Curriculum der gymnasialen Oberstufe wird künftig in einen Pflicht- und einen Wahlbereich gegliedert sein. In allen Bereichen werden thematisch bestimmte und in der Regel Fächern zugeordnete Kurse angeboten. Ziel dieser differenzierten Organisationsform ist es, pädagogische Initiativen herauszufordern, gleichzeitig aber auch Bindung und Freiheit in einem ausgewogenen Verhältnis zu halten.

Die Aufgabenfelder des Pflichtbereiches sollen die Orientierung sichern, die für das Zurechtfinden und das gegenseitige Verständnis in einer komplizierten und interdependenten Gesellschaft unerläßlich ist. Deshalb wird hier eine bestimmte Zahl von Wochenstunden und Pflichtkursen vorgeschrieben. Innerhalb der Aufgabenfelder kann der Schüler, wenn seine Pflichtkurse erfüllt sind, individuelle Schwerpunkte setzen.

In der Diskussion sind die Ziele des Pflichtbereiches, die Einteilung der Aufgabenfelder und die Fächeranteile besonders erörtert worden. Die Notwendigkeit, allen Schülern grundlegende wissenschaftliche Verfahrens- und Erkenntnisweisen systematisierend und problematisierend zu vermitteln, sie auf staatsbürgerliches Handeln vorzubereiten und zu allgemeiner Kommunikation zu befähigen, blieb unbestritten. Diese Aufgabe soll durch den Pflichtbereich ebenso erfüllt werden wie durch die in besonderem Maße wissenschaftspropädeutische Spezialisierung im Wahlbereich. Immer wieder wurde dabei in der Diskussion ein verschieden definierter „harter Kern" der Fächer und der Lernziele erwähnt. Ihn ohne fachliche Verengung zu sichern, ist ein Ziel der Festlegung in den Aufgabenfeldern des Pflichtbereiches.

Verschiedentlich ist in diesem Zusammenhang von den einzelnen Fächern her jeweils eine Erhöhung des Pflichtanteils gefordert worden, da sonst die notwendige Grundbildung gefährdet wäre. Abgesehen davon, daß diese Wünsche in ihrer Häufung sich gegenseitig aufheben, gehört es zur Konzeption der Aufgabenfelder, im Verlauf der curricularen Reform eine stärkere Zusammenarbeit der Fächer im Hinblick auf gemeinsame Lernziele zu erreichen, die auch eine ständige Überprüfung der Gliederung in Schulfächern einschließt.

Das System der Halbjahreskurse erfordert einerseits Zusammenarbeit der Fachlehrer, thematische und didaktische Vorplanung und Präzision. Andererseits werden für Schüler und Eltern die Themenangebote und die Anforderung der Schulfächer durchschaubarer, da die didaktischen Schwerpunkte genauer als bisher genannt sind. Der Schüler der Oberstufe wird lernen, in wechselnden Gruppen zu arbeiten, wie er das auch nach Abschluß der Schulzeit tun wird.

Der Wahlbereich öffnet das neue System der gymnasialen Oberstufe für weitere Entwicklungen. Hier können die herkömmlichen Fächer des Gymnasiums vertieft und didaktisch differenziert werden. Hier ist auch der Platz, neue Fächer, vor allem des technischen und des wirtschaftlichen Bereichs, in das gymnasiale Curriculum einzuführen und so in pragmatischer Weise die Kooperation von allgemeinen und berufsbezogenen Bildungsgängen einzuleiten und eine mögliche spätere Integration zu erproben.

In den beiden Leistungsfächern erhält der Oberstufenschüler in besonderem Maße Gelegenheit, seine Studierfähigkeit zu üben und zu beweisen. Der Konzentration auf zwei Fächer stehen gehobene Anforderungen wissenschaftsnaher Arbeit gegenüber, die gleichzeitig den Übergang vom Sekundarbereich in den tertiären Bereich des Bildungswesens vorbereiten. Schule und Schüler können sich durch Angebot und Auswahl der Leistungsfächer ihren Möglichkeiten und Interessen gemäß profilieren. Es steht einem Land frei, auch ein drittes Leistungsfach vorzuschreiben.

Angesichts der Vielfalt der Studienmöglichkeiten ist es ausgeschlossen, in jedem Fall schulische Fächer oder Kurse einzurichten, die das Eingangswissen für bestimmte Studiengänge vermitteln.

Die Studienmöglichkeiten können und sollen daher nicht allein durch die Wahl der Leistungsfächer bestimmt werden. Ziel der Schwerpunktbildung in den Leistungsfächern ist es vielmehr, die Qualität des wissenschaftspropädeutischen Unterrichts und des Abschlusses zu sichern.

2.4 Die Schülerleistungen in den einzelnen Kursen und in der Gesamtheit der Kurse werden mit Hilfe eines differenzierten Punktsystems bewertet. Dabei werden die herkömmlichen Notenstufen in Punkte umgesetzt, die dann addiert werden können. Indem an die Notenstufen angeknüpft wird, ist die erforderliche Kontinuität der Bewertungsmaßstäbe gesichert. Mit dem Punktsystem wird angestrebt,

– das unterschiedliche Gewicht der Grund- und Leistungskurse sowie der Prüfungsabschnitte genau wiederzugeben;

– auf den bisher in einzelnen Ländern unterschiedlich angewandten Ausgleichsmechanismus für mangelhafte Einzelleistungen bei der Versetzung und in der Reifeprüfung zu verzichten und

– dafür ein genaueres Profil der erzielten Einzel- und Gesamtleistungen durch Addition der jeweils innerhalb des Kurssystems vor der Prüfung und innerhalb der Prüfung erzielten Punkte anzugeben. ...

Die Schule kann auf Leistungsanforderungen nicht verzichten. Diese Leistungen sollten jedoch begründet und durchschaubar gefordert und bewertet werden. Indem der Oberstufenschüler Kurse und Leistungsfächer wählt und innerhalb der Kurse an der curricularen Einzelplanung teilnimmt, beteiligt er sich in größerem Maße als bisher selbst am Entstehen und an der Auswahl der Leistungsanforderungen, deren Erfüllungsgrad er später mit Hilfe des Punktsystems nachweist. Damit wird die pädagogische Erkenntnis berücksichtigt, daß Leistungen in der Schule vor allem dann erzielt werden, wenn Klarheit und Einverständnis der Beteiligten über die Leistungsanforderungen bestehen.

2.5 Die Kultusministerkonferenz behält die Abiturprüfung bei. Die Abiturprüfung hat die Aufgabe, die Kriterien der Leistungsbewertung an den einzelnen Schulen einander anzugleichen und damit die Chancengleichheit bei einer der wichtigsten Berechtigungen sicherzustellen, die innerhalb der Schule vergeben werden. ...

In den letzten Jahren haben sich die Länder bemüht, durch neue Prüfungsordnungen vermeidbaren psychischen Druck auszuschalten. Hinzu kommt, daß bei dem deutschen Prüfungssystem die Abiturienten durch ihre Lehrer geprüft werden, in deren Hand auch Unterrichtsgestaltung und Prüfungsvorbereitungen liegen. Darüber hinaus werden weitere Überlegungen angestellt, wie die mit der Abiturprüfung verbundenen Probleme gemindert werden können. Die Punktbewertung dieser Vereinbarung enthält bereits Elemente des „Credit"-Systems einer fortlaufenden Leistungskontrolle. Die weitere Entwicklung der Reform wird zeigen, wieweit es möglich ist, auf der Grundlage anerkannter, verbindlicher Curricula und mit Hilfe von mit ihnen verbundenen objektiven Tests die punktuelle Prüfung durch eine gleitende Überprüfung abzulösen.

3. Abschließende Bemerkungen

Mit der vorliegenden Vereinbarung will die Kultusministerkonferenz die gymnasiale Oberstufe stärker als bisher sowohl an den Anforderungen einer sich verändernden Gesellschaft als auch an den Bedürfnissen der Heranwachsenden orientieren. Die größere Selbständigkeit, wie sie dem Oberstufenschüler entspricht, wird verbunden mit wissenschaftsnahem Arbeitsstil und überschaubarem Leistungsanspruch. ...

B. VEREINBARUNG ZUR NEUGESTALTUNG DER GYMNASIALEN OBERSTUFE IN DER SEKUNDARSTUFE II

(vom 7.7.1972 in der Fassung vom 11.4.1988)

1. Zielsetzung

Die Vereinbarung über die Neugestaltung der gymnasialen Oberstufe soll die notwendigen Änderungen von Unterrichtsinhalten und Arbeitsreformen in den Schulen ermöglichen und gleichzeitig sichern, daß die Oberstufe ihre gemeinsame Gestalt in den Ländern der Bundesrepublik Deutschland behält.

Aufgrund der Vereinbarung wird die Stufe des Überganges in den Bereich der Hochschule so strukturiert werden können, daß sowohl eine gemeinsame Grundausbildung für alle Schüler gewährleistet als auch der individuellen Spezialisierung Raum gegeben ist.

Ansprüche der Gesellschaft und individuelles Bedürfnis kommen durch die Möglichkeit zu freier Kombination von Grund- und Leistungskursen im Pflicht- und Wahlbereich zu ihrem Recht. Mit der Erweiterung des Wahlbereichs, in den neben den bisherigen auch neue Fächer hineingenommen werden, tritt die Schule entschiedener in ein dynamisches Verhältnis zur gesellschaftlichen Wirklichkeit.

Eine so gestaltete Oberstufe ist einerseits ein Weg zur Hochschule, indem sie die Studierfähigkeit vermittelt, andererseits ein Weg in berufliche Ausbildung oder Tätigkeit. Diese Vereinbarung ist auf den Bereich der gymnasialen Oberstufe beschränkt. Die Neugestaltung schafft jedoch die organisatorischen Voraussetzungen, um den bisherigen curricularen Bereich des Gymnasiums zu erweitern und die Kooperation von allgemeinen und berufsbezogenen Bildungsgängen zu erproben. Das Modell ist offen für die Aufnahme berufsbezogener Fachrichtungen im Sinne der Empfehlungen der Bildungskommission des Deutschen Bildungsrates für die Sekundarstufe II.

2. Grundsätze

2.1 Die inhaltliche Neugestaltung der gymnasialen Oberstufe vollzieht sich durch eine Überprüfung der Lernziele für die bisherigen Fächer. Die Ergebnisse der Lehrplanforschung und -entwicklung sollen diesen Prozeß fördern. Schon jetzt wird die Möglichkeit eröffnet, der Schulpraxis neue Fächer oder Unterrichtsgebiete zuzuführen.

2.2 Eine wichtige Voraussetzung der weiteren Entwicklung der gymnasialen Oberstufe ist die Änderung der Organisation für die bisherigen Klassen 11 bis 13. Die Möglichkeiten der Differenzierung sollen vermehrt werden. Dies kann durch Schwerpunktbildung und Zusammenarbeit unter bestehenden Gymnasien oder auch in größeren organisatorischen Einheiten erreicht werden.

3. Gliederung des Unterrichtsangebots

3.1 Der Unterricht in der Oberstufe wird nach Begabung und Leistung differenziert; die Oberstufe wird nicht mehr nach Gymnasialtypen gegliedert.

3.2 Die Schüler werden in der Oberstufe im Pflichtbereich und im Wahlbereich unterrichtet und zwar in der Regel 30 Wochenstunden im Verhältnis von etwa 2 : 1.
Im Pflichtbereich erwerben oder erweitern die Schüler Kenntnisse in den vorgeschriebenen Aufgabenfeldern.
Der Wahlbereich soll es den Schülern ermöglichen, ihren Interessen und Neigungen ohne Bindung an festgelegte Aufgabenfelder nachzugehen oder Schwerpunkte zu bilden in Verbindung mit dem Pflichtbereich.

3.3 Innerhalb beider Bereiche wird nach Grund- und Leistungskursen unterschieden, die Fächern zugeordnet werden. Grundkurse sind zwei- bis dreistündig, in Deutsch, in der Mathematik und in den Fremdsprachen mindestens dreistündig.
Leistungskurse vermitteln vertieftes wissenschaftspropädeutisches Verständnis und erweiterte Spezialkenntnisse, auch im Hinblick auf Anwendungsmöglichkeiten der Wissenschaften und Künste. Sie werden mit mindestens 5, in der Regel mit 6 Wochenstunden angeboten.

4. Pflichtbereich

4.1 Der Pflichtbereich umfaßt:
— das sprachlich-literarisch-künstlerische Aufgabenfeld,
— das gesellschaftswissenschaftliche Aufgabenfeld,
— das mathematisch-naturwissenschaftlich-technische Aufgabenfeld,
— Religionslehre,
— Sport,

...

4.2 Im sprachlich-literarisch-künstlerischen Aufgabenfeld dient das Fach Deutsch vor allem dem Studium der Muttersprache und umfaßt Sprache und Literatur.
Es vermittelt unter anderem Einsicht in sprachliche Strukturen und fördert die Fähigkeit zu sprachlicher Differenzierung unter Berücksichtigung der verschiedenen Ebenen sprachlicher Kommunikation (zum Beispiel Umgangssprache, wissenschaftliche Sprache). Diese Einsichten werden erweitert durch die Kenntnisse, die durch angemessene Beherrschung von mindestens einer Fremdsprache gewonnen werden. Kurse in Literatur,

Musik und Bildender Kunst sollen zum Verständnis künstlerischer Mittel und Formen, menschlicher Möglichkeiten und soziologischer Zusammenhänge führen.

4.3 Im gesellschaftswissenschaftlichen Aufgabenfeld werden gesellschaftliche Sachverhalte in struktureller und historischer Sicht erkennbar gemacht. Durch geeignete, auch fächerübergreifende Themenwahl sollen Einsichten in historische, politische, soziale, geographische, wirtschaftliche und rechtliche Sachverhalte sowie insbesondere in den gesellschaftlichen Wandel seit dem industriellen Zeitalter und in die gegenwärtigen internationalen Beziehungen und deren Voraussetzungen vermittelt werden.

4.4 Im mathematisch-naturwissenschaftlich-technischen Aufgabenfeld sollen Verständnis für den Vorgang der Abstraktion, die Fähigkeit zu logischem Schließen, Sicherheit in einfachen Kalkülen, Einsicht in die Mathematisierung von Sachverhalten, in die Besonderheiten naturwissenschaftlicher Methoden, in die Entwicklung von Modellvorstellungen und in die Funktion naturwissenschaftlicher Theorien vermittelt werden. ...

5. Wahlbereich

5.1 Der Wahlbereich dient in Verbindung mit dem Pflichtbereich der Schwerpunktbildung durch den Schüler. Die Fächer des Wahlbereichs stellen im Regelfall Teilgebiete aus den drei Aufgabenfeldern dar. ...

5.2 Der Schüler belegt im Wahlbereich etwa 10 Wochenstunden je Schulhalbjahr. Er kann damit die Fächer des Pflichtbereichs verstärken, indem er daraus die Leistungsfächer wählt, oder zusätzliche Fächer belegen. ...

6. Fächerangebot

Grund- und Leistungskurse sind Fächern zuzuordnen.

6.1 Im Pflicht- und Wahlbereich bieten sich vor allem folgende Fächer für die Zuordnung der Grund- und Leistungskurse an:

Deutsch, Fremdsprachen, Bildende Kunst, Musik, Philosophie, Religionslehre, Religionskunde, Gemeinschaftskunde, Wirtschaftslehre, Mathematik, Physik, Chemie, Biologie.

6.2 Besonders im Wahlbereich können mit Genehmigung der zuständigen Schulaufsichtsbehörde neue Fächer in das Fächerangebot aufgenommen werden: Pädagogik, Psychologie, Soziologie, Rechtskunde, Geologie, Astronomie, Technologie, Statistik, Datenverarbeitung und andere. ...

6.3 Als Leistungsfächer und als Fächer des Wahlbereichs kommen auch in Frage: Geschichte, Erdkunde, Sozialkunde.

6.4 Sport wird in der Regel in Grundkursen angeboten. Die zuständige Schulaufsichtsbehörde kann Sport auch für Leistungskurse des Wahlbereichs an ausgewählten und entsprechend ausgestatteten Schulen zulassen. Solche Leistungskurse müssen sportwissenschaftliche Teile enthalten (zum Beispiel aus Biologie oder Psychologie).

7. Organisationsform der gymnasialen Oberstufe

7.1 Struktur der gymnasialen Oberstufe

7.1.1   Die Oberstufe beginnt nach der Jahrgangsstufe 10.

7.1.2   Das System der Jahrgangsklassen wird in ein System von Grund- und Leistungskursen umgewandelt, das auch jahrgangsübergreifend sein kann. Die Kurse sind themenbestimmt, doch bleiben sie Fächern und den für sie geltenden Lehrplanrichtlinien zugeordnet. Sie dauern jeweils ein halbes Jahr.

7.1.3   Das Kurssystem verlangt individuelle Beratung. Die Aufgaben des bisherigen Klassenlehrers werden auf Beratungslehrer (Tutoren) übergeleitet.

7.1.4   Die Einführungsphase umfaßt die Jahrgangsstufe 11 (11/I und 11/II). Der Unterricht in der Jahrgangsstufe 11 ist sowohl in der Organisationsform des Klassenverbandes als auch kursgegliedert möglich. Die Qualifikationsphase beginnt einheitlich mit 12/I. ...

7.1.5   Die Länder bestimmen den Zeitpunkt, zu dem sich der Schüler auf seine Fächerkombination in der Qualifikationsphase festlegt.

7.1.6   Aufsteigende Kurse sind zur Sicherung der gemeinsamen Grundbildung notwendig; die Anwendung des Prinzips der Sequentialität (verstanden als temporäre und curriculare Folge) soll bei Abiturfächern und bei der Erfüllung der Mindestbedingungen gewährleistet sein.

7.2 Zugang zur gymnasialen Oberstufe

7.2.1   Zugangsvoraussetzung ist die Berechtigung zum Eintritt in die gymnasiale Oberstufe. ...

7.3 Verweildauer in der gymnasialen Oberstufe

7.3.1   Die Verweildauer beträgt mindestens 2, höchstens 4 Jahre; sie kann um den für die Wiederholung einer nicht bestandenen Abiturprüfung erforderlichen Mindestzeitraum von einem halben oder einem Jahr überschritten werden. ...

7.3.3   Ein verkürzter Durchgang durch die gymnasiale Oberstufe ist für geeignete Schüler durch ein vorzeitiges Eintreten in die zweite Hälfte der Jahrgangsstufe 11 oder in die Qualifikationsphase (12/I) möglich.

7.3.4   Ein verkürzter Durchgang durch die gymnasiale Oberstufe kommt auch für Schüler in Betracht, die in der Oberstufe an einem mindestens halbjährigen, höchstens einjährigen Auslandsaufenthalt im Rahmen eines Schüleraustausches teilgenommen haben. ...

7.4 Ausgestaltung des Pflichtbereiches

7.4.1 Im Pflichtbereich belegt der Schüler der Jahrgangsstufen 12/13 je Schulhalbjahr etwa 20 Wochenstunden in Grund- und Leistungskursen, und zwar

- im sprachlich-literarisch-künstlerischen Aufgabenfeld insgesamt mindestens 22 Wochenstunden in vier Halbjahren,
- im gesellschaftswissenschaftlichen Aufgabenfeld insgesamt mindestens 16 Wochenstunden in vier Halbjahren,
- im mathematisch-naturwissenschaftlich-technischen Aufgabenfeld insgesamt mindestens 22 Wochenstunden in vier Halbjahren. ...
- Im Sport mindestens 8 Wochenstunden in vier Halbjahren.

7.4.2 Dabei wird für die Jahrgangsstufen 12/13 festgesetzt:

In den 4 Halbjahren sind im sprachlich-literarisch-künstlerischen Aufgabenfeld mindestens 2 Halbjahreskurse (d. h. Grund- oder Leistungskurse) in der Muttersprache, 2 in der gewählten Fremdsprache, 2 literarische bzw. künstlerische Halbjahreskurse zu belegen. Im mathematisch-naturwissenschaftlich-technischen Aufgabenfeld sind in 4 Halbjahren mindestens 2 Halbjahreskurse in Mathematik und 4 Halbjahreskurse in den Naturwissenschaften zu belegen.

7.4.3 Weiter wird festgesetzt:

Durchgehend von 12/I bis einschließlich 13/II sind zu belegen

- zwei der Fächer Deutsch, Fremdsprache, Mathematik,

  In diesen durchgehend zu belegenden Fächern sind die Ergebnisse von jeweils mindestens drei Halbjahreskursen in die Gesamtqualifikation einzubringen.

- Geschichte oder ein anderes gesellschaftswissenschaftliches Fach, in dem Geschichte mit festen Anteilen unterrichtet wird. Sofern ein gesellschaftswissenschaftliches Fach gewählt wird, sind mindestens zwei Halbjahreskurse Geschichte zu belegen.

- entweder eine Naturwissenschaft oder in 12/I bis 13/I je zwei Halbjahreskurse aus zwei auch in der Jahrgangsstufe 11 unterrichteten Naturwissenschaften.

7.4.4 Der Schüler muß 2 Leistungsfächer wählen... Davon ist eines entweder Deutsch oder eine Fremdsprache oder Mathematik oder eine Naturwissenschaft gemäß Ziffer 6.1. Ist Deutsch erstes Leistungsfach, muß sich unter den vier Fächern der Abiturprüfung Mathematik oder eine Fremdsprache befinden.

Als zweites Leistungsfach kann ein anderes Fach aus der Gruppe der in den Ziffern 6.1 und 6.2 genannten Fächer gewählt werden. Auch die der Ziffer 6.3 zugerechneten Fächer des Wahlbereichs und Sport können mit Genehmigung der Schulaufsichtsbehörde in den Kreis der Leistungsfächer einbezogen werden.

7.4.5 In der Regel werden Leistungskurse gesondert neben den Grundkursen angeboten (vgl. Ziffer 3.3). Doch können sie im Ausnahmefall gebildet werden mit Hilfe von Zusatzkursen zu Grundkursen.

7.4.6 Ein neu einsetzendes Fach kann nicht erstes Leistungsfach im Sinne von Ziffer

7.4.4 Abs. 1 sein. Neu einsetzende Fremdsprachen und berufliche Fächer können demnach nur zweites Leistungsfach sein. ...

7.4.9 Es steht einem Land frei, auch ein drittes Leistungsfach vorzuschreiben und erforderlichenfalls zusätzliche Bedingungen für das zweite und dritte Leistungsfach sowie für Kurse und Kurskombinationen auszusprechen.

7.4.10 Nach dem Abkommen der Ministerpräsidenten zwischen den Ländern der Bundesrepublik zur Vereinheitlichung auf dem Gebiete des Schulwesens vom 28.10.1964 („Hamburger Abkommen") ist die gegenseitige Anerkennung der allgemeinen Hochschulreife bei Schülern, die in den Jahrgangsstufen 7 bis 10 keinen Unterricht in einer zweiten Fremdsprache erhalten haben, daran gebunden, daß diese Schüler beginnend in der Jahrgangsstufe 11 in der gymnasialen Oberstufe in einer zweiten Fremdsprache unterrichtet werden. ...

8. Abiturprüfung

8.1.1 Den Abschluß der Oberstufe bildet die Abiturprüfung. Die Zuerkennung der allgemeinen Hochschulreife setzt die Teilnahme an der Abiturprüfung voraus.

8.1.2 Die Abiturprüfung findet im Halbjahr 13/II statt.

8.2.1 Im Abitur wird der Schüler in 4 Fächern geprüft. Dabei muß er Kenntnisse in Aufgabenfeldern des Pflichtbereichs (vgl. Ziffer 4), in den Leistungsfächern jedoch vertiefte und erweiterte Kenntnisse nachweisen. ...

8.2.3 Mit den vier Prüfungsfächern im Abitur müssen die drei Aufgabenfelder gemäß Ziffern 4.2 bis 4.4 abgedeckt sein.

Durch die Möglichkeit, Religionslehre als Prüfungsfach zu wählen, darf dieser Grundsatz nicht beeinträchtigt werden.

8.2.4 Eines der Fächer Deutsch oder Fremdsprache oder Mathematik muß Prüfungsfach sein, wobei es sich bei der Fremdsprache um eine fortgeführte Fremdsprache handeln muß.

8.2.5 Schüler, die mehr als zwei Leistungsfächer (vgl. Ziffern 7.4.4 und 7.4.9) gewählt haben, entscheiden vor Beginn der Abiturprüfung, welche beiden Leistungsfächer als Leistungsfächer in der Abiturprüfung gewertet werden sollen; die Kurse des nicht gewählten Leistungsfaches gelten in der Abiturprüfung als Grundkurse.

8.3 Pflichtfächer der schriftlichen Abiturprüfung sind:

8.3.1 zwei Leistungsfächer

8.3.2 ein vom Schüler wählbares Fach aus einem Aufgabenfeld des Pflichtbereichs (vgl. Ziffern 4.2 bis 4.4) oder das Fach Religionslehre.

In den schriftlich geprüften Fächern können auch mündliche Prüfungen angesetzt werden.

8.4 Prüfungsfach der mündlichen Abiturprüfung ist nach Wahl des Schülers ein wissenschaftliches oder künstlerisches Fach, das nicht schon schriftlich geprüft wurde. Anstelle der mündlichen Abiturprüfung kann Sport Prüfungsfach sein. ...

8.5 Sind Bildende Kunst oder Musik Prüfungsfach gemäß Ziffer 8.3, so kann an die Stelle der schriftlichen Prüfung eine besondere Fachprüfung treten, die auch einen schriftlichen Teil enthält.

8.6 Ist Sport Prüfungsfach gemäß Ziffer 8.3.1, so tritt an die Stelle der schriftlichen Prüfung eine besondere Fachprüfung, die auch einen schriftlichen Teil enthält.

8.7 Zur Prüfung kann zugelassen werden, wer in den Jahrgangsstufen 12/13 in den Prüfungsfächern mindestens je vier Halbjahreskurse belegt hat. Außerdem ist der Besuch von Grundkursen in dem gemäß Ziffern 7.4.1, 7.4.2 und 7.4.3, gegebenenfalls auch 7.4.10.2 und 7.4.11. festgelegten Umfang nachzuweisen.

9. Leistungsbewertung und Entscheidung über den erfolgreichen Besuch der gymnasialen Oberstufe

9.1 Die im Verlauf der gymnasialen Oberstufe erbrachten Leistungen werden mit den herkömmlichen Noten (1 bis 6) bewertet. Die Umsetzung der in den Jahrgangsstufen 12/13 festgestellten Leistungsnoten in eine Gesamtqualifikation erfolgt mittels eines Punktsystems. ...

9.3 Feststellung der Gesamtqualifikation

9.3.1 Aus den in den geforderten Grund- und Leistungskursen nachgewiesenen Halbjahresleistungen und aus den in der Abiturprüfung gezeigten Leistungen wird eine Gesamtpunktzahl ermittelt.

9.3.2 Es gilt folgende Berechnungsgrundlage:

	maximal erreichbare Punktzahl
Halbjähriger Grundkurs	15
Halbjähriger Leistungskurs	30
Facharbeit aus einem Leistungskurs (vgl. Ziffer 9.3.4)	30

9.3.3 Jedem Schüler werden die Leistungen in 22 Grundkursen für die Gesamtqualifikation angerechnet. Die Leistungen in zwei weiteren Grundkursen (Halbjahresleistungen aus 13/II im 3. und 4. Abiturprüfungsfach) werden im Rahmen der Abiturprüfung angerechnet. Von den 22 Grundkursen, die in die Gesamtqualifikation eingebracht werden, können bis zu 5 Grundkurse einem Fach angehören. Aus dem Sportunterricht können jedoch höchstens 3 Grundkurse angerechnet werden. Mit 0 Punkten abgeschlossene Halbjahreskurse zählen dabei nicht (vgl. Ziffer 9.3.4).

9.3.4 Für die Gesamtqualifikation werden ferner die Leistungen in 6 der verpflichtenden 8 Leistungskurse der Prüfungsfächer gemäß Ziffer 8.3.1 angerechnet. Die Leistungen in den 2 Leistungskursen dieser Fächer im Schulhalbjahr 13/II werden im Rahmen der Abiturprüfung angerechnet. Außerdem werden für die Gesamtqualifikation die in einer Facharbeit aus einem Leistungsfach erzielten Punkte angerechnet. Mit 0 Punkten abgeschlossene Leistungskurse zählen dabei nicht.

9.3.5 Mindestens 15 der bei der Gesamtqualifikation gemäß Ziffern 9.3.3 und 9.3.4 anzurechnenden Grund- und Leistungskurse müssen den drei Aufgabenfeldern gemäß Ziffern 4.2 bis 4.4 entstammen. Die unter Ziffern 7.4.2 und 7.4.3, erster Spiegelstrich ... vorgeschriebenen Kurse sowie 4 Halbjahreskurse im gesellschaftlichen Aufgabenfeld müssen mit in die Berechnung nach Ziffer 9.3.3 eingebracht werden, soweit sie nicht als Leistungskurse zählen.

Die Verpflichtung nach Ziffer 7.4.2, zwei literarische bzw. künstlerische Halbjahreskurse zu belegen und in die Gesamtqualifikation einzubringen, kann auch durch zwei Halbjahreskurse im Fach Darstellendes Spiel erfüllt werden...

9.3.8 In der Abiturprüfung in den 4 obligatorischen Prüfungsfächern (vgl. Ziffern 8.2.1 bis 8.4) sind maximal jeweils 75 Punkte erreichbar. Dabei sind die Leistungen in diesen Fächern im letzten Schulhalbjahr jeweils einfach, die in der Abiturprüfung erbrachten Leistungen jeweils vierfach zu werten. ...

9.3.10 Die Gesamtqualifikation besteht somit aus den Ergebnissen von

- 22 Grundkursen, die einfach gewertet werden;

- 6 Leistungskursen, die doppelt gewertet werden, sowie den Ergebnissen der Facharbeit in einem Leistungskurs bzw. der Ausgleichsregelung;

- den 4 Fächern der Abiturprüfung (vgl. Ziffern 8.2.1 bis 8.4), die jeweils vierfach gewertet werden, sowie den Ergebnissen der in diesen Fächern im Abschlußhalbjahr erbrachten Leistungen in einfacher Wertung.

Es sind insgesamt höchstens 840 Punkte erreichbar; in Grundkursen höchstens 330 Punkte, in Leistungskursen höchstens 210 Punkte (einschließlich Facharbeit bzw. Ausgleichsregelung) und in der Abiturprüfung höchstens 300 Punkte (einschließlich der Kurse des Abschlußjahres in diesen Fächern).

9.3.11 Die allgemeine Hochschulreife wird nach der Abiturprüfung zuerkannt, wenn folgende Bedingungen erfüllt sind:

- Von den 22 Grundkursen müssen mindestens 16 mit jeweils mindestens 5 Punkten abgeschlossen werden. Insgesamt müssen mindestens 110 Punkte erreicht werden.

- Von den 6 Leistungskursen müssen mindestens 4 mit jeweils mindestens 5 Punkten der einfachen Wertung abgeschlossen werden. Insgesamt müssen mindestens 70 Punkte erreicht werden.

- Von insgesamt 300 Punkten in der Abiturprüfung müssen mindestens 100 Punkte erreicht werden. In zwei Prüfungsfächern, darunter einem Leistungsfach, müssen

wenigstens jeweils 5 Punkte (entsprechend Note 4) der einfachen Wertung erreicht werden.
- Von insgesamt 840 Punkten müssen mindestens 280 Punkte erreicht werden.

9.4 Bei Zeugnissen der allgemeinen Hochschulreife, die nur in einzelnen Ländern gelten, muß es auf dem Zeugnisformular ersichtlich sein, wenn eine zweite Fremdsprache nicht erteilt worden ist.

10. Zusätzliche Auflagen für Fachgymnasien/berufsbezogene Bildungsgänge

10.1 Zeugnisse der allgemeinen Hochschulreife, die an Fachgymnasien/berufsbezogenen Bildungsgängen erworben worden sind, werden gegenseitig anerkannt, wenn die vorstehenden Bedingungen dieser Vereinbarung und der weiteren Vereinbarungen zur gymnasialen Oberstufe erfüllt sind und es sich um Schulen mit den aus der Anlage 1 (Normalkatalog) ersichtlichen Fachrichtungen und Schwerpunkten handelt. Die Fachrichtungen und Schwerpunkte entsprechen weitgehend einzelnen Berufsfeldern. Die fachrichtungsbezogenen zweiten Leistungsfächer stellen charakteristische Fächer der jeweiligen Bildungsgänge dar und lassen sich bestimmten Wissenschaftsdisziplinen zu ordnen). ...

11. Zusätzliche Auflagen für doppeltqualifizierende Bildungsgänge, die zur allgemeinen Hochschulreife und zu einem beruflichen Abschluß nach Landesrecht führen

11.1 Die gegenseitige Anerkennung der an doppeltqualifizierenden Bildungsgängen erworbenen Zeugnisse der allgemeinen Hochschulreife ist an folgende Bedingungen geknüpft:
- Die vorstehenden Bedingungen dieser Vereinbarung und der anderen Vereinbarungen zur gymnasialen Oberstufe, einschließlich der dort getroffenen zeitlichen Festlegungen, müssen erfüllt sein, insbesondere alle Beleg- und Einbringungsverpflichtungen.
- Die einheitlichen doppeltqualifizierenden Bildungsgänge dauern vier Jahre und schließen mit zwei getrennten Prüfungen ab.
- Der Zugang zu diesen Bildungsgängen setzt die Berechtigung zum Eintritt in die gymnasiale Oberstufe voraus.

Für die doppeltqualifizierenden Bildungsgänge kommen die aus der Anlage 3 (Normalkatalog) ersichtlichen Berufe in Betracht.

Versuche mit doppeltqualifizierenden Bildungsgängen von weniger als vier Jahren Dauer können besonders beantragt werden. ...

12. Schlußbestimmungen

12.1 Die vorliegende Vereinbarung tritt mit dem Tage der Beschlußfassung in Kraft. Sie gilt erstmals für Schülerinnen und Schüler, die am 1.8.1989 in die gymnasiale Oberstufe eintreten. ...

12.2 Zeugnisse der allgemeinen Hochschulreife, die der vorstehenden Vereinbarung entsprechen, werden gegenseitig anerkannt. Dies gilt auch für Zeugnisse der allgemeinen Hochschulreife, die an Kollegschulen erworben werden...

12.4 Die Möglichkeit, über den Besuch der gymnasialen Oberstufe in der Sekundarstufe II die Fachhochschulreife zu erwerben, wird durch besondere Vereinbarungen der Kultusministerkonferenz geregelt.

Anlage 1

zu Ziffer 10.1 der Vereinbarung zur Neugestaltung
der gymnasialen Oberstufe in der Sekundarstufe II

vom 7.12.1972
in der Fassung vom 11.4.1988

Fachgymnasien/berufsbezogene Bildungsgänge,
die zur allgemeinen Hochschulreife führen:

Verzeichnis der gegenseitig anerkannten Fachrichtungen,
Schwerpunkte und Prüfungsfächer

(Normalkatalog)

An Fachgymnasien/berufsbezogenen Bildungsgängen, die zur allgemeinen Hochschulreife führen, sind generell folgende Fachrichtungen mit den nachstehend aufgeführten Schwerpunkten und Prüfungsfächern möglich:

Einrichtungen/ Schwerpunkte	Fachrichtungsbezogene Prüfungsfächer	
	2. Leistungsfach (obligatorisch)	3. oder 4. Prüfungsfach (fakultativ)
Wirtschaft	a) Wirtschaftslehre (umfaßt Volkswirtschaftslehre, Betriebswirtschaftslehre und gegebenenfalls Rechnungswesen)	a) Rechnungswesen, soweit nicht im Leistungsfach enthalten Datenverarbeitung
	b) Volkswirtschaftslehre oder Betriebswirtschaftslehre mit Rechnungswesen	b) das jeweils nicht gewählte Leistungsfach Datenverarbeitung
Technik * Metalltechnik/ Maschinenbau * Elektrotechnik * Bautechnik * Physik-, Chemie-, Biologietechnik * Datenverarbeitungstechnik	Technik, jeweils schwerpunktbezogen	fachrichtungsbezogene Wirtschaftslehre (VWL und BWL) Datenverarbeitung
Ernährung und Hauswirtschaft	Ernährungslehre mit Chemie	fachrichtungsbezogene Wirtschaftslehre (VWL und BWL) Datenverarbeitung
Agrarwirtschaft	Agrartechnik mit Biologie	fachrichtungsbezogene Wirtschaftslehre (VWL und BWL) Datenverarbeitung

Anlage 3

zu Ziffer 11.1 der Vereinbarung zur Neugestaltung
der gymnasialen Oberstufe in der Sekundarstufe II

vom 7.7.1972
in der Fassung vom 11.4.1988

Berufsbezogene Bildungsgänge, die
(doppeltqualifizierend) zur allgemeinen Hochschulreife
und zu einem beruflichen Abschluß
nach Landesrecht führen

(Normalkatalog)

In der Verbindung mit der allgemeinen Hochschulreife können folgende berufliche Abschlüsse nach Landesrecht erworben werden:
- physikalisch-technischer Assistent[1]
- chemisch-technischer Assistent[1]
- biologisch-technischer Assistent
- mathematisch-technischer Assistent
- elektronischer Assistent[1]
- Assistent für Konstruktions- und Fertigungstechnik
- Assistent für Maschinenbautechnik[1]
- Kaufmännischer Assistent

---

1) In NW auch: Ingenieurassistent für
  - Chemie
  - Elektrotechnik
  - Maschinenbau

II.5

Empfehlungen zur Arbeit in der gymnasialen Oberstufe gem. Vereinbarung zur Neugestaltung der gymnasialen Oberstufe in der Sekundarstufe II vom 2.12.1977, Angepaßt an die Fassung der Vereinbarung zur Neugestaltung der gymnasialen Oberstufe in der Sekundarstufe II vom 11.4.1988

– Beschluß der Kultusministerkonferenz vom 2.12.1977 in der Fassung vom 19.12.1988 –

1. Ziele der gymnasialen Oberstufe

1.1. Allgemeine Ziele

1.1.1 Die allgemeinen Ziele der gymnasialen Oberstufe ergeben sich aus der Feststellung der Vereinbarung, daß in der Schule die individuellen Bedürfnisse der Lernenden und die Ansprüche der Gesellschaft zu ihrem Recht kommen müssen. Ein wesentliches Ziel der Erziehung ist somit Selbstverwirklichung in sozialer Verantwortung.

1.1.2 Mit diesem allgemeinen Ziel ist das besondere Ziel der gymnasialen Oberstufe verbunden, eine wissenschaftspropädeutische Grundbildung mit Vertiefung in Schwerpunktbereichen zu vermitteln. Daraus ergibt sich die Grundstruktur der gymnasialen Oberstufe, die Einteilung des Unterrichts in Grund- und Leistungskurse. Diese haben die gemeinsame Aufgabe, eine wissenschaftspropädeutische Grundbildung zu vermitteln, d.h. eine Vorbereitung auf die Methoden wissenschaftlichen Arbeitens.

1.1.3 Indem die gymnasiale Oberstufe eine allgemeine Grundbildung mit vertieften Erkenntnissen in Schwerpunktbereichen verbindet, werden den Schülern wichtige inhaltliche und methodische Voraussetzungen für das Studium vermittelt.

1.1.4 Außer der Studierfähigkeit erwirbt der Schüler in der gymnasialen Oberstufe Kenntnisse und Fähigkeiten, die er auch in beruflichen Bereichen und Situationen anwenden oder in diese Bereiche übertragen kann.

Diesem Ziel dienen sowohl die allgemeinbildenden Fächer als auch Inhalte berufsbezogener Fachrichtungen, soweit sie gemäß der Vereinbarung angeboten werden.

1.1.5 Das Abitur eröffnet nicht nur den Zugang zum Studium, sondern auch den Weg zur beruflichen Ausbildung außerhalb der Hochschule.

1.2 Lernzielschwerpunkte

Lernzielschwerpunkte der gymnasialen Oberstufe sind das selbständige Lernen, das wissenschaftspropädeutische Arbeiten und die Persönlichkeitsbildung...

1.2.1 Selbständiges Lernen

Der Unterricht zielt insbesondere auf

- Problemoffenheit, geistige Beweglichkeit und Phantasie,
- Reflexions- und Urteilsfähigkeit auf der Grundlage eines soliden Wissens,
- Verfügung über sachgemäße Methoden,
- Fähigkeit zu planvollem und zielstrebigem Arbeiten, auch über längere Zeit.

1.2.2 Wissenschaftspropädeutisches Arbeiten

Auf der Grundlage selbständigen Lernens führt der Unterricht hin
- zur Kenntnis wesentlicher Strukturen und Methoden von Wissenschaften sowie zum Verständnis ihrer komplexen Denkformen,
- zum Erkennen von Grenzen wissenschaftlicher Aussagen und zur Einsicht in Zusammenhang und Zusammenwirken von Wissenschaften,
- zum Verstehen wissenschaftstheoretischer und philosophischer Fragestellungen,
- zur Fähigkeit, theoretische Erkenntnisse sprachlich zu verdeutlichen und anzuwenden.

1.2.3 Persönlichkeitsbildung

Der Unterricht in der gymnasialen Oberstufe soll auch einen Beitrag zur Persönlichkeitsbildung des Schülers leisten.Dazu gehört vor allem die Befähigung zur persönlichen Lebensgestaltung und zur verantwortlichen Mitgestaltung des öffentlichen Lebens.

Folgende Ergebnisse der Erziehung sollen angestrebt werden:
- Erkenntnis der eigenen Möglichkeiten und Grenzen,
- Fähigkeit, Interessen sachbezogen zu vertreten und Kompromisse einzugehen,
- Fähigkeit, ethische und ästhetische Werte zu erfassen sowie Werturteile zu bilden und zu begründen,
- Bereitschaft zur Toleranz, Verständigung, Partnerschaft und Fürsorge,
- Fähigkeit, verantwortlich zu handeln.

2. Lernbereiche und ihre Struktur

2.1 Gleichwertigkeit der Fächer unter wissenschaftspropädeutischen Aspekten

2.1.1 Die Vereinbarung geht von der Vorstellung aus, daß die Fächer unter dem Gesichtspunkt der Wissenschaftspropädeutik prinzipiell gleichwertig sind.

Diese Auffassung ergibt sich aus der Tatsache, daß alle Fächer der gymnasialen Oberstufe hinsichtlich ihrer wissenschaftspropädeutischen Funktionen Gleiches oder Ähnliches leisten können, weil sie alle über Elemente verfügen, mit deren Hilfe geistige Strukturen ausgeprägt werden, welche Übertragungen auf andere Lernsituationen zulassen. Solche Elemente sind z.B. Begriffe, Methoden, Operationen, Gesetze, ästhetische Formen.

Alle Fächer vermitteln nicht nur Kenntnisse, Fähigkeiten und Fertigkeiten, sondern dienen auch dem Ziel, daß die Jugendlichen sich selbst in sozialer Verantwortung verwirklichen. Dieses Ziel steht in engem Zusammenhang mit dem Begriff Wissenschaftspropädeutik. Wissenschaftliches Arbeiten setzt nicht nur rationale Fähigkeiten voraus, sondern soll auch ethisch fundiertes Verhalten einschließen.

2.1.2 Gleichwertigkeit der Fächer bedeutet nicht deren Gleichartigkeit. Eine Anpassung aller Inhalte an wissenschaftspropädeutische Lernziele muß sogar vermieden werden, da sonst Erfahrungsbereiche beiseite blieben, auf die die Schule im Interesse des Jugendlichen nicht verzichten darf.

2.1.3 Die Vorzugsstellung, welche die Vereinbarung einzelnen Fächern einräumt, läßt sich u.a. begründen aus deren fundamentalen Bedeutung für eine Vielzahl von wissenschaftlichen Studiengebieten und Berufsfeldern sowie aus ihrem Stellenwert für eine allgemeine Grundbildung. ...

2.2 Gliederung in Lernbereiche

Im Kurssystem der Oberstufe bildet der Schüler Schwerpunkte, die seiner Befähigung, seinen Neigungen und seinen beruflichen Absichten entsprechen. Trotz dieser Individualisierung der Schullaufbahn bleibt die notwendige allgemeine Grundbildung gewahrt. Das Unterrichtsangebot ist in bestimmter Weise in Lernbereiche gegliedert, nämlich in

– Aufgabenfelder,

– Grund- und Leistungskurse,

– Pflicht- und Wahlbereich.

2.3 Aufgabenfelder

2.3.1 Die Aufgabenfelder sind Gliederungseinheiten, durch die das F ä c h e r angebot strukturiert wird.

2.3.2 Die Vereinbarung nennt drei Aufgabenfelder:

– das sprachlich-literarisch-künstlerische,

– das gesellschaftswissenschaftliche,

– das mathematisch-naturwissenschaftlich-technische.

Sport bleibt außerhalb der Aufgabenfelder, Religionslehre wird je nach den Bestimmungen der Länder einem Aufgabenfeld zugeordnet oder bleibt außerhalb der Aufgabenfelder.

2.3.3 Die Zuordnung der Fächer zu den Aufgabenfeldern folgt dem Prinzip der Affinität.

2.3.4 Die Zusammenfassung der Fächer in Aufgabenfelder trägt dazu bei, die individuelle Fächerwahl so zu regeln, daß eine allgemeine Grundbildung gesichert ist. In der Abiturprüfung müssen alle Aufgabenfelder berücksichtigt werden.

2.4 Grund- und Leistungskurse

2.4.1 Gemeinsame Funktionen

Grund- und Leistungskurse sind Gliederungseinheiten, durch die das L e r n- angebot dem Niveau nach strukturiert wird. Die Differenzierung in Grund- und Leistungskurse trägt dazu bei, die Ziele der gymnasialen Oberstufe zu erreichen:

Den Grundkursen weist die Vereinbarung die Aufgabe zu, eine für alle Schüler gemeinsame Grundbildung zu sichern, den Leistungskursen, vertieftes wissenschaftspropädeutisches Verständnis und erweiterte Kenntnisse zu vermitteln.

B e z o g e n a u f d i e s e Z i e l e besteht kein grundsätzlicher, wohl aber ein gradueller Unterschied zwischen den beiden Kursarten. Im einzelnen unterscheiden sie sich vor allem im Hinblick auf

– die Zahl der Wochenstunden,

– die Komplexität des Unterrichtsstoffes,

– den Grad der Differenzierung und der Abstraktion der Inhalte und Begriffe,

– den Anspruch an die Methodenbeherrschung,

– die Forderung nach Selbständigkeit bei der Lösung von Problemen.

Die Unterschiede zwischen den beiden Kursarten müssen sich in den L e h r p l ä n e n deutlich abbilden. Diese Arbeit ist in erster Linie fachspezifisch zu leisten. Sie muß bis zur Beschreibung konkreter Kurse und Kursfolgen vordringen. Der Grundsatz, daß der Lehrer seinen Unterricht methodisch-didaktisch eigenverantwortlich gestaltet, darf jedoch nicht aufgegeben werden.

2.4.2 Grundkurse

Grundkurse erfüllen folgende Aufgaben:

Sie sollen unter Verzicht auf Vollständigkeit

– an Beispielen in grundlegende Sachverhalte und Strukturen des Faches einführen,

– Zusammenhänge im Fach und über dessen Grenzen hinaus aufzeigen,

– den Stellenwert des Faches im Rahmen einer breit angelegten Bildung bewußt machen.

Es ist keinesfalls der Sinn der Grundkurse, die Wissensbestände eines Faches in enzyklopädischer Form weiterzugeben.

Bei der praktischen Durchführung der Grundkurse muß davon ausgegangen werden, daß im Vergleich zu den Leistungskursen

- das Unterrichtsvolumen geringer,
- die Gruppenstärke meist größer,
- die Heterogenität der Lerngruppe stärker ausgeprägt ist.

Hieraus ergibt sich, daß die Unterrichtsformen in den Grundkursen insgesamt weniger von denen des Klassenunterrichts abweichen als in den Leistungskursen.

Der Aufbau fachlicher Fähigkeiten verlangt Kontinuität des Lernprozesses. Jeder Kurs muß daher zwar in sich abgeschlossen sein, aber zugleich Bestandteil eines umfassenden Ganzen bleiben. Dieser Forderung wird ein Folgekurssystem gerecht.

2.4.3 Leistungskurse

Für die Leistungskurse ergeben sich die folgenden Aufgaben:

Sie sollen

- das intensive Eindringen des Schülers in das von ihm gewählte Unterrichtsgebiet ermöglichen,
- die Selbständigkeit im Umgang mit Arbeitsmitteln und in der Formulierung von Ergebnissen fördern,
- die dem Gegenstand angemessenen Methoden vermitteln und deren Möglichkeiten, Übertragbarkeit, aber auch Grenzen bewußt machen.

Es ist keinesfalls die Aufgabe der Leistungskurse, die inhaltlichen und methodischen Voraussetzungen für einen b e s t i m m t e n Studiengang zu liefern oder gar einen wissenschaftlichen Ausbildungsgang oder Teile davon bereits auf der Schule vorwegzunehmen.

Bei der praktischen Durchführung der Leistungskurse kann davon ausgegangen werden, daß im Vergleich zu den Grundkursen

- das Unterrichtsvolumen stets größer,
- die Gruppenstärke meist kleiner,
- die Heterogenität der Lerngruppe geringer ist.

Diese Bedingungen ermöglichen es, den verschiedenen Formen des Arbeitsunterrichts, darunter besonders auch der Gruppenarbeit, neben dem Unterrichtsgespräch und dem Lehrervortrag zunehmend Raum zu geben.

Bei der Ausarbeitung von Lehrplänen und im Unterricht ist darauf zu achten, daß sowohl eine enge Spezialisierung als auch eine stoffliche Überfrachtung vermieden wird. Lehrer und Schüler müssen bei einem Sachgebiet verweilen können, wenn die angestrebten Ziele erreicht werden sollen.

2.5 Pflicht- und Wahlbereich

2.5.1 Im Kurssystem der gymnasialen Oberstufe sind die Ausbildungsrichtungen nicht mehr starr vorgegeben. Vielmehr ist dem Schüler Freiheit eingeräumt, aber auch die Aufgabe gestellt, ein individuelles Lernprogramm zu bilden, indem er eine Kursauswahl vornimmt. Er findet dabei seine Grenzen sowohl an den allgemeinen Auflagen der Vereinbarung als auch an den Bedingungen der einzelnen Schule...

2.5.3 Bei der Wahrnehmung der Auswahlmöglichkeiten werden die folgenden in der Vereinbarung festgelegten Bedingungen wirksam:

- Die erste Möglichkeit der Auswahl bezieht sich auf die Leistungsfächer; hierbei muß das erste Leistungsfach entweder Deutsch oder eine Fremdsprache oder Mathematik oder eine Naturwissenschaft sein. Sofern Deutsch erstes Leistungsfach ist, muß sich unter den vier Fächern der Abiturprüfung Mathematik oder eine Fremdsprache befinden.
- Die zweite Möglichkeit der Auswahl bezieht sich auf die weiteren Prüfungsfächer. Bei der Wahl des dritten und vierten Prüfungsfaches muß die Abdeckung der Aufgabenfelder vervollständigt werden. Unter den vier Prüfungsfächern muß eines Deutsch oder Fremdsprache oder Mathematik sein, wobei es sich bei der Fremdsprache um eine fortgeführte Fremdsprache handeln muß.
- Die dritte Möglichkeit der Auswahl bezieht sich auf bestimmte Fächergruppen. So muß z.B. mindestens eine Fremdsprache bis einschließlich 12/II belegt werden. Durchgehend bis einschließlich 13/II sind zu belegen:
  - zwei der Fächer Deutsch, Fremdsprache, Mathematik;
  - Geschichte oder ein anderes gesellschaftswissenschaftliches Fach, in dem Geschichte mit festen Anteilen unterrichtet wird; sofern ein gesellschaftswissenschaftliches Fach gewählt wird, in dem Geschichte nicht mit festen Anteilen unterrichtet wird, sind zwei Halbjahreskurse Geschichte zu belegen;
  - entweder eine Naturwissenschaft oder in 12/I bis 13/II je zwei Halbjahreskurse aus zwei auch in der Jahrgangsstufe 11 unterrichteten Naturwissenschaften.
- Die vierte Möglichkeit der Auswahl bezieht sich auf Grundkurse, die der Schüler zusätzlich belegt, um die für die Gesamtqualifikation im Grundkursbereich erforderlichen 22 Halbjahresleistungen erbringen zu können.
- Die fünfte Möglichkeit der Auswahl bezieht sich auf Grundkurse, die der Schüler belegen muß, um die vorgeschriebene Zahl von (rund 30) Wochenstunden nachweisen zu können.
- Eine sechste Möglichkeit der Auswahl ergibt sich in dem Fall, daß dem Schüler innerhalb eines Faches thematisch verschiedene Kurse angeboten werden.

2.5.4 In einer Reihe von Ländern gibt es berufsbezogene Formen der gymnasialen Oberstufe (z.B. Fachgymnasien, Bildungsgänge der Kollegschule Nordrhein-Westfalen), die in die Vereinbarung von 1972/1988 einbezogen sind. Für sie gelten ebenfalls, um die allgemeine Studierfähigkeit zu sichern, alle genannten Auflagen. Charakterisiert werden diese Bildungsgänge durch ein berufsbezogenes (zweites) Leistungsfach sowie begleitende

Grundkursfächer. Unter den vier Fächern der Abiturprüfung dürfen sich höchstens zwei berufsbezogene Fächer befinden.

2.5.5 Dieses abgestufte System von Auswahlmöglichkeiten setzt genaue Informationen sowie sorgfältige und gründliche Beratung der Schüler voraus.

3. Unterrichtsverfahren

Von den in 1 beschriebenen Zielen her lassen sich d i d a k t i s c h e P r i n z i p i e n entwickeln, die besonders geeignet sind, den Unterrichtsstil in der gymnasialen Oberstufe zu bestimmen. Sie werden in 3.1 dargestellt. Aus diesen Prinzipien ergibt sich einerseits die Bevorzugung von U n t e r r i c h t s v e r f a h r e n (3.2), die problembezogenes Denken anregen, andererseits die Vorrangstellung solcher S o z i a l f o r m e n d e s L e r n e n s (3.3), die zu Selbständigkeit und Kommunikationsfähigkeit beitragen.

Die Aufwendung spezifischer Verfahren und Sozialformen im Oberstufenunterricht setzt eine Vielzahl von Lernresultaten voraus. Sie müssen gefestigt und vertieft werden, damit anspruchsvollere Lernprozesse auf ihnen aufbauen können.

3.1 Didaktische Prinzipien für Unterrichtsverfahren

3.1.1 Selbständiges Lernen

Selbständiges Lernen umfaßt vor allem
- Aneignen von Wissen und Techniken der Informationsbeschaffung,
- Auffinden von Problemen, Formulieren von Fragen bzw. Arbeitsaufträgen,
- Planen von Arbeitsvorhaben und -schritten,
- Präzisieren von Aufgaben,
- Durchführen von Arbeitsvorgängen,
- Darstellen von Lösungen,
- Einordnen neu erworbener Erkenntnisse in zugehörige Sachzusammenhänge,
- Übertragen von Lernresultaten auf neue Situationen,
- Diskutieren und Beurteilen von Zielen, Gegenständen und Verfahren des Lernens.

3.1.2 Wissenschaftspropädeutisches Arbeiten

Zum Einüben in wissenschaftliches Arbeiten gehört es, daß die Schüler
- die Eigenart des jeweiligen Unterrichtsgegenstandes berücksichtigen,
- die Methoden des jeweiligen Sachgebietes kennenlernen und anwenden,

– über die angewendeten Methoden nachdenken und sie mit anderen Methoden vergleichen.

3.1.3 Kommunikationsfähigkeit

Auch der Unterricht in der gymnasialen Oberstufe hat die Entwicklung der Kommunikationsfähigkeit zum Ziel. Hierbei geht es um die Fähigkeit,
– hinzuhören und mitzudenken,
– sich dem Anspruch einer Vorgabe (z.B. Text, Problemstellung, Gedankengang, Position) zu stellen,
– sich in einer dem Gegenstand angemessenen Form dem Partner verständlich zu machen.

3.1.4 Wertung

In der gymnasialen Oberstufe sollen die Schüler darüber hinaus lernen,
– Werte und Normen zu erkennen,
– Begründungszusammenhänge für Werturteile zu erfassen,
– sich der Problematik solcher Urteile bewußt zu werden,
– zu Wertmaßstäben zu gelangen,
– Wertmaßstäbe anderer zu respektieren.

3.2 Unterrichtsverfahren zur Anregung problembezogenen Denkens

Bei den im folgenden dargestellten Unterrichtsverfahren handelt es sich um Teilverfahren, die je nach Unterrichtsziel, Unterrichtsgegenstand und Lernsituation variiert und kombiniert werden können.

Dabei ist das spontane, nach mehreren Lösungen und verschiedenartigen Lösungswegen suchende Denken (das „divergierende" Denken) ebenso zu fördern wie das disziplinierte formallogische und sachlogische Denken (das „konvergierende" Denken).

3.2.1 Zieldiskussion

Eine Zieldiskussion, die dazu dient, Ziele des Unterrichts mitzugestalten und mitzutragen, kann für den Schüler eine wichtige Lernmotivation werden.

Für die Zieldiskussion ist Sach- und Methodenwissen erforderlich; sie ist argumentativ zu führen und setzt Verständnis für andere Positionen, Kompromißbereitschaft und Bereitschaft zur Kooperation voraus.

Zieldiskussionen sind nicht zu trennen von der Diskussion über Inhalte und Verfahren des Unterrichts.

Man wird Zieldiskussionen nur exemplarisch führen können. Sie dürfen weder zur Pflichtübung werden noch den Unterricht zeitlich zu sehr in Anspruch nehmen. Die vorliegenden Lehrpläne geben dafür den Rahmen.

3.2.2 Lernanreize und Lernhilfen

Für die Qualität von Lernvorgängen und die Reichhaltigkeit ihrer Ergebnisse sind Lernanreize und Lernhilfen von Bedeutung. Allerdings ist zu vermeiden, daß durch Lernhilfen der Problemlösungsprozeß zu stark verkürzt und damit die Möglichkeit zu selbständigem Arbeiten eingeschränkt wird.

3.2.2.1 Lernanreize sollen die Lernbereitschaft der Schüler verstärken:
– Sie lenken das Interesse der Schüler auf den Gegenstand.
– Sie weisen auf die Bedeutung des Gegenstandes für größere Zusammenhänge hin.
– Sie heben den besonderen Charakter der vorliegenden Schwierigkeiten hervor und machen Möglichkeiten ihrer Lösung bewußt.
– Sie stellen Beziehungen zur persönlichen Situation der Schüler her.
– Sie machen die Aktualität, Neuartigkeit oder Fremdheit des Gegenstandes bewußt.

3.2.2.2 Prozeßorientierte Lernhilfen sollen den Schülern Erarbeitungs- und Lösungsschritte bewußt machen und sie zur Präzisierung ihrer Vorstellungen auffordern. Dazu gehören:
– Hinweise zur Beobachtung von Phänomenen,
– problemanalytische Hinweise und Fragestellungen,
– Hilfen zur Bildung und Überprüfung von Hypothesen.

3.2.2.3 Inhaltsorientierte Lernhilfen sollen den Schülern Informationen über den Gegenstand zugänglich machen. Diese Hilfen können die dargebotenen Sachverhalte in unterschiedlicher Weise strukturieren:
– Sie erinnern an bestimmte Vorkenntnisse.
– Sie lenken die Aufmerksamkeit auf die für die Lösung relevanten Informationen.
– Sie weisen auf Zusammenhänge mit anderen Sachverhalten hin.
– Sie geben Teillösungen vor.

3.2.3 Aufgabenstellung

Jedes Arbeitsvorhaben im Unterricht erfordert eine klare Aufgabenstellung durch den Fachlehrer. Sie enthält den Unterrichtsgegenstand sowie notwendige Angaben über die Art und Weise, wie er bearbeitet werden soll, schreibt aber genauere Lösungswege in der

Regel nicht vor. An der Aufgabenstellung sollen die Schüler soweit wie möglich beteiligt werden, um sie zu motivieren, aktiv mitzudenken und mitzuarbeiten.

Die Aufgabenstellung soll nicht nur aufgrund bekannter Fragestellungen in Untersuchungsbereiche und methodische Denkwege einführen, sondern auch die Bereitschaft wecken, Probleme selbst aufzufinden.

3.2.4 Vermitteln von notwendigen Informationen

Zur Vermittlung von Informationen bieten sich folgende Verfahren an:

zur Informationsbeschaffung

- Benutzen von Wörterbüchern, Handbüchern, Schul- und Fachbüchern, Lexika, Bibliographien, Karten, Statistiken und Bildmaterial,
- Bibliographieren, Zitieren und Exzerpieren,
- ordnendes Sammeln von Informationen,
- Befragungen, Erkundungen und Erhebungen,
- Beobachten von Vorgängen und Experimenten;

zur Informationsvermittlung

- adressatenbezogenes Aufbereiten von Informationen,
- Benutzung von Medien,
- sachgerechte Berichterstattung,
- sachgerechtes und fragebezogenes Antworten;

zur Informationsaufnahme

- strukturierendes Wahrnehmen,
- zusammenfassendes und geordnetes Mitschreiben,
- Einprägen.

3.2.5 Planung des Lösungsweges

Die Planung des Lösungsweges ist notwendig für den bewußten Vollzug von Lösungsprozessen und die Überprüfung von Lösungen. Der Lerngewinn besteht aus einer Festigung und Erweiterung von Methodenkenntnissen sowie der Fähigkeit, die unterschiedliche Brauchbarkeit von Methoden abzuschätzen und Teilverfahren zum Zweck der Lösung zu modifizieren und zu kombinieren.

Bei der Planung des Lösungsweges ist es nützlich,
- alternierende Lösungserwartungen und -verfahren zu entwerfen,
- Möglichkeiten der Abfolge und der Arbeitsteilung zu diskutieren,
- sich über die Organisation des Lösungsverfahrens zu verständigen.

3.2.6 Lösungsverfahren

Lösungsverfahren sollten vom Schüler weitgehend selbständig angewandt werden können. Er erfährt dabei, wieweit das Geplante durchführbar ist, wieweit seine Möglichkeiten zur Bewältigung der Aufgabe reichen und welche Möglichkeiten durch die Kooperation in einer Gruppe erschlossen werden. Erkannte Mängel sollten Anreiz und Ansatzpunkt zur Suche nach Abhilfen sein.

Die Arbeitsformen richten sich nach der Art des geplanten Lösungsprozesses, nach den Kenntnissen und Fertigkeiten der Schüler und nach den Erfahrungen, die sie darin machen sollen. Initiativen und Aktivitäten des Lehrers dienen dem Ausgleich von Schwierigkeiten und der Vermittlung von Kenntnissen, die für den Fortgang des Lösungsverfahrens notwendig sind. Insbesondere im letzten Fall bietet sich der Lehrervortrag an.

3.2.7 Darstellung von Lösungsergebnissen

3.2.7.1 Lösungen können das Endergebnis eines Lösungsversuches sein, als Teillösungen in einem größeren Unterrichtsvorhaben benötigt werden oder auch als unterschiedliche Resultate erscheinen, die des Vergleichs bedürfen.

3.2.7.2 Eine Lösung soll in geordneter und verständlicher Form dargestellt werden.

Die Verständlichkeit setzt voraus, daß sprachliche und nichtsprachliche Darstellungsmittel angemessen verwendet werden. Neben dem sicheren Gebrauch der Fachsprache wird auch die Fähigkeit geübt, Sachverhalte in allgemeinverständlicher Sprache darzustellen und zu erläutern. Nichtsprachliche Darstellungen müssen in einen sprachlichen Kontext eingebettet werden.

3.2.8 Lösungskritik

Der Arbeitsweise der gymnasialen Oberstufe entspricht es, Verfahren zur selbständigen Überprüfung von Lösungen und Lösungswegen durch den Schüler zu entwickeln.

Dazu gehört auch die Einsicht in die Grenzen der eigenen Möglichkeiten und die Berücksichtigung fremder Sachkompetenz.

3.2.9 Transferverfahren

Die Anwendung von Gelerntem auf neue Sachverhalte ist in der gymnasialen Oberstufe von besonderer Bedeutung. Die zu übertragenden Resultate, vor allem Begriffe, Regeln, Methoden, Einstellungen, müssen vorher in einer solchen Weise gelernt und geübt worden sein, daß sie nicht nur auf eine feststehende äußere Situation hin reproduziert werden, sondern in neuen Zusammenhängen frei verwendet werden können.

Als Formen der Übertragung von Lernresultaten lassen sich unterscheiden:

– das Anwenden von Regeln und Gesetzen, Verfahrensweisen, Typenbegriffen usw. auf Fälle gleicher oder ähnlicher Art;

– die Übernahme von Lernresultaten aus einem Bereich in einen anderen, etwa in ein anderes Schulfach, in einen außerschulischen Lernbereich oder in einen außerschulischen Lebensbereich;

– das Erzielen allgemeiner Lernresultate aufgrund der Beherrschung von spezielleren, z.B. den Übergang zu einem allgemeineren Begriff, einer zusammenfassenden Regel, einer umfassenderen Methode, einem größeren Gegenstandsbereich.

3.2.10 Formen des Übens

3.2.10.1 Auch in der gymnasialen Oberstufe sind Übungen mit dem Ziel
– des Behaltens von Kenntnissen,
– des sicheren und schnellen Vollzugs von Fertigkeiten,
– der Anwendung des Gelernten
unverzichtbar.
Übungen können immanent in allen Unterrichtsphasen stattfinden, aber es sind auch eigene Übungsphasen notwendig.

3.2.10.2 Folgende Übungsformen sind zweckmäßig:
– Eine Reihe gleichartiger Aufgaben wird von den Schülern gelöst.
– Bei identischer Aufgabenstellung suchen die Schüler verschiedene Lösungswege.
– In Übungsreihen wird die Aufgabenstellung schrittweise abgewandelt.
– Bei unterschiedlicher Aufgabenstellung wird das bereits Gelernte auf verschiedene Anwendungsbereiche selbständig übertragen.
– Das Gelernte wird in weitgehend andersartigen Zusammenhängen angewendet.

3.2.11 Leistungskontrolle

Erziehungs- und Unterrichtsarbeit wird von einem pädagogischen Leistungsbegriff geprägt, der Leistung fordert, aber unter den Anspruch der Förderung stellt.

3.2.11.1 Auf eine gerechte Beurteilung der Schülerleistung muß besonderer Wert gelegt werden. Dabei wird weder verkannt, daß einer exakten Messung prinzipielle Grenzen gesetzt sind, noch daß ständiges Leistungsmessen der Offenheit und Selbständigkeit, in der das Lernen auf der gymnasialen Oberstufe geschehen soll, abträglich sein kann. Dennoch kann auf Leistungsbeurteilung nicht verzichtet werden...

3.2.11.2 Die Leistungskontrollen sollen vielgestaltig sein. Für den Schüler ist es günstig, wenn er für seine Beurteilung voneinander unabhängige Leistungsnachweise erbringen kann.
Folgende Formen der Leistungskontrolle sind entsprechend den oben in 3.1 aufgeführten didaktischen Prinzipien zu empfehlen:

– Individuelle Leistungskontrollen. Im Mündlichen sind dafür u.a. geeignet: Unterrichtsbeiträge, Streitgespräch, Diskussionsleitung, Referat, Kolloquium, praktische Übungen, Einbringen außerschulischer Erfahrungen, Gestaltung auswendig gelernter Texte; im Schriftlichen: individuell gestellte Hausaufgaben, Protokoll, Facharbeit, praktisch-gestalterische Arbeit. Problemlösungsaufgaben aller Art, insbesondere Experiment, Klausurarbeit, Referat, Facharbeit.
– Übungen und Aufgaben, die gemeinsam bewältigt werden müssen, z.b. in Partnerarbeit, Gruppenarbeit, Projektunterricht, Diskussion und Debatte.

3.2.11.3 Die Schülerleistung soll in mehreren Anforderungsbereichen erbracht und bewertet werden. Notwendig ist die Information der Schüler und Kriterien der Leistungsbewertung und ihre Zuordnung zu den verschiedenen Bereichen. Für die Abiturprüfung wird auf die für eine Reihe von Fächern beschlossenen Vereinbarungen über „Einheitliche Prüfungsanforderungen in der Abiturprüfung" verwiesen, die zu vergleichbaren und möglichst transparenten Bewertungsmaßstäben führen sollen.

3.3 Formen des Lernens

Für selbständiges Lernen und für die Entwicklung der Kommunikationsfähigkeit ist es sinnvoll, die unterschiedlichen Formen des Lernens im Unterricht anzuwenden.

3.3.1 Die E i n z e l a r b e i t von Schülern der gymnasialen Oberstufe fördert Selbständigkeit, Eigeninitiative und individuelle Beteiligung am Lernprozeß. Dafür sind besonders geeignet:
– allgemein oder individuell gestellte Hausaufgaben, z.B. Fallanalysen, Voruntersuchungen, ergänzende Lektüre, Beobachtungsaufgaben;
– Referat, Protokoll, Facharbeit;
– selbständige Vorbereitung und Durchführung eines Experiments, Demonstration;
– sportliche Einzelwettkämpfe;
– gestalterische Aufgaben in künstlerischen Fächern.

3.3.2 G r u p p e n a r b e i t fördert den einzelnen, andererseits die Kommunikationsfähigkeit und soziale Kompetenz. Insofern entspricht sie im besonderen Maße dem oben in 1.1.1 dargestellten Ziel der Selbstverwirklichung in sozialer Verantwortung.

In der Gruppenarbeit lernen die Schüler unmittelbar, daß gleiche Aufgaben zu verschiedenen Lösungen führen können. Sie werden mit den Vorteilen und Grenzen der Arbeitsstellung vertraut.

Folgende Formen erscheinen u.a. möglich:

- Arbeits- und Untersuchungsaufträge für Kleingruppen mit gleichen oder verschiedenen Aufgaben,
- sportlicher Mannschaftswettkampf,
- Schulspiel, Orchester, Theater,
- Gruppendiskussion.

3.3.3 Die in 3.3.1 und 3.3.2 genannten Formen des Lernens dienen besonders zur Individualisierung und Differenzierung des Unterrichts.

3.3.4 Die Arbeit mit dem gesamten Kurs ist in den meisten Fächern wohl immer noch die häufigste Form gemeinsamen Lernens. Ein ausschließlich lehrerzentrierter Unterricht wird allerdings den Zielen der gymnasialen Oberstufe – besonders im Leistungsfach – nicht gerecht. Darbietender Unterricht (Lehrervortrag) und entwickelndes Unterrichtsgespräch müssen daher durch freie Unterrichtsgespräche und Rundgespräche ergänzt werden.

4. Gestaltung der sozialen Beziehungen

Auch die soziale Organisationsform der gymnasialen Oberstufe, die sich besonders im Kurssystem ausdrückt, steht im Dienst der allgemeinen Ziele dieser Stufe. Die Gruppenstruktur des Unterrichts soll dazu führen, daß der Schüler

- seine individuellen Bedürfnisse und die Ansprüche der Gesellschaft gleichermaßen berücksichtigt,
- Kommunikationsfähigkeit und Urteilsvermögen sowie Selbständigkeit und Mündigkeit findet,
- zur bewußten Gestaltung seines persönlichen Lebensbereiches befähigt wird,
- insgesamt Selbstverwirklichung in sozialer Verantwortung anstrebt.

Auf diese Weise bereitet das Kurssystem auch auf die komplexen Sozialformen von Hochschule und Berufswelt vor.

4.1 Die gymnasiale Oberstufe als eine Stufe des Übergangs

Die Schule kann als ein didaktisch abgestuftes soziales Lernfeld aufgefaßt werden; sie soll neben ihrer wissenschaftsorientierten Bildungsaufgabe einen gesellschaftlichen Erziehungsauftrag erfüllen und die Schüler zu verantwortlichem sozialen Handeln anleiten.

Die gymnasiale Oberstufe stellt eine Übergangsstufe zwischen dem Klassen-/Kerngruppensystem der Primarstufe und der Sekundarstufe I einerseits und der mobilen und komplexen Sozialordnung der Hochschule und der Berufswelt andererseits dar. Sie ordnet sich demzufolge nach einem Prinzip, in dem Kontinuität und Mobilität in einem ausgewogenen Verhältnis zueinander stehen. Der Schüler soll behutsam aus den ihm bisher vertrauten Strukturen gelöst und ebenso zur Bewältigung der ihm noch nicht vertrauten Strukturen geführt werden. Propädeutik ist auch im Bereich sozialen Lernens Aufgabe der gymnasialen Oberstufe.

4.2 Soziale Prinzipien

Im Bereich des sozialen Lernens hat die gymnasiale Oberstufe auch die Aufgabe, den Schüler zur Wahrnehmung seiner Pflichten und Rechte in einem demokratischen Rechtsstaat und einer pluralistischen Gesellschaft zu befähigen.

Die Beachtung folgender Grundsätze ermöglicht es der Schule, diesen Auftrag zu erfüllen:

4.2.1 Prinzip der Kontinuität

Bei der teilweisen Ablösung des Klassenverbandes durch das Kurssystem bleiben diejenigen Elemente der Kontinuität erhalten, die mit der Zielsetzung der gymnasialen Oberstufe vereinbar sind.

Solche Elemente können sein:
- Die Schüler können, sofern sie nicht neu in das jeweilige Gymnasium eingetreten sind, soziale Beziehungen fortsetzen, die durch den gemeinsamen Besuch der Sekundarstufe I entstanden sind.
- In Grundkursen, die aufgrund der in der Vereinbarung festgelegten Pflichtbindungen zustande kommen (z.B. in Deutsch, Mathematik, Sport), ist es zumindest in der Eingangsphase möglich, die alten Klassenverbände zum Teil beizubehalten oder neue stabile Gruppen zu bilden.
- Soweit wie möglich sollte ein und derselbe Lehrer nacheinander alle vier Leistungskurse in seinem Fach unterrichten; ebenso sollten die Pflichtgrundkurse in vorher festgelegter Abfolge vom jeweils gleichen Lehrer durchgeführt werden.
- Ferner ist zu empfehlen, daß bei entsprechenden organisatorischen Voraussetzungen einzelne Lehrer aus der Sekundarstufe I ihre Schüler in die Oberstufe begleiten, z.B. ehemalige Klassenleiter als Oberstufentutoren fungieren und umgekehrt freiwerdende Oberstufentutoren in der Mittelstufe wieder als Klassenleiter beginnen.

4.2.2 Prinzip der Mobilität

Innerhalb des Kurssystems erlernt der Schüler soziale Mobilität, und zwar in unterschiedlicher Qualität: Er hat über die Fach- und Kurswahl die Möglichkeit, verschiedenen Gruppen anzugehören.

Weil die Gruppen, denen der Schüler angehört, unterschiedlich groß sind, muß er unterschiedlich reagieren. Außerdem gehört der Schüler Gruppen an, die hinsichtlich ihrer

Leistungsfähigkeit, ihrer Interessen, ihres Alters oder ihres Geschlechts teils eher homogen, teils eher heterogen zusammengesetzt sind. Er erfährt auf diese Weise, daß und inwieweit sein individuelles Verhalten unterschiedlich herausgefordert und bestimmt wird.

4.2.3 Prinzip der Erweiterung des Sozialhorizonts

Das Kurssystem erweitert die Anzahl möglicher Sozialpartner für den einzelnen Schüler ganz erheblich; er lernt den Umgang mit einer größeren Anzahl von Mitschülern. Die Erweiterung der Kontaktmöglichkeiten führt zu differenzierten Kontakten und Partnerschaften. Im Kurssystem geht der Schüler unterschiedlich abgestufte soziale Beziehungen ein. Allein durch die je nach Wochenstundenzahl unterschiedliche Dauer seiner Gruppenzugehörigkeit stufen sich Beziehungen in ihrer Intensität ab.

Der Schüler beobachtet sich selbst als Mitglied unterschiedlicher Gruppen und wird sich der Rollenhaftigkeit seines Verhaltens bewußt, das sich in unterschiedlichem sozialem Kontext auch unterschiedlich ausformt; dabei kommt Lehrern und Beratern die Aufgabe zu, die sozialen Erfahrungen im Unterricht und in Beratungsgesprächen richtig einzuordnen.

4.3 Maßnahmen zur Förderung der sozialen Beziehungen

Die angemessene Gestaltung der sozialen Beziehungen ist eine wichtige Aufgabe auch in der gymnasialen Oberstufe.

4.3.1 Zur Verbesserung der sozialen Beziehungen im Unterricht werden folgende Maßnahmen empfohlen:
- Die Schüler werden über die Möglichkeiten der Kurswahl und das Funktionieren des Kurssystems (Lernziele, Lerninhalte, Unterrichtsverfahren, Lernzielkontrollen) informiert, damit Fehlverhalten aus mangelnder Information vermieden wird.
- Lerninhalte, die das Leben der Schüler betreffen, werden nach Möglichkeit in die Lernpläne aufgenommen, damit der Schüler seine Situation reflektieren und sich angemessen verhalten kann.
- Neben den lehrerzentrierten Unterricht tritt in verstärktem Maß der sozialintegrative Unterricht, z.B. Gruppenunterricht.

4.3.2 Außerhalb des Unterrichts bieten sich folgende Möglichkeiten an:
- Erfahrungsaustausch der Schüler über Kurswahl und Leistungsforderung, auch im Sinne einer ergänzenden Information für Schüler nachwachsender Jahrgänge;
- Mitwirkung der Schüler bei Planung und Durchführung von Studienfahrten, Exkursionen, Betriebsbesichtigungen, internationalen Begegnungen, Wochenend-Freizeiten usw.;

- Durchführung von Schulfesten, Veranstaltungen für die Schüler der Jahrgangsstufen 5-10, Sportveranstaltungen, Musikveranstaltungen (auch Chor und Orchester), gemeinsame Theaterbesuche, Ausstellungen usw.;
- Mitwirkung der Schüler bei der Ausgestaltung von Arbeits- und Aufenthaltsräumen;
- Durchführung von Schülerarbeitsgemeinschaften.

5. Beratung

Die Individualisierung der Lernprozesse und Schullaufbahnen und die Breite des Kursangebotes stellen die Schüler der gymnasialen Oberstufe vor Entscheidungen und eröffnen ihnen vermehrte Möglichkeiten der Selbstbestimmung und Selbstentfaltung; diese können aber nur dann sinnvoll genutzt werden, wenn den Schülern schon in der 10. Jahrgangsstufe begleitende Informationen als Entscheidungshilfen angeboten werden.

Beratung wird als ein Prinzip der gymnasialen Oberstufe begriffen. Sie ist als ein Angebot zu betrachten, das sich nicht auf die offensichtlichen Problemfälle beschränken darf.

5.1 Aufgabenbereiche der Beratung

Die Beratung erstreckt sich auf
- individuelle Schwierigkeiten,
- fachspezifische Probleme,
- Probleme der Schullaufbahn,
- Studienorientierung und Berufswahl.

5.1.1 Die Beratung über individuelle Schwierigkeiten des Schülers wird vorwiegend einsetzen müssen bei
- persönlichen Krisen,
- Verhaltensschwierigkeiten und Verhaltensstörungen,
- allgemeinen Lernstörungen,
- akuten Konflikten.

5.1.2 Die Beratung bei fachspezifischen Problemen erfolgt, um
- über Eingangsvoraussetzungen, Ziele, Inhalte und Leistungsforderungen eines Faches zu informieren,
- Fehlbelegungen von Kursen zu vermeiden,
- Arbeitshaltung, Arbeitstechnik und Arbeitsökonomie zu verbessern,

– Maßnahmen bei Lernschwierigkeiten zu vereinbaren.

5.1.3 Die Beratung über Probleme der Schullaufbahn in der gymnasialen Oberstufe erfolgt, um
- die Ziele der gymnasialen Oberstufe zu verdeutlichen,
- die einzelnen Bestimmungen und Regelungen zu erläutern,
- die Kursorganisation durchsichtig zu machen,
- das Kursangebot, aus dem der Schüler wählen kann, darzustellen,
- mögliche Konsequenzen von Entscheidungen für ein angestrebtes Studium oder einen angestrebten Beruf aufzuzeigen.

5.1.4 Die Orientierung über Studium oder Beruf wird vorwiegend dann angeboten, wenn
- Entscheidungen über einen Studienweg oder zukünftigen Berufsweg noch nicht getroffen sind,
- Diskrepanzen zwischen Wunsch, Möglichkeit und Eignung für einen gewählten Weg bestehen,
- eine Vermittlung an Institutionen der Studien- und Berufsberatung erforderlich ist.

5.2 Organisation der Beratung

Beratung in der gymnasialen Oberstufe kann zwar informell geschehen, bedarf jedoch, um entsprechend wirksam zu werden, auch der Institutionalisierung (z.B. durch Tutoren/beratende Lehrer oder Schulpsychologen), weil verschiedene Aufgaben der Beratung besondere Kenntnisse voraussetzen. Institutionalisierte und informelle Beratung sollen einander ergänzen. Zur institutionellen Form der Beratung und zum zeitlichen Rahmen ihrer Verwirklichung wird auf den Beschluß der Kultusministerkonferenz vom 14. September 1973 „Beratung in der Schule und Hochschule" verwiesen.

Die Beratung der Schüler bei individuellen Schwierigkeiten gehört zu den Aufgaben aller Lehrer. Sie dürfen sich dieser Aufgabe nicht entziehen, sofern ihre Kompetenzen nicht überschritten werden. Die Beratung bei fachspezifischen Problemen ist von den Fachlehrern wahrzunehmen.

Die Beratung über die Schullaufbahn ist Aufgabe der Schulleitung und der Tutoren/beratenden Lehrer. Sie wird ergänzt durch die Studienberatung an den Hochschulen und die Berufsberatung im engeren Sinne in der Zuständigkeit der Bundesanstalt für Arbeit. Die Schule hat im Rahmen des Beitrags zur Berufswahlvorbereitung, den sie zu leisten hat, gemäß Vereinbarung vom 5. Februar 1971 über die Zusammenarbeit von Schule und Berufsberatung und ergänzenden Vereinbarungen der Länder, die Aufgabe, Informationsmaterial zugänglich zu machen, die Schüler auf die außerschulischen Beratungsinstitutionen hinzuweisen und vermittelnd tätig zu werden.

5.3 Form der Beratung

Die Beratung erstreckt sich über den Zeitraum, in dem die Schüler die gymnasiale Oberstufe besuchen, sie baut auf der Beratung während der Sekundarstufe I auf.
Die Beratung vollzieht sich im Beratungsgespräch und in Informationsveranstaltungen durch die Schule. Die verschiedenen Formen der Beratung sollen einander ergänzen.

5.3.1 Im Beratungsgespräch muß der Lehrer Nöte und Probleme der einzelnen ratsuchenden Schüler erkennen und bemüht sein, eine Atmosphäre des Vertrauens zu schaffen.

5.3.2 Informationsveranstaltungen durch die Schule sind dann angezeigt, wenn Fragen geklärt werden müssen, die alle Schüler oder bestimmte Gruppen von Schülern in gleicher Weise betreffen. Diese Veranstaltungen sind in der Regel an bestimmte Termine gebunden:
Nach Möglichkeit soll schriftliches Informationsmaterial ausgehändigt werden. ...

6. Aufgaben des Lehrers

Die Aufgaben des Lehrers gewinnen von den Zielvorstellungen der gymnasialen Oberstufe, von ihrem neuen Unterrichtsstil und von den sozialen Beziehungen im Kurssystem her einen neuen Akzent. Betroffen sind alle Bereiche seiner Tätigkeit.
Bereits in der Lehramtsausbildung und Lehrerfortbildung sind die für die Oberstufe spezifischen Arbeitsformen besonders einzuüben.

6.1 Lehren

Das Lehren auf der gymnasialen Oberstufe wird wesentlich bestimmt durch die Ziele, Lernbereiche, Unterrichtsverfahren und die Gestaltung der sozialen Beziehungen, wie sie oben in 1 bis 4 beschrieben wurden.

6.1.1 Kenntnis der Prinzipien zur Lernzielorientierung
Eine neue Aufgabe erhält das Lehren durch das Kurssystem. Wegen der notwendigen Bestimmung der Kursziele, abgestuft nach Grundkurs und Leistungskurs, und der Zuordnung der Kurse innerhalb eines Faches und evtl. auch unterschiedlicher Fächer zueinander ist in besonderem Maße die Fähigkeit zu lernzielorientiertem Unterricht erforderlich. Eine solche Fähigkeit schließt die Kenntnis der Verfahren zur Lernziel- und Gegenstandsanalyse, des Aufbaus von Lernsequenzen und des Entwurfs lernzielorientierter Leistungskontrollen ebenso mit ein wie das Vermögen, Lehrpläne sachgemäß zu lesen und umzusetzen.

6.1.2 Einstellung auf die Bedingungen von Grundkurs und Leistungskurs

Die Lehraufgabe im Leistungskurs besteht nicht darin, ein möglichst lückenloses Spezialwissen auf dem Niveau und im Stil einer Hochschulvorlesung zu vermitteln.

Der Leistungskurs vermittelt infolge des erweiterten Stundenmaßes gegenüber dem Grundkurs ohne Zweifel mehr Kenntnisse, doch steht im Mittelpunkt das Einüben von wissenschaftlichen Arbeitstechniken und Methoden. Auf keinen Fall sollten in einem Grundkurs lediglich die Lerninhalte des Leistungskurses reduziert werden, sondern im Rahmen der Zielvorstellung einer gemeinsamen allgemeinen Grundbildung die wesentlichen Erkenntnisse, Strukturen, Methoden und Probleme des jeweiligen Faches herausgearbeitet werden.

6.1.3 Berücksichtigung fachübergreifender und neuer Fragestellungen

Die Didaktik der Kurse macht eine curriculare Revision der Lerninhalte erforderlich, hierbei sollen möglichst auch fachübergreifende und interdisziplinäre Fragestellungen berücksichtigt werden. Außerdem ergibt sich aus der Möglichkeit, den bisherigen curricularen Bereich des Gymnasiums zu erweitern, die Aufgabe für den Lehrer, neue Wissensgebiete didaktisch zu erschließen. Dabei kommt es nicht darauf an, einen Wissensvorsprung zu gewinnen; es entspricht eher dem Stil der Oberstufe, gemeinsam mit den Schülern ein neues Gegenstandsgebiet zu erarbeiten.

Lehrerausbildung und Lehrerfortbildung müssen diese Ansätze aufnehmen, verstärkt wissenschaftstheoretische Grundlegungen einsichtig machen und auch die Voraussetzungen zu interdisziplinären Unterrichtsprojekten schaffen.

6.2 Erziehen

Der Erziehungsauftrag der Schule gilt grundsätzlich auch für die gymnasiale Oberstufe (vgl. 1.2.3). Der Lehrer muß berücksichtigen, daß die Schüler während des Besuches der Oberstufe volljährig werden und ihre Entwicklung zu Selbständigkeit und Mündigkeit weiter vorangeschritten ist.

Erziehungsziele lassen sich nicht ebenso festmachen und differenzieren wie kognitive Lernziele; sie sind im Regelfall auch nicht in gleicher Weise überprüfbar. Dennoch muß der Unterricht auch von Erziehungszielen oder affektiven Lernzielen bestimmt sein, die ausgewiesen werden sollen. Dabei ergeben sich für die einzelnen Fächer unterschiedliche Beiträge.

Die Erziehungsaufgabe des Lehrers, die mit seiner Lehraufgabe eng verbunden ist, gewinnt von den Zielvorstellungen der gymnasialen Oberstufe, von ihrem neuen Unterrichtsstil und von den sozialen Beziehungen im Kurssystem her einen neuen Akzent.

Erziehung soll die Schüler an die Werte unserer freiheitlichen Gesellschaft heranführen. Die Unterrichts- und Erziehungsprozesse müssen sich nach den Vorgaben durch das Grundgesetz für die Bundesrepublik Deutschland und durch die Verfassungen der Länder richten. Der Schüler muß in die Lage versetzt werden, sich im Rahmen dieser Wertordnung zu entfalten, sich mit ihr auseinanderzusetzen und zu identifizieren.

6.3 Beurteilen

Der Aufgabe der Beurteilung kommt auf der gymnasialen Oberstufe besondere Bedeutung zu.

Ein Problem ergibt sich aus der grundsätzlichen Gleichwertigkeit der Fächer auf der gymnasialen Oberstufe. Die Vorzugsstellung, welche einzelnen Fächern innerhalb der Vereinbarung eingeräumt wird, erstreckt sich n i c h t auf eine unterschiedliche Gewichtung bei der Leistungsbewertung. Demzufolge muß sogar eine möglichst große Übereinstimmung der Beurteilungsmaßstäbe über die Fächer hinweg angestrebt werden. Für den Lehrer bedeutet dies, daß er seine Benotungsgrundsätze regelmäßig mit denen der anderen Lehrer kritisch vergleichen muß. Die Tatsache, daß auf der gymnasialen Oberstufe sämtliche erbrachten Schülerleistungen prinzipiell für die Gesamtqualifikation relevant werden können, verpflichtet den Lehrer zu besonderer Sorgfalt bei der Aufgabenstellung und Leistungsbewertung. Dabei muß deutlich bleiben, daß Leistungsbewertung und Prüfungsabläufe pädagogischen Grundsätzen unterliegen.

6.4 Beraten

Das Kurssystem der gymnasialen Oberstufe mit seinen Wahlmöglichkeiten bietet dem Schüler verstärkt Gelegenheit, seine eigenen Interessen und Neigungen innerhalb eines sozialen Ganzen einzubringen. Freiheit der Entscheidung kann für den einzelnen Schüler das Risiko der Fehlentscheidung mit sich bringen. Das macht eine genaue Kenntnis der Möglichkeiten erforderlich, die die gymnasiale Oberstufe bietet. Aufgabe der Beratung wird es daher auch sein, Alternativen aufzuzeigen. Darüber hinaus muß der Lehrer Einblick in die Bildungs- und Ausbildungsmöglichkeiten haben, die in unserem Bildungswesen angeboten werden.

6.5 Innovieren

Neben die Offenheit für neue Lernziele und Lerninhalte tritt ein flexibles System von Unterrichtsverfahren, wie es oben in 3 beschrieben wurde. Die Notwendigkeit, für Grundkurs und Leistungskurs eine je eigene didaktische Konzeption zu entwickeln, stellt der Gymnasialpädagogik im ganzen und den einzelnen Fachdidaktiken eine Fülle von neuen Aufgaben in Theorie und Praxis.

Die Bereitschaft zur Innovation wird daher vom Lehrer an der gymnasialen Oberstufe in stärkerem Maße verlangt werden müssen als bisher. Entsprechend wichtig wird die Aneignung von Instrumentarien für die Weiterentwicklung der pädagogischen und didaktischen Aspekte dieser Stufe. Hierin liegt auch eine besondere Aufgabe für die Institutionen der Lehrerausbildung und Lehrerfortbildung.

6.6 Organisieren

Die gymnasiale Oberstufe erfordert eine Reihe neuer Organisationsabläufe. Es muß jedoch vermieden werden, daß Organisationsprobleme im Unterricht der Oberstufe unangemessen dominieren und die pädagogischen Belange in den Hintergrund drängen. Ferner ist eine Übersicht über die organisatorischen Strukturen der Oberstufe unentbehrliche Voraussetzung für qualifizierte Schülerberatung.

II.6

**Vereinbarung
über die Abiturprüfung der neugestalteten gymnasialen
Oberstufe in der Sekundarstufe II
(gem. Vereinbarung der Kultusministerkonferenz
vom 7.7.1972 i. d. F. vom 11.4.1988)**

(Beschluß Nr. 192 der Kultusministerkonferenz vom 13.12.1973
i. d. F. vom 19.12.1988)

Um die Vergleichbarkeit der in der neugestalteten gymnasialen Oberstufe erworbenen Zeugnisse der allgemeinen Hochschulreife zu sichern und eine Vereinheitlichung der Maßstäbe für ihre Zuerkennung zu erreichen, schließt die Kultusministerkonferenz die folgende Vereinbarung:

§ 1 Geltungsbereich der Vereinbarung

Diese Vereinbarung gilt für Abiturprüfungen, die an öffentlichen und nach Landesrecht mit ihnen gleichgestellten privaten Schulen in den Ländern der Bundesrepublik Deutschland einschließlich des Landes Berlin abgelegt werden.

§ 2 Prüfungstermine

Die Abiturprüfung findet im Halbjahr 13/II statt. Die Kurse dieses Halbjahres sollen möglichst wenig gekürzt werden...

§ 3 Vorsitz, Prüfungsgremien

(1) Für die Durchführung der gesamten Prüfung, soweit sie Angelegenheit der jeweiligen Schule ist, wird eine Prüfungskommission gebildet, der mindestens drei Mitglieder, darunter der Schulleiter oder sein Vertreter angehören.

(2) Der Vorsitzende der Prüfungskommission ist von der Schulaufsichtsbehörde zu bestellen. Er muß beide Staatsprüfungen für ein Lehramt abgelegt haben und die Lehrbefähigung für die gymnasiale Oberstufe besitzen. Er soll grundsätzlich Schulaufsichtsbeamter oder Schulleiter sein. Um einen besseren Erfahrungsaustausch zu gewährleisten, sollen Schulleiter auch an anderen als den von ihnen geleiteten Schulen als Vorsitzende eingesetzt werden. Gegen Entscheidungen der Prüfungskommission und der Fachausschüsse kann der Vorsitzende der Prüfungskommission im Rahmen landesrechtlicher Bestimmungen die Schulaufsichtsbehörde anrufen.

(3) Für Prüfungsvorgänge in den einzelnen Fächern werden Fachausschüsse mit in der Regel mindestens drei Mitgliedern gebildet, deren Vorsitzende von der Schulaufsichtsbehörde, vom Prüfungsvorsitzenden oder vom Schulleiter bestellt werden. Mitglieder eines

Fachausschusses sollen in dem jeweiligen Fach ihre Lehramtsprüfungen abgelegt oder unterrichtet haben.

(4) Der Vorsitzende der Prüfungskommission und die Vorsitzenden der Fachausschüsse sorgen für die Einhaltung der Prüfungsbestimmungen, insbesondere für einheitliche und vergleichbare Bewertung der Prüfungsleistungen. Der Vorsitzende der Prüfungskommission hat das Recht, in die Prüfungsvorgänge einzugreifen und auch selbst Prüfungsfragen zu stellen; er kann auch den Vorsitz eines Fachausschusses übernehmen.

(5) Entscheidungen in der Prüfungskommission und in den Fachausschüssen werden mit Mehrheit getroffen. Entscheidungen der Prüfungskommission bedürfen der Anwesenheit von zwei Dritteln ihrer Mitglieder; bei Stimmengleichheit gibt die Stimme des Vorsitzenden den Ausschlag. Bei Entscheidungen der Fachausschüsse sollen alle Mitglieder anwesend sein; eine Stimmenthaltung ist nicht zulässig.

§ 4 Meldung und Zulassung

(1) Meldungen von Schülern zur Prüfung erfolgen spätestens zu einem Zeitpunkt, der die Einhaltung der Bestimmungen von Ziffer 7 Punkt 3 der „Vereinbarung zur Neugestaltung der gymnasialen Oberstufe in der Sekundarstufe II" vom 7.7.1972 i. d. F. vom 11.4.1988 ermöglicht. Schüler, die in einem Land wegen Überschreitung der festgesetzten Dauer die gymnasiale Oberstufe verlassen mußten, können in einem anderen Land nicht zur Abiturprüfung der gymnasialen Oberstufe zugelassen werden.

(2) Die Voraussetzungen zur Zulassung nach Ziffer 8.7 der Vereinbarung vom 7.7.1972 i.d.F. vom 11.4.1988 müssen spätestens zu Beginn der mündlichen Prüfung erfüllt sein.

§ 5 Die Aufgaben der schriftlichen Prüfung

(1) Die Aufgaben für die schriftliche Prüfung werden von der Schulaufsichtsbehörde zentral gestellt oder genehmigt.

(2) Werden der Schulaufsichtsbehörde Aufgaben von den Schulen vorgeschlagen, so sind ihr in jedem Falle mehr Aufgaben bzw. Aufgabengruppen zur Auswahl vorzulegen, als später der Schüler zur Bearbeitung und ggf. Auswahl erhält. Die Schulaufsichtsbehörde kann auch andere Aufgaben stellen.

(3) Den Aufgaben der schriftlichen Prüfung werden von dem Aufgabensteller eine Beschreibung der von den Schülern erwarteten Leistungen einschließlich der Angabe von Bewertungskriterien beigegeben. Dabei sind von der Schulaufsichtsbehörde gegebene Hinweise für die Bewertung zu beachten und auf die gestellten Aufgaben anzuwenden.

(4) Unbeschadet einer prüfungsdidaktisch erforderlichen Schwerpunktbildung dürfen sich die vom Schüler zu bearbeitenden Aufgaben nicht auf die Sachgebiete eines Kurshalbjahres beschränken. Sie sollen eine selbständige Lösung erfordern. Jede vorzeitige Bekanntgabe der Prüfungsaufgaben oder ein Hinweis auf sie führt zur Ungültigkeit dieses Prüfungsteiles. ...

(6) Die Dauer der schriftlichen Prüfung beträgt in Leistungskursen mindestens 240, höchstens 300 Minuten, in Grundkursen mindestens 180, höchstens 240 Minuten nach Regelung durch die Schulaufsichtsbehörde. Die hier angegebenen Maximalzeiten dürfen, wenn es zum Zwecke des Lesens umfangreicher Texte, zur Durchführung von Schülerexperimenten oder für gestalterische Aufgaben erforderlich ist, auf Antrag um höchstens 60 Minuten durch die Schulaufsichtsbehörde erweitert werden.

§ 6 Korrektur, Beurteilung und Bewertung der schriftlichen Prüfungsarbeiten

(1) Von der Schulaufsichtsbehörde werden Korrekturanweisungen gegeben, die auch Hinweise für die Beurteilung und die Bewertung enthalten. ...

(3) Jede schriftliche Arbeit wird zunächst von dem zuständigen Fachlehrer korrigiert, beurteilt und bewertet. Ist die Reinschrift nicht vollständig, so können Entwürfe zur Bewertung nur herangezogen werden, wenn sie zusammenhängend konzipiert sind und die Reinschrift mindestens etwa drei Viertel des erkennbar angestrebten Gesamtumfangs umfaßt.

(4) Jede Arbeit wird von einem zweiten Fachlehrer durchgesehen, der sich entweder der Bewertung des ersten Lehrers anschließt oder eine eigene Beurteilung mit Bewertung anfertigt. Der Vorsitzende der Prüfungskommission oder die Schulaufsichtsbehörde kann einen weiteren Fachlehrer zur Bewertung hinzuziehen.

(5) Aus der Korrektur und Beurteilung der schriftlichen Arbeit soll hervorgehen, welcher Wert den vom Schüler vorgebrachten Lösungen, Untersuchungsergebnissen oder Argumenten beigemessen wird und wieweit der Schüler die Lösung der gestellten Aufgaben durch gelungene Beiträge gefördert oder durch sachliche oder logische Fehler beeinträchtigt hat. Die zusammenfassende Beurteilung schließt mit einer Bewertung. Dabei führen schwerwiegende und gehäufte Verstöße gegen die sprachliche Richtigkeit in der Muttersprache oder gegen die äußere Form zu einem Abzug von 1 bis 2 Punkten der einfachen Wertung.

(6) Die endgültige Bewertung der schriftlichen Prüfungsleistungen kann vom Vorsitzenden der Prüfungskommission oder von der Schulaufsichtsbehörde vorgenommen werden. Sie wird den Schülern zu einem von der Schulaufsichtsbehörde bestimmten Termin, in der Regel vor Beginn der mündlichen Prüfung, bekanntgegeben.

§ 7 Die mündliche Prüfung

(1) In den Fächern der schriftlichen Prüfung (1. bis 3. Prüfungsfach gem. Ziffer 8.3 der Vereinbarung vom 7.7.1972 i. d. F. vom 11.4.1988) können auch mündliche Prüfungen stattfinden, wenn der Schüler dies wünscht oder die Prüfungskommission dies beschließt. Die Regelung in Abs. 3 bleibt unberührt. Wird in einem Fach sowohl schriftlich als auch mündlich geprüft, wird das Endergebnis im Verhältnis 2 : 1 entsprechend der anliegenden Tabelle aus den genannten Prüfungsteilen gebildet.

(2) Im 4. Prüfungsfach ist die mündliche Prüfung verbindlich.

(3) Eine mündliche Prüfung findet nicht statt, wenn aufgrund der Ergebnisse der schriftlichen Prüfung und der vorliegenden Teile der Gesamtqualifikation auch bei optimalen Ergebnissen des mündlichen Prüfungsteils ein Bestehen des Abiturs nicht mehr möglich ist. Die Prüfung ist dann nicht bestanden.

(4) Die mündliche Prüfung wird in der Regel als Einzelprüfung durchgeführt. Wird die Form der Gruppenprüfung gewählt, so ist durch Begrenzung der Gruppengröße und die Art der Aufgabenstellung dafür Sorge zu tragen, daß die individuelle Leistung eindeutig erkennbar ist. Die Einzelprüfung dauert in der Regel 20 Minuten.

(5) Unbeschadet einer prüfungsdidaktisch erforderlichen Schwerpunktbildung dürfen sich die vom Schüler zu bearbeitenden Aufgaben nicht auf die Sachgebiete eines Kurshalbjahres beschränken. Die mündliche Prüfung darf keine inhaltliche Wiederholung der schriftlichen Prüfung sein.

(6) Die Aufgaben einschließlich der Texte werden dem Schüler schriftlich vorgelegt. Während der Vorbereitung, die unter Aufsicht stattfindet, darf sich der Schüler Aufzeichnungen als Grundlage für seine Ausführungen machen. Ein Ablesen dieser Aufzeichnungen, eine nicht auf das Thema bezogene Wiedergabe gelernten Wissensstoffes sowie das unzusammenhängende Abfragen von Einzelkenntnissen widersprechen dem Zweck der Prüfung. Zu bevorzugen sind die selbständige Lösung der Aufgabe durch den Prüfling im zusammenhängenden Vortrag und das Prüfungsgespräch, in dem vor allem größere fachliche und überfachliche Zusammenhänge, die sich aus dem jeweiligen Thema ergeben, verdeutlicht werden. Die Prüfung ist so durchzuführen, daß eine klare Beurteilung möglich wird...

(8) Das Urteil über die mündliche Eignungsprüfung wird auf Vorschlag des zuständigen Fachlehrers und unter Berücksichtigung des Aussagen des Protokolls vom Fachausschuß festgesetzt.

(9) Die Ergebnisse der Einzelprüfungen werden den Schülern mitgeteilt.

§ 8 Verfahren bei Täuschungen und anderen Unregelmäßigkeiten

(1) Wird eine Täuschungshandlung begangen, so sind Umfang und Intensität festzustellen. Bei schweren Fällen gilt die gesamte Prüfung als nicht bestanden. Die Entscheidung trifft die Prüfungskommission oder die Schulaufsichtsbehörde. In leichten Fällen kann die Prüfungskommission oder die Schulaufsichtsbehörde entscheiden, daß die betroffene Prüfungsleistung wiederholt werden muß. Die Prüfung kann auch von der Schulaufsichtsbehörde als nicht bestanden erklärt werden, wenn Täuschungshandlungen erst nach Aushändigung des Abiturzeugnisses erkannt worden sind.

(2) Behindert ein Schüler durch sein Verhalten die Prüfung so schwerwiegend, daß es nicht möglich ist, seine Prüfung oder die anderer Schüler ordnungsgemäß durchzuführen, so kann er von der weiteren Prüfung ausgeschlossen werden. Die Entscheidung trifft die Prüfungskommission oder die Schulaufsichtsbehörde. Bei einem Ausschluß gilt die Prüfung als nicht bestanden.

(3) Wird in einem Teil der Prüfung die Leistung verweigert, so ist dieser Teil mit 0 Punkten zu bewerten.

§ 9 Rücktritt, Versäumnis, Wiederholung

(1) Ein Rücktritt nach dem Beginn der Prüfung ist nicht möglich.

(2) Bei Behinderung durch Krankheit oder aus anderen wichtigen Gründen setzt die Schulaufsichtsbehörde oder die Prüfungskommission einen neuen Termin fest.

(3) Ohne zureichenden Grund versäumte Prüfungsteile sind jeweils mit 0 Punkten zu werten.

(4) Eine nichtbestandene Prüfung kann nur einmal wiederholt werden.

(5) Eine bestandene Prüfung kann nicht wiederholt werden.

§ 10 Gegenseitige Anerkennung

Zeugnisse der allgemeinen Hochschulreife, die auf der Grundlage der „Vereinbarung zur Neugestaltung der gymnasialen Oberstufe in der Sekundarstufe II" vom 7.7.1972 i.d.F. vom 11.4.1988 gemäß den vorstehenden Bestimmungen über die Abiturprüfung erworben wurden, werden gegenseitig anerkannt. ...

II.7

Vereinbarung über Einheitliche Prüfungsanforderungen in der Abiturprüfung

(Beschluß Nr. 195 der Kultusministerkonferenz vom 1.6.1979
i.d.F. vom 1.12.1989)

Die Kultusministerkonferenz hat in ihrer „Erklärung zur Weiterentwicklung Einheitlicher Prüfungsanforderungen in der Abiturprüfung" – Beschluß der KMK vom 18.11.1977 – Grundsätze dargelegt, nach denen die gemeinsamen Grundlagen für vergleichbare Prüfungsverfahren und -anforderungen in der Abiturprüfung weiterentwickelt werden sollen. Sie stellte dabei fest, daß

– nach wie vor in einer Verbesserung der Vergleichbarkeit der Prüfungsverfahren und -anforderungen im Abitur eine wichtige Aufgabe zu sehen ist, die sich nicht nur aus der Situation des Hochschulzugangs in Numerus-Clausus-Fächern, sondern vor allem aus dem wesentlichen pädagogischen Bedürfnis ergibt, Leistungen in einer Abschlußprüfung nach einsehbaren, verständlichen und vergleichbaren Kriterien zu beurteilen,

– jedoch die wünschenswerte und erforderlich gemeinsame Verbesserung der Prüfungsverfahren und -anforderungen beim Abitur nur in einem Rahmen möglich ist, der sich aus dem föderalistischen Prinzip und aus dem pädagogischen Charakter schulischer Leistungsbeurteilung ergibt.

Diese Grundsätze gelten weiterhin. Sie wurden im Rahmen der Beschlüsse vom 3./4.12.1987 und vom 11.4.1988 über die Neufassung der „Vereinbarung über die Neugestaltung der gymnasialen Oberstufe in der Sekundarstufe II" – Beschluß der KMK vom 7.7.1972 – dahingehend ergänzt, daß eine Weiterentwicklung der Einheitlichen Prüfungsanforderungen mit dem „grundsätzlichen Ziel" erfolgen soll, „zur Sicherung eines einheitlichen und angemessenen Anforderungsniveaus im stärkeren Maße als bisher konkrete Lern- und Prüfungsbereiche aufzunehmen", und zwar „auf einer mittleren Präzisions- bzw. Abstraktionsebene".

Dementsprechend sind die Einheitlichen Prüfungsanforderungen aus den Jahren 1979 ff. in einer Reihe von Fächern ergänzt worden; für weitere Fächer, vor allem aus dem Bereich der Fachgymnasien/berufsbezogenen Bildungsgänge, wurden neue Einheitliche Prüfungsforderungen entwickelt. Die Kultusministerkonferenz hat dabei auch ihre wiederholt bekräftigte Absicht aufgegriffen, die Einheitlichen Prüfungsanforderungen entsprechend den Entwicklungen in der Fachwissenschaft, Fachdidaktik und in der Schulpraxis zu gegebener Zeit zu überprüfen und weiterzuentwickeln.

Die ergänzten oder neu erarbeiteten Einheitlichen Prüfungsanforderungen versuchen ihre Funktion, Anforderungen in der Abiturprüfung in einem pädagogisch vertretbaren Maß zu vereinheitlichen, dadurch zu erfüllen, daß sie Lern- und Prüfungsbereiche beschreiben und wichtige Hilfen zur Konstruktion von Prüfungsaufgaben und zur Bewertung von Prüfungsleistungen bereitstellen.

Zu diesem Zweck enthalten die Einheitlichen Prüfungsanforderungen in den einzelnen Fächern (Fachvereinbarungen)

- eine prüfungsbezogene Beschreibung von Lern- und Prüfungsbereichen auf mittlerer Präzisions- bzw. Abstraktionsebene. Damit soll sichergestellt werden, daß in den geforderten Leistungen ein breites Spektrum allgemeiner fachspezifischer Qualifikationen angesprochen wird und Kenntnisse aus bestimmten Lern- und Prüfungsbereichen in jeder Abiturprüfung verfügbar sind. Die einzelne Abituraufgabe wird nur ausgewählte Qualifikationen und Inhalte überprüfen können. Eine über die beschriebene mittlere Präzisions- bzw. Abstraktionsebene hinausgehende normierende Festlegung von Inhalten soll nicht erfolgen. Eine Bevorzugung bestimmter fachdidaktischer Ansätze ist nicht beabsichtigt. Darüber hinaus enthalten die Fachvereinbarungen, bei denen sich ein sachlicher Anlaß ergibt, eine „Öffnungsklausel", die bis zu einem festgelegten Anteil ein Hinausgehen über die beschriebenen Lern- und Prüfungsbereiche ermöglicht;

- eine fachspezifische Beschreibung der Anforderungsbereiche, die deren ausgewogene Berücksichtigung innerhalb der Prüfungsaufgabe ermöglichen soll. Den Bedingungen einer schulischen Prüfung zur allgemeinen Hochschulreife entsprechend, sollen dabei die bloße Wiedergabe gelernten Wissens ebenso vermieden werden wie eine Überforderung durch Problemfragen, die in der Prüfungssituation nicht angemessen bearbeitet werden können. Die Schwerpunkte der Aufgaben liegen daher in einem Bereich, der mit selbständigem Auswählen, Verarbeiten und Darstellen bekannter Sachverhalte sowie Übertragen des Gelernten auf vergleichbare neue Situationen beschrieben werden kann;

- eine ausführliche Beschreibung der Aufgabenarten sowie des Verfahrens zum Erstellen von Prüfungsaufgaben. Insbesondere wird dabei der Einfluß der festgelegten Lern- und Prüfungsbereiche auf die Aufgabenstellung beschrieben und auf eine Klärung des Zusammenhangs der Aufgabenstellung und der erwarteten Prüfungsleistung mit dem vorangegangenen Unterricht Wert gelegt;

- Hinweise zur Bewertung der Prüfungsleistungen, wobei das Bemühen um Vergleichbarkeit unterstützt werden soll, ohne das notwendige pädagogische Ermessen durch ein schematisches Verfahren zu ersetzen. Dabei wird beschrieben, wann eine Prüfungsleistung noch als ausreichend gelten kann;

- Aufgabenbeispiele, die exemplarisch das erwartete Anspruchsniveau beschreiben, für das sie einen Orientierungsmaßstab darstellen. Bewertungsvorschläge dienen der Erläuterung, dürfen aber nicht als Festlegungen mißverstanden werden.

Der durch diese Einheitlichen Prüfungsanordnungen gegebene Rahmen ermöglicht es, die Unterschiede der Lehrpläne der Länder und die Verschiedenartigkeit der jeweiligen Unterrichts- und Prüfungssituation zu berücksichtigen und zugleich die Prüfungsaufgaben und deren Bewertung innerhalb der einzelnen Fächer und Fächergruppen vergleichbarer und durchschaubarer zu machen.
Dabei ist zu beachten, daß die Bildungs- und Lernziele der gymnasialen Oberstufe nur zu einem Teil und nur in einem eingeschränkten Maß in den Prüfungsanforderungen enthalten sein können, da Schule mehr leistet, als lediglich auf die Abschlußprüfung vorzu-

bereiten. Das Lernen in der gymnasialen Oberstufe soll die Freude am Denken fördern. Vermittelt werden sollen nicht nur Kenntnisse und Fähigkeiten, sondern auch Haltungen und Wertvorstellungen, wie sie im Grundgesetz und in den Verfassungen der Länder ihren Niederschlag gefunden haben. Die gemeinsamen pädagogischen Ziele der Länder für die Unterrichts- und Erziehungsarbeit in der gymnasialen Oberstufe sind in den „Empfehlungen zur Arbeit in der gymnasialen Oberstufe" – Beschluß der KMK vom 2.12.1977 i.d.F. vom 19.12.1988 – wiedergegeben und erläutert.

Für die Umsetzung und Handhabung der Einheitlichen Prüfungsanforderungen sind dabei folgende Aspekte von besonderer Bedeutung:

- Unbeschadet der besonderen Bedeutung einzelner Fächer für den Erwerb der allgemeinen Hochschulreife stellen die Einheitlichen Prüfungsanforderungen sicher, daß alle Fächer, die Prüfungsfächer sein können, unter dem Aspekt der Wissenschaftspropädeutik insofern gleichwertig sind, als sie über Elemente verfügen, mit deren Hilfe geistige Strukturen ausgeprägt werden, die zur Studierfähigkeit beitragen und die Übertragung auf andere Lern- und Lebenssituationen zulassen.

- In ihrer Gesamtheit entsprechen die Einheitlichen Prüfungsanforderungen einem Begriff der wissenschaftsorientierten Bildung, der für die Reflexion über die vielfältigen Veränderungen in allen Lebensbereichen offen ist.

- Die Einheitlichen Prüfungsanforderungen setzen einen Unterricht voraus, der selbständiges Lernen, wissenschaftsorientiertes Arbeiten sowie Entwicklung der Kommunikationsfähigkeit und der Kooperationsbereitschaft zum Ziel hat. Unterrichtsverfahren, die problembezogenes Denken anregen, und Formen des Lehrens und Lernens, die zur Selbständigkeit und zur Kommunikationsfähigkeit beitragen, sollen daher vorrangig praktiziert werden.

- Mit der Veröffentlichung von Einheitlichen Prüfungsanforderungen soll nicht einem beziehungslosen Nebeneinander von Fächern Vorschub geleistet werden. Der Unterricht soll auch fachbereichsübergreifende Kooperation, fächerübergreifende und interdisziplinäre Fragestellungen, die über die Fachgrenzen hinausführen, und den Diskurs über gesellschaftliche, geistige und politische Entwicklungen und Problemstellungen ermöglichen.

Die Kultusministerkonferenz sieht in den Vereinbarungen über die Abiturprüfung ein Beispiel für die gemeinsame Lösung pädagogischer Aufgaben innerhalb des föderativen Bildungssystems.

Die Kultusministerkonferenz vereinbart daher:

1. Die überarbeiteten bzw. neu erarbeiteten Einheitlichen Prüfungsanforderungen in den einzelnen Fächern werden in den Ländern als Grundlage der fachspezifischen Anforderungen in der Abiturprüfung nach den Gegebenheiten der jeweiligen Abiturbestimmungen übernommen und zwar spätestens für die Schülerinnen und Schüler, die zu Beginn des Schuljahres 1992/93 in die gymnasiale Oberstufe eintreten.

2. Diese einheitlichen Prüfungsanforderungen in den einzelnen Fächern sind offen für die Entwicklung in der Fachwissenschaft, Fachdidaktik und in der Schulpraxis sowie für eine stärkere Aufnahme anwendungsbezogener Elemente. Sie werden daher zu gegebener Zeit überprüft und weiterentwickelt.

II.8

Rahmenvereinbarung zur Ordnung des Unterrichts auf der Oberstufe der Gymnasien[1)]

(Beschluß der Kultusministerkonferenz vom 29.9.1960 in Saarbrücken)

Die Länder der Bundesrepublik Deutschland sind übereingekommen, die Oberstufe der Gymnasien neu zu gestalten. Die Rahmenvereinbarung soll helfen, diesem Ziel die Wege zu ebnen. Die Verminderung der Zahl der Pflichtfächer und die Konzentration der Bildungsstoffe werden eine Vertiefung des Unterrichts ermöglichen und die Erziehung des Schülers zu geistiger Selbsttätigkeit und Verantwortung fördern. Damit werden die Grundlagen zu einer besonderen Arbeitsweise geschaffen, die sich von den Unterrichtsmethoden der Unter- und Mittelstufe der Gymnasien unterscheidet und der Oberstufe eine eigene Prägung gibt.

Die Arbeitsweise der Oberstufe setzt in der Klasse 11 ein und ist in den Klassen 12 und 13 voll durchzuführen. Ihrer Einführung dienen die Bestimmungen der Vereinbarung, auf die sich die weiteren Maßnahmen der Unterrichtsverwaltungen gründen. Kennzeichen dieser Bestimmungen sind:

Beschränkung der Zahl der Unterrichtsgebiete,

Beschränkung der Lehrstoffe durch paradigmatische Auswahl und Bildung von Schwerpunkten,

Umwandlung von Pflichtfächern in Wahlpflichtfächer,

Umwandlung bisheriger Pflichtfächer zu freiwilligen Unterrichtsveranstaltungen.

Die Fächer, die auf der Oberstufe nicht mehr für alle Schüler verbindlich sind, sollen zuvor bis zu einem angemessenen Abschluß gefördert werden, ohne daß der Unterrichtsstoff der Mittelstufe dadurch vergrößert wird.

ABSCHNITT I

Die Oberstufe der Gymnasien umfaßt mit den Klassen 11-13 insgesamt drei Schuljahre.

ABSCHNITT II

1. Die Arbeit in den Klassen 12 und 13 wird durch die folgenden Kernpflichtfächer bestimmt:

---

1) Entnommen aus: BOHNENKAMP/DIRKS/KNAB, [1966, S. 1032 ff.]

a) altsprachlicher Schultyp:
Deutsch, Latein, Griechisch (oder Französisch), Mathematik,

b) neusprachlicher Schultyp:
Deutsch, zwei Fremdsprachen, Mathematik,

c) mathematisch-naturwissenschaftlicher Schultyp:
Deutsch, Mathematik, Physik, eine Fremdsprache (erste oder zweite Fremdsprache).

2. Verbindliche Unterrichtsfächer in den Klassen 12 und 13 aller Schultypen sind weiterhin:

Gemeinschaftskunde (insbesondere Geschichte, Geographie, Sozialkunde; es geht hier nicht um den Anteil der Fächer an der Stundenzahl, sondern um übergreifende geistige Gehalte), außerdem Leibesübungen und ein musisches Fach.

3. Dazu tritt in den Klassen 12 und 13 nach Wahl des Schülers ein weiteres Fach (Wahlpflichtfach), das auch die Form einer Arbeitsgemeinschaft für die Klassen 12 und 13 erhalten kann. Als Wahlpflichtfächer gelten:

a) die Fremdsprachen (Englisch, Französisch, Latein,Griechisch, Russisch), soweit sie nicht nach Ziffer 1 Kernpflichtfach sind;

b) die Naturwissenschaften: Physik – soweit es nicht Kernpflichtfach ist –, Chemie, Biologie und Erdkunde.

Es steht den Unterrichtsverwaltungen frei, weitere Wahlpflichtfächer anzubieten oder die Wahlmöglichkeiten einzuschränken.

4. Der Unterricht in der Religionslehre wird auf Grund der in den Ländern jeweils geltenden Bestimmungen erteilt.

5. Je nach dem Schultyp unterscheiden sich die Stundenzahlen für Mathematik, Naturwissenschaften und Fremdsprachen. Die Gesamtstundenzahl ist für alle Pflichtfächer der Oberstufe auf jeder Klassenstufe in den drei Schultypen möglichst gleich zu halten.

6. Neben dem Unterricht in den Pflichtfächern (Ziffer 1 bis 4) wird den Schülern die Möglichkeit gegeben, an zusätzlichen Unterrichtsveranstaltungen teilzunehmen. Die Teilnahme hieran ist den Schülern freizustellen; eine Verpflichtung kann nicht ausgesprochen werden.

Dieser vornehmlich ab Klasse 12 beginnende zusätzliche Unterricht kann in folgenden Formen auftreten; gebundene Lehrgänge von mehrjähriger Dauer, Kurse, Arbeitsgemeinschaften, Experimentiergruppen. Gegenstände dieser Veranstaltung sind:

a) die Unterrichtsgebiete, die vor der Klasse 12 abgeschlossen wurden,

b) ergänzende Arbeit zu den Pflichtfächern nach Ziffer 1 bis 4,

c) neue für die Oberstufe geeignete Aufgaben.

ABSCHNITT III

1. Gegenstände der schriftlichen Reifeprüfung sind:
a) im altsprachlichen Schultyp:
   Deutsch, Latein, Griechisch (oder Französisch), Mathematik,
b) im neusprachlichen Schultyp:
   Deutsch, die zwei Pflichtfremdsprachen der Klassen 12 und 13, Mathematik,
c) im mathematisch-naturwissenschaftlichen Schultyp:
   Deutsch, Mathematik, Physik, die Pflichtfremdsprache der Klassen 12 und 13.

2. Gegenstände der mündlichen Prüfung sind:
a) die vier Fächer der schriftlichen Reifeprüfung,
b) Gemeinschaftskunde,
c) ein weiteres Fach (nach näheren Bestimmungen der Unterrichtsverwaltungen), in dem der Schüler mindestens in den Klassen 12 und 13 am Unterricht oder an den Veranstaltungen der Schule (Abschnitt II, Ziffer 6) teilgenommen haben muß. Der Schüler wählt dieses Fach spätestens zu Beginn der Klasse 13 als Prüfungsgegenstand.

3. Es ist den Ländern freigestellt, eines der unter Abschnitt II, Ziffer 1, genannten Kernpflichtfächer schon am Ende der Klasse 11 oder 12 durch eine Prüfung abzuschließen, und zwar

im altsprachlichen und neusprachlichen Schultyp Mathematik,

im mathematisch-naturwissenschaftlichen Schultyp die Fremdsprache.

4. Weiterhin wird in den Leibesübungen ein geeignetes Prüfungsverfahren durchgeführt.

5. Die Prüfung in der Religionslehre wird nach den in den Ländern jeweils geltenden Bestimmungen abgelegt.

ABSCHNITT IV

1. Das Abkommen tritt sofort in Kraft...

   Die Bestimmungen über die Reifeprüfung werden spätestens für die Reifeprüfungen des Jahres 1965 angewandt...

II.9
Empfehlungen an die Unterrichtsverwaltungen der Länder zur didaktischen und methodischen Gestaltung der Oberstufe der Gymnasien im Sinne der Saarbrücker Rahmenvereinbarung[1])

(Beschluß der Kultusministerkonferenz vom 28./29.9.1961 in Stuttgart)

I. DIE AUFGABEN DER OBERSTUFE

1. Das Gymnasium gibt die allgemeine Grundbildung für wissenschaftliche Studien. Damit werden auch die Voraussetzungen für die Ausbildung in anderen Berufen mit erhöhten geistigen Anforderungen geschaffen.

2. Der Unterricht des Gymnasiums ist zwar auf allen Stufen von dieser Aufgabe bestimmt, aber die Oberstufe ist ihr in besonderem Maße zugeordnet.

3. Der Schüler der Oberstufe soll Ursprünge und grundlegende Inhalte unserer Welt erkennen, damit er sich für ihre verpflichtenden Forderungen in Freiheit und Verantwortung entscheiden kann. Er soll propädeutisch in wissenschaftliche Arbeitsweisen eingeführt werden und lernen, mit Gegenständen und Problemen der Erfahrung, des Erkennens und Wertens seinem Alter entsprechend selbständig und sachgerecht umzugehen.

4. Der Schüler der Oberstufe bedarf der rechten Arbeitsgesinnung. Es ist die Aufgabe aller Lehrer, den Schülern den Sinn ihrer Arbeit zu verdeutlichen und sie zu werkgerechtem Tun anzuleiten. Bei diesen Bemühungen ist die Schule auf das Verständnis und die Mithilfe der Eltern angewiesen. Auch die Schülermitverwaltung hat Möglichkeiten, die Arbeitsgesinnung zu fördern.

II. AUSWAHL DER UNTERRICHTSGEGENSTÄNDE

1. Die Arbeitsweise der Oberstufe setzt eine zweckdienliche Auswahl der Unterrichtsgegenstände voraus.

2. Die Rahmenvereinbarung sieht nicht nur eine Herabsetzung der Zahl der Fächer, sondern auch für alle Fächer eine Beschränkung der Lehrgegenstände vor. Die Unterrichtsthemen können nur dann vertieft und gründlich behandelt werden, wenn ihnen angemessene Zeit eingeräumt wird. Hetze und Unrast sind unter allen Umständen zu vermeiden.

---

1) Entnommen aus: BOHNENKAMP/DIRKS/KNAB [1966, S. 1035 ff.]

3. Ein Kennzeichen für die Arbeitsweise der Oberstufe ist die Konzentration der Unterrichtsgegenstände. Der Begriff „Konzentration" kann als Konzentration der Unterrichtsfächer verstanden werden. Sie zielt auf die innere Verbindung und die übergreifenden Zusammenhänge der einzelnen Fächer. Wichtiger ist die Konzentration innerhalb des Faches. Sie meint die Vertiefung in die Gegenstände und Methoden des Faches. Beide Formen der Konzentration müssen bei der Auswahl der Unterrichtsgegenstände berücksichtigt werden.

4. Die Unterrichtspläne sollen Gegenstände enthalten, die geeignet sind, das Wesentliche eines Wirklichkeitsbereichs zu erschließen. Naturgesetzlichkeiten, naturwissenschaftliche „Methoden und Theorien", die Brauchbarkeit von Arbeitshypothesen und die Notwendigkeit ihrer empirischen Bewährung, mathematische Begriffsbildung und die verschiedenen Beweisprinzipien, Grundbegriffe der Geschichte, der Kunst und der Literatur können exemplarisch erarbeitet werden. Deshalb sind hier diejenigen Gegenstände zu bewegen, die eine exemplarische Behandlung gestatten, d. h. über das Einmalige und Besondere hinaus auf ein Allgemeines verweisen.

5. Auch das orientierende Lehren und Lernen ist auf der Oberstufe als ergänzendes Verfahren in begrenztem Umfang berechtigt. Die Orientierung soll den Schülern eine „Ortungshilfe" geben, eine Art „Koordinatensystem", das ihnen erlaubt, sich in dem Ordnungsgefüge der verschiedenen wissenschaftlichen Disziplinen zurechtzufinden. Orientierendes Lehren ist vor allem auch im Bereich der Geschichte und der sprachlich-literarischen Fächer angebracht, wenn es gilt, das Einmalige in einen größeren Zusammenhang und in die Kontinuität eines Ablaufes einzuordnen. Die Unterrichtspläne sollten Aufgaben und Gegenstandsbereiche enthalten, die im orientierenden Verfahren behandelt werden können.

6. Es empfiehlt sich, in den einzelnen Fächern Pläne aufzustellen, deren verbindlicher Teil in seinem Umfang so bemessen ist, daß der Stoff in etwa der Hälfte der verfügbaren Unterrichtsstunden bewältigt werden kann. So bleibt dem Lehrer noch hinreichend Freiheit für die Auswahl von Unterrichtsgegenständen, bei der auch Schülerwünsche berücksichtigt werden sollen.

III. DIE BESONDERE ARBEITSWEISE DER OBERSTUFE

1. Der Lehrer der Oberstufe hat eine doppelte Aufgabe: einmal in dem Schüler das Bedürfnis nach gründlicher Sachkenntnis und vertiefter Erkenntnis zu wecken, zum anderen ihn zu immer größerer Selbsttätigkeit hinzuführen.

2. Der Schüler der Oberstufe soll sich die Methoden der geistigen Arbeit aneignen und das Zusammenspiel von Arbeitshaltung und Arbeitstechnik üben. Er wird in die unterschiedlichen Arbeitsformen der einzelnen Fächer eingeführt. Er soll lernen, wie man Literatur zu einer begrenzten Aufgabe sinnvoll benutzt. Besonderer Sorgfalt bedarf die Einführung in die Lektüre geeigneter wissenschaftlicher Darstellungen. Der Schüler soll die Eigenart eines Buches erfassen, Wesentliches von Unwesentlichem unterscheiden lernen

und sich im sachgemäßen Exzerpieren üben. Er muß angeleitet werden, die häusliche Arbeit selbständig und sachgerecht zu planen und auszuführen.

3. Es empfiehlt sich, gelegentlich Facharbeiten anfertigen zu lassen, für die ein größerer Zeitraum zur Verfügung steht. Der Schüler soll ein eng begrenztes Thema unter Anleitung des Lehrers möglichst selbständig bearbeiten. Er soll nachweisen, daß er ein seinem Ausbildungsstand angemessenes Problem zu durchdenken und darzustellen vermag. Arbeiten dieser Art bedürfen einer gründlichen Einführung in die Technik der geistigen Arbeit und in die zweckmäßige Benutzung der für das Thema wichtigen Literatur.

4. Der Schüler muß in den naturwissenschaftlichen Fächern lernen, mit Geräten umzugehen und zu beurteilen, welche Experimente durchgeführt werden müssen, um auf empirischem Weg zu einer gültigen Entscheidung zu kommen. Er soll in der Lage sein, ein Versuchsprotokoll anzufertigen und auszuwerten. Die naturwissenschaftlichen Facharbeiten sollen sich in der Regel auf Versuche stützen.

5. Das Unterrichtsgespräch wird in der Oberstufenarbeit einen breiten Raum einnehmen müssen. Es ermöglicht bei strenger Bindung an die Sache ein hohes Maß an Selbsttätigkeit. Der Lehrer bestimmt nur den Gesamtaufbau der Unterrichtseinheit. Er greift erst ein, wenn es unbedingt nötig ist, möglichst nicht fragend, sondern indem er Impulse gibt oder auf die umfassende Fragestellung verweist.

6. Auch auf der Oberstufe hat der Lehrervortrag seine Berechtigung. Ebenso kann auf die fragend-entwickelnde Unterrichtsform nicht völlig verzichtet werden. Es ist vor jeder methodischen Einseitigkeit zu warnen. Die einzelnen Unterrichtsformen müssen in lebendigem Wechsel im Hinblick auf die jeweilige didaktische Situation angewandt werden. Allerdings sind das „Dozieren" im Unterricht und das „kurzschrittige" Frage-Antwort-Spiel keine zulässigen Unterrichtsformen.

7. Besondere Beachtung verdient der arbeitsteilige Gruppenunterricht: Es werden von einzelnen Gruppen oder auch von einzelnen Schülern Aufgaben erarbeitet, von denen jede das Teilstück einer Gesamtaufgabe darstellt. Dabei sind drei Phasen zu unterscheiden: die Aufgliederung des Arbeitsganzen, die Ausführung der Teilarbeiten (als Schul- oder Hausarbeit), die Zusammenfassung der Ergebnisse. Es ist bei diesem Verfahren besonders darauf zu achten, daß alle Schüler die für die jeweilige Gesamtaufgabe notwendigen Voraussetzungen besitzen und daß der Arbeitsertrag für alle gesichert wird.

Die Vorteile dieser Unterrichtsform sind offenkundig. Sie fördert in besonderem Maß die Selbständigkeit des Schülers. Schon bei der Verteilung der Arbeit kann die Eigenart jedes Schülers berücksichtigt werden. Die Gruppe und jeder einzelne sind verantwortlich für das Gelingen der Arbeit. Die Schüler sind zu gegenseitiger Hilfeleistung verpflichtet. Die Bedeutung jedes Einzelbeitrages für das Gesamtergebnis wird bewußt. Eine solche Arbeitsweise erzieht nicht nur zum guten Schüler, sondern auch zum guten Mitschüler. Das Unterrichtsgespräch und das Schülerreferat können im Zusammenhang mit dem Gruppenunterricht besonders gepflegt werden. Der Lehrer wird bei dieser Unterrichtsform zum beratenden Studienleiter. Er muß diese veränderte pädagogische und didaktische Situation berücksichtigen und sich auf Vorbereitung und Hilfeleistung besonderer Art einstellen.

8. Damit größere Unterrichtseinheiten zusammenhängend und in der gebotenen Gründlichkeit behandelt werden können, empfiehlt es sich, Doppelstunden (Blockstunden) anzusetzen.

9. Auch der Epochenunterricht dient der Arbeitskonzentration: Einzelne Fächer werden jeweils im Wechsel mit erhöhter Stundenzahl angesetzt. Die Arbeitsbemühung der Schüler richtet sich auf wenige Schwerpunkte und gewinnt an Intensität. Allerdings ist der Epochenunterricht nicht für alle Fächer in gleichem Maße zweckdienlich.

10. Das Kolloquium ist geeignet, mit den Schülern Themen zu behandeln, zu denen verschiedene Fächer einen Beitrag leisten können. Es ist darauf zu achten, daß die Themen dem Wissen und dem Leistungsvermögen der Schüler angepaßt sind. Alle Formen der geistigen Vermittlung sind angebracht, die eine lebendige Aussprache auslösen können: Berichte der Lehrer, Schülerreferate, Berichte über die Ergebnisse vorbereitender Gruppenarbeit, gemeinsame Lektüre geeigneter Abschnitte aus einfachen wissenschaftlichen Darlegungen usw. Die Aussprache braucht nicht immer zu eindeutigen oder übereinstimmenden Ergebnissen zu führen. An ihrem Ende sollte jedoch immer eine klare Zusammenfassung des Erreichten, Nichterreichten oder Strittigen stehen. Entscheidend ist, daß die Bereitschaft zum Gespräch auch bei verschiedenen Grundauffassungen gefördert wird.

11. Darüber hinaus können gesamtunterrichtlich orientierte überfachliche Arbeitsgemeinschaften – z. B. philosophische, naturwissenschaftliche, musische – als zusätzliche Unterrichtsveranstaltungen eingerichtet werden.

12. Der Erfolg der Oberstufenarbeit hängt also entscheidend davon ab, ob es gelingt, die Beziehungslosigkeit der einzelnen Fächer zu überwinden. Bemühungen dieser Art werden besonders erfolgreich sein, wenn der einzelne Lehrer nicht nur sein Fach beherrscht, sondern auch den Beitrag der übrigen Fächer zum Bildungsganzen kennt. Es sollten sich daher an der einzelnen Schule Lehrer aller Fächer zu Arbeitsgemeinschaften für die Aufgaben der Oberstufe zusammenfinden. Dadurch wird dem Fachegoismus entgegengewirkt und verhindert, daß die Verminderung der Unterrichtsgebiete zu einer frühzeitigen Spezialisierung führt und den Gedanken der geistigen Grundbildung verfälscht.

IV. DIE ÄUSSEREN VORAUSSETZUNGEN FÜR DIE BESONDERE ARBEITSWEISE DER OBERSTUFE

Die besondere Arbeitsweise der Oberstufe ist an bestimmte äußere Voraussetzungen gebunden:

1. Die notwendigen Arbeitsmittel (z. B. wissenschaftliche Darstellungen, weiterführende Lehrbücher, Lexika, Quellenwerke, Sammlungen, Experimentiergeräte) müssen in ausreichender Zahl vorhanden sein.

2. Es empfiehlt sich, besondere Fachräume einzurichten und sie mit einer Arbeitsbücherei und anderen Arbeitsmitteln auszustatten.

3. Die Zahl der Pflichtstunden für Lehrer, die in den Klassen 12 und 13 unterrichten, sollte angemessen herabgesetzt werden.

4. Die Klassenfrequenzhöchstzahl 20 ist anzustreben.

II.10

Die „Tübinger Beschlüsse"[1)
Fünf Resolutionen der Konferenz „Universität und Schule"
vom 30.9. und 1.10.1951

1. RESOLUTION
LEHRKRÄFTE[2)] DER HÖHEREN SCHULEN

In Tübingen haben sich Vertreter der Höheren Schulen und Hochschulen getroffen, um die Frage einer Zusammenarbeit zu beraten. Sie sind dabei zu der Überzeugung gekommen, daß das deutsche Bildungswesen, zumindest in Höheren Schulen und Hochschulen, in Gefahr ist, das geistige Leben durch die Fülle des Stoffes zu ersticken.
Ein Mißverständnis der im Jahre 1945 mit Recht erhobenen Forderung nach Leistungssteigerung hat diese Gefahr von neuem heraufbeschworen. Leistung ist nicht möglich ohne Gründlichkeit und Gründlichkeit nicht ohne Selbstbeschränkung. Arbeiten-Können ist mehr als Vielwisserei. Ursprüngliche Phänomene der geistigen Welt können am Beispiel eines einzelnen, vom Schüler wirklich erfaßten Gegenstandes sichtbar werden, aber sie werden verdeckt durch eine Anhäufung von bloßem Stoff, der nicht eigentlich verstanden ist und darum bald wieder vergessen wird.

Es scheint uns, daß eine innere Umgestaltung des Unterrichts an der Höheren Schule und der Bildung ihrer Lehrer an der Hochschule unerläßlich ist. Es ist uns bewußt, daß diese Reform der Schulen der Mitwirkung der Hochschulen bedarf. Die anwesenden Vertreter der Hochschulen haben ihre Bereitschaft dazu ausgesprochen. Wir begrüßen die bereits in dieser Richtung an verschiedenen Stellen unternommenen Schritte. Für die Erneuerung der Schulen scheinen uns folgende Bedingungen zu gelten:
Die Durchdringung des Wesentlichen der Unterrichtsgegenstände hat den unbedingten Vorrang vor jeder Ausweitung des stofflichen Bereichs. Die Zahl der Prüfungsfächer im Abitur sollte eingeschränkt, die Prüfungsmethoden sollten mehr auf Verständnis als auf Gedächtnisleistung abgestellt werden. Man sollte ferner überall von dem Prinzip starrer Lehrpläne zu dem der Richtlinien zurückkehren. Eine Herabsetzung der Stundenzahl ist erforderlich. Sie kann ohne zusätzliche Kosten geschehen, wenn sie zugleich für die Schüler und für die Lehrer vollzogen wird.

Wir wissen, daß mit einer bloß formalen Erfüllung dieser Forderung nichts gewonnen wäre, sondern daß gleichzeitig ihr Sinn im Erarbeiten von Erfahrungen deutlich gemacht werden muß. Damit solche Erfahrungen gesammelt und weitergegeben werden können, schlagen wir insbesondere vor, daß einzelnen öffentlichen und privaten Schulen drei Freiheiten gewährt werden:

1. die freie Zusammenstellung ihrer Lehrkörper,

---

1) Entnommen aus: BOHNENKAMP/DIRKS/KNAB [1966, S. 1027 ff.]
2) Sinngemäß müßte es hier „Lehrpläne" statt „Lehrkräfte" heißen [SCHEUERL, 1962, S. 151].

2. die freiere Gestaltung des Lehrplanes zum Zwecke der Vertiefung in das Wesentliche,
3. die im Einvernehmen mit den Ministerialbehörden zu vollziehende Beschränkung der Prüfungsfächer im Abitur.

2. RESOLUTION
MODELLSCHULEN

Die Versammlung ist sich darüber einig, daß die ernsten Gefahren, die heute das deutsche Bildungswesen bedrohen, ohne eine innere Umgestaltung der Höheren Schulen nicht überwunden werden können. Um eine solche Erneuerung zu befördern und die zu ihrer Durchführung nötigen Erfahrungen zu ermöglichen, schlägt die Versammlung vor, es möge ausgewählten öffentlichen und privaten Schulen die Freiheit zu einer selbständigen Ausgestaltung des Unterrichts insbesondere auf der Oberstufe gewährt werden. Hierzu wäre vor allem erforderlich

1. die freie Zusammenstellung ihrer Lehrkörper,
2. die freie Gestaltung des Lehrplans zum Zwecke der Vertiefung in das Wesentliche,
3. die im Einvernehmen mit den Ministerialbehörden zu vollziehende Beschränkung der Prüfungsfächer im Abitur.

4. RESOLUTION
KONTAKT ZWISCHEN SCHULE UND HOCHSCHULE

Wir bedauern, daß seit einigen Jahrzehnten der Kontakt zwischen Schule und Hochschule in steigendem Maße verlorengeht. Die Folge ist, daß einerseits die Hochschule der pädagogischen Wirklichkeit, andererseits die Schule dem lebendigen Fortschritt der Wissenschaft entfremdet wird.

Wir empfehlen 1. die Einrichtung und Unterstützung von Arbeitskreisen, in welchen Lehrer der Schulen mit der neuesten Entwicklung ihrer Wissenschaft in Fühlung gehalten und die Erkenntnisse der Forschung im Hinblick auf ihre pädagogische Verwendung durchgearbeitet werden. Da solche Kurse für den menschlichen und pädagogischen Kontakt zwischen Universität und Schule von höchster Bedeutung sind, sollten die zu ihrer Durchführung nötigen Mittel bereitgestellt werden.

Wir empfehlen 2. die Unterstützung der wissenschaftlichen Arbeit der Lehrer der Höheren Schule. Lehrern, welche mit einer wissenschaftlichen Arbeit beschäftigt sind, sollte eine Herabsetzung ihrer Pflichtstundenzahl zugebilligt werden; in besonderen Fällen sollte ein bezahlter Studienurlaub gewährt werden.

Wir empfehlen 3. zur Förderung einer engen sachlichen und persönlichen Verbindung zwischen der wissenschaftlichen Forschung der Hochschule und dem wissenschaftlichen Unterricht der Höheren Schule, in größerer Zahl geeigneten jungen wissenschaftlichen Hilfskräften der Hochschule durch Übertragung eines Teillehrauftrages an einer Höheren Schule die gleichzeitige Tätigkeit an der Hochschule und der Höheren Schule zu ermöglichen.

5. RESOLUTION
PRÜFUNGSORDNUNG FÜR DAS HÖHERE LEHRAMT

Erklärung zur Reform der wissenschaftlichen Prüfung für das Lehramt an Höheren Schulen

1. Durch die Verschiedenheit der Prüfungsordnungen und die dadurch bedingte Verschiedenheit der Ausbildung ist ein tragender Grundsatz des deutschen Hochschullebens, die Freizügigkeit, in ernster Gefahr. Dieser Gefahr kann in gewissem Maße schon jetzt dadurch begegnet werden, daß die Prüfungsämter der Länder bereit sind, Kandidaten nach der Prüfungsordnung ihres Heimatlandes zu prüfen.

2. Wir unterstützen alle Bestrebungen, die auf eine Angleichung und freiere Gestaltung der Prüfungsordnungen und Prüfungsverfahren abzielen. So wären unter anderem durch besondere Ausschüsse zu sammeln und auszuwerten die Erfahrungen mit den Lehrern, die durch die bisherigen Prüfungen qualifiziert wurden, ebenso die Erfahrungen des Auslandes. Auch wären die Erkenntnisse der modernen Psychologie und Pädagogik nutzbar zu machen. Für die Neugestaltung des Prüfungswesens sollten ferner Schule und Universität ihre beiderseitigen Forderungen und Erwartungen aufeinander abstimmen.

3. Wir empfehlen, in Anlehnung an das in mehreren Ländern bereits Durchgeführte, eine Beschränkung auf zwei Pflichtfächer, und zwar auf ein Hauptfach und ein weiteres Fach. Die Forderungen im Hauptfach sollen ein vertieftes, selbständiges und wissenschaftliches Studium durch Stoffbeschränkung und durch Konzentration auf ausgewählte wesentliche Gebiete ermöglichen. Im zweiten Fall sollten die Forderungen sich auf die für den praktischen Schulunterricht notwendigen Kenntnisse und Fähigkeiten erstrecken. Wenn auch hinsichtlich der Fächerkombination die Verwendbarkeit der Lehrer berücksichtigt werden muß, sollte doch – wie es in einzelnen Ländern bereits der Fall ist – eine freie Fächerverbindung innerhalb bestimmter Grenzen ermöglicht werden; dabei wird vorausgesetzt, daß eines der Fächer Schulhauptfach ist und die Fächer in einem inneren Verhältnis zueinander stehen.

4. Hierdurch wird Raum geschaffen, daß der künftige Lehrer sein Studium nach freier Wahl über die Grenzen seines Fachgebietes hinaus ausdehnt.

5. Damit die Schule die geeigneten Lehrer erhält, sollte die Prüfung darauf gerichtet werden, nicht so sehr den Nachweis vorgeschriebener Einzelkenntnisse wie die geistige Befähigung, das Können, Verstehen und selbständige Urteilen festzustellen. Diesem Ziele widersprechen unter anderem die Ausrechnung der Schlußnoten nach Punkten, die Aufteilung einer Prüfungsstunde unter mehr als zwei Prüfer, die Kompensierung eines Mangels an Verständnis durch reine Gedächtnisleistungen und das Abverlangen von Klausuren, die im wesentlichen nicht mehr als ein Reproduzieren von eingelerntem Einzelwissen darstellen.

II.11

Der erste Maturitätskatalog („Tutzing I"),

(aufgestellt von Beauftragten der Ständigen Konferenz der Kultusminister und der Westdeutschen Rektorenkonferenz auf einer Tagung vom 28. bis 30.4.1958 in Tutzing)

und die „Vier Initiationen"

(Auszug aus einem Referat von Prof. Dr. Wilhelm Flitner auf der ersten Hochschulreifetagung in Tutzing vom 28. bis 30.4.1958)[1]

Der „Tutzinger Maturitätskatalog"
Begriff der Hochschulreife – Inhaltliches Minimum

1. Einwandfreies Deutsch; Fähigkeit, einen eigenen Gedankengang zu formulieren und einen fremden richtig wiederzugeben, sowohl mündlich wie schriftlich, und mit einem Wortschatz, der auch feinere Unterscheidungen ermöglicht.

2. Verständnis einiger Meisterwerke der deutschen Literatur, und zwar auch solcher aus dem Umkreis der klassischen Literaturepoche, sowie bedeutender Schriften sowohl philosophisch als auch literarisch wertvoller Prosa und Verständnis einiger grundlegend wichtiger Meisterwerke der Weltliteratur, vor allem auch der antiken.

3. Gute Einführung in eine Fremdsprache: Nachzuweisen ist flüssige Lektüre gehaltvoller leichter bis mittelschwerer Prosa ohne Hilfsmittel und die Fähigkeit, über das Gelesene in deutscher Sprache zu referieren und in der Fremdsprache ein einwandfreies Gespräch zu führen; ferner eine erste Einführung in eine zweite Fremdsprache. Eine der beiden Sprachen soll Latein oder Französisch sein.

4. Kenntnis der Elementarmathematik, quadratische Gleichungen, Trigonometrie, Algebra, analytische Geometrie; Weiterentwicklung der mathematischen Denkfähigkeit, insbesondere der Fähigkeit, Beweise zu führen; Anwendung der aus den ausgewählten Stoffen gewonnenen Erkenntnisse auf Geometrie und Naturwissenschaften:

5. In der Physik Einführung in die Hauptphänomene, Verständnis für den Energiebegriff, wie er in allen Erscheinungsformen der Natur zu ermitteln ist, Kenntnis der historischen Anfänge physikalischen Denkens. Verständnis für das Wesen der exakt naturwissenschaftlichen Methode, für die Beschränkung der Aussagemöglichkeiten auf das Quantitative und damit für die Grenzen der naturwissenschaftlichen Methode – ferner für die wissenschaftliche Ermöglichung der maschinellen Technik, Ansatz zum Verständnis chemischer Erscheinungen und ihres Bezugs auf das Energieproblem.

---

[1] Beide Texte sind entnommen aus: BOHNENKAMP/DIRKS/KNAB [1966, S. 1030 ff.].

6. Liebhabermäßiges Betrachten der anschaulichen Natur und Zugang zur biologischen Betrachtungsweise.

7. In der Geschichte: Kenntnis und Verständnis für die geschichtliche Situation der Gegenwart, wie sie sich seit der Französischen Revolution ergeben hat.

8. Propädeutik: Verständnis für die philosophischen Einleitungsfragen, besonders für die anthropologischen, ausgehend von Platon oder Descartes oder Kant.

9. Orientierung über die Christenlehre, die kirchengeschichtlichen Hauptereignisse und Einführung in die ethischen Grundfragen.

DIE „VIER INITIATIONEN"

Um universitäre Studien beginnen zu können, bedarf es

1. eines elementaren Verstehens der christlichen Glaubenswelt und ihrer wesentlichen irdischen Schicksale;
2. eines philosophisch-wissenschaftlich-literarischen Problembewußtseins;
3. eines Verständnisses für das Verfahren und die Grenzen der exakt-naturwissenschaftlichen Forschung und ihrer Bedeutung für die Technik;
4. eines Begreifens der Problemlage, die in der politischen Ordnung insbesondere durch die Französische Revolution, durch den Gedanken der Bürgermitverantwortung, der Rechtssicherheit und persönlichen Freiheit, der Völkerrechtsidee entstanden ist, und wie die politische Aufgabe und die gesellschaftliche Zuständigkeit einander beeinflussen.

Es handelt sich dabei nicht um Darlegungen von Theorien oder Vermittlung von Kulturkunde über diese vier Ursprungsfelder moderner Humanität, sondern um „‚Initiationen', um Einführungen in die geistige oder geschichtliche Präsenz dieser Inhalte selbst".

II.12

Der zweite Maturitätskatalog („Tutzing VI"),

aufgestellt von Beauftragten der KMK und der WRK, am 23./24. Januar 1969
zu Münster [SCHEUERL, 1969, S. 21 ff.]

4. Die Ziele und Anforderungen für jedes der drei Aufgabenfelder sind im nachfolgenden Teil C für die „Grundanforderungen" unter fachlichen Gesichtspunkten im einzelnen dargelegt. Generell muß zu diesem Katalog der Einzelforderungen folgendes gesagt werden:

a) Der Katalog ist in wichtigen Punkten ausführlicher als der frühere „Tutzinger Maturitätskatalog". Die größere Ausführlichkeit will einer genaueren Angabe erreichbarer Lernziele dienen und ist unter anderem darauf zurückzuführen, daß sich der Katalog auf die gymnasiale Oberstufe des allgemeinbildenden Schulwesens bezieht (während der frühere Katalog mehr die Sonderzugänge des „zweiten Bildungsweges" zu koordinieren beabsichtigt hatte) und dabei in vielen Teilen über den Rahmen der Oberstufe hinaus auch Ergebnisse der ganzen Schulzeit in die Betrachtung einbeziehen mußte.

b) Besonders große Ausführlichkeit hat dabei der mathematische und naturwissenschaftliche Aufgabenbereich erhalten, weil in ihm heute ein empfindlicher „Modernitätsrückstand" aufzuholen ist, und weil hier besonders Gegengewichte gegen mögliche Einseitigkeiten naheliegen.

c) Auch der gesellschaftliche und geschichtliche Aufgabenbereich enthält gegenüber der bisherigen Lehrplantradition eine Reihe neuer Akzente, die sich nicht ohne Konsequenzen sowohl für die Didaktik neuer Lehrgänge und Unterrichtsformen als auch für die Lehrerbildung (neuartige Fächerkombinationen, auch Heranziehung außerschulischer Fachleute) und für die Gewichtung der Stundenplan-Anteile werden verwirklichen lassen.

d) Bei aller Ausführlichkeit des Katalogs wird jedoch nicht mehr gefordert, als in einem vernünftig geplanten, auf das Wesentliche konzentrierten, „exemplarischen" Unterricht für jeden Schüler in den „Grundanforderungen" erreichbar sein sollte, wenn man sich wirklich beschränkt auf Vermittlung von „Orientierung und Einsichten" in einem schlichten und zuverlässigen Sinne. Der Katalog der Anforderungen soll die Hochschulreife nicht „erschweren", sondern didaktisch akzentuieren.

e) Unter den Lernzielen kehren in nahezu allen Abschnitten Forderungen wieder, die sich auf „Kenntnisse", auf methodische Übung in „Fähigkeiten", auf „Einblick" in Sachzusammenhänge oder auf Anbahnung von „Verständnis" oder auch „Vertrautsein" mit bestimmten kategorialen Bereichen beziehen. Selbstverständlich haben solche Formulierungen immer einen mehr oder weniger dehnbaren Interpretationsspielraum. Sie sind im Hinblick auf die Proportionen des Ganzen dennoch keine bloßen „Leerformeln". Bei sachgemäßer Auslegung im Sinne einer unprätentiösen Orientierung, Einführung und Übung sollten Mißverständnisse und Fehlentwicklungen in Richtung auf fachegoistische Stoffauswucherungen vermeidbar sein.

f) Die Zuordnung der drei Aufgabenfelder zu bestehenden oder neu aufzubauenden Einzelfächern und Lehrgängen wird, wo sie sich nicht aus der Sache heraus von selber nahelegt, in dem Katalog bewußt offen gelassen, um neuen didaktischen Formen und Koordinationsmöglichkeiten Raum zu geben:

Epochenunterricht, „team-teaching", Lehrer-Schüler-Kolloquien, Spezialkurse, thematische Projekte, Gruppenarbeit, programmiertes Lernen, Sprachlabors, eigenes Experimentieren der Schüler, Exkursionen und Praktika legen sich an mehreren Punkten des Katalogs nahe.

Fächerübergreifende Aufgaben etwa der Ethik, Sexualpädagogik, Technik können, statt an einzelne Schulfächer nur beiläufig angehängt zu werden, auch eine besondere thematische Bearbeitung in Epochen und Projekten erfahren.

5. Der in Teil C vorgelegte Katalog wäre also mißverstanden, wenn er als bloße Addition gegeneinander isolierter Einzelfächer gelesen würde, die alle in zeitlicher Kontinuität parallel zueinander mit notwendig geringer Wochenstundenzahl durch die ganze Oberstufe gleichzeitig vertreten sein müßten. Grundsätzlich sollen zwar alle drei Aufgabenfelder bis zum Ende der Oberstufe im Lehrplan vertreten sein. Das schließt jedoch nicht aus, daß Teilgebiete jeweils epochenmäßig unterschiedlich betont und auch vorher abgeschlossen werden können.

C. Katalog der „Grundanforderungen" (unter Berücksichtigung der gesamten Schulzeit):

1. Sprachliches und literarisches Aufgabenfeld:

a) Fähigkeit, in gutem Deutsch eigene Gedanken in freier Rede und schriftlicher Darstellung zu formulieren sowie Sachverhalte und Gedankengänge auch schwieriger (einschließlich wissenschaftlicher) Texte richtig aufzufassen und wiederzugeben; der dabei verwendete Wortschatz soll auch feinere Unterscheidungen der Sinngehalte ermöglichen; Einsicht in die grammatische Struktur des Deutschen.

b) Gründliches Erlernen einer Fremdsprache und Einblick in die Besonderheit ihrer Sprachstruktur.

Angemessene Sicherheit im Umgang mit einer zweiten Fremdsprache bis zur Lektüre mittelschwerer Texte.

Zu den vordringlichen Lernzielen gehört dabei die Fähigkeit, sich in einer modernen Fremdsprache auch mündlich auszudrücken.

Eine der beiden Fremdsprachen ist in der Regel Englisch, die andere soll Latein, Französisch oder Russisch sein.

Kenntnisse einer dritten Fremdsprache sind erwünscht; dabei sind die Anforderungen der verschiedenen Sprachen inhaltlich und zeitlich so aufeinander abzustimmen, daß eine deutliche Schwerpunktbildung bei einer der Sprachen möglich ist.

c) Kenntnis und Verständnis einiger bedeutender Werke der deutschen Literatur und der Weltliteratur, auch der antiken; soweit möglich Kenntnis einiger Werke aufgrund von Lektüre in ihrer Originalsprache. Die literarische Bildung sollte ergänzt sein auch durch Konfrontation des Schülers mit einigen bedeutenden Werken der bildenden Kunst und der Musik. Bei alledem sollen auch die historischen und gesellschaftlichen Voraussetzungen berücksichtigt werden.

2. Mathematisches und naturwissenschaftliches Aufgabenfeld:

a) *Mathematik*: Verständnis für den Vorgang der Abstraktion und für die Prinzipien der Exaktheit; Fähigkeit zu logischem Schließen; exemplarisch gewonnene Einsicht in die Mathematisierung von Sachverhalten. Sicherheit in einfachen Kalkülen im Hinblick auf Anwendungen in anderen Disziplinen. Dazu gehören in der Regel elementare Mengenlehre, lineare und quadratische Gleichungen, lineare Algebra, Grundtatsachen der Geometrie, Vektorrechnung, Funktions- und Abbildungsbegriff, Grundkenntnisse der Analysis, Wahrscheinlichkeitsbegriff und elementare Statistik.

b) *Physik*: Kenntnis der hauptsächlich physikalischen Erscheinungen und daraus folgender Naturgesetze. Einführung in die Besonderheit der mikrophysikalischen Erscheinungen mit ausgewählten Beispielen der Atom-, Kern- und Festkörperphysik. Zusammenhang mit der technischen Entwicklung.

Vertrautsein mit der Beschreibung physikalischer Phänomene in streng definierten Begriffen und mit der mathematischen Behandlung einfacherer Erscheinungen.

Verständnis für die Besonderheit der physikalischen Methode: Das Experiment als Frage an die Natur; Bildung von Modellvorstellungen; mathematische Formulierung von Funktionszusammenhängen zwischen quantitativen Größen. Hinweis auf Tragweite und Grenzen der physikalischen Erkenntnismethode.

c) *Chemie*: Kenntnis der wichtigsten Stoffe der belebten und unbelebten Natur sowie der wichtigsten im Laboratorium und in der Technik künstlich erzeugten Verbindungen.

Ableitung der chemischen Eigenschaften aus dem Atombau und der chemischen Bindung unter Einbeziehung des Periodensystems als Ordnungsprinzip.

Verständnis des Ablaufs chemischer Reaktionen mit Hilfe von auf physikalisch-chemischen Gesetzen begründeten Modellvorstellungen.

Einblick in die Beziehungen der Chemie zu Physik, Biologie, Medizin, Technik und Wirtschaft.

d) *Biologie*: Übung in sachgerechter Beobachtung und Beschreibung tierischer und pflanzlicher Organismen und ihrer Lebensräume.

Einsicht in ausgewählte Beispiele von experimentellen Untersuchungen aus Physiologie, Entwicklung, Genetik und Klarheit über die Anwendbarkeit physikalisch-chemischer Analysen und Modelle auf lebende Systeme.

Verständnis für unterschiedliche Organisationsformen, für die Phylogenie einschließlich des Menschen und die besonderen Bedingungen seiner biologischen Konstitution im Verhältnis zu seiner Existenz.

3. Gesellschaftliches und geschichtliches Aufgabenfeld:

a) Einblick in die bevölkerungs-, wirtschafts- und verkehrsgeographische Bestimmtheit und Differenziertheit der gegenwärtigen Weltsituation und ihrer *Geschichte*, aufbauend auf hinreichendem Grundlagenwissen aus der physischen *Geographie* und benachbarten Einzelwissenschaften.

b) Fachgerecht erworbene Einsicht in *Grundtatbestände der staatlichen und rechtlichen Ordnungen*, zumal in der Bundesrepublik, und zwar auch im Hinblick auf das private Leben. Vertrautheit mit den „Spielregeln" der parlamentarischen Demokratie und ihres rechtlich-politischen Gefüges. Verständnis und Kritik andersartiger Lebensordnungen, erarbeitet an mindestens einem ausgewählten Beispiel. Erklärung wichtiger Begriffe aus der Staats- und Rechtslehre.

c) Fachgerecht erworbene Einsicht in *gesellschaftliche und wirtschaftliche Grundtatbestände* des modernen Lebens. Einführung in einfache Kreislauf- und Wachstumsmodelle der Wirtschaft, unter Einbeziehung der politischen Ökonomie und verschiedener Wirtschaftssysteme. Erläuterung elementarer Begriffe aus Volkswirtschaftslehre und Sozialwissenschaft.

d) Informiertheit über Entstehen und Vergehen von Großkulturen; Einsicht in die Entstehung der gegenwärtigen Völker- und Staatenwelt; Kenntnis wichtiger historischer Entscheidungen, die bis heute wirksam sind, namentlich auch solcher geistesgeschichtlicher, sozial-, wirtschafts- und technik-geschichtlicher Art. Einblick in Weltreligionen und Ideologien als geschichtliche Kräfte; ihre Auswirkungen auf die moderne Welt. Gründlichere Kenntnisse aus dem Wirkzusammenhang der Neueren und Neuesten *Geschichte*. Exemplarisch erworbene Einsicht in die prinzipielle Wandelbarkeit politischer und gesellschaftlicher Systeme und Gefüge (Staatsformen, Sozialstrukturen, Rechts- und Wirtschaftsordnungen), ihre weltanschauliche Bestimmtheit und Prägekraft.

II.13

Zur Weiterentwicklung der neugestalteten gymnasialen Oberstufe

Thesen des 122. Plenums der Westdeutschen Rektorenkonferenz
Bonn-Bad Godesberg, 5. Juli 1977

I. Vorbemerkungen

Die Westdeutsche Rektorenkonferenz legt hiermit Vorschläge zur Vereinheitlichung der neugestalteten gymnasialen Oberstufe vor. Der Tradition der sogenannten Tutzinger Gespräche entsprechend hat ein erstes Gespräch mit der zuständigen Kommission der Kultusministerkonferenz stattgefunden, bei dem verschiedene grundsätzliche Probleme erörtert wurden. Die WRK hält es für notwendig, sich ständig um eine Weiterentwicklung des Schulwesens zu bemühen. Dabei ist es erforderlich, die schwierigen Probleme des Übergangs vom Sekundarbereich in den tertiären Bildungsbereich in gewissen Zeitabständen immer wieder zu überdenken, damit gegebenenfalls den sich ändernden Randbedingungen Rechnung getragen werden kann. Es ist davon auszugehen, daß es sich dabei um ein gemeinsames Bemühen von KMK und WRK handeln sollte.

1. Die derzeitige Situation ist gekennzeichnet von stark steigenden Zahlen an studienberechtigten Bewerbern. Im Interesse der Bewerber muß jede nicht unbedingt notwendige zusätzliche Belastung der Hochschulen, die eine Reduzierung der Aufnahmekapazität zur Folge hätte, vermieden werden. Deshalb ist es erforderlich, daß die Studienanfänger studierfähig zur Hochschule kommen und nicht erst an der Hochschule durch geeignete Maßnahmen in der Studieneingangsphase (z. B. durch Brücken- und Vorkurse) fehlende Schulkenntnisse erwerben müssen.

Es ist ferner bei der Gestaltung der gymnasialen Oberstufe zu berücksichtigen, daß es aufgrund des Andrangs zu den Hochschulen und der begrenzten Kapazitäten der Hochschulen einer wachsenden Zahl von Studienbewerbern nicht mehr möglich sein wird, das gewünschte Fach zu studieren. Die schulische Ausbildung muß deshalb auch zur Bewältigung eines anderen als des ursprünglich geplanten Studiengangs befähigen.

Weil nicht jeder Abiturient das Studium des gewünschten Studienfachs aufnehmen kann und die Berufsaussichten für Akademiker zunehmend ungünstiger werden, dürfte sich weiterhin ein Teil der Studienberechtigten entschließen, direkt in ein berufliches Ausbildungsverhältnis einzutreten. Angesichts einer Ausbildungs- und Beschäftigungssituation, bei der zum Zeitpunkt des Eintritts in die Oberstufe in vielen Fällen Unsicherheit über den weiteren Bildungsgang besteht, muß größtmögliche Flexibilität hinsichtlich der Studien- und Berufsentscheidungen angestrebt werden.

Aus den genannten Gründen darf die gymnasiale Oberstufe nicht durch eine zu enge Spezialisierung zu einer Einbahnstraße für den Schüler werden, die ohne Zeitverlust nur den Weg in ein enges Studien- und Berufsfeld ermöglicht. Die WRK hält es daher für dringend geboten, bei der Ausgestaltung der gymnasialen Oberstufe eine breite Grundbildung des Schülers wieder stärker zu betonen und damit die allgemeine Studierfähigkeit zu verbessern.

2. Obwohl die Randbedingungen sich geändert haben, ist die WRK der Ansicht, daß auch aus heutiger Sicht eine Reihe struktureller Elemente, die der Schulausschuß der WRK Ende der sechziger Jahre mit der KMK besprochen hat und die in die „Vereinbarung zur Neugestaltung der gymnasialen Oberstufe in der Sekundarstufe II" von 1972 Eingang gefunden haben, weiterhin ihre Berechtigung hat und beizubehalten ist. Dazu gehören

– die Verbindung einer gemeinsamen Grundausbildung mit individueller Spezialisierung,
– das Nebeneinander von Grundkursen und Leistungskursen,
– die Zuordnung der Unterrichtsfächer zu Aufgabenfeldern.

Unbeschadet dieser Übereinstimmungen in wichtigen Punkten zwischen den Vorstellungen der WRK und der KMK muß darauf hingewiesen werden, daß in anderen Punkten Unterschiede zwischen den damaligen Vorstellungen des Schulausschusses der WRK und der Vereinbarung der KMK bestanden. Insbesondere fordert die WRK die obligatorische Teilnahme an einem breiten Fächerkanon zur Sicherstellung einer einheitlichen Grundbildung. Demgegenüber beschränkte sich die KMK darauf, Bindungen an Aufgabenfelder, nicht jedoch – von gewissen Ausnahmen abgesehen – an konkrete Fächer vorzuschreiben.

Ein weiterer gravierender Unterschied bestand in dem Umfang des Freiheitsraums, der den Schülern zugestanden werden sollte, um ihren Neigungen und Interessen entsprechend individuelle Schwerpunkte setzen zu können. Der Schulausschuß der WRK sah dafür die Möglichkeit vor, Schüler nach eigener Wahl in zwei, höchstens drei Fächern Schwerpunkte bilden zu lassen. Dabei war an die Einrichtung von Leistungskursen mit erhöhter Stundenzahl gedacht.

Die KMK griff diesen Vorschlag auf, erweiterte ihn jedoch um einen zusätzlichen Wahlbereich, dessen fächermäßiger Ausgestaltung kaum Grenzen gesetzt wurden. Damit entsprach die KMK einer Forderung des Deutschen Bildungsrates. Die Preisgabe eines eindeutig festgelegten gymnasialen Fächerkonsens bedeutete ein Abgehen von den Vorstellungen des Schulausschusses der WRK, der neben der Möglichkeit einer vertretbaren Individualisierung allergrößten Wert auf eine breite einheitliche Grundbildung legte.

In Anbetracht der Entwicklungen, die in der Zwischenzeit seit der Einführung der neugestalteten gymnasialen Oberstufe eingetreten und deutlich geworden sind, hält die WRK eine Korrektur in bestimmten Bereichen für erforderlich. So wurde durch die Rolle des Abiturs im Rahmen der numerus-clausus-Regelungen die ursprüngliche Intention verfälscht, die dem Schüler die Fächerwahl nach Eignung und Neigung ermöglichen sollte; tatsächlich aber hat das Ziel einer Verbesserung des Notendurchschnitts Vorrang gewonnen. Auch erfüllt die WRK mit Sorge, daß

– verschiedene Regelungen in den einzelnen Ländern bezüglich Gestaltung und Praxis der gymnasialen Oberstufe zu weitgehende Unterschiede in den Kenntnissen und Fähigkeiten der Absolventen der neugestalteten Oberstufe zur Folge haben;
– eine Grundbildung mit der notwendigen Vergleichbarkeit durch die Vorschriften der KMK-Vereinbarung nicht erreicht wird, da die darin festgelegten Pflichtbindungen

sich überwiegend auf Aufgabenfelder beziehen, die Wahl der einzelnen Fächer jedoch zu weitgehend in das Belieben der Schüler stellen.

Durch diese Regelung wird fast jedes Fach abwählbar. Dadurch ergeben sich ganz unterschiedliche Vorkenntnisse bei Abiturienten schon desselben Landes aufgrund des unterschiedlichen Kursangebotes der einzelnen Schulen, ja sogar bei Abiturienten derselben Schule. Die Vergleichbarkeit des Abiturs wird dadurch in entscheidendem Maße beeinträchtigt. Erschwert werden außerdem Gestaltung und Organisation des Studiums zumindest in den Anfangssemestern.

Eine Vereinheitlichung ist hier dringend erforderlich, damit eine Harmonisierung der Anforderungen zwischen Schule und Hochschule möglich wird.

3. Um die Funktion des Abiturs, die allgemeine Hochschulreife zu verleihen, zu erhalten und den durch die Randbedingungen gestellten Anforderungen gerecht zu werden, empfiehlt die WRK eine Weiterentwicklung der organisatorischen Gestaltung der gymnasialen Oberstufe nach folgenden Prinzipien:

– Ausweitung des Pflichtbereichs im Verhältnis zum Wahlbereich,
– weitgehende Festlegung des Fächerkanons im Pflichtbereich,
– Teilnahme an den Fächern des Pflichtbereichs während der gesamten Oberstufe. Dabei kann die Wochenstundenzahl variieren.

Die Forderung nach Festlegung des Fächerkanons im Pflichtbereich darf nicht die Festschreibung der Fächer und ihrer Inhalte bedeuten. Eine Weiterentwicklung hat sich am Fortgang der Wissenschaften zu orientieren.

II. Thesen

Mit den folgenden Thesen, die die Konkretisierung der genannten Prinzipien darstellen, will die WRK einen Beitrag zur Vereinheitlichung der Oberstufenreform im Sinne der unter I. beschriebenen allgemeinen Ziele leisten.

1. Pflichtbereich – Wahlbereich

1.1. An der Aufteilung des Oberstufenunterrichts in einen Pflicht- und einen Wahlbereich wird festgehalten.

1.2. Das Verhältnis von Pflicht- und Wahlbereich soll 3 : 1 betragen.

2. Fächerkanon im Pflichtbereich

2.1. Bei der Festlegung des Fächerkanons im Pflichtbereich wird von folgenden Prämissen ausgegangen:
 – die in der Vereinbarung von 1972 genannten Aufgabenfelder sollten im Fächerkanon des Pflichtbereichs vertreten sein,
 – die dem Pflichtbereich zugehörigen Fächer sollten genannt werden.

Im Rahmen des Pflichtbereichs sind ferner bestimmte Fächer aufgrund gesetzlicher Vorschriften oder im Interesse einer allgemeinen Persönlichkeitsbildung anzubieten, wie es in der KMK-Vereinbarung vorgesehen ist (Leibeserziehung, ein musisches Fach, Religion).

2.2. Folgende Fächer sind in den Pflichtbereich aufzunehmen und überall kontinuierlich – ggf. auch mit unterschiedlicher Stundenzahl – zu belegen: Deutsch, Mathematik, zwei Naturwissenschaften, Geschichte und ein weiteres Fach aus dem Bereich der Sozialwissenschaften.

2.3. Einzelfächer im Pflichtbereich
- Deutsch
- Mathematik
- Zwei Fremdsprachen

    Als Fremdsprachen des Pflichtbereichs sind in der Regel anzubieten: Englisch, Französisch und Latein.

- Zwei naturwissenschaftliche Fächer.

    Als naturwissenschaftliche Fächer sind im Pflichtbereich Biologie, Chemie und Physik – auch in ihren technologischen Bezügen – anzubieten.

- Geschichte und ein weiteres Fach, aus dem Bereich der Sozialwissenschaften.

2.4. Auf den Entwurf verbindlicher Stundentafeln für den Pflichtbereich wird an dieser Stelle verzichtet.

3. Wahlbereich

Der Wahlbereich soll die Möglichkeit bieten,
- Fächer des Pflichtbereichs zu Leistungskursen aufzustocken,
- Fächer des Pflichtbereichs, die nicht bereits gewählt worden sind, hinzunehmen (z. B. dritte Naturwissenschaft, dritte Fremdsprache),
- weitere Fächer aus dem Lehrangebot der Schule als Grund- oder Leistungskurs hinzuzuwählen.

4. Fachoberschulen und Sonderformen des Gymnasiums

4.1. Diese Thesen sollten grundsätzlich für alle diejenigen Formen des Gymnasiums gelten, die die allgemeine Hochschulreife verleihen.

4.2. Diese Thesen betreffen nicht die curriculare Ausgestaltung von Formen der Sekundarstufe II, die zur fachgebundenen Hochschulreife oder Fachhochschulreife führen. Diese Bereiche bedürfen einer eigenen und näheren Bearbeitung.

II.14

Neugestaltung der gymnasialen Oberstufe und allgemeine Studierfähigkeit

Gemeinsame Stellungnahme der Westdeutschen Rektorenkonferenz
und der Kultusministerkonferenz
verabschiedet vom 136. Plenum der Westdeutschen Rektorenkonferenz
Bonn - Bad Godesberg, 15./16. Februar 1982

Die gymnasiale Oberstufe hat nach einer Vereinbarung der Kultusministerkonferenz vom 7. Juli 1972 eine Neugestaltung erfahren, die – beginnend mit der Jahrgangsstufe 11 – 1977 in allen Ländern eingeführt war. Im gleichen Jahr bereits zogen Kultusministerkonferenz und Westdeutsche Rektorenkonferenz unabhängig voneinander eine erste Bilanz der Reform.

Hiervon ausgehend wurde ein erstes Gespräch zwischen der Kultusministerkonferenz und der Westdeutschen Rektorenkonferenz geführt, als dessen Ergebnis die Kultusministerkonferenz mit Befriedigung feststellte, daß ein Vergleich der Thesen der Westdeutschen Rektorenkonferenz und der Vereinbarungen der Kultusministerkonferenz ... nach übereinstimmender Auffassung weitreichende Entsprechungen und Gemeinsamkeiten ergeben habe.

Auf dieser Grundlage wurde im Herbst 1977 in Anknüpfung an die Tradition der Tutzinger Gespräche, in denen in den fünfziger und sechziger Jahren zwischen der Westdeutschen Rektorenkonferenz und der Kultusministerkonferenz Reform und inhaltliche Gestaltung der gymnasialen Oberstufe erörtert worden waren, ein längerer Erfahrungsaustausch über die inhaltliche Gestaltung der gymnasialen Oberstufe vereinbart. Die Erörterungen sollten vor allem die Zielsetzungen und Entwicklungen der Oberstufenreform seit 1972 betreffen, Anforderungen an die allgemeine Studierfähigkeit auf der Grundlage der Oberstufenvereinbarung von 1972 beschreiben und der curricularen Abstimmung zwischen Schule und Hochschule mit folgenden Schwerpunkten dienen:
- Beschreibung der inhaltlichen und formalen Anforderungen, die an die gemeinsame Grundbildung zu stellen sind;
- Beschreibung der inhaltlichen und formalen Anforderungen, die an die Fächer der Abiturprüfung zu stellen sind; in diese Überlegungen sollten die in der Kultusministerkonferenz vorbereiteten bzw. bereits vereinbarten Einheitlichen Prüfungsanforderungen in der Abiturprüfung einbezogen werden.

Die Kultusministerkonferenz ging davon aus, daß strukturelle Änderungen der neugestalteten gymnasialen Oberstufe bei den Gesprächen nicht ins Auge gefaßt werden sollten. An diesem Konzept hat sie auch später ausdrücklich festgehalten.

Zwischen den Mitgliedern der Ständigen Kommission Schule/Hochschule der Westdeutschen Rektorenkonferenz und Beauftragten des Schulausschusses der Kultusministerkonferenz fanden vom November 1977 bis Januar 1982 zwölf gemeinsame Gespräche statt, die vom Vorsitzenden des Schulausschusses der Kultusministerkonferenz geleitet wurden.

Die Gespräche nahmen ihren Ausgang von dem Wunsch der Hochschulseite, im Pflichtbereich einen Fächerkanon festzulegen und den Pflichtbereich insgesamt zu verstärken. Sie hatten folgende Schwerpunkte
- Sicherung der Grundbildung durch Anzahl und Auswahl der Fächer, Abstimmung über Inhalte des Unterrichts,
- Erfüllung erzieherischer Aufgaben.

1. Darstellung des Konzepts der neugestalteten gymnasialen Oberstufe

Im Verlauf der Gespräche haben sowohl die Vertreter der Westdeutschen Rektorenkonferenz als auch die Vertreter der Kultusministerkonferenz beschrieben, welche inhaltlichen und formalen Anforderungen an die gemeinsame Grundbildung zu stellen und in der Abiturprüfung zu erfüllen seien. Ziel dieses Meinungs- und Erfahrungsaustausches war es, die „Kriterien der Hochschulreife" fortzuschreiben, die im Jahre 1969 im Schulausschuß der Westdeutschen Rektorenkonferenz entwickelt worden waren.

Die Schulseite hat ihre Darstellung der allgemeinen Studierfähigkeit nach dem Konzept der Vereinbarung der Kultusministerkonferenz von 1972 vorgelegt und in Verbindung damit die inhaltlichen Anforderungen für die Fächer des Pflichtbereichs der gymnasialen Oberstufe beschrieben, denen im Blick auf Grundbildung und allgemeine Studierfähigkeit eine besondere Bedeutung zukommt. Dies sind die Fächer bzw. Fächergruppen

- Deutsch,
- Fremdsprachen,
- Bildende Kunst oder Musik,
- Geschichte, Erdkunde, Sozialkunde/Politik (Gemeinschaftskunde),
- Mathematik,
- Naturwissenschaften.

Die Beschreibung der fachlichen Anforderungen bezieht sich auf den gesamten schulischen Bildungsgang des Abiturienten, der ihm insbesondere auch im Sekundarbereich I Kenntnisse, Fähigkeiten und Fertigkeiten in den genannten Fächern vermittelt. Im fächerspezifischen Teil der Darstellung werden auch die nach Unterrichtszeit und Anspruchsniveau unterschiedenen Anforderungsebenen in Grundkursen und in Leistungskursen der einzelnen Unterrichtsfächer berücksichtigt und erläutert.

Die Hochschulseite begrüßt den Konsens der Länder über prinzipielle Fragen der Vermittlung der allgemeinen Studierfähigkeit in der gymnasialen Oberstufe und ihrer inhaltlichen Ausgestaltung. Sie sieht darin einen Fortschritt für die Diskussion über die Oberstufenreform, nimmt dazu im einzelnen jedoch nicht Stellung.

2. Abstimmungen zwischen Schule und Hochschule über die gymnasiale Oberstufe

Ausgehend von einem grundsätzlichen Einverständnis über die Reform der gymnasialen Oberstufe hat sich im Verlauf der Gespräche in Auseinandersetzung mit dem Konzept der neugestalteten gymnasialen Oberstufe sowie mit der Beschreibung der inhaltlichen Anforderungen in Fächern bzw. Fächergruppen des Pflichtbereichs ergeben, daß bei einer Reihe von Themen ein Konsens nur in Teilbereichen erzielt werden konnte (vgl. Abschnitt 2.1).

Einigkeit konnte dagegen erzielt werden
– in der Beurteilung des Einflusses bestimmter Rahmenbedingungen, die auf Gestalt und Verlauf der Reform eingewirkt haben und weiterhin einwirken (vgl. Abschnitt 2.2.) und
– in der Beurteilung des Gewichts erzieherischer Aufgaben, die der Schule gestellt sind und deren Erfüllung auch im Rahmen der Oberstufenreform verstärkt anzustreben ist (vgl. Abschnitt 2.3).

2.1 Zur inhaltlichen und organisatorischen Ausgestaltung der gymnasialen Oberstufe

2.1.1. Fächer der Grundbildung

Unbeschadet unterschiedlicher Auffassungen in der Frage der prinzipiellen Gleichwertigkeit der Fächer für den Erwerb der Hochschulreife sind sich Hochschulseite und Schulseite darin einig, daß eine Gruppe von Fächern im Profil der allgemeinen Studierfähigkeit einen besonderen Stellenwert hat. Dazu gehören Deutsch, Fremdsprachen, Geschichte, Mathematik, Naturwissenschaften.

Dies bedeutet Pflichtunterricht in
– Deutsch,
– mindestens einer (fortgeführten) Fremdsprache,
– Geschichte (aus der Fächergruppe der Gemeinschaftskunde, siehe unter 1),
– Mathematik,
– einem naturwissenschaftlichen Fach.

Diese Gruppe von Fächern wird ergänzt durch die weiteren Pflichtfächer
– Bildende Kunst oder Musik,
– Religionslehre (je nach den Länderverfassungen),
– Sport.

Ferner treten als unverzichtbare inhaltliche Bestandteile der allgemeinen Studierfähigkeit Kenntnisse, Fähigkeiten und Fertigkeiten hinzu, die je nach Bildungsgang auch zeitlich versetzt – in wesentlichen Teilen auch bereits im Sekundarbereich I – erworben werden:

- mindestens eine weitere (zweite) Fremdsprache,
- mindestens ein weiteres naturwissenschaftliches Fach und
- mindestens ein weiteres Fach aus der Fächergruppe der Gemeinschaftskunde (siehe unter 1).

Im Pflichtunterricht des gesellschaftswissenschaftlichen Aufgabenfeldes muß politische Bildung angemessen berücksichtigt werden.

Die Hochschulseite betont, daß – entsprechend dem kontinuierlichen Unterricht in der 2. Fremdsprache – auch der Unterricht in den zwei anderen Fächern in einem bestimmten Mindestumfang ununterbrochen erteilt werden soll. Kontinuierlicher Unterricht wird als Voraussetzung dafür angesehen, daß diese Fächer ihren Beitrag zur Entwicklung der allgemeinen Studierfähigkeit des Abiturienten leisten können.

2.1.2. Kontinuität und Dauer des Unterrichts in Fächern der Grundbildung

Nach übereinstimmender Auffassung aller an den Gesprächen Beteiligten kommt einem kontinuierlichen Unterricht in

- Deutsch,
- mindestens einer Fremdsprache,
- Geschichte
- Mathematik,
- mindestens einem naturwissenschaftlichen Fach

für die allgemeine Grundbildung als einer Komponente der Studierfähigkeit besondere Bedeutung zu.

Im ganzen gesehen kann – sei es in solchen zusätzlichen Auflagen, sei es aber auch im Unterrichtsangebot der Schulen und im Wahlverhalten der Schüler – eine Tendenz zur Stärkung dieser Fächergruppe beobachtet werden. Diese Fakten führen zu einer Annäherung der Positionen. Die Annäherung findet ihren Ausdruck auch in einer gemeinsamen Haltung zur Frage der Einführung neuer Schulfächer: Neue Schulfächer können nur im Wahlbereich angesiedelt sein, d.h. sie werden für den Schüler nur wählbar, wenn er alle Pflichtaufgaben in den vorgeschriebenen Fächern erfüllt.

Die Hochschulseite hält daran fest, daß der Unterricht in der genannten Gruppe von fünf Fächern bis zum Abitur durchgängig für alle Absolventen der gymnasialen Oberstufe verpflichtend sein soll.

In Modifizierung ihrer Thesen vom 5. Juli 1977 verzichtet sie auf die Forderung nach Unterricht bis zum Abitur in einer 2. Fremdsprache, einem 2. naturwissenschaftlichen Fach und in einem weiteren Fach aus dem Bereich der Sozialwissenschaften in der gymnasialen Oberstufe, weil dieser die Stundentafel zu stark belasten und eine Zersplitterung des Unterrichtsangebots zur Folge haben könnte. In bezug auf den unerläßlichen kontinuierlichen Lernprozeß in diesen Fächern ist das Notwendige unter Ziffer 2.1.1. gesagt.

2.1.3. Zum Fach Geschichte

Aus der Sicht von Kultusministerkonferenz und Westdeutscher Rektorenkonferenz wurde und wird dem Geschichtsunterricht innerhalb des gesellschaftswissenschaftlichen Aufgabenfeldes eine besondere Bedeutung beigemessen. Zwischen beiden Seiten besteht Konsens darüber, daß dieser Unterricht in der gymnasialen Oberstufe erteilt werden muß. Weiter besteht Konsens darüber, daß historische Bezüge in den anderen Fächern des gesellschaftswissenschaftlichen Aufgabenfeldes, aber auch in allen übrigen Fächern verstärkt aufgegriffen werden sollen.

Die Hochschulseite hält jedoch daran fest, daß das Fach Geschichte als eigenständiges Fach durchgehend bis zum Abitur unterrichtet werden muß. Es sollte nicht mit anderen Fächern wie Erdkunde, Sozialkunde oder Politikwissenschaft integrativ zusammengefaßt werden.

2.1.4. Gewichtung von Kursen und Bewertung von Schülerleistungen

Es besteht Einvernehmen, daß die Grundkurse für die Grundbildung und damit für die allgemeine Studierfähigkeit ebenso wichtig sind wie die Leistungskurse. Beide Seiten sind der Meinung, daß den Grundkursen besondere Aufmerksamkeit gewidmet werden muß. Die Westdeutsche Rektorenkonferenz regt an zu prüfen, wie einer Fehleinschätzung von Grundkursen und Leistungskursen – z.B. durch eine Veränderung der Gewichtung – entgegengewirkt werden könnte.

Im übrigen ist man der übereinstimmenden Auffassung, daß in der gymnasialen Oberstufe im Interesse von Qualität und Vergleichbarkeit die Bewertung von Schülerleistungen nach einheitlichen Maßstäben unabhängig von der Zusammensetzung der jeweiligen Kursgruppen erfolgen sollte.

2.1.5. Organisation der Jahrgangsstufe 11

Die Jahrgangsstufe 11 hat eine Gelenkfunktion. In ihr werden Schüler in einer Reihe von aus dem Sekundarbereich I weitergeführten Fächern zu einem Abschluß geführt und gleichzeitig auf das Kurssystem der Qualifikationsphase mit seinen Wahlentscheidungen vorbereitet. Kultusministerkonferenz und Westdeutsche Rektorenkonferenz stimmen darin überein, daß der Unterricht hier so weit und so lange wie möglich in stabilen Lerngruppen erfolgen sollte.

Die Westdeutsche Rektorenkonferenz regt an, daß die Qualifikationsphase einheitlich in der Jahrgangsstufe 12 beginnt.

2.2. Zu den Rahmenbedingungen der Reform

Die Vertreter der Kultusministerkonferenz wie die der Westdeutschen Rektorenkonferenz stimmen darin überein, daß die in der Öffentlichkeit erhobenen kritischen Einwände zur Studierfähigkeit von Studienanfängern nicht pauschal der Neugestaltung der gymnasialen Oberstufe angelastet werden können. Dagegen sprechen schon ausländische Erfahrungen, wie sie etwa in einer Erhebung der Österreichischen Rektorenkonferenz aus dem Jahre 1980 zum Ausdruck kommen: Die dort geäußerte kritische Einschätzung der Studierfähigkeit österreichischer Studienanfänger deckt sich weithin mit Beobachtungen an Hochschulen in der Bundesrepublik, obgleich in Österreich eine Neugestaltung der gymnasialen Oberstufe bisher nicht erfolgt ist.

Schulseite und Hochschulseite betonen vielmehr, daß die Neugestaltung der gymnasialen Oberstufe durch Rahmenbedingungen belastet wurde und wird, die ein Erreichen der mit der Oberstufenreform verfolgten Ziele erheblich erschweren.

2.2.1. Der sprunghafte Anstieg der Schülerzahlen an den Gymnasien

Die Neugestaltung der gymnasialen Oberstufe setzte zu einem Zeitpunkt ein, zu dem die geburtenstarken Jahrgänge in die Mittel- und Oberstufe des Gymnasiums hineinwuchsen. Zusätzlich noch verstärkt durch die quantitativen Effekte der Öffnung des Gymnasiums aufgrund eines gewandelten Bildungsbewußtseins und -anspruchs einer breiten Öffentlichkeit, führte dies zu erheblichen personellen und räumlichen Engpässen.

Dadurch entstanden bereits im Sekundarbereich I in einigen Fächern (wie z.B. Mathematik und Naturwissenschaften) durch Unterrichtsausfall oder fachfremd erteilten Unterricht Kenntnisdefizite, die die Arbeit in der Oberstufe belasteten.

Die Entwicklung der Schülerzahlen in der gymnasialen Oberstufe von 1972 bis 1980 verdeutlicht das Ausmaß der Probleme, vor die sich die Gymnasien gestellt sahen:
- 1972 besuchten rund 365.000 Schüler die Oberstufe;
- 1977 hatte sich die Anzahl bereits auf rund 477.000 erhöht;
- 1980 waren die Schülerzahlen auf rund 642.000 angewachsen und hatten sich somit seit Beginn der Oberstufenreform fast verdoppelt

Die quantitativen Auswirkungen dieser Entwicklung auf den Hochschulbereich sind bekannt. Sie erschweren eine angemessene Beurteilung der in der neugestalteten gymnasialen Oberstufe vermittelten allgemeinen Studierfähigkeit ebenso wie die weitere Tatsache, daß ein Teil der Studienanfänger keinen gymnasialen Bildungsgang absolviert hat.

Kultusministerkonferenz und Westdeutsche Rektorenkonferenz sind sich darin einig, am Abitur als Regelzugang zum Studium an wissenschaftlichen Hochschulen festzuhalten.

2.2.2. Rückwirkungen der Zulassungsbeschränkungen beim Hochschulzugang

Die Neugestaltung der gymnasialen Oberstufe zielte u.a. ab auf die Relativierung der punktuellen Abiturprüfung zugunsten eines Systems der Anrechnung von Leistungen, die der Schüler in der Qualifikationsphase erbringt. Damit sollte für den Schüler u.a. eine größere Durchschaubarkeit seines Leistungsstandes gesichert und – mit der Einführung eines Punktsystems – die Gewichtung verschiedenartiger Leistungen ermöglicht werden.

Die pädagogische Absicht dieses Credit-Systems wird in der Praxis durch die Bedeutung belastet, die die erreichte Durchschnittsnote für die Zulassung zu vielen Studiengängen besaß und z. Zt. noch für einige Studiengänge besitzt. Zu den Folgewirkungen gehört u.a., daß sich die Studienwünsche der besonders leistungsfähigen Abiturienten auf die sogenannten harten numerus-clausus-Studiengänge konzentrieren, denen aufgrund einer verbreiteten Erwartungshaltung der Öffentlichkeit ein besonders hohes Sozialprestige zugesprochen wird.

Die Auswirkungen können durch die Schule nicht korrigiert werden. Das Ausmaß dieser Auswirkungen wird auch beeinflußt werden von der weiteren Entwicklung der Zulassungsbeschränkungen. In jedem Fall sehen Kultusministerkonferenz und Westdeutsche Rektorenkonferenz die Intensivierung und Koordinierung der Schullaufbahnberatung, der Studienberatung und der Berufsberatung als notwendig an.

2.2.3. Veränderungen der Situation am Arbeitsmarkt

Zu den Rahmenbedingungen, die die Verwirklichung der Oberstufenreform erschweren, sind mit zunehmendem Gewicht die ungewissen Berufsaussichten getreten. Daraus hat sich als vielfach beobachteter Trend ergeben, daß Schüler vorzeitig ihren gymnasialen Bildungsweg abbrechen, um in berufliche Ausbildungsgänge einzutreten. Andere Schüler wiederum suchen den Zugang zur gymnasialen Oberstufe als bloße Zwischenstation angesichts fehlender beruflicher Orientierungen und Ausbildungsmöglichkeiten. Beide Verhaltensweisen können sich belastend auf die Arbeit in der gymnasialen Oberstufe auswirken.

2.3. Zu erzieherischen Aufgaben

In den Gesprächen zwischen der Westdeutschen Rektorenkonferenz und der Kultusministerkonferenz bestand Einigkeit darüber, daß die Qualität der Bildungsprozesse in der gymnasialen Oberstufe in entscheidender Weise davon abhängt, daß grundlegende Kenntnisse, Fähigkeiten und Fertigkeiten sowohl im Bereich der Kulturtechniken als auch in dem der fachspezifischen Anforderungen von allen Schülern sicher beherrscht werden. Nach Ansicht beider Seiten muß diesem Sachverhalt in der unterrichtlichen Arbeit auf allen Schulstufen verstärkt Rechnung getragen werden. Dazu erscheinen zwei Forderungen unabdingbar.

Zu fordern ist zum einen, daß im Unterricht aller Schulstufen dem Üben und Wiederholen wieder ein größerer Stellenwert zugemessen wird, als dies – nicht zuletzt infolge einer verbreiteten Geringschätzung von Fleiß- und Gedächtnisleistungen – in den vergangenen Jahren der Fall war. Regelmäßiges Üben und Wiederholen dient der Festigung und sicheren Beherrschung von Gelerntem, fordert und fördert Beharrlichkeit, Belastbarkeit, Konzentrationsfähigkeit etc. und schafft damit beim Schüler auch wesentliche Voraussetzungen für selbständiges Lernen.

Zu fordern ist zum anderen, daß Verunsicherungen von Lehrern, Schülern und Eltern vermieden werden, die sich dann ergeben, wenn jeweils die neuesten Konzepte, Methoden und Ergebnisse der einzelnen Fachwissenschaften wie der Erziehungswissenschaften vorschnell didaktisiert und in die Schule hineingetragen werden, ohne daß vorab hinreichend geklärt wurde, ob sie lehrbar und lernenswert sind und ob ihre Folgewirkungen bedacht wurden. Das Vermeiden derartiger Irritationen kann wesentlich beitragen zur

Sicherung von Kontinuität und Stabilität schulischer Unterrichts- und Erziehungsprozesse.

Kultusministerkonferenz und Westdeutsche Rektorenkonferenz sind sich auch einig in der Überzeugung, daß die Qualität der Bildungsprozesse in der gymnasialen Oberstufe und damit auch die Qualität der hier vermittelten allgemeinen Studierfähigkeit in entscheidender Weise abhängig ist von Einstellungen und Verhaltensweisen, die für intensives geistiges Arbeiten unverzichtbar sind und die zum Teil schon angesprochen wurden.

Intensive geistige Arbeit verlangt Einstellungen und Verhaltensweisen, die das zeitweilige Absehen von der eigenen Person und ihrer jeweiligen Befindlichkeit zum gemeinsamen Merkmal haben: das Absehen von der eigenen Lust oder Unlust, von Enttäuschung und Entmutigung. Zu nennen sind hier insbesondere Zielstrebigkeit, Sachlichkeit, Konzentrationsfähigkeit, Beharrlichkeit. Intensive geistige Arbeit verlangt ferner geistige Neugier, Gewissenhaftigkeit, Genauigkeit, Kritikfähigkeit, Lern- und Umlernbereitschaft, Selbständigkeit und Kooperationsfähigkeit.

Solche Einstellungen und Verhaltensweisen müssen in der Schule erlernt und eingeübt und deshalb auch als Erziehungsziele des Gymnasiums deutlicher herausgestellt werden. Ob ihre Vermittlung gelingt, hängt allerdings nicht allein von der spezifischen inhaltlichen oder organisatorischen Ausgestaltung schulischer Unterrichts- und Erziehungsprozesse ab, sondern auch von entsprechenden Inhalten der Ausbildung und Fortbildung der Lehrer. Entscheidend dafür sind aber auch die Einflüsse des gesellschaftlichen Umfeldes.

Gemeinsam mit den in der gymnasialen Oberstufe zu erwerbenden Kenntnissen, Fähigkeiten und Fertigkeiten sind die hier genannten Einstellungen und Verhaltensweisen die entscheidenden Voraussetzungen für ein wissenschaftliches Studium, gleichfalls aber auch für fast jede andere anspruchsvolle berufliche Ausbildung. Daß ihnen ganz im Sinne der mit der Neugestaltung der gymnasialen Oberstufe verfolgten Ziele ein verstärktes Gewicht eingeräumt werden muß, ist die gemeinsame Überzeugung der Westdeutschen Rektorenkonferenz und der Kultusministerkonferenz.

II.15

Studierfähigkeit und Hochschulzugang

15 Thesen des Hochschulverbandes vom 16. Juli 1984 (entnommen der Zeitschrift „Anregung", 31 (1985), S. 49 ff.)

Bildungsreform und Hochschulzugang

These 1

Die Bildungsreform der letzten anderthalb Jahrzehnte hat den Hochschulzugang problematischer gemacht.

These 2

Die Probleme des Hochschulzugangs können nur gelöst werden, wenn die Erfahrungen der Hochschullehrer berücksichtigt werden.

These 3

Ein Zurück zum Abitur mit 5 % eines Altersjahrgangs ist aus sozial-, bildungs- und arbeitsmarktpolitischen Gründen weder möglich noch wünschenswert. Die Öffnung des Hochschulzugangs entbindet jedoch die Universität nicht von der Verpflichtung, eine anspruchsvolle wissenschaftliche Ausbildung zu vermitteln. Die Universität kann ihre Aufgabe nur erfüllen, wenn die Studienanfänger über die sachlich gebotenen Eingangsstandards, d.h. die entsprechenden Fähigkeiten, Kenntnisse, Fertigkeiten und Arbeitshaltungen verfügen.

Allgemeine Hochschulreife

These 4

Allgemeine Hochschulreife, Studierfähigkeit und Allgemeinbildung stehen in einem engen sachlichen Zusammenhang, der eine ebenso enge Wechselwirkung zwischen Gymnasium und Universität bedingt. Die allgemeine Hochschulreife wird am Gymnasium vermittelt.

These 5

Das Abitur ist nach wie vor die sinnvolle Methode zur Feststellung der Hochschulreife als Regelvoraussetzung des Hochschulzugangs. Die Standards des Abiturs müssen deshalb von dem Gymnasium und von der Universität gemeinsam festgelegt werden.

These 6

Die allgemeine Hochschulreife setzt Reife zur Berufsentscheidung voraus. Zur allgemeinen Hochschulreife gehört daher nicht nur die Studierfähigkeit, sondern auch die Reife, sich für einen Ausbildungs- und Berufsweg innerhalb oder außerhalb der Universität entscheiden zu können. Mit der allgemeinen Hochschulreife erwirbt der Abiturient zugleich umfassende Voraussetzungen zur Aufnahme anspruchsvoller beruflicher Ausbildungen. Das Gymnasium hat im Blick auf den Zusammenhang von Studierfähigkeit und Hochschulzugang nicht die Aufgabe, berufsvorbereitende Ausbildungsinhalte vorwegzunehmen. Dies ist der anschließenden beruflichen Ausbildung vorbehalten.

These 7

Liegt die allgemeine Hochschulreife nicht vor, kann der Zugang zur Universität nur fachspezifisch eröffnet werden. Die Erteilung der fachgebundenen Hochschulreife und die Zulassung zum jeweiligen Studium haben sich nach den in den einzelnen Fachdisziplinen festgelegten Studienvoraussetzungen zu richten.

Studierfähigkeit

These 8

Studierfähigkeit beruht für jedes Studium auf grundlegenden allgemeinen Leistungskriterien und fachspezifisch notwendigen Fähigkeiten, Kenntnissen und Fertigkeiten. Beide, Leistungskriterien wie Fächerprofile sind voneinander so untrennbar wie die Vorder- und Rückseite eines Blattes.

These 9

Acht Leistungskriterien sind für das Studium in allen Fachdisziplinen unerläßlich:
- Lernbereitschaft und Leistungsbereitschaft
- Denkvermögen
- Selbständigkeit
- Ausdauer und Belastbarkeit
- Auffassungsgabe
- Urteilsfähigkeit
- Intellektuelle Neugier und
- Arbeitsqualität.

These 10

Die universellen Fächergruppen haben schulfachliche Profile mit Schwerpunkten in einem der drei großen Wissenschafts- und Wirklichkeitsbereiche (Geistes-, Sozial- und Naturwissenschaften). Diese Fächerprofile entsprechen zugleich weitgehend drei gymnasialen Fächerschwerpunkten (sprachlich-kulturwissenschaftlicher, sozialwissenschaftlicher und naturwissenschaftlicher Gymnasialtyp).

Vier Fächer werden unabhängig von den Fächerprofilen in allen Fachdisziplinen als unentbehrlich nützlich genannt:
- Deutsch

- Englisch (erste Fremdsprache)
- Mathematik und
- eine weitere Fremdsprache.

These 11

Die durch die Leistungskriterien und Fächerprofile umschriebene Studierfähigkeit entwickelt sich in einem langjährigen kontinuierlich verlaufenden Prozeß anspruchsvollen geistigen Arbeitens, vor allem in den klassischen Unterrichtsfächern (u.a. Deutsch, Fremdsprachen, Mathematik, Geschichte). Diese Kontinuität kann nicht durch Sammeln von einzelnen themenbezogenen Kursen erreicht werden. Der Unterricht in diesen Fächern muß durchgehend von der Unterstufe bis zur Oberstufe des Gymnasiums erfolgen.

These 12

Grundkurse und Leistungskurse sind gleichrangig, weil sie beide einen gleichwertigen Beitrag zur Studierfähigkeit leisten. Die Grundkurse sollen ein hinlängliches Maß an Allgemeinbildung sichern, die für die Studierfähigkeit vorausgesetzt werden muß. Die Leistungskurse dienen vornehmlich der Vorbereitung auf wissenschaftliches Arbeiten, nicht aber der Vorwegnahme von Inhalten des Fachstudiums. Sie dürfen nur in dem einen, jeweils gewählten sprachlich-kulturwissenschaftlichen, sozialwissenschaftlichen oder naturwissenschaftlichen Fächerschwerpunkt des Gymnasiums belegt werden. Wegen der grundlegenden Bedeutung sind Leistungskurskombinationen auch mit einem der Fächer Deutsch, Fremdsprachen, Mathematik möglich.

These 13

Fächerprofile sind für den Schüler, aber auch für die Schullaufbahn-, Studien- und Berufsberatung eine wichtige Orientierungshilfe.

These 14

Die Universität muß die Möglichkeiten erhalten, die Studienanfänger, soweit erforderlich, im Blick auf bestimmte fachspezifische Erfordernisse zu überprüfen (Test, Interview und dgl.).

Lehrerbildung

These 15

Die Überlegungen zur Studierfähigkeit und zum Hochschulzugang haben Konsequenzen für die Lehrerbildung. Das fachwissenschaftliche Studium muß ein breites Fundament vermitteln und darf sich nicht in Spezialstudien erschöpfen. Es ist durch erziehungswissenschaftliche Studien so zu ergänzen, daß im Fachunterricht zugleich die erzieherischen Elemente, wie sie in den Leistungskriterien umschrieben sind, voll zum Tragen kommen (erziehender Unterricht).

II.16

Zur Neugestaltung der gymnasialen Oberstufe

Stellungnahme des 151. Plenums der Westdeutschen Rektorenkonferenz
vom 3. Februar 1987

Im Zuge der Beratungen zur neugestalteten gymnasialen Oberstufe sind die Westdeutsche Rektorenkonferenz und die Kultusministerkonferenz 1982 nach mehrjährigen Überlegungen zu der gemeinsamen Auffassung gelangt, daß für die allgemeine Grundbildung als einer Komponente der Studierfähigkeit einem kontinuierlichen Unterricht in

- Deutsch,
- mindestens einer Fremdsprache,
- Geschichte,
- Mathematik,
- mindestens einem naturwissenschaftlichen Fach

besondere Bedeutung zukommt. Die WRK bekräftigt diese Auffassung erneut.

Die WRK appelliert an die Kultusministerkonferenz, auf dieser Grundlage ein Mindestmaß an Einheitlichkeit in der Vorbildung der Studienanfänger zu sichern und weiterhin die überregionale Anerkennung des Abiturs zu gewährleisten.

II.17
Entschließung des Rates und der im Rat vereinigten Minister für das Bildungswesen zur europäischen Dimension im Bildungswesen vom 24. Mai 1988
[Amtsblatt der Europäischen Gemeinschaften Nr. C 177/5]

Der Rat und die im Rat vereinigten Minister für das Bildungswesen nehmen folgende Entschließung an:

I. Ziele

Absicht dieser Entschließung ist es, durch Einleitung einer Reihe von konzertierten Maßnahmen für den Zeitraum 1988 bis 1992 eine verstärkte Berücksichtigung der europäischen Dimension im Bildungswesen herbeizuführen; die genannten Maßnahmen sollen helfen,

— das Bewußtsein der jungen Menschen für die europäische Identität zu stärken und ihnen den Wert der europäischen Kultur und der Grundlagen, auf welche die Völker Europas ihre Entwicklung heute stützen wollen, nämlich insbesondere die Wahrung der Grundsätze der Demokratie, der sozialen Gerechtigkeit und der Achtung der Menschenrechte (Erklärung von Kopenhagen, April 1978), zu verdeutlichen;
— die junge Generation auf ihre Beteiligung an der wirtschaftlichen und sozialen Entwicklung der Gemeinschaft und sozialen Entwicklung der Gemeinschaft und an der Erziehung konkreter Fortschritte zur Verwirklichung der Europäischen Union gemäß der Einheitlichen Europäischen Akte vorzubereiten;
— ihr sowohl die Vorteile als auch die Herausforderungen zum Bewußtsein zu bringen, die die Gemeinschaft durch die Eröffnung eines wirtschaftlichen und sozialen Raumes mit sich bringt;
— den jungen Menschen eine bessere Kenntnis der Gemeinschaft und ihrer Mitgliedstaaten in ihren historischen, kulturellen, wirtschaftlichen und sozialen Aspekten zu vermitteln und ihnen die Bedeutung der Zusammenarbeit der Staaten der Europäischen Gemeinschaft mit anderen Staaten Europas und der Welt näherzubringen.

II. Aktionen

Die Verwirklichung dieser Ziele soll entsprechend dem Beschluß des Europäischen Rates zum Europa der Bürger neue Impulse erhalten, indem sowohl auf der Ebene der Mitgliedstaaten als auch auf Gemeinschaftsebene verstärkte Initiativen ergriffen werden.

A. Auf der Ebene der Mitgliedstaaten

Die Mitgliedstaaten unternehmen im Rahmen ihrer jeweiligen bildungspolitischen Leitvorstellungen und Strukturen alle erforderlichen Anstrengungen zur Verwirklichung der nachstehenden Maßnahmen:

Einbeziehung der europäischen Dimension in die Bildungssysteme

1. Darlegung ihrer jeweiligen Leitvorstellungen über Ziele und Wege zur Vermittlung der europäischen Dimension im Bildungswesen in einem Dokument und dessen Bereitstellung für ihre Schulen und anderen Bildungseinrichtungen;
2. Anreize für bedeutsame Initiativen in allen Bereichen des Bildungswesens zur Stärkung der europäischen Dimension im Bildungswesen;

Lehrpläne und Unterricht

3. Ausdrückliche Einbeziehung der europäischen Dimension in die Lehrpläne aller dafür geeigneten Fächer; beispielsweise im Literatur- und Fremdsprachenunterricht, in Geschichte, Erdkunde, Sozialkunde, Wirtschaftskunde und in den künstlerischen Fächern;

Pädagogisches Material

4. Vorkehrungen dafür, daß das Lehrmaterial der gemeinsamen Zielsetzung, die europäische Dimension im Bildungswesen zu fördern, Rechnung trägt; ...

Verstärkte Maßnahmen zur Förderung der Begegnung zwischen Schülern und Lehrern aus verschiedenen Ländern

6. Ermutigung von Schülern und Lehrern auf allen Ebenen in den einzelnen Mitgliedsstaaten zu Kontakten und Begegnungen über die Grenzen hinweg, damit sie die europäische Integration und die Lebenswirklichkeit in anderen europäischen Ländern unmittelbar erfahren können;

   Nutzung dieser Kontakte und Begegnungen sowohl zur Verbesserung der sprachlichen Fertigkeiten als auch zum Erwerb von Kenntnissen und Erfahrungen auf kulturellem, wissenschaftlichem und technischem Gebiet; damit sollte eine möglichst große Beteiligung von Jugendlichen und Lehrern an diesen Initiativen erreicht werden;

   Ermutigung von Eltern und Elternverbänden zur Teilnahme an der Durchführung von Kontakten, Austauschmaßnahmen und Auslandsaufenthalten;

   Sicherstellung der Information und Beratung der an Kontakten, Austauschmaßnahmen und Auslandsaufenthalten interessierten Schulen, Lehrer und Schüler sowie ihre Unterstützung bei der Durchführung solcher Kontakte und Maßnahmen;

   Prüfung der Voraussetzungen für längerfristige Auslandsaufenthalte von Schülern und Förderung solcher Aufenthalte;

Ergänzende Maßnahmen

7. im Blick auf das Jahr 1992 neue Anstöße, damit das Bild Europas im Bildungswesen im Sinne der Forderungen des Berichtes für ein Europa der Bürger durch besondere Veranstaltungen verstärkt wird; hierfür erscheinen geeignet:

- Kolloquien und Seminare über eine wirksame Einbeziehung der europäischen Dimension in das Bildungswesen und über die Nutzung und Erarbeitung von Unterrichtsmaterial zu diesem Zweck für alle Bildungsstufen,
- die Förderung von schulischen und lehrplanunabhängigen Initiativen, wie z.B. Partnerschaften zwischen Schulen und die Schaffung von „Europaklubs", mit denen neue Wege zur Verstärkung der europäischen Dimension beschritten werden sollen,
- die Beteiligung von Schulen an Aktivitäten im Rahmen des Europatags (9. Mai),
- die Beteiligung von Schulen am Europäischen Wettbewerb und die Förderung der Zusammenarbeit zwischen Wettbewerben in den Bereichen Sprache, Kunst, Wissenschaft und Technik, die in den einzelnen Mitgliedstaaten durchgeführt werden,
- eine verstärkte Zusammenarbeit zwischen den Mitgliedstaaten auf dem Gebiet des Schulsports.

B. Auf der Ebene der Europäischen Gemeinschaft

Zur Unterstützung der Maßnahmen der Mitgliedstaaten und zur Herbeiführung einer effektiven Zusammenarbeit auf diesem Gebiet wird die Kommission gebeten, in den nachstehenden Bereichen folgendes vorzusehen:

Informationsaustausch

8. – Förderung eines Informationsaustauschs über Konzepte und Maßnahmen der Mitgliedstaaten, so daß gewährleistet ist, daß die gewonnenen Erfahrungen in allen Mitgliedstaaten bekannt werden;

Pädagogisches Material

9. – Ausarbeitung einer Basisdokumentation über die Gemeinschaft (ihre Organe, Ziele und aktuellen Aufgaben) für Schulen und Lehrpersonal;
   - Erleichterung des Austauschs von Informationen über pädagogisches Material zum Ausbau der europäischen Dimension im Bildungswesen in den einzelnen Unterrichtsfächern bzw. Fächergruppen;
   - Durchführung vergleichender Untersuchungen über die Inhalte pädagogischen Materials und über neue Formen der Erarbeitung von Unterrichtsmaterialien;
   - verstärkte Sensibilisierung der Autoren und Verleger von pädagogischem Material für die Notwendigkeit, die europäische Dimension bei ihrer Produktion zu berücksichtigen; ...

Zusätzliche spezifische Maßnahmen

14. Ermutigung der für die Förderung des Schüler- und Lehreraustauschs verantwortlichen nationalen Stellen zur Zusammenarbeit und zum Gedankenaustausch;
15. Förderung der Mitwirkung von Nichtregierungsorganisationen an der Vermittlung der europäischen Dimension im Bildungswesen;
16. Prüfung der Möglichkeiten für eine Aufwertung der europäischen Dimension im Bildungswesen durch die Nutzung audiovisueller Medien auf europäischer Ebene;
17. Förderung der Zusammenarbeit zwischen Instituten oder Zentren für Bildungsforschung in den einzelnen Mitgliedstaaten, die sich für die Einführung der europäischen Dimension im Bildungswesen einsetzen, und zwar unter Berücksichtigung der Beiträge, die das Europäische Hochschulinstitut (Florenz), das Europa-Kolleg (Brügge), das Europäische Institut für öffentliche Verwaltung (Maastricht) und die Europäischen Schulen dazu liefern können;
18. Prüfung der Frage, wie der Schulsport für europäische Begegnung und gegenseitiges Verständnis besser genutzt werden kann und unter welchen Voraussetzungen die Ausrichtung europäischer Schulsportspiele möglich erscheint...

II.18

Europa im Unterricht
(Beschluß der Kultusministerkonferenz vom 08.06.1978 i.d.F. vom 07.12.1990)

Vorbereitung

… Die positive Weiterentwicklung der Zusammenarbeit der Staaten in Europa und der europäischen Integration in der Europäischen Gemeinschaft, insbesondere die auf die Einheitliche Europäische Akte gestützten Perspektiven, die politischen, gesellschaftlichen und wirtschaftlichen Entwicklungen in den Staaten Mittel- und Osteuropas sowie schließlich die im Rahmen der Konferenz über Sicherheit und Zusammenarbeit in Europa vereinbarte Charta von Paris für ein neues Europa, sind für die Kultusministerkonferenz Anlaß, ihre Empfehlungen von 1978 auch im Lichte der pädagogischen Weiterentwicklung fortzuschreiben.

Die Kultusministerkonferenz trägt damit zugleich der Entschließung des Rates und der im Rat vereinigten Minister für das Bildungswesen vom 24. Mai 1988 „Zur europäischen Dimension im Bildungswesen" Rechnung.

1. Die politische Ausgangslage

Europa ist mehr als ein geographischer Begriff. Die europäische Dimension umschließt in ihrer Vielfalt ein gemeinsames historisches Erbe, eine gemeinsame kulturelle Tradition und in zunehmendem Maße eine gemeinsame Lebenswirklichkeit. Die leidvollen Erfahrungen zweier Weltkriege sowie die Entwicklung in West- und in Osteuropa seit 1945 haben den Europäern Anlaß gegeben, sich auf ihre gemeinsamen Grundlagen zu besinnen und im Bewußtsein ihrer Zusammengehörigkeit neue Wege der Zusammenarbeit und Einigung zu beschreiten.

Die Dynamik dieses Prozesses ist bis heute ungebrochen und hat nunmehr auch Mittel- und Osteuropa ergriffen. Sie kommt maßgeblich zum Ausdruck in dem Aufbauwerk, das mit den Organisationen des Europarates und der Europäischen Gemeinschaft begründet worden ist, sowie in der überwiegend friedlichen Revolution in den Ländern Mittel- und Osteuropas, die diese wieder enger an die Entwicklung im übrigen Europa anbindet. Dem Europarat kommt dabei eine wichtige Brückenfunktion zu. …

Der Kreis der Mitgliedstaaten von Europarat und Europäischer Gemeinschaft ist seit ihrem Bestehen erweitert worden. In den vier Jahrzehnten seit Ende des Zweiten Weltkrieges sind im Rahmen der neugeschaffenen Strukturen zwischen den Völkern und Staaten in Europa ebenso wie zwischen den einzelnen Menschen und sozialen Gruppen vielfältige Bindungen und Verbindungen entstanden. Sie haben dazu geführt, daß die Bürger Europa immer mehr als den gemeinsamen Raum erfahren und verstehen, in dem sich in Politik und Gesellschaft, in Wirtschaft und Kultur für sie wesentliche Entwicklungen vollziehen und den sie gemeinsam gestalten und bewahren müssen. In diese Entwicklungen werden zukünftig die Staaten und Völker Mittel- und Osteuropas verstärkt einbezogen.

In der Konferenz über Sicherheit und Zusammenarbeit in Europa (KSZE) findet ein umfassender Dialog über Fragen der Menschenrechte, des Informations- und Meinungsaustausches, der sicherheitspolitischen Vertrauensbildung und der Abrüstung statt.

Europa steht in vielfältigen Beziehungen zu den anderen Teilen der Welt. Insbesondere die internationalen wirtschaftlichen Verflechtungen und Abhängigkeiten erfordern weltweite Zusammenarbeit und friedlichen Interessenausgleich. Die Völker der Dritten Welt erwarten wirksame Hilfe für die eigene Entwicklung und Zugang zu den Märkten Europas.

Das Zusammenwachsen Europas fordert die Europäer heraus, ihre nationale Geschichte und Tradition in neuem Licht zu sehen, sich der Perspektive anderer zu öffnen, Toleranz und Solidarität zu üben und das Zusammenleben mit Menschen anderer Sprachen und anderer Gewohnheiten zu praktizieren. Die Europäer müssen erkennen, welche Verantwortung ihnen für Freiheit, Frieden, Gerechtigkeit und sozialen Ausgleich – vor allem mit den Entwicklungsländern – auferlegt ist.

2. Europäisches Bewußtsein als Pädagogischer Auftrag der Schule

Die Schule hat die Aufgabe, die Annäherung der europäischen Völker und Staaten und die Neuordnung ihrer Beziehungen bewußtzumachen. Sie soll dazu beitragen, daß in der heranwachsenden Generation ein Bewußtsein europäischer Zusammengehörigkeit entsteht und Verständnis dafür geweckt wird, daß in vielen Bereichen unseres Lebens europäische Bezüge wirksam sind und europäische Entscheidungen verlangt werden.

Um diese europäische Dimension in Bildung und Erziehung zu verwirklichen, muß die Schule Kenntnisse und Einsichten vermitteln über

– die geographische Vielfalt des europäischen Raumes mit seinen naturräumlichen, sozialen und wirtschaftlichen Strukturen,
– die politischen und gesellschaftlichen Strukturen Europas,
– die prägenden geschichtlichen Kräfte in Europa, vor allem die Entwicklung des europäischen Rechts-, Staats- und Freiheitsdenkens,
– die Entwicklungslinien, Merkmale und Zeugnisse einer auch in ihrer Vielfalt gemeinsamen europäischen Kultur,
– die Vielsprachigkeit in Europa und den darin liegenden kulturellen Reichtum,
– die Geschichte des europäischen Gedankens und die Integrationsbestrebungen seit 1945,
– den Interessenausgleich und das gemeinsame Handeln in Europa zur Lösung wirtschaftlicher, ökologischer, sozialer und politischer Probleme,
– die Aufgaben und Arbeitsweise der europäischen Institutionen.

Die Grundwerte des staatlichen, gesellschaftlichen und individuellen Lebens, an denen sich die Unterrichts- und Erziehungsziele der Schule orientieren, müssen in ihrer Beziehung zum Leben in der europäischen Völker- und Staatengemeinschaft gesehen werden. Dabei geht es um

- die Bereitschaft zur Verständigung, zum Abbau von Vorurteilen und zur Anerkennung des Gemeinsamen unter gleichzeitiger Bejahung der europäischen Vielfalt,
- eine kulturübergreifende Aufgeschlossenheit, die die eigene kulturelle Identität wahrt,
- die Achtung des Wertes europäischer Rechtsbindungen und Rechtsprechung im Rahmen der in Europa anerkannten Menschenrechte,
- die Fähigkeit zum nachbarschaftlichen Miteinander und die Bereitschaft, Kompromisse bei der Verwirklichung der unterschiedlichen Interessen in Europa einzugehen, auch wenn sie Opfer zugunsten anderer einschließen,
- das Eintreten für Freiheit, Demokratie, Menschenrechte, Gerechtigkeit und wirtschaftliche Sicherheit,
- den Willen zur Wahrung des Friedens in Europa und in der Welt.

Das Spannungsverhältnis zwischen diesen Zielen und der Erfahrung ihrer Realität, wie sie in den Ländern Europas im Erleben von Grenzen und ihrem Wegfall, im kulturellen Angebot, im Tourismus, im Sport, im Konsum, zutage tritt, ist pädagogisch fruchtbar zu machen. Durch die Vermittlung eines soliden Grundlagenwissens über Europa und das Aufgreifen von Alltagserlebnissen sollen auch soziale Vorurteile und Ängste überwunden werden, die im Prozeß des Zusammenwachsens entstehen und verstärkt werden können.

Ziel der pädagogischen Arbeit muß es sein, in den jungen Menschen das Bewußtsein einer europäischen Identität zu wecken. Hierzu gehört auch die Vorbereitung der jungen Menschen darauf, ihre Aufgaben als Bürger in der Europäischen Gemeinschaft wahrzunehmen.

3. Hinweise zur Umsetzung

Zur Erschließung der europäischen Dimension in Unterricht und Erziehung können grundsätzlich alle Lernfelder der Schule einen Beitrag leisten. Die Lehrpläne enthalten dazu in differenzierter Weise konkrete Ziele und Themen sowie Hinweise auf geeignete Stoffe und zweckmäßige Arbeitsformen ...

Die Auseinandersetzung mit Fragen Europas und seiner Entwicklung ist in allen Bildungsgängen verpflichtender Bestandteil der Fächer Erdkunde, Geschichte, Sozialkunde/Politik[1] sowie der Fächer mit wirtschafts- und rechtskundlichen Inhalten. Dabei geht es in Erdkunde zuerst um Grundkenntnisse über den Raum Europa mit der Vielfalt seiner Landschaftstypen und seinen seit Jahrhunderten durch den Menschen geprägten Kultur-,

---

[1] Bezeichnung nach dem Schulrecht der Länder

Umwelt- und Wirtschaftsraum; in Geschichte um die Herkunft der europäischen Völker und Staaten und die Ursprünge der ihren Weg bestimmenden politisch-sozialen, weltanschaulichen und religiösen Bewegungen, Machtkämpfe, Ideen und Kulturschöpfungen; in Sozialkunde/Politik (Bezeichnung nach dem Schulrecht der Länder) um die bestehenden und sich verändernden politischen, gesellschaftlichen und wirtschaftlichen Abläufe und Ordnungssysteme, ihre Werte, Normen und Realitäten; in den Fächern mit wirtschafts- und rechtskundlichen Inhalten um die ökonomischen und rechtlichen Grundlagen des zusammenwachsenden Europas und den Interessenausgleich zwischen wirtschaftlichen, ökologischen und sozialen Zielen. Die Befähigung zur Teilhabe am sozialen und wirtschaftlichen Geschehen in Europa gehört zu den vorrangigen Zielen des Unterrichts in Sozialkunde/Politik[1] und in den Fächern mit wirtschafts- und rechtskundlichen Inhalten.

Für die Erschließung der kulturellen Welt Europas haben die Sprachen eine zentrale Bedeutung. Der Deutschunterricht hat die besondere Verpflichtung und Möglichkeit, die Beziehungen zwischen der deutschen Sprache und Literatur und dem Umfeld der europäischen Sprachen und Literaturen aufzuzeigen. Das Erlernen von Fremdsprachen öffnet den Zugang zu anderen Sprachgemeinschaften. Dialog- und Kommunikationsfähigkeit gilt als wichtiges Ziel im Unterricht in den lebenden Fremdsprachen. Der Mehrsprachenerwerb wird für möglichst viele Schüler angestrebt. Besondere Bildungsangebote, vor allem die zweisprachigen Züge an Gymnasien, dienen dem Erwerb vertiefter Kenntnisse in den europäischen Partnersprachen und über die europäischen Partnerländer.

Mathematik, Naturwissenschaften und Technik, Religion und Philosophie, Kunst und Musik sowie Sport sind nicht auf die nationalen Kulturen reduzierbar, sondern repräsentieren übergreifende europäische Gemeinsamkeiten und Bestandteile der gemeinsamen Bildungstradition. Auf die aktiven Beiträge dieser Fächer zur Förderung des europäischen Bewußtseins kann nicht verzichtet werden. Auch den alten Sprachen kommt für ein vertieftes Verständnis des gemeinsamen europäischen Erbes Bedeutung zu.

Über den Fachunterricht hinaus sollen weitere Möglichkeiten für die Erschließung der europäischen Dimension genutzt werden. Von besonderer Bedeutung sind dabei Projektveranstaltungen mit europäischer Themenstellung. Gemeinsame pädagogische Projekte mit Schulen aus den europäischen Nachbarländern werden empfohlen. Wichtig ist ferner der Schüler- und Lehreraustausch. Er soll mit möglichst vielen europäischen Ländern gepflegt werden. Eine besondere Gelegenheit für pädagogische Kontakte und Arbeitsbegegnungen mit Partnern aus Mittel- und Osteuropa stellt das UNESCO-Schulnetz dar. Für die Zusammenarbeit in Umweltfragen und ein europäisches Umweltbewußtsein hat sich das EG-Umweltschulnetz erfolgreich eingesetzt. Der Europäische Wettbewerb ist mit seinen jährlich durchgeführten Aktivitäten und Preisträgerseminaren ein wichtiges Instrument der praktischen Schularbeit über Europathemen und der Begegnung mit Teilnehmern aus den Staaten des Europarates und der Europäischen Gemeinschaft. Besuche von europäischen Einrichtungen, z.B. des Europäischen Parlaments, und die Ausein-

---

[1] Bezeichnung nach dem Schulrecht der Länder

andersetzung mit länderübergreifenden Regionalprojekten sind geeignet, die Realität der „Europäisierung" Europas vor Augen zu führen.

Ausländische Schülerinnen und Schüler in den deutschen Schulen machen die Gemeinsamkeiten, Vielfalt, Nähe und Unmittelbarkeit Europas in besonderer Weise erfahrbar. Ihre Anwesenheit sollte zum Anlaß genommen werden, den Unterricht, wo immer möglich, kulturübergreifend zu gestalten und den Reichtum der Kultur Europas zu verdeutlichen. Das gemeinsame Lernen zusammen mit jungen Ausländern sollte die Fähigkeit zur Solidarität und zum friedlichen Zusammenleben unter den Europäern fördern.

4. Empfehlungen zur Weiterentwicklung

Für die Weiterentwicklung des Lernbereichs Europa im Unterricht sind folgende Maßnahmen von Bedeutung:

– Verbesserung der Motivation von Lehrern und Schülern, sich mit europäischen Fragen zu befassen, durch europäische Primärerfahrungen (verstärkte Teilnahme am bilateralen Austausch, an Begegnungen, Projektmaßnahmen und fremdsprachlicher Praxis),
– Verbesserung der Basisinformationen über Europa, die europäische Zusammenarbeit und Integration und über europäische Wechselbeziehungen in allen Fachmaterien von Unterricht und Erziehung sowohl für die Hand des Lehrers wie des Schülers,
– Berücksichtigung der Beschlußlage der Kultusministerkonferenz über Europa im Unterricht bei der Fortschreibung der Lehrpläne,
– Modellversuche zur Förderung des Lernbereichs Europa im Unterricht und des europäischen Bewußtseins in der Schule,
– Förderung des Erwerbs von fremdsprachlicher Kompetenz und der Mehrsprachigkeit,
– Förderung des bilingualen Unterrichts,
– Förderung von Schulpartnerschaften auch mit Mittel- und Osteuropa,
– Berücksichtigung der europäischen Dimension und von Fremdsprachenkenntnissen in der Lehrerbildung (Studium, Vorbereitungsdienst),
– Fort- und Weiterbildungsmaßnahmen für Lehrer zum Thema Europa und zur europäischen Dimension im Unterricht,
– Sicherung des Prüfkriteriums „Die europäische Dimension im Unterricht" bei der Genehmigung von Lehr- und Lernmitteln.

II.19

**Auszug aus dem Schlußbericht
der Enquete-Kommission „Zukünftige Bildungspolitik – Bildung 2000"
gemäß Beschluß des Deutschen Bundestages vom 9. Dezember 1987**

– Drucksache 11/1448 –

Vorwort

... Der Enquete-Kommission ist es trotz der unterschiedlichen Voten gelungen, wenn auch auf relativ hohem Abstraktionsniveau, eine Reihe von Konsensen zu formulieren.

Dieser Konsens wurde in der Kommission vor allem an folgenden Punkten deutlich:
- Bildung und Ausbildung werden immer wichtiger. Auch der Blick auf die europäische Integration gilt: Die in der Bundesrepublik Deutschland in der Vergangenheit vollzogene Steigerung des Bildungs- und Qualifikationsniveaus ist keine Fehlentwicklung, sondern ein Gewinn.
- Durch Bildung und Ausbildung muß ein Beitrag zur Gleichberechtigung der Frauen und zu einem neuen Verhältnis der Geschlechter zueinander geleistet werden. Unterschiedliche Wege dazu werden im Anhangsband in getrennten Stellungnahmen beschrieben.
- Veränderte Anforderungen am Arbeitsplatz und die gestiegenen Ansprüche an Arbeit und Beruf führen zu einem erweiterten Qualifikationsbegriff, bei dem Selbständigkeit und Kommunikationsfähigkeit im weitesten Sinne von besonderem Gewicht sind. In dieser Frage gibt es übrigens eine bemerkenswerte Übereinstimmung zwischen nahezu allen gesellschaftlichen Gruppen: Berufsausbildung muß künftig noch stärker zur „Bildung" werden. Sie muß noch stärker die Fähigkeit zum Handeln und zum eigenen Gestalten aller Lebensbereiche vermitteln.
- Alle beruflichen Qualifizierungen müssen die Bereitschaft zum umweltgerechten beruflichen Handeln in allen Berufsbereichen wecken und die hierfür erforderlichen Befähigungen integriert vermitteln.
- Die Veränderungen in der Arbeitswelt und in der nicht auf Erwerb gerichteten „freien" Zeit verstärken die Bedeutung der Weiterbildung. Die Weiterbildung wird deshalb in Zukunft als vierte Säule des Bildungswesens ausgebaut werden müssen.
- Die Konzentration auf den Zusammenhang zwischen Bildung und Arbeitswelt darf die Bedeutung von allgemeiner politischer und kultureller Bildung nicht schmälern. Allgemeine und berufliche Bildung sind grundsätzlich gleichwertig. Wegen der in diesen Bereichen beschränkten Kompetenzen des Bundes gab es in der Kommission zwar eine Reihe von Diskussionen über die Bedeutung von anderen als berufsbezogenen Inhalten für alle Bildungsgänge, jedoch keine Empfehlungen.
- In der Bildungspolitik ist eine enge Zusammenarbeit zwischen Bund und Ländern geboten. Der Stellenwert der Bildungspolitik für die Bewältigung bestehender und

sich abzeichnender Probleme unserer Gesellschaft ist in der Vergangenheit häufig unterschätzt worden.

Trotz dieser, wenn man sich bildungspolitischer Debatten seit Mitte der siebziger Jahre erinnert, durchaus nicht immer erwartbaren Übereinstimmungen in zentralen Fragen lagen die grundsätzlichen Positionen von Mehrheit und Minderheit soweit auseinander, daß der Schlußbericht letztlich von Mehrheits- und Minderheitspositionen bestimmt wird. Die Analyse zentraler Aussagen der Mehrheits- und Minderheitsdarstellungen zu den „Grundherausforderungen und Orientierungen für die zukünftige Bildungspolitik" und den verschiedenen Bildungsbereichen zeigt, daß ein Grundkonsens in der Bildungspolitik gegenwärtig kaum herstellbar ist:

– Das Thema „Gleichheit", so muß am Ende der Kommissionsarbeit festgestellt werden, spaltet Koalition und Opposition immer noch.
– Zur Verteilung von Lernzeiten auf das Leben („lebensbegleitendes Lernen") haben beide Seiten unterschiedliche Konzepte und Begründungen.
– Die Aufgaben des Staates und sein Verhältnis zu den Bildungssubjekten und den Lehrenden bei der Ausfüllung von Gestaltungsspielräumen im Bildungsalltag werden unterschiedlich bewertet.
– Während die Mehrheit Maßnahmen zur Ausrichtung der zukünftigen Bildungspolitik des Bundes im Rahmen der bestehenden Bundesgesetze und Vereinbarungen zwischen Bund und Ländern realisieren will, sieht die Minderheit erheblichen Bedarf an Gesetzesnovellierungen sowie an erforderlichen neuen Bundesgesetzen und bildungsplanerischen Initiativen.

Die Bildungspolitik muß im Verhältnis zu anderen Politikbereichen wieder konfliktfreudiger werden. In der Regierungserklärung von Bundeskanzler BRANDT 1969 stand die Bildungspolitik „an der Spitze der Reformen". Dies wird nur schwer wieder erreichbar sein. Die Bildungspolitik muß dennoch klarmachen, daß die ökologische und soziale Erneuerung der Industriegesellschaft davon abhängt, ob und inwieweit die Gesellschaft bereit ist, ausreichend Mittel zum Ausbau und zur Verbesserung von Schulen, Berufsausbildung, Weiterbildung und Forschung sowie Lehre zur Verfügung zu stellen. Wir brauchen gleichzeitig Zunahme und Verstetigung der Bildungsausgaben. Dabei darf sich die Bildung nicht funktionalisieren lassen. Sie muß ihre eigenständigen Werte und Ziele definieren und gegen jede Außenbestimmung verteidigen. Bildung ist deshalb auch nicht nur einfach eine „Ressource" oder „Investition in Humankapital". Bildung ist vielmehr der Prozeß allseitiger Entfaltung menschlicher Fähigkeiten und Möglichkeiten in Gemeinschaft mit anderen. ...

II 20

Wissenschaftsrat

10 Thesen zur Hochschulpolitik vom 22.Januar 1993

These 1: Das Interesse der jungen Generation an einem Hochschulstudium ist fortlaufend gestiegen und wird weiter steigen. Wirtschaft und Gesellschaft benötigen künftig nicht weniger, sondern mehr qualifiziert ausgebildete junge Menschen. Es wäre falsch, die Studienmöglichkeiten einzuschränken und der langfristig weiter zunehmenden Studiennachfrage entgegenzutreten.

These 2: Eine qualifizierte Hochschulausbildung für 30 % und mehr eines Altersjahrgangs erfordert einen entsprechenden Ausbau der Hochschulen und eine den veränderten Quantitäten angepaßte Struktur des Studienangebots. Der Wissenschaftsrat empfiehlt einen gezielten Ausbau der Fachhochschulen und eine veränderte Struktur des Studienangebots der Universitäten.

These 3: Bei den Auswahlentscheidungen in zulassungsbeschränkten Studiengängen sollen Leistungskriterien ein stärkeres Gewicht erhalten.

These 4: Für die Erweiterung des Hochschulsystems hat der Ausbau der Fachhochschulen Priorität. Dieser Hochschultyp soll zu einer auch im Umfang bedeutenden Alternative zum Universitätssektor entwickelt werden. Dazu sind ein energischer Ausbau, die Entwicklung neuer Studiengänge und die Beseitigung von Funktionsmängeln erforderlich. ...

These 6: Universitäten müssen in Lehrangebot und Organisation des Studiums stärker zwischen dem auf Wissenschaft gegründeten berufsbefähigenden Studium und der nachfolgenden Ausbildung des wissenschaftlichen Nachwuchses für Wissenschaft, Wirtschaft und Gesellschaft durch aktive Beteiligung der Graduierten an der Forschung unterscheiden. Das berufsbefähigende Studium mit dem Abschluß Diplom/Magister/Staatsexamen soll so konzipiert werden, daß es von den Studierenden in einer Planstudienzeit von acht bis neun Semestern, in begründeten Ausnahmefällen in zehn Semestern, abgeschlossen werden kann.

These 7: Für die forschungsorientierte Ausbildung des wissenschaftlichen Nachwuchses für Wissenschaft, Wirtschaft und Gesellschaft werden von den Universitäten strukturierte, forschungsbezogene Graduiertenstudien angeboten, die zur Promotion führen. Ein besonderes Förderungs-und Organisationselement ist das Graduiertenkolleg, dessen Aufbau weitergehen muß. ...

These 10: Der Erfolg der vorgeschlagenen Reformmaßnahmen ist davon abhängig, daß die Hochschulen in die Lage versetzt werden, die Reformziele aufzugreifen und autonom umzusetzen. Dies setzt handlungsfähige Hochschulen voraus, denen durch schrittweise Globalisierung der Haushalte und Deregulierung des Haushaltsvollzugs mehr Budgetsouveränität eingeräumt werden sollte. Hochschulautonomie und Eigenverantwortlichkeit verlangen nach einem entscheidungsfähigen Hochschulmanagement, vor allem nach einer Stärkung der Dekane.

II 21

Kultusministerkonferenz und Hochschulrektorenkonferenz:
Umsetzung der Studienstrukturreform
verabschiedet von der KMK am 2. Juli 1993 und von der
HRK am 12. Juli 1993
Erklärung von KMK und HRK zur Studienstrukturreform

Die Hochschulen stehen heute vor vielfältigen quantitativen und qualitativen Herausforderungen. Die Notwendigkeit von grundlegenden Reformen zur Sicherung der Leistungsfähigkeit der Hochschulen ist allgemein anerkannt. Ein Kernstück bildet die deutlichere Strukturierung des universitären Studiums mit dem Ziel, auch in den Massenuniversitäten von heute die Wissenschaftlichkeit der Ausbildung zu erhalten. Darüber hinaus kann mit der Lebenszeit junger Menschen im Alter höchster Qualifikationsfähigkeit gar nicht sorgsam genug umgegangen werden. Die tatsächlichen Studienzeiten sind im Hinblick auf die Konkurrenzfähigkeit der Absolventinnen und Absolventen im europäischen Arbeitsmarkt und unter volkswirtschaftlichen Aspekten in Deutschland zu lang.

Deshalb bekräftigen KMK und HRK aufgrund der Beratungen in der gemeinsamen Arbeitsgruppe "Umsetzung der Studienstrukturreform" die von beiden Seiten einvernehmlich formulierten Vorstellungen zur Studienstrukturreform wie folgt: Ziel des Studiums an Universitäten und Fachhochschulen ist nach den Bestimmungen des Hochschulrahmengesetzes der durch Berufsfähigkeit bestimmte berufsqualifizierende Abschluß. Nach den spezifischen -auch der unterschiedlichen Nachfrage des Arbeitsmarktes korrespondierenden -Profilen von Universität und Fachhochschulen ist das Studium an Universitäten vorrangig theorie-, forschungs-und grundlagenorientiert, das Studium an Fachhochschulen vorrangig anwendungs-, methoden-und berufsfeldorientiert.

KMK und HRK wirken darauf hin, Rahmenbedingungen und Inhalte des Studiums so zu gestalten, daß es in der Regelstudienzeit von acht bis zehn Semestern an Universitäten und sechs bis acht Semestern an Fachhochschulen abgeschlossen werden kann.

Um dies zu erreichen, müssen die Rahmenbedingungen verbessert und muß in Lehre und Studium an den Universitäten der Durchdringung der Grundlagen sowie der Vermittlung und dem Erwerb von Methodenkenntnis und deren exemplarischer Anwendung Vorrang eingeräumt werden. Das Prinzip des exemplarischen Lernens muß mehr als bisher zur Geltung kommen. Durch die Rücknahme der Prüfungsrelevanz von Spezialisierungen gewonnener Freiraum kann für die Verstärkung des interdisziplinären Studienanteils, den Erwerb sogenannter Schlüsselqualifikationen, von Sprachenkompetenz, für die Wahrnehmung kulturwissenschaftlicher Angebote und für die Arbeit in selbstorganisierten Gruppen ausgenutzt werden. Auf diese Weise wird selbstverantwortetes Studieren auch im heutigen Großbetrieb Universität wieder verstärkt ermöglicht und zugleich die Wissenschaftsfähigkeit als Komponente der an den Universitäten herbeigeführten Berufsfähigkeit verstärkt.

Die Herbeiführung der Berufsfertigkeit ist und bleibt Aufgabe der berufsvorbereitenden praktischen Ausbildung (Referendariat, Arzt im Praktikum, Trainee-Programme etc.) oder der Berufspraxis selbst. Berufsfertigkeit für Wissenschaft als Beruf wird in der Universität selbst durch die Promotion, möglichst in einem postgradualen Studium, erworben, indem eine selbständige Forschungsleistung (Dissertation) erbracht werden muß. Zur wissenschaftlichen Vertiefung in der Berufstätigkeit erworbener Kenntnisse sind, der Notwendigkeit lebenslangen Lernens Rechnung tragend, in größerem Umfang als bisher Angebote wissenschaftlicher Weiterbildung durch die Hochschulen erforderlich. ...

II. Maßnahmen zur Realisierung der Studienstrukturreform ...

3. Verbesserung der Orientierung vor Aufnahme des Studiums und im Studium, insbesondere in der Eingangsphase.

Mängel bei der Studienvorbereitung in der Schule und die vielfach desorientierenden Bedingungen in den überfüllten Hochschulen machen weitere Bemühungen um eine Verbesserung der Orientierung der Studierenden insbesondere in der Eingangsphase des Studiums erforderlich. Dazu sind notwendig:

- Verbesserte Zusammenarbeit von Schulen und Hochschulen auf örtlicher bzw. regionaler Ebene entsprechend der gemeinsamen Empfehlung der KMK, der Bundesanstalt für Arbeit und der HRK über die Zusammenarbeit von Schule, Berufsberatung und Studienberatung im Sekundarbereich II;
- Quantitative Verbesserung und Intensivierung der Studien-und Berufsberatung;
- Verpflichtung der Hochschulen zur Bereitstellung strukturierter und kommentierter Studienpläne für alle Studiengänge mit klaren Informationen über den Ablauf des Studiums und der Prüfungen, aus denen sich insbesondere ergibt, in welchen Zeiträumen welche Studien-und Prüfungsleistungen zu erbringen sind, damit der Abschluß innerhalb der vorgegebenen Regelstudienzeit erreicht werden kann; ...

II 22

Bildungspolitische Erklärung der Regierungschefs der Länder vom 19. Oktober 1993

1.

Die Regierungschefs der Länder sehen in den Bereichen Bildung und Ausbildung sowie Wissenschaft und Forschung die wesentlichen Ressourcen, die den Standort Deutschland auf seiner föderalen Grundlage kulturell und wirtschaftlich prägen. Sie sind der Auffassung, daß es zur Erhaltung der Leistungsfähigkeit der Hochschulen tiefgreifender Reformen bedarf. Bei den Studienangeboten an Universitäten soll zwischen einem theoriebezogenen, berufsqualifizierenden Studium, der Ausbildung des wissenschaftlichen Nachwuchses sowie Angeboten der wissenschaftlichen Weiterbildung differenziert werden. Das Studium muß insgesamt wieder in angemessener Zeit absolviert werden können.

1.1

Die Regierungschefs stimmen darin überein, daß die Studienstrukturreform unter Berücksichtigung der Vorschläge von Wissenschaftsrat und Hochschulrektorenkonferenz zügig realisiert werden muß. Zur Erreichung der Reformziele halten die Regierungschefs der Länder insbesondere folgende Maßnahmen des Eckwertepapiers der Bund-Länder-Arbeitsgruppe vom 05.05.1993 für dinglich:-Die Regelstudienzeiten sollen durch Rechtssatz oder Vereinbarung verbindlich festgelegt werden. Hinsichtlich der Höchstgrenzen wird auf die Anlage verwiesen.

Staat und Hochschulen müssen dafür Sorge tragen, daß das Studium innerhalb der Regelstudienzeit bewältigt werden kann. Dafür ist es erforderlich, den Studien-und Prüfungsstoff auf das Notwendige zu begrenzen und die Studien- und Prüfungsanforderungen transparent zu machen. Durch Rechtssatz oder Vereinbarung sollen Obergrenzen für Studienvolumina und Prüfungsleistungen verbindlich festgelegt werden.-Die vorstehenden Festlegungen gelten auch für Studiengänge mit Staatsexamen nach Maßgabe der berufsspezifischen fachlichen Anforderungen.

Die Regierungschefs der Länder kommen überein, daß die vorstehenden Maßnahmen bis zum 31.12.1995 umgesetzt werden. Sie bitten KMK und FMK, die Umsetzung auch der weiteren Empfehlungen des Eckwertepapiers zügig in Angriff zu nehmen...

1.3 ...

Der Autonomiebereich der Hochschulden soll erweitert werden. Insbesondere bei der Bewirtschaftung von Haushaltsmitteln soll den Hochschulen mehr Selbständigkeit und Flexibilität eingeräumt werden. ...

2.

Neben der Reform von Studium und Hochschulstrukturen muß das Hochschul-System weiter ausgebaut werden, um Studiennachfrage, Qualifikationsbedarf und verfügbare Studienplätze stärker einander anzunähern. Der Ausbau soll -neben einer Konsolidierung des Universitätsbereichs -schwerpunktmäßig bei den Fachhochschulen erfolgen. Vorrangig müssen die zum 19. Rahmenplan beschlossenen 50.000 zusätzlichen Studienplätze in den alten Bundesländern sowie 52.000 Studienplätze in den neuen Bundesländern geschaffen werden. Voraussetzung hierfür ist, daß der Bundesanteil an der HBFG-Finanzierung in einem ersten Schritt ab 1993 auf 2 Mrd. DM heraufgesetzt wird. ...

3.

Die Regierungschefs der Länder stimmen darin überein, daß der Bereich der beruflichen Aus-und Weiterbildung gestärkt und zu einer attraktiven Alternative zum Hochschulstudium weiterentwickelt werden muß. Das System der beruflichen Bildung muß künftig in stärkerem Maße den unterschiedlichen Interessen und Begabungen junger Menschen gerecht werden. Die Attraktivität der beruflichen Bildung in Konkurrenz zum Studium hängt dabei entscheidend von den Karrierechancen der jungen Menschen und der Durchlässigkeit zu anderen Ausbildungswegen ab.

Zugleich müssen die Bemühungen intensiviert werden, den Anteil Jugendlicher ohne Ausbildungsabschluß zu verringern.

Die Regierungschefs der Länder sehen in der Herstellung der Gleichwertigkeit von allgemeiner und beruflicher Bildung einen richtigen Ansatz. ...

II 23

Deutscher Bundestag – 12. Wahlperiode – Drucksache 12/5620
Kurzfassung des Berichtes der Bundesregierung
zur Zukunftssicherung des Standortes Deutschland

Vorbemerkung

Was noch vor wenigen Jahren für die meisten von uns utopisch erschien, ist Wirklichkeit geworden: Der Ost-West-Gegensatz ist überwunden. Die Einheit Deutschlands ist wiederhergestellt, auch wenn noch Erhebliches für das Zusammenwachsen in den alten und neuen Bundesländern zu leisten ist. Die Deutschen leben heute nicht mehr an der Trennlinie zwischen Ost und West, sondern in der Mitte eines demokratischen und freiheitlichen Europas. Deutschland, Europa und die Welt haben tiefgreifende Veränderungen erfahren.

Die europäische Integration ist in ein neues, entscheidendes Stadium getreten: Die Vollendung des Binnenmarktes ist verwirklicht, und der Fahrplan zu einer gemeinsamen europäischen Währung sowie zu einer Politischen Union liegt fest.

Heute leben über 340 Mio. Menschen in der Europäischen Gemeinschaft. Ihre Erweiterung steht vor der Tür, und viele Millionen Menschen in den jungen Demokratien Mittel-, Ost- und Südeuropas setzen große Hoffnungen auf Deutschland und die Europäische Gemeinschaft. Die weltpolitischen Veränderungen führen zu weitreichenden Anpassungen in der internationalen Arbeitsteilung. Rund 2 Mrd. Menschen aus ehemals geschlossenen sozialistischen Systemen wollen und sollen sich in die Weltwirtschaft integrieren; sie möchten ihre Produkte und Dienstleistungen weltweit verkaufen.

Nur wenige Kilometer östlich von Berlin oder München entstehen ernstzunehmende Wettbewerber mit großen Kostenvorteilen und zunehmend anspruchsvollen Produkten. Zu den Wettbewerbern aus den anderen Industrieländern oder aus den dynamischen Volkswirtschaften Südostasiens sind damit neue Konkurrenten unmittelbar vor der eigenen Haustür hinzugekommen.

Vor welchen zentralen Herausforderungen steht Deutschland in den kommenden Jahren?

- In den 80er Jahren sind den alten Bundesländern mehr als 3 Mio. neue Arbeitsplätze geschaffen worden. Gleichwohl fehlen in ganz Deutschland rd. 5 Mio. wettbewerbsfähige Arbeitsplätze – und dies, obwohl es Arbeit genug gibt. ...
- 1,8 Mio. Studenten stehen heute nur 1,6 Mio. Lehrlingen gegenüber. Die Akademisierung unserer Gesellschaft führt zu Bedeutungsverlust der beruflichen Bildung und gravierenden Nachwuchsproblemen für viele tausend kleine und mittlere Betriebe.

Angesichts dieser großen Herausforderungen und Aufgaben stellt sich die Frage, ob Deutschland Gefahr läuft, seinen Spitzenplatz in der Weltwirtschaft aufs Spiel zu setzen. Was muß geschehen, um die Attraktivität des Standortes Deutschland auch für die Zukunft zu gewährleisten? ...

(6) Die vielfältigen neuen Anforderungen an die Berufstätigen, die sich neuen technologischen Entwicklungen gegenübersehen und auf international und interdisziplinär verbundenen Feldern arbeiten, verlangen ein differenziertes und leistungsfähiges Aus-und Weiterbildungssystem ebenso wie die Bereitschaft der jungen und der berufstätigen Menschen, sich diesen Anforderungen im eigenen Interesse zu stellen. ...

Schulen
- Die regelmäßige Schulzeit bis zum Abitur muß auf 12 Schuljahre verkürzt werden; die Qualität des Abiturs soll dabei durch Zentralabitur auf Landesebene bei obligatorischem Fächerkanon in der Oberstufe gesichert werden;
- Schulen müssen eine attraktive und leistungsfähige Basis der beruflichen Bildung sein.

Berufliche Bildung-Schaffung attraktiver Arbeitsbedingungen und Entwicklungsmöglichketien in Wirtschaft und öffentlichem Dienst für junge Berufstätige ohne Abitur und Studienabschluß und raschere Anpassung der Ausbildungsordnungen an die Erfordernisse moderner Technik und Arbeitsorganisation;
- Entwicklung attraktiver Ausbildungsangebote für Abiturienten im beruflichen Ausbildungsbereich;
- mehr Fremdsprachenqualifikation in der beruflichen Ausbildung;-Intensivierung der Begabtenförderung auch in der beruflichen Bildung und Unterstützung von Meisterkursen und Meisterprüfung (Bürgschaften, Darlehen);
- die Wirtschaft ist aufgerufen, eine ausreichende Zahl von Ausbildungsplätzen in den neuen Ländern zur Verfügung zu stellen.

Hochschulen-mehr Wettbewerb unter den Hochschulen durch Leistungsvergleich und mehr private Hochschulen;-Stärkung der Eigenverantwortung und Autonomie der Hochschulen;-stärkere Leistungskontrolle in der Lehre;-Verkürzung der Studienzeiten, Straffung der Studiengänge (freier Prüfungsversuch) und -inhalte, Einführung von Studiengebühren bei Überschreitung der Regelstudienzeit;-Differenzierung zwischen berufsqualifizierendem Studium und Graduiertenstudium;-Ausbau der Fachhochschulen, bessere Nutzung der Universitäten.

Weiterbildung-Stärkung der Attraktivität der beruflichen Bildung durch Zusatzqualifikationen und Weiterbildung;-Ausbau der überbetrieblichen Bildungszentren z. B. bei Handwerks-, Industrie und Handelskammern.

II 24
Positionspapier des Bundes vom 9. Dezember 1993

I.
Die Regierungschefs von Bund und Ländern sehen in Bildung und Ausbildung, Wissenschaft und Forschung Schlüsselbereiche für die Zukunftssicherung des Standortes Deutschland, deren Bedeutung weiter über den wirtschaftlichen Nutzen hinausgeht. ...
Über die Reformziele in der Bildungs-und Forschungspolitik besteht zwischen den Regierungschefs von Bund und Ländern ein weitgehender Konsens:
- Erhöhung der Attraktivität der beruflichen Aus-und Weiterbildung,
- Sicherstellung und, soweit erforderlich, Verbesserung der Qualität der zur Hochschulzugangsberechtigung führenden Schulbildung,
- Stärkung der Leistungsfähigkeit der Hochschulen durch Strukturreformen,
- Verkürzung der Studienzeiten,
- Verbesserung der Rahmenbedingungen für die Forschung. ...

2. Hochschulen

2.1. Hochschulzugang

Im Interesse des Erfolgs der angestrebten Strukturreformen Vereinbarung der Länder zur bundesweiten Gewährleistung der Qualität der zur Hochschulzugangsberechtigung führenden Schulbildung über
- die Neufestlegung des Fächerkanons unter Einbeziehung der Abitur-Prüfungsfächer,
- die Einführung eines Zentralabiturs auf Landesebene sowie
- die Festlegung der Schulzeit bis zum Abitur bundeseinheitlich auf 12 Jahre.

2.2 Hochschulzulassung

Änderung des Hochschulrahmengesetzes und der entsprechenden landesrechtlichen Regelungen für die Hochschulzulassung von Abiturienten und beruflich Qualifizierten im Hinblick auf die Ausweitung der Mitwirkungsrechte der Hochschulen bei der Zulassung zum Studium, Überwindung des gegenwärtigen ZVS-Verfahrens zum frühestmöglichen Zeitpunkt.

2.3 Hochschul-und Studienstrukturreformen

Im Rahmen der angestrebten Hochschul-und Studienstrukturreformen werden durch Änderung des Hochschulrahmengesetzes und des Landeshochschulrechts neben den bereits eingeleiteten Maßnahmen folgende Neuregelungen vorgenommen:
- Stärkung des Wettbewerbs und der Leistungstransparenz sowie der Eigenverantwortlichkeit der Hochschulen u. a. durch stärker leistungsabhängige Finanzierung, Stär-

kung der Hochschulleitungen, des Hochschulmanagements und der Effizienzkontrolle; dazu bedarf es auch einer Überprüfung des Dienstrechts der Lehrenden;
- Erhöhung des Stellenwerts der Lehre;-Regelungen für Fälle unvertretbarer Überschreitung von Regelstudienzeiten (z. B. Studiengebühren, reduzierten Immatrikulationsstatus oder Exmatrikulation) und mißbräuchlichen Fachrichtungswechsels. ...

II 25
„Eckwertepapier" der Bund-Länder-Arbeitsgruppe zur Vorbereitung des vorgesehenen bildungspolitischen Spitzengesprächs vom 5. Mai 1993

1. Der Standort Deutschland muß auch in den Bereichen Bildung und Ausbildung sowie Wissenschaft und Forschung gesichert werden, damit die gestiegenen Anforderungen im wiedervereinigten Deutschland und im zusammenwachsenden Europa erfüllt und wichtige Zukunftsaufgaben nicht zuletzt im Hinblick auf den sich verschärfenden weltweiten Wettbewerb gelöst werden können. Dabei stellt sich die Aufgabe, Hochschule und Forschung im Zusamenhang mit dem gesamten Bildungs- und Qualifizierungssystem daraufhin zu überprüfen, wie durch strukturverbessernde Maßnahmen und Beseitigung finanzieller Engpässe Funktionsdefizite überwunden werden können und absehbaren Entwicklungen in Wirtschaft und Gesellschaft besser entsprochen wird.

2. Das Universitätsstudium muß reformiert werden und vor allem auf eine Studienzeit von real vier bis fünf Jahren verkürzt werden. Das theoriebezogene, berufsqualifizierende Studium muß entsprechend den Vorschlägen von Hochschulrektorenkonferenz und Wissenschaftsrat wieder so ausgestaltet werden, daß ein Abschluß in diesem Zeitraum erreicht werden kann. Davon deutlich zu unterscheiden ist die Ausbildung des wissenschaftlichen Nachwuchses für Tätigkeiten in Forschung und Wissenschaft.

3. Das Hochschulsystem bedarf angesichts einer langfristig hohen Studiennachfrage und eines ebenfalls hohen Bedarfs an Hochschulabsolventen eines weiteren Ausbaus, der - neben einer Konsolidierung des Universitätsbereichs schwerpunktmäßig bei den Fachhochschulen erfolgen muß. Künftig soll der Anteil der Studienanfänger an Fachhochschulen deutlich gesteigert werden.

4. Auf absehbare Zeit haben im Bildungswesen und in der Forschung Maßnahmen der Sanierung und des Ausbaus in den neuen Ländern mit Schwerpunkt bei den Hochschulen und außeruniversitären Forschungseinrichtungen Priorität.

5. Das duale System der beruflichen Bildung ist erfolgreich. Es muß aber hinsichtlich erreichbarer Beschäftigungspositionen, Durchlässigkeit zu anderen Ausbildungswegen und Aufstiegsmöglichkeiten zu einer attraktiven Alternative zum Hochschulstudium ausgestaltet werden, damit den unterschiedlichen Interessen und Begabungen junger Menschen und auch den Anforderungen des Beschäftigungssystems besser Rechnung getragen werden kann.

6. Das Forschungssystem in Deutschland hat sich national und international bewährt. Es muß durch gemeinsame Anstrengungen von Bund und Ländern leistungsfähig erhalten und für den künftigen Bedarf weiterentwickelt werden. Hochschulen, außeruniversitäre Forschungseinrichtungen und Wirtschaft müssen noch enger zusammenarbeiten. Die Ergebnisse der Grundlagenforschung und der angewandten Forschung müssen rascher für Wirtschaft und Gesellschaft nutzbar gemacht werden. Die europäische Zusammenarbeit in der Forschung muß gestärkt werden.

7. Bund und Länder tragen aufgrund der verfassungsrechtlichen Kompetenzverteilung gemeinsame Verantwortung für Hochschule und Forschung sowie – zusammen mit den Sozialpartnern – für die duale Berufsausbildung. ...

A. Maßnahmen im Hochschulbereich

I. Studienstrukturreform

1. Zügige Realisierung der Studienstrukturreform an den Universitäten in Übereinstimmung mit den Vorschlägen von Wissenschaftsrat und Hochschulrektorenkonferenz

1.1 Differenzierung an Universitäten zwischen

- theoriebezogenem, berufsqualifizierendem Studium und
- Ausbildung des wissenschaftlichen Nachwuchses für Tätigkeiten in der Forschung und Wissenschaft; neben der Promotion in klassischer Form Schwerpunktsetzung zugunsten eines weiteren Ausbaus der Graduiertenkollegs.

1.2 Festlegung der Regelstudienzeiten einschließlich Praxissemestern/-phasen und Prüfungen, und zwar:

- an Universitäten in den Fächergruppen:

    a) Geistes-und Gesellschaftswissenschaften   höchstens 9 Semester,
    b) Naturwissenschaften   höchstens 9 Semester,
    c) Ingenieurwissenschaften   höchstens 10 Semester;

- an Gesamthochschulen:

    D I -Studiengänge   höchstens 8 Semester;

- an Pädagogischen Hochschulen (Ausbildung
  der Grund-und Hauptschullehrer)   höchstens 7 Semester;

- an Fachhochschulen   höchstens 8 Semester. ...

2.2 Einbeziehung der Studierenden

2.2.1 Verbesserung der Studieninformation sowie Studien- und Berufsberatung vor Beginn und in der ersten Phase des Studiums sowie Übergang von der Hochschule in das Berufsleben.

2.2.2 Einführung von Tutorien in der Verantwortung der Hochschulen zur Unterstützung der Studierenden in der Organisation des Lernprozesses, insbesondere für Studienanfänger.

2.2.3 Bundesweite Einführung des freien Prüfungsversuchs in geeigneten Fächern mit Hochschulabschluß- und Staatsprüfung.

2.2.4 Wenn und soweit durch Umsetzung der Studienstrukturreform und Schaffung angemessener Studienbedingungen die Voraussetzungen dafür gegeben sind, daß das jeweilige Studium innerhalb der Regelstudienzeit studiert werden kann, muß auch von den Studierenden erwartet werden, daß sie sich an den Vorgaben für ein zügiges Studium orientieren. Die persönlichen Lebensumstände des einzelnen (wie z. B. Behinderung, Geburt/Erziehung eines Kindes, Krankheit) müssen hinsichtlich der Einhaltung der Regelstudienzeit Berücksichtigung finden. ...

2.3 Festhalten am Abitur als zentraler Grundlage für den Hochschulzugang; stärkere Beteiligung der Hochschulen bei der Hochschulzulassung mit dem Ziel der Profilbildung und des Wettbewerbs zwischen den Hochschulen; Verbesserung der Studierfähigkeit.

B. Maßnahmen der beruflichen Aus- und Weiterbildung ...

Die Attraktivität des Systems der beruflichen Aus-und Weiterbildung ist vor allem hinsichtlich erreichbarer Beschäftigungspositionen, Durchlässigkeit zu anderen Ausbildungswegen und Aufstiegsmöglichkeiten auch als Alternative zum Hochschulstudium zu erhöhen. Hier sind Bund, Länder, Kommunen, Arbeitgeber und Gewerkschaften gefordert. Nach Auffassung der Finanzseite der Länder sind die hier dargestellten Maßnahmen in Abhängigkeit von der jeweils konkreten Situation in den Ländern auf ihre Notwendigkeit sowie insgesamt nach Berechnung der Kosten auf ihre Realisierbarkeit unter der Voraussetzung von Umschichtungen innerhalb des Schulbereichs der Länder zu prüfen. Die hierfür wesentlichen Maßnahmen sind:

1. Stärkere Differenzierung der Berufsbildung

1.1 Weiterentwicklung der schulischen und berufsbildenden Angebote für Leistungsschwächere und Erprobung geeigneter Förderkonzepte.

2. Herstellung der Gleichwertigkeit von allgemeiner und beruflicher Bildung u.a. durch
– KMK-Vereinbarungen zur Gleichstellung von Abschlüssen der beruflichen Aus- und Weiterbildung mit Berechtigungen aufgrund von Abschlüssen des allgemeinbildenden Schulwesens,
– Regelung des Hochschulzugangs für beruflich besonders Qualifizierte ohne formale Hochschulzugangsberechtigung (z. B.: Meister, Techniker und Personen mit vergleichbaren Fortbildungsabschlüssen). ...

8. Prüfung des Ausbaus von Berufsakademien und der Schaffung von Regelungen zur bundeseinheitlichen Anerkennung der Abschlüsse von Berufsakademien.

...

D. Dauer der Schulzeit bis zum Abitur

Die Unterschiedlichkeit der Regelungen der Dauer der Schulzeit bis zum Abitur ist unbefriedigend. Aus der Sicht des Bundes ist die Sicherstellung eines obligatorischen Fächerkanons zum Abitur, die Einführung eines Zentralabiturs auf Landesebene und eine Festlegung einer zwölfjährigen Schulzeit bis zum Abitur erforderlich. ...

II 26

Ergebnis einer in Verbindung mit EMNID erfolgten Umfrage vom Sommer 1993 -Tabelle und Kommentar

iwd / Seite 6/Nr. 38 vom 23. September 1993

Bürgermeinung zur Bildungspolitik

Bei einer Umfrage der Wirtschaftsjunioren Deutschland in Zusammenarbeit mit dem EMNID-INSTITUT bei 4.028 Bundesbürgern im Sommer 1993 antworteten soviel Prozent der Befragten

	ja	nein
Sollten die Bundesländer für die Schulpolitik weiterhin zuständig sein?	29	70
Sollten die EG-Länder in der Schulpolitik stärker zusammenarbeiten?	81	18
Halten Sie die Integrierte Gesamtschule für die Schulform der Zukunft?	34	64
Sollte die maximale Schulzeit durch den Wegfall des 13. Schuljahres verkürzt werden?	44	55
Sollte die deutsche Berufsausbildung wie in den anderen EG-Staaten durch Praktika erfolgen?	11	67

Quelle: Wirtschaftsjunioren Deutschland

Viele Bürger sind unzufrieden

Die Bundesbürger sind mit dem Zustand des Bildungssystems unzufrieden. Kritik üben sie vor allem an der Länderhoheit in Bildungsfragen, an der Integrierten Gesamtschule und an den überlangen Studienzeiten. Ergebnisse einer Umfrage der Wirtschaftsjunioren Deutschland.

Der zentrale Befund der Befragung, die von den Wirtschaftsjunioren Deutschland in Zusammenarbeit mit dem Bielefelder EMNID-INSTITUT im Sommer 1993 durchgeführt wurde: Die Bundesbürger mahnen Handlungsbedarf in der Bildungspolitik an. Dabei decken sich weitgehend die Auffassungen der Befragten mit denen der Wirtschaft. Auch sie fordern praxisnahe Ausbildung und Verkürzung der Studienzeiten. Das Umfrageergebnis im einzelnen (Tabelle):

1. Absage an die Länderhoheit.

Sieben von zehn Bundesbürgern lehnen die Länderhoheit in Bildungsfragen ab. Von der Zentralisierung der Schulpolitik versprechen sie sich ein effektiveres Schulwesen und eine bessere Vergleichbarkeit der Leistungen. Dieses Votum übt zugleich Kritik am Plan der Gemeinsamen Verfassungskommission des Deutschen Bundestages, die Kultuszuständigkeit der Länder noch zu verstärken (vgl. iwd Nr. 19/93).

Für die Zentralisierung der deutschen Schulpolitik plädieren Arbeiter und Angestellte stärker (63 Prozent) als Beamte (51 Prozent).

2. Für Kooperation der EG-Länder in der Schulpolitik.

Eine bessere Zusammenarbeit der EG-Länder in der Schulpolitik begrüßen 81 Prozent der Befragten. Bedingung: Nach Auffassung der Mehrheit (53 Prozent) müssen die einzelnen EG-Länder bestimmte schulische Mindeststandards erfüllen.

3. Gegen Integrierte Gesamtschule.

Fast zwei Drittel aller Befragten lehnen die Integrierte Gesamtschule als Schulform der Zukunft ab. Eine besonders distanzierte Haltung zu diesem Lernort nehmen Schüler und Auszubildende ein. Über 70 Prozent der jungen Leute sehen in der Gesamtschule nicht das pädagogische Nonplusultra. Jeder dritte Bürger kritisiert die Gesamtschule mit dem Argument, daß die Schüler dort nicht schon frühzeitig entsprechend ihrer Begabung unterrichtet werden. Jeder fünfte Bundesbürger hält dagegen an der Gesamtschule fest, weil sie die Entscheidung zum Besuch einer weiterführenden Schule nach der Grundschulzeit für verfrüht halten. Auffallend ist, daß sich in den Gesamtschul-Ländern besonders viele Bürger kritisch äußern – im Saarland 72 Prozent und in Nordrhein-Westfalen 66 Prozent.

4. Mehrheit für das 13. Schuljahr.

In der Frage, wann die allgemeine Hochschulreife erreicht werden soll, sprechen sich 55 Prozent der Befragten dafür aus, das 13. Schuljahr bis zum Abitur beizubehalten. Demgegenüber sagen 44 Prozent, die allgemeine Hochschulreife solle schon nach der 12. Klasse erreicht werden können. Vor allem Beamte (63 Prozent) und Schüler (62 Prozent) lehnen die intendierte Schulzeitverkürzung ab.

5. Verkürzung des Studiums.

Zwei von drei Bundesbürgern sind der Ansicht, daß in Deutschland zu lange studiert wird. Selbst innerhalb der betroffenen Altersgruppe – das sind die 20 bis 29jährigen – teilen 61 Prozent diese Meinung. Zur Verkürzung der Studienzeiten sollen nach Auffassung der Befragten die Studienzeitbedingungen verbessert (55 Prozent), die praxisnahen Fachhochschulen ausgebaut (50 Prozent) und die Studiengebühren an den Hochschulen eingeführt (49 Prozent) werden. In der Altersgruppe der 20-bis 29jährigen plädieren immerhin 48 Prozent dafür, zur Verkürzung der Studienzeiten Studiengebühren einzuführen.

6. Zustimmung zur dualen Berufsausbildung.

An der klassischen Berufsausbildung in Betrieb und Berufsschule soll nach dem Willen der Bevölkerung (67 Prozent) nichts geändert werden. Lediglich 11 Prozent der Befragten würden das Praktika-Modell nach dem Vorbild anderer EG-Staaten vorziehen.

Bemerkenswert ist, daß auch die jüngeren Altersgruppen das Praktika-Modell ablehnen: Die Gruppen der bis 20jährigen (58 Prozent) und der 20- bis 29jährigen (70 Prozent) sprechen sich ebenfalls gegen eine Berufsausbildung aus, bei der praktische Kenntnisse und Fertigkeiten lediglich durch kurze Betriebspraktika vermittelt werden.

Das Umfrageergebnis ist eine klare Absage an Bildungspolitiker, die eine theoretische Ausbildung auf Kosten der Betriebspraxis ausweiten möchten. Lediglich 3 Prozent der Befragten würden dies unterstützen.

II 27
Vereinbarung über die Schularten und Bildungsgänge im Sekundarbereich I
– Beschluß der Kultusministerkonferenz vom 3. Dezember 1993

1. Vorbemerkung

Die nachstehende Vereinbarung der Kultusministerkonferenz steckt den Rahmen für die Schularten[1] und Bildungsgänge im Sekundarbereich I des Schulwesens in den Ländern ab. Sie legt ihre gemeinsamen und besonderen Merkmale sowie einen gemeinsamen Stundenrahmen fest und regelt die Bedingungen für die gegenseitige Anerkennung der Abschlüsse und Berechtigungen. Die Vereinbarung dient der Sicherung einer gemeinsamen und vergleichbaren Grundstruktur des Schulwesens in der Bundesrepublik Deutschland im Sinne des "Hamburger Abkommens" und trägt der Weiterentwicklung des Schulwesens in Deutschland Rechnung.

2. Struktur des Schulwesens im Sekundarbereich I

Die Struktur des Schulwesens im Sekundarbereich I (Jahrgangsstufen 5/7 bis 9/10) ist in den Ländern dadurch gekennzeichnet, daß nach der gemeinsamen vierjährigen Grundschule (in zwei Ländern sechsjährigen Grundschule) die weiteren Bildungsgänge mit ihren Abschlüssen und Berechtigungen in unterschiedlichen Schularten organisiert sind, und zwar in der Mehrzahl der Länder als

- Hauptschule,
- Realschule,
- Gymnasium,
- Gesamtschule,

in einzelnen Ländern als

- Förderstufe (Hessen), Orientierungsstufe (Niedersachsen),
- Schulzentrum (Bremen),
- Mittelschule (Sachsen), Regelschule (Thüringen), Sekundarschule (Saarland, Sachsen-Anhalt), Integrierte Haupt-und Realschule (Hamburg), Verbundene Haupt-und Realschule (Hessen), Regionale Schule (Reinland-Pfalz),
- Wirtschaftsschule (Bayern),

außerdem in allen Ländern als

- Sonderschule/Schule für Behinderte/Förderschule.

---

1) In einigen Ländern werden auch die Begriffe "Schulformen oder „Schulgattungen" verwendet.

3. Merkmale der verschiedenen Schularten und Bildungsgänge

3.1 Gemeinsame Merkmale

Die Gestaltung der Schularten und Bildungsgänge des Sekundarbereichs I geht vom Grundsatz einer allgemeinen Grundbildung, einer individuellen Schwerpunktsetzung und einer leistungsgerechten Förderung aus. Dies wird angestrebt durch:

- die Förderung der geistigen, seelischen und körperlichen Gesamtentwicklung der Schülerinnen und Schüler; Erziehung zur Selbständigkeit und Entscheidungsfähigkeit sowie zu personaler, sozialer und politischer Verantwortung,

- die Sicherung eines Unterrichts, der sich am Erkenntnisstand der Wissenschaft orientiert sowie in Gestaltung und Anforderungen die altersgemäße Verständnisfähigkeit der Schülerinnen und Schüler berücksichtigt,

- eine schrittweise zunehmende Schwerpunktsetzung, die individuelle Fähigkeiten und Neigungen der Schülerinnen und Schüler aufgreift,

- die Sicherung einer Durchlässigkeit, die auch nach einer Phase der Orientierung Möglichkeiten für einen Wechsel des Bildungsganges eröffnet.

Die Jahrgangsstufen 5 und 6 bilden unabhängig von ihrer organisatorischen Zuordnung eine Phase besonderer Förderung, Beobachtung und Orientierung über den weiteren Bildungsgang mit seinen fachlichen Schwerpunkten.

Wesentliche Merkmale für die Gestaltung der Jahrgangsstufen 5 und 6 sind

- ein gemeinsames grundlegendes Bildungsangebot mit einem verpflichtenden Kernbereich von Fächern,

- differenzierte Anforderungen mit dem Ziel, in bestmöglicher Weise die individuelle Leistungsfähigkeit zu fördern und zu entwickeln,

- Maßnahmen zum Ausgleich unterschiedlicher – auch sozial bedingter – Lernvoraussetzungen,

- die Beobachtung der individuellen Leistungsfähigkeit und der Lernfortschritte, auch im Hinblick auf die Anforderungen in den nachfolgenden Bildungsgängen und Jahrgangsstufen.

Ab Jahrgangsstufe 7 unterscheiden sich die Schularten und Bildungsgänge zunehmend durch das Angebot der Fächer, die Anforderungen im Hinblick auf die individuelle Schwerpunktsetzung und den angestrebten Abschluß.

Ein verpflichtender Kernbereich von Fächern dient der allgemeinen Grundbildung. Der Pflichtunterricht wird je nach den Schularten und/oder Schulfächern auf unterschiedlichen Anspruchsebenen erteilt. Zum Pflichtunterricht kann der Wahlpflichtunterricht hinzutreten, der die Bildungsgänge durch zusätzliche oder vertiefende Elemente profiliert und die individuelle Lernmotivation nach Eignung und Neigung erweitert. Dazu tragen auch die Angebote im Wahlbereich bei.

Mit fortschreitenden Jahrgangsstufen gewinnen die Ausformung der Bildungsgänge und die Sicherung abschlußbezogener Profile zunehmend an Bedeutung im Hinblick auf die Profilierung der individuellen Schullaufbahnen.

3.2 Beschreibung der Schularten und Organisation der Bildungsgänge

Die Schularten im Sekundarbereich I umfassen jeweils einen oder mehrere Bildungsgänge. An Schularten mit einem Bildungsgang ist der gesamte Unterricht auf einen bestimmten Abschluß bezogen. Schularten mit einem Bildungsgang sind in der Regel die Hauptschule, die Realschule und das Gymnasium.

Die Hauptschule vermittelt ihren Schülerinnen und Schülern eine grundlegende allgemeine Bildung, die sie entsprechend ihren Leistungen und Neigungen durch Schwerpunktbildung befähigt, nach Maßgabe der Abschlüsse ihren Bildungsweg vor allem in berufs-, aber auch in studienqualifizierenden Bildungsgängen fortzusetzen.

Die Realschule vermittelt ihren Schülerinnen und Schülern eine erweiterte allgemeine Bildung, die sie entsprechend ihren Leistungen und Neigungen durch Schwerpunktbildung befähigt, nach Maßgabe der Abschlüsse ihren Bildungsweg in berufs-und studienqualifizierenden Bildungsgängen fortzusetzen.

Das Gymnasium vermittelt seinen Schülerinnen und Schülern eine vertiefte allgemeine Bildung, die sie entsprechend ihren Leistungen und Neigungen durch Schwerpunktbildung befähigt, nach Maßgabe der Abschlüsse im Sekundarbereich II ihren Bildungsweg an einer Hochschule, aber auch in berufsqualifizierenden Bildungsgängen fortzusetzen.

An Schularten mit mehreren Bildungsgängen wird der Unterricht entweder in abschlußbezogenen Klassen oder – in einem Teil der Fächer – leistungsdifferenziert auf mindestens zwei lehrplanbezogen definierten Anspruchsebenen in Kursen erteilt. Anstelle von Kursen können zur Vermeidung unzumutbarer langer Schulwege und – in geringem Umfang – zur Erprobung besonderer pädagogischer Konzepte klasseninterne Lerngruppen in Deutsch und in den naturwissenschaftlichen Fächern in allen Jahrgangsstufen, in Mathematik nur in der Jahrgangsstufe 7, gebildet werden.

Schularten mit mehreren Bildungsgängen sind die Gesamtschule, das Schulzentrum, die Mittelschule, die Regelschule, die Sekundarschule, die Verbundene Haupt-und Realschule, die Integrierte Haupt-und Realschule und die Regionale Schule.

Die Gesamtschule in kooperativer Form und das Schulzentrum fassen die Hauptschule, die Realschule und das Gymnasium pädagogisch und organisatorisch zusammen. Die Gesamtschule in integrierter Form bildet eine pädagogische und organisatorische Einheit, die unabhängig von der Zahl der Anspruchsebenen bei der Fachleistungsdifferenzierung die drei Bildungsgänge des Sekundarbereichs I umfaßt.

Die Mittelschule, die Regelschule, die Sekundarschule, die Verbundene Haupt- und Realschule, die Integrierte Haupt-und Realschule und die Regionale Schule fassen die Hauptschule und die Realschule pädagogisch und organisatorisch zusammen.

Für den leistungsdifferenzierten Unterricht gilt: Der Unterricht auf unterschiedlichen Anspruchsebenen beginnt in Mathematik und in der ersten Fremdsprache mit Jahrgangsstufe 7, in Deutsch in der Regel mit Jahrgangsstufe 8, spätestens mit Jahrgangsstufe 9, in mindestens einem naturwissenschaftlichen Fach (in Physik oder Chemie) spätestens ab Jahrgangsstufe 9.

4. Gemeiner Stundenrahmen

Mit der Festsetzung eines gemeinsamen Stundesrahmens wird ein allen Schularten und Bildungsgängen gemeinsamer Kernbereich an Fächern gesichert. Den Ländern bleibt darüber hinaus Freiraum für eigene Gestaltungen.

Für die Stundentafeln der Jahrgangsstufen 5 bis 9/10 wird folgender Rahmen vereinbart:

4.1 Fächer und Stunden

4.1.1 Die Wochenstundenzahl der Fächer und Lernbereiche im Pflicht-und Wahlpflichtunterricht insgesamt beträgt in den Jahrgangsstufen 5 und 6 jeweils in der Regel 28, in den Jahrgangsstufen 7 -10 jeweils in der Regel 30 unter Einbeziehung des Religionsunterrichts.

4.1.2 Die Wochenstundenzahl beträgt für den Durchgang der Jahrgangsstufen 5 bis 10 – in Klammern für die Jahrgangsstufen 5 bis 9 – insgesamt in der Regel

in Deutsch	22 (19) Stunden,
in Mathematik	22 (19) Stunden,
in der 1. Fremdsprache	22 (16) Stunden,
in Naturwissenschaften	16 (13) Stunden,
in Gesellschaftswissenschaften	16 (13) Stunden.

4.1.3 Eine zweite Fremdsprache ist in den Jahrgangsstufen 7 bis 10 am Gymnasium mit insgesamt in der Regel 14 Wochenstunden Pflichtfach. An der Gesamtschule und an anderen Schularten kann sie als Wahlpflichtfach mit in der Regel ebenfalls 14 Wochenstunden angeboten werden.

4.1.4 Weitere Pflicht-oder Wahlpflichtfächer sind mindestens:

– Musik,
– Kunst,
– Sport.

4.1.5 Die Hinführung zur Berufs-und Arbeitswelt ist verpflichtender Bestandteil für alle Bildungsgänge. Der Unterricht erfolgt entweder in einem eigenen Unterrichtsfach („Arbeitslehre") oder als Gegenstand anderer Fächer.

4.1.6 Für den Religionsunterricht sind die in den einzelnen Ländern geltenden Bestimmungen maßgebend.

4.2 Gesamtwochenstundenzahl

Die für die Schülerinnen und Schüler verpflichtende Zahl von Wochenstunden sollte unter Einbeziehung des Religionsunterrichts je Jahrgangsstufe 34 Wochenstunden nicht übersteigen. Der muttersprachliche Ergänzungsunterricht für ausländische Schüler bleibt unberücksichtigt. ..,

5.2.8 Die Berechtigung zum Besuch der gymnasialen Oberstufe wird erworben,

(a) wenn im Gymnasium, im gymnasialen Bildungsgang einer kooperativen Gesamtschule oder des Schulzentrums (Bremen) am Ende der Jahrgangsstufe 10 in allen versetzungsrelevanten Fächern mindestens ausreichende Leistungen erbracht wurden,[1)]

(b) wenn man Ende einer Klasse 10, deren Anforderungen generell auf den Mittleren Schulabschluß ausgerichtet sind, der Mittlere Schulabschluß erworben und in Deutsch, Mathematik und der ersten Fremdsprache im Durchschnitt mindestens befriedigende Leistungen erbracht wurden und in den versetzungsrelevanten Fächern im Durchschnitt befriedigende Leistungen erreicht wurden.

(c) wenn an Schulen mit Fachleistungsdifferenzierung gemäß Ziffer 3.2 am Ende der Jahrgangsstufe 10 folgende Voraussetzungen erfüllt sind:

1. Bei Fachleistungsdifferenzierung auf zwei Anspruchsebenen ist die Teilnahme in drei Fächern, zu denen mindestens zwei der Fächer Deutsch, Mathematik und 1. Fremdsprache gehören, an Kursen der oberen Anspruchsebene erforderlich. In diesen Kursen und in den ohne äußere Fachleistungsdifferenzierung geführten abschlußrelevanten Fächern müssen im Durchschnitt mindestens befriedigende Leistungen erbracht werden. In den Kursen der unteren Anspruchsebene müssen im Durchschnitt mindestens gute Leistungen erbracht werden.

2. Bei einer durchgehenden Fachleistungsdifferenzierung auf drei Anspruchsebenen ist die Teilnahme in drei Fächern, zu denen mindestens zwei der Fächer Deutsch, Mathematik und 1. Fremdsprache gehören, an den Kursen der obersten Anspruchsebene erforderlich. In diesen Kursen müssen mindestens ausreichende, in Kursen der mittleren Anspruchsebene mindestens befriedigende und in Kursen der unteren Anspruchsebene mindestens gute Leistungen erbracht werden. In den ohne äußere Fachleistungsdifferenzierung geführten abschlußrelevanten Fächern sind im Durchschnitt mindestens befriedigende Leistungen erforderlich.

Bei einer nicht durchgehenden Fachleistungsdifferenzierung auf drei Anspruchsebenen sind die genannten Regelungen für eine Fachleistungsdifferenzierung auf zwei Anspruchsebenen sinngemäß anzuwenden.

---

1) Sachsen-Anhalt und Thüringen haben eine Regelung getroffen, wonach am Gymnasium die Berechtigung zum Besuch der gymnasialen Oberstufe nach der Jahrgangsstufe 9 vergeben wird. Diese Regelung wird entsprechend dem Beschluß der KMK „Zulassung von Hochschulzugangsberechtigten aus den in Art. 3 des Einigungsvertrages genannten Ländern an Hochschulen in der Bundesrepublik Deutschland" (Beschluß der KMK vom 20./21.02.1992 i.d.F. vom 12.03.1993) zunächst bis 1996 anerkannt. Beim Wechsel von Schülerinnen und Schülern in andere Länder bzw. von anderen Ländern nach Sachsen-Anhalt und Thüringen erfolgt die Eingliederung in die nächsthöhere Jahrgangsstufe.

Ist der Unterricht in abschlußbezogenen Fächern (z. B. Wahlpflichtfächern) lernplanmäßig auf die gymnasiale Oberstufe ausgerichtet, so genügen in diesen Fächern ausreichende Leistungen.

In Bayern werden Schülerinnen und Schüler, die eine andere Schule als das Gymnasium besucht haben, mit einer Berechtigung gemäß Ziffer 5.2.8 Buchstaben (b) und (c)1 dieser Vereinbarung in die gymnasiale Oberstufe unter den besonderen Bedingungen aufgenommen, die in Bayern für Realschüler gelten.

Hinsichtlich des Unterrichts in einer zweiten Fremdsprache geltend die Bestimmungen des Absatzes 7.4.10 der "Vereinbarung zur Neugestaltung der gymnasialen Oberstufe in der Sekundarstufe II vom 07.07.1972 i.d.F. vom 11.04.1988" (Beschluß der KMK vom 11.04.1988). ...

Anhang III
Glossar

(lat. = lateinisch, engl. = englisch, griech. = griechisch, franz. = französich, arab. = arabisch, eig. = eigentlich)

absoluter Geist (lat.)	— der terminus entstammt dem Deutschen Idealismus (1790-1850), als dessen hervorragende Vertreter Fichte, Schelling und Hegel anzusehen sind. Der Geist äußert sich in Werthaltungen (subjektiv) und in Kunst, Wissenschaft, Technik (objektiv). Absolut kann er deswe-gen genannt werden, da eine Definition ohne Bezug auf anderes möglich ist.
absolvor (lat.)	— ich werde <von meinen Sünden> freigespochen, erlöst
Abstraktion (lat.)	— das „Wegziehen" der Aufmerksamkeit von der anschaulichen Sache auf ein Niveau allgemeiner, nichtanschaulicher Regeln oder Begriffe
aequum (lat.)	— von aequus = angemessen, im Unterschied zu iustus: gerecht (dem Buchstaben des Gesetzes nach)
Affinität (lat)	— die Verwandschaft von Begriffen und Vorstellungen, auch: Nähe
affirmativ (lat.)	— bestätigend, zustimmend (mit dem Unterton des unkritischen, kritiklosen Bejahens)
Agentur (lat.)	— eine handelnde (agere), Einfluß ausübende Macht
agere sequitur esse (lat.)	— Das Handeln folgt dem Sein
Aktormonade (lat./griech.)	— Handlungseinheit, wobei unter Monade eine Einheit zu verstehen ist, die ohne Identitätsverlust selbst nicht mehr auflösbar ist

Akzeptanz (lat.)	– die Bereitschaft, etwas zu billigen
Akzidens (lat.)	– dasjenige, was als Bestimmung zu einer Substanz hinzukommt, z.B. „gebildet" zu „Mensch" (ens in alio)
algorithmisch (arab./griech.)	– könnte auch mit schematisch umschrieben werden; gemeint ist, daß es schematisierte Wissensbestandteile gibt, die in bestimmten Lernlagen aktualisiert werden
Allokation (lat.)	– Zuweisung; gemeint ist die Tatsache, daß ein bestimmtes Abschlußzeugnis jemandem eine bestimmte Position zuweist
Altruismus (lat.)	– die Rücksicht auf andere, Nächstenliebe, Selbstlosigkeit
amorph (griech.)	– ohne (a) Form (morphé)
Ambiguität (lat.)	– Doppeldeutigkeit
Ambiguitätstoleranz (lat.)	– die Fähigkeit jemandes, widersprüchliche Erwartungen, die an ihn herangetragen werden, auszuhalten und handlungsfähig zu bleiben
ambivalent (lat.)	– zwiespältig, doppelwertig
Analogon (griech.)	– die Entsprechung, die entsprechende Erkenntnis, der gleichgeartete Fall
ancilla (lat.)	– Magd, selbstlose Dienerin (gelegentlich auch mit dem Nebensinn der ausgenutzten Helferin)
Anomie (griech.)	– Gesetzlosigkeit, speziell: Zustand, bei dem einzelne oder Gruppen mangels fehlender Normen sich an neue Entwicklungen nicht anpassen können
Anthropologie (griech.)	– Lehre, Wissenschaft vom Menschen (besonders unter biologischen, pädagogischen, theologischen Gesichtpunkten)
Antinomie (griech.)	– Widerspruch eines Satzes in sich: Freiheit z.B. ist Freiheit und Unfreiheit zugleich oder „Führen und Wachsenlassen"

apodiktisch (griech.)	—	beweiskräftig, unwiderlegbar, auch: Widerspruch nicht zulassend
apolitisch (griech.)	—	fern von Politik
Aporie (griech.)	—	wer vor einem Fluß ohne Übergangsmöglichkeiten (Brücke oder Furt) steht, befindet sich in einer „ausweglosen Situation"
a posteriori (lat.)	—	vom Späteren her; aus der Erfahrung hergeleitet
a priori (lat.)	—	vom Früheren her, von vornherein
Äquivalenz (lat.)	—	Gleichwertigkeit
arcanum (lat.)	—	das Geheimnis, das Heimliche
Archeget (griech.)	—	Stammvater, Gründer
Artistenfakultät (lat.)	—	in der mittelalterlichen Universität die Fakultät, die sich vor der beruflichen Spezialausbildung den artes liberales widmete
artistischer Lehrplan (lat.)	—	Lehrplan, der sich auf die artes liberales (Grammatik, Dialektik, Rhetorik, Arithmetik, Geometrie, Musik und Astronomie) bezieht artes liberales = „freie Künste" (gemeint sind Lerninhalte, mit denen sich ein Freier befassen soll)
Atomisierung (griech.)	—	Auflösung in kleinste Teile/Einheiten
Attitüde (franz.)	—	Haltung, die mit Bewußtheit eingenommen wird
Autorität, funktionale (lat.)	—	die durch (und für) eine bestimmte Funktion erlangte Fähigkeit, mit Kompetenz entscheiden zu können
Authentizität (griech.)	—	Echtheit, Glaubwürdigkeit

Autismus (griech.)	– eine bis zur Krankheit gesteigerte, fast jeden Kontakt zu anderen ausschließende Ich- bzw. Selbstbezogenheit
Autonomie (griech.)	– Unabhängigkeit; Zustand, in dem eine Institution sich selber (autós) eine Regelung (nómos) geben kann (siehe auch Heteronom)
Axiom (griech.)	– Lehrsatz (Satz, der als absolut gültig angesehen wird, unmittelbar einsichtig ist und daher des Beweisen nicht bedarf) oder: Aussage, die selbst nicht abgeleitet ist, aber ihrerseits Gegenstand von Ableitungen ist
Behaviorismus (engl.)	– von dem Amerikaner J.B. WATSON (1878-1958) begründete Lehrmeinung in der Psychologie, wonach nur durch äußeres Verhalten (behavior) beobachtbares seelisches Geschehen Gegenstand der Forschung sein kann
bilateral (lat.)	– zweiseitig; b. Austausch = zweiseitiger <völkerrechtlicher> Austausch
bilingual (lat.)	– zweisprachig, d.h. der Unterricht (z.B. Erdkunde) wird nicht nur in der Muttersprache, sondern auch ineiner europäischen Fremdsprache durchgeführt
cartesianische Wissenschaftstheorie	– die Wissenschaftstheorie des René DESCARTES (1596-1650)
cogitamus ergo sum (lat.)	– „wir denken, also bin ich"; dieser Satz ist die Abwandlung des Satzes von René DESCARTES: cogito ergo sum: „ich denke, also bin ich"
comprehensive educational system (engl.)	– später Gesamtschulsystem genannt in Abgrenzung vom gegliederten Schulwesen
cordon sanitaire (franz.)	– Schutzzone (z.B. zwischen Gesunden und Kranken bei Epidemien)
cum grano salis (lat.)	– mit einem Korn Salz; gemeint ist mit diesem lateinischen Satz, daß man eine best. Äußerung mit Einschränkung sehen und nicht ganz so wörtlich nehmen soll

Curriculum (lat.)	– eig.: Rennbahn, Lebenslauf, im weiteren Sinne umfaßt Curriculum – die Vorbereitung – die Durchführung – die Evaluation des Unterrichts einschließlich des Medieneinsatzes, der Schulbuchkritik, der Methoden sowie der didaktischen Legitimation der Unterrichtsinhalte, der wissenschaftlichen Struktur organisierten Lernens und der Lernzielüberprüfung
decodieren (engl.)	– entschlüsseln; bei der Übersetzung von Texten geht es vor allem darum, daß diese Texte gänzlich für das Verständnis anderer aufgeschlossen werden; die Übersetzung allein bewirkt dieses noch nicht
deduktiv (lat.)	– abgeleitet, ableitend; damit wird ein Verfahren bezeichnet, mit dem das Besondere aus dem Allgemeinen hergeleitet wird (siehe auch induktiv)
de facto (lat.)	– tatsächlich
Detypisierung (lat./griech.)	– die Reform der gymnasialen Oberstufe beseitigt die historisch gewachsenen Oberstufenzweige (altsprachlich, neusprachlich, mathematisch-naturwissenschaftlich)
Dialektik (griech.)	– die Kunst, ein Gespräch zu führen; gemeint ist eine Denkmethode, die Wahrheit durch die Entfaltung gegensätzlicher Positionen zu suchen und zu finden
diametral (griech.)	– völlig entgegengesetzt
Dichotomie (griech.)	– Zweiteilung, bezogen auf Begriffspaare
differenziert (lat.)	– unterschieden, fein abgestuft
Dimension (lat.)	– Ausmaß, Ausdehnung, Abmessung
direktiv (lat.)	– eine Anweisung (Direktive) gebend

Diskurs (lat.)	– Auseinandersetzung gleichberechtigter Gesprächsteilnehmer mit dem Ziel, methodisch die Wahrheit zu finden
diskursiv (lat.)	– von einer Erkenntnis zur anderen folgerichtig fortschreitend
Dissemination (lat.)	– das Aussäen, Ausbreiten
divergent (lat.)	– auseinanderneigend, im Gegensatz zu konvergent (zielgerichtet); Substantive:Divergenz - Konvergenz (Lehrmeinung der Politologie und zeitweilig deutscher Außenpolitik, wonach der Ost-West-Gegensatz durch gegenseitige Annäherung (Konvergenz) überwunden werden könne
Divinität (lat.)	– göttliche Eigenschaft, göttliches Wesen, göttlicher Charakter
Domschule (Lehnwort)	– eine weiterführende, vom Domkapitel unterhaltene Schule (ebenso Stifts- und Kathedralschulen); Höhepunkt 8.–12. Jahrhundert
duales System der Berufsausbildung (lat.)	– dieses System ist dadurch gekennzeichnet, daß die Berufsausbildung an zwei (duo) Orten stattfindet, im Betrieb und in der Berufsschule
Edikt (lat.)	– Befehl, Anordnung, staatliche Verordnung
Edukand (lat.)	– ein zu Erziehender
Elektroenzephalographie (griech.)	– ist die Aufzeichnung elektrischer Ströme, die vom Gehirn ausgehen
eloquentia	– Beredtsamkeit, Fremdwort: Eloquenz
Emanzipation (lat.)	– Befreiung; im römischen Recht bezeichnet E. den Vorgang, in welchem ein Eigentümer (Herr) einen Teil seines Eigentums (z.B. einen Sklaven) aus seinem Verfügungs- und Eigentumsrecht entläßt
Empathie (griech.)	– Einfühlsamkeit

Empirie (griech.)	—	Erfahrung
Enkulturation (griech./lat.)	—	das Hineinwachsen in ein bestimmtes kulturelles Feld
enkyklios paideía (griech.)	—	„einkreisende" d.i. umfassende, universale, allgemeine Bildung
ens in alio (lat.)	—	in (an) einem anderen seiend; scholastische Bezeichnung für Akzidenz (siehe dort)
ens in se (lat.)	—	in sich (selbst) seiend; scholastische Kennzeichnung der Substanz (siehe dort)
Entelechie (griech.)	—	das im (en) Stoffe wohnende Ziel (télos), das innere (aufgegebene) Seinsziel des Individuums, das zur Selbstentfaltung führt
Enthalpie (griech.)	—	Eine Zustandsgröße der Thermodynamik, die definiert wird als Summe von innerer Energie (U) und Ausdehnungsarbeit (pV) eines geschlossenen Systems, das unter Außendruck steht.
Entkonfessionalisierung (lat.)	—	in bezug auf die Schule bedeutet E., daß die enge Bindung der öffentlichen Schule und des öffentlichen Unterrichts an eine/die Konfession/en abgeschafft wird; v.a. zeigt sich das daran, daß Religion als ordentliches Unterrichtsfach verschwindet.
epistemisch (griech.)	—	zu epistéme = das Wissen; das Wissen, die Einzelerkenntnis berührend
Epochenunterricht (griech.)	—	wird Fachunterricht dann genannt, wenn ein einzelnes Fach statt zweistündig (pro Woche gleichmäßig über ein Schuljahr verteilt) für eine bestimmte Epoche (z.B. 6 Wochen) verstärkt unterrichtet wird.
Ethik (griech.)	—	Lehre vom Sittlichen; behandelt insbesondere die Fragen nach Gut und Böse und nach dem richtigen Handeln
Eudämonie (griech.)	—	Glück(sgefühl), Glückseligkeit

Eudämonismus (griech.)	– philosophische Lehre, die im Glück den höchsten Sinn des Daseins sieht
Evaluation (lat.)	– Auswertung, Bewertung, Beurteilung eines vorliegenden Ergebnisses
evident (lat.)	– offensichtlich, einleuchtend, überzeugend, zu Tage tretend
Exemplar (lat.)	– Vorbild, Muster, Abbild, Modell, auffallendes Einzelstück aus einer Reihe gleichartiger Gegenstände
fakultativ (lat.)	– wahlweise, freigestellt, dem eigenen Ermessen überlassen
falsifizieren (lat.)	– als unrichtig hinstellen, als unrichtig beweisen (Substantiv: Falsifikation)
Flüssigkeitsmembrantechnologie (lat./griech.)	– hier geht es um die Entwicklung von Verfahren, mit denen Flüssigkeiten (z.B. eine hochgiftige von einer ungiftigen) getrennt werden können; bes. wichtig für die Lösung der Probleme, die mit der Verunreinigung des Wassers entstehen
Förderstufe	– siehe Orientierungsstufe
formatio reticularis (lat.)	– eig. netzartige Anordnung; gemeint ist ein System von Ganglienzellen, das die Steuerung lebenswichtiger Erregungen und vegetativer Funktionen ermöglicht (siehe auch medulla)
Futurologie (lat.)	– Wissenschaft von der Zukunft, Zukunftsforschung; der Begriff stammt von O.K. FLECHTHEIM (1909-)
Garten des Epikur (griech.)	– Epikur (341-270), aus Samos stammend, betrieb mit seinen Schülern die Philosophie des heiteren, dem Staate fernen Lebensgenusses in seinem Garten zu Athen
Gehirnatrophie auch Hirnatrophie (griech.)	– von einer G. spricht man in der Medizin dann, wenn degenerative Prozesse das Gehirn (und damit das Verhalten und das Leistungsvermögen des Kranken) verändern; eig.: mangelhafte Ernährung des Gehirns
Gen (griech.)	– Träger einer Erbanlage

genuin (lat.)	–	echt
genus verbi (lat.)	–	eig. Geschlecht des Verbs; so wie es beim Substantiv verschiedene Geschlechter gibt, unterscheidet man beim Verb Aktiv und Passiv
Gruppendynamik (griech.)	–	Teil der Verhaltenslehre in der Psychologie. Sie beschäftigt sich mit <gruppendynamischen> Prozessen, die bei der Bildung von Gruppen und bei solchen Gruppen selbst beschrieben und als für diese charakteristisch feststellbar werden. Die G. untersucht insbesondere die Sozialbeziehungen in Gruppen.
Gymnasialprogramm (griech.)	–	bevor es staatliche Richtlinien gab, existierten, für jedes einzelne Gymnasium vom Direktor formuliert, Gymnasialprogramme, in denen das Pensum für jede Klasse definiert war
Gymnasium (griech.)	–	tò gymnásion: die Trainingsstätte, wo junge Leute ursprünglich nackt (gymnós) trainierten. Bedeutungserweiterung: Schule für Sport und Unterricht in Fächern wie Grammatik, Dialektik und Rhetorik; weitverbreitet seit dem 4. Jahrhundert v.Chr. im gesamten Mittelmeerraum
harmoniarum mentalis essentia (lat.)	–	das geistige Wesen der Harmonie
hedonistisch (griech.)	–	lustbetont, die Lust als einziges Handlungsmotiv gelten lassend
Hellenismus (griech.)	–	Kulturepoche von Alexander dem Großen bis Kaiser Augustus (etwa 350–0)
Hermeneutik (griech.)	–	die Kunst, einen Text auszulegen und ihn aus sich und seinen eigenen Voraussetzungen zu verstehen; Adjektiv: hermeutisch
Heteronomie (griech.)	–	im Unterschied zur Autonomie wird in der H. der Wille von Gesetzen anderer (héteros) bestimmt/ beeinflußt (Adjektiv:heteronom)
Heterogenität (griech.)	–	Uneinheitlichkeit, Verschiedenheit

Heuristik (griech.)	– wörtl.: die Kunst zu finden; gemeint ist die Lehre von Verfahren und Methoden, Probleme zu lösen. Heuristische Gründe sind solche, die sich aus der Heuristik ergeben
Hierarchie (griech.)	– Rangordnung
homo clausus (lat.)	– ein eingesperrter Mensch, der dadurch isoliert und alleine ist
homo humanus (lat.)	– ein menschlicher Mensch; gemeint ist ein Mensch, der durch Bildung kultiviert und zu dem gelangt ist, was ihn von anderen Lebewesen und auch von dem „Nur-Menschen" abhebt.
homogen (griech.)	– gleichmäßig, einheitlich
horizontal (griech.) gegliedertes Schulwesen	– Stufenschulwesen
humanuum (lat.)	– das Menschliche; gemeint ist die Ganzheit des Menschen, dessen Wesen auf Kopf, Herz und Hand gründet
Identität (lat.)	– die Übereinstimmung des einzelnen mit sich selbst im Rahmen der Selbstverwirklichung
Ideologie (griech.)	– eig. Ideenlehre; jetzt: ein System oder die Zusammenführung von Vorstellungen, Argumentationsweisen und Begriffen, die eine errungene oder eine zu erstrebende Macht rechtfertigen sollen
Imitationslernen (lat.)	– ist ein Lernen durch Nachahmung
immanent (lat.)	– innewohnend, in etwas enthalten oder Erfahrungsgrenzen nicht übersteigend Substantiv: Immanenz
implizit (lat.)	– einbegriffen, nicht ausdrücklich genannt

Individuation (lat.)	—	in der Psychologie: psychischer Reifungs- und Differenzierungsprozeß des Individuums; in der Philosophie: siehe principium individuationis
Indoktrination (lat.)	—	die mit psychologischen Mitteln vorgenommene Beeinflussung mit dem Ziel, eine ganz best. Meinung zu bilden
induktiv (lat.)	—	im Unterschied zu deduktiv wird mit i. („hineinführend") ein Verfahren bezeichnet, mit dem man aus dem Konkreten und aus dem einzelnen das Allgemeine herleitet bzw. vom einzelnen zum Allgemeinen hinführt
ineffabilis (lat.)	—	unaussprechlich, mit Sprache/ Worten nicht ausdrückbar
Initiation (lat.)	—	Einführung; wie bei sog. Naturvölkern junge Leute durch best. Riten in die Welt der Erwachsenen „eingeführt" werden, so sollen Lernende am Gymnasium in Erfahrungsbereiche unserer Kultur eingeführt werden
Inklusion (lat.)	—	Einbeziehung, Einschluß
Innovation (lat.)	—	Erneuerung, d.h. die Entwicklung neuer Ideen, Techniken, Produkte; Adjektiv: innovativ
Input (engl.)	—	Eingabe
Insider (engl.)	—	Person, die in einem charakteristischen System (z.B. die Schule) lebt
institutionelle Kontinuität (lat.)	—	gemeint ist damit, daß die Lernenden am besten an e i n e r Institution (=Gymnasium) beständig gefördert und gefordert werden
instrumentalisieren	—	etwas nicht um seiner selbst willen zur Erkenntniserhellung untersuchen, sondern nur als Instrument für ein anderes Ziel benutzen; z.B. benutzte die SED die Verbrechen der Nationalsozialisten, um von eigenen Verbrechen abzulenken und die Bundesrepublik zu verunglimpfen
intentional (lat.)	—	zielgerichtet

Interdependenz (lat.)	– Abhängigkeit untereinander
interdisziplinär (lat.)	– zwischen den Disziplinen bzw. Unterrichtsfächern und diese übersteigend
Interpenetration (lat.)	– wechselweise Durchdringung
intuitiv (lat.)	– neben diskursiven und reproduktiven gibt es intuitive Denkprozesse (letzte werden gelegentlich auch inspirativ genannt); in diesen werden Sachverhalte oder Vorgänge unabhängig von rationaler Steuerung spontan, ganzheitlich und unmittelbar erfaßt
iustum	– vgl. aequum
Kanon (griech.)	– im Bauhandwerk eine Richtschnur, nach der Ziegelsteine hochgemauert werden; in der Pädagogik eine Sammlung vorbildlicher Bildungs- sowie Unterrichtsinhalte
Kategorie (griech.)	– Aussage; als Terminus der Philosophie meint Kategorie die Aussage über eine der Weisen des Seins (z.B. Zeit, Ort) und die des Seins selbst
Katharsis (griech.)	– Reinigung, Läuterung (der Seele, z.B. durch die Teilnahme an der Aufführung einer Tragödie)
Klosterschule (Lehnwort)	– eine weiterführende Schule, die bei einem Kloster geführt wurde, sowohl für die Insassen des Klosters (schola interior) als auch für Kinder aus dem Umland (schola exterior) Höhepunkt: 8.–12. Jahrhundert
Kognition (lat.)	– Erkenntnisprozeß
kognitive Entwicklung (lat.)	– Entwicklung des Denkens
Kollegschule (engl.)	– in Nordrhein-Westfalen ein Modellversuch zur Integration berufsbezogener und studienbezogener Bildungsgänge
Kommunikation (lat.)	– Verbindung, Verständigung durch Übermittlung von Signalen. Sofern diese auf Vereinbarung beruhen (z.B.

sprachliche Zeichen), wird die K. digital genannt; analog heißt eine K. dann, wenn das Signal mit dem zu signalisierenden Gegenstand wesenhaft zusammenhängt, z.B. eine Ausdrucksgebärde; Kommunikation hat einen Inhaltsaspekt und einen Beziehungsaspekt; Kommunikation, transaktive, ist jene K., die sich selbst zum Thema macht, sie „handelt über sich hinaus" (trans-agere)

Kompensation (lat.)	– Ausgleich
kompilatorisch (lat.)	– aus Teilen verschiedener Werke zusammengeschrieben mit dem Nebensinn geistigen Diebstahls; Kompilation: die Verquickung verschiedener Quellen ohne deren genaue Kennzeichnung, oft unter Vorspiegelung, es handele sich um eine eigene geistige Leistung
konsensfähig (lat.)	– in der Lage, nach Konflikten eine Übereinkunft zu finden
konstitutiv (lat.)	– die Grundlage für etwas legend
Konsumptionist (lat.)	– ist derjenige, der alles unter dem Gesichtspunkt des Gebrauchs, Verbrauchs und Benutzens sieht
Kontemplation (lat.)	– Versenkung, gemeint ist das Bemühen zu erkennen, was „die Welt in ihrem Innersten zusammenhält". Dieser Denkvorgang, den man griechisch theoría nennt, trägt im Unterschied zur wissenschaftlichen Analyse ganzheitlichen Charakter
Kontinuität (lat.)	– Stetigkeit
kontrafaktisch (lat.)	– umgedichtet; Substantiv: Kontrafaktur. K. ist ein neues Lied, das einem alten nachgebildet ist, z. B.: „O Welt, ich muß dich lassen" (16. Jahrhundert) nach „Innsbruck, ich muß dich lassen" (vor 1450)
konvergent (lat.)	– siehe divergent

Kreativität (lat.)	– schöpferisches (und damit weiterführendes) Denken
kritische Theorie (griech.)	– eine im Rahmen der Frankfurter Schule entwickelte Theorie, deren Absicht es war, die von ihr so bezeichnete kapitalistische Gesellschaft zu analysieren und herrschaftsbetonte, emanzipationsfeindliche Denkstrukturen aufzudecken und abzubauen
kritischer Rationalismus (griech./lat.)	– begründet von K. R. POPPER (1902-); dieser setzte, daß eine Theorie so lange als bewährt gelten kann, wie sie nicht widerlegt ist.
Kumulation (lat.)	– Anhäufung
kumulativ (lat.)	– sich häufend, vermehrt
legalistisch (lat.)	– ist das Verhalten desjenigen, der überspitzt nur auf Gesetze und Verordnungen schaut, ohne an die Menschen zu denken. In diesen Zusammenhang gehört der lateinische Satz summum ius summa iniuria oder die Frage, ob der Mensch für den Sabbath oder der Sabbath für den Menschen da ist
Legitimation (lat.)	– Rechtfertigung
libertas (lat.)	– Freiheit
licentia (lat.)	– Zügellosigkeit
Logik (griech.)	– Die Wissenschaft vom Denken (lógos) und insbesondere vom richtigen Schlußfolgern (wenn a=b und b=c, dann a=c)
lógos (griech.)	– das Denken, der Verstand; zusammenfassender Begriff für all das, was unser Denken ausmacht
lumen internum (lat.)	– wörtlich: das innere Licht/Leuchten, auch Erleuchtung, die jemand aus sich, ohne äußeren Anstoß, gewinnt

manifest (lat.)	— offenkundig, eindeutig
Manipulation (lat.)	— Beeinflussung mit dem Ziel, das Verhalten eines anderen zu steuern, ohne daß diesem die Beeinflussung deutlich wird
Matrix (lat.)	— Verzeichnis
Maturität (lat.)	— Reife, gemeint ist Hochschulreife
medulla oblongata (lat.)	— verlängertes Mark, also oberhalb des Rückenmarks; es enthält die formatio reticularis
Metaphysik (griech.)	— ein Werk des Aristoteles, das in der Reihenfolge der Werke (bzw. überlieferten Vorlesungen) „nach" (metá) der Vorlesung über die Physik angesiedelt ist. Inhaltlich wird sie von Aristoteles als „erste Philosophie" bezeichnet, weil es in ihr um die „ersten Dinge" geht, also um das Sein und Gott und darüber hinaus und speziell um die Welt (Kosmologie) und um den Menschen (Anthropologie)
Metakognition (griech.)	— die Erkenntnis über das Zustandekommen einer Erkenntnis
metatheoretische Besinnung (griech.)	— das Nachdenken über eine Theorie, das zur Theorie einer Theorie führen kann
Methodologie (griech.)	— Lehre/Wissenschaft von den Forschungsmethoden
Moratorium (lat.)	— Zeitraum, für dessen Dauer man beschlossen hat, etwas bestimmtes nicht zu tun (z.B. Kernwaffenversuche); auch: Schutzzeitraum
Motivation (lat.)	— Lust und Liebe; Summe der Beweggründe, die menschliches Verhalten und Handeln beeinflussen in bezug auf Richtung, Intensität und Inhalt

Mythologie (griech.)	– 1. Erforschung der Mythen eines Volkes 2. Das Gesamt der Erzählungen eines Volkes über die Entstehung der Welt und über das Handeln und Leiden de Götter und Menschen, auch Tiere und Pflanzen
Mythos (griech.)	– Erzählung, Geschichte vom Handeln der Götter, Menschen und Tiere, auch Helden. Sie drücken den Versuch aus, Welt zu verstehen. Im Mythos wird uraltes Menschheitswissen bewahrt, das durch den lógos aus dem Zauber des Wortes befreit wird
Neuhumanismus (lat.)	– eine um 1750 einsetzende pädagogisch-philosophische Erneuerung des Humanismus (des 16. Jahrhunderts), getragen u.a. von einem Humanitätsideal, das sich an der griechischen Kultur orientierte. Hervorragende Vertreter: F. A. Wolf, W. von Humboldt
Neuplatonismus (250–600 n. Chr.) (griech.)	– unter Einbezug anderer philosophischer Richtungen der Antike wird im N. (hervorragender Vertreter ist Plotin, 203-269) die Lehre Platons erneuert. Von religiöser Grundbestimmung getragen, sieht der N. das Sein in Stufen gebaut. Das Höchste ist „das Eine", aus dem die verschiedenen Seinsformen herausfließen (emanativer Monismus). Zugleich sehnt sich alles Seiende zurück zu dem Einen (= Gott) und findet so Erlösung
numerus clausus (lat.)	– übliche Abkürzung n.c. = eingeschränkte Anzahl <von Studienplätzen, der eine große Anzahl von Bewerbern gegenübersteht>
obligatorisch (lat.)	– verbindlich
obsolet (lat.)	– nicht <mehr> üblich, veraltet
Oktroi, auch Oktroy (franz.)	– Bewilligung, Genehmigung, auch im Sinne von Richtlinienkompetenz und Anordnung
Omnes Omnia (lat.)	– ... <daß> alle alles <lernen> ...

ontisch (griech.)	— auf das Sein (tò ón) bezogen, unabhängig vom Bewußtsein existierend; oft wird in diesem Zusammenhange auch „ontologisch" verwendet; eigentlich meint letzteres aber nur „bezogen auf die Lehre vom Sein"
Ontogenese (griech.)	— die Entwicklung (génesis) des Einzelwesens (ón) im Unterschied zur Stammesentwicklung (Phylogenese)
Ontologie (griech.)	— Lehre vom Sein
operationalisieren (lat.)	— Lernziele so umsetzen und präzisieren, daß sie am Tun (opus) der Lernenden beobachtet und auch bewertbar werden
Opportunismus (lat.)	— Anpassungshaltung aus Gründen des Eigennutzes
orbis doctrinae (lat.)	— Kreis der Gelehrsamkeit, Übersetzung des griechischen enkyklios paidéia (allgemeine Bildung); gemeint ist ein abgeschlossener Kreis von Fächern, die zur doctrina (Gelehrsamkeit) führen
Orientierungsstufe (lat.)	— sie umfaßt die 5. und 6. Schuljahrgänge und führt die Schülerinnen und Schüler in einer eigenen vom Gymnasium und der Realschule sich abhebenden Institution; in Hessen spricht man von der Förderstufe
Output (engl.)	— Ausstoß, Ausgabe
paideía (griech.)	— Erziehung, Bildung; davon abgeleitet ist Pädagogik = Wissenschaft von Bildung und Erziehung
Paradigma (griech.)	— Beispiel, Muster, Vorbild; in der Wissenschaftstheorie ist damit das für eine bestimmte Zeit und für bestimmte Forscher vorbildliche System von Denkmethoden, Denkregeln und Interpretationsmustern gemeint
paradigmatisch (griech.)	— vorbildlich
Partizipation (lat.)	— Anteilnahme, Teilhabe

Peergroup (engl.)	—	Gruppe Gleichaltriger
Pentade (griech.)	—	Jahrfünft, Zeitraum von 5 (pénte) Jahren
Permissivität (lat.)	—	die Haltung dessen, der aus falschem Verständnis von Freiheit ihm anvertraute Menschen nach deren Belieben gewähren läßt, Beliebigkeit, Gleichgültigkeit
Personagenese (lat./griech.)	—	Personwerden, d. h. die Entwicklung ‹des Menschen› zu einem unverwechselbaren Individuum, zur Person
Phänomenologie (griech.)	—	Erscheinungslehre auf der Grundlage der Auffassung, daß Wirklichkeit im Bewußtsein erscheint (phaínesthai); für die Naturwissenschaft bedeutet P., daß die Realität vor ihrer Deutung beobachtet und beschrieben werden muß
Philologie (griech.)	—	eig.: Liebe zum Wort; Sprach- und Literaturwissenschaft; z. B. die sog. Klassische Ph. beschäftigt sich mit dem Griechischen und Lateinischen. Unter Philologisierung des Unterrichts versteht man die vorzeitige Übertragung von Praktiken philologischer Universitätsseminare auf den Schulunterricht; die Philologisierung der Altertumswissenschaft bedeutet die Konzentrierung der Arbeit auf Texte
philosophia perennis (lat.)	—	fortwährende, dauerhafte Philosophie; gemeint ist, daß es für die Ph. einen Abschluß nicht geben kann
pluralistische Gesellschaft (lat.)	—	ist eine solche, die auf der Grundlage unterschiedlicher („sehr vieler") Interessengruppen und des Interessenausgleichs besteht bzw. Bestand hat
Politik (griech.)	—	von pólis = Stadtstaat; Kunst der Verwaltung eines Staates; sie umfaßt alle Handlungen und Planungen, mit denen Staaten gestaltet und deren Probleme gelöst werden sollen
polyvalent (griech./lat.)	—	in mehrfacher Hinsicht wirksam
Positivismus (lat.)	—	philosophische Richtung, die sich auf das Positive, von der Erfahrung Gegebene bezieht und Metaphysik als nutzlos ablehnt. In den 60er Jahren warfen die Vertreter

	der kritischen Theorie den Vertretern des kritischen Rationalismus vor, sie seien Positivisten (d. h. „Positivismusstreit")
post festum – post factum (lat.)	– nach dem Fest – nach dem Eintritt eines Ereignisses
Postulat (lat.)	– Forderung; gemeint ist damit ein Anspruch, der eines besonderen Beweises nicht bedarf
Pragmatik (griech.)	– Sachbezogenheit
pragmatisch (griech.)	– auf eine bestimmte Sache bezogen; an einer bestimmten Sache orientiert
präjudizieren (lat.)	– den Inhalt einer künftig notwendig werdenden Entscheidung durch eine best. Maßnahme vorwegbestimmen
Prämisse (lat.)	– Voraussetzung
Primat (lat.)	– die erste Stellung, der erste Rang
principium individuationis (lat.)	– Individuationsprinzip; der Philosoph LEIBNIZ (1646-1716) prägte später das Prinzip des Ununterscheidbaren. Mit dem I. wird der innere und seinshafte Grund dafür formuliert, daß es das einzelne bzw. beim Menschen den einmaligen einzelnen, den „Unteilbaren" (individuum) gibt.
Priorität (lat.)	– Vorrang
Profession (lat.)	– Beruf
Professionalität (lat.)	– ist die Haltung dessen, der in seinem Beruf Fachmann ist und als solcher (professionell) handelt; umgangssprachlich spricht man auch von „Profi"
Progression (lat.)	– das Vorausschreiten, die Steigerung (z.B. beim Steuersatz)

Progress (lat.)	– das Fortschreiten, der Fortgang, der Verlauf (eines Denkvorganges von der Ursache bis zum Ziel, zur Wirkung)
Propädeutik (griech.)	– Adjektiv: propädeutisch. Gemeint ist ein „Vorunterricht", der in Wissenschaften und Künste einführt, z.B. die medizinische P. führt ein in Grundbegriffe und Regeln bestimmter Teilgebiete wie Chirurgie usw.
Pseudoanalyse (griech.)	– ist eine Analyse, die nur vortäuscht, eine solche zu sein
psychosoziales Moratorium (griech./lat.)	– siehe Moratorium ; psychosozial bedeutet in diesem Zusammenhange, daß sich der Zeitraum des Aufschubs auf die seelische Entwicklung junger Menschen in Gruppen bezieht
qua (lat.)	– mittels
quadrivium (lat.)	– eig.: Stelle, wo vier Wege zusammenstoßen; übertragen: die Zusammenfassung der vier Fächer des artistischen Lehrplans Arithmetik, Geometrie, Musik und Astronomie
quodlibet ens est unum, verum, bonum, seu perfectum (lat.)	– jedes beliebige Seiende ist eines, wahr, gut oder vollkommen. Seit Thomas von Aquin (1225–1274) haben sich zunächst drei Transzendentalien durchgesetzt, später kam als vierte Transzendentalie noch „schön" hinzu
Rationalismus (lat.)	– eine Auffassung, wonach es von der Erfahrung unabhängige Vernunftwahrheiten gibt. Das Gegenteil behauptet der Empirismus
Rationalität (lat.)	– wörtlich: Denkvermögen; gemeint ist die Haltung, die nur das als wirklich und wahr gelten läßt, was vom Verstande (ratio) überprüfbar ist
Referenzfeld (lat.)	– Bezugsfeld des Unterrichts, gemeint ist die inhaltliche Quelle, aus der Unterricht fließt
recurrent education (engl.)	– wiederkehrende Erziehung; gemeint ist der periodische Wechsel von Bildungsphasen und Phasen der Berufstätigkeit in der Weiterbildung

reflektiert (lat.)	— bedacht, nach verschiedenen Seiten erwogen, Substantiv: Reflexion = das Nachdenken und Erwägen (in verschiedene Richtungen) über best. Probleme (Ziel = Lösung) oder Vorgaben (Ziel = Prüfung der Gültigkeit) oder Lösungen (Ziel = Entscheidung für eine Lösung)
regressus in infinitum (lat.)	— das Zurückgehen ins Endlose – d.h. in der Logik die Möglichkeit, daß man vom Bedingten auf die Ursache zurückgehen und diese selbst ihrerseits als bedingt ansehen kann
Relevanz (lat.)	— Bedeutung, Wichtigkeit
Ressourcen (franz.)	— Bestand an Hilfsmitteln und Gütern
Restauration (lat.)	— die Wiederherstellung alter Verhältnisse, die zum Zeitpunkt ihres Bestehens bereits überlebt und sozial ungerecht waren
Reversibilität (lat.)	— die Umkehrbarkeit (z.B. des Verhaltens), z.B. ich spreche so zu jemanden, wie ich wünsche, daß dieser mit mir spricht
reziprok (lat.)	— wechselbezüglich (z.B.„ einander" ist ein reziprokes Pronomen) Substantiv: Reziprozität: Wechselseitigkeit
Rhetorik (griech.)	— Redekunst; gemeint ist ein System sprachlicher Regeln, das so eingesetzt werden kann, daß Zuhörer überredet oder überzeugt werden
Rolle (mittellat.)	— Rädchen, Walze, zusammengerolltes Schriftstück, z.B. des Schauspielers. Unter R. versteht man sozialwissenschaftlich die Erscheinung, daß jemand sich so verhält, wie man es von ihm erwartet; Lehrerrolle, Schülerrolle
säkular (lat.)	— 1. Alle hundert Jahre sich wiederholend 2. weltlich 3. außergewöhnlich
sapientia (lat.)	— Weisheit; lateinische Übersetzung des griechischen Wortes philosophía

Scholastik (lat.)	— Schulwissenschaft, gemeint ist die Schulphilosophie des Mittelalters (hervorragende Vertreter: ALBERTUS MAGNUS und THOMAS von AQUINO)
sektiererisch (lat.)	— nach Art der Sektierer, die allein die Auffassung ihrer Gruppe gelten lassen, diese absolut setzen
Sektor (lat.)	— Ausschnitt; die Drei-Sektoren-Theorie von Clark und und Fourastié besagt, daß sich im Verlauf der Entwicklung einer Gesellschaft der Schwerpunkt der Erwerbstätigkeit von der Landwirtschaft (primärer Sektor) über die Industrie (sekundärer Sektor) zu den Dienstleistungen (tertiärer Sektor) bewegt.
sektoral (lat.)	— bezogen auf einen Abschnitt (Sektor) eines Ganzen; s. Politik ist Politik, die sich auf einen Teilbereich der Gesellschaft bezieht (z. B. Wirtschaft, Schule, Hochschule)
Sekundarstufe (lat.)	— die auf der Primarstufe (Klasse 1–4) aufbauende weiterführende Schule – Sekundarstufe I (5.–10. Schuljahr) und Sekundarstufe II (11.–13. Schuljahr). Der Strukturplan des Deutschen Bildungsrates sah anstelle des dreigliedrigen Schulwesens (Hauptschule, Realschule, Gymnasium) eine Einteilung nach Schulstufen vor
Septima (lat.)	— die 7. <Klasse> Die Jahrgänge am Gymnasium wurden vom obersten an gezählt, also die Prima (= die erste) war das, was heute der 13. bzw. 12. (Ober- und Unterprima) Schuljahrgang ist. Vor der Sexta des eigentlichen Gymnasiums lag die Septima der Vorschule
Sequentialität (lat.)	— Aufeinanderfolge; gemeint ist, daß die Beschäftigung mit (und in) Unterrichtsfächern in bewußten Schritten erfolgt, nicht in mehr oder weniger unberechen-baren oder spontanen Sprüngen
Sophist (griech.)	— „Weisheitslehrer"; Fachausdruck für Lehrer der Allgemeinbildung bei den Griechen
Sozialisation (lat.)	— das Hineinwachsen eines jeden Menschen in eine bestimmte Gruppe/Gesellschaft (societas)

Soziologie (lat./griech.)	– Lehre von der Gesellschaft; Gegenstand der S. sind die vielfältigen gesamtgesellschaftlichen Lebens- und Wirkungszusammenhänge; Teilgebiete: Rechts-, Wissens-, Bildungs-, Arbeits-, Religions-, Gemeindesoziologie und andere mehr
Spermata (griech.)	– Samen
Spinor(theorie) (engl.)	– Spinoren sind Größen in der Theorie der Elementarteilchen, wie sie von Heisenberg entwickelt ist. Heisenberg versuchte die zwischen den Elementarteilchen bestehenden Wechselbeziehungen zu beschreiben, wobei die Elementarteilchen als Zustände des sog. Urfeldes angesehen werden. Die von Heisenberg aufgestellte Feldgleichung in bezug auf diese sich drehenden (spin) Teilchen wird auch Heisenbergsche Feldgleichung genannt
Spiralcurriculum (griech./lat.)	– im Verlauf der Schulzeit gibt es mehrere Durchgänge durch ein Unterrichtsfach; diese Durchgänge winden sich um die Achse des Unterrichtsfaches auf ein immer höheres Niveau
Stasimon (griech.)	– Standlied; in der griechischen Tragödie ein Chorlied, welches an Höhepunkten der Handlung zwischen Schauspielerdialogen stehend gesungen wurde
Stil, auch Erziehungsstil (Lehnwort)	– wir unterscheiden drei Grundformen, die in der Forschung verschiedene Bezeichnungen haben, den demokratischen, den autoritären und den laissez-faire-Stil; es gibt auch Mischformen und Bezeichnungen wie autoritativ und sozial-integrativ. Außerdem können Erziehungsstile auch durch Dimensionen umschrieben werden, z.B. durch die Dimension der Lenkung und Emotion. Das Forschungsinteresse ist deswegen so groß, weil die Erziehungsstile das Verhalten und Erleben von Schülerinnen und Schülern stark beeinflussen und prägen
stratifikatorisch (lat.)	– schichtenweise, Schicht für Schicht (wobei den Schichten Wertigkeiten zukommen können)

Subjekt (lat.)	– das Untergeworfene; das, was einer Aussage zugrunde liegt (wie eine Substanz); später: das Ich als selbständig denkendes und handelndes Wesen
Subjektivismus (lat.)	– die Auffassung, daß eine Erkenntnis mehr durch durch das erkennende Subjekt als durch die zu erkennende Sache bestimmt ist
Substanz (lat.)	– das Darunterstehende; gemeint ist dasjenige, was den Erscheinungen zugrunde liegt und Selbstand hat. Substanz hat das Sein in sich selbst (ens in se)
substituieren (lat.)	– ersetzen, austauschen
Substitution (lat.)	– der Austausch; nach der Bonner Vereinbarung vom 7.7.1972 i.d.F. vom 11.4.1988 sind innerhalb eines Aufgabenfeldes die Fächer austauschbar
Surrogat (lat.)	– Ersatz
symmetrisch (griech.)	– gleichmäßig, ebenbürtig
Synergie (griech.)	– auch Synergismus: das Zusammenwirken (syn-érgon) von Faktoren, wobei die Gesamtwirkung größer ist als die Summe der Einzelwirkungen
Synopse (griech.)	– vergleichende Übersicht
Systemtheorie (griech.)	– als Kern der Soziologie beschäftigt sich die S. mit den Elementen eines sozialen Systems, mit deren Zusammenwirken und ihrem Bestand in bezug auf andere Systeme. In diesem Zusammenhang wird auch die Differenzierung innerhalb eines Systems erforscht. Führender Vertreter der sog. „strukturell-funktionalen" Theorie ist N. Luhmann
Szientismus (lat.)	– meint, daß – die an den Naturwissenschaften gewonnene Haltung auf Geistes- und Sozialwissenschaften übertragen werden kann,

	− in einem weiteren Sinne junge Menschen ohne Vorbereitung und Schutz mit der Wissenschaft unmittelbar konfrontiert werden
Taxonomie (griech.)	− Gesetzesordnung; gemeint ist in der Lernzieldiskussion die Ordnung der Lernziele nach Bedeutung und Wertigkeit
teleogisch (griech.)	− zielgerichtet, zielorientiert
Terminus (lat.)	− auch terminus technicus = Fachausdruck
tragisch (griech.)	− damit ist nicht „tieftraurig", „höchst bedauerlich" gemeint, sondern: schicksalhaft gescheitert, wobei das eigene Handeln gerade dadurch, daß es das schicksalhafte Scheitern wenden will, dieses unerbittlich herbeiführt
transzendentale Zahl (lat.)	− eine Zahl, die keiner algebraischen Gleichung genügt, z.B. die Zahl Pi (konstantes Verhältnis zwischen Kreisumfang und Durchmesser)
Transzendentalien (lat.)	− sind Merkmale, die jedes einzelne Seiende übersteigen und zugleich allen Seienden gemeinsam zu eigen sind
Transzendenz (lat.)	− das Überschreiten von Grenzen, die durch Ort, Zeit und v.a. isolierte wissenschaftliche Erfahrungen gesetzt sind
Triangulation (lat.)	− Terminus aus der Landvermessung: Mit Hilfe des Dreiecks (die Eckpunkte heißen trigonometrische Punkte, triangulum = Dreieck) ist man in der Lage, Land zu vermessen. Dieser Fachausdruck ist in die Soziologie übernommen worden und bezeichnet das „Vermessen" eines komplexen Sachverhalts über drei Punkte
trivium (lat.)	− eig.: Stelle, wo drei Wege zusammenstoßen, übertragen: die Zusammenfassung der drei Fächer des artistischen Lehrplans Grammatik, Dialektik, Rhetorik
universal (lat.)	− im Unterschied zu sektoral oder partikularistisch bezeichnet das Wort die Sehweise dessen, der über das Einzelne das Ganze oder größere Einheiten im Auge hat

Universalität (lat.)	– Vielseitigkeit; Zustand, in dem begrenzte Sektoren in Richtung auf Einheit/Ganzheit überschritten werden
Utilitarismus (lat.)	– ist die Haltung dessen, der Werte nur unter dem Gesichtspunkt ihrer Brauchbarkeit und ihres Nutzens sehen kann
vertikal gegliedertes Schulwesen (lat.)	– z.B. das dreigliedrige in Ländern der Bundesrepublik Deutschland
virulent (lat.)	– giftig, sich gefährlich auswirkend
Wissenschaftspropädeutik (griech.)	– ein der universitären Wissenschaftspraxis vorgelagertes System von geistigen sowie sittlichen Werten und Regeln, das am Umgang mit Wissenschaft wächst, ohne diese selbst vorrangig auszuüben
Zitronensäurezyklus (griech.)	– (auch Trikarbonsäurezyklus); ein hochkomplexer Vorgang (beschrieben von H. A. KREBS), in welchem Kohlehydrate im Körper zu Kohlendioxyd abgebaut werden
zôon politikón (griech.)	– Aristoteles nennt den Menschen ein z.p. = Lebewesen, das in der Gesellschaft lebt und auf die Gesellschaft angewiesen ist; wörtlich: ein zur Polis gehörendes Lebewesen
zweckrational (lat.)	– ist dasjenige Handeln, das sich in Verfolgung eines bestimmten Zieles/Zweckes nur von solchen Erwägungen leiten läßt, die zu diesen Zielen führen

Anhang IV
Verzeichnis der Eigennamen

Das Verzeichnis erhebt keinen Anspruch auf Vollständigkeit. Nicht aufgeführt sind Namen, mit denen die Leserinnen und Leser ohne weiteres Vorstellungen verbinden, z.B. M. Luther oder J.W. Stalin. Die Lebensdaten von Gelehrten u.a. der älteren Zeit sind oft nur Näherungswerte.

ADORNO, Theodor. W.: Philosoph und Soziologe, 1903-1969

ALBERTUS MAGNUS: bedeutender scholastischer Philosoph, 1200-1280

ALEXANDER von APHRODISIAS: griechischer Interpret des Aristoteles um 200 n. Chr.

ALKUIN: Theologe und Pädagoge am Hofe Karls des Großen, 730-804

ARCHIMEDES: griechischer Mathematiker und Physiker, 287-221

ARENDT, Hanna: deutsch-amerikanische Gesellschaftswissenschaftlerin und Philosophin, 1906-1975

ARISTOTELES: Universalgelehrter 384-322

AUFKLÄRER: Vertreter einer Bewegung des 17. und 18. Jahrhunderts, über Europa verbreitet, z.B. Kant ist ein Aufklärer

BENEKE, Eduard: Philosoph, 1798-1854

BLANKERTZ, Herwig: Philosoph und Erziehungswissenschaftler, 1927-1983

BOLLNOW, O.F.: Pädagoge und Philosoph, 1903-1991

BOSCH, Hieronymus: niederländischer Maler, 1450-1516

BRANDT, Willi: deutscher Staatsmann, führender Sozialdemokrat, 1913-1992

BUBER, Martin: Jüdischer Religionsphilosoph, 1878-1965

BURCKHARDT, Jacob: schweizerischer Kunstforscher und Kulturkritiker, 1818-1897

BUTENANDT, Adolf, Friedrich, Johann: Nobelpreisträger Chemie, Entdecker des Kortisons, 1903-

CASSIODORUS, Flavius Magnus Aurelius: Staatsmann und Geschichtsschreiber, 490-583

CHAMPOLLION, J. Francois: Ägyptologe, 1790-1832

CICERO, M. Tullius: römischer Redner, Philosoph, Politiker, 106-43

COMENIUS, Joh. Amos: tschechischer Schulreformer, 1592-1670

CONDORCET, Antoine Marquis de: französischer Mathematiker und Staatsmann, 1743-1794

DEWEY, John: amerikanischer Pädagoge, 1859-1952

DILTHEY, Wilhelm: Philosoph, 1833-1911

DIOGENES LAERTIOS: Philosophiehistoriker, 3. Jahrh. n. Chr.

DIRKS, Walter: Publizist, 1901-1991

DURKHEIM, Emile: französischer Soziologe, 1858-1917

ELIAS, Norbert: Soziologe, 1897-1990

EPIKUROS: griechischer Philosoph, 341-270

ERASMUS von ROTTERDAM: Humanist, 1469-1536

EUKLID (Eukleídes): Griechischer Mathematiker um 450-370 v. Chr.

FEYERABEND, Paul Karl: österreichisch-amerikanischer Wissenschaftstheoretiker, 1924-

FICHTE, Joh. Gottlieb: Philosoph, 1762-1814

FLITNER, Wilhelm: Erziehungswissenschaftler, 1889-1990

FREUD, Siegmund: österreichischer Psychologe, 1856-1939

FROMM, Erich: Psychoanalytiker, 1900-1980

GADAMER, Hans-Georg: deutscher Philosoph, 1900-

GEDIKE, Friedrich: preußischer Pädagoge und Schulverwaltungsbeamter, 1754-1803

GÖDEL, Kurt: Mathematiker, 1906-1978

GRACIAN y MORALES, Balthasar: spanischer Philosoph, 1601-1658

GRASER, Joh. Baptist: Pädagoge, 1766-1841

GRÜNBERG, Gottfried: kommunistischer Kultusminister von Mecklenburg, 1899-1985

HABERMAS, Jürgen: deutscher Gesellschaftswissenschaftler und Wissenschaftstheoretiker, 1929-

HALL, Granville Stanley: Psychologe, 1846-1924

HARDENBERG, Karl August Fürst von: preuß. Staatsmann, 1750-1822

HEGEL, Georg Wilhelm Friedrich: deutscher Philosoph, 1770-1831

HEISENBERG, Werner: Nobelpreisträger Physik, 1901-1976

HEIDEGGER, Martin: Philosoph, 1889-1976

HERAKLIT (Herákleitos): griechischer Philosoph, 540-480 v.Chr.

HERDER, Joh. Gottfried: Geistlicher, Philosoph, 1744-1803

HIPPOKRATES: griechischer Arzt 460-370

HOBBES, Thomas: Staatsphilosoph, 1588-1679

HORKHEIMER, Max: Philosoph und Soziologe, 1895-1973

HUGO von St. VICTOR: Scholastischer Philosoph, 1096-1141

HUGO von TRIMBERG: Dichter und Schulbuchautor etwa 1240-1313

HUMBOLDT, Wilhelm von: preußischer Schulreformer, Staatsmann, Philosoph, 1767-1835

ISOKRATES: griechischer Redner, 436-338

JASPERS, Karl: Philosoph, 1883-1969

KANT, Immanuel: Philosoph, 1724-1804

KEPLER, Johannes: Astronom, 1571-1630

KERSCHENSTEINER, G.: Erziehungswissenschaftler, 1854-1932

KREBS, Hans Adolf: britischer Biochemiker deutscher Herkunft (Tricarbonsäurezyklus), 1900-1981

KYNIKER (griechisch): Mitglied einer Schule von Philosophen, die die Bedürfnislosigkeit und Selbstgenügsamkeit (Leben wie ein Hund, vom griech. Wort kyon=Hund) als Inhalte menschlichen Glücks ansahen; davon abgeleitet: zynisch (mit Bedeutungserweiterung)

LAY, Wilhelm August: Pädagoge, 1862-1926

LEIBNIZ, Gottfried Wilhelm: deutscher Mathematiker und Philosoph, der letzte umfassend gebildete Gelehrte deutscher, französischer und lateinischer Sprache, 1646-1716

LITT, Theodor: Philosoph und Pädagoge, 1880-1962

LOCHNER, Rudolf: Erziehungswissenschaftler, 1895-1978

LUKÁCS, György von: ungarischer marxistischer Philosoph und Literaturwissenschaftler, 1885-1971

MACHIAVELLI, Niccoló: italienischer Geschichtsschreiber, Politiker, 1469-1527

MARCUSE, Herbert: Soziologe, 1898-1979

MARTIANUS CAPELLA: römischer Verwaltungsbeamter, Schriftsteller um 425 n.Chr.

MELANCHTHON, Philipp: Humanist und Reformator, 1497-1560

MITSCHERLICH, Alexander: Mediziner und Psychologe, 1908-1982

MOMMSEN, Theodor: Geschichtsforscher, 1817-1903

NATORP, Paul: neukantianischer Philosoph, 1854-1924

NEUHUMANISTEN: Gelehrte, Philosophen, Staatsmänner und Dichter, die das Denken der Griechen auf eine moderne Grundlage stellten, z.B. HERDER, GOETHE, WINCKELMANN, v.a. Wilhelm von HUMBOLDTt, 18.-19. Jahrhundert

NEUPLATONIKER: spätantike Philosophen, die zwischen dem 3. und 6. Jahrhundert das Denken der alten griechischen Philosophen mit dem Denken des Orients verbanden.

NIEMEYER, August Hermann: Theologe und Pädagoge, 1754-1829

NIETHAMMER, Friedrich J.: Pädagoge und Philosoph, 1766-1848

NOHL, Herman: Philosoph und Pädagoge, 1879-1960

OSTWALD, Wilhelm: Nobelpreisträger Chemie, Begründer der physikalischen Chemie, Wissenschaftstheoretiker, Farbforscher und Maler , 1853-1932

PARMENIDES: griechischer Philosoph, Vorsokratiker, 540-480

PAULSEN, Friedrich: Philosoph und Erziehungswissenschaftler, 1846-1908

PETERSEN, Peter: deutscher Schulreformer, 1884-1952

PICHT, Georg: Philosoph und Pädagoge, 1913-1982

PLANCK, Max: Nobelpreisträger Physik, 1858-1947

PLATON: Philosoph, 427-347

POPPER, Karl Raimund: österreichisch-britischer Wissenschaftstheoretiker, Begründer des Kritischen Rationalismus, 1902-

PYTHAGORAS: griechischer Philosoph 570-496

RATHKE, Wolfgang: Schulreformer, 1571-1635

RICHERT, Hans: Pädagoge und Schulpolitiker in Preußen; die Reform des höheren Schulwesens 1924/25 ist nach ihm „Richertsche Schulreform" benannt, 1869-1940

RIEHL, Aloys: positivistischer Philosoph, 1844-1924

RITSCHL, Friedrich: 1806-1976

SALIER: Kaiser des Mittelalter (1024-1125); Konrad II, Heinrich III, Heinrich IV, Heinrich V

SALLWÜRK, Ernst von: Erziehungswissenschaftler, 1839-1926

SCHOPENHAUER, Arthur: Philosoph, 1788-1860

SCHULZE, Johannes: preußischer Schulreformer, 1786-1869

SENECA, L. Annaeus: römischer Philosoph, 4 v.Chr.- 65 n.Chr.

SÜVERN, Wilhelm: preußischer Schulreformer, 1775-1829

SCHLEIERMACHER, Friedrich Ernst Daniel: Philosoph und Theologe, 1768-1834

SCHOLASTIK: entfaltet in Theologie und Philosophie des Mittelalters (800-1450), als Neuscholastik bis in die Jetztzeit verlaufend

SCHULZE, Johannes: preußischer Schulreformer, 1786-1869

SCHWARZ, Friedrich Heinrich Christian: Theologe und Pädagoge, 1766-1837

SEMMELWEIS, Ignaz Philipp: ungarischer Gynäkologe, 1818-1865

SNELLIUS, Willebrordus: niederländischer Physiker und Mathematiker, 1580-1626

SOKRATES: griechischer Philosoph, 469-399

SPINOZA, Baruch de: niederländischer Philosoph, 1632-1677

SPRANGER: Philosoph und Pädagoge, 1882-1963

STEIN, Heinrich Friedrich Karl Reichsherr von und zum: preußischer Staatsmann, 1757-1831

THEOPHRASTOS: Universalgelehrter aus der Schule des Aristoteles und dessen Nachfolger, 372-287

THIERSCH, Friedrich-Wilhelm: bayerischer Schulreformer, 1784-1860

THOMAS von AQUINO: bedeutender scholastischer Philosoph, 1224-1274

THUKYDIDES: griechischer Geschichtsforscher, 460-400

TOCQUEVILLE, Charles Alexis Henri Clérel de: Staatstheoretiker, 1805-1859

TROELTSCH, Ernst: Philosoph und Historiker, 1865-1923

VICTORINUS, Gaius Marius: römischer Rhetoriker um 350 n.Chr.

VORSOKRATIKER: Philosophen, v.a. Naturphilosophen vor Sokrates, z.B. Demokritos, Herakleitos, Parmenides

WEBER, Max: Sozialwissenschaftler, 1864-1920

WEIZSÄCKER, Carl Friedrich Freiherr von: bedeutender Physiker, Naturphilosoph, Erforscher der Grundlagen der technischen Zivilisation, 1912-

WEIZSÄCKER, Richard Freiherr von: bedeutender Kirchenmann, Politiker und Staatsmann, 1920-

WENIGER, Erich: Erziehungswissenschaftler, 1894-1961

WIESE, Ludwig: Pädagoge und preußischer Schulreformer, 1806-1900

WILLMANN, Otto: Philosoph und Pädagoge, 1839-1920

WOLF, Friedrich August: Klassischer Philologe und Altertumswissenschaftler, erster Gründer eines Lehrerseminars in Halle/Saale (1787), 1759-1824

WUNDT, Wilhelm: Psychologe, 1832-1920

XENOPHON: griechischer Geschichtsschreiber, 430-355

Anhang V
Sachregister

A
Abbilddidaktik, siehe Didaktik
Abitur 31, 35, 326
    Abiturientenprüfung in Preußen 176
    Abiturprüfung, s.a. Hochschulreife, Maturität, Studierfähigkeit
        29, 31
    Abiturreform 12
    Abiturregelungen 322
    Abiturstufe 12
    dezentrales A. 19
    Hochschulzugangsberechtigungen 77
    Stufenabitur 51
    Vergleichbarkeit 75
    Zentralabitur 19, 192
Abstimmung, s.a. Kollegium, kooperierendes 295, 318
Abstraktion 225
Abstraktionsvermögen 24, 189
Administration, siehe Schulbehörde
Adoleszenz, siehe Pubertät
Aggression 310
    nonverbale 311
    psychische 311
    verbale 311
Aktionismus 177, 178, 192, 199, 321
Aktivität 152, 237
    pädagogische 318
Aktualitätsstufen 129
Aktuelle, das (Aristoteles) 129
Akzeptanzschwierigkeiten 29
Akzidenz 129, 144
Allgemeinbildung 270
Allgemeine, das, s.a. Allgemeine Hochschulreife 34, 51
Altruismus 237
Ambiguität 148
Ambiguitätstoleranz 240
Analogon 143, 149
Analyse, didaktische 136

Andersartigkeit 80
Anerkennung 47, 75, 77, 81, 96, 177
    von Prüfungen 196
Anforderungen, gehobene 93
Anforderungsminimum 93
Anomie 146
Anschauung 177, 200, 269
Anspruch 263, 268, 302
    A. auf Freiheit 314
    A. auf Ganzheitlichkeit 153
    A. auf Verallgemeinerung 136
    A. der Fachdidaktiken 44
    A. der Gesellschaft 234
    A. der Systematik 179
    A. des Gymnasialkanons 174
    Anspruchsebene 204
    Anspruchsniveau 221, 255
    emanzipatorischer 93
    Erfüllung von Sinn 238
    Fachanspruch 44
    gymnasialer 165
    Ich-A. 237
    moralischer 123
    pädagogischer 69
    Selbstbestimmungsa. 233
    staatlicher 194
    universaler 123
    wissenschaftspropädeutischer 223
Antike 89, 90
Antinomie 93, 146, 192
Anwendungsbezug 182, 342
Anwendungswissen siehe Wissen
apolitisch 46
Aporie 205
    pädagogische 93, 203
Arbeit 94, 100, 118, 120, 132, 154, 164, 207, 234, 274, 328
    A. am Gymnasium 133, 205
    A. der Lehrer 152, 162, 198, 266, 290
    A. der Schule 235, 266
    A. der Universität 228
    A. des Gymnasiums 196, 221

Arbeit (Forts.)
    A. einer Elite 210
    A. Sprache und Herrschaft 120
    A. Sprache und Leben 143
    A. und Interaktion 153
    A.s- und Interaktionsformen 245
    Arbeitsformen, s.a. Unterricht 189
        der Oberstufe 338
    Arbeitstechniken 219, 266, 275, 287
    Arbeitsteilung 118
        pädagogische 262
    Arbeitsweise in der Oberstufe 52
    Arbeitswelt 59, 343
    Arbeitszeit 18
        Pflichtstundenzahl der Lehrer am Gymnasium 84
    berufliche Tätigkeit 200
    empirisch-analytische 281
    gemeinsame 319
    kreative 174
    Oberstufena. 199
    pädagogische 81, 86, 255
    praktische 234
    schulische 155, 187
    wissenschaftliche 160, 215, 219, 225, 268
    wissenschaftsnahe 208
    wissenschaftspropädeutische 254, 265
Arbeiterkinder 131
Arbeitsschulbewegung 246
Argumentationsfähigkeit 286
Aristotelismus 63
artes liberales 30, 89
Artistenfakultät 84
Attitüde
    A. der Lehrer 224
    wissenschaftliche 224, 228
Aufgabenfeld, siehe auch Initiationen und Kanon 30, 34, 51, 73, 173, 179, 181, 224
Aufklärung 140, 224
Aufsicht, siehe Schulbehörde
Auftrag
    gesellschaftlicher 60
Ausbeutung 118

Ausbildung, siehe auch Berufsausbildung 13, 154
    berufliche 32
Ausländerfeindlichkeit 312
Außenlenkung 80
autonom 241
Autonomie, siehe auch Selbständigkeit 14, 31, 59, 84, 148, 225, 256, 263, 351
    A. der Person 260
    individuelle 241
    pädagogische 33, 85, 194
    relative 41, 113, 114, 123
Autorität 119
    funktionale 111
    funktionale, des Experten 298
Axiom
    Definition 133
    didaktisches 31, 33

B

Balance 147, 238, 302
basisdemokratisch 262
Basisqualifikationen 52, 283
Bedeutung 34
    exemplarische 51
Bedingungsfelder 163
Bedürfnisse, individuelle 234
Begabung, s.a. Bildung 98
    Begabungsbegriff 105
    Begabungsforschung 105, 109
    Begabungsreserven 109
Begegnung 18
Behaviorismus 115
Belegung, auch Fächerbelegung 260, 328, 336
    Belegungsauflagen 335
    Belegungskontrolle 297
    Belegungsprobleme 296
    Belegungsvorgaben 292
Belehrung 189
Beliebigkeit 58, 66, 190, 225
Benachteiligung, der Arbeiterkinder 105
Beratung 36, 44, 62, 99, 213, 286, 336–341, 342
    Beratungsgespräch
        informelles 340

Beratung (Forts.)
    Beratungskompetenz, siehe Kompetenz und Schulbehörde
    Beratungskontakte 331
    Beratungskonzepte 336, 342
    Beratungslehrer, s.a. Lehrer 322
    Beratungssystem 331
    Einzelberatung 340
    Oberstufeninformation für Schüler und Eltern 340
    pädagogische 337
    psychologische 337
    Schullaufbahnb. 336
Berechtigungszeugnis 105
Bereich (Lernfeld und Teil der Gesellschaft), auch Psychologie der Persönlichkeit 17, 68,
    87, 89, 90, 91, 92, 95, 137, 138, 155, 163, 164, 173, 191, 199, 208, 213, 219,
    223, 251
Beruf, siehe auch Lehrerberuf 162, 182, 342
    akademischer 88
    nicht-akademischer 91
    verwissenschaftlichter 88
Berufsausbildung, siehe auch Ausbildung 13, 32, 154, 196
    Zweckrationalität 154
Berufsethos 35, 308
Berufsorientierung 342 ff.
Berufsvorbereitung 74, 183
Berufswahl 336
Berufswelt 232
    Gymnasium und Beruf 342
Besatzungszone, Sowjetische 45, 83
Beschäftigungssystem 35, 109, 210, 257
Beschluß zu Münster 29
Bestimmtheit, siehe Fremdbestimmung
Beteiligung, s.a. Partizipation, Teilhabe, Beteiligung, auch Demokratie 253 ff., 299
    Elternb. 326
Beteiligungszusammenhang, s.a. Partizipation, Teilhabe, Beteiligung, auch Demokratie
    298
Betreuungsbedürfnis 328
Betreuungsverlangen 332
Bewußtsein
    europäisches 39
    parzelliertes 141
    sittliches 152
Beziehung 136, 157, 158, 177

Beziehungsaspekt 158
Beziehungslosigkeit 52
Beziehungsprobleme 319
Bildsamkeit 350
Bildung 30, 83, 85, 93, 109, 129, 248, 270
    Allgemeinbildung 220, 333
    allgemeine 53, 68, 72, 79
    Animateur 133
    Animation 262
    Ausprägungsgrad 135
    autonome 255
    Begabung 166
    Begriffsgeschichte 130
    berufliche 32, 53, 68, 72, 79
        duales System 58
    Berufssphäre 211
    Bewußtsein, parzelliertes 141, 146, 147
    Bildung an der Wissenschaft 34
    Bildungsbarrieren 109
    Bildungsexpansion 79, 97
    Bildungsimpulse 132
    Bildungskompetenz 62
    Bildungssoziologie 113
    Brücke 143
    Brückenfunktion 147
    Dimension 127, 135
        anthropologisch-individuelle 143
        ethische 227
        existentielle 166
        Fundamentald. 130
        Handlungsd. 152
        kommunikative 157
        politische 155
        wissenschaftsbezogene, auch ethische 160
    Diskurs 153
    Einheit von B. und Wissenschaft 194
    Emanzipation 130
    Entelechie 191
    êthos 189
    Existenz 166
    formale 196
    Formwerden 191

Bildung (Forts.)
    Geistesbildung, grundlegende wissenschaftliche 88
    Grundbildung 34, 61, 89, 95, 174
        zyklische 91, 93
    gymnasiale 32
    Handlung 127
    Handlungsfähigkeit 153
    Herzensbildung 141
    Höhe, strukturelle 135
    humanistische Komponente 167
    Impulse 194
    Integration 180
    Integration beruflicher und allgemeiner Bildungsgänge 65, 97
    Kanon 177
    kategoriale 166
    Kompetenz 130
    Kontinuität 191
    Leben 132
    lógos 189
    Maß, individuelles 136
    Ontologie 127
    Personagenese 135
    personale 60
    Persönlichkeitsbildung 211
    Politik 155
    Quellbereiche 135
    Scheitern 135, 166
    Schwerpunktbildung 50
    Selbstdefinition 80, 166
    Selbstinterpretation 167
    Systemwissen 150
    Übung 166
    Verwertungsprozeß 177
    Wert, individueller 157
    Wissen 135
    wissenschaftliche Grundbildung 59
    Zeit 166
Bildungsarbeit 133, 164, 207, 274
Bildungsbegriff
    gymnasialer
    neuhumanistischer 166
Bildungsbetriebslehre 116

Bildungserwartungen 70
Bildungsexpansion 79
Bildungsforschung 116
Bildungsgänge 65
Bildungsgesamtplan 72
Bildungsidee 11
Bildungsinhalt 12
Bildungskatastrophe 67, 108
Bildungsnotstand 104, 108
Bildungsökonomie 64, 116
Bildungsplanung 72, 104, 116
Bildungspolitik 11, 103, 105
Bildungsprozeß 87
Bildungsquote 21
Bildungsstatistik 64
Bildungstechnologie 116
Bildungsverständnis 52
Bildungsweg 48, 106
Bildungswerbung 105, 106
Bildungswesen 22
Bilinguales Gymnasium, siehe Gymnasium 14
Bindung, s.a. Aufgabenfeld
Bindung, s.a. Werte
Binnenmarkt 38
Biologie 40, 51
Bonner Vereinbarung 29, 30, 49, 51, 73, 207
Brücke, s.a. Verständigung, Transzendenz 177
Brückenbau 34
Bund 41
Bündelung 30, 161, 179
Bündelung (von Fächern) 173, 175, 179
Bundesländer 36, 41
    divergente Entwicklung 76
Bundesrepublik Deutschland 47
Burnout 17

C
Chancengleichheit 12, 57, 65, 72, 91, 109
Chaostheorie 141
Charakter 217, 242
Chemie 51, 99

Curriculum, s.a. Lehrplan, Richtlinien, Rahmenrichtlinien 12, 66, 101, 106, 282, 334
    Curriculumforschung 64, 107
    Definition 107
    der Verfahren 277–283
    Gymnasialcurriculum 22
    individualisiertes 66, 93, 179
    integriertes 67
    Spirale 286

D

Dasein, das 136
DDR 45, 54, 155
Demokratie 65, 170, 203, 331
    Aufklärung 171
    Mitbestimmung 203, 325
    Sprachkultur 171
    Teilhabe 203
demokratisch 41
Denken 172
    christliches 141
    divergentes 228, 283
    eindimensionales 123
    Ideologisches 282
    konvergentes 228, 283
    metatheoretisches 281
    produktives 283
    urteilendes 283
Denkfähigkeit 219
Detypisierung 49, 55
Deutsch 50, 59, 80, 95, 99, 282
Deutsche, das 59
Deutscher Ausschuß 44, 56
Deutscher Bildungsrat 64
Dialektik 119, 146, 165, 172
Dialog, herrschaftsfreier 159
Didaktik, s.a. Fachdidaktik 23, 66, 71, 289
    Abbildd. 266, 271
    Berliner D. 124
    bildungstheoretische 120
    empirisch-experimentelle 115
    fächerübergreifende 270
    Gymnasialdidaktik 74

Didaktik (Forts.)
    Hamburger D. 124
    informationstheoretische 120
    kritisch- konstruktiven D. 124
    Stufendidaktik 68
Didaktiken (der Fächer) 270
Didaktisierung 162
Dienstleistungssektor 210
Differenzierung 65, 110
    berufliche 196
    des Unterrichts 232
    Differenzierungsmöglichkeiten 323
    Fächerwahl 55
    funktionale 137, 143
    gesellschaftliche 261
    mediale 186
    sprachliche 24
    thematische 54
Differenzierungsvermögen 90
Dimension
    ethische 34
    transzendierende, s.a. Brücke, Brückenbau und Transzendenz 39
Diskriminierung 71
Diskurs 121, 285, 331
    Diskurssituation 262
    herrschaftsfreier 122
Diskussion
    transaktive, siehe auch Denken, metatheoretisches 284
Disposition
    psychische 216, 350
Dissemination 278
Distanz 161, 225
Disziplin, wissenschaftliche (auch Universitätsfach) 163, 165, 175, 179, 220
Domschule 50
Doppelqualifikation 76, 196
Dreieck, didaktisches 171
Drogen 17
Durchlässigkeit 48, 65
Durchschnittsalter, siehe auch Überalterung 18
Dürener Modell 344
Düsseldorfer Abkommen 20, 48
Dynamik 226

E

Effizienz 22
Eid
    aristotelischer 188
    hippokratischer (für Lehrende) 308
Eindimensionalität 244
Eine, das 34
Einheit 11, 158, 164
    E. der Natur 161
Einheitlichkeit 96
Einheitsschule 11, 45, 46
Einheitsschulsystem, siehe Einheitsschule 45
Einseitigkeit 52
    produktive 74, 109
Einüben, das 246
Einzelwissenschaft 128
Elite 67, 79, 110
    Elitebegriff 67, 110
    Elitebildung 210
    Funktionselite 67
    Hochleistungselite 41
Eliteschule 14, 41
Eltern 258, 319
    Elternbeteiligung 322, 326
Emanzipation 93, 119, 228
Emotionalität 111, 225
Empathie 240
Empirie 128, 213
Energie 90
Engagement
    soziales 215, 226, 347
Englische, das 40, 58, 59, 87, 99
Enkulturation 223
enkyklios paideía 30, 171
Entelechie 129
Entfaltung (auch E. der Bildung) 127, 128, 135, 142, 144, 153, 155, 156, 238, 246
Entfremdung 123, 262
Enthalpie 191
Entkonfessionalisierung 46
Entsinnlichung 199
Entspezialisierung 261

Entwicklung 127, 145, 159, 169
   E. der Persönlichkeit 288
   kognitive 244
   moralische 244
   soziale 244
Entwicklungspsychologie 244
Entwicklungsstand, sachstruktureller 186
Erdkunde 39, 40, 51
Erfahrungen
   persönliche 214
Erfahrungsaustausch
   Kollegium 319
Erfahrungsbereich 30
Erfahrungslernen 246, 256
Erinnerung 93
Erkenntnis 160, 163, 173, 197, 205, 268
   Gewinnung einer E. 286
Erwachsenenbildung 51
Erwartungsprofile, siehe auch Wissen 270
Erziehung 95, 113, 114, 211, 234, 240, 248, 252, 262
   multikulturelle 18
Erziehungsauftrag 44, 244
Erziehungspsychologie 242
Erziehungsstil
   sozial-integrativer 124
Erziehungstechnologie 116
Erziehungswissenschaft 116
Erziehungswissenschaften, siehe auch Unterrichtsfächer 282
Ethik 163, 262
Ethos
   wissenschaftliches 197
Eudämonie 175
Europa, siehe auch Integration, europäische 12, 38, 41
   Gymnasium, deutsches 183
europäische Integration 38
Europaschule 40
Exemplarik 50, 197, 227
exemplarisch 86
Existenz 166
Experiment 115, 141
Extraversion 220

F

Fach, siehe auch Unterrichtsfächer 39, 270, 289
   naturwissenschaftliches F. 95
   sozialwissenschaftliches F. 95
Fachdidaktik 44, 108, 270
Fachegoismus 52, 158
Fächer 63
Fächerkombination 233
Fächerprinzip 91
fächerübergreifend, siehe auch Tranzendenz 270
Fachhochschule 98
   Fachhochschulwesen 70
Fachsprache, der Pädagogik 116, 117
fachübergreifend, siehe transzendierend
Fachunterricht 224
Fachwissenschaft, s.a. Disziplin, auch Unterrichtsfächer 134, 163, 165, 271
Fähigkeiten 106, 179
Feldtheorie 161, 163
Fertigkeiten 106, 179
Fleiß 50
Folgen 39, 226
Fordern 23, 110
Fördern, auch Förderung 23, 61, 109, 110, 242, 303
Förderstufe 35, 48
Form 129
Forschung 163, 194, 218, 226, 228
Frankfurter Schule
   Bildungstheorie 119
   kritische Theorie 117
Französische, das 40, 58, 59, 87, 90
Freigabe (der Fächer) 66, 74, 76, 180
Freiheit 103, 119, 140, 180, 194
Fremdbestimmung 29, 30, 31, 82, 97, 128, 189, 194
Fremdsprachen, siehe auch Unterrichtsfächer 14, 50, 80, 90, 95, 99
   alte Sprachen 107
fremdsprachliche Texte, siehe Fremdsprachen
Friede 198, 241, 249
Friedensaufgabe 316
Frontalunterricht 246
Frustration 312
Führungsfähigkeit 215
Führungsteam 298

Funktionszusammenhang 146
Futurologie 104

G

Ganze, das 34, 177, 196, 270
Ganzheit 88, 164, 213
Ganzheitssehnsucht 261
Ganztagsschule 13
Ganztagsunterricht 22
Gefühle 141, 143, 198, 225
Gegenwart 156
gegliedertes Schulwesen 11
Geist, der 127
Gelehrtenschule 50
Gemeinschaftskunde 40, 50, 96
Generationsgestalten 259 ff., 332
Geographie 50
Gerechtigkeit 109, 110
Gesamtschule 14, 23, 24, 52, 77, 80, 105, 110
Gesamtstundenvolumen 22
Geschichte 39, 40, 50, 80, 95, 282
Geschichtlichkeit 113, 144
Gesellschaft 103, 145
    Bedürfnisse der G., s.a. Individuum 332
    multikulturelle 18, 79
    pluralistische 248
    Spannungen 332
    Unsicherheit der G. 314
    Zukunftsängste 314
Gesellschaftsfähigkeit, produktive 240
Gewalt 17, 111, 310
    Aggressionsformen
        expressive, hostile, instrumentelle 314
    Akzeptanz 310
    Aufklärung 314, 315
    Friedensaufgabe 316
    Frustrationserlebnisse 313
    Gegenwehrstrategien 315
    Gewaltunterbindung 313
    im Gymnasium 312
    Kompensation 312
    Menschenfeindlichkeit 316

Gewalt (Forts.)
    Modernisierungsprozesse 312
    Schutzhandlungen 315
    Schutzvorstellungen 315
    Zukunftsängste 314
Gewaltangst 310
Gewaltanstieg 311
Gewaltbereitschaft 310
Gewaltfreiheit 310
Gewissen 111, 145
Gewöhnung 189
Gleichberechtigung, der Kulturen 39
Gleichheit 85
Gleichwertigkeit 74
Glück 119
Grenzsituationen 237
Griechisch 39
Griechische, das 58, 59, 87
Grundanforderung 92
Grundbildung 34
Grundfächer 76
Grundgesetz 104
Grundkonsens 93
Grundkurse 73, 161, 220, 232
    Niveau 333
Grundordnung 243
Grundschule 333
Grundwerte 249
Gruppenunterricht 52
Gymnasiale Mittelstufen 14
gymnasialer Bildungsbegriff, siehe Bildungsbegriff
gymnasialer Lehrplan 14
Gymnasialpädagogik 87
Gymnasialprogramm 67
Gymnasialstufen 30
Gymnasium 23, 29, 48, 60, 77, 80, 82, 124, 155, 269
    altsprachliches 51, 53
    bilinguales (zweisprachiges) G. 14
    deutsches 183
    Einheit 55
    Europäisches G. 40
    Fachg. 207

Gymnasium (Forts.)
    Fachgymnasium 49
    G. als Volksschule 218
    G. und Gewalt 312
    Gymnasialtypen 177, 180
    humanistisches 48, 176
    in Aufbauform 48
    Kontinuität 191
    Kooperation zwischen Gymnasien 346–349
    Kurzform 48
    Langform 48
    Lehrgang 35, 82, 186, 190, 194
    Lehrgangsprinzip 62, 172
    mathematisch-naturwissenschaftliches 51
    Musik-G. 13
    neusprachliches 51, 53
    Organisationsbereiche 322–327
    Partizipation 203
    Sequentialität 187
    Sprachenfolge 48, 62
    Studienschule 88
    zweisprachige Züge 40

H
Halbbildung 162
Haltung 152
Hamburger Abkommen 48
Handeln
    kommunikatives 153
    normenorientiertes 140
    zweckrationales 122
Handlung 149, 152, 157, 197, 202, 229
Handlungsauftrag (des Lehrers) 272–276
Handlungsbegriff 152
Handlungsfähigkeit 68
Handlungsfelder 350
Handlungsorientierung 120
Handlungsziel 153
Hausaufgaben 319
Hellenismus 30, 89, 132, 137, 141, 155
Herrschaft 119, 155
heterogen 71, 131

Heterogenität 23
Hochschuleingangsprüfung 22, 31, 206
Hochschulerwartung, siehe auch Wissen 269
Hochschulpolitik 82
Hochschulreife, s.a. Abitur, Maturität, Studierfähigkeit 15, 23, 29, 31, 35, 43, 68, 78, 79, 87, 93, 96, 98, 132, 164, 206, 342
    Studienberechtigung 207
    Studierfähigkeit 207
    Wissenschaftspropädeutik 207
Hochschulstudium 79
Homogenität 232
    der Schullaufbahnen 221
HRK 43, 76, 82, 98
Humanisierung 33
humanitas 172
Humanität 89
Humanitätsideal 171
Humankapital 108
humanum 145

I

Ich-Identität 238
Ich-Stabilität 316
Idee 15
    zentrale 171
Identität 236, 238, 241
Identitätsfindung 147, 238, 313
Identitätsprobleme 340
Ideologie 34, 281
Ideologiekritik 119, 282
Ideologieverdacht 131
Immanenz, s.a. Transzendenz 148
Immanenz, s.a. Tranzendenz 149
Impulsfeld 183
Impulsfelder 108, 110
Individualisierung 49, 51, 54, 55, 58, 61, 65, 109
Individualität 33, 113, 143
Individuationsprinzip 129
Individuelle, das 128
Individuum 128, 155
    Lebensbedürfnisse 332
Indoktrination 46, 217, 263

Information 152, 182
Informationsverarbeitung 138, 219
Inhalte, s.a. Lerngegenstände, Unterrichtsfächer, Unterrichtsinhalte 162, 166, 169, 174
Initiationen 61, 89, 91
Innovationspotential 22
Instrumentalisierung 11, 109, 195
Integration, siehe Bildung
    europäische 12
Interaktion 139, 153, 255
Interdisziplinarität 224
Interesse 50, 99, 120, 231
    I. und Erkenntnis 227
Interessenzusammenhang, Arbeit - Sprache - Herrschaft 120
Interpenetration 138
Interpretation 113, 152, 160
Intuition 149, 166
Investition 22
Isolation 146
Isolierung 61
Italienische, das 40

J
Jahrgangsklasse 329
Jahrgangsklassensystem 232
Jugendbewegung 148

K
Kanon 22, 33, 54, 55, 58, 69, 80, 87, 93, 170, 173, 183, 289
    Aufgabenfeld 179
    Fächerkanon 108
    Gliederungsprinzip (eloquentia - sapientia) 176
    Gymnasialkanon 53
    Legitimationskrise 256
    pädagogisches Feld 179
    Systematik 179
    Zweck, von außen gesetzt 199
Kanonisierung 12, 61, 91
Kategorien 128
Kenntnisse, elementare 24
Kind 147
Kirche 143, 147, 198

Klasse 318
 Jahrgangsklasse 329
 Kultur einer K. 292
Klassenverband 54, 100, 323, 327
Klassik 90
Klima 256
 gesellschaftliches 103, 111
 Gruppenk. 294
 Kursk. 330
 Oberstufenk. 313
 schulisches 18, 251, 293, 294, 304, 305, 306, 316, 330
 soziales K. 296
 Sozialk. 330
 Unterrichtsk. 297, 319
 wissenschaftliches 103
KMK 22, 26, 29, 30, 38, 39, 40, 43, 44, 47, 48, 49, 51, 54, 59, 65, 70, 72, 73, 74, 75, 76
Kognition 90
Kognitionspsychologie 219
kognitiv 110, 143, 169, 199, 216, 217, 218, 219, 244, 250, 273, 302, 314
Kollegialität 243
Kollegium 292, 318
 Arbeitsgruppe, fachübergreifende 283
 Arbeitssitzungen 335
 Kooperation im K. 277
 kooperierendes 284, 295, 318
 pädagogischer Studientag 279
 pädagogisches Ethos 308
 Vorbereitungstage 335
Kollegschule 77, 97, 196, 207, 223
Kollegschulmodell 32, 199
Kombinationsmöglichkeit, Leistungs-/Grundfächer 76
Kommunikation 39, 143, 157–159, 283, 284
 digitale, analoge 158
 herrschaftsfreie 122
 symmetrische K.-Situationen 122
 transaktive 331
 transaktive Form 251
Kommunikationsfähigkeit 274
Kompetenz, s.a. Handlung, Handlungsfähigkeit 43, 52, 60, 61, 68, 69, 79, 84, 130, 166, 177, 322
 Beratungsk. 85, 337
 berufliche 61, 62

Kompetenz (Forts.)
    Bildungsk. 62
    Definitionsk. 96, 97
    Dienstleistungsk. 62
    Erziehungsk. 62
    Fachk. 69
    Handlungsk. 153
    Handlungskompetenz 80
    humane 88
    Humank. 235
    interaktive 143
    kognitive 143, 218
    kommunikative 143, 217, 218
    Koordinationsk. 62
    Koordinierungsk. 85
    Methodenk. 205
    politische 57, 103
    praktische 103
    Sachk. 235
    Sozialkompetenz 80
    Vermittlungsk. 62
    Verwaltungsk. 62
    wissenschaftliche 103
Komplexität 100, 132, 145, 153, 182, 186, 187, 189, 216, 232, 270, 280, 318, 326
Konferenzen
    pädagogische 235
Konflikt 159
Konfliktlösungsstrategien 315
Konkrete, das 128
Konsens 248
konsensfähig 33
Kontinuität 191, 239, 329
    didaktische 35
    Fächerk. 324
    geschichtliche 30, 111
    Lernprozesse 63
    pädagogische 221
Konzentration 50, 51, 55, 104
Kooperation 325
kooperatives System 272
Koordinierung 62
Kosmos 123, 225

kósmos 157
kreativ 174, 204, 216, 242, 259, 283, 302, 320
Kritik
    wissenschaftliche 282
Kultur 39, 223, 245, 289
Kultur, europäische 58
Kulturhoheit 12, 41, 47
Kulturtradierung 254, 288
Kunst 80, 96, 121
Kurs 54, 180, 318, 323
    Klima 330
    Kultur eines K. 292
    Kurskombinationen 323
    Stammkurs 331
Kursangebot 322
Kurssystem 191, 205, 327

L

Länderregelungen, siehe Regelungen
Latein 39, 58, 59, 87, 90
Leben 32, 162, 235, 238
Lebenskonzept 274, 302
Lebenswelt 32, 122, 140, 144, 163, 164, 225, 328
Lebensweltanalyse 226
Lebenszusammenhang 164
Legitimation 53, 107, 248
Legitimationsprüfung 124
Legitimität 119
Lehrende, siehe Lehrer 23
Lehrer 18, 29, 46, 113, 129, 145, 148, 162, 177, 186, 240, 257, 260, 272, 308, 322
    Belastungen der L. 300
    Kooperation 292
    Lehreraktivität 299, 304, 313
    Lehrerrolle 258
    psychische Struktur 257
Lehrerberuf 23
    Professionalität 204
Lehrerbildung 55
Lehrerfortbildung 12, 41, 61, 73, 107
Lehrerverhalten 320
Lehrervortrag, siehe Unterricht
Lehrgang, siehe Gymnasium

Lehrplan 30, 34, 66, 318
    curricularer 41
    Demokratie 170
    falscher 106
    gymnasialer 14
    Lehrplandiskussion 107
Lehrplanentscheidungen (auch Schulbehörde) 188
Leistung 332
Leistungsanforderung 100, 319
Leistungsbeurteilung 320
    Beurteilung 257
    Bewertung 257
    Leistungskontrolle 264
    Lernzielkontrollen 320
    Notengebung 264
Leistungsfach 33, 76
Leistungsfähigkeit 24
Leistungskriterien 99
Leistungskurse 73, 161, 208, 220, 232, 328
    Niveau 333
Leistungsrollen 138
Leistungsschwerpunkte 55
Leitbegriffe 117
Leitfächer 58
Leitkultur 18
Lernbereiche 69
Lernen 271
    lebenslanges 41, 200, 350
    Selbständiges 265
    soziales 32, 244
    zu l. lernen 350
Lernfähigkeit 200, 300
Lerngegenstand 34
Lernorganisation 246
Lernorte 67, 69
Lernprogramm 54, 180
Lernschwerpunkt 254
Lernverständnis
    traditionelles 52, 79
Lernziele 65, 69
    operationalisierte 107
Lettische, das 40

Loccum (1 und 2) 78
Logik 128
lógos 127, 149, 153, 189, 198

M

Machbarkeit 66, 111
Makrobereich 146
Makroebene 137
Malerei 173
Managment 305
Maß 130, 133, 135
Massenarbeitslosigkeit 17
Mathematik 50, 51, 59, 80, 87, 90, 95, 96, 99
Maturität, siehe Abitur, Hochschulreife, Studierfähigkeit
Maturitätsbegriff 87
Maturitätskatalog 78, 80, 87
    Tutzinger M. 89, 90
Maximalforderung 100
Medien 107, 218, 320, 331
Mehrsprachigkeit 39
Mensch 91, 148, 155, 158, 160, 178, 198
    Ganzheit 197
    zôon politikón 157
Menschenbild 248
Menschenrechte 41
Menschenwürde 145
Menschheit 157
Menschlichkeit 145
Merkfähigkeit 218
Metakognition 227
Metaphysik 128
Methode 171
    empirisch – analytische 274
    fachübergreifende, siehe auch Transzendenz 287
    hermeneutisch – historische 274
    ideologiekritische 274, 281
    Unterrichtsmethoden 61
Methodenbewußtsein 226, 286
Methodik 23
Mikrobereich 146
Mitbestimmung 155, 203, 325

Mittelstufe 30
  gymnasiale 14, 24, 79
Mitverantwortung 155
Mitwirkung 246, 331
Mobilität 232
Moderne, die, s.a. Wirklichkeitsbereich, die 60, 109, 136, 160, 171
Modernisierungsprozesse 312
Modernität 109
Modernitätsrückstand 65, 104, 109, 110
  Didaktik, veraltet 131
  Unterrichtsinhalte, veraltete 109
  veraltet 93
Mögliche, das 129
Monotonie, siehe Unterricht
Moral 121
Moratorium 260
Motivation 68, 158, 200
Motivationskrise 54
Motivationsveränderung 264
Motivierung 174, 320
multikulturell, siehe Erziehung und Gesellschaft 18
Mündigkeit 93, 107, 120, 255
Musik 80, 96, 170, 173
Musik-Gymnasium 13
Muße 53, 161, 192, 329
Mythos 15, 107, 261

N
Nähe 161
Nationalsozialismus 45, 46, 83, 104, 155
Naturwissenschaften 39, 59, 80, 89, 90, 96
  naturwissenschaftliche Fächer 95
Naturwissenschaften, siehe auch Unterrichtsfächer
naturwissenschaftlicher Unterricht, siehe Unterricht
Neigung 158, 208, 213, 220
neue Sprachen 39
Neugriechische, das 40
Neuhumanismus 130, 178
Niederländische, das 40
Niveau 128, 160, 221, 252
Niveauunterscheidung 232, 333

Normen 23, 93, 139, 249
    Rationalität, Solidarität, Freiheit, aktive Weltgestaltung 140
Notstandsgesetze 111
numerus clausus 97, 98

O
Oberschule 46
    erweiterte 20
Oberstufe 12, 50, 51, 58, 60, 65, 76, 77, 79, 88, 91, 320, 322, 326
    Arbeitsweisen der O. 334
    Berufsberatung 344
    Didaktik der O. 333
    Einführungsphase 76, 333
    Einführungswoche 331, 335
    gymnasiale 55
    Hauptphase 333
    kleine O. 323
    Kursangebot 322
    O. und Gewalt 315
    Oberstufenarbeit 30
    Oberstufengröße 55, 346
    Oberstufeninformation 340
    Oberstufenregelung 15
    Oberstufenteam 322
    Oberstufenversuch 53
    Organisation 188
    Orientierungswoche 345
    Qualifizierungsphase 333
    Stammkurs 323, 331
    Studienberatung 344
    Stufenkoordinator 322
    Stundenplan 325
    Stundenplanerstellung 322
    Team 323
    Unterrichtsverteilung 325
Objekt 116, 144, 161, 166
Objektbereich 115
Ökologie 188, 262
    ökologische Frage 153
    ökologische Gesetzgebung 203
Ontologie 127, 166, 173

Opportunismus 117
Opportunist 122
Ordnung (im Unterricht) 302
Organisation 232, 236, 257, 274, 277, 291, 295, 296, 297, 305, 319, 346, 347, 348
Orientierungsstufe, s.a. Förderstufe 35, 48
Orientierungswoche 344, 345

P
Pädagoge, siehe Lehrer
Pädagogik 112
    Animationsp. 263
    geisteswissenschaftliche 113
    geisteswissenschaftlich-hermeneutische 115
    griechische 132
    Kontraktp. 255
    utilitaristische 195
paideía, enkyklios 30, 89
Paradigma 43, 91, 103, 141, 160
    empirisch-analytisches 115
Paradigmawandel 106, 112
Partei 57, 67, 77, 93, 103, 113
Partizipation 54, 254, 302, 325
    curriculare 204
    inhaltliche 204
    methodische 204
    Schülerp. 318, 330
Partizipationsbereitschaft, siehe auch Beteiligung, Demokratie, Partizipation, Teilhabe 251
Passung
    optimale 197
Peergroups 147
Pensum 50
Permissivität 94
Permissivität, s.a. Beliebigkeit 313
Person
    Stärkung der P. 313
Personagenese 91
Persönlichkeitsbildung, s.a. Bildung 94, 265
Persönlichkeitsentfaltung 248
Personwürde 249
Pflichtbereich 73, 94, 182, 208
Pflichtfächer 50, 334

Pflichtfremdsprachen 48
Pflichtstundenzahl, siehe Unterrichtsverpflichtung
Philosophie 26, 80, 88, 89, 163, 282
    poetische 135
    praktische 135
    theoretische 135
Physik 50, 51, 99
Planung 104
Pluralismus 109
Pluralität 12
Poesie 173
Politik 39, 46
    sektorale 138
Politiker 138
Politisierung 123
Positivismusstreit 117
Prävention 310
Praxis 247
Praxisbezug 112
Praxisrelevanz 123
Privileg
    soziales 155
Problemfeld 227
Problemlösung 304, 315, 316
Professionalität 289, 308
Profilbildung 76
Profile 99
    horizontale 220
    vertikale 220
Profilierung 182
Prognose 48
Projekt, siehe Unterricht 32
Propädeutik 254
Prüfungsabläufe 327
Prüfungsanforderungen, einheitliche 50, 75
Prüfungsfächer
    Kombination 212
Prüfungsvorbereitungen 327
psychisch 101, 118, 144, 145, 216, 217, 219, 220
Psychologie 289
Pubertät 240
Publikumsrollen 138

Q
Qualifikation 105, 235, 283, 288
Qualifikationsbegriff 79
Qualifikationsphase 76

R
Rahmenbedingungen 29, 31
    didaktische 186
Rahmenplan 44, 52
Rahmenrichtlinien, s.a. Curriculum, Lehrplan, Richtlinien 83
Rationalismus
    kritischer 115
Rationalität 23, 93, 106, 109, 121, 141, 224, 225, 226, 248, 262
Rechtsaufsicht , siehe Schulbehörde
Rechtskunde 188
recurrent education 200
Reduktion
    didaktische 227
Referenzfeld 169, 224
Reflexion, textgebundene 39
Reform 63
Reform, des Lehrplans 116
Reformen, preußische 32
Reformpädagogen 45
Regelschule 77
Regelungen 353–410
Reifebegriff 51, 79
Reifeprozeß 245
Religion
    theologische Fragestellung 89
Religion, s.a. Unterrichtsfächer 51, 80, 96
Renaissance 105, 140, 146, 155
Repräsentativität 197, 198, 203
Restauration 46
Revolution 141
Rezession 111
Rhetorik 30, 34, 166, 172, 173
Richtlinien 14, 83, 234
Richtziel 128

Rolle
    Rollendistanz 240, 330
    Rollenkonflikt 241
    Rollenverfestigung 330
Rückbesinnung 45
Rückgriff 46
Ruhe 329
Russische, das 40, 59

S

Saarbrücker Rahmenvereinbarung 49, 50, 59, 90
Scheitern
    Versagenserfahrungen 340
Schlüsselbegriffe 235
Schlüsselqualifikationen 79
Schlüsselthemen 52
Schulaufsicht, siehe Schulbehörde
Schulbehörde 12, 33, 41, 83, 187, 192, 204
    Dienstaufsicht 85, 188
    Fachaufsicht 84, 188
    Rechtsaufsicht 84, 85, 188
    Schulaufsicht 85, 195
Schulbuch 107, 172
Schule, siehe auch Ganztagsschule 13, 32, 43, 50, 52, 235, 241, 272
    Differenzierungsmöglichkeiten 323
    effektive 303
    Elites., siehe Eliteschule 14
    Eltern 319
    engagierte 292
    Gesamtkonzept einer S. 299
    gesunde 303
    Gewaltfreiheit 310
    Grundaufgaben 288
    gute S. 302, 303
    Klima 330
    Klimaverbesserung 321
    Konfliktlösungsstrategien 315
    Kultur einer S. 292, 311
    Öffnung der S. 331, 343
    pädagogische Wirksamkeit der. S. 301
    Rang einer S. 291
    Rituale 317

Schule (Forts.)
    S. und Leben 164
    Sachwissen und soziales Lernen 316
    schulinternes Curriculum 334
    Schulleben 320
    Selbständigkeit 84
    Sinnvermittlung 314
    Strategie (für eine neue S.) 306
    Traditionen 317
    Varianz 320
Schüler 23, 46, 74, 76, 80, 91, 101, 124, 136, 145, 162, 186, 204, 245, 258
    handlungsfähig 200
    kommunikationsfähig 200
    lernfähig 200
    urteilsfähig 200
Schülerbeteiligung, siehe auch Beteiligung, Demokratie, Partizipation, Teilhabe 251
Schülerorientierung 319
Schülerpopulation
    Heterogenität der S. am Gymnasium 337
Schülerverhalten 321
Schülervortrag, siehe Unterricht
Schülerzentrierung 254
Schulform 24, 43
    Abendgymnasium 48
    Fachoberschule 48
    Grundschule 48, 333
    Gymnasium 48
    Hauptschule 48
    Kolleg 48
    Realschule 48
    Sonderschule 48
Schulforschung 289
Schulgesetz 11, 17
Schulgestaltung 256
    kooperative 248, 261
Schullaufbahn 22, 260, 336
Schullaufbahnberatung 336
Schulleiter 322, 325
    Rolle des S. 295–301
Schulorganisation, siehe Organisation
Schulpolitik 47
Schulreform, preußische 33, 193

Schulstruktur 43, 45, 46
Schulsystem 12
Schulversuch 13, 14, 54
    Modellschulen 83
    Modellversuch 196
Schulverweildauer, s.a. Verkürzung der Gymnasialarbeit 21, 47, 334
Schulwesen 12, 17
    berufliches 52
    dreigliedriges 45, 58, 66, 110
    Erziehungssystem 112
Schulwesen (Forts.)
    gegliedertes 11
    Reform des Schulwesens 116
    Stufenschule 66
    Stufenschulwesen 35, 55, 180
    vertikal gegliedertes, auch dreigliedriges 46
Schulwirksamkeitsforschung 292
Schulwirksamkeitsuntersuchungen, s. Schulwirksamkeitsforschung
Schulzeit, siehe auch Schulverweildauer 12, 20
Schüsselprobleme 51
Schüsselqualifikationen 51
Schwerpunkt 53, 99, 176
    Neigungsschwerpunkte 55
Schwerpunktbildung 50, 61, 72
    horizontale 182
    vertikale 182
SED 11, 17
Segment 91, 123, 177, 225
Sein, das 127
Seinsstand
    ens in alio 129
    ens in se 129
Seinsziel 178, 184, 198
Sekundärtugenden 211
Sekundärtugenden, siehe auch Werte, sekundäre 249, 259
Selbständigkeit 59, 155, 234, 235
Selbstbestimmung 55, 97, 189, 242
Selbstentfaltung 129, 244
Selbstentfremdung 237
Selbsterkenntnis 161, 213
Selbstinterpretation, siehe Bildung
Selbstregulierung 145

Selbstsicherheit 242
Selbstverständnis, berufliches 33
Selbstvertrauen 242
Selbstverwirklichung 129, 234, 236, 262
Selbstwertaufbau 313
Selbstwertgefühl, s.a. Leistung 316, 332
Selektion 131
    Selektionsmechanismus 97
    soziale 11
Sensibilität 145, 194, 262
Sequentialität 187
    didaktische 76, 188
    erzieherische 188
    methodische 188
    Sprachkultur 187
Setzung 89, 100
    bildungspolitische 31, 33, 110, 173
Sinn 313, 351
    Sinnvermittlung 314
Sinnerfüllung 238
Sinnlichkeit 199, 225
Skepsis 225
solidarisch 245
Solidarität 140, 225, 246, 312
Sophisten 30
Sowjetisierung 45
sozial 347
Sozialbezug 237, 244, 245, 329
soziale Selektion 11
Sozialformen 228
Sozialisation 117, 124, 130, 244, 245, 248, 310, 313, 350
Sozialisationsbedingungen 44
Sozialklima 330
Sozialkunde 39, 40
Sozialverantwortlichkeit 330
Sozialverhalten 302, 330
Sozialwissenschaften 95, 106, 282
Soziologie 117
    Wandel der S. 145
Spanische, das 40
Spezialisierung 94
Spezialist 138

Spezialistentum 147
Spezialziel 24, 29, 68, 80, 82, 207
Spiel 69
Sport 50, 80, 96
Sprache 39, 143, 172
Sprachenfolge 47
Sprachenfolge, siehe Gymnasium
Statik 226
Stoff 129
Struktur 34
    allokative 210
Strukturgitter
    didaktisches 169
Strukturplan 23, 65, 180, 235
Studienabbrecher 22, 24
Studienberechtigung 210
Studienschule 58, 60
Studienvorbereitung, s.a. Hochschulreife 74
Studierfähigkeit 78, 88, 94, 95, 182, 206, 212, 221, 235, 272
    epistemische 216
    Führungsfähigkeit 215
    kognitive 216
    Konstituenten der S. 216
    psychisch-personale 216
    Unterricht, kontinuierlicher 215
Studium 22, 50, 342
Stufenabitur, siehe Abitur
Stufenaufbau 187
Stundenplan 325
Stundenplanerstellung 322
Stundentafeln 176
Stuttgarter Empfehlungen 51, 52
Subjekt 34
Subjektivismus 93
Subjektrolle 133, 245, 254, 260
Subsidiarität 308
Substanz 128, 129
Substitution 327
Subsystem 137
Surrogate (z.B. Sozialiation, Emanzipation) 130
System, vernetztes 34
Systematik 161, 169, 179

Systemwissen 150
Szientismus 162

T

Tanz 173
Technologie 111
Teilhabe, s.a. Beteiligung, Partizipation, auch Demokratie 149, 155, 238, 254, 292, 314
Tendenzen, zentralistische 38
Themenkreise, fächerübergreifend 63
Theologie, s.a. Religion 163
Theorie
    Drei-Welten-T. 135
    kritische 118
    Systemt. 137
    traditionelle 118
    T. der Sprechakte 121
Tod 135
Toleranz 18, 159, 240
Tradition
    abendländische 87
    europäische 59
Transfer 170, 229, 261, 342
Transparenz 254
Transzendente, das 201
    Gottesferne 201
    Gottesnähe 201
Transzendenz 148, 158
    fächerübergreifende Anteile 224
    fächerübergreifende Komponente 228
    ganzheitlich-überbrückendes Denken 167
    Grenzüberschreitung 174
    Grenzüberschreitungen 164
    Interdisziplinarität 224
    Schlüsselfragen 178
    Umgreifende, das 191
transzendieren 237
transzendierend 39, 74
Triangulation 103
Tschechische, das 40
Tübinger Beschlüsse 82, 86
Tutor 322, 331
Typenvielfalt 48, 51

U

Überbürdung 50
Überlieferung 60
 europäische 59
Überschreitende, das Grenzen Ü., s.a. Transzendenz 34
Umerziehung 45, 46
Umgang, solidarischer 245
Umgreifende, das, s.a. Transzendenz 148
Ungleichheit 85, 131
Universität 63, 82, 84, 85, 101
 Grundaufgaben 193
Unschärferelation 141, 161
Unterdrückung 118
Unterricht 26, 43, 44, 46, 65
Unterricht
 Epochenunterricht 61, 63
 erziehender 234
 fächerübergreifender 32, 150
 Fächerunterrichtssystem 158
 Fehlform 266
 Gruppenarbeit
 Gruppenunterricht 61
 Klimaverbesserung 321
 Kontinuität 329
 Lehrervortrag,
 Methoden 61
 Monotonie 228, 321
 naturwissenschaftlicher
 Organisation 61
 Projekt- 32
 Projektmethoden 331
 Projekttage/-wochen 150
 Projektveranstaltungen 331
 Referenzfelder 169
 Schülervortrag
 Studierfähigkeit 215
 Unterrichtsfächer 181
 Unterrichtsorganisation 180
 Varianz 320

Unterrichtsfach 30, 91
    Kontinuität 172
    s.a. Aufgabenfeld 173
    Schulbuch 172
    Verhältnis zur wisenschaftlichen Disziplin 162
Unterrichtsfächer, s.a. bei den jeweiligen Fächern, s.a. Aufgabenfelder, Kontinuität, Schulbuch, Unterrichtsinhalte, auch Wissenschaft, Einzelwissenschaft, Fachwissenschaft 61, 271
    Biologie 342
    Chemie 334, 342
    Deutsch 282, 334
    Erdkunde 334
    Erziehungswissenschaften 282
    Ethik 334
    Fremdsprachen 334
    Geschichte 282, 334
    Kunst 334
    Mathematik 334
    Naturwissenschaften
    Philosophie 282
    Physik 334
    Religion 282, 334
    Sozialwissenschaften 282
    Sport 334
Unterrichtsgegenstände 100
Unterrichtsinhalte, (auch Lerninhalte) 34, 87, 124, 169
Unterrichtsmethoden 246
Unterrichtssprachen, am zweisprachigen Gymnasium 40
Unterrichtsverpflichtung 18
Unterrichtsverteilung 325
Urteilsfähigkeit 153, 215, 216, 271, 274, 283
    moralische 250
Utilitarismus 32

V

Variabilität, methodische 54
veraltet, siehe Modernitätsrückstand 78
Verantwortung 32, 93, 164, 226, 234, 255
Verbalisierungsgrad 24
Vereinheitlichung 47, 75
Vereinigung 11, 17
Vereinsamung 312

Verhalten 145, 146, 147, 149, 159, 295, 296, 298, 308, 311, 313, 316, 329
    Lehrerv. 320
    Schülerv. 321
    Sozialv. 302
Verhältnis
    pädagogisches 113
Verkürzung der Gymnasialarbeit 334
Vernetzung 157, 224
Vernunft 119, 141
Verstand 141
Verständigung, s.a. Brücke 236
Verständigungsgemeinschaft 87, 114
Verständlichkeit 164
Verstehen, das 113
Vertiefung 50
Verwaltungskunde 188
Verwissenschaftlichung 61
Vielsprachigkeit 40
Volkswirtschaft 12
Vorbild 167
Vorgaben,. strukturelle 232
Vorsokratiker 14

W

Wahlbereich 73, 94, 182, 208
Wahlmöglichkeit 51
Wahlpflichtfach 51, 53
Wahlsprache 177
Wahlverhalten 180
Wahrheit 107, 128
    Quelle der W. 141
Wahrheitsbegriff 139
Währungsunion 38
Wandel
    der Werte 39
Weimarer Republik 44, 45
Welt, auch Lebenswelt, Leben, Moderne, Modernität 63, 182, 245
Welterkenntnis 158, 181
Weltliteratur 90
Wende
    realistische 115
Werden, das 129

Werte 23, 26, 46, 93, 139, 238, 249
    Akzeptanzw. 259
    antike 104
    christliche 104
    Lebenswerte 332
    liberale 104
    Pflichtw. 259
    sekundäre 249
    Sekundärtugenden 259
    Selbstentfaltungswerte 259
    Verstärkung der W. 39
    Wertekonventionen 111
    Wertkonsens 314
Werterziehung 245, 248
Werteverstärkung 39
Wertewandel 39
Werturteile 236
Wertvorstellung 236
Wesensschau 128
Wettbewerbsfähigkeit 22
Wirklichkeit, s.a. Leben, Lebenswelt, Moderne, Welt 80
Wirklichkeitsbereich 51
Wissen 83, 99
    Anwendungsw. 158
    Defizite 266
    Funktionen des W. 268
    isoliertes 158
    Vorratswissen 201, 350
Wissenschaft 26, 112, 121, 267, 289
    didaktischer Umgang mit W. 197
    empirisch-analytisch 119
    Gesamterfahrung 201
    Handlungsw. 119
    historisch-hermeneutisch 119
    Transzendenz 201
    Übung 216
Wissenschaftsbewußtsein 34
Wissenschaftsgeschichte, s.a. Antike, Hellenismus, Renaissance, Aufklärung, Moderne 103
Wissenschaftsgläubigkeit 66
Wissenschaftskultur 269, 275
Wissenschaftsorientierung 68, 74

Wissenschaftspropädeutik, siehe auch Transzendenz 34, 51, 74, 91, 161, 172, 208, 223, 234, 265 ff.
    als didaktisches und methodisches Strukturierungsprinzip 223
    als religiöse Kategorie 228
    Methodenpropädeutik 286
    Universitätspropädeutik 84
Wissenschaftssystem 139
Wochenstundenzahl für Schülerinnen und Schüler, s.a. Anhang II.27 14
Wort 15
WRK 76, 78, 82, 83, 87, 91, 93, 94, 95, 96, 97, 99
Wurzeln, der Gegenwart 39

Z

Zeichensysteme, z.B. Mathematik, Sprachen 48
Zeit, s.a. Prozeß, Pubertät, Adoleszenz 135, 156
Zeitleiste 327
Zukunft 104, 108, 156
Zuordnung 34
Zusammenarbeit 236, 294, 295, 327
Zusammenhangslosigkeit 61, 63
Zweck, von außen gesetzt 198
Zweckfreiheit 172
Zweckrationalität 139
zwei Kulturen, Charles SNOW 40
Zweisprachige Züge, siehe Gymnasium
Zyklus 87

Anhang VI
Literaturverzeichnis

Achtenhagen, Frank und Meyer, Hilbert: Curriculumrevision. Möglichkeiten und Grenzen. München 1971.

Adick, Christel: Schulbuchentwicklung, Lehrplan und Bildungsreform. In: Zeitschrift für Pädagogik, 1992, H.5, S. 703.

Adler/Mortimer: The Paedeia Proposal. An Educational Manifesto. New York 1982.

Adorno, Theodor W. und Horkheimer, Max: Dialektik der Aufklärung. Amsterdam 1947.

Adorno, Theodor W.: Theorie der Halbbildung (1962). In: *Pleines, J.E. (Hrsg):* [1978]. (A)

Adorno, Theodor W. und Horkheimer, Max: Sociologica II, Reden und Vorträge. Frankfurt/Main 1962. (B)

Adorno, Theodor W.: Tabus über den Lehrerberuf. In: Die Neue Sammlung, 1965, S. 487-498.

Adorno, Theodor W.: Negative Dialektik (letzte Auflage 1975). Frankfurt/Main 1966.

Adorno, Theodor W. (Mitarb.): Zum Bildungsbegriff der Gegenwart. Frankfurt/Main 1967.

Adorno, Theodor W. und Becker, Hellmut: Erziehung zur Mündigkeit. Vorträge und Gespräche mit Hellmut Becker. 1959 - 1969. Frankfurt/Main 1973.

Adorno, Theodor W.: Ästhetische Theorie. Frankfurt/Main 1971. (A)

Adorno, Theodor W.: Erziehung zur Mündigkeit. Frankfurt/Main 1971. (B)

Aebli, Hans: Die Wiedergeburt des Bildungsziels Wissen und die Frage nach dem Verhältnis von Weltbild und Schema. In: Zeitschrift für Pädagogik, Beiheft 18, 1983, S. 33-44.

Affemann, Rudolf: Lernziel Leben. Stuttgart 1976.

Affemann, Rudolf: Möglichkeiten und Grenzen der Erziehung im Gymnasium. In: Die Höhere Schule, 1979, H.4, S. 148-153.

Ahrens, R.: Die "Harvard Reform" und der neue Trend zur Allgemeinbildung. In: Mitteilungen des Hochschulverbandes, 1982, H.6, S. 311-316.

Alberts, Wolfgang; Bosch, Doris und Schier, Norbert: Schule formen durch Rituale. Wege zur Entwicklung von Orientierung und Geborgenheit. Konzepte und Arbeitshilfen. Essen 1991.

Albrecht, Wolfgang: Klassengemeinschaft und Kursunterricht. In: Die Höhere Schule, 1964, H.7, S. 146.

Alt-Sutterheim, Wolfgang von: Vorzüge und Mängel der reformierten gymnasialen Oberstufe.
In: Die Höhere Schule, 1975, S. 336.

Alt-Sutterheim, Wolfgang von: Die Kollegstufe im Urteil von Kollegiaten. Eine Befragung zur neugestalteten gymnasialen Oberstufe. München 1980.

Angermeyer, Elke und Jünger-Geier, Ursula: Freiarbeit. Eine Möglichkeit der Differenzieung auch am Gymnasium.
In: Praxis Deutsch., 1991 (18), H.108, S. 5.

Annweiler, Oskar und Hearnden, Arthur G. (Hrsg.): Sekundarschulbildung und Hochschule. Erfahrungen und Probleme in Großbritannien und der Bundesrepublik Deutschland. Bericht der Zweiten deutsch-britischen Konferenz über aktuelle Bildungsprobleme. (Bildung und Erziehung. Beiheft 1). Köln/Wien 1983.

Apel, Hans-Jürgen: Das preußische Gymnasium in den Rheinlanden und Westfalen 1814-1848. Die Modernisierung der traditionellen Gelehrtenschaft durch die preußische Unterrichtsverwaltung. Wien 1984.

Apel, Karl-Otto: Diskurs und Verantwortung: das Problem des Übergangs zur postkonventio-nellen Moral. Frankfurt/Main 1988.

Appel, Stefan: Lebensschulen ganzheitlicher Art. Formen und Bildungsmöglichkeiten ganztägig geführter Schulen in Deutschland.
In: Pädagogische Führung, 1993, H.3, S. 110.

Arbeitsgruppe Bildungsbericht (Max-Planck-Institut für Bildungsforschung): Das Bildungswesen in der Bundesrepublik Deutschland. Reinbek, 1990.

Arendt, Hannah: Vita activa oder Vom tätigen Leben. München 1989^5.

Arneth, Gerhard: Schulentwicklungsplanung im Rahmen regionaler Strukturplanung.
In: Zeitschrift für Pädagogik, 1972, H.6, S. 829-850.

Aschersleben, Karl: Welche Bildung brauchen Schüler? Bad Heilbrunn /Obb. 1993.

Auernheimer, Georg u.a.: Alternativen zur Schulreform? Ein Streitgespräch.
In: Demokratische Erziehung, 1981, H.1, S. 20-27.

Auernheimer, Georg: Hat Allgemeinbildung in der Bundesrepublik eine Chance ?
In: Demokratische Erziehung, 1986, H.3, S. 30-33.

Aurin, Kurt (Hrsg.): Schulversuche in Planung und Erprobung. Innovationsstudien zur Schulreform an niedersächsischen Modellschulen und Schulversuchen. Hannover 1972.

Aurin, Kurt: Sekundarschulwesen. Strukturen, Entwicklungen und Probleme. Stuttgart 1978.

Aurin, Kurt (Mitarb.): Die Schule und ihr Auftrag. Mainz 1979. (A)

Aurin, Kurt: Bildungstheoretische Vorüberlegungen zum Konzept der reformierten gymnasialen Oberstufe und seiner Revision. In: Reform der Oberstufenreform - Wiedergewinnung der Allgemeinen Bildung, Schriftenreihe der Hanns-Seidel-Stiftung e.V. Stuttgart 1979. (B)

Aurin, Kurt: Strukturmerkmale einer guten Schule.
In: Die Höhere Schule, 1982, H.5, S. 132-139.

Aurin, Kurt: Bewahren und Erneuern - die Identität des Gymnasiums in unserer Zeit.
In: Die Höhere Schule, 1983, H.3, S. 76-84. (A)

Aurin, Kurt: Die Herausforderung der gymnasialen Bildung durch Technik und technologischem Wandel. "Pädagogisch-anthropologische Voraussetzungen des Bildungsprozesses".
In: Die Höhere Schule, 1983, H.10, S. 311-317. (B)

Aurin, Kurt: Beratung als pädagogische Aufgabe. Bad Heilbrunn 1984.

Aurin, Kurt: Herausforderung des Gymnasiums durch die "intelligenten Technologien" - Aufgabe des Gymnasiums und die Vermittlungsfunktion seiner Lehrer.
In: Die Höhere Schule, 1986, H.2, S. 42-50.

Aurin, Kurt (Hrsg.): Schulvergleich in der Diskussion. Stuttgart 1987.

Aurin, Kurt: Beratung - Eine Chance zur humaneren und erziehungswirksameren Gestaltung des Schulalltags unserer Gymnasien. In: Die Höhere Schule, 1989, H.2, S. 50-56.

Aurin, Kurt (Hrsg.): Gute Schulen - worauf beruht ihre Wirksamkeit?. Bad Heilbrunn 1990.

Aurin, Kurt: Was ist eine gute Schule? In: Die Höhere Schule, 1991, H.6, S. 182.

Austin, Gilbert R. und Holowensak, Stephen B.: Erwartungen - Führung - Schulklima - Sichtung der Untersuchungen über beispielhafte Schulen. In: *Aurin* 1990, S. 46-63.

Baacke, Dieter: Die 13- bis 18jährigen. Einführung in Probleme des Jugendalters.
München 1979², 1985⁴.

Bab, Hans Jürgen: Oberstufenreform - Die Richtung stimmt nicht.
In: Die Höhere Schule, 1983, H.8, S. 239-241.

Babilon, Franz-Wilhelm und Ipfling, Heinz-Jürgen (Hrsg.): Allgemeinbildung und Schulstruktur. Fragen zur Sekundarstufe I. Bochum 1980.

Bach, Gerhard: Allgemeinbildung, Berufsbildung, Persönlichkeitsbildung. Das Selbstverständnis beruflicher Bildung und Ausbildung heute.
In: Erziehungswissenschaft und Beruf, 1989, H.2, S. 139-147.

Backes-Haase, Alfons: Irritierende Theorie.
In: Vierteljahresschrift für wissenschaftliche Pädagogik, 1993, H.2, S. 180.

Bade, Rolf: Zum neuen Erlaß "Die Arbeit in den Jahrgängen 7-10 des Gymnasiums".
In: Schulverwaltungsblatt für Niedersachsen, 1991, H.6, S. 219.

Baethge, Mart: Bildungserwartungen und Qualifikationsbedarf.
In: VEB-Dokumentation, 1992, H. 92-4, S. 9, Bonn.

Bade, Rolf und Strebe, Horst: "Zentralabitur" - Anmerkungen zu einem aktuellen bildungspolitischen Thema. In: Schulverwaltungsblatt für Niedersachsen, 1993, H.3, S. 94.

Bäumer, R.: Der heimliche Widerstand gegen die Wissenschaft.
In: Die Deutsche Schule, 1986, S. 223.

Bahrdt, Hans Paul: Die alten Sprachen im heutigen Gymnasium - Status-Symbol oder Bildungsgut? In: Die Neue Sammlung, 1979, S. 273-287.

Bahro, Horst; Becker, Willi und Hitpass, Josef: Abschied vom Abitur? Hochschulzugang zwischen Numerus clausus und Massenbildung. Zürich 1974.

Ballauf, Theodor: Der Gedanke einer "allgemeinen Bildung" und sein Wandel bis zur Gegenwart.
In: Handbuch Schule und Unterricht Bd. 4.1. Frankfurt/Main 1981.

Ballauf, Theodor: Pädagogik als Bildungslehre. Weinheim 1989.

Ballod, G. und Kremb, K.: Bilden und Erziehen heute. Bolanden 1986.

Bank, Erhard von der und Seemann, Erwin: Rheinland-Pfalz: Das Technische Gymnasium.
In: Die berufsbildende Schule, 1983, H.4, S. 247-253.

Bargel, Tino: Bildungschancen und Umwelt. (Deutscher Bildungsrat). Braunschweig 1973.

Bargel, Tino und Kuthe, Manfred: Schullandschaft in der Unordnung. Mössingen - Talheim, 1992.

Bargel, Tino und Kuthe, Manfred: Ganztagsschule. Bonn 1991 (Bundesministerium für Bildung und Wissenschaft).

Barr, R. und Dreeben, R.: How School Works. Chicago 1983.

Bartels, Friedrich: Von der Freiheit in der Schule. In: Zeitschrift für Pädagogik, 1963, S. 45-58.

Barth, Roland S.: The Professional Development of Principals. In: Educational Leadership, 1984.

Bastian, Johannes und Liebau, Eckart: Bildung. Oder: Wohin erziehen wir unsere Kinder.
In: Zeitschrift Pädagogik, 1988, H.7/8, S. 6-10.

Bath, Herbert: Kooperation oder Integration von allgemeinbildenden und berufsbildenden Schulen als Problem einer Reform des Bildungswesens. In: Die Deutsche Schule, 1968, S. 453-466.

Bath, Herbert: Schulreformkritik als Ergebnis der Schulreform, 1. Teil.
In: Die Höhere Schule, 1978, H.10, S. 369.

Bath, Herbert: Schulreformkritik als Ergebnis der Schulreform, 2. Teil.
In: Die Höhere Schule, 1978, H.11, S. 425.

Bauer, Hans: Die Stuktur des Gymnasiums und sein Curriculum.
In: Die Höhere Schule, 1975, H.2, S. 45.

Bauermeister, Ulrich: Thesen und Antithesen zur Weiterbildung in der Sekundarstufe II.
In: Bernath, Uwe und Holtmann, Antonius: Sekundarstufe II, Probleme, Modelle, Analysen. (Zentrum für Pädagogische Berufspraxis der Universität). Oldenburg 1978.

Baumert, Jürgen: Schulkrise: Krise der staatlichen Regelschule?
In: Zeitschrift für Pädagogik, 1981, S. 495-517.

Baumert, Jürgen; Roeder, Peter Martin; Sang, Fritz und Schmitz, Bernd: Leistungsentwicklung und Ausgleich von Leistungsunterschieden in Gymnasialklassen.
In: Zeitschrift für Pädagogik, 1986, H.5, S. 639-660.

Baumert, Jürgen und Leschinski, Achim: Berufliches Selbstverständnis und Einflußmöglichkeiten von Schulleitern, Ergebnisse einer Schulleiterbefragung.
In: Zeitschrift für Pädagogik, 1986, H.32, S. 247-266.

Baumgärtner, Friedhelm: Grundeinsichten als Strukturprinzip der Allgemeinbildung.
In: Demokratische Erziehung, 1980, H.4, S. 420-427.

Bayer, Karl: Gespräche mit Prof. Dr. Saul Robinson.
In: Mitteilungen des Deutschen Altphilologenverbandes, 1972, H.1, S. 25.

Bayer, Karl: Die allgemeine Hochschulreife aus der Sicht der Schule.
In: Anregung, 1985, H.2, S. 73-84.

Becher, H.: Die verwaltete Schule. In: Merkur, 1954, H.12.

Bechert, Günter (Hrsg.): Die Gesamtoberstufe: Materialien zur Reform der Sekundarstufe II. Weinheim, Basel 1973.

Beck, Herbert: Schlüsselqualifikationen aus schulischer Sicht.
In: Arbeiten + Lernen: Wirtschaft, 1993, H.19, S. 6. (B)

Beck, Herbert: Schlüsselqualifikationen Bildung im Wandel. Darmstadt, 1993. (A)

Beck, Klaus: Die Struktur didaktischer Argumentationen und das Problem der Wissenschaftsorientierung des Unterrichts.
In: Zeitschrift für Pädagogik, 1982, H.1, S. 139-154.

Beck, Klaus und Kell, Adolf: Bilanz der Bildungsforschung. Stand und Zukunftsperspektiven. Weinheim 1991.

Beck, Ulrich: Risikogesellschaft. Auf dem Weg in eine andere Moderne. Frankfurt, 1986.

Becker, Gerold: Täter in eigener Tat. - Zur Begründung beruflicher Bildung in der Sekundarstufe II. In: Zeitschrift Pädagogik, 1988, H.7/8, S. 65-67.

Becker, Hellmut: Der Bildungsrat. In: Die Neue Sammlung, 1970, S. 1-18.

Becker, Hellmut: Reform der Bildungsverwaltung. In: Die Neue Sammlung, 1971, S. 7-33.

Becker, Hellmut: Organisatorische Probleme bei der Bildungspolitik.
In: Die Neue Sammlung, 1972, S. 130-145.

Becker, Hellmut: Bildung und Arbeit. In: Die Neue Sammlung, 1974, S. 173-179.

Becker, Hellmut: Weiterbildung und Bildungsreform. In: Die Neue Sammlung, 1975, S. 253-261.

Becker, Hellmut: Welche Antwort fand die Arbeit des Bildungsrates bei den zuständigen Politikern? In: Die Neue Sammlung, 1975, S. 485-498.

Becker, Hellmut: Die Schule und ihre Lehrer - Schwierigkeiten bei der Schulrefrom.
In: Die Neue Sammlung, 1979, S. 134-154.

Becker, Hellmut: Praktische Vorschläge für die Zukunft des Bildungswesens in der BRD.
In: Die Neue Sammlung, 1980, H.2, S. 121-133.

Becker, Hellmut: Weiterbildung im Zusammenhang eines wissenschaftsorientierten Bildungssystems. In: Die Neue Sammlung, 1982, S. 279-287.

Becker, Hellmut: Die verwaltete Schule.
In: Recht der Jugend und des Bildungswesens, 1993, H.2.

Becker, Hellmut und Ortner, Gerhard E.: Bilanz. Was blieb von der Bildungsreform?
In: Schulpraxis, 1981, H.1, S. 4-5.

Becker, Jürgen: Gymnasium und Universität. Vortrag vor der Arbeitsgemeinschaft der Oberstudiendirektoren im Philologenverband Schleswig-Holstein am 22.10.1981. Zum Problem der Studierfähigkeit. In: Die Höhere Schule, 1982, H.1, S. 14-18.

Becker, Th. A.: Modernisierung des Menschen. In: IBM Nachrichten, 1990, H.12, S. 17.

Beckmann, Hans-Karl: Der Hauptschüler - Leidtragender der Schulreform.
In: Westermanns Pädagogische Beiträge, 1975, H.12, S. 647-648.

Beckmann, Hans-Karl: Das Verhältnis von Fachwissenschaft und Schulfach.
In: Westermanns Pädagogische Beiträge, 1978, H.6, S. 214-218.

Beckmann, Hans-Karl: Zielprobleme des staatlichen Schulwesens.
In: Westermanns Pädagogische Beiträge, 1979, H.1, S. 11-15.

Beckmann, Hans-Karl: Schule unter pädagogischem Anspruch. Donauwörth 1983.

Behr, Michael: Schulmodell zwischen Politik und Wissenschaft.
In: Die Neue Sammlung, 1981, H.6, S. 192-196.

Behr, Michael und Jeske, W.: Schul-Alternativen. Modelle anderer Wirklichkeit.
Düsseldorf 1982.

Beiner, Friedhelm und Blankertz, Herwig (Hrsg.): Bildungstheoretische und curriculare Probleme im Schnittpunkt der Schulformen der Sekundarstufe II. Dokumente des Wuppertaler Mentorentages 1980. Wuppertal 1980.

Beinke, Lothar und Wascher, Uwe: Übersicht über das Schulsystem in der Bundesrepublik Deutschland. In: Didaktik der Berufs- und Arbeitswelt, 1986, H.1, S. 33-41

Benner, Dietrich: Hauptströmungen der Erziehungswissenschaft. München 1973.

Benner, Dietrich: Bildsamkeit und Bestimmung. In: Die Neue Sammlung, 1988, H.4, S. 460-473.

Benner, Dietrich: Auf dem Weg zur Öffnung von Unterricht und Schule. Theoretische Grundlagen zur Weiterentwicklung der Schulpädagogik.
In: Die Grundschulzeitschrift, 1989, H.27, S. 46-55.

Benner, Dietrich: Allgemeine Pädagogik. Weinheim 1991^2.

Benner, Dietrich und Lenzen, Dieter: Erziehung, Bildung, Normativität. Weinheim 1991.

Berchem, Ingo, Freiherr von: Zur Neubegründung der Gymnasialpädagogik jenseits von Fachausdrücken jeglicher Art. In: Anregung, 1978, S. 246-248.

Berchem, Theodor: Allgemeine Hochschulreife, Fachhochschulreife.
In: Die Höhere Schule, 1980, H.5, S. 197-205.

Berg, Christa: Rat geben - Ein Dilemma pädagogischer Praxis und Wirkungsgeschichte.
In: Zeitschrift für Pädagogik, 1991, H.5, S. 709-735.

Bergerhoff, Kirsten: Auch im Kurssystem fächerübergreifend arbeiten?
In: Schulpraxis, 1990, H.5/6, S. 14.

Berggreen, Ingeborg: Europa 92. In: Zeitschrift für Pädagogik, 1990, H.6, S. 827.

Berhof, Norbert: Studierfähigkeit. In: Lehren und Lernen, 1982, H.11, S. 21-57.

Bering, Dietz: Welche Schulreform braucht die Schule? Oder: Auf der Suche nach einer umfassenden Perspektive in einem umfassenden Bildungsbericht.
In: Westermanns Pädagogische Beiträge, 1982, H.11, S. 496-496.

Bernath, Uwe und Holtmann, Antonius: Sekundarstufe II, Probleme, Modelle, Analysen. (Institut für pädagogische Berufspraxis der Universität Oldenburg). Oldenburg 1978.

Berndl, Wilhelm: Die Kollegstufe: Bilanz einer pädagogischen Verwirrung.
In: Anregung, 1991, H.3, S. 207.

Bessoth, Richard: Schulaufsicht und Partizipation.
In: Zeitschrift für Pädagogik, 1974, H.6, S. 865-886.

Bessoth, Richard (Hrsg.): Schulleitung, Ein Lernsystem. (Bd. 4). Neuwied 1985.

Beutler, Kurt: "Erfahrung" und "Wirklichkeit" im pädagogischen Feld.
In: Die Deutsche Schule, 1970, H.5, S. 301-312.

Bichler, Albert: Bildungsziele deutscher Lehrpläne. Eine Analyse der Richtlinien in der Bundesrepublik Deutschland und in der DDR. München 1979.

Bildungsrat, Deutscher: Zur Reform von Organisation und Verwaltung im Bildungswesen. Teil I: Verstärkte Selbständigkeit der Lehrer, Schüler und Eltern. Bonn 1973.

Biller K.: Sinnorientierung des Menschen, ein Mittel zur Verminderung von Aggressionen?
In: Pädagogische Welt, 1988, H.8, S. 371.

Bitz, Ferdinand: Die unendliche Geschichte vom Ende der Hauptschule oder: Bildungsreform als Märchenstunde. In: Die Realschule, 1993, H.5, S. 207.

Blankenburg, Peter: Autonomie ist möglich.
In: Die Deutsche Schule, 1993, H.3, S. 345.

Blankertz, Herwig: Der Begriff der Pädagogik im Neukantianismus. Weinheim/Bergstraße 1959.

Blankertz, Herwig: Bildungstheorie und Ökonomie. In: *Rebel, K.:* Pädagogische Provokationen I. Weinheim, Basel 1966. (A)

Blankertz, Herwig: Bildungstheorie, Wirtschaftsgymnasium und der Fortschritt. In: Die Höhere Schule, 1966, H.5, S. 131. (B)

Blankertz, Herwig: Arbeitslehre in der Hauptschule. Essen 1967.

Blankertz, Herwig: Bildungsbegriff. In: Geisteswissenschaftliche Pädagogik am Ausgang ihrer Epoche - *Erich Weniger.* Hrsg. von *Dahmer/Klafki.* Weinheim, Basel 1968.

Blankertz, Herwig: Bildung im Zeitalter der großen Industrie. Pädagogik, Schule und Berufsbildung im 19. Jahrhundert. Hannover 1969.

Blankertz, Herwig (Hrsg.): Curriculumforschung - Strategien, Strukturierung, Konstruktion. Essen 1971².

Blankertz, Herwig: Kollegstufe Nordrhein-Westfalen. Ratingen, Kastellaun 1972.

Blankertz, Herwig: Fachdidaktische Curriculumforschung - Strukturansätze für Geschichte, Deutsch, Biologie. Essen 1974².

Blankertz, Herwig: Die Verbindung von Abitur und Berufsausbildung. Konzept und Modellversuch zur Fortsetzung expansiver Bildungspolitik. In: Zeitschrift für Pädagogik, 1977, H.3, S. 329-343.

Blankertz, Herwig: Die Theorie-Praxis-Diskussion in der Erziehungswissenschaft: Beiträge vom 6. Kongress der Deutschen Gesellschaft für Erziehungswissenschaft vom 8.-10.3.1978 in der Universität Tübingen. Weinheim ; Basel 1978.

Blankertz, Herwig: Schulsystem und Bildungspolitik in der Bundesrepublik Deutschland. In: Recht der Jugend, 1980, H.2, S. 98-113.

Blankertz, Herwig: Allgemeinbildung als Prinzip der Bildungsgänge einer differenzierten Sekundarstufe II. In: Wirtschaft und Erziehung 1982, H.4, S. 112-117. (A)

Blankertz, Herwig: Die Geschichte der Pädagogik. Von der Aufklärung bis zur Gegenwart. Wetzlar 1982.

Blankertz, Herwig: Warnung vor dem Widerruf.... In: Schulpraxis, H. 2/5+6, 1982, S. 11. (C)

Blankertz, Herwig: Sekundarstufe II - Didaktik und Identitätsbildung im Jugendalter. In: Zeitschrift für Pädagogik, Beiheft 18, 1983, S. 139-142.

Blankertz, Herwig: Berufsbildung und Utilitarismus. Düsseldorf 1985.

Blankertz, Herwig: Lernen und Kompetenzentwicklung in der Sekundarstufe II. Abschlußbericht der Wiss. Begleitung Kollegstufe NW ; zur Evaluation von 4 doppeltqualifizierenden Bildungsgängen des Kollegschulversuchs mit den Abschlüssen Fremdsprachenkorrespondent. Soest 1986. (A)

Blankertz, Herwig: Theorien und Modelle der Didaktik. München 1986¹². (B)

Blankertz, Herwig (Hrsg.): Sekundarstufe II - Jugendbildung zwischen Schule und Beruf. Stuttgart 1982.

Blankertz, Herwig; Derbolav, Josef; Kell, Adolf und Kutscha, Günter: Sekundarstufe II - Jugendbildung zwischen Schule und Beruf. Teil 1: Handbuch, Teil 2: Lexikon. (Enzyklopädie Erziehungswissenschaft. Bd. 9.1 und 9.2.) Stuttgart 1982.

Blass, Josef L.: Bildung als Reduktion von Komplexität, Nietzsche, Luhmann, Habermas. In: Pädagogische Rundschau, 1981, H.1, S. 23-38.

Blättner, Fritz: Das Gymnasium. Aufgaben der höheren Schule in Geschichte und Gegenwart. Heidelberg 1960.

Block, Achim: Das sogenannte Vorsemester in Niedersachsen. In: Die Höhere Schule, 1976, H.6, S. 223.

Block, Achim: Zu den Vorschlägen der Wirtschaft für die gymnasiale Bildung. In: Die Höhere Schule, 1980, H.9, S. 329-334.

Block, Achim: Die Aufgaben des Gymnasiums heute. In: Die Höhere Schule, 1985, H.5, S. 146-151. (A)

Block, Achim: Zur Bedeutung verbindlicher Unterrichtsinhalte. In: Gymnasium in Niedersachsen, 1989, H.3/4, S. 103. (B)

Block, Achim: Kontinuität des Lernens als Standards des Lehrens. Über ungelöste Probleme des öffentlichen Schulwesens. In: Die Deutsche Schule, 1989, H.3, S. 330-339.

Block, Achim: Was erwartet die Hochschule von den Absolventen eines Gymnasiums? In: Die Höhere Schule, 1990, H.12, S. 319.

Blum, Wilhelm: Europa als Erbe und Auftrag. In: Pädagogische Welt, 1991, S. 98.

Blum, Wilhelm: Erbe und Auftrag Europas: Die dialektische Vermittlung. In: Die Höhere Schule, 1991, S. 160.

Bofinger, Jürgen: Der Trend zu den mittleren und höheren Schulabschlüssen. In: Die Höhere Schule, 1980, H.12, S. 465-469.

Böhm, Günter: Die Unter- und die Mittelstufe des Gymnasiums. In: Die Höhere Schule, 1985, H.1, S. 24-29.

Böhm, Günter: Aus der Geschichte für das Gymnasium morgen lernen. Zum heutigen und künftigen Auftrag der Schulform Gymnasium. In: Die Höhere Schule, 1988, H.10, S. 276-282.

Böhm, Günther: Die Zukunftsfähigkeit des Gymnasiums. Kontinuität und Wandlungsfähigkeit einer Schulform. In: Die Höhere Schule, 1992, H.1, S. 24-28.

Böhm, Günter: "Grenzen überwinden". Schule im vereinten Deuschland - Schule für das kommende Europa. In: Die Höhere Schule, 1992, H.7, S. 204.

Böhm, Winfried (Hrsg.): Der Schüler. Bad Heilbrunn 1977.

Böhme, Günter: Bildungsgeschichte des europäischen Humanismus. Darmstadt 1986.

Böhme, Ulrich; Edelhoff, Christa und Goehrke, Klaus: Die Integration von Berufsvorbildung und Allgemeinbildung in der Gesamtoberstufe. In: Neue Deutsche Schule, 1971, H.4, S. 81-82.

Böhning, Peter: Was sind Revolutionen? - Möglichkeiten wissenschaftspropädeutischen Arbeitens im Geschichtsunterricht der Sekundarstufe II.
In: Die Neue Sammlung, 1977, H.3, S. 257-272.

Böning, Eberhard: Gymnasium und Universität. In: Die Höhere Schule, 1985, H.2, S. 48-52.

Bönsch, Manfred: Zum Problem der Identität bzw. Integration allgemeiner und beruflicher Bildung. In: Textilarbeit und Unterricht, 1983, H.1, S. 9-13.

Böttcher, Wolfgang und Klemm, Klaus: Verantwortung sozialer Bildungspolitik. Werkstattbericht aus dem Projekt "Fortschreibung des Bildungsgesamtplans".
In: Gewerkschaftliche Bildungspolitik, 1989, H.6, S. 181-185.

Böttcher, Wolfgang: Soziale Auslesen im Bildungswesen.
In: Die Deutsche Schule, 1991, H.2, S. 151.

Böttcher, Wolfgang: Probleme der Schulentwicklung bei knappen Kassen.
In: Die Deutsche Schule, 1993, H.3, S. 307.

Böttcher, Wolfgang; Holtappels, Heinz Günter und Rösner, Ernst: Abitur und dann? Bildungswahlen von Schülern der gymnasialen Oberstufe.
In: Pädagogik, 1988, H.5, S. 11-14.

Bohnenkamp, Hans: Finden und Fördern von Begabungen in allgemeinbildenden Schulen.
In: Die Neue Sammlung, 1963, S. 117-130. (A)

Bohnenkamp, Hans: Zum Selbstverständnis der Meißnerjugend.
In: Die Neue Sammlung, 1963, S. 389-395. (B)

Bohnenkamp, Hans; Dirks, Walter und Knab, Doris: Empfehlungen und Gutachten des Deutschen Ausschusses für das Erziehungs- und Bildungswesen. (Gesamtausgabe). Stuttgart 1966.

Bohnsack, Fritz: Pädagogische Strukturen einer "guten" Schule heute.
In: *Steffens, U. (Hrsg.):* Erkundungen zur Wirksamkeit und Qualität. Wiesbaden 1987.

Bollnow, Otto-Friedrich: Begegnung und Bildung.
In: Zeitschrift für Pädagogik, 1955, H.1, S. 10-32.

Bollnow, Otto-Friedrich: Existenzphilosophie und Pädagogik. Stuttgart 1965[3].

Borucki, Joseph: Gymnasium in neuer Zeit. Würzburg 1980.

Boschmann, Werner: Gruppenunterricht in Sexta und Oberprima: ein Vergleich.
In: Westermanns Pädagogische Beiträge, 1985, H.1, S. 10-11.

Bossert, S.T. et.al.: The Instructional Management. Role of the Prinzipal.
In: Education Administration. Quarterly, 1982, H.18, S. 34-64.

Boulboullé, H.: Politisierung der Bildung? Versuch einer neuen Allgemeinbildung. Bonn, Bad Godesberg 1974.

Bourdieu, P und Passeron J.-C.: Die Illusion der Chancengleichheit. Stuttgart 1971.

Brämer, Rainer: Die Beliebtheit des naturwissenschaftlichen Unterrichts als Kriterium für seine Sozialisationswirksamkeit. In: Zeitschrift für Pädagogik, 1979, H.1, S. 259-273.

Brämer, Rainer: Der heimliche Widerstand gegen die Wissenschaft. In: Die Höhere Schule, 1986, H.2, S. 223-233.

Brämer, Rainer: Die Berliner Oberstufenreform. In: Die Deutsche Schule, 1987, H.2, S. 248-254.

Brand, Peter (Hrsg.): Lernort Europa. Aachen 1994.

Brandl, Werner: Überlegungen zu einer "modernen" Moralerziehung. In: Schulmagazin 5-10, 1993, H.7/8, S. 80.

Brandt, Otto: Das Studium generale. In: Die Höhere Schule, 1949, H.2, S. 4.

Brannon, Donald, R. et alii: Four Dimensions of Quality in Effective Schools: How Important for Principals? In: NASSP-Bulletin, 1983, H.465, S. 26-32.

Braun, Karl-Heinz und Wunder, Dieter (Hrsg.): Neue Bildung - Neue Schule. Weinheim, Basel 1987.

Braun, Karl-Heinz: Die Unterrichtsschule am Ende ihrer Epoche. In: Neue Sammlung, 1993, H.1, S. 71.

Brede, Georg: Studierfähigkeit. Die Höhere Schule 1967, H.3, S. 47.

Brede, Georg: Mehr pädagogische Autonomie für die Schulen. In: Die Höhere Schule, 1969, H.8, S. 215.

Brede, Georg und Schmid, Max: Das Gymnasium in der Reform. In: Die Höhere Schule, 1972, S. 291.

Bremer, Rainer: Bibliographie zur Kollegschule 1974-1987. Soest 1988.

Bremer, Uta: Das soziale Klima in der neugestalteten gymnasialen Oberstufe. In: Die Deutsche Schule, 1979, H.10, S. 625-635.

Brezinka, Wolfgang: Erziehung - Kunst des Möglichen. Würzburg 1960.

Brezinka, Wolfgang: Erziehung als Lebenshilfe. Eine Einführung in die pädagogische Situation. Stuttgart 1965, 1972^8.

Brezinka, Wolfgang: Von der Pädagogik zur Erziehungswissenschaft. Eine Einführung in die Methatheorie der Erziehungswissenschaft. Weinheim, Basel 1972^4.

Brezinka, Wolfgang: Das Berufsethos der Lehrer. Ein vernachlässigtes Problem der Bildungspolitik. Bonn 1974.

Brezinka, Wolfgang: Metatheorie der Erziehung. Eine Einführung in die Grundlagen der Erziehungswissenschaft, der Philosophie der Erziehung und der Praktischen Pädagogik. München 1978^4. (A)

Brezinka, Wolfgang: Von der Pädagogik zur Erziehungswissenschaft. Eine Einführung in die Metatheorie der Erziehung. Weinheim 1978^4. (B)

Brezinka, Wolfgang: Grundbegriffe der Erziehungswissenschaft - Analyse, Kritik, Vorschläge. München ; Basel 1981[4]. (A)

Brezinka, Wolfgang: Erziehungsziele, Erziehungsmittel, Erziehungserfolg: Beiträge zu einem System der Erziehungswissenschaften. München / Basel 1981[2]. (B)

Brezinka, Wolfgang: Erziehung zur Lebenstüchtigkeit in einer Zeit der Orientierungskrise. In: Katholische Bildung, 1983, H.6, S. 343-355.

Brezinka, Wolfgang: Erziehungsziele in der Gegenwart. Problematik und Aufgaben für Familie und Schulen. Donauwörth 1984.

Brezinka, Wolfgang: Tüchtigkeit. Analyse und Bewertung eines Erziehungszieles. München 1987.

Brezinka, Wolfgang: Glaube, Moral und Erziehung. München 1992.

Brezinka, Wolfgang: Erziehungsziele: Konstanz, Wandel, Zukunft. In: Pädagogische Rundschau, 1993, H.3, S. 253.

Brockmeyer, Rainer u.a.: Begriffe und Definitionen zur Reform der Sekundarstufe II. In: Schulreform NW Sekundarstufe II, Arbeitsmaterialien und Berichte, 1973.

Brookover, W.B. und L.W. Lezotte: Changes in school characteristics coincident with changes in student achievement. ERIC Document Reproduction Service No. ED 181005.
In: East Lansing: Institute for Research on Teaching, 1979.

Brück, H.: Seminar der Gefühle. Hamburg 1986.

Brügelmann, Hans: Die fünf Welten des Curriculums. In: Die Neue Sammlung, 1980, S. 284-288.

Bruner, Jerome S.: Über das Problem, heute eine junge Generation auf das Erwachsenenleben vorzubereiten. In: Westermanns Pädagogische Beiträge, 1973, H.1, S. 9-16.

Bruner, Jerome S.: Entwurf einer Unterrichtstheorie.
In: Sprache und Lernen. Internationale Studien z. päd. Anthropologie, Bd.5, 1974.

Buber, Martin: Reden über Erziehung. Heidelberg, 1956, 1986[7].

Buber, Martin: Urdistanz und Beziehung. Heidelberg 1965.

Buber, Martin: Werke. Bd. 1. München 1962.

Buchalik, Johannes: Unterrichtsstörungen an einem Gymnasium. In: Pädagogik, 1991, H.12, S. 29-33.

Buck, Günter: Hermeneutik und Bildung. München 1981.

Buda, Eckhard: Reform oder Deformierung? Zur geplanten Neugestaltung der gymnasialen Oberstufe durch die KMK. In: Der Pädagogikunterricht, 1987, H.2, S. 32-12.

Budde, Gerhard: Das Gymnasium des 20. Jahrhunderts. Langensalza 1910.

Buddrus, V. (Hrsg.): Die "verborgenen" Gefühle in der Pädagogik. Baltmannsweiler 1992.

Buford, Bill: Geil auf Gewalt. München/Wien, 1992.

Bühl, Walter L.: Schulreform als gesellschaftlicher Prozeß.
In: Zeitschrift für Pädagogik, 1971, H.3, S. 315-336.

Buhse, Reinhard: Informationstechnische Grundbildung. Köln 1988.

Bund-Länder-Kommission für Bildungsplanung und Forschungsförderung: Bildungsgesamtplan. (2 Bde.) Stuttgart 1973.

Bund-Länder-Kommission für Bildungsplanung und Forschungsförderung: Modellversuche mit Gesamtschulen. Auswertungsbericht der Projektgruppe Gesamtschule. Bühl/Baden 1982.

Bund-Länder-Kommission für Bildungsplanung und Forschungsförderung: Jahresbericht 1986.
In: Wirtschaft und Berufs-Erziehung, 1987, H.6, S. 170-175.

Bund-Länder-Kommission für Bildungsplanung und Forschungsförderung: Studien- und Berufswahl 93/94[23].

Bundesminister für Wissenschaft und Kunst; *Böhmeke, W.:* Der Übergang vom Gymnasium zur Hochschule. Bonn 1979.

Burandt, Rudolf: Die sogenannte Oberstufenreform und das Problem der Wissenschaftlichkeit und der Modernität in Schule und Schulpolitik. In: Die Höhere Schule, 1973, S. 12.

Burkert, Jürgen und Rudolph, Hartmut: Rahmenrichtlinien zwischen Didaktik und Fachwissenschaft. In: Westermanns Pädagogische Beiträge, 1973, H.10, S. 551-561.

Burow, Olaf-Axel: Synergie als handlungsleitendes Prinzip Humanistischer Pädagogik. Konsequenzen für kooperatives Lernen in der Schule. In: Buddrus [1992].

Burow, Olaf-Axel: Zu einer gestaltpädagogischen Theorie der Veränderung persönlicher Paradigmen. Paderborn 1992.

Burow, Olaf-Axel: Lernen in Freiheit? Perspektiven der humanistischen Pädagogik zur Reform von Schule und Weiterbildung.
In: Pädagogik und Schulalltag, 1993, H.4, S. 395.

Busch, Adelheid: Abkehr vom zentralen Dirigismus in der DDR hin zur Bildungsreform.
In: Die Höhere Schule, 1990, H.6, S. 165.

Bussick, Hendrick: Zur Lage der Jugend. Frankfurt/Main 1979.

Bussmann, Hans und Heymann, Hans Werner: Computer und Allgemeinbildung.
In: Die Neue Sammlung, 1987, S. 2-40.

Calließ, Jörg und Lob, Reinhold (Hrsg.): Praxis der Umwelt- und Friedenserziehung. Bd. 1 Grundlagen. Düsseldorf 1987.

Campe, Joachim Heinrich (Hrsg.); u.a.: Bildung und Brauchbarkeit. Texte von *Joachim Heinrich Campe und Peter Villaume* zur Theorie utilitärer Erziehung. Braunschweig 1965.

Casper, Berthold: Beschreibung von Amtsinhalten der Schulaufsichtsbeamten an den Staatlichen Schulämtern in Bayern. In: Mittelfränkischer Schulräteverband (Hrsg.): Unser Verständnis von Schulaufsicht. Ansbach 1988.

Carstens, Karl: Bildung und Erziehung im Gymnasium.
In: Die Höhere Schule, 1978, H.2, S. 61-64.

Carstensen, Hans-Jürgen: Schulaufsicht im kybernetischen Zeitalter.
In: Die Höhere Schule, 1973, H.11, S. 285.

Cassirer, Ernst: Versuch über den Menschen. Frankfurt/Main 1990.

Chaudhuri, Ursula u.a.: Lernschwierigkeiten in der Mittelstufe des Gymnasiums. Hildesheim, 1992.

Chiout, Herbert: Bildungsrealität und Bildungspolitik der BRD - kritisch von außen gesehen.
In: Zeitschrift für Pädagogik, 1973, H.5, S. 679-699.

Chiout, Herbert: Schule und Bildungspolitik draußen.
In: Westermanns Pädagogische Beiträge, 1976, H.12, S. 409-412.

Christ, Herbert: Moderne Fremdsprachen an der gymnasialen Oberstufe.
In: Zeitschrift für Pädagogik, 1980, H.2, S. 259-270.

Christ, Herbert und Müllner, Klaus (Hrsg.): Richtlinien für den Unterricht in den neueren Fremdsprachen in den Schulen der Bundesrepublik Deutschland 1945-1984 - Eine systematische Bibliographie. In: Giessener Beiträge zur Fremdsprachendidaktik, 1985.

Christaller, Ernst: Über unser Gymnasialwesen - nebst Programm für eine moderne Erziehungsanstalt. Leipzig 1884.

Christoph, Karl-Anton: Für ein leistungsfähiges Gymnasium.
In: Die Höhere Schule, 1982, H.11, S. 329-331.

Christoph, Karl-Anton: Das deutsche Abitur im Vergleich mit höheren Schulen anderer Länder. In: Die Höhere Schule, 1988, H.1, S. 23-25.

Christoph, Karl-Anton: Lehrer als Erzieher in Baden-Württemberg.
In: Die Höhere Schule, 1988, H.2, S. 46-51.

Christoph, Karl-Anton: Kleine Schule in Baden-Württemberg. Politischer Wille ermöglicht die Erhaltung aller Schulstandorte. In: Die Höhere Schule, 1988, H.2, S. 52-55.

Clarricoates, K.: "Dinosaurs in the Classroom" - a Re-Examination of some aspects of then 'Hidden' Curriculum in Primary Schools.
In: Womens' Studies International Quarterly, 1978, H.1, S. 353-364.

Claussen, Bernhard: Didaktische Konzeptionen zum sozialen Lernen. Übersicht und Vorüberlegungen zur Integration. Ravensburg 1978.

Claußen, Bernhard und Brezinka, Wolfgang: Wertwandel und Erziehung in der Schule. Hannover 1984.

Clever-Voßen, Almuth: Gewalt: Nicht nur, aber auch ein schulisches Problem In: Schulverwaltung NRW, 1993, H.3, S. 69-74.

Coleman, James S. et al.: Equality of Educational Opportunity. Washington 1966.

Combe, Arno und Riess, Falk: Schulreform als Moment gesellschaftlicher Veränderung. In: Die Deutsche Schule, 1971, H.10, S. 666-676.

Combe, Arno: Kritik der Lehrerrolle. Gesellschaftliche Voraussetzungen und soziale Folgen des Lehrerbewußtseins. München 1972.

Combe, Arno: Krisen im Lehrerberuf. Eine struktutheoretisch-sozialgeschichtliche Deutung von aktuellen Handlungsproblemen. Bensheim 1979.

Comenius Institut: Bildungsziel: Studierfähigkeit? Münster 1983.

Comenius Institut: Lernen für die Zukunft. Münster 1985.

Comenius Institut: Reformziel Grundbildung. Münster 1986.

Creutz, Annemarie: Studieren, Nicht studieren. Was studieren? Entscheidungen in der gymnasialen Oberstufe. In: Pädagogik, 1993, H.4, S. 9-12.

Croft, Suzy und Bevesford, Peter: Partizipation und Politik. In: Neue Praxis, 1993, H.5, S. 439.

Cube, Felix von: Allgemeinbildung oder produktive Einseitigkeit? Stuttgart 1960.

Curran, Thomas J.: Characteristics of the Effective School - A Starting Point for Self-Evaluation. In: NASSP Bulletin 67, 1983, S. 71-73.

Czerwenka, Kurt: Lehrer-Werden, Lehrer-Sein und Lehrer-Bleiben. Probleme der Lehrerbiographie. In: Die Deutsche Schule, 1991, H.4, S. 392.

Czymek, Horst: Organisation der Oberstufe kleiner Gymnasien bei zurückgehenden Schülerzahlen. In: Die Höhere Schule, 1986, H.5, S. 151-157.

Czymek, Horst: Abitur und Hochschulzugang. Eine Analyse zur Entwicklung des Unterrichts und der Unterrichtsziele am Gymnasium. 1788, vor 200 Jahren führt Preußen das Abitur als Qualifikation für den Hochschulzugang ein. (Teil I). In: Die Höhere Schule, 1988, H.7, S. 189-199.

Czymek, Horst: Abitur und Hochschulzugang. (Teil II) In: Die Höhere Schule, 1988, H.8, S. 213.

Czymek, Horst: Die oberste Zielsetzung in der Erziehung. In: Die Höhere Schule, 1988, H.9, S. 250-254.

Dahrendorf, Ralf: Bildung ist Bürgerrecht. Hamburg 1965, 1968.

Dahrendorf, Werner: Die gymnasiale Oberstufe: Grundzüge - Reformkonzepte - Problemfelder. Unter Mitarbeit von *Jörg Hoffmann.* (Grundlagentexte Schulpädagogik.) Stuttgart 1985.

Dauber, Heinrich: Schule als Erfahrungsfeld. In: *M. Charlton u.a.:* Innovation im Schulalltag, 1975, S. 204-232.

Dauber, Heinrich: Ist Europa noch zu retten? In: Neue Sammlung, 1992, S. 491.

Dederich, Werner: Was erwartet die höhre Schule..... In: Die Höhere Schuel 1957, H.7, S. 147.

Dederich, Werner: Gedanken zur Schulreform. In: Die Höhere Schule, 1947, H.1, S. 2.

Dederich, Werner: Thesen zum Anarchismus Paul Feyerabends.
In: Die Neue Sammlung, 1980, S. 165-174.

Dehnbostel, Peter: Berufliche Gymnasien. Entwicklungslinien und aktuelle Orientierungen.
In: Zeitschrift für Berufs- und Wirtschaftspädagogik, 1986, H.3, S. 213-231.

Dehnbostel, Peter: Der neue KMK-Beschluß zur gymnasialen Oberstufe. Anmerkungen zur strukturellen und bildungstheoretischen Einordnung.
In: Zeitschrift für Berufs- und Wirtschaftspädagogik, 1988, H.7, S. 657-662.

Dehnbostel, Peter und Wiedmann, Hartmut: Berufsfeldbezogene Oberstufenzentren in Berlin (West). Zur Konzeption, Struktur und Curriculumentwicklung.
In: Die berufsbildende Schule, 1980, H.7, S. 413-431.

Der Kultusminister des Landes Nordrhein-Westfalen: Schulversuch Kollegschule NW. Heft 31 der Schriftenreihe des Kultusministeriums des Landes Nordrhein Westfalen. Köln 1976.

Der Landesausschuß für Berufsbidung des Landes Nordrhein Westfalen: Empfehlungen zur Integration und Gleichwertigkeit von beruflicher und allgemeiner Bildung in Bildungsgängen der Kollegschule und berufsbildenden Schulen vom 28. September 1988. Ratingen, Kastellaun 1988.

Derbolav, Josef: Vom Wesen geschichtlicher Begegnung.
In: Zeitschrift für Pädagogik, 1956, S. 73-89.

Derbolav, Josef: "Existentielle Begegnung" und "Begegnung am Problem".
In: Zeitschrift für Pädagogik, 1957, S. 150-169. (A)

Derbolav, Josef: Das Exemplarische im Bildungsraum des Gymnasiums. Düsseldorf 1957. (B)

Derbolav, Josef: Der Bildungsauftrag des Gymnasiums und die pädagogische Ausbildung der Lehrer an Höheren Schulen. In: Zeitschrift für Pädagogik, 1959, S. 146-166.

Derbolav, Josef: Was heißt "wissenschaftsorientierter Unterricht" ?
In: Zeitschrift für Pädagogik, 1977, H.6, S. 935-945.

Derbolav, Josef: "Wende zur Alltagswelt" (versus?) "Wissenschaftsorientierung": Komplementarität oder Kompatibilität? In: Pädagogische Rundschau, 1981, H.2, S. 377-389.

Derbolav, Josef: Gymnasial- und Hochschulpolitik. Auf dem Prüfstand der Bildungstheorie.
In: Pädagogische Rundschau, 1981, H.9, S. 557-574.

Dettenborn, Harry und Lautsch, Erwin: Aggression in der Schule aus der Schülerperspektive.
In: Zeitschrift für Pädagogik, 1993, H.5, S. 745-774.

Deutscher Bildungsrat (Hrsg.): Empfehlungen der Bildungskommission. Einrichtung von Schulversuchen mit Ganztagsschulen. Stuttgart 1968.

Deutscher Bildungsrat: Zur Neugestaltung der Abschlüsse im Sekundarschulwesen. Stuttgart 1969.

Deutscher Bildungsrat: Empfehlungen der Bildungskommission (1967-1969). Stuttgart 1970.

Deutscher Bildungsrat: Empfehlungen der Bildungskommission für das Bildungswesen. Stuttgart 1970.

Deutscher Bildungsrat: Strukturplan für das Bildungswesen: verabschiedet auf der 27. Sitzung der Bildungskommission am 13. Februar 1970. Bonn 1970.

Deutscher Bildungsrat: Materialien zur Bildungsplanung, Heft I: Reform der Sekundarstufe II. Teil a: Versuche in der gymnasialen Oberstufe. Stuttgart 1971.

Deutscher Bildungsrat: Zur Reform von Organisation und Verwaltung im Bildungswesen. Teil: Verstärkte Selbständigkeit der Schule und Partizipation der Lehrer, Schüler, Eltern. Bonn 1973.

Deutscher Bildungsrat: Zur Neugordnung der Sekundarstufe II - Konzept für eine Verbindung von allgemeinem und beruflichem Lernen. Stuttgart 1974.

Deutscher Bildungsrat / Bildungskommission: Zur Planung berufsqualifizierender Bildungsgänge im tertiären Bereich: verabschiedet auf der 31. Sitzung der Bildungskommission des Deutschen Bildungsrates am 22. Juni 1973 in Bonn. Bonn 1973.

Deutscher Bildungsrat / Bildungskommission: Bericht der Bildungskommission zur Reform von Organisation und Verwaltung: Fragen einer ziel- und programmorientierten Schulverwaltung unter besonderer Berücksichtigung des Ministerialbereichs ; verabschiedet auf der 38. Sitzung der Bildungskommission des Deutschen Bildungsrates. Bonn - Bad Godesberg 1974.

Deutscher Bildungsrat: Bericht 75 des Deutschen Bildungsrates. Stellungnahme zum Bericht 75 u. Auszüge aus d. Bericht zu Orientierungsstufe, Gesamtschule u. Sekundarstufe II. Bochum 1975.

Deutscher Bundestag: Schlußbericht der Enquete-Kommission "Zukünftige Bildungspolitik - Bildung 2000" Drucksache 11/7820 vom 5.9.1960. Bonn 1960.

Deutscher Bundestag: Beratung einer großen Aufgabe betr. Bildungs- und Wissenschaftspolitik der Bundesregierung. In: Plenarprotokoll, 12/135 vom 22.1.1993.

Deutscher Hochschulverband: Eckwertepapier. In: Mitteilungen des Verbandes, 1993, H.5, S. 291.

Deutsches Institut für Internationale Pädagogische Forschung: Schulen und Qualität. Ein internationaler OECD-Bericht. Frankfurt/Main 1991.

Deutscher Lehrerverband, Dokumentation bildung konkret: Belastungen des Lehrerberufs. Was ein Arbeitsmediziner dazu sagt. In: bildung konkret, 1993, H.10, S. 8-15.

Deutscher Philologen-Verband: Perspektiven der Allgemeinbildung im Gymnasium: Ergebnisbericht der Tagung vom 7. bis zum 9. Mai 1982 im IHK-Bildungszentrum in Westerham bei München. (Vortr., Arbeitsgruppenergebn., Maßnahmen). München 1982.

Dichanz, Horst und Dieter Schwittmann: Methoden im Schulalltag.
In: Die Deutsche Schule, 1986, H.1, S. 327-337.

Dick, Hans-Peter: "Wissenschaftsorientierung" und "Wissenschaftspropädeutik" in der gymnasialen Oberstufenreform seit 1945.
In: Vierteljahresschrift für wissenschaftliche Pädagogik, 1984, H.4, S. 491-526.

Dietrich, Georg: Bildungswirkungen des Gruppenunterrichts. Persönlichkeitsformende Bedeutung des gruppenunterrichtlichen Verfahrens. München 1969.

Dietrich, Theo: Zeit- und Grundfragen der Pädagogik. Bad Heilbrunn/Obb., 1992^7.

Dillingen, Akademie für Lehrerfortbildung:
Bericht Nr. 231/93: Burnout. Hrsg. von Peter Dorner. Dillingen 1993.
Bericht Nr. 240/93: Hilfen für die Umwelterziehung vor Ort. Hrsg. von Manfred Pappler und Ludwig Häring. Dillingen 1993.
Bericht Nr. 241/93: Gewalt an Schulen. Hrsg. von Eckhart Emminge. Dillingen 1993.

Direr-Drawe, Käte: Sprache und Bildung. Zum Problem der Sprachlichkeit von Bildung und Erziehung. Diskussionsbericht des XVII. "Salzburger Symposiums".
In: Vierteljahresschrift für wissenschaftliche Pädagogik, 1981, H.4, S. 453-465.

Dirks, Walter: Wissen und Bildung. In: Frankfurter Hefte, 1983, H.2, S. 40-46.

Ditton, Hartmut: Bildung und Ungleichheit im Gefüge von Unterricht, Schule und Schulsystem.
In: Die Deutsche Schule, 1993, H.3, S. 350.

Dobart, Anton: Schulentwicklung. Anmerkungen zu einem komplexen Tatbestand.
In: Erziehung und Unterricht, 1985, H.10, S. 698-706.

Döbert, Hans und Martint, Renater: Schule zwischen Wende und Wandel. Wie weiter mit den Schulreformen in Deutschland-Ost? In: Die Deutsche Schule, 1992, H.1, S. 94.

Döbertin, Winfried: Die Sinnfrage im Schulunterricht, Überlegungen zu einem fächerübergreifenden Unterricht. In: Die Höhere Schule, 1992, H.1, S. 20-24.

Döbrich, Peter und Huck, Wolfgang: Quantitative Tendenzen der Schulzeit im internationalen Vergleich. Memorandum zu einer aktuellen Debatte in Deutschland. Deutsches Institut für Internationale Pädagogische Forschung, 1993.

Döbrich, Peter; Huck, Wolfgang und Schmidt, Gerhard: Zeit für Schule - Bundesrepublik Deutschland, Deutsche Demokratische Republik. Köln/Wien 1990.

Döpp, H.J.: Politisches Denken - ohne politisches Bewußtsein.
In: Ästhetik und Kommunikation, 1972, H.9, S. 84-89.

Dörger, Ursula: Projekt Lehrerkooperation. München 1992.

Döring, Klaus W.: Lehrerverhalten. Ein Lehr- und Arbeitsbuch. Weinheim 1992[10].

Dörner, Dietrich: Die kognitive Organisation beim Problemlösen. Bern 1974.

Dörner, Dietrich: Problemlösen als Informationsverarbeitung. Stuttgart 1976, 1987[3].

Dörner, Dieterich: Die Logik des Mißlingens. Denken in komplexen Situationen. Hamburg 1989.

Dohmen, Günter: Was heißt "Bildung"? In: *Pleines, J.E.* [1978]. 1960.

Dohmen, Günter: Bildung und Schule. Die Entstehung des deutschen Bildungsbegriffs und die Entwicklung seines Verhältnisses zur Schule. (2 Bde.) Weinheim 1964.

Dohrmann, Bernd: Obligatorische Fächer in der gymnasialen Oberstufe.
In: Die Höhere Schule, 1977, H.1, S. 15.

Dolch, Josef: Die Herausforderung der Schule durch die Wissenschaften.
In: *Wilhelm, Theodor(Hrsg.):* Festausgabe für Fritz Blättner zum 75. Geb., 1966.

Dolch, Josef: Lehrplan des Abendlandes - zweieinhalb Jahrtausende seiner Geschichte. Ratingen 1982.

Dresing, Heinz: Die August-Griese-Schule in Löhne. Soziale Absicherung durch Mehrfachqualifikation im Kollegschulmodell.
In: Die berufsbildende Schule, 1983, H.1, S. 33-51.

Drexler, Wulf: Aufnahmeschlüssel und Chancengleichheit am Oberstufen-Kolleg.
In: Die Neue Sammlung, 1984, S. 434-447.

Dröger, Ursula: Dreigliedrige Bildungsgänge oder allgemeine Grundbildung.
In: Die Deutsche Schule, 1993, H.3, S. 275.

Dubs, R.: Curriculumentwicklung. Versuch einer Standortbestimmung.
In: Bildungsforschung und Bildungspraxis, 1986, H.2, S. 25-42.

Dudek, Peter: Antifaschismus: Von einer politischen Kampfformel zum erziehungstheoretischen Grundbegriff? In: Zeitschrift für Pädagogik, 1990, H.3, S. 353-370.

Dudek, Peter: Gesamtdeutsche Pädagogik im kalten Krieg?
In: Die Deutsche Schule, 1993, H.1, S. 63.

Dudek, Peter und Tenorth, Heinz-Elmar: Transformationen der deutschen Bildungslandschaft.
In: Zeitschrift für Pädagogik, 1993, 30. Beiheft, S. 301.

Düwel, Klaus: Das schleichende, aber unaufhaltsame Sterben des Gymnasiums in Bremen.
In: Die Höhere Schule, 1987, H.8, S. 256-258.

Dunde, Siegfried R.: Selbstverwirklichung. Herkunft und Bedeutung eines modernen Begriffs.
In: Stimmen der Zeit, 1982, H.1, S. 25-30.

Duncker, Ludwig: Eine Schulreform gegen die Schrift?
In: Neue Sammlung, 1992, H.4, S. 535.

Durner, Heinz: Gymnasium und moderne Arbeitswelt.
In: Die Höhere Schule, 1986, H.3, S. 88-91.

Duttweiler, P., Hord, S.: Dimension of Effective Leadership. 1983.

Ebner, Franz: Freie Bahn für die Neugestaltung der gymnasialen Oberstufe.
In: Die Höhere Schule, 1972, S. 243.

Ebner, Franz: Ist das 13. Schuljahr entbehrlich? In: Die Höhere Schule, 1974, H.3, S. 59.

Ebner, Franz: Das Gymnasium und die Bildungsprobleme des neuen Jahrzehnts.
In: Die Höhere Schule, 1980, H.3, S. 109-110.

Ebner, Franz: Die Aufgabe des Gymnasiums in den achtziger Jahren. Vortrag vor dem Bundesvertretertag des Deutschen Philologenverbandes 1980 in Berlin.
In: Die Höhere Schule, 1981, H.1, S. 18-70.

Eckerle, Gudrun: Zur Geschichte wissenschaftlicher Grundbildung.
In: Die Neue Sammlung, 1977, H.4, S. 434-449.

Eckerle, Gudrun: Zur Bildungstheorie der neugestalteten gymnasialen Oberstufe. Bd. 1: Die Sicht der Lehrer. Weinheim, Basel 1980.

Eckerle, Gudrun: Wissenschaftliche Grundbildung. Von der Notwendigkeit mit Wissen umgehen zu können. Baden-Baden 1984.

Eckerle, Gudrun und Kraak, Bernhard: Zur Bildungstheorie der neugestalteten gymnasialen Oberstufe. Bd. 2: Die Sicht der Schüler. Weinheim, Basel 1981.

Eckert, Manfred: Berufsbildung und Allgemeinbildung im 19. Jahrhundert. Zum Verhältnis von Schulstrukturentwicklung und Bildungstheorie am Beispiel der Realschule in Preußen.
In: Zeitschrift für Berufs- und Wirtschaftspädagogik, 1980, H.10, S. 723-731..

Eckert, Manfred: Die schulpolitische Instrumentalisierung des Bildungsbegriffs. Zum Abgrenzungsstreit zwischen Realschule und Gymnasium im 19. Jahrhundert. Frankfurt/Main 1984.

Edding, Friedrich: Ökonomie des Bildungswesens. Freiburg i.Br. 1963.

Edding, Friedrich: Die ökonomische Dimension im Bildungsbereich.
In: Die Neue Sammlung, 1980, S. 600-611.

Eder, Alois: Die autonome Schule – ein Fundament unserer demokratischen Lebensform.
In: Erziehung und Unterricht, 1993, H.4, S. 162.

Edelstein, Wolfgang: Entwicklungsorientierte Didaktik und das Problem der Schulreform.
In: Die Neue Sammlung, 1984, S. 371-380.

Edmonds, R.R.: Making Schools Effective. In: Social Policy, 1981, H.12, S. 56-60.

Eibeck, Bernhard (Red.): Der Abiturstreit – Was soll die Oberstufe leisten?: Plädoyer für mehr Nachdenklichkeit, Offenheit und neue Wege. Frankfurt/Main 1987.

Eigen, Manfred: Perspektiven der Wissenschaft. Stuttgart 1989².

Eigler, Günter: Bildsamkeit und Lernen. Weinheim 1962.

Eilers, Rolf: Die reformierte Oberstufe auf dem Wege zur Normalität.
In: Zeitschrift für Pädagogik, 1980, H.2, S. 297-306.

Eilers, Rolf: Schullaufbahn und Selbstkonzept.
In: Zeitschrift für Pädagogik, 1987, H.2, S. 247-266.

Eisenberg, Götz und Gronemeyer Reimer: Jugend und Gewalt. Reinbek 1993.

Elias, Norbert: Die Gesellschaft der Individuen. Frankfurt 1987.

Ellwein, Thomas: Pflegt die deutsche Schule Bürgerbewußtsein? Ein Bericht über die staatsbürgerliche Erziehung in den höheren Schulen der Bundesrepublik. München 1955.

Ellwein, Thomas: Politik und politische Erziehung. In: Die Deutsche Schule, 1968, S. 373-381.

Ellwein, Thomas (Hrsg.): Erziehungswissenschaftliches Handbuch. (Bde. 1-5). Berlin 1969.

Ellwein, Theodor: Aufwachsen und Erziehung als Gegenstände verschiedener Wissenschaften. Berlin 1971.

Ellwein, Thomas: Die deutsche Universität. Vom Mittelalter bis zur Gegenwart. Königstein/Ts. 1985.

Ellwein, Thomas: Krisen und Reformen. Die Bundesrepublik seit den sechziger Jahren. München 1989.

Elsässer, Albrecht: Die Integration von Allgemeinbildung und Berufsbildung im Sekundarbereich II. "Materiale Chancengleichheit für alle" durch eine neue Bildungsqualität?
Stuttgart 1978.

Enderwitz, Herbert: Globale Erziehung. Entwurf einer Bildungsgesellschaft.
In: Die Deutsche Schule, 1986, H.3, S. 391-400.

Engelbrecht, Helmut: Die allgemeinbildende höhere Schule. Wandel und Kontinuität.
In: Erziehung und Unterricht, 1989, H.3, S. 161-171.

Engelhard, Karl: Das Abitur aus der Sicht der Hochschule.
In: Geographie und Schule, 1987, H.45, S. 23-25.

Engler, Helmut: Zukünftige Schwerpunkte der KMK-Arbeit.
In: Wirtschaft und Berufs-Erziehung, 1987, H.3, S. 70-75.

Erbe, Hans-Walter: Das Wirtschaftspraktikum im Landschulheim am Solling.
In: Die Neue Sammlung, 1961, S. 75.

Erdmann, Karl Dietrich: Universität und Schule. In: Die Höhere Schule, 1957, H.6, S. 129.

Erdmann, Karl Dietrich: Überblick über die Entwicklung der Schule in Deutschland 1945-1949.
In: Die Neue Sammlung, 1976, S. 215-234.

Erikson, Erik H.: Identität und Lebenszyklus. Frankfurt/Main 1966.

Ermert, Karl (Hrsg.): Die gemeinwesenorientierte Schule oder: Was hat Bildung mit dem Leben zu tun? Rehburg-Loccum 1988.

Ernst, Manfred: Bilingualer Sachfachunterricht. In: Die Höhere Schule, 1992, H.2, S. 39.

Esser, Otto: Die wirtschaftlich technologische Herausforderung der Zukunft. Abitur - grundlegende Voraussetzung für den Hochschulzugang. In: Die Höhere Schule, 1984, H.1, S. 19-24.

Fabian, Georg: Die Auswirkungen der Schulreform auf die "Erziehung zur Freiheit". In: Die Realschule, 1982, H.5, S. 281-286.

Fabian, Rainer: Gewalt in der Schule. Oldenburg 1993 - Zentrum für Pädagogische Berufspraxis an der C.v.O. Universität Oldenburg/Ol.

Fabry, Ewald: Von der Einheitsschule zur Gesamtschule. In: Pädagogik, 1989, H.5, S. 17-22.

Famulok, Peter u.a.: Ganzheitliches Lernen für alle Schüler/innen. Schule als selbstgestaltbare Lebenswelt. In: Die Deutsche Schule, 1989, H.2, S. 167-182.

Fatzer, G.: Ganzheitliches Lernen. Humanistische Pädagogik und Organisationsentwicklung. Paderborn 1887.

Faulstich-Wieland, Hannelore: "Computerbildung" als Allgemeinbildung für das 21. Jahrhundert?
In: Zeitschrift für Pädagogik, 1986, H.4, S. 503-514.

Fauser, Peter und Friedrich Schweitzer: Schule, gesellschaftliche Modernisierung und soziales Lernen - Schultheoretische Überlegungen.
In: Zeitschrift für Pädagogik, 1985, H.31, S. 339-363.

Fauser, Peter; Fintelmann, Klaus J.; Flitner, Andreas (Hrsg.) u.a.: Lernen mit Kopf, Herz und Hand. Weinheim, Basel 1983.

Fechner, Hermann: Gelehrsamkeit oder Bildung? Versuch einer Lösung der Gymnasiums- und Realschulfrage. Breslau 1879.

Fehér, Kálmán u.a.: Abiturienten nach der Lehre: Studium ja oder nein?
In: Berufsbildung in Wissenschaft und Praxis, 1993, H.4, S. 8.

Fehl, Peter: Impulse zur Überwindung der Spezialisierung am Gymnasium. Vorschläge zur Kooperation zwischen den Fächern. In: Gymnasium, 1982, H.4, S. 328-331.

Fehrenbach, Gustav: Schule der Zukunft. In: Gewerkschaftliche Bildungspolitik, 1989, H.6, S. 179-181.

Feiks, Dieter: Zum Berufsethos der Lehrer. In: Lehren und Lernen, 1993, H.3, S. 1.

Feldhoff, Jürgen: Schule und soziale Selektion. In: Die Deutsche Schule, 1969, S. 676-689.

Fell, Margret: Allgemeinbildung, Notwendigkeit oder Luxus?
In: Erwachsenenbildung, 1987, H.2, S. 95-98.

Fels, Gerhard: Zur Situation der Biologie in der Sekundarstufe II.
In: Die Neue Sammlung, 1978, H.3, S. 255-270.

Fend, Helmut: Lernen im Lehrerberuf. Bedürfniserhebung zur Lehrerfortbildung. Korslaur 1985.

Fend, Helmut: "Gute Schulen schlechte Schulen" - Die einzelne Schule als pädagogische Handlungseinheit. In: Die Deutsche Schule, 1986, H.3, S. 275-293. (A)

Fend, Helmut: Gute Schule - schlechte Schule. Die einzel Schule ist als pädagogische Handlungseinheit. In: Hessisches Institut für Bildungsplanung und Schulentwicklung (Hrsg.): Erkundungen zur Wirksamkeit und Qualität von Schule. Wiesbaden/Konstanz, 1987, S. 55.

Fend, Helmut: Was ist eine gute Schule.
In: Westermanns Pädagogische Beiträge, 1986, H.7/8, S. 8-12. (B)

Fend, Helmut: Sozialgeschichte des Aufwachsens. Bedingungen des Aufwachsens und Jugendgestalten im 20. Jahrhundert. Frankfurt/Main 1988. (A)

Fend, Helmut: Schulqualität. Die Wiederentdeckung der Schule als pädagogische Gestaltungsebene.
In: Die Neue Sammlung, 1988, H.4, S. 5337-548. (B)

Feuchthofen, Jörg: Anforderungen an das allgemeinbildende Schulwesen der Zukunft.
In: Wirtschaft und Berufs-Erziehung, 1988, H.1, S. 7-12.

Feustel, Erika: Gruppenunterricht in der gymnasialen Oberstufe.
In: Pädagogik, 1992, H.1, S. 17-22.

Feyerabend, Paul: Grenzprobleme der Wissenschaft. Zürich 1985.

Fichte, Johann Gottlieb: Schriften aus den Jahren 1790 - 1800. (hrsgg. *Hans Jacob*). Berlin 1937.

Fichten, Wolfgang: Unterricht aus Schülersicht. Diss. Oldenburg 1993, Frankfurt/Main 1993.

Fiedler, Ralph: Die klassische deutsche Bildungsidee. Ihre soziologischen Wurzeln und pädagogischen Folgen. Weinheim 1972.

Figal, Günter: Bildung und Gesellschaft. Zur Bildungstheorie Wilhelm von Humboldts und ihrer Aktualität. In: Zeitschrift für erziehungswissenschaftliche Forschung, 1982, H.1, S. 3-19.

Fingerle, Karlheinz: Funktionen und Probleme der Schule. Didaktische und systemtheoretische Beiträge zu einer Theorie der Schule. München 1973.

Fingerle, Karlheinz u.a., (Münsteraner Arbeitsgruppe): Integrierte Sekundarstufe II. Modell der Oberstufe eines demokratischen Bildungswesens im Lichte der Empfehlung der Bildungskommission des Deutschen Bildungsrats.
In: Zeitschrift für Pädagogik, 1974, H.3, S. 367-403.

Fingerle, Karlheinz und Wicke, Erhard: Die neugestaltete gymnasiale Oberstufe ohne bildungstheoretische Legitimation. In: Zeitschrift für Pädagogik, 1982, H.1, S. 93-110.

Fink, Eugen: Zur Bildungstheorie der technischen Bildung. (1959) In: *Pleines, J.E. (Hrsg.)* [1978].

Finkenstaedt, Thomans und Heldmann, Werner: Studierfähigkeit konkret. Erwartungen und Ansprüche der Universität. Bad Honnef 1989.

Finn, C.E.: What Works. Washington 1986.

Fintelmann, Klaus J.: Studie über die Integrierbarkeit von beruflicher und allgemeiner Bildung. München 1979.

Firestone, William und Herriot, Robert E.: Prescriptions for Effective Elementary Schools Don't Fit Secondary Schools. In: Educational Leadership, 1982, H.3, S. 51-53.

Fischer, Bernd u.a.: Schüler auf dem Weg zu Studium und Beruf. Erträge der Bildungsgangforschung des nordrhein-westfälischen Kollegschulversuchs. In: Zeitschrift für Pädagogik, 1986, H.4, S. 557-577.

Fischer, Hans-Joachim: Bildungswesen/Pädagogik. In: Deutschland Archiv, 1987, H.2, S. 122-133.

Fischer, Rainer: Baden-Württemberg; Das Technische Gymnasium hat sich bewährt. In: Die berufsbildende Schule, 1983, H.4, S. 211-219.

Fischer, Veronika: Institutionalisierung von allgemeiner und beruflicher Bildung. Trennung oder Integration? (Europäische Hochschulschriften. Reihe 11, Bd. 143.) Bern/Frankfurt 1982.

Fischer, Wolfgang: Die berufliche Ausbildung vor dem Anspruch allgemeiner Menschenbildung. In: Zeitschrift für Pädagogik, 1979, H.5, S. 807-816.

Fischer, Wolfgang: Über Recht und Grenzen des Gebrauchs von 'Bildung'. In: Zeitschrift für Pädagogik, 1982, H.1, S. 1-9.

Fischer-Wasels, Horst: Non vitae, sed scholae discimus. In: Die Höhere Schule, 1978, H.9, S. 339.

Flach, Herbert: Wie nun weiter mit der Reformpädagogik? Thesen zum Verhältnis von Reformpädagogik und Bildungskonzeption. In: Pädagogik und Schulalltag, 1993, H.4, S. 374.

Flitner, Andreas: Schelsky und die Pädagogik. In: Die Neue Sammlung, 1961, S. 278-285.

Flitner, Andreas: Der Numerus clausus und seine Folgen. Auswirkungen auf die Schule, die Schüler, die Bildungspolitik - Analyse und Gegenvorschläge. Stuttgart 1976.

Flitner, Andreas: Mißratener Fortschritt. Pädagogische Anmerkungen zur Bildungspolitik. (Serie Piper. Bd. 166.) München 1977.

Flitner, Andreas: "Absage an die Allgemeinbildung".
In: Frankfurter Allgemeine vom 05.07.78, 1978.

Flitner, Andreas: Gerechtigkeit als Problem der Schule und als Thema der Bildungereform.
In: Zeitschrift für Pädagogik, 1985, H.1, S. 1-26.

Flitner, Andreas: Welche Zukunft hat die Schule? In: Pädagogik heute, 1989, H.2, S. 36-42.

Flitner, Andreas: Reform der Erziehung. München 1992.

Flitner, Wilhelm: Die abendländischen Vorbilder und das Ziel der Erziehung. Godesberg 1947.

Flitner, Wilhelm: Zum Problem des "modernen Humanismus". In: Schola, 1949, H.4, S. 584.

Flitner, Wilhelm: Die Einheit der europäischen Kultur und Bildung. Rede, gehalten anläßlich der Jahresfeier der Universität Hamburg am 14.5.1952. Hamburg 1952.

Flitner, Wilhelm: Die Schuldfrage in Westdeutschland.
In: Zeitschrift für Pädagogik, 1955, S. 133-148.

Flitner, Wilhelm: Das Selbstverständnis der Erziehungswissenschaft in der Gegenwart. Heidelberg 1957[3].

Flitner, Wilhelm: Die gymnasiale Oberstufe. Heidelberg 1961. (A)

Flitner, Wilhelm: Europäische Gesittung. Ursprung und Aufbau europäischer Lebensformen. Zürich 1961. (B)

Flitner, Wilhelm (Hrsg.): Die Erziehung. Pädagogen und Philosophen über die Erziehung und ihre Probleme. Bremen 1961[3]. (C)

Flitner, Wilhelm: Einsichten und Impulse. Wilhelm Flitner zum 75. Geburtstag am am 20.08.1960. Tübingen 1964.

Flitner, Wilhelm: Theorie des pädagogischen Weges. Weinheim/Bergstr. 1965[7]. (A)

Flitner, Wilhelm: Grundlegende Geistesbildung. Studien zur Theorie der wissenschaftlichen Grundbildung und ihrer kulturellen Basis. Heidelberg 1965. (B)

Flitner, Wilhelm: Hochschulreife und Gymnasium. Heidelberg 1967[3]. (A)

Flitner, Wilhelm (Hrsg.): Die deutsche Reformpädagogik. Düsseldorf 1967[2]. (B)

Flitner, Wilhelm (Hrsg.): Die Pioniere der pädagogischen Bewegung. Düsseldorf 1967. (C)

Flitner, Wilhelm: Die Hochschulreife in der heutigen Situation. In: Zeitschrift für Pädagogik, 1969, H.1, S. 1-19.

Flitner, Wilhelm: Allgemeine Pädagogik. (Zitiert wird die 10. Aufl. 1965). Stuttgart 1974[14].

Flitner, Wilhelm: Verwissenschaftlichung der Schule?
In: Zeitschrift für Pädagogik, 1977, H.6, S. 947-955.

Floren, Franz-Josef: Politische Bildung im Gymnasium. In: Die Höhere Schule, 1985, H.2, S. 59-62.

Flößner, Wolfram; Schmidt, Arno und Seeger, Heinz: Theorie: Oberstufe. Braunschweig 1977.

Fluck, Bernhard: Allgemeinbildung, Investition für die Zukunft.
In: Die Höhere Schule, 1981, H.7, S. 215-220.

Fluck, Bernhard: Allgemeine Bildung und berufliche Bildung aus der Sicht des Deutschen Philologenverbandes. In: Die Höhere Schule, 1986, H.11, S. 345-350.

Fluck, Bernhard: Gymnasium: Zukunftschance Allgemeinbildung.
In: Die Höhere Schule, 1987, H.1, S. 14-16.

Fluck, Bernhard und Stuckmann, Elmar: Gymnasium in der Bewährung. Abgesang im Nordrhein-Westfalen-Programm und Renaissance des Gymnasiums.
In: Die Höhere Schule, 1983, H.11, S. 336-343.

Fluck, Bernhard und Stuckmann, Elmar: Das Gymnasium in den neunziger Jahren.
In: Die Höhere Schule, 1984, H.5, S. 137-138.

Fluck, Bernhard und Stuckmann, Elmar: Profilierung der Strukturen des deutschen Bildungswesens im Gymnasium und in der beruflichen Bildung.
In: Die Höhere Schule, 1987, H.3, S. 112-116.

Fluck, Bernhard und Stuckmann, Elmar: Neues Profil für das Abitur zur Sicherung der allgemeinen Hochschulreife. In: Die Höhere Schule, 1992, H.2, S. 29-30.

Flügge, Johannes: Vergesellschaftung der Schüler oder Verfügung über das Unverfügbare - Sondierungen einer Bildungsreform. Bad Heilbrunn 1979.

Flügge, Johannes: Wo gibt es im Schulwesen pädagogische Autonomie.
In: Die Neue Sammlung, 1964, S. 299-308.

Focks, Clemens: Die Fachoberschule in Schleswig-Holstein.
In: Die berufsbildende Schule, 1981, H.7, S. 476-479.

Focks, Clemens: Schleswig-Holstein. Fachgymnasium, technischer Zweig.
In: Die berufsbildende Schule, 1983, H.5, S. 286-295.

Fölling-Albers, Maria: Schulkinder heute. Auswirkungen veränderter Kindheit auf Unterricht und Schulleben. Oldenburg 1991. (Zentrum für Pädagogische Berufspraxis).

Fölling, Maria: Schulkinder heute. Auswirkungen veränderter Kindheit auf Unterricht und Schulleben. Weinheim und Basel 1992.

Fölling, Werner: Wissenschaftswissenschaft und erziehungswissenschaftliche Forschung: Ein Versuch zur Funktionsbestimmung von Metatheorien. Oldenburg 1978.

Fölling, Werner: Wissenschaftspropädeutischer Unterricht.
In: Enzyklopädie Erziehungswissenschaft, Bd. 9.2, Stuttgart 1983, S. 703.

Fölling, Werner: Trivialisierung statt Bildung? Probleme des wissenschaftspropädeutischen Unterrichts auf der Oberstufe.
In: Pädagogik und Schule in Ost und West, 1993, H.4, S. 202.

Ford, G. W. und Pugno P.: Wissensstruktur und Curriculum.
In: Sprache und Lernen, Bd. 17, 1972.

Forneck, Hermann J.: Lehrerbildung und Berufsdentität. Lehrerbildung unter modernitätstheoretischer Perspektive. In: Pädagogische Rundschau, 1993, H.4, S. 467.

Foucault, Michael: Die Ordnung der Dinge. Eine Archäologie der Humanwissenschaften. Frankfurt 1974.

Fragnière, G.: Lernen für ein neues Jahrhundert - eine Studie der Europäischen Kulturstiftung - Deutsch hrsg. von *Helga Thomas.* Frankfurt/Main 1976.

Francke, Otto: Geschichte des Wilhelm-Ernst-Gymnasiums in Weimar. München 1916.

Frankiewicy, Heinz: Die Polytechnische Bildung als Allgemeinbildung.
In: Pädagogik, 1972, H.12, S. 1117-1125.

Freie und Hansestadt Hamburg: Gewalt in der Schule - Ergebnisse einer Erhebung an 169 Hamburger Schulen. Hamburg 1992.

Freise, Gerda: Naturwissenschaften und Allgemeinbildung.
In: Die Deutsche Schule, 1972, H.3, S. 170-178.

Freudenstein, Reinhold und Piepho, Hans-Eberhard: Normiertes Abitur in den Fremdsprachen. Eine Betrachtung der Normenbücher "Englisch" und "Französisch".
In: Zeitschrift für Pädagogik, 1977, H.3, S. 429-435.

Freund, Klaus Peter: Kollegstufe Nordrhein-Westfalen.
In: Die Deutsche Schule, 1973, H.1, S. 47-56.

Frey, Karl (Hrsg.) u.a.: Curriculum Handbuch. München u. Zürich 1975.

Frey, Karl: Strukturwandel von Bildung und Bildungsforschung aufgrund der neuen ministeriumsnahen wissenschaftlichen Institute der Länder der Bundesrepublik Deutschland. In: Wirtschaft und Erziehung, 1982, H.1, S. 75-83.

Frey, Karl u.a.: Legitimation und Entwicklung einer Schule.
In: Zeitschrift für Pädagogik, 1976, H.2, S. 253-272.

Frick, R.S.: Zur Reform der "Volks-Schulaufsicht" in Bayern.
In: Pädagogische Führung, 1993, H.4, S. 154.

Friebel, H.: Erwachsenenbildung und schulisches Leistungssystem.
In: Enzyklopädie Erziehungswissenschaft Bd. 11, 1984, S. 241-253.

Friedeburg, Ludwig von: Bilanz der Bildungspolitik.
In: Zeitschrift für Pädagogik, 1978, H.1, S. 207-220.

Friedeburg, Ludwig von: Der Strukturwandel des Schulbesuchs als Herausforderung der Bildungspolitik. In: *Raith, W. (Hrsg.):* Wohin steuert die Bildungspolitik? Frankfurt/Main 1979.

Friedeburg, Ludwig von: Schulreform als Schnecke.
In: Betrifft: Erziehung, 1982, H.7, S. 874-77.

Friedeburg, Ludwig von: Bildungsreform in Deutschland...... Frankfurt/Main 1989.

Friedrichs Jahresheft X, 1992: Verantwortung. Seelze 1992.

Fries, Marlene: Die Auswirkungen der reformierten gymnasialen Oberstufe auf die Studienfachwahl an der Hochschule. In: Anregung, 1980, H.3, S. 185-187.

Froese, Leonhard: Der Bedeutungswandel des Bildungsbegriffes.
In: Zeitschrift für Pädagogik, 1962, S. 119-142.

Fromm, Erich: To have or to be. New York 1976. (dt.: Haben oder Sein. Stuttgart 1979. Zitiert wird aus München 1983 1[13]).

Frommer, Helmut: Praktisches Lernen als modernes Unterrichtsprinzip.
In: Pädagogisches Forum, 1991, H.3, S. 161.

Frommer, Helmut: Praktisches Lernen und Gymnasium. Versuch der Aufarbeitung des pädagogischen Reformkonzepts aus gymnasialer Sicht. (vgl. auch den Literaturbericht In: Pädagogisches Forum, 1991, H.3, S. 161).
In: Neue Sammlung, 1991, H.4, S. 628.

Frommberger, Herbert; Rolff, Hans-G. und Spiess, Werner (Hrsg.): Die Kollegoberstufe als Gesamtoberstufe. Berichte, Analysen und Empfehlungen zur Errichtung von Schulen der Sekundarstufe II. Braunschweig 1972.

Fucke, Erhard: Berufliche und allgemeine Bildung in der Sekundarstufe II. Ein Modell. Mit einem Beitrag von *Manfred v. Mackensen.* Stuttgart 1976.

Führ, Christoph: Schulen und Hochschulen in der Bundesrepublik Deutschland; Bildungspolitik und Bildungssystem - ein Überblick. Bonn 1978.

Fürstenau, Peter: Neuere Entwicklungen der Bürokratieforschung....In: [Derselbe]: Zur Theorie der Schule. Weinheim/Basel 1969, S. 47.

Führing, Gisela: Lernen für die eine Welt. Lernen mit neuen Vorzeichen.
In: Pädagogik, 1993, H.9, S. 6-9.

Funke, Hans-Jochen und Komoll, Joachim: Curriculumplanung des Berufsgrundbildungsjahres (BGJ) und des technischen Leistungsfaches der gymnasialen Oberstufe an den berufsfeldbezogenen Oberstufenzentren des Berufsfeldes Metalltechnik.
In: Die berufsbildende Schule, 1980, H.7, S. 432-452.

Furck, Carl-Ludwig: Innere und äußere Schulreform?
In: Zeitschrift für Pädagogik, 1967, H.2, S. 99-115.

Furck, Carl-Ludwig (Hrsg.): Zur Theorie der Schule. Weinheim 1969.

Furck, Carl-Ludwig: Neue Dimensionen in den Schulentwicklungsplänen?
In: Zeitschrift für Pädagogik, 1972, H.6, S. 803-828.

Furck, Carl-Ludwig: Gesellschaft und Erziehung. Heidelberg 1973^2.

Furck, Carl-Ludwig: Die Reform der gymnasialen Oberstufe im Schnittpunkt konfligierender Interessen - Analyse einer Bildungsreform.
In: Zeitschrift für Pädagogik, 1983, H.5, S. 661-673.

Furck, Carl-Ludwig: Das Gymnasium. (Schulreformen verändern ihr Gesicht).
In: Pädagogik, 1988, H.4, S. 41-46.

Furck, Carl-Ludwig: Widersprüche in der Bildungspolitik.
In: Zeitschrft für Pädagogik, 1992, H.3, S. 457.

Gadamer, Hans-Georg: Hermeneutik (2 Bde.). Tübingen 1990.

Gaede, R.: Zwei Jahre Bewegungsfreiheit im Unterricht der Prima. Strasburg (Westpr.) 1907.

Gafert, Bärbel: Höhere Bildung als Antiaufklärung - Entstehung und Bedeutung des preußischen Gymnasiums. Frankfurt/Main 1979.

Galas, Dieter: Autonomie und Partizipation. In: Die Deutsch Schule, 1974, S. 493-498.

Garlichs, Ariane: Wissenschaftliche gegen lebenspraktische Bildung?
In: Die Deutsche Schule, 1978, H.4, S. 229-223.

Garni, E.: Prosatori latini di Quadrocento. Brief des Ivan Picus Mirandolanus an Hermolaus Barbarus (S. 820). Mailand und Neapel 1952.

Gauger, Jörg-Dieter (Hrsg.): Bildung und Erziehung, Grundlage humaner Zukunftsgestaltung. Bonn/Berlin 1991.

Geißler, Erich E.: Bildung. In: Pädagogisches Lexikon. Gütersloh 1970.

Geißler, Erich E.: Allgemeinbildung in einer freien Gesellschaft. Düsseldorf 1977.

Geißler, Erich E.: Der Bildungsauftrag des Gymnasiums heute.
In: Die Höhere Schule, 1978, H.1, S. 21.

Geißler, Erich E.: Allgemeine Didaktik. Grundlegung eines erziehenden Unterrichts.
Stuttgart 1982, 1983².

Geißler, Erich E.: Die Schule, Theorien, Modelle, Kritik. Stuttgart 1984.

Geißler, Erich E.: Allgemeinbildung in der modernen Gesellschaft. Düsseldorf 1989.

Geissler, Erich E.: Schule zwischen individuellen und gesellschaftlichen Ansprüchen - Widerspruch, Antinomie oder Wechselwirkung? In: Die Realschule, 1993, H.6, S. 230.

Geißler, Erich E. und Claudia Solzbacher: Allgemeinbildung.
In: Die Höhere Schule, 1989, H.12, S. 339-342.

Gerner, Berthold: Der Lehrer und Erzieher. Bad Heilbrunn 1976.

Gerner, Berthold: Lehrer sein heute, Erwartungen, Stereotype, Prestige: Ergebnisse empirischer Forschung im deutschsprachigen Raum. Darmstadt 1981.

Gerner, Berthold: Pathologie der Erziehung. Darmstadt 1984.

Geschwinder, Hans-Gerd: Gewalt in der Schule. In: Die Höhere Schule, 1991, H.7, S. 210-220.

GEW Hauptvorstand: Entschließung "Situation und Entwicklungsmöglichkeiten der Gymnasialen Oberstufe" In: Die Deutsche Schule, 1982, H.3, S. 163-168.

GEW-Hauptvorstand: Lehrer-Beruf-Belastung-Verantwortung-Kinder. Frankfurt 1981.

Gidion, Jürgen: Offenheit und Planung - Gedanken zur Arbeit im Fach Deutsch, Sekundarstufe II. In: Die Neue Sammlung, 1978, H.6, S. 566-582.

Giel, Klaus und Hiller, Gotthilf Gerhard: Verwissenschaftlichung der Schule - wissenschaftsorientierter Unterricht? Bemerkungen zu den Beiträgen von *Josef Derbolav* und *Wilhelm Flitner.*
In: Zeitschrift für Pädagogik, 1977, H.6, S. 957-962.

Giesecke, Hermann: Allgemeinbildung, Berufsbildung, politische Bildung - ihre Einheit und ihr Zusammenhang. In: Die Neue Sammlung, 1968, H.8, S. 210-221.

Giesecke, Hermann: Vom Kanon-Mythos und anderen Irrtümern.
In: Die Deutsche Schule, 1993, H.3, S. 330.

Giesen, Dieter (Hrsg.): Zweiter Bildungsweg - Dokumente zur Entwicklungsgeschichte. Zeit der nationalsozialistischen Herrschaft in Deutschland, Zeit der Weimarer Republik, Gründungen der Nachkriegszeit, Wege zur schulabschlußbezogenen Weiterbildung (4 Bde.). Soest 1986.

Glasman, Naftaly S.: Student Achievement and The School Principal.
In: Educational Evaluation, 1984, H.6, S. 283-296.

Glöckel, Hans: Vom Unterricht. Bad Heilbrunn 1990.

Goethe, Johann Wolfgang von: Schriften zur Naturwissenschaft, herausgegeben von *Michael Böhler.* Stuttgart 1982.

Götz, Bernd: Dirigismus - Pessimismus - Restauration?
In: Die Deutsche Schule, 1983, H.2, S. 98-112.

Götz, Bernd: Wider die Funktionalisierung der Bildung.
In: Die Höhere Schule, 1988, H.4, S. 420-435.

Goldschmidt, Dietrich und Roeder, Peter Martin (Hrsg.): Alternative Schulen? Gestalt und Funktion nicht-staatlicher Schulen im Rahmen öffentlicher Bildungssysteme. Stuttgart 1979.

Gonschorek, Gernot und Wölfing, Willi (Hrsg.): Schule und Bildung. Schriftenreihe der Pädagogischen Hochschule Heidelberg, Band 14. Heidelberg 1993.

Goßmann, Klaus: Ein neues Bildungsverständnis der gymnasialen Oberstufe ...
IN: Reformziel Grundbildung. Comenius-Institut, Münster, 1986, S. 9f

Greber, U., Maybaum, J., Priebe, B. und Wenzel, H.: Auf dem Wege zur guten Schule. Schulinterne Lehrerfortbildung. Bestandsaufnahme-Konzepte-Perspektiven. Weinheim 1991.

Greving, Johannes, Meyer, Hilbert und Paradies, Liane: Gruppenunterricht. Oldenburg 1993. (Zentrum für Pädagogische Berufspraxis).

Griese, Wolfgang: Wissenschaftspropädeutik in der gymnasialen Oberstufe. (Diss.). Oldenburg 1981.

Griffittes Daniel et.al.: Organizing Schools for Effective Eduaction. Danville, Ohio 1964.

Grimm, Susanne: Soziologie der Bildung und Erziehung. München 1987.

Groddeck, Norbert: Was heißt "Krise der Schule?" Teil I.
In: Die Deutsche Schule, 1975, H.9, S. 591-603.

Groddeck, Norbert: Was heißt "Krise der Schule?" Teil II.
In: Die Deutsche Schule, 1975, H.10, S. 681-688.

Gronemeyer, Marianne: Das Leben als letzte Gelegenheit.
In: Neue Sammlung, 1991, H.2, S. 159.

Grosser Alfred: Geschichte Deutschlands seit 1945. Eine Bilanz. München 1977[5].

Groth, Günter: Individuierung und Gesellschaft. In: Die Deutsche Schule, 1971, S. 350-362.

Grundmann-Rock, Anneliese: Das "Kölner Modell" in der Erprobung.
In: Die Höhere Schule, 1971, H.4, S. 86.

Grüner, Gustav; Kell, Adolf und Kutscha, Günter u.a.: Neue Technologien und Bildung.
In: Zeitschrift für Pädagogik, Beiheft 21, 1986, S. 119-129.

Gruschka, Andreas (Hrsg.): Ein Schulversuch wird überprüft. Das Evaluationsdesign für die Kollegstufe NW als Konzept handlungsorientierter Begleitforschung. Kronberg/Taunus 1976.

Gruschka, Andreas: Wissenschaftspropädeutik durch Berufsqualifikation - Plädoyer für einen integrierten Pädagogikunterricht. In: Zeitschrift für Pädagogik, 1978, H.6, S. 871-888.

Gruschka, Andreas: Wie Schüler Erzieher werden. Studie zur Kompetenzentwicklung und fachlichen Identitätsbildung in einem doppelqualifizierenden Bildungsgang des Kollegschulversuchs NW. Wetzlar 1985.

Gruschka, Andreas: Von Humboldts Idee der Allgemeinbildung zur allgemeinen "Bildung im Medium des Berufs". In: Die Höhere Schule, 1987, H.2, S. 156-173.

Gruschka, Andreas: Die Integration von allgemeiner und beruflicher Bildung und iher historisch bildungstheoretische Begründung. In: Zeitschrift Pädagogik, 1988, H.3, S. 51-57.

Gruschka, Andreas: Die Sekundarstufe. Ein Ort zur Bildung junger Erwachsener?
In: Pädagogik, 1991, H.2, S. 43.

Gruschka, Andreas: Kennt die Bildungstheorie die Bildungsprozesse junger Erwachsener?
In: Neue Sammlung, 1992, H.3, S. 355.

Gruschka, Andreas und Kutscha, Günter: Berufsorientierung als "Entwicklungsaufgabe" der Berufsausbildung. Thesen und Forschungsbefunde zur beruflichen Identitätsbildung und Kompetenzentwicklung in der Sekundarstufe II.
In: Zeitschrift für Pädagogik, 1983, H.6, S. 878-891.

Gruschka, Andreas und Rüdell, Günter: Mit zweierlei Maß auf den Weg zur Zweigliedrigkeit? Anmerkungen zu den reformstrategischen Überlegungen vom Klaus Hurrelmann.
In: Die Deutsche Schule, 1988, H.4, S. 483-491.

Gruschka, Andreas und Schweitzer, Jochen: Integration von allgemeiner und beruflicher Bildung - Anlaß, Hintergrund und Aktualität des Themas.
In: Die Deutsch Schule, 1987, H.2, S. 148-155.

Grzesik, Jürgen: Perspektiven für die weitere Entwicklung der gymnasialen Oberstufe. Bad Heilbrunn 1984.

Guardini, Roman: Grundlegung der Bildungslehre. Würzburg 1953/1965.

Gudjons, Herbert: Projektunterricht? Begriff - Merkmale - Abgrenzungen.
In: Westermanns Pädagogische Beiträge, 1984, H.6, S. 260-266.

Gudjons, Herbert: Materialien zum Beraten-Lernen. In: Pädagogik, 1991, H.10, S. 39-42.

Gudjons, Herbert: Bilanz der Bildungsreform und gegenwärtige Schulreformen.
In: Pädagogik, 1993, H.6, S. 48.

Gudjons, Herbert: Eriehung und Bildung. Begriffe, Grundfragen, aktuelle Aspekte.
In: Pädagogik, 1993, H.7-8, S. 74.

Guenther, Friedrich J.: Gymnasiale Erziehung. (Vortragsreihe, die im Frühjahr 1980 im Mädchengymnasium Jülich gehalten wurde). Köln 1980.

Günther, Heinz und Rösner, Ernst: Abitur und dann? Bildungswahlen von Schülern der Gymnasialen Oberstufe. In: Zeitschrift Pädagogik, 1988, H.5, S. 11.

Habermas, Jürgen: Pädagogischer "Optimismus" vor Gericht einer pessimistischen Anthropologie. In: Die Neue Sammlung, 1961, S. 251-278.

Habermas, Jürgen: Zur Logik der Sozialwissenschaften. In: Philosophische Rundschau, Sonderheft, Beiheft 5. Frankfurt/Main 1967, 1982^5.

Habermas, Jürgen: 'Theorie der Sozialisation'. (Thesen d. Vorlesung im SS 1968). Hamburg 1968.

Habermas, Jürgen: Protestbewegung und Hochschulreform. Frankfurt/Main 1969.

Habermas, Jürgen: Vorbereitende Bemerkungen zu einer Theorie der kommunikativen Kompetenz. Frankfurt/Main 1971.

Habermas, Jürgen: Erkenntnis und Interesse. Frankfurt/Main 1973. (A)

Habermas, Jürgen: Kultur und Kritik - verstreute Aufsätze. Frankfurt/Main 1973. (B)

Habermas, Jürgen: Kleine politische Schriten (I - IV). Frankfurt/Main 1981

Habermas, Jürgen: Moralbewußtsein und kommunikatives Handeln. Frankfurt/Main 1985^2.

Habermas, Jürgen: Der philosophische Diskurs der Moderne. Frankfurt 1985.

Habermas, Jürgen: Die Idee der Universität - Lernprozesse.
In: Zeitschrift für Pädagogik, 1986, H.5, S. 703-718. (A)

Habermas, Jürgen: Technik und Wissenschaft als "Ideologie". Frankfurt/Main 1986[13].
(B)

Habermas, Jürgen: Theorie des kommunikativen Handelns. Frankfurt/Main 1981,1988.
(A)

Habermas, Jürgen: Nachmetaphysisches Denken. Frankfurt/Main 1988. (B)

Habermas, Jürgen und Luhmann, Niklas: Theorie der Gesellschaft oder Sozialtechnologie. Was leistet die Systemforschung?. Frankfurt/Main 1979[2].

Hackl, Armin: Das Schulkonzept des Egbert-Gymnasiums.
In: Engagement, 1990, H.4, S. 404.

Hackbarth, H.: Zur Frage der Überbürdung. In: Die Höhere Schule, 1955, H.2, S. 24.

Haenisch, H.: Gute und schlechte Schulen im Spiegel der empirischen Schulforschung.
In: Westermanns Pädagogische Beiträge, 1986, H.7/8, S. 18-23.

Hänsel, Dagmar: Die Grundschule: Zwischen pädagogischem Anspruch und gymnasialem Erwartungsdruck. In: Zeitschrift Pädagogik, 1988, H.3, S. 43-48.

Häring, Ludwig: Gymnasium heute. Analyse und Perspektiven.
In: Anregung, 1986, H.1, S. 3-14.

Häring, Ludwig: Gymnasium '90. Gegenwartsanalyse und Perspektiven.
In: Anregung, 1990, H.6, S. 361.

Hage, Karl u.a.: Das Methodenrepertoir von Lehrern. Opladen 1985.

Hagelstange, R.: Leben, Schule und Dichtung. Vortrag. In: Die Höhere Schule, 1960, H.3, S. 43.

Hagelüken, Heidi: Berufliches Gymnasium; Notwendigkeit der Reform einer Reform?
In: Zeitschrift für Berufs- und Wirtschaftspädagogik, 1981, H.11, S. 832-845.

Hagener, Caesar: Bildungs-System und Beschäftigungs-System auf einen Blick.
In: Westermanns Pädagogische Beiträge, 1977, H.2, S. 42-44.

Hagge, Helmut P.: Für eine qualitative Verbesserung der reformierten Oberstufe.
In: Die Höhere Schule, 1981, H.3, S. 71.

Hahn, Gerhard: Partizipation ohne Autonomie. In: Die Höhere Schule, 1973, H.9, S. 230.

Hahn, Heinz: 88 Bemerkungen zur Erziehung der Erzieher. Kiel 1979.

Hahn, Heinz: Gedanken zur Bildungsarbeit des Gymnasiums. In Die Höhere Schule, 1981, H.8, S. 255.

Hahn, Heinz: Studierfähigkeit in einem zukunftsoffenen Gymnasium.
In: Die Höhere Schule, 1983, H.5, S. 144-147.

Hahn, Wilhelm: Das Gymnasium im Spannungsfeld der Politik.
In: Die Höhere Schule, 1975, S. 328.

Hahn, Wilhelm: Der Standort des Gymnasiums im Bildungswesen.
In: Die Höhere Schule, 1977, H.6, S. 224.

Hahn, Wilhelm: Die Bedeutung und Zukunft des Gymnasiums in einem geeinten Europa.
In: Lehren und Lernen, 1986, H.1, S. 1-7.

Hahne, Heinrich: Vermittlung von fachspezifischem Methodenbewußtsein und zugehörigen Arbeitstechniken in der neugestalteten gymnasialen Oberstufe.
In: Wirtschaft und Erziehung, 1982, H.2, S. 50-57.

Hallinger, P.; Murphy, J.F.: Accessing and Developingt Principal Instruction Leadership.
In: Educational Leadership 1987, H.2, S. 50-57.

Halfpap, Klaus: Wie wichtig ist Schulkultur. In: Schulpraxis, 1990, H.4, S. 8-11.

Hamburger Landesschulrat: Mehr "Autonomie" für Hamburger Schulen?
In: Pädagogische Führung, 1993, H.4, S. 158.

Hameyer, Uwe: Der Funktionswandel von Lehrplänen.
In: Die Deutsche Schule, 1992, H.3, S. 361.

Hamm-Brücher, Hildegard: Unfähig zur Reform? Kritik und Initiativen zur Bildungspolitik. München 1972.

Hamm-Brücher, Hildegard und Friedrich Edding: Reform der Reform. Ansätze zum bildungspolitischen Umdenken. Köln 1973.

Hammer, Gerhard: Die Begründung der Erziehungsziele. Grundzüge einer Philosophischen und Pädagogischen Anthropologie. Freiburg 1979.

Hammer, Wolfgang und Krützfeld, Werner: Die gymnasiale Mittelstufe - Kritik und Vorschläge zur Reform. In: Die Deutsche Schule, 1981, H.9, S. 516-522.

Hampp, Rainer: Integration von beruflicher und allgemeiner Bildung.
In: Westermanns Pädagogische Beiträge, 1979, H.8, S. 306-309.

Hanisch, Thomas: Schulorganisation und Curriculumreform - Integration von Berufsbildung und Allgemeinbildung in der Sekundarstufe II am Beispiel des Schulversuchs Kollegstufe NW. In: Zeitschrift für Pädagogik, Beiheft 13, 1977, S. 89-99.

Hansmann, Otto: "Bildung durch Wissenschaft" im Spiegel bildungspolitischer Reflexion und didaktischer Modelle. Frankfurt/Main 1984.

Hansmann, Otto und Marotzki, Winfried: Zur Aktualität des Bildungsbegriffs unter veränderten Bedingungen der gegenwärtigen Gesellschaft.
In: Zeitschrift Pädagogik, 1988, H.7/8, S. 25-29.

Hansmann, Otto und Marotzki, Winfried: Diskurs Bildungstheorie I und II. Weinheim 1988.

Harder, Wolfgang: Die reformierte gymnasiale Oberstufe - Ausbildung wozu?
In: Die Neue Sammlung, 1976, S. 388-404.

Harder, Wolfgang: Die Entwicklung von Richtlinien für die Oberstufe des Gymnasiums in Nordrhein-Westfalen. In: Zeitschrift für Pädagogik, 1980, H.2, S. 243-257.

Harder, Wolfgang: Richtlinienentwicklung und Lehrerbeteiligung. Replik auf den Beitrag von H.Karg. In: Zeitschrift für Pädagogik, 1980, H.6, S. 949-951.

Hardmann, Josef: Die Reform der Oberstufenreform.
In: Die Höhere Schule, 1977, H.9, S. 345-349.

Hardmann, Josef: Wozu brauchen wir das Gymnasium heute?
In: Die Höhere Schule, 1982, H.11, S. 333-335,.

Hardmann, Josef: Die Oberstufenreform von 1982, eine noch immer unvollendete Reform.
In: Die Realschule, 1983, H.2, S. 88-91.

Hardmann, Josef: Abitur und allgemeine Hochschulreife. Zur Diskussion um die Neuordnung des Hochschulzugangs. (Teil 1). In: Die Höhere Schule, 1985, H.5, S. 155-157.

Hardmann, Josef: Abitur und allgemeine Hochschulreife. Zur Diskussion um die Neuordnung des Hochschulzugangs. (Teil 2). In: Die Höhere Schule, 1985, H.7, S. 206-215.

Harnack, Adolf: Die Notwendigkeit der Erhaltung des alten Gymnasiums in der modernen Zeit. Vortrag gehalten in der Versammlung der Vereinigung der Freunde des humanistischen Gymnasiums in Berlin und der Provinz Brandenburg am 29. November 1904. Berlin 1905.

Hartmann, Uwe und Jourdan, Manfred: Erziehungswissenschaft und Objektivität - zur Weiterentwicklung des Objektivitätskonzeptes und dessen Relation zu neueren Theorien der Erziehung. Bad Heilbrunn 1987.

Hauck, Bernd: Die Krise schulischer Vermittlungspraxis. Frankfurt/Main 1991.

Haug, Artur: Erziehender Unterricht. In: Lehren und Lernen. 1993, H.8, S. 1.

Haydn, Erwin: Diskussion über Kürzung des Gymnasiums verfehlt das eigentliche Thema.
In: Die Höhere Schule, 1989, H.5, S. 137-141.

Heck, Hartmut: Pragmatisches Modell eines ganzheitlichen allgemeinbildenden Schulunterrichts.
In: Ganztagsschule, 1992, H.4, S. 137.

Heckel, H.: Pädagogische Freiheit und Gehorsamspflicht des Lehrers.
In: Die Höhere Schule, 1958, H.2, S. 25.

Heckhausen, Heinz: Förderung der Lernmotivation und der intellektuellen Tüchtigkeit.
In: *Roth:* Begabung und Lernen., 1969.

Heesen, Peter: Hat das Gymnasium Zukunft, braucht die Zukunft das Gymnasium?
In: Die Höhere Schule, 1986, H.9, S. 278-287.

Heesen, Peter: Seriös, solide und mit Herz für die Jugend.
In: Die Höhere Schule, 1993, H.4, S. 24.

Heesen, Peter: Abitur zwischen Schein und Sein. In: Profil, 1994, H.1-2, S. 10.

Hegelheimer, Armin: Evaluation des Bildungsgesamtplans.
In: Wirtschaft und Berufs-Erziehung, 1982, H.9, S. 262-269.

Heid, Helmut: Begründbarkeit von Erziehungszielen.
In: Zeitschrift für Pädagogik, 1972, H.4, S. 551-581.

Heimpel, Hermann: Selbstkritik der Universität. Ein Wirt zur Bildungsreform.
In: Geschicht in Wissenschaft und Unterricht, 1989, H.8, S. 453-457.

Hein, Roland: Das normierte Abitur in Frankreich - ein fragwürdiges Vorbild für die Bildungspolitik in der Bundesrepublik.
In: Zeitschrift für Pädagogik, 1977, H.1, S. 95-106.

Heinen, K.: Das Problem der Zielsetzung in der Pädagogik W. Flitners. Frankfurt, Bern 1972.

Heinrich, Helmuth: Hohe Qualität des Unterrichts in der Abiturstufe.
In: Pädagogik, 1987, H.7, S. 561-570.

Heinrich, Renate: Zur politischen Ökonomie der Schulreform. Leistungsdifferenzierung und soziale Integration in der Gesamtschule. Frankfurt 1973.

Heipke, Klaus u.a.: Die soziale Funktion der Leistung und der Leistungskontrolle.
In: Westermanns Pädagogische Beiträge, 1973, H.5, S. 285-287.

Heisenberg, Werner: Das Teil und das Ganze. Minden 1969.

Heister, Matthias: Deutscher Bildungsrat. Materialien zur Bildungsplanung. Heft 1. Reform der Sekundarstufe II. Hrsg. von der Bildungskommission des Deutschen Bildungsrates. Braunschweig 1971.

Heitger, Marian: Schulautonomie - eine neue Chance für Bildung?
In: Erziehung und Unterricht, 1993, H.8, S. 455.

Heitger, Matthias: Die Gefährdung des Bildungsauftrags unserer Schule durch ihre Überforderung.
In: Die Höhere Schule, 1979, H.4, S. 154.

Heitkämper, Peter und Huschke-Rhein, Rolf (Hrsg.): Allgemeinbildung im Atomzeitalter. Weinheim, Basel 1986.

Heitmeier, Wilhelm u.a.: Die Bielefelder Rechtsextremismus-Studie. Erste Langzeituntersuchung zur politischen Sozialisation männlicher Jugendlicher. Weinheim-München 1992.

Heitmeyer, Wilhelm: Erscheinungsformen von Gewalt - Gründe und Ursachen.
In: Landtag Nordrhein-Westfalen, Ausschußprotokoll 3.3.92, 1992, S. 31-39.

Heldmann, Werner: Schulorganisation und Unterricht. In: Die Höhere Schule, 1975, H.8, S. 251.

Heldmann, Werner: Das Ärgernis: genannt Gymnasium.
In: Die Höhere Schule, 1976, H.9, S. 322.

Heldmann, Werner: Über den Zusammenhang von Bildungsauftrag und Organisation des Gymnasiums. In: Die Höhere Schule, 1977, H.10, S. 390-397.

Heldmann, Werner: Gesellschaft, Bildungswesen und Gymnasium.
In: Die Höhere Schule, 1979, H.12, S. 496.

Heldmann, Werner: Gymnasium und moderne Welt - Bildungs- und gesellschaftstheoretische Überlegungen zur Aufgabe und Struktur des gegliederten Schulwesens. Düsseldorf 1980. (A)

Heldmann, Werner: Bildung, Wissenschaft, Schulkultur. Überlegungen zur Ortsbestimmung der gymnasialen Bildungsarbeit. In: Die Höhere Schule, 1980, H.12, S. 442-448. (B)

Heldmann, Werner: Fragen der Studierfähigkeit und des Hochschulzugangs.
In: Lehren und Lernen, 1981, H.11, S. 1-23.

Heldmann, Werner: Studierfähigkeit. Ergebnisse einer Umfrage. Thesen zur Studierfähigkeit und zum Hochschulzugang. (Hrsg.: Hochschulverband) Göttingen 1984. (A)

Heldmann, Werner: Thesen zur Studierfähigkeit und zum Hochschulzugang. Bildungsreform und Hochschulzugang. In: Die Höhere Schule, 1984, H.10, S. 312-319. (B)

Heldmann, Werner: Studierfähigkeit durch berufliche Ausbildung? Zusammenfassung der wichtigsten Aussagen und Ergebnisse des 37. Gemener Kongresses.
In: Die Höhere Schule, 1986, H.12, S. 398-406. (A)

Heldmann, Werner: Studierfähigkeit durch berufliche Bildung? Sinn und Ziel wissenschaftspropädeutischer Grundbildung. 37. Gemener Kongreßbericht.
Krefeld 1986. (B)

Heldmann, Werner: Das Gymnasium. Sein kultureller und gesellschaftlicher Auftrag und sein geistiger und erzieherischer Anspruch angesichts der Herausforderung von morgen. Stuttgart 1989.

Heldmann, Werner: Kultureller und gesellschaftlicher Auftrag von Schule. Bildungstheoretische Studie zum Schulkonzept. Die soziale Leistungsschule des Philologen-Verbandes Nordrhein-Westfalen. Bielefeld 1991.

Heldmann, Werner: Das Desaster der Bildungspolitik. In: Die Höhere Schule, 1992, H.5, S. 128.

Hellekamp, Stephanie und Musolf, Hand-Ulrich: Bildungstheorie und ästhetische Bildung.
In: Zeitschrift für Pädagogik, 1993, H.2, S. 275.

Heller, Ferdinand: Naturwissenschaftliche Allgemeinbildung.
In: Westermanns Pädagogische Beiträge, 1973, H.11, S. 583-591.

Hellinge, Barbara; Jourdan, Manfred und Maier-Hein, Hubertus u.a.: Kleine Pädagogik der Antike. Frankfurt/Main 1984.

Helmer, Karl: Bildung im Gymnasium. In: Die Höhere Schule, 1984, H.8, S. 236-241.

Hempel, C.: Wissensexplosion. In: Die Neue Sammlung, 1967, H.2, S. 102.

Henke, Hartwig u.a.: Ist das Gymnasium seiner sozialen Aufgabe gewachsen?
In: Die Deutsche Schule, 1976, H.7/8, S. 517-524.

Hennecke, Frank: Anmerkungen zum Urteil des Hessischen Staatsgerichtshofes zur Gymnasialen Oberstufe. In: Recht der Jugend, 1982, H.3, S. 213-215.

Hennigsen, J.: Schulwissen und Universitätsdisziplinen. In: Die Höhere Schule, 1959, H.5, S. 97.

Henssen, Anni: Krank auf dem Weg zum Abitur. In: Zeitschrift für Pädagogik, 1985, H.4, S. 451-455.

Hentig, Hartmut von: Wie hoch ist eine Höhere Schule? Eine Kritik Stuttgart 1962.

Hentig, Hartmut von: Thesen zur inneren Schulreform.
In: Die Höhere Schule, 1966, H.1, S. 7. (A)

Hentig, Hartmut von: Platonisches Lernen. Bd. 1. Stuttgart 1966. (B)

Hentig, Hartmut von: Studieren als politischer Vorgang... In: *Schwan, A, u.a.:* Reform als Alternative. Köln/Opladen 1969, S. 84. (A)

Hentig, Hartmut von: Die Schule als Regelkreis. Stuttgart 1969². (B)

Hentig, Hartmut von: Die Bielefelder Laborschule. Stuttgart 1971, 1990².

Hentig, Hartmut von: Was ist humane Schule? München, Wien 1976.

Hentig, Hartmut von: Die Krise des Abiturs und eine Alternative. Stuttgart 1980.

Hentig, Hartmut von: Das Drama der Bildungsworte.
In: Die Neue Sammlung, 1981, S. 504-529. (A)

Hentig, Hartmut von: Wissenschaft als Allgemeinbildung.
In: Spielraum und Ernstfall. Frankfurt, Berlin, Wien 1981. (B)

Hentig, Hartmut von: Polyphem oder Argos? Disziplinarität in der nicht disziplinierten Wirklichkeit. In: Die Neue Sammlung, 1987, H.3, S. 387-405.

Hentig, Hartmut von: Bilanz der Bildungsreform in der Bundesrepublik Deutschland.
In: Neue Sammlung, 1990, S. 366.

Hentig, Hartmut von: Die Schule neu denken - Anmerkungen zum Schicksal der Bildungsreform.
In: Neue Sammlung, 1991, H.3, S. 436.

Hentig, Hartmut von: Aufwachsen in einer Welt, in der sich zu leben lohnt.
In: Die Neue Sammlung, 1993, H.2, S. 171-192.

Hentig, Hartmut von und Lüth, Christoph: Allgemeine Hochschulreife, Allgemeine Bildung, Allgemeine Wissenschaftspropädeutig. Ein Gedankenaustausch zwischen Christoph Lüth Hartmut von Hentig über ein klärungsbedürftiges Konzept.
In: Die Neue Sammlung, 1987, H.2, S. 165-187.

Hentke, Reinhard: Allgemeinbildung und Berufsbildung. Entwicklung und Lösungsstrategien einer historischen Antinomie. In: Wirtschaft und Erziehung, 1982, H.4, S. 124-130.

Henz, Hubert: Bildungstheorie. Frankfurt/Main 1991.

Henzler, Siegfried: Profil einer zukünftigen Hauptschule.
In: Lehren und Lernen, 1993, H.6, S. 14.

Herder, Johann Gottfried: Sämtliche Werke. Herausgegeben von *Suphan, Bernhard Ludwig,* 33 Bände, 1877-1913, Nachdruck, Hildesheim 1978².

Herder, Johann Gottfried: Briefe, bisher 9 Bände, bearbeitet von *Dobbek, Wilhelm und Arnold, Günter.* Weimar 1977.

Herrlitz, Hans-Georg: Hochschulreife in Deutschland. Göttingen 1968.

Herrlitz, Hans-Georg: Geschichte der gymnasialen Oberstufe. Theorie und Legitimation seit der Humbold-Süvernschen Reform. In: Enzyklopädie Erziehungswissenschaft, Bd. 9.1, Stuttgart 1982, S. 89.

Herrlitz, Hans-Georg: Studium als Standesprivileg. Frankfurt 1973.

Herrlitz, Hans-Georg: Die Restauration der deutschen Erziehungswissenschaft nach 1945 im Ost-West-Vergleich. In: Die Höhere Schule, 1988, H.1, S. 4-18.

Herrlitz, Hans-Georg: Gymnasiale Bildung und akademische Berechtigung. Eine sozialhistorische Skizze. In: Pädagogik, 1988, H.7/8, S. 20-24.

Herrlitz, Hans-Georg; Hopf, Hopf und Titze, Hartmut: Deutsche Schulgeschichte von 1800 bis zur Gegenwart. (Vgl. auch Band 9.1 der Enzyklopädie Erziehungswissenschaft, S. 89 ff.). Königstein 1981.

Herrmann, Ulrich: "Mut zur Erziehung" Anmerkungen zu einer proklamierten Tendenzwende in der Erziehungs- und Bildungspolitik.
In: Zeitschrift für Pädagogik, 1978, H.2, S. 221-234.

Herrmann, Ulrich: Pädagogische Autonomie. Ein politisch-pädagogisches Prinzip und seine Folgen in der Weimarer Republik in Deutschland. In: Die Deutsche Schule, 1989, H.3, S. 285-296.

Herrmann, Ulrich und Gerd Friedrich: Qualifikationskrise und Schulreform - Berechtigungswesen, Überfüllungsdiskussion und Lehrerschwemme. Aktuelle bildungspolitische Probleme in historischer Perspektive. In: Zeitschrift für Pädagogik, Beiheft 13, 1977, S. 309-324.

Hertz, Heinrich: Über den Energiehaushalt der Erde. Antrittsvorlesung. Karlsruhe 1885.

Hess, Severin: Zum Bildungs- und Erziehungsauftrag des Gymnasiums.
In: Lehren und Lernen, 1981, H.10, S. 6-28.

Heuß, Alfred: "Ideologiekritik". Ihre theoretischen und praktischen Aspekte. Berlin, New York 1975.

Heydorn, Heinz-Joachim: Zur Aktualität klassischer Bildung. In: *Ringshausen, K.:* Jenseits von Resignation und Illusion. Frankfurt 1972.

Heydorn, Heinz-Joachim: Bildungstheoretische Schriften 1-3. Frankfurt 1979. (A)

Heydorn, Heinz-Joachim: Über den Widerspruch von Bildung und Herrschaft. Bildungstheoretische Schriften 2. Frankfurt/Main 1979. (B)

Heydorn, Heinz-Joachim: Zur Neufassung des Bildungsbegriffs. Bildungstheoretische Schriften 3. Frankfurt 1980.

Heymann, Werner: Computer, ein Beitrag zur Allgemeinbildung ? In: Westermanns Pädagogische Beiträge, 1986, H.10, S. 23-33.

Hillrich, Imma: Bildungspolitik spielt eine völlig untergeordnete Rolle.
In: pädagogik extra, 1991, H.6, S. 38.

Hintz, Dieter: Bildung und Bildungswesen. Zu einer Aufsatzsammlung von Clemens Menze.
In: Vierteljahresschrift für wissenschaftliche Pädagogik, 1981, H.4, S. 486-494.

Hirschberger, Johannes: Geschichte der Philosophie. (2 Bde.). Freiburg 1979[11].

Hirzel, Carl: Vorlesungen über Gymnasialpädagogik. Tübingen 1876.

Hitpass, Josef und Mock, Albert: Die Validität der Reifeprüfung.
In: Die Höhere Schule, 1968, H.1, S. 10.

Hitpass, Josef: Deutschlands Bildungswesen. Die Folgen der Reform. Opladen 1981.

Hitpass, Josef: Gymnasiale Bildung und Studierfähigkeit. Udo Undeutsch zum 65. Geburtstag.
In: Pädagogische Rundschau, 1982, H.6, S. 723-135.

Hitpass, Josef: Reformierte Oberstufe - besser als ihr Ruf? (Beiträge zur Pädagogik. Bd.4.) St. Augustin 1985.

Hitpass, Josef; Ohlsson, Rita und Thomas, Elisabeth: Studien- und Berufserfolg von Hochschulabsolventen mit unterschiedlichen Studieneingangsvoraussetzungen. Opladen 1984.

Hitpass, Josef; Ohlsson, Rita und Thomas, Elisabeth: Nordrhein-Westfälische Initiativen für Chancengleichheit ..... im Bildungswesen im Spiegel empirischer Forschung. Opladen 1987.

Hobbensiefken, Günter; Klement, Winfried und Sesink, Werner: Probleme des wissenschaftsorientierten Unterrichts. Anmerkungen zum Aufsatz von J. Derbolav "Was heißt Wissenschaftsorientierter Unterricht?". In: Zeitschrift für Pädagogik, 1978, H.4, S. 564-569.

Hochbaum, Ingo: Neue Wege der Zusammenarbeit. Die europäische Bildungs- und Berufsbildungspolitik nach Maastricht. In: Bildung und Erziehung, 1993, H.1, S. 19.

Hochschulrektorenkonferenz: Die Ertragsfähigkeit der Abiturienten. In: HRK, 1991, Nr.5, S. 2.

Hochstätter, Hans-Peter und Schmidt, Rolf: Sollen alle im Bummelzug fahren? Schulzeitverkürzung und Reform der gymnasialen Oberstufe.
In: pädagogik extra, 1993, H.4, S. 30.

Höfler, Arnold: Die Fachoberschule in Hessen.
In: Die berufsbildende Schule 1981, H.7, S. 445-451

Höfler, Arnold: Hessen; Berufliches Gymnasium, Schwerpunkt Technik.
In: Die berufsbildende Schule 1983, H.4, S. 229-237.

Höffe, Ottfried: Sittlich-politische Diskurse. Frankfurt/Main 1981.

Höhne, Ernst: Der Begriff der Hochschulreife (1958). In: *Lennert,* 1971, S. 48.

Höhne, Ernst: Der Neuaufbau des Schulwesens nach dem Bildungsgesamtplan. Bamberg 1972. (A)

Höhne, Ernst: Die Neue Kollegstufe. Entwicklung und Sinngehalt. In: *Lanig, K. (Hrsg.):* Idee und Wirklichkeit der Kollegstufe. München 1972. (B)

Höhne, Ernst: Die Bund-Länder-Kommission für Bildungsplanung - ihre Gestalt und ihre Wirksamkeit. In: Zeitschrift für Pädagogik, 1974, H.3, S. 347-365.

Höhne, Ernst: Abitur und Hochschulzugang. Bamberg 1975.

Hönes, W. Jerg: Die Integration von beruflicher und allgemeiner Bildung. Ein Epilog. In: Die berufsbildende Schule, 1983, H.12, S. 707-718.

Hörner, Wolfgang: Von der Autonomie der Pddagogik zur Autonomie des Schulsystems. In: Bildung und Erziehung, 1991, H.44, S. 373-390.

Hoffmann, Burkhard (Hrsg.): Allgemeinbildung. Erprobungen - Entwicklungen - Erfahrungen. Bielefeld 1986.

Hoffmann, F.: Allgemeinbildung. Eine problemgeschichtliche Studie. Köln 1973.

Hoffmann, Hansjoachim: Einige Notizen zu Berliner Erfahrungen mit der neugestalteten gymnasialen Oberstufe. In: Die Höhere Schule, 1975, S. 393.

Hoffmann, Hansjoachim: Die Rahmenbedingungen für die Entstehung der "Einheitlichen Prüfungsanforderungen in der Abiturprüfung" der KMK. In: Unterrichtspraxis, 1976, H.4.

Hoffmann, Hansjoachim: Die "Einheitlichen Prüfungsanforderungen in der Abiturprüfung" der KMK - Was können sie leisten, was nicht? In: Die Höhere Schule, 1978, H.5, S. 189-192.

Hoffmann, Hansjoachim: "Anmerkungen" zum hessischen Oberstufenurteil. In: Recht der Jugend, 1982, H.3, S. 206-213.

Hoffmann, Reinhard: Für eine starke Autonomie der Schule. In: Die Deutsche Schule, 1993, H.1, S. 4.

Hoffmann, Reinhard: Refrom durch Selbstorganisation von "unten" erfordert Hilfestellung von "oben". In: Pädagogische Führung, 1993, H.4, S. 166.

Hoffmann, Walter: Pädagogik in der Schule - eine Herausforderung für das Gymnasium. In: Die Neue Sammlung, 1970, S. 31-41.

Hoffmann, Walter: Kindheit und Jugend im Nationalsozialismus. In: Neue Sammlung, 1992, H.1, S. 53.

Hofmann, Fritz: Reformen im Gymnasium. Entwicklungsplan und neue Reformen. In: IBW-Journal, 1982, H.11, S. 172-175.

Hofmann, Werner: Universität, Ideologie und Gesellschaft. Frankfurt/Main 1774.

Hojer, Ernst: Wider den pädagogischen Begriff der Elitebildung. In: Zeitschrift für Pädagogik, 1964, H.5, S. 433-445.

Holtappels, Heinz G.: Chancen für eine andere Lebenskultur. Ganztagsschule als reformiertes Schulmodell. In: PÄDEXTRA, 1993, H.6, S. 4.

Holthoff, Fritz: Schule - eine Institution für indoktrinierende Lernbefehle?
In: Westermanns Pädagogische Beiträge, 1976, H.2, S. 99-101.

Holzapfel, Heinrich: Das naturwissenschaftliche Gymnasium.
In: Die Höhere Schule, 1948, H.7, S. 3.

Holzapfel, Heinrich: Von der Saarbrücker Rahmenvereinbarung von 1960 zur Bonner Vereinbarung von 1972. In: *Sebbel, E. (Hrsg.)* 1976.

Holzapfel, Heinrich: Gymnasium - Schule der wissenschaftlichen Grundbildung.
In: Die Höhere Schule, 1978, S. 264-269.

Holzapfel, Heinrich: Erziehungsaufgaben des Gymnasiums.
In: Die Höhere Schule, 1980, H.7, S. 264-265. (A)

Holzapfel, Heinrich: Erziehungsaufgaben des Gymnasiums. Köln 1980. (B)

Holzapfel, Heinrich: Das Gymnasium und seine Erziehungsaufgabe. Vortrag anläßlich des 75. Jubiläums des Schloß-Gymnasiums in Düsseldorf-Benrath.
In: Die Höhere Schule, 1983, H.4, S. 119-126.

Honal, Werner: Besonnener Kurs im Süden. Zum Stand der Oberstufenreform in Bayern.
In: Die Höhere Schule, 1982, H.10, S. 283-285.

Honal, Werner (Hrsg.): Handwörterbuch der Schulleitung (Neuausgabe). Landsberg/Lech 1986².

Honal, Werner: Nach der Landwirtschaft nun das Schulwesen? Europaopfer der 90er Jahre.
In: Die Höhere Schule, 1988, H.7, S. 185-188.

Hope, Wulf: Senkung und Polarisierung von Qualifikationsanforderungen als Bedingungen des Bildungssystems. In: Zeitschrift für Pädagogik, 1978, H.1, S. 51-67.

Hopes, Clive (Hrsg.): Schoolinspectorates in The Member States of The European Community. Belgium, Frankfurt/Main 1992; England and Wales, Frankfurt/Main 1992; France (revised edition), Frankfurt/Main 1993; Ireland, Frankfurt/Main 1991; Italy, Frankfurt/Main 1991; The Netherlands, Frankfurt/Main 1991; Portugal, Frankfurt/Main 1991; Spain, Frankfurt/Main 1991.

Hopf, Christel; Nevermann,Knut und Richter, Ingo: Schulaufsicht von innen gesehen.
In: Die Neue Sammlung 1980, S.612-625. (A)

Hopf, Christel; Nevermann,Knut und Richter, Ingo: Schulaufsicht und Schule. Eine empirische Untersuchung der administrativen Bedingungen schulischer Erziehung. Stuttgart 1980. (B)

Horkheimer, Max: Anfänge der bürgerlichen Geschichtsphilosophie. Stuttgart 1930.

Horkheimer, Max und Theodor W. Adorno: Sociologica II. Reden und Vorträge.
Frankfurt/Main 1962, 1984.

Horkheimer, Max: Kritische Theorie. Eine Dokumentation, 2 Bände. Frankfurt/Main 1968.

Horkheimer, Max: Begriff der Bildung. Immatrikulationsrede Wintersemester 1952/53. In: *Pleines J.-E. (Hrsg.):* Bildungstheorie. Probleme und Positionen. Freiburg 1978.

Horkheimer, Max: Traditionelle und kritische Theorie. Aufsätze, Reden und Vorträge (1930 - 1972). Frankfurt/Main 1980.

Horkheimer, Max und Theodor W. Adorno: Dialektik der Aufklärung: philosophische Fragmente (Neuausg.). Frankfurt/Main 1981.

Hornstein, Walter: Aufwachsen mit Widersprüchen - Jugendsituation und Schule heute. Stuttgart 1990.

Hornstein, Walter: Jugendentwicklung und Schule im Spannungsfeld gesellschaftlicher Modernisierungsprozesse. In: Die Höhere Schule, 1992, H.6, S. 157-164.

Hornstein, Walter: Schulentwicklung und Schule im Spannungsfeld gesellschaftlicher Modernisierungsprozesse. In: Die Höhere Schule, 1992, H.6, S. 157.

Hornstein, Walter: Fremdenfeindiichkeit und Gewalt in Deutschland. Über Tabus in der öffentlichen Thematisierung und über die Notwendigkeit gesellschaftlichen Lernens.
In: Zeitschreift für Pädagogik, 1993, H.1, S. 3-16.

Hross, H.: Denkerziehung und Leistungsbegriff im Unterricht des Gymnasiums.
In: Die Höhere Schule, 1971, H.10, S. 269.

Huber, Bertold: Das Urteil des hessischen Staatsgerichtshofes zur Reform der gymnasialen Oberstufe. In: Recht der Jugend, 1982, H.3, S. 196-206.

Huber, Ludwig: Renaissance des Gymnasiums? - Nicht ohne fächerübergreifenden Unterricht auf der Oberstufe. In: Pädagogik und Schule in Ost und West, 1993, H.4, S. 212ff.

Hültenschmidt, Erika: Sprachen und Allgemeinbildung. Quellen zur preußischen Bildungsreform des 19. Jahrhunderts. In: Englisch-Amerikanische Studien, 1983, H.1, S. 52-55.

Hüffmeier, Fritz: Schulbesuch im Kurssystem. Organisatorische Hilfe zur Sicherung regelmäßigen Schulbesuchs. In: Schul- und Unterrichtsorganisation, 1980, H.2, S. 17-20.

Huhn, Christine und Starke, Rainer: In der Breite Spitze, in der Spitze fehlt die Breite. Bericht über das Kolloquium "Abitur noch gültiges Selektionskriterium".
In: Die Höhere Schule, 1984, H.8, S. 247-251.

Hullen, Gert: Eineinhalb Jahrzehnte Reform: Abitur und Berufsbildung an einem Dutzend Schulen. Doppelqualifizierende Bildungsgänge in Hessen.
In: Die Deutsche Schule, 1987, H.2, S. 263-266.

Hummer, Annelie: Auswirkungen der neugestalteten gymnasialen Oberstufe auf Schüler und Studenten. Eine Längsschnittstudie. (Studien zum Umgang mit Wissen - Bd. 2). Baden-Baden 1986.

Huppertz, Norbert: Die Wirklichkeit der Zusammenarbeit zwischen Schule und Elternhaus. - Beiträge zur Theoriebildung - München 1988.

Hurrelmann, Klaus: Soziologie der Erziehung. Weinheim/Basel 1974.

Hurrelmann, Klaus: Bildung als Konsumgut. In: Betrifft: Erziehung, 1982, H.9, S. 42-47.

Hurrelmann, Klaus: Ein neues pädagogisches Profil für das Gymnasium?
In: Pädagogik, 1988, H.4, S. 47-51. (A)

Hurrelmann, Klaus: Thesen zur strukturellen Entwicklung des Bildungssystems in den nächsten fünf bis zehn Jahren. In: Die Deutsche Schule, 1988, H.4, S. 451-461. (B)

Hurrelmann, Klaus: Eine Politik des bildungspolitischen „Aushungerns" des Gymnasiums ist zum Scheitern verurteilt. In: Zweiwochendienst – Bildung – Wissenschaft, Kulturpolitik, 1989, Nr. 9, S. 5f

Hurrelmann, Klaus: Zwei Schulen für das eine Deutschland. Offener Brief an die Konferenz der Kultusminister ... In: Die Zeit, 1. November 1991, Nr. 45

Hurrelmann, Klaus: Plädoyer für eine Schulreform, in der Gymnasium und Gesamtschule die Basisformen bilden: „Zwei-Wege-Modell". In: Johann Jakob Stiftung: Jugend, Bildung und Arbeit. Zürich, 1992

Husén, Torsten: Soziale Umwelt und Schulerfolg. Frankfurt 1977.

Husén, Torsten: Probleme und Aussichten des institutionalisierten Schulwesens - Erfahrungen aus internationaler Tätigkeit. In: Die Neue Sammlung, 1978, S. 288-305.

Husén, Torsten: Schule in der Leistungsgesellschaft. Kann Schule überleben. Braunschweig 1980.

Huster, Ernst-Ulrich und Schweiger, Herbert: Die "vergessene" Einheitsschule.
In: Die Deutsch Schule, 1979, H.12, S. 740-758.

Ilsemann, Cornelia von: Die Gymnasiale Oberstufe zwischen organisatorischen Zwängen und pädagogischen Chancen. In: Pädagogik, 1989, H.4, S. 14-16.

Ingenkamp, Karlheinz: Zur Diskussion über die Leistungen unserer Berufs- und Studienanfänger ger. Eine kritische Bestandsaufnahme der Untersuchungen und Stellungnahmen.
In: Zeitschrift für Pädagogik, 1986, H.1, S. 1-29.

Isenegger, Urs: Schulen und Schulsysteme. Grundlagen organisatorischer Neugestaltung. München 1977.

Ivo, Hubert: Kritischer Deutschunterricht. Frankfurt/Main 1969.

Jacob, Norbert und Kurz, Gabriele: Auswirkungen der neugestalteten gymnasialen Oberstufe auf die Einschätzung des Lernverhaltens und der Sozialbeziehungen durch Schüler.
In: Zeitschrift für Pädagogik, 1977, H.2, S. 211-220.

Jank, Werner und Meyer, Hilbert: Didaktische Modelle. Frankfurt/Main 1991.

Janssen, Bernd: Europa lernen. Über die Mißverständnisse europäischer Bildung.
In: Hessische Blätter für Volksbildung, 1993, H.1, S. 43.

Janssens S.: What are Beginning Teachers Eonasied about? Paper Presented at the First Print Conference of the "Arbeitsgruppe für Empirische Pädagogische Forschung". Düsseldorf 1987.

Jaspers, Karl: Wohin treibt die Bundesrepublik? Tatsachen, Gefahren, Chancen. München 1966, 1988.

Jaspers, Karl: Antwort. München 1967.

Jay, Martin: Dialektische Phantasie. Die Geschichte der Frankfurter Schule und des Instituts für Sozialforschung. Frankfurt 1976.

Jeismann, Karl-Ernst: Das preußische Gymnasium in Staat und Gesellschaft. Die Entstehung des Gymnasiums als Schule des Staates und der Gebildeten, 1787 bis 1817. (Industrielle Welt. Schriftenreihe des Arbeitskreises für moderne Sozialgeschichte. Bd. 15.) Stuttgart 1974.

Jencks, Christopher: Chanchengleichheit. Reinbek 1973.

Jenkner, Siegfried: 30 Jahre Grundgesetz und Schule. In: Westermanns Pädagogische Beiträge, 1979, H.9, S. 329-334.

Jennessen, Heinz: Ausbildungswege und Schulerfahrungen von Kollegschülern in doppeltqualifizierenden Bildungsgängen. Untersuchungsbericht über eine Befragung von Schülern und Absolventen vollzeitschulischer Bildungsgänge mit doppeltqualifizierendem Abschluß an Kollegschulen. Soest 1986.

Jennessen, Heinz: Lernerfahrung und Ausbildung in der Kollegschule. Untersuchungsbericht
Teil 2. Soest 1988.

Jens, Walter: Antiquierte Antike? Perspektiven eines neuen Humanismus. Münsterdorf 1972.

Johannsen, Hans-Werner: Auf dem Weg zur „vollen Halbtagsschule". Ein Bericht aus der Praxis. In: Die Deutsche Schule, 1992, Heft 4, S. 513ff.

John, Bernd: Tendenzen der Entwicklung des Schulwesens in der BRD. In: Vergleichende Pädagogik, 1989, H.2, S. 113-124.

John, Ernst G.: Strukturanalyse der gymnasialen Oberstufentypen wirtschaftswissenschaftlicher Richtung in der Bundesrepublik Deutschland. In: Wirtschaft und Erziehung, 1982, H.2, S. 45-50.

Jonas, Hans: Das Prinzip Verantwortung. Frankfurt/Main 1979.

Jonda, Dieter: Die Fachhochschulreife in Baden-Württemberg. In: Die berufsbildende Schule, 1981, H.7, S. 431-420.

Jorzik, H.-P.: Zur Oberstufenreform. In: Die Höhere Schule, 1973, S. 18.

Jourdan, Manfred: Möglichkeiten und Grenzen einer kommunikativen Pädagogik. Dortmund 1974.

Jourdan, Manfred: Kommunikative Erziehungswissenschaft kritisch gesehen. Bad Heilbrunn 1976.

Jourdan, Manfred: Recurrent education: Erwachsene kehren zurueck zur Bildung. Essen 1978.

Jourdan, Manfred: Pädagogische Kommunikation: eine integrative Systematisierung der Dimensionen menschlicher Kommunikation in Erziehung und Bildung. Bad Heilbrunn/Obb. 1989.

Jüngermann, Rolf: Gymnasium für alle, Gesamtschule für den Rest? Das Gymnasium ist und bleibt eine Instanz der sozialen Auslese; ein "Volksgymnasium für alle" ist nicht möglich.
In: Pädagogik extra & Demokratische Erziehung, 1988, H.5, S. 28-32.

Jüttner, Egon: Europa - Binnenmarkt der Bildung. In: Bildung und Erziehung, 1993, H.1, S. 5.

Jugendwerk der Deutschen SHELL: Jugend 92, 4 Bände, Oplanden 1992.

Jungkunz, Diethelm: Orientierungsprobleme und Konfliktsituationen von Schule der reformierten gymnasialen Oberstufe - eine empirische Untersuchung. Bad Honnef 1980.

Jungkunz, Diethelm: Studien- und Berufswahlvorbereitung von Gymnasiasten.
In: Zeitschrift für Pädagogik, 1981, H.5, S. 697-710.

Jungkunz, Diethelm: Schullaufbahnberatung in der gymnasialen Oberstufe.
In: Die Deutsche Schule, 1981, H.7, S. 463-475.

Jungkunz, Diethelm: Leistungsfächer und Studienorientierung.
In: Die Höhere Schule, 1982, H.10, S. 293-296.

Jungkunz, Diethelm: Defizite in der Studien- und Berufswahlvorbereitung von Gymnasiasten.
In: Zeitschrift für Pädagogik, 1981, H.5, S. 697-710.

Jungkunz, Diethelm: Zum Wahl- und Entscheidungsverhalten von Oberstufenschülern. Neue empirische Ergebnisse. In: Unterrichtswissenschaft, 1982, H.1, S. 73-83.

Jungkunz, Diethelm: Zum Zusammenhang von schulischer Schwerpunktwahl und Studienfachwahl von Abiturienten. In: Die Höhere Schule, 1984, H.1, S. 41-50.

Jungkunz, Diethelm: Leistungs- und Prüfungsfächer. Schüler vor der Entscheidung.
In: Die Höhere Schule, 1984, H.5, S. 154-158.

Jungmann, Walter: Interkulturelle Pädagogik und europäisches Bildungsreform.
In: Die Deutsche Schule, 1992, H.4, S. 24.

Jungkunz, Diethelm: Abitur und/oder Test? Das Problem der Selektion und Prognose beim Hochschulzugang. In: Die Deutsche Schule, 1986, H.1, S. 28-41.

Kade, Jochen: Bildung oder Qualifikation? Zur Gesellschaftlichkeit beruflichen Lernens.
In: Zeitschrift für Pädagogik, 1983, H.6, S. 859-876.

Kärtner, Georg: Berufliche Sozialisation und gesellschaftlich-politische Handlungskompetenz.
In: Zeitschrift für Pädagogik, 1978, H.1, S. 1-20.

Kästner, Harald: Erziehung zum Gemeinschaftsbürger.
In: Westermanns Pädagogische Beiträge, 1979, H.7, S. 247-253.

Kästner, Harald: Auf dem Wege zu mehr Vielfalt. Bemerkungen und Hinweise zum Fremdsprachenangebot an den allgemeinbildenden Schulen in den Ländern in der Bundesrepublik Deutschland. In: Die Neueren Sprachen, 1985, H.3/4, S. 430-452.

Kästner, Harald: Einheitlichkeit und Differenzierung. Lagedarstellung des Schulwesens in der Bundesrepublik Deutschland im Sekundarbereich I.
In: Die Höhere Schule, 1991, H.2, S. 52-56.

Kästner, Harald: Elternmitwirkung in der Schule. Anspruch und Wirklichkeit im vereinten Deutschland. In: Die Höhere Schule, 1991, H.7, S. 91. (A)

Kästner, Harald: Zur Einheitlichkeit des Schulwesens in Deutschland.
In: Die Höhere Schule, 1991, H.8, S. 242. (B)

Kästner, Harald: "Nach Maastricht". Zum Entwicklungsstand der europäischn Dimension im Unterricht auf nationaler und europäischer Ebene.
In: Die Höhere Schule, 1992, H.8-9, S. 222.

Kästner, Harald: Zweisprachige Bildungsgänge an Schulen in der Bundesrepublik Deutschland.
In: Die Neueren Sprachen, 1993, H.1/2, S. 23.

Kahl, Reinhard: Arko und Demo. In: Neue Sammlung, 1992, H.4, S. 521.

Kaiser, Arnim: Bildungsziele und didaktisch-methodische Struktur der gymnasialen Mittelstufe.
In: Die Höhere Schule, 1987, H.10, S. 314-319.

Kaiser, Peter: Schülerberatung in der Kollegstufe des Gymnasiums.
In: Zeitschrift für Individualpsychologie, 1983, H.2, S. 122-128.

Kaiser, R. (Hrsg.): Global 2000. Der Bericht an den Präsidenten. Frankfurt/Main 1980.

Kallen, Denis: Recurrent Education - Eine Alternative?
In: Bildung und Erziehung, 1974, H.5, S. 371-379.

Kamp, Norbert: Studienreife, Studienverbot und Amtsberechtigung.
In: Neue Sammlung, 1991, H.2, S. 211.

Karg, Helmut: Über das Revidieren von Unterrichtsempfehlungen für die gymnasiale Oberstufe.
In: Zeitschrift für Pädagogik, 1980, H.6, S. 943-947.

Kasper, Gotlind I. und Claus, Rainer: Burnout - die Krise der Erfolgreichen.
In: Die Deutsche Schule, 1991, H.4, S. 434.

Kazamzadeh, Foad; Minks, K.-H. und Nigmann R.-R.: "Studierfähigkeit" - eine Untersuchung des Übergangs vom Gymnasium zur Universität. Hannover 1987.

Keim, Wolfgang (Hrsg.): Gesamtschule. Bilanz ihrer Praxis. Hamburg 1973.

Keim, Wolfgang: Pädagogen und Pädagogik im Nationalsozialismus.
In: Die Neue Sammlung, 1989, S. 186.

Keim, Wolfgang und Himmelstein, Klaus: Erziehungswissenschaft im deutsch-deutschen Einigungsprozeß. Jahrbuch Pädagogik, 1992, Frankfurt/Main.

Kell, Adolf: Kosten und Finanzierung der beruflichen Bildung. Über Zusammenhänge zwischen Bildungsfinanzierung und Bildungsreform - eine Literaturübersicht.
In: Zeitschrift für Pädagogik, 1976, H.6, S. 945-971.

Keller, Dieter: Die Grundausbildung muß gesichert werden.
In: Die Höhere Schule, 1983, H.8, S. 243-244.

Keller, Gustav und Rederer, Hannes: Der Übergang von der Grundschule in die weiterführenden Schulen aus der Sicht der Bildungsberatungsstelle, der Grundschule, der Realschulen und des Gymnasiums. In: Lehren und Lernen, 1988, H.2, S. 69-95.

Keller, Karl: Die spezielle Arbeitsweise der höheren Schule.
In: Die Höhere Schule, 1956, H.5, S. 85.

Kemper, Herwart (Hrsg.): Theorie und Geschichte der Bildungsreform. Eine Quellensammlung von Commenius bis zur Gegenwart. (Hochschulschriften Erziehungswissenschaft. Bd.20.) Königstein 1984.

Kerschensteiner, Georg: Der Begriff der Arbeitsschule. Leipzig und Berlin 1930.

Kerstiens, Ludwig: Die Höhere Schule in den Reformplänen der Nachkriegszeit.
In: Zeitschrift für Pädagogik, 1965, S. 538-561.

Kerstiens, Ludwig: Allgemeinbildung. Ein Dialog mit Humboldt.
In: IBW-Journal, 1985, H.8, S. 11-19.

Keulen, Hermann: Ist die Kritik an der Oberstufenreform berechtigt?
In: Die Höhere Schule, 1977, H.1, S. 25.

Keunecke, Helene: Unvereinbarkeit von Stufenschule und Bildungsauftrag des Gymnasiums.
In: Die Höhere Schule, 1983, H.6, S. 166-166.

Keym, Werner: Das fatale Zauberwort 'Konzentration'.
In: Die Höhere Schule, 1991, H.6, S. 180-182.

Kielbassa, Michael: Zur aktuellen Situation von Aus- und Weiterbildung in der Bundesblik Deutschland.
In: Zeitschrift für Berufs- und Wirtschaftspädagogik, 1983, H.10, S. 746-755.

Kirst, Michael W.: Effective Schools: Political Environment and Educational Policy.
In: Planning and Changing, 1983, H.4, S. 234-244.

Kitzinger, Erwin: Zur Situation des Gymnasiums im Jahre 1980.
In: Anregung, 1980, H.3, S. 139-150.

Kitzinger, Erwin: Zur Situation des Gymnasiums im Schuljahr 1984/85.
In: Anregung, 1985, H.3, S. 145-154.

Klafki, Wolfgang: Studien zur Bildungstheorie und Didaktik.
Weinheim/Basel 1963, $1975^{8/10}$, 1977

Klafki, Wolfgang: Das pädagogische Problem des Elementaren und die Theorie der kategorialen Bildung. Weinheim/Bergstraße 1964.

Klafki, Wolfgang: Hermeneutische Verfahren in der Erziehungswissenschaft. In: *Klafki, W u.a.:* Funk-Kolleg Erziehungswissenschaft Bd. 3. Frankfurt/Main 1971.

Klafki, Wolfgang: Erziehungswissenschaft als kritisch-konstruktive Theorie: Hermeneutik - Empirie - Ideologiekritik. In: Zeitschrift für Pädagogik, 1971, S. 351-385.

Klafki Wolfgang; Lingelbach; Nicklas: Probleme der Curriculumentwicklung, Entwürfe und Reflexionen. Frankfurt/Main 1972².

Klafki, Wolfgang: Zum Verhältnis von Didaktik und Methodik. In: Zeitschrift für Pädagogik, 1976, H.1, S. 77-94.

Klafki, Wolfgang: Replik auf Peter Mencks "Anmerkungen zum Begriff der Didaktik". In: Zeitschrift für Pädagogik, 1976, H.5, S. 803-810.

Klafki, Wolfgang: Aspekte kritisch - konstruktiver Erziehungswissenschaft. Weinheim, Berlin, Basel 1976.

Klafki, Wolfgang: Zur pädagogischen Bilanz der Bildungsreform. In: Die Deutsche Schule, 1982, H.5, S. 339-352.

Klafki, Wolfgang: Thesen zur "Wissenschaftsorientierung" des Unterrichts. In: Pädagogische Rundschau, 1984, H.1, S. 79-87.

Klafki, Wolfgang: Die Bedeutung der klassischen Bildungstheorien für ein zeitgemäßes Konzept allgemeiner Bildung. In: Zeitschrift für Pädagogik, 1986, H.4, S. 455-476.

Klafki, Wolfgang: Neue Studien zur Bildungstheorie und Didaktik. Beiträge zur Kritisch-Konstruktiven Didaktik. Weinheim 1985.

Klafki, Wolfgang: Kann Erziehungswissenschaft zur Begründung pädagogischer Zielsetzungen beitragen? In: Röhrs, Scheuerl [1989, S. 147].

Klafki, Wolfgang: Die Weiterführung der Schulreform in Bremen. In: Die Deutsche Schule, 1993, H.3, S. 289.

Klages, Heiner: Wertorientierung im Wandel. Frankfurt/Main 1984.

Klages, Helmut: Wertorientierung im Wandel. Frankfurt/Main 1984.

Klages, Helmut: Wertedynamik. Zürich 1988.

Klawe, Willy und Matzen, Jörg: Lernen gegen Ausländerfeindlichkeit. Weinheim 1993.

Kledzig, Ulrich: Gesamtschule in der Diskussion. In: Schulpraxis, 1989, H.1, S. 59-61. (A)

Kledzig, Ulrich: Arbeitslehre - ein notwendiges Lernfeld im Kanon der Allgemeinbildung. In: Die Deutsche Schule, 1989, H.2, S. 237-247. (B)

Klein, Johannes: Universität und Gymnasium. In: Die Höhere Schule, 1957, H.11, S. 232.

Kleinberger, Aharon F.: Bildungsforschung und Bildungspolitik.
In: Die Neue Sammlung, 1977, S. 61-74.

Kleinschmidt, Gottfried: Zur Abklärung des Begriffs "Allgemeinbildung".
In: Schulpraxis, 1981, H.3, S. 15-19.

Klemm, Günther: Philosophieunterricht und Kolloquium als Wege der Konzentration.
In: Die Höhere Schule, 1959, H.9, S. 179.

Klemm, Klaus; u.a.: Bildung für das Jahr 2000. Bilanz der Reform, Zukunft der Schule. Reinbeck 1985.

Klemm, Klaus: Technologischer Wandel in der Arbeitswelt - Konsequenzen für das allgemeinbildende Schulsystem.
In: Zeitschrift für Pädagogik, Beiheft 21, 1986, S. 105-111.

Klemm, Klaus und Rolff, Hans-Günter: Innere Schulrefomr im zweigliedrigen Schulsystem? Eine kritische Analyse neuerer bildungspolitischer Konzepte aus der Sicht der Schulentwicklungsforschung. In: Die Deutsche Schule, 1988, H.4, S. 462-471.

Klemm, Klaus und Rolff, Hans-Günter: Der heimliche Umbau des Gymnasiums.
In: Pädagogik, 1989, H.4, S. 25-27.

Klinke, Erwin: Schule inst ein Lebensraum für Kinder. In: PÄDEXTRA, 1993, H.6, S. 10.

Klose, Werner: "Hitler-Welle" und Geschichtsunterricht.
In: Die Höhere Schule, 1978, H.5, S. 195.

Klowski, Joachim: Alte Sprachen und gymnasiale Allgemeinbildung.
In: Gymnasium, 1986, H.1, S. 27-34.

Kluge, Norbert; u.a.: Vom Lehrling zum Akademiker. (Zentrum für pädagogischer Berufspraxis der Universität Oldenburg). Oldenburg 1990.

Knab, Doris: Konsequenzen der Curriculum-Problematik im Hinblick auf Curriculumforschung und Lehrplantentscheidungen in der Bundesrepublik. In: *Achtenhagen, Meyer(Hrsg.):* Curriculumrevision - Möglichk. und Grenzen, 1971, S. 159.

Knab, Doris: Curriculumreform auf dem Weg zur Schule.
In: Zeitschrift für Pädagogik, 1974, H.2, S. 177-188.

Knauf, Tassilo: Die Ganztagsschule in Europa. Entwicklungslinien im EG-Bereich.
In: PÄDEXTRA, 1993, H.6, S. 18.

Knepper, Herbert: Kritische Bildung. Zur Theorie einer integrierten Kollegstufe. München 1971.

Kobe, Gerhard: Berufsorientierung auch am Gymnasium? In: Pädagogik, 1989, H.4, S. 17-21.

Koch, Lutz: Allgemeinbildung und Berufsbildung in Fichtes Ethik.
In: Pädagogische Rundschau, 1988, H.6, S. 679-688.

Koch, Lutz: Überlegungen zum erziehenden Unterricht in einer "guten Schule".
In: Die Höhere Schule, 1991, H.10, S. 315-319.

Kochan, Detlef C.: Sprache als inhaltliche Variante in Lehr- und Lernprozessen.
In: Die Deutsche Schule, 1969, S. 690-707.

Kochan, Detlef C.: Sprache als inhaltliche Variante in Lehr- und Lernprozessen. (Teil II)
In: Die Deutsche Schule, 1969, S. 786-798.

Köbel, Erna-Gisela: Zur Reform der Neugestalteten Gymnasialen Oberstufe.
In: Westermanns Pädagogische Beiträge, 1979, H.3, S. 109-112.

Köhler, Hans-Werner: Kollegschule auf dem Prüfstand. Modellfall Recklinghausen. Zur Integration beruflicher und allgemeiner Bildung. Bern/Frankfurt 1985.

König, Eckard: Theorie der Erziehungswissenschaft. (3 Bde.) München 1975.

König, Victor: Die kopernikanische Wendung.
In: Die Höhere Schule, 1950, H.1, S. 4.

Koller, D.: Simulation von dynamischen Vorgängen - ein fächerverbindendes Unterrichtsbeispiel in der Klasse 10. Landesinstitut für Erziehung und Unterricht. Stuttgart 1994.

Konow, Gerhard: Bildungs- und Kulturpolitik in der Europäischen Gemeinschaft.
In: Recht der Jugend und des Bildungswesens, 1989, H.2, S. 118-129.

Konrad, Helmut: Zur Grundlegung der Bildungs- und Erziehungsaufgabe des Gymnasiums im pädagogischen Ethos. In: Die Höhere Schule, 1982, H.5, S. 139-147.

Korte, Elke: Der Numerus clausus im Prozeß gesellschaftlicher Entwicklungen.
In: Gegenwartskunde, 1984, H.1, S. 25-37.

Kosse, Wilhelm (Hrsg.) und Blankertz, Herwig: Perspektivpädagogik. Essen 1974.

Kral, Gerhard: Struktur und Politik des Bayerischen Philologenverbandes 1949 - 1982.
Band 27 der Studien und Dokumentation zur deutschen Bildungsschichte.
Köln / Wien 1984.

Kramarz, Joachim: Vergleichbarkeit des Hochschulzugangs.
In: Die Höhere Schule, 1975, H.6, S. 191.

Krapf, Bruno: Unterrichtsstrukturen und intellektuelle Anforderungen im Gymnasium.
Eine Untersuchung zum schulischen Lernen am Beispiel des Gymnasiums.
Bern/Stuttgart 1985.

Krappmann, Lothar: Soziologische Dimension der Identität. Stuttgart 1975^4, 1988^7.

Kraul, Margret: Gymnasium und Gesellschaft im Vormärz. Neuhumanistische Einheitsschule städtische Gesellschaft und soziale Herkunft der Schüler. Göttingen 1980.

Kraul, Margret: Das deutsche Gymnasium 1780 - 1980. Frankfurt/Main 1984.

Kraul, Margret: Zwischen Weiblichkeit und Chancengleichheit- Einhundert Jahre Gymnasialbildung für Mädchen. In: Pädagogik, 1989, H.4, S. 32-36.

Kraus, Hansjoachim: Großbaustelle Schulreform. In: Die Realschule, 1980, H.12, S. 703-720.

Kraus, Hansjoachim: Findet die Reform zu den Bürgern zurück?
In: Die Realschule, 1981, H.2, S. 89-98.

Kraus, Josef: Kann das Gymnasium seinen Schülern die Berufs- und Studienwahl erleichtern?
In: Die Höhere Schule, 1983, H.7, S. 215-218.

Kraus, Josef: Hochbegabte: Herausforderung und Chance des Gymnasiums.
In: Die Höhere Schule, 1985, H.7, S. 216-226.

Krause, Detlef: Politische Ökonomie der Bildung.
In: Zeitschrift für Pädagogik, 1973, H.5, S. 771-798.

Krause, Joachim und Olberg, Hans-Joachim von: "Produktive Einseitigkeit" und "Überwindung der Spezialisierung". Die Strukturierung von Bildungsgängen in Lernbereiche.
In: Die Deutsche Schule, 1987, H.2, S. 191-204.

Kreft, Jürgen: Die Krise des wissenschaftspopädeutischen Philosophieunterrichts. Hamburg 1988.

Kreis, Heinrich: Wie können Hauptschüler in der Reformierten Gymnasialen Oberstufe gefördert werden? In: Die Deutsche Schule, 1980, H.5, S. 276-284.

Kretschmar, Horst und Stary, Joachim: Weiterqualifizierung - Nachqualifizierung - oder? Überlegungen und empirische Befunde zu einem Beispiel praktischer Lehrerfort- und weiterbildung. In: Pädagogik und Schulalltag, 1993, H.4, S. 431.

Krings, Hermann: Zum Strukturwandel des Gymnasiums.
In: Die Höhere Schule, 1975, H.2, S. 52.

Kretzer, Hartmut: Gymnasium in Niedersachsen zwanzig Jahre nach der Oberstufenreform. Oldenburg, 1992 (Zentrum für pädagogische Berufspraxis).

Kroeze, David J.: Effective Prinzipals as Instructional Leaders: New Directions for Research.
In: Administrator's Notebook, 1983, H.9.

Krönner, Hans: Die Bedeutung der Berufsentscheidung für die Sekundarstufe II.
In: Zeitschrift für Pädagogik, 1973, H.5, S. 759-769.

Kubina, Ch., Lambrich, H.-J. (Hrsg.): Die Ganztagsschule, Bestandsaufnahme-Grundlegung-Perspektiven. Wiesbaden, 1991.

Kubli, Fritz: Kognitionspsychologie, Piaget und die Existenz von Universalien des Denkens.
In: Die Neue Sammlung, 1980, S. 357-365.

Kühn, Thomas S.: Die Struktur wissenschaftlicher Revolutionen. Frankfurt/Main 1978^3.

Küthe, Manfred; Gawatz R. und Bargel, Tino: Kollegschule - Wege zu Studium und Beruf. Untersuchungsbericht Teil 1. Soest 1988.

Kuhlmann, Caspar: Curriculare Entwicklung aus der Sicht der Bildungsverwaltung.
In: Die Neue Sammlung, 1975, S. 508-519.

Kuhlwein, Eckart: Stand der Arbeit und Perspektiven für den Zwischenbericht der Enquete-Kommission "Zukünftige Bildungspolitik - Bildung 2000".
In: Wirtschaft und Berufs-Erziehung, 1989, H.7, S. 198-207.

Kuhn, Thomas S.: Die Struktur wissenschaftlicher Revolutionen. Frankfurt 1976².

Kuhrt, Willi: Die Kollegschule in Nordrhein-Westfalen. Anspruch und Wirklichkeit.
In: Vergleichende Pädagogik, 1989, H.2, S. 125-136.

Kultusministerkonferenz: Rahmenvereinbarung zur Ordnung des Unterrichts auf der Oberstufe des Gymnasiums. Beschluß der KMK vom 29.9.1960. Neuwied 1960.

Kultusministerkonferenz: Empfehlungen an die Unterrichtsverwaltungen der Länder zur didaktischen und methodischen Gestaltung der Oberstufe der Gymnasien im Sinne der Saarbrücker Rahmenvereinbarung. Beschluß der KMK vom 28./29.09.1961 Neuwied 1961.

Kultusministerkonferenz der Länder: Erklärung zum Strukturplan der Bildungskommission des deutschen Bildungsrates vom 2. Juli 1970. Neuwied 1970.

Kultusministerkonferenz: Europa in der Schule. Beschluß vom 8. Juni 1978.
In: Das Parlament, 1979.

Kultusministerkonferenz: Empfehlungen zur Arbeit in der gymnasialen Oberstufe gemäß Vereinbarung zur Neugestaltung der gymnasialen Oberstufe in der Sekundarstufe II vom 2.12.1977 in der Fassung vom 19.12.1988. Neuwied 1988.

Kultusministerkonferenz: Einigung über das Abitur.
In: Die Höhere Schule, 1987, H.10, S. 294-294.

Kultusministerkonferenz: Abitur - eine Bewährungsprobe für den Föderalismus.
In: Die Höhere Schule, 1988, H.3, S. 74-75.

Kultusministerkonferenz: Fortschreibung der Vereinbarungen zur gymnasialen Oberstufe.
In: Die Höhere Schule, 1988, H.1, S. 17-17.

Kultusministerkonferenz: Vereinbarung zur Neugestaltung der gymnasialen Oberstufe in der Sekundarstufe II vom 7. Juli 1972 in der Fassung vom 11.4.1988. Neuwied 1972.

Kultusministerkonferenz der Länder: Stellungnahme zum Bericht der Bundesregierung über die strukturellen Probleme des föderativen Bildungssystems (Strukturbericht). Beschluß der 187. Plenarsitzung der KMK vom 20./21.4.1978. Neuwied 1978.

Kultusminister des Landes Nordrhein-Westfalen: Kollegstufe NW. Heft 17 der Schriftenreihe des Kultusministers des Landes Nordrhein-Westfalen. Ratingen, Kastellaun 1972.

Kumetat, Heinz: Schulreform und Schulwirklichkeit. In: Die Deutsche Schule, 1968, S. 12-24.

Kunze, Sigrid: Gewalt - ein Thema, das uns alle angeht.
In: Schul-Verwaltung NRW, 1993, H.8, S. 183-184.

Kursbuch 113: Deutsche Jugend. Berlin 1993.

Kuss, Horst: Das Gymnasium im gesellschaftlichen Wandel der Nachkriegszeit.
In: Die Höhere Schule, 1983, H.1, S. 21-28.

Kuth, Dieter: Gymnasium in Ganztagesform - ein Modell mit Zukunft?
In: Die Höhere Schule, 1978, H.8, S. 306-309.

Kutscha, Günter: Wissenschaftliche Grundbildung - ein ungelöstes Problem in Praxis und Theorie der Lehrplanung für die gymnasiale Oberstufe. In: *Schenk, Barbara; Kell, A. (Hrsg.):*Grundbildung...,aaO. S.33-62. Königstein/Taunus 1978.

Kutscha, Günter: "Allgemeinbildender" Unterricht in der Berufsschule - verwaltete Krise.
In: Zeitschrift für Pädagogik, 1982, H.1, S. 55-72.

Kutscha, Günter (Hrsg.): Bildung unter dem Anspruch von Aufklärung - Zur Pädagogik von Herwig Blankertz. Studien zur Schulpädagogik und Didaktik. Band 1. Weinheim / Basel 1989.

Kutschera, Erhard: Lehrerbildung und Schulreform. Eine Skizze nach den Protokollen der Schulreformkommission. In: Erziehung und Unterricht, 1981, H.1, S. 3-15.

Kutzschbach, Dieter: Tagebuchnotizen zum Schulalltag von Lehrern und Schülern in der reformierten Oberstufe. In: Zeitschrift für Pädagogik, 1980, H.2, S. 271-277.

Kwiatkowska, Henryka: Die Integrationsprozesse in Europa und ihre Bedeutung für die Lehrerbildung. In: Bildung und Erziehung, 1993, H.1, S. 91.

Lähnemann, Martin: Schüler vor dem Abitur. Ergebnisse einer empirischen Untersuchung zu den Auswirkungen des Numerus clausus auf die gymnasiale Oberstufe.
In: Die Deutsche Schule, 1979, H.10, S. 636-651.

Laging, Ralf: Altersgemischte Gruppen als Beitrag zur Bildungsreform.
In: Die Deutsche Schule, 1993, H.3, S. 364.

Lammert, Norbert: Bildungspolitik als nationale Aufgabe einer Europäischen Union.
In: VBE - Dokumentation, H.92-4, S. 19.

Landesinstitut für Schule und Weiterbildung: Zur Ausbildung von mathematisch-technischen Assistenten in der Sekundarstufe II: Analyse bestehender Ausbildungsgänge für den Kollegschul-Versuch NW. Soest 1985^2.

Landesinstitut für Schule und Weiterbildung: Abschlußbericht des Modellversuchs zur Verbindung des Berufsvorbereitungsjahres mit dem Berufsgrundschuljahr. Soest 1986.

Landesinstitut für Schule und Weiterbildung: Berufswahlunterricht in der gymnasialen Oberstufe. Soest 1986.

Landesinstitut für Schule und Weiterbildung: Kooperation in der gymnasialen Oberstufe. Soest 1986.

Landesinstitut für Schule und Weiterbildung: Lernen und Kompetenzentwicklung in der Sekundarstufe II: Abschlußbericht der Wiss. Begleitung Kollegstufe NW; zur Evaluation von 4 doppeltqualifizierenden Bildungsgängen des Kollegschulversuchs mit den Abschlüssen Fremdsprachenkorrespondent. Soest 1986.

Landesinstitut für Schule und Weiterbildung: Berufswahlvorbereitung in der gymnasialen Oberstufe. Soest 1987.

Landesinstitut für Schulpädagogische Bildung: Gesamtschule in Nordrhein-Westfalen. Erlasssammlung; Stand: 31.12.1976 Zentrale Arbeitsgruppe im Gesamtschulversuch NW. Köln 1976^3.

Landtag Nordrhein-Westfalen, Ausschuß für Kinder, Jugend und Familie: Erscheinungsformen von Gewalt - Gründe und Ursachen. 1992.

Landtag Nordrhein-Westfalen, Hauptausschuß: Reduzierung und Bekämpfung von Gewalt im Fernsehen. Protokoll 11/897 vom 13.05.1993. Zweitägige Anhörung von Sachverständigen - Phänomen Rechtsextremismus, Analyse, Bestandsaufnahme - Ursachen, des Rechtextremismus. 1993.

Landtag Nordrhein-Westfalen, Hauptausschuß: Rechtsextremismus. Protokoll 11/871 vom 22.04.1993. Zweitägige Anhörung von Sachverständigen - Phänomen Rechtsextremismus, Analyse, Bestandsaufnahme - Ursachen, des Rechtextremismus). 1993.

Lange, Hermann: Das Verhältnis von Berufsbildung und Allgemeinbildung in der erziehungswissenschaftlichen Diskussion. Bemerkungen zu den pädagogischen Aporien einer kritischen Erziehungswissenschaft.
In: Zeitschrift für Berufs- und Wirtschaftspädagogik, 1982, H.10, S. 733-748.

Lange, Otto: Begabungsförderung durch Binnendifferenzierung insbesondere bei problemlösendem Unterricht. (2. Aufl.). Oldenburg 1989.

Langefeld, Jürgen: Neue Probleme mit der Oberstufenreform.
In: Der Pädagogikunterricht, 1988, H.1, S. 7-26.

Lanig, Karl (Hrsg.): Idee und Wirklichkeit der Kollegstufe. München 1972.

Lassahn, Rudolf: Grundriß einer allgemeinen Pädagogik. Heidelberg 1971^1, 1983.

Lassahn, Rudolf: Einführung in die Pädagogik. Heidelberg 1978^3, 1988^5.

Lassahn, Rudolf und Stach, Reinhard: Geschichte der Schulversuche. Theorie und Praxis. Heidelberg 1979.

Lassahn, Rudolf: Pädagogische Anthropologie. Eine historische Einführung. Heidelberg 1983.

Laurien, Hanna-Renate: Zu den "Einheitlichen Prüfungsanforderungen in der Abiturprüfung".
In: Zeitschrift für Pädagogik, 1977, H.4, S. 637-638.

Lay, Wilhelm August: Experimentelle Didaktik. Ihre Grundlegung mit besonderer Rücksicht auf Muskelsinn, Wille und Tat, Leipzig 1905^2.

Lehmann, Ingrid: Über den Beginn der Etablierung allgemeiner Bildung. In: Zeitschrift für Pädagogik, 1984, H.6, S. 749-773.

Lehmensick, E.: Die Theorie der formalen Bildung. Göttingen 1926.

Lempert, Wolfgang: Arbeit und Bildung zwischen Bürokratie und Demokratie - Zu *Rudolf Bahro:* Die Alternative. In: Die Neue Sammlung, 1978, S. 452-472.

Lenhart, Volker: Diskussion über Schulreform in der BRD. Problembereich Schule - Demokratieverwirklichung - gesellschaftliche Strukturreform. Frankfurt a.M. 1972.

Lenhart, Volker: Allgemeine und fachliche Bildung bei Max Weber. In: Zeitschrift für Pädagogik, 1986, H.4, S. 529-541.

Lenhart, Volker: Die Situation der Erziehungswissenschaft in der Bundesrepublik Deutschland. Weinheim 1990.

Lennert, Rudolf (Hrsg.): Das Problem der gymnasialen Oberstufe. Bad Heilbrunn 1971.

Lennert, Rudolf: Das Drama der Bildungsworte. In: Die Neue Sammlung, 1981, H.6, S. 504-529.

Lenske, Werner (Hrsg.): Qualified in Germany. Köln 1988.

Lenzen, Dieter: Die Illusion der Vereinheitlichung - Normenbücher zwischen Testpsychologie und Verfassungsrecht. In: Die Neue Sammlung 1977, H.4 , S. 295-308.

Leschinsky, Achim: Überlegungen zu einer organisationssoziologischen Analyse der Schule. In: Die Neue Sammlung, 1976, H.4, S. 309-321.

Leschinsky, Achim: Sekundarstufe I oder Volksschuloberstufe? - Zur Diskussion um den Mittelbau des Schulwesens am Ende der Weimarer Zeit. In: Die Neue Sammlung, 1978, S. 404-430.

Leschinsky, Achim: Schulkritik und Suche nach Alternativen. In: Zeitschrift für Pädagogik, 1981, H.4, S. 519-538.

Leschinsky, Achim: Lehrerindividualisierung und Schulverfassung. In: Zeitschrift für Pädagogik, 1986, H.2, S. 225-246.

Leschinsky, Achim: Einen Schritt vorwärts, zwei Schritte zurück? In: Die Neue Sammlung, 1989, S. 209.

Leschinsky, Achim: Schultheorie und Schulverfassung. In: Die Deutsche Schule, 1990, H.4, S. 387.

Leschinsky, Achim: Das Bildungswesen - Entwicklungen und Besonderheiten. In: *J. Petersen/G.-B. Reinert (Hrsg.)*: Pädagogische Positgionen. Donauwörth 1990.

Leschinsky, Achim: Gewalt von Jugendlichen. In: Zeitschrift für Pädagogik, 1993, S. 717-721.

Leu, Hans Rudolf: Berufsausbildung als allgemeine und fachliche Qualifizierung. In: Zeitschrift für Pädagogik, 1978, H.1, S. 21-35.

Lexis, Wilhelm: Die Reformen des höheren Schulwesens in Preußen. Halle 1902.

Lichtenstein, Ernst: Zur Entwicklung des Bildungsbegriffs von Meister Eckhart bis Hegel. Heidelberg 1966.

Lichtenstein, Ernst: Erziehung, Autorität, Verantwortung. Rathingen 1967.

Lichtenstein, Ernst: Zur Entwicklung des Hochschulreifebegriffs.
In: Pädagogika. Daten, Meinungen, Analysen, 1968.

Lichtenstein, Ernst: Bildung. In: Historisches Wörterbuch der Philosophie. *Hrsg. J. Ritter,* Bd. 1. S. 921-937. Stuttgart 1971.

Lidelfort, S.L.: The good High School - Portraits of Character and Culture. New York 1983.

Liebau, Eckart: Praktisches Lernen auch im Gymnasium?
In: Die Deutsche Schule, 1984, H.6, S. 433-437. (A)

Liebau, Eckart: Gesellschaftlichkeit und Bildsamkeit des Menschen.
In: Die Neue Sammlung, 1984, H.3, S. 245-261. (B)

Liebau, Eckart: Von der Eliteschule zur Volksschule? Die pädagogische Entwicklung des Gymnasiums. In: Pädagogik, 1989, H.4, S. 8-13.

Liebau, Eckhart: Kulturpolitik und Schule. In: Die Deutsche Schule, 1991, H.2, S. 140.

Liebau, Eckhart: Schulkultur - Oberschule und Jugendschule.
In: Die Deutsche Schule, 1993, H.2, S. 141.

Liegle, Ludwig: Gesellschaftswissenschaftliche Perspektiven der vergleichenden Bildungsforschung (zu Robinsohn u.a. Schulreform im gesellschaftlichen Prozeß).
In: Die Neue Sammlung, 1971, S. 459-469.

Liegle, Ludwig: Politik für Kinder in Europa. In: Neue Sammlung, 1991, H.3, S. 323.

Lieth, Elisabeth von der: Das Bild des Gymnasiallehrers. In: Die Höhere Schule, 1967, H.1, S. 3.

Lieth, Elisabeth von der: Die Reform der gymnasialen Oberstufe und Bücher, die dazu gehören.
In: Die Höhere Schule, 1973, S. 17.

Lieth, Elisabeth von der: Der Erziehungsauftrag des Gymnasiums heute.
In: Die Höhere Schule, 1978, H.8, S. 301.

Lieth, Elisabeth von der und Hannemann, Dieter: Modellversuch zur Weiterentwicklung der gymnasialen Oberstufe. Bericht über eine Auswertung. (Im Auftrag der) Bund-Länder-Kommission für Bildungsplanung und Forschungsförderung. 1980.

Lieth, Elisabeth von der: Zu Hartmut von Hentigs Buch: Die Krise des Abiturs und eine Alter- native. In: Die Höhere Schule, 1981, H.4, S. 115-120.

Lingelbach, Karl Christian (Hrsg.): Materialien zur Reform der Sekundarstufe II. Kronberg/Taunus 1975.

Lingelbach, Karl-Christoph und Zimmer, Hasko: Öffentliche Pädagogik vor der Jahrhundertwende. Jahrbuch Pädagogik, 1993, Frankfurt/Main.

Linke, Thomas: Partnerschaftsmodell Gymnasium und Wirtschaft.
In: Die Höhere Schule, 1985, H.4, S. 108-110.

Lipham, James M.: Effective Principal, Effective School. Reston, Va 1981.

Lissmann, Urban: Der Vorhersagewert gewichteter Reifezeugnisse.
In: Zeitschrift für Pädagogik, 1977, H.1, S. 107-118.

Litt, Thomas: Naturwissenschaft und Menschenbildung. Heidelberg 1952.

Loccumer Protokolle 56/93: Abitur, Hochschulreife, Studierfähigkeit - Zur Grundlegung eines neuen Maturitätskataloges. Evangelische Akademie Loccum, Protokollstelle, PF 2158, 31545 Rehburg- Loccum, 1993.

Loccumer Protokolle 72/87: Pädagogische Freiheit und schulrechtliche Entwicklung. Hrsg. von *Hening Schierholz.*

Loch, W.: Entkulturation als Grundbegriff der Pädagogik.
In: Bildung und Erziehung, 1968, S. 161.

Lödige, Hartwig: Abiturrede. Bildung - Wozu noch?
In: Zeitschrift Pädagogik, 1988, H.6, S. 59-61.

Lohe, Peter: Die Verwirklichung der Oberstufen-Reform in den Ländern der Bundesrepublik Deutschland. In: Zeitschrift für Pädagogik, 1980, H.2, S. 193-210.

Lohe, Peter: Erfahrungen mit der Oberstufenreform aus der Sicht der Schüler, der Fächer und der Lehrer. In: Zeitschrift für Pädagogik, 1980, H.2, S. 307-318.

Lohmann, Armin: Auf dem Weg zur autonomen Schule. In: Pädagogik, 1993, H.11, S. 9-15.

Lohmann, Ingrid: Allgemeine Bildung und gesellschaftliche Leistung.
In: Demokratische Erziehung, 1987, H.9, S. 9-13.

Lohmann, J.: Ganztagsschule. Bad Heilbrunn/Obb. 1967.

Lompscher, Flura: Neue Qualität der pädagogischen Arbeit in der Oberstufe - eine objektive Notwendigkeit. In: Pädagogik, 1972, H.6, S. 511-521.

Lorenz, U.: Ganztagsschule im Versuch. München 1976.

Lorenz, W. und Paul, G.: Die Schulbürokratie und die Deformation der Lehrerrolle.
In: Westermanns Pädagogische Beiträge, 1972, H.9, S. 497-506.

Lortie, D. C.: Two Anomalies and Three Perspectives: Some Observations on Schoolorganization. (Washington DC). In: American Association of Colleges...., 1977, S. 20.

Lost, Christiane und Griese Christiane: Denkangebot zur Weiterentwicklung hochschulvorbereitender Allgemeinbildung. In: Pädagogik, 1990, H.2, S. 113.

Lotzmann, Ulrike und Narten, Renate: Einflüsse des Numerus Clausus auf die Realisierung der Oberstufenreform. In: Die Deutsche Schule, 1981, H.6, S. 362-269.

Loubster, J.J. u.a.: Explorations in General Theory in Social Science. New York 1976.

Luckmann, Thomas: Einige Überlegungen zu Alltagswissen und Wissenschaft.
In: Pädagogische Rundschau, 1981, H.2, S. 391-109.

Lübken, Arend: Eine Methodik wissenschaftlich propädeutischer Qualifizierung auf der neugestalteten gymnasialen Oberstufe im Sekundarbereich II. (Diss.). Oldenburg 1985.

Lückert, Gernot: Autonome Schule, Schulleitung, Schulaufsicht. Bedingungen einer wünschenswerten Entwicklung. In: Die Deutsche Schule, 1993, H.3, S. 341.

Lüders, Peter-Jürgen: Was erwartet die Wirtschaft vom Gymnasium? Technik und Wirtschaft als Teil der Allgemeinbildung. In: Anregung, 1985, H.1, S. 44-48.

Lütgen, Will: Was leisten die Modelle der Allgemeinen Didaktik? - Sechs polemische Thesen und ein Vorschlag. In: Die Neue Sammlung, 1981, S. 578-584.

Lüth, Christoph: Kriterien der Hochschulreife. Zur Festlegung des Pflichtbereichs in der gymnasialen Oberstufe und in den studienbezogenen Bildungsgängen der integrierten Sekundarstufe II. In: Zeitschrift für Pädagogik, 1983, H.4, S. 629-645.

Lüth, Christoph: Rückkehr zur Allgemeinbildung?
In: Pädagogische Rundschau, 1988, H.6, S. 655-677.

Lüth, Christoph und Hentig, Hartmut von: Allgemeine Hochschulreife, Allgemeine Bildung, Allgemeine Wissenschaftspropädeutik - ein Gedankenaustausch zwischen Christoph Lüth und Hartmut von Hentig über ein klärungswürdiges Konzept.
In: Die Neue Sammlung, 1987, H.2, S. 165-187.

Lüttge, Dieter: Perspektiven einer Verbesserung der Beratungskompetenz im schulischen Bereich. In: *Breese, N.(Hrsg.):* Beratungslehrer - eine neue Rolle im System. Neuwied und Frankfurt/Main 1990.

Lüttge, Dieter: Beraten in der Schule. In: Pädagogik, 1991, H.10, S. 6-10.

Lüttgert, Will: Soziale Kompetenzen - Wo braucht man sie? In: Pädagogik, 1993, H.6, S. 35-39.

Luhmann, Niklas: Codierung und Programmierung. Bildung und Selektion im Erziehungssystem.
In: *Tenorth* [1986 (B)], S. 154.

Luhmann, Niklas: Die Wissenschaft der Gesellschaft. Frankfurt/Main 1990.

Lukesch, Helmut und Kischkel, Karl-Heinz: Unterrichtsformen an Gymnasien. Ergebnisse einer retrospektiven Erhebung über die schulstufen- und fachspezifische Verbreitung von Lehrverfahren.
In: Zeitschrift für erziehungswissenschaftliche Forschung, 1988, H.4, S. 237-256. (C)

Lyotard, Jean F.: Moderne oder Postmoderne? Zur Theorie des gegenwärtigen Zeitalters. Hrsgg. von *Koslowski, Peter; Löw, Reinhard und Spaemann, Robert.* Weinheim 1986.

Maatz, Helmut: Reformierte Oberstufe, Leistungsbewertung und allgemeine Hochschulreife.
In: Die Höhere Schule, 1975, S. 332.

Maatz, Helmut: Leistungen in Sprache und Mathematik auf der gymnasialen Oberstufe.
In: Die Höhere Schule, 1975, H.2, S. 94.

Macharzina, K.: Leistungsmotivation in der Krise? In: IBM Nachrichten, Dezember 1990, S. 7.

Mager, R.F.: Lernziele und Unterricht - übersetzt von H. Rademacher. Weinheim u. Basel 1983.

Maier, Friedrich: Technologische Herausforderung und humanistische Bildung.
In: Die Höhere Schule, 1987, H.12, S. 371-377.

Maier, Friedrich: Die Chance des Gymnasiums. Gymnasialbildung in einer von Naturwissenschaft und Technik geprägten Welt (Teil1). In: Die Höhere Schule, 1991, H.1, S. 23-28.

Maier, Friedrich: Die Chance des Gymnasiums. Gymnasialbildung in einer von Naturwissenschaft und Technik geprägten Welt (Teil2). In: Die Höhere Schule, 1991, H.2, S. 49-51.

Maier, Hans: Das Abitur muß Basis des Hochschulzugangs bleiben.
In: Die Höhere Schule, 1974, S. 328.

Maier, Hans: Die Oberstufe im Bildungskontinuum des Gymnasiums.
In: Die Höhere Schule, 1977, H.1, S. 12-15.

Maier, Hans: Das Gymnasium, ein integrierender Bestandteil des deutschen Bildungswesens.
In: Die Höhere Schule, 1978, H.1, S. 16-20.

Maier, Hans: Bildung für Europa - eine Herausforderung des Gymnasiums.
In: Die Höhere Schule, 1979, H.5, S. 198-204. (A)

Maier, Hans: Das Problem der Grundbildung unter besonderer Berücksichtigung der Lernfächer.
In: Anregung, 1979, S. 211-220. (B)

Maier, Hans: Das Gymnasium hat eine Zukunft. In: Anregung, 1981, H.3, S. 141-153.

Maier, Hans: Allgemeine Hochschulreife und Gymnasium. Sicherung bewährter Qualität. (Rede vor der Hauptversammlung des Bayerischen Philologenverbandes am 9. Dezember in Donauwörth.) In: Die Höhere Schule, 1984, H.2, S. 44-52.

Maier, Hans: Für die Zukunft: Das Gymnasium. In: Die Höhere Schule, 1986, H.1, S. 29-32.

Maier, Hans: Europäische Perspektiven unserer Bildung.
In: Die Höhere Schule, 1991, H.5, S. 155-160.

Maier, Hans: Den Brotkorb wieder höher hängen. In: Die Höhere Schule, 1993, H.5, S. 19.

Maier, Robert E.: Mündigkeit. Zur Theorie eines Erziehungszieles. Bad Heilbrunn 1981.

Maier-Leibnitz, Heinz: Erziehung durch Forschung.
In: Die Neue Sammlung, 1977, H.3, S. 210-218.

Mannzmann, Anneliese: Normierte Lernanforderungen in der Sekundarstufe II aus der Sicht der Erziehungswissenschaft. In: Neue Unterrichtspraxis, 1976, H.8.

Maras, Rainer: Sinnorientierung als bestimmendes Merkmal von Erziehung und Unterricht.
In: Schulmagazin 5 bis 10. München 1993, H.6, S. 54.

March, J.G.; Olsen, J.P.: Ambiguity and Choice in Organization. Bergen 1976.

Marcuse, Herbert: Der eindimensionale Mensch. Studien zur Ideologie der fortgeschrittenen Industriegesellschaft (Aufl). Darmstadt, Neuwied 1967, 1979^{12}.

Marotzki, Winfried und Hansmann, Otto: Diskurs Bildungstheorie. (2 Bde.). Weinheim 1988.

Marotzki, Winfried: Zur Aktualität der Bildungstheorie Wilhelm Flitners.
In: Zeitschrift für Pädagogik, 1991, 26. Beiheft, S. 71.

Marshall, John: Brief aus England: Die Reformierte Oberstufe - einige Überlegungen zum Thema "Allgemeine Bildung". In: Die Neue Sammlung, 1982, H.5, S. 521-528.

Mattke, Hans Joachim: Abitur nach 12 oder 13 Jahren Schule?
In: Erziehungskunst, 1991, H.6, S. 590.

Mauermann, Lutz und Weber, Erich: Der Erziehungsauftrag der Schule. Donauwörth 1981^2.

Maurer, F.: Lebenssinn und Lernen. Bad Heilbrunn/Obb. 1992.

Maydell, Jost von: Bildungsforschung und Gesellschaftspolitik. Oldenburg 1982.

Mayntz, Renate (Hrsg.) u.a.: Differenzierung und Verselbständigung. Frankfurt/Main, New York 1988.

Meerten, Egon: Der situationsorientierte Curriculumansatz. Königstein 1980.

Mehrer, Helmut: Das falsche Opfer - Zum Streit um das 13. Schuljahr.
In: Die Höhere Schule, 1991, H. 4, S. 128.

Mehrer, Helmut: Nach der Expansion in die Reform. Neue Aufgaben für die deutsche Schule.
In: Die Höhere Schule, 1992, H.10/11, S. 252/281.

Meidinger, Heinz-Peter: Argumente und Scheinargumente im Streit um eine Gymnasialzeitverkürzung. In: Die Höhere Schule, 1993, H.4, S. 29.

Meiers, Rolf: Berufs- und Studienorientierung nach Berufsbündelungen. Ein Materialangebot für die gymnasiale Oberstufe. In: Arbeiten und lernen, 1980, H.11, S. 45-50.

Meinberg, Eckhard: Sportpädagogik: Konzepte u. Perspektiven. Stuttgart 1981.

Meinberg, Eckhard: Das Menschenbild der modernen Erziehungswissenschaft. Darmstadt 1988.

Meininghaus, Horst: "Technische Gymnasien" auch in NW?
In: Die berufsbildende Schule, 1983, H.10, S. 611-614.

Meininghaus, Horst: Gymnasiale Oberstufe der neuen NRW-Berufsfachschulen für Schüler mit dualer Ausbildung öffnen. In: Die berufsbildende Schule, 1986, H.3, S. 183-187.

Melsen, van, A. G. M.: Die heutige Kulturkrise und der Bildungsauftrag des weiterführenden Schulwesens. In: Die Höhere Schule, 1979, H.5, S. 212-217.

Menck, Peter: Anmerkungen zum Begriff Didaktik. Zu Wolfgang Klafkis Beitrag "Zum Verhältnis von Didaktik und Methodik"
In: Zeitschrift für Pädagogik, 1976, H.4, S. 793-801.

Menck, Peter: Zum 'Didaktischen Strukturgitter'. In: Die Neue Sammlung, 1977, S. 367-375.

Menze, Clemens: Die Bildungsreform Wilhelm von Humboldts. Hannover 1975.

Menze, Clemens: Bildung und Bildungswesen. Hildesheim 1980.

Menze, Clemens: Wissenschaftsorientierung als Problem der Schule.
In: Pädagogische Rundschau, 1981, H.2, S. 147-165.

Menze, Clemens: Grundbildung als Problem. Einige Anmerkungen zu einer bildungstheoretischen und bildungspolitischen Frage. In: Die Realschule, 1982, H.4, S. 211-222.

Menze, Clemens: Bildung. In: Enzyklopädie Erziehungswissenschaft, Band 1, S. 350, Stuttgart 1983.

Merker, Katja: Schuljahr? Schulzeiten in den europäischen Staaten.
In: pädagogik extra, 1991 H.3 S.43.

Merkert, Rainhard: Medien und Erziehung. Einführung in pädagogische Fragen des Medienzeitalters. Darmstadt 1992.

Mertens, Dieter: Das Konzept der Schlüsselqualifikationen als Flexibilitätsinstrument. In: *Siebert, Horst und Weinberg, Johannes:* Literatur und Forschungsreport Weiterbildung. Münster 1988.

Mertens, Dieter: Schlüsselqualifikation.
In: Mitteilungen aus Arbeitsmarkt- und Berufsforschung, 1974, H.7, S. 36.

Mertens, H.: Probleme der Organisation "Kölner Modell".
In: Die Höhere Schule, 1971, H.4, S. 94.

Messner, Rudolf: Was heißt: Wissenschaftsorientierter Unterricht für alle?
In: Westermanns Pädagogische Beiträge, 1978, H.6, S. 219-225. (C)

Messner, Rudolf: Zur Wiederbelebung eigenständigen Lernens. In: *Rauschenberger, Hans (Hrsg.):* Unterricht als Zivilisationsform, 1985, S. 100-128.

Metz, Peter: "Schulreform" - Heuristik einer pädagogischen Denkfigur.
In: Bildungsforschung und Bildungspraxis, 1993, H.2, S. 178.

Meulemann, Heiner: Bildung im Lebensverlauf. Startchancen und Verlaufsumstände des Bildungsweges in einer Kohorte von Gymnasiasten zwischen 1970 und 1984.
   In: Zeitschrift für Sozialisationsforschung und Erziehungssoziologie, 1988, H.1, S. 4-24.

Meulemann, Heiner: Zufriedenheit und Erfolg in der Bildungslaufbahn. Ein Längsschnitt vom Gymnasium bis zum Studienabschluß.
   In: Zeitschrift für Sozialisationsforschung und Erziehungssoziologie, 1991, H.3, S. 215.

Meulemann, Heiner: Studienwahl zwischen Interesse und Herkunft. Ergebnisse eines Längsschnittes ehemaliger Gymnasiasten vom 16. bis 30. Lebensjahr.
   In: Unterrichtswissenschaft, 1991, H.4, S. 292.

Meyer, Ernst und Ocön, Wincenty: Frontalunterricht. Frankfurt/Main 1989.

Meyer, Hilbert: Einführung in die Curriculummethodologie. München 1972.

Meyer, Hilbert: Unterrichtsmethoden. (2 Bde.). Frankfurt/Main 1989.

Meyer, Hilbert und Paradies, Liane: Frontalunterricht lebendiger machen. Oldenburg 1993. (Zentrum für Pädagogische Berufspraxis).

Meyer, Hilbert und Paradies, Liane: Körpersprache im Unterricht. Oldenburg 1993. (Zentrum für Pädagogische Berufspraxis).

Meyer, Meinert Arnd (Hrsg.): Fremdsprachenunterricht in der Sekundarstufe II. Ein Modell. Wetzlar 1986.

Mies-Suermann, Irmela: Leistungsversagen bei Gymnasiasten.
   In: Zeitschrift für Pädagogik, 1977, H.4, S. 543-550.

Miller, St.K.: The Effective School. In: The Practitioner, 1984, H.11.

Ministerium für Kultus und Sport Baden-Württemberg: Handreichungen Förderung von Schlüsselqualifikationen. Hamburg 1990.

Mittelstraß, Jürgen: Wissenschaft als Lebensform. Frankfurt 1982.

Mitter, Wolfgang: Schulreform und Schulwirklichkeit.
   In: Westermanns Pädagogische Beiträge, 1974, H.9, S. 473-482.

Mitter, Wolfgang: Gegenstandsfragen der Sekundarstufe II. In: Internationaler Arbeitskreis Sonnenberg, Dokumentation 3, Tagung vom 26.9. - 2.10.1976. 1976.

Mitter, Wolfgang: Sekundarstufe I im internationalen Vergleich.
   In: Westermanns Pädagogische Beiträge, 1977, H.6, S. 259-262.

Mitter, Wolfgang und Novikov, Leonid: Sekundarabschlüsse mit Hochschulreife im internationalen Vergleich. Weinheim 1976.

Mollenhauer, Karl: Erziehung und Emanzipation. München 1969.

Mollenhauer, Klaus: Korrekturen am Bildungsbegriff?
   In: Zeitschrift für Pädagogik, 1987, H.1, S. 1-20.

Molnar, Thomas: Die Zukunft der Bildung. Düsseldorf 1971.

Moser, Heinz: Das Elend mit der Allgemeinbildung. In: Schweizer Schule, 1986, H.11, S. 31-33.

Müller, Detlef K.: Qualifikationskrise und Schulreform.
In: Zeitschrift für Pädagogik, Beiheft 14, 1977, S. 13-35.

Müller-Daweke, Renate: Projekt Lehrerkooperation. In: Pädagogik, 1991, H.5, S. 16-21.

Müller-Kipp, Gisela: Vom Theorieanspruch der Friedenserziehung. Neue Ansätze einer alten Diskussion. In: Zeitschrift für Pädagogik, 1984, H.5, S. 609-619.

Müller-Kipp, Gisela und Wilhelm, Theodor: Über meine Schuld.
In: Neue Sammlung, 1991, H.4, S. 648.

Müller-Kipp, Gisela: Wie ist Bildung möglich? Die Biologie des Geistes unter pädagogischem Aspekt. Weinheim 1992.

Müller-Limroth, Wolf: Wie Lehrer systematisch krank gemacht werden. In: Die Höhere Schule, Heft 11, 1993, S. 15ff

Müller-Rolli, Sebastian (Hrsg.): Das Bildungswesen der Zukunft. Stuttgart 1987.

Münch, Richard: Die Struktur der Moderne. Frankfurt/Main 1984, Neuauflage 1992

Münzinger, Wolfgang: Alle Schüler dürfen es nicht schaffen. Ein Beispiel aus dem hessischen Reformalltag. In: Betrifft: Erziehung, 1980, H.6, S. 26-31.

Mundzeck, Fritz: Anmerkungen zur Entwicklung des Fremdsprachenunterrichts in der reformierten gymnasialen Oberstufe.
In: Die Neueren Sprachen, 1985, H.3/4, S. 267-291.

Murphey, I. u.a.: Translating High Experience into School Polices.....
In: Education Leadership 1982/83, S. 22.

Murphy, C.: Effective Principals. San Francisco 1983.

Musolff, Hans-Ulrich: Bildung. Der klassische Begriff und sein Wandel in der Bildungsreform der sechziger Jahre. Weinheim 1989.

Musolff, Hans-Ulrich: Entwicklung versus Erziehung. Ein Diskussionsbeitrag zur Verhältnisbestimmung von Entwicklungslogik, Ethik und Pädagogik.
In: Zeitschrift für Pädagogik, 1990, H.3, S. 331-353.

Muth, Jakob: Die Empfehlung des Deutschen Bildungsrates von 1973 und ihre Wirkungen.
In: Grundschule, 1983, H.10, S. 15-18.

Nägelsbach, Carl F. von: Gymnasialpädagogik. Erlangen 1869².

Nahrstedt, Wolfgang: Allgemeinbildung im Zeitalter der 35-Stunden-Gesellschaft. Lernen zwischen neuer Technologie, Ökologie und Arbeitslosigkeit.
In: Zeitschrift für Pädagogik, 1986, H.4, S. 515-528.

Nahrstedt, Wolfgang: Allgemeinbildung zwischen Selbstorganisation und neuer pädagogischer Professionalität. Eine neue pädagogische Bewegung erfordert eine neue Erziehungswissenschaft. In: Freizeitpädagogik, 1987, H.1, S. 224-38.

Naschold, Frieder: Schulreform als Gesellschaftskonflikt. Frankfurt a.M. 1974.

Naul, Roland: Alte Schule mit neuer Legitimation. Zum Beitrag von Frey u.a. "Legitimation und Entwicklung einer neuen Schule". (Schweiz)
In: Zeitschrift für Pädagogik, 1976, H.3, S. 451-457.

Naul, Roland: Sporterziehung als Bestandteil einer neuen Allgemeinbildung.
In: Zeitschrift für Pädagogik, Beiheft 21, 1986, S. 161-171.

Nedeljkowitsch, Kurt: Die Fachoberschule in Rheinland-Pfalz.
In: Die berufsbildende Schule, 1981, H.7, S. 460-470.

Neher, Joachim: Das Kuckucksei ist ausgebrütet. Gymnasiale Oberstufe.
In: Betrifft: Erziehung, 1983, H.7/, S. 815-17.

Neisser, Ulrich: Kognitive Psychologie. Stuttgart 1979.

Neßler, Roland: Zur Neuordnung des Hochschulzugangs. In: Die Höhere Schule, 1975, S. 120.

Neßler, Roland: Schule:Reform und Wirklichkeit. In: Die Höhere Schule, 1976, H.7, S. 254-260.

Neßler, Roland: "Erlaßfreie Schule" - eine Ideal-Utopie?
In: Die Höhere Schule, 1982, H.10, S. 297.

Neßler, Roland und Uszkurat, Bruno: Zur Förderung von Hochbegabten im Gymnasium.
In: Die Höhere Schule, 1984, H.5, S. 140-142.

Neßler, Roland: "Eine Reform hat ihre Reformer überholt". Weiterentwicklung der gymnasialen Oberstufe zur Konsolidierung des Gymnasiums unabdingbar.
In: Die Höhere Schule, 1987, H.9, S. 278-281.

Neßler, Roland: Bestandsgarantie auch für die kleinen Gymnasien.
In: Die Höhere Schule, 1988, H.3, S. 62-69.

Nette, Bernhard: Wir haben mit der Kollegschule angefangen. Hamburger Pädagogen gegen neue Wege in der Verbindung von beruflicher und allgemeiner Bildung.
In: Demokratische Erziehung, 1987, H.3, S. 9-12.

Neumann, Karl: "Mut zur Erziehung" - Kritische und konservative Tendenzen in der gegenwärtigen Bildungspolitik. In: Die Deutsche Schule, 1979, H.3, S. 142-147.

Neumann, Ursula und Ramseger, Jörg: Ganztägige Erziehung in der Schule. Seelze 1991.

Neuner, Gerhart: Anspruchsvolle Aufgaben der pädagogischen Forschung und Lehre gemeinsam lösen. In: Pädagogik, 1986, H.1, S. 38-45.

Neuner, Gerhart: Sozialistische Allgemeinbildung und Lehrplanwerk.
In: Pädagogik, 1986, H.2, S. 102-120.

Nevermann, Knut: Autonomisierung und Partizipation.
In: Die Neue Sammlung, 1972, H.12, S. 230-242.

Newe, Heinrich: Der exemplarische Unterricht als Idee und Wirklichkeit. Kiel 1960.

Newe, Heinrich: Ist das Exemplarische ein naturwissenschaftliches Prinzip?
In: Die Höhere Schule, 1961, H.7, S. 130.

Newman, Karl J.: Wer treibt die Bundesrepublik wohin? Köln 1963³.

Nickel, Horst und Dumke, Dieter: Unterrichtsformen und Unterrichtsstile auf der Oberstufe des Gymasiums in retrospektiver Sicht von Studienanfängern.
In: Die Deutsche Schule, 1970, S. 457.

Nickel, Rainer: Schulreform und Herrschaft. In: Die Höhere Schule, 1972, S. 197.

Nickel, Rainer: Allgemeinbildung und produktive Einseitigkeit. Die Zukunftsaufgaben des Gymnasiums. In: Anregung, 1986, H.6, S. 416-420.

Nickel, Wolfgang: Die Bildungs- und Kulturpolitik der EG.
In: Hessische Blätter für Volksbildung, 1993, H.1, S. 20.

Nicklis, Werner S.: Stichwort: Bildung. Kritische Reflexionen zu einem aktuellen Begriff. Düsseldorf 1974.

Nicklis, Werner S.: Allgemeinbildung heute - Allgemeine wissenschaftsorientierte Grundbildung für alle? - Konsequenzen für die Schulstruktur. In: Babilon, Ipfling. Bochum 1980.

Niebel, Gabriele; Hanewinkel, Reiner und Ferstl, Roman: Gewalt und Aggression in schieswig-holsteinischen Schulen. In: Zeitschrift für Pädagogik, 1993, H.5, S. 775-798.

Niedersächsisches Kultusministerium (Hrsg.): Die Ganztagsschule. Bände I und II, Schulversuche und Schulreform. Hannover 1976.

Nieland, Jörgen: Das Gymnasium heute; Anspruch und Wirklichkeit. Köln 1982.

Ninow, Eberhard und Werner, Jobst: Das Gymnasium in Berlin.
In: Die Höhere Schule, 1980, H.11, S. 400-405.

Nipkow, Karl-Ernst: Bildung und Entfremdung... In: Die Neue Sammlung, 1966, S. 65.

Nipkow, Karl-Ernst: Zum Begriff der Bildungseinheit.
In: Zeitschrift für Pädagogik, 1977, Beiheft 14, S. 205.

Nittel, Dieter: Gymnasiale Schullaufbahn und Identitätsentwicklung. Weinheim 1992.

Noichl, Franz: Die Fachoberschule in Bayern.
In: Die berufsbildende Schule, 1981, H.7, S. 420-426.

Noichl, Franz: Bewahrung und Reform. Der Weg des bayerischen Gymnasiums am Ausgang des 20. Jahrhunderts. In: Anregung, 1989, H.1, S. 1-13.

Noll, Hans Joachim: "Offene Schule" - ein Reformprofil für die gymnasiale Oberstufe?
In: Die Deutsche Schule, 1989, H.2, S. 228-236.

Nunner-Winkler, Gertrud: Jugend und Identität als pädagogisches Problem.
In: Zeitschrift für Pädagogik, 1990, H.9, S. 671-687.

Nunner-Winkler, Gertrud: Zur moralischen Sozialisation.
In: Kölner Zeitschrift für Soziologie und Sozialpsychologie, 1992, H.2, S. 252.

Nuthmann, Reinhard: Qualifikationsforschung und Bildungspolitik. Entwicklungen und Perspektiven. In: Zeitschrift für Sozialisationsforschung und Erziehungssoziologie, 1983, H.2, S. 175-188.

Odersky, Günter: Die Minsterialbeauftragte - eine eingeständige Form der staatlichen Schulaufsicht in Bayern. In: Pädagogische Führung, 1993, H.4, S. 163.

OECD; *Hüfner, Klaus (Hrsg.):* "Bildungswesen: mangelhaft" - BRD Bildungspolitik im OECD-Länderexamen . Soziale Integration in der Gesamtschule. Frankfurt 1973. (A)

OECD - Centre for Educational Research and Innovation (CERI): Recurrent Education. A Stategy for Lifelong Learning. Paris 1973. (B)

OECD: Schools and Quality. An International Report. Paris 1989.

Oelkers, Jürgen: Der Gebildete, der Narziß und die Zeit.
In: Neue Politische Literatur, 1980, S. 423-442.

Oelkers, Jürgen: Erziehen und Unterrichten. Darmstadt 1985.

Oelkers, Jürgen: Theorie der Erziehung. In: Zeitschrift für Pädagogik, 1991, H.1, S. 13.

Oelkers, Jürgen: Kann Bildung rentabel sein? In: VBE Dokumentation, H.92-4, S. 43.

Oelkers, Jürgen: Was macht das Gymnasium heute noch attraktiv?
In: Deutsche Lehrerzeitung, 1994, Nr.6, S. 5.

Oelkers, Jürgen und Prior, Harm: Soziales Lernen in der Schule. (Skriptor Ratgeber Schule Bd. 14). Königstein/Taunus 1982.

Oerter, Rolf: Moderne Entwicklungspsychologie. Donauwörth 1978[18].

Oertel, Lutz: Reform der Reformstrategie.
In: Bildungsforschung und Bildungspraxis, 1993, H.2, S. 155.

Oerter, Rolf u.a.: Entwicklungspsychologie. München, Weinheim 1987[2].

Oggenfuss, Felix: Möglichkeiten und Probleme der Wahldifferenzierung auf der Sekundarstufe I.
In: Zeitschrift für Pädagogik, 1979, H.2, S. 247-258.

Ogorodnikow, J.T. und Schimbirew, P.N.: Lehrbuch der Pädagogik. Berlin 1954.

Olejnik, Helga: Neunjähriges Gymnasium, Garant für Allgemeinbildung und Studierfähigkeit. Bericht von der Vertreterversammlung 1985 des Philogogenverbandes Niedersachsen.
In: Die Höhere Schule, 1986, H.1, S. 25-27.

Oltmann, Klaus: Ist die Erziehung auf der Strecke geblieben? Rückblick auf 100 Jahre Schulreform - Ausblick auf das amerikanische "College". In: Die Höhere Schule, 1989, H.4, S. 111-113.

Ortner, Gerhard E.: Bildungstechnologie. In: *Honal (Hrsg.):* Handwörterbuch der Schulleitung. (4. Akt.). Landberg/Lech 1982.

Ortner, Gerhard E.: Bildungsbetriebslehre - Aspekte einer mikroökonomischen Theorie der interkulturellen Bildung.
In: Wirkungssysteme u. Reformansätze in der Pädagogik (S. 553 ff). Festschrift für Walter Schöler zum 60. Geburtstag. Frankfurt, Bern, New York 1988.

Oser, Fritz u.a.: Transformationen und Entwicklung. Frankfurt/Main 1986. (A)

Oser, Fritz: Zu allgemein die Allgemeinbildung, zu moralisch die Moralerziehung?
In: Zeitschrift für Pädagogik, 1986, H.4, S. 489-502. (B)

Oser, Fritz: Können Lehrer durch ihr Studium Experten werden? Ein Reformkonzept der Lehrerbildung. In: Zeitschrift für Pädagogik, 1987, H.6, S. 805-822.

Oser, Fritz; Jean-Luc Patry; Zutavern, Michael und Häfliger, Rita: Berufsethos von Lehrer/Innen. Warum Lehrer Probleme auf unterschiedliche Weise lösen. Veröffentlichtes Manuskript Pädagogisches Institut.
In: Universität Freiburg, 1987, H.11, S.

Osterloh, Kal-Heinz: Traditionelle Lernweisen und europäischer Bildungstransfer.
In: Die Neue Sammlung, 1977, S. 219-236.

Padberg, Wilhelm: Oberstufenreform hat begonnen. In: Die Höhere Schule, 1974, S. 159.

Padberg, Wilhelm: Der Numerus clausus und seine Folgen. In: Die Höhere Schule, 1975, S. 192.

Palmowski, Werner: Die Kooperation in der Sekundarstufe II.
In: Die Höhere Schule, 1974, H.1, S. 2.

Palmowski, Werner: Die reformierte Oberstufe in der Praxis - Erfahrungen mit der Kooperation zweier Gymnasien. In: Die Neue Sammlung, 1976, S. 405-416.

Parsons, Talcott und Platt, G.M.: The American University. Cambridge 1973.

Parsons, Talcott: Gesellschaft. Frankfurt/Main 1975.

Parsons, Talcott und Platt, G.M.: Die amerikanische Universität. Übersetzt von *M. Bischoff.* Frankfurt/Main 1990.

Paulsen, Friedrich: Die Höhere Schule Deutschlands und ihr Lehrerstand. Leipzig 1904.

Paulsen, Friedrich: Das deutsche Bildungswesen in seiner geschichtlichen Entwicklung. Leipzig 1906.

Paulsen, Friedrich: Geschichte des gelehrten Unterrichts auf den deutschen Schulen und Universitäten vom Ausgang des Mittelalters bis zur Gegenwart. 2 Bde. (1919-1921). (Nachdruck 1965). Leipzig /Berlin 1965.

Pellens, Karl: Europa - Thema und Aufgabe auch des Gymnasiums.
In: Die Höhere Schule, 1968, H.12, S. 313.

Pellens, Karl: Wissenschaft als Determinante des Unterrichts.
In: Die Höhere Schule, 1971, H.6, S. 143.

Perschel, Wolfgang: Verfassungsrechtliche Probleme der Normenbücher.
In: Zeitschrift für Pädagogik, 1977, H.1, S. 83-94.

Peschl, Wolf: Gymnasium, quo vadis?
In: Die allgemeinbildende höhere Schule, 1985, H.10, S. 285-289.

Pessarra, Dieter: Ansätze zur Entwicklung und Verwirklichung der Gesamtoberstufe.
In: Neue Deutsche Schule, 1975, H.20, S. 373-376.

Petersen, Günter: Das exemplarische Prinzip in der naturwissenschaftlichen Praxis.
In: Westermanns Pädagogische Beiträge, 1972, H.11, S. 579-583.

Petersen, Günter: Akzente zur Allgemeinbildung - Eine kritische Bilanz der Bildunbgspolitik.
In: Die Höhere Schule, 1990, H.5, S. 121-125.

Petillon, Hans: Der Schüler. Rekonstruktion der Schule aus der Perspektive von Kindern und Jugendlichen. Darmstadt 1987.

Petry, Ludwig: Die Bildungskommission empfiehlt Neuordnung der Sekundarstufe II.
In: Die Höhere Schule, 1974, S. 17.

Petry, Ludwig: Kollegschulversuch in Nordrhein-Westfalen.
In: Gewerkschaftliche Bildungspolitik, 1983, H.1, S. 15-20.

Petry, Ludwig: Studienqualifizierende Bildungsgänge in technologischen Schwerpunkten der Kollegschule Nordrhein-Westfalen. In: Die berufsbildende Schule, 1983, H.9, S. 521-532.

Petry, Ludwig: Kollegschulversuch in Nordrhein-Westfalen - Nachzeichnung eines Reformprozesses. In: Die Deutsche Schule, 1987, H.2, S. 174-190.

Peukert, Helmut: Kritische Theorie und Pädagogigk.
In: Zeitschrift für Pädagogik, 1983, H.2, S. 195-217.

Pfeifer, Anton: Die Wiederentdeckung des Wesentlichen. Grundakzente für eine Konsolidierung im Bildungswesen. In: Die Höhere Schule, 1984, H.1, S. 16-18.

Pfeifer, Kurt: Abitur und Studienerfolg. In: Die Höhere Schule, 1976, H.4, S. 176.

Pfister, Gertrud (Hrsg.): Zurück zur Mädchenschule? Beiträge zur Koedukation. Pfaffenweiler 1988.

Phillipp, Elmar: Verbesserung der Kooperation von Sekundarschulen Erfahrungen mit Organisationsentwicklungen. In: Schulmanagement, 1986, H.3, S. 32-38.

Philologenverband NW: Gymnasium setzt Maßstäbe für Vergabe der Hochschulzugangsberechtigung. In: Die Höhere Schule, 1986, H.1, S. 11-13.

Piater, Hellmut: Graphischer Aufbauplan als Hilfe bei der Organisation des Abiturs.
In: Die Höhere Schule, 1975, S. 129.

Piater, Hellmut: Stundenplanaufbau in der neugestalteten gymnasialen Oberstufe.
In: Die Höhere Schule, 1976, H.5, S. 183-187.

Piazolo, Paul Harro: Die Aufgabe des Gymnasiums: Die "Sinnkrise" unserer Gesellschaft überwinden helfen. In: Die Höhere Schule, 1977, H.12, S. 474-482.

Picht, Georg: Universität und Schule. In: Frankfurter Hefte, 1952, H.7, S. 16-25.

Picht, Georg: 10 Thesen über die höhere Schule. In: Frankfurter Hefte, 1958, H.12.

Picht, Georg: Die deutsche Bildungskatastrophe. Olten 1964.

Picht, Georg: Mut zur Utopie. München 1968.

Picht, Georg: Vom Bildungsnotstant zum Notstand der Bildungspolitik. In: Zeitschrift für Pädagogik, 1979, H.5, S. 665-678.

Pleines, Jürgen-Eckardt: Bildung. Grundlegung und Kritik eines pädagogischen Begriffs. Heidelberg 1971.

Pleines, Jürgen-Eckhardt (Hrsg.): Bildungstheorien. Probleme und Positionen. Freiburg 1978.

Pleines, Jürgen-Eckardt: Praktische Wissenschaft. Erziehungswissenschaftliche Kategorien im Lichte sozialphilosophischer Kritik. München 1981.

Pleines, Jürgen-Eckardt (Hrsg.): Kant und die Pädagogik. Pädagogik und praktische Philosophie. Würzburg 1985.

Pleines, Jürgen-Eckardt: Das Problem der Allgemeinbildung in der Bildungstheorie. In: Zeitschrift für Pädagogik, Beiheft 21, 1986, S. 35-40.

Pleines, Jürgen-Eckardt (Hrsg.): Hegels Theorie der Bildung. Hildesheim 1987.

Pleines Jürgen-Eckardt: Studien zur Bildungstheorie. Darmstadt 1989.

Plöger, Wilfried (Hrsg.): Naturwissenschaftlich-technischer Unterricht unter dem Anspruch der Allgemeinbildung. Frankfurt/Main, Bern, New York 1988.

Plöger, Wilfried: Allgemeine Didaktik und Fachdidaktik. Frankfurt / Main 1992.

Pöggeler, Franz: Was Schüler nicht wissen können. Versuch eines pädagogischen Mängelkataloges. In: Die Höhere Schule, 1983, H.3, S. 89-91.

Pöggeler, Franz: Neue Allgemeinbildung. In: Katholische Bildung, 1986, H.4, S. 207-217.

Pöggeler, Franz: Neue Allgemeinbildung im Spannungsfeld zwischen Beruf und Freizeit. In: Zeitschrift für Pädagogik, Beiheft 21, 1986, S. 131-136.

Pöggeler, Franz: Richtung für das Jahr 2000. Entwicklungstendenzen im Bildungssystem der Bundesrepublik Deutschland. In: Katholische Bildung, 1987, H.5, S. 260-271.

Pohlmeier, Heinrich: Gymnasium - Schule ohne Zukunft? In: Neue Deutsche Schule, 1973, H.6, S. 148-149.

Popper, Karl R.: Das Elend des Historizismus. (unv. Aufl.). Tübingen 1969^2.

Popper, Karl R.: Logik der Forschung. Tübingen 1989^9.

Poschardt, Dieter: Die Berufsrolle des Schulrates. Pädagoge oder Beamter. Hannover 1978.

Posner, J.G. und Strike, A.: A Categorisation Scheme for Principles of Sequency. In: Review of Educational Research, 1976, H.46, S. 665-690.

Prange, K.: Sind wir allzumal Nazis? In: Zeitschrift für Pädagogik, 1990, H.5, S. 745.

Preissler, Gottfried: Bildungsreform im "Strukturplan" des Bildungsrates und im "Bericht zur Bildungspolitik" der Bundesregierung. Teil I.
In: Die Deutsche Schule, 1970, H.6, S. 750-760.

Prengel, Annedore: Gleichheit und Differenz der Geschlechter - Zur Kritik des falschen Universalismus der Allgemeinbildung.
In: Zeitschrift für Pädagogik, Beiheft 21, 1986, S. 221-230.

Prenzel, Manfred und Heiland, Alfred: Reformieren als rationales Handeln. Wissenschaftliche Grundlagen der Bildungsreform. In: Zeitschrift für Pädagogik, 1985, H.1, S. 49-63.

Preuss, Ulrich K.: Das Problem Bildung - Bildung und Qualifikation.
In: Die Neue Sammlung, 1973, S. 26-41.

Preuss-Lausitz, Ulf: Für ein neues Bildungsverständnis. (Zur Serie Bildung Kontrovers in Zeitschr. f. Pädagogik). In: Zeitschrift Pädagogik, 1988, H.7/8, S. 31-35.

Preuss-Lausitz, Ulf: Zur Entwicklung Grüner Bildungspolitik.
In: Pädagogik, 1989, H.4, S. 44-46.

Priesemann, Gerhard: Die Mehrsprachigkeit des Gymnasialunterrichts.
In: Die Höhere Schule, 1967, H.8, S. 168.

Priesemann, Gerhard: Der Fächerkanon und das Abitur.
In: Die Höhere Schule, 1967, H.10, S. 211.

Prior Harm (Hrsg.): Soziales Lernen. Düsseldorf 1976.

Pukies, Jens: Über die Aufhebung des Warencharakters in der Darbietung naturwissenschaftlichen Lehrstoffes. In: Die Neue Sammlung, 1978, S. 132-144.

Püllen, Karl: Zur Theorie und Praxis der Konzentration in der gymnasialen Oberstufe.
In: Die Höhere Schule, 1966, H.2, S. 38.

Purkey, Stuart C. und Smith, Marshall S.: Too Soon to Cheer?
In: Educational Leadership, 40, 1982, S. 64.

Purkey, Stuart C. und Smith, Marshall S.: Effective School. A Review.
In: The Elementary School Journal, 1983, S. 427-452.

Purkey, Stuart C. und Smith, Marshall S.: Wirksame Schulen - Ein Überblick über die Ergebnisse der Schulwirkungsforschung in den Vereinigten Staaten. In: *Kurt Aurin:* Gute Schulen, worauf beruht ihre Wirksamkeit?, 1990, S. 13-45.

Püttmann, Friedhelm: Die Fachoberschule in Nordrhein-Westfalen.
In: Die berufsbildende Schule, 1981, H.7, S. 456-460.

Quilisch, Martin: Die Verfassung als Auftrag oder als Hindernis für die Bildungsreform.
In: Die Neue Sammlung, 1973, S. 346-363.

Raab, Erich: Sozialpädagogische Arbeit in der Ganztagsschule.
In: Pädagogische Führung, 1993, H.3, S. 115.

Raddatz, Rolf: Gleichwertigkeit anerkennen, Andersartigkeit respektieren. Überlegungen zur Gleichwertigkeit allgemeiner und beruflicher Bildung.
In: Wirtschaft und Berufs-Erziehung, 1983, H.2, S. 38-43.

Rahmel, Ruth: Erfahrungen im Alltag der reformierten gymnasialen Oberstufe. In: Zeitschrift für Pädagogik, 1980, H.2, S. 287-296.

Rahn, Hartmut: Interessenstruktur und Bildungsverhalten. Die Bedeutung außerschulischer Interessen, Erfahrungen und Aktivitäten für die Voraussage des Bildungsverhaltens von Schülern der gymnasialen Oberstufe. Braunschweig 1978.

Ramsenthaler, Horst: Pragmatische Kommunikationstheorie und Pädagogik. Diss. Paderborn 1981. Weinheim 1982.

Rang, Adalbert: Zur Bedeutung des "Allgemeinen" im Konzept der allgemeinen Bildung. In: Zeitschrift für Pädagogik, 1986, H.4, S. 477-487.

Raschert, Jürgen: Curriculumentwicklung in den Schulen und die Aufgaben der Curriculumforschung. In: Die Neue Sammlung, 1972, S. 321-333.

Raschert, Jürgen (Hrsg.): Sozialisation, Qualifikation und Statusverteilung. Zu Veränderungen der gesellschaftlichen Funktionen des Bildungssystems. (Jahrbuch für Erziehungswissenschaft 1979.) Stuttgart 1979.

Ratzky, Anne: In die Menschen investieren. Bildungspolitische Versäumnisse in den neuen Bildungsländern. In: Pädagogik, 1992, H.2, S. 52.

Raufuß, Dieter: Zur Aspektvielfalt des wissenschaftsorientierten Unterrichts. In: Die Höhere Schule, 1979, H.10, S. 408-421.

Rauin, Udo: Die trügerische Hoffnung auf "Kontinuität". In: Die Deutsche Schule, 1989, H.3, S. 339-348.

Rauschenberg, H.: Zum Verhältnis von Pädagogik und Soziologie. In: *Ellwein, Thomas et alii:* Erziehungswissenschaftliches Handbuch, Berlin 1971.

Rauschenberger, Hans (Hrsg.): Unterricht als Zivilisationsform. Königstein/Ts. 1985.

Rauschenberger, Hans: Politik und Bildung. - Das Lehrstück Hessen - (Zur Serie Bildung Kontrovers in Zeitschrift für Pädagogik). In: Zeitschrift Pädagogik, 1988, H.7/8, S. 44-46.

Rauschenberger, Hans: Soziales Lernen - Nutzen und Nachteil eines Ausdrucks. In: Zeitschrift Pädagogik, 1985, H.3, S. 301-320.

Reble, Albert: Zur Geschichte der Höheren Schule. Bad Heilbrunn 1975.

Reble, Albert: Zum Prinzip des wissenschaftsorientierten Unterrichts. In: Pädagogische Rundschau, 1979, S. 65-79.

Recum, Hasso von und Döring, Peter A. (Hrsg.): Schulleiter Handbuch. Band 1 - 28. Braunschweig 1977.

Recum, Hasso von: Bildung als Ware. Zum Bedeutungswandel der Bildung in der Wohlstandsgesellschaft. In: Recht und Jugend, 1980, H.3, S. 192-202.

Recum, Hasso von: Perspektiven des Bildungswesens in den 80er Jahren. Entwicklung unter veränderten Konstellationen. In: Die Deutsche Schule, 1982, H.1, S. 10-22.

Reccum, Hasso von: Schule im soziokulturellen Wandel.
In: Die Deutsche Schule, 1992, H.4, S. 388.

Reetz, Lothar und Reitmann, Thomas(Hrsg.): Materialien zur Berufsausbildung, hrsg. vom Berufsförderungswerk Hamburg, Band 3: Schlüsselqualifikationen, Hamburg 1990.

Reibstein, Erika: Berufsfähigkeit und Studierfähigkeit - ein Beitrag zur Integration von berufsbezogener und allgemeiner Bildung über den berufsbezogenen Weg zur Hochschule.
In: Die Deutsche Schule, 1987, H.2, S. 240-247.

Reimann, Bruno W.: Die Pädagogik als Diskurs in soziologischer Perspektive.
In: Die Neue Sammlung, 1979, S. 379-409.

Reinhart, G.: Erziehender Unterricht in den neuen Lehrplänen des Gymnasiums.
In: Lehren und Lernen, 1983, S. 8-47.

Reinisch, Holger: Planspiel und wissenschaftspropädeutisches Lernen. Hochschuldidaktische Forschungsberichte 14. Hamburg 1980.

Reiß, Veronika: Fachspezifische Sozialisation in der Ausbildung von Gymnasiallehrern mit naturwissenschaftlichen Unterrichtsfächern. In: Die Neue Sammlung, 1975, S. 298-314.

Reitinger, Joseph: Zehn Thesen zur Erneuerung der gymnasialen Bildungsidee.
In: Die Höhere Schule, 1977, H.12, S. 491-495.

Reitinger, Joseph: Zur Neubegründung der Gymnasialpädagogik jenseits von Neuhumanismus und Emanzipationspädagogik. Teil 1. In: Anregung, 1978, S. 3-12.

Reitinger, Joseph: Zur Neubegründung der Gymnasialpädagogik jenseits von Neuhumanismus und Emanzipationspädagogik. Teil 2. In: Anregung, 1978, S. 73-80.

Renker, Karl-Ludwig: Doppelqualifikation im beruflichen Gymnasium/Schwerpunkt Technik. Allgemeine Hochschulreife und mathematisch-technischer Assistent.
In: Die berufsbildende Schule, 1983, H.12, S. 719-733.

Renz, Monika: Ganztagsschulen und Ganztagsbetreuung in anderen EG-Staaten. Bonn 1990, KMK.

Reynolds, David: Forschung zu Schulen und zur Wirksamkeit ihrer Organisation - das Ende des Anfangs? - Eine kritische Bilanz aus der Sicht britischer Erfahrung.
In: *Aurin, Kurt:* Gute Schulen, worauf beruht ihre Wirksamkeit?, 1990, S. 88-100.

Richter, Horst E.: Flüchten oder Standhalten. Reinbek 1980.

Richter, Ingo: Die unorganisierte Bildungsreform. München 1975.

Richter, Ingo: Kein neues Berufsethos, sondern eine realistische Wende der Diskussion.
In: Die Deutsche Schule, 1990, H.1, S. 25.

Ried, Georg: Weg mit der überbetonten Brauchbarkeitsforderung von der höheren Schule.
In: Die Höhere Schule, 1950, H.1, S. 1.

Ried, Georg: Die höhere Schule vor dem Anspruch der Gegenwart.
In: Die Höhere Schule, 1954, H.3, S. 45.

Ringshausen, Gerhard: Jenseits von Resignation und Illusion. Frankfurt 1971.

Risse, Erika: Innovation am Gymnasium - ein Prozeß mit Tradition.
In: Pädagogik und Schule in Ost und West, 1993, H.4, S. 220.

Risse, Erika: Kann eine 'normale' Schule autonom sein? In: Pädagogik, 1993, H.11, S. 17-21.

Ritscher, Hans: Die Mittelstufe des Gymnasiums - abseits der Reform?
In: Westermanns Pädagogische Beiträge, 1977, H.6, S. 247-251.

Robinsohn, Saul B.: Ein Strukturkonzept für Curriculum-Entwicklung. In: *Achtenhagen; Meyer (Hrsg.):* Curriculumrevision - Möglichkeiten und München 1971.

Robinsohn, Saul B. und Thomas, Helga: Differenzierung im Sekundarschulwesen. Stuttgart 1971³.

Robinsohn, Saul B. und Braun, Frank (Hrsg.): Erziehung als Wissenschaft. Stuttgart 1973.

Robinsohn, Saul B.: Bildungsreform als Revision des Curriculum. Neuwied 1975⁵.

Rodax, Hans: Strukturwandel der Bildungsbeteiligung 1950-1985. Darmstadt 1989.

Roeder, Peter M.: Bildungsreform und Bildungsforschung.
In: Zeitschrift für Pädagogik, Beiheft 18, 1983, S. 81-96.

Roeder, Peter M.: Lehrerkooperation und Schulqualität - Beobachtungen aus Berliner Hauptschulen. In: Westermanns Pädagogische Beiträge, 1986, H.7/8, S. 3035.

Roeder, Peter M.: Lösungen des Kanonproblems. In: *Tenort* [1986 (B)], S. 117.

Roeder, Peter M.: Bildungsreform und Bildungsforschung. Das Beispiel der gymnasialen Oberstufe. In: Empirische Pädagogik, 1989, H.2, S. 119-142.

Roessler, Wilhelm: Bildung und Erziehung in der Bundesrepublik Deutschland; Wege und Holzwege. In memoriam Theodor Litt. In: Bildung und Erziehung, 1981, H.1, S. 3-19.

Röger, Christfried (Hrsg.) und Dumrese, Joachim: Europäische Bildung - Herausforderung an die Kirche. Kastellaun 1978.

Röhrs, Dieter Georg: Rechtliche und administrative Probleme bei der Verwirklichung von Reformvorhaben. Dargestellt am Beispiel des Oberstufen-Kollegs Bielefeld.
In: Die Neue Sammlung, 1984, H.5, S. 508-521.

Röhrs, Hermann (Hrsg.): Der Bildungsauftrag des Gymnasiums. Frankfurt/Main 1968.

Röhrs, Hermann (Hrsg.): Das Gymnasium in Geschichte und Gegenwart. Frankfurt/Main 1969.

Röhrs, Hermann: Schlüsselfragen der inneren Bildungsreform. Entwichlung, Tendenzen, Perspektiven. Frankfurt/Main, Bern, New York 1987.

Röhrs, Hermann und Scheuerl, Hans: Richtungsstreit in der Erziehungswissenschaft und pädagogische Verständigung. Frankfurt/Main 1989.

Rönne, Ludwig von: Das Unterrichtswesen des preußischen Staates. Berlin 1855.

Rönnebeck, G.: "Mitteilungen aus den Landesverbänden".
In: Die Höhere Schule, 1950, H.2, S. 9.

Rösel, Manfred: Was heißt "Lehrerrolle"? In: Die Neue Sammlung, 1974, S. 34-52.

Rösner, Ernst: Die Realschule. Wandel zum neuen Basisbildungsgang?
In: Zeitschrift Pädagogik, 1988, H.1, S. 48-51.

Rösner, Ernst: Weiterentwicklung bestehender Angebotsformen...
In: Die Deutsche Schule, 1993, H.3, S. 297.

Rösner, Ernst: Vom Untergang im Schülerstrom - Qualitätswandel des Gymnasiums durch Expansion. In: Pädagogik und Schule in Ost und West, 1993, H.4, S. 194ff.

Rösler, Winfried: Der zerzauste Schulmeister. In: Neue Sammlung, 1991, H.2, S. 285.

Rohloff, Hans-Joachim: Bildungspolitik und Bildungswesen in Deutschland (1945 - 1970) - ein Literaturbericht. In: Die Deutsche Schule, 1972, H.2, S. 90-106.

Roitsch, Jutta: Schulchaos oder Schulkatastrophe. In: HRK, 1991, H.42/42.

Rolff, Hans-Günter u.a.: Soziologie der Schulreform. Theorien - Forschungsberichte - Praxis - Beratung. Weinheim, Basel 1980.

Rolff, Hans-Günther und Ortner, Gerhard E.: Ungleichheit für alle. Zur Soziologie von Bildungspolitik und Bildungsreform. Positionen/Perspektiven.
In: Schulpraxis, 1982, H.4, S. 4-5.

Rolff, Hans-Günther: Strukturen und Veränderungsnotwendigkeiten im Bildungssystem. Bildungspolitik nach der Wende. In: Die Neue Sammlung, 1984, H.1, S. 40-54.

Rolff, Hans-Günther: Bildungsexpansion und Weiterbildung.
In: *Rolff u.a.:* Jahrbuch der Schulentwicklung, Bd. 5, Weinheim 1988.

Rolff, Hans-Günther: Krise der Schulstruktur. Alle Schulformen stecken im Dilemma.
In: Pädagogik, 1992, H.2, S. 38.

Rolff, Hans-Günther: Autonome Schule oder ein Geschenk der Obrigkeit. Schulentwicklung als Lernprozeß. In: Frankfurter Rundschau, 6.2.1992, S. 15.

Rolff, Hans-Günther und Zimmermann, Peter: Kindheit im Wandel. Weinheim und Basel 1992^2.

Rolff, Hans-Günther: Wandel durch Selbstorganisation. München 1993.

Rolff, Hans-Günther: Wege entstehen beim Gehen: Auf dem Wege zur sich selbst erneuernden Schule. In: Bildungsforschung und Bildungspraxis, 1993, H.2, S. 138.

Rollecke, Gerhard: Das Gymnasium vor den Ansprüchen der Gesellschaft.
In: Die Höhere Schule, 1984, H.12, S. 382-388.

Rosenbrock, Gerd: Bildung und Ausbildung. Ansätze zur pädagogischen Theorie der Universitäten im 19. Jh. In: Zeitschrift für Pädagogik, 1979, H.6, S. 905-917.

Rosenbusch, Heinz S. und Schulz, Hans-Jürgen: Bedenkliches über Schulaufsicht. In: Westermanns Pädagogische Beiträge, 1976, H.1, S. 17-24.

Rosenbusch, Heinz S.: Schulqualität und Schulleiterausbildung. In: *Ernst, H.; Gonnert, S.; Schulz, G. (Hrsg.)*: Theorie und Praxis der Lehrerbildung. München 1992.

Rosenbusch, Heinz S.: Lehrer und Schulräte - ein strukturell gestörtes Verhältnis. Bericht über eine empirische Untersuchung zur Einschätzung der Schulaufsicht durch Lehrer.
In: Pädagogische Führung, 1993, H.4, S. 174.

Rossa, Eberhard: Ergebnisse und Probleme des Unterrichts in der Abiturstufe.
In: Pädagogik, 1986, H.7, S. 562-572.

Roth, Heinrich: Was kann die amerikanische Pädagogik zu Lösung unserer Erziehungsprobleme beitragen? In: Bildung und Erziehung, 1951, H.4, S. 271.

Roth, Heinrich: Pädagogische Anthropologie. (2 Bde.). Hannover 1966.

Roth, Heinrich: Stimmen die deutschen Lehrpläne noch?
In: Die Deutsche Schule, 1968, S. 69-76.

Roth, Heinrich: Begabung und Lernen. (Deutscher Bildungsrat, Gutachten und Studien der Bildungskommission, Band 4), 4. Aufl.: Stuttgart 1969^4. (Weitere Auflagen sind Nachdrucke).

Roth, Heinrich: Erziehungswissenschaft - Schulreform - Bildungspolitik.
In: Die Deutsche Schule, 1971, H.5, S. 278-291.

Roth, Heinrich: Ja, Wissenschaftsorientierung! In: Die Deutsche Schule, 1983, H.4, S. 285-285.

Roth, Hans-Georg: 25 Jahre Bildungsreform in der Bundesrepublik Deutschland. Bilanz und Perspektiven. Bad Heilbrunn 1975.

Roth, Leo: Wissenschaftsorientierte Lehrer in der verwalteten Schule.
In: Westermanns Pädagogische Beiträge, 1974, H.6, S. 312-319.

Rowan, Brian et.al.: Research on Effective Schools: A Coutionary Note.
In: Educational Researcher 12, 1983, H.4, S. 24-31.

Rucht, Dieter: Erwachsen werden - Identitätsprobleme von Gymnasiasten. München 1979.

Ruder, Georg: Der Wunsch vom Ende der Erziehung und der Mythos vom Paradies.
In: Zeitschrift für Pädagogik, 1989, H.4, S. 575-594.

Rüdell, Günter: Wieviel Schüler braucht die Bildung? Über den Zusammenhang zwischen demographischer Entwicklung und Veränderungen in der Sekundarstufe II.
In: Die Deutsche Schule, 1988, H.4, S. 519-528.

Rüegg, Walter: Selbstverständnis und Weltverständnis als Maßstäbe gymnasialer Bildung und Erziehung. In: Die Höhere Schule, 1987, H.1, S. 34-41.

Rügemer, Werner: Neue Allgemeinbildung ohne Inhalt? Bemerkungen zur selbstkritischen Neufassung des sozialdemokratischen Bildungsbegriffs bei Friedrich Edding.
In: Demokratische Erziehung, 1980, H.4, S. 413-419.

Rügener, Werner: Die allgemeine Bildung der knechtischen Werkzeuge oder der unerledigte Skandal bundesdeutschen Bildungsverständnisses. In: Oldenburger Vor-Drucke (Zentrum für pädagogische Berufspraxis Universität Oldenburg.), 1988, H.40.

Rülcker, Tobias: Die Bildungsidee und das Gymnasium der Gegenwart.
In: Die Höhere Schule, 1963, H.5, S. 93.

Rüschenschmidt, Heinrich und Scholl, Peter: Zur Studien- und Berufswahlorientierung an Allgemeinbildenden Gymnasien.
In: Arbeiten + lernen. Die Arbeitslehre, 1988, H.55, S. 46-49.

Rützel, Josef: Die Neuordnung der Sekundarstufe II nach Tätigkeitsfeldern.
In: Die Deutsche Schule, 1977, H.5, S. 255-269.

Rumpf, Horst: Das Schauen als Weg zur Wirklichkeit.
In: Die Neue Sammlung, 1961, S. 120-130.

Rumpf, Horst: Auf der Suche nach dem großen Ganzen.
In: Die Höhere Schule, 1962, H.1, S. 4. (A)

Rumpf, Horst: Die Flucht nach vorn. (Teil I). In: Die Höhere Schule, 1962, H.9, S. 185. (B)

Rumpf, Horst: Die Flucht nach vorn. (Teil II). In: Die Höhere Schule, 1962, H.10, S. 206. (C)

Rumpf, Horst: Pädagogische Freiheit und pädagogische Scheinfreiheit.
In: Die Neue Sammlung, 1966, S. 362-374.

Rumpf, Horst: Plädoyer für eine empirische Gymnasialpädagogik.
In: Die Höhere Schule, 1967, H.11, S. 234.

Rumpf, Horst: Die theoretische Pädagogik und die tatsächliche Schule.
In: Die Höhere Schule, 1967, H.12, S. 260.

Rumpf, Horst: Umrisse einer sich selbst reformierenden Schule.
In: Die Deutsche Schule, 1968, S. 1-11. (A)

Rumpf, Horst: Tagebuch eines Studienrats (Teil 2). Braunschweig 1968. (B)

Rumpf, Horst: Schuladministration und Lernorganisation.
In: Die Deutsch Schule, 1971, S. 134-151.

Rumpf, Horst: Inoffizielle Weltversionen - Über die subjektive Bedeutung von Lehrinhalten.
In: Zeitschrift für Pädagogik, 1979, H.2, S. 209-230.

Rumpf, Horst: Über zivilisationskonforme Instruktion und Grenzen. Erörtert an einem Beispiel von Schulentwicklungsplanung. In: *Rauschenberger, Hans (Hrsg.):* Unterricht als Zivilisationsform. 1985, S. 51-67.

Rumpf, Joachim: Schule ohne Pädagogik. Über die pädagogische Arbeit am Gynasium.
In: Die Deutsche Schule, 1993, H.1, S. 23.

Rutter, M.; Maughan, B.; Mortimer, P. und Auston, J.: Fünfzehntausend Stunden - Schulen und ihre Wirkung auf die Kinder. Weinheim, Basel 1980.

Saldern, Manfred von: Das Sozialklima als gruppenspezifische Wahrnehmung der schulischen Lernumwelt. In: Unterrichtswissenschaft, 1983, H.11, S. 116-128.

Sandfuchs, Uwe: Bildungskonzeption und Schulorganisation nach der Schulreform. Eine kritische Würdigung. In: Die Realschule, 1981, H.10, S. 555-561.

Santema, Martinus: Bildung und Ausbildung in einem neuen Deutschland.
In: Die Deutsche Schule, 1991, H.3, S. 264.

Sardei-Biermann, Sabine u.a.: Das Problem der Übergänge im Bildungswesen. Anmerkungen zum "Bericht '75" des Deutschen Bildungsrates.
In: Zeitschrift für Pädagogik, 1977, H.2, S. 221-258.

Sassmann, Hanns: Bildungspolitik, Irritationen und Perspektiven.
In: Christlich-Pädagogische Blätter, 1982, H.2, S. 83-90.

Sauer, Karl: Schulreform und Lehrerqualifikationen.
In: Westermanns Pädagogische Beiträge, 1973, H.2, S. 92-99.

Schaarschmidt, I.: Der Bedeutungswandel der Begriffe "Bilden" und "Bildung". Diss. Königsberg 1931.

Scarbarth, Horst: Ideen zur Bestimmung gymnasialer Bildung unter der Herausforderung von Zukunft. In: Reformziel Grundbildung. Comenius-Institut, Münster, 1986, S. 27ff

Schabedoth, Hans-Joachim: Die Gegenreform in der Bildungspolitik. Der verlorene Kampf um die Kooperative Schule - Ein Lehrstück für die praktischen Probleme der Realisierung von Schulreform. Düsseldorf 1979.

Schabedoth, Hans-Joachim: Hochschulreform - eine verpaßte Chance... Düsseldorf 1982.

Schäfer, Eduard: Was bedeutet das Abitur heute? In: Die Höhere Schule, 1975, S. 82.

Schäfer, Gerhard: Hat das Gymnasium Zukunft? Die Zukunft des Gymnasiums.
In: Erziehung und Unterricht, 1989, H.3, S. 128-134.

Schäfer, Walter: Die Oberstufenreform der Odenwaldschule.
In: Die Neue Sammlung, 1963, S. 271-283.

Schelsky, Helmut: Schule und Erziehung in der Industriegesellschaft. Würzburg 1957.

Schelsky, Helmut: Anpassung oder Widerstand? Soziologische Bedenken zur Schulreform. Heidelberg 1961.

Schelsky, Helmut: Bildung in der wissenschaftliche Zivilisation (1964). In: *Pleines, J.E.* (Hrsg.):* Bildungstheorien. Probleme und Positionen. Freiburg 1978.

Schelsky, Helmut: Die Arbeit tun die anderen. Opladen 1975.

Schenk, Barbara: Grundbildung: Schwerpunktbezogene Vorbereitung auf Studium und Beruf in der Kollegstufe. Königstein 1978.

Schepp, Heinz-Herrmann: Bildung eines europäischen politischen Bewußtseins?
In: Zeitschrift für Pädagogik, 1963, S. 363-378.

Schermer, Peter: Empfehlung "Zur Neuordnung der Sekundarstufe II".
In: Die Deutsche Schule, 1974, H.7/8, S. 484-492.

Scheuerl, Hans: Probleme der Hochschulreife. Heidelberg 1962.

Scheuerl, Hans: Das Gymnasium aus der Sicht der Hochschule.
In: Die Höhere Schule, 1965, H.6, S. 126.

Scheuerl, Hans: Kriterien der Hochschulreife. In: Zeitschrift für Pädagogik, 1969, H.1, S. 21-35.

Scheuerl, Hans: Bildungstheorie und Bildungspolitik.
In: Zeitschrift für Pädagogik, 1975, S. 193-204.

Scheuerl, Hans: "Bildung in der Bundesrepublik Deutschland".
In: Zeitschrift für Pädagogik, 1982, H.1, S. 111-122.

Schieck, H.: Die Problematik der Vorlesung als Unterrichtsform der Kollegstufe.
In: Die Höhere Schule, 1970, H.6, S. 147.

Schiedermair, Hartmut: Das Gymnasium und der Bildungsauftrag des Staates.
In: Gymnasium, 1983, H.4, S. 412-433.

Schierholz, Henning (Hrsg.): Pädagogische Freiheit und schulrechtliche Entwicklung.
Rehburg-Loccum 2 1988.

Schiller, Joachim: Reform der Oberstufen-Reform.
In: Zeitschrift Pädagogik, 1988, H.1, S. 52-55.

Schiller, Joachim: Eine oberste Maxime? (Zur Serie Bildung Kontrovers in Zeitschr. f. Pädagogik). In: Zeitschrift Pädagogik, 1988, H.7/8, S. 36-37.

Schiller, Joachim: Allgemeinbildung als Lebensaufgabe. (Zur Serie Bildung Kontrovers in Zeitschr. f. Pädagogik). In: Zeitschrift Pädagogik, 1988, H.7/8, S. 38-41.

Schiller, Joachim: Gymnasium 1960-1980. Beobachtungen eines Beteiligten.
In: Pädagogik, 1989, H.4, S. 28-31.

Schiller, Joachim: Allgemeinbildung als Aufgabe des Sozialismus. - Zum Stand der Diskussion in der DDR - In: Pädagogik, 1989, H.6, S. 44-50.

Schindler, Ingrid: Die Umsetzung bildungstheoretischer Informationsvorschläge in bildungspolitische Entscheidungen. Das Bildungskonzept W. Flitners. Saarbrücken 1974.

Schindler, Ingrid: Die gymnasiale Oberstufe - Wandel einer Reform. Von der "Saarbrükker Rahmenvereinbarung" bis zur "Bonner Vereinbarung".
In: Zeitschrift für Pädagogik, 1980, H.2, S. 161-191.

Schindler, Ingrid: Die gymnasiale Oberstufe - betrachtet unter ideengeschichtlichen und normativen Aspekten. In: Die Höhere Schule, 1982, H.3, S. 77-89.

Schindler, Ingrid: Gymnasialgeschichte als Problemgeschichte.
In: Die Höhere Schule, 1984, H.12, S. 379-381.

Schindler, Ingrid: Gymnasium ohne Abitur. In: Schulpraxis, 1984, H.3, S. 53.

Schindler, Ingrid: Das Abitur; eine überholte Institution? Kritische Bemerkungen zu gegenwärtigen bildungspolitischen Tendenzen aus der Sicht des Historikers. (Teil 1).
In: Die Höhere Schule, 1986, H.6, S. 178-184.

Schindler, Ingrid: Das Abitur; eine überholte Institution? Kritische Bemerkungen zu gegenwärtigen bildungspolitischen Tendenzen aus der Sicht des Historikers. (Teil 2).
In: Die Höhere Schule, 1986, H.8, S. 237-250.

Schindler, Ingrid: Allgemeinen Brauchbarkeit und Gemeinnützigkeit. Arbeitsberichte aus der Fachrichtung Erziehungswissenschaft Nr. 48. Saarbrücken 1988

Schleicher, Klaus (Hrsg.): Zukunft der Bildung in Europa. Darmstadt 1993.

Schlaffke, Winfried: Die Zukunft gymnasialer Bildung aus der Sicht der Wirtschaft.
In: Die Höhere Schule, 1980, H.9, S. 320-321.

Schlaffke, Winfried: Vom Wandel der Arbeit und den Berufschancen von Hauptschülern in Baden-Württemberg. In: Lehren und Lernen, 1993, H.6, S. 56.

Schleicher, Klaus: Zukunft der Bildung in Europa. Darmstadt 1993.

Schleiermacher, F.: Werke, herausgegeben von Brauner, O./Bauer, J., 4 Bände, Leipzig 1910 - 1913^2, 1927 - 1928, Nachdruck Aalen, 1967 und 1981.

Schlömerkemper, Jörg: Vom "Buxtehuder Modell" zur "Reformierten Oberstufe". Veränderungen im Wahlverhalten der Schüler 1969 bis 1979.
In: Die Deutsche Schule, 1981, H.2, S. 102-112.

Schlömerkemper, Jörg: Bildung für alle - Über das Verhältnis von Egalität und Bildung.
In: Die Deutsche Schule, 1986, H.4, S. 405-416.

Schlömerkemper, Jörg: Was ist ein gebildeter Mensch? Ergebnisse einer empirischen Studie zum Bildungsverständnis von Schülern. In: Zeitschrift Pädagogik, 1988, H.7/8, S. 16-19.

Schlömerkemper, Jörg: Pädagogische Integration. Über einen schwierigen Leitbegriff pädagogischen Handelns. In: Die Deutsche Schule, 1989, H.3, S. 316-329.

Schlömerkemper, Jörg: Das Bildungsverständnis in Ost- und Westdeutschland.
In: Die Deutsche Schule, 1991, H.3, S. 308.

Schlömerkemper, Jörg (Hrsg.): Die Schule gestalten. Konzepte und Beispiele für die Entwicklung von Schulen. In: Die Deutsche Schule, 1992, 2. Beiheft.

Schmeer, Ernst: Berufliche Bildung durch Schule und Betrieb vor dem Hintergrund der Ausbildungs- und Beschäftigungsproblematik.
In: Wirtschaft und Berufs-Erziehung, 1986, H.10, S. 305-313.

Schmid, Max: Das Abitur, ein Ärgernis. In: Die Höhere Schule, 1973, S. 174.

Schmid, Max: Das Gymnasium hat Zukunft. In: Die Höhere Schule, 1973, S. 174.

Schmid, Max: Für neue Abschlußprofile des Abiturs. In: Die Höhere Schule, 1973, S. 173-174.

Schmid, Max: Die Zukunft der Bildungspolitik. Bericht über eine Tagung der evangelischen Akademie Tutzingen. In: Die Höhere Schule, 1976, H.5, S. 175-177.

Schmid, Max: Vergleichbarkeit von Abschlüssen in der Sekundarstufe II. Aus der Sicht des Gymnasiums. In: Die Höhere Schule, 1981, H.9, S. 281-288.

Schmid, Max: Zusammenarbeit von Gymnasium und Wirtschaft.
In: Die Höhere Schule, 1982, H.4, S. 105.

Schmid, Max: Der technologisch begründete Auftrag an das Gymnasium.
In: Die Höhere Schule, 1983, H.10, S. 309-310.

Schmid, Max: Gymnasiale Bildung als gemeinsames Anliegen. Fachseminar der Philologenverbände aus Deutschland, Österreich und der Schweiz.
In: Die Höhere Schule, 1984, H.9, S. 280-281.

Schmid, Max: Die bayerische Form des Zentralabiturs.
In: Die Höhere Schule, 1985, H.3, S. 86-88.

Schmid, Max: Euro - Bildung '92. In: Die Höhere Schule, 1989, H.3, S. 82-85.

Schmid, Max: Die höhere Schule im zusammenwachsenden Europa.
In: Die Höhere Schule, 1990, H.12, S. 325.

Schmid, Rudolf: Hochschulzugang - ein Problem für die Psychologie?
In: Die Deutsche Schule, 1979, H.4, S. 210-220.

Schmidt, Arno: Die Oberstufe des Gymnasiums. Bestand und Perspektiven.
In: Neue Unterrichtspraxis, 1980, H.7, S. 400-412.

Schmidt, Arno: Gymnasium und Hochschulreife. In: Schulpraxis, 1984, H.3, S. 56.

Schmidt, Arno: Alte Sprachen. In: Enzyklopädie Erziehungswissenschaft Band III. (S. 240 ff.). Stuttgart 1986.

Schmidt, Arno: Das Gymnasium im gegliederten Schulwesen unserer Zeit.
In: Gymnasium in Niedersachsen, 1989, H.1, S. 18-21.

Schmidt, Arno: Die Arbeit am Gymnasium.
In: Anregung, 1994, H.3, S. 196.

Schmidt, Gerlind: Ganztagserziehung-Entwicklungstendenzen in einigen Ländern Europas.
In: Hort heute, 1991, H.2, S. 44.

Schmidt, Hans Werner: Humanismus; Herausforderung und Chance.
In: Gymnasium, 1989, H.4, S. 273-283.

Schmidt, Josef: Einige Gedanken zur Ziel- und Inhaltscharakteristik der studienvorbereitenden Funktion des Russischunterrichts auf der Abiturstufe.
In: Fremdsprachenunterricht, 1983, H.5, S. 247-251.

Schmidt, Max: Aufgabe und Funktion der gymnasialen Mittelstufe.
In: Die Höhere Schule, 1979, H.1, S. 64.

Schmidt, Uwe: Vermittelt die reformierte Oberstufe des Gymnasiums zu wenig Bildung? Referat des Vorsitzenden des Hamburger Philologen-Verbandes vor der Arbeitsgemeinschaft der Elternratsvorsitzenden der Hamburger Gymnasien.
In: Die Höhere Schule, 1980, H.10, S. 355-357.

Schmied, Dieter: Fächerwahl, Fachwahlmotive und Schulleistungen in der reformierten gymnasialen Oberstufe. In: Zeitschrift für Pädagogik, 1982, H.1, S. 11-30.

Schmied, Dieter: Leistungsdruck und Arbeitsaufwand in der reformierten gymnasialen Oberstufe.
In: Zeitschrift für Pädagogik, 1982, H.1, S. 31-54.

Schmied, Dieter: Sozialbeziehungen und Sozialverhalten in der reformierten Gymnasialen Oberstufe. In: Die Deutsche Schule, 1982, H.3, S. 213-227.

Schmied, Dieter: Aspekte des Schüler-Lehrer-Verhältnisses in der reformierten Oberstufe.
In: Die Deutsche Schule, 1982, H.4, S. 318-324.

Schmitt, Rudolf und Schuster, Christiane: Zur "Wiederentdeckung" des Erzieherischen: Beispiel Schullandheim. Möglichkeiten fächerübergreifenden, projektorientierten Unterrichts.
In: Anregung, 1979, S. 325-331.

Schmitz, Enno: Was kommt nach der Bildungsökonomie.
In: Zeitschrift für Pädagogik, 1973, H.5, S. 799-820.

Schmitz, Klaus: Unsinn mit Struktur - Zum 'Didaktischen Strukturgitter' von G. Thoma.
In: Die Neue Sammlung, 1976, S. 431-439.

Schmitz, Klaus: Wissenschaftsorientierter Unterricht. München 1977. (A)

Schmitz, Klaus: Zur Konzeption der Oberstufenreform.
In: Die Neue Sammlung, 1977, S. 450-464. (B)

Schmitz, Klaus: Die ideale Bildungsreform. Die Begründung des humanistischen Gymnasiums durch Wilhelm von Humboldt. Ein Beitrag zum Humboldtjahr 1985.
In: Die Höhere Schule, 1985, H.10, S. 308-311.

Schmitz-Scherzer, Reinhard u.a.: Zur schulischen Situation von Oberschülern.
In: Zeitschrift für Pädagogik, 1973, H.4, S. 527-535.

Schmoldt, Benno: Zur Theorie und Praxis des Gymnasialunterrichts (1900-1930).(Studien und Dokumente zur deutschen Bildungsgeschichte Bd. 16). Weinheim und Basel 1980.

Schmoldt, Benno: Zur Geschichte des Gymnasiums. Ein Überblick. Grundwissen und Probleme zur Geschichte und Systematik des deutschen Gymnasiums in Vergangenheit und Gegenwart. Baltmannsweiler 1989.

Schnabel, Kai-Uwe: Ausländerfeindlichkeit bei Jugendlichen in Deutschland - eine Synopse empirischer Befunde seit 1990. In: Zeitschrift für Pädagogik, 1993, H.5, S. 799-825.

Schneider, Gottfried: Wissenschaftlich-technischer Fortschritt und Schule.
In: Pädagogik, 1989, H.5, S. 353-368.

Schneider, Heiner: Saarland. Doppelprofilierung am Technisch-Wissenschaftlichen Gymnasium.
In: Die berufsbildende Schule, 1983, H.5, S. 277-286.

Schneider, Joachim: Gewalt in der Schule. In: Kriminalstatistik, 1990, H.1.

Schneider, Joachim und Traut, Hartmut: Berufsorientierung und "Neue Allgemeinbildung".
In: Demokratische Erziehung, 1986, H.2, S. 30-31.

Schneider, Werner: Die reformierte Oberstufe des Gymnasiums in "post-Picht'scher" Zeit.
In: Die Höhere Schule, 1983, H.8, S. 241-242.

Schöler, Walter: Strukturen und Modelle des Unterrichts. Paderborn 1977.

Schönwälder, Hans-Georg: Lehrerarbeit - Arbeit ohne Theorie. Heidelberg 1983.

Schönwälder, Hans-Georg (Hrsg.): Lehrerarbeit: eine vergessene Dimension der Pädagogik. Freiburg im Breisgau 1987.

Schörken, E. (Hrsg.): Curriculum "Politik". Opladen 1974.

Scholz, Reiner: SIErziehung statt ERziehung? In: ZEIT, No 15 - 6. April 1990, 1990, S. 17.

Schorb, Alfons Otto: Außenkritik als Antrieb der Bildungsreform.
In: Zeitschrift für Pädagogik, 1973, H.5, S. 701-707.

Schorr, Karl Eberhard: Bildungsforschungs-Strategien.
In: Die Neue Sammlung, 1970, S. 511-516.

Schorr, Karl Eberhard: Strukturreform des Bildungswesens.
In: Zeitschrift für Pädagogik, 1971, H.3, S. 337-350.

Schrader, Wilhelm: Die Schulreform ist versandet. Professoren ziehen Bilanz.
In: Betrifft: Erziehung, 1983, H.12, S. 6-9.

Schramm, Rainer: Studienwunsch und Studienwirklichkeit. Die Verantwortung der allgemeinbildenden Schulen für die Studierfähigkeit ihrer Absolventen aus der Sicht der technikwissenschaftlichen Studiengänge. In: Die Höhere Schule, 1980, H.9, S. 321-325.

Schratz, Michael: Globale Bildung. Perspektiven für das Lernen in Zukunft.
In: Erziehung und Unterricht, 1989, H.6, S. 339-346.

Schreiber, Herbert: Moderne Beratung in der reformierten Oberstufe.
In: Die Höhere Schule, 1979, H.8, S. 326.

Schreiner, Günter: Das Buxtehuder Modell. In: Die Deutsche Schule, 1971, S. 554.

Schrembs, Edigna und Wolf, Jürgen: Das Hessische Oberstufenurteil als Symptom für Konfliktfelder in Schule und Gesellschaft der Bundesrepublik Deutschland.
In: Die Deutsche Schule, 1982, H.3, S. 177-191.

Schröder, Gerhard: Ungleich genutzte Bildungschancen.
In: Die Höhere Schule, 1965, H.7, S. 167.

Schrötter, K.G.: Das Vakuum im Erziehungswesen. In: Die Höhere Schule, 1951, H.8, S. 2.

Schülert, Jürgen: Wissenschaftspropädeutisches Lernen als soziale Praxis. In: Zeitschrift für Pädagogik, 1977, H.3, S. 419-428.

Schulte, Brigitta M.: Schulzeit, oder: Wer verkürzt wen? In: Pädagogik, 1991, H.2, S. 55.

Schulz, Anita: Erfahrungen bei der Vorbereitung, Durchführung und Auswertung der Reifeprüfung in der Abiturstufe. In: Zeitschrift für den Erdkundeunterricht, 1984, H.4, S. 155-160.

Schulz, Peter-Rudolf: Kollegen nehmen Stellung zur Oberstufenreform. In: Die Höhere Schule, 1976, H.7, S. 262.

Schulz-Hageleit, Peter: Großeltern-Eltern-Kinder. In: Neue Sammlung, 1991, H.3, S. 494.

Schulz-Vanheyden, Elmar: Fachspezifische und fächerübergreifende Curricula und Curriculumprojekte: Alte Sprache. In: *Frey, Karl et al.:* Curriculumhandbuch III. München 1975.

Schumann, Hans-H.: Die Fachoberschule in Hamburg. In: Die berufsbildende Schule, 1981, H.7/8, S. 440-445.

Schurr, Johannes: Was besagt "Bildung" des Menschen? In: Anregung, 1978, S. 137-137.

Schurr, Johannes: Transzendentale Theorie der Bildung. Passau 1982.

Schurr, Johannes: Transzendentale Logik der Bildung. Passau 1987.

Schütt, Rudi: Tendenzen zur Veränderung der Allgemeinbildung in der BRD. In: Vergleichende Pädagogik, 1988, H.4, S. 376-390.

Schwager, Karl-Heinz: Wesen und Form des Lehrgangs im Schulunterricht. Weinheim 1956.

Schwarz, Bernd: Die gute Schule als Gegenstand empirischer Forschung. In: Die Realschule, 1993, H.6, S. 239.

Schwarz, Richard: Der Bildungsauftrag der Hochschule heute. In: Die Höhere Schule, 1954, H.10, S. 185.

Schwarz, Richard: Wissenschaft und Bildung. Freiburg/München 1957.

Schwerin, Eckart: Pädagogik war Politik mit anderen Mitteln. In: Neue Sammlung, 1992, H.2, S. 301.

Schweitzer, Jochen: Autonomie als Prozeß. In: Die Höhere Schule, 1993, H.3, S. 398.

Schweitzer, Friedrich u.a.: Fächer, Aufgabenfelder, Aufgabenstellung: Das Problem von Intension und Realisierung des Bildungsverständnisses der gymnasialen Oberstufe. In: Reformziel Grundbildung, hrsg. von *Gaßmann, Klaus.* In: Commenius Institut, 1986, S. 39.

Schweizerische Bankgesellschaft: Wirtschaftsnotizen - Produktionsstandorte im internationalen Wettbewerb, November/Dezember 1993, S. 6.

Schwind, Hans-Dieter: Erscheinungsformen van Gewalt - Gründe und Ursachen. In: Schulverwaltung NRW, 1993, H.10, S. 240-243.

Schwind, Hans-Dieter; Baumann, Jürgen; Schneider, U. und Winter, M.: Gewalt in der Bundesrepublik Deutschland. Endgutachten. In: *Schwind/Baumann (Hrsg.):* Ursachen, Prävention und Kontrolle von Gewalt. Analysen der Unabhängigen Regierungskommission zur Verhinderung und Bekämpfung von Gewalt. Berlin 1989.

Schwinger, Elmar: Literarische Erziehung und Gymnasium. Bad Heilbrunn/Obb. 1988.

Sebbel, Erna (Hrsg.): Die Reform der gymnasialen Oberstufe in Nordrhein-Westfalen. Hannover 1976.

Seeger, Heinz: Studierfähigkeit als Bildungsauftrag. Das Gymnasium in der Spannung zwischen Eigenständigkeit und Propädeutik. In: *Seeger, Heinz (Hrsg.):* 1828-1978 Städtisches Gymnasium am Wirteltor Düren. 1981, S. 13-41.

Seeger, Heinz: Der Erziehungsauftrag der Richtlinien - Zur Aufgabe der Lehrer und Lehrerkollegien. In: 33. Gemener Kongreß. Die Oberstufe des Gymnasiums Aufgabe und In: Verlag Wilhelm Postberg, 1981, S. 23-56.

Seel, Helmut: Über innere und äußere Schulreform. In: Unser Weg, 1982, H.10, S. 375-381.

Seelig, Günther F. und Wendt, Wolfgang: Lehrerbelastung. Eine Pilotstudie. In: Pädagogik, 1993, H.1, S. 30-33.

Sehrbrock, Peter: Freiarbeit in der Sekundarstufe I. Frankfurt 1993.

Seidensticker, Peter und Gerling, Gerhard: Hat das Gymnasium noch eine Chance? Braunschweig 1969.

Seidl, Peter und Drexler, Wulf: Pädagogische Freiräume und administrative Regelungen. Drei Fallanalysen zur Oberstufenreform. In: Zeitschrift für Pädagogik, 1980, H.2, S. 211-241.

Selg, H.; Mees, U. und Berg, D.: Psychologie der Aggressivität. Göttingen 1988.

Senger, Hans-Gerd: Höhere Schule und Hochschule. In: Die Höhere Schule, 1981, H.3, S. 89.

Sergiovanni, T.J.: The Principalship. Newton Ma. 1987.

Severing, Günter: Niedersachsen; Das Fachgymnasium Technik. In: Die berufsbildende Schule, 1983, H.4, S. 238-246.

Sich, Kurt: Überforderung des Schülers. In: Die Höhere Schule, 1959, H.1, S. 15.

Sich, Kurt: Die Umgestaltung der Oberstufe. In: Die Höhere Schule, 1960, H.2, S. 33.

Siebert, Horst (Hrsg.): Begründung gegenwärtiger Erwachsenenbildung, Braunschweig 1977

Sinnhardt-Pallin, Dieter: Anpassung, nicht Reform. Anmerkungen zum Endbericht der Enquete-Kommission "Bildung 2000". In: pädagogik extra, 1991, H.1, S. 40.

Skiera, Ehrenhard: Die Jena-Plan-Bewegung in den Niederlanden. Beispiel einer pädagogisch fundierten Schulreform. Weinheim/Basel 1982.

Sochatzky, Klaus: Das Neuhumanistische Gymnasium und die reinmenschliche Bildung. Zwei Schulreformversuche in ihrer weitreichenden Bedeutung. Göttingen 1972.

Söhngen, Gerhard: Das sogenannte "Begabtenabitur" - problematische Entwicklungen. In: Die Höhere Schule, 1975, S. 126.

Söseman, Bernd: Mit Halbheiten wir nichts Ganzes gewonnen - die Schule im Spannungsfeld von Staat und Gesellschaft. In: Zeitschrift für internationale erziehungs- und sozialwissenschaftliche Forschung, 1992, H.2, S. 321.

Solzbacher, Claudia: Postmoderne Zukunft? Allgemeinbildung und Politische Bildung im Pluralistischen Staat. Erich E. Geißler zum 60. Geburtstag. In: Die Höhere Schule, 1988, H.9, S. 246-249.

Solzbacher, Claudia: Das Ende der mittleren Bildung? In: Die Realschule, 1993, H.5, S. 201.

Sperber, Jochen: Aufgaben des Tutors in der reformierten gymnasialen Oberstufe. In: Zeitschrift für Pädagogik, 1980, H.2, S. 279-286.

Spies, Werner E.: Eliteerziehung oder Bürgerbildung. Die bildungspolitische Funktion der Kollegschulversuche in NRW. In: Die Deutsche Schule, 1974, H.2, S. 76-82.

Spies, Werner E.: Zerfallende Selbstverständlichkeit. Auflösung des Bildungskonzepts - Bemühen um neue Bezugspunkte. In: Die Deutsche Schule, 1976, S. 7-16.

Spies, Werner E.: Bildung - Qualifikation - Berechtigung - Anspruch. Identität und Differenz. In: Die Deutsche Schule, 1978, H.1, S. 18-25.

Spies, Werner E.: Wissenschaftspropädeutik. Warnung und Widerruf. In: Schulpraxis, 1982, H.4, S. 9-13.

Spies, Werner/Westphalen, Klaus: Die Gestalt unserer Schule. Stuttgart 1987.

Spies, Werner E.: Die Aufnahme pädagogischen Wissens in die Kultusverwaltung. In: Die Neue Sammlung, 1988, Heft 3, S. 378ff

Spinks, Jim M. und Coldwell, Brian: Schulpolitik und Planung zur Förderung der Wirksamkeit einer Schule - Ein Ratgeber für kooperative Schulleitung. In: *Aurin, Kurt:* Gute Schulen, worauf beruht ihre Wirksamkeit?, 1990, S. 101-118.

Splett, Jörg: Selbstverwirklichung in sozialer Verantwortung? In: Stimmen der Zeit, 1982, H.6, S. 409-420.

Spranger, Eduard: Das deutsche Bildungsideal der Gegenwart in geschichtsphilosophischer Beleuchtung. Leipzig 1930.

Spranger, Eduard: Innere Schulreform. Heidelberg 1949.

Spranger, Eduard: Pädagogische Perspektiven. Beiträge zu Erziehungsfragen der Gegenwart. Heidelberg 1951.

Spranger, Eduard: Wilhelm von Humboldt und die Reform des Bildungswesens. Tübingen 1965³.

Sprenger, Burkhard: Abitur - oder nur Doppelqualifikation?
In: Die Höhere Schule, 1983, H.11, S. 344-351.

Stach, Meinhard: Studierfähigkeit ohne Hochschulreife. Überlegungen und Untersuchungen zur Öffnung integrierter Studiengänge an der nordrhein-westfälischen Gesamthochschule für Fachoberschulabsolventen und zu einer Reform der Studieneingangsphase.
Darmstadt 1981.

Statistisches Bundesamt: Bildung und Kultur - allgemeinbildende Schulen.
In: Fachserie 11, Reihe 1, Stuttgart 1993.

Staudinger, Hugo: Die Rückkehr zu einer existentiellen Gesamtfragestellung als das Kernproblem der höheren Schule. In: Die Höhere Schule, 1959, H.1, S. 6.

Steffen, Hans (Hrsg.): Bildung und Gesellschaft. Zum Bildungsbegriff von Humboldt bis zur Gegenwart. Göttingen 1972.

Steffens, Ulrich und Bargel, Timo: "Qualität von Schule" - Ein neuer Ansatz der Schulentwicklung. Wiesbaden 1987. (A)

Steffens, Ulrich u.a.: Erkundungen zur Qualität von Schule. Wiesbaden 1987. (B)

Stein, Erwin: Zum Urteil des Hessischen Staatsgerichtshofs über die gymnasiale Oberstufenreform vom 30.12.1981. In: Die Höhere Schule, 1982, S. 169-176.

Stein, Erwin: Quo Vadis Hessischer Staatsgerichtshof? Marginalien zum Urteil über die gymnasiale Oberstufe. In: Recht der Jugend, 1982, H.3, S. 178-183.

Stein, Gerd (Hrsg.): Theorie und Praxis schulischer Reformen im Spannungsfeld von Pädagogik und Politik. Ratingen 1975.

Stein, Gerd (Hrsg.) und Blankertz, Herwig: Kritische Pädagogik. Positionen und Kontroversen. Hamburg 1979.

Stein, Gerd: Ansätze und Perspektiven kritischer Erziehungswissenschaft. Stuttgart 1980.

Stein, Holger: Die Fachoberschule in Niedersachsen.
In: Die berufsbildende Schule, 1981, H.7, S. 451-456.

Steinbrecht, Wolfgang: Gymnasium heute, wiederentdeckt.
In: Die Höhere Schule, 1980, H.1, S. 30-32.

Steinbrecht, Wolfgang: Die Oberstufe hat sich doch nicht bewährt. Gedanken eines Neusprachlers zur reformierten Oberstufe. In: Die Höhere Schule, 1983, H.8, S. 248-252.

Steinbrecht, Wolfgang: Schulzeitverkürzung. In: Die Politische Meinung, Dezember 1993. S. 65.

Steinthal, Hermann: Schule als Lernort und Lebensraum.
In: Die Neue Sammlung, 1981, S. 325-334.

Steudten, Günter und Brinckmann, Karl-Erich: Schule und Familie - vertrauensvolles Miteinander. In: Pädagogik, 1972, H.8, S. 688-699.

Steuwe, Rolf: Zu den Problemen einer zweigliedrigen Schulstruktur.
In: Die Höhere Schule, 1993, H.3, S. 71.

Strasser, Franz: Auf dem Weg zur Hochschule; Zentralabitur?
In: Die Höhere Schule, 1985, H.3, S. 89-97.

Stratmann, Karlwilhelm: Die Integration von Allgemeinbildung und Berufsbildung - ihre Bedingungen und Konsequenzen. In: Die Neue Sammlung, 1973, S. 152-163.

Ströbel, Hermann: Lebensfernes Gymnasium? Anwendungsbezüge im Fachunterricht; konkrete Beispiele aus dem Wirtschaftsleben. In: Anregung, 1983, H.2, S. 93-98.

Struck, Peter: Die Theorie vom Absterben der Hauptschule.
In: Westermanns Pädagogische Beiträge, 1977, H.5, S. 209-213.

Struck, Peter: Schul- und Erziehungsnot in Deutschland. Neuwied 1992.

Strugger, S.: Die Hochschulreife aus der Sicht der Universität.
In: Die Höhere Schule, 1957, H.7, S. 141.

Strüning, Horst-Dieter: Das Gymnasium wird abgeschottet. Aspekte zum Oberstufenurteil des Hessischen Staatsgerichtshofes. In: Demokratische Erziehung, 1982, H.3, S. 24-27.

Strukturkommission Lehrerbildung 2000: Lehrerbildung in Baden-Württemberg - Abschlußbericht. Stuttgart 1993.

Strzelewicz, Willi: Bildung und gesellschaftliches Bewußtsein (1966). In: *Hartfield, G. (Hrsg.):* Bildung und Erziehung in der Industriegesellschaft. S. 62 - 95. Opladen 1973.

Strzelewicz, Willi: Die Symbolfunktion der Ausdrücke "Bildung" und "Lernen". In: *Strzelewicz, W.:* Wissenschaft, Bildung und Politik. S. 30 - 57. Braunschweig 1980.

Stuckmann, Elmar: Zur Reform der gymnasialen Oberstufe.
In: Die Höhere Schule, 1971, H.9, S. 217.

Stuckmann, Elmar: Die entlarvte Bildungsplanung. In: Die Höhere Schule, 1976, H.4, S. 128.

Stuckmann, Elmar: Oberstufenreform: eine Bundesvereinbarung - elf Länderinterpretationen.
In: Die Hhöhere Schule, 1976, H.6, S. 208-215.

Stuckmann, Elmar: Allgemeinbildung oder Spezialisierung. Der Streit um die Oberstufenreform.
In: Die Höhere Schule, 1977, H.9, S. 340-344.

Stuckmann, Elmar: Die KMK hat die Auseinanderentwicklung in der Oberstufe nicht aufgehalten.
In: Die Höhere Schule, 1978, H.2, S. 70-74.

Stuckmann, Elmar: Gymnasium und Reform. 1. Teil: Das Gymnasium in den fünfziger Jahren.
In: Die Höhere Schule, 1980, H.3, S. 111-116.

Stuckmann, Elmar: Der vergessene Katalog der Grundanforderungen. Die Oberstufenreform der Westdeutschen Rektorenkonferenz von 1969 wurde nicht verwirklicht.
In: Die Höhere Schule, 1981, H.9, S. 288-292.

Stuckmann, Elmar: Auf der Suche nach der verlorenen Idee der Schule. Nach dem hessischen Oberstufen-Urteil. In: Die Höhere Schule, 1982, H.2, S. 40-42.

Stuckmann, Elmar: Einführung in die Wissenschaft und Erwerb von nützlichem Wissen. 200 Jahre Gymnasium und Folgerungen für die zukünftigen Aufgaben in der Oberstufe.
In: Die Höhere Schule, 1983, H.6, S. 196-207.

Stuckmann, Elmar: Chancen zur Einheit der gymnasialen Oberstufe. Länderregelungen im Vergleich. In: Die Höhere Schule, 1987, H.6, S. 203-208.

Stuckmeyer, Hartwig: Integration in den Schulzentren des Sekundarbereichs II in Bremen.
In: Die Deutsche Schule, 1987, H.2, S. 255-257.

Sturzebecher, Klaus: Schule, ein "Sozialort" für Schüler der reformierten gymnasialen Oberstufe?
In: Unterrichtswissenschaft, 1983, H.1, S. 73-86.

Suchodolski, Bogdan: Thesen zu: Sozialisation und Bildung.
In: Die Neue Sammlung, 1974, S. 332-337.

Sühl-Strohmenger, Wilfried: Horizonte von Bildung und Allgemeinbildung. Der Bildungsbegriff der Gegenwart im Brennpunkt von Persönlichkeits-, Gesellschafts- und Wissenschaftsorientierung, Konsequenzen für das Verständnis von Allgemeinbildung heute und für die Lehrplangestaltung. Bern/Frankfurt 1984.

Süvern, Johann Wilhelm: Die Reform des Bildungswesens. Schriften zum Verständnis von Pädagogik und Politik. Besorgt von *Grosse-Jäger, Hans-Georg und Jeismann, Karl Ernst.* Paderborn 1981.

Szagun, Anna-Katharina: Wider die Symptomkuriererei an einer Systemkrankheit: Mutmaßungen zu strukturellen Ursachen des Burnout bei Lehrkräften.
In: Die Deutsche Schule, 1991, H.4, S. 437.

Szaniawski, Ignacy: Die Wandlungen in der zeitgenössischen allgemeinen und allgemeintechnischen Bildung. In: Die Neue Sammlung, 1973, S. 164-181.

Szczepanek, Norbert und Connenmann, Ralf: Die Konferenz als "pädagogisches Führungsinstrument". In: Pädagogische Führung, 1993, H.4, S. 180.

Tausch, Reinhard und Tausch, Annemarie: Erziehungspsychologie. Begegnung von Person zu Person. Göttingen 1977[8].

Tellenbach, Gerd: Hochschule und Hochschulreife (1958). In: *Lennert, R. (Hrsg.):* S. 39 - 47. Bad Heilbrunn 1971.

Tenorth, Heinz-Elmar: Hochschulzugang und gymnasiale Oberstufe in der Bildungspolitik von 1945-1973. Bad Heilbrunn 1975.

Tenorth, Heinz-Elmar: Transformationen der Pädagogik.
In: Zeitschrift für Pädagogik, Beiheft 20, 1986, S. 21. (A)

Tenorth, Heinz-Elmar (Hrsg.): Allgemeine Bildung. Analysen zu ihrer Wirklichkeit, Versuche über ihre Zukunft. Weinheim/München 1986. (B)

Tenorth, Heinz-Elmar: Geschichte der Erziehung. Weinheim, München 1988.

Terhart, Ewald: Organisation und Erziehung. Neue Zugangsweisen zu einem alten Dilemma.
In: Zeitschrift für Pädagogik, 1986, H.2, S. 205.

Terhart, Ewald: Überaltetes Kollegium = veraltete Schule?
In: Die Deutsche Schule, 1991, H.4, S.l 408.

Terhart, Ewald: Schulentwicklung in der Krise oder: Wohin steuert das Bildungssystem?
In: Pädagogik und Schule in Ost und West, 1993, H.4, S. 228ff.

Thienel, Albert: Lehrerwahrnehmungen und -gefühle in problematischen Unterrichtssituationen. Zum Einfluß von Wahrnehmungen und Emotionen auf das diffenrentielle Erleben und Verhalten von Lehrern. Europäische Hochschulschriften: Reihe 6, Psychologie. Bd. 238. Frankfurt/Main, Bern, New York 1988.

Thomas, Helga und Robinson, Saul B.: Diffenzierung im Sekundarschulwesen. Vorschläge zur Struktur der weiterführenden Schulen im Licht internationaler Erfahrungen. (Deutscher Bildungsrat, Gutachten und Studien Bd. 3). Stuttgart 1969.

Thurow, Reinhard: Zehn Thesen zum fächerübergreifenden Unterricht im Gymnasium.
In: Lehren und Lernen, 1988, H.6, S. 42-55.

Tietgens, Hans: Thesen zur "Einheit beruflicher und allgemeiner Bildung" aus der Sicht der Erwachsenenbildung/Weiterbildung. In: Die Neue Sammlung, 1975, S. 155-164.

Tietz, Horst: Mathematik und Studierfähigkeit. In: Schulpraxis, 1982, H.2, S. 47.

Tillmann, Klaus-Jürgen: Schülerlaufbahnen, Abschlüsse, Chancengleichheit. Anmerkungen zu einem merkwürdigen "Konsenskapitel" im BKL-Gesamtschulbericht.
In: Die Deutsche Schule, 1983, H.3, S. 199-211.

Tillmann, Klaus-Jürgen: Reformweg in die Sackgasse? Die Entwicklung des Hamburger Sekundarschulwesens von 1979 bis 1984.
In: Die Deutsche Schule, 1985, H.2, S. 110-118.

Tillmann, Klaus-Jürgen: Schulreformen verändern ihr Gesicht.
In: Zeitschrift Pädagogik, 1988, H.1, S. 47-48.

Tillmann, Klaus-Jürgen: Perspektiven für Schule und Bildung am Ende des 20. Jahrhunderts.
In: Unsere Jugend, 1989, H.5, S. 190-201.

Tillmann, Klaus-Jürgen: Erziehungswissenschaft und Bildungspolitik.
In: Zeitschrift für Pädagogik, 1991, H.6, S. 955.

Tillmann, Klaus Jürgen: "Leistung muß auch in der Schule neu definiert werden." Ein neuer Reformdialog zwischen Pädagogik und Wirtschaft? In: Pädagogik, 1993, H.6, S. 6.

Tilly, Ernst: Der Erziehungsauftrag des Gymnasiums. Bericht über die Ziele und Ergebnisse des 35. Gemener Kongresses vom 22. bis 27.9.1983. Das Gymnasium als "Pädagogische Anstalt". Was leistet der Unterricht des Gymnasiums über die Vermittlung von Fachwissen hinaus? In: Die Höhere Schule, 1983, H.11, S. 363-367.

Tippelt, Rudolf: Bildung und sozialer Wandel: eine Untersuchung von Modernisierungsprozessen am Beispiel der Bundesrepublik Deutschland seit 1950. Weinheim 1990.

Titze, Hartmut: Erziehung, Selektion, Berechtigung.
In: Die Deutsche Schule, 1975, H.6, S. 378-392.

Titze, Hartmut: Die Tradition der Pädagogik und die Selbstkritik der Moderne.
In: Zeitschrift für Pädagogik, 1992, 28. Beiheft, S. 99.

Tophoven, Klaus: Erziehung und Lernen. In: Neue Sammlung, 1993, H.1, S. 101.

Treitschke, Heinrich v.: Einige Bemerkungen über unser Gymnasialwesen.
In: Preußische Jahrbücher, Bd. 51, 1883.

Treu, Hans Eckbert: Von der sozialen zur individuellen Benachteiligung. Eine Zwischenbilanz der Schulreform. In: Unsere Jugend, 1984, H.3, S. 109-113.

Tröger, Walter: Erziehungsziele. München 1974.

Trzeciak, Heinz: Die Fachoberschule im Saarland.
In: Die berufsbildende Schule, 1981, H.7, S. 471-476.

Trzeciok, Peter: Gruppenunterricht im Gymnasium.
In: Westermanns Pädagogische Beiträge, 1985, H.1, S. 12-13.

Tübinger Erklärung zu den Thesen des Bonner Forums "Mut zur Erziehung".
In: Zeitschrift für Pädagogik, 1978, H.2, S. 235-240.

Türk, K.: Neuere Wege der Organisationsforschung. Stuttgart 1989.

Universitäten. In: Die Höhere Schule, 1985, H.2, S. 53-55.

Tütken, Hans: Wissenschaftsorientiertes Lernen - ein mißratener Fortschritt.
In: Westermanns Pädagogische Beiträge, 1979, H.12, S. 448-454.

Tütken, Hans: Die neugestaltete gymnasiale Oberstufe und die Studierfähigkeit. Positives als Zwischenbilanz. In: Die Deutsche Schule, 1986, H.2, S. 248-254.

Tulodziecki, Gerhard: Medienerziehung im Unterricht. Bad Heilbrunn/Obb. 1992.

Turner, George: Abitur, Hochschulreife, Hochschulzugang. Vorstellungen und Wünsche der *Tymister, Hans-Josef:* Individualpsychologisch-pädagogische Beratung Grundlagen und Praxis. Beiträge zur Individualpsychologie. 13, München 1990.

Turner, Georg: Die einfachste Formel lautet Zwölfeinhalb.
In: HRK, Pressespiegel, Nr. 10/1991, S. 21.

Tymister, Hans-Josef: Beratung als Ermutigung. Ein Fallbeispiel aus der individualpsychologischen Beratung. In: Pädagogik, 1991, H.10, S. 14-18.

Uffrecht, Ulrich: Die Freie Schul- und Werkgemeinschaft Letzlingen.
In: Neue Sammlung, 1992, H.4, S. 549.

Uhe, Ernst: Die Kollegschuldiskussion in Hamburg.
In: Die Deutsche Schule, 1987, H.2, S. 258-262.

Uhle, Reinhard: Bildung in Moderne-Theorien. Weinheim 1993.

Ullrich, Erich: Die Bildung eines Europabewußtseins in den Schulen.
In: Die Höhere Schule, 1958, H.2, S. 38.

Ulshöfer, Robert: Die pädagogische Ausbildung der Lehrer am Gymnasium. Frankfurt 1958.

Unruh, Heinrich: Das Gymnasium im Spannungsfeld einer sich wandelnden Welt.
In: Lehren und Lernen, 1980, H.5, S. 1-20.

Uppendahl, Herbert: Leistungsprinzip und humane Schule.
In: Westermanns Pädagogische Beiträge, 1977, H.9, S. 355-360.

Varrentrapp, Konrad: Johannes Schulze und das preußische Unterrichtswesen seiner Zeit. Leipzig 1889.

Vester, Frederic W.: Neuland des Denkens. München 1980.

Vester, Frederic: Unsere Welt - ein vernetztes System. München 1983.

Vester, Frederic: Leitmotiv vernetztes Denken. Für den besseren Umgang mit der Welt. München 1988[2].

Vierhaus, Rudolf: Gymnasium und Gesellschaft in Deuschland.
In: Die Höhere Schule, 1978, H.4, S. 144-150.

Vierhaus, Rudolf: Bildung. In: Geschichtliche Grundbegriffe. Historisches Lexikon zur politisch-sozialen Sprache in Deutschland. Bd. I. S. 508 - 511. Stuttgart 1972.

Vierlinger, Rupert: Innere und äußere Schulreform als "siamesische Zwillinge".
In: Die Deutsche Schule, 1982, H.1, S. 22-30.

Vietze, Hartmut: Friedenserziehung als Förderung einer Kultur des Streits. Eine Unterrichtsreihe im Rahmen des Faches Sozialwissenschaften in der Sek. St. II des Gymnasiums. In: Landesinstitut für Schule und Weiterbildung (Hrsg.): Schularbeiten, 1989, H.2, S. 25-27.

Vogel, Johann P.: Stellungnahme der Vereinigung der Landerziehungsheime zum Zentralabitur.
In: Neue Sammlung, 1992, H.3, S. 481.

Volkhardt, Klaus: Die Fachoberschule in Bremen. In: Die berufsbildende Schule, 1981, H.7, S. 435-439.

Wachner, Gerhard: Probleme der wissenschaftlich-praktischen Ausbildung in der Abiturstufe.
In: Pädagogik, 1972, H.4, S. 362-374.

Wagenschein, Martin: Zum Begriff des Exemplarischen Lehrens.
In: Zeitschrift für Pädagogik, 1956, S. 129-153.

Wagenschein, Martin: Das exemplarische Lehren als ein Weg zur Erneuerung des Unterrichts an den Gymnasien. Hamburg 1958.

Wagenschein, Martin: Naturwissenschaftliche Bildung und Sprachverlust.
In: Die Neue Sammlung, 1971, S. 497-507.

Wagenschein, Martin: Wissenschafts-Verständigkeit (am Beispiel der Kosmologie).
In: Die Neue Sammlung, 1975, S. 315-327.

Wagner, Ruth: "Offene Schule". Von der Idee zur Realisierung. Über die politische Langwierigkeit der Schulreform. In: Die Deutsche Schule, 1989, H.2, S. 156-166.

Wallrabenstein, Wulf: Offene Schule - offener Unterricht. Ratgeber für Eltern und Lehrer. Reinbek 1991.

Walker, Mark: Die Uranmaschine. Mythos und Wirklichkeit der deutschen Atomindustrie.
Berlin 1990.

Walter, Jürgen: Technologie, Bildung und Qualifikation. Gewerkschaftliche Anforderungen an eine moderne Bildungs- und Berufspolitik.
In: Gewerkschaftliche Bildungspolitik, 1986, H.2, S. 33-38.

Wangerin, Ulrich: Die Kardinalfehler der Bildungsreform.
In: Die Realschule, 1981, H.11, S. 609-610.

Weber, E.: Der Erziehungs- und Bildungsbegriff im 20. Jahrhundert. Bad Heilbrunn 1969.

Weber, Werner: Universität und höhere Schule. In: Die Höhere Schule, 1957, H.8, S. 165.

Wehle, Gerhard: Tradition und Fortschritt im Gymnasium der Gegenwart.
In: Die Höhere Schule, 1978, H.7, S. 289.

Weick, Karl E.: Educational organizations as loosely coupled systems.
In: Administrative Science Quarterly, 1976, H.21, S. 1-19.

Weil, H.: Die Entstehung des deutschen Bildungsprinzips. Bonn 1967^2.

Weinberg, Johannes: Der Sinn der Bildung.
In: Hessische Blätter für Volksbildung, 1986, H.1, S. 25-36.

Weinert, Franz E.: Bildungsreform durch Unterrichtstechnologie?
In: Westermanns Pädagogische Beiträge, 1972, H.12, S. 635-639.

Weinstock, Heinrich: Tradition und moderne Bildung. In: Die Höhere Schule, 1960, H.3, S. 45.

Weinstock, Heinrich: Die Tragödie des Humanismus. Heidelberg 1967.

Weishaupt, Horst und Weiß, Manfred u.a.: Perspektiven des Bildungswesens in der Bundesrepublik Deutschland. Rahmenbedingungen, Problemlagen, Lösungsstrategien. Baden-Baden 1989.

Weishaupt, Horst: Bildungsforschung in der Bundesrepublik Deutschland. Bonn 1991.

Weiß, R.: Die Allgemeinbildung - die Aufgaben der Schule aus der Sicht der Wirtschaft. Beiträge zur Gesellschafts- und Bildungspolitik Nr. 82. Köln 1982.

Weisser, Lothar: Erfüllt das Wirtschaftsgymnasium seinen Bildungsauftrag? Plädoyer für einen problemorientierten, integrations- und rollentheoretisch ausgerichteten Ansatz der Wirtschaftslehre. In: Wirtschaft und Erziehung, 1982, H.3, S. 81-87.

Weizsäcker, Carl Friedrich von: Die Einheit der Natur. München 1974.

Weizsäcker, Carl Friedrich von: Die Tragweite der Wissenschaft. Stuttgart 1976^5, 1990^6.

Weizsäcker, Carl Friedrich von: Der Garten des Menschlichen. Beiträge zur geschichtlichen Anthropologie. München 1977.

Weldy, Gilbert R.: Principals - What they do and Who they are. Reston, Va. 1979.

Wellendorf, Franz: Die Angst des Autors vor seiner Wissenschaft. In: Zeitschrift für Pädagogik, 1980, H.4, S. 597-607.

Weller, Franz Rudolf: Allgemeinbildung - Grundbildung - Halbbildung. (Abiturrede). In: Die Höhere Schule, 1990, H.5, S. 126-129.

Wendrowskaja, R.B.: Das Problem "Wissenschaft/Unterrichtsfach" in der sowjetischen Didaktik. In: Pädagogik, 1987, H.2, S. 136-145.

Weniger, Erich: Die Eigenständigkeit der Erziehung in Theorie und Praxis. Probleme der akademischen Lehrerbildung. Weinheim/Bergstr. 1952.

Weniger, Erich: Der Rahmenplan zur Umgestaltung und Vereinheitlichung des allgemeinbildenden öffentlichen Schulwesens. In: Zeitschrift für Pädagogik, 1959, S. 337-352.

Weniger, Erich: Didaktik als Bildungslehre (2 Bde.). Weinheim 1965^{6-8}. (A)

Weniger, Erich: Didaktische Voraussetzungen der Methode in der Schule. Eine Einführung in die Methodenlehre. Weinheim 1965^{4-6}. (B)

Weniger, Erich: Theorie der Bildungsinhalte und des Lehrplans. Weinheim 1965. (C)

Wenke, Hans: Wissenschaft und Erziehung. Heidelberg 1952.

Werner, Harry: Auslandsschulen mit dem Abschluß einer deutschen allgemeinen Hochschulreife. Die Entwicklung von 1947 bis 1982 und ihre Vorläufer. In: Der deutsche Lehrer im Ausland, 1983, H.2, S. 24-31.

Werner, Jobst: Die informationstechnische Grundbildung am Gymnasium. In: Die Höhere Schule, 1993, H.2, S. 42.

Westhölter, Peter: Überlegungen zur Studienstufe. In: Die Höhere Schule, 1972, S. 30.

Westhölter, Peter: Die "Normenbücher" der KMK. In: Die Höhere Schule, 1975, S. 380.

Westphal, Walter (Hrsg.): Normiertes Abitur? - Analysen und Materialien zu den Erprobungsfassungen. Braunschweig 1976.

Westphalen, Klaus: Zur Pädagogik der neugestalteten gymnasialen Oberstufe.
In: Die Höhere Schule, 1976, H.5, S. 178-183.

Westphalen, Klaus: Praxisnahe Curriculumentwicklung. Donauwörth 1977.

Westphalen, Klaus: Was soll Erziehung leisten? Schulpädagogische Überlegungen. Donauwörth 1979. (A)

Westphalen, Klaus: Gymnasialbildung und Oberstufenreform. Donauwörth 1979. (B)

Westphalen, Klaus: Die erzieherische Verantwortung des Lehrers.
In: Anregung, 1979, S. 1-6. (C)

Westphalen, Klaus: Die pädagogische Freiheit des Lehrers.
In: Die Höhere Schule, 1980, H.10, S. 369. (A)

Westphalen, Klaus: Die Zukunft des Gymnasiums.
In: Die Höhere Schule, 1980, H.3, S. 116-123. (B)

Westphalen, Klaus: Gemeinsames und Trennendes im Curriculum der Schularten auf der Sekundarstufe I. In: *Babilon, Ipfling (Hrsg.).* [1981, S. 69].

Westphalen, Klaus: Was ist Allgemeinbildung? In: Anregung, 1981, H.1, S. 2-24.

Westphalen, Klaus: Was ist heute "gymnasial"? In: Die Höhere Schule, 1981, H.12, S. 376-382..

Westphalen, Klaus: Was heißt heute Allgemeinbildung? In: Anregung, 1982, H.2, S. 72-81.

Westphalen, Klaus: Stützpfeiler der gymnasialen Einheit. In: Anregung, 1983, H.2, S. 99-107.

Westphalen, Klaus: Lehrplan - Richtlinien - Curriculum. Stuttgart 1985.

Westphalen, Klaus: "So viel Welt als möglich ergreifen ..." - Gedanken zur Allgemeinbildung am Gymnasium - Festvortrag zur 300-Jahr-Feier des Gymnasium Antonianum in Geseke.
In: Die Höhere Schule, 1988, H.9, S. 240-245.

Westphalen, Klaus: Humanistische Verantwortungsethik im Erziehungsprogramm des Gymnasiums. In: Die Anregung, 1989, H.5, S. 291.

Westphalen, Klaus: Wertvermittlung als Erziehungsauftrag des Gymnasiums.
In: Die Höhere Schule, 1992, H.2, S. 46-51.

Westphalen, Klaus: Basissprache Latein. Bamberg 1992.

Westphalen, Klaus: Das gegliederte Schulwesen; altbewährt, neugefordert.
In: Die Realschule, 1993, H.6, S. 239.

Westphalen, Klaus: Das Gymnasium: altbewährt und neu gefordert.
In: Gymnasium in Niedersachsen - Beilage vom Dezember 1993.

Wiedemann, Hartmut: Berlin; Technisch orientierte gymnasiale Oberstufe an berufsfeldbezogenen Oberstufenzentren. Ein Teil des Reformansatzes zur Annäherung und Verzahnung beruflicher und allgemeiner Bildung in Berlin.
In: Die berufsbildende Schule, 1983, H.4, S. 220-229.

Wieditz, Heinrich: Die bildungspolitische Wende in Hessen.
In: Zeitschrift Pädagogik, 1988, H.3, S. 58-61.

Wiese, Wilhelm: Schulische Umwelt und Chancenverteilung. Eine Kontextanalyse schulischer Umwelteinflüsse auf die statusspezifischen Erfolgsquote in der Klasse 10 und der gymnasialen Oberstufe des Gymnasiums.
In: Zeitschr. für Soziologie, 1986, H.3, S. 188-209.

Wiggershaus, Rolf: Die Frankfurter Schule. München 1989.

Wilde, Günter: Entdeckendes Lernen im Unterricht. Oldenburg 1984.

Wilde, Hanna: Das Buxtehuder Modell. In: Die Höhere Schule, 1968, H.11, S. 275.

Wilhelm, Theodor: Die enzyklopädische Herausforderung der Schule. Weinheim 1966.

Wilhelm, Theodor: Theorie der Schule. Stuttgart 1969^2.

Wilhelm, Theodor: Sozialisation und Erziehung. In: *Wurzacher, G. (Hrsg.):* Sozialisation und Personalisation. S. 127 - 171. Stuttgart 1974^2.

Wilhelm, Theodor: Pflegefall Staatsschule. Stuttgart 1982.

Wilhelm, Theodor: Das Ende des Schulmonopols. In: Die Deutsch Schule, 1984, H.1, S. 59-67.

Wilhelm, Theodor: Die Allgemeinbildung ist tot. Es lebe die Allgemeinbildung!
In: Die Neue Sammlung, 1985, H.2, S. 120-150.

Wilhelm, Theodor: Verhandlungen im Nationalsozialismus.
In: Die Neue Sammlung, 1989, S. 498.

Wilhelm, Theodor: Aufbruch ins europäische Zeitalter. (Eine politisch pädagogische Besinnung am Ende des 20. Jhdts.). Stuttgart 1990.

Willke, H.: Systemtheorie entwickelter Gesellschaften. Weinheim/München 1989.

Willmann, Otto: Didaktik als Bildungslehre (2 Bde.). Braunschweig 1882.

Wilms, Dorothee: Schwerpunkte zukünftiger Bildungspolitik des Bundes.
In: Wirtschaft und Erziehung, 1983, H.12, S. 401-405.

Wilms, Dorothee: Allgemeinbildung vor neuen Herausforderungen.
In: Wirtschaft und Erziehung, 1986, H.9, S. 281-286.

Wilsdorf, Dieter: Schlüsselqualifikationen. München 1991.

Winkel, Rainer: Schulreform konkret, oder: Wie Schule ist und wie Schule sein könnte.
In: Forum Pädagogik, 1989, H.3, S. 107-115.

Winkel, Rainer: Hat das dreigliedrige Schulsystem ausgedient?
In: Pädagogik und Schulalltag, 1993, H.2, S. 155.

Winkelmann, B.: Dynamische Systeme und rationales Verhalten.
In: Der Mathematikunterricht, 1992, H.4.

Winter, Klaus: Das europäische Bildungswesen im Prozeß seiner Internationalisierung. (Diss. Oldenburg). Frankfurt/Mein 1980.

Winterhager-Schmid, Luise: Gewaltphantasien. Bewältigungs- und Verarbeitungsprozesse bei männlichen Jugendlichen. In: pädagogik extra, 1992, H.11, S. 10.

Winterswyl, Ricarda: Die Ordnung sind wir. Signale der Entfremdung.
In: Anregung, 1982, H.1, S. 16-23.

Witte, Heinz: Das Gymnasium und die Gesellschaft. In: Die Höhere Schule, 1965, H.6, S. 136.

Wittern, Jörg: Sekundarstufe als Jugendschule.
In: Westermanns Pädagogische Beiträge, 1978, H.8, S. 304-309.

Wittern, Jörg: Schule und Erziehung am Ende der Bildungsreform. Vom Zerfall der Übereinkunft über Grundlagen und Ziele.
In: Westermanns Pädagogische Beiträge, 1984, H.9, S. 448-452.

Wittig, Hans: Bildung. Versuch einer Korrektur verhängnisvoller Mißverständnisse dieses Begriffs. In: Pädagogische Rundschau, 1982, H.3, S. 277-302.

Wittkämper, Gerhard: Was erwartet die moderne Industriegesellschaft vom Abiturienten? Vortrag auf dem Jahreskongreß 81 des Philologenverbandes Schleswig-Holstein.
In: Die Höhere Schule, 1982, H.3, S. 72-76.

Wittkämper, Gerhard: Das Gymnasium vor der Zukunft.
In: Die Höhere Schule, 1984, H.12, S. 388-393.

Wittmann, Erich: Zur gegenwärtigen Situation der Fachdidaktiken.
In: Die Neue Sammlung, 1973, S. 120-129.

Wolf, Lothar und Schäfer, Eduard: Die Vereinheitlichung der Abituranforderungen.
In: Die Höhere Schule, 1975, S. 123.

Wolf, Michael: System und Subjekt: Aufbau und Begrenzung von Subjektivität durch soziale Strukturen. Frankfurt/Main 1977.

Wollenweber, Horst: Plädoyer für das gegliederte Schulwesen.
In: Die Höhere Schule, 1980, H.12, S. 448-451. (A)

Wollenweber, Horst (Hrsg.): Das gegliederte Schulwesen in der Bundesrepublik Deutschland. Paderborn 1980. (B)

Wollenweber, Horst: Schulleben I. In: Die Höhere Schule, 1981, H.7, S. 226. (A)

Wollenweber, Horst: Schulleben II. In: Die Höhere Schule, 1981, H.8, S. 262. (B)

Wollenweber, Horst: Reformiertes gegliedertes Schulwesen; Leistungen und Aufgaben.
In: Die Realschule, 1981, H.2, S. 70-78. (C)

Wollenweber, Horst: Grundwerte in Erziehung und Unterricht.
In: Die Höhere Schule, 1982, H.9, S. 247-253.

Wollenweber, Horst: Das gegliederte Schulwesen. Entwicklungen und Perspektiven.
In: Die Realschule, 1983, H.7, S. 364-376.

Wolter, Andrä: Das Abitur. Eine bildungssoziologische Untersuchung zur Entstehung und Funktion der Reifeprüfung. (Diss.). Oldenburg 1987.

Wolter, Andrä und Scholz, Wolf-Dieter: Kann Berufstätigkeit zur Studierfähigkeit führen? Ein empirischer Vergleich zur Äquivalenz von höherer Schulbildung und Berufsqualifikation im Hochschulstudium.
In: Zeitschrift für Berufs- und Wirtschaftspädagogik, 1986, H.4, S. 323-340.

Wolter, Andrä: Von der Elitebildung zur Bildungsexpansion. Zweihundert Jahre Abitur. Oldenburg, 1989.

Wottawa, Heinrich: Einige Bemerkungen zur Bewertung des Gesamtschulversuches durch die Bund-Länder-Kommission für Bildungsplanung. In: Die Realschule, 1983, H.2, S. 88-91.

Wünsche, Konrad: Über Praxis, Technik, Theorie in der Freinet Pädagogik.
In: Die Neue Sammlung, 1978, S. 108-121.

Würtenberg, Gustav: Deutschunterricht und Zeitwende. In: Die Höhere Schule, 1949, H.7, S. 5.

Wulf, Christoph: Evaluation. Beschreibung und Bewertung von Unterricht, Curricula und Schulversuchen. München 1972.

Wulf, Christoph (Hrsg.): Evaluation, Handlungsforschung. Tübingen 1975.

Wulf, Christoph: Theorie und Konzepte der Erziehungswissenschaft. München 1983^3.

Wulf, Christoph (Hrsg.): Wörterbuch der Erziehung. München 1989^2.

Wulf, Christoph (Hrsg.): Im Schatten des Fortschritts. Gemeinsame Probleme im Bildungsbereich in Industrienationen und Ländern der 3. Welt. Saarbrücken 1985.

Wunder, Dieter: Die Sekundarschule - die Innovation der 90er Jahre?
In: Die Deutsche Schule, 1993, H.3, S. 261.

Zabeck, J.: Allgemeinbildung und Berufsbildung. In: *Lingelbach, K.Ch. (Hrsg.):* Materialien zur Reform der Sekundarstufe II. S. 78 - 88. Kronberg/Taunus 1975.

Zapf, Wolfgang: Der nachgeholte Aufstieg - Untersuchungen über Absolventen des Zweiten Bildungswegs. In: Die Neue Sammlung, 1971, S. 249-273.

Zapp, Franz Josef: Der Fremdsprachenunterricht in der 11.Jahrgangsstufe und die allgemeine Hochschulreife. In: Die Neueren Sprachen, 1985, H.3/, S. 261-267.

Zecha, Gerhard: Zum Normenproblem in der Erziehungswissenschaft.
In: Zeitschrift für Pädagogik, 1972, H.4, S. 584-598.

Zedler, Peter: Strukturprobleme, Disparitäten, Grundbildung in der Sekundarstufe I. Weinheim 1992.

Zedler, Reinhard: Von den Schlüsselqualifikationen zur Bildung. In: Bildung durch Schlüsselqualifikationen? Protokoll 1991. Münster 1991.

Zehetmair, H.: Werteorientierung und Wertewandel. Die Antwort der Schule.
In: Schulreport 5/6, November 1992, S. 9.

Zeiker, Helga: Gymnasiallehrer und Reformen. Eine empirische Untersuchung über Einstellungen zu Schule und Unterricht. (Texte und Dokumente zur Bildungsreform. Veröffentlichungen aus dem Projekt Schulleistung Bd. 1) Stuttgart 1973.

Zenke, Karl G.: Zur Bedeutung der Werteerziehung für die demokratische Schule. In: Die Deutsch Schule, 1980, H.10, S. 586-594.

Ziche, Thomas: Nähe oder Intensität? In: Westermanns Pädagogische Beiträge, 1985, H.5, S. 200-204.

Zimbardo, P.G.: Psychologie. Berlin, Heidelberg, New York 1983^4.

Zimmermann, Werner: Die gymnasiale Oberstufe: Grundzüge - Reformkonzepte - Problemfelder. Unter Mitarbeit von *Jörg Hoffmann.* (Grundlagentexte Schulpädagogik). Stuttgart 1985.

Zinnecker, J.: Jugend als Bildungsmoratorium. Zur Theorie des Wandels der Jugendphase in west- und osteuropIischen Gesellschaften. In: *Melzer, W. u.a. (Hrsg.):* Osteuropäische Jugend im Wandel. Weinheim 1991.

Zöllner, Christian W.: Europa in der Schule. In: Westermanns Pädagogische Beiträge, 1979, H.7, S. 265-270.

Zöllner, Hermann: Wenn Berufsvorbereitung der Schüler nicht erreicht. Perspektiven eines biographischen Berufswahlunterrichts. In: Pädagogik, 1993, H.4, S. 14.

Zubke, Friedhelm u.a.: Politische Pädagogik. Weinheim 1990.

Die Zeitung

Das Medienkundliche Handbuch
Die Zeitung
ist erheblich erweitert, auf den neusten Stand gebracht worden und in der 3. Neuauflage erschienen.

Für den journalistischen Nachwuchs, die Volontäre bei Zeitungsverlagen, gehört dieses Werk zur Standardlektüre.

Der Pädagoge findet in ausführlicher und zugleich übersichtlicher Darstellung:

- **Wesen und Funktion der Zeitung**
- **Geschichte des Zeitungswesens**
- **Pressefreiheit**
- **Zeitungsmarkt**
- **Rechtstellung und Organisation der Presse**
- **Organisatorischer Aufbau der Zeitungsverlage**
- **Redaktionelle Arbeit**
- **Technische Herstellung der Zeitung**
- **Textsorten**
- **Sprache der Zeitung**
- **Glossar**
- **Verzeichnis der Zeitungen in der Bundesrepublik Deutschland 1993**

Ein Buch für jeden, der sich medienkundliches Wissen über die Zeitung verschaffen will. Aber auch dem, der Fachbegriffe nachschlagen muß, der sich über die Zeitungslandschaft oder über Auflagenhöhen von Zeitungen informieren will, kann dieses Handbuch empfohlen werden.

Peter Brand, Volker Schulze
Medienkundliches Handbuch
Die Zeitung
Hahner Verlagsgesellschaft mbH, Aachen
224 Seiten, 48,00 DM, ISBN 3-89294-**062**-2

Die Zeitung im Unterricht

Die 3. Neuauflage
Medienkundliches Handbuch
Die Zeitung im Unterricht
wurde stark überarbeitet und erweitert.

Auf 666 Seiten zeigen Pädagogen an praktischen Beispielen, wie man in fast allen Unterrichtsfächern die Tageszeitung als aktuelles Lehr- und Lernmittel nutzen kann.

Lehrerinnen und Lehrer, die in den Fächern Religion, Deutsch, Erdkunde, Geschichte, Politik, Kunst /Visuelle Kommunikation, Musik, Mathematik, Biologie, Physik, Sport, Haushaltslehre, Technik, Wirtschaftslehre unterrichten, formulierten auf die eigene Klassen- oder Gruppensituation übertragbare Arbeitshilfen zur Gestaltung eines lebensnahen Unterrichts.

Dieses Handbuch sollte weder in der Schulbücherei noch in der persönlichen Fachbibliothek des Pädagogen fehlen.

In diese erweiterte Neuauflage sind fünf neue Beiträge aufgenommen:

1. Langzeitauftrag
   „HÄGAR Aktuell"

2. Vergleich klassische Tageszeitung und Boulevardzeitung

3. Buchrezensionen im Deutschunterricht der Sekundarstufe II

4. Die Tageszeitung im Erziehungswissenschaftlichen Unterricht

5. Die Sprache der Politik in der Zeitung

Eva Brand, Peter Brand, Volker Schulze
Medienkundliches Handbuch
Die Zeitung im Unterricht
Hahner Verlagsgesellschaft mbH, Aachen
666 Seiten, 66,00 DM, ISBN 3-89294-063-0

Die Zeitungsanzeige

Das Medienkundliche Handbuch
Die Zeitungsanzeige
(4. Auflage) bietet im wesentlichen praktische pädagogische Arbeitshilfen für die Unterrichtsarbeit.

Der Anzeigenteil gehört neben dem Lokal- und Sportteil zu dem vielbeachteten Informationsangebot der Zeitung. Auch die Schülerinnen und Schüler interessieren sich sehr stark für Anzeigen. Wie man dieses Interesse bei jungen Menschen für einen lebenspraktischen und aktuellen Unterricht, für die pädagogische Arbeit in der Schule nutzen kann, zeigen Lehrerinnen und Lehrer an konkreten Beispielen auf. Den Deutschlehrer werden besonders interessieren die Beiträge

- Geschlechtsspezifische Rollenstereotype in Anzeigen
- Nichtfiktionale Texte: Stellenanzeigen (Analyse von Gebrauchstexten)
- Das Adjektiv in Bekanntschaftsanzeigen

Aber auch für den Unterricht in anderen Fächern sind interessante Vorschläge und Fallbeispiele von Pädagogen erarbeitet worden.

* **Praktischer Mathematikunterricht** mit Zeitungsanzeigen
* **Religion:**
  - Todesanzeigen
    Thema: Tod – Auferstehung
  - Heirats- und Bekanntschaftsanzeigen
    Thema: Liebe, Ehe, Partnerschaft
  - Stellenanzeigen
    Thema: Christliche Sichtweise von Arbeit
* **Geographie:**
  - Reiseanzeigen
  - Anzeigen von Städten und Ländern zum Zweck der Werbung für Industrieansiedlungen
* **Gesellschaftslehre/Politik**
  - Politische Anzeigen, Politisches in Anzeigen
  - Bildungsangebote in Anzeigen
  - Kleinanzeigen
  - Beilagen

Das Handbuch enthält auch alle wichtigen fachlichen Informationen über das Anzeigenwesen, so u. a. über

- das Anzeigengeschäft der Zeitungsverlage
- Werbekonzeptionen von Großunternehmen
- eine beispielhafte Imagewerbung
- die Planung einer Anzeigenserie aus der Praxis eines Grafik-Designers.

Eva Brand, Peter Brand, Volker Schulze
Medienkundliches Handbuch
Die Zeitungsanzeige
Hahner Verlagsgesellschaft mbH, Aachen-Hahn
456 Seiten, 60,00 DM, ISBN 3-89294-**000**-2

Pädagogisch-psychologische Hilfen für Erziehung, Unterricht und Beratung

Achtzehn zentrale Themen der Pädagogischen Psychologie werden von renommierten Fachvertretern lesenah vermittelt.

Dieses Lern- und Handbuch für die pädagogisch-psychologische Praxis zeichnet sich nicht nur durch seine Themenvielfalt aus, sondern ist vorbildlich in seiner leichtverständlich-bildreich-kreativen Darstellungsform.

Band 1
Pädagogisch-psychologische Grundlagen und exemplarische Praxis:

- **Chancen und Gefahren von Theorien;**
- **Angst-Entstehung;**
- **Angst-Bewältigung;**
- **Erbe-Umwelt-Problem aus entwicklungspsychologischer Sicht;**
- **Lernpsychologie;**
- **Kooperative Verhaltensmodifikation;**
- **Motivation;**
- **Kreativitätsförderung;**
- **Kommunikationspsychologie und Kommunikationstraining.**

Band 2
Unterrichtsprobleme und -hilfen:

- **Aggression;**
- **Disziplinprobleme;**
- **Schülerbeurteilung;**
- **Verständlichkeit (als beispielhafte empirische Forschung);**
- **Unterrichtsgestaltung;**
- **Moralisches Handeln.**

Beratung und Prävention:

- **Psychotherapie für Pädagogen;**
- **Verminderung von Lernschwierigkeiten;**
- **Selbsthilfe für Pädagogen;**
- **Meditative Methoden in der Pädagogik.**

Bernd Fittkau (Hsrg.)
Pädagogisch-psychologische Hilfen für Erziehung, Unterricht und Beratung
Hahner Verlagsgesellschaft mbH, Aachen
Band 1
310 Seiten, 25,80 DM, ISBN 3-89294-**020**-7
Band 2
288 Seiten, 25,80 DM, ISBN 3-89294-**033**-9

Kommunizieren lernen (und umlernen)

Die 6. Auflage des erfolgreichen Handbuches
Kommunizieren lernen (und umlernen)
ist überarbeitet und nachgedruckt worden.

Die Autoren, Prof. Dr. Bernd Fittkau, Dipl.-Psych. Hans-Martin Müller-Wolf und Prof. Dr. Friedemann Schulz von Thun, geben Hilfestellung beim Lösen von Kommunikationsproblemen, wie sie auftreten, wenn Menschen miteinander umgehen.

Die sachliche Leistung und die seelische Gesundheit von Menschen hängt in starkem Maße von der Art der zwischenmenschlichen Kommunikation ab.

So ist es keineswegs gleichgültig,
- wie Eltern auf die Probleme ihrer Kinder reagieren,
- wie sie ihre eigenen Wünsche gegenüber Kindern zur Geltung bringen,
- welcher Ton insgesamt in der Familie herrscht,
- wie ein Lehrer den Wissensstoff vermittelt,
- wie ein Lehrer seine Schüler behandelt,
- wie Vorgesetzte und unterstellte Mitarbeiter miteinander umgehen,
- wie Kollegen mit Kollegen zusammenarbeiten.

Überall bestimmen zwischenmenschliche Umgangsformen nicht nur die Lebenszufriedenheit im Augenblick, sondern auch längerfristig die Persönlichkeitsentwicklung und Leistungsfähigkeit der beteiligten Kommunikationspartner.

Dieses Buch wendet sich an alle Personen, die beruflich kommunikativen Einfluß auf andere nehmen und Kommunikationsprobleme besser verstehen und verändern wollen: Eltern, Pädagogen, Vorgesetzte, Journalisten, Publizisten, Psychologen.

Aus dem Inhalt:
- Psychologische Vorgänge in der zwischenmenschlichen Kommunikation
- Grundzüge eines Kommunikations- und Verhaltenstrainings für Berufspraktiker
- Kooperationstraining für Lehrer
- Kommunikations- und Interaktionstraining für Lehrer und Schüler
- Elterntraining – Partnerschaftlich mit den Kindern leben
- Zur Bedeutung der Kommunikation für die psychische Gesundheit – auch im Betrieb

---

B. Fittkau, H.-M. Müller-Wolf, F. Schulz von Thun
Kommunizieren lernen (und umlernen)
Hahner Verlagsgesellschaft mbH, Aachen
416 Seiten, 32,00 DM, ISBN 3-89294-114-9

Baumgärtel (Hrsg.)
Familiensozialisation
370 S., kart.
3-89 294-**100**-9 / 39,- DM

Baumgärtner/Dahrendorf (Hrsg.)
**Zurück zum
Literaturunterricht?**
155 S., kart.
3-89 294-**101**-7 / 21,- DM

Baurmann/Cherubim/Rehbock
Neben-Kommunikationen
Beobachtungen und Analysen
zum Schülerverhalten
277 S., kart.
3-89 294-**102**-5 / 32,- DM

Beckmann (Hrsg.)
Leistung in der Schule
256 S., Taschenbuch, kart.
3-89 294-**103**-3 / 22,- DM

Beckmann/Biller (Hrsg.)
Unterrichtsvorbereitung
268 S., Taschenbuch, kart.
3-89 294-**104**-1 / 24,- DM

Berndt/Busch/Schönwälder
Schul-Arbeit
Belastung und Beanspruchung von
Schülern 256 S., kart.
3-89 294-**105**-0 / 38,- DM

Bleuel
**Kinder – und die Welt,
in der sie leben**
237 S., kart.
3-89 294-**011**-8 / 29,80 DM

Brand/Schulze (Hrsg.)
**Medienkundliches Handbuch –
Die Zeitung**
224 S., kart.
3-89 294-**062**-2 / 48,- DM

Brand/Brand/Schulze (Hrsg.)
**Medienkundliches Handbuch –
Die Zeitung im Unterricht**
666 S., kart.
3-89 294-**063**-0 / 66,- DM

Brand/Brand/Schulze (Hrsg.)
**Medienkundliches Handbuch –
Die Zeitungsanzeige**
456 S., kart.
3-89 294-**000**-2 / 60,- DM

Braune/Bessoth
Konferenzen in der Schule
192 S., kart.
3-89 294-**106**-8 / 22,- DM

Brauns
**Agrarökologie im Spannungsfeld
des Umweltschutzes**
396 S., kart.
3-89 294-**045**-2 / 48,- DM

Bunk/Tausch
Moderne Biologie im Unterricht
252 S., Taschenbuch, kart.
3-89 294-**107**-6 / 22,- DM

Bunk/Tausch
Grundlagen der Verhaltenslehre
276 S., kart.
3-89 294-**108**-4 / 26,- DM

Bunk/Tausch
Verhaltenslehre
Handbuch der Unterrichtsversuche
402 S., kart.
3-89 294-**109**-2 / 46,- DM

Claußen
**Didaktik und
Sozialwissenschaften**
ca. 200 S., kart.
3-89 294-**026**-6 / 38,- DM

Claußen/Wasmund (Hrsg.)
**Handbuch der politischen
Sozialisation**
512 S., kart.
3-89 294-**012**-6 / 48,80 DM

Decker
**Berufswahl, Berufsvorbereitung
und Berufsberatung im Unterricht**
407 S., kart.
3-89 294-**110**-6 / 38,- DM

Dringenberg/Krause (Hrsg.)
**Jugendtheater –
Theater für alle**
332 S., kart.
3-89 294-018-5 / 38,- DM

Duhm (Hrsg.)/Huss
Förderung sprachlicher Kommunikation 4- bis 6jähriger Kinder
124 S. kart.
3-89 294-111-4 / 28,- DM

Eckhardt
**Zeitgenössische Literatur
im Deutschunterricht**
212 S., kart.
3-89 294-112-2 / 28,- DM

Esser
Angst in Schule und Hochschule
176 S., kart.
3-89 294-113-0 / 18,- DM

Esser (Hrsg.)
**Friedensarbeit nach der
Raketenstationierung**
206 S., kart.
3-89 294-047-9 / 19,80 DM

Fittkau (Hrsg.)
**Pädagogisch-psychologische
Hilfen für Erziehung,
Unterricht und Beratung**
2 Bde.
Bd. 1, SS. 1 – 310, kart.
3-89 294-020-7 / 25,80 DM
Bd. 2, SS. 311 – 598, kart.
3-89 294-033-9 / 25,80 DM

Fittkau/Müller-Wolf/
Schulz von Thun
**Kommunizieren lernen
(und umlernen)**
404 S., kart.
3-89 294-114-9 / 32,- DM

Fölsch
Lehrer '85
154 S., kart.
3-89 294-115-7 / 24,- DM

Foldenhauer
**Medien, Sprache und Literatur
im Deutschunterricht**
162 S., kart.
3-89 294-116-5 / 28,- DM

Fritz
Satire und Karikatur
Fächerübergreifender Unterricht
252 S., kart.
3-89 294-117-3 / 30,- DM

Fuchs
Humanentwicklung und Lernen
320 S., kart.
3-89 294-013-4 / 49,80 DM

Fuhr u. a.
**Soziales Lernen –
Innere Differenzierung –
Kleingruppenunterricht**
296 S., kart.
3-89 294-118-1 / 30,- DM

Galinski/Lachauer (Hrsg.)
**Alltag im Nationalsozialismus
1933 – 1939**
316 S., kart.
3-89 294-024-0 / 20,- DM

Geipel
**Industriegeographie als
Einführung in die Arbeitswelt**
325 S., kart.
3-89 294-120-3 / 39,80 DM

Gorf/Henning/Schönemeier
(Hrsg.)
**Unterricht Deutsch –
5./6. Schuljahr**
371 S., kart.
3-89 294-121-1 / 34,- DM

Gukenbiehl (Hrsg.)
Felder der Sozialisation
Sozialwissenschaftliche Beiträge
388 S., kart.
3-89 294-124-6 / 35,- DM

Haarmann u. a. (Hrsg.)
Lernen und Lehren in der Grundschule
482 S., kart.
3-89 294-125-4 / 38,- DM

Hermann/ Rupprecht
Lehrer werden
142 S., kart.
3-89 294-128-9 / 18,- DM

Husen
Schule in der Leistungsgesellschaft
146 S., kart.
3-89 294-129-7 / 20,- DM

Kluckhuhn
Rollenspiele in der Hauptschule
128 S., kart.
3-89 294-131-9 / 22,- DM

Kraft
Der Schulhof als Ort sozialen Verhaltens
208 S., kart.
3-89 294-132-7 / 32,- DM

Kraft
Feste und Geselligkeiten in der Schule
214 S., kart.
3-89 294-133-5 / 32,- DM

Kraft
Neue Schulhöfe
208 S., kart.
3-89 294-134-3 / 32,- DM

Martin
„Macht doch mal selber Literatur ...!"
99 S., kart.
3-89 294-016-9 / 11,80 DM

Meyer (Hrsg.)
Kinder und Jugendliche in seelischer Not
396 S., kart.
3-89 294-015-0 / 39,80 DM

Nentwig
Dichtung im Unterricht
400 S., kart.
3-89 294-136-0 / 38,- DM

Nentwig
Die moderne Kurzgeschichte im Unterricht
144 S., kart.
3-89 294-135-1 / 22,- DM

Odenbach
Die Übung im Unterricht
211 S., kart.
3-89 294-137-8 / 20,- DM

Otto
Didaktik der Ästhetischen Erziehung
480 S., kart.
3-89 294-138-6 / 42,- DM

Otto (Hrsg.)
Texte zur Ästhetischen Erziehung
240 S., kart.
3-89 294-139-4 / 28,- DM

Petillon
Der unbeliebte Schüler
252 S., kart.
3-89 294-140-8 / 32,- DM

Piel
Kleines Lehrbuch der Lernpsychologie
118 S., kart.
3-89 294-141-6 / 18,- DM

Psaar/Klein
Wer hat Angst vor der bösen Geiß
308 S., kart.
3-89 294-142-4 / 36,- DM

Pukies
**Das Verstehen der
Naturwissenschaften**
184 S., kart.
3-89 294-143-2 / 20,- DM

Redeker
Zur Sache des Lernens
153 S., kart.
3-89 294-145-9 / 28,- DM

Retter/Nauck/Ohms
**Orientierungsstufe – Schule
zwischen den Fronten**
192 S., kart.
3-89 294-049-5 / 36,- DM

Schmidt, A.
Das Gymnasium im Aufwind
572 S., kart.
3-89 294-065-7 / 60,- DM

Schmidt, G. (Hrsg.)
**Methoden des Mathematik-
unterrichts in Stichwörtern
und Beispielen – 7/8**
212 S., kart.
3-89 294-146-7 / 28,80 DM

Schmidt, G.
**Methoden des Mathematik-
unterrichts in Stichwörtern
und Beispielen – 9/10**
250 S., kart.
3-89 294-022-3 / 29,80 DM

Schmitt
Kinder und Ausländer
304 S., kart.
3-89 294-147-5 / 34,- DM

Schott/Neeb/Wieberg
**Lehrstoffanalyse und
Unterrichtsplanung**
200 S., kart.
3-89 294-148-3 / 32,- DM

Schreiner (Hrsg.)
**Moralische Entwicklung
und Erziehung**
267 S., kart.
3-89 294-019-3 / 38,- DM

Schulz-Hageleit
**Geschichte: erfahren –
gespielt – begriffen**
359 S., kart.
3-89 294-150-5 / 38,- DM

Schwalm (Hrsg.)
**Texte zur Didaktik
der Geschichte**
328 S., kart.
3-89 294-151-3 / 35,- DM

Sieland/Sieber (Hrsg.)
**Klinische Psychologie
für Pädagogen**
288 S., kart.
3-89 294-152-1 / 33,- DM

Skinner/Corell
Denken und Lernen
164 S., kart.
3-89 294-153-X / 20,- DM

Staeck (Hrsg.)
Texte zur Didaktik der Biologie
308 S., Taschenbuch, kart.
3-89 294-154-8 / 22,- DM

Stanford
**Gruppenentwicklung im
Klassenraum und anderswo**
264 S., kart.
3-89 294-155-6 / 27,- DM

Stark u. a. (Hrsg.)
Beraten in der Schule?
286 S., kart.
3-89 294-156-4 / 36,- DM

Stübing
Bewegung, Spiel und Sport mit Kindern
262 S., kart.
3-89 294-**157**-2 / 30,- DM

Trolldenier/Meißner (Hrsg.)
Texte zur Schulpsychologie und Bildungsberatung, Bd. 4
342 S., kart.
3-89 294-**031**-2 / 59,80 DM

Ulrich
Der Witz im Deutschunterricht
252 S., Taschenbuch, kart.
3-89 294-**159**-9 / 22,- DM

Ulrich
Linguistik für den Deutschunterricht
306 S., kart.
3-89 294-**158**-0 / 30,- DM

Wagenschein
Die pädagogische Dimension der Physik
328 S., geb.
3-89 294-**160**-2 / 36,- DM

Wangerin (Hrsg.)
Jugend, Literatur und Identität
Anregungen für den Deutschunterricht der Sek. I + II
283 S., kart.
3-89 294-**036**-3 / 36,80 DM

Weber
Das Lehrerlesebuch
212 S., kart.
3-89 294-**162**-9 / 21,- DM

Zech
Neuere Tendenzen in der Mathematik-didaktik
– mit Unterrichtsbeispielen
91 S., kart.
3-89 294-**014**-2 / 13,- DM

Ziechmann (Hrsg.)
Konkrete Didaktik des Sachunterrichts
290 S., kart.
3-89 294-**032**-0 / 38,- DM

Ziechmann/Bolscho/Kayser
Sachunterricht in der Diskussion
218 S., kart.
3-89 294-**165**-3 / 30,- DM

Ziechmann
Schülerorientierter Sachunterricht
153 S , kart.
3-89 294-**164**-5 / 20,- DM

Ziefuß
Methoden der Unterrichtsbeobachtung
240 S., kart.
3-89 294-**166**-1 / 34,- DM

Ziefuß u. a. (Hrsg.)
Arbeitslehre: Stand und Entwicklungstendenzen aus Lehrersicht
269 S., kart.
3-89 294-**050**-9 / 23,80 DM

Hahner Verlagsgesellschaft mbH, Aachen
Heidchenberg 11, 52076 Aachen-Hahn
Tel. (02408) 55 05 • Fax (02408) 5 80 81

Arno Schmidt

Das Gymnasium im Aufwind

Anhang I

Änderungen der Oberstufenverordnungen der Länder

© Hahner Verlagsgesellschaft mbH
Aachen-Hahn
1. Aufl., Hahner Verlagsgesellschaft 1997
Einbandgestaltung: Volker Jürgens, Karl-Heinz Balfanz

Die Deutsche Bibliothek – CIP-Einheitsaufnahme
Schmidt, Arno:
Das Gymnasium im Aufwind/Arno Schmidt.
- Aachen-Hahn: Hahner Verl.-Ges.

Anh. I, Änderungen der Oberstufenverordnungen der Länder. - 1997
 ISBN 3-89294-**073**-8

Inhaltsverzeichnis

Vorwort 5

Kultusministerkonferenz:
Konkretisierung der Richtungsentscheidungen zur Weiterentwicklung
der Prinzipien der gymnasialen Oberstufe und des Abiturs 6

**Die Regelungen der einzelnen Bundesländer bezüglich der Gestaltung
der gymnasialen Oberstufe**

    Baden-Württemberg 9

    Bayern 13

    Berlin 17

    Brandenburg 20

    Bremen 24

    Hamburg 29

    Hessen 32

    Mecklenburg-Vorpommern 36

    Niedersachsen 39

    Nordrhein-Westfalen 42

    Rheinland-Pfalz 45

    Saarland 48

    Sachsen 51

    Sachsen-Anhalt 54

    Schleswig-Holstein 57

    Thüringen 60

Vorwort

Seit 1994, dem Erscheinungsjahr der zweiten Auflage dieses Buches, sind an Oberstufenordnungen der Bundesländer Veränderungen eingetreten. Die Obersten Landesbehörden haben sich erfreulicherweise wiederum an der Korrektur der Texte dieses Anhangs I engagiert beteiligt. Ihnen sei hier sehr herzlich gedankt – außer dem Land Brandenburg: Bedauerlicherweise hielten es weder der zuständige Referent noch die Frau Ministerin für angebracht, ihre Vorstellungen bei der Gestaltung des Textes einzubringen und diesen in die Übereinstimmung mit der Rechtslage zu bringen.

Schon jetzt muß darauf hingewiesen werden, daß auf der Grundlage der Entscheidungen der Kultusministerkonferenz 1995 in Mainz und 1996 in Dresden weitere Änderungen zu erwarten sind. Diese werden erstmals für Schülerinnen und Schüler gelten, die am 1. August 1997 in die Oberstufe eintreten. Als spätester Termin ist der 1. August 1999 vereinbart worden. Über die Novellierung der KMK-Vereinbarung vom 7.7.1972 i.d.F. vom 11.4.1988 insgesamt wird die KMK voraussichtlich in diesem Jahr entscheiden.

Damit die Richtung der Änderungen erkennbar wird, sind die entsprechenden Texte in der Form einer Verlautbarung der Kultusministerkonferenz hier abgedruckt. Für manchen wird das eine Hilfe sein, da diese Texte für den Laien nicht ganz leicht greifbar sind.

Frau cand. phil. Brand hat die Korrespondenzen mit den Ministerien betreut; ihr sei ebenso gedankt wie Herrn Assessor des Lehramts Ulf Gieseke, der seit der 1. Auflage notwendige Einarbeitungen vorgenommen hat.

Arno Schmidt
Hannover,
den 21. Januar 1997

Kultusministerkonferenz

Konkretisierung der Richtungsentscheidungen zur Weiterentwicklung der Prinzipien der gymnasialen Oberstufe und des Abiturs

Auf ihrer 277. Plenarsitzung am 24./25.10.1996 in Dresden hat die Kultusministerkonferenz die Konkretisierung ihrer Richtungsentscheidungen von Mainz zur Weiterentwicklung der Prinzipien der gymnasialen Oberstufe und des Abiturs (Beschluß der Kultusministerkonferenz vom 01.12.1995) beschlossen. Diese Konkretisierung ist zur Umsetzung der 1995 getroffenen Richtungsentscheidungen notwendig und wird nun Grundlage einer Neufassung der zur Zeit gültigen Vereinbarung zur Neugestaltung der gymnasialen Oberstufe in der Sekundarstufe II vom 07.07.1972 i.d.F.v. 11.04.1988 sein. Die Konkretisierungsentscheidungen von Dresden betreffen u.a. die im Folgenden dargestellten Punkte, wobei die zugrundeliegende Mainzer „Richtungsentscheidung" jeweils zunächst vorangestellt wird:

1. In den „Mainzer Richtungsentscheidungen zur Weiterentwicklung der Prinzipien der gymnasialen Oberstufe und des Abiturs" vom 01.12. 1995 hat die Kultusministerkonferenz festgestellt: „Für die Ausprägung der Studierfähigkeit sind drei Kompetenzbereiche von herausgehobener Bedeutung: Sprachliche Ausdrucksfähigkeit, insbesondere die schriftliche Darlegung eines konzisen Gedankengangs, verständiges Lesen komplexer fremdsprachlicher Sachtexte und sicherer Umgang mit mathematischen Symbolen und Modellen.

   Zur Sicherung des Erwerbs dieser grundlegenden Kompetenzen sind die Fächer Deutsch, Fremdsprache, Mathematik in der Qualifikationsphase durchgehend zu belegen und in die Gesamtqualifikation einzubringen, wobei die Fremdsprache eine mit Eintritt in die gymnasiale Oberstufe neu begonnene Sprache sein kann, sofern sie auf Oberstufenniveau unterrichtet wird. Der Erwerb der grundlegenden Kompetenzen ist allerdings nur dann hinreichend sicherzustellen, wen, grundsätzlich alle dafür geeigneten Fächer diese Aufgabe wahrnehmen. Dies setzt eine entsprechende curriculare Weiterentwicklung voraus, die den Ländern aufgegeben ist. Sofern die Vermittlung dieser Kompetenzen in Kursen anderer Fächer curricular abgesichert und systematisch ausgewiesen ist, können bis zu vier dieser Kurse auf die Beleg- und Einbringungsverpflichtung in den Fächern Deutsch, Fremdsprache, Mathematik, angerechnet werden"

   Im Hinblick auf die Möglichkeit der Substitution von Beleg- und Einbringungsverpflichtungen hat die Kultusministerkonferenz nun in Dresden, den Beschluß von Mainz konkretisierend, wie folgt beschlossen: „Sofern die in den Fächern Deutsch, Fremdsprache, Mathematik zu vermittelnden grundlegenden Kompetenzen in Grundkursen anderer Fächer curricular abgesichert und systematisch ausgewiesen sind, können bis zu vier solcher Kurse auf die Beleg- und Einbringungsverpflichtungen in den Fächern Deutsch, Fremdsprache, Mathematik angerechnet werden, in einem Fach jedoch nicht mehr als zwei Kurse.[1] Diese Kurse werden in dem jeweiligen Fach belegt

---

1. „Die Länder können unter den o. g. Voraussetzungen bis zu 4 Kurse in einem Fach substituieren. Dies ist der KMK analog zu Schulversuchen anzuzeigen. Nach 5 Jahren sollen die Erfahrungen mit dem Ziel der endgültigen Festlegung ausgewertet werden".

und eingebracht. Dadurch entfällt die Verpflichtung zur Belegung und Einbringung in dem Fach, dessen grundlegende Kompetenzen vermittelt werden. Die Gesamtzahl der im Pflichtbereich zu belegenden und in die Gesamtqualifikation einzubringenden Kurse bleibt erhalten. Kurse im 3. (schriftlichen) Prüfungsfach können nicht, Kurse im 4. Prüfungsfach können im Umfang von bis zu zwei Kursen substituiert werden, soweit die inhaltlichen Anforderungen der Einheitlichen Prüfungsanforderungen (EPA) erfüllt werden".

2. In den „Richtungsentscheidungen" von Mainz vom 01.12.1995 heißt es: „Im Rahmen der für die Abiturprüfung vorgesehenen Gesamtpunktzahl können die Länder vorsehen, daß Schülerinnen und Schüler wahlweise eine besondere Lernleistung, die im Rahmen eines mindestens zweisemestrigen Kurses erbracht wird, in die Abiturprüfung einbringen können. Diese besondere Lernleistung geht mit einem Fünftel in die Gesamtpunktzahl der Abiturprüfung ein".

Hierzu haben die Kultusminister nun in Dresden konkretisierend festgestellt: „Besondere Lernleistungen können z.B. sein: Ein umfassender Beitrag aus einem von den Ländern geförderten Wettbewerb, eine Jahres- oder Seminararbeit, die Ergebnisse eines umfassenden, auch fachübergreifenden Projektes oder Praktikums in Bereichen, die schulischen Referenzfächern zugeordnet werden können. Die besondere Lernleistung ist schriftlich zu dokumentieren. Voraussetzung für die Einbringung ist, daß die besondere Lernleistung oder wesentliche Bestandteile noch nicht anderweitig im Rahmen der Abiturprüfung angerechnet wurden".

Außerdem wird hierzu festgestellt: „In einem Kolloquium stellt die Schülerin bzw. der Schüler die Ergebnisse der besonderen Lernleistung dar, erläutert sie und antwortet auf Fragen. Bei Arbeiten, an denen mehrere Schülerinnen und Schüler beteiligt waren, ist die Bewertung der individuellen Schülerleistung erforderlich".

3. Bezüglich der Dauer der Schulzeit zur Erlangung der allgemeinen Hochschulreife hatten die Kultusminister in ihrem Mainzer Beschluß vom 01.12.1995 festgestellt, daß diese nach dem Hamburger Abkommen 13 Jahre beträgt. Weiter heißt es in dem Beschluß vom 01.12.1995: „Unter folgenden Voraussetzungen wird das Abitur nach einer Gesamt-Schulzeit von 12 Jahren anerkannt: Zur Erlangung der allgemeinen Hochschulreife ist ein Gesamtstundenvolumen von mindestens 265 Wochenstunden (Prüfvorbehalt) für die Sekundarstufe I und für die gymnasiale Oberstufe nachzuweisen. Dabei ist den einschlägigen Vereinbarungen der KMK in quantitativer und qualitativer Hinsicht zu entsprechen".

Nach Prüfung durch den Schulausschuß wurde die Mindestzahl von 265 Wochenstunden durch folgende Ergänzung präzisiert: „Darauf können bis zu 5 Stunden Wahlunterricht angerechnet werden".

4. Die Kultusministerkonferenz hat auf ihrer 277. Plenarsitzung in Dresden außerdem beschlossen, daß für die Umsetzung der auf dieser Basis nun auszuarbeitenden Regelungen für die gymnasiale Oberstufe und das Abitur eine angemessene Übergangszeit nach den folgenden Maßgaben vorzusehen ist: „Die Neufassung der Vereinbarung zur Neugestaltung der gymnasialen Oberstufe in der Sekundarstufe II gilt erstmals für Schüle-

rinnen und Schüler, die am 01.08.1997 in die gymnasiale Oberstufe eintreten. Im Blick auf die Notwendigkeiten curricularer Umstellungen von Stundentafeln, Lehrplänen etc. ist der späteste Termin des Inkrafttretens der 01.08.1999".

Mit ihren Beschlüssen von Mainz und Dresden hat die KMK die gymnasiale Oberstufe und das Abitur sowohl qualifiziert als auch zukunftsgerichtet weiterentwickelt. In der Schulzeitfrage ist durch die länderübergreifende Vereinbarung, die sich an inhaltlichen Standards orientiert, die Qualität des Abiturs nach einer Schulzeit von 13 als auch von 12 Jahren gesichert.

Anhang I
Die Regelungen der einzelnen Bundesländer bezüglich der Gestaltung der gymnasialen Oberstufe

Baden-Württemberg

1) Gültige Gesetze, Rechtsverordnungen und Erlasse

- Schulgesetz für Baden-Württemberg in der Fassung vom 01.08.1983 (GBl. S. 397), §8, zuletzt geändert durch Gesetz vom 28. Juni 1993 (GBl. S. 485);
- Verordnung des Kultusministeriums über die Jahrgangsstufen 12 und 13 sowie über die Abiturprüfung an Gymnasien der Normalform und Gymnasien in Aufbauform mit Heim (NVGO) vom 20. April 1983 (K.u.U. S. 367; GBl. S. 323), in der Fassung vom 2. Mai 1995 (GBl. S. 455, K.u.U. S. 407);
- Verordnung des Kultusministeriums über die Jahrgangsstufen 12 und 13 sowie über die Abiturprüfung an beruflichen Gymnasien (BGVO) vom 20. April 1983 (Gbl. S. 324; K.u.U. S. 378), zuletzt geändert durch Verordnung des Kultusministeriums vom 28. März 1995 (GBl. S. 306; K.u.U. S. 89).

2) Eingangsvoraussetzungen für den Eintritt in die gymnasiale Oberstufe

Schüler des Gymnasiums werden in die Jahrgangsstufe 11 versetzt. Schüler der Realschule können nach bestandener Abschlußprüfung in die Jahrgangsstufe 11 eintreten, wenn die Noten in zwei der drei Fächer Deutsch, Mathematik und der Pflichtfremdsprache (die mit der 1. Pflichtfremdsprache am Gymnasium übereinstimmen muß) mindestens gut sind und im dritten dieser Fächer mindestens die Note befriedigend erreicht wurden. Darüber hinaus muß im Wahlpflichtfach (2. Fremdsprache) mindestens ein befriedigend vorliegen.

3) Organisation des Unterrichts

Die gymnasiale Oberstufe beginnt mit der Klasse 11. Sie stellt eine Einführungsphase zum Kurssystem der Klassen 12 bis 13 dar. Der Unterricht in der Einführungsphase wird im Klassenverband erteilt. Der Fächerkanon der Mittelstufe wird verbindlich fortgeführt. Maßgebliche Fächer für die Versetzung sind, sofern sie in der Stundentafel für die jeweilige Klasse als Unterrichtsfächer ausgewiesen sind:

- Religionslehre,
- Deutsch,

- Erdkunde, Geschichte, Gemeinschaftskunde,
- Pflichtfremdsprachen,
- Mathematik, Physik, Biologie, Chemie,
- Sport,
- Musik, Bildende Kunst,
- Ethik.

Die Pflichtstundenzahl liegt, je nach Form des Gymnasiums zwischen 30 und 32 Wochenstunden. Es können nur Fächer hinzugewählt werden, an deren Unterricht der Schüler in der Mittelstufe teilgenommen hat. Ausgenommen sind Arbeitsgemeinschaften in einer zusätzlichen Fremdsprache und Mathematik, die als Vorbereitungskurse für die Jahrgangsstufe 12 und 13 möglich sind, wenn die Schule diese Arbeitsgemeinschaften anbietet. In der Klasse 11 finden die Kurswahlen für die Jahrgangsstufen 12 und 13 statt. Die im Versetzungszeugnis erlangten Ergebnisse werden im Zeugnis der Allgemeinen Hochschulreife ohne Anrechnung auf die Gesamtqualifikation aufgeführt.

4) Versetzungskriterien für den Eintritt in die Jahrgangsstufe 12

Am Ende der Klasse 11 wird ein Versetzungszeugnis erteilt. Zum Übergang in die Jahrgangsstufe 12 muß die Durchschnittsnote aus allen für die Versetzung maßgeblichen Fächern mindestens 4,0 betragen. Maßgebliche Fächer sind die aus der Mittelstufe fortgeführten Fächer. Keines der Kernfächer darf mit ungenügend, höchstens ein versetzungsrelevantes Fach schlechter als ausreichend bewertet sein. Maßgebende Fächer für die Versetzung sind, sofern sie in der Stundentafel für die jeweilige Klasse als Unterrichtsfächer ausgewiesen sind, die Fächer der Jahrgangsstufe 11. Einige für die Versetzung relevanten Fächer sind Kernfächer für die verschiedenen Gymnasien. Es bestehen Ausgleichsregelungen, die in der Versetzungsordnung des Kultusministeriums über die Versetzung an Gymnasien der Normalform und an Gymnasien in Aufbauform mit Heim in der Fassung vom 2. Mai 1995 (GBl. S. 455, K.u.U. S. 407) festgelegt sind.

5) Wahl der Unterrichtsfächer in der Oberstufe

Das Unterrichtsangebot gliedert sich in einen Pflichtbereich und einen Wahlbereich. Die einzelnen Fächer des Pflichtbereichs werden – mit Ausnahme von Sport – zu Aufgabenfeldern zusammengefaßt (sprachlich-literarisch-künstlerisches, gesellschaftswissenschaftliches und mathematisch-naturwissenschaftliches Aufgabenfeld). Folgende Fächerkombinationen können bei den Leistungskursen nach Maßgabe des Angebots der Schule gewählt werden:

Deutsch	mit einer Fremdsprache, Geschichte, Mathematik, Physik, Chemie, Biologie;
Fremdsprache	mit Deutsch, einer weiteren Fremdsprache, Bildende Kunst, Musik, Geschichte, Erdkunde, Gemeinschaftskunde, Evangelische oder

	Katholische Religionslehre, Mathematik, Physik, Chemie, Biologie, Sport;
Mathematik	mit Deutsch, einer Fremdsprache, Bildende Kunst, Musik, Geschichte, Erdkunde, Gemeinschaftskunde, Evangelische oder Katholische Religionslehre, Physik, Chemie, Biologie, Sport.

An mathematisch naturwissenschaftlichen Gymnasien zusätzlich:

Physik	mit Geschichte, Erdkunde, Gemeinschaftskunde, Evangelische und Katholische Religionslehre.

An den Gymnasien in Aufbauform mit Heim können Leistungskurse in folgenden Fächern angeboten werden:

>Deutsch, Pflichtfremdsprachen, Bildende Kunst, Musik, Geschichte, Evangelische und Katholische Religionslehre, Mathematik, Physik, Chemie, Biologie, Sport.

Ein Leistungskurswechsel oder -austritt ist nur in begründeten Ausnahmefällen innerhalb von zwei Wochen nach Unterrichtsbeginn auf Antrag des Schülers und mit Zustimmung des Schulleiters zulässig. Schüler, die nicht am Religionsunterricht teilnehmen, müssen das Fach Ethik besuchen. Religionslehre kann nur dann Leistungsfach sein, wenn in Klasse 11 Religionsunterricht besucht wurde. Sport kann nur nach ärztlichem Attest Leistungsfach sein. Eine Fremdsprache als Leistungsfach setzt Pflichtunterricht mindestens ab Klasse 9 voraus. Die Leistungskurskombinationen gelten auch an Gymnasien mit Heim. Weitere Leistungskurse bedürfen der Genehmigung des Ministeriums für Kultus und Sport.

6) **Berufliche Gymnasien mit den Abschlüssen der Allgemeinen und der Fachgebundenen Hochschulreife**

Die Beruflichen Gymnasien Baden-Württembergs umfassen die Richtungen:

(AG)	agrarwissenschaftliche Richtung,
(EG)	ernährungswissenschaftliche Richtung,
(TG)	technische Richtung,
(SG)	sozialpädagogische Richtung,
(WG)	wirtschaftswissenschaftliche Richtung.

Das zweite Leistungsfach der Beruflichen Gymnasien ist je nach Richtung festgelegt:

(AG)	Agrartechnik mit Biologie,
(EG)	Ernährungslehre mit Chemie,
(TG)	Technik,
(SG)	Pädagogik und Psychologie,
(WG)	Volks- und Betriebswirtschaftslehre mit wirtschaftlichem Rechnungswesen.

Für die beruflichen Gymnasien gilt die Verordnung des Kultusministeriums über die Jahrgangsstufen 12 und 13 sowie über die Abiturprüfung an beruflichen Gymnasien (BGVO) vom 20. April 1983 (K.u.U. S. 378), zuletzt geändert durch die Verordnung des Kultusministeriums vom 9. Juli 1991 (GBl. S. 496, K.u.U. S. 391).

7) Kursstufe

Die Kursstufe umfaßt die Jahrgangsstufen 12 und 13 mit jeweils zwei Halbjahren. Das Abitur wird im zweiten Halbjahr der Jahrgangsstufe 13 abgelegt. Für die Belegverpflichtung bezüglich der Grundkurse gelten die folgenden Regelungen:

Deutsch	4 Grundkurse	je	3 SWS,
Fremdsprache[1]	4 Grundkurse	je	3 SWS,

in einem der Fächer			
Kunst oder Musik	2 Grundkurse	je	2 SWS,
in jeweils einem der Fächer			
Geschichte/Gemeinschaftskunde	2 Grundkurse	je	4 SWS,
	in 12_2 und 13_1	2	SWS,
Geschichte/Erdkunde	2 Grundkurse	je	4 SWS,
	in 12_1 und 13_2	2	SWS,
Religionslehre	4 Grundkurse	je	2 SWS,
Mathematik	4 Grundkurse	je	3 SWS,

in einem der 3 Fächer			
Physik oder Chemie oder Biologie	4 Grundkurse	je	3 SWS,
Sport	4 Grundkurse	je	2 SWS.

Aus diesen Verpflichtungen ergeben sich mindestens 25 Grundkurse in den vier Halbjahren. Wurde Sport als Leistungskurs gewählt, so sind es 24 Grundkurse. In den Fächern, die als Prüfungskurse gewählt wurden, müssen vier aufeinander folgende Grundkurse besucht werden.

8) Abiturprüfung

Die Abiturprüfung gliedert sich in zwei Teile. Im ersten Teil werden vier Fächer schriftlich und mündlich geprüft. Der zweite Teil umfaßt vier weitere Fächer, die nur mündlich geprüft werden. Im ersten Teil werden zwei Leistungsfächer und zwei Grundkursfächer schriftlich geprüft. Prüfungsfächer aus dem Pflichtbereich können Deutsch, Englisch, eine Fremdsprache, Geschichte, Evangelische oder Katholische Religionslehre, eine Naturwissenschaft oder Gemeinschaftskunde/Erdkunde sein. Fächer des ersten Prüfungsteils sind

---

1. Die Wahl der Fremdsprache setzt den Pflichtunterricht in dieser Sprache mindestens ab Klasse 9 voraus.

Deutsch, eine Fremdsprache des Pflichtbereichs, Mathematik und Geschichte. Unter den Fächern des zweiten Prüfungsteils muß eine weitere Fremdsprache sowie eines der Fächer Physik oder Chemie oder Biologie sein.

Prüfungsfächer aus dem Grundkursbereich müssen mit mindestens vier Grundkursen belegt worden sein. Wurde weder Deutsch noch eine Pflichtfremdsprache als Leistungsfach gewählt, so muß Deutsch oder eine mindestens seit der Klasse 9 unterrichtete Pflichtfremdsprache als drittes Prüfungsfach gewählt werden. Bildende Kunst, Musik, Erdkunde, Gemeinschaftskunde, Ethik und Sport können nicht als drittes Prüfungsfach gewählt werden. Mathematik muß unter den Prüfungsfächern sein. Religionslehre sowie Ethik können nur dann als Prüfungsfach gewählt werden, wenn das Fach in Klasse 11 besucht oder durch eine Überprüfung am Anfang der Jahrgangsstufe 12 ein entsprechender Kenntnisstand nachgewiesen wurde.

9) Gesamtqualifikation

Die Gesamtqualifikation ist für die Zuerkennung der Allgemeinen Hochschulreife maßgebend. Sie setzt sich aus den Leistungen in den Grundkursen, den Leistungskursen und in der Abiturprüfung zusammen. In die Gesamtqualifikation sind 22 Grundkurse aus dem Grundkursblock in einfacher Wertung einzubringen. Es dürfen jedoch maximal fünf Grundkurse mit weniger als fünf Punkten abgeschlossen sein. Die Ergebnisse des Leistungskursblocks werden mit sechs Kursen (12_1 bis 13_1) zweifach gewertet. Die Leistungen in den vier Kursen des Prüfungshalbjahres werden einfach gewertet. Aus dem Abiturprüfungsblock gehen die Leistungen der schriftlichen Prüfungen aus den beiden Leistungsfächern und dem dritten Prüfungsfach in vierfacher Wertung, die der mündlichen Prüfungen (in den drei schriftlichen Prüfungsfächern und dem vierten Prüfungsfach) in vierfacher Wertung ein. In den vier Prüfungsfächern müssen mindestens 100 Punkte, in den Leistungskursen mindestens 70 Punkte, in zwei Prüfungsfächern (einem Leistungsfach und einem weiteren Prüfungsfach) mindestens 25 Punkte und in den Grundkursen mindestens 110 Punkte erreicht werden, damit die Allgemeine Hochschulreife zuerkannt werden kann.

Bayern[1]

1) Gültige Gesetze, Rechtsverordnungen und Erlasse

– Bayerisches Gesetz über das Erziehungs- und Unterrichtswesen (BayEUG) vom 10. September 1982 in der Fassung vom 19. Februar 1988 (GVBl. S. 21), Artikel 8 (für die Kollegstufe);

---

1. Die Umsetzung der KMK-Vereinbarung vom 1.12.1995 steht noch aus, daher ist eine Änderung der GSO noch Ende 1996 möglich.

– Schulordnung für die Gymnasien in Bayern (GSO) (Amtsblatt I 1983 S. 377) in der Fassung vom 30. Juli 1992 (Amtsblatt I 1992 S. 438).

2) Eingangsvoraussetzungen für den Eintritt in die Oberstufe des Gymnasiums

Schüler des Gymnasiums werden in die Jahrgangsstufe 11 versetzt. Für die Aufnahme von Schülern mit dem Abschluß der Realschule oder der Wirtschaftsschule wird neben dem Besuch von mindestens sechs Jahreswochenstunden Französischunterricht als Wahlpflicht- oder Wahlunterricht eine Aufnahmeprüfung verlangt. Sie entfällt, wenn der Notendurchschnitt in den Vorrückungsfächern 1,5 oder besser ist. Vorrückungsfächer sind alle Pflicht- und Wahlpflichtfächer mit Ausnahme von Sport und Handarbeiten. Bei Notendurchschnitten von 2,5 oder besser beschränkt sich die Aufnahmeprüfung auf die Kernfächer der jeweiligen Ausbildungsrichtung; mit Ausnahme der zweiten Fremdsprache. Eine weitere Voraussetzung ist ein pädagogisches Gutachten der abgebenden Schule über die Eignung der Schülerin bzw. des Schülers für den Bildungsgang des Gymnasiums.

3) Organisation des Unterrichts

Die Oberstufe des Gymnasiums beginnt mit der Klasse 11. Sie stellt eine Vorstufe zur sog. Kursphase der Jahrgangsstufen 12 bis 13 dar. Der Unterricht wird im Klassenverband durchgeführt. Pflichtfächer sind:

– Deutsch,

– 2 oder 3 Fremdsprachen (Latein, Englisch, Griechisch, Französisch, Italienisch, Russisch, Spanisch),

– Musik, Kunsterziehung,

– Erdkunde, Geschichte, (am SWG: Sozialkunde, am WWG: Wirtschafts und Rechtslehre sowie Rechnungswesen),

– Mathematik, Chemie, Physik,

– Religionslehre/Ethik,

– Sport.

Sie sind mit einer Belegverpflichtung von 34 Wochenstunden zzgl. zwei Wochenstunden differenziertem Sportunterricht vertreten. Als Kernfächer sind Deutsch, zwei Fremdsprachen, Mathematik und Physik sowie je nach Ausrichtung des Gymnasiums eine weitere Fremdsprache, Chemie, Musik, Wirtschafts- und Rechtslehre oder Sozialkunde anzusehen.

4) Versetzungskriterien für den Eintritt in die Jahrgangsstufe 12

Grundlage für die Entscheidung über die Versetzung sind die Leistungen in den Vorrückungsfächern. In diesen Fächern darf keines ungenügend oder höchstens eines mit mangelhaft bewertet worden sein (GSO §52). Es bestehen Sonderregelungen zum Notenausgleich.

5) Wahl der Unterrichtsfächer in der Oberstufe

Das Unterrichtsangebot der Kursphase der Oberstufe gliedert sich in ein Wahlpflicht- und ein Zusatzangebot. Das Wahlpflichtangebot umfaßt die Leistungs- und Grundkursfächer, das Zusatzangebot nur Grundkursfächer. Für Bayern gelten zwei Bedingungen, die für die Wahl der Leistungsfächer zu beachten sind:

KMK-Bindung– eines der beiden Leistungsfächer muß entweder Deutsch oder eine fortgeführte Fremdsprache oder Mathematik oder eine Naturwissenschaft sein.

Kernfach-Bindung–eines der Leistungsfächer muß Kernfach der bisherigen Ausbildungsrichtung sein.

Die Wahl von Religionslehre als Leistungskursfach setzt den Besuch dieses Faches in den Jahrgangsstufen 9 bis 11 voraus. Für Kunsterziehung gilt dies entsprechend für die Jahrgangsstufe 10. Musik kann nur dann als Leistungsfach gewählt werden, wenn der Schüler über – für ein orchesterwirksames Instrument oder Klavier oder Orgel – angemessene Fähigkeiten im Spiel verfügt. Für die Wahl von Sport als Leistungsfach muß ein sportärztliches Attest über die Tauglichkeit vorliegen.

6) Berufliche Gymnasien entfallen in Bayern

7) Kursphase der Oberstufe

Die Kollegstufe umfaßt die Jahrgangsstufen 12 und 13 mit jeweils zwei Halbjahren. Das Abitur wird im zweiten Halbjahr der Klasse 13 abgelegt. Für die Belegverpflichtung gelten die folgenden Regelungen:

Deutsch	4 Grundkurse	je 4	SWS,
Geschichte	4 Grundkurse	je 2	SWS,
Religionslehre/Ethik	4 Grundkurse	je 2	SWS,
Physik/Chemie/Biologie	4 Grundkurse	je 3	SWS,
Fremdsprache	4 Grundkurse	je 3	SWS,
Sport	4 Grundkurse	je 2	SWS,
Kunst/Musik	2 Grundkurse	je 2	SWS,
Mathematik	4 Grundkurse	je 3	SWS,
fortgeführte Fremdsprache	4 Grundkurse	je 3	SWS,
in jeweils einem der Fächer Erdkunde/Sozialkunde/ Wirtschafts- und Rechtslehre	2 Grundkurse	je 2	SWS.

Es müssen außerdem mindestens 24 Halbjahreswochenstunden in jedem der drei Aufgabenfelder (sprachlich-literarisch-künstlerisches, gesellschaftswissenschaftliches und mathematisch-naturwissenschaftliches Aufgabenfeld) und acht Halbjahreswochenstunden im Fach Sport belegt werden.

In den Fächern, die als Prüfungskurse gewählt wurden, müssen vier aufeinander folgende Grundkurse besucht werden.

8) Abiturprüfung

In der Abiturprüfung werden vier Fächer geprüft. Drei Prüfungen – in den beiden Leistungskursfächern und dem dritten Prüfungsfach – werden schriftlich abgelegt. Das vierte Prüfungsfach wird mündlich geprüft. Die vier Prüfungsfächer müssen alle drei Aufgabenfelder abdecken. Zwei der Abiturprüfungsfächer müssen Kernfächer der bisherigen Ausbildungsrichtung sein, darunter Deutsch oder eine *fortgeführte* Fremdsprache (doppelte Kernfachbindung). Wird das Leistungskursfach Deutsch mit einem der Leistungskursfächer Kunsterziehung, Musik oder Sport kombiniert, so ist Mathematik als drittes oder viertes Abiturprüfungsfach verpflichtend. Ist Deutsch Leistungskursfach und wird mit einem Leistungskursfach aus dem gesellschaftswissenschaftlichen Bereich gekoppelt, so ist entweder Mathematik als weiteres (drittes oder viertes) Abiturprüfungsfach oder eine *fortgeführte* Fremdsprache als viertes Abiturfach verpflichtend. Kunsterziehung oder Musik ist nicht als drittes, Sport weder als drittes noch als viertes Abiturfach zulässig.

9) Gesamtqualifikation

Die Gesamtqualifikation ist für die Zuerkennung der Allgemeinen Hochschulreife maßgebend. Sie setzt sich aus den Leistungen in den Grundkursen, den Leistungskursen, der Facharbeit in einem der Leistungsfächer und in der Abiturprüfung zusammen. In die Gesamtqualifikation sind aus dem Grundkursblock 22 Halbjahresleistungen in einfacher Wertung einzubringen. Darunter mindestens:

– die Leistungen der Halbjahre 12_1 bis 13_1 der vier Abiturprüfungsfächer;

Sowie (soweit nicht Leistungskurse):

– 3 Halbjahresleistungen in Deutsch,

– 3 Halbjahresleistungen in einer fortgeführten Fremdsprache,

– je 2 Halbjahresleistungen aus 3 der Fächer Geschichte, Erdkunde, Sozialkunde, Wirtschafts- und Rechtslehre, Religionslehre oder Ethik,

– 3 Halbjahresleistungen in Mathematik,

– 3 Halbjahresleistungen aus der für vier Halbjahre belegten Naturwissenschaft,

– 2 Halbjahresleistungen aus der für zwei Halbjahre belegten Naturwissenschaft.

Die Ergebnisse des Leistungskursblocks werden mit sechs Kursen (12_1 bis 13_1) zweifach gewertet. Die Leistungen in den Kursen der vier Abiturprüfungsfächer des Prüfungshalbjahres werden einfach gewertet und zum Abiturblock gezählt. In den Abiturprüfungsblock gehen die Leistungen der schriftlichen und mündlichen Prüfungen in vierfacher Wertung ein. In den vier Prüfungsfächern müssen mindestens 100 Punkte (darunter mindestens 25 Punkte in mindestens zwei Abiturprüfungsfächern, darunter ein Leistungskursfach), in den Leistungskursen – einschließlich der Facharbeit – mindestens 70 Punkte (davon in mindestens vier Halbjahresleistungen mindestens zehn Punkte der doppelten Wertung) und in den Grundkursen mindestens 110 Punkte (davon mindestens 16 Halbjahresleistungen jeweils mindestens fünf Punkte) erreicht werden, damit die Allgemeine Hochschulreife zuerkannt werden kann.

Berlin[1]

1) Gültige Gesetze, Rechtsverordnungen und Erlasse

- Schulgesetz von Berlin in der Fassung vom 20.08.1980, zuletzt geändert durch Gesetz vom 26.09.1995 (GVBl. S. 626);
- Die Verordnung über die gymnasiale Oberstufe (VO-GO) in der Fassung vom 14.03.1995 (GVBl. S. 279);
- Ausführungsvorschriften über die Abiturprüfung (AV Abitur) in der Fassung vom 14.07.1993 (ABl. S. 2187).

2) Eingangsvoraussetzungen für den Eintritt in die gymnasiale Oberstufe

Schüler des Gymnasiums werden in die Jahrgangsstufe 11 versetzt. Dies gilt sinngemäß auch für Schüler der Gesamtschule mit entsprechendem Abschlußzeugnis. Beide Schülergruppen treten zunächst in die Einführungsphase ein. In die gymnasiale Oberstufe in Aufbauform können Schüler der Haupt- oder Realschule sowie Absolventen der einjährigen Kaufmännischen Berufsfachschule oder der Berufsfachschule für kaufmännische Assistenten, der einjährigen Berufsfachschulen gewerblich technischer Fachrichtungen der Fachrichtungen Elektrotechnik, Metalltechnik sowie Chemie, Physik und Biologie oder Absolventen der einjährigen Grundstufe der dreijährigen Berufsfachschule für Hauswirtschaft aufgenommen werden, wenn sie das Abschlußzeugnis der Realschule oder einen gleichwertigen Bildungsstand erworben haben und aufgrund „hinreichender" Fähigkeiten und Leistungen die Eignung für den Bildungsgang der gymnasialen Oberstufe erwarten lassen. Bei Schülern der Hauptschule liegen „hinreichende" Leistungen vor, wenn über die für die Zuerkennung eines dem Realschulabschluß gleichwertigen Bildungsstandes erforderlichen Leistungen hinaus die Summe der Noten in den Fächern Deutsch, Fremdsprache und Mathematik nicht größer als fünf oder bei leistungsdifferenziertem Unterricht in der Leistungsstufe A nicht größer als sechs oder bei zwei leistungsdifferenzierten Fächern in der Leistungsstufe A nicht größer als sieben ist. Ein Ausgleich ausreichender Leistungen ist möglich.

---

1. Berlin verfügt über eine Reihe verschiedenartiger Gymnasien, an denen eine andere Fremdsprache als Leitsprache eingesetzt wird. Damit gelten auch eine Reihe von Sonderregelungen, auf die hier nicht weiter eingegangen wird.

3) Organisation des Unterrichts

Die gymnasiale Oberstufe beginnt mit der Klasse 11. Sie stellt die Einführungsphase zur Kursphase der Klassen 12 bis 13 dar. Die Einführungsphase gliedert sich in den Fundamentalbereich und in Profilkurse. Der Unterricht im Fundamentalbereich wird überwiegend im Klassenverband durchgeführt. Pflichtfächer der Einführungsphase sind:

- Deutsch,
- Fremdsprachen (Englisch, Französisch, Russisch, Spanisch, Italienisch, Latein, Griechisch),
- Musik oder Bildende Kunst,
- Erdkunde/Politische Weltkunde, Geschichte/Politische Weltkunde,
- Mathematik, Biologie, Chemie, Physik,
- Sport.

Hinzu kommen im Profilbereich zwei Profilkurse mit:

- Deutsch,
- Fremdsprache (spätestens mit Klasse 9 begonnen),
- Mathematik oder eine Naturwissenschaft,

sowie fakultativer Unterricht in einem weiteren Basis- oder Profilkurs mit einer Belegverpflichtung von insgesamt durchschnittlich 34 Wochenstunden.

4) Versetzungskriterien für den Eintritt in die Jahrgangsstufe 12

Grundlage für die Entscheidung über die Versetzung sind die Leistungen im zweiten Schulhalbjahr der Einführungsphase. Ein Schüler wird versetzt, wenn höchstens eine Note mangelhaft oder ungenügend bei ansonsten ausreichenden oder besseren Leistungen lautet. Bei einer ungenügenden und einer mangelhaften Note kann bei im übrigen ausreichenden Noten ausgeglichen werden.

5) Wahl der Unterrichtsfächer in der Oberstufe

Beim Übergang in die Kursphase stellt der Schüler einen Übersichtsplan für seine weitere Schullaufbahn auf. Dieser Übersichtsplan muß von der Schulleitung genehmigt werden und kann bei Bedarf nachträglich geändert werden.

Die Fächer der Kursstufe umfassen die Leistungs- und die Prüfungsfächer sowie Pflichtgrundkurse. Erstes Leistungsfach kann nur eine spätestens seit Klasse 9 durchgehend erlernte Fremdsprache oder eines der Fächer Deutsch, Mathematik, Physik, Chemie oder Biologie sein.

Als zweites Leistungsfach sind alle Fächer mit Ausnahme von Darstellendem Spiel, Philosophie, Informatik, Japanisch, Türkisch sowie einer in der Einführungsphase begonnenen Fremdsprache zulässig. Sozialwissenschaften und Wirtschaftslehre können nur zweites Leistungsfach werden, wenn der Schüler schon einen Profilkurs während der gesamten

Einführungsphase belegt hat. Unter dem dritten und vierten Prüfungsfach darf sich nur eines der Fächer Biologie, Bildende Kunst und Sport befinden. Geschichte, Erdkunde, Wirtschaftslehre, Sozialwissenschaften und Psychologie dürfen nur zum zweiten, Sport nur zum zweiten oder vierten, Philosophie und Informatik nur zum dritten oder vierten, eine in der Einführungsphase begonnene Fremdsprache und Japanisch nur zum vierten Prüfungsfach gewählt werden.

6) Berufliche Gymnasien entfallen in Berlin

Berufsfeldbezogene Oberstufenzentren in Berlin umfassen die Richtungen:

Berufsfeld I	Wirtschaft und Verwaltung,
Berufsfeld II	Metalltechnik,
Berufsfeld III	Elektrotechnik,
Berufsfeld VII	Chemie, Biologie, Physik,
Berufsfeld XII	Ernährung und Hauswirtschaft.

Für die Belegverpflichtungen in den berufsfeldbezogenen Oberstufenzentren gelten leicht abweichende Bestimmungen.

7) Kursstufe

Die Kursstufe umfaßt die Jahrgangsstufen 12 und 13 mit jeweils zwei Halbjahren. Das Abitur wird im zweiten Halbjahr der Klasse 13 abgelegt. Für die Belegverpflichtung gelten die folgenden Regelungen:

Deutsch	4 Grundkurse,
Politische Weltkunde	4 Grundkurse,
Physik/Chemie/Biologie	4 Grundkurse,
Fremdsprache	4 Grundkurse,
Sport	4 Grundkurse,
in jeweils einem der Fächer	
Musik/Bildende Kunst/Darstellendes Spiel	2 Grundkurse,
Mathematik	4 Grundkurse.

Zusätzlich sind aus dem Angebot der Schule so viele weitere Pflichtgrundkurse zu belegen, daß 22 Grundkurse in den ersten Block der Gesamtqualifikation eingebracht werden können. Es müssen mindestens acht Kurse im mathematisch naturwissenschaftlichen Aufgabenfeld belegt werden.

8) Abiturprüfung

In der Abiturprüfung werden vier Fächer geprüft. Drei Prüfungen – in den Leistungsfächern und dem dritten Prüfungsfach – werden schriftlich abgelegt. Das vierte Prüfungsfach wird mündlich geprüft. Die vier Prüfungsfächer müssen alle drei Aufgabenfelder abdecken.

9) Gesamtqualifikation

Die Gesamtqualifikation ist für die Zuerkennung der Allgemeinen Hochschulreife maßgebend. Sie setzt sich aus den Leistungen im ersten Block, den 22 Grundkursen, dem zweiten Block mit den acht Leistungskursen und dem dritten Block, den im vierten Halbjahr besuchten Kursen der vier Prüfungsfächer, darin eingeschlossen die beiden Leistungskurse des vierten Kurshalbjahres, sowie der Abiturprüfung zusammen. In die Gesamtqualifikation sind alle durch die Belegverpflichtung erbrachten Leistungen aus dem Grundkursblock in einfacher Wertung einzubringen. Die Ergebnisse des Leistungskursblocks werden in sechs Kursen (12_1 bis 13_1) zweifach gewertet. Die Leistungen in den zwei Leistungskursen des Prüfungshalbjahres werden einfach gewertet. Aus dem Abiturprüfungsblock gehen die Leistungen der schriftlichen und mündlichen Prüfungen in vierfacher Wertung ein. In den vier Prüfungsfächern müssen mindestens 100 Punkte, in den Leistungskursen mindestens 70 Punkte und in den Grundkursen mindestens 110 Punkte erreicht werden, damit die Allgemeine Hochschulreife zuerkannt werden kann.

Brandenburg

1) Gültige Gesetze, Rechtsverordnungen und Erlasse

– Ausbildungsordnung der gymnasialen Oberstufe im Land Brandenburg (AO-GOST) vom 12. Mai 1992 GVBl. II/92 S. 228), zuletzt geändert durch 2. ÄVO zur AO-GOST vom 02.08.1995;
– Prüfungsordnung für die Abiturprüfung in der gymnasialen Oberstufe (PO-GOST) vom 27. Juli 1993 (ABl.MBJS S. 280), zuletzt geändert durch 3. Verordnung zur Änderung der PO-GOST vom 02.08.1995.

2) Eingangsvoraussetzungen für den Eintritt in die gymnasiale Oberstufe

In die Jahrgangsstufe 11 der Gymnasialen Oberstufe gehen Schüler ein, die in einem Land der Bundesrepublik Deutschland die Berechtigung zum Besuch des Gymnasiums erworben haben. Des weiteren können besonders leistungsfähige Schüler auf Antrag am Ende des ersten Schulhalbjahres der Klassenstufe 10 in das zweite Schulhalbjahr der Jahrgangsstufe 11 versetzt werden.

3) Organisation des Unterrichts

Die gymnasiale Oberstufe beginnt mit der Klasse 11. Sie ist in die Einführungsphase – Jahrgangsstufe 11 – und die Qualifikationsphase unterteilt. Die Qualifikationsphase umfaßt die Jahrgangsstufen 12 und 13. Der Unterricht in der Einführungsphase findet im Klassenverband und in Kursen statt. Der Unterricht der Qualifikationsphase wird im Kurssystem durchgeführt. Der Unterricht wird in Pflicht- und in Wahlpflichtfächern durchgeführt. Bereits in der Einführungsphase werden zwei Schwerpunktfächer festgelegt, wobei das erste und das zweite Schwerpunktfach (an berufsorientierten Gymnasien nur das erste) in einem Basisfach im Klassenverband oder einem Basiskurs und zusätzlich in einem Profilkurs unterrichtet wird. Für Schüler, die in den Klassenstufen 7 bis 10 keinen Unterricht in einer zweiten Fremdsprache hatten, ist die Belegung eines Grundkurses in einer neubeginnenden Fremdsprache verpflichtend und mit fünf Wochenstunden in der Einführungsphase, vier Wochenstunden in der Jahrgangsstufe 12 und drei Wochenstunden in der Jahrgangsstufe 13 durchgehend zu besuchen. Für die Zuerkennung des Latinum und Graecum gelten weitere Bestimmungen. Die Anzahl der Wochenstunden und die Belegverpflichtung ist durch verbindliche Stundentafeln geregelt, die auch die berufliche Orientierung berücksichtigen und liegt zwischen 32 und 35 Wochenstunden.

4) Versetzungskriterien für den Eintritt in die Jahrgangsstufe 11

Als Grundlage für die Versetzung in die Qualifikationsphase dienen die Leistungen aus dem letzten Halbjahr der Einführungsphase. Die Versetzung erfolgt, wenn höchstens eine Note mangelhaft oder ungenügend, alle übrigen aber ausreichend oder besser lauten. Ein Ausgleich ist möglich. Die Einführungsphase kann insgesamt nur einmal wiederholt werden. In der Qualifikationsphase findet keine Versetzung statt.

5) Wahl der Unterrichtsfächer in der Oberstufe

Bei der Wahl der Fächer für die zweijährige Qualifikationsphase sind einige Auflagen zu beachten. Von den zwei Leistungsfächern muß das erste eines der Fächer Deutsch, Mathematik, Physik, Chemie, Biologie oder eine mindestens seit der Klassenstufe 9 durchgehend belegte Fremdsprache sein. Das zweite Leistungsfach wird aus den übrigen Fächern der drei Aufgabenfelder gewählt (Aufgabenfeld I: Deutsch, Fremdsprachen, Kunst, Musik und Darstellendes Spiel; Aufgabenfeld II: Politische Bildung (einschl. zwei Kurse Geschichte), Geschichte, Erdkunde, Wirtschaftswissenschaft, Recht, Erziehungswissenschaft, Psychologie und Philosophie sowie im berufsorientierten Schwerpunkt Wirtschaft auch Wirtschaftswissenschaft und Rechnungswesen; Aufgabenfeld III: Mathematik, Informatik, Technik, Physik, Chemie und Biologie sowie im berufsorientierten Schwerpunkt Technik auch Bautechnik, Chemietechnik, Elektrotechnik, Maschinentechnik und weitere berufsorientierte technische Fächer sowie im berufsorientierten Schwerpunkt Wirtschaft auch Wirtschaftsinformatik. Eine neu begonnene Fremdsprache darf jedoch nicht als zweites Leistungskursfach gewählt werden. Sport kann als Leistungskursfach angeboten werden. An berufsorientierten Gymnasien ist das entsprechende Schwerpunktfach automatisch als zweites Leistungsfach festgelegt. Als Belegverpflichtung müssen neben den zwei Leistungsfächern folgende Pflichtgrundkurse in 12_1 und 12_2 belegt werden, wenn sie nicht bereits als Leistungsfächer gewählt wurden:

– Deutsch,

– eine Fremdsprache,

– Politische Bildung,

- ein weiteres Fach aus dem Aufgabenfeld II, wenn es nicht in Jg. 13 belegt wird,
- Mathematik,
- eine Naturwissenschaft, die in der Einführungsphase belegt wurde,
- Kunst oder Musik oder Darstellendes Spiel,
- Sport.

An Gymnasien mit beruflicher Orientierung müssen in der Jahrgangsstufe 12 zusätzliche Grundkurse belegt werden:

Schwerpunkt Wirtschaft:
- Recht oder Rechnungswesen oder Wirtschaftsinformatik;

Schwerpunkt Technik:
- Informatik oder ein berufsorientiertes technisches Fach;

Schwerpunkt Sozialwesen:
- Recht und, wenn das zweite Leistungskursfach Erziehungswissenschaft ist, Psychologie oder, wenn das zweite Leistungskursfach Psychologie ist, Erziehungswissenschaft.

Als Belegverpflichtung müssen neben den zwei Leistungsfächern folgende Pflichtgrundkurse in 13_1 und 13_2 belegt werden, wenn sie nicht bereits als Leistungsfächer gewählt wurden:

- Deutsch,
- Politische Bildung,
- ein weiteres Fach aus dem Aufgabenfeld II, wenn es nicht in Jg. 12 belegt wurde,
- eine Fremdsprache oder Mathematik,
- eine Naturwissenschaft, die in der Einführungsphase belegt wurde,
- Sport.

Bei der Wahl der Kursfolgen aus dem Aufgabenfeld II sind zur Erfüllung der Belegverpflichtung einige Bedingungen einzuhalten, auf die hier nicht näher eingegangen wird.

6) Fächer berufsbezogener Bildungsgänge in der neugestalteten Oberstufe sind
Technik,
Sozialwesen,
Wirtschaft.

7) Kursstufe

Die Kursstufe umfaßt die Jahrgangsstufen 12 und 13 mit jeweils zwei Halbjahren. Das Abitur wird im zweiten Halbjahr der Klasse 13 abgelegt. Für die Belegverpflichtung gelten die bereits unter Abschnitt 5) näher erläuterten Regelungen. In einem der Leistungsfächer kann eine Facharbeit als Hausarbeit angefertigt werden. Sie ersetzt die zweite Klausur des entsprechenden Schulhalbjahres.

8) Abiturprüfung

In der Abiturprüfung werden vier Fächer geprüft. Drei Prüfungen, im ersten und zweiten Leistungsfach sowie dem dritten Prüfungsfach, werden schriftlich abgelegt. Das vierte Prüfungsfach wird mündlich geprüft. Drittes und viertes Prüfungsfach werden mit Beginn des Schulhalbjahres 13_1 vom Schüler aus seinen Grundkursfächern festgelegt. Die vier Prüfungsfächer müssen alle drei Aufgabenfelder abdecken. Eines der Prüfungsfächer muß Deutsch, fortgeführte Fremdsprache oder Mathematik sein. Ist Deutsch erstes Leistungskursfach, muß sich unter den vier Prüfungsfächern Mathematik oder eine Fremdsprache befinden. Sport kann nur zweites oder viertes Prüfungsfach sein. Alle Prüfungsfächer müssen von der Einführungsphase bis zum Abitur durchgehend belegt worden sein. Darstellendes Spiel kann nicht als Prüfungsfach gewählt werden.

Leistungskursfächer mit beruflicher Orientierung sind grundsätzlich zweites Abiturprüfungsfach, unter den übrigen Prüfungsfächern darf sich höchstens noch ein weiteres beruflich orientiertes Fach befinden.

Zur mündlichen Abiturprüfung wird zugelassen, wer in den 8 Leistungskursen der Qualifikationsphase mindestens 70 Punkte erreicht hat (sechs aus 12_1 bis 13_1 in zweifacher, zwei aus 13_2 in einfacher Wertung, wobei in mindestens vier der anzurechnenden Leistungskurse aus 12_1 bis 13_1 jeweils mindestens fünf Punkte in einfacher Wertung erreicht werden müssen). Außerdem müssen in den 22 einzubringenden Grundkursen aus 12_1 bis 13_2 bei einfacher Wertung mindestens 110 Punkte erreicht und nicht mehr als sechs Grundkurse mit weniger als fünf Punkten abgeschlossen worden sein.

9) Gesamtqualifikation

Die Gesamtqualifikation ist für die Zuerkennung der Allgemeinen Hochschulreife maßgebend. Sie setzt sich aus den Leistungen im Grundfachbereich, den 22 Grundkursen, deren Punktzahlen einfach gewertet werden (darunter müssen 16 Kurse mit jeweils mindestens fünf Punkten bewertet worden sein und eine Reihe weiterer Einbringungsverpflichtungen berücksichtigt werden), dem Leistungsfachbereich mit den acht Leistungskursen der Qualifikationsphase und dem Prüfungsbereich, den im vierten Halbjahr besuchten Kursen der vier Prüfungsfächer, darin eingeschlossen die beiden Leistungskurse des vierten Kurshalbjahres, sowie der Abiturprüfung zusammen. In die Gesamtqualifikation sind alle durch die Belegverpflichtung erbrachten Leistungen aus dem Grundkursblock in einfacher Wertung einzubringen. Die Ergebnisse des Leistungskursblocks werden mit 6 Kursen (12_1 bis 13_1) zweifach gewertet. Die Leistungen in den vier Kursen des Prüfungshalbjahres werden einfach gewertet. Aus dem Abiturprüfungsblock gehen die Leistungen der schriftlichen und mündlichen Prüfungen in vierfacher Wertung ein. Im Leistungskursbereich müssen mindestens 70 Punkte, im Grundkursbereich mindestens 110

Punkte, in den vier Prüfungsfächern mindestens 100 Punkte erreicht worden sein, damit die Allgemeine Hochschulreife zuerkannt werden kann.

Bremen

1) Gültige Gesetze, Rechtsverordnungen und Erlasse
- Bremisches Schulgesetz in der Fassung vom 20.12.1994;
- Richtlinien für die Gymnasiale Oberstufe im Lande Bremen vom 01.10.1984 in der Fassung vom 05.01.1996;
- Abiturprüfungsordnung für die Gymnasiale Oberstufe im Lande vom 02.07.1996.

2) Eingangsvoraussetzungen für den Eintritt in die gymnasiale Oberstufe

Schüler der Gymnasien und Gesamtschulen, die in die Jahrgangsstufe 11 versetzt werden, können in die Gymnasiale Oberstufe eintreten. Schüler mit Realschulabschluß müssen mindestens einen Notendurchschnitt von 3,0 erreichen. Dazu werden die Pflichtfächer Gemeinschaftskunde, Erdkunde, Physik, Chemie, Biologie einfach, die Noten in Deutsch, Englisch und Mathematik zweifach gewertet, wobei in Deutsch und Englisch jeweils die schriftliche und die mündliche Note einfach gewertet wird.

Berufsfachschüler oder Berufsaufbauschüler müssen einen Notendurchschnitt von 3,0 erreichen. Dazu werden alle zu berücksichtigenden Unterrichtsfächer einfach gewertet. Nicht gewertet werden Kunst, Musik, Sport, Werken und Textiles Gestalten, fachpraktischer Unterricht und Arbeitsgemeinschaften.

Bei einem Abschlußzeugnis der Hauptschule nach der 10. Jahrgangsstufe oder einer einjährigen Berufsfachschule, das dem Realschulabschluß gleichgestellt ist, ist ein Notendurchschnitt von mindestens 2,4 erforderlich sowie ein befürwortendes Gutachten der Klassenkonferenz, in dem insbesondere die Leistungen in den Fächern Deutsch, Mathematik und Englisch berücksichtigt werden müssen.

3) Organisation des Unterrichts

An den Bremer Gymnasien gibt es ein Vorlaufjahr, in dem Defizite zwischen verschiedenen Schularten und dem Eintritt in die Gymnasiale Oberstufe ausgeglichen werden sollen. Es werden unterrichtet:
- Deutsch   3 Std.,
- Gemeinschaftskunde mit Geschichte und Geographie   5 Std.,
- Englisch   4 Std.,
- zweite Fremdsprache, sprachfördernder Unterricht   3 Std.,
- Mathematik   4 Std.,

– Physik, Chemie, Biologie	2 Std.,
– Musik/Kunst	2 Std.,
– Sport	3 Std.

Das Vorlaufjahr wird nicht auf die Gesamtverweildauer am Gymnasium angerechnet. Wurde das Vorlaufjahr erfolgreich abgeschlossen, so ist die 11. Jahrgangsstufe kein Probejahr.

Die gymnasiale Oberstufe beginnt in der Regel mit der Klasse 11. Sie ist in eine Einführungsphase – Jahrgangsstufe 11 – und eine Hauptphase unterteilt. Die Hauptphase umfaßt die Jahrgangsstufen 12 und 13 mit insgesamt vier Halbjahren. Der Unterricht wird bereits ab der Jahrgangsstufe 11 im Kurssystem durchgeführt. Der Schüler wählt bereits in 111 seine beiden Leistungskurse. Darüber hinaus sind in der Einführungsphase mindestens sechs Grundkurse zu belegen.

Pflichtfächer der Einführungsphase sind:

– Deutsch,

– fortgesetzte Fremdsprache,

– ein Fach aus:

- Politik[1],
- Geographie,
- Geschichte,
- Pädagogik,
- Philosophie,
- Psychologie,
- Rechtskunde,
- Religionskunde,
- Soziologie,
- Wirtschaftslehre,

– Mathematik,

– eine Naturwissenschaft (Biologie, Chemie, Physik),

– Sport.

Wer Biologie als Leistungsfach wählt, muß in beiden Halbjahren der Einführungsphase Chemie belegen. Wer in den Klassen 7 bis 10 an keinem benoteten Unterricht in einer zweiten Fremdsprache teilgenommen hat, muß eine zweite Fremdsprache neu beginnen. Weiterhin ist darauf zu achten, daß Prüfungsfächer, die in der Hauptphase belegt werden sollen, bereits in der Einführungsphase aufgenommen wurden.

---

1. In der GyO müssen zwei aufeinander folgende Kurse in Politik belegt werden; diese Belegverpflichtung kann in der 11. Jahrgangsstufe erfüllt werden.

4) Versetzungskriterien für den Eintritt in die Jahrgangsstufe 12

Es wird nicht versetzt, wer:

- in den beiden Leistungskursen zusammen weniger als 10 Punkte oder in einem der Leistungskurse 0 Punkte,
- in mehr als zwei Kursen jeweils weniger als vier Punkte,
- in zwei Kursen jeweils weniger als vier Punkte ohne Ausgleich für beide Kurse oder
- in mehr als einem Grundkurs 0 Punkte erhält oder
- wenn der Schüler zum zweiten Mal in unmittelbarer Folge nur aufgrund von Ausgleichsbestimmungen versetzt werden könnte.

5) Wahl der Unterrichtsfächer in der Oberstufe

Die Schülerinnen und Schüler der Oberstufe planen ihre Schullaufbahn weitestgehend selbst. Sie stellen ihre Kurse im Rahmen der Möglichkeiten der Schule und der dort angebotenen Kursfolgen selbst zusammen. In der Einführungsphase müssen zwei Leistungsfächer gewählt werden. Eines der Leistungsfächer muß Deutsch, eine *fortgeführte* Fremdsprache, Mathematik oder eine Naturwissenschaft (Physik, Chemie oder Biologie) sein. Als zweites Leistungsfach kann ein beliebiges, an der Schule angebotenes Fach gewählt werden. Die beiden Leistungsfächer sind erstes und zweites Prüfungsfach. Als weitere Belegverpflichtung müssen folgende Kurse (Grund und Leistungskurse) belegt werden:

- Deutsch,
- *fortgeführte* Fremdsprache,
- ein Fach aus dem Aufgabenfeld II[1],
- Mathematik,
- eine Naturwissenschaft,
- Sport.

Zusätzlich müssen soviele weitere Kurse belegt werden, daß neben den beiden Leistungskursen mindestens sechs Grundkurse belegt werden. In der Hauptphase müssen je Halbjahr zwei Leistungskurse belegt und bis zum Abitur fortgeführt werden. Insgesamt müssen 26 Grundkurse belegt werden. Die Wahl der Prüfungsfächer, die in der Regel ab der Jahrgangsstufe 11_1, spätestens jedoch ab 11_2, betrieben worden sein müssen, unterliegen einigen Bedingungen.

Das dritte (schriftliche) und das vierte (mündliche) Prüfungsfach sind so zu wählen, daß alle drei Aufgabenfelder durch mindestens ein Prüfungsfach vertreten sind. Ist Deutsch erstes Leistungsfach und das zweite Leistungsfach weder Mathematik, eine *fortgeführte* Fremdsprache oder eine Naturwissenschaft, so muß sich unter den vier Prüfungsfächern eine Fremdsprache oder Mathematik befinden. Sport und Darstellendes Spiel können nur viertes Prüfungsfach sein.

---

1. In der GyO müssen zwei aufeinander folgende Kurse in Gemeinschaftskunde belegt werden; diese Belegverpflichtung kann in der 11. Jahrgangsstufe erfüllt werden.

6) Berufsbezogene Bildungsgänge in der neugestalteten Oberstufe

Maschinentechnik,

Bautechnik,

Ernährungslehre,

Elektrotechnik,

Wirtschaftslehre,

Doppeltqualifizierender Bildungsgang Wirtschaftsassistent(in) Fremdsprachen.

Der Doppeltqualifizierende Bildungsgang schießt nach vier Jahren mit der Abiturprüfung (Allgemeine Hochschulreife) und der Prüfung zur Wirtschaftsassistentin bzw. zum Wirtschaftsassistenten Fremdsprachen ab. Der Unterricht erfolgt durchgehend im Klassenverband mit gleichem Fächerprofil für alle. Leistungsfächer sind Englisch und Wirtschaftslehre, die in der 7. Klasse begonnene Fremdsprache wird bis zum Abitur fortgesetzt und eine dritte Fremdsprache neu von Klasse 11 bis zum Abitur unterrichtet. Die kaufmännisch praktische Ausbildung erfolgt in einer europaweit arbeitenden Übungsfirma. In die Ausbildung sind Praktika in Unternehmen, internationale Seminare und Auslandsaufenthalte integriert.

7) Hauptphase

Die Hauptphase umfaßt die Jahrgangsstufen 12 und 13 mit jeweils zwei Halbjahren. Das Abitur wird im zweiten Halbjahr der Klasse 13 abgelegt. Für die Belegverpflichtung gelten die folgenden Regelungen:

Aufgabenfeld I:

Deutsch	4 Kurse,
fortgeführte Fremdsprache	2 Kurse,
in einem der Fächer Musik/Bildende Kunst/ Darstellendes Spiel	2 Kurse;

Aufgabenfeld II[1]:

Politik	2 Kurse,
Geschichte	2 Kurse;

Aufgabenfeld III:

Mathematik	2 Kurse,

---

1. Insgesamt vier Kurse in einem Prüfungsfach und zwei Kurse in einem weiteren Fach, darin müssen Politik und Geschichte enthalten sein.

in einem der Fächer:
Physik/Chemie/Biologie   4 Kurse oder
in zwei der Fächer:
Physik/Chemie/Biologie   2 Kurse oder
Sport   4 Kurse.

Die vier Prüfungsfächer müssen aus allen drei Aufgabenfeldern stammen und durchgehend betrieben werden. Des weiteren muß Mathematik oder eine weitere Fremdsprache bis zum Abitur belegt werden. Aus dem Aufgabenfeld III müssen zwei weitere aufeinanderfolgende Kurse belegt werden, wenn keine Naturwissenschaft als Leistungsfach betrieben wurde. Wurde Sport als viertes Prüfungsfach gewählt, so müssen zwei Kurse in Sporttheorie belegt werden. Für Sport als Leistungsfach gelten besondere Regelungen. Bei der Erfüllung der Auflagen müssen die Grundkurse in aufeinander folgenden Halbjahren belegt werden, also in 12_1, 12_2 oder in 13_1, 13_2. In verschiedenen Fächern ist außerdem die vorherige oder gleichzeitige Teilnahme an Kursen anderer Fächer vorgeschrieben, oder es werden weitere Auflagen gemacht (Einzelheiten sind den Oberstufenrichtlinien zu entnehmen).

8) Abiturprüfung

In der Abiturprüfung werden vier Fächer geprüft. Drei Prüfungen werden schriftlich und in bestimmten Fällen auch mündlich abgelegt. Das vierte Prüfungsfach wird mündlich geprüft. Die vier Prüfungsfächer müssen alle drei Aufgabenfelder (sprachlich-literarisch-künstlerisches, gesellschaftswissenschaftliches und mathematisch-naturwissenschaftliches) abdecken.

9) Gesamtqualifikation

Die Gesamtqualifikation ist für die Zuerkennung der Allgemeinen Hochschulreife maßgebend. Sie setzt sich aus den Leistungen im ersten Block, den 22 Grundkursen der Hauptphase, dem zweiten Block mit sechs Leistungskursen des 1. bis 3. Habjahres der Hauptphase und 2 Leistungskurse des 4. Halbjahres der Hauptphase und dem dritten Block, den im vierten Halbjahr besuchten Kursen der vier Prüfungsfächer, sowie die Punktzahlen der Abiturprüfung zusammen. Die für die Einbringverpflichtung maßgeblichen Regelungen, sind den bremischen Ordnungsmitteln für die Gymnasiale Oberstufe zu entnehmen. In die Gesamtqualifikation sind alle durch die Belegverpflichtung erbrachten Leistungen aus dem Grundkursblock in einfacher Wertung einzubringen. Die Ergebnisse des Leistungskursblocks werden mit sechs Kursen (12_1 bis 13_1) zweifach gewertet. Die Leistungen in den zwei Leistungskursen des Prüfungshalbjahres werden einfach gewertet. Aus dem Abiturprüfungsblock gehen die Leistungen der schriftlichen und mündlichen Prüfungen in vierfacher Wertung ein. In den vier Prüfungsfächern müssen mindestens 100 Punkte, in den Leistungskursen mindestens 70 Punkte und in den Grundkursen mindestens 110 Punkte erreicht werden, damit die Allgemeine Hochschulreife zuerkannt werden kann.

Hamburg

1) Gültige Gesetze, Rechtsverordnungen und Erlasse
- Schulgesetz der Freien und Hansestadt Hamburg vom 17.10.1977 in der Fassung vom 07.02.1995;
- Ausbildungs- und Prüfungsverordnung der Gymnasialen Oberstufe (APOGyO) vom 15.05.1990 in der Fassung vom 11.04.1995.

2) Eingangsvoraussetzungen für den Eintritt in die gymnasiale Oberstufe
Schüler des Gymnasiums und der integrierten Gesamtschule mit entsprechender Berechtigung werden in die Jahrgangsstufe 11 versetzt. Realschüler und Schüler der integrierten Gesamtschule mit entsprechendem Abschluß können bei bestimmtem Leistungsstand in die Einführungsstufe der Oberstufe des Aufbaugymnasiums eintreten oder unmittelbar in die Vorstufe des Aufbaugymnasiums eintreten.

3) Organisation des Unterrichts
An den Aufbaugymnasien gibt es eine Einführungsstufe für Realschüler und Schüler anderer Schulformen mit entsprechendem Abschluß, die einen Notendurchschnitt von mindestens 3,0 über alle Fächer des Abschlußzeugnisses haben, in der Defizite vor dem Eintritt in die Vorstufe der Gymnasialen Oberstufe ausgeglichen werden sollen. Es werden unterrichtet:

- Deutsch 4 Std.,
- Geschichte 2 Std.,
- Erdkunde 2 Std.,
- Englisch als erste Fremdsprache 4 Std.,
- eine zweite Fremdsprache 4 Std.,
- Mathematik 4 Std.,
- Physik, Chemie 3 Std.,
- Biologie 2 Std.,
- Bildende Kunst oder Musik 2 Std.,
- Sport 2 Std.

Die Einführungsstufe wird nicht auf die Gesamtverweildauer am Gymnasium angerechnet. Die gymnasiale Oberstufe beginnt in der Regel mit der Klasse 11. Sie ist in eine Vorstufe – Jahrgangsstufe 11 – und in die Studienstufe unterteilt. Die Studienstufe umfaßt die Jahrgangsstufen 12 und 13 mit insgesamt vier Halbjahren. Der Unterricht in der Vorstufe wird weitestgehend im Klassenverband durchgeführt. Pflichtfächer der Vorstufe sind:

- Deutsch,
- fortgesetzte Fremdsprache,

- neu aufgenommene Fremdsprache,
- Gemeinschaftskunde,
- Mathematik,
- Biologie,
- Chemie,
- Physik,
- Sport,
- ein Fach aus:
    - Bildende Kunst oder Musik oder Darstellendes Spiel,
    - Erdkunde oder Geschichte oder Wirtschaft,
    - Religion oder Philosophie.

Soweit mit den Pflichtstunden nicht 30 Wochenstunden erreicht werden, müssen weitere, noch nicht gewählte Fächer belegt werden. Für Schüler des Gymnasiums, die in der Klasse 9 eine dritte Fremdsprache begonnen haben, ist diese Fremdsprache und eine weiterführende Fremdsprache verbindlich. Wer in den Klassen 7 bis 10 an keinem benoteten Unterricht in einer zweiten Fremdsprache teilgenommen hat, muß eine zweite Fremdsprache neu beginnen.

4) Versetzungskriterien für den Eintritt in die Jahrgangsstufe 12

Es wird versetzt, wer in allen Fächern mindestens ausreichende Noten hat oder mangelhafte Noten in höchstens zwei Fächern ausgleichen kann. Es darf nur eine Note in den Fächern Deutsch, weitergeführte Fremdsprache und Mathematik geringer als ausreichend sein. Keine Note darf ungenügend lauten. Es bestehen Ausgleichsregelungen.

5) Wahl der Unterrichtsfächer in der Oberstufe

Aus dem Angebot der Schule wählt der Schüler vier Prüfungsfächer, davon zwei Leistungsfächer. Unter diesen muß mindestens eines der Fächer Deutsch, Mathematik oder eine Fremdsprache sein. Eines der Leistungsfächer, das bereits in der Vorstufe besucht worden ist und das in Leistungskursen unterrichtet wird, muß Deutsch, eine *fortgeführte* Fremdsprache oder eines der Fächer Mathematik, Physik, Chemie oder Biologie sein. Sport kann nicht als drittes Prüfungsfach gewählt werden.

6) Berufsbezogene Bildungsgänge in der neugestalteten Oberstufe

Wirtschaft,
Technik.

7) Kursstufe

Die Kursstufe umfaßt die Jahrgangsstufen 12 und 13 mit jeweils zwei Halbjahren. Das Abitur wird im zweiten Halbjahr der Klasse 13 abgelegt. Für die Belegverpflichtung gelten die folgenden Regelungen:

Deutsch	2 Grundkurse,
Erdkunde/Geschichte/Gemeinschaftskunde/Wirtschaft	4/2 Grundkurse[1],
Physik/Chemie/Biologie	4 Grundkurse,
fortgeführte Fremdsprache/	4/2 Grundkurse*),
neu aufgenommene Fremdsprache	
Religion oder Philosophie	2 Grundkurse,
Sport	4 Grundkurse,
Musik/Bildende Kunst/Darstellendes Spiel	2 Grundkurse,
in jeweils einem der Fächer	
Mathematik/Fremdsprache	4/2 Grundkurse.*)

In den vier Halbjahren der Studienstufe sind Grund- und Leistungskurse im Umfang von mindestens 114 Wochenstunden (je 22 Wochenstunden im sprachlich-literarisch-künstlerischen und im mathematisch-naturwissenschaftlich-technischen Bereich sowie 20 Wochenstunden im gesellschaftswissenschaftlichen Bereich) zu belegen. Für die Zusammenstellung der Kurse gelten besondere Belegverpflichtungen und Abfolgen je Halbjahr, auf deren ausführliche Darstellung hier verzichtet werden soll (§10 Wahl der Kurse).

Bei der Erfüllung der Auflagen müssen die Grundkurse in aufeinander folgenden Halbjahren belegt werden, also in 12_1, 12_2 oder in 13_1, 13_2.

8) Abiturprüfung

In der Abiturprüfung werden vier Fächer geprüft. Drei Prüfungen – in den Leistungsfächern und dem dritten Prüfungsfach – werden schriftlich und gegebenenfalls mündlich abgelegt. Das vierte Prüfungsfach wird nur mündlich geprüft. Die vier Prüfungsfächer müssen alle drei Aufgabenfelder (sprachlich-literarisch-künstlerisches, gesellschaftswissenschaftliches und mathematisch-naturwissenschaftliches) abdecken.

9) Gesamtqualifikation

Die Gesamtqualifikation ist für die Zuerkennung der Allgemeinen Hochschulreife maßgebend. Sie setzt sich aus den Leistungen im ersten Block, den 22 Grundkursen der Hauptphase, dem zweiten Block mit den acht Leistungskursen der Hauptphase und dem dritten Block, den im vierten Halbjahr besuchten Kursen der vier Prüfungsfächer, darin eingeschlossen die beiden Leistungskurse des vierten Kurshalbjahres, sowie der Abiturprüfung zusammen. In die Gesamtqualifikation sind alle durch die Belegverpflichtung erbrachten Leistungen aus dem Grundkursblock in einfacher Wertung einzubringen. Die

---

1. In einem der Fächer 4 Grundkurse, in einem anderen 2 Grundkurse.

Ergebnisse des Leistungskursblocks werden mit sechs Kursen (12_1 bis 13_1) zweifach gewertet. Die Leistungen in den zwei Leistungskursen des Prüfungshalbjahres werden einfach gewertet. Aus dem Abiturprüfungsblock gehen die Leistungen der schriftlichen und mündlichen Prüfungen in vierfacher Wertung ein. In den vier Prüfungsfächern müssen mindestens 100 Punkte, in den Leistungskursen mindestens 70 Punkte und in den Grundkursen mindestens 110 Punkte erreicht werden, damit die Allgemeine Hochschulreife zuerkannt werden kann.

Hessen

1) Gültige Gesetze, Rechtsverordnungen und Erlasse

- Hessisches Schulgesetz in der Fassung vom 17.06.1992 (GVBl I, S. 233);
- Verordnung über die gymnasiale Oberstufe und die Abiturprüfung vom 09.02.1983 in der Fassung vom 19.10.1994.

2) Eingangsvoraussetzungen für den Eintritt in die gymnasiale Oberstufe

Schüler des Gymnasiums werden in die Jahrgangsstufe 11 versetzt. Andere Schüler von öffentlichen oder staatlich anerkannten Realschulen oder Gesamtschulen können aufgenommen werden, wenn sie den mittleren Abschluß erworben haben und entweder für diesen Bildungsweg als geeignet erklärt wurden oder erfolgreich an einem Probeunterricht teilgenommen haben.

3) Organisation des Unterrichts

Die gymnasiale Oberstufe beginnt mit der Klasse 11. Sie ist in eine Einführungsphase – Jahrgangsstufe 11 – und in die Qualifikationsphase unterteilt. Die Qualifikationsphase umfaßt die Jahrgangsstufen 12 und 13 mit insgesamt vier Halbjahren. Verbindliche Fächer der Einführungsphase sind:

- Deutsch,
- zwei Fremdsprachen,
- Gemeinschaftskunde,
- Geschichte,
- Religionslehre,
- Mathematik,
- Biologie,
- Chemie,

- Physik,
- Sport.

Darüber hinaus müssen zwei bis vier weitere Stunden verbindlichen Unterrichtes besucht werden. Schüler, die in der Mittelstufe (ab Klasse 7 oder 9) keine zweite Fremdsprache belegt haben, müssen in Klasse 11 eine zweite Fremdsprache aufnehmen und bis zum Abschluß der Klasse 13 fortführen.

4) Zulassungskriterien für den Eintritt in die Qualifikationsphase
   (Jahrgangsstufe 12/13)

Zur Qualifikationsphase wird zugelassen, wer am Ende der Jahrgangsstufe 11 alle verbindlichen Fächer mit mindestens fünf Punkten abgeschlossen hat. Höchstens zwei verbindliche Fächer dürfen weniger als fünf Punkte aufweisen, die fehlenden Punkte können durch entsprechende höhere Punktzahlen anderer verbindlicher Fächer ausgeglichen werden. Keines der verbindlichen Fächer darf mit null Punkten bewertet sein.

5) Wahl der Unterrichtsfächer in der Oberstufe

In der Qualifikationsphase hat der Schüler Unterricht im Leistungskurs- und Grundkursbereich mindestens in:

Deutsch	4 Kurse,
eine Fremdsprache, die in der Mittelstufe im Rahmen des Pflicht- oder Wahlpflichtunterrichts betrieben wurde	4/2 Kurse,
Kunst oder Musik	2 Kurse,
Gemeinschaftskunde	4 Kurse,
Geschichte	4 Kurse,
Religion	4 Kurse,
Mathematik	4/2 Kurse,
Physik/Chemie/Biologie	4 Grundkurse,
Sport	4 Grundkurse.

Als Leistungsfächer können gewählt werden:

Deutsch,

Englisch, Französisch, Lateinisch, Griechisch,

Gemeinschaftskunde, Geschichte, Erdkunde, evangelische Religionslehre, katholische Religionslehre,

Mathematik,

Physik, Chemie, Biologie.

Die Fächer Kunst, Musik, Russisch, sonstige Religionslehren, Wirtschaftswissenschaften, Sozialwissenschaften, Informatik und Sport können nur mit Genehmigung des Regierungspräsidiums als Leistungsfach an der einzelnen Schule zugelassen werden. Das Leistungsfach Informatik kann nur in Verbindung mit dem Leistungsfach Mathematik gewählt werden.

Die Wahl der Prüfungskurse erfolgt bei der Meldung zur Abiturprüfung. Ein Prüfungsfach muß entweder Deutsch oder eine Fremdsprache oder Mathematik sein. Als Leistungsfach kann nur ein Fach gewählt werden, das in der Einführungsphase kontinuierlich betrieben und mit mindestens fünf Punkten abgeschlossen wurde. Eine Fremdsprache kann nur dann Leistungsfach sein, wenn sie mindestens fünf Jahre hindurch betrieben wurde. Griechisch als Leistungsfach setzt mindestens fünfstündigen Unterricht in den Klassen 9 und 10 voraus. Eine Fremdsprache kann nur dann viertes Prüfungsfach sein, wenn mindestens vier Kurse belegt und drei davon vor dem Prüfungshalbjahr abgeschlossen wurden.

Außerdem muß ein Prüfungsfach aus der Gruppe Deutsch oder Fremdsprachen oder Mathematik gewählt werden, wobei die Fremdsprache spätestens seit Beginn der Jahrgangsstufe 9 unterrichtet worden sein muß.

6) Berufsbezogene Bildungsgänge in der neugestalteten Oberstufe

Berufliche Gymnasien verbinden allgemeines und berufliches Lernen und vermitteln eine allgemeine Grundbildung und in der gewählten Fachrichtung Teile einer Berufsausbildung. Berufliche Gymnasien führen zur Allgemeinen Hochschulreife. Sie sind durch berufliche Fachrichtungen geprägt. Sie gliedern sich in:

Wirtschaft,

Technik,

Agrarwirtschaft,

Ernährung und Hauswirtschaft.

In der Fachrichtung Technik werden z.Zt. die Schwerpunkte Maschinenbau, Elektrotechnik, Bautechnik, Physiktechnik, Chemietechnik, Biologietechnik und Datenverarbeitungstechnik gebildet. Berufliche Gymnasien umfassen die Jahrgangsstufen 11 bis 13. Sie gliedern sich – wie die Oberstufe des Gymnasiums – in die Einführungsphase (Jahrgangsstufe 11) und die Qualifikationsphase (Jahrgangsstufen 12 und 13).

Die allgemeinbildenden Fächer werden fachrichtungsübergreifend, die berufsbezogenen Fächer fachrichtungsbezogen unterrichtet. Die Unterrichtsfächer werden auch hier Aufgabenfeldern zugeordnet. Das Unterrichtsangebot ist in Kursen organisiert.

7) Kursstufe

Die Qualifikationsphase umfaßt die Jahrgangsstufen 12 und 13 mit jeweils zwei Halbjahren. In der Qualifikationsphase wird zwischen Grund- und Leistungskursen unterschieden. Bei der Kurswahl an beruflichen Gymnasien sind weitere Auflagen zu erfüllen, die für die berufliche Schwerpunktbildung erforderlich sind. Mit der Wahl der beruflichen Fachrichtung hat sich der Schüler auch gleichzeitig für das zweite Leistungsfach entschieden. Das erste Leistungsfach ist fachrichtungsübergreifend. Es muß eine weitergeführte

Fremdsprache oder Mathematik oder eine Naturwissenschaft oder Deutsch sein. Das Abitur wird im zweiten Halbjahr der Klasse 13 abgelegt. Für die Belegverpflichtung gelten die folgenden Regelungen:

Deutsch	4	Kurse,
Gemeinschaftskunde	2	Grundkurse,
Religionslehre	4	Grundkurse,
Geschichte	4	Grundkurse,
Physik oder Chemie oder Biologie	4	Grundkurse,
Sport	4	Grundkurse,
in jeweils einem der Fächer		
Mathematik oder Fremdsprache	4/2	Kurse[1],
fachrichtungsbezogenes Leistungsfach	4	Kurse.

Zusätzlich sind aus dem Angebot der Schule so viele weitere Grundkurse zu belegen, daß 22 Grundkurse neben acht Leistungskursen belegt werden. Bei der Erfüllung der Auflagen müssen die Grundkurse in aufeinander folgenden Halbjahren belegt werden, also in 12_1, 12_2 oder in 13_1, 13_2.

8) Abiturprüfung

In der Abiturprüfung werden vier Fächer geprüft. Drei Prüfungen – in den Leistungsfächern und dem dritten Prüfungsfach – werden schriftlich abgelegt. Das vierte Prüfungsfach wird mündlich geprüft. Die vier Prüfungsfächer müssen alle drei Aufgabenfelder abdecken.

9) Gesamtqualifikation

Die Gesamtqualifikation ist für die Zuerkennung der Allgemeinen Hochschulreife maßgebend. Sie setzt sich aus den Leistungen in den Grundkursen, den Leistungskursen und der Abiturprüfung zusammen. In die Gesamtqualifikation sind alle durch die Belegverpflichtung erbrachten Leistungen aus dem Grundkursblock (22 Grundkurse) in einfacher Wertung einzubringen. Die Ergebnisse im Leistungsfachbereich in der Jahrgangsstufe 13_2 werden einfach gewertet, unbeschadet ihrer nochmaligen Anrechnung innerhalb des Abiturblocks. Die Leistungen in den vier Kursen des Prüfungshalbjahres werden einfach gewertet und zum Abiturblock gezählt. Aus dem Abiturprüfungsblock gehen die Leistungen der schriftlichen und mündlichen Prüfungen in vierfacher Wertung ein. In den vier Prüfungsfächern müssen mindestens 100 Punkte, im Leistungskursbereich mindestens 70 und in den Grundkursen mindestens 110 Punkte erreicht werden. Die Allgemeine Hochschulreife wird zuerkannt, wenn die Gesamtpunktzahl mindestens 280 Punkte beträgt.

---

1. In einem der Fächer 4 Grundkurse, in einem anderen 2 Grundkurse.

Mecklenburg-Vorpommern

1) Gültige Gesetze, Rechtsverordnungen und Erlasse[1]

- Erstes Schulreformgesetz des Landes Mecklenburg-Vorpommern (SRG) vom 26. April 1991 (GVOBl. M-V S. 123);
- Die Abiturprüfungsverordnung vom 26. August 1994, zuletzt geändert durch die Erste Verordnung zur Änderung der Abiturprüfungsverordnung vom 23.07.1995; (GVOBl. M-V S. 342);
- Verordnung zur Arbeit und zum Ablegen der Abiturprüfung in der Oberstufe des Gymnasiums (Abiturprüfungsverordnung) vom 26. August 1994.

2) Eingangsvoraussetzungen für den Eintritt in die gymnasiale Oberstufe

In die Oberstufe gehen Schüler des Gymnasiums über, die in die Jahrgangsstufe 11 versetzt wurden. Für Realschüler gelten die gem §2 Abs. 4 der Druchlässigkeitsverordnung vom 15. Januar 1993 (GVOBl. M-V S. 22) aufgeführten Regelungen.

3) Organisation des Unterrichts

Die gymnasiale Oberstufe umfaßt die Jahrgangsstufen 11 und 12. Sie gliedert sich in vier Kurshalbjahre. Neben dem allgemeinen Zweig des Gymnasiums können auf Antrag auch ein musischer oder sprachlicher Zweig eingerichtet werden (der Unterricht dieser abweichenden Formen wird durch eigene Stundentafeln geregelt). Bereits in den Klassenstufen 5 bis 10 gliedert sich der Unterricht in einen Pflicht-, Wahlpflicht- und einen Neigungsbereich. Erste Fremdsprache ist Englisch, jedoch können auf Antrag auch Russisch, Französisch oder Latein als erste Fremdsprache genehmigt werden. Zweite Fremdsprache ist Russisch, Französisch, Latein oder Englisch (ist Englisch nicht erste Fremdsprache, so muß es als zweite Fremdsprache unterrichtet werden). Ab Klassenstufe 9 kann eine dritte Fremdsprache aufgenommen werden (Russisch, Französisch, Altgriechisch, Polnisch, Schwedisch, Spanisch oder Italienisch). Einstündige Fächer können epochal unterrichtet werden. Der Unterricht kann in Klassen- oder Kursform durchgeführt werden. Grundkurse werden dreistündig, Leistungskurse fünfstündig, die verbleibenden Fächer im Klassenverband überwiegend zweistündig angeboten. Als verpflichtend sind in der Klassenstufe 10 folgende Fächer aus dem Wahlpflichtbereich zu belegen:

- Deutsch,
- erste Fremdsprache
- zweite Fremdsprache,
- Mathematik,
- Biologie, Chemie, Physik, Astronomie,
- Geographie

---

1. Für das Jahr 1996 ist mit der Verabschiedung eines neuen Schulgesetzes von Mecklenburg-Vorpommern zu rechnen.

– Geschichte,

– Sozialkunde,

– Religion,

– Kunst und Gestaltung oder Musik,

– Sport,

sowie vier weitere Stunden aus dem Wahlpflichtangebot der Schule, so daß 33 Wochenstunden erreicht werden. Darüber hinaus muß jeder Schüler entweder in Klasse 9 oder 10 einen Informatikkurs belegt haben.

4) Versetzungskriterien für den Eintritt in die Jahrgangsstufe 11

Für die Versetzungsentscheidung werden alle Pflicht- und Wahlpflichtfächer herangezogen. Die Entscheidung über die Versetzung trifft die Lehrerkonferenz. Über die erzielten Leistungen erhält der Schüler ein Jahreszeugnis.

5) Wahl der Unterrichtsfächer in der Oberstufe

Für die Klassenstufen 11 und 12 bestehen verbindliche Stundentafeln. Unter Berücksichtigung der Auflagen verbindlicher Fächer wählt der Schüler aus dem Angebot der Schule Fächer im Wochenstundenumfang von mindestens 32 Stunden.

Verbindlich:

Deutsch	5	Std.,
Mathematik (GK/LK)	3/5	Std.,
Geschichte	2	Std.,

eines der Fächer:

Geographie oder Sozialkunde oder Philosophie	2	Std.,
Kunst und Gestaltung oder Musik	2	Std.,
Sport	2	Std.

Zusätzlich sind neben dem Fächerkanon erste, zweite, dritte Fremdsprache, Physik, Chemie und Biologie vier Fächer durchgehend zu besuchen. Entweder sind drei Fremdsprachen und eine Naturwissenschaft oder zwei Fremdsprachen und zwei Naturwissenschaften oder eine Fremdsprache und drei Naturwissenschaften zu wählen. Wurde jedoch nur eine Naturwissenschaft gewählt, so ist eine zweite für ein Schuljahr (11 oder 12) verbindlich. Bis auf Chemie, das im Klassenverband unterrichtet wird, werden alle hier genannten Fächer als dreistündige Grund- und fünfstündige Leistungskurse angeboten. Informatik wird fakultativ zu Mathematik angeboten. Religion ist keinem Aufgabenfeld zugeordnet.

Darüber hinaus wählt jeder Schüler mindestens zwei Wochenstunden zusätzlich aus den oben genannten Fächern oder aus den Fächern Chor, Orchester, Instrumentalmusik, Dramatisches Gestalten; spätbeginnende Fremdsprachen; Psychologie, Astronomie etc...

Die Leistungs-, Grundkurse und Kurse im Klassenverband müssen alle drei Aufgabenfelder (sprachlich-literarisch-künstlerisches, gesellschaftswissenschaftliches und mathematisch-naturwissenschaftliches Aufgabenfeld) abdecken.

6) Berufliche Gymnasien entfallen in Mecklenburg-Vorpommern

7) Kursstufe

Der Schüler wählt zwei Leistungskurse aus dem Angebot der Schule. Erstes Leistungskursfach ist Mathematik oder eine aus den Klassenstufen 5 bis 10 weitergeführte Fremdsprache. Zweites Leistungsfach ist an Sportgymnasien Sport, an Musikgymnasien das Fach Musik. Wird die Leistungsfachkombination Fremdsprache und Mathematik gewählt, so tritt als **fünftes** Abiturprüfungsfach eine weitere *fortgeführte* Fremdsprache oder Physik oder Chemie oder Biologie auf Grundkursniveau hinzu. Der in Abschnitt 5) skizzierte verpflichtende Unterricht wird fortgeschrieben.

8) Abiturprüfung

Die Abiturprüfung findet zum Ende der Klassenstufe 12 statt. In der Abiturprüfung werden **fünf** Fächer geprüft. In den Prüfungsfächern Deutsch, *fortgeführte* Fremdsprachen, Mathematik, Physik, Chemie, Biologie wird eine schriftliche und ggf. mündliche Prüfung abgelegt. (Eine in Klassenstufe 10 nach erweitertem Fremdsprachenunterricht abgelegte Reifeprüfung kann von der Teilnahme an der Abiturprüfung in der *fortgeführten* Fremdsprache entbinden.) Die Aufgaben der schriftlichen Prüfung werden zentral gestellt. Darüber hinaus wird in einem der Fächer Geschichte, Sozialkunde oder Geographie eine mündliche Prüfung abgelegt. In den Leistungsfächern Sport (am Sportgymnasium) und Musik (am Musischen Gymnasium) wird die Abiturprüfung als besondere Fachprüfung durchgeführt und enthält auch einen praktischen Anteil.

9) Gesamtqualifikation

Die Gesamtqualifikation ist für die Zuerkennung der Allgemeinen Hochschulreife maßgebend. Sie wird dem Prüfling zuerkannt, wenn die Prüfungsleistungen in den fünf Prüfungsfächern in dreifacher Wertung und in jedem Kurs der fünf Prüfungsfächer im vierten Kurshalbjahr in einfacher Wertung 100 Punkte und in mindestens einem Leistungskursfach und einem weiteren Prüfungsfach jeweils mindestens 25 Punkte erreicht worden sind.

Niedersachsen

1) Gültige Gesetze, Rechtsverordnungen und Erlasse

- Verordnung über die gymnasiale Oberstufe und das Fachgymnasium (VO-GOF) vom 12.03.1981 in der Fassung vom 16.01.1993;

- Ergänzende Bestimmungen zur Verordnung über die gymnasiale Oberstufe und das Fachgymnasium (EB-VO-GOF) vom 12.03.1981 in der Fassung vom 16.01.1993;

- Verordnung über die Abschlüsse in der gymnasialen Oberstufe, im Fachgymnasium, im Abendgymnasium und im Kolleg (VO-GOFAK) vom 21.12.1982 in der Fassung vom 16.01.1993;

- Ergänzende Bestimmungen zur Verordnung über die Abschlüsse in der gymnasialen Oberstufe, im Fachgymnasium, im Abendgymnasium und im Kolleg (EB-VO-GOF) vom 21.12.1982 in der Fassung vom 16.01.1993.

2) Eingangsvoraussetzungen für den Eintritt in die gymnasiale Oberstufe

Schüler des Gymnasiums werden in Klasse 11 versetzt. Ebenso können Schüler mit dem erweiterten Sekundarabschluß I in die Klasse 11 eintreten.

3) Organisation des Unterrichts

Die gymnasiale Oberstufe beginnt in der Regel mit der Klasse 11. Sie ist in eine Vorstufe – Jahrgangsstufe 11 – und eine Kursstufe unterteilt. Die Kursstufe umfaßt die Jahrgangsstufen 12 und 13 mit insgesamt vier Halbjahren.

Der Unterricht in der Jahrgangsstufe 11 gliedert sich in den Pflicht-, den Wahlpflicht- und den Wahlbereich. Zum Pflichtbereich zählen:

- Deutsch,
- Religionslehre,
- Geschichte,
- Gemeinschaftskunde,
- Mathematik,
- Sport,
- Verfügungsstunde.

Der Unterricht im Pflichtbereich wird – mit Ausnahme von Sport – im Klassenverband durchgeführt. In der gymnasialen Oberstufe sind im Wahlpflichtbereich fünf Fächer zu belegen:

- eine mit Klasse 5 oder 7 begonnene Pflichtfremdsprache,
- weitere Fremdsprache,

- Kunst oder Musik,
- zwei Fächer aus Physik, Chemie, Biologie.

An den Fachgymnasien sind – je nach Fachrichtung – zwei Fächer verbindlich festgelegt, und es sind vier weitere Fächer im Wahlpflichtbereich zu belegen:
- eine mit Klasse 5 oder 7 begonnene Pflichtfremdsprache,
- eine weitere Fremdsprache,
- zwei Fächer aus Physik, Chemie, Biologie.

Wählt der Schüler eine in der Vorstufe neu beginnende Fremdsprache, so muß diese bis zum Ende der Kursstufe durchgehend belegt werden. Dies gilt auch für die in Klasse 9 begonnene und in Klasse 10 fortgeführte Wahlfremdsprache, wenn am Ende der Klasse 10 keine „ausreichende" Note erreicht wurde. Zum Wahlbereich zählen:

- Rechtskunde,
- Philosophie,
- Pädagogik,
- Psychologie,
- Informatik,
- Wirtschaftslehre,

wenn das jeweilige Fach als Prüfungsfach zugelassen ist.

4) Versetzungskriterien für den Eintritt in die Jahrgangsstufe 12

Es wird versetzt, wer in zwölf Fächern des Pflicht-, Wahlpflicht- und Wahlbereichs – darunter Deutsch, die Pflichtfremdsprache, die zweite Fremdsprache und Mathematik – in nicht mehr als einem Fach mangelhafte Leistungen und in allen anderen Fächern mindestens ausreichende Leistungen erreicht hat. Es bestehen Sonderregelungen zum Ausgleich.

5) Wahl der Unterrichtsfächer in der Oberstufe

Aus dem Angebot der Schule wählt der Schüler vier Prüfungsfächer. Vor dem Eintritt in die Kursstufe werden die beiden Leistungsfächer, am Ende des zweiten Kurshalbjahres das dritte und vierte Prüfungsfach aus den Grundkursen gewählt. Leistungsfächer können nur diejenigen Fächer werden, die in der Vorstufe mindestens ein Halbjahr lang besucht wurden. Eine Fremdsprache kann nur dann als Leistungsfach gewählt werden, wenn die Fremdsprache im Wahlpflicht- oder Pflichtunterricht im 9. und 10. Schuljahrgang sowie in der 11. Jahrgangsstufe belegt und mit mindestens fünf Punkten abgeschlossen wurde. Eine in der 11. Jahrgangsstufe neu begonnene Fremdsprache kann als Leistungsfach gewählt werden, wenn sie am Ende eines fünfstündigen Unterrichts in der Vorstufe mit mindestens fünf Punkten abgeschlossen worden ist.

Als Leistungsfächer können folgende Fächer angeboten werden:

- Deutsch,
- Fremdsprachen (Englisch, Französisch, Latein, Griechisch, Russisch, Spanisch),
- Kunst,
- Musik,
- Gemeinschaftskunde,
- Geschichte,
- Erdkunde,
- Religionslehre,
- Mathematik,
- Physik, Chemie, Biologie.

6) An Fachgymnasien sind folgende Fächer jeweils verbindliches Leistungsfach

Agrartechnik,

Technik,

Ernährungslehre,

Technologie des Textilwesens,

Betriebs- und Volkswirtschaftslehre.

7) Kursstufe

Die Kursstufe umfaßt die Jahrgangsstufen 12 und 13 mit jeweils zwei Halbjahren. Das Abitur wird im zweiten Halbjahr der Klasse 13 abgelegt. Für die Pflichtfächer gelten die folgenden Regelungen:

Deutsch	4	Grundkurse,
Gemeinschaftskunde	2	Grundkurse,
Geschichte	4	Grundkurse,
Religionslehre	4	Grundkurse,
Physik oder Chemie oder Biologie	4	Grundkurse,
Fremdsprache	2/4	Grundkurse[1],
Sport	3	Grundkurse,
Kunst oder Musik	2	Grundkurse,
Mathematik	2/4	Grundkurse[2].

---

1. Wenn in Mathematik vier Kurse belegt wurden, sonst vier Kurse in der Fremdsprache.
2. Wenn in der Fremdsprache vier Kurse belegt wurden, sonst vier Kurse in Mathematik.

Zusätzlich sind aus dem Angebot der Schule so viele weitere Grundkurse zu belegen, daß 24 Grundkurse neben den beiden Leistungskursen belegt werden. Bei der Erfüllung der Auflagen müssen die Grundkurse in aufeinander folgenden Halbjahren belegt werden, also in 12_1, 12_2 oder in 13_1, 13_2. Für die Fachgymnasien, Abendgymnasien und Kollegs gelten in bezug auf die verbindlichen Fächer abweichende Regelungen.

8) Abiturprüfung

In der Abiturprüfung werden vier Fächer geprüft. Drei Prüfungen – in den Leistungsfächern und dem dritten Prüfungsfach – werden schriftlich abgelegt. Das vierte Prüfungsfach wird mündlich geprüft. Die vier Prüfungsfächer müssen alle drei Aufgabenfelder abdecken.

9) Gesamtqualifikation

Die Gesamtqualifikation ist für die Zuerkennung der Allgemeinen Hochschulreife maßgebend. Sie setzt sich aus den Leistungen im ersten Block, den 22 Grundkursen, dem zweiten Block mit den acht Leistungskursen der Kursstufe und dem dritten Block, den im vierten Halbjahr besuchten Kursen der vier Prüfungsfächer, darin eingeschlossen die beiden Leistungskurse des vierten Kurshalbjahres, sowie der Abiturprüfung zusammen. In die Gesamtqualifikation sind alle durch die Belegverpflichtung erbrachten Leistungen aus dem Grundkursblock in einfacher Wertung einzubringen. Die Ergebnisse in den Leistungsfächern werden zweifach, die des Abschlußhalbjahres einfach gewertet. Aus dem Abiturprüfungsblock gehen die Leistungen der schriftlichen und mündlichen Prüfungen in vierfacher Wertung ein. In den vier Prüfungsfächern müssen mindestens 100 Punkte, in den Leistungskursen mindestens 70 Punkte und in den Grundkursen mindestens 110 Punkte erreicht werden, um die Allgemeine Hochschulreife zuerkannt zu bekommen.

Nordrhein-Westfalen

1) Gültige Gesetze, Rechtsverordnungen und Erlasse

– Das Schulverwaltungsgesetz vom 18.01.1985, zuletzt geändert durch Gesetz vom 09.02.1993;

– Die Verordnung über die Bildungsgänge und die Abiturprüfung in der gymnasialen Oberstufe (§ 26 b SchVG - APO-GOSt) vom 28.03.1979 in der Fassung vom 19.05.1993;

- Die Verwaltungsvorschriften zur Verordnung über die Bildungsgänge und die Abiturprüfung in der gymnasialen Oberstufe (VVzAPO-GOSt) vom 19.07.1979 in der Fassung vom 12.05.1993.

2) Eingangsvoraussetzungen für den Eintritt in die gymnasiale Oberstufe

Schüler des Gymnasiums werden in die Jahrgangsstufe 11 versetzt. Schüler anderer Schulformen müssen den Sekundarabschluß I – Fachoberschulreife – und die Berechtigung zum Besuch der gymnasialen Oberstufe vorweisen. Über die Aufnahme in anderen Fällen (Übersiedler, Auslandsschüler etc.) entscheidet die obere Schulaufsichtsbehörde auf Antrag.

3) Organisation des Unterrichts

Die gymnasiale Oberstufe beginnt mit der Klasse 11. Sie ist in eine Einführungsphase – Jahrgangsstufe 11 – und in die Qualifikationsphase unterteilt. Der Unterricht der Jahrgangsstufe 11_1 wird in Grund- und Angleichungskursen, in der Jahrgangsstufe 11_2 in Grund- und Leistungskursen erteilt. Die Qualifikationsphase umfaßt die Jahrgangsstufen 12 und 13 mit insgesamt vier Halbjahren. Verbindliche Fächer der Einführungsphase 11_1 sind:

- Deutsch,
- Mathematik,
- eine aus der Sekundarstufe I *fortgeführte* Fremdsprache,
- Kunst oder Musik,
- Biologie oder Chemie oder Physik,
- Religionslehre,
- Sport,

und ein Fach aus:

- Geschichte, Erdkunde, Philosophie, Sozialwissenschaften, Rechtskunde, Erziehungswissenschaft, Psychologie.

In der Jahrgangsstufe 11_2 werden aus den Fächern des Pflicht- und Wahlpflichtbereichs zwei Leistungsfächer gewählt. Der Pflichtunterricht in der Jahrgangsstufe 11_2 umfaßt:

- Deutsch,
- Mathematik,
- eine aus der Sekundarstufe I *fortgeführte* Fremdsprache,
- Religionslehre,
- Sport.

Je ein Fach aus:
- Biologie, Chemie, Physik,
- Geschichte, Erdkunde, Philosophie, Sozialwissenschaften, Rechtskunde, Erziehungswissenschaft, Psychologie.

Schüler, die in der Mittelstufe keine zweite Fremdsprache belegten, müssen in Klasse 11 eine zweite Fremdsprache aufnehmen und bis zum Abschluß der Klasse 13 fortführen. Wurde die zweite Fremdsprache mit Beginn der Klasse 9 aufgenommen, so muß diese in der Klasse 11 fortgeführt werden.

4) Versetzungskriterien für den Eintritt in die Jahrgangsstufe 12

Grundlage für die Versetzung sind die Leistungen in zwei Leistungskursen und sechs Grundkursen der Jahrgangsstufe 11_2. Darunter müssen sein: Deutsch, Mathematik, eine Fremdsprache, eine Naturwissenschaft, ein gesellschaftswissenschaftliches Fach, Religionslehre (bzw. Philosophie) und Sport. Es wird versetzt, wer in den versetzungsrelevanten Fächern mindestens ausreichende Leistungen erbracht hat oder in nicht mehr als einem versetzungsrelevanten Grundkurs mangelhafte und in den übrigen Grund- und Leistungskursen mindestens ausreichende Leistungen vorweist. Es besteht eine Ausgleichsregelung.

5) Wahl der Unterrichtsfächer in der Oberstufe

Die Wahl der Leistungskurse erfolgt mit Eintritt in die Jahrgangsstufe 11_2. Erstes Leistungsfach muß entweder eine aus der Sekundarstufe I fortgeführte Fremdsprache oder Deutsch oder Mathematik oder eine Naturwissenschaft (Biologie, Chemie, Physik) sein. Das zweite Leistungsfach kann aus dem Fächerangebot der Schule gewählt werden, wenn es als Leistungsfach zugelassen ist.

6) Berufsbezogene Bildungsgänge der neugestalteten Oberstufe

Höhere Berufsfachschule mit gymnasialer Oberstufe:

Wirtschaft und Verwaltung,

Technik,

Ernährung und Hauswirtschaft.

7) Kursstufe

Die Kursstufe umfaßt die Jahrgangsstufen 12 und 13 mit jeweils zwei Halbjahren. Das Abitur wird im zweiten Halbjahr der Klasse 13 abgelegt. Für die Belegverpflichtung gelten die folgenden Regelungen:

Kunst oder Musik oder Literatur	2	Grundkurse,
eine Gesellschaftswissenschaft	4	Grundkurse,
Religionslehre	2	Grundkurse,
Geschichte/gesellschaftswissenschaftliches Fach je	2	Grundkurse,

Physik/Chemie/Biologie (1 davon)	4 Grundkurse,
Sport	3 Grundkurse.
In mindestens zwei der Fächer Deutsch, Mathematik oder Fremdsprache	4 Grundkurse.

8) Abiturprüfung

In der Abiturprüfung werden vier Fächer geprüft. Drei Prüfungen – in den Leistungsfächern und dem dritten Prüfungsfach – werden schriftlich abgelegt. Das vierte Prüfungsfach wird mündlich geprüft. Die vier Prüfungsfächer müssen alle drei Aufgabenfelder abdecken. Eines der vier Prüfungsfächer muß Deutsch oder Mathematik oder eine *fortgeführte* Fremdsprache sein. Ist Deutsch erstes Leistungsfach, müssen Mathematik oder eine Fremdsprache unter den vier Abiturfächern sein. Das dritte und vierte Prüfungsfach wird vor Eintritt in die Jahrgangsstufe 13_1 aus den von 11_1 belegten Fächern gewählt. Wird Religionslehre als Prüfungsfach gewählt, so ersetzt es den gesellschaftswissenschaftlichen Anteil.

9) Gesamtqualifikation

Die Gesamtqualifikation ist für die Zuerkennung der Allgemeinen Hochschulreife maßgebend. Sie setzt sich aus den Leistungen in den Grundkursen und Pflichtgrundkursen, den Leistungskursen und der Abiturprüfung zusammen. In die Gesamtqualifikation sind alle durch die Belegverpflichtung erbrachten Leistungen aus dem Grundkursblock (22 Grundkurse) in einfacher Wertung mit mindestens 110 Punkten einzubringen. Die Ergebnisse des Leistungskursblocks werden mit sechs Kursen (12_1 bis 13_1) zweifach mit mindestens 70 Punkten gewertet. An Stelle der Facharbeit wird als Ausgleichsregelung die in den beiden Leistungskursen in der Jahrgangsstufe 13_1 erreichte Punktzahl der Kursabschlußnote dem entsprechenden Leistungsfach in einfacher Wertung zugerechnet. Die Leistungen in den vier Kursen des Prüfungshalbjahres werden einfach gewertet und zum Abiturblock gezählt. Aus dem Abiturprüfungsblock gehen die Leistungen der schriftlichen und mündlichen Prüfungen in vierfacher Wertung ein. Im Abiturbereich müssen mindestens 100 Punkte erreicht werden. Wurden alle Bedingungen erfüllt, wird die Allgemeine Hochschulreife zuerkannt.

Rheinland-Pfalz

1) Gültige Gesetze, Rechtsverordnungen und Erlasse

- Landesverordnung über die Oberstufe des Gymnasiums (Mainzer Studienstufe) vom 08.09.1974 (GVBl. S. 371);
- Schulordnung für die öffentlichen Hauptschulen, Realschulen, Gymnasien und Kollegs vom 14.05.1989 in der z.Zt. gültigen Fassung.

2) Eingangsvoraussetzungen für den Eintritt in die gymnasiale Oberstufe

In die Oberstufe gehen Schüler des Gymnasiums über, die in die Jahrgangsstufe 11 versetzt wurden. Des weiteren werden Schüler der Realschule nach Abschluß der 10. Klasse, Hauptschüler nach Abschluß des freiwilligen 10. Schuljahres und Absolventen der zweijährigen Berufsfachschulen mit qualifizierendem Sekundarabschluß I aufgenommen, wenn sie die Bedingungen der Schulordnung zum Übertritt in die gymnasiale Oberstufe erfüllen. Fehlt die zweite Fremdsprache, so muß sie im Verlaufe der Oberstufe nachgeholt werden.

3) Organisation des Unterrichts

Die gymnasiale Oberstufe beginnt mit der Klasse 11. Sie ist in eine Einführungsphase – Jahrgangsstufe 11 – und eine Hauptphase unterteilt. Die Haupt- und Prüfungsphase umfaßt die Jahrgangsstufen 12 und 13 mit insgesamt vier Halbjahren. Der Unterricht wird bereits ab der Jahrgangsstufe 11 im Kurssystem durchgeführt. Der Schüler wählt bereits in 11_1 seine **drei** Leistungsfächer. Verpflichtend müssen folgende Fächer durchgängig belegt werden:

– Deutsch,
– Fremdsprache (Englisch, Französisch, Latein, Griechisch, Russisch, Spanisch, Italienisch),
– Gemeinschaftskunde (Geschichte und Sozialkunde und Erdkunde),
– Mathematik,
– Naturwissenschaft (I) (Physik oder Chemie oder Biologie),
– weitere Naturwissenschaft oder weitere Fremdsprache oder Informatik,
– Religionslehre,
– Kunst oder Musik[1],
– Sport.

Zur Erreichung der Pflichtstundenzahl von mindestens 31 Wochenstunden muß gegebenenfalls ein weiteres dieser Grundfächer oder Philosophie belegt werden.

4) Versetzungskriterien für den Eintritt in die Jahrgangsstufe 12

Als Grundlage für die Versetzung dienen die Noten in den Fächern die innerhalb der Pflichtstundenzahl belegt wurden. Es wird versetzt, wer in keinem Fach eine Note unter „ausreichend" oder nur in einem Fach die Note „mangelhaft" hat. In allen übrigen Fächern müssen alle Noten unter „ausreichend" ausgeglichen werden. Unter „ausreichend" liegende Noten in den Fächern Deutsch, Mathematik, in einer fortgeführten Pflichtfremdsprache sowie in einer Naturwissenschaft können nur durch eine Note innerhalb dieser Fächergruppe ausgeglichen werden. Ein Ausgleich ist nicht möglich, wenn mehr als drei Noten unter „ausreichend" liegen oder wenn mehr als eine Note „ungenü-

---

1. verpflichtend nur in Jahrgangsstufe 12

gend" ist oder wenn mehr als ein Fach aus den o.a. Fächern mit einer unter „ausreichend" liegenden Note bewertet wurde.

5) Wahl der Unterrichtsfächer in der Oberstufe

Bei der Wahl der Fächer sind einige Auflagen zu beachten. Die Leistungs- und Grundfächer müssen alle drei Aufgabenfelder (sprachlich-literarisch-künstlerisches, gesellschaftswissenschaftliches und mathematisch-naturwissenschaftliches Aufgabenfeld) abdecken. Die drei Leistungsfächer müssen aus mindestens zwei Aufgabenfeldern gewählt werden. Das erste Leistungs- und zugleich Abiturprüfungsfach muß eine Fremdsprache oder Mathematik oder eine Naturwissenschaft sein. Deutsch kann erstes Leistungsfach sein. Ist eine Naturwissenschaft erstes Leistungsfach, so muß Deutsch oder eine Fremdsprache oder Mathematik zweites Leistungsfach und somit zweites Abiturprüfungsfach sein. Eine Fremdsprache kann nur dann Leistungsfach sein, wenn sie in der Sekundarstufe I als Pflichtfach besucht wurde. Wird Religionslehre, Bildende Kunst, Musik oder Sport als Leistungsfach gewählt, so muß Deutsch oder eine Fremdsprache eines der beiden weiteren Leistungsfächer, das andere Mathematik oder eine Naturwissenschaft sein.

6) Fächer berufsbezogener Bildungsgänge der neugestalteten Oberstufe sind

Technik,

Wirtschaft.

7) Kursstufe

Die Kursstufe umfaßt die Jahrgangsstufen 12 und 13 mit jeweils zwei Halbjahren. Das Abitur wird im zweiten Halbjahr der Klasse 13 abgelegt.

Für die Belegverpflichtung gelten die folgenden Regelungen:

– Deutsch,

– fortgeführte Pflichtfremdsprache,

– Gemeinschaftskunde (Geschichte, Sozialkunde, Erdkunde),

– Naturwissenschaft (Physik, Chemie, Biologie),

– Mathematik,

– Religionslehre,

– Sport,

– zweite *fortgeführte* Fremdsprache oder eine zweite Naturwissenschaft.

In der Jahrgangsstufe 12 sind zwei aufeinander folgende Grundkurse im gleichen künstlerischen Fach zu belegen, wenn nicht Kunst oder Musik Leistungs- oder Grundfach innerhalb der Pflichtstunden ist. Zusätzlich sind aus dem Angebot der Schule so viele weitere Grundkurse zu belegen, daß die Pflichtstundenzahl von 32 Wochenstunden erreicht wird. Die zulässigen Fächerkombinationen sind festgelegt (s. Rheinland Pfalz, Kultusministerium, Mainzer Studienstufe, Informationen für Schüler, Eltern und Lehrer. Ausgabe 1990. S.23 ff.).

8) Abiturprüfung

In der Abiturprüfung werden vier Fächer geprüft. Drei Prüfungen – in den drei Leistungsfächern wobei eines der drei Leistungsfächer zum Grundkursfach als drittes Prüfungsfach abgestuft wird – werden schriftlich abgelegt. Das vierte Prüfungsfach wird mündlich geprüft. Die vier Prüfungsfächer müssen alle drei Aufgabenfelder abdecken. Deutsch oder eine Fremdsprache muß unter den Prüfungsfächern sein. Sport kann nicht viertes Prüfungsfach sein.

9) Gesamtqualifikation

Die Gesamtqualifikation ist für die Zuerkennung der Allgemeinen Hochschulreife maßgebend. Sie setzt sich aus den Leistungen im ersten Block, den 22 Grundkursen der Hauptphase, dem zweiten Block mit den acht Leistungskursen der Hauptphase und dem dritten Block, den im vierten Halbjahr besuchten Kursen der vier Prüfungsfächer, darin eingeschlossen die beiden Leistungskurse des vierten Kurshalbjahres, sowie der Abiturprüfung zusammen. In die Gesamtqualifikation sind alle durch die Belegverpflichtung erbrachten Leistungen aus dem Grundkursblock in einfacher Wertung einzubringen. Die Ergebnisse des Leistungskursblocks werden mit sechs Kursen (12_1 bis 13_1) zweifach gewertet. Die Leistungen in den zwei Leistungskursen des Prüfungshalbjahres werden einfach gewertet. Aus dem Abiturprüfungsblock gehen die Leistungen der schriftlichen und mündlichen Prüfungen in vierfacher Wertung ein. In den vier Prüfungsfächern müssen mindestens 100 Punkte, in den Leistungskursen, einschließlich der möglichen Facharbeit, mindestens 70 Punkte und in den Grundfächern mindestens 110 Punkte erreicht werden, um die Allgemeine Hochschulreife zuerkannt zu bekommen.

Saarland

1) Gültige Gesetze, Rechtsverordnungen und Erlasse

- Verordnung – Schulordnung – über die gymnasiale Oberstufe an Gymnasien und Gesamtschulen im Saarland (Oberstufenverordnung) vom 26.10.1995 (Amtsbl. S. 1142);
- Verordnung – Prüfungsordnung – über die Abiturprüfung an den Schulen mit gymnasialer Oberstufe im Saarland (Abiturprüfungsordnung - APO) vom 26.10.1995 (Amtsbl. S. 1166).

2) Eingangsvoraussetzungen für den Eintritt in die gymnasiale Oberstufe

In die Oberstufe gehen Schüler des Gymnasiums über, die in die Jahrgangsstufe 11 versetzt wurden. Des weiteren werden Realschulabsolventen und Absolventen von Gesamtschulen aufgenommen, wenn sie durch ihren Bildungsgang die erforderliche Qualifikation erreicht haben. Grundsätzlich muß eine zweite Fremdsprache in der Mittelstufe durchgängig belegt worden sein; an bestimmten Standorten ist der Eintritt in die gymnasiale Oberstufe mit nur einer Fremdsprache möglich.

3) Organisation des Unterrichts

Die gymnasiale Oberstufe beginnt mit der Klasse 11. Sie ist in die Einführungsphase – Jahrgangsstufe 11 – und die Hauptphase unterteilt. Die Haupt- und Prüfungsphase umfaßt die Jahrgangsstufen 12 und 13 mit insgesamt vier Halbjahren. Der Unterricht in der Jahrgangsstufe 11 findet im Klassenverband statt. Der Unterricht der Hauptphase wird im Kurssystem durchgeführt. Als Belegverpflichtung müssen folgende Fächer belegt werden:

– Deutsch,

– zwei fortgesetzte Fremdsprachen aus der Sekundarstufe I,

– Mathematik,

– Bildende Kunst oder Musik,

– Erdkunde, Geschichte und Politik,

– Biologie, Chemie und Physik,

– Religion,

– Sport.

Zusätzlich können gewählt werden:

– Informatik, Philosophie, bildende Kunst oder Musik, eine neu beginnende Fremdsprache und Sporttheorie.

Schüler(innen), die mit einer Fremdsprache in die gymnasiale Oberstufe eintreten, müssen ab der Klassenstufe 11 eine zweite Fremdsprache durchgehend belegen.

4) Versetzungskriterien für den Eintritt in die Jahrgangsstufe 12

Als Grundlage für die Versetzung werden die Noten in den Pflichtfächern herangezogen. Es wird versetzt, wer in allen Fächern mindestens die Note ausreichend oder nur in einem nichtschriftlichen Fach die Note mangelhaft aufweist. Es ist ein Ausgleich von Noten bei mangelhaften Leistungen in höchstens zwei Pflichtfächern (Notendurchschnitt von fünf Punkten in allen Pflichtfächern) möglich.

5) Wahl der Unterrichtsfächer in der Oberstufe

Bei der Wahl der Fächer sind einige Auflagen zu beachten. Die Leistungs- und Grundkurse müssen alle drei Aufgabenfelder (sprachlich-literarisch-künstlerisches, gesellschaftswissenschaftliches und mathematisch-naturwissenschaftliches Aufgabenfeld) abdecken. Die zulässigen Kombinationen von Leistungsfächern und Pflichtgrundfächern sind in einer Tabelle festgelegt (s. Amtsblatt des Saarlandes, 1995, Nr. 50, Anlage 2, S. 1155). Der Schüler wählt **drei** Leistungsfächer, von denen eines mit der Meldung zur schriftlichen Abiturprüfung zu einem Grundfach abgestuft wird. Das erste Leistungs- und zugleich Abiturprüfungsfach muß Deutsch, eine Fremdsprache oder Mathematik sein. Wird Deutsch zum ersten Leistungsfach und zum ersten Abiturprüfungsfach, so muß das zweite, nicht abgestufte Leistungsfach eine Fremdsprache, Mathematik oder eine Naturwissenschaft sein oder unter den vier Prüfungsfächern eine Fremdsprache oder Mathematik sein. Eine Fremdsprache kann nur dann Leistungsfach sein, wenn sie in der Sekundarstufe I als Pflicht- oder Wahlpflichtfach besucht wurde. Sport kann nur als Leistungsfach wählen, wer in der Einführungsphase neben dem Unterricht im Pflichtfach Sport am Unterricht im Zusatzfach Sporttheorie teilgenommen hat.

6) Fächer berufsbezogener Bildungsgänge in der neugestalteten Oberstufe sind

Technik bzw. Metall- oder Elektrotechnik,

Wirtschaft bzw. Volks- oder Betriebswirtschaftslehre.

7) Kursstufe

Die Kursstufe umfaßt die Jahrgangsstufen 12 und 13 mit jeweils zwei Halbjahren. Das Abitur wird am Ende des Halbjahres der Klasse 13_2 abgelegt. Es sind folgende Fächer durchgehend zu belegen:

– Deutsch,

– eine fortgeführte Pflichtfremdsprache,

– Erdkunde oder Geschichte oder Politik,

– eine Naturwissenschaft (Physik, Chemie, Biologie),

– Mathematik,

– Religion,

– Sport.

Darüber hinaus sind zwei Halbjahre im gleichen künstlerischen Fach zu belegen, es sei denn, Kunst oder Musik ist Leistungsfach.

8) Abiturprüfung

In der Abiturprüfung werden vier Fächer geprüft. Drei Prüfungen – in den drei Leistungsfächern, wobei eines der drei Leistungsfächer zum Grundkursfach als drittes Prüfungsfach abgestuft wird – werden schriftlich abgelegt. Das vierte Prüfungsfach wird mündlich geprüft. Die vier Prüfungsfächer müssen alle drei Aufgabenfelder abdecken. Deutsch oder Mathematik oder eine Fremdsprache muß erstes oder zweites Prüfungsfach sein. Sport kann nicht viertes Prüfungsfach sein.

9) Gesamtqualifikation

Die Gesamtqualifikation ist für die Zuerkennung der Allgemeinen Hochschulreife maßgebend. Sie setzt sich aus den Leistungen im ersten Block, den 22 Grundkursen der Hauptphase, dem zweiten Block mit den Leistungskursen der Halbjahre 12_1 bis 13_1 sowie der Ausgleichsregelung und dem dritten Block, den im vierten Halbjahr besuchten Kursen der vier Prüfungsfächer, darin eingeschlossen die beiden Leistungskurse des vierten Kurshalbjahres, sowie der Abiturprüfung zusammen. In die Gesamtqualifikation sind alle durch die Belegverpflichtung erbrachten Leistungen aus dem Grundkursblock in einfacher Wertung einzubringen. Die Ergebnisse in den Leistungsfächern werden zweifach gewertet. Dazu kommen im Leistungskursblock als Ausgleichsregelung die beiden besten Ergebnisse im abgestuften Leistungsfach in einfacher Wertung. Aus dem Abiturprüfungsblock gehen die Leistungen der schriftlichen und mündlichen Prüfungen in vierfacher Wertung ein. In den vier Prüfungsfächern müssen mindestens 100 Punkte, in den Leistungskursen mindestens 70 Punkte und in den Grundfächern mindestens 110 Punkte erreicht werden, damit die Allgemeine Hochschulreife zuerkannt werden kann.

Sachsen

1) Gültige Gesetze, Rechtsverordnungen und Erlasse

- Schulgesetz für den Freistaat Sachsen (SchulG) vom 03.07.1991 (SächsGVBl. S. 213), geändert durch Gesetz vom 19.08.1993 (SächsGVBl. S. 686), zuletzt geändert durch Gesetz vom 15.07.1994 (SächsGVBl. S. 1434);

- Verordnung des Sächsischen Staatsministeriums für Kultus über allgemeinbildende Gymnasien im Freistaat Sachsen (Schulordnung Gymnasien - SOGY) vom 15.12.1993;

- Verordnung des Sächsischen Staatsministeriums für Kultus über die gymnasiale Oberstufe im Freistaat Sachsen (Oberstufen- und Abiturprüfungsverordnung - OAVO) vom 15.12.1993, geändert durch Verordnung vom 15.01.1996 (SächsGVBl. S.26);

- Verordnung des Sächsischen Staatsministeriums für Kultus über berufliche Gymnasien im Freistaat Sachsen (Schulordnung berufliche Gymnasien - BGySO) vom 24.11.1993.

2) Eingangsvoraussetzungen für den Eintritt in die gymnasiale Oberstufe

In die Oberstufe gehen Schüler des Gymnasiums über, die in die Jahrgangsstufe 11 versetzt wurden. Schüler der Mittelschule, die über einen mittleren Bildungsabschluß verfügen, müssen vor Eintritt in die gymnasiale Oberstufe die Klasse 10 am Gymnasium besuchen. Die Klasse 10 des Gymnasiums dient als Vorbereitungsphase. Die Noten in den Fächern, die in Klasse 10 abgeschlossen werden, werden im Abiturzeugnis ausgewiesen.

3) Organisation des Unterrichts

Die gymnasiale Oberstufe umfaßt die Jahrgangsstufen 11 und 12. Sie gliedert sich in vier Kurshalbjahre. Leistungskurse können nicht mehr umgewählt werden, Grundkurse werden jeweils für ein Jahr gewählt. Eine Umwahl der Grundkurse ist nur möglich, wenn weder die Belegverpflichtung noch die zur Abiturwertung einzubringende Zahl an Grundkursen beeinträchtigt wird. Grundsätzlich ist zwischen Fächern des Pflichtbereichs (Leistungs- und Grundkurse) und denen des Wahlbereichs (Grundkurse oder Arbeitsgemeinschaften) zu unterscheiden. Leistungskurse werden fünfstündig, Grundkurse, die den drei Aufgabenfeldern zuzuordnen sind, können dreistündig und die übrigen Grundkurse zweistündig durchgeführt werden.

Als verpflichtend müssen folgende Fächer belegt werden, soweit sie nicht als Leistungskurse gewählt werden:

Durchgehend von 11_1-12_2:

– Deutsch,

– eine fortgeführte Fremdsprache,

– Kunsterziehung oder Musik,

– Geschichte,

– Mathematik,

– Biologie oder Chemie oder Physik,

– Sport,

– Religion bzw. Ethik;

zusätzlich aus dem Aufgabenfeld II

    in 11_1 und 11_2 Geographie,

    in 12_1 und 12_2 Gemeinschaftskunde.

Im Fach Sport wird darüber hinaus gemäß den Bestimmungen des Lehrplanes Sport auch die Kombination der Sportarten gewählt, die für alle 4 Kurshalbjahre verbindlich ist. Die Wochenstundenzahl darf dabei höchstens 33 Stunden betragen.

4) Versetzungskriterien für den Eintritt in die Jahrgangsstufe 11

Der Übergang von der 10. zur 11. Jahrgangsstufe erfolgt ohne Versetzungsentscheidung.

5) Wahl der Unterrichtsfächer in der Oberstufe

Bei der Wahl der Fächer sind einige Auflagen zu beachten. Die Leistungs- und Grundkurse müssen alle drei Aufgabenfelder (sprachlich-literarisch-künstlerisches, gesellschaftswissenschaftliches und mathematisch-naturwissenschaftliches Aufgabenfeld) abdecken. Die zulässigen Kombinationen von Leistungsfächern und Pflichtgrundfächern sind in Abschnitt 7) wiedergegeben.

6) Berufliche Gymnasien

Das berufliche Gymnasium umfaßt die Klassenstufe 11 und die Jahrgangsstufen 12 und 13. Das Fächerangebot umfaßt allgemeinbildende Unterrichtsfächer und berufsorientierte Schwerpunktfächer. Berufliche Gymnasien führen zur Allgemeinen Hochschulreife. Sie sind durch berufliche Fachrichtungen geprägt. Sie gliedern sich in:

Agrarwirtschaft,

Ernährungswissenschaft

Technik,

Wirtschaft.

7) Kursstufe

Als Leistungsfächer sind aus dem Angebot der Schule zwei Fächer des Pflichtbereichs zu wählen. Daraus ergeben sich folgende Kombinationen:
– Deutsch und Mathematik,
– Deutsch und fortgeführte Fremdsprache,
– Deutsch und Chemie oder Biologie oder Physik,
– Deutsch und Geschichte,
– Deutsch und Musik oder Kunsterziehung oder Sport[1],
– Mathematik und fortgeführte Fremdsprache,
– Mathematik und Chemie oder Biologie oder Physik,
– Mathematik und Geschichte,
– Mathematik und Musik oder Kunsterziehung oder Sport,
– fortgeführte Fremdsprache und Geschichte.

Zur Erreichung der Pflichtstundenzahl von 32 Wochenstunden müssen gegebenenfalls weitere Fächer aus dem Pflicht- oder Wahlpflichtbereich gewählt werden.

---

1. Die Einrichtung von Leistungsfächern Sport, Musik und Kunsterziehung wird in der Regel nur an Schulen mit diesem Profil auf Antrag genehmigt. Musik und Kunsterziehung können von Schülern gewählt werden, die diese Profile im Sek. I-Bereich besucht haben oder gleichwertige Leistungsnachweise erbringen können. Das Leistungsfach Sport wird durch gesonderte Verordnung geregelt.

8) Abiturprüfung

In der Abiturprüfung werden vier Fächer geprüft. Der Schüler bestimmt zu Beginn des Halbjahres 12_1 die von ihm gewählten Abiturprüfungsfächer aus den Fächern des Pflichtbereichs. Die Abiturprüfung findet im zweiten Halbjahr der Jahrgangsstufe 12 statt. Die Meldung zur Prüfung erfolgt zu Beginn des Halbjahres 12_2. Drei Prüfungen – in zwei Leistungskursfächern und einem Grundkursfach – werden schriftlich abgelegt. Das vierte Prüfungsfach wird mündlich geprüft. Unter den vier Prüfungsfächern muß sich aus jedem der drei Aufgabenfelder eines befinden. Deutsch und Mathematik gehören grundsätzlich zu den Prüfungsfächern. Kunsterziehung, Musik oder Sport können nicht als drittes Prüfungsfach gewählt werden.

9) Gesamtqualifikation

Die Gesamtqualifikation ist für die Zuerkennung der Allgemeinen Hochschulreife maßgebend. Sie setzt sich aus den Leistungen im ersten Block, den 22 einfach gewerteten Grundkursen, dem zweiten Block mit acht Leistungskursen sowie der Abiturprüfung zusammen. In die Gesamtpunktzahl gehen von den acht Leistungskursen sechs Kurse der Halbjahre 11_1 bis 12_2 in doppelter Wertung, zwei Kurse aus 12_2 in einfacher Wertung ein. Die Ergebnisse der Abiturprüfung gehen in vierfacher Wertung, die in den Prüfungsfächern in 12_2 erreichten Punkte einfach in die Gesamtwertung ein.

In den vier Prüfungsfächern müssen mindestens 100 Punkte, in zwei der Abiturfächer, darunter einmal im Leistungskurs, müssen mindestens jeweils 25 Punkte der fünffachen Wertung (Prüfungsergebnis vierfach + Halbjahresleistung 12_2 einfach) erreicht werden. Im Leistungskursbereich müssen mindestens 70 Punkte, im Grundkursbereich mindestens 110 Punkte und in der Abiturprüfung mindestens 100 Punkte erreicht werden, damit die Allgemeine Hochschulreife zuerkannt werden kann.

Sachsen-Anhalt

1) Gültige Gesetze, Rechtsverordnungen und Erlasse

- Verordnung über die gymnasiale Oberstufe des Gymnasiums (GOS-VO) vom 14.11.1993 (GVBl. LSA S 536), geändert durch Verordnung vom 10.06.1994 (GVBl. LSA S. 631);
- §6 Abs. 6, §35 Abs. 1 Nr. 1, 3 bis 5 und 7 des Schulgesetzes des Landes Sachsen-Anhalt in der Fassung vom 30. Juni 1993 (GVBl. LSA S. 314).

2) Eingangsvoraussetzungen für den Eintritt in die gymnasiale Oberstufe

In die Oberstufe des Gymnasiums werden Schüler aufgenommen, die in Sachsen-Anhalt den 9. Schuljahrgang eines Gymnasiums erfolgreich absolviert haben oder die nach Beendigung des 10. Schuljahrganges der Sekundarschule die Voraussetzungen für einen Übergang in die Einführungsphase erfüllen. Schüler anderer Bundesländer werden aufgenommen, wenn sie zum Eintritt in die gymnasiale Oberstufe berechtigt sind.

3) Organisation des Unterrichts

Die gymnasiale Oberstufe beginnt mit der Klasse 10. Sie ist in die Einführungsphase (Schuljahrgang 10) und die Kursstufe (Schuljahrgang 11 und 12) unterteilt. Die Kursstufe umfaßt die Kurshalbjahre 11_1 bis 12_2. Der Unterricht in der Einführungsphase findet mit Ausnahme der Naturwissenschaften und Sport im Klassenverband statt. Der Unterricht der Hauptphase wird im Kurssystem durchgeführt. In der Einführungsphase werden folgende Fächer unterrichtet:

– Deutsch,

– erste Fremdsprache und zweite Fremdsprache,

– Musik, Kunsterziehung,

– Geschichte, Geographie, Sozialkunde,

– Mathematik,

– Biologie, Chemie, Physik,

– Ethikunterricht oder Religionsunterricht,

– Sport.

Der Unterricht in den Naturwissenschaften wird in zwei Niveaustufen (einfacher oder erweiterter Kurs) durchgeführt. Schüler, die nicht am Unterricht in der dritten Fremdsprache teilnehmen, müssen einen einfachen und zwei erweiterte Kurse in den Naturwissenschaften belegen. Schüler, die den Unterricht in einer zweiten Fremdsprache neu beginnen, müssen zwei einfache und einen erweiterten Kurs in den Naturwissenschaften belegen. Wurde in den Jahrgangsstufen 7 bis 10 kein durchgehender Unterricht in einer zweiten Fremdsprache besucht, muß mit Beginn der Einführungsphase bis zum Ende der Jahrgangsstufe 12_2 eine zweite Fremdsprache aufgenommen werden, wobei der Unterricht in der ersten Fremdsprache in der Einführungsphase fortgesetzt werden muß. Zweite Fremdsprache kann Englisch, Russisch, Französisch oder Latein sein. Die Höchststundenzahl beträgt für Schüler mit dritter Fremdsprache 34, für alle anderen Schüler 32 Wochenstunden.

4) Versetzungskriterien für den Eintritt in die Jahrgangsstufe 11

Als Grundlage für die Versetzung wird das Jahreszeugnis der Einführungsphase herangezogen. Es wird versetzt, wer in allen Fächern mindestens die Note ausreichend oder in nur einem Fach die Note mangelhaft, in allen anderen Fächern mindestens die Note ausreichend aufweist. Ein Notenausgleich kann durch die Versetzungskonferenz unter gewissen Bedingungen gewährt werden.

5) Wahl der Unterrichtsfächer in der Oberstufe

Bei der Wahl der Fächer sind einige Auflagen zu beachten. Als verpflichtend sind Deutsch, Geschichte und Sport durchgehend bis zum Abitur zu belegen. Im Fach Sport sind im Verlauf der vier Halbjahre mindestens zwei verschiedene Individualsportarten zu belegen. Aus dem Angebot der Schule müssen je zwei Leistungs- und Grundkurse gewählt werden, wobei neben dem Fach Mathematik mindestens eine Fremdsprache und eine Naturwissenschaft vertreten sein muß. Außerdem ist jeweils ein Grundkurs in den Fächern Kunsterziehung oder Musik, Geographie oder Sozialkunde, Ethikunterricht oder Religionsunterricht zu belegen und über vier Halbjahre zu besuchen. Kurse, die mit 0 Punkten abgeschlossen wurden, gelten als nicht belegt. Leistungskurse werden mit jeweils fünf, die Grundkurse in Mathematik, Naturwissenschaften mit drei und Deutsch als Grundkurs mit vier Wochenstunden unterrichtet. Die Höchststundenzahl beträgt in der Kursstufe 35 Wochenstunden. Ein Wechsel von Kursen während der Einführungsphase ist nicht möglich.

6) Berufliche Gymnasien entfallen in Sachsen-Anhalt

7) Kursstufe

Die Kursstufe umfaßt die Jahrgangsstufen 11 und 12 mit jeweils zwei Halbjahren. Das Abitur wird im zweiten Halbjahr der Jahrgangsstufe 12 abgelegt. Als Grundkurse können angeboten werden:

Deutsch,

Fremdsprache (Englisch, Französisch, Russisch, Latein, Griechisch, Spanisch),

Kunsterziehung, Musik,

Geschichte, Geographie, Sozialkunde, Philosophie, Wirtschaftslehre, Rechtskunde,

Mathematik, Physik, Biologie, Chemie,

Psychologie, Religionsunterricht, Ethikunterricht,

Informatik, Astronomie,

Sport.

Als Leistungskurse können angeboten werden:

Englisch, Französisch, Russisch, Latein,
Mathematik, Physik, Biologie, Chemie.

8) Abiturprüfung

In der Abiturprüfung werden vier Fächer geprüft. Eines der Fächer muß entweder Deutsch oder eine Fremdsprache oder Mathematik sein. Drittes Prüfungsfach kann Deutsch oder Mathematik oder ein Grundkurs in einer Fremdsprache oder Naturwissenschaft sein. Drei Prüfungen werden schriftlich abgelegt. Das vierte Prüfungsfach ist entweder Geschichte oder Geographie oder Sozialkunde oder Religionsunterricht oder Ethikunterricht und wird mündlich geprüft. Ist Sport, Musik oder Kunsterziehung Leistungskurs, tritt an die Stelle der schriftlichen Arbeit eine besondere Fachprüfung, die auch einen mündlichen Teil enthält. Die vier Prüfungsfächer müssen alle drei Aufgabenfelder abdecken. Die Prüfungsaufgaben für die Fächer der schriftlichen Prüfung werden in der Regel landeszentral durch das Kultusministerium gestellt.

9) Gesamtqualifikation

Die Gesamtqualifikation ist für die Zuerkennung der Allgemeinen Hochschulreife maßgebend. Sie setzt sich aus den Leistungen im ersten Block zusammen, in den die Leistungen aus den 6 Leistungskursen des ersten bis dritten Halbjahres der Kursstufe in zweifacher Wertung sowie als Ersatz für eine Facharbeit die Leistungen aus den beiden Leistungskursen im vierten Halbjahr in einfacher Wertung eingehen und den 22 einfach gewerteten Grundkursen (für die eine Reihe von Einbringverpflichtungen und Mindestpunktzahlen zu berücksichtigen sind). In den zweiten Block gehen die vier Halbjahresleistungen in den vier Prüfungsfächern des Kurshalbjahres 12_2 in einfacher Wertung und die Ergebnisse der Abiturprüfung in vierfacher Wertung ein.

In den vier Prüfungsfächern des zweiten Blocks müssen mindestens 100 Punkte, in zwei der Abiturfächer, darunter einmal im Leistungskurs, müssen mindestens jeweils 25 Punkte der 5fachen Wertung (Prüfungsergebnis vierfach + Halbjahresleistung 12_2 einfach) erreicht sein. Im Leistungskursbereich müssen mindestens 70 Punkte, im Grundkursbereich mindestens 110 Punkte und in der Abiturprüfung mindestens 100 Punkte erreicht werden, damit die Allgemeine Hochschulreife zuerkannt werden kann.

Schleswig-Holstein

1) Gültige Gesetze, Rechtsverordnungen und Erlasse

- Schleswig-Holsteinisches Schulgesetz in der Fassung der Bekanntmachung vom 02.08.1990 (GVOBl. Sch.-H. S.451), zuletzt geändert durch Gesetze vom 08.02.1990 (GVOBl. Sch.-H. S. 124 und S. 133);
- Landesverordnung über die Gestaltung der Oberstufe der Gymnasien in Schleswig-Holstein (OVO) vom 17.01.1995.

2) Eingangsvoraussetzungen für den Eintritt in die gymnasiale Oberstufe

Schüler des Gymnasiums werden in die Jahrgangsstufe 11 versetzt. Realschüler benötigen neben einem qualifizierenden Abschluß der Realschule Klasse 10 eine Beurteilung der abgebenden Schule. Die Entscheidung über die Aufnahme trifft die Schulleiterin oder der Schulleiter.

3) Organisation des Unterrichts

Die gymnasiale Oberstufe umfaßt die Jahrgangsstufen 11 bis 13. Sie gliedert sich in eine Einführungszeit von einem Jahr und ein Kurssystem von vier Halbjahren. Die Jahrgangsstufe 11 ist die Einführungszeit. Sie findet im Klassenverband (Pflichtfächer) und in festen Gruppen (Wahlpflichtfächer) statt. Es werden folgende Fächer unterrichtet:

– Deutsch,

– zwei Fremdsprachen (davon eine mindestens mit Klasse 7 begonnen),

– eines der Fächer Kunst oder Musik,

– Geschichte, Erdkunde, Wirtschaft/Politik

– Mathematik,

– drei Fächer aus den Naturwissenschaften (Biologie, Chemie, Physik) und Informatik oder zwei Fächer aus den Naturwissenschaften und ggf. Informatik als Wahlfach

– Religion oder ersatzweise Philosophie,

– Sport.

Außerdem wird in jeder Klasse im Umfang von zwei Jahreswochenstunden fächerübergreifend vertiefter Unterricht (Methodik) erteilt, mit dem wissenschaftspropädeutisch in die Arbeitsweisen und Lernmethodik der gymnasialen Oberstufe eingeführt wird.

Schüler, die in den Klassenstufen 7 bis 10 weniger als 4 Jahre Unterricht in einer zweiten Fremdsprache hatten, müssen Grundkurse in einer neu beginnenden Fremdsprache durchgehend bis zum Abitur belegen.

4) Versetzungskriterien für den Eintritt in die Jahrgangsstufe 12

Es erfolgt keine Versetzung, wenn die Leistungen in zwei Fächern oder in einem Schwerpunktfach ungenügende Leistungen erbracht wurden oder zwei Schwerpunktfächer oder insgesamt mehr als zwei Fächer mit mangelhaften oder ungenügenden Leistungen abgeschlossen wurden.

5) Wahl der Unterrichtsfächer in der Oberstufe

Das Unterrichtsangebot des Kurssystems gliedert sich in Leistungskurse, Pflichtgrundkurse und Wahlgrundkurse. Daneben wird die Arbeit in Projekten angeboten. Der Schüler wählt zu Beginn des ersten Kurshalbjahres für das erste bis vierte Kurshalbjahr zwei Leistungsfächer aus den in der Einführungszeit betriebenen Fächern. Diese sollten in der Regel die Schwerpunktfächer sein. Eines der Leistungsfächer muß aus den Fächern Deutsch, Mathematik, Physik, Chemie, Biologie und einer mindestens seit Klasse 9 durchgehend betriebenen Fremdsprache gewählt werden. Informatik kann mit Beginn der

Jahrgangsstufe 11 als Grundkursfach angeboten werden und ab Jahrgangsstufe 12 an den Platz einer Naturwissenschaft treten. Informatik kann Abiturprüfungsfach sein, wenn die übrigen drei Aufgabenfelder abgedeckt sind. Sport ist als drittes Prüfungsfach nicht zulässig.

6) Berufsbezogene Bildungsgänge in der neugestalteten Oberstufe

Wirtschaft,

Technik,

Ernährung- und Hauswirtschaft,

Sozialwirtschaft.

7) Kursstufe

Die Kursstufe umfaßt die Jahrgangsstufen 12 und 13 mit jeweils zwei Halbjahren. Das Abitur wird am Ende des zweiten Halbjahres der Klasse 13 abgelegt. Für die Belegverpflichtung sind im 12. Jahrgang mindestens 30 und im 13. Jahrgang mindestens 24 Wochenstunden zu belegen, so daß insgesamt 22 Wochenstunden ersten und dritten Aufgabenfeld sowie 16 Wochenstunden im zweiten Aufgabenfeld erreicht werden.

Bei der Erfüllung der Auflagen müssen die Grundkurse in aufeinander folgenden Halbjahren belegt werden, also in 12_1, 12_2 oder in 13_1, 13_2. Zusätzlich sind aus dem Angebot der Schule so viele weitere Grundkurse aus dem Wahlgrundkursangebot zu belegen, daß die Voraussetzungen zur Zulassung an der Abiturprüfung erfüllt werden.

8) Abiturprüfung

In der Abiturprüfung werden vier Fächer geprüft. Drei Prüfungen – in den Leistungsfächern und dem dritten Prüfungsfach – werden schriftlich abgelegt. Das vierte Prüfungsfach wird mündlich geprüft. Die vier Prüfungsfächer müssen alle drei Aufgabenfelder abdecken. Unter den Abiturprüfungsfächern muß sich Deutsch oder Mathematik oder eine Fremdsprache befinden. Ist Deutsch erstes Leistungsfach, so muß sich Mathematik oder eine Fremdsprache unter den übrigen drei Prüfungsfächern befinden.

9) Gesamtqualifikation

Die Gesamtqualifikation ist für die Zuerkennung der Allgemeinen Hochschulreife maßgebend. Sie setzt sich aus den Leistungen im ersten Block, den 22 Grundkursen der Hauptphase, dem zweiten Block mit den acht Leistungskursen der Hauptphase und dem dritten Block, den im vierten Halbjahr besuchten Kursen der vier Prüfungsfächer, darin eingeschlossen die beiden Leistungskurse des vierten Kurshalbjahres, sowie der Abiturprüfung zusammen. In die Gesamtqualifikation sind alle durch die Belegverpflichtung erbrachten Leistungen aus dem Grundkursblock in einfacher Wertung einzubringen. Die Ergebnisse des Leistungskursblocks werden mit sechs Kursen (12_1 bis 13_1) zweifach gewertet. Die Leistungen in den zwei Leistungskursen des Prüfungshalbjahres werden einfach gewertet. Aus dem Abiturprüfungsblock gehen die Leistungen der schriftlichen und mündlichen Prüfungen in vierfacher Wertung ein. Die Gesamtpunktzahl muß mindestens 280 Punkte betragen, davon entfallen 100 Punkte auf den Block der 22 Grundkurse, 70 Punkte auf den Block der Leistungskurse und 110 Punkte auf die Abiturprüfung.

Thüringen

1) Gültige Gesetze, Rechtsverordnungen und Erlasse

– Thüringer Schulordnung für die Grundschule, die Regelschule, das Gymnasium und die Gesamtschule (Thüringer Schulordnung - ThürSchulO) vom 20.01.1994 (GVBl. S. 183) zuletzt geändert durch Verordnung vom 04.10.1995 (GVBl. S. 332).

2) Eingangsvoraussetzungen für den Eintritt in die gymnasiale Oberstufe

In die Oberstufe gehen Schüler des Gymnasiums über, die in die Jahrgangsstufe 10 versetzt wurden. Des weiteren werden Schüler der Realschule bei entsprechenden Leistungen in gesonderte Klassen an Gymnasien aufgenommen, um einen unterschiedlichen Leistungsstand anzugleichen. Solche Klassen werden nach gesonderten Stundentafeln unterrichtet. Nach erfolgreichem Abschluß erfolgt eine Versetzung in die Qualifikationsphase des Gymnasiums. Schüler, die in der Mittelstufe keine zweite Fremdsprache durchgängig belegt haben, müssen ihre erste Fremdsprache mindestens noch ein Jahr in der gymnasialen Oberstufe beibehalten und mit Beginn der Klassenstufe 11S (S-Klassen: Schüler mit Realschulabschluß an bestimmten Gymnasien) oder 10 am Gymnasium bzw. 11 am beruflichen Gymnasium eine zweite Fremdsprache wählen. Diese Sprache ist in der Qualifikationsphase als Grundfach zu belegen.

3) Organisation des Unterrichts

Die gymnasiale Oberstufe beginnt mit der Klasse 10 (bzw. 11S) am regulären Gymnasium oder Klasse 11 am beruflichen Gymnasium (dadurch kann die Abiturprüfung nach dem 12. oder dem 13. Schuljahr in der gymnasialen Oberstufe abgelegt werden). Sie ist in die Einführungsphase – Jahrgangsstufe 10 bzw. 11S/11 – und die Qualifikationsphase unterteilt. Die Qualifikationsphase umfaßt die Jahrgangsstufen 11 und 12 (bzw. 12 und 13 bei beruflichen Gymnasien) mit insgesamt vier Halbjahren. Der Unterricht in der Einführungsphase findet im Klassenverband statt. Der Unterricht der Qualifikationsphase wird im Kurssystem durchgeführt. Leistungsfächer werden mit sechs Wochenstunden unterrichtet. Grundfächer werden mit drei, abweichend hiervon Deutsch und Mathematik mit vier sowie Geschichte, Geographie, Wirtschaft und Recht, Sozialkunde, Kunsterziehung, Musik, katholische und evangelische Religion, Ethik und Sport mit zwei Wochenstunden unterrichtet. Am Ende der Einführungsphase werden Leistungs- und Grundfächer verbindlich festgelegt

4) Versetzungskriterien für den Eintritt in die Jahrgangsstufe 11

Als Grundlage für die Versetzung dienen die Leistungen in der Einführungsphase, die letztmalig nach der sechsstufigen Notenskala bewertet werden. Am Ende der Einführungsphase steht ein Versetzungszeugnis. In der Qualifikationsphase findet keine Versetzung statt. Ein freiwilliger Rücktritt in die Einführungsphase ist möglich.

5) Wahl der Unterrichtsfächer in der Oberstufe

Bei der Wahl der Fächer für die zweijährige Qualifikationsphase sind einige Auflagen zu beachten. Von den zwei Leistungsfächern muß das erste Deutsch oder Mathematik sein. Zweites Leistungsfach ist entweder eine aus den Klassenstufen 5 bis 10 *fortgeführte* Pflichtfremdsprache oder eine Naturwissenschaft oder Geschichte. An Spezialgymnasien (Sport, Musik, Naturwissenschaft) ist das entsprechende Leitfach automatisch als zweites Leistungsfach festgelegt. Als Belegverpflichtung müssen neben den zwei Leistungsfächern folgende Grundfächer belegt werden:

- Deutsch,
- Mathematik,
- eine Fremdsprache,
- Geschichte und Geographie oder Wirtschaft und Recht oder Sozialkunde,
- Kunsterziehung oder Musik,
- Biologie oder Chemie oder Physik,
- katholische oder evangelische Religion oder Ethik,
- Sport,

wenn sie nicht bereits als Leistungsfächer gewählt wurden.

Die Pflichtstundenzahl beträgt mindestens 32 Wochenstunden. In den vier Halbjahren der Qualifikationsphase sind alle drei Aufgabenfelder (sprachlich-literarisch-künstlerisches, gesellschaftswissenschaftliches und mathematisch-naturwissenschaftliches Aufgabenfeld) nach folgendem Stundenschlüssel abzudecken: im ersten Bereich sind mindestens 22, im zweiten Bereich mindestens 16 und im dritten Aufgabenbereich ebenfalls mindestens 22 Wochenstunden zu belegen.

6) Fächer berufsbezogener Bildungsgänge in der neugestalteten Oberstufe sind

Technik,
Wirtschaft.

7) Kursstufe

Die Kursstufe umfaßt die Jahrgangsstufen 11 und 12 mit jeweils zwei Halbjahren. Das Abitur wird im zweiten Halbjahr der Klasse 12 abgelegt. Für die Belegverpflichtung gelten die bereits unter Abschnitt 5) angegebenen Regelungen. Aus der Organisation der Oberstufe ergeben sich sog. Bänder, aus denen der Schüler seine Fächer wählt. Die Gymnasien lassen sich dadurch nach ihrem Angebotsprofil unterscheiden.

Gymnasium:

1. Leistungsfach	entweder Deutsch oder Mathematik,
2. Leistungsfach	entweder Geschichte oder eine Naturwissenschaft oder eine Pflichtfremdsprache, die in den Klassen 5, 7 oder 9 begonnen wurde.

Berufliches Gymnasium:

1. Leistungsfach	entweder Deutsch oder Mathematik oder Physik oder eine fortgeführte Pflichtfremdsprache (Englisch, Russisch oder Französisch),
2. Leistungsfach	entweder Technik (mit Schwerpunkt Elektrotechnik, Bautechnik, Metalltechnik, Physiktechnik, Chemietechnik, Biologietechnik, Datenverarbeitungstechnik) oder Wirtschaft.

Spezialgymnasium:

1. Leistungsfach	entweder Deutsch oder Mathematik,
2. Leistungsfach	eine Naturwissenschaft[1].

8) Abiturprüfung

In der Abiturprüfung werden vier Fächer geprüft. Drei Prüfungen, im ersten und zweiten Leistungsfach sowie dem dritten Prüfungsfach, werden schriftlich abgelegt. Das vierte Prüfungsfach wird mündlich geprüft. Die vier Prüfungsfächer müssen alle drei Aufgabenfelder abdecken. Ist Deutsch erstes Leistungsfach, muß sich unter den vier Prüfungsfächern Mathematik oder eine Fremdsprache befinden. Informatik kann nicht zur Abdeckung des mathematisch-naturwissenschaftlich-technischen Aufgabenfeldes herangezogen werden. Kunsterziehung und Musik können ebenso wie Religion und Ethik nur viertes Prüfungsfach sein. Sport als Grundfach kann nicht als Prüfungsfach gewählt werden.

9) Gesamtqualifikation

Die Gesamtqualifikation ist für die Zuerkennung der Allgemeinen Hochschulreife maßgebend. Sie setzt sich aus den Leistungen im Grundfachbereich, den 22 Grundkursen deren Punktzahlen einfach gewertet werden (darunter müssen 16 Kurse mit jeweils mindestens fünf Punkten bewertet worden sein und eine Reihe weiterer Einbringverpflichtungen berücksichtigt werden), dem Leistungsfachbereich mit den acht Leistungskursen der Qualifikationsphase und dem Prüfungsbereich, den im vierten Halbjahr besuchten Kursen der vier Prüfungsfächer, darin eingeschlossen die beiden Leistungskurse des vierten Kurshalbjahres, sowie der Abiturprüfung zusammen. In die Gesamtqualifikation sind alle durch die Belegverpflichtung erbrachten Leistungen aus dem Grundkursblock in einfacher Wertung einzubringen. Die Ergebnisse des Leistungskursblocks werden mit sechs

---

1. An Sportgymnasien entsprechend Sport

Kursen (11_1 bis 12_1) zweifach gewertet. Die Leistungen in den 4 Kursen des Prüfungshalbjahres werden einfach gewertet. Aus dem Abiturprüfungsblock gehen die Leistungen der schriftlichen und mündlichen Prüfungen in vierfacher Wertung ein (wird ein Schüler in den ersten drei Prüfungsfächern auch mündlich geprüft, muß eine gesonderte Berechnung erfolgen). Im Leistungskursbereich müssen mindestens 70 von 210 Punkten, im Grundkursbereich mindestens 110 von 330 Punkten, in den vier Prüfungsfächern mindestens 100 von 300 Punkten erreicht werden.

In zwei der Abiturfächer, darunter mindestens in einem Leistungsfach, müssen mindestens jeweils 25 Punkte (Prüfungsergebnis vierfach + Halbjahresleistung 12_2 einfach) erreicht sein, darüber hinaus muß in jedem Bereich mindestens ein Drittel der jeweiligen Höchstpunktzahl (ein Ausgleich zwischen den Bereichen ist nicht möglich) erreicht worden sein, damit die Allgemeine Hochschulreife zuerkannt werden kann.